Erich-Norbert Detroy (Hrsg.)
Das große Handbuch
für den Verkaufsleiter

Erich-Norbert Detroy (Hrsg.)

Das große Handbuch für den Verkaufsleiter

verlag moderne industrie

Verlag Norbert Müller

Die Deutsche Bibliothek – CIP-Einheitsaufnahme

Das **große Handbuch für den Verkaufsleiter** / Erich-Norbert Detroy
(Hrsg.). 2. Aufl. – Landsberg/Lech : mi, Verl. Moderne Industrie, 1998
ISBN 3-478-24040-9

2. Auflage 1998

© 1998 verlag moderne industrie, 86895 Landsberg/Lech
http: //www.mi-verlag. de

Umschlaggestaltung: Felix Weinold, Schwabmünchen
Satz: Fotosatz Amann, Aichstetten
Druck: Himmer, Augsburg
Bindung: Thomas, Augsburg
Printed in Germany 240 040/039801
ISBN 3-478-24040-9 (verlag moderne industrie)
ISBN 3-89486-132-0 (Verlag Norbert Müller)

Inhaltsverzeichnis

Vorwort

Eine kleine Gebrauchsanleitung ...

... braucht man für alles im Leben, sei es für die Kindererziehung, für den Umgang mit dem Geld oder ganz banal fürs Autofahren. Ohne Gebrauchsanleitung sind wir hilflos, müssen über viele Versuche den richtigen Weg herausfinden, machen Fehler und das kann sehr teuer zu stehen kommen. Obwohl experimentieren natürlich auch Spaß macht und dabei gelegentlich ganz ungewöhnliche Ideen entstehen.

Das waren auch die Gedanken, die mich als Herausgeber bewegten, dieses sich in Ihren Händen befindliche Werk so und nicht anders zu gestalten. Nein, dieses Buch ist kein Standard-Grundlagen-Werk für werdende Verkaufsleiter, obwohl es als solches sicherlich auch hervorragend genützt werden kann. Dieses Werk will Ihnen Anregungen geben, Sie kreativ bereichern, Spaß vermitteln und Ideen für ein noch erfolgreicheres Führen einer Verkaufsorganisation geben.

Als Herausgeber konnte ich hervorragende Fachleute gewinnen, die über Ihre höchste Spezialisierung schreiben. Zapfen Sie sie an, genießen Sie davon. Alle Autoren sprechen im eigenen Namen, sprechen für sich, manche wollen auch ein bißchen provozieren, um Denkprozesse in Gang zu bringen. Gerade um die Vielseitigkeit dieses Werkes nicht zu stören, verzichtete ich als Herausgeber auf allzuviele Eingriffe in die Texte (sonst hätte ich das Buch ja auch allein schreiben können!), begnügte mich mit einem Minimum an Eingriffen zum Wohle des Lesers.

So ist gewährleistet, daß dieses Buch sehr vielfältig lesbar ist, unterschiedlichste Eindrücke bringt, damit spannend und besonders bereichernd wird. Natürlich kann nicht jeder Artikel für Sie gleichwertig sein, denn die Interessen eines jeden Verkaufsleiters sind sehr unterschiedlich.

Als Autoren der einzelnen Kapitel schrieben die glänzendsten Experten, Manager, Berater und Trainer des jeweiligen Themenfeldes im deutschsprachigen Raum mit. Ich bin stolz darauf, daß fast alle angesprochenen Geschäftsfreunde spontan „ja" sagten und pünktlich professionelle Arbeit ablieferten. Dafür meinen Dank an dieser Stelle.

Eine Aufgabenstellung an die Experten zieht sich wie ein roter Faden durch die Artikel: „Bitte beziehen Sie aktuelle Trends, die unsere Wirtschaftswelt beeinträchtigen oder ihr förderlich sind, mit ein."

Die größten Trends kennen wir alle:
- Telekommunikation mit ISDN, T-Online, Internet usw., die die Kommunikation in der Welt schneller machte.
- Die Öffnung und Veränderung der Weltmärkte, verursacht auch durch den Zusammenbruch des Kommunismus.
- Die Neuordnung der Soziogefüge, also der Verhältnisse der Menschen untereinander.

Öffnung der Märkte, teilweise ruinöser Preiskampf, verschärfte Wettbewerbssituationen im Gefolge mit Arbeitslosigkeit und damit immer stärker zunehmender Verunsicherung der Menschen machen Führung nicht einfacher.

Deswegen braucht die heutige Zeit dieses Standardwerk für Verkaufsleiter.

Ein ganz besonderer Dank gilt meiner

Frau Eva, die völlig uneigennützig die eigentliche Hauptarbeit im Vorfeld geleistet hat. Sie koordinierte die Autoren und deren Beiträge, nahm so manchen Ärger auf sich, den so ein umfangreiches Werk zwangsläufig mit sich bringt, doch jetzt kann auch Sie auf dieses Werk stolz sein. Ihr meinen ganz besonderen Dank.

Beilstein, Februar 1998
Erich-Norbert Detroy

1. Prolog

1.1 Vertriebsstrategien für die Zukunft

Der Autor

Dipl.-Kfm. Roland Berger gründete 1967 die berühmte gleichnamige Unternehmensberatung, die sich unter seiner Geschäftsführung zum führenden Top-Management-Beratungsunternehmen mit europäischem Ursprung entwickelt hat. Aktuell arbeiten etwa 1000 Mitarbeiter in diesem Unternehmen. Roland Berger sitzt im nationalen Sachverständigenrat „Schlanker Staat", in der Kommission für Zukunftsfragen der Freistaaten Bayern und Sachsen sowie in mehreren nationalen und internationalen Aufsichts- und Beiräten.

Der Autor

Dipl.-Ing, Dipl.-Wirtschaftsing. Kai Howaldt arbeitet als Geschäftsbereichsleiter Technische Gebrauchsgüter und als Leiter CC Vertrieb/Marketing für die Unternehmensberatung Roland Berger & Partner. Im Rahmen dieser Tätigkeit hat er an einigen Großprojekten in folgenden Feldern mitgewirkt: Restrukturierung der Marketing- und Vertriebsorganisation und Weiterentwicklung der Vertriebskonzeption von Unternehmen. Außerdem ist er Autor der Benchmarkingstudie Marketing/Vertrieb Westeuropa.

Der Vertrieb steht vor sehr großen Herausforderungen: Im Inland sind die relevanten volkswirtschaftlichen Eckwerte tendenziell ungünstig. Gleichzeitig stehen bedeutende strukturelle Veränderungen ins Haus, für die der Vertrieb schnell zukunftsweisende Konzepte braucht. Unser Beitrag beschäftigt sich deshalb im ersten Teil mit den gegenwärtigen Rahmenbedingungen und wirft einen Blick auf deren Entwicklung in der näheren Zukunft. Im zweiten Teil werden wir vier Punkte für einen strukturellen Lösungsansatz aufzeigen, die den Grundstein für die Vertriebsstrategien der Zukunft legen.

Die Rahmenbedingungen für den Vertrieb wandeln sich grundlegend

Zunehmender Effizienzdruck

Das Konsum- und Investitionsklima in Deutschland ist schlecht. In Westdeutschland ist das BIP (Bruttoinlandsprodukt) pro Kopf seit 1991 im Jahresdurchschnitt nur noch mit 0,4 Prozent gewachsen, während es in den 80er Jahren noch 2,0 Prozent waren. Gleichzeitig führen steigende Steuern und Sozialabgaben zu einem Rückgang der Nettoeinkommen. Blieben einem Arbeitnehmer 1960 von jeder verdienten Mark netto rund 73 Pfennig, so waren es 1994 lediglich noch 52 Pfennig. Seit 1970 sind die Bruttoeinkommen real um insgesamt 37 Prozent gewachsen, während die Nettoeinkommen mit 15 Prozent Zuwachs deutlich zurückblieben.

Die verfestigte Arbeitslosigkeit schränkt sowohl Konsumfähigkeit als auch Konsumbereitschaft einer großen (und weiterhin wachsenden) Bevölkerungsgruppe ein. Im Durchschnitt des Jahres 1997 werden 4,2 Millionen Arbeitslose erwartet. Zu dieser hohen Zahl müssen die Teilnehmer in staatlich finanzierten Beschäftigungs-

programmen (ABM, Umschulung usw.) noch dazugerechnet werden, ebenso die sogenannte „stille Reserve" – also all jene, die zwar gern eine Arbeit hätten, aus Mangel an Angeboten aber gar nicht erst auf dem Markt in Erscheinung treten. Insgesamt kommt man auf eine Zahl von rund 7,8 Millionen Menschen ohne bzw. ohne reguläre Arbeit – mehr als ein Fünftel der erwerbstätigen Bevölkerung.

Während einerseits die Zahl der Haushalte mit niedrigem Einkommen stark ansteigt, nimmt andererseits auch das Vermögen der Deutschen stark zu. Seit 1991 wuchsen die Brutto-Geldvermögen der privaten Haushalte um jährlich 7,8 Prozent auf 4,65 Billionen DM. Etwa die Hälfte aller deutschen Haushalte besitzt ein Gesamtvermögen zwischen 100000 und 1 Million DM. Trotz dieser Rücklagen sind die Deutschen im Konsum zurückhaltend.

Zusätzlich zu diesem gesamtwirtschaftlich schwierigen Umfeld nimmt die Konzentration in wesentlichen Abnehmersegmenten weiter zu. Die so gesteigerte Einkaufsmacht und die Professionalisierung im Einkauf (Lopez-Effekt) erhöhen Preis- und Konditionendruck zusätzlich.

All diese Faktoren zusammengenommen führen dazu, daß der Effizienzdruck auch auf die Vertriebsorganisationen immer weiter zunimmt.

Stärkere Differenzierung der Anforderungen

Eine weitere, für den Vertrieb entscheidende Veränderung läßt sich im Einkaufsverhalten beobachten: Bislang ließen sich die Verbraucher im wesentlichen in zwei klassische Gruppen einteilen: die Schnäppchenjäger (kaufentscheidendes Kriterium: Preis) sowie die qualitätsorientierten Käufer (kaufentscheidendes Kriterium: Marke). Mit dem *Smart shopper* hat heute eine dritte Käuferschicht an Bedeutung gewonnen, die ein Maximum an Qualität zum niedrigstmöglichen Preis möchte und in der Regel gut informiert ist. Diese Käuferschicht, die in Deutschland auf 29 Prozent der Kunden geschätzt wird, hat wesentlich dazu beigetragen, daß die Markenloyalität in vielen Märkten stark zurückgegangen ist und bekannte Namen nicht mehr im gleichen Umfang wie früher einen höheren Preis erzielen können. Darüber hinaus führt diese Differenzierung der Verbraucherseite zu einer weiteren Differenzierung der Betriebsformen im Handel, der sich damit in Auftritt und Sortiment auf diese Entwicklung einstellt.

Das Käuferverhalten hat sich auch durch die veränderte Verfügbarkeit von Zeit gewandelt. Während die Konsumenten einerseits etwa durch Arbeitszeitverkürzungen immer mehr Zeit zur Verfügung haben, wird Zeit auf der anderen Seite aufgrund sozioökonomischer Trends (Berufstätigkeit von Frauen, Single-Haushalte) ein immer knapper werdendes Gut. Viele Konsumenten streben deshalb danach, als „unnötig" empfundenen Zeitaufwand (wie Haushaltstätigkeiten, Essenszubereitung, Einkäufe) zu minimieren und wo immer möglich zu flexibilisieren (Forderung nach langen Öffnungszeiten).

Das Verlangen nach Convenience hat dazu geführt, daß entsprechende Betriebsformen im Handel immer mehr Erfolg verzeichnen und somit auch Volumen gewinnen. Zusätzliche Vertriebskanäle erlangen dadurch an Relevanz für die Hersteller – allerdings mit völlig anderen Anforderungen an den Vertrieb, z. B. Tankstellenshops, Bahnhofsservice und Kioske, nicht zuletzt der Versandhandel.

Im industriellen Einkauf ist ebenfalls eine Polarisierung des Einkaufsverhaltens erkennbar. Auf der einen Seite steht der Commodity-Kauf von hochstandardisierten Produkten, bei denen Qualität Grundvoraussetzung und kein Differenzierungsmerkmal für den Hersteller ist („Made in Germany"). Im Vordergrund stehen der Preis sowie die logistische Leistungsfähigkeit in punkto Lieferfähigkeit, -zeit und -qualität. Die persönliche Bindung zwischen Einkäufer und Verkäufer verliert hier immer mehr an Bedeutung.

Auf der anderen Seite steht der Problemlösungskauf mit Anspruch auf individuelle Produkte und Dienstleistungen. In diesem Fall wird das Produktgeschäft zum Systemgeschäft, und die individuelle Anwendungsberatung wird zum Erfolgsfaktor. Dienstleistung eignet sich auch hier als Differenzierungsmerkmal zu anderen Herstellern, erzeugt jedoch häufig keine zusätzliche Preisbereitschaft.

Die zunehmende Heterogenität der Zielgruppen für den Vertrieb macht Vertriebssysteme erforderlich, die in der Lage sind, den differenzierten Anforderungen kompetent, aber auch effizient zu begegnen.

Steigende funktionale Integration

Parallel zur Differenzierung des Einkaufsverhaltens entwickelt sich eine organisatorische Integration der Funktion Einkauf in ein neues Umfeld. In Industrie und Handel erfolgt die Ausrichtung der Organisation zunehmend an strategischen Geschäftsfeldern. Diese werden dann nach allen Regeln der Unternehmensführung optimiert. Neben den Fragen nach Preisen, Konditionen und Menge treten damit in den Verhandlungen mit den Lieferanten Fragen der Sortimentsgestaltung, Produktplazierung, gezielten Abverkaufsförderung, administrativen und logistischen Abwicklung sowie die DV-Vernetzung in den Vordergrund.

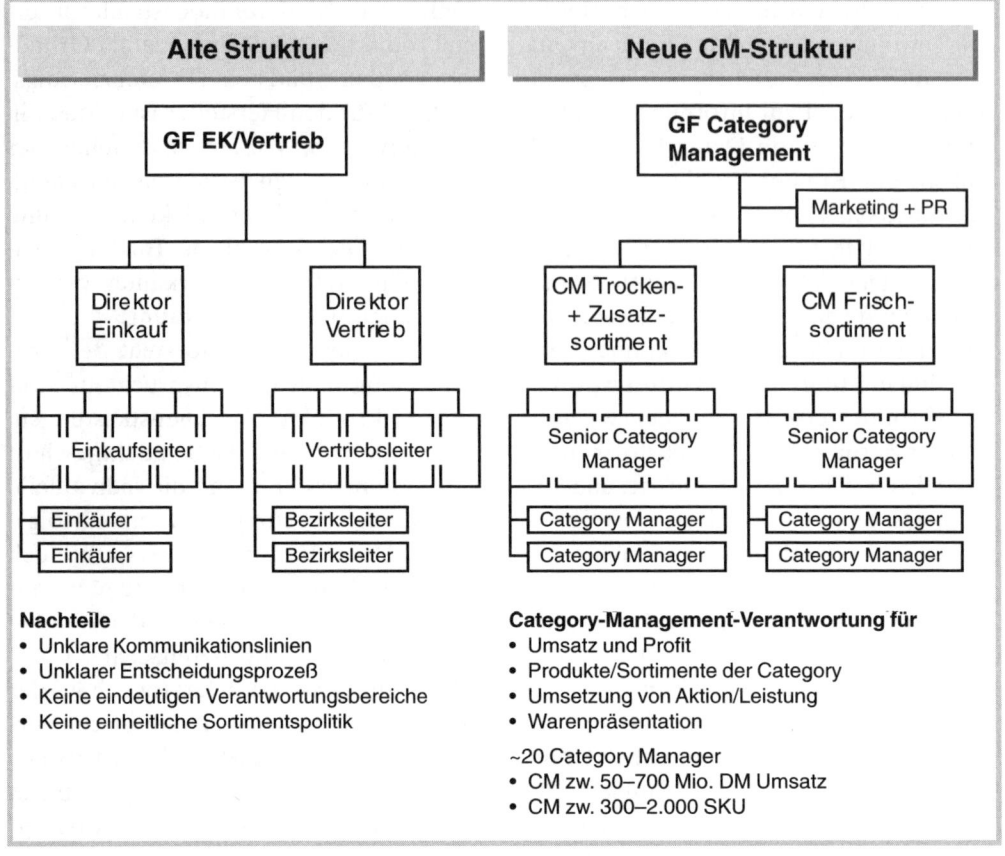

Alte Struktur	Neue CM-Struktur

Nachteile
- Unklare Kommunikationslinien
- Unklarer Entscheidungsprozeß
- Keine eindeutigen Verantwortungsbereiche
- Keine einheitliche Sortimentspolitik

Category-Management-Verantwortung für
- Umsatz und Profit
- Produkte/Sortimente der Category
- Umsetzung von Aktion/Leistung
- Warenpräsentation

~20 Category Manager
- CM zw. 50–700 Mio. DM Umsatz
- CM zw. 300–2.000 SKU

Abb. 1: Beispiel für Category-Management (CM) Organisation Handel bei Albrecht Heijn (Niederlande) – Quelle: Albert Heijn, Roland Berger & Partner

Im Lebensmitteleinzelhandel z.B wird die Organisation zunehmend an Warengruppen (Produkt-„Categories") ausgerichtet. Die alte funktionale Organisation wird abgelöst von einer funktionsübergreifenden Category-Organisation. Der Category-Manager ersetzt den Einkäufer als Ansprechpartner im Handel.

Dieser strukturelle und konzeptionelle Wandel im Handel verändert auch die Anforderungen an die Mitarbeiter im Vertrieb. Hier ist zunehmend der Berater für den Category-Manager bzw. Business-Unit-Manager gefragt, der kompetenter Ansprechpartner für die zuvor erwähnten operativen und strategischen Fragestellungen der Category in einem spezifischen Vertriebskanal oder einer Zielgruppe ist.

An die Stelle des Verkaufsprofis tritt mehr und mehr der beratungsorientierte Channel-Manager.

Zunehmende Europäisierung

Ein treibender Faktor der Veränderungen von Vertriebsorganisationen ist auch die Europäisierung wesentlicher Abnehmergruppen. Das Zusammenwachsen Europas führt dazu, daß viele Unternehmen ihre Konzentration auf die Stammmärkte zugunsten einer europaweiten Präsenz aufgeben. Die Einführung des Euro beschleunigt diesen Prozeß. Die wachsende Preistransparenz wird zur Harmonisierung des europäischen Preisniveaus führen. Durch weiteren Wegfall grenzüberschreitender Handelshemmnisse werden Industrie und Handel internationale Beschaffungsmöglichkeiten stärker nutzen und ihre Einkaufs- und Preisentscheidungen zunehmend europäisch zentralisieren.

Die organisatorischen Voraussetzungen in Industrie und Handel sind über europäische Dachorganisationen bzw. Einkaufsfunktionen häufig schon gegeben. Die operative Umsetzung des europäischen Einkaufs scheitert jedoch oft noch an fehlender Transparenz der europäischen Lieferantensituation, an nationalen Interessen innerhalb der Organisation und lokalen Produktspezifika. Diese Hürden werden in absehbarer Zeit an Bedeutung verlieren. Die Vertriebsstrategie und -organisation der Zukunft wird sich daher an transnationalen Erfordernissen ausrichten müssen.

Die Vertriebsstrategie der Zukunft erfordert strukturelle Anpassungen

Diese Veränderungen der Rahmenbedingungen stellen den Vertrieb vor neue Herausforderungen. Angesichts der Geschwindigkeit des Wandels wird der künftige Unternehmenserfolg abhängig davon

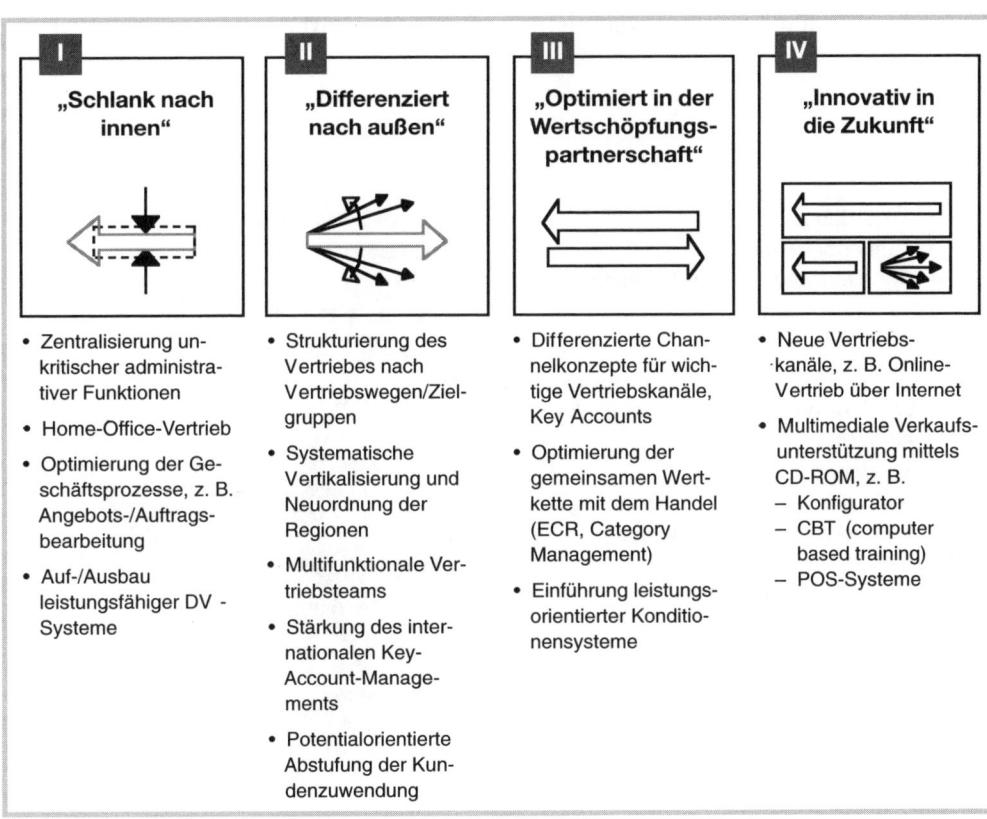

I	II	III	IV
„Schlank nach innen"	„Differenziert nach außen"	„Optimiert in der Wertschöpfungspartnerschaft"	„Innovativ in die Zukunft"

- Zentralisierung unkritischer administrativer Funktionen
- Home-Office-Vertrieb
- Optimierung der Geschäftsprozesse, z. B. Angebots-/Auftragsbearbeitung
- Auf-/Ausbau leistungsfähiger DV - Systeme

- Strukturierung des Vertriebes nach Vertriebswegen/Zielgruppen
- Systematische Vertikalisierung und Neuordnung der Regionen
- Multifunktionale Vertriebsteams
- Stärkung des internationalen Key-Account-Managements
- Potentialorientierte Abstufung der Kundenzuwendung

- Differenzierte Channelkonzepte für wichtige Vertriebskanäle, Key Accounts
- Optimierung der gemeinsamen Wertkette mit dem Handel (ECR, Category Management)
- Einführung leistungsorientierter Konditionensysteme

- Neue Vertriebskanäle, z. B. Online-Vertrieb über Internet
- Multimediale Verkaufsunterstützung mittels CD-ROM, z. B.
  – Konfigurator
  – CBT (computer based training)
  – POS-Systeme

Abb. 2: Strukturelle Ansatzpunkte für eine parallele Effizienz- und Leistungssteigerung des Vertriebs

sein, inwieweit der strukturelle Wandel im Vertrieb konsequent vollzogen wird.

Wie läßt sich der Vertrieb der Zukunft vor diesem Hintergrund gestalten?

Wir sehen vier strukturelle Punkte (s. Abbildung unten), an denen Veränderungen ansetzen müssen, um die Effizienz zu steigern und den Anforderungen der Kunden gerecht zu werden.

Schlank nach innen

Die Basis für mehr Schlagkraft nach außen ist die schlanke Gestaltung der internen Strukturen. Ein Schwerpunkt liegt dabei – neben der klassischen Prozeßoptimierung und dem verstärkten Einsatz von DV in Akquisition und Abwicklung – auf dem Abbau von dezentralen Strukturen. So werden z. B. alle diejenigen administra-

tiven Funktionen zentralisiert, die vom Kunden nicht unmittelbar wahrgenommen werden.

Die kundenzugewandten Funktionen des Vertriebs – insbesondere in der regionalen Betreuung durch den Außendienst – bleiben vor Ort, jedoch ohne aufwendige Strukturen (Niederlassungen, Vertriebsbüros). Hier setzt sich in der Regel eine Home-Office-Lösung durch.

Die interne Verschlankung erfolgt in zwei Schritten:

Im ersten baut ein Unternehmen Niederlassungen ab und bildet ein nationales Operation-Center, in dem die administrativen Funktionen (z. B. Vertriebsabwicklung, Buchhaltung), aber auch Logistik zentralisiert werden. Dort wird zusätzlich die Datenverarbeitung zentralisiert, in der

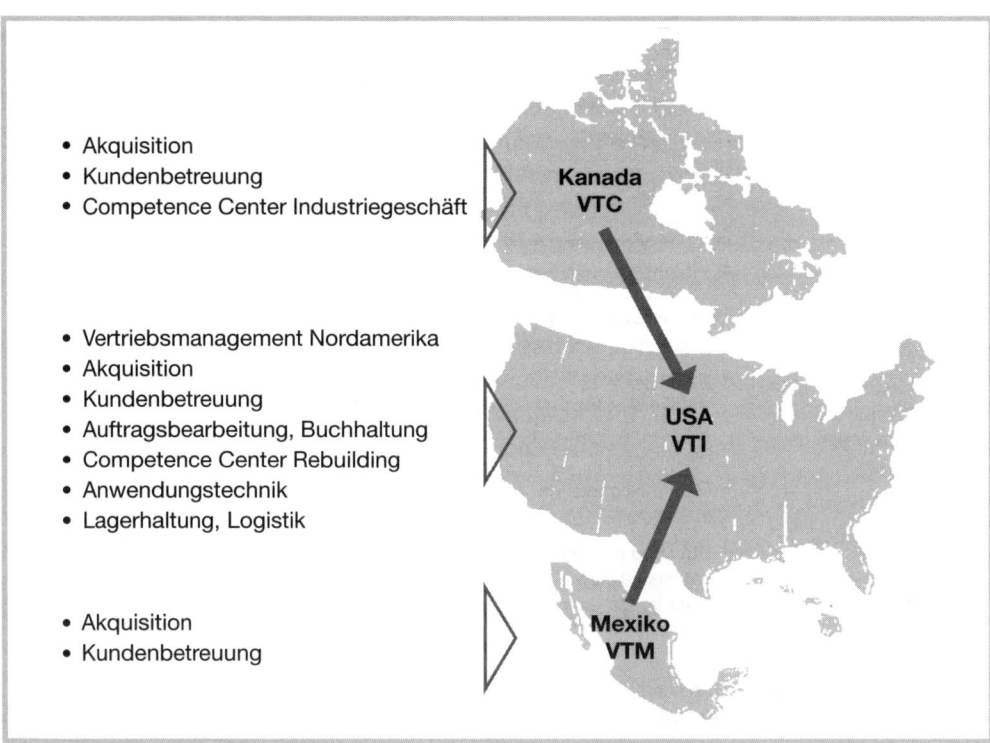

Abb. 3: Transnationale Organisation – Beispiel Getriebeindustrie: Vertriebsorganisationen werden zunehmend transnational gestaltet

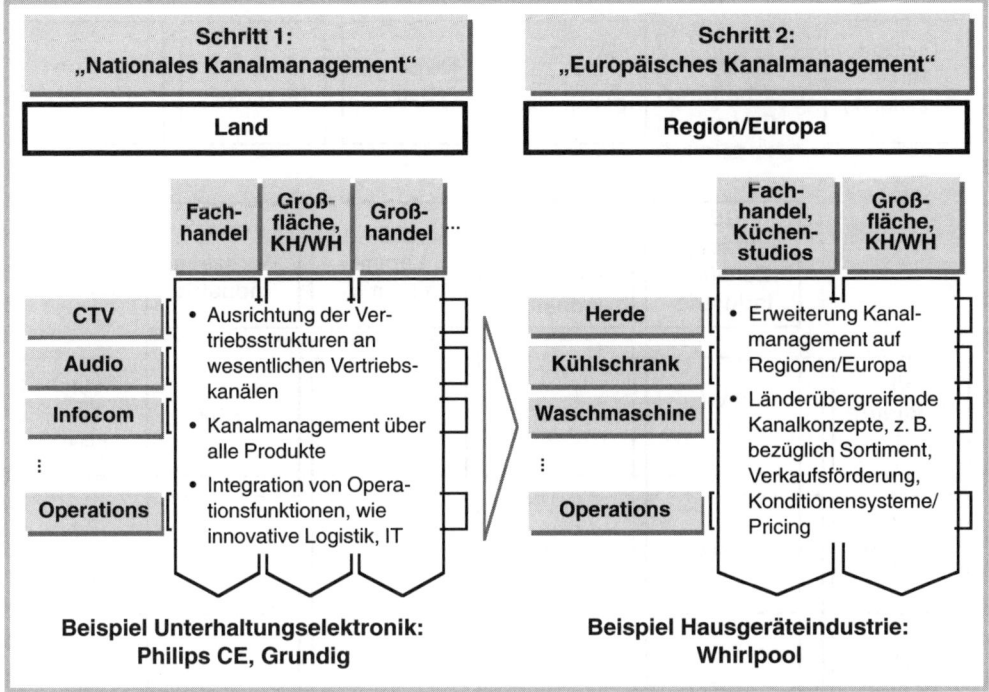

Abb. 4: Die Ausrichtung der Außenorganisation an wesentlichen Zielgruppen bzw. Vertriebskänalen

die entscheidungsrelevanten Kunden- und Marktdaten gepoolt werden. Das Unternehmen verbessert damit seine Kostenposition, und das Management erhält direktere, bessere Informationen.

In der Fast-Moving-Consumer-Goods-Industrie ist dieser Prozeß seit vielen Jahren abgeschlossen. Gegenwärtig ist dieser Trend auch in der Gebrauchsgüterindustrie (z. B. Unterhaltungselektronik, Hausgeräteindustrie) und Teilen der Investitionsgüterindustrie zu beobachten.

Im zweiten Schritt werden diese nationalen Zentren restrukturiert und in ein europaweites oder länderübergreifendes regionales Operation-Center integriert. In der Logistik ist die Entwicklung schon weit vorangeschritten, weitere Vertriebsfunktionen ziehen langsam nach. In Nordamerika gibt es bereits zahlreiche Bei-

spiele für solche transnationalen Organisationen.

Die Zentrale in einem der NAFTA-Staaten ist zuständig für Auftragsbearbeitung, Buchhaltung, Lagerhaltung, Vertriebsmanagement usw. Die einstmals weitgehend selbständigen nationalen Einheiten eines Unternehmens unterhalb der Zentrale werden in der Folge entweder auf ihre reinen Vertriebsfunktionen beschränkt oder erfahren eine Aufwertung als Competence-Center. Ein solches Center bearbeitet dann jedoch nicht mehr ausschließlich einen nationalen, sondern vielmehr den gesamten nordamerikanischen Markt.

Differenziert nach außen

Die intern schlank gewordenen Unternehmen treten auch nach außen völlig neu

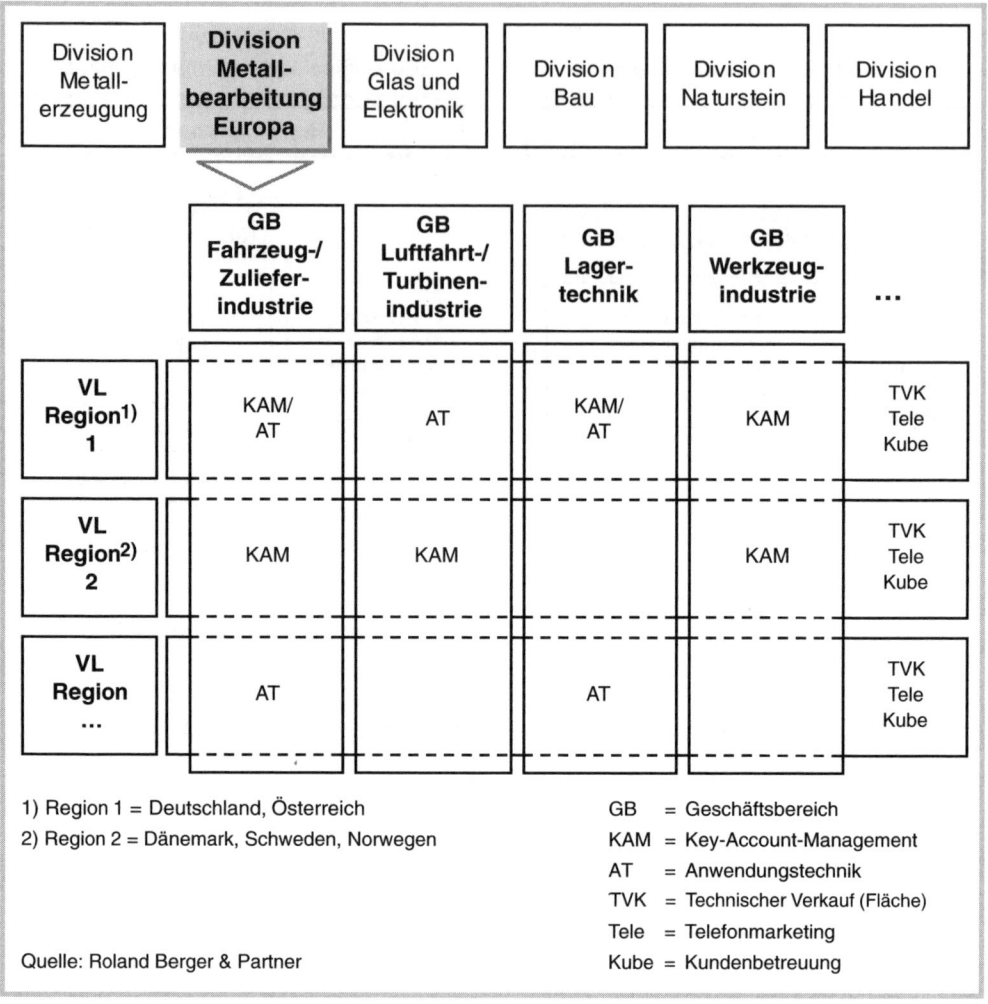

| Division Metall- erzeugung | **Division Metall- bearbeitung Europa** | Division Glas und Elektronik | Division Bau | Division Naturstein | Division Handel |

	GB Fahrzeug-/ Zuliefer- industrie	GB Luftfahrt-/ Turbinen- industrie	GB Lager- technik	GB Werkzeug- industrie	...
VL Region[1] 1	KAM/ AT	AT	KAM/ AT	KAM	TVK Tele Kube
VL Region[2] 2	KAM	KAM		KAM	TVK Tele Kube
VL Region ...	AT		AT		TVK Tele Kube

1) Region 1 = Deutschland, Österreich
2) Region 2 = Dänemark, Schweden, Norwegen

GB = Geschäftsbereich
KAM = Key-Account-Management
AT = Anwendungstechnik
TVK = Technischer Verkauf (Fläche)
Tele = Telefonmarketing
Kube = Kundenbetreuung

Quelle: Roland Berger & Partner

Abb. 5: Beispiel Werkzeugindustrie: europäische Vertikalisierung der Organisation nach Zielgruppen bzw. Vertriebskanälen

auf. An die Stelle der früheren Produkt- oder Regionenzuständigkeit des Vertriebs tritt jetzt die Orientierung des nationalen Vertriebs an den wichtigsten Zielgruppen oder Vertriebskanälen. Die Differenzierung erfolgt in der Regel nicht mehr nach Produkten oder Gebieten, sondern nach Abnehmergruppen. So entsteht die neue Funktion des Business-Group- oder Channel-Managers.

Zum Beispiel United Destillers: Für den Getränkehersteller sind typischerweise Einzelhändler, Discounter, SB-Warenhäuser und die Gastronomie die Abnehmergruppen. Jeder dieser Vertriebskanäle wird produktübergreifend von je einem Channel-Manager betreut.

Die Grenzen zwischen Marketing und Vertrieb werden dabei neu definiert. Der Channel-Manager ist nicht nur für den

Vertrieb verantwortlich, sondern auch für das Handelsmarketing sowie für kanalspezifische Sortimente.

Innerhalb einer solchen zielgruppenorientierten Vertriebseinheit werden spezifische Analysen und Studien zum Potential eines bestimmten Kanals durchgeführt und die Marketingaktivitäten auf die Bedürfnisse dieses Kanals zugeschnitten.

Diese Form der Vertikalisierung wird sich zukünftig sehr viel stärker transnational vollziehen. Die immer stärker nachgefragte Channel-Manager-Funktion sowie die vermehrt länderübergreifende Differenzierung der Vertriebskanäle und Zielgruppen führen dazu, daß die Anforderungen an den Vertrieb mehr und mehr durch diese Gruppen definiert werden. Die wachsende Internationalisierung wesentlicher Kunden oder Vertriebskanäle sowie das Zusammenwachsen Europas in vielerlei Hinsicht stellen dabei die Strukturierung nach Ländern zunehmend in Frage.

Ein Beispiel aus der Werkzeugindustrie zeigt die zukünftige Entwicklung. An die Stelle der klassischen Länderorganisation mit in sich regionaler Vertriebsverantwortung sind zielgruppenorientierte, europaweit agierende Business-Units getreten. Diese Units sind gegliedert in eine europäische Marketingfunktion (Geschäftsbereiche) sowie länderübergreifende Vertriebsregionen. In diesen Regionen wird der Vertrieb mehrerer Länder, z. B. Deutschland, Österreich oder Dänemark, Schweden, Norwegen gesteuert, wobei die einzelnen Außendienstmitarbeiter sich meist innerhalb einer Sprachregion bewegen.

Optimiert in der Wertschöpfungspartnerschaft

Die Realisierung der beiden bisher genannten Punkte führt zu einer Verbesserung von Kostenstruktur, internem Informationsfluß und Marktauftritt eines Unternehmens. Jedoch müssen sie im Zusammenhang mit einem dritten Punkt gesehen werden, der die Einführung eines völlig neuen Denkansatzes im Vertrieb bedeutet.

Die Vertriebskonzepte der Gegenwart waren und sind einseitig auf Preis und Menge ausgerichtet. Im Sinn einer „Push-Strategie" setzen die Hersteller ihre Produkte an den Handel ab. Dieser muß sie jedoch häufig mit deutlichen Preiszugeständnissen abverkaufen, weil der Konsument ganz andere Produkte verlangt. Der Fehler des traditionellen Systems liegt oft in der fehlenden Kundenkenntnis der Produzenten und der unzureichenden Kooperation mit dem Handel oder Abnehmer.

Inzwischen versuchen führende Konsumgüterunternehmen Europas und Nordamerikas, diese Schwachpunkte auszugleichen, indem sie *Efficient Consumer Response* (ECR) einsetzen. ECR führt zu einer engen Kooperation zwischen Industrie und Handel und strebt nach einer möglichst effizienten Wertschöpfungskette, die sowohl die Profitabilität beider Partner wie auch den Kundennutzen steigert. ECR wandelt das traditionelle „Push-System" in ein „Pull-System", bei dem die oberste Fragestellung lautet: „Was will der Endverbraucher zu welchem Zeitpunkt und zu welchem Preis in seiner Einkaufsstätte?"

ECR baut auf vier Basisstrategien auf:

- *Efficient Replenishment* (effizienter Warenfluß)
- *Efficient Promotion* (effiziente Planung von Aktionen)
- *Efficient Store Assortment* (effiziente Sortimentssteuerung)
- *Efficient New Product Introduction* (Optimierung der Einführung von neuen Produkten)

Diese ECR-Strategien werden heute vorwiegend für die Konsumgüterindustrie diskutiert. Sie sind jedoch übertragbar auf alle Industrien, die schnelldrehende Produkte über den Handel vertreiben. Dies gilt z. B. in der Gebrauchsgüterindustrie für die Wälzlagerindustrie. Hier realisiert SKF ähnliche Ansätze unter der Bezeichnung TFO *(Trouble-free Operations)*.

Auf Basis dieser vier Strategien wird einerseits durch das Supply-Chain-Management die Angebotsseite, andererseits durch das Category-Management die Nachfrageseite optimiert.

Kernpunkt des Category-Management ist: In einem gemeinsamen Geschäftsprozeß von Handel und Lieferant(en) werden einzelne Warengruppen als strategische Geschäftseinheiten geführt werden. Dabei versteht man unter Category (Warengruppe) eine unterscheidbare, eigenständig steuerbare Gruppe von Produkten oder Dienstleistungen, die die Konsumenten als zusammenhängend bzw. untereinander austauschbar betrachten. Beispiele für Bekleidungswarengruppen sind einerseits traditionelle Sortimentsabteilungen wie Röcke, Strümpfe und Hosen, andererseits Outfit-Abteilungen wie Junge Mode, Business usw. Im Lebensmitteleinzelhandel kann Category-Management die Zusammenfassung und gemeinsame Präsentation von Angebotsgruppen sein, z. B. gruppiert nach Konsumanlässen wie Frühstück, Freizeit usw.

Durch einen engen Informationsaustausch beseitigt Category-Management viele typische Defizite herkömmlicher Handels-Lieferanten-Beziehungen. Während bisher bei Jahresgesprächen fast ausschließlich Preise, Konditionen und Mengen im Mittelpunkt der Verhandlungen stehen, wird im Rahmen des Category-Management gemeinsam überlegt, mit welchen Maßnahmen sich die Warengruppe aus Sicht des Konsumenten attraktiver gestalten läßt. Da Handel und Industrie Informationen im Gegenstromverfahren austauschen – etwa über Abverkaufszahlen oder Marktforschungsdaten –, entsteht ein vertieftes Verständnis für die eigentlichen Bedürfnisse des Konsumenten.

So werden Trends schneller erkannt und die Floprate neuer Produkte reduziert. Europaweit schnell wachsende Unternehmen wie Hennes & Mauritz oder Marks & Spencer beweisen, daß dies bei konsequenter Umsetzung der Strategie gelingen kann.

Category-Management bedeutet freilich, daß Rolle und Funktion des traditionellen „Verkäufers" vollkommen neu definiert werden. Es geht nicht mehr darum, argumentativ geschickt möglichst hohe Mengen zu einem möglichst hohen Preis abzusetzen. Gefordert ist vielmehr der Aufbau einer langfristig angelegten Partnerschaft zwischen beiden, in der ein Category-Consultant oder Channel-Manager des Herstellers mit einem Category-Manager des abnehmenden Handels kooperiert. Beide werden unterstützt durch multifunktionale Teams in beiden Partnerunternehmen, die sich aus Vertrieb, Produktion, Logistik, Marketing/Produktentwicklung und EDV zusammensetzen. Diese Teams setzen den von Channel-Manager und Category-Manager gemeinsam erarbeiteten Geschäftsplan um, wobei sich bei Hersteller und Handel jeweils funktionale Spezialisten gegenüberstehen.

ECR und Category-Management steigern die interne Effizienz, indem sie die Beziehung zwischen dem Lieferanten (Industrie) und dem Abnehmer (Händler) neu gestalten. Sie fordern eine Neuausrichtung der Unternehmensorganisation wie auch der Unternehmenskultur auf beiden Seiten. An die Stelle des Verkaufsprofis tritt der teamorientierte Manager mit breiter Kompetenz auf allen Stufen des gemeinsamen Wertschöpfungsprozesses. In der Folge sind darüber hinaus wesentliche Vertriebsinstrumente grundlegend anzupassen. Dies betrifft die Vertriebssteuerungsinstrumente ebenso wie das Entgeltsystem und die leistungsorientierten Konditionensysteme.

Innovativ in die Zukunft

Der Vertrieb der Zukunft muß mit innovativen Konzepten arbeiten, um für den Kunden permanent attraktiv zu sein. Die dazu notwendige Profilierung im Wettbewerb erfordert Innovationen in Angebot, Service und Technologie.

Im Bereich der Angebotsinnovation muß der Vertrieb z. B. im Handel das veränderte Konsumverhalten für eine strategische Neuausrichtung nutzen und im Verbund mit dem Marketing zielgruppenspezifische Maßnahmen entwickeln. Die heterogene Zusammensetzung der potentiellen Kunden und die immer kürzer werdenden Lebenszyklen der Betriebsformen im Handel fordern die Weiterentwicklung bestehender und die Ausarbeitung neuer Angebotsformen.

Das größte Wachstum versprechen Angebote für den erlebnisorientierten Einkauf (Warehouse Clubs, Mega-Malls, Entertainment-Center usw.) auf der einen Seite und für den convenienceorientierten (Heimdienste, Abholstationen usw.) auf der anderen. Verkaufserfolg verspricht nicht zuletzt die klare Positionierung an einer spezifischen Kundenorientierung: Luxus, Kompetenz, Lifestyle oder Preisgünstigkeit.

Bei den Serviceinnovationen muß den Bedürfnissen der Kunden nach Convenience stärker als bisher entsprochen werden, um noch einen Wettbewerbsvorsprung zu erreichen. Die momentanen convenienceorientierten Konzepte sind primär auf die Nutzung von Fremdfrequenzen ausgerichtet. So nutzen bislang etwa Tankstellenshops die Kundenfrequenz beim Benzinverkauf oder profitieren Bahnhofshops von der hohen Frequenz an Reisenden. Zukünftig wird es jedoch noch stärker darauf ankommen, eigene Nutzungsfrequenzen durch noch ausgeprägtere Serviceorientierung und nachbarschaftliche Nähe zu generieren.

Schließlich gilt es, technologische Innovationen im Verkauf einzusetzen, um auf diesem Weg Kunden zu gewinnen bzw. zu binden. Instore-Terminals und -Kiosksysteme z. B können die Beratungsqualität erhöhen und zugleich das Image bei technologieorientierten Konsumentenschichten fördern. Durch die Benutzung erhält der Anbieter verwertbare Daten über Kundenwünsche und Kundenverhalten.

Für den Einzelhandel ist die intensive Befassung mit multimedialen Präsentationsformen auch aus folgendem Grund wichtig: Je mehr potentielle Kunden über Heim-PCs mit CD-ROM-Laufwerk oder Internetanschluß verfügen, desto größer sind die Wachstumsaussichten von Outstore-Systemen wie CD-ROM-Katalogen, Tele-/Online-Shopping. Sie führen dazu, daß sich sehr bald Teile des Verkaufs aus den Ladengeschäften ins elektronische Netz bzw. ins (digitale) Fernsehen verlagern werden.

Die mittelfristigen Entwicklungsperspektiven zeigen, daß künftig vor allem Teile des convenienceorientierten Einkaufs von zu Hause aus abgewickelt werden. Dies bietet für die Kunden Vorteile (24-Stunden-„Öffnungszeit", Wegersparnis, breite Auswahl und Vergleichbarkeit,

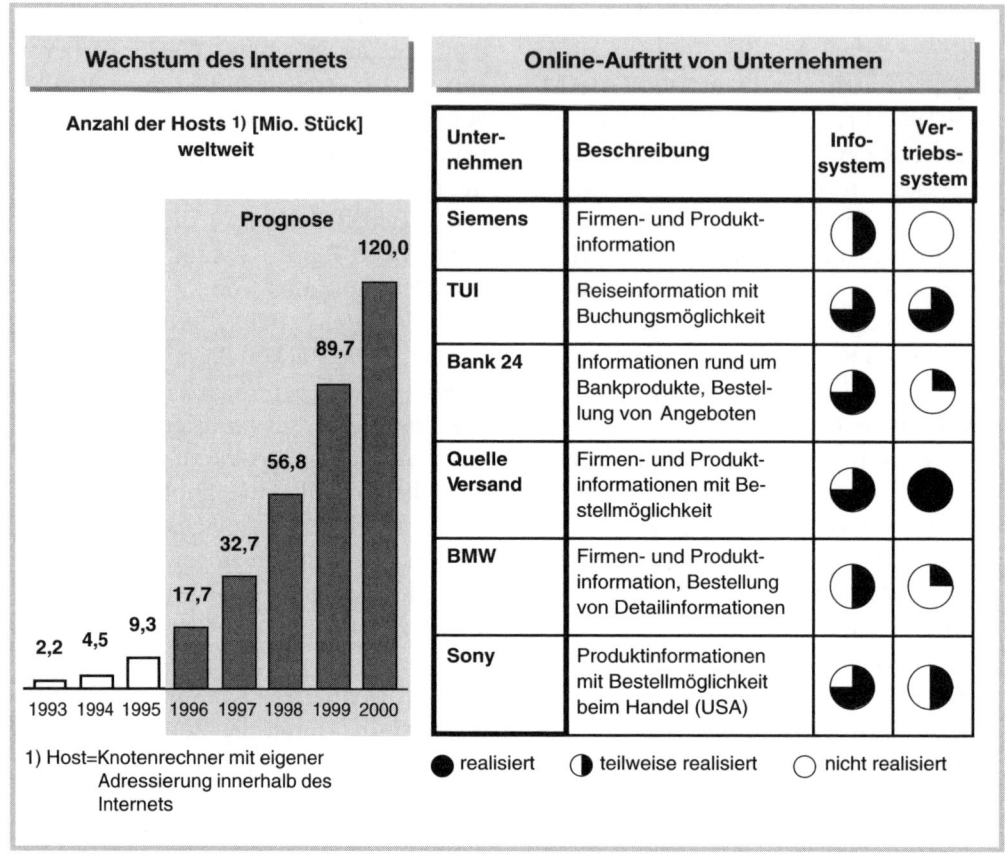

Abb. 6: Der zunehmende Vertrieb über Online-Dienste des Internet erfordert neue Vertriebsstrategien und -organisationen

Heimzustellung) sowie für die Produzenten von Waren- und Dienstleistungen (flexible Angebotsaktualisierung, hohes Kundenbindungspotential durch Service).

Für den traditionellen Einzelhandel bedeutet dies jedoch den Verlust heutiger Absatzvolumina. Der frühzeitige Aufbau strategischer Multimediakompetenz sowohl Instore als auch in Netz-/TV-Angeboten kann dies verhindern helfen. Namhafte Einzelhandelsunternehmen beschreiten diesen Weg bereits, z. B Karstadt/Hertie in Kooperation mit Neckermann, die gemeinsam eine virtuelle Shopping-Mall über T-Online aufbauen,

oder auch die Rewe- oder die Metro-Gruppe.

Demgegenüber stehen die vermehrten Aktivitäten des Direktvertriebs bei Anbietern und Herstellern, die zunehmend den Handel als Vertriebsstufe ausklammern. Beschränkt sich z. B. die Automobilindustrie heute noch auf Point-of-Information-Systeme (POI), so zeigen andere Beispiele die unaufhaltsame Entwicklung. Bedeutende Flug-Carrier gehen davon aus, daß im Jahr 2000 20 Prozent ihrer Flüge auf diesem Weg direkt gekauft werden. In den USA zeigt Dell, daß bereits heute 15 Prozent ihrer PCs über das Inter-

26

net verkauft werden können, für das Jahr 2000 geht man von 50 Prozent aus.

Diese Entwicklung wird bereits in relativ naher Zukunft dazu führen, daß Vertriebsstrategien und -organisationen vollständig neu zu definieren sind.

Kurzfristig dürfen Erträge wegen der hohen Anlaufkosten kaum zu erwarten sein, doch ist frühzeitiges Engagement notwendig, um den entstehenden Markt mitzugestalten und um die eigene Position frühzeitig zu besetzen und abzusichern.

1.2 Spielplan für das Management

Der Autor

Prof. Dr. phil. Gertrud Höhler, ursprünglich Literaturwissenschaftlerin, arbeitet seit 1985 als freie Unternehmerin und Beraterin von Wirtschaft und Politik. Sie ist Autorin zahlreicher kultur- und literaturwissenschaftlicher Bücher und hält Mitgliedschaften in vielen wichtigen Gremien des öffentlichen Lebens, wie z.B. dem Vorstand der Stiftung Denkmalschutz und etlichen mehr. Seit 1992 fungiert sie als Non-executive Director bei der Grand Metropolitan PLC in London, seit 1997 ist sie außerdem Verwaltungsratsmitglied der CIBA.

Wettspiele der Macht waren es, zu Lande, zu Wasser und am Himmel, die das „Gleichgewicht des Schreckens" ausmachten. Zwei riesige Blöcke, die USA und die UdSSR, standen einander gefesselt gegenüber, als der Wettlauf sich als endlich erwies. Die Welt war immer noch in Ordnung – gerade weil es diese Blöcke gab. Die abendländische Ordnung beruht auf dem Denken in Alternativen. Das Gute wird nur greifbar vor dem Hintergrund des Bösen.

Der Sturz der Götterbilder

Die Weltordnung von Falsch und Richtig, Gut und Böse, wie wir Europäer und die Amerikaner sie gewöhnt sind, wird sich lange nicht (oder nie?) von jenem Schlag erholen, der mit dem Riß der osteuropäischen Vorhänge mitten in das westliche Credo niederfuhr. Feindverlust – ein gähnendes Orientierungsvakuum tat sich auf, die neue Weltunordnung ist bei uns in ungeschickten Händen.

In der Welt der geschlossenen Blöcke wußte jeder, wohin er gehörte – ob freiwillig, war eine andere Frage. Seit die Mauer mitten in Europa einstürzte, ist die Feindordnung der freien Welt aus der Balance geraten.

Die neue Unübersichtlichkeit macht uns einiges zu schaffen. Als den Unrechtsstaaten die Bürger davonliefen, geriet über Nacht das „siegreiche" System, die Demokratie und freie Marktwirtschaft des Westens, auf den Prüfstand, mit der Folge, daß schwere Verwerfungen die politische und wirtschaftliche Kultur erschüttern. Im Augenblick der Belastung werden Defizite deutlich, deren Geschichte weiter in die Vergangenheit zurückreicht als der „Aufbruch Ost". Es zeigt sich wie Ordnungen – auch freiheitlich gewollte – mit zunehmender Perfektion starr und menschenfeindlich werden. Zu seiner Sicherung ersonnen, engen sie den Menschen schließlich ein. Statt Freiheit zu schützen, kosten sie Freiheit.

In den reichen Wirtschaftsnationen, so zeigt sich in den Jahren der Aufbrüche aus politischen Kerkern, Jahre der Wahrheit auch für den Westen, wurde Unternehmensgeschichte geschrieben ohne den natürlichen Verbündeten, den Kunden am Markt. Jeder Partner ist in diesem Sinn ein „Kunde" unserer Kompetenz und unseres Vertrauens. Sein Vertrauen leiht er uns immer nur auf Zeit – davon lebt der Wettbewerb. Doch seit das Freund-Feind-Thema obsolet wurde, knirscht es in allen Fugen: Firmen bersten, Konzerne schwanken. Die Bündnislinien liefen alle nur von Mauer zu Mauer innerhalb der Systeme. Nach draußen fehlte das starke, strategisch

einigende Band: mit dem Bürger, mit dem Kunden.

In der Belastungsprobe unerwarteten Zuschnitts ist das ungepflegte Scharnier zwischen den Großsystemen und den Partnern im Markt zur Sollbruchstelle geworden. Strategisch von außen gefordert wie nie, stellen wir fest, daß im Innern die strategischen Bündnisse fehlen.

Die neuen „Kunden" unserer Marktordnung

Eine offene, vernetzte Welt zu gestalten, Kolonialisierung via Wirtschaft weltweit, Ökologie, Humanität und Selbstbestimmung der Völker als aufklärende Begleitmusik, das war ein klares Konzept – eine Rechnung ohne die neuen Gäste an unseren Tischen. Es sind Gäste, die nicht nur mit uns essen, leben und arbeiten wollen. Sie wollen zu Hause, möglichst schnell, ein dickes Kapitel Wohlstandsgeschichte nachbuchstabieren.

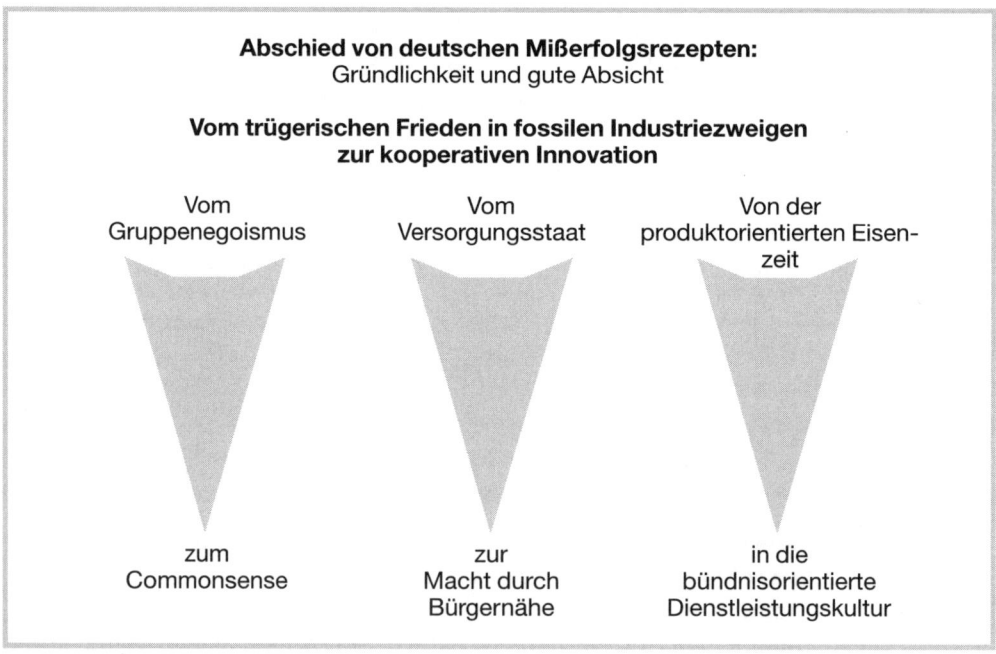

Abb. 1: Der Sturz der Götterbilder

Während diese neuen Partner unserer Marktordnung voller Erwartung, gemischt mit Furcht, Enttäuschung und Ungeduld, zu uns stoßen, werden die Westländer bei ärgsten Versäumnissen ertappt: Die Partnerschaften im Markt, um die es vor allem geht, jene zwischen Anbietern und Kunden, Mitarbeitern und Führung, Firmen und Öffentlichkeit, Wirtschaft und Presse, sind aufs schwerste gestört. Am meisten unterschätzt wurde jener Marktpartner, der das ganze Spiel in Gang hält: der Kunde.

Erst die neue Situation der gefallenen Mauern, die einen Zustrom neuer Kunden mit sich bringt, macht ein längst schwelendes Problem der Wohlstandskultur virulent: das Phänomen des totgeschwiegenen Financiers, des auf Königsthrone gedrängten Unbekannten, dessen Bedürfnisse man zu steuern glaubte.

Good bye, old Germany

Für Deutschlands Wirtschaft geht es um ein Comeback auf der Weltbühne, das nicht durch den Stopp der Talfahrt, sondern nur durch ein neues Bündnis der Disziplin und des *Common sense* gelingen kann. Die Aufspaltung der Verantwortung, die es bisher jeder „Interessengruppe" erlaubte, sich von Überblicksleistungen freizusprechen, die nicht ins einseitige Konzept paßten, ist ein Spiegel der Spezialisierung, die zum Verfall von Durchblick und übergreifendem Interesse führen mußte.

Die Wettspiele der Macht auf den Weltmärkten laufen zwar noch nicht ohne Deutschland, aber viele Geschäfte laufen bereits an Deutschland vorbei – und die Deutschen laufen hinter einer Entwicklung her, die andere als Sieger für sich entscheiden. Beispiele dafür gibt es reichlich: Wer Innovationen plazieren will, stolpert Monate und Jahre durch ein entnervendes

Vorschriften- und Kontrolldickicht. Der Musterknabe Deutschland feilt mit eingeschliffener Gründlichkeit und guter Absicht noch an der Lösung von gestern, während weniger penible Staaten längst mit neuen Lösungen unterwegs sind.

Jedoch: Immer mehr Unternehmer warten nicht mehr, sie innovieren ohne den Verbündeten, der eigentlich den Rahmen ihres Handels sichern sollte: die Politik. Eigentlich kehrt die Wirtschaft damit zu einem Prinzip zurück, das für die beispiellose Wohlstandsentwicklung im 20. Jahrhundert charakteristisch war: Sie sicherte Sozialstaat und Bildungsangebote durch Leistung ab – machte beides erst möglich.

Aber: Der Rahmen, in dem die Wirtschaft Initiativen ergreift, ist enger geworden. Die erreichte Vielfalt der Chancen spiegelt sich in der Vielzahl der Vorschriften und Regelungen; Spontaneität wird ebenso wirksam ausgebremst wie Innovationslust.

Ganz unerwartet meldet es sich wieder, das Gebot der Jahrtausendwende: Keiner kann Erfolg haben ohne die anderen. Während sie schwieriger wird, wäre sie notwendiger als je zuvor: die reibungsfrohe, aber temporeiche Kooperation zwischen Wirtschaft und Politik.

Wären es nur diese beiden Machtfaktoren, Politik und Wirtschaft, die sich in turbulenten Entwicklungen wenig aufeinander verlassen, stünden wir vor gewohnten Szenarien. Wäre da nicht noch der Partner, ohne den für beide letztlich nichts geht: der Bürger und Kunde, der Mitarbeiter in beiden Systemen. Von einem Bündnis mit ihm kann nicht die Rede sein, weder in den „Schönwetterphasen" der Vergangenheit noch heute.

Denn: Wer in den guten Zeiten nicht zusammengehörte, der wird in schlechten nicht ohne Umweg zueinanderfinden, denn nun hält jeder, was er hat, und jeder andere ist einer, der diesen Besitzstand bedrohen könnte. Schnell wird aus dem Kampf „jeder für sich allein" ein Kampf „gegen die anderen". Wettbewerb treibt nun in das verhängnisvolle Mißverständnis: als gnadenloser Vernichtungskampf der Starken, Skrupellosen gegen die Schwachen, die von ihrem Ethos blockiert sind.

Schnellstens müssen wir diese finsteren Legenden um den Killer Wettbewerb widerlegen, sonst bildet sich eine neue deutsche Nischenkultur der Leute mit den sauberen Händen, die genau besehen Leute mit ruhenden Händen und Köpfen sind. Die Köpfe werden gebraucht, weil der Wettbewerb der kommenden Jahre viel selbstkritisches Potential fordert.

Macht durch Bindung wird die Devise der nächsten Jahre heißen. Mitspieler dieser Erfolgsformel sind alle Mitarbeiter und Kunden. Das Netzwerk von Know-how, das sie verbindet, wird viel belastbarer sein als der autoritäre „Kundennutzen" früherer Jahrzehnte, der zwar mit dem Kunden rechnete, ihn aber nicht mitrechnen ließ.

Kundenbedürfnis und Kundenerwartung, die magischen Größen im Wettspiel um Markterfolg, richtig einzusetzen ist eine riesige, diffizile Herausforderung. Ein Unternehmen, das sich im Dienste des Kunden selbst zerstört, praktiziert nicht eben die Zukunftsbindung zu den Menschen im Markt, sondern entzieht um kurzfristiger Begünstigung willen der Kooperation für die Zukunft die Grundlage.

Die Bereinigungsversuche an den Fehlern der satten Jahre verstärkten Kleinmut und Angst bei den wichtigen Marktpartnern: Mitarbeitern und Kunden. Maßnahmen wie Personalabbau und Kostensenkung tangieren Mitarbeiter wie Kunden, so daß sich das gute „Lean-Gefühl" nicht so freudig einstellen will.

Das macht die Radikalkur so schwierig: Wirtschaft und Politik bekommen für den Marsch durch die magere Vegetation des „Tals der Büßer" keinen anderen Menschentyp, der *slim* und *lean,* leichtfüßig durch die Steppe der Bedürfnislosigkeit tänzelt. Die „Operation Gewichtsverlust" hat keine pflegeleichten Verbündeten!

Zurück in die Arena

Was die Krise so unerträglich macht, das sind die vergangenen guten Zeiten. Das

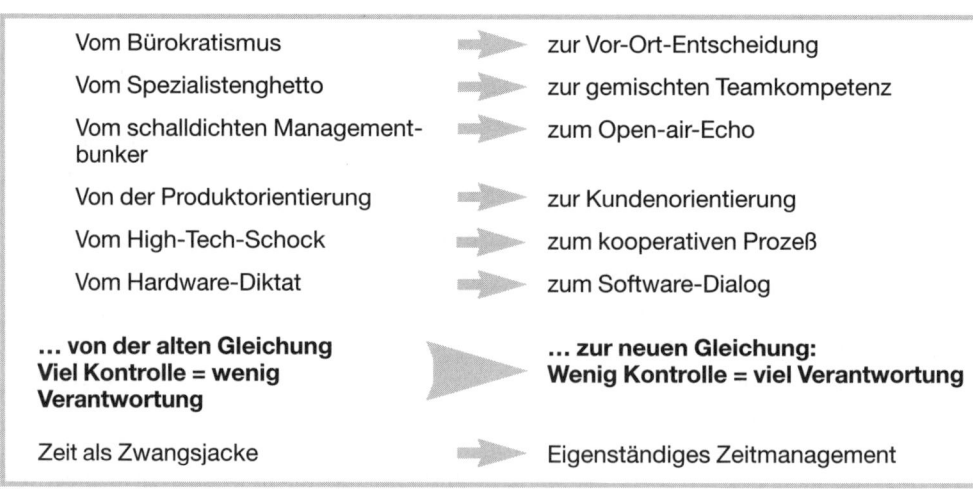

Vom Bürokratismus	zur Vor-Ort-Entscheidung
Vom Spezialistenghetto	zur gemischten Teamkompetenz
Vom schalldichten Management-bunker	zum Open-air-Echo
Von der Produktorientierung	zur Kundenorientierung
Vom High-Tech-Schock	zum kooperativen Prozeß
Vom Hardware-Diktat	zum Software-Dialog

**... von der alten Gleichung
Viel Kontrolle = wenig
Verantwortung**

**... zur neuen Gleichung:
Wenig Kontrolle = viel Verantwortung**

Zeit als Zwangsjacke	Eigenständiges Zeitmanagement

Abb. 2: „Operation Gewichtsverlust"

kollektive Wohlbefinden in der Erfolgsphase von Gesellschaften hat vor allem einen Nachteil: Es verweigert, spätestens wenn es umkippt, die Verproviantierung der absteigenden Wanderer mit Optimismus, Selbstvertrauen und Leistungsbereitschaft. Je besser es gestern war, desto mißmutiger reagieren wir auf die mäßig gute Situation von heute.

Und es ist schwer, den Schritt zu der Erkenntnis zu tun: Der Erfolg war über längere Zeit ein Begleitfaktor der reifen Nachkriegswirtschaft, der vielen Unternehmen eher zufiel als zustand. Erst im Scheitern begann man, die Bedingungen des Erfolgs zu analysieren. Und die Krise ist nicht mehr zu übertünchen.

Doch: Krisen sind buchstäblich die Chance, sich wirkungsvoll und kompromißlos von der Vergangenheit abzukoppeln. Damit ist fast über Nacht freie Marktwirtschaft zumindest in den Köpfen der Bedrohten und Verantwortlichen wieder zu einem Wettkampfplatz geworden. Das neue Selbstverständnis der Unternehmen im Wettbewerb lautet:

• Von der Pyramide in die offene Arena.
• Von der steilen Festungshierarchie zur selbstorganisierten Teamkultur.
• Vom autoritären Anbieter zum kommunikativen Bündnispartner.

Die Krise macht allen klar, daß sie in einem Boot sitzen: Führung, Mitarbeiter, Zulieferer und Zwischenhändler. Der Kunde steht am Ende dieser Kette aus Kundenverhältnissen, deren Dienstleistungsqualität immer häufiger mehr Gewicht hat als die Qualität der Produkte.

Weil die Verlustangst endlich nicht mehr alle von allen anderen trennt, sondern vielmehr alle verbindet, könnte nun endlich das größte Revirement in der Unternehmenslandschaft gelingen.

Spielplan für das Management

Den Wandel beherrschen – das meint: nicht den Fluß schieben, sondern das Kanu steuern.

Gut ist es, wenn Management und Führung sich die Maximen ihres Handelns jederzeit gebündelt vor Augen führen können. Intern und nach draußen ist ein Katalog der Regeln, denen man sich verpflichtet und denen die Partner vertrauen dürfen, ein zuverlässiges Verständigungsmittel, Herzstück der Kommunikation über Stil und Werte, Tempo und Richtung des Handelns.

Das Schiff auf Kurs und in Fahrt zu halten, dazu verpflichten sich Manager grundsätzlich. Wie sie dieses Geschäft im einzelnen anfassen, das wollen Mitarbeiter und Kunden und die kritische Öffentlichkeit von ihnen wissen. Um die Vielstimmigkeit des unternehmerischen Knowhow zu klaren Botschaften zu bündeln, sollte nicht der Ad-hoc-Anstoß von außen abgewartet werden – der dann meist auch Zeitdruck mit sich bringt. Siegorientierung und Wettkampfgeist des Hauses, die Stärken, auf die es vertraut und die es seinen Partnern anbietet, die Erwartung, die es an seine Umwelt hegt: das alles sollte in den Köpfen deutliche Umrisse haben – denn es steuert auch das tägliche Geschäft.

Management of Change, die unentrinnbare Aufgabe dieser Jahrzehnte, braucht kraftvolle Leitbilder und entschlossene Manager, die ihnen genügen. Ein Vorschlag für einen solchen Katalog der Spielregeln soll hier gemacht werden.

1. Entwickeln Sie eine Kultur, die den Wandel begrüßt! Welcome Change!
Sich selbst überlassen, widerstreben die Menschen dem Wandel. Er ist unbequem, zerreißt Gewohnheitsbande, schafft Unruhe. Täglich Abschied nehmen, das will

geübt sein. Traditionsverlust als Regelfall braucht starke Führungsbindungen.

Da wir dem Wandel nicht entkommen, sollte er mit offenen Armen empfangen werden. Mehr noch: Setzen Sie sich an die Spitze der Veränderungen!

Machen Sie das Innovationstempo; bestimmen Sie Trends und Geschwindigkeit.

Create Change! Erschaffen Sie den Wandel, studieren und bestimmen Sie seine Gesetze.

Fragen Sie immer: Wie können wir die Umwelt zu unseren Gunsten verändern? Denken Sie an das chinesische Sprichwort: „Herr der Vergangenheit ist, wer sich erinnern kann. – Herr der Zukunft ist, wer sich wandeln kann."

2. Delegieren Sie Erfolgskompetenz!

Delegieren ist nicht Luxus, sondern essentielle Notwendigkeit. Brechen Sie die Autorität hinunter in der Kette soweit als irgend möglich. Manager, Mitarbeiter und Führung sollen selbst bestimmen, wie sie ihre Aufgaben anfassen – und wie sie ihre Ergebnisse verbessern.

Sagen Sie niemals von oben herab, wie's gemacht werden soll – die Manager an ihrem Platz wissen es besser. Und genau dies müssen Sie den Managern sagen.

Wer Verantwortung an sich reißt, gibt anderen Freiraum für Entschuldigungen!

Entlassen Sie Ihre Manager und Mitarbeiter nie aus dem je eigenen Raum der Verantwortung und Kompetenz. Nur dann bleiben Ihre Leute urteilsfähig.

Ihr Motto: Qualität durch Menschen.

Verlagern Sie die Qualitätsfrage nie auf das Produkt – dort kommt sie ohnehin an. Aber sie ist gelöst, wenn sie dort ankommt, wenn Sie die Quelle für Qualität, Ihre Führungskräfte und Mitarbeiter, sehr ernst nehmen.

3. Formulieren Sie eine klare Vision und Strategie!

Fragen Sie dazu:
• Wer sind wir?
• Was können wir?
• Was ist unser Wettbewerbsvorteil?
• Wie sieht nach unserer Vorstellung die Zukunft aus?
• Wo sind darin unsere Chancen?
• Wie organisieren wir uns, um diese Chancen zu ergreifen?

Visionen, das sind die geistigen Bilder einer künftigen Realität, zu der noch ein paar Puzzlestücke fehlen.

Visionen sind der Überschuß an Möglichkeiten. Aber: Es ist nicht genug, eine Vision zu haben. Man muß sie auch kommunizieren – im Unternehmen und am Markt. Nur so können alle, Führung, Mitarbeiter und Kunden, in dieselbe Richtung gehen.

So entsteht geistige Fitneß:
• tägliches Überdenken des Kundennutzens
• ständige Auseinandersetzung mit anderen Marketingkulturen
• permanentes, waches Interesse an Innovation
• spontanes Zeitmanagement jedes einzelnen
• wachsendes Verantwortungsgefühl
• verstärktes Bemühen um Flexibilität
• Visionen – nicht als Zwangsjacke, sondern als Sprungbrett in die nächste Dimension

4. Behalten Sie das Ziel fest im Auge – sichern Sie Identität!

Nicht Ideen allein gelten, sondern das Handeln gilt.

Schnelle Zeiten entwickeln bewegliche Ziele. Längst nicht alles läuft planmäßig – auch nicht im besten Unternehmen. Im

Gegenteil: Die Entartungsgefahren sind tägliche Begleiter des Wettbewerbs. Chaos ist stets wahrscheinlicher als Ordnung.

5. Halten Sie das Geschäft einfach!
Keep the business simple!

Überall leben Menschen, die es gern kompliziert hätten. Aktuelle. Ausrede ist die „Komplexität" – anspruchsvolles Versteck für lösungsscheue Leute. Komplexität bindet viele Kräfte im Unternehmen. Je mehr wir wahrnehmen, desto schwieriger werden Entscheidungen.

Komplexität reduzieren bedeutet: den roten Faden finden. Das Wichtige vom Unwichtigen unterscheiden. Helfer dabei sind die Kreativen. Stärken Sie das Bündnis mit den schöpferischen Köpfen!

Pflegen Sie die Spannung zwischen Ratio und Ideen!

6. Streben Sie nach dem Unmöglichen!

Das ist der tägliche Kampf gegen die Gravitation. Gravitation ist auch: der Sog des Mittelmaßes. Die innovationstötenden Zwischenrufe der „Vernunft".

Wer nur das Mögliche anstrebt, landet unterhalb des Möglichen – bei Allerweltslösungen. Wer das Unmögliche anstrebt, landet beim Bestmöglichen.

Inspirieren Sie Ihre Leute durch magische Größen!

Hängen Sie die Ziele hoch! Proben Sie den aufrechten Gang. Hohe Ziele heben das Selbstwertgefühl der Menschen, die drinnen und draußen mit dem Unternehmen umgehen.

Überwinden Sie den State of the Art!

Motto: Lieber unerklärlicher Erfolg als wohlanalysiertes Scheitern. Dies ist das Plädoyer für das intuitive Element im Management. Streben Sie nach dem großen Wurf statt nach den kleinen Schritten. Niemand kann Ihnen verwehren, daß

Spielplan für Spitzenreiter

- **Welcome Change!**
  Setzen Sie sich an die Spitze des Wandels.

- **Delegieren Sie Erfolgskompetenz!**
  Lassen Sie dort handeln, wo man am meisten davon versteht.

- **Formulieren Sie eine klare Vision und Strategie!**
  Und kommunizieren Sie beide.

- **Behalten Sie das Ziel fest im Auge!**
  Sichern Sie Identität.

- **Keep the business simple!**
  Reduzieren Sie täglich Komplexität.

- **Streben Sie nach dem Unmöglichen!**
  Inspirieren Sie Ihre Leute durch magische Größen.

Sie unterhalb Ihrer besten Ideen landen. Wenn Sie aber zweitbeste Ideen auf Ihre Fahne schreiben, landen Sie bei den Drittbesten.

Ihr Wahlspruch: Nur im Gegenwind flattert die Standarte.

7. Gewinnen Sie immer die Besten!

Es geht nicht darum, Verlierer zu schaffen. Sondern darum, die Sieger zu befähigen, daß sie alle anderen mitnehmen.

Geben Sie nicht nach bei der Suche nach den Besten – sie haben nicht unbedingt eine Lobby.

Geben Sie nicht auf, auch wenn es etwas länger dauert. Bevorzugen Sie nicht generell Leute „von innen"!

Motto: Mittelmäßige Leute sind gut für gutes Wetter. Erstklassige Leute sind gut für gutes und schlechtes Wetter.

Ja, es stimmt: Die Besten können unbequeme Leute sein. Trennen Sie sich nie aus Bequemlichkeit von ihnen! Denn sie sind es, die den Wandel bewirken.

8. Entwickeln Sie ein Gespür für Herausforderungen!

Das englische Wort *challenge* sagt es besser: Risiko und Chance sind eng verquickt. Das eine ist ohne das andere nicht zu haben. Wer Risiken meidet, um seine Chancen nicht zu gefährden, verliert seine Chancen.

Topmanager müssen eine Witterung für diese empfindliche Balance haben: zwischen Tollkühnheit und Mut den schmalen Grat zu finden. Um diese Mentalität zu entwickeln, brauchen Sie ein Klima der Herausforderungen: Führung gegenüber Mitarbeitern, Mitarbeiter gegenüber der Führung. Das ist unbequem.

Team spirit entwickelt sich dann als ein dynamischer Geist, der die neueste Gefahr bekämpft: die Verkrustung der Teamkultur. Das sind die eingefahrenen Meetings, auf die sich keiner vorbereitet – und schon wird die Tugend von gestern zum Laster von heute: Versteckspiel im Team, Flucht von den Schreibtischen. Lieber debattieren als handeln.

Fördern Sie den internen Wettkampfgeist durch tägliche Herausforderungen.

9. Kommunizieren Sie mehr! Um sicheren Boden unter den Füßen zu haben – und um Sicherheit zu vermitteln.

Overcommunicating nennen es die Engländer. Wo immer weniger starre Regeln gelten, wächst der Verständigungsbedarf.

Pflegen Sie Ihre *communications*-Netzwerke, die offiziellen wie die inoffiziellen.

Lassen Sie keine schattigen, windstillen Winkel mehr zu! Öffnen Sie das Unternehmen für den Wind des Wettbewerbs.

Lehren Sie Ihre Mitarbeiter: Überall ist Markt! Jeder Partner ist ein Kunde!

Dulden Sie keine Unklarheiten! Holen Sie sich ungeduldige Fragensteller: die Kreativen.

Spielplan für Spitzenreiter

- **Gewinnen Sie immer die Besten!** Mittelmaß taugt für gutes, First class für gutes und schlechtes Wetter.

- **Entwickeln Sie ein Gespür für Herausforderungen!** Challenging – Ihr Klima für den Unternehmensalltag.

- **Kommunizieren Sie mehr!** Overcommunication – Ächten Sie Unklarheit und Mißtrauen.

- **Halten Sie die zentrale Mannschaft klein!** Der sichtbare Manager verkörpert das Prinzip der Verantwortung.

---

10. Halten Sie die zentrale Mannschaft klein!

Kleine Spitzenmannschaften sind die Qualitätssicherung für jeden einzelnen und für das Unternehmen.

Jeden Tag haben Sie mit Gesinnungen und Umständen zu kämpfen, die sich Ihrem gemeinsamen Erfolg in den Weg stellen.

Nur die klar sichtbaren einzelnen an der Spitze repräsentieren das „Prinzip Verantwortung".

Verantwortungsscheue Manager im Mittelfeld werden jetzt nicht mehr ohne weiteres „nach oben delegieren".

Ein Minimum an Kontrolle verbindet sich bei kleiner Spitzenmanschaft mit einem hohen Grad an Mitverantwortung aller Ebenen.

Alle Abteilungen verteilen unternehmerische Energie, niemand kann Verantwortung abwälzen.

Je kleiner die Mannschaft an der Spitze, desto sorgfältiger muß ausgewählt werden, wer einen solchen Platz verdient.

Überschaubare Spitzencrews erreichen mehr Glaubwürdigkeit in den Wettspielen der Macht.

2. Kunden im Wertewandel

2.1 Werden Verkäufer noch gebraucht?

Der Autor

Horst Strache ist Gesellschaftergeschäftsführer der IBS Institut für Beschaffungspraxis Strache GmbH in Mettmann. Er ist Trainer für Einkauf und Materialwirtschaft. Er dozierte an mehreren Instituten, z.B. an der BME Akademie und der Technischen Akademie Wuppertal. Er ist Referent für Einkaufsverfahren. Herr Strache ist außerdem Autor und Herausgeber des Informationsdienstes Beschaffung Marketing und vieler Fachveröffentlichungen.

Kundenbeziehungen im Wertewandel

Das Zusammenschließen von Lieferantenunternehmen zu Großunternehmen hat den Wettbewerb teilweise stark beschränkt. Die Kundenbereitschaft, mit einem Lieferanten *(single-sourcing)* weltweite Bedarfe seiner Standorte zu bedienen oder durch gleichzeitige Entwicklung beim Lieferanten *(simultaneous engineering)* die Gesamtentwicklungszeit zu verkürzen, ist ein Signal für die Veränderungen. Wer nicht ins Geschäft gekommen ist, bleibt für die Produktlebensdauer des Kundenproduktes draußen.

Bester Beweis dafür sind die Bestechungsfälle im großen Stil, die als erfolgreiche Versuche von Verkäufern zu werten sind, den Auftrag gegen Geld hereinzuholen. Man kann aber auch den Einkäufern den Erfolg zuschreiben, weil es ihnen gelungen ist (auf Kosten ihrer Firma oder nicht), den Verkäufer zur Zahlung von Provisionen zu zwingen. Die zwischengeschalteten „Vermittler" nutzen ihre „Beziehungen" und verteuern dadurch zu ihrem Vorteil die zu erbringende Leistung.

Der alternative Wandlungsprozeß liegt z.B. in der Systemlieferantenschaft und in dem Abhängen von Kleinbedarfen durch „Verteuerungen, Mindestlosgrößen oder Schutzkostenbeiträgen bei Kleinaufträgen". Verkäufer sowie Einkäufer müssen sich in ihrer gegenseitigen Politik neu formieren.

Die Unabhängigkeit des Kunden

Die Vergrößerung der Beschaffungsmärkte durch die Öffnung der Ostblock-
staaten, die Annäherung fernöstlicher
sozialistischer Staaten an die westlichen
offenen Märkte und der Druck auf die eigenen inländischen Kosten (z. B. Löhne,
Lohnzusatzkosten, Kosten der Umweltauflagen, Entsorgungskosten, gesetzliche
Verfahrenskosten u. a.) haben zu einer
weltweiten Öffnung auch in konservativen Einkaufsabteilungen geführt.

Erfolgshungrige Jungmanager haben alten Hasen das Fürchten gelehrt, indem sie
Ad-hoc-Entscheidungen für ein Beschaffungsmarketing im Ausland gefällt haben.

Die neue Konkurrenz macht alteingeses-
senen Haus- und Hoflieferanten schwer
zu schaffen, weil sie sich mit diesem Trend
nicht oder viel zu spät auseinandergesetzt
haben. Auch Markentreue konnte nicht
immer gehalten werden.

Durch diesen Umbruch sind die Arbeits-
inhalte im Einkauf verändert worden.

Der aufgeklärte Käufer

In breiter Front werden in der einkaufenden Industrie technisch vorgebildete Leute in die Einkaufsfunktionen gesetzt. Es
werden auch technische Entscheider und
deren Teams in kaufmännischem Verhalten trainiert bzw. durch Teameinkauf Zeugen kaufmännischen Verhaltens, wenn es
um Gewinnmaximierung geht.

Unabhängig davon tragen die diversen
Medien zu einem wesentlich schnelleren
Umschlag von ökoskopischen Marktdaten
bei. Das Öffnen einer Kalkulation wird
zur selbstverständlichen Methode bei Ab-
schlußverhandlungen.

Methoden der Lernkurve *(learning-
curve)* werden für die Zieldefinitionen in
Folgelosen eingesetzt. Das Zielpreiskal-
kulieren *(target-pricing)* ist schon längst in
vielen einkaufenden Unternehmen zur
Pflichtübung geworden. Dadurch ist der
aufgeklärte Kostenzustand bei qualifizierten Einkaufsteams die Startkenntnis.

Der informierte Käufer

Wie skizziert ist die Masse der Informationen schneller erreichbar und mittels
Datenverarbeitung leichter steuerbar. So
nutzen Einkäufer/innen heute Software-
Pakete, die eine Entscheidung rascher
und mit Hilfe parametrischer Kosten-
schätzung auch sicherer treffen helfen.

Umgekehrt bedeutet das für den Lieferanten, daß er eine hohe Bereitschaft
signalisieren muß, sich über Teilkosten
seines Angebotspreises verbindlich zu
äußern. Wer kann das tun?

Der Global Player

So wie an der Börse in Sekundenschnelle
riesige Transaktionen von Kontinent zu
Kontinent möglich sind, werden auch in
der Beschaffung neben momentgenauen
Informationen mittels Cargo-Frachten
auch Materialien über Nacht von Kontinent zu Kontinent transportiert.

Dafür steht das berühmte Krabbenbei-
spiel: Nordseekrabben werden im deutschen Fischereihafen am Fangtag verstei-
gert. Der Händler lädt sie in ein Flugzeug
und fliegt sie nach Marokko. Dort werden sie ausgepellt und ohne Schale nach
Frankreich geflogen, wo sie weiterverarbeitet werden. So kommen sie in den
Fischereihafen zurück, um von dort aus
verkauft zu werden. Und das alles, weil's
billiger ist!

Es gibt noch viele Beispiele aus anderen
Branchen, z. B. der Chip-Industrie, Ver-

lagsauflagenherstellung usw. Die aktiven und passiven Veredelungsprozesse nehmen drastisch zu. Ergo gehen deutschen Firmen Aufträge verloren, obwohl alle Kontakte gepflegt wurden und die Qualität in Ordnung war. Die Risikobereitschaft zum niedrigeren Kostenaufwand straft jede edle Argumentation Lügen.

Der Unglaube von der Kundenbindung

Die Genies der Verkaufstrainingsszene verkaufen den „persönlichen Kontakt" und „die Pflege des Kunden" mit Engelszungen. Sie vergessen immer, daß hinter den (für mich z.T. bedauernswerten) Verkäufern ein „Verkaufsmanager" sitzt, der seine Tantieme um jeden Preis verdienen will. Hat dieser Verkaufsführer wirklich den Kunden im Visier?

Wenn Großunternehmen, wie z.B. Asea Brown Boveri (ABB) über fünf Jahre weltweit ein System des Customer Focus® entwickeln und trainieren, dann muß es bis heute nicht gelungen sein, den Kunden und dessen Bedürfnisse in den Mittelpunkt

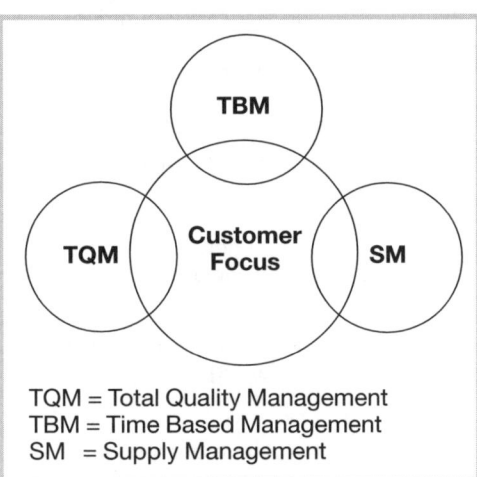

TQM = Total Quality Management
TBM = Time Based Management
SM = Supply Management

Abb. 1: Customer Focus – Modell von ABB; © ABB, Mannheim

aller Überlegungen zu stellen (s. Abbildung unten).

Viele Firmen glauben, sich auf ihre „treuen" Kunden verlassen zu können. Bereits die Verkaufsmaxime: *„Never change a running product!"* („Ändere nie ein laufendes Produkt!") zeigt, mit welcher Arroganz verkaufende Unternehmen die Möglichkeiten der Verbesserung für ihre Kunden ignorieren.

Der Kunde entdeckt im sich rasch wandelnden Markt zuerst außerhalb der bestehenden Geschäftsbeziehung, daß etwas falsch läuft. Wenn er ein „guter Kunde" ist, warnt er vor. Geschieht nichts (siehe Verkaufsmaxime), dann steigt er aus. Dann sind jahrelange gute Geschäftsbeziehungen nichts, aber auch gar nichts wert. Zurück bleibt die Enttäuschung über den für sehr gut gehaltenen Lieferanten.

Die Version des Customer Focus® hat drei Satelliten.

- *Time Based Management* steht für ein totales Zeitmanagement für den Kundentermin.
- *Total Quality Management* steht für die Qualität auf allen Stufen des Wertschöpfungsprozesses; d.h. auch für die Qualität des im Unternehmen eingesetzten Personals.
- *Supply Management* bedeutet Einflußnahme auf den Lieferanten bis hin zur Verbesserung seiner Verfahren. Dazu bedarf es unmittelbarer persönlicher Kontakte im Lieferantenunternehmen.

Verkäufer werden dazu nicht gebraucht. So entstehen Audits, die der Sicherung von Qualitätsansprüchen dienen und andere, z.B. logistische auch wertanalytische Prozeßverbesserungen, die gemeinsam erarbeitet werden müssen.

Eine klassische Kundenbindung gibt es nicht einmal mehr bei Marken. Wie wäre

41

es sonst möglich, daß fernöstliche Auto-hersteller inzwischen fast 20 % unseres Automarktes erobert haben?

Herausforderungen der Zukunft

Im folgenden finden Sie die in der unten-stehenden Abbildung definierten Heraus-forderungen kurz kommentiert.

> Verringerung der
> Fertigungstiefe
>
> Outsourcing,
> Lean production

Bereitschaft entwickeln, zusätzliche Leistungen zu übernehmen

Das verkaufende Unternehmen muß sich von seinem bisherigen Vermarktungsver-halten lösen, um den Anforderungen des Outsourcing von Kunden gerecht werden zu können. Dazu bedarf es einer hohen Bereitschaft, alternative Leistungen frei-händig anzubieten.

Übernahme von mehr Investitionsrisiko beim Lieferanten

Wenn für die zusätzliche Leistungsüber-nahme andere, neue Investitionen erfor-derlich werden, muß die unternehmeri-sche Risikobereitschaft vorhanden sein.

Im modernen Beschaffungsverhalten gibt es das „Reverse Marketing", eine Me-thode der Weitergabe von Innovationen an Lieferanten unter gleichzeitiger finan-zieller Stützung (ohne Geschäftsanteile zu übernehmen). Das kann sowohl durch Ka-pitalhilfen als auch durch Bürgschaften für befristete Auslastung oder gegenüber Banken gelten.

Dramatisches Kostenmanagement beim Lieferanten

Wenn dem Kunden ein Preisnutzen ange-boten werden kann, dann muß dieser an-geboten werden.

Das bedeutet höchste Rationalität im Lieferantenunternehmen.

Das bedeutet im Falle des Supply-Mana-gements außerdem eine unmittelbare

Abb. 2: Überblick über die Herausforderungen der Zukunft

Zusammenarbeit mit dem Kunden und dessen Technikern, um auf diese Weise ein totales Optimum zu schaffen, das den Kunden bindet.

Abschied vom Rabattsystem und Dynamisierung der Preisbereitschaft

In vielen Verkaufshierarchien gibt es heute noch Rabatthierarchien. Wer an ihnen festhält, der verliert seine Kunden. Preisbereitschaft heißt auch Bringschuld auf sich nehmen.

> Zulieferungen von Komplettsystemen
>
> Advanced purchasing

Größerer Einsatz von technischem Know-how des Lieferanten

Die technischen Vorgaben des Kunden sind nicht mehr indiskutabel oder gar die Möglichkeit zum Up-trading. Vielmehr muß das eigene Know-how dem Kunden (oft auch kostenlos) zur Verfügung gestellt werden.

Diskussion von Lösungen

Wie zuvor gesagt müssen mit wertgestalterischen und/oder wertanalytischen Verfahren im Supply-Management-Team alle Kostengesichtspunkte durchforstet werden. Das geht nur bei völliger Einbindung werksinterner Funktionen des Lieferanten und des Kunden. Verkäufer und Einkäufer allein können diese Aufgaben nicht lösen.

Bereitschaft, den Einkauf rechtzeitig zu Gesprächen mit Technikern und Kaufleuten des Lieferanten hinzuzuziehen

Viele Verkäufer glauben, durch das Umgehen des Einkaufs – wegen dessen Barrierestrategie – im Wege des Backdoorselling zu den einzelnen technischen Entscheidungsträgern vorzudringen und dort die Entscheidung zu ihrem Produkt ohne große Preisprobleme zu erreichen. In modernen Kundenunternehmen wird im Team eingekauft, und die kaufmännischen Verhalten und Verfahren werden rechtzeitig vor der Kaufentscheidung eingesetzt.

Kalkulation und Angebot von Ideenlösungen, die vom Produkt des Lieferanten abweichen

Der Lieferant denkt für seinen Kunden und bietet auch Alternativen an. Dazu zählen auch Logistikverbesserungen.

Wertanalyse mit dem Lieferanten nach DIN 69910

Das Wertanalyseteam wird zum Wertgestaltungsteam. Nach DIN 69910 findet die Wertgestaltung bereits in der Entwicklung und Konstruktion neuer Produkte statt. Dort wird auch bereits über künftige Systemlieferanten, das sind Lieferer von Komplettsystemen, nachgedacht. Damit kommt für das einkaufende Unternehmen eine große Zahl von Zulieferern gar nicht mehr in Betracht, weil sie an den Unterlieferanten abgegeben werden.

Wie entwickelt man Systemlieferanten?

Outsourcing bedeutet, daß eigene Fertigungstiefe auf die Lieferanten verlagert wird. Dadurch ergibt sich eine drastische Reduzierung der Lieferantenzahl. Dieses Verfahren ist nur als ganzheitliche Philosophie zu verwirklichen.

Die Abbildung auf der nachfolgenden Seite zeigt an einem Beispiel diese Reduzierungsstufen.

> Produktionsverlegung in low-cost-countries
>
> Lean production

43

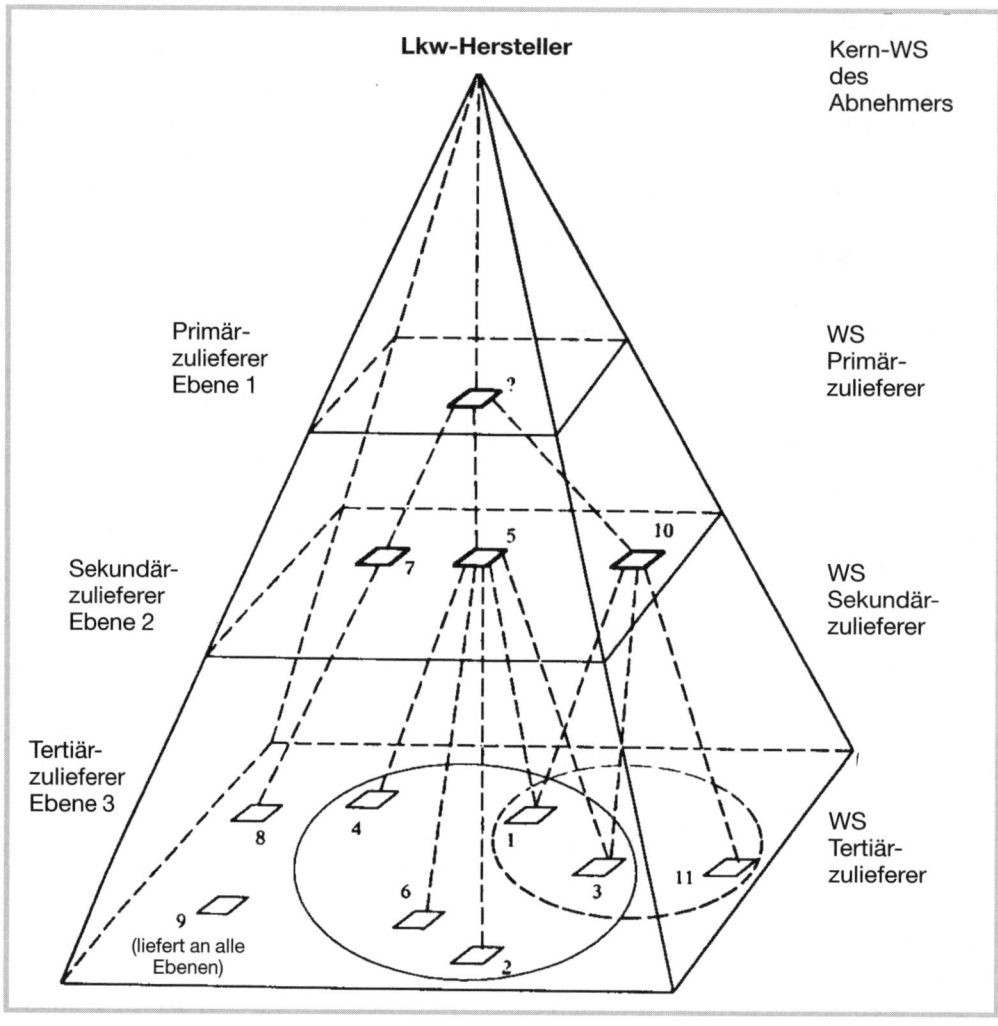

Lkw-Hersteller

Kern-WS des Abnehmers

Primär-
zulieferer
Ebene 1

WS
Primär-
zulieferer

Sekundär-
zulieferer
Ebene 2

WS
Sekundär-
zulieferer

Tertiär-
zulieferer
Ebene 3

WS
Tertiär-
zulieferer

9
(liefert an alle
Ebenen)

Abb. 3: Das Systemlieferanten-Modell (WS = Wertschöpfung). Dreistufige pyramidiale Konfiguration der Supply-Chain, dargestellt am Beispiel der Beschaffung von Lkw-Achsen (Quelle: Lutz Kaufmann, Planung von Abnehmer-Zulieferer-Koope-rationen, Gießen 1993)

Abschied vom Hochpreiseinkauf

„Wer sich nicht nach dem Markt richtet, der wird vom Markt bestraft!" (Rembeck). Wenn im grenznahen Osten völlig neue Märkte durch Transfer von unserem Know-how zu adäquaten Leistungen gebracht werden können, hat der Inlandslieferant keine Chance, sofern es ihm nicht gelingt, eigene dramatische Kostenein-

sparungen und technologische Vereinfachungen zu realisieren. Tödlich wird der Hochpreisverkauf sein!

Nicht was uns gefällt ist wichtig, sondern was der Einkauf weiß!

Verkäufer glauben mitunter, daß eine Behauptung immer besser wird, je öfter man sie aufstellt.

Es gibt genügend Beispiele dafür, daß Informationen, die von Kunden gegeben wurden, so lange hochnäsig ignoriert wurden, bis der Kunde weg war!

Umdenken bei den Einkaufsstrategien

Sind die alten Verkaufssysteme mit aufwendigen Besuchsverfahren noch zahlbar? Sind sie noch effizient, wenn die Entscheidungen der Kunden damit nicht zu eigenen Gunsten beeinflußt werden können? Jeder Verkäufer muß sich dazu einen neuen Weg ausdenken.

Eigene Diversifikation in Nachbarländer

Wann spricht eigentlich der Verkauf mal mit seinem eigenen Einkauf und tauscht Informationen aus, die er bei seinen Kunden bekommen hat? Wann werden Synergien wirklich genutzt?

> Single sourcing
>
> Quasimonopolisierung

Bereitschaft zur Know-how-Sicherung entwickeln

Wenn sich ein Kunde für einen Systemlieferanten entschieden hat, dann gehen beide eine strategische Wertschöpfungspartnerschaft ein. Der Lieferant wird zum Quasimonopol, und deshalb muß eine beiderseitige Bereitschaft zur Sicherung des gemeinsam gewonnenen Know-hows bestehen.

Bereitschaft zu speziellen Vertragsformen, die von den AGB abweichen

Damit sind z.B gemeint: Mehrjahresverträge, Langzeitverträge, Modellaufzeitverträge.

Jedes Lieferantenunternehmen muß sich endlich entscheiden, ob es weiterhin über gedruckte AGB – die von Verkäufern gern auch als unabdingbar dargestellt werden – den Kunden manipulieren will. Es gibt genügend Beispiele für diesen klassischen Verkaufsfehler. Dynamik ist angesagt!

Bringschuld für Preisverbesserungen

Der Lieferant muß regelmäßig Preisverbesserungen anbieten! Die Lernkurve läßt das bei wiederholfähigen Bedarfen zu.

Kein Freibrief für Preistreiberei

Die strategische Wertschöpfungspartnerschaft gebietet offene Kalkulationen und Zielpreisvereinbarungen. Wer seine Quasimonopolstellung ausnutzt, wird früher oder später weichen müssen.

Höchste Kostenverantwortung des Lieferanten und größte Versorgungsbereitschaft

Ein Lieferant übernimmt immer mehr von der Fertigungstiefe seines Kunden. Insofern muß er die Ratio-Potentiale anbieten, die sein Kunde früher in der eigenen Fertigungstiefe realisieren konnte.

> Global sourcing
>
> Erzeugen von Wettbewerb

Entwicklung von Wettbewerb im weltweiten Beschaffungsmarkt

Modernes Beschaffungsmarketing kennt keine Grenzen. Jeder Inlandslieferant muß bereit sein, sich dem externen Wettbewerb zu stellen.

Suchen nach Substituten

Wenn aber Rationalisierungsbemühungen bereits ausgenutzt wurden, bleiben die Substitute. Auch Lieferanten müssen Substitute aufnehmen und ausprobieren.

Erweiterung des Lieferhorizonts über die Grenzen

Der Einkauf ist gefordert, jede mögliche Alternative auf Tauglichkeit zu untersuchen und das Risiko eines Lieferantenwechsels richtig einzuschätzen. Bange machen oder Angst verkaufen sind out.

- In letzter Konsequenz heißt das: Konzentration auf einen Lieferanten in einem anderen Land, um den deutschen Wettbewerber für seine Unfähigkeit zu bestrafen, preisgerecht zu liefern.

> Komponenten-
> standardisierung

Höchste Verantwortung für DIN und ISO

Die Tatsache, daß die drei großen Automobilkonzerne Amerikas, Chrysler, General Motors und Ford, für ihre Zulieferer die ISO 9000 ff. um die QS 9000 erweitert haben, zeigt, wie sensibel im Zeitalter des Just-in-time Qualität gehandhabt werden muß.

In der QS 9000, die ab 1997 auch für europäische Zulieferer Pflicht geworden ist, werden z. B. auch periodisch festgelegte Berichte über Innovationen und Rationalisierungsziele sowie deren Erreichen gefordert.

Nichts zeigt deutlicher, wie wenig alte Verkaufsmaschen überhaupt noch möglich sind, als diese Entwicklung. Es ist nur eine Frage der Zeit, wann solche Qualitätssicherungsvereinbarungen auch in anderen Branchen zur Pflichtvoraussetzung für eine Lieferantenbeurteilung werden.

Weg von den Hauslösungen des Lieferanten, die dem Zweck dienen, den Kunden an das eigene System zu binden

Die Freizügigkeit, z. B. bei Ersatzteilen im offenen Markt preiswert einkaufen zu können, zwingt zu kompatiblen Lösungen. Wer sie nicht ermöglicht, hat die schlechteren Karten.

Absicht des Einkaufs, freie Liefermärkte zu besitzen

Werkzeugkosten werden voll finanziert, um das Recht des Lieferantentauschs zu haben. Auch gemeinsam gefundene technische Lösungen werden in Verträgen zur vollen Nutzung für den Kunden freigegeben werden müssen.

> Verstärktes
> F+E-Management
> der Zulieferer
>
> Know-how-Transfer

Übernahme von Forschungs- und Entwicklungsleistungen durch den Lieferanten

Lieferanten werden auf eigenes Risiko Entwicklungen für Kunden vornehmen müssen, um bei der Lieferantenentscheidung dabeizusein.

Bereitschaft zum Abgeben des eigenen Know-hows an den Kunden

Das eigene Know-how muß den Kunden binden helfen, weil es frei verfügbar gehalten wird. Neben der Lieferleistung muß die geistige Leistung als Bindeglied wirken.

Hoher Anspruch an technische Beratungsleistung, die nicht mehr dem Verkäufer allein überlassen ist

Bis in die Fertigungshallen muß der Lieferant seine eigenen Leute vorschieben.

Sie montieren das gelieferte Produkt in das Produkt des Kunden. Sie stehen auf der Personalliste des Lieferanten mit allen Personalrisiken.

Bringfreudigkeit beider Seiten für neue Ideen

Der Antrag des Lieferanten auf Erweiterung der Leistung ist gefragt, nicht das Warten auf eine Anfrage des Kunden! Das bedeutet, es muß viel mehr recherchiert werden!

```
Exakte Just-in-time-Be-
lieferung

Kostenmanagement
```

Verlassen der alten Frei-Haus-Liefersituation

Die optimalen Distributionssysteme bestimmen die Transportkosten. Sie müssen vom Lieferanten entwickelt werden. Dienstleister mit Pfiff machen das Just-in-time-Geschäft. Der alte Versand ist tot!

Sichern von optimalem Terminservice

Seit Jahren sind Termine immer kürzer geworden. Das ändert sich nie mehr. Das Hochgeschwindigkeitsmanagement erfordert aber Ideen und den Mut zum Quantensprung im Terminservice. Es ist erschreckend, wie viele Firmen noch mit völlig unzureichenden veralteten EDV-Software/Hardware-Systemen ihren alten Trott weitermachen und zu spät kommen.

Absolute Liefertreue sichern im Gegensatz zur bisherigen Bestätigungspraxis (Zirka-Termine?)

Im Customer-Focus®-Konzept von ABB steckt auch das Time Based Management. Es will eine absolute Priorität für jeden Kunden durch ein totales Zeitmanagement im Unternehmen mit den vorgeschalteten und nachgeschalteten Lieferanten und mit dem Einkaufsteam des Kunden sichern.

Entwickeln neuer Distributionssysteme durch den Lieferanten

Dazu gehört z. B. KANBAN mit Lieferanten. Lieferanten müssen bereit sein, mit den innerbetrieblichen Materialflußsystemen der Kunden kompatible Transportverpackung, auch Wechselverpackung, einzusetzen. Logistikmanagement ist ein Service um die Ware herum.

Bereitschaft zur Konsignation

In vielen Fällen ist eine Just-in-time-Belieferung nicht finanzierbar. Da hilft das Konsignationslager, das in einem eigenen Vertrag für beide Seiten verbindliche Inhalte braucht. Wer Konsignation verneint oder behindert, wird von seinem Wettbewerb überholt.

Kostenverbesserungen verhandeln, statt Preise zu drücken

Historisch gewachsen ist der Spannungszustand zwischen Verkäufern und Einkäufern. Das Gebot zu mehr Profit zwingt den Einkäufer, vergleichbare Leistungen zu günstigeren Preisen einzukaufen.

Da bleibt es nicht aus, daß auch unseriöse Methoden zum Erreichen des Zieles eingesetzt werden. Jeder Verkäufer ist empört, wenn der Preis verhandelt wird. Logischerweise mindert solches Tun seinen Verkaufserfolg. Wo liegen aber die Kriterien für eine konfliktarme Zusammenarbeit, wie sie von dem bekannten Verkaufs- und Marketingtrainer Hansjürgen Schubert aus Berlin schon vor Jahren veröffentlicht wurden?

Sie sind stark auf den menschlichen Kontakt zwischen Verkäufer und Einkäufer

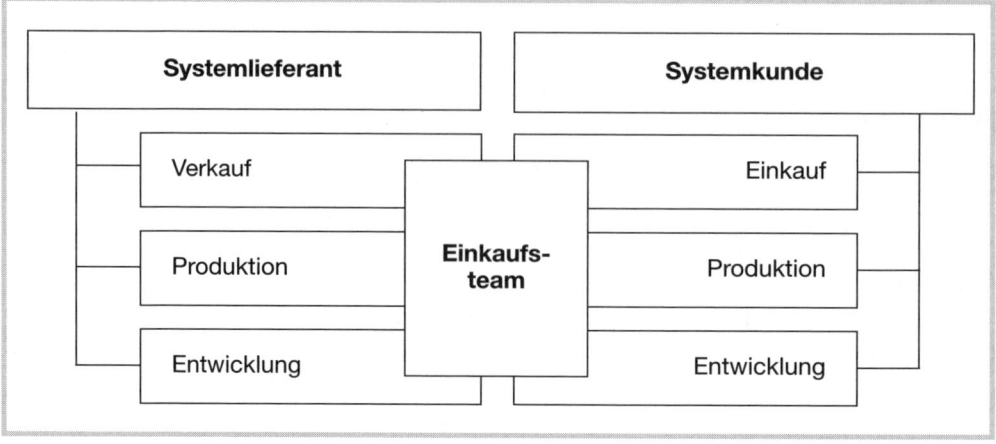

Abb. 4: Zukunft des Verkaufsgeschehens: Systemeinkauf erfordert Kooperation

ausgerichtet. Inzwischen haben sich Kalkulationsmethoden mit pragmatischen Rechenverfahren in den Dialog zwischen Verkäufer und Einkäufer gedrängt. In meinen Seminaren, die ich als Einkaufstrainer vor Verkäufern gehalten habe, sind mir wiederholt die klassischen Verkäuferverhalten aufgefallen, wie sie auch Edgar Geoffroy in seinen Büchern kritisiert. Die Bereitschaft, Lieferantenverdienste (was immer das bedeutet) zu würdigen, ist dem unerbittlichen Muß zum Wechsel gewichen. Mittels Kalkulationsmatrixen (auch im PC) werden Kosten des Produktes und in der Fertigung des Lieferanten zum Verhandlungsinhalt.

Das Maximalprinzip des ökonomischen Prinzips wird mehr und mehr zum „Optimalprinzip". Das ist nämlich der Preis, der den Kunden sichert!

Viele Einkaufsteams existieren bereits.

Die obige Abbildung macht deutlich, wie in Zukunft das Verkaufsgeschehen organisiert sein kann.

Wer erfolgreich verkaufen will, muß alle am Wertschöpfungsprozeß beteiligten Funktionsinhaber mit dem Kunden in Kontakt bringen. Der Teamverkauf muß mit dem Teameinkauf gemeinsam handeln.

Hat López etwas verändert?

Ja, er hat das Bewußtsein im eigenen und in den Zulieferunternehmen geweckt, sich mit den verfilzten Systemen von Produkten und Verfahren analytisch auseinanderzusetzen.

Wir alle, Verkäufer und Einkäufer, müssen aber eigene kostensparende Wege suchen, um den Kunden, der unser gemeinsames Produkt einkauft, so zufriedenzustellen, als wären es wir.

2.2 Total Identity Marketing (TIM)

Der Autor

Hans H. Wilmes, Dipl.-Betriebswirt (FH), langjähriger, erfolgreicher Marketingleiter; Dozent der Fachhochschule Augsburg und der Universität Augsburg im Kontaktstudium Management; Unternehmensstrategie-Berater und Marketingtrainer; Referent internationaler und nationaler Tagungen, Autor zahlreicher Fachartikel und Co-Autor von Marketing-Fachbüchern.

Im Marktgeschehen der Zukunft wird das Sein oder Nichtsein bestimmt von der Fähigkeit der Führung und der Mitarbeiter von Unternehmen, sich mit dem Kunden voll zu identifizieren. Diese persönliche Fähigkeit zur Identifikation wird beeinflußt von der Geisteshaltung, der Wahrnehmung des Geschehens im Marktumfeld und der entsprechenden Handlungsbereitschaft der Unternehmensmitglieder in jeder Hierarchie oder Funktion.

Die Veränderungen des Marktes

Die Marktentwicklung wird nicht mehr allein durch den technologischen Fortschritt entschieden, sondern sie wird mehr durch die soziographischen, soziologischen und sozialen Bedingungen sowie die binnen- und globalwirtschaftlichen Veränderungen beeinflußt. Der „Konsumerismus" als Massenverbrauch wandelt sich in ein Bewußtsein eines langnützigen und höheren Lebensgebrauchswertes (als *Life-valueismus* zu bezeichnen).

Sinnvoller Lebensgenuß wird zum legitimierten Ziel. Der Paradigmenwandel als Veränderung der Einstellung zum Zeitgeist und zum gelebten Umfeld bringt einen vieldimensionierten Kunden mit starker individueller Ausprägung hervor. Dies bedeutet eine Herausforderung mit neuer Bewußtseinsbildung bei den Marketingstrategen und allen Marktbeteiligten, vornehmlich im Verkauf. Die Marktwandlung fordert eine hautnahe, mentale

49

Einstellung zum Kunden, um sich im Markt erfolgreich behaupten zu können.

Der Einzelkunde ist kaum mehr in einer geschlossenen Typologie eingrenzbar, jeder ist sein eigener Typ, eine Folge der vielseitigen Umfeldeinflüsse bzw. des unterschiedlich gestaltbaren Lebens, wie es nur in einer High-Tech- und Wohlstandsgesellschaft so differenziert möglich ist. Die subjektive Prägung des einzelnen bestimmt sein Entscheidungsverhalten. Die zunehmende Individualisierung macht die Beziehungsfindung schwieriger.

Bekanntlich wird im Verkauf scheinbar „sachlich über die Sache auf der Sachebene" verhandelt, die Entscheidung wird aber auf der Gefühlsebene getroffen. Selbst bei klarer Begründung sind die latenten Bedürfnisse die letztendlichen Gründe im Entscheidungsverhalten.

Um in einer heterogenen und hedonistischen Gesellschaft am Markt erfolgreich sein zu können, ist die soziale und emotionale Intelligenz mindestens genauso wichtig wie die mathematischen und logischen Fähigkeiten. Für Führungskräfte wird dies eine Neuorientierung bedeuten, um ihr Unternehmen im Markt durchsetzungsfähig zu gestalten.

Phantasien und Visionen werden die Märkte nicht wesentlich vergrößern, aber sie verschaffen den kreativen Unternehmen entscheidende Wettbewerbsvorteile. Die innere Einstellung, die Suche nach dem verbesserten Nutzen und die intensivere Beziehung zum Kunden sind der Weg zur Marktführerschaft. Es beginnt mit einer geistigen Marktführerschaft: Ideen zur Gestaltung eines Marktes bis hin zum Endverbraucher in Handlung umzusetzen. Die Einstellung zum persönlichen Nutzen des Kunden und die Sinngebung in der eigenen unternehmerischen Handlungsweise sind entscheidend für den Erfolg. Sinnorientierung wird zur Ausdrucksstärke eines erfolgreichen Unternehmens.

Überleben im Wandel der Zeit

Über 50 Jahre Frieden in Mitteleuropa, dazu prosperierende Wirtschaft mit hoher technischer Entwicklung, mit billiger Energie und High-Tech-Kommunikation sowie rationaler Produktivität haben eine Versorgung der Bevölkerung hervorgebracht, die seitens des Angebotes alle Wünsche erfüllen kann bzw. kaum noch Wünsche zusätzlich gestaltbar macht. Es ist zu hinterfragen, was als Grenzwert (weitere Angebotseinheit) zum bestehenden Angebot hinzukommen muß, um Wunschideen so offen zu gestalten, daß noch Nachfrageimpulse mit gesamtwirtschaftlicher Wirkung entstehen können.

Viele Unternehmen haben sich daran gewöhnt, in wenigen Jahren schnell zu wachsen durch große Nachfragebewegungen, die aus echtem oder gewecktem Bedarf und je nach Branche aus Wertzuwachserwartung entstanden sind. In abnehmenden, stagnierenden oder gering wachsenden Märkten kommt es darauf an, daß die eigene Existenz durch Erhöhung der Marktanteile abgesichert wird. Als Folge entsteht eine Verschärfung im Wettbewerb.

Überleben können nur die Unternehmen, die eine weitsichtige Markt- und Markenpolitik betreiben. Unternehmen überleben häufig nicht, weil die Unternehmensleitung die sich abzeichnenden Veränderungen oder die Marktwandlung nicht rechtzeitig erkennen kann. Markttrends können nicht mehr wie früher extrapoliert werden, sie unterliegen nicht mehr dem üblichen, gewohnten Konjunkturzyklus.

Außerdem gibt es ähnlich dem Peter-Prinzip, nach dem Führungskräfte bis zur Unfähigkeit befördert werden können, ein modifiziertes Prinzip: Unternehmen oder Institutionen wachsen bis zur Größe der Inkompetenz ihrer Führungskräfte.

Die gleiche Führung war bei geringerer Unternehmensgröße in der Lage, kompetent zu managen. Der z. B. verzehnfachte Umsatz und die proportional erweiterte Unternehmensgröße brachten das Problem, daß Unternehmen nicht mehr marktangepaßt dirigiert wurden. Anpassung an den Markt erfordert neue Strategien und Organisationsstrukturen.

Survival of the fittest ist die passende Aussage für die Erkenntnis, daß die Großen nicht die Kleinen schlagen. Der Sinnspruch besagt nicht, wie irrtümlich angenommen: der Stärkere überlebt. Er bedeutet vielmehr: Überleben des am meisten Angepaßten. Es gewinnt der, der sich der Veränderung am besten anpaßt. Diese Aussage wird dem Marketing der kommenden Jahrzehnte am meisten gerecht. Anpassung geschieht nicht durch modischen Produkt- und taktischen Aussageopportunismus, sondern durch sinn-orientierte, strategisch klare, konzeptionelle Ausrichtung des Unternehmens in allen Funktionen. Voraussetzung dafür: große Identitätsfähigkeit, bezogen auf die Kunden.

Marketingstrategen müssen wissen, wie Märkte bewegt werden können. Da der Kauf in Zukunft noch mehr vom Vertrauen und von der Sympathie in eine Marke (oder Firma) bestimmt wird, ist die Vermarktung von Imagewerten vorrangig. Vertrauen erhalten nur Unternehmen, die ein dauerhaftes Profil der Zuverlässigkeit und des Engagements geprägt haben. Das wiederum hängt ab von wiederholter, beweisführender Auftrittsweise und feinfüh-ligem Reagieren auf Veränderungen des gesellschaftlichen Umfeldes. Empathie ist bei Erfolgsmanagern gefragt.

Wer Erfolg haben will, muß zuerst erkennen, daß der Markt nur an der Basis zu bewegen ist. Der Verkauf vom Letztverwender (z. B. Handwerker) zum Letztnutzer (Verbraucher, z. B. Kunde des Handwerkers) oder vom Letztverkäufer (Einzelhändler) zum Letztnutzer (Konsument) ist entscheidend.

Das Bewußtsein um diese Letztverkäufer-Letztnutzer-Betrachtung hat schon Anfang der 80er Jahre Industrieunternehmen bewogen, dem Handwerker oder Händler unterstützende Marketingmaßnahmen zu deren Eigenprofil und Absatz anzubieten (vgl. Fliesenkleberhersteller, der an den Fachhandel liefert, entwickelt Marketing- und Absatzkonzepte zur Unterstützung des Fliesenlegerhandwerks). Industrieunternehmen, deren Produkte über mehrere Vertriebsinstanzen laufen (Handel–Handwerk–Verbraucher), werden sich mit dem letzten Absatzweg intensiv verkaufsfördernd auseinandersetzen müssen.

Ein Gut ist nur dann verkauft, wenn der Letztnutzer das Gut erworben hat, was dieser verbraucht oder gebraucht, ohne es im Geschäftssinne weiterzuveräußern. Der Secondhand-Verkauf (Gebrauchtwagen, Kleidung) wird hier nicht berücksichtigt, ist aber in stagnierenden Märkten von steigender Bedeutung. Ebenso ist der biotechnische Zyklus der Produkte von wachsender Bedeutung, d. h., das Produkt muß auch bis zur Entsorgungsproblemlösung durchdacht sein. Der Kauf neuer Güter ist nur möglich, wenn die Vertriebspipeline bis zum Endnutzer und vornehmlich bei ihm nicht verstopft ist. Als Beispiel: Wer seinen Altwagen nicht absetzen oder entsorgen kann, zögert den Kauf eines neuen Autos bis zur Problemlösung hinaus. Diese Kriterien in die unternehmerischen Planungen einzubinden und die Folgen für die eigenen Marktchancen richtig einzuschätzen, setzt große Kundenidentität voraus.

Das Erfolgsprinzip heißt, anderen helfen, um selbst Erfolg zu haben. Man muß selbst vernetzt sein im Erfolgsfluß des anderen. Für die Industrie, wie überhaupt für jeden Vorlieferanten, bedeutet dies: Nur die gesicherte Existenz der nachfolgenden Verkaufsebenen ermöglicht die eigene Existenz bzw. das eigene Überleben. Erfolgreiche Unternehmen definieren ihre Unternehmensphilosophie nicht nur an ihrer Produkt- und Dienstleistung, sondern auch an einer erweiterten Sinnorientierung: „Existenzsicherung für Handel und Handwerk (für unsere nachfolgenden Geschäftspartner) ist ein wichtiger Teil unserer unternehmerischen Tätigkeit."

Im Zukunftsmarkt wird dieses Verhalten zum Marketingalltag werden, die Voraussetzung dazu ist wiederum Identitätsfähigkeit zum Kunden.

Überlegenheit im Wettbewerb

Der Markterfolg wird künftig mehr über den Imagewettbewerb entschieden. Image läßt sich nicht kurzfristig gestalten, sondern nur über strategisch geplante Konzepte aufbauen. Image bedeutet Beweisführung der Güte einer Marke oder eines Unternehmens, und dies ist nur über einen längeren Zeitraum möglich.

Die Marken definieren sich mehr aus den emotionalen Beziehungen als aus den Bindungen an das Produkt. Da die Bindungen an Marken oder Unternehmen aus der emotionalen Verknüpfung mit der sachlichen Marken- oder Firmenleistung und Firmeninformation entstehen, kommt

es darauf an, daß viele positive Erfahrungen mit dem Unternehmen oder der Marke erlebbar gemacht werden müssen. Aus einer subtilen, kreativen Einstellung zur Kundenstimmung werden die Unternehmenshandlungen zu entwickeln sein. Die Voraussetzung: wiederum Kundenidentität.

Die Bedeutung eines Produkts oder Sortiments hängt vom Ansehen der Marke ab. Charisma und Ausstrahlung werden nur durch vielseitige Kompetenz in der Produkt- und Unternehmensleistung erreicht. Den Unternehmensauftritt kann man als „Unternehmenskörpersprache" begreifbar definieren. Körpersprache bedeutet hier: Ausdrucksform mit jeder Funktion des Unternehmens. Die Art und Weise, wie das Unternehmen auf die Kunden wirkt, bestimmt deren Entscheidungsverhalten nachhaltig, auch ohne Berücksichtigung des wesentlichen Teils, d. h. der Qualität von Produkt-, Dienst- oder Werksleistung.

Die Kraft des Firmenimages bzw. der Dachmarke wird der entscheidende Faktor der Überlegenheit im Markt sein. Die Kernkompetenz der Marke entwickelt sich aus den Beziehungen zu den Menschen. Somit bleibt eine gute Verkaufsmannschaft auch weiterhin ein Garant für erfolgreiches Marketing. Die Face-to-face-Kommunikation als unverfälschte Information durch persönlichen Kontakt durch das Ansprechen aller Sinne bleibt trotz hochentwickelter Teletechnologie und ausgefeilter Werbekampagnen die wesentliche Beziehungsform.

Das Image ist sensibel zu bewerten, um entsprechend richtig zu handeln. Die Gestaltung eines überlegenen Images in einer freiheitlichen und wettbewerbsbewußten Gesellschaft ist von vielen Teilqualitäten abhängig. Wenn das Unternehmen sich im

Markt durchsetzen will, muß es in jedem Bereich stark sein. Die einzelnen Bereiche als Teilqualität definiert, ergeben zusammen die Unternehmensqualität. Teilqualitäten können z. B. sein:

- optimale Logistik in der Lieferung
- Schnelligkeit in der Information
- kommunikative Vernetzung

Mit diesen Teilqualitäten wird Zeitgewinn erreicht. Zeitgewinn wiederum muß helfen, mehr Zeit zu haben für den persönlichen Kontakt. Rationalisierung der Abläufe muß für die Kundenbeziehung Vorteile bringen.

Die Kommunikation mit modernen Teletechniken mit ihren vielseitigen Möglichkeiten zum Kundendialog ist zum wichtigen Produktionsfaktor geworden (weitere Produktionsfaktoren: Arbeit, Kapital und Ökologie statt Boden). Kommunikation ist nicht nur Information geben, sondern vielmehr Information aufnehmen. In vielen Unternehmen sind Bereitschaft und Fähigkeit zur Informationsaufnahme z. T. so mangelhaft entwickelt, daß der Mißerfolg zu einem weitaus größeren Teil darin begründet ist, als angenommen wird. Die daraus entstehenden Ärgernisse beeinflussen die Kundenentscheidung. Dieser Mangel in den Unternehmen ist auch ein Zeichen fehlender Kundenidentität.

Die individuelle Kommunikation nimmt zu. Dialogformen müssen inszeniert werden, z. B. durch Kundenveranstaltungen, z. T. regional organisiert aus Gründen der Erleichterung für die Kunden, fachthemenorientiert, in angenehmer Atmosphäre.

Die Überlegenheit von Unternehmen entwickelt sich in dem nichtproduktorientierten Bereich.

Marketing – neu definiert

Kundenwünsche herausfinden, Bedürfnisse wecken, Bedarf befriedigen, konzeptionelles Planen und Handeln, angepaßt an Wettbewerberverhalten – das sind die wesentlichen Kriterien einer in Kurzform definierten Aussage zum Marketing.

Landläufig stellt man sich vor, Marketing könne alles möglich machen, auch wenn es schlechte Produkte oder Leistungen zu vermarkten gilt. Alles scheint verkaufbar zu sein, wenn nur ein richtiges Marketing dafür geschaffen wird. Auch Arten der Täuschung gelten als Trick des Marketings bzw. werden einer geschickten Marketingstrategie zugesprochen. Genau das ist Marketing nicht.

Wer Enttäuschungen schafft, weil er Leistung vortäuscht oder falsche (weil nicht erfüllbare) Erwartungen weckt, hat eben keine Marketingleistung erbracht. Marketing setzt stets die Befriedigung einer berechtigten Kundenerwartung voraus. Bei einer falschen Erwartung ist eine aufklärende Information als Korrektiv notwendig. Dagegen ist eine erfüllbare Erwartung entsprechend wirkungsvoll zu bewerben.

Gutes Marketing wird erst durch gute Leistung möglich. Was gutes Marketing auszeichnen sollte, ist in erster Linie nicht der gewinnorientierte Eigennutz, der als Folge guter Leistung auch gleichberechtigt ist, sondern der langfristige wie auch unmittelbare Fremdnutzen als Anfang allen nachfolgenden Eigenanspruchs.

Bekanntlich steht das Dienen vor dem Verdienen. Und Dienen heißt: Nutzen bieten. Erst daraus ist der Anspruch des Verdienens ableitbar. Es ist eine Binsenweisheit, daß jeder Mitarbeiter sein Einkommen vom Kunden erhält – über den „Verteilerschlüssel" des Unternehmens.

Mit der Sinnorientierung beginnt jede Marketingstrategie. Darum steht für erfolgreiche Unternehmen bei der Suche nach dem Unternehmenssinn der ständig erweiterte und verbesserte Kundennutzen im Vordergrund.

Wünsche wecken ist der Beginn einer Kaufbereitschaft. Das Verstärken des Wunsches wird durch die vom Kunden wahrgenommene Verbesserung des Nutzens erreicht. So werden Begehrlichkeiten geschaffen, die auch die Kauflust verstärken und die Befriedigung beim Kauf erhöhen. Es muß daher mehr erreicht werden, als nur Wünsche wecken. Auch dies ist ein sinnvoller, weil auch „sinnenfreundlicher" Bestandteil des Marketings.

Als zweiter Gesichtspunkt des pragmatischen Marketings gilt die Handlungsweise des Unternehmens, gestaltet aus der Umfeldmöglichkeit, der fremdbestimmten Situation, in der das Unternehmen sich befindet. Verhalten und Gewichtung des Wettbewerbs beeinflussen die Marktaktivitäten des Unternehmens auch im Sinne der Differenzierung zu Mitanbietern.

Der dritte Teil der Beschreibung des Marketings ist die Zweckorientierung, der Eigennutz, der wie ein gewogenes Maß zur Sinngebung steht. Dieser Zweck kann ebenfalls so definiert werden, daß er fast sinnhaften Charakter hat: Mit Marketing müssen Menschen gewonnen werden. Darunter sind die Käufer und möglichen Kunden zu verstehen, aber auch die Entscheider und Meinungsbildner. Letztere haben auf Kunden und noch mehr auf künftige Käufer einen häufig unterschätzten Einfluß. Die Gefahr für Topmanager: Je höher in der Hierarchie, je weiter vom täglichen Kundengeschehen entfernt, um so geringere Empathie haben sie für diese soziale Intelligenz fordernde Kundenbeziehung.

Marketing ist darum im Markt der 2000er Jahre wie folgt zu definieren:
1. Nutzen stiften und Begehrlichkeiten wecken (Sinnorientierung),
2. im Wettbewerb zu Dritten (Situationsorientierung),
3. um Menschen als Käufer, Entscheider und Meinungsbildner zu gewinnen (Zweckorientierung).

Der Zweck des Marketings, Menschen als Käufer, Meinungsbildner usw. zu gewinnen, ist nur erreichbar, wenn eine große Identität mit den Menschen angestrebt und weitgehend erreicht wird.

Die Kundenbedürfnis-Pyramide

In Anlehnung an die Bedürfnispyramide von Maslow kann man auch in einer Käufer- oder Kundenbedürfnis-Pyramide die Rangfolge der Wunschwertigkeiten festlegen. Maslow sagt, daß ein höherrangiges Bedürfnis erst von Interesse ist, wenn das niedrigere Bedürfnis befriedigt ist. Das gilt ähnlich auch in der Entscheidungsfindung bei den Käufern. In dieser nebenstehenden Pyramide wird die Bedeutung der Rangfolge oder der Kundenbedürfnisse deutlich.

Erläuterung zu: 1. Produktqualität
Die Basis jeden Geschäftinteresses ist das Produkt in seiner vollen Güte gemäß des Nutzenanspruchs, in der Problemlosigkeit der Anwendung, in passender Größe und je nach Produktart in entsprechendem Design.

Die Käufererwartung in der Nutzenerfüllung ist vielfältig.

Das Produkt selbst muß viele Teilqualitäten erfüllen, um dann als Ganzes ein Qualitätsprodukt zu sein. Forschung, Entwicklung und Produktion haben genau die

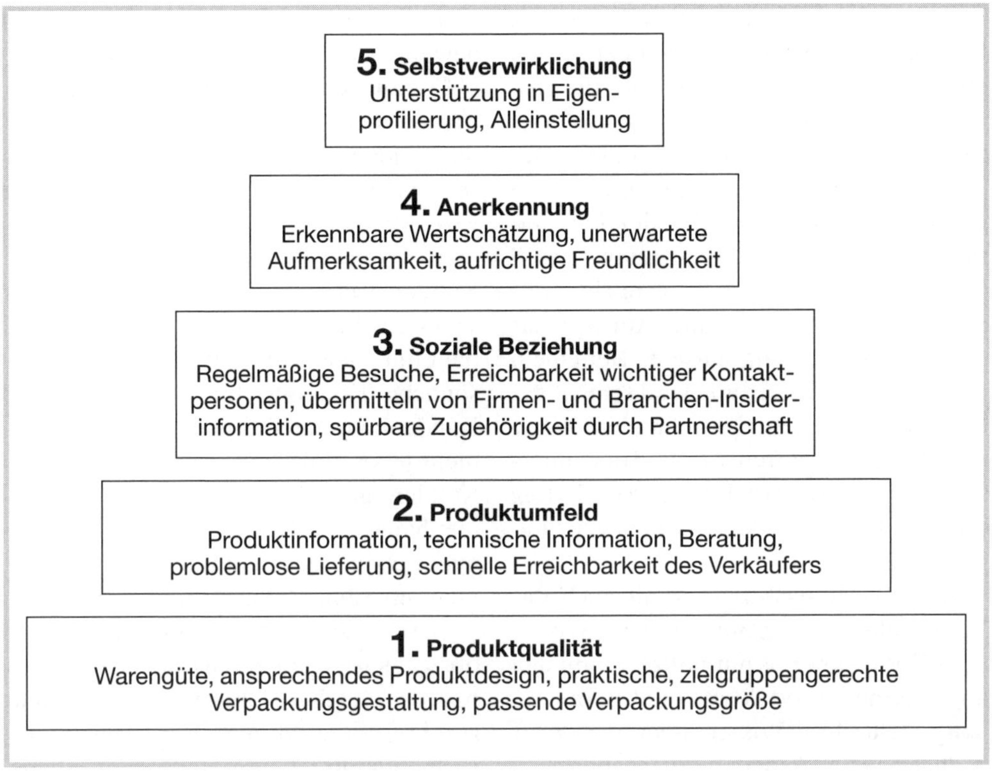

5. Selbstverwirklichung
Unterstützung in Eigen-
profilierung, Alleinstellung

4. Anerkennung
Erkennbare Wertschätzung, unerwartete
Aufmerksamkeit, aufrichtige Freundlichkeit

3. Soziale Beziehung
Regelmäßige Besuche, Erreichbarkeit wichtiger Kontaktpersonen, übermitteln von Firmen- und Branchen-Insider-
information, spürbare Zugehörigkeit durch Partnerschaft

2. Produktumfeld
Produktinformation, technische Information, Beratung,
problemlose Lieferung, schnelle Erreichbarkeit des Verkäufers

1. Produktqualität
Warengüte, ansprechendes Produktdesign, praktische, zielgruppengerechte
Verpackungsgestaltung, passende Verpackungsgröße

Abb.1: Kundenbedürfnis-Pyramide (Wilmes/Maslow) erläutert mit praktischen Beispielen

geforderten Teilqualitäten in einem Produktleistungsprofil zu definieren, zu entwickeln und entsprechend zu produzieren.

Die Vorteile einzelner Teilqualitäten sind unterschiedlich zu bewerten. Sie sind in der Werbung und Verkaufsförderung auch entsprechend zu kommunizieren. Der Erfolg oder Mißerfolg des Produktes am Markt ist häufig begründet in der richtigen werblichen Darstellung und treffend beschreibender Wortwahl der unterschiedlich vom Kunden gewichteten Vorteile.

Das Produkt bleibt der Kern des Geschäftes. Es muß stimmig sein. Die ergänzende Dienstleistung macht aber häufig erst den Wert aus.

Erläuterung zu: 2. Produktumfeld
Wenn die Teilqualitäten des Produktes stimmig sind, wird der Kaufentscheid von der nächsthöheren Wertigkeitsstufe den Teilqualitäten des Produktumfeldes bestimmt. Kunden erwarten die Hilfe in der gebrauchsangepaßten Beschaffung, Schulung in der Produktanwendung und Entsorgung nach Nutzung des Gutes. Die komplette Lösung aller Probleme ist eine wichtige Marketingaufgabe.

Teilqualitäten des Produktumfeldes sind Informationen zur richtigen Zeit in richtiger Art und Weise. Gute Produktinformation, leicht lesbar, übersichtlich kompetent gestaltet, verständlich strukturiert, muß ergänzt werden durch klassisch technische Beratung, persönlich durch Fachberater (Außendienst) oder durch einen technischen Telefonservice der Anwendungstechnik, der schnell, *just in time* bei dringlicher Anfrage funktioniert. Der Telefon- und Beratungsservice muß kommunikationstechnisch durchorganisiert sein, damit jeder Anrufer schnell einen Gesprächspartner erreicht, der kompetent berät oder die Anfrage zur schnellen Erledigung umsetzt. Bei einem Defizit in dieser Leistung wird schnell das Vertrauen verspielt, das auf andere Weise aufwendig geschaffen wurde. Hier unterscheiden sich Unternehmen, ob sie Erfolg oder Mißerfolg in den Kundenbeziehungen erhalten.

Zum Beratungsservice zählt auch das Vermitteln von kompetentem Wissen über Know-how, das nur mittelbar mit den angebotenen Produkten im Zusammenhang steht. Das Wissen über vor- oder nachgelagerte Arbeiten zu technischen Produkten, z. T. auch bei geschmacksorientierten Produkten, muß fachgerecht erörtert werden können.

Zum Umfeld gehört auch eine wettbewerbsvergleichbare, ausgearbeitete Logistik, mit dem unerläßlichen Anspruch, genauer, schneller und besser zu werden. Die Japaner haben durch *Kaizen* als ständige Verbesserung eine logistische Spitzengeschwindigkeit als Unternehmensziel definiert. Schnelligkeit im Erkennen und Umsetzen der Kundenwünsche – das ist die gewinnbringende Wettbewerbsformel.

Erläuterung zu: 3. Soziale Bindung

Trotz der sich ständig weiterentwickelnden Kommunikations- und Informationstechnologie wie Internet, e-mail, Telefax oder Funktelefon wird die persönliche Beziehung von entscheidender Bedeutung bleiben. Technologie soll helfen, Abläufe schnell durchzuführen, um Zeit zu gewinnen für den persönlichen Kontakt.

Die zufriedenstellende Leistung gehört immer mehr zum Selbstverständnis mit der Tendenz zur Nullfehlerquote, aber das Vertrauen in eine Geschäftsbeziehung wird durch das „personifizierte Unternehmen" erreicht. Personen, die in Kontakt zu Kunden treten können, müssen bekannt sein oder bekannt gemacht werden. Man benötigt viele gut funktionierende, persönliche Kontakte für eine verläßliche Kundenbindung. Das persönliche Engagement jedes einzelnen für die Belange des Kunden gestaltet den sozialen Zusammenhang. Ein Kunde muß spüren, daß man sich in jeder Funktion des Unternehmens um seine Belange kümmert.

Geschäftsbeziehungen entwickeln sich oft zu sozialgemeinschaftlichem Ersatz, bzw. das Geschäftsleben wird vergleichbar zur Freizeitgestaltung – ein Beziehungsverhalten mit lebensgestaltbarem, lebenserfüllendem Charakter, es muß Freude machen. Das persönliche Engagement drückt die Verbindlichkeit aus, um ein Vertrauen in das Unternehmen zu erreichen.

Erläuterung zu: 4. Anerkennung

Wer Kundenbeziehung zur Kundenbindung entwickeln will, muß einige personenbezogene Bedingungen erfüllen. Im Geschäftsleben gilt das ebenso wie im Privatleben. Menschen möchten Achtung durch Beachtung erfahren. Der Mensch als Gemeinschaftswesen lebt aber auch mit dem unterbewußten Empfinden, einmalig zu sein oder sein zu wollen. In ihrer Einmaligkeit will jede Person mehr oder weniger anerkannt werden.

Anerkennung erfüllt ein menschliches Urbedürfnis, das uns genetisch aus prähominider Zeit mitvererbt wurde.

Geschäftsbeziehungen unterliegen der Aufmerksamkeit demonstrierender Rituale, wie sie bei freundschaftlichen Bindungen ganz natürlich sind. Nur in einer nicht freiheitlichen Gesellschaft werden Beziehungsformen durch Zwang ersetzt. In einer freiheitlichen Gesellschaft sind Geschäftsbeziehungen nur mit gegenseitiger Anerkennung möglich.

Kundenanerkennung beginnt mit dem Empfinden einer Kundenbedeutung in zweifacher Weise:

- die Bedeutung des Kunden für uns und unser Unternehmen.
- dem Kunden das Gefühl geben, daß er für Dritte, z. B. seine Kunden und allgemein als Persönlichkeit in seinem Unternehmen, bedeutend ist.

Der Kunde spürt genau, welche Wertschätzung er erfährt. Hier zeigt sich deutlich, ob der Verkäufer und sein Unternehmen die Identität zum Kunden anstrebt.

Die erste Aussage (was bedeutet mir der Kunde) betrifft die Anerkennung des Kunden, die zweite Aussage (welche Bedeutung gebe ich dem Kunden im seinem eigenen Umfeld) gehört in den höheren Bereich der Selbstverwirklichung.

Ein wunderbar treffendes Kompliment für die marktgerechte Ausrichtung des Unternehmens, in dem ich als Marketingleiter tätig war, erhielt ich von einem Kunden, einem Handwerksmeister: „Sie geben uns das Gefühl, daß wir wer sind."

Marketingmaßnahmen in Werbung und Verkaufsförderung, in Kundenförderung und -fortbildung sowie das Verhalten aller Firmenmitglieder zu Kunden muß in der Aussage übereinstimmend sein und ist „körpersprachlicher Ausdruck" des Unternehmens. Der Begriff „Unternehmenskörpersprache" soll bewußt machen, daß ein Unternehmen in seiner Ganzheit

wahrgenommen wird. Das Unternehmen ohne sein Produkt oder die direkte Leistung übt eine starke Wirkung auf das Kaufentscheidungsverhalten der Kunden aus. In jeder Aussage, jedem Auftritt, jeder Maßnahme muß spürbar werden, daß die Profilförderung des Kunden durch seinen Lieferanten genauso ernstgenommen wird wie das Erfüllen der Kundenerwartung nach guter Leistung oder gar Spitzenleistung. Im Sinn der Marketingzielsetzung werden sich die positiven Eindrücke des Unternehmensauftritts bei den Kunden günstig für die Geschäftsbeziehung mit der Marke, der Produkt- und Leistungsqualität vermischen.

Ein praktisches Beispiel: Ein guter Marketingstratege versteht, seine Prospekte so zu gestalten, daß z. B. für Handwerksbetriebe auch eine Nutzen darstellende Leistung seines Kunden, nämlich des Handwerks, in diesen Prospekten zum Ausdruck kommt. So kann ein Kunde die Prospekte auch für die eigene Geschäftswerbung verwenden. Die eigene Marke, das Produkt für den Handwerker, wird wie ein Productplacement behandelt und ist nur beiläufig eingebunden in die qualifizierte Leistungsdarstellung des Kunden. Auf diese Weise kann die totale Identität zum Kunden auch sichtbar gemacht werden.

Erläuterung zu: 5. Selbstverwirklichung

Erfolgreich sein im eigenen Geschäft, z. B als Händler oder Handwerksmeister, ist die berufliche Seite der Selbstverwirklichung. Darin muß der Geschäftspartner unterstützt werden. Ein Industrieunternehmen, das an Handel und Handwerk liefert, hat sich im Sinn der erfolgreichen Kundenbindung Gedanken darüber zu machen, wie die nachgelagerten Verkaufsinstanzen überleben.

Die Marketingdefinition lautet für das außergewöhnliche, erfolgreiche Unternehmen: mit Spitzenleistungen und Marketingunterstützung existenzsichernd und absatzfördernd sein für Handel und Handwerk. Dazu zählt auch, besonders in wirtschaftlich schwierigen Zeiten, das Stärken des Selbstwertgefühls des kleineren Unternehmers. Die Förderung zur Selbstverwirklichung als Unternehmer oder Unternehmensverantwortlicher wird die stärkste Bindungsform zwischen Geschäftspartnern sein, wenn die vorherigen Bedürfnisse auch erfüllt werden – eine Differenzierungschance zum Wettbewerb.

Total Identity Marketing (TIM)

Das bedeutet: Die totale Identität mit der Zielgruppe und dem Kundenindividuum. Nicht mit Unternehmen und Organisationen werden Geschäfte gemacht, sondern mit den Menschen, die darin tätig sind. Sie handeln scheinbar rational objektiv, doch in Wirklichkeit tun sie es emotional subjektiv. Sie begründen sich und ihre Handlung immer rational.

Natürlich gibt es neutrale, objektive Vergleichskriterien im einzelnen. Bei mehrfachen differenzierten Nutzenteilen aber wird das letztendliche Entscheidungskriterium in der subjektiven Bewertung der eigenen Gewichtungsempfindung liegen.

Wer in diesen Bereich der Empfindungen eindringen kann, wird den Markt erobern. Das setzt zusätzliche, aber vornehmlich andere Intelligenzen voraus als die, die heute ausschließlich gelehrt, geschult und erlernt werden. Nicht die mathematisch technische oder faktisch logische Intelligenz und buchhalterische Exaktheit sind entscheidend, sondern die soziale und emotionale Intelligenz. Darunter ist die Gemeinschaftsfähigkeit – nicht die Gesellschaftsfähigkeit, wie irrtümlich angenommen – zu verstehen, außerdem die Fähigkeit zur Wahrnehmung und Kombination der vielseitigen, tiefgründigen Einflußfaktoren und die Bündelung der Anstrengungen zu effizienter Handlung.

Die 5 L des Total Identity Marketing (TIM)

Gemeinschaftliches Verhalten bedeutet eingebunden sein in das Leben seiner Zielgruppe und mitgestalten helfen an dem Stilkodex der Gruppe oder Gesellschaften, für die man leistet. Das Wissen über Lebensart und Umfeld des Kunden ist künftig so wichtig wie das Selbstverständnis des Produktnutzens und die Zweckmäßigkeit der Produktverwendung.

Es gilt, eine intensive Vernetzung in einem geschlossenen Vertriebssystem und eine Verschmelzung mit klar definierter Zielgruppe zu erreichen.

Dies wird möglich durch die 5 L des Total Identity Marketing.

Die 5 L des TIM

- 1. Mit dem Kunden Leben
- 2. Mit dem Kunden Lachen
- 3. Mit dem Kunden Leiden
- 4. Seinen Kunden Lieben
- 5. Seinen Kunden Loben

1. L: Mit dem Kunden leben

Ein indianisches Sprichwort sagt: „Wer einen Menschen kennenlernen will, muß in seinen Mokassins gelaufen sein." Das bedeutet: die Pfade des anderen gehen können in seinem Fußbett. Damit verbunden ist das Begreifen des Gefühls eines Menschen mit jedem Schritt im Ablauf seiner Zeit. Die Erfahrung sammeln, die der andere gemacht hat, und das Leben mit seinen Wünschen, Bedürfnissen und Begehrlichkeiten verstehen wollen, wie sie der andere empfindet. Mit einem Menschen leben, bedeutet nicht nur die geschäftsbedingten Verhaltensweisen, sondern auch die durch das Leben geprägten Wesensarten kennenzulernen. Die Wechselwirkung als scheinbar zwei Welten, Geschäfts- und Privatleben, beeinflußt das Entscheidungsverhalten des Käufers.

2. L: Mit dem Kunden lachen

Wer mit jemandem lacht, erreicht den Gleichklang der Empfindung zwischen zwei Personen und fördert das Verständnis zwischen Individuen. Mit diesem Lachen ist auch Sichmitfreuen zu verstehen. Wer Freude über den Besitz, Vorteil oder das Glück des anderen mitempfindet, weiß, was auch in Zukunft den anderen erfreuen kann. Man erreicht die gleiche „Wellenlänge". Eine Voraussetzung, um Kundenbegeisterung als höchstes Ziel der Kundengewinnung zu entwickeln.

3. L: Mit dem Kunden leiden

Bei einer so ausgeprägten Wettbewerbssituation in allen Märkten bei vielen Firmen gibt es nach wie vor eine große Reklamationsanfälligkeit und unverständliche Desorganisation bis Ignoranz bei der Schadensbehebung. Die Verhaltensweisen der Verantwortlichen oder Mitverantwortlichen in den Unternehmen zeigen Phantasielosigkeit und Empfindungsunfähigkeit für die „Leiden" oder Kundenärgernisse, die aufgrund von Mängeln in Produkt, Verpackung, Bestellung, Versand, Transporthilfen oder Logistik entstehen. Die Phantasie als Schlüssel zur Kreativität ist auch abhängig von dem Mit-Fühlen des „Leidens" anderer, um

Problemlösungen und Nutzen für andere zu entwickeln. Aber nicht nur das „Mit-Leiden" über die vom Lieferanten mitzuverantwortenden Probleme sind hier gemeint, sondern grundsätzlich alle Sorgen, die sich in der Person vereinen.

Ängste schränken die Handlungsfähigkeit ein. Wer anderen Ängste nimmt, kann deren Handlung positiv beeinflussen. Wesentliche Angstfaktoren im Geschäftsleben sind Existenzsorgen und Benachteiligung. Als Geschäftspartner sollte man auch darüber im Sinn verbesserter Kundenbeziehung nachdenken. Erfolgreiche Industrieunternehmen definieren ihre Philosophie nicht nur auf Spitzenleistung, sondern auch auf die Existenzsicherung nachgelagerter Geschäftspartner.

4. L: Seinen Kunden lieben

Lieben ist hier im Sinn von Mögen oder Mögenwollen zu verstehen. Selbstverständlich ist zwischen manchen Menschen die „Chemie nicht stimmig". Wichtig ist der Wille, den anderen verstehen zu wollen. Daraus entwickelt sich die Suchbereitschaft nach dem Anknüpfungspunkt oder dem Sympathieteil im anderen. Gerade in Verhandlungen mit mehr divergierender Tendenz lautet die Frage: „Wie kommen wir zusammen?" Bei der Suche nach dem Kompromiß ist jener Verkäufer im Vorteil, der durch eine Sympathiebeziehung leichter das ausgewogene Verhältnis zwischen den Interessen findet. Diese Identität „den Kunden lieben" hilft dem Verkäufer, den pragmatischen Kompromiß zu finden und die Dauerhaftigkeit der Geschäftsbeziehung zu sichern. So wie das Mit-Leiden wird auch das Lieben die Phantasie beflügeln, die bessere Leistung aus Sicht des Kunden erfolgreich zu entwickeln und gegenüber dem Wettbewerb im Markt durchzusetzen.

5. L: Seinen Kunden loben

Ein ehrliches Kompliment als Aussage inneren Respektes und aufrichtiger Anerkennung war noch nie Schmeichelei. Wahrheitsgemäße Aussagen können als Aufmerksamkeit die Kundenbeziehung vertiefen, weil damit auch eine bleibende Wertschätzung ausgedrückt wird. Lob bedeutet Anerkennung und gehört (laut Maslow) zur höheren Bedürfniskategorie. Anerkennung ist eine Aussage, die mit Emotion verbunden wird. Sie bleibt angenehm und länger in der Erinnerung.

Auch das gehört zum Marketing: „Die Menschen ein wenig glücklicher machen."

Kundengewinnung und Kundenbindung durch TIM

Das ist ein entscheidender Faktor im Wettbewerb der Zukunft. Das Ziel aller Marketinganstrengungen liegt im wirtschaftlich effizienten Verkauf der Produkte und Leistungen. Neukundengewinnung ist in der Expansion ein wichtiges Unternehmensziel, aber wichtiger ist die Kundenbindung der bisherigen Käufer. Kundenbindung ist letztendlich eine wiederholte oder immer wiederkehrende Kundengewinnung. Keine Bindung hat Bestand, wenn sie nicht immer wieder neu durch Leistung belebt wird. Das gilt für jede Form zwischenmenschlicher Beziehungen. Das Bindungsverhalten der Menschen ist allgemein abnehmend. Das gilt nicht nur in ehelichen und partnerschaftlichen Beziehungen, sondern auch in der Marken- und Geschäftsloyalität.

Bindung wird aufgrund der Umfeldveränderung und des schnellen Wandels der informativen Einflüsse und der daraus resultierenden Verunsicherung als persönliche Einengung und belastende Verpflichtung empfunden. Wir leben in einer Zeit der Verunsicherung des politischen, staatlichen, gesellschaftlichen, wirtschaftlichen, geschäftlichen und persönlichen Lebens. Und Unsicherheit beeinflußt das Vertrauen in eine Bindung negativ.

Das Sichoffenhalten für andere Möglichkeiten entsteht aus der Unsicherheit in der Entscheidungsverantwortung, sowohl bei eigenen, persönlichen wie auch bei von Dritten oder selbst zu bewertenden geschäftlichen Angelegenheiten.

Kundenbindung wird nur erreicht, wenn folgende drei Entscheidungskriterien erfüllt werden:

- Begehrlichkeit – das ist der gesteigerte Wunsch zur unmittelbaren Entscheidung für eine Bedarfsbefriedigung, wesentlich mehr als nur Wünsche wecken.
- Vertrauen – das ist Glaube in die Aussagen und an die Zuverlässigkeit von Personen, Unternehmen und Marken, daß die erwartete Leistung erfüllt wird.
- Sympathie – das ist die persönliche Zuneigung als emotionale Beziehung zur Wesensart oder zum Umfeld der Person, des Unternehmens oder der Marke.

Vertrauen und Sympathie erreicht das Unternehmen oder der Verkäufer über die Identitätssuche bei dem Kunden. Die Marketingaktivitäten sind deshalb durch vertrauensbildende und sympathieschaffende Maßnahmen im Sinne der Identitätsabsicht zu ergänzen.

Vertrauensbildend sind z. B. Sachinformationen und kompetente Unterstützung in der Anwendung der Produkte.

Sympathieschaffend sind zwischenmenschliche Beziehungen durch persönliche Aufmerksamkeit, Gefälligkeiten und Hilfen, das Engagement um der Person willen.

Vertrauen ist mehr auf die Erfüllung einer Produkt- und Dienstleistung begründet, Sympathie ist unmittelbar personenbezogen.

Zum besseren Verständnis: Zwei Wettbewerber haben aus Kundensicht die gleiche Fachkompetenz, beide genießen beim Kunden ein gleiches Vertrauen in Produkt und Leistung. Die Kaufentscheidung zugunsten eines Anbieters liegt dann in der Sympathie.

Mit Total Identity Marketing (TIM) ist der Kunde der Zukunft zu gewinnen. Es wird den Erfolg ihres Unternehmens im Markt der Zukunft entscheidend beeinflussen.

2.3 Begeisterte Kunden statt zufriedene Kunden

Der Autor

Dipl. Kfm. F. Christian Zach, Fachautor, Berater und Trainer für Clienting, Marketing, Presse-, Kommunikations- und Öffentlichkeitsarbeit. Als Unternehmensberater war er bisher vor allem in der Pharma- und Hotelindustrie und für Trainigsinstitute tätig. Herr Zach arbeitete als Redakteur beim „Handelsblatt" und war an der Konzeptarbeit fürs „manager magazin" beteiligt, und er ist Autor zahlreicher Wirtschafts- und Fachpublikationen sowie der Bücher „Begeisterte Kunden feilschen nicht" (1995) und „Fang den Kunden" (1997).

Nur begeisterte Kunden sichern die Zukunft eines Unternehmens. Zufriedene Kunden sind out. Zufriedenheit kommt von Qualität. Doch Qualität muß heute jeder bieten, außerdem ist sie ohnehin genormt. Reicht es, ein „Unternehmen wie jedes" zu sein? Was bleibt da dem Kunden als Unterschied? Nur der Preis! Und um den feilscht er. Was also soll der Kunde bei seiner Untreue fürchten?

Ganz anders der begeisterte Kunde: Begeisterung kommt nicht aus dem Kopf, ist nicht genormt. Begeisterung kommt von Zuwendung, sie wächst im emotionalen Bereich, sie kommt „aus dem Bauch", und Begeisterung kommt aus der Qualität einer Beziehung, aus der Beziehungsqualität. Begeisterung ist individuell ans begeisternde Unternehmen gebunden. Begeisterung ist nicht austauschbar. Begeisterung schafft Fans! Und die feilschen nicht – zumindest nicht, so lange der Preis im reellen Rahmen bleibt. Meinen Sie ein Fan der „Drei Tenöre" würde an der Vorverkaufskasse um den Preis des Tickets feilschen? Ganz im Gegenteil, er bezahlt nahezu jeden Preis, und wenn es sein muß, auf dem Ticket-Schwarzmarkt.

Emotionale Intelligenz (EQ) – Top-Erfolgsfaktor im 3. Jahrtausend

Was macht einen Kunden zum Fan? Oder anders gefragt: Woher kommt diese Begeisterung? Die Antwort ist einfach: Begeisterung entsteht, wenn der Kunde (ein klein bißchen) mehr bekommt, als er eigentlich erwartet. Dabei darf das „klein bißchen mehr" auch gern mal „ein biß-chen mehr vom Mehr" sein.

Erfüllte Erwartungen machen zufrieden. Das „bißchen mehr" aber macht warm ums Herz. Das ist Begeisterung. Und genau das macht es aus, daß Kunden wiederkommen und daß Kunden zu positiven „Herolden" in ihrem Freundes- und Bekanntenkreis werden.

Wer an Begeisterung denkt, dem fallen als Stichwörter ein: mitreißend, Jubel, riesig, großartig, einzigartig, einmalig, Beifall, überschäumend, ist das schön o.ä.

Mit Zufriedenheit hat das nur insoweit etwas zu tun, als Zufriedenheit der Boden ist, auf dem alles steht. Zufriedenheit ist das Fundament, von dem aus das „Herz" hochhüpft in der Welle der Begeisterung.

Jahrhunderte lang wurden die Gefühle ausgeklammert aus der rationalen Welt von Handel und Wandel. Zu Hause im Kreis der Familie, da mag Gefühl, Emotion, Emotio noch angehen, aber tagsüber in Büro und Werkshalle, da habe Ratio zu herrschen.

Doch mögen es die „Vernünftigen" noch so sehr leugnen: Über 90 % aller menschlichen Handlungen kommen letztendlich aus dem Bauch. Mit nicht mal 10 % will der Kopf glauben machen, „er habe alles fest im Griff".

Zufriedenheit ist nur genormte Rationalität

Sind klare Kriterien erfüllt, so sagt der Kopf: „Das ist zufriedenstellend."

Mag der Bauch nun noch so sehr protestieren: „Kein Lächeln, kein Wort zuviel. Kein bißchen Zuwendung und Aufwertung für mich."

Der Kopf bleibt klar und „objektiv": „Die Anforderungen sind klar erfüllt. Die Qualitätskriterien zu 100 Prozent eingehalten. Logische Folge: Zufriedenheit ist angesagt."

Das ist die Ratioseite:
- Total-Quality-Management
- Null-Fehler-Programme
- Total-Customer-Satisfaction
- Kunden-Zufriedenheitsbarometer

Vernunft, Einsicht, Logik, Sachlichkeit, Ursache–Wirkung, entweder–oder, falsch oder richtig – das hat natürlich alles seine Berechtigung. Aber der Mensch ist dennoch mehr als Ratio! Der Mensch sucht nach mehr als nach perfekter „Technik" und Funktionalität. Der Mensch sucht Gefühle: Der Mensch ist nur ein bißchen Kopf, aber wesentlich mehr ein Bündel aus Gefühlen:
- Wir wollen geliebt werden.
- Wir wollen Anerkennung, Beachtung, Prestige.
- Wir wollen im Mittelpunkt stehen.
- Wir wollen „stark" sein.
- Wir wollen siegen.
- Wir wollen Spaß oder Thrill.

Wir bezahlen viel Geld für „Liebe" aller Art: Zuwendung, Aufmerksamkeit, Mittelpunkt sein (Karaoke), Lob, Attraktivität (Fitneßstudio), Prestige, Beachtung (teure Klamotten). Ohne zu zögern wird viel Geld bezahlt für Thrill, z.B. für Fallschirmspringen, Bungee, Hauswandlaufen, und für Spaß (Sport, Hobby). Viel Geld sitzt also locker für unsere Emotio.

Abkehr von der Norm: Differenzierung durch Emotio

Was hat das alles mit Fehlerfreiheit, der Qualität eines Produktes oder einer Dienstleistung zu tun? Nun, welches Unternehmen möchte heute gern Norm sein? Qualität aber ist heute Norm (ISO 9000). Wonach wählt der Kunde seinen Lieferanten bei normierten, identischen Produkten aus? Nach dem Preis! Wenn alles gleich ist, dann sticht allein der Preis! Wie also kommt ein Produkt oder ein Anbieter weg vom Preis als einzigem Mittelpunkt für den Verkauf?

Ganz einfach: durch Differenzierung. Auf positive Weise anders sein als andere. Wie aber läßt sich Gleiches von Gleichem differenzieren? Wieder sehr einfach: durch emotionalen Mehr-Wert, also ganz simpel: durch Begeisterung.

Begeisterung entsteht, wenn wir den Kunden angenehm überraschen. Begeisterung wächst im Kunden, wenn er etwas mehr erhält, als er erwartet hat. Dieses Mehr bekommt er am besten im emotionalen Bereich: Zuwendung, Aufwertung, ein Tip, eine kleine Hilfe, ein praktischer Hinweis, eine komplikationslose Gebrauchsanweisung, ein Minigeschenk für die Kinder, eine Nachfrage nach dem Kauf...

Kunden begeistern, heißt Kunden gewinnen lassen! Der Kunde muß immer Sieger sein.

Kunden binden gelingt heute nur noch mit Begeisterung. Aus dem Qualitätswettbewerb wurde unmerklich der Begeisterungswettbewerb, der auf der emotionalen Ebene ausgetragen wird. Die Unternehmensberaterin Gertrud Höhler dazu: „Kunden kann nur gewinnen, wer im Kunden den Partner sucht, einen Partner der mündig ist, nicht bevormundet, ein Partner, der sich als Coproduzent einbringt, der dauerhaft für das Unternehmen gewonnen wird und nicht als Beute erobert wird."

Kunden begeistern, heißt Kunden lächeln lassen
Begeisterung ist ein Seelenzustand, ein Gefühl jenseits von befriedigtem Bedürfnis, jenseits von Zufriedenheit. Begeisterung kommt auf, wenn jemand des Kunden innerste Wünsche wahrnimmt, ohne daß der Kunde diese bewußt verraten hat.

Für diese Begeisterung muß jemand diese Wünsche aufgreifen und mit einer Handlung reagieren, die der Kunde nicht erwartet hat, die er nicht erwarten konnte, weil ihm nicht bewußt geworden ist, daß er indirekt seine heimlichen Wünsche verraten hatte. Das tollste Geschenk zum Geburtstag ist immer das völlig überraschende Geschenk, das jemand findet, weil er einfach sehr aufmerksam zugehört hat, weil er weit ausgefahrene Antennen hatte für die Interessen, für Freudeauslöser beim Geburtstagskind.

Um bei einem Kunden durch eine Kleinigkeit das Lächeln auszulösen, ist das ganze Jahr über Saison. Nur ein winziges Beispiel für solch einen Lächel-Zünder: Da lädt zum beginnenden Frühjahr das Autohaus seine wintersteifen Autofahrer zu einem abendlichen Fitneßspaß ein; Traubenzucker und Magnesium gegen Muskelkater liegen schon der Einladung bei.

Es geht keineswegs um den „Geschenkwert", sondern darum, zu wissen, wer der spezielle Kunde ist und wie und womit ich ihn/sie „packen" kann. Der Kreativität, dem Kunden ein Lächeln zu entlocken, sind keine Grenzen gesetzt. Es kommt allein darauf an, die Begeisterungswirkung zu erfassen und ständig daran zu denken, daß auf diese Weise Kunden erst emotional „gefangen" und dann in den Gefühlszustand der Begeisterung für „ihren" Lieferanten versetzt werden.

Kauflust statt Verkaufsfrust

Das Schlagwort dafür heißt *Clienting*. Marketing ist out, *Clienting* ist in. Marketing heißt: dem Kunden etwas verkaufen wollen. *Clienting* heißt: dem Kunden Gewinn verschaffen. „*Clienting* ist eine Kundenerfolgslehre", sagt der Unternehmensberater Edgar K. Geffroy.

Wenn der Kunde gewinnt, kommt der Gewinn für den Lieferanten von allein. Wo der Kunde gewinnt, braucht es keinen *Ver-Kauf*. Wo der Kunde gewinnt, dort *will* der Kunde kaufen. *Clienting* heißt also nichts anderes als Kauf-*Lust* wecken statt Verkaufskunst trainieren. Das aber verlangt den Abschied vom Ego.

Die Sprache verrät das Denken. Die Verkaufs- und die Werbesprache sagt heute z. B.: wir sind, wir bieten, wir machen, bei uns, unser Team ... Die Kunden aber warten heute auf Zuwendung und Beachtung, auf emotionalen Mehr-Wert.

Das läßt sich auch in Sprache ausdrücken. Sprache kann sich wandeln vom Anbieten zur Bereitschaft zum Geben und Dienen (s. Beispiele unten). Die Unternehmen (nicht nur deren Werbetexter) sind also herausgefordert, sich hinzuwenden zum Nutzen, zum Gewinn für die Kunden und zumindest zunächst mal in der Kommunikation mit den Kunden wegzugehen vom ganz natürlichen Stolz auf die eigene Leistung, auf Qualität und die eigenen Fähigkeiten. Niemand nimmt einem Un-

ternehmen damit das solide Selbstwertgefühl. Das soll bleiben! Nur rückt es in den Kundenbeziehungen in die zweite Reihe. Der Nutzen für die Kunden hat die erste Reihe für sich allein.

Die Erfahrung aus Beratungen und Trainings zeigt: Unendlich schwer fällt es den Unternehmen, kaum zu schaffen ist es für Werber und Verkäufer, abzugehen vom Ego, von Formulierungen aus der Ego- und Produktsicht. Argumente aus den Produkteigenschaften sind so tief eingegraben, daß gar nicht mehr wahrgenommen wird, wie hier die Egosicht herausgekehrt und die Kundensicht übersehen wird. Tagelanges Üben erst öffnet die Kommunikationsblockaden und ganz allmählich gelingt dann mit Trainerhilfe die neue Sicht.

Mit Gewinn lassen sich Kunden begeistern

Kunden reagieren begeistert, wenn sie mehr bekommen, als sie eigentlich erwartet haben. Kunden reagieren begeistert, wenn sie unerwarteten Gewinn einstrei-

Vom Wir sind ... zum Sie bekommen ...	
Vom Ego	**zur Sicht des Kunden**
Wir sind	Sie finden
Wir bieten an	Sie erhalten
Wir haben	Für Sie liegt bereit
Unser Angebot heute	Ihre Chance heute
Wir machen	Die nützliche Hilfe für Sie
Unsere Tradition	Sicherheit für Sie durch Erfahrung
Wir garantieren	Sichern Sie sich ab
Unser Team	Ihre Partner sind
Wir verfügen über	Zu Ihrem Nutzen steht bereit
Unser Betrieb hält vorrätig	Für Sie dienstbreit
Unsere Mitarbeiter	Ihre vertrauten Betreuer kennen Sie
Unser Pannendienst	Hilfe sofort und zu jeder Zeit
Wir übernehmen	Entlasten Sie sich

chen können. Was kann denn ein Gewinn für den Kunden sein? Erneut sind es Blockaden in den Gedanken, die Gewinn einengen auf Geldgewinn. Gewinn für den Kunden kann aber u. a. sein: Bequemlichkeit, Freude, Spaß, Sinnesgenuß, Prestige, Selbstverwirklichung, Verständnis, persönliche Kontakte, Aufwertung, Anerkennung, Sicherheit, Vertrauen, Zuverlässigkeit des Lieferanten, Hilfen aller Art, Fürsorge (Terminüberwachung), Ersparnis (Zeit, Geld), kleine Aufmerksamkeiten, praktische Geschenke.

Jeder Mensch hat seine eigene Werteskala in sich. Für den einen ist dies mehr Gewinn, für den anderen jenes. Um dem Kunden einen der genannten (oder ähnliche) Gewinne zu verschaffen, muß man ihn zunächst einmal kennen, ihn also individuell wahrnehmen und ihn nicht nur als umsatzbringende Absatzfunktion in den Preis-Nachfrage-Kurven betrachten.

Kunden wissen sehr gut, was sie nicht wollen

Was wollen denn Kunden eigentlich wirklich? Unendlich viel Geld wird von den Unternehmen ausgegeben, die Kundenwünsche zu erforschen. Aber: Können Kunden denn tatsächlich sagen, was sie sich wünschen, wenn sie gar nicht wissen, was sie eigentlich haben könnten?

Kunden haben Erfahrungen. Kunden wurden enttäuscht. Das hat sich eingegraben. So bitte nicht! Das ist präsent im Kopf und im Herzen. Danach fragt aber niemand die Kunden. Was erfahren die Interviewer in der Marktforschung, wenn sie immerzu fragen (als Beispiel zwei aufs Auto bezogene Fragen): Wie wünschen Sie sich Ihr Traumauto? Und: Was wünschen Sie sich eigentlich vom Service?

Überwiegend bekommen sie schwammige Antworten. Ein sehr hoher Prozentsatz der Befragten bessert stockend ein bißchen an dem real existierenden Auto herum oder wünscht sich vom Service stereotyp: „Einfach ein bißchen freundlicher, nicht wahr!"

Das ist typisch. Das darf nicht irritieren. Kunden wissen nämlich weitaus besser, was sie nicht wollen, als was sie wirklich wollen. Kunden orientieren sich negativ! Kunden selektieren negativ! Eigenartigerweise aber fragt kaum jemand die bestehenden oder künftigen Kunden, was sie denn nicht wollen.

Es fragt auch keiner mal Nicht-Kunden, weshalb sie eigentlich Nicht-Kunden sind.

Das macht auch Messungen der Kunden-zufriedenheit so problematisch und fragwürdig:

- Kunden können nur nach der Zufriedenheit gefragt werden für Leistungen, die sie in Anspruch genommen haben.
- Kunden können aber Leistungen, die sie sich wünschen und die es nicht gibt, nicht in Anspruch nehmen.
- Niemand fragt die Kunden, welche Leistungen sie sich wünschen, die sie aber nicht bekommen.

Nicht-Kunden geben entscheidende Hinweise

Kaum ein Unternehmen läßt mal Kunden befragen, worüber die sich schon mal bei anderen vergleichbaren (oder auch ganz anderen) Produkten (oder Diensten) geärgert haben. Die Marktforscher könnten gar nicht so schnell notieren, wie sie schwallweise goldwerte Hinweise bekommen, was Kunden ärgert, was also Kunden nicht wollen.

Kann es denn so schwer sein, daraus dann herzuleiten, was Kunden wirklich wollen? Gerade aus dem Nichtwollen der Kunden läßt sich doch perfekt bis in Details herleiten, was Kunden wirklich wollen.

Warum kaufen Kunden nicht bei uns? „Das läßt sich nicht feststellen, denn wo und wie sollen wir denn die Nicht-Kunden finden und befragen", wenden die Marktforscher ein. Andererseits aber können sie sehr wohl die Nicht-Wähler befragen, weshalb sie nicht zur Wahl gegangen sind. Es liegt an den Unternehmen: Die interessieren sich einfach nicht für ihre Nicht-Kunden. So können sie eben auch nicht wissen, weshalb die Nicht-Kunden denn Nicht-Kunden sind. Und somit können sie auch nur so schwer aus den Nicht-Kunden die Doch-noch-Kunden akquirieren.

Nicht-Kaufgründe schaffen die besten Produkte und Dienste

Unternehmen, die wirklich mal nachforschen, entdecken oft mit Schrecken, was sich da so alles auftut an Nicht-Kaufmotiven der Nicht-Kunden. Und schon brauchen die Produkt- oder Diensteentwickler eigentlich gar nicht mehr viel Leistungs- und Be-„Dien"-Phantasie, um die Antwort bieten zu können, die exakt diese Nicht-Kunden begeistert und sie zu Nun-doch-Kunden wandelt.

Auf der Basis von „Was Kunden wirklich nicht wollen" geht es doch nur noch darum, sich im Team zusammenzusetzen und diese „Dien-Bündel" zurechtzuschnüren, die haargenau die aufgedeckten Ängste und Blockaden bei den Kunden ausräumen. Dann folgt noch die Aufgabe, diese „Dien-Bündel" ranzubringen an unsere „Bisher-Nicht-Kunden." Denn nur was diese erfahren, kann sie wandeln.

Nicht-Kunden müssen sich erst mal vorstellen können, was sie sich wünschen können, wie toll sich dies oder jenes machen und richten läßt. Nicht-Kunden müssen erst mal wissen, was sie neu wählen können.

Fürs Wählen sind die Nicht-Kunden ebenso Experten wie die Kunden. Die Chancen fürs Wählen bekanntzumachen, das ist Aufgabe der Werbung und des Verkaufs. Die Wahl zwischen Nutzen und neuem Nutzen aber begeistert Kunden. Wählen ist zwar Qual, aber es ist die Qual der Lust. Auswählen können ist Lust. Lust ist Mehr-Wert jenseits der nackten, rationalen Erwartungen ans pure Produkt und an dessen „technische" Eigenschaften.

Gewiß: Kein Produkt, keine Dienstleistung, kein Lieferunternehmen kann alle potentiellen Kunden begeistern und zu Kunden wandeln. Maßarbeit ist hier viel aussichtsreicher als Massenkonfektion. Maßarbeit für einzelne, für exakt abgegrenzte Gruppen, ganz bestimmte Bedürfnisse und Wünsche statt Konfektion, die zwar vielen irgendwie, aber keinem wirklich richtig auf die Wünsche paßt. Mit „halbwegs" und „irgendwie" lassen sich Kunden nicht begeistern. Einmal-Kauf, Enttäuschung, „nie wieder" – und schon vermehren sich die negativen Herolde, die dann bald auch die Noch-Kunden zu Nicht-mehr-Kunden werden lassen.

Träume wahr machen, macht begeisterte Kunden

Kunden wollen träumen, Kunden wollen süß und lustvoll träumen. Weshalb helfen so selten Lieferanten ihren Kunden zu süßen und lustvollen Träumen? Zu Träumen von freundlicher Beratung und Bedienung, von lächelnden, hilfreichen, gut informierten, verständnisvollen Verkäufern, von sinnvollen, praktischen, zuverlässigen, haltbaren, preiswerten Produkten? Kunden suchen Zuwendung und Aufwertung, suchen Bestätigung und Vertrauen. Weshalb geben so wenig Lieferanten und so wenig Verkäufer (Außendienst ebenso wie Telefon oder Lagerverkauf) diese „Liebes-Dienste"?

Was Liebesdienste betrifft, kann man sich getrost mal einen Herrn aus dem 18. Jahrhundert zum Vorbild nehmen, obwohl seine „Geschäfte" auf einem ganz anderen Gebiet lagen: Casanova. Er verstand es virtuos, wahre Heerscharen von Damen zu begeistern. Casanovas EQ (Emotionale Intelligenz, den Begriff gab es damals natürlich noch nicht) war genial und letztlich der Schlüssel zu seinem Erfolg. Casanovas Art und Weise der „Kundenbegeisterung" läßt sich tatsächlich auf unsere Kundenbeziehungen übertragen. Für den Kunden „Casanova" sein heißt:

- Wir kennen von jedem Kunden Details seiner Bedürfnisse, seiner Vorlieben, seiner Schwächen, seiner Werte, seiner Wünsche und Erwartungen.
- Wir entführen den Kunden aus dem grauen Alltag, wir lassen ihn träumen.
- Wir wecken Visionen im Kunden und lassen so Besitz-Sehnsucht und Besitz-Träume in ihm aufsteigen.
- Wir sprechen mit dem Kunden in seiner Sprache, und zwar über seine Vorteile und Gewinne.
- Wir geben dem Kunden das Gefühl, einzig zu sein:
- Wir verwenden dem Kunden gegenüber keine antrainierten Floskeln, sondern geben ihm individuelle Antworten.
- Wir geben dem Kunden das Gefühl, stark zu sein: der Kunde ist der Sieger, ist König. Wir sind seine Diener (für sein Geld!).

Den Kunden zuhören, legt die Basis für Begeisterung

Wie gesagt, Kunden begeistern heißt, ihnen mehr geben, als sie erwarten. Damit dies gelingt, muß man aber zunächst sehr genau dem Kunden zuhören, um seine Wünsche, seine Erwartungen und seine Werteskalen kennenzulernen. Kundenbe-

geisterung gibt es also nicht ohne zuhören. Man darf nicht nur auf die Worte des Kunden hören, sondern muß vor allem versuchen, seine Vorstellungen und Gedanken hinter den Worten zu erfühlen. Und alles muß fest im Gedächtnis des Lieferunternehmens verankert werden, damit das einmal Gehörte im treffenden Moment abgerufen, genutzt und gezielt eingesetzt werden kann, am besten als Auslöser eines Lächelns des Kunden.

Kunden verraten so viel im Gespräch, beispielsweise über ihr Leben, ihre Denkweise und Einstellungen, aber auch über ihre Schwachstellen. Bei dem einen sind die Kinder, der Hund oder der Sport die „weichste Stelle", bei dem anderen geht die „Liebe" zu allererst durch den gesteigerten Gewinn im Beruf. Manche lassen sich am besten bei ihrer Bequemlichkeit oder ihrem Sicherheitsbedürfnis packen. Was dem einen das Prestige ist, ist dem anderen der reine Verwendungsnutzen und die technische Leistungskraft.

Hinhören, zuhören, mit voller Aufmerksamkeit und mit Einfühlungsvermögen jeden Kontakt nutzen, das schafft die Basis für „Unwiderstehlichkeit". Casanova wußte und nutzte das. Jeder Mensch hat Berührungspunkte, bei denen er einfach nicht widerstehen kann, wenn man sie „antippt". Niemand verbietet einem Lieferunternehmen, diese sensiblen Stellen zu registrieren und im richtigen Moment davon Gebrauch zu machen.

Doch Zuhören ist eine Kunst, die vor lauter Verkaufs-, Argumentations-, Überzeugungs- und Rhetoriktechniken weithin abhanden gekommen ist. Selbstdarstellung geht vor Zuhören. Sich durchsetzen, „gewinnen", gilt weitaus mehr und verschafft mehr Achtung und Erfolge als feinfühliges Hin- und Hineinhören in den anderen. Dynamik rangiert vor Sensibilität.

Aber die heutige emotional ausgehungerte Gesellschaft dürstet nach Rückbesinnung auf emotionale Zuwendung und Geborgenheit. Trends wie *Cocooning*, die „Suche nach Äquivalenten für die mehr und mehr technisierte Welt" sowie die immer rapider fortschreitende Technisierung der Kommunikation gehen natürlich in den kommenden Jahren an den Geschäften und deren emotionalen Rahmenbedingungen nicht spurlos vorbei.

Kunden begeistern durch Plus-Leistungen

„Geben Sie Ihren Kunden, was die anderswo nicht bekommen", fordert Ehrenfried Gnuschke in seinem Buch „Kunden finden, Kunden binden". Er folgt dem Prinzip „jedem Kunden das Gefühl zu geben, daß er ein besonders wichtiger Kunde, ein VIP-Kunde ist". Das Lieferunternehmen, dem das gelingt, besitzt nach Gnuschkes Erfahrungen in den Augen seiner Kunden „Sieger-Niveau".

Mehr bieten: zuhören, Zuwendung

Unter Verkäufern taucht immer wieder die Gretchenfrage auf, was wichtiger sei: daß der Kunde dem Verkäufer sympathisch ist, oder daß der Verkäufer dem Kunden sympathisch ist.

Die Antwort ist einfach: Wie soll es dem Verkäufer gelingen, den Kunden mit eigener innerer Begeisterung auf die Begeisterungswelle zu heben, wenn er dem Kunden mit einer negativen Einstellung gegenübersteht („Was der wieder für komische Wünsche hat …").

Es gibt Testreihen, die belegen, daß der Mensch sich dem anderen völlig anders zuwendet, wenn ihm dieser sympathisch erscheint. Das gilt sogar für ein Gespräch am Telefon. Allein der Glaube an die sympathischen Eigenschaften des anderen genügt. Glaube versetzt Sympathieberge! Und Sympathie löst Zuwendung aus, die man dann auch zurückbekommt!

Deshalb am besten innerlich fest vorprogrammieren: Jeder Kunde ist sympatisch bzw. hat positive Seiten, ich muß nur richtig hinschauen (und in der Kundendatei festhalten), was den einzelnen Kunden sympathisch macht.

Wesentliches Instrument für Zuwendung ist Zuhören, und zwar konzentriertes, aktives Zuhören. Diese Art der Aufmerksamkeit für den Partner zeigt besonders, daß man ihn achtet, anerkennt. Damit hebt man sein Selbstwertgefühl, und es werden bereits wohlgestimmte Gefühle ausgelöst, die sich bis zur Begeisterung steigern lassen, wenn der Zuhörende das Gehörte in Handlungen umsetzt, die dem anderen zeigen, wie genau ihm zugehört wurde und welch freudige Überraschung daraus entstanden ist.

Zuwendung zielt immer auf den einzelnen und ist eine höchstpersönliche Angelegenheit. Zuwendung an oder durch ein Unternehmen, an oder durch eine Abteilung ist nicht realisierbar. Zuwendung spielt sich zwischen einzelnen Menschen ab. Das bedeutet aber auch: Zuwendung läßt sich weder in Organisationsrichtlinien noch in Arbeitsanweisungen packen. Zuwendung erfordert Individualität.

Der Aufbau einer solchen emotionalen Beziehung zwischen Verkäufer und Kunde jenseits einer rein sachlichen Lieferanten-Kunden-Geschäftsabwicklung fordert, das Herz des Kunden zu erreichen und es zu öffnen. Das gelingt aber nur, wenn man dem Kunden, dem Menschen, einen Schritt entgegengeht, also zunächst einmal „sein Herz öffnet".

Für den Aufbau einer emotionalen Brücke zu Kunden ist es unerläßlich, selbst die Fähigkeit zu haben, im passenden Moment, mit geschickten Worten, zu adäquaten Themen (Distanzzonen beachten!), ehrlich und ohne versteckte Verkaufsabsicht, sich emotional zu öffnen und so dem Kunden zu vermitteln: Ich habe Vertrauen zu dir. Du kannst auch Vertrauen zu mir haben. Du bist Mensch für mich, nicht Funktion. Ich habe mehr Interesse an dir, als nur dir was zu verkaufen. Gönn' uns mal eine Pause und laß uns Freunde sein. Und mit dem Wort Freund sind wir bei einer wichtigen Zu-Tat für Kundenbegeisterung: Freundlichkeit.

Mehr bieten: Freundlichkeit und Lächeln

Vom Geld des Kunden leben wir alle. Ist es da zuviel verlangt, dem Kunden mit Freundlichkeit, Lächeln, mit Freude am Dienen und am Leisten zu danken?

Um den Kunden Freundlichkeit und die zuvor erläuterte Zuwendung bieten zu können, benötigt man kein „Kundenorientierungsprogramm". Und man muß damit auch nicht warten, bis zu einer „generellen Serviceumstellung" oder etwa bis zur Neuformulierung der Unternehmensleitsätze. Freundlichkeit und Zuwendung sind jedermanns Sache im Unternehmen, nicht nur „für die im Verkauf".

Freundlichkeit und Zuwendung läßt sich nicht nur in jedem persönlichen Kontakt und am Telefon praktizieren. Auch Rechnungen und technische Angebote, Prospekte und Anzeigen können freundlich sein und Zuwendung zeigen, z. B. durch Übersichtlichkeit, klare Aussagen über Nutzen für den Kunden und Verständlichkeit, auch für den Laien, der sie lesen und darauf reagieren soll.

Und daß ein Lächeln (statt Mißmutsmiene) zu den besten „Herzensöffnern" gehört, weiß eigentlich jeder.

Mehr bieten: Bequemlichkeit beim Kauf

Kunden begeistern heißt auch: es dem Kunden so bequem wie möglich zu machen. Dazu gehört ganz besonders: Kunden niemals warten lassen – nicht im Verkaufsraum, nicht aufs Erscheinen des Vertreters zur abgesprochenen Zeit, nicht am Telefon (auch nicht in der Warteschleife), schon gar nicht bei Ferngesprächen, nicht auf den zugesagten Rückruf, nicht auf das versprochene Angebot oder das Informationsmaterial, nicht auf die Lieferung zum erbetenen oder sogar zugesagten Termin und nicht auf den Kundendienst.

Darüber hinaus gibt es unzählige andere Möglichkeiten, dem Kunden Bequemlichkeit zu bieten, sei es nun ein simpler Garderobenständer (nasse Mäntel bei Regen, schwere Mäntel im Winter), Kinderbetreuung (Ikea macht es vorbildlich), aufbereitete Vorabinformationen (Broschüren mit angestrichenen Passagen), Probe- oder Ersatzgeräte, außerdem Finanzierungen, Terminüberwachung (z.B. an Ablauf der Garantiefrist erinnern), Abhol- und Bringdienste sowie Anwendungs- oder Verwendungstraining.

Jede Branche, jedes Unternehmen hat die Chance, seinen Kunden mehr Bequemlichkeit zu bieten. Man muß es nur wollen. Der Kreativität sind keine Grenzen gesetzt, wenn es darum geht, den Kunden entgegenzukommen und ihnen mehr Nutzen, mehr Vorteile und mehr „Gewinne" zukommen zu lassen.

Mehr bieten: kleine Aufmerksamkeiten und kleine, nützliche Geschenke

Kleine Geschenke, welche die heimlichen Wünsche oder Interessen treffen (durch aktives Zuhören „erforscht"), signalisieren: „Wir denken an Sie – nicht als Masse, sondern als Individuum." Damit wird die Bindung zum Kunden verstärkt.

71

Nicht das große Geld entscheidet über die Bindungswirkung, sondern die zündende, die individuell treffende Idee. Massenaussendungen an Tausende von Kunden können nicht die Wirkung erzielen wie die individuelle Aufmerksamkeit zum persönlichen Anlaß (Geburtstag, Jahrestag usw.).

Vor allem die unerwartete Aufmerksamkeit löst beim Kunden Begeisterung aus: „Woher wissen die das? Die haben aber genau auf mich geachtet! Schön, daß ich denen das wert bin." Das Draufachten und Drandenken (nicht ohne Hilfe der Kunden-Datei möglich!) ist das Entscheidende, nicht der materielle Wert des Geschenks.

Das Argument, persönliche Aufmerksamkeiten seien viel zu teuer, zieht nicht. Es ist sehr viel sinnvoller zu fragen „Was bringt's?", als mit der Frage nach den Kosten den Weg zu begeisterten Kunden ständig zu blockieren, denn der begeisterte Kunde zahlt sich aus.

- Die Aufmerksamkeit an sich, nicht ihr Geldwert löst die Freude aus!
- Begeisterte Kunde bringen viel mehr in die Kasse und ersparen (nachrechenbar) Akquisekosten für neue Kunden.
- Der begeisterte Kunde steckt mit seiner Begeisterung viele an: seine Kollegen, seine Freunde, seine Verwandtschaft ... Der begeisterte Kunde ist ein stets empfehlender Kunde.

Wichtig: Erst das „gute Gedächtnis", eine sorgfältig geführte Kundendatei, ebnet den Weg zur Kundenbegeisterung!

Mehr bieten: Nach-Kauf-Betreuung und Kauf-Dankeschön

Der Weg zur Kundenbegeisterung erlaubt keine Verschnaufpause. Traditionelles Marketing feierte den Kauf als krönenden Erfolg, hatte mit dem Verkauf sein Ziel erreicht. Danach war der Kunde (viel zu

häufig) uninteressant, auf jeden Fall so lange, bis weiterer Bedarf, Wartung oder Reparaturen neue Geschäftschancen erwarten ließen.

Mit dem Ziel „begeisterter Kunde" geht es nach dem Kauf erst so richtig los. Jetzt heißt es, dem Kunden zu zeigen, daß er nicht als Umsatzmelkkuh gesehen wird, sondern als Partner gesucht und umsorgt wird. Jetzt heißt es, den Kunden zu bestärken, und zwar auf der Sachebene wie auf der Beziehungsebene.

Der Weg zur Kundenbegeisterung umfaßt daher all die vielfältigen Nuancen der Nach-Kauf-Betreuung (wie Serviceleistungen aller Art). Dazu gehört auch das simple und viel zu selten ausgedrückte „Danke für Ihren Auftrag!" – sei es mit einem Anruf, einem netten Brief, einem Blumenstrauß oder sonst einem „treffenden" persönlichen Dankeschön-Präsent.

Mit Begeisterung die Kunden bedienen

Nur begeisterte Mitarbeiter können Kunden begeistern. Begeisterung und Kommunikationsfähigkeit lassen sich jedoch nicht befehlen oder in Arbeitsplatzbeschreibungen vorzeichnen, auch nicht in ein paar Seminartagen antrainieren. Dafür braucht jeder einzelne die innere Überzeugung, die Einsicht in die Zusammenhänge sowie die Freude und den Ehrgeiz, das Ziel „Begeisterter Kunden" so perfekt wie nur möglich zu erreichen.

Begeisterung beginnt „oben", beim Chef
Voraussetzung für ein Team begeisterter Mitarbeiter, ist das Vorbild „ganz oben". Denkt die Spitze im Unternehmen, denkt die Führung im Verkauf nur „Money, Money, Profit, Profit", läßt sich in diesem Unternehmen die Flagge der Kundenbe-

geisterung gewiß nicht hissen. Um aus eigener Begeisterung die Kunden zu begeistern, sind Kollegialität, Kameradschaft und sogar ein Geist von Verschworenheit in der Frau- und Mannschaft des Unternehmens nötig: „Wir wollen alle miteinander das eine Ziel: begeisterte Kunden. Das ist unser gemeinsamer Wille und unser aller Ehrgeiz."

Was blockiert die Begeisterung der Mitarbeiter? Da gibt es die unterschiedlichsten Störfaktoren, die schleunigst weggeräumt werden sollten, z. B. indem die Mitarbeiter schriftlich ausführen: Hier liegt mein Spaß an der Arbeit. Hier bin ich auf dem Pfad der Begeisterung. Das stinkt mir. Das blockiert meine Begeisterung. Die Auswertung sollte völlig anonym erfolgen, am besten durch einen Trainer bzw. Moderator, und zur Diskussion gestellt werden.

Und es sind dann auch die Fragen zu stellen und zu beantworten: Was wurde getan, die Spaßfaktoren zu feiern und zu verstärken? Was wurde getan, Stinkfaktoren abzubauen und auszumerzen? Wie arbeitet das Team zusammen? Hand in Hand oder jeder gegen jeden? „Nur wer nach innen teamfähig ist, der kann auch im Team mit dem Kunden arbeiten", mahnt die Unternehmensberaterin Gertrud Höhler. Der Weg zur Teamfähigkeit und zu dem angesprochenen „verschworenen Teamgeist" ist gewiß mühsam und beschwerlich, und er verlangt von der Unternehmensleitung erheblichen Verzicht auf Macht, vielleicht auch für eine Übergangszeit auf finanziellen Gewinn. Erstaunlich, wieviel Kreativität und Engagement (teils aber auch Fluten an Frustration) aus Mitarbeitern aufsteigen, wenn sie erstmals einbezogen werden, wenn sie die Chance bekommen, sich zu öffnen, Dampf abzulassen.

Allerdings: Ohne Initiator, ohne neutralen Moderator, ohne gut geschulten, externen Coach wird es sicher schwerfallen, in den nötigen Prozeß des internen Wandels, der Unternehmensentwicklung, einzusteigen und ihn erfolgreich zu durchlaufen.

Angst frißt jede Begeisterung weg

Zu den Aufgaben des internen Begeisterungsprozesses zählt auch Angstabbau: Ängste aufspüren, Ursachen beseitigen, Vertrauen herstellen. „Fun-Working" fordert der Management- und Verkaufsberater Erich-Norbert Detroy. Spaß statt Angst in der Arbeit muß das Motto lauten, wenn im Team begeistert gearbeitet werden soll. Wer sich ducken muß, drückt sich und stiehlt sich aus der Begeisterung für Leistung davon. Angst blockiert jede Begeisterung. Angst lähmt den Betrieb. Angst provoziert Fehler. Angst nimmt die Offenheit fürs neue. Alles Gründe, um in einem Unternehmen die Voraussetzung für angstfreies Arbeiten zu schaffen.

Generell gilt: *Clienting* und EQ (Emotionale Intelligenz) sind die Paßworte für den Erfolg in der Zukunft. Werden diese Worte im Unternehmen mit Leben gefüllt, tragen sie draußen Früchte. Darüber sollte kein Unternehmen hinwegsehen.

Service: Welten trennen übliches von Begeisterung

Betrachten wir noch einen anderen wichtigen Aspekt: Ohne Dienstequalität ist die Produktqualität nur die Hälfte wert. Erst Service macht nackte Produkte für Kunden nützlich. Jede Branche hat ihre eigene Palette an Serviceleistungen. Hier Beispiele aufzulisten würde zu weit führen, doch für alle gilt: Ohne Service oder mit ungenügendem Service entsteht keine Begeisterung beim Kunden.

Keith Allan Noble schreibt: „Schlechter Service ist gut für das Geschäft – allerdings nicht für Ihr Geschäft, sondern fürs Geschäft Ihrer Konkurrenz." Wenn ein Unternehmen es versäumt, die Bedürfnisse und Wünsche seiner Kunden zu berücksichtigen, verliert es sein Ziel aus den Augen.

„Yes I can" heißt der Slogan, den die Hotelkette Radisson ihren Mitarbeitern als innere Motivationslinie für die Einstellung den Gästen gegenüber mitgibt. Damit haben Sätze ausgedient wie „Bedauere, das geht leider nicht. Das hat noch niemand verlangt (gefragt)." Oder: „Ich kann Ihnen da leider auch nicht weiterhelfen."

Das Versandhaus Landsend (Wisconsin/USA) hat in seine Unternehmensgrundsätze eine „ewig währende Zufriedenheitsgarantie" geschrieben. Das bedeutet u. a., daß jeder Artikel gegen Rückerstattung des Kaufpreises an Landsend zurückgegeben werden kann, ohne Begründung, auch nach Jahren noch. Joan Brown, Vice President des Unternehmens, das gute Gewinne macht, erläutert: „Der Kunde kommt zuerst. Er kommt noch vor dem Gewinn. Wenn der Kunde zufrieden ist, dann kommt der Gewinn von alleine. Von 22 Millionen Kunden haben bislang weniger als 2000 die unbefristete Totalgarantie genutzt." Begeisterte Kunden sind nämlich auch ehrliche Kunden.

Service den Kunden gegenüber kann sich in schier unendlichen Spielarten, Diensten, Leistungen und Angeboten manifestieren. Gleichgültig, ob die Ausrichtung der Dienste und Leistungen auf Vorteile und Gewinne für die Kunden nun *Clienting* genannt wird oder anders, entscheidend ist die Denkweise, die dahintersteht: Kunden binden ist ertragreicher, als laufend neue Kunden zu finden.

Servicequalität bringt hohe Rendite

Stimmt diese Aussage? Einwände gegen Kundenbegeisterung haben manche schnell zur Hand: „Begeisternder Service ist zu teuer. Das wuchert aus. Das kann am Schluß niemand mehr bezahlen." Das ist falsch! Diese Ausflüchte gegen Leistungen und Dienste, die Kunden begeistern, gehen an den Fakten und Erfahrungen vorbei. Drei klare Argumente widerlegen den Zu-teuer-Irrglauben:

Das erste Argument: Gewinn schlägt sich nicht nur in Geld nieder. Das Unternehmen gewinnt auch durch seinen guten Ruf, sein positives Image. Das bringt langfristig Zinsen. Langfristige Überblicke zeigen: Die Gewinneinbußen durch mangelhafte Service- und Beziehungsqualität sind in aller Regel größer als der Aufwand für begeisternde Leistungen.

Das zweite Argument: Der Kunde, der zum Fan des Lieferanten wird, der Kunde, der nicht nur zufrieden, sondern begeistert ist, kauft automatisch wieder und wieder bei diesem Lieferanten. Vor allem empfiehlt er „seinen" Lieferanten weiter und weiter. Und der begeisterte Kunde feilscht (immer im reellen Rahmen betrachtet) nicht um die letzte Mark beim Rabatt oder um eine Dreingabe.

Ist der Kunde einmal „König", kommt der Gewinn für das Lieferunternehmen von allein, über Preise, die relativ rabattresistent sind, ebenso wie über Wiederkäufe der Bereits-Kunden und über Mehrverkäufe an empfohlene Neu-Kunden. Begeisternder Service an Bereits-Kunden ist die hervorragende Chance, neue Kunden zu gewinnen.

Das dritte Argument: In jedem Fall und nachweisbar ist es teurer, neue Kunden zu akquirieren, als die Bereits-Kunden zu halten, die wieder und wieder kaufen, die auch neue Produkte und Dienste zusätzlich kaufen. Kundenbegeisterung ist das optimale Sparprogramm als Alternative zur teuren Neu-Kunden-Akquise!

Professor Dr. Armin Töpfer, Leiter des Lehrstuhls für Marktorientierte Unternehmensführung an der Technischen Universität Dresden, ermittelte (vgl. Handelsblatt, 2./3. 8. 1996, S. K2):

- 5 % mehr Kundenbindung, also weniger Abwanderung von Kunden, erhöht die Gewinne um 25 bis 85 %.
- Treu bleiben dem Unternehmen nur sehr zufriedene Kunden.
- An mangelnder Servicequalität stören sich drei Viertel der Kunden, die daher zu Wettbewerbern wechseln.
- Fünf- bis zu sechsfach teurer ist es, einen neuen Kunden zu gewinnen, als einen Bereits-Kunden umfassend gut zu betreuen und ihn dadurch zu halten.

Die Begeisterung der Kunden ist flüchtig

Kaizen sagt: Der Weg ist das Ziel. Kaizen ist ein Begriff aus Japan und beschreibt den Prozeß ständiger Verbesserungssuche im gesamten Unternehmen (an Produkten und Diensten wie an Abläufen), an dem sich in Japan traditionsgemäß jeder beteiligt, der sich dem Unternehmen zuordnet.

Nie wird ein abschließendes Ergebnis der Kundenbegeisterung erreicht. Ständig läuft der Prozeß weiter, die Herausforderung gönnt keine Atempause. Besser werden, heute, morgen, übermorgen, jeden Tag ein neuer kleiner Schritt, besser zu werden. Das Maß aller Dinge ist der Kunde, allein der Kunde mit all seinen Wünschen, Erwartungen, Bedürfnissen, mit all den kleinen Freuden, die das Unternehmen ihm machen kann, mit all den kleinen Extras jenseits der Leistung, die der Kunde heute selbstverständlich erwarten kann, ehe er zufrieden ist.

Begeisterung ist jedoch ein Gefühl, also instabil und flüchtig. Gefühle brauchen ständig neue Nahrung, um sie am Leben zu erhalten. Gefühle dörren aus im Einerlei und in der Selbstverständlichkeit. Das gilt für die Liebe zwischen Lebenspartnern ebenso wie für die Begeisterung von Kunden für „ihren" Lieferanten. Deshalb muß eine Beziehung gepflegt werden oder mit Hermann Hesse gesagt: „Um das Mögliche zu erreichen, muß das Unmögliche immer wieder versucht werden."

Oder eine aktuelle Stimme: „Die Zukunft ist nicht das, was morgen auf uns zukommt, sondern das, was wir heute für sie in Angriff nehmen. Um Träume wahr zu machen, muß man nicht besser träumen als andere, sondern wacher sein." Das ist die Leitlinie von Thomas Heinlein, Geschäftsführer des Bauzulieferers „Der Schaff" in Schwarzenbach. Zusammen mit Unternehmensberater Roland Betz hat er die Philosophie für sein Unternehmen kompromißlos festgelegt: „Der Schaff ist ein 100 % kundenorientiertes Erfolgsunternehmen." Der Weg dahin lehrte ihn: „Neues Denken läßt sich nicht befehlen, sondern muß sich erst entwickeln."

Der Weg zum begeisterten Kunden (heute vielfach kurz *Clienting* genannt) ist keine Einbahnstraße. Der begeisterte Kunde läßt sich nicht „machen". Begeisterung entsteht im Dialog, im Austausch. Dabei werden Kunden und viele andere in Netzwerke eingebunden. Vertrauensvolle Beziehungen, die von gegenseitiger Wertschätzung, von Geben und Nehmen, von Nutzen und Mehr-Nutzen getragen sind, bilden den Kern des künftigen Erfolgs für das Unternehmen. Begeisterung der Kunden ist dabei der Kitt, der die Beziehungen festigt, so daß sich die Netzwerke zum Nutzen des Kunden und des Lieferanten enger knüpfen lassen.

Wo bleibt also das Kundenbegeisterungs-Barometer? Wo bleibt der Fanclub, in den das Unternehmen seine Kunden einladen kann? Wo bleibt die Konzentration auf Kundenbegeisterung, auf Kundenbindung, auf Netzwerke mit Kunden? Welches Unternehmen mißt regelmäßig seinen Empfehlungskoeffizienten (Relation von Empfehlungen pro Jahr pro Stammkunde)? Welches Unternehmen lobt Empfehlungsolympiaden unter seinen begeisterten Fan-Kunden aus und startet lockende Incentives für Kunden, die weiterempfehlen? Das sind nämlich die entscheidenden Wegmarken im Wettbewerb ums Überleben in den Umbrüchen der nächsten zehn Jahre.

Zehn Schritte für den Sofortstart

1. Steigen Sie ein in die Entwicklung und Förderung emotionaler Intelligenz im Unternehmen, d. h. für jeden einzelnen Mitarbeiter. Produkte sind genormt, nur noch mit Emotionen können Sie Kunden gewinnen und halten.
2. Seien Sie unzufrieden mit Zufriedenheit. Das Ziel muß heißen: begeisterte Kunden. Dafür heißt es, zunächst intern alle Mitarbeiter zu begeistern. Die Initialzündung kommt dabei „von oben". Merzen Sie Ängste aus. Jeder muß seine Ideen einbringen können. Steigen Sie ein in die „lernende Organisation".
3. Vergessen Sie Ver-Kaufs-Künste. Der erfolgreiche Weg zu guten Geschäften führt über Kunden, die kaufen wollen. Kauflust wecken Sie, indem sie Ihren Kunden Gewinne verschaffen. Schreiben Sie in einer Kundendatei auf, was Gewinn sein kann für Ihre Kunden.
4. Machen Sie Träume wahr. Spüren Sie Träume auf. Decken Sie auf, was Nicht-Kunden vom Kaufen abhält.
5. Begeisterung kommt, wenn Kunden mehr bekommen, als sie erwarten. Listen Sie Ihre möglichen Mehr-Leistungen auf. Das Mehr wird vorwiegend im emotionalen Bereich liegen. Starten Sie Ihr „Mehr" sofort.
6. Emotionale Mehr-Leistung fordert: Kunden kennen. Der Schlüssel dazu ist eine gut geführte Kundendatei!
7. Zuhören, Zuwendung, den anderen als sympathisch wahrnehmen sowie in der Denke des anderen denken, die Sprache des anderen sprechen – das alles läßt sich üben und erlernen.
8. Begeisterte Kunden sind kostengünstige Kunden. Neuakquisition ist der teuerste Weg im Verkauf. Was läßt sich budgetieren für Kundenbegeisterung, Kundenbindung, Stammkundenpflege, für Empfehlungsolympiaden, Dankeschön-Incentives?
9. Flechten Sie Netzwerke. Binden Sie Kunden an Ihr Unternehmen. Übernehmen Sie Zusatzdienste. Machen Sie Ihre Kunden abhängig vom Nutzen und Gewinn aus dem Geschäft – nur mit Ihnen.
10. Lehnen Sie sich nie zufrieden zurück. Bleiben Sie ständig begeistert für Kundenbegeisterung. Mit Zufriedenheit fängt der Rückschritt an. Atemholen macht Wettbewerbern die Überholspur frei. Kaizen heißt: Der Weg ist das Ziel. Letzte Perfektion wird nie erreicht. Jeden Tag läßt sich etwas verbessern. Nutzen Sie dazu möglichst die Instrumente des *Clienting*.

Weiterführende Literatur

Noble, K. A., Mehr Umsatz durch verbesserten Service, mvg-Verlag, Landsberg/Lech, 1996
Zach, F. C., Fang den Kunden – Kontakte schließen, Beziehungen aufbauen, Kunden begeistern, Autohaus-Verlag, Ottobrunn bei München, 1997

2.4 Erlebnisse verkaufen

Der Autor

Peter Böhme-Köst, Kommunikationsberater BDW, BDVT, Inhaber der Verkaufsförderungs-Agentur panroyal kommunikation, die Kampagnen für den Point of Sales entwickelt. 1968 initiierte er die ersten Seminare für Verkaufsförderer in Deutschland. Seitdem arbeitet er auch in der Marketing-Weiterbildung als Konzeptionist und Trainer (Schwerpunkte: Motivation und Kommunikationsstrategien). Er ist Autor u. v. a. des Marketing-Modells „Tagungen, Incentives, Events" (1992) und Herausgeber des Standardwerks „Erfolgreiches Verkaufs-Management", das seit 1993 periodisch erscheint.

Das Erlebnis ist Marketing-Instrument

Natürlich denken Sie jetzt sofort an zwei Begriffe, an Erlebniskauf und an Event-Marketing. Erlebnisse sind Kaufgründe, ihre Sonderform, das Event, ist Kommunikationsfaktor. Beide haben die gleiche Wurzel. Allen Unkenrufen zum Trotz: Wir leben in einer Überflußgesellschaft mit einem Übermaß an Waren, Dienstleistungen, Informationen und Freizeit. Das alles macht erlebnishungrig.

Unsere Gesellschaft wird von früh bis spät mit einem Zuviel von allem überschwemmt. Vom Radiowecker am Morgen bis zur Zeitung vorm Einschlafen werden wir mit News und Angeboten überschüttet – jeder: Kids, Rentner, Arbeitslose, Vorstandsvorsitzende, Hersteller, Händler, Verkäufer, Kunde. Niemand kann das ver-

kraften. Wir alle sind gezwungen, ständig auszuwählen. Kriterien dabei sind: Was fällt auf? Was gefällt? Was verspricht mir mehr vom Leben? Nur das besondere Ereignis ist das Erlebnis, das uns erreicht, berührt, motiviert.

Die Flut der Angebote ...

... überschwemmt uns mit Massen, die unseren Bedarf weit übersteigen. Wer nur mal eben Aufschnitt einkaufen möchte oder ein Hemd, wird – ob er will oder nicht – z. B. im Supermarkt mit über 6000 Angeboten konfrontiert, und – ob er will oder nicht – er vergleicht. Natürlich spielen dabei Preis, Aussehen, Geschmack und produktspezifische Fakten eine Rolle. Aber die emotionalen Nutzen sind für das Interesse und den Kaufentscheid mindestens genauso wichtig. Jedes Angebot wird auch – und häufig nur – nach dem

77

Erlebnis beurteilt, den Kauf und Konsum versprechen. Jede Nachricht wird überhaupt erst bemerkt, wenn sie uns nahe geht, unserem Alltag, unseren Träumen.

Mehr Lebensqualität...

... verspricht der Marlboro-Mann. Freiheit und Abenteuer sind hier die Kaufgründe und nicht etwa die Tabakqualität, der Geschmack, nicht einmal die Kosten. Nach jeder Preiserhöhung sank der Konsum nur kurzfristig. Sogar die Gesundheitshürde konnte den harten Mann nicht bremsen oder seinen Abschied veranlassen. Die Erlebniswelt bestimmt die Kaufgründe. Wenn die Paradigmen wechseln und der Cowboy nicht mehr den Wunschbildern entspricht, sondern eher die flotten, netten Menschen, die sagen „Ich rauche gern", dann wird das Erlebnis dem Lifestyle angepaßt und nicht die Tabakmischung. Das gilt nicht nur für die flüchtige Zigarette.

Wer liest...

... BMW-Anzeigen? In der Hauptsache BMW-Fahrer. Trotzdem sind die Werbegelder gut angelegt. Warum? Nicht Pferdestärken und Treibstoffverbrauch, nicht Styling, Design interessieren. Man sucht immer und immer wieder die Bestätigung, daß man in seiner Welt, in der richtigen Welt lebt (und fährt). Das gilt nicht nur für den *Consumer*. Auch der knallharte Einkäufer und Verwender in Industrie und Gewerbe läßt sich vom angeblich Irrationalen leiten.

Ein interessantes Beispiel...

... ist Würth, der schwäbische Schrauben- und Befestigungsmittel-Konzern, weltweit vertreten, vielgerühmt, hochgeehrt und unverrückbar im obersten Preissegment angesiedelt. Er begann mit zwei Mitarbeitern und 150000 DM Umsatz. Heute, 42 Jahre später, erzielt er mit z. Zt. 21000 Beschäftigten über 5 Milliarden, für 2002 sind 10 Milliarden DM fest geplant. Seine Kundschaft ist das Handwerk, und im *Business to Business* ist Hochpreispolitik bei Massenartikeln nicht gerade beliebt. Aber wer Würth-Schrauben verarbeitet, fühlt sich mit seinem Qualitätserlebnis den Besten zugehörig. In Deutschland liegt der Marktanteil von Würth bei 80 Prozent.

Die Erlebnisse

Kaufen... und Kommunizieren sind höchst private, sensible Vorgänge, und sie kommen nicht von allein. Erlebnisse müssen inszeniert werden. Verkaufen heißt heute: Ereignisse schaffen, die Spaß machen. Das kann der berühmte Champagner bei Aldi sein, der an der Kasse und im Glas zum Erlebnis wird, das können die süßen Träume bei Leysieffer sein, an denen sich keiner sattsehen kann, oder der Tag der offenen Tür bei Nissan mit Freibier und Kinderkarussell.

Nur der Verkäufer, der den Faktenwall überwindet, den jeder Kunde um sich herum aufbaut, kann gewinnen. Nur der Verkäufer, der nahe an die Wünsche und Träume und natürlich auch an die Sorgen und Ängste seiner Kunden herankommt, kann Kundenzufriedenheit erreichen.

Die Schutzwälle heißen Krise und Konkurrenz, Rente und Euro, Arbeitslosigkeit, keine Zeit, kein Geld. Die Schutzbehauptungen wechseln mit der veröffentlichten Meinung täglich, das ist so neu nicht. Aber daß sich in immer kürzeren Abständen die Paradigmen ändern, die Standpunkte und Werte, das ist eine neue Erkenntnis an der Schwelle zum nächsten Jahrtausend.

Jeder Verkäufer heute und morgen muß sich mit den neuen Grundeinstellungen auseinandersetzen, mit den neuen Vorstellungen, Erwartungen, Hoffnungen und Befürchtungen. Um den Kunden zu erreichen, den sensualistischen Konsumenten, müssen wir Erlebnisprofile schaffen. Wir müssen uns an den höchst individuellen Lebensstilen orientieren und alle Sinne der potentiellen Verwender ansprechen.

Jeder strebt nach Vorteilen ...

... für sich selber, zu denen pekuniäre wie emotionale gehören. Der private Spaß und die berufliche Anerkennung, darauf zielt die Winner-Winner-Strategie, die den Alltag und das Kaufverhalten bestimmt.

Selbst der Firmeneinkäufer denkt zuerst an die immateriellen bzw. materiellen Belobigungen und erst danach an den Gewinn für seine Firma. Diese Einstellung ist nur scheinbar egoistisch – es wäre völlig falsch, sie „abtrainieren" zu wollen.

Zu den Grundbedürfnissen, zum vielbeschworenen Selbstverständnis gehört das Selbstwertgefühl. Eine der klassischen Definitionen heißt: Marketing ist Zuwendung. Verkauf muß sich dem Kunden zuwenden. Das persönliche Erlebnis ist das erfolgreichste Marketing-Instrument.

Flexibilität überall

Wertewandel findet ständig statt. Alle Marktuntersuchungen zeigen: Die Veränderungen des Kaufverhaltens im *Business to Consumer* und des Einkaufsverhaltens im *Business to Business* erfolgen immer schneller und schneller. Der Verkäufer, der darauf nur reagiert, kommt zu spät.

Wer den Veränderungen der Menschen, Märkte und Medien hinterherhechelt, verstößt gegen das wichtigste Prinzip: Der Verkauf muß die Wünsche und Ängste, die Hoffnungen und Meinungen, die Forderungen und Befürchtungen vorwegnehmen. Er muß auf sie eingehen. Nur so ist Kundenzufriedenheit zu erzielen. *Quality Management* ist die Strategie, die zu jedem Kunden führt, zur Brötchenkäuferin, zum Häuslebauer, zu jedem Versicherungs- und Bankkunden, zu Handelsorganisationen, zu Gewerbe- und Industriekunden, zu jeder Institution und Behörde.

Ein von der Ratio gelenkter Prozeß ...

... ist der Verkauf nur scheinbar. Im Verkauf menschelt es wie überall. Trotz aller Bedarfsanalysen und umfassender Kommunikationstechniken, trotz der sekündlichen Registrierung aller Geschäftsvorgänge und ihren Hochrechnungen für morgen und fürs nächste Jahrzehnt, Kaufentscheider sind Menschen. Sie putzen sich jeden Morgen die Zähne und denken dabei darüber nach, was ihnen Spaß machen würden.

Eine Langzeitverkehrszählung in einer deutschen Mittelstadt mit dem höchsten Kfz-Bestand pro Einwohner ergab, daß weniger als 50 Prozent aller Pkw- und Lkw-Fahrten für Beruf, Geschäft oder Versorgung notwendig sind. Mehr als die Hälfte aller Fahrzeugbewegungen dienen Freizeitbeschäftigungen, wozu auch der Shopping-Spaß zählt. Hedonismus, wo Lust und Genuß des Lebens die höchsten Güter sind, ist alltägliche Selbstverständlichkeit.

Die Basis jeder Verkaufsstrategie ...

... ist heute der Kaufgrund Erlebnis. Das Verkaufsargument kann deshalb kein rein rationales sein. Preis und Qualität sind Fakten, sind objektiv festzustellen, zu lehren und zu lernen. Es sind unveränderliche Werte. Die Gefühlswerte der Angebote dagegen verändern sich ständig durch viele unterschiedliche Einflüsse von Zeitgeist, Generations- und Klassenzugehörigkeit. Sie sind immer zu beachten, aber keineswegs allgemein gültig. Sie wechseln etwa alle fünf Jahre. Der erfolgreiche Kaufakt, der beide Seiten befriedigt, Verkäufer und Käufer, muß immer wieder neu erarbeitet werden.

Erlebnisse verkaufen

Von geplanten Käufen unterscheiden sich Spontan- oder Impulskäufe durch den größeren Einfluß von Emotionen am Kaufentscheid. Sie sind situationsbedingt, wobei meist ein Zusammenwirken von Produkt, Plazierung, Preis-Leistungs-Verhältnis und Service mit unterschiedlicher Gewichtung der Auslöser ist.

Bei spontanen Erlebniskäufen sind zu unterscheiden:
- reine Impulskäufe – „Das habe ich zufällig gesehen."
- spontane Erinnerungskäufe – „Das wollte ich schon immer haben."
- geplante Impulskäufe – „Ich brauchte etwas Warmes zum Anziehen."

Die Bedeutung des Spontankaufs wird allgemein unterschätzt. Sogar die älteren, eher konservativen Konsumenten ent-

scheiden bei mehr als Dreiviertel ihrer Einkäufe im Supermarkt erst am Regal (s. Abbildung „Kaufabsicht", unten). Etwa die Hälfte aller Einkäufe ist hier erlebnisabhängig, und immer steht an letzter Stelle der Preis nach der Qualität (siehe Abbildung „Kaufgründe" rechts). Auch die oft genannte Einschränkung, spontan gekauft würden vor allem niedrigpreisige, nicht unbedingt benötigte Kleinigkeiten, stimmt so nicht, wie jeder Händler z.B. von Bekleidung oder Gartengeräten bestätigt.

Bei Gruppendiskussionen mit Immobilienmaklern wurde allgemein der Aussage zugestimmt „Private und Selbständige sowie Gewerbetreibende neigen bei Objekten unter 1 Million DM zu Impulskäufen vor Ort, wenn sie subjektiv sofort gefallen. Alle Einzelheiten wie Lage und Ausstattung, Bauzustand oder Haustechnik interessieren nachrangig. Auch der Preis!"

Das alles bedeutet nicht, daß der Impulskäufer nur rosarot sieht. Die Inszenierung von Erlebniskäufen ist keineswegs Manipulation. Der Verstand wird nicht etwa mit süßer Himbeersoße zugeschüttet. Auch in der gefühlsseligsten Stimmung ist die Ratio beteiligt und durchläuft alle Phasen

Plankauf ↔ Spontankauf		
Produktgruppe		
Altersgruppe	geplanter Kauf	spontaner Kauf
20 bis 30 Jahre	30 %	70 %
31 bis 50 Jahre	38 %	62 %
51 Jahre und älter	45 %	65 %
Artikel/Marke		
20 bis 30 Jahre	15 %	85 %
31 bis 50 Jahre	18 %	82 %
51 Jahre und älter	26 %	74 %

Abb. 1: Kaufabsicht ↔ Kauf in Supermärkten. Befragung 1993: „Was wollten Sie kaufen?" – Produktgruppe, z.B. Brotaufstrich; „Wollten Sie eine bestimmte Marke?" – Nein/Ja, z.B. Rama; „Was haben Sie gekauft?", z.B. Lurpak-Butter.

Gewichtung der Kaufgründe

35 %	30 %	20 %	15 %
Erlebnis, Marke/Produkt	Produkt	Preis	Erlebnis, Geschäfts- raum, Markt
(Name, Packung, Ausstrahlung, Vorstellungsbild)	(Qualität, Eigenschaften, Service)		(Plazierung, Ambiente)

Abb. 2: Kaufgründe in Supermärkten. Gruppendiskussion 1993: „Was kauften Sie gestern?", „Warum?"

(s. Abbildung „Einkaufsprozeß", unten). Es geht nicht um Kaufrausch, sondern um Kaufspaß, genauso wie beim reinen versorgungsorientierten Kauf, der ja auch Zufriedenheit auslösen muß. Nur in der Wertehierarchie hat das Erlebnis einen gewichtigeren Stellenwert.

Natürlich geht es wie immer um die Kundenzufriedenheit und beim Personal natürlich um die Motivation.

Beim Erlebniskauf kommt die innere Sicherheit (Glück) hinzu, für sich selbst etwas Hübsches getan zu haben. Und das passiert nur, wenn die Entscheidungsbildung beim Kunden absolut fließend, störungsfrei abläuft. Die Suche nach der Beantwortung offener Fragen führt zu Erfolgserlebnissen. Am Ende des Weges steht das für alle Beteiligten erstrebenswerte Ziel: Engagement aus Überzeugung.

I. Phasen der Bereitschaft	II. Phasen der Hinwendung	III. Phasen der Motivation	IV. Phasen der Überzeugung
1. Ideen- entwicklung	1. Weckung der Aufmerksamkeit	1. Wunsch: mehr Informationen	1. Selbstzweifel: Ausprobieren
2. Chancen- suche	2. Bindung der Auf- merksamkeit	2. Stellungnahmen eigene/fremde	2. Suche nach Bestätigung
3. Ressourcen- prüfung	3. Bildung einer Meinung	3. Anerkennung der Argumente	3. überzeugtes Verhalten
4. Realisierungs- versuch	4. Versuch der Zuordnung	4. Auswahl Profil/USP	4. überzeugte Einstellung
5. Start- entschluß	5. Messung mit Erfahrungen	5. Zwang zum Handeln	5. Profilierung Emotion / Ratio
Ziel:	Ziel:	Ziel:	Ziel
Wille zum Versuch	Verunsicherung durch Vergleiche	Entscheidung Kauf/Nichtkauf	Engagement Empfehlung

Abb. 3: Einkaufsprozeß. Phasen II, III, IV gelten für jeden Kaufprozeß unabhängig von seiner Dauer. Phase I entfällt in der Regel im Business to Business. Bedarf und Lieferanten sind bekannt oder werden professionell ermittelt.

Der Hersteller wünscht sich Akzeptanz, von der überall gesprochen wird. Der Handel will zufriedene Kunden, die immer wiederkommen. Der Konsument möchte bewundert werden, die Hausfrau z. B. für ihre Küchen- und Haushaltsfertigkeiten, der Mann z. B. für seinen Geschmack. Und alle für ihre Geschäftstüchtigkeit.

Standort

Die erste Kaufidee entsteht durch den Bedarf oder einfach die Lust auf Shopping, die es immer schon gab und Schaufensterbummel genannt wurde. Kaufwünsche kommen auch bei Gesprächen, bei der Erinnerung an frühere Produktbegegnungen oder an Werbung. Schon Phase I,2 „Chancensuche" (s. Abbildung „Einkaufsprozeß") führt zur Frage „Wo?" Das ist auch die erste Frage, die sich alle Beteiligten stellen müssen, Hersteller, Groß- und Einzelhandel, Dienstleister, Gewerbe und Handwerk. Der Standort entscheidet nicht nur, wie die Kunden den Ortsteil, die Straße, das Haus erleben, er löst die Hinstimmung für alles aus.

Der Erlebniskauf ist ein ganzheitlicher Prozeß, der immer jede Ja-Nein-Phase durchläuft. Die wissenschaftlichen Modelle nennen noch viel mehr Schnittstellen, an denen ein Nein, also der Abbruch, kommen kann. Die Akzeptanz am Kaufort ist nur über die völlige Übereinstimmung von Standortimage und Realität zu erreichen. Der Außendienst, der sein Angebot schon auf den Kundenstandort abstimmt, hat den ersten Schritt gewonnen.

Ambiente

Die Stimmung im Verkaufsraum, an der Rezeption eines Hotels, im Büro eines Handwerksbetriebs, am Schalter einer Bank, am Stand auf dem Wochenmarkt kann befreiend oder beengend wirken. Farben, Licht, Klima sind genauso wichtig wie das Verhalten des Personals.

Die modern gewordene Klage, daß sich Kunden als Störfaktoren fühlen, hat oft weniger mit der mangelnden Freundlichkeit der Verkäufer als mit der demotivierenden Atmosphäre an ihrem Arbeitsplatz zu tun.

Das Ambiente muß stimmen, beim Discounter wie in der Bank oder einem kleinen Laden. Viele äußerliche Kleinigkeiten gehören dazu.

Einflüsse auf die Befindlichkeit der Kunden	
1. Sortiment	> Komplexität > Homogenität
2. Ambiente	> Licht > Sauberkeit > Klimatisierung > Akustik > Farben > Gerüche
3. Ladenlayout	> Laufrichtung > Zonen > Blickfänge
4. Kommunikation	> persönlicher Dialog > Stil > Tips > Freundlichkeit
5. Services	> Kasse > Info-Point > After-Sales-Service
6. Präsentation	> Stammplazierung > kontextbezogene Plazierung > Visual Merchandising
7. Shop in Shop	> Zielgruppenbezug > Bedarfszusammenhang > Produktgruppe

Abb. 4: Rangreihe der Faktoren, die Wohlbefinden auslösen, als Voraussetzung für Erlebniskauf (Universität Paderborn, 1992).

Sortiment

In der Rangreihe der Einflüsse auf die Kauflust stehen Sortiment und Ambiente gleichwertig an der Spitze, die fünf übrigen (s. Abbildung 4) fünf mit einigem Abstand.

Das Sortiment wird im *Category Management* von den Daten gesteuert. Große Handelsketten geben ihren Marktleitern aber immer mehr Gestaltungsfreiheiten wegen der Abstrahlung der Sortimentszusammensetzung auf die Kundenstimmung. Sie haben die Bedeutung erkannt, die ein klassisches Beispiel beweist: Hotels mit Swimmingpool sind beliebter – auch bei Leuten, die nie reingehen.

Das Standardsortiment und die üblichen Saisonsortimente müssen um das Imagesortiment ergänzt werden. Es gehört im *Scoring* für die systematische Artikelauswahl weit nach vorn. Der Supermarkt sollte grundsätzlich ein breites Sortiment führen, aber den Kunden, die am Standort wichtig sind, in einzelnen Produktgruppen auch Tiefe bieten.

Faustregel: Von den durchschnittlich etwa 6600 Artikeln eines Marktes, sollten 15 Prozent Spezialangebote sein, die in der Regel vom Spezialgroßhandel zu beziehen sind. Dieser kleine Anteil kann zum Auslöser der Kauflust im ganzen Sortiment werden. Aus dem gleichen Grund gehören zum Gesamtsortiment überall auch Dienstleistungen.

Service

Produkte unterscheiden sich durch Ideen. *Convenience* kann solch eine Idee sein, unterschiedliche Packungsgrößen für Singles und ältere Leute, neue, schnelle Rezepte für Freunde, die endlich allgemeinverständliche Gebrauchsanweisung oder eine signifikante (Marken-)Gestaltung. Die stärksten Profilierungsmaßnah-men aber sind Serviceleistungen, weil sie jedermann auffallen und jedermann nutzen. Sie sind die unübersehbaren Signale der Kundenfreundlichkeit.

Der Kreativität sind keine Grenzen gesetzt und auch der weisungsgebundene Betriebsleiter kann sich dabei frei entfalten. Für neue Ideen findet jeder Anerkennung, weil sie Profit bringen und *Quality Management* demonstrieren. Einige Beispiele:

- Information und Beratung, auch im Supermarkt
- Reparaturen bzw. deren Vermittlung
- Änderungsdienste, auch für Individualgebrauch
- Umrüstungen beim Kunden
- Geld zurück ohne Umstände
- Packdienste an den Kassen
- Geschenkverpackung
- Lieferservice
- Parkplätze mit Bringdienst frei Kofferraum
- Taxidienst mit Kostenbeteiligung
- Kinderbetreuung
- Meetingpoints (mit Bänken und Imbiß)

Kommunikation

„Dienen kommt vor dem Verdienen", und einen neuen Kunden zu gewinnen ist fünfmal teurer, als einen alten zu halten. Das sind Binsenweisheiten, jeder Verkaufsleiter kennt sie. Trotzdem nimmt in Deutschland die Kunden-Unzufriedenheit immer weiter zu. In den USA, in Japan und auch gleich nebenan, z.B. in Großbritannien, Frankreich, Italien ist der Kunde die Hauptperson, sowie er den Laden betritt.

Für „Das deutsche Kundenbarometer 1996" wurden 32000 Verbraucher nach dem Besuch von 700 Unternehmen aus 39 Branchen befragt. Gleich nach der Unzufriedenheit mit dem Preis-Leistungs-

Verhältnis (auch das ist überwiegend ein Kommunikationsproblem) beschwerten sich bis zu 80 Prozent über die Behandlung bei Reklamationen, 96 Prozent davon wanderten stillschweigend zur Konkurrenz ab.

In Hamburg wurden 1997 die Besucher von Warenhäusern, Baumärkten, Fachgeschäften und Lebensmittelmärkten befragt. Die Ergebnisse waren ähnlich niederschmetternd. Hier ein paar Beispiele (in Rangreihe):

Preis-Leistungs-Verhältnis – „Das müssen Sie den Chef fragen."

Reklamationen – „Sie sind der erste, der sich beschwert."

Hilfsbereitschaft – „Ich hab's auch im Kreuz."

Auskunft – „Quatschen Sie mich jetzt nicht an."

Bedienung – „Warten Sie, bis die Kollegin kommt."

Kassieren – „Kleingeld nur an der Hauptkasse."

Und die mit Abstand meistgenannten, allgemeinen Kritikpunkte sind das Rumsitzen beim Arzt im Wartezimmer und die Schlange an der Kasse.

Alle diese Probleme müssen nicht Schicksal sein. Organisation und Kommunikation, deren Leitlinie die Kundeninteressen sind, können in allen Fällen Abhilfe leisten. Das ist der Ansatzpunkt für eine wichtige Serviceleistung der Hersteller: Sie haben die Ressourcen, sie kennen den Markt besser als der einzelne Wiederverkäufer, sie können Benchmarketing bieten in Sachen Beratung, Schulung und Training. Zu ihrem eigenen Nutzen.

Und wenn der Service nur darin besteht, seriöse Verkaufstrainer zu empfehlen, ist schon viel gewonnen.

Werbekostenbeiträge sind gut, Motivationsbeiträge sind erfolgreicher.

Ladenlayout

Die Gestaltung der Einkaufsstätte hat ebenfalls vorrangig Kommunikationsaufgaben zu lösen und nicht nur die Logistik des Anbieters.

Hotels, Einkaufspassagen, Garten- und Baumärkte, Warenhäuser, Schalterräume der Postämter und Banken, Bahnhöfe, Behörden, jede Institution außerhalb des alltäglichen Umfelds ist für den Kunden unbekanntes Territorium.

Eine positive Stimmung ist Voraussetzung für die Akzeptanz der Angebote. Alles, was verärgert und verunsichert, muß vermieden werden. Das Ladenlayout kann einen erheblichen Beitrag dazu leisten. Hauptpunkte sind:

Übersichtlichkeit: Was gibt's hier? Die Antwort, die buchstäblich „auf den ersten Blick" erkannt wird, animiert, da wird z. B. das Unerwartete zum Erlebnis, der Kunde ist involviert.

Information: Wo ist was? Gezieltes Suchen muß zum Soforterfolg führen, z. B. muß zweitplazierte Ware auch in der Stammplazierung vorrätig sein.

Was in den meisten Outlets fehlt, ist eine auffällige, unzweideutige Beschilderung. Im Postamt ist jeder Schalter gekennzeichnet, im Einzelhandel selten, von Banken ganz zu schweigen.

Bequemlichkeit: Pfandtragetaschen für viele Kleinigkeiten, lustige Wägelchen für schwere, sperrige Gegenstände und kurze Wege zum Parkplatz überspielen die Sorge um den Transport.

Je einfacher die Abwicklung ist – und nicht etwa drei verschiedene Stellen für einen Vorgang aufzusuchen sind, z. B. Umtausch oder Bagatelle-Reparatur in der Autowerkstatt –, desto angenehmer ist das Service-Erlebnis.

Laufrichtung: Den Lebensmittelmarkt durchläuft der Kunde entgegen dem Uhrzeigersinn und beachtet rechts vor links. Das tut er auch in Mittelgängen.

Links sowie über oder unter Augenhöhe ist mehr Aufmerksamkeitsstärke erforderlich, schon um überhaupt bemerkt zu werden. Das gilt auch bei vorgegebenen anderen Rundgängen, z. B. in Möbelhäusern.

Die Rechts-vor-links-Beachtung findet ebenfalls in kleineren Lokalitäten statt, am Counter, auf Messen und Ausstellungen. Wichtig für Promotions: die stummen nach rechts, die aktiven mit Demonstrationen gehören in die Mitte.

Entscheidungshilfen: Zur Erlebnisplazierung (s. u.) gehören auch die Alternativen, sie müssen nacheinander angeordnet werden: Sommerblumensamen vor den Stauden, Straßenschuhe vor den Slippern.

Verkäufern von Versicherungs- oder Finanzdienstleistungen ist das Einproduktangebot abzugewöhnen, der Kunde will selbst auswählen, eben weil er nicht nur rationale Maßstäbe anlegt.

Verweildauer: Der Kunde, der gern länger bleibt, kauft mehr. Cafeteria ist gut, der Platz für ein Schwätzchen zwischen den Regalen ist näher an der Ware.

Klinisch kahle, ellenlange, weiß ausgeleuchtete Regalreihen sind gut fürs Auffüllen, aber nicht für das Sich-Aufhalten. Promotions, Verkostung, Video-Infodesk binden die Kunden, wenn Infotainment-Techniken eingesetzt werden.

Entsorgung: Die meisten Haushalte und Betriebe wissen, wo ihr täglicher Müll hinsortiert werden soll. Wenn aber ungewohnte Materialien anfallen, ist jeder unsicher. Entsorgungstips gehören auf jede Verpackung, in jeden Verkaufsraum.

Drogerie-, Haushalts-, Elektro-, Lederartikel, leere Holzfäßchen, das kaputte Gummiboot – wohin damit? Die Unsicherheit, das schlechte Gewissen verderben die Laune.

Plazierung

Die Kasse in der Bank muß ganz weit nach hinten, um die Bankräuber abzuschrecken, das ist die einzige sachlich begründete Plazierung, alle anderen müssen sich nach dem Erlebnisfeld richten.

Beispiel Shop in Shop: Das System ist auch im kleinen Verkaufsraum, auch ohne Trennwände anwendbar. In der Boutique werden die Frühjahrskleider mal nicht nach Größen sortiert, sondern zusammen mit Handtaschen oder Jacken unter dem Display „Zu Pfingsten, ach wie schön".

Zweitplazierung

- Verkaufsstarke Zone, z. B. Außengang
- Lenkung des Kundenflusses, z. B. Verlangsamung
- Immer in Laufrichtung beschriften
- Großzügig füllen, Menge verkauft Menge
- Als Sonderangebot kennzeichnen, Niedrigpreis muß nicht sein

- Zusätzlich zur Stammplazierung, nicht anstatt
- In der Laufrichtung nach der Stammplazierung
- Bedarfsverwandtschaft zur Umgebung beachten
- Innovationen und Varianten nahe der Stammware aufbauen
- Niedrigpreisangebote gehören an das Ende des Laufwegs

Abb. 5: Anforderungen an Zweitplazierungen. Faustregel: Zusatzverkäufe auslösen, nicht Sowiesokäufe verlagern.

Wenn der Frost kommt, werden zum Grünkohl die Kochwürste und die Bratkartoffelpackungen gestellt, und zum Quartalsende kommt an den Sparkassenschalter die aktuelle Bausparkassenkondition.

Die Meinung, daß die am häufigsten gekauften Waren des täglichen Bedarfs an die Rückseite gehören, um die Kunden durch den ganzen langen Laden zu lenken (Beispiel Fleischabteilung), ist nur bedingt richtig. Der Erfolg der Zweitverkaufsstände vorn, z. B. Würste in der Grillsaison, beweist: Auf die Erlebnisplazierung kommt es an!

Von der Zweitplazierung geht eine hohe emotionale Stimulanz aus, wodurch mit Display-Unterstützung über 200 Prozent Umsatzsteigerung erzielt werden können (s. Abbildung „Anforderungen an Zweitplazierungen", vorherige Seite).

Präsentation

Jeder Händler in Südeuropa macht es uns vor, und mancher von ihnen hierzulande auch, sie präsentieren Schönheit und Menge. Und das Gegenbeispiel ist eine exklusive Schuhboutique in Palermo, sie stellt ein einziges Paar Pumps in ihr Schaufenster.

Der deutsche Experte für Erlebnismarketing, Peter Weinberg, Universität Paderborn, sagt, auf vier Effekte kommt es an:
1. Kompetenz zeigen
2. Neugierde wecken
3. Sogwirkung auslösen
4. Erlebnisse kommunizieren

Vielfalt, Sortimentsbreite und -tiefe können nicht mit einem Streich kommuniziert werden. Beide Regeln, Schönheit und Menge oder Exklusivität, berücksichtigen viele Branchen nicht.

Ein Immobilienbüro zeigt ein einziges Objekt groß mit Bildern und Beschreibung, obwohl es Dutzende im Angebot hat. Die Folge: „Jetzt kommen dreimal so viele Interessenten wie früher, als wir alles aushängten, was wir hatten."

Zum *Visual Merchandising* gehört auch die Berücksichtigung umweltpsychologischer Kriterien bei der Verbundpräsentation. Sonnenschutzmittel gehören zum Ferienvergnügen, Kalorientabellen zum Sonntagsfrühstück.

Der Käufer honoriert nicht die Träume von der heilen Welt, sondern die Problemlösungen seiner Bedürfnisse.

Packaging

Jede Packung muß den Interessen von fünf Gruppen gerecht werden:
- ihren Herstellern, den Materialproduzenten, Konstrukteuren, Fertigern,
- den Nutzern, Verwendern, Abfüllern in Industrie und Gewerbe,
- den Groß- und Einzelhändlern im Bedienungs- und Selbstbedienungsgeschäft
- den Käufern, Kunden, Gebrauchern,
- den Entsorgern per Recycling und Müllverbrennung.

Funktionen des Packaging

Die wichtigsten Anforderungen, die Packaging erfüllen muß:
- Schutz
- Haltbarkeit
- Transportierbarkeit
- Stapelfähigkeit
- Identifizierbarkeit
- Profilierung
- Motivation
- Schönheit
- Spaß
- Information
- Portionierbarkeit
- Aufbewahrung
- Handhabung
- Entsorgung

Sie alle sind daran beteiligt, wenn die Packung im Mittelpunkt des Erlebniskaufs stehen soll, auch wenn sie das wenig wahrnehmen. Sie wird als Selbstverständlichkeit erlebt, oft als Quantité négligeable. Weil es um mehr geht, weil es um die Auslösung des Kaufentscheids geht, ist hier von Packaging die Rede und nicht nur von purer Verpackung.

Packungsdesigner haben das Problem, daß ihre Arbeit nach dem simplen Gefallen oder Nichtgefallen beurteilt wird. Für den Kauf und das Kauferlebnis sind wesentlich mehr Kriterien zu erfüllen (s. Kasten rechts). Das beginnt z.B. im Regal bei der Identifizierung.

Gegenbeispiele sind viele Handelsmarken, die alle gleich aussehen, egal, ob Milch oder Salz drin ist. Verkaufen ist kein Schönheitswettbewerb. Es geht um die Funktion, um das Motivieren, Informieren, Demonstrieren – auf der Außenverpackung. Dazu reicht die brave Abhandlung des juristisch Vorgeschriebenen nicht aus und eben die schönsten Farbfonds und Bilder auch nicht.

Umgekehrt sind die Beipackzettel bei Medikamenten oft so überladen und verwirrend, daß die Pillen vor lauter Angst nicht genommen werden.

Der Gesetzgeber ist in Kommunikation nicht ausgebildet. Die Wirtschaft hat die kreativen Gestalter.

Jede Ingebrauchnahme muß Lust, nicht Frust bringen. Das Erlebnis, die emotionale Zuwendung, entsteht aus der Hinstimmung zu den besonderen Produkteigenschaften und den Konsumbeispielen.

Der Vertrieb an Wiederverkäufer und Endverbraucher kann aus den Argumenten, die ihm perfektes Packaging bietet, weitaus überzeugendere Argumente ableiten als nur aus dem Preis.

Kriterien des Erlebnisses im Marketing

Auf der folgenden Seite finden Sie einen Test, mit dem Sie für Ihr eigenes Unternehmen oder Ihren Verkaufsbereich die sieben wichtigsten Kriterien des Erlebnisses im Marketing bewerten können.

30 Punkte sollten Sie dabei schon erreichen, wobei die meisten Pluspunkte nicht gerade am Ende der Rangreihe liegen sollten. Dazu ein Beispiel:

Vor Jahren lag eine würstchenbraun bemalte nackte Dame als Hot dog in einem Styropor-Riesenbrötchen im Schaufenster eines Großmarktes. Der Aspekt „Originalität" wäre sicher am besten bewertet worden, aber das steht – wie in der Abbildung auf der folgenden Seite zu sehen – an der letzten Stelle der Rangreihe.

Zur Entwicklung eines Erlebnisses sind grundsätzlich 1. bis 6. vorrangig. Nicht die umwerfende Aktion ist erfolgsentscheidend, sondern die umsichtige Inszenierung. Erlebnisse verkaufen, wenn sich Hinstimmung ohne Stolpern ereignet.

Blättern Sie um und testen Sie!

Test

Punkte:		kaum 1	2	3	4	absolut 5
1. Marke, Produkt, Geschäft	Entspricht die inszenierte Erlebniswelt den Eigenschaften und Images?	O	O	O	O	O
2. Profilierung	Fördert die Promotion den USP bei allen Beteiligten?	O	O	O	O	O
3. Umsetzung	Ist die Aktion allen Beteiligten, Herstellern, Händlern, Konsumenten zumutbar?	O	O	O	O	O
4. Lebensstiltrend	Paßt das Angebot in die Vorstellungswelt der Zielgruppe?	O	O	O	O	O
5. Zielgruppe	Trifft oder übertrifft das Ereignis die Erwartungen?	O	O	O	O	O
6. Umweltverträglichkeit	Wird die Aktion berechtigte Interessen des Umfeldes keinesfalls stören?	O	O	O	O	O
7. Originalität	Unterscheiden sich Idee/Aufmachung von den Aktivitäten aller Mitbewerber?	O	O	O	O	O

Abb. 6: Bewertung der 7 wichtigsten Kriterien. Rangreihe.
Erreichen Sie nicht mindestens 30 Punkte, analysieren Sie die Schwachstellen und konzipieren Sie neu.

2.5 Soziale Kompetenz im Beziehungsmanagement

Der Autor

René E. Huber ist selbständiger Führungs- und Verkaufstrainer. Seit 1983 ist er Mitglied und seit 1995 Vizepräsident im Club 55, der Gemeinschaft europäischer Marketing- und Verkaufstrainer. Er arbeitete 20 Jahre lang bei IBM als Verkäufer und Verkaufsleiter und war dort später für die Geschäftsbereiche Verkaufsausbildung und Markting verantwortlich. Herr Huber hat über 3000 Führungskräfte und Verkäufer von Abbott, Amro Bank, IBM, Hewlett-Packard, L'Oréal, Ericsson, UBS, Schweizer Rück, Peugeot, Sony u.v.a. geschult und beraten.

Stellen Sie sich vor, ich sei Ihr Kunde und Sie wollten mir etwas verkaufen! Wollen Sie erfolgreich sein, so könnte es Ihnen sicher helfen, wenn Sie meine Gewohnheiten kennen würden. Denn falls Ihre neuen Produkte oder Dienstleistungen von mir Verhaltensänderungen erforderten, ich also meine liebgewonnenen Gewohnheiten ändern müßte, so hätten Sie es bei mir richtig schwer.

Schon etwas leichter hätten Sie es, wenn Sie der Besitzer eines Sportartikelgeschäftes wären, das auf meinem täglichen Arbeitsweg liegt. Hier könnten Sie mein Interesse an allen möglichen Sportarten erfolgreich befriedigen oder wecken. Ich könnte die neuen Sportgeräte und die neue Sportbekleidung nicht übersehen.

Als mein Berater im Reisebüro hätten Sie auch keine Schwierigkeiten, wenn Sie meine Buchungen der letzten zehn Jahre analysiert hätten. Sie würden leicht feststellen, daß wir jeweils über Weihnachten für rund zwei bis drei Wochen in eine sommerliche Region fliegen, jeweils im März eine Woche zum Skiurlaub fahren und über verlängerte Wochenenden gerne Städtereisen buchen. Falls Sie mir also regelmäßig diesbezügliche Angebote rechtzeitig unterbreiten würden und nicht – wie üblich – Material zu allen möglichen Destinationen, kämen wir vermutlich öfters ins Geschäft.

Seit über zehn Jahren fahre ich den gleichen Wagen. Es ist eine bekannte deutsche Marke und berühmt für seine Langlebigkeit. Wenn Sie jedoch glauben, daß ich jemals auf einen Neukauf/Eintausch angesprochen worden wäre, so täuschen Sie sich. Ich bin seit über dreißig Jahren Autofahrer und wurde überhaupt noch nie aktiv als Kunde bearbeitet. Dies, obwohl man weiß, daß ein Mensch in seinem gesamten Autofahrerleben für Neuanschaffungen und Wartungsarbeiten rund DM 300 000,– ausgibt.

In all diesen Beispielen könnten die Berater oder Verkäufer an mir „Beziehungsmarketing" ausüben. Sie könnten bei mir mit etwas mehr Kreativität und gutem Willen leicht Bedürfnisse erkennen oder schaffen.

Warum geschieht das nicht? Es sollte doch mittlerweile allgemein bekannt sein, daß Neukundengewinnung rund fünf Mal teurer ist als die Betreuung der bestehenden Kundschaft.

Gute bestehende Geschäftsbeziehungen werden ja nicht erst als Marketingchance erkannt, seit bei uns der Begriff „Beziehungsmarketing" eingeführt wurde. Als ich anfangs der achtziger Jahre bei IBM das Telemarketing aufbaute, gab es wenig Lernmöglichkeiten. Ich besuchte also IBM-Geschäftsstellen in den USA, die bereits über entsprechende Erfahrung verfügten, sowie entsprechende Fachkurse, die dort angeboten wurden. Sehr bald und sehr oft stieß ich auf den für mich noch neuen Begriff „Relationship Marketing", also den amerikanischen Begriff für Beziehungsmarketing. Aber dahinter steckte bei genauem Hinsehen eigentlich nichts Neues!

Wenn ich an meine Verkäuferkarriere zurückdenke, so waren diejenigen Verkäufer die erfolgreichsten, die es verstanden,

- die Wünsche und Bedürfnisse ihrer Kunden kompetent zu erfassen;
- die alten und bisherigen Bedürfnisse der Kunden mit neuen Produkten zu befriedigen;

- neue Bedürfnisse zu schaffen;
- neue Lösungen und Anwendungen für ihr bestehendes Angebot aufzuzeigen.

Was ist eigentlich unter Beziehungsmarketing oder Beziehungsmanagement zu verstehen?

Ich verstehe darunter nicht nur die kompetente Betreuung von Kunden. Dieselben Kriterien gelten genauso für die Betreuung von Lieferanten, Händlernetzen, Partnern – und vor allem der eigenen Mitarbeiter oder der Familie!

Sind wir doch ehrlich, wie oft kommt es vor, daß wir mit einer Person, die wir noch nie gesehen haben und vermutlich auch nie mehr sehen werden, äußerst zuvorkommend und höflich sind. Zu Hause angekommen, sind wir dann gegenüber unseren Familienmitgliedern, die wir doch lieben, oft weniger rücksichtsvoll!

Während meiner Zeit bei IBM Schweiz war ich acht Jahre lang Verkaufsleiter. Ich kenne also die Herausforderungen und täglichen Situationen eines Verkaufsleiters aus eigener Erfahrung. Ich spreche gewissermaßen als Wiederholungstäter zu Ihnen.

Sie als Verkaufsleiter wissen, daß Sie Ihren Kunden nicht jedes Jahr ein neues Produkt oder eine neue Dienstleistung anbieten können. Auch ändern sich Wirtschaftslage und Umweltbedingungen nicht jedes Jahr total.

Daher kann ich also die Verkaufstechnik und das Führungsverhalten auch nicht jedes Jahr neu erfinden. Ich werde aber gerne meine damaligen Erfahrungen als Verkaufsleiter, verbunden mit denen aus meiner jetzigen Tätigkeit als Unternehmensberater in diesen Artikel einfließen lassen.

Als Verkaufsleiter haben Sie eine sehr anspruchsvolle Position und Verantwortung. Oft ist diese Aufgabe schwieriger wahrzunehmen als Aufgaben in höheren Hierarchiestufen. Deshalb habe ich zuerst auch etwas den Kopf geschüttelt, als ich folgendes Zitat las: „Wer glaubt, daß Verkaufsleiter den Verkauf leiten, der glaubt auch, daß Zitronenfalter Zitronen falten." Nun, es handelt sich hier um ein Zitat eines Journalisten. Und im Begriff Zitat verbergen sich ja auch die Wörter „Tat" und „ziehen". Bleibt zu hoffen, daß diese Aussage nun weitere Taten Ihrerseits nach sich zieht.

Und diese sind dringend nötig! Verkaufen heißt heute auch, „Beziehungen aufzubauen". Wir alle wissen, daß Verkaufen auf zwei Ebenen stattfindet: auf einer Sachebene und auf einer Beziehungsebene. Inzwischen haben wir es auch alle gemerkt – unsere Kunden entscheiden zu rund 80 Prozent auf der Beziehungsebene. Ein Verkaufsvorgang ist also aktives Beziehungsmanagement.

Erfolgreiche Verkaufstechniken (Einwandbehandlung, Fragetechniken, Abschlußtechniken, Ja-Ketten etc.) sind nicht mehr ausreichend. Soziale Kompetenz und Beziehungsmanagement sind heute gefragt, denn der Mensch, also der Kunde und der Verkäufer, sollte im Mittelpunkt stehen.

Der Kunde wird nicht mehr als König, der er ja nie war, empfunden, sondern als gleichrangiger Partner. Andererseits muß der Verkäufer vermehrt den Erfolg des Kunden und dessen Nutzen anstreben.

Mit anderen Worten: Um erfolgreich zu sein, muß er seine Kommunikationsfähigkeit und die Beziehungen zu seinen Kunden entwickeln oder verbessern.

Warum wird Beziehungsmanagement immer wichtiger?

Ausgangslage
Es gibt immer weniger herausragende Produktvorteile, die ein Produkt gegenüber Konkurrenzprodukten auszeichnen. Die sogenannten USPs werden immer rarer. Viele Geräte und Maschinen werden heute von ein und demselben Hersteller gebaut und unterscheiden sich nur noch im Aussehen. Letztes Jahr erzählte mir ein Seminarteilnehmer eines großen Elektronikkonzerns in Zürich folgendes: Er sei während seiner Ferien in Wien gewesen, wo sich ein großes Videogeräte-Werk seines Unternehmens befindet. Er fragte an, ob er dieses Werk besichtigen könne. Während des Rundgangs zeigte man ihm einen Showroom, in dem über ein Dutzend Videogeräte aufgestellt waren. Man erklärte ihm, bei all diesen Geräten sei praktisch nur die Frontplatte mit dem Namen anders, der Rest dahinter sei gleich. Wenn er Lust und genügend Geld habe, so könne er unter seinem Namen natürlich auch so ein Produkt auf den Markt bringen.

Solche und ähnliche Geschichten kennen natürlich auch die Kunden. Der immer stärker werdende Kostendruck verlangt nach solchen Lösungen. Entsprechend verlangt auch der Kunde von Ihnen mehr. Zum Beispiel Zusatzleistungen, hervorragenden Service usw. Folgendes wird also immer mehr im Vordergrund stehen:

- Der immaterielle Wert eines Produktes, der Zusatznutzen und natürlich der Preis.
- Die soziale Kompetenz des Verkäufers gibt immer mehr den Ausschlag, wer den Auftrag bekommt. Die Kunden beurteilen nicht nur das Produkt und seinen Preis, sondern auch die Verkäuferpersönlichkeit.

Eingangs erwähnte ich, daß ich den Begriff Beziehungsmarketing nicht nur auf den Kunden reduziert verstehe, sondern auch auf die Beziehungen zu Geschäftspartnern, zu anderen Abteilungen, also zu den internen Kunden – vor allem aber auch zu den eigenen Mitarbeitern.

Beziehungsmanagement des Verkaufsleiters zu seinen Verkäufern

Für jedes Unternehmen ist der *Verkauf* der eigentliche Lebensnerv. Und für den Verkauf sind Sie als Verkaufsleiter zuständig. Es liegt also an Ihnen, Ihre Verkäufer weiterzubilden und die Beziehung zu ihnen zu vertiefen. Denn schließlich haben Sie ja die Leute eingestellt, und Sie müssen mit Ihrem Team eine Verkaufsquote erfüllen.

Wie führen Sie eigentlich Ihre Mitarbeiter? Wenn Ihnen jemand diese Frage stellt, wie würde dann die ehrliche Antwort lauten?

Seit Jahrzehnten wird alle paar Jahre ein neuer Führungsstil propagiert und in Führungstrainings geschult. Über die Sorge, nicht „modern" zu führen, tritt ein wichtiger Aspekt der Führung völlig in den Hintergrund: die individuelle Persönlichkeit. Menschen sind verschieden – und damit eben auch Verkaufsleiter!

Die erfolgreichen Verkaufsleiter unterscheiden sich sehr in ihren Stärken und Schwächen. Sie haben keine typischen Merkmale gemeinsam. In meiner rund dreißigjährigen Führungs- und Trainertätigkeit, in denen ich die Verhaltensweisen zwischen Verkäufern und Kunden, Vorgesetzten und Mitarbeitern studiert habe, ist mir diese Tatsache tausendfach bestätigt worden.

Eine der wichtigsten Erkenntnisse aus diesen Untersuchungen ist, daß der Versuch, Verkaufsleitern einen bestimmten Führungsstil vorzuschreiben, weit schlechtere Ergebnisse hervorbringt, als wenn man sie ermutigt, die Ergebnisse auf ihre individuelle Weise zu erzielen. Immer wieder höre ich von Kundenmitarbeitern, daß ihnen in Kursen Verhaltensweisen eingetrimmt wurden, die anscheinend nicht zu ihnen passen. Wenn dann die Mitarbeiter entsprechende Bemerkungen machen, läßt der Verkaufsleiter sein neues Wissen wieder fallen. Es bringt keinen Erfolg, wenn man allen den gleichen Hut überstülpt. Leider ist dies jedoch immer noch häufig der Fall.

Auch Verkaufsleiter machen Fehler

Die folgenden Fehler sollte der Verkaufsleiter vermeiden, um die Beziehung zu seinen Mitarbeitern und den Erfolg des Teams zu optimieren:

- Er bringt selber keine Erfahrung im Verkauf mit.
- Er informiert zuwenig.
- Er beseitigt nicht demotivierende Faktoren im Umfeld seiner VerkäuferInnen.
- Er tut zuwenig, um die Motivation zu erhalten.
- Er kann die Unternehmensziele nicht in den praktischen Verkaufsalltag umsetzen.
- Er kennt die Stärken und Schwächen seiner Mitarbeiter nicht.
- Er nimmt weiterhin die Rolle des Top-Verkäufers ein. Seine fachliche Kompetenz als Chef, also Führungs- und Managementfähigkeiten, und seine soziale Kompetenz, d.h. der Umgang mit Kunden und Mitarbeitern, lassen zu wünschen übrig.
- Er vernachlässigt die Weiterbildung seiner Mitarbeiter.

Der Erfolg eines Verkaufsteams wird vom Verkaufsleiter entscheidend geprägt. Er ist der Berti Vogts oder der Karl Fringer seines Teams. Ohne selber mitspielen zu können, liegt es an ihm, die Mannschaft richtig zu trainieren. Leider versteht er sich noch zu oft als Dompteur oder als Kontrolleur.

Möglichkeiten des Verkaufsleiters, das Beziehungsmanagement und die Leistung seiner Mitarbeiter zu verbessern
Meiner Auffassung nach bringt die sogenannte „Reisebegleitung", also das aktive Miterleben des Verkäuferverhaltens an der Front, am meisten. Während meiner acht Jahre als Verkaufsleiter habe ich jede Woche mindestens einen bis zwei Tage für das Begleiten und Coachen meiner Verkäufer reserviert. So lernte ich die Stärken und Schwächen meiner Mitarbeiter am besten kennen. Die Tatsache, daß ich vor meiner Verkaufsleitertätigkeit drei Jahre Verkaufstrainer bei IBM war, hat mir sicher diese Coachingaufgabe erleichtert.

Aber auch ohne diese ideale Voraussetzung ist der unmittelbare Kontakt zu Ihren Mitarbeitern eminent wichtig. Ich möchte keinen dieser Coachingtage missen. Ich habe selber immer auch viel dazugelernt, wie ich Ihnen anhand eines etwas ungewöhnlichen, aber lustigen Beispiels zeigen möchte:

Als Verkaufsleiter bei IBM war ich auch für vier Jahre für die Zentralschweiz verantwortlich. Zusätzlich war mir auch die italienische Schweiz unterstellt. Einer der Verkäufer, Herr Rossi, war Italiener, er sprach Englisch und natürlich Italienisch. Ich hingegen konnte nur wenig Italienisch, dafür fließend Deutsch und Englisch. So ergab es sich, daß wir bei unseren gemeinsamen Besuchen im Tessin meist folgendermaßen vorgingen:

Er sprach mit dem Kunden Italienisch, was ich einigermaßen mitverfolgen konnte, und ich Deutsch. Praktisch alle Entscheidungsträger im Tessin sprechen gut Deutsch oder sind sogar Deutschschweizer. Herr Rossi und ich diskutierten in Englisch miteinander, was dann auch praktisch alle Kunden wieder mitverfolgen konnten. Das war eine richtige Gaudi und half sehr, eine lockere und menschliche Stimmung aufkommen zu lassen. Noch heute als Verkaufstrainer begleite ich oft die Verkäufer meiner Kunden auf Reisen. Dadurch können wir die Trainingsschwerpunkte bestimmen und den aktuellen Ausbildungsstand des Verkaufsteams kennenlernen.

Was sollten Sie bei dieser Art von Coaching berücksichtigen?
- Geben Sie dem Verkäufer das Datum, an dem Sie ihn begleiten wollen, rechtzeitig bekannt. So geben Sie ihm die Möglichkeit, interessante Termine zu vereinbaren. Sie können dann auch seine Planungsfähigkeit beurteilen.
- Treten Sie nicht selber als Super-Salesman auf! Ich weiß, es ist nicht immer einfach, sich in solchen Situationen zurückzuhalten.
- Geben Sie nach jedem Kundengespräch Feedback und nicht erst Wochen später. Kritisieren Sie nicht Fehler, sondern konzentrieren Sie sich auf das, was der Verkäufer gut gemacht hat. Ganz nach dem Motto: Was gemessen wird, wird getan. Was belohnt wird, wird wiederholt!

Wahrscheinlich waren Sie als Verkaufsleiter vorher auch ein Verkäufer. Dann wissen Sie, daß die Außendienstleute eine einsame und sehr anspruchsvolle Aufgabe zu bewältigen haben. Die Verkäufer sollen und dürfen merken, daß Sie Verständnis für ihren Job haben und daß Sie ihnen helfen möchten.

Seien Sie ein „Comoch"! Wissen Sie nicht, was das ist? Das Wort Comoch beinhaltet die Begriffe „Coach", „Moderator" und „Champion"! Spielen Sie gedanklich mit Ihren Mitarbeitern Tennis. Im Tennis gibt es Regeln, und man braucht bestimmte Fähigkeiten. Sie können den Anfängern unter den Spielern das Tennisspielen erleichtern, indem sie das Netz und die Linien entfernen. Die Probleme sind damit wahrscheinlich beseitigt, aber es macht auch keinen Spaß mehr!

Denken Sie darüber nach, und übertragen Sie diese Gedanken auf Ihre Coachingaufgabe.

Beziehungsmanagement zwischen Kunden und Verkäufern

Untersuchungen zeigen, daß in der Erwartungshaltung von Geschäftspartnern Vertrauen den wichtigsten Platz einnimmt. Es ist die Voraussetzung für das Zustandekommen eines Verkaufsabschlusses oder eines Vertrags.

Der Verkaufsleiter kann seinen Mitarbeitern helfen, dieses Vertrauen beim Kunden aufzubauen, indem er die Stärken und Schwächen seiner Verkäufer kennt und ihnen eine entsprechende Aus- oder Weiterbildung offeriert.

Jetzt stellt sich natürlich die Gretchenfrage: Was unterscheidet eigentlich einen guten von einem schlechten Verkäufer?

Einfach ausgedrückt: der Erfolg – und zwar der langfristige Erfolg! Aber so einfach ist die Antwort natürlich nicht. Über den Erfolg in Verkaufstätigkeiten gibt es mindestens ebenso viele Mythen wie über den Erfolg in Führungsfunktionen. In der Fachliteratur finden Sie Forderungen nach Eigenschaften, die der erfolgreiche Verkäufer haben sollte. Ich habe mir vor einigen Jahren die Zeit genommen und die Stelleninserate für Verkäufer analysiert. Ich kam auf über 30 verschiedene Eigenschaften, die gefordert wurden!

Menschliche Kontakfähigkeit, mitreißende Dynamik sowie rationale Überzeugungskraft – leider lassen sich die Eigenschaften eines Menschen nicht nach Belieben zu einem Idealbild zusammensetzen. Manche Eigenschaften bedingen sich gegenseitig, andere schließen sich gegenseitig aus. Sie sind weder grundsätzlich anzutreffen noch durch Training zu erzielen.

Was macht den erfolgreichen Verkäufer aus?

Den erfolgreichen Verkäufer als Typ gibt es ebensowenig wie den Einheitstyp für Führungserfolg. Erfolgreiches Verkaufen erfordert eine „Stimmigkeit" zwischen dem Verhalten und der Natur einer Persönlichkeit, ebenso eine gute Menschenkenntnis. Die Übereinstimmung zwischen der Persönlichkeitsstruktur eines Menschen und seinem Verhalten (Authentizität) ist meiner Ansicht nach die zentrale Voraussetzung für seinen Erfolg.

Der Verkäufer sollte eine Persönlichkeit sein, die Ausstrahlung und ein überzeugendes Auftreten besitzt, die Vertrauen aufbauen und erfüllen kann, die moralische Grundprinzipien hat und auch danach lebt. Ein Verkäufer, der Verkaufen als Chance betrachtet, fühlt sich verpflichtet, dem Kunden jenseits von Egoismus in seinem täglichen Leben zu helfen. Er muß sich als Partner verstehen, dessen Ziel es ist, den Erfolg seines Kunden zu steigern. Er sollte auch keine angelernten Tricks verwenden, der Kunde durchschaut sie ohnehin rasch.

In unseren Trainings lernt der Verkäufer oder der Verkaufsleiter zuerst seine eigene Persönlichkeitsstruktur kennen, die es ihm ermöglicht, in den Verkaufsgesprächen seine Stärken einzusetzen. Er lernt auch, die Persönlichkeitsstruktur seines jeweiligen Verhandlungspartners einzuschätzen. So erkennt er, wie der Kunde seine Kaufentscheidungen fällt, und geht auf dessen individuelle Präferenzen ein.

Beim Jahreskongreß 1996 des Club 55, der Gemeinschaft europäischer Verkaufstrainer, traf ich in Paris Helmuth Maucher, Chef von Nestlé. Er war einen Tag lang unser Gast, und wir hatten Gelegenheit, diesen so erfolgreichen Manager näher kennenzulernen und mit ihm zu diskutieren. Seine Meinung zur Frage „Was macht für Sie einen guten Verkäufer aus?" war:
1. Echtes Interesse für den Kunden
2. Echtes Interesse für den Menschen
3. Initiative
4. Durchsetzungsvermögen

Zwei ganz wesentliche Eigenschaften eines erfolgreichen Verkäufers sind meiner Erfahrung nach sein Wille und sein Durchsetzungsvermögen. Einer der erfolgreichsten Verkäufer in meinem Verkaufsteam Mitte der achtziger Jahre war ein junger Mann um die 25. Wir arbeiteten in Großraumbüros, und er saß nur wenige Meter von mir entfernt. Ich wurde so des öfteren Zeuge seiner Hartnäckigkeit, wenn er bei Projekten nachfaßte. Kein Wunder, daß er regelmäßig auch hochgesteckte Verkaufsziele übertraf.

Heute ist dieser Mann einer der erfolgreichsten Trainer für „Gedächtnisschulung" im deutschsprachigen Raum. Auch er hatte, wie wir alle, viele Hochs und Tiefs erlebt, wie er mir erst kürzlich schilderte. Dank seiner Hartnäckigkeit, Intelligenz

und echten Persönlichkeit hat er es so weit gebracht.

Damit kommen wir zum Kern: Um meine Persönlichkeit als Verkaufsleiter oder Verkäufer in den Verhandlungen richtig einsetzen zu können, muß ich diese erst einmal erkennen. Und um die Persönlichkeit des Gesprächspartners zu erfassen, benötigen Verkäufer ebenfalls Hilfestellung.

In unseren Führungs- oder Verkaufsseminaren wird deshalb diesem Aspekt ein wesentlicher Teil gewidmet. Das persönlichkeitsorientierte Training zum erfolgreichen Chef oder Verkäufer schult zuerst die Selbsterkenntnis. Dieses bildet dann die Grundlage zum Erwerb von Menschenkenntnis.

Praxisbezogen werden dann die Verkaufstechnik/das Führungsverhalten und die Sachkenntnis aus der Sicht der verschiedenen Persönlichkeitsstrukturen definiert und geübt.

Erreicht wird mit einem solchen Vorgehen:
- Der Verkäufer oder die Führungskraft kann im Rahmen der individuellen Möglichkeiten den Verkaufs- oder Führungserfolg wesentlich steigern.
- Er erhält mehr Klarheit und Sicherheit in der Selbst- und Menschenkenntnis.
- Verkaufsleiter und Verkäufer erkennen ihre spezifischen Chancen und Möglichkeiten, aber auch ihre Grenzen. Sie erkennen auch die Risiken und beugen diesen vor.
- Vorgesetzte lernen, ihre Potentiale zu Führungsstärken weiterzuentwickeln. Sie werden ermutigt, Ergebnisse auf ihre individuelle Art zu erzielen.
- Der Verkäufer erreicht bessere Verkaufsresultate, da der Kunde seine Erwartungen erfüllt sieht und eine persönliche, auf seine Bedürfnisse zugeschnit-

tene Betreuung und Beratung mit Loyalität belohnt.

- Der Verkäufer nutzt bewußt die Stärken seiner Persönlichkeitsstruktur. Er verwendet keine „angelernten" Tricks, die ein Kunde rasch durchschaut. Der Verkäufer soll nicht „gedrillt" werden, wie wir es noch häufig in Seminarausschreibungen lesen können.
- Er zieht alle Register des kompetenten Beziehungsmanagers.

Wie werden diese Kenntnisse vermittelt?
Einen Meilenstein schuf der Schweizer C.G. Jung in seinem Werk „Psychologische Typen". Seit über 70 Jahren beeinflussen Jungs Entdeckungen die Typenlehre.

In der Zwischenzeit sind auf der Grundlage moderner Forschungen Systeme entwickelt worden, die Verständnismodelle für den erfolgreichen Umgang mit sich selbst und mit anderen anbieten. Die folgenden Modelle und Theorien stehen u. a. zur Verfügung:

- Transaktionsanalyse
- Disg Persönlichkeitsprofil
- HDI Modell
- MBTI, Myers Briggs Typenindikator
- Insights
- die Biostruktur-Analyse (Struktogramm und Triogramm) (naturwissenschaftliches Modell)

Hinzu kommen noch rund 200 verschiedene Persönlichkeitstests und psychologische Modelle, die in leicht abgeänderter Form von Psychologen oder Personalberatern angeboten werden.

Die meisten der erwähnten Modelle helfen, das Verhalten von Menschen besser zu verstehen. Erfolgreiche Verkaufsleiter oder Verkäufer brauchen ein Hilfsmittel, um ihr eigenes Verhalten und das-

jenige anderer analysieren und darauf reagieren zu können.

Die Resultate der oben erwähnten Modelle sind sich sehr ähnlich. Der Weg zu diesen Erkenntnissen ist jedoch unterschiedlich. Meiner Erfahrung nach sind die Modelle mit psychologischem Ansatz gut, jedoch für Verkaufsmitarbeiter meist recht anspruchsvoll.

Die naturwissenschaftliche Methode mit dem Struktogramm, (Biostruktur-Analyse von Rolf W. Schirm), aufgebaut nach den Forschungen des amerikanischen Hirnforschers und Wissenschaftlers Dr. Paul McLean, ist aus unserer Sicht für Verkäufer und deren Vorgesetzte die einfachste und praktikabelste Methode.

Dies ist jedoch meine persönliche Wertung. Wichtig ist, daß überhaupt ein System verwendet wird, das es dem Verkäufer erleichtert, seine Kommunikationsfähigkeit und sein Beziehungsmanagement zu verbessern. Der Kunde soll spüren, daß man auch am Menschen und nicht nur am Kunden interessiert ist!

Der Verkaufsleiter ist auch für die Aus- und Weiterbildung seiner Mitarbeiter (Verkaufsaußendienst wie auch Innendienst) verantwortlich. Er muß seinen Leuten helfen, Beziehungen aufzubauen. Indem er die soziale Kompetenz seiner Mitarbeiter mit Hilfe von Training und Coaching fördert, erreicht er dieses Ziel am schnellsten.

Unter sozialer Kompetenz verstehe ich die Fähigkeit, mit sich selber und mit anderen besser umzugehen. Die Fähigkeit, sich gedanklich in den Kunden hineinzuversetzen und dessen Bedürfnisse rasch zu erfassen.

In der Regel wurde und wird in der Verkaufsausbildung immer noch zuviel über die Fach- und Sachkompetenz gesprochen. Es werden Techniken trainiert, Antworten auf Fragen und Einwände auswendig gelernt und ohne Rücksicht auf die Persönlichkeit und Eigenheit des Kunden breitgeklopft.

Das gilt nicht nur für den Außendienstverkäufer, der allmählich das Monopol der Kundenbetreuung verliert. Immer wichtiger werden auch die Innendienstmitarbeiter, die im täglichen telefonischen Kundenkontakt sind. Hier tut man sich noch oft schwer und läßt den Kunden spüren, daß er im Moment eigentlich stört. In der Kundenbetreuung müssen alle am gleichen Strick ziehen – und zwar möglichst in die gleiche Richtung. Dienst nach Vorschrift und Business as usual genügen nicht mehr!

Unsere Wirtschaft und vor allem das Verkaufsumfeld stehen heute ganz neuen Herausforderungen gegenüber. Die Fähigkeit der Mitarbeiter, Vertrauen zu erzielen und Beziehungen aufzubauen und zu pflegen, ist dabei eine der wichtigsten Anforderungen, um erfolgreich zu bleiben. Damit diese Ansprüche erfüllt werden, muß die berufliche Aus- und Weiterbildung in Zukunft noch verstärkt werden. Gerade deshalb hatte die Europäische Union 1996 zum Jahr des lebenslangen Lernens ausgerufen.

2.6 Servicequalität heute

Der Autor

Wolfgang Ronzal arbeitet seit 1960 bei der „Die Erste", österreichischen Spar-Casse-Bank AG im Vertrieb und Marketing. Er fing als Filialleiter an, leitete dann den Bereich für Verkaufsförderung und Absatzunterstützung, später den Bereich Marketing und Werbung. 1996 übernahm er die Leitung des Projekts Qualitätsmanagement. Er ist Beiratsmitglied der Direktmarketingakademie für Finanzdienstleistungen und Mitglied der Gemeinschaft europäischer Marketing- und Verkaufsexperten (GEMV). Herr Ronzal lehrt an verschiedenen Hochschulen und ist Autor zahlreicher Fachpublikationen.

Servicequalität macht Schlagzeilen, die allerdings signalisieren, daß die Servicebereitschaft im argen liegt: „Das Märchen vom König Kunden", „Angeschmiert – abserviert", „Maul halten, zahlen!" oder „Servicewüste Deutschland". So und so ähnlich lauten die Titel der diversen Berichte. Auch in Gesprächen mit Freunden und Bekannten haben Horrorgeschichten über Servicequalität und Kundendienste immer eine hohe Wertigkeit.

Beim Einkaufen wird man nicht beachtet, wenn man Fragen hat. Fast überall muß man warten, und keinen kümmert es. Das Personal ist unfreundlich. Der Verbraucher läßt sich nicht mehr alles gefallen und verläßt heute auch ein Geschäft, ohne etwas zu kaufen. Zum Glück gibt es noch Läden, wo die Qualität stimmt, wo man angelächelt wird, wo der Ablauf organisiert und zügig erfolgt usw.

Warum ist Kundenorientierung so schwer umsetzbar?

Im Grunde genommen handelt es sich bei der Umsetzung der Servicequalität um lauter Selbstverständlichkeiten, die man in der eigenen Kundenrolle, in einer positiven Art umgesetzt, erwartet. Warum gelingt dies in der umgekehrten Situation – im Verkaufsbereich – so schwer?

Zu starkes betriebsinternes Denken

Unternehmer, Manager, Mitarbeiter stellen ihre Produkte, ihre Leistung, ihre eigenen Probleme und nicht das Kundenbedürfnis in den Vordergrund. Ihre Denke ist: „Ich und der Kunde." Zuerst komme ich, dann erst der Kunde. Dieses Denken bringt mit sich, daß man nicht in der Lage ist, sich in die Wünsche und Probleme der Kunden so hineinzuversetzen, daß man deren Erwartungen erfüllt. Vielmehr versucht man die eigenen Vorstellungen auf die Kunden umzulegen, was schließlich zu Konflikten führt.

Einseitiges betriebswirtschaftliches Denken

Die optimale Kosten-Nutzen-Relation ist das Ziel vieler Manager. 95 Prozent Erfüllungsgrad sind gut genug, weil die Realisierung der letzten 5 Prozent zu viel kosten würden. Zu 95 Prozent hat z.B. ein Unternehmen die Wartezeiten im Griff, das Abdecken von Spitzenfrequenzen bei den letzten 5 Prozent hingegen ist betriebswirtschaftlich nicht vertretbar, lautet das Argument des Managements. Dies würde zudem die Leistung gegenüber dem Kunden verteuern.

Das ist ein gefährliches Denken, denn das Unternehmen nimmt generell 5 Prozent unzufriedene Kunden in Kauf. Ein anderes Mal sind es vielleicht schon 10 Prozent. Nicht gerechnet die negative Mundpropaganda unzufriedener Kunden.

Distanz zum Kunden

In vielen Unternehmen haben das Management, Stabsleute, Produktentwickler sowie andere Funktionsträger, deren Arbeit Auswirkungen auf den Kunden hat, keinen direkten Kundenkontakt und kennen dadurch die Kundenwünsche und Kundenprobleme nur unzulänglich.

Die Folge ist, wie in den beiden vorher angeführten Punkten beschrieben, zu starkes betriebsinternes und einseitiges betriebswirtschaftliches Denken. Es fehlt die Unterscheidung zwischen „objektiven"

Gegebenheiten und subjektiver Kundenwahrnehmung. Sogenannte interne Spezialisten oder Fachleute entscheiden über Produkte bzw. Abläufe ohne Berücksichtigung der Kundeninteressen. Am Markt entscheidet aber allein die vom Kunden subjektiv wahrgenommene Realität. Dies zu akzeptieren, fällt Fachleuten, Organisatoren, Stabsleuten nicht leicht. Oftmals haben solche Entscheider nie ein Kundengespräch geführt.

Dienen fällt schwer

Kundenorientierung heißt, die eigenen Stärken, die innerbetrieblichen Abläufe an den Kundenwünschen auszurichten. Der Kunde wird aber oft als Störenfried empfunden; vieles, was er wünscht, führt zu Komplikationen. Hinzu kommt, daß der „Beruf des Dienens" mit einem geringen Sozialprestige verbunden ist. Die Wertigkeit einer solchen Tätigkeit ist geringer als bei anderen Berufen. Dies führt zu einem zwiespältigen Rollenverhalten, das meist auf dem Rücken des Kunden ausgetragen wird.

Lean-Management bringt oft auch „Lean-Service"

In vielen Unternehmen wird aus Gründen der Produktivitätssteigerung oder durch Kostensenkungen ständig umorganisiert. Kostensenkungsprogramme, Rationalisierungsmaßnahmen, Änderungen von aufbauorganisatorischen Strukturen sind die Regel. Meist bewirkt dies eine starke Innenbeschäftigung aller Mitarbeiter, wodurch gleichzeitig die Einstellung zum Kunden vernachlässigt wird.

Notwendig ist jedoch eine Qualitätsstrategie, die Produktivitätssteigerung und die Optimierung der Kundenzufriedenheit gleichermaßen fördert.

„Eine radikale Neustrukturierung der

Unternehmensorganisation und die Optimierung firmeninterner Prozesse macht erst dann wirklich Sinn, wenn sie mit einer konsequenten Kundenorientierung einhergeht (Geffroy 1998).

„Der Kunde und ich", so sollte unser Denken sein. Wenn sich aber alles um Produkte, Verkaufszahlen, Abschlüsse, Umsätze, Erträge und immer wieder um Kosten dreht und man den Blick auf unternehmensinterne Probleme wie Bilanzstruktur, Betriebsergebnis, Personalprobleme, Umstellung auf neue EDV-Systeme heftet, bleibt weder Zeit noch Energie, um Kundenprobleme aufzuspüren und sie zu lösen. Der Kunde taucht dann erst sehr weit unten in der Prioritätenliste auf.

Die Steigerung des Gewinns ist jedoch nicht mehr oberstes und alleiniges Ziel, weil die Gewinnmaximierung aus der Betriebswirtschaftslehre eine zu einseitige Betrachtungsweise ist. Aus dem Nutzen für den Kunden ergeben sich Erfolg und Gewinn. Die Beachtung dieser Reihenfolge, in welcher der Kunde an erster Stelle steht, ist deshalb so wichtig, weil sie eine völlig unterschiedliche Zielsetzung in den täglichen Entscheidungen aller verursacht.

Warum ist Servicequalität so wichtig?

In den USA wird die Servicequalität immer wieder als entscheidender Entwicklungsfaktor für den Unternehmenserfolg angeführt. „Der einzige Unterschied zwischen Geschäften besteht darin, wie sie ihre Kunden behandeln." (Slogan von Nordstrom, aus: Davidow/Uttal 1991, S. 110).

Die Kunden werden immer informierter, kritischer. Damit steigen die Qualitätsansprüche an das Unternehmen und seine Mitarbeiter. Die meisten Menschen sind nicht mehr gewillt, Mängel im Service einfach hinzunehmen, sondern fordern ein hohes Serviceniveau. Die Zahl der Kunden, die wegen eines schlechten Services ein Geschäft wieder verlassen, ohne etwas zu kaufen, steigt ständig an.

High-Tech erfordert High-Touch

Technologie ist leichter und allgemeiner verfügbar und damit kein Wettbewerbsvorteil mehr. Hohe Technologie und komplizierte Systeme führen daher ebenfalls zu höherer Servicenachfrage.

Je mehr bestimmte Leistungen und Tätigkeiten automatisiert werden bzw. die Selbstbedienung forciert wird, um so wichtiger wird es sein, in bestimmten Situationen und zu bestimmten Anlässen den persönlichen Kontakt zu suchen. Einerseits, um den Kunden das Gefühl zu geben, daß sich das Unternehmen besonders um sie bemüht, andererseits, um in kritischen Phasen der Kundenbeziehung (Produkt- und Ablaufmängel) sofort zur Hilfestellung verfügbar zu sein.

Differenzierungsmöglichkeit für das Unternehmen

Werbung, Produkte, Preis, man kann sagen, der Großteil der Leistungsangebote der meisten Unternehmen wird einander immer ähnlicher. Die Kunden sind oft nicht mehr in der Lage, nach rationalen Kriterien zu unterscheiden. Somit wird die Servicequalität zum wichtigen, oft einzigen Kriterium, das Produkte und Dienstleistungen unterscheidet.

„In allen Branchen, in denen die Konkurrenten gleich stark sind, gewinnt, wer den Schwerpunkt auf Kundendienst legt." (Davidow/Uttal 1991, S. 98).

Die meisten Manager investieren jedoch wenig in den Service, weil sie nicht sehen, was unterm Strich herauskommt. Produktabsatzziffern, Personalreduktionen u. ä. sind meßbare Kriterien, die man nachweisen kann. Entgangene Chancen dagegen sind schon schwerer meßbar, geschweige denn was es kostet, wenn ein Kunde ganze 20 Minuten warten muß oder am Telefon fünfmal hin und her verbunden wird.

Dabei gilt gerade hierbei, daß kleine Ursachen oft eine große Wirkung haben:

Eine Firma hat beispielsweise 100 000 Kunden. Wenn nur 5 Prozent davon im nächsten Jahr woanders einkaufen, weil sie nicht ganz zufrieden waren, so bedeutet dies einen Verlust von 5000 Kunden. Angenommen jeder dieser Kunden kauft bei dieser Firma pro Jahr durchschnittlich für DM 1000 ein und dies bei Zufriedenheit vielleicht über einen Zeitraum von zehn Jahren, so bedeuten 5 Prozent Kundenverlust pro Jahr einen Umsatzentgang von 50 Millionen DM.

Also sollten wir der Servicequalität einen hohen, wenn nicht den höchsten Stellenwert geben!

Das Gewöhnliche zum Besonderen machen

Bei der Umsetzung der Servicequalität geht es weniger um ausgefeilte Konzepte und Strategien, die in entsprechenden Leitsätzen formuliert werden und nach kurzer Zeit wieder vergessen sind.

Bei der Servicequalität handelt es sich – wie anfangs schon gesagt – eigentlich um lauter Selbstverständlichkeiten im Umgang von Menschen miteinander. Service ist eine Haltung, eine Einstellung, eine Art Fürsorglichkeit, eine Form der Höflichkeit. Etwas, das man für sich auch erwartet und erhofft, wenn man selbst in der Rolle des Kunden ist.

Servicequalität muß man also „zuerst denken", erst dann kann man sie schaffen.

Wenn die Einstellung zum Service zum selbstverständlichen Verhalten wird, ist die entsprechende Sensibilität für die Beachtung der oftmals vielen kleinen Dinge gegeben. Die allgemeine Serviceleistung wird jedoch in Zukunft alleine nicht mehr ausreichen, weil sie zu einer generellen Erwartungshaltung der Kunden geworden ist. Werden die Erwartungen erfüllt, so ist dies aus Kundensicht selbstverständlich; werden sie nicht erfüllt, so wird dies negativ registriert.

Wird man z. B. beim Betreten eines Geschäftes gegrüßt, ist das o.k., wird man nicht gegrüßt und steht herum, bis man bedient wird, so empfinden wir dies als negativ. Der Gruß ist also etwas Selbstverständliches und unterscheidet nur im negativen, aber nicht im positiven Erlebnisfall. Also wird die Erfüllung solcher Kundenerwartungen wohl Zufriedenheit beim Kunden bewirken, aber noch keine Differenzierung im positiven Sinn. Das heißt: „In Zukunft wird es nicht mehr reichen, zufriedene Kunden zu haben, Sie brauchen begeisterte Kunden." (Geffroy 1998).

Beeindrucken Sie Ihre Kunden mit einer Serviceoffensive. Machen Sie das Gewöhnliche zum Besonderen.

Ein Beispiel: Ich ging mit meiner Familie zum Essen in ein Restaurant. Meine Tochter bestellte sich als Nachspeise eine Mousse au chocolat. Als die Bedienung die Bestellung aufnahm, fragte sie meine Tochter nach ihrem Vornamen. Die Überraschung war groß, als die Mousse serviert wurde, denn auf dem Tellerrand stand mit Schokolade geschrieben: für Gudrun.

Oft muß man nur ein wenig nachdenken, um kleine kreative Ideen zu verwirklichen. Dies ist, wie gesagt, aber nur möglich, wenn man sich in den Kunden hineinversetzt, wenn man überlegt, was könnte ihm

Freude machen, wie könnte ich ihn positiv überraschen. Nur dann werde ich überhaupt auf solche Ideen kommen.

Es gibt wohl kaum einen Menschen, der nicht gern mit seinem Namen angesprochen wird („Man kennt mich!") Und gerade die Namensansprache, die von vielen als etwas Besonderes empfunden wird, ist oft relativ einfach umzusetzen. In vielen Geschäften, Unternehmen wird mit Scheck- oder Kreditkarte bezahlt. Wer am Service interessiert ist, kann den Kunden zumindest beim Bezahlen, beim Verabschieden mit dem Namen ansprechen und sich gleichzeitig für den Besuch bedanken.

Den „Augenblick der Wahrheit" nutzen

„Im letzten Jahr kam jeder unserer zwölf Millionen Kunden mit ungefähr fünf SAS-Mitarbeitern in Kontakt, wobei jede Begegnung durchschnittlich 15 Sekunden dauerte. So wird die SAS in der Vorstellung unserer Kunden sechzigmillionenmal pro Jahr sozusagen neu geschaffen, in 15-Sekunden-Einheiten.

Letztendlich sind es diese 60 Millionen ‚Augenblicke der Wahrheit', die darüber entscheiden, ob die SAS als Unternehmen erfolgreich ist oder scheitert. In diesen Augenblicken gilt es, unseren Kunden zu beweisen, daß die SAS für sie die beste Wahl ist." (Carlzon 1990)

In jedem Kundenkontakt liegt für Sie diese Chance. Aber auch das Risiko, wenn es nicht klappt.

Kleine Ursache – große Wirkung
Bei einer Kundenfrequenz von durchschnittlich 1000 Kontakten pro Tag bedeuten 5 Prozent Servicemängel 50 unzufriedene Kunden. Bei 300 Geschäftstagen sind

das jährlich 15 000 Negativerlebnisse. Das Streben von Unternehmen muß daher eine 100-Prozent-Strategie sein.

Jeder Kunde soll in jedem Kontakt zufriedengestellt werden. Man darf nicht von vornherein schon ein paar Prozent Mängel oder Fehler einkalkulieren und damit entschuldbar machen. Nur wenn man 100 Prozent anstrebt, wird man nahe an diese Marke herankommen, ansonsten wird man deutlich darunterliegen.

Was bedeutet 99,9 Prozent Qualität?
In den USA bedeutet dies z. B.: stündlich 16 000 verlorene Briefsendungen, stündlich 22 000 Schecks vom falschen Konto abgebucht. Und Ihr Herz würde 32 000-mal pro Jahr nicht schlagen. Für einige Kunden ist 99,9 Prozent nicht gut genug (Vortrag: Körschges 1996).

Wäre es Ihnen z. B. recht, wenn gerade Ihr Kind bei der Geburt vertauscht wird? Oder gerade Ihr Flugzeug abstürzt? Verzeihen Sie diese drastischen Vergleiche. Aber im Service findet man oft die „großzügige" bzw. nachlässige Einstellung: „Es kann schon hin und wieder mal was nicht so perfekt ablaufen." Oder: „Wenn mal viele Kunden kommen, dann kann es halt auch länger dauern." Dies ist die völlig falsche Grundeinstellung zum Service!

Der Kunde hat eine Eigenschaft, die uns ebenfalls dazu veranlassen sollte, nach Perfektion zu streben:

- Augenblicke der Wahrheit waren zufriedenstellend, beim sechsten Kontakt passiert ein Servicemangel. Der Kunde wird sich diesen sechsten Kontakt besonders gut merken.

- In einem Unternehmen gibt es für einen Kunden verschiedene Ansprechstellen und Kontaktpartner. Die Augenblicke der Wahrheit bei fünf dieser Kontaktpunkte sind in Ordnung, beim sechsten

Kontaktpunkt passiert ein Servicemangel. Der Kunde wird Ihr Unternehmen verstärkt nach dem Punkt beurteilen, der nicht in Ordnung war.

Der Kunde hat nämlich die Tendenz, sich auf das schwächste Glied zu konzentrieren und dessen Mängel auf sein Gesamturteil zu übertragen. Wir sprechen daher auch von einem „Prozeß der Wahrheit" mit verschiedenen Augenblicken der Wahrheit. Entscheidend ist die Kontinuität der Serviceleistung und die Abstimmung der einzelnen Elemente innerhalb einer Servicekette.

Achten Sie auf die „Kleinigkeiten" im Service

„Was kosten Sie fünf Minuten Großzügigkeit? Haben Sie selbst schon einmal vor einem Geschäft gewartet, bis aufgesperrt wurde? Meistens wird exakt auf die Minute aufgesperrt. Trotzdem kann eine einzige Minute, die man vorher wartet, psychologisch sehr lange dauern. Man merkt dies, wenn Kunden auf die Uhr sehen oder unruhig hin und her gehen. Warten ist meist mit negativen Empfindungen verbunden, insbesondere vor verschlossenen Türen …

Seien Sie überpünktlich, sperren Sie fünf Minuten vorher auf, wenn schon jemand wartet. Fünf Minuten Großzügigkeit kosten Sie nichts und werden von Ihren Kunden positiv registriert!" (Ronzal, W., Geyer, G.).

Die gleiche Situation entsteht beim Schließen des Geschäftes. Der Kunde wollte noch einkaufen, wurde aber aufgehalten und kommt drei Minuten zu spät. Enttäuscht steht er vor der verschlossenen Tür und denkt, daß er den gleichen Weg morgen nochmals vor sich hat. Noch schlimmer wird die Situation, wenn im

Geschäft noch Mitarbeiter zu sehen sind, die entweder gar nicht reagieren oder bedauernd abwinken.

Ich habe Verständnis für diesen Kunden, wenn er sich ein anderes Geschäft sucht. Ich habe kein Verständnis für dieses Unternehmen, wenn es schlechten Geschäftsgang beklagt. Und ich habe schon gar kein Verständnis für Menschen, die in einem Dienstleistungsbetrieb arbeiten und nicht bereit sind, für einen Kunden fünf Minuten früher zu öffnen bzw. einen Kunden auch fünf Minuten nach der Zeit noch einzulassen und zu bedienen.

Die unnötigsten Schilder in einem Geschäft sind jene mit der Aufschrift „Geschlossen". Meist sind es recht große Schilder, aus Messing, die in Augenhöhe montiert werden, so daß jedermann sofort sehen kann: Ich bin nicht da. Was du möchtest, ist mir eigentlich egal.

Wenn Sie selbst Kunde sind, wollen Sie wissen, wann geschlossen ist? Ich nehme an, Sie möchten eher wissen, wann offen ist. Also ein Tip: Alle Geschlossen-Schilder wegwerfen und durch Hinweise ersetzen, die eher das Kundeninteresse treffen. Schon bzw. gerade an diesen Kleinigkeiten zeigt sich, ob Ihr Unternehmen kundenfreundlich und serviceorientiert denkt. Manchmal verrät die Sprache das Denken.

Der Kunde hat immer recht

Die Beurteilung der Servicequalität erfolgt einzig und allein durch den Kunden. Subjektiv und individuell entscheidet der Kunde, ob die gebotene Servicequalität seinen Erwartungen entspricht.

Die Kundenmeinung ist immer subjektiv, oft sehr allgemein, unfair, vielleicht sogar falsch. Aber man muß sie akzeptieren. Es ist die Meinung des Kunden. Man kann sich mit einem Kunden streiten, man kann sogar vor Gericht gewinnen, aber man hat den Kunden verloren. Und es kann nicht das Ziel von Unternehmen sein, Kunden zu verlieren. Kennen Sie die folgenden beiden wichtigen Regeln?

- Regel 1: Der Kunde hat immer recht.
- Regel 2: Wenn der Kunde nicht recht hat, tritt automatisch Regel 1 in Kraft. (Quelle: Stew Leonards's, Warenhauskette Connecticut).

Hinzu kommt, daß viele unzufriedene Kunden sich nicht gegenüber dem betroffenen Unternehmen äußern und sich nicht beschweren. Fast alle erzählen aber ihr Negativerlebnis im persönlichen Bereich einer weiteren Anzahl von Personen. Wenige Beschwerden bedeuten daher nicht unbedingt einen besonders guten Servicegrad, sondern sind möglicherweise ein nicht unbedeutender Risikofaktor, wenn man Tatsache und Gründe der Unzufriedenheit nicht kennt. Kunden beschweren sich oft nicht, weil sie

- Scheu vor Konfrontation haben,
- nicht wissen, bei wem und wo man sich beschweren kann,
- nicht glauben, daß Unternehmen an der Meinung des Kunden interessiert sind,
- befürchten, daß die Beschwerde ohnehin erfolglos ist.

Beschwerde-Stimulation

Ermutigen Sie Ihre Kunden, sich zu beschweren. Bieten Sie Hotlines oder Beschwerdebriefkästen an. Installieren Sie einen Ombudsmann oder legen Sie Meinungs-/Beurteilungskarten aus. Zeigen Sie auf alle Fälle Ihren Kunden in irgendeiner Art und Weise, daß Sie an ihrer Meinung interessiert sind, insbesondere dann, wenn sie nicht zufrieden sind.

Die von Ihnen angebotenen Beschwerdemöglichkeiten sind auch dementsprechend zu kommunizieren, damit sie den Kunden bekannt und geläufig sind. Erklären Sie unbedingt Ihren Mitarbeitern, daß Beschwerden eine Chance sind, ein Problem des Kunden ins Positive zu verändern. Es ist weit besser, ein Kunde beschwert sich, als daß negative Meinungen über Ihr Unternehmen im Umlauf sind, und Sie wissen es nicht.

Annahme und Erledigung der Beschwerde müssen für den Kunden zu einem positiven Erlebnis werden. Dies beginnt mit einer schnellen Erstreaktion auf den Beschwerdeeingang (z. B. innerhalb von 24 Stunden bei schriftlichen Beschwerden), auf Zwischeninformationen bei komplexeren Problemen und auf für den Kunden unerwartete (freudig überraschende) Reaktionen bei der Erledigung (z. B. ein entschuldigender Brief mit einem kleinen Geschenk wie eine Telefonkarte).

Wenn in Ihrem Unternehmen eine positive Einstellung zu Beschwerden herrscht, bieten sich sehr gute Chancen, aus Beschwerdeführern besonders treue Stammkunden zu machen.

Kundenbefragungen

Darüber hinaus sollten Sie Ihre Kunden ständig über ihre Erwartungen an Ihr Unternehmen und den Grad der Zufriedenheit in der Erfüllung dieser Erwartungen befragen. Dies ist z. B. möglich durch:

- regelmäßige Befragungen bestimmter Kundensegmente im Stammkundenbereich,
- Befragung von Neukunden nach einem bestimmten Zeitraum (3 bis 6 Monate)
- Befragung von Kunden, die schon längere Zeit nicht mehr gekauft haben,
- Befragung von Kunden 1 bis 2 Tage nach dem Kauf.

Für diese Befragungen muß natürlich ein Kundendatenbestand vorhanden sein.

Weitere Möglichkeiten, den Künden-wünschen auf die Spur zu kommen, sind:

Mystery Shopper-Aktionen: Anonyme Testkäufer überprüfen das Verhalten der Mitarbeiter in bestimmten Situationen, sowie ob vorgegebene Servicestandards eingehalten werden.

Servicekarte: Eine Karte (s. Abbildung) wird an die Kunden ausgegeben und von diesen nach dem Ausfüllen in eine bereit-gestellte Box am Ausgang geworfen. Das ist eine einfache, schnelle Möglichkeit zur Feststellung der Kundenzufriedenheit.

Abb. 1: Muster für eine einfache Service-karte

Servicebarometer: Stichprobenbefragung von Kunden (persönlich oder telefonisch) in regelmäßigen kurzen Abständen (mo-natlich) über einige wichtige Servicekri-terien (z.B. Freundlichkeit, Hilfsbereit-schaft, Wartezeiten).

Die Auswertung erfolgt in einer Zeit-reihe (Prozent-Zeit-Diagramm), um so rasch Schwankungsbereiche zu erkennen und Hinweise auf kurzfristig entstandene Problembereiche zu bekommen.

Diese und viele Möglichkeiten wirken sich zweifach positiv aus. Zum einen wer-den die Mitarbeiter durch das Kunden-feedback zur Leistungssteigerung ange-halten. Zum anderen leistet die Auseinan-dersetzung mit der Kundenzufriedenheit einen wichtigen Beitrag zur Entwicklung und Förderung einer auf den Kunden ge-richteten, sensiblen Servicequalität.

Standards und Garantien zwingen zu besserem Service

Wenn aufgrund der diversen Kundenbe-fragungen oder sonstiger Erkenntnisse Defizite in bestimmten Bereichen festge-stellt werden, so sind Ziele zur Verbesse-rung zu setzen.

Servicestandards

Da im Servicebereich Qualitätsdefizite überwiegend mit dem Verhalten der Mit-arbeiter zusammenhängen, sollten Ziel-setzungen gemeinsam mit den Mitarbei-tern erarbeitet werden, um zu gewähr-leisten, daß auch deren Wünsche und Vorstellungen mitberücksichtigt werden.

Eine Möglichkeit zur Serviceverbes-serung ist z.B. die Formulierung von Ser-vicestandards. Beispielsweise können Sie Verhaltensrichtlinien beschreiben, wie dies z.B. die Schweizerische Kreditanstalt (SKA) getan hat:

1. SKA-Dokumente sind fehlerfrei.
2. Jeder Kundenkontakt ist vorbereitet.
3. Wir sprechen den Kunden persönlich an.
4. Wir vermeiden Wartezeiten.
5. Wir stellen sicher, daß jeder Kunde seine Ansprechpartner kennt.
6. Wir sind telefonisch erreichbar
7. Wir halten unsere Abmachungen ein.

8. Wir erledigen Kundenaufträge zuverlässig.
9. Wir behandeln Kundenreklamationen speditiv.
10. Unsere Erscheinung und unsere Umgangsformen sind korrekt.

Jeder Mitarbeiter erhält einen Miniordner mit diesen zehn Qualitätsstandards nebst diversen Anleitungen und Anregungen (vgl. Schwarzenbach J. H., Servicequalität in der SKA, in: Management Zeitschrift 65, Zürich, 1996).

In dieser Art formulierte Standards schaffen ein gewisses Bewußtsein für die Serviceorientierung aller Mitarbeiter. Um jedoch Schwachstellen gezielt zu verbessern, ist es notwendig, die erwartete Handlungs- bzw. Verhaltensweise jedes einzelnen Mitarbeiters konkret zu formulieren. Das Einhalten solcher Standards ist eine verbindliche Anweisung, deren Einhaltung kontrolliert werden kann, z. B. mit Service-Checklisten. Darin werden z. B. alle Punkte, die beim Empfang des Kunden wichtig sind, in Form von Fragen eingetragen wie: Wird gegrüßt? Wird der Kunde zu einem anderen Gesprächspartner weitergeleitet (oder nur „geschickt")? Die entsprechenden Beobachtungen werden in der Liste mit Datum vermerkt.

Neben dem Kundenempfang können auch viele andere Prozesse auf diese Art erfasst und verbessert werden, z. B. Verhalten des Mitarbeiters im Kundengespräch oder der optische Eindruck des Geschäftes innen und außen.

Servicegarantien

Die Einführung einer Servicegarantie ist eine besonders geeignete und erfolgreiche Maßnahme zur Verbesserung der Qualität. Bei einer Garantie wird dem Kunden ein Versprechen für eine bestimmte Leistung gegeben. Bei Nichterfüllung zahlt das Unternehmen dem Kunden eine Entschädigung. Erfolgreiche Garantien befassen sich mit Servicethemen, die für die Zufriedenheit der Kunden von großer Bedeutung sind. Die im Falle der Nichterfüllung dem Kunden angebotene Kompensation sollte in ihrer Höhe davon abhängig sein, welche Konsequenzen der Fehler für den Kunden in bezug auf Zeit, Geld und sonstige Verärgerung hat.

Zwei Beispiele für Servicegarantien, die bereits angeboten werden:

- Logistik – United Parcel Service (Paketdienst): Wenn eine Lieferung nicht pünktlich ist, bekommt der Kunde sein Geld zurück.
- Handel – Hoogvliet (niederländische Supermarktkette): Stehen vor einem Kunden mehr als zwei Personen an der Kasse, darf er die Ware, ohne zu zahlen, mitnehmen.

Die Garantie muß bedingungslos erfolgen. Der Kunde hat das Recht auf die Kompensation eines Servicemangels ohne Einschränkungen. Damit steigt auch der Druck auf das Unternehmen und seine Mitarbeiter, alles mögliche daran zu setzen, daß diese Garantie nicht zu teuer für das Unternehmen wird.

Die genannten und andere Beispiele aus der Praxis haben gezeigt, daß mit Einführung einer Garantie Fehler und Mängel deutlich reduziert werden.

Servicegarantien helfen dem Unternehmen, sich von Wettbewerbern zu unterscheiden. Beim Kunden erzeugt die Garantie Vertrauen in die Leistungsfähigkeit des Unternehmens. Beim Mitarbeiter entsteht Motivation für besondere Anstrengung, die Garantien auch zu erfüllen. All das führt zu höherer Kundentreue und damit zur Kundenbindung.

Verbessern Sie Ihre Servicequalität durch Standards und Garantien. Vor allem den Garantien gehört die Servicezukunft. Die Bereitschaft, für Servicemängel eine Entschädigung zu zahlen, signalisiert, daß es dem Unternehmen mit seinem Serviceversprechen ernst ist.

Kunden nicht „verwelken" lassen

Eine Topfpflanze muß regelmäßig gegossen werden, damit sie nicht verwelkt. Und auch sonst bedarf sie einiger Pflege. Wie sieht dies bei unseren Kunden aus? Lassen wir sie verwelken?

Viele Unternehmern und deren Verkäufer legen große Anstrengungen an den Tag, um zum Abschluß zu kommen. Kaum ist der Abschluß erzielt, wendet man sich vom Käufer ab. Kundenpflege wird kleingeschrieben. Jedoch gerade nach dem Abschluß müssen wir dem Kunden beweisen, daß er die richtige Wahl getroffen hat und daß wir weiter Geschäfte mit ihm machen wollen, indem wir ihn gut betreuen. Mit dem Verkaufsabschluß beginnt eigentlich erst so richtig das Verkaufen.

Das positive Kauferlebnis schafft die Basis für die Bereitschaft, wiederzukommen. Und wenn das Unternehmen nach dem Kauf versucht, sich immer wieder in Erinnerung zu rufen, so löst es damit den Impuls zum neuerlichen Besuch aus. Die Kundenbetreuung nach dem Abschluß ist oft entscheidend für den Wiederkauf.

Unternehmen müssen viel mehr darüber nachdenken, was sie auf dem Gebiet der Kundenpflege tun können. Kundenpflege muß nicht teuer sein, Kreativität und Ideen sind gefragt. Es geht oft um Kleinigkeiten und Gesten. Neben den Anlässen, die im Kalender stehen (zum Valentinstag Blumen für Kundinnen, Glücksbringer zu Sylvester usw.) sollte die Kunden z.B. auch regelmäßig Informationen über neue attraktive Angebote bekommen.

Und worüber freuen wir uns selbst: über einen Gruß, ein Lächeln, eine kleine Aufmerksamkeit, ein Lob, ein Danke, einen guten Tip. Sollten wir da nicht auch unseren Kunden mal eine Freude machen?

Kundenpflege heißt, sich für einen Kunden zu interessieren, nachzudenken, was ihn interessieren und woran er Freude haben könnte. Gute Hotels haben Kundenpflegeprogramme für Neu-, Stamm- und ehemalige Kunden. Legen Sie sich also ein Konzept zurecht, welche Kundengruppen Sie in welchen Abständen mit welcher Idee informieren, überraschen, erfreuen wollen.

Mitarbeiter: Fordern und Fördern der Servicequalität

Oft klagen Manager über die mangelnde Serviceorientierung ihrer Mitarbeiter und erwarten Patentrezepte, wie man aus Mitarbeitern in Schnellkursen kundenorientierte Verkäufer oder Dienstleister machen könnte. Doch nicht das Tempo entscheidet, sondern das richtige – natürlich zügige – Handeln.

Personalaufnahme
Achten Sie schon bei der Neuaufnahme von Mitarbeitern auf einige wichtige Aspekte: Ihre künftigen Mitarbeiter müssen erfahren, daß ihre Arbeit „mit Kunden" und „mit Service" zu tun haben wird. Aufnahmetests müssen Kriterien wie Kommunikationsfähigkeit, Optimismus, Offenheit, Einfühlungsvermögen berücksichtigen. Diese Eigenschaften nehmen den Rang vor dem Fachwissen ein, das man sich ja aneignen kann. Die genannten Eigenschaften jedoch haben bei vielen Menschen bereits eine nur noch schwer änderbare Prägung erreicht.

Aus meinen Erfahrungen sind zwei Eigenschaften besonders wichtig:

Optimismus: Positiv eingestellte Menschen tun sich im Service wesentlich leichter als Pessimisten, die überwiegend das Nichtmögliche und die Risiken sehen und sich daher hinter Vorschriften und Normen verstecken.

Empathie: Sich in die Lage eines anderen Menschen hineinversetzen können, nachzudenken, wie er sich in einer bestimmten Situation fühlen würde, zu verstehen, warum sich manche Menschen in einer bestimmten Art verhalten.

Der erste Chef prägt entscheidend

Ein neuer Mitarbeiter orientiert sich fast ausschließlich am Verhalten seines ersten Chefs. Kultur und Ziele des Unternehmens werden in der Anfangszeit vermittelt. So wie der neue Mitarbeiter seinen Chef und seine Kollegen erlebt, so wird auch er sich bald verhalten. Erlebt der neue Mitarbeiter nicht von Anfang an die gewünschte Serviceorientierung, läßt sich dies später nur sehr schwer korrigieren bzw. führt es zu Konflikten mit künftigen Chefs. Die Auswahl „der Ausbildungsstelle" ist daher von großer Bedeutung.

Aus- und Fortbildung

In alle Entwicklungsprogramme, Kurse, Seminare usw. ist die Servicequalität als Umsetzungsparameter einzubauen. Schon in den ersten Wochen empfiehlt es sich, die neuen Mitarbeiter darin zu schulen, wie die Kommunikation mit dem Kunden abläuft, daß der Kunde an erster Stelle kommt usw. Auch sollte seitens des Unternehmens klar definiert werden, wie man sich das persönliche Auftreten und Aussehen des Mitarbeiters wünscht.

Mitarbeiterbesprechungen

Die Servicequalität muß ständig „aufgefrischt und wieder bewußt gemacht" werden, damit ein hoher Standard bestehenbleibt. Wenn dieses Thema nicht von Zeit zu Zeit besprochen wird, verliert es automatisch an Priorität und damit Beachtung, so daß ein gewisser Schlendrian einreißt. Das ständige Aufzeigen von praktischen Beispielen, neuen Serviceideen, um daraus konkrete Handlungen, Verbesserungen, Ziele abzuleiten, ist Aufgabe der Führungskräfte.

Positive Beispiele aus anderen Branchen

Der beste Lerneffekt entsteht, wenn man die Situation in anderen Branchen, aber auch bei Konkurrenten beobachtet. Was gefällt uns, was gefällt uns nicht, was können wir für uns daraus ableiten?

Schicken Sie Mitarbeiter in andere Geschäfte, mit dem Auftrag, den Grad der Serviceorientierung zu testen. Danach diskutieren Sie im Team die Ansatzpunkte für Ihr Unternehmen. Bei negativen Beispielen erreichen Sie eine hohe Sensibilisierung bei den eigenen Mitarbeitern, dies nicht ebenso zu machen. Positive Beispiele regen zur Nachahmung an.

Anerkennung und Lob

Vorbildliches Verhalten der Mitarbeiter muß bemerkt und auch entsprechend anerkannt werden, als Bestätigung für den einzelnen und als Folgewirkung (Nachahmung, Ansporn) für die anderen. Bei Fehlern oder schlechtem Verhalten greift man meistens ein. Gute Leistungen nimmt man viel zu oft als selbstverständlich hin.

Interne Serviceorientierung

Service wird oft einfach an den Vertrieb, den Verkauf delegiert. Die Mitarbeiter im

Kundenkontakt sollen das machen, und damit hat es sich.

Dabei geht Service jeden an! Alle Mitarbeiter sind verantwortlich zu machen, unabhängig davon, in welcher Abteilung sie arbeiten: Jeder stellt Fragen wie: „Kann ich den Auftrag noch schneller erledigen?" oder „Wie kann ich dem Kunden noch besser helfen? oder „Wie kann ich die Qualität der Leistung verbessern?"

Servicequalität zeigt sich auch in der Zusammenarbeit. Im Qualitätsdenken ist jeder Kollege ein interner Kunde. Das heißt, Kollegen sind wie Kunden zu behandeln. Kollegen im Betriebsbereich bemühen sich, den Vertriebsmitarbeitern bei der Kundenbetreuung zu helfen. Service ist also eine Haltung, eine Art Fürsorglichkeit, die jeder im Unternehmen zeigt. Und für die er Anerkennung und Bestätigung erhalten sollte. Manche Firmen belohnen außergewöhnliche serviceorientierte Handlungen und Verhaltensweisen der „internen Mitarbeiter" mit Incentives oder innerbetrieblichen Auszeichnungen.

Qualitätszirkel

Interne Abläufe und Prozesse sind ständig zu überprüfen, ob sie den Wünschen und Anforderungen der Kunden noch gerecht werden. Hinweise aus Kundenbefragungen bzw. der Beschwerdeanalyse gibt es meist genug. Die Beschäftigung mit diesen Fragen und Problemen muß aber organisiert werden. Beauftragen Sie Mitarbeitergruppen (gemischt aus Betrieb und Vertrieb), sich regelmäßig mit solchen Themen zu beschäftigen und Verbesserungen vorzuschlagen. Auch ein innerbetriebliches Vorschlagswesen bringt viele Ideen zur Serviceverbesserung.

Widmen Sie der Servicequalität mehr Zeit in Ihrem Unternehmen!

Das Vorbild wirkt ansteckend

Führungskräfte beeinflussen durch ihre Tätigkeit viele andere Menschen und insbesondere die eigenen Mitarbeiter. In einem Unternehmen gibt es eine Reihe von Dingen, die sich der Organisierbarkeit entziehen und die vielmehr aus der Eigendynamik der Selbstorganisation eines Unternehmens entstehen müssen.

Die Bedeutung der Führungskräfte

Viele für die Lebensfähigkeit eines Unternehmens entscheidenden Dinge sind nicht durch Rundschreiben oder Anordnungen herbeizuführen. In ihren Denkweisen und Verhaltensweisen, ihren Gewohnheiten und Überzeugungen vermitteln Führungskräfte jene Impulse, die entweder Zustimmung auslösen oder Widerstände hervorrufen. Servicequalität kann daher nur über das Verhalten der Führungskräfte umgesetzt werden.

Jeder Mitarbeiter muß über „seine" Führungskraft erleben, daß serviceorientiertes Verhalten erwartet und gewünscht wird. Wenn die Mitarbeiter keine Signale in diese Richtung erhalten, werden sie diesem Thema nur geringe Bedeutung beimessen.

Führungskräfte müssen Vorbild sein! Kein Unternehmen kann herausragenden Service leisten, wenn seine Führungskräfte nicht sichtbar und ständig der Idee des Services huldigen. Wenn sie es nicht tun, richtet die Organisation die Aufmerksamkeit zwangsläufig nach innen und konzentriert sich auf innere Abläufe.

Bei allen Maßnahmen zur Servicequalität sind daher die Führungskräfte die ersten Ansprechpartner und in die Umsetzung einzubeziehen.

Die Konsequenz der Umsetzung

Viele Strategien werden formuliert, sehr viele Konzepte werden geschrieben, viele Ideen werden geboren, aber irgendwie verläuft alles wieder im Sand. Der Wille zur Umsetzung war vielleicht sogar vorhanden, aber dann gab es Hindernisse, Entschuldigungen usw. Die Konsequenz der Umsetzung ist daher entscheidend. Eine Idee zu realisieren ist besser, als 1000 Ideen zu haben.

Der Verhaltensforscher Konrad Lorenz schrieb einmal: „Gesagt ist noch nicht gehört, gehört ist noch nicht zugehört, zugehört ist noch nicht verstanden, verstanden ist noch nicht einverstanden, einverstanden ist noch nicht angewendet, angewendet ist noch nicht beibehalten."

Das Thema Servicequalität muß also immer wieder zum Thema gemacht werden. Und die Führungskräfte müssen im Rahmen ihrer Ziele mit den Mitarbeitern die entsprechenden Maßnahmen vereinbaren und deren Realisierung kontrollieren. Nur über diesen Planungs- und Steue-rungsprozeß besteht die Chance auf einen höheren Realisierungsgrad. Gehen Sie mit gutem Beispiel voran und zeigen Sie immer und überall, was Servicequalität bedeutet und wie man sie umsetzt!

Servicequalität realisieren

Wenn es gelingt, den Denkprozeß aller Mitarbeiter so zu beeinflussen, daß Servicequalität gedacht und gelebt wird, so ist dies die entscheidende Voraussetzung für die Realisation. Um das Niveau jedoch kontinuierlich hochzuhalten, ist eine entsprechende Organisation im Unternehmen zu integrieren und sind Prozeßaktivitäten systematisch zu gestalten. Ein phasenorientiertes Qualitätsmanagement gliedert sich z. B. in drei Bereiche (s. Abbildung unten).

Die Integration eines Qualitätsmanagements im Unternehmen muß auch einige Punkte berücksichtigen, die nicht „organisierbar" sind und im „subjektiv beurteilbaren Bereich" angesiedelt sind, z. B.:

Qualitätsplanung	**Qualitätslenkung**	**Qualitätsprüfung/ Qualitätsmessung**
• Qualitätsziele formulieren • Qualitätsniveau definieren • Qualitätsstandards festsetzen • Qualitätsgarantien einführen	• Personalaufnahme und -entwicklung • Aus- und Fortbildung • Kontinuierliche Impulssetzung • Ständige Information und Kommunikation • Integration der Führungskräfte als Multiplikatoren • Qualitätszirkel • Vorschlagswesen • Beschwerde-management	• Kundenbefragungen (schriftlich und telefonisch) • mystery-shopping • Stichproben-Messung • Interne Kontrollen • Beschwerdeanalyse

Abb. 2: Phasenorientiertes Qualitätsmanagement, das sich in diesem Beispiel in drei Bereiche gliedert

- hohe hierarchische Ansiedlung im Unternehmen, wodurch Wertigkeit und Wichtigkeit signalisiert wird;
- Installierung eines Entscheidungsgremiums, in dem alle „Machthaber" (Unternehmensleitung, zweite Managementebene) vertreten sind, damit Entscheidungen gesichert umgesetzt werden;
- ständige Signale von der Unternehmensleitung und der zweiten Managementebene, damit vermehrt Sensibilität und Aufmerksamkeit bei den Mitarbeitern gegeben sind.
- Regelmäßige Informationen und Berichte in allen Unternehmensmedien, z. B. auch in der Mitarbeiterzeitschrift, halten das Thema Servicequalität aktuell und haben Beispielswirkung zur Nachahmung.
- Nominierte Servicekontaktpersonen – Serviceverantwortliche, Servicemanager – in Betriebs- und Vertriebsbereichen vereinfachen die Gesprächsbasis und die Vermittlung.
- Regelmäßige Kommunikation innerhalb des Unternehmens auf Managementebene erleichtert die Problemlösung durch besseres Verständnis.
- Immer wieder Aufzeigen von positiven Ergebnissen, aber auch von Mängeln und Defiziten ermöglicht ein höheres Niveau.

Die Realisierung der Servicequalität ist für das Unternehmen ein sehr lohnendes Thema. Höhere Kundenzufriedenheit bringt höhere Umsätze und höhere Erträge. Begeisterte Kunden bzw. die Begeisterung der Kunden erhöht die Kundenloyalität und damit Kundenbindung.

Wir haben die Lösung, bevor das Problem kommt

Unlängst sah ich einen Werbespot eines amerikanischen Unternehmens. Ein Mann steht allein in einem Raum. Ein anderer Mann kommt in den Raum und gibt ihm eine Riesenbanane. Der Mann hält diese Banane in den Armen und weiß nicht, was er damit tun soll. Plötzlich taucht am Fenster King Kong, der Riesenaffe, auf. Jetzt weiß der Mann, wozu er die Banane braucht. Die Auflösung der Geschichte lautete: Wir haben die Lösung, bevor das Problem kommt.

Warten Sie nicht, bis ein Problem entsteht, um es dann zu lösen. Überlegen Sie schon vorher, welche Probleme überhaupt auftreten könnten, um diese schon vorweg in den Griff zu bekommen. Auch dies bedeutet wiederum, das Unternehmen und seine Mitarbeiter müssen in der Lage sein, sich in die Rolle, an die Stelle des Kunden versetzen zu können, um seine Wünsche und Probleme überhaupt zu kennen.

Nur dann werden Sie eine hohe Servicequalität erreichen!

Weiterführende Literatur

Bowles, S., Wie man Kunden begeistert, Reinbeck 1994

Brinkmann, T., Peill, E., Kundenbindung durch Servicegarantien, in: Die Bank 5/1996, S. 285

Carlzon J., Alles für den Kunden, Frankfurt/Main 1990

Davidow, W. H., Uttal, B., Service Total, Frankfurt/Main 1991

Geffroy, E. K., Clienting, Kundenerfolge auf Abruf, Landsberg/Lech, 1998

Körschges, H., Vortrag Euroforum Austria 1996

Ronzal, W., Die kleinen Dinge schätzt der Kunde, in: Bank Magazin 8/1996, Wiesbaden, S. 27

Ronzal, W., Service-Qualität, in Betrieb & Markt 4, Wien 1994, S. 92

Ronzal, W., Bernet, B., Schmid, P., Retail Banking – Führung im Verkauf, Wiesbaden, 1995, S. 215–228

Ronzal, W., Genger, G., Erfolgreiches Führen und Verkaufen in der Zweigstelle, Nürnberg

Ronzal, W., Muthers, H., Haas, H., Die vitale Bank. Offensive Serviceorientierung, Wiesbaden, 1996, S. 255–281

Ronzal W., Schmoll, A., Bankmarketing für Firmenkunden. Servicequalität im Firmenkundengeschäft, Wien 1997, S. 209–229

Schwarzenbach, J. H., Servicequalität in der SKA, von der Theorie zur Praxis, in: Management Zeitschrift 65, Zürich 1996

3. Moderne Marktbearbeitung

3.1 Strategie europäischen Investitionsgüterverkaufs

Der Autor

Dr. Ing. Mag. Helmuth Leihs ist Unternehmensberater und Trainer sowie Lehrbeauftragter an verschiedenen Universitäten und anderen Lehranstalten. Zu den Schwerpunkten seiner Beratungstätigkeit zählen u. a. strategische Marketingplanung, Investitionsgüter- und Exportmarketing. Er ist Vorsitzender der EGIM (Euroamerican Group for Industrial Marketing), Kooperationspartner des Wirtschaftsforums der Führungskräfte Österreichs und Mitglied des European Community of Marketing and Sales Experts Club 55.

In den letzten Jahren haben sich Denken und Handeln in Marketingkategorien auch in der Investitionsgüterbranche verstärkt durchgesetzt. Nicht alle im Konsumgüterbereich bewährten Strategien – und das gilt besondere für den Verkauf – lassen sich aber ohne Adaptierung für Investitionsgüter anwenden. Das ist auch der Grund, warum es da und dort noch Widerstände, vor allem in von „Nur-Technikern" dominierten Unternehmen, gibt.

Besonderheiten des Investitionsgütermarketings

Die Forderung „Think global, act local" scheint für das Investitionsgütermarketing erdacht worden zu sein. Globales Investitionsgütermarketing bedeutet nicht, daß auch das kleinste Unternehmen in Peru, Neuseeland oder in der gesamten Europäischen Union präsent sein müßte. Globales Investitionsgütermarketing bedeutet schlicht, gedanklich und strategisch den globalen Spielregeln der Märkte gerecht zu werden und sich der Herausforderung durch die internationale Konkurrenz zu stellen, egal, ob offensiv durch die Eroberung bestimmter Marktsegmente oder defensiv durch die Verteidigung des *Home markets*.

Warum globale – europaweite – Denkweise?

Hier kommt eine ganze Reihe von Faktoren zum Tragen:

Globale Transparenz: Print- und elektronische Medien, erdumspannende Telekommunikationssysteme und Datenbanken, weltweit gleichzeitig erscheinende Veröffentlichungen versetzen alle Interessierten in die Lage, rasch und zum selben Zeitpunkt über Markt- und Produktentwicklungen informiert zu werden.

Hohe Mobilität: Berufliches – auch privates – Reisen, Besuch von Symposien, Messen usw. erlauben es, sich „vor Ort" ein Bild über Entwicklungstendenzen, die Lieferanten und über die Konkurrenzfähigkeit des eigenen Unternehmens zu machen.

Globale Logistik- und Transportsysteme: Sie verringern für den Kunden die Distanz zum Lieferanten. Transportweg und -zeit verlieren an Bedeutung, nicht jedoch lokale Betreuung und lokaler Service.

Der mündige Käufer und/oder Investor: Der potentielle Käufer von heute informiert sich umfassend, hat die Scheu vor Produkten aus exotischen Ländern verloren und weiß die Angebote sehr gut zu bewerten – egal, ob nach rationalen oder emotionalen Gesichtspunkten.

Hohe Entwicklungskosten: Die steigenden Ansprüche an Produkte und deren Performance bedeuten in der Regel höhere Forschungs- und Entwicklungskosten. Um diese Fixkosten auf möglichst viele verkaufte Produkte verteilen zu können, bedarf es des großen Marktes.

Vorsprung des Pioniers: Die global verfügbaren Informationen und Technologien – z. B. für Konstruktion und Fertigung – und der hohe Wissensstand durch Ausbildung und Erfahrung in den Industriestaaten erlauben es neuen Anbietern, in kurzer Zeit ein ernst zu nehmender Konkurrent für den Pionier zu werden.

Kooperation und Zusammenschlüsse: Dadurch werden viele Konkurrenten immer stärker (Kapital, Verkaufsnetz, Stückkostenvorteile usw.) und treten daher weltweit auf.

Herkunft der Ware: Danach wird nicht mehr gefragt, sondern wie gut, wie preiswert, wie modern, wie nutzenstiftend sie ist, wie sie beworben wird usw.

Qualität: Bedeutet nicht nur erstklassige Fertigung. Der Begriff umfaßt heute weitaus mehr: Wie schnell bekomme ich mein Angebot, meine Ware? Wo bekomme ich Ersatzteile, Service? Wie langlebig ist das Produkt, wie einfach ist es zu bedienen?

Anerkannte Qualitätssicherung: Ohne sie und die Einhaltung zugesagter Liefertermine gehen Kunden schnell verloren.

Aktuelle Marktentwicklungen: Wer hier nicht ständig auf dem neuesten Informationsstand ist (über Produkt und Fertigungsverfahren, neue Anwendungen, Konkurrenten, Substitutionslösungen), wird von der Konkurrenz überholt.

Gute Vertriebspartner: Sie sind rar und gehen (gilt nicht nur für den europäischen Binnenmarkt) kein Risiko ein: Sie haben bereits eine gut verkaufbare Produktpalette. Sie warten nicht auf uns und unsere Produkte. Wir müssen sie gewinnen.

Fremdsprachen: Man muß sich in der Mutter- oder Geschäftssprache möglicher Kunden verständlich machen können.

Marktforschung: Ohne geht es nicht (mehr!). Der Markt ist zu groß und zu unbekannt, als daß man sich auf Gefühle verlassen könnte oder sollte.

Was ist am Investitionsgütermarketing so anders?

Die Besonderheiten lassen sich wie folgt darstellen (s. Abb. 1, vgl. Backhaus, K., s. Literaturhinweise). Jeder Kauf eines Investitionsgutes ist letztlich auf den Bedarf eines Konsumenten zurückzuführen. Ein Brecher in einem Kalkwerk wird nur angeschafft, weil es Konsumenten gibt, die Häuser bauen oder über Brücken fahren wollen.

Besonderheiten des Investitionsgütermarketing

Zu beachtende Fakten	Folgen
Kaufentscheidung ist stark formalisiert	Da die Investoren meistens Unternehmen und nicht Einzelpersonen sind, und die Investitionen sowohl große finanzielle als auch unternehmensstrategische Auswirkungen haben, erfolgen Informations- und Kaufentscheidungsprozeß nach strengen internen Regeln, die durch die Einführung von ISO 9000 ff. noch unterstützt werden.
Mehrere Personen sind an der Kaufentscheidung beteiligt	Es gibt nicht nur einen Ansprechpartner. Wer die Entscheidungsträger sind, muß der Verkäufer selbst herausfinden.
Unterschiedliches Informationsverhalten in verschiedenen Phasen des Kaufentscheidungsprozesses	In jeder Phase des Kaufentscheidungsprozesses werden vom Investor andere Informationsquellen herangezogen:

Phase	Dominierende Informationsquellen
Erste Erwägung, ein Investitionsgut anzuschaffen	Fachzeitschriften, Messen, Ausstellungen
Erste Orientierung über am Markt vorhandene Erzeugnisse	Stark: Fachzeitschriften, dann: Messen, Ausstellungen, Reiseingenieure
Orientierung über die technischen Eigenschaften	Stark: Reiseingenieure, dann: Angebote der Herstellerfirmen
Orientierung über die wirtschaftlichen Eigenschaften	Angebote der Herstellerfirmen, Reiseingenieure
Orientierung vor Entscheidungsgesprächen und Anstoß für die endgültige Entscheidung	wie oben, aber Bedeutung Reiseingenieure sinkt

Zu beachtende Fakten	Folgen
Turnkey installations, Engineering	Der Trend zu Komplettlösungen steigt weiterhin an. Das verlangt beim Hersteller: • Anwendungs-Know-how • System-Know-how • vor Ort sein zu müssen • für den Kunden planen

Abb. 1: Besonderheiten des Investitionsgütermarketing

119

Herausforderungen des neuen Europas

Die meisten Fragen nach den Änderungen im neuen Europa berühren die Anliegen der Konsumenten. Weniger intensiv behandelt werden die Herausforderungen und Probleme, mit denen sich Unternehmen hinsichtlich der Neuorientierung des Investitionsgütermarketings konfrontiert sehen.

Rahmenbedingungen für Verkaufsstrategien

Einerseits ist das Exportieren nach Innsbruck (es heißt strenggenommen „innergemeinschaftliche Lieferung") so einfach geworden wie der Versand von Ware nach Stuttgart. Es gibt keine Grenzen mehr. Andererseits erfolgt die Lieferung nach Baden-Württemberg ja innerhalb der EU-Grenzen, d.h. alle EU-Verordnungen oder -Richtlinien müssen ebenfalls erfüllt werden. Ein bekanntes Beispiel dafür ist die für bestimmte Produkte vorgeschriebene CE-Kennzeichnungspflicht.

Die Entwicklung neuer Verkaufsstrategien ist dringend angesagt!

Was sind die wesentlichen Voraussetzungen für ein gutes Konzept?
- Gute Kenntnisse über praxiserprobte Planungsmethoden.
- Guter Informationsstand über Markt, Konkurrenz und Rahmenbedingungen.
- „Fitneß" in EU-Fragen.
- Grundsatzentscheidung über die angestrebte Strategie: Verteidigung des eigenen Marktes? Neue Produkte für bestehende Kunden? Erobern neuer Märkte? Flächendeckende Bearbeitung bestehender Länder oder Konzentration auf Schlüsselabnehmer? Vertreter, Wiederverkäufer, Filiale oder eigene Tochtergesellschaft? Lager oder eigene Fertigung im Ausland?

- Die klare Definition des zu bedienenden Marktsegments und der anzubietenden Problemlösung.
- Kreative Ideen, die sich von denen der Konkurrenz deutlich abheben und den Kundennutzen erhöhen.
- Der richtige Einsatz der Marketingwerkzeuge: Produkt, Sortiment, Absatzwege, Vertriebspartner, Werbung, Preispolitik.

Ein guter Informationsstand und geeignete Binnenmarktstrategien sind also die wesentliche Voraussetzung für eine erfolgreiche Zukunft der Unternehmen im neuen Europa.

Einige Fragen sollen die neue Aufgabenstellung für Unternehmen beleuchten:
- Wo bekommt man Informationen? Wie greift man auf Datenbanken zu?
- Welche der EU-Forschungsprogramme könnten interessant sein? Wie bekommt man welche EU-Förderungen?
- Öffentliche EU-Ausschreibungen?
- Wie gewinnt man Vertriebspartner? Wie müssen Vertreterverträge abgefaßt sein?
- Wie gründet man eine Gesellschaft, wie eine Niederlassung?
- Was hat die EU bezüglich Kartellen und Fusionen bestimmt? Wettbewerbsrecht?
- Wie werden Lieferungen aus Drittländern behandelt?
- EURO-Patent? Markenschutz? Urheberrecht? Normen? Prüfzeugnisse? CE-Kennzeichnung? Produkthaftpflicht? Umweltauflagen? Sozial- und Arbeitsrecht?
- Steuerpolitik und deren Umsetzung in den EU-Mitgliedstaaten?
- Konsequenzen des Euro?
- Auftragsabwicklung im Binnenmarkt? Erforderliche Papiere?
- Verträge und Zusammenarbeit zwischen Reformländern und EU?
- Rahmenbedingungen und Möglichkeiten für Kooperationen?

Das Informationsangebot der EU

Die Europäische Union bietet durch ihr „Amt für amtliche Veröffentlichungen der Europäischen Gemeinschaft" in Luxemburg Informationen kostenlos oder gegen Entgelt an. Sie sind in gedruckter Form, durch Zugriff auf Datenbanken oder auf CD-ROM gespeichert erhältlich. Im Internet ist die EU über http://europa.eu.int/ erreichbar. Wie ein effizienter Informationsgewinnungsprozeß ablaufen könnte, zeigt die Abbildung unten.

Kundensegmente, deren Ansprüche und Nutzenerwartungen

Welche sind die für den Anbieter wichtigsten Kundensegmente, wie lassen sich deren Ansprüche und Nutzenerwartungen in Erfahrung bringen? Die rasante Expansion in allen Forschungs- und Entwicklungsbereichen bringt es mit sich, daß – obwohl meist ausreichend Informationen vorhanden sind – entweder der Überblick verlorengeht oder mangels geeigneter Methoden die Quellen sich dem Zugriff verschließen.

Nachfolgend werden zwei Möglichkeiten beschrieben, wie beide Probleme weitgehend bewältigt werden können. Damit soll gezeigt werden, wie Anregungen bzw. Ideen für neue Anwendungen und/ oder Kunden gewonnen werden können.

Die Akzeptanzpyramide

Die Beobachtung der Marktentwicklung zeigt ein wiederkehrendes Phänomen: Ein entwickeltes Produkt wird immer wieder

Abb. 2: Empfehlenswerter effizienter Informationsprozeß

121

in neuen Marktsegmenten, für neue Anwendungen angeboten. Der Mikroprozessor z.B. wurde ursprünglich für das Apollo-Projekt der USA entwickelt. Der Markt und damit die verkauften Mengen waren klein, die Akzeptanz der neuen Technologie nur bei Fachleuten gegeben und der Preis natürlich sehr hoch.

Dann vollzog sich das Eindringen in neue Märkte und Marktsegmente (Flugzeugbau, Elektronik). Heute wird der Mikroprozessor bereits im Haushalt eingesetzt und ist im höchsten Grad akzeptiert – aus manchen Bereichen läßt er sich gar nicht mehr wegdenken. Die Folge: Die verkauften Mengen sind hoch, und der Preis ist entsprechend niedrig. Faxgerät, Klimaanlage, PC oder Funkgeräte sind weitere Beispiele einer solchen Entwicklung.

Sie ist aber nicht auf Produkte beschränkt, man denke nur an das Just-in-Time-Konzept, das aus der Automobilindustrie stammt, sondern umfaßt auch viele Dienstleistungskonzepte wie Rundum-die-Uhr-Service oder die Produktentwicklung nach ergonomischen Gesichtspunkten. All das begann klein – an der Spitze einer Akzeptanzpyramide –, um sich dann zu einer breiten Basis unterschiedlichster Märkte und Marksegmente zu entwickeln.

Es lohnt sich demnach, „einen Blick nach oben" zu werfen, zu bereits Entwickeltem, aber noch nicht breit Akzeptiertem, und zwar nicht nur in der eigenen, sondern auch in anderen Branchen. So lassen sich Analogieschlüsse ziehen und Markt- bzw. Problemlösungstrends rechtzeitig erkennen. Damit ist Agieren möglich bevor der Druck vom Markt kommt und der Pioniervorsprung verspielt ist.

Die Applikationsmatrix

Ein zweites Phänomen, das in den letzten Jahren registriert werden konnte, ist so manifest wie das erste. Unternehmen wollen ein neues oder verbessertes Produkt einem bestimmten Markt anbieten und stellen entweder bereits vor der Entwicklung fest, daß dieser Markt zu klein ist, oder aber danach, daß die Forschungs- und Entwicklungskosten im Verhältnis zum möglichen Umsatz zu hoch sind. In beiden Fällen beginnt die Suche nach neuen Märkten bzw. Anwendungsgebieten für das Produkt bzw. der entwickelten Technologie. Bei einem solchen Suchprozeß könnte die Applikationsmatrix helfen (s. Abbildung unten). Nehmen wir als Beispiel einen neuen Werkstoff.

Wie sehen die einzelnen Schritte zur Entwicklung der Applikationsmatrix aus, und was kann man aus ihr ablesen?

Schritt 1: Alle bekannten Parameter eines Produktes werden aufgelistet (z.B. Temperaturbeständigkeit, Zugfestigkeit, Dehnung, Säurebeständigkeit, Dichte, elektrische Leitfähigkeit usw.)

| Parameter | Ausprägung | Für welche Branche von Interesse? | | | |
		A	B	C	D
Temperatur- beständigkeit	von −25 °C bis +120 °C		✔	✔	
Zugfestigkeit		✔			✔
Dehnung				✔	

Abb. 3: Muster einer Applikationsmatrix

Schritt 2: Zu allen Parametern werden die Ausprägungsgrade angeführt, z.B. temperaturbeständig von −25 °C bis +120 °C usw.

Schritt 3: Großbuchstaben stehen für jene (definierten) Branchen, für die bestimmte Eigenschaften von besonderem Nutzen sein könnten.

Schritt 4: Studium einschlägiger Literatur, Forschungsberichte, Wirtschaftsinformationen, Statistiken und anderer Sekundärdatenquellen. Dann werden Experten (= potentielle Kunden, die in der ins Auge gefaßten Anwendungsbranche zu Hause sein müssen) interviewt. Dabei werden Prozeß- bzw. Anwendungskenntnisse für die relevante Branche gewonnen.

Schritt 5: Ergänzen der Parameter aufgrund der Angaben der Experten. Er könnte z.B. nach der Abriebfestigkeit des Materials fragen. Feststellen und Einfügen der Ausprägungsgrade für die neuen Parameter.

Schritt 6: Beschreiben der vorläufig möglichen neuen Anwendungsgebiete für das Neuprodukt.

Schritt 7: Neuerliches Durchlaufen des Prozesses, wobei diesmal die Informationen aus der Matrix zum Suchen nach weiteren Anwendungsgebieten und interessierten Branchen verwendet werden.

Schritt 8: Beschreibung der endgültigen Anforderungen an das Produkt sowie der Anwendungsgebiete und Branchen.

Schritt 9: Notwendige Änderungen am Produkt im einzelnen darlegen und diese durchführen.

Schritt 10: Endgültige Zielbranchen fixieren, für die das Produkt den höchsten Nutzen stiftet, das Marketingkonzept entwickeln und umsetzen.

Die Schritte zum Markt

Bei der Umsetzung von Marketing- bzw. Verkaufsstrategien für Investitionsgüter treten diese Probleme immer wieder auf:

Planung und Ausführung werden zu spät begonnen: Die Eroberung eines neuen Marktes mit einem bestehenden Produkt dauert etwa drei Jahre, die Realisierung der Diversifikation – neues Produkt auf neuem Markt – durchschnittlich fünf Jahre.

Zuwenig oder gar keine Informationsgewinnung: Viele Unternehmen legen zu wenig Wert auf die Marktforschung, es wird vergessen, daß sie u.a. die Informationen für die Entwicklung der Marketingstrategien liefert und vor allem den Zugang zu den ersten potentiellen Kunden auf einem neuen Markt ermöglicht.

Unzureichende Verkaufsunterlagen: Oft fehlen neben dem Prospekt noch andere für die Kaufentscheidung des Kunden bedeutende Verkaufsunterlagen.

Verkaufspsychologische Schulung allein reicht nicht aus: Externe Berater können Verhaltensweisen trainieren. Das ersetzt aber nicht die unternehmensinterne Schulung über das Produkt und dessen Anwendung. Kunden wollen beraten und nicht nur überredet werden.

Das Spannungsfeld Verkäufer–Techniker: Kritik bringt zu häufig Fronten und zu wenig kooperative Zusammenarbeit.

Neuen Marketingaufgaben werden zu wenig Mittel zugeteilt: Ein neuer Markt wird nebenbei „mitbearbeitet", statt die besten Mitarbeiter und ausreichende Mittel dafür einzusetzen.

Geringe Bereitschaft zum Rückzug: Nachweisbar verlustbringende Märkte und Produkte werden nicht aufgegeben, da „es sich ja noch bessern könnte" oder der Rückzug als Eingeständnis des Versagens angesehen wird. Das kostet viel Geld!

Die nachfolgenden, vor allem für den Praktiker gedachten Checklisten sollen helfen, die angeführten Fehler weitgehend zu vermeiden.

Marktvorauswahl

Die Vorauswahl von Märkten dient

- der Auswahl jener Märkte, für die aufgrund objektiver Kriterien Absatzchancen gegeben scheinen und deren Bearbeitung – nach Bestätigung durch die Ergebnisse der Marktforschung – erfolgversprechend scheint,
- der ersten Orientierung über die wichtigsten Marktinformationen, z. B. Marktvolumen, Anzahl, Marktanteile der Konkurrenten, Namen und Adressen potentieller Kunden,
- zur Vorbereitung der Marktforschung und der Kundenakquisition,
- zur Konzentration der Ressourcen – in erster Linie der personellen Kapazitäten und der finanziellen Mittel – auf aussichtsreiche Märkte.

Nachfolgende Kriterien haben für diese Marktvorauswahl eine große Bedeutung:

Bisherige Erfolge: Schon ein einziges, in einen bestimmten Markt, in eine wichtige Branche (erfolgreich!) geliefertes Produkt kann zu einer wichtigen Referenz werden. Es sollten daher jene Märkte bevorzugt bearbeitet werden, auf denen bereits ein (auch kleiner) Erfolg erzielt wurde.

Bekanntheitsgrad und Image: Hier geht es um den Bekanntheitsgrad und das Image des Produkts, Unternehmens (inkl. Mutter-, Tochter-, Schwesterunternehmen), der eigenen Branche und unseres Landes. Zu fragen ist bei hohem Bekanntheitsgrad und gutem Image einer der angeführten Bereiche: Wie können wir daraus Nutzen ziehen? Wenn z. B. unser Land als Anbieter von Sportgeräten einen guten Namen

hat, warum sollen wir uns dann nicht als Lieferant dieser Branche besonders herausstreichen?

Referenzen (Verkäufe über Dritte): Besonders im Bereich technischer Produkte geben Kunden, die selbst weiterverkaufen, meist die Namen ihrer Abnehmer nicht gern preis, da sie um das lukrative Ersatzteilgeschäft fürchten. Dennoch sollte man den Endabnehmer bereits im Anfangsstadium des Projektes kennen und ggf. eine Vereinbarung über Kundenschutz treffen. Damit können wir den Endabnehmer als Referenz nennen, bei Ausfall unseres unmittelbaren Kunden in die Betreuung des Endabnehmers eintreten und die Qualität der Betreuung unseres unmittelbaren Kunden in bezug auf After-Sales-Service usw. überprüfen.

Gleichartige, bereits bearbeitete Märkte: Weist der neue Markt ähnliche Merkmale wie ein bereits erfolgreich bearbeiteter auf?

Distanz: Ein alter Verkäuferspruch lautet: „Kosten und Unsicherheit beim Kunden steigen mit dem Quadrat des geographischen Abstandes!" Daher sind zwei Fragen zu klären:

- Wie oft muß der neue Markt in der Anfangsphase bereist werden? – Sechs bis zehn Reisen im ersten Jahr werden von erfolgreichen Exporteuren als Regel genannt.
- Wie können wir die Unsicherheit des Kunden abbauen, der sich nicht gern aus großer Entfernung bedienen läßt, der Angst um die Zugriffsmöglichkeit auf Service- und Ersatzteildienst hat?

Sprache: Man überschätzt oft die eigenen Fremdsprachenkenntnisse. Ein Dolmetscher kann nicht immer helfen, bei technischen Ausdrücken sind bald Grenzen gesetzt. Ein selbst angelegtes Wörterbuch mit allen nötigen produkt- und anwendungsbezogenen Fachausdrücken ist oft eine große Hilfe.

Mentalität: Die Mentalität des Marktlandes sollte man kennenlernen wollen, akzeptieren und zum Teil selbst entwickeln. Wer gegen bestimmte Märkte ständig – meist emotionale – Einwände vorbringt, wird auf diesen kaum Erfolg verbuchen können.

Einkaufsusancen: Folgende Fragen sind für die wichtigsten Zielgruppen zu klären:
- Gibt es Ausschreibungen ohne oder mit anschließenden Preisverhandlungen?
- Ist die Lieferantentreue hoch?
- Wer wirkt beim Kaufentscheidungsprozeß mit?
- Wie informiert sich ein Abnehmer über potentielle Lieferanten?

Marktvolumen bzw. -potential: Hier kann man in der Regel über die auf den bisher bearbeiteten Märkten gegebenen Marktvolumina und die bisher erzielten Marktanteile mit einem entsprechenden Korrekturfaktor auf die Gegebenheiten im neuen Markt schließen.

Preisniveau: Informationen bringen hier die Betrachtung der Konkurrenzangebote und Marktpreisvergleiche bestimmter, mit dem eigenen Produkt im Verbund stehender Produkte.

Bonität, Finanzierungsmöglichkeiten: Diese sind für den Markt, aber auch für die wichtigsten potentiellen Kunden zu klären.

Konkurrenz: Wer sind unsere Konkurrenten? Wie setzen sie ihr Marketinginstrumentarium mit welchem Erfolg ein?

Absatzweg: Was bieten die Konkurrenten ihren – für uns potentiellen – Kunden, z. B. regionale Büros, Ersatzteillager, branchenkundige Außendienstmitarbeiter?

Produktanpassung: Welche – vor allem technischen – Änderungen müssen durchgeführt werden, damit das Produkt den Marktanforderungen, Normen, Vorschriften, Usancen entspricht?

Nationale Fertigung: Ist eine nationale (Teil-)Fertigung erforderlich, z. B. für mit Steuermitteln finanzierte Investitionen, und wie könnte sie realisiert werden (Lohnfertigung, Joint-venture, Lizenz)?

Marktbearbeitungskosten: Erstellung eines Budgets, das die Kosten z. B. für Marktforschung, Reisen, Prospekte, Produktanpassung, Vertretersuche enthält.

Markteintrittsdauer: Wie lange dauert es, bis wir Akzeptanz bei möglichen Kunden finden, unser Marketing den Erfordernissen des Marktes anpassen können (z. B. Erweiterung unserer Produktpalette)?

Abschätzen des Marktvolumens

Unter der Voraussetzung, daß die eigenen Marktanteile in den bedienten Branchen oder Marktsegmenten des Heimmarktes – im nachfolgenden Beispiel Österreich – bekannt sind, gibt es eine relativ einfache Methode, das Marktvolumen abzuschätzen: Bei 15 % Marktanteil und einem Umsatz von 3 Millionen ECU ergibt sich das Marktvolumen mit 20 Millionen ECU in dieser Branche. Vergleichszahlen ermöglichen den Analogieschluß zum Exportmarkt. Eine branchenmäßige Aufgliederung ist deshalb sinnvoll, weil auf Berichte über die einzelnen Branchen leichter zuzugreifen ist, und jene einfacher ausgeschieden werden können, die entweder auf dem Heimmarkt schon wenig Chancen boten oder aber auf dem Exportmarkt nicht oder nur unbedeutend vertreten sind.

Die erwähnten Vergleichszahlen müssen Aufschluß geben über: Anzahl der Unternehmen einer Branche, Größe (Umsatz, Anzahl der erzeugten Stücke, Tonnen usw., Anzahl der Mitarbeiter). Mit Hilfe solcher Angaben lassen sich über die Daten des

Branche	Anteil am Gesamt-umsatz	Markt-anteil*)	Bemerkung (bezogen: Österreich)	Branche im EU-Land stärker/ schwächer	Schluß-folgerung
Hobby-werkzeuge	10 %	40 %	Position gut, Markt klein	???	Noch unter-suchen
Pumpen	5 %	15 %	Position schlecht, Markt klein	???	Nichts tun im EU-Land
Lebensmittel	40 %	85 %	Position stark, Markt akzeptabel	3x so groß?	Untersuchen; Gute SGE**) „Grünes Licht"
Stahlwerke	25 %	80 %	Position stark, Markt relativ klein	½ x so groß?	Nichts tun im EU-Land
Chemie	20 %	65 %	Position gut, Markt klein	4x so groß?	Untersuchen; Gute SGE**) „Grünes Licht"
Summe	100 %	------			

Vorläufiges Ergebnis: relevante Branchen ➡ Chemie, Lebens-mittel ➡ Marktvolumen ca.: Chemie 4x Österreich, Lebensmittel 3x Österreich

* Marktanteil in % der betroffenen Branche auf bereits bearbeiteten Märkten (z. B. Österreich)
** Strategische Geschäftseinheit: Kombination Produkt/Markt (Branche)

Abb. 4: Abschätzen des Marktvolumens eines gedachten technischen Produkts, Markt: ein EU-Land

Heimmarkts Rückschlüsse auf die Einkaufsmengen und damit auf das Marktvolumen ziehen. Die Summe der in Frage kommenden Branchenvolumina ergibt dann das gesamte Marktvolumen. Zur Absicherung des Ergebnisses können Statistiken, Geschäftsberichte, Experteninterviews usw. herangezogen werden.

Nutzen des Produkts in den einzelnen Marktsegmenten

Marketing soll Austauschprozesse in Gang setzen und halten (vgl. Kotler, Armstrong, 1987, S. 10). Wir können diesen Prozeß anhand der „Austauschwaage"

(Dahringer, Mühlbacher, 1991) leichter verständlich machen (s. Abbildung rechts). Marketingorientierte Unternehmen haben längst erkannt, daß Kunden potentielle Lieferanten immer am besten Konkurrenten auf dem Markt messen.

Die wichtigste Aufgabe ist es daher, sich von diesem Konkurrenten möglichst positiv abzusetzen. Das führt uns zum Begriff Nutzen. Den Grundnutzen einer Handbohrmaschine – sie dient zum Bohren – muß jede Handbohrmaschine erfüllen. Für diesen Grundnutzen ist der Kunde bereit, nur den – oft geringen – Basispreis zu zahlen. Ein höherer Preis ist nur erzielbar, wenn das Produkt einen Zusatznutzen aufweist, z.B. schönes Design, Komfort, Sicherheit, Technik, hoher Wiederverkaufswert usw.

Auf der Austauschwaage sind diese Nutzen in der linken Waagschale mit Überbegriffen angeführt. In der rechten Waagschale befinden sich die Kosten, die aber nicht nur monetär zu verstehen sind. Sie treten dann auf, wenn die Erwartungshaltung des Kunden nicht erfüllt wird. *Ein Beispiel:* Der potentielle Kunde hat sich ein schöneres Design erwartet, als das angebotene Produkt – die Handbohrmaschine – tatsächlich bietet. In diesem Fall wird er Abstriche vom Wert und damit vom Preis, den er zu zahlen gewillt ist, machen oder sich einen anderen Lieferanten suchen. Es gibt nun zwei Möglichkeiten, diese Waage (wieder) ins Gleichgewicht zu bringen: Entweder wird die linke Seite durch zusätzliche Nutzen „schwerer gemacht" oder das Gewicht auf der rechten Seite durch Senkung der empfundenen Kosten reduziert.

Was sich der potentielle Kunde aber zuerst erwartet, ist die Senkung der Kosten, erst dann ist er bereit, zusätzliche Nutzen wirklich wahrzunehmen.

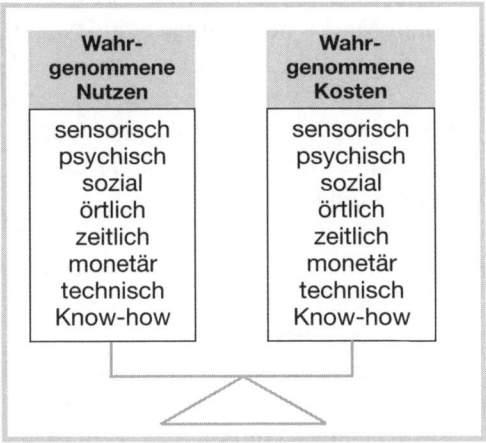

Abb. 5: Die Austauschwaage

Das Produkt am Markt positionieren

Um nun unser Produkt – unser Unternehmen – deutlich, unverwechselbar und als wünschenswert in einer Zielgruppe zu verankern, bedienen wir uns der Produktpositionierung.

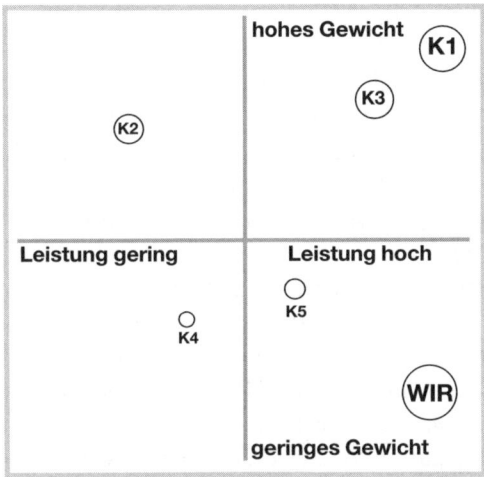

Abb. 6: Produktpositionierung am Beispiel einer Pumpe

Wir können unser Produkt – hier eine Pumpe – in die Nähe eines bestehenden Konkurrenten positionieren (z.B. hohes Gewicht/hohe Leistung). Dann kämpfen wir mit ihm um Marktanteile, da wir dieselbe Zielgruppe ansprechen, dieselben Wünsche erfüllen und denselben Nutzen stiften. Das ist in der Regel ausschließlich nur über den Preis möglich, es sei denn, wir schaffen es, die anderen Marketinginstrumente – neben der Produktpolitik – kundengerechter zu gestalten und uns damit von der Konkurrenz abzuheben.

Anders sieht es aus, wenn es uns gelungen ist, eine Pumpe zu entwickeln, die dieselbe – und eventuell auch eine andere – Zielgruppe besser anspricht, weil das Produkt einen höheren Nutzen (hier das geringere Gewicht) bietet. Der Vorteil ist, daß

127

uns der Preiskampf in der Regel erspart bleibt, weil der Kunde den Zusatznutzen honoriert. Gleichzeitig haben wir erreicht, daß unser Produkt von nun an auf dem Markt unter leistungsstark und leicht bekannt ist, die potentiellen Kunden also wissen, wofür wir auf dem Markt „zuständig" sind.

Kundenakquisition

Als nächster Schritt müssen Überlegungen über die Kundenakquisition angestellt werden. Um an entsprechende Daten zu gelangen, gibt es eine Vielzahl von Möglichkeiten. Aus der Fülle kann hier nur eine Quelle herausgegriffen werden:

Experteninterviews (vgl. Leihs, Landsberg, 1995, Teil I/4, S. 18) haben sich in der Praxis in zweierlei Hinsicht als besonders erfolgreich erwiesen. Sie dienen dazu, Informationen „aus erster Hand" von kompetenten Personen zu bekommen und potentielle Kunden zu gewinnen. Fragen wie „Wie muß das Produkt aussehen, um auf Ihrem Markt akzeptiert zu werden?" „Wer sind meine Konkurrenten, und wie setzen sie ihre Marketinginstrumente ein?" oder „Wie verteilt sich das Marktvolumen?" usw. werden meist beantwortet, wenn ein solches Interview nicht in ein Verkaufsgespräch „ausartet". Beim Experten ist man bezüglich Produkt- bzw. Anwendungskenntnisse sicher. Man kann über ihn auch Auskünfte über mögliche Vertriebspartner erhalten.

Als Experten kommen z.B. in Frage: Entscheidungsträger in relevanten Unternehmungen, Opinionleader der Branche oder Anwender. Zu finden sind diese beispielsweise in Vereinigungen, durch Veröffentlichungen oder öffentliche Auftritte.

Voraussetzungen für erfolgreiche Experteninterviews sind gute Vorkenntnisse über Markt und Branche. Und es sollte kein verstecktes Verkaufsgespräch geführt werden.

Die Betreuung potentieller Abnehmer

Um potentielle Abnehmer optimal betreuen zu können, sollten wir einiges über sie wissen, z.B. Branche, Produktpalette (eigene Erzeugung, Handel), Opinionleader im Unternehmen, Namen der wichtigsten Entscheidungsträger, Umsatz, Beschäftigtenzahl, Bonität, Lieferanten. Über bisherige Kontakte ansprechbar?

Eine umfangreiche, gut strukturierte Kartei potentieller Kunden ist wesentlich für den Verkaufserfolg.

Die Markteintrittsmethoden

Hier ist ein ganzes Bündel an Aspekten und Faktoren zu berücksichtigen.

Produktlebenszyklus und Vertriebsart

Hier gilt es zu klären, in welcher Phase des Lebenszyklus sich unser Produkt auf dem ins Auge gefaßten Markt befindet, und danach unsere Verkaufsstrategie abzustimmen (vgl. Leihs, Landsberg, 1995, Teil I/4, S. 24). Zu jeder Phase gehört eine bestimmte Strategie bzw. Aktivität:

Einführung: Positionieren des Produktes auf dem Markt, bekanntmachen des Herstellers (Qualität definieren, Image aufbauen, Produktvorteile herausstreichen), Werbung, PR, Vorträge, Präsentationen.

Wachstum: Gezielte Verkäufe, Produktverfügbarkeit sichern, Werbung.

Reifephase („Preiseinwände"): Zusatzservice, neue Kundensegmente ansprechen, Produkte anpassen (verbessern), neue Anwendungen suchen.

Sättigung: Produkt- und Verkaufskosten senken, neue Segmente erschließen.

Schrumpfung: Ablösen des Produktes, Minimierung der Kosten, Relaunching.

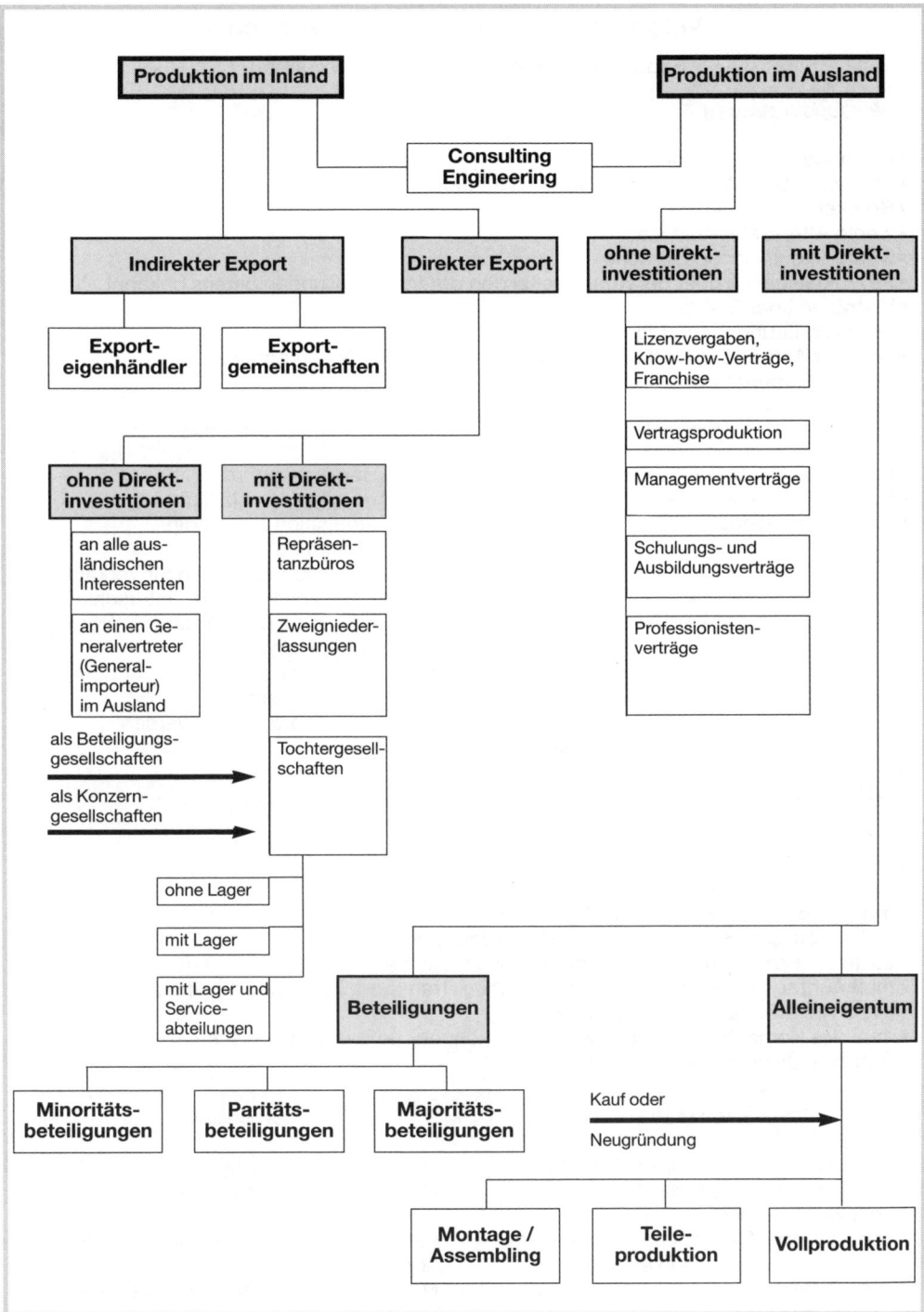

Abb. 7: Möglichkeiten für die optimale Wahl des Vertriebsweges in Abhängigkeit vom Produktionsstandort (vgl. Kulhavy, 1991, S. 13)

129

Vergleich der Markteintrittsvarianten

Export: indirekte und direkte Bearbeitung

Voraussetzungen

- klar abgegrenzter Markt
- überschaubare Anzahl an potentiellen Kunden
- Brückenkopfstrategie
- wenig After-Sales-Service
- wenig Akquisitionsgespräche
- Produkt (eigenes oder der Konkurrenz) den potentiellen Kunden bereits bekannt
- Vertrauen über Distanz
- wenig erklärungsbedürftig
- geringer Anteil an Dienstleistung (= Planungsleistung, Dokumentation, „zugeschnittene" Software)

Vorteile	Nachteile
• keine oder sehr niedrige Fixkosten • Kunden persönlich bekannt • wenig Streuverluste	• kein Service vor Ort • Kommunikation schwierig • Neuakquisition aufwendig • Sprachbarriere • hohe Ausbildungskosten für Verkäufer (Sprache, interkulturelle Unterschiede) • alle Aktivitäten über Distanz: Werbung, PR, Unterlagen usw. • Delcredererisiko • Zeitzonenproblem • Import muß organisiert werden

Vertreter, Generalimporteur

Voraussetzungen

Partner
- kennt den Markt
- muß erst gefunden werden
- muß die betroffenen Branchen kennen
- sollte möglichst Komplementärprodukte vertreiben
- sollte über ein flächendeckendes Distributionssystem verfügen
- muß Auftragsabwicklungskenntnisse haben (Transport, Zoll, Importregime, INCOTERMS, Zahlungsmodalitäten usw.)
- muß das Kommunikationsproblem lösen können (Software, technische Ausrüstung, Sprache, Zeitverschiebung usw.)

Vorteile	Nachteile
• Delcredererisiko kann im Fall des Generalimporteurs (teilweise!) abgewälzt werden • Vertreter bzw. Generalimporteur kennt den Markt und ist schon eingeführt • kurze Anlaufphase • eine Anlaufstelle	• schwierig, den richtigen Partner zu finden • Markt bleibt eventuell in den Händen des Partners • Strategie wird weitgehend vom Partner bestimmt • Qualität der Aktivitäten schwer überprüfbar • unterschiedliche Vorstellungen über das „Verkaufsoptimum"

Eigenes Tochterunternehmen

Voraussetzungen

• reelle Chance auf relativ raschen Umsatzzuwachs
• Bereitschaft, Risikokapital einzusetzen

Vorteile	Nachteile
• Start über Repräsentationsbüro möglich • klare Entscheidungen • Strategien auf eigene Vorstellungen abgestimmt • besseres Image • verbesserte Stellung gegenüber Konkurrenz • Substanz (= Goodwill) • Gewinn muß nicht geteilt werden • direkter Einfluß auf Subvertreter • sichere Umsetzung der Marketing-konzeption	• hohe Fixkosten • Notwendigkeit der Entsendung eines oder mehrerer Manager auf Zeit • hoher Aufwand für Klärung und Durchführung der mit der Unter-nehmensgründung im Zusammenhang stehenden Fragen • Einlernen in einen neuen Kulturkreis und meist unbekannte Rahmen-bedingungen

Abb. 8: Vergleich von Markteintrittsvarianten

Push- oder Pull-Strategie für die Vertriebspartnersuche

Wir haben die Möglichkeit, Vertriebspartner entweder durch die Push- oder die Pull-Strategie zu suchen und zu gewinnen. Hier ein Vergleich, der den Vorteil der Pull-Strategie unterstreicht:

Push-Strategie

Schritt 1: Messe, Einschaltung, Zufall, Vermittlung.

Schritt 2: Zufallskontakt mit, Vermittlung von Vertriebspartnern.

Schritt 3: Kundenkontakt (meist nur durch Vertriebspartner!).

Vorteil: Scheinbar geringere Kosten.

Nachteil: Selten der richtige Partner, Kosten für Partnersuche hoch, potenti-elle Kunden nicht bekannt, Entwicklung falscher Marketingstrategien, dem Partner wird der Markt „überlassen".

Pull-Strategie

Schritt 1: Suche nach Datenquellen.

Schritt 2: Marktvorauswahl, Sekundär-marktforschung.

Schritt 3: Identifizieren potentieller Kunden in den einzelnen Markt-segmenten.

Schritt 4: Experteninterviews (erste Kontakte zu potentiellen Kunden).

Schritt 5: Entwicklung und Beginn der Umsetzung der Marketingstrategie.

Schritt 6: Kontaktaufnahme zu mögli-chem Vertriebspartner über Experten bzw. potentielle Kunden.

Auswahlkriterien für den Vertriebspartner

Kriterium	Details
Referenzen	Welche Personen würden wir ansprechen, um über den potentiellen Vertriebspartner vertrauliche Informationen zu erhalten? Was wollen wir wissen?
Auslastung	Mit wie vielen anderen Produkten und/oder Vertretungen beschäftigt sich der mögliche Partner noch? Wieviel Zeit bleibt zu Aktivitäten für unser Verkaufsprogramm?
Vertriebsnetz	Wie sieht das Vertriebsnetz aus? Sind Subvertreter oder Reisende vorhanden? Gibt es lokale Verkaufsbüros?
Kundenkreis/ Verbindungen	Welchen Kundenkreis betreut der potentielle Vertriebspartner? Welche Verbindungen zu Behörden und Institutionen bestehen?
Produktkenntnis	Über welche Produktkenntnis verfügt er?
Eigene Produktpalette	Wie sieht die aus eigener Produktion stammende Produktpalette aus? Steht sie in Konkurrenz oder als Ergänzung zur fremden?
Fremde Produktpalette	Wie sieht die aus fremder Produktion (Vertretung) stammende Produktpalette aus? Steht sie in Konkurrenz oder als Ergänzung zu unserer?
Komplementärprodukte	Welche Komplementärprodukte sind in seinem Angebot
Referenzen (Verkäufe)	Kann er Referenzkunden nennen, denen möglichst komplementäre Produkte verkauft wurden?
Fertigungsmöglichkeiten	Verfügt er über Fertigungs- oder wenigstens Reparaturmöglichkeiten?
Lagermöglichkeiten	Wie sieht es mit der Lagerhaltung aus? Sind geeignete Transportmittel und Verpackungsmöglichkeiten vorhanden?
Service- und Ersatzteildienst	Wie sind Service- und Ersatzteildienst organisiert? Gibt es qualifizierte Fachkräfte?
Unternehmensgröße	Wie groß ist das Unternehmen: Kapital, Gesellschaftsform, Eigentümer, Mitarbeiter, Organigramm usw.?
Bonität	Wie wird die Bonität des potentiellen Vertriebspartners von einer Auskunftei eingeschätzt?
Kommunikationsfragen	In welcher Sprache erfolgt die Verständigung? Sind Telefon, Telefax, Mailbox usw. vorhanden? Welches EDV-System ist im Einsatz, welche Software wird verwendet? Wer ist privat rund um die Uhr wo erreichbar?

Abb. 9: Auswahlkriterien für den Vertriebspartner

Der persönliche Verkauf

Ohne Zweifel stellt der persönliche Verkauf – ob er durch Vertreter, Generalimporteure, Franchisenehmer oder durch eigenes Personal wahrgenommen wird – die intensivste Form der Kontaktaufnahme mit Interessenten dar. In der Praxis stellen sich dabei folgende Probleme:

- die oft sehr große geographische Distanz, die eine effiziente Reiseplanung, aber auch Kontrolle erschwert,
- die erforderliche Intensität der Betreuung des potentiellen Kunden,
- die Notwendigkeit, aus Kostengründen den Verkäufer „an der Front" in die Aufgaben der Marktforschung einzubinden,
- bei Investitionsgütern der hohe Projektierungs- und Angebotsaufwand, der eine sorgfältige Auswahl der zu bearbeitenden Anfragen erfordert,
- das Vermeiden von zu vielen Anfragen, die ein „maßgeschneidertes" Produkt, das vom üblichen Standard abweicht, verlangen. Hier sollte die Erstauswahl bereits durch den Verkäufer erfolgen,
- die Forderung, daß der/die Verkäufer(in) ein(e) Allround-Mann (-Frau) zu sein hat:
  - Repräsentant des Unternehmens,
  - Experte für Problemlösungen,
  - überzeugender Vertreter der Marketingpolitik des eigenen Unternehmens. Letztlich hat er/sie, auf sich allein gestellt, Entscheidungen von großer Tragweite für das Unternehmen zu treffen, die dieses verpflichten und daher möglichst zu dessen Vorteil gestaltet sein sollten.
- die Langfristigkeit des Entscheidungsprozesses beim Kunden: Wann ist der Zeitpunkt gekommen, keine weiteren, teuren Verkaufsaktivitäten zu setzen und unter Umständen von einem Projekt sogar zurückzutreten?

Im Rahmen des persönlichen Verkaufs sind daher folgende Aufgaben zu erfüllen:
- Primärmarktforschung,
- Sichtung und Bearbeitung des Adressenmaterials potentieller Kunden nach den Kriterien bzw. Aufgaben: Bedeutung des Kunden *(Key account management)*, Treue des Kunden gegenüber den bisherigen Lieferanten, Gegenüberstellung der Akquisitionskosten zum möglichen Umsatz,
- Feststellen der Opinionleaders, der Entscheidungsträger und „Durchgriff" zum Anwender (z.B. dem Meister an einer Maschine),
- Präsentation des Unternehmens und dessen Produkt- bzw. Leistungspalette,
- Bedarfsweckung,
- Entgegennahme von Anfragen und deren Auswahl,
- unternehmensinterne Verfolgung der Projekte, um kundengerechte Bearbeitung sicherzustellen,
- Beobachtung des Marktes (Konkurrenz),
- Präsentation des Angebotes und Analyse der Reaktion seitens des Kunden, daraus abgeleitet, Vorschlag an die Verkaufsabteilung über die notwendigen Änderungen bzw. Ergänzungen,
- Analyse der Gründe für verlorengegangene bzw. erhaltene Aufträge.
- After-Sales-Service: Prüfung der vertragskonformen Lieferung, bei Investitionsgütern: Kontrolle der einwandfreien Montage und Inbetriebnahme der gelieferten Produkte/Anlage, persönlicher Kontakt zum Anwender, Nutzung als Referenzanlage, Fotos, Filme, Beschreibungen der gelieferten bzw. installierten Produkte, Kontrolle der klaglosen Funktion der Produkte, Evidenzhaltung von eventuellen Folgeaufträgen (z.B. Erweiterungsinvestitionen).

Hinweise für den persönlichen Verkauf

Verkaufspsychologische Schulung allein reicht nicht: Wir müssen mehr über die Kundenprobleme und -anwendungen schulen.

Multiplikator: Wir müssen über unsere Kunden erreichen, daß auch andere von unserer Problemlösungskompetenz erfahren.

Grund- und Zusatznutzen: Wir müssen den Zusatznutzen herausstreichen, den Grundnutzen müssen heute alle Produkte auf hohem Niveau stiften.

Sachbezogene versus emotionale Argumente: Wir müssen zur Kenntnis nehmen, daß mit technischen Argumenten z. B. gegen Ängste nichts zu machen ist. Auch Investitionsgüter müssen mit einer emotionalen Komponente verkauft werden.

Bezug zur Branche herstellen: Wir müssen mit dem Kunden über seine Probleme und seine Branche sprechen, nur dann wird er uns wirklich zuhören und verstehen. Einem Molkereibetrieb den Einsatz einer Pumpe in einem Stahlwerk zu erklären, bringt kaum Erfolg. Das sollte auch beim Prospekten und anderen Unterlagen berücksichtigt werden.

Die komplette Lösung: Wir müssen den Trend zur kompletten Lösung akzeptieren, er ist nicht mehr aufzuhalten. Investoren fehlt es an Zeit, verständlicherweise technischem Detailwissen, Verständnis, warum sie sich mit mehreren Lieferanten herumschlagen sollen ...

Verläßlichkeit: Wir müssen diesen wichtigen Erfolgsfaktor für die Zukunft noch mehr entwickeln. Hohe Fertigungsqualität ist in vielen Fällen schon erreicht, jetzt geht es um Performance.

Kunden beim Verkaufen helfen: Wir müssen den Endkunden in bezug auf Beurteilung und Einsatz unseres Produktes über

unseren unmittelbaren Abnehmer „ausbilden" lassen.

Problemerkennung, dann erst ist eine Lösung möglich: Wir müssen beim Kunden Problembewußtsein schaffen. Erst dann hört er uns zu.

3- und 6-Besuche-Regel: Wir müssen die 3-Besuche-Regel beachten. Drei Besuche sind im Schnitt erforderlich, bis das Problembewußtsein beim Kunden geschaffen wird, bis er den Nutzen unserer Lösung und uns akzeptiert, bis er vielleicht eine Anfrage an uns richtet. Wer hier drängt, macht sich selbst Probleme.

Wir müssen die 6-Besuche-Regel beachten. Sechs Kontakte und/oder Besuche pro Jahr sind erforderlich, damit uns der Kunde „nicht vergißt".

Literaturhinweise

Backhaus, K., Investitionsgütermarketing, Köln, 2. Aufl., 1990

Dahringer, L. D.; Mühlbacher, H., International Marketing – A Global Perspective, Reading, Massachusetts 1991

Kotler, P.; Armstrong, G., Marketing – An Introduction, Englewoods Cliffs, NJ, USA, 1987

Kulhavy, E., Internationales Marketing, Linz, 1981

Leihs H., Informationsgewinnung in der EU, in: Schweiger G.; Mühlbacher H., Stürmer G., Wödlinger R. (Hrsg.), Sicherung der Wettbewerbsfähigkeit durch Marketing, Linz, 1995

Leihs, H., Der Verkauf von Investitionsgütern international, in: Erfolgreiches Verkaufsmanagement, 10. Nachlieferung, Teil I/4, verlag moderne industrie, Landsberg, 3/1995

3.2 Marktanteile in gesättigten Märkten durch Zielkundenstrategien

Der Autor

Norbert Weisshaar, Dipl.-Betriebswirt, ist Verkaufs- und Verhaltenstrainer. Zu den Schwerpunkten seiner Arbeit zählen Zielkundenstrategien zur Entwicklung von Marktanteilen, Training der Verkaufstechnik und Verkaufspsychologie für Außen-, Innen- und technischen Kundendienst, Coaching von Führungskräften zur Persönlichkeitsentwicklung, Entwicklung und Implementierung von Marketing- und Verkaufsstrategien durch Workshops und Verkaufstrainings, Organisation und Neuorganisation von Unternehmensbereichen, Motivation, Schulung und Führung von Mitarbeitern.

Wer ist satt, die Märkte oder wir?

Der dänische Philosoph Kierkegaard erzählt dazu eine treffende Geschichte:

„Ein Mann an der Küste Seelands beobachtete jeden Herbst die Wildenten auf ihrem Flug in den Süden. Irgendwann begann er, sie an einem nahegelegenenen See zu füttern. Nach einiger Zeit machten sich einige der Wildenten nicht einmal mehr die Mühe, in den Süden weiterzufliegen. Sie überwinterten in Dänemark und lebten von dem Futter, das der Mann ihnen gab. Von Jahr zu Jahr blieben immer mehr. Nach drei bis vier Jahren wurden die Enten so faul und träge, daß ihnen das Fliegen schwerfiel."

Die Moral von der Geschichte: Man kann Wildenten zähmen, aber gezähmte nicht mehr wild machen.

Ist das als Naturgesetz festgeschrieben – gibt es dazu Parallelen in Unternehmen, Organisationen und menschlichem Verhalten? Oder verleihen *Lean Management,* „Verschlankung" und *Cost-cutting*-Programme flügellahm gewordenen Unternehmen wieder Power, zu neuen Ufern, sprich Kunden, aufzubrechen?

Diagnosen wurden zuhauf gestellt, unzählige Therapievorschläge gemacht, passiert ist bislang kaum etwas Bemerkenswertes. Weil das Geschäft nun mal von Menschen gemacht wird, ist der Grund der Krise in unseren Köpfen zu suchen.

Viele Unternehmen sind zwar schlanker, nicht aber erfolgreicher geworden. Bessere Bilanzen bedeuten nicht unbedingt eine bessere Position im Wettbewerb. Die Anpassung von Belegschaften und Investitionen geben den Unternehmen nur eine Verschnaufpause, alleine aber noch keine Wettbewerbsvorteile. Eine Doppelstrategie ist also anzustreben zwischen sinnvollem Kostenabbau und gleichzeitiger natürlicher aggressiver Expansion. Die Unternehmen tun gut daran, wieder offen nach der Marktführerschaft zu streben. Es gilt als nachgewiesen, daß Unternehmen, die Marktführer sind, auch gleichzeitig den größten Profit erwirtschaften. Marktführer sind weniger angreifbar und können das Innovationstempo bestimmen. In welcher Ausprägung wir ein Kosten-, Innovations- oder Strukturproblem haben, mag dahingestellt sein. Unübersehbar bleibt, daß wir ein mentales Problem haben.

Wirtschaftswunder in den fünfziger Jahren, wachsender Wohlstand haben uns fett, träge und faul werden lassen. Die Entwicklung des Sozialstaates hat uns der Selbstverantwortung, Kreativität, Vitalität und Anpassungsfähigkeit beraubt. Ausgeprägter Leistungswille, die Bereitschaft, richtig Erkanntes auch konsequent umzusetzen, sind kaum spürbar. Diese mentale Blockade muß beseitigt werden, und wir müssen uns an den Innovationsführern orientieren, die diese Situation als Chance sehen, sich von den trägen und inflexiblen Organisationen abzuheben.

Die Paßwörter für die Welt von morgen heißen Schnelligkeit und Mut zum Risiko. Jetzt werden Märkte neu verteilt und mit ihnen der Wohlstand im 21. Jahrhundert.

Die Chancen, Märkte zu machen – vielleicht im ursprünglichen Sinn von Marketing (to get the market) –, sind unübersehbar vorhanden.

Das schweizerisch-schwedische Unternehmen ABB bringt es in der breit angelegten Imagekampagne „Denk schneller" in den Printmedien auf den Punkt: „Die Idee, die du heute hast, ist in fünf Jahren

veraltet. Du hast die ganze Welt als Konkurrent. Was du kaufen kannst, mußt du nicht erfinden. Finde raus, wo das Problem liegt. Suche nicht das, was du für perfekt hältst. Fang an zu machen. Lieber nur 98,5 Prozent als 1,5 Jahre zu spät – oder zu teuer. Perfektion ist Zeitlupe, Phantasie ist Lichtgeschwindigkeit. Wie schnell warst du heute?"

Dies sollten wir beherzigen, wenn wir unsere Situation nicht nur als Risiko, sondern als Chance begreifen wollen. Die Chinesen haben ein Wort, das Risiko und Chance zugleich bedeutet: jiyn.

Vielleicht sollten wir dieses Wort auch übernehmen – denn Risiko bedeutet gleichzeitig auch die Chance zu Veränderung und Wachstum.

Dabei wird das Innovations- und Lerntempo immer mehr zum Differenzierungsmerkmal der Unternehmen. Der Vorsprung in der Organisation und Kultur einer Firma ist von der Konkurrenz viel schwerer einholbar als Produkte und Sortimente. Um diese Ziele erreichen zu können, benötigen die Unternehmen schnelle, flexible und lernfähige Organisationen. Kreativität, Phantasie und Leistungsbereitschaft zu fördern werden die Erfolgsfaktoren für eine effiziente Mitarbeiterführung und Marktentwicklung sein. Marktführerschaft ist also nur dann zu erreichen, wenn sinnvoll in die Mitarbeiterqualifikation investiert wird.

Stellen Sie Ihre Unternehmensleitsätze auf den Prüfstand ...

... der Alltagstauglichkeit. Haben Ihre Mitarbeiter die sich ändernden Zeichen der Zeit erkannt, den gewollten Unternehmensgeist inhaliert und in die tägliche Praxis umgesetzt?

Über die Notwendigkeit der Formulierung von Unternehmensphilosophien wurde ebenfalls viel geschrieben, und es wurden kontroverse Auseinandersetzungen geführt. Sie sind die Leitlinie und der moralisch-ethische „rote Faden" des Selbstverständisses eines Unternehmers gegenüber seinen Marktpartnern.

Viel entscheidender ist allerdings, wie diese Leitsätze gelebt, d. h. von allen Mitarbeitern tatsächlich als erstrebenswert erachtet und von „Montag bis Freitag" in den Unternehmen mit „Seele" erfüllt und umgesetzt werden.

Wenn es um die Realisierung von Marktanteilzielen geht, also Umsatz- und Ertragsreserven im definierten Markt ausgeschöpft werden sollen, beginnt dieser Erfolg in der Formulierung und Aufnahme des Gewollten in die obersten Unternehmensleitsätze Ihres Unternehmens. Wenn es Ihnen gelingt, Ihre Mitarbeiter durch alle Hierarchiestufen und Funktionsebenen an der Entwicklung zu beteiligen, haben Sie größte Chancen, daß die Umsetzung mit einem hohen Maß an Identifikation und Begeisterung erfolgt.

Ich glaube, daß der bedeutendste Faktor die Konsequenz ist, wie nach diesen Prinzipien gehandelt wird.

Die grundlegende Philosophie, der Geist und der Schwung einer Organisation sind bei weitem bestimmender für ihren Erfolg als alles andere. Alles ist überlagert von der Stärke der Überzeugung, mit der die Menschen in der Organisation an diese Grundsätze glauben, und der Gewissenhaftigkeit, mit der sie nach ihnen handeln.

Watson faßte seine Grundüberzeugungen in drei „Glaubenssätzen" zusammen:
1. Achtung vor den Individuen
2. Bestmöglicher Dienst am Kunden
3. Streben nach hervorragender Leistung

Dazu stellen sich folgende kritische Fragen:
- Ist die Unternehmensleitung auch gleichzeitig oberster Kundenkontakter?
- Kennen die Führungskräfte die Welt ihrer Kunden und deren Bedürfnisse?
- Kennen sie die Märkte/Kunden ihrer Kunden, und können daraus Rückschlüsse für das eigene Marktverhalten gezogen werden?
- Werden Kunden in den eigenen Produktentwicklungs- und Vermarktungsprozeß integriert?
- Sind alle Mitarbeiter im Unternehmen in der Lage, mindestens drei gute Gründe zu nennen, warum ein Kunde bei uns kaufen soll?

Gestalten wir also danach so unabhängig wie nur möglich von den bestehenden Rahmenbedingungen des Wirtschaftens unsere eigene Firmenkonjunktur.

Daß dies eindrucksvoll in die Tat umgesetzt werden kann, zeigt eine breit angelegte Studie von Simon, Kucher & Partner (vgl. absatzwirtschaft 4/96), die die Erfolgsgeheimnisse der „heimlichen Gewinner" unter die Lupe nahm und das wesentliche Erfolgsverhalten dieser Weltmarktführer (wie z. B. Hauni, Tetra, Stiehl, Webasto…) auf einen kleinsten gemeinsamen Nenner brachte. Dabei überrascht nicht, daß wesentliche Ergebnisse bereits von Peters, Waterman jun. 1982 in ihrem Weltbestseller „Auf der Suche nach Spitzenleistungen" als Erfolgsfaktoren identifiziert wurden. Wir ziehen daraus den Schluß, daß Erfolgsstrukturen nicht permanent neu erfunden werden müssen, sondern den Entwicklungen einer sich ändernden Zeit und damit dem Marktgeschehen angepaßt werden müssen.

Was kennzeichnet nach Auffassung von Simon, Kucher & Partner die „Hidden

Champions", die heimlichen Champions, im Gegensatz zu weniger erfolgreichen Unternehmen im Marktverhalten? Neun Lektionen beschreiben die Essenz in Kurzform:

Lektion 1

Die Hidden Champions streben Marktführerschaft an – sonst nichts. Sie verfolgen das klare Ziel, in ihren Märkten die Nr. 1 in der Welt zu sein, und setzen dieses Ziel mit größter Ausdauer um.

Lektion 2

Die Hidden Champions verstehen die Marktdefinition nicht als extern vorgegeben, sondern als Teil ihrer Strategie. Sie definieren ihre Märkte eng und beziehen dabei Kundenbedürfnis und Technologie ein.

Lektion 3

Die Hidden Champions kombinieren ihre Spezialisierung in Produkt und Know-how mit globaler Vermarktung. Sie sind in wichtigen Zielmärkten mit eigenen Tochtergesellschaften präsent und delegieren die Beziehung zum Kunden nicht an Dritte. So erreichen sie trotz ihrer Nischenmärkte „Economies of Scale" und verhindern das Entstehen neuer Konkurrenten in fremden Märkten.

Lektion 4

Die Hidden Champions haben eine sehr enge Kundennähe – insbesondere zu ihren Top-Kunden. Die Kundennähe umfaßt alle Funktionen und Ebenen. Sie sind hingegen keine Marketingprofis im Lehrbuchsinne. Sie verkaufen primär über den Wert, nicht über den Preis, ohne jedoch die Kosten zu vernachlässigen.

Lektion 5

Die Hidden Champions sind hochinnovativ. Innovation betrifft Produkt und Prozeß. Innovationen (oft Durchbruchsinnovationen) sind das Fundament ihres langfristigen Erfolgs. Bei ihren Innovationen integrieren die Hidden Champions Markt und Technik als gleichwertige Antriebskräfte und erreichen damit die Synergie von interner Kompetenz und externen Marktchancen.

Lektion 6

Die Hidden Champions schaffen ausgeprägte Wettbewerbsvorteile bei Produktqualität und Service. Sie sind nahe an ihren weltbesten Wettbewerbern und suchen aktiv die Konkurrenz mit diesen. Sie verteidigen ihre Wettbewerbsposition verbissen und sofort.

Lektion 7

Die Hidden Champions vertrauen auf ihre eigenen Kräfte. Sie glauben nicht, daß andere ihre Probleme lösen. Um ihr Know-how zu schützen, mißtrauen sie Kooperationen und strategischen Allianzen.

Lektion 8

Die Hidden Champions zeichnen sich durch hohe Identifikation und Motivation der Mitarbeiter aus. Sie haben stets „mehr Arbeit als Köpfe", im frühen Stadium eines Arbeitsverhältnisses wird scharf selektiert. Langfristige Fluktuation und Krankenstand sind hingegen gering. Die Mitarbeiter zeichnen sich durch beste Einsetzbarkeit sowie hohe Aktivität bei Verbesserungsvorschlägen und Lernbereitschaft aus.

Lektion 9
Die Führungspersönlichkeiten der Hidden Champions lehren die Einheit von Person und Aufgabe. Sie führen autoritär in den Grundwerten und partizipativ im Detail. Sie sind große Energieträger und Inspiratoren. Die Kontinuität in der Führung ist extrem hoch.

„Als Resümee läßt sich behaupten, daß die Hidden Champions ihren eigenen Weg gehen. Sie machen vieles anders als andere Unternehmen. Sie haben keine geheime Erfolgsformel. Dagegen achten sie sehr auf gesunden Menschenverstand. Das klingt einfach, ist jedoch schwierig umzusetzen. Vielleicht ist dies die schwierigste Lektion." So der Abschlußkommentar von H. Simon.

Es scheint dennoch der „rote Faden" zu sein, ein Bewußtseinsprozeß aller Beteiligten, die gesamte Energie und Kraft konzentriert in den Dienst der für richtig erkannten Sache zu stellen.

Diese vollkommene Kundenorientierung setzt also einen Bewußtseinsprozeß voraus, der sich als oberste Handlungsmaxime in den Leitbildern des Unternehmens widerspiegeln sollte.

Gestalten Sie daher Ihre Firmenkultur nach den Grundsätzen,
• wie Sie sich sehen,
• wer Sie sind,
• was Ihnen wichtig und erstrebenswert gilt,
• was Sie einzigartig und unverwechselbar macht.

Versuchen Sie, das Fundament Ihrer Unternehmensphilosophie in nachvollziehbare Bausteine zu untergliedern, und integrieren Sie möglichst alle im Unternehmen Betroffenen in die Ausarbeitung und Entwicklung. So schaffen Sie den höchst-möglichen Grad an Identifikation und Umsetzungsbereitschaft.

Stellen Sie bei der Entwicklung folgende Fragen:
• Welche Vision hat Ihr Unternehmen?
• Welche Mission leitet sich daraus ab?
• Welche unternehmenspolitischen Oberziele ergeben sich daraus?
• Welche Strategien ergeben sich aus dieser Zielsetzung?
• Welchen Maßnahmenkatalog entwickle ich daraus?
• Welche Handlungsalternativen wähle ich aus?
• Wollen alle Beteiligten diesen Weg gehen?

In diesem Zusammenhang möchte ich eine Entwicklung als Ist-Zustand beschreiben, die noch vielen Mitarbeitern im Unternehmen nicht so deutlich bewußt ist.

Immer mehr Menschen sind heute ausgezeichnet ausgebildet und können einen hohen Wissensstand aufweisen. Sie als klug zu bezeichnen würde den Tatsachen entsprechen. Die neue Gesellschaft, die Wissens- und Kopfarbeitergesellschaft, wird aber nur noch für Wirksamkeit bezahlen und nicht mehr für Klugheit oder Gebildetheit. Sie wird nicht mehr für Arbeit bezahlen, sondern nur noch für Leistung, nicht mehr für Wissen, sondern nur noch für Ergebnisse. Sind Ihre Mitarbeiter auf diese Entwicklung eingestellt – haben sie das Bewußtsein, daß nicht der Versuch, sondern nur noch Resultate gefragt sind? Legen Sie besonders großen Wert auf diesen Bewußtseinsprozeß – bevor Sie mit Marktbearbeitungsstrategien beginnen. Stellen Sie dazu kritische Fragen, die Problembewußtsein entwickeln und betroffen machen.

Kultivieren Sie die „Software-Faktoren" ...

... im zwischenmenschlichen Prozeß bewußt nach innen und gezielt zu potentiellen Kunden nach außen, um Umsatz-/Ertragsreserven zu mobilisieren?

„Kunden wollen ihre Lieferanten lieben." (Sagen sie zwar nicht so – handeln aber bei einer Vergleichbarkeit von Produkten und Serviceleistungen danach.)

Was also macht in der Summe den erfolgreichen Verkäufer aus?

Die Erfolgsfaktoren langfristig angelegter Kundenbeziehungen stehen auf vier Säulen:
* Wissen
* Können
* Bewußtsein
* Selbstorganisation

Was verbirgt sich hinter diesen einzelnen Schlagworten konkret?

Wissen
* Kann ich das eigene Leistungswissen überzeugend darstellen?
* Ist mir die Breite und Tiefe des eigenen Leistungsangebotes exakt bekannt?
* Kenne ich die Situation der Wettbewerber?
* Kenne ich die Entwicklungen/Trends in der Branche?
* Sind mir volkswirtschaftliche, aktuelle Zusammenhänge in den Grundzügen bekannt?
* Kenne ich die persönliche Situation des (potentiellen) Kunden?

Können
* Wie hoch ist mein Grad der Überzeugungsleistung im Verkaufsgespräch?
* Wie stark sind meine persönlichen Fähigkeiten einzustufen, bei meinem Gesprächspartner emotionale Prozesse auszulösen, so daß er sich während meines Besuchs wohl fühlt?
* Wie ausgeprägt sind meine Möglichkeiten, mich auf das Verhalten der Interessenten/Kunden genau einzustellen?
* Wie intensiv bin ich in der Lage, mein Wissen bedarfs- und persönlichkeitsgerecht weiterzugeben?

Bewußtsein
* Wie ist meine innere Einstellung zu meinem Unternehmen?
* Wie hoch ist der Grad meiner Identifikation mit der Aufgabe des Außendienstmitarbeiters?
* Akzeptiere ich in vollem Ausmaß die Produkte meines Unternehmens?
* Habe ich eine grundsätzlich positive Einstellung zu meinem Geschäftspartner?
* Besitze ich ein hohes Interesse an allen Informationen, die beruflich meinen Erfolg beeinflussen?
* Ist Erfolgshunger eine wesentliche Eigenschaft meiner grundsätzlichen Einstellung zu meinem Beruf?

Selbstorganisation
* Bin ich in der Lage, meine Arbeit nach Prioritäten zu organisieren?
* Kann ich die Parameter und Zusammenhänge zwischen Wichtigem und Dringlichem unterscheiden?
* Stelle ich mich laufend auf den Prüfstand, wer meine Zeitdiebe (Personen in meiner täglichen Arbeit) sind, in welche Zeitfallen (Situationen) ich häufig gerate?

In der Betrachtung des „Software-Paketes" als einsetzbares Instrument stehen die „weichen Faktoren" für Erfolg im Zentrum der Betrachtung. Es ist also das

Maß der emotionalen Intelligenz, das die Grundlage für eine optimale „Output-Quote" maßgeblich beeinflußt.

Fragen nach dem Umgang mit der eigenen Persönlichkeit und den Gefühlen stehen dabei am Anfang. Wie gehe ich mit meinen eigenen Gefühlen um – wie sehe ich mich selbst –, und welches Einflußpotential setze ich ein, um eigene Verhaltensweisen zu optimieren? Oder einfacher ausgedrückt: Wie schaffe ich es, meine persönliche emotionale Struktur der Bedürfnisstruktur meines Verhandlungspartners so weit wie möglich authentisch anzugleichen? Die wichtigste Größe dabei ist, die eigene Natürlichkeit und Echtheit beizubehalten und das Ziel einer „Gewinner-Gewinner-Strategie" im Verkaufsgesprächs zu verfolgen. Was heißt es nun, konstruktiv und damit produktiv mit den eigenen Emotionen umzugehen?

Wie können Schlüsselfragen des eigenen Gefühlsmanagements aussehen?

1. Achte und nehme ich meine Gefühle sorgsam wahr, und bin „gut zu mir selbst"? Kenne ich den Ursprung meiner eigenen Emotionen und die ureigenen Bedürfnisse und damit den Sinn meines Tuns?

2. Kann ich mit negativen Gefühlen umgehen und diese gezielt abbauen? Freue ich mich über (auch noch so kleine) positive Gefühlszustände?

3. Bin ich in der Lage, Emotionen zielgerichtet als Katalysator für meine Wünsche einzusetzen?

4. Wie gelingt es mir, in die Welt des anderen einzutauchen – in den Köpfen und Herzen meiner Gesprächspartner spazierenzugehen –, um die wahren Beweggründe einer Zusammenarbeit kennenzulernen?

5. Wie gut kann ich mich und mein Unternehmen „inszenieren" und durch eine gelungene Geschichte und bildhafte Sprache die Eintrittsbarrieren beim Kunden senken?

6. Was macht mich gegenüber anderen unverwechselbar?

7. Welche Möglichkeiten bestehen, dem Produkt einen emotionalen Mehr-Wert zu verleihen (z. B. gute Geschichten einzusetzen, wie es mir gelang, andere erfolgreich zu machen)?

Versuchen Sie, in einem Rahmen der „Geographie der schlechten Laune", wie er heute viel zu häufig anzutreffen ist, Ihre Mitarbeiter zu Trägern guter Laune zu machen. Allein dieser bewußte Umgang mit sich selbst wird Einfluß auf den Verkaufserfolg haben. Der Verkäufer wird zum Lotsen, um unserem Interessenten im Labyrinth der Angebotsvielfalt Sicherheit zu geben.

Da es nun unser erklärtes Vorhaben ist, Zielkunden zu erwerben und Kundenpotentiale auszuschöpfen, sollte der Weg möglichst mit einer optimalen Vorbereitung über das Top-Management gehen. Warum?

Das Top-Management zeichnet sich durch die umfassende Kenntnis der Organisationsstrukturen aus, also die Fähigkeit, Problemstellungen ganzheitlich zu sehen. Hier wird nicht aus der Frosch-, sondern aus der Vogelperspektive gehandelt. Diese Entscheider sind für die Lösung von betrieblichen Prozessen verantwortlich. Wenn es gelingt, Lösungsansätze für ihre Problemstellungen zu entwickeln, wird es Ihnen leicht fallen, Empfehlungen für Türöffner/Kontakte in diesen Entscheidungsebenen zu erhalten.

Dabei ist es für den ersten Kontakt im Top-Management von entscheidender Bedeutung, daß Sie als adäquater Gesprächspartner – eben als Profi Ihres Fachs – Akzeptanz finden. Dieser Profi zeichnet sich dadurch aus, daß er sich auf die Welt des Kunden außerordentlich gut durch Informationen vorbereitet. Im folgenden soll darauf noch gezielter eingegangen werden. Profis auf der Einkäuferseite wollen es mit Profis auf der Verkäuferseite zu tun haben. Das beweist eine Untersuchung des Psychologen Gellermann zum Thema der Beziehungsqualität und Auftragswahrscheinlichkeit zwischen Kunden und Verkäufern.

1. Verkäufer, die Großaufträge bekamen, erhielten diese eigentlich ohne nennenswerte „Überzeugungskraft".
2. Kunden, die ihren Verkäufern vertrauten, begannen bereits nach relativ kurzer Zeit, ihre Bestellungen aufzugeben, bzw. signalisierten deutlich Kaufinteresse. Sie folgten dabei fast völlig den Verkäuferempfehlungen.
3. Bei den guten Verkäufern verloren die Kunden selten ein Wort über den Preis.
4. Verkäufer, die ihre Produkte und Preise immer wieder in den höchsten Tönen lobten oder den Kunden bei ihren Privatgesprächen zuhörten, bekamen am Ende nur die kleineren Aufträge.
5. Ob der Verkäufer von Kunden ernst genommen wurde, hing von dessen Einstellung zu ihm ab. Er nahm ihn dann ernst, wenn der Verkäufer ihm bei dem ersten Kontakt seine Fachkenntnis und Zuverlässigkeit beweisen konnte.

Ferner belegen die Erkenntnisse aus der Psychologie, daß bei einer guten, entspannten Gesprächsstimmung weniger Detailüberzeugungsarbeit gefragt war, sondern die Ansprache der wesentlichen Angebotspunkte ausreichte. Im entgegengesetzten Fall, wenn aus irgendwelchen Gründen die Stimmung negativ war, wurden vom Verkäufer Detailkenntnisse und

Einzelheiten gefordert. Dies läßt sich auch nachvollziehen, da bei gereizter Atmosphäre der Verkäufer oft den Sündenbock spielen muß.

Wenn es uns gelingt, diese Stimmungen zu orten, wird es einfacher, im Kommunikationsprozeß und damit zur Gefühlsebene ein Stück weiter vorzudringen, dichter an den Kunden zu rücken, ihn damit leichter für uns zu gewinnen.

Die Beschäftigung mit der emotionalen Ebene unserer Partner, insbesondere bei den Erstgesprächen, ist damit von entscheidender Bedeutung. Also beinhaltet das „Software-Paket" die gezielte Vorbereitung auf die Bedürfniswelt des Kunden. Nur wer diese Welt betritt, wird in die Nähe eines Auftrags rücken.

Worauf ist also zu achten, wenn wir das „Paßwort" suchen, um aus unserer eigenen Unternehmenswelt in die Welt des Kunden zu gelangen?

Den Kunden kennen und verstehen

- Das Geschäftsfeld und der Marketing-Mix des Kunden: Produkte/Sortiment/Service/Preispolitik/Kommunikationspolitik/Distributionspolitik/Kunden/Mitbewerber/Meinungsbildner/…
- Unternehmensphilosophie, Grundsätze, Ziele des Kunden: Leitsätze/laufende Maßnahmen/Partnerschaften/Einkaufspolitik/Vertriebspolitik/Marktstellung/…
- Abhängigkeiten des Kunden: von Kunden/Gesetzen/Budgets/technischen Schnittstellen/Verträgen/…
- Unsere direkten und indirekten Mitbewerber beim Kunden: wer/seit wann/mit was/warum/Konditionen/Mengen/Spezifikationen/Aktionen/…
- Aktuelle Probleme, Bedarf, Bedürfnisse des Kunden: zwischenmenschliche/wirtschaftliche/organisatorische/technische

Probleme/welche Lösungen sucht er/ wie sollen diese Lösungen realisiert werden/ Mengen/Preise/Termine/Rahmenbedingungen/...

- Relevante organisatorische Strukturen und Prozesse des Kunden: betroffene Abteilungen/Arbeitskreise/Betriebsrat/ welche Arbeitsabläufe beeinflussen die Lösung/Entscheidungsgremien und -prozesse/...
- Zukünftige Veränderungen beim Kunden: personelle/Investitionen/Budget/ wirtschaftliche Entwicklung des Marktes bzw. des Kunden/Outsourcing/Fusion/ Verlagerung/neue Produkte bzw. Verfahren/...
- Erwartungen des Kunden an seine Lieferanten und speziell an uns: „Unter welchen Voraussetzungen wäre für Sie ein Zweitlieferant/Lieferantenwechsel interessant?"/„Was muß von unserer Seite noch erfüllt werden, damit eine partnerschaftliche Zusammenarbeit zustande kommt?"

Den Gesprächspartner kennen und verstehen

Das sollten Sie über ihn wissen:
- Aufgaben, Funktion
- Entscheidungskompetenz, Status
- Fachliche Kompetenz, Erfahrungen
- Beruflicher Werdegang, Verbindungen
- Einstellungen, Mentalitäten
- Persönliche Probleme
- Persönliche Ziele, Motive
- Hobbys, Gemeinsamkeiten
- Geburtstag, Jubiläum
- Familie

Sie müssen seine Bedürfnislage kennen, damit der Bedarf maßgeschneidert werden kann! Finden Sie heraus, wo die wahren Beweggründe Ihres Gesprächspartners liegen, Sie als Lieferalternative zu ak-

zeptieren. Das hängt auch davon ab, ob es Ihnen durch eine gute Vorbereitung vor dem Besuchstermin und während des Gesprächs gelingt, die richtigen Fragen zu stellen und Schlüsse für eine gezielte Argumentation daraus abzuleiten. Versuchen Sie, die offene Fragetechnik (W-Fragen) gezielt zur Gesprächsführung einzusetzen, ohne daß sich Ihr Gegenüber dabei ausgefragt fühlt.

Um die Motivforschung nicht zu verkomplizieren, möchte ich die Struktur auf die gängigsten vier Hauptmotive beschränken, die für Entscheidungen zumindest im wirtschaftlichen Bereich den Schwerpunkt bilden: die vier Ps der Motivlage.

1. P für Profit

Hier ist alles darunter zu verstehen, was mit Umsatzzielsetzungen, Deckungsbeitragswünschen, Renditen, Handelsspannen usw. zu tun hat. Auf eine einfache Formel gebracht, fragt Sie Ihr Partner, direkt oder unausgesprochen, was Sie dazu beitragen, $G {\nearrow} = U {\nearrow} - K {\searrow}$ zu seinen Gunsten zu beeinflussen. Er möchte bewiesen haben, was Sie in der Partnerschaft dazu beitragen, daß sein G = Gewinn steigt, indem Sie Ihren Teil leisten, seinen U = Umsatz zu steigern und seine K = Kosten zu reduzieren.

2. P für Peace

Er möchte Sicherheit in der Geschäftsbeziehung, Zuverlässigkeit und Termintreue in der Auftragsabwicklung, kurzum seinen „Frieden", keine Probleme während der Dauer Ihrer Geschäftsbeziehung.

3. P für Pleasure

Unausgesprochen möchte Ihr Partner, daß Sie ihn wertschätzen, anerkennen, sein Unternehmen, seine Produkte als etwas Besonderes betrachten. Er möchte in dieser Verbindung mit Ihnen Spaß, Freude und Begeisterung erleben.

4. P für Pride

Wer möchte nicht stolz auf seinen Zulieferanten sein, sagen können, wir arbeiten mit Firma XY zusammen, deren Produkte z. B. absolutes Qualitäts- und Technikniveau besitzen?

Wer in der Lage ist, in der Bedürfnisforschung eines Verkaufsgesprächs sauber und strukturiert vorzugehen, die richtigen Fragen stellt, sich als guter Zuhörer erweist, wird die erwähnten 4 Ps in unterschiedlicher Ausprägung herausfinden.

Jetzt liegt es an Ihnen, Ihr Unternehmen als den „besseren Partner" im Markt zu präsentieren. Dabei ist nicht entscheidend, daß Sie in allen Facetten der Marketing-Mix-Faktoren immer die Nase vorne haben. Viel wichtiger ist, daß es Ihnen gelingt, dem Kunden zu verdeutlichen, daß Sie in der Summe der Einzelbereiche der ideale Partner sind.

Prüfen Sie gemeinsam mit Ihren Vertriebskollegen und Mitarbeitern immer

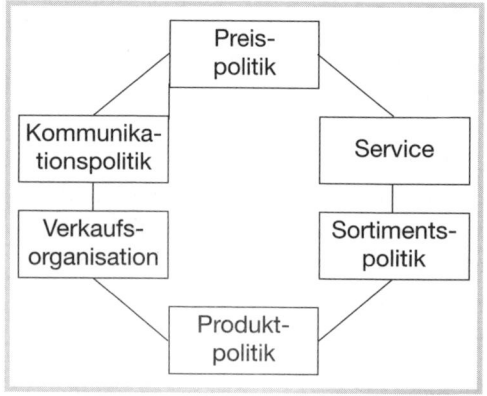

Abb. 1: Präsentation Ihres Unternehmens als der „bessere Partner" in Ihrer Leistungsbilanz der Marketing-Mix-Faktoren

wieder, was Sie stark in Ihrem gesamten Leistungspaket macht. Arbeiten Sie sorgfältig Ihre einzigartigen Merkmale als „Joker-Karte" heraus, und verbinden Sie diesen Nutzen für Ihren Kunden mit seinen erkannten Motiven.

Welches Grundraster können Sie anwenden und mit Ihren Außendienstmitarbeitern ausarbeiten, um daraus einen „Bordkoffer" für Nutzenargumente zu gestalten?

Ordnen Sie Ihre Unternehmensstärken gemeinsam mit den Außendienstmitarbeitern, und versuchen Sie dann, den Leistungspaketwert einer Zusammenarbeit in eine Wert-/Nutzenargumentation einzubauen.

Jeder Kunde – insbesondere wenn es um den Aufbau neuer Kontakte und die Erschließung zusätzlicher Märkte geht – möchte von Ihnen wissen, warum er in Ihre Produkte und Leistungen investieren soll. Er äußert diese Frage selten direkt, etwa „Was habe ich eigentlich davon?", sondern verbirgt seine Wünsche und Vorstellungen in seiner gesamten bereits zuvor beschriebenen Motiv- und Bedürfnisstrukturwelt.

Nachdem Sie die Leistungsmerkmale – also all das, was Ihr Unternehmen zu leisten imstande ist – beschrieben haben, geht es nunmehr darum, die Argumentation pointiert auf die Motive des Verhandlungspartners auszurichten.

Beachten Sie bei Ihrer Nutzenargumentation die folgenden Punkte:

1. Der Produktwert steht in direktem Zusammenhang mit einem Bedürfnis des Kunden.
2. Er wird untermauert durch ein oder mehrere Produktmerkmale, die sich ebenfalls auf das Bedürfnis des Kunden beziehen.
3. Er besteht aus einem wichtigen Nutzen,

den der Kunde erhält, wenn er das/die Produktmerkmal(e) anwendet.

4. Er erfordert Beweise, die dem Kunden zeigen, daß er tatsächlich einen Nutzen von Ihrem Produkt hat.

5. Er beinhaltet die Übereinstimmung zwischen dem Kunden und Ihnen, daß Ihr Produkt oder Ihr Service echten Wert für den Kunden hat.

Diese fünf Elemente zusammengenommen ergeben für den Kunden erst den wirklichen Wert einer Zusammenarbeit mit Ihnen. Einzelne Teile daraus haben für den Kunden wenig Sinn. Verwenden Sie nachfolgendes Arbeitsblatt, wenn Sie sich den Produktwert erarbeiten.

Dieser Mehr-Wert wird vom Kunden allerdings nur dann wahrgenommen, wenn Sie in der Lage sind, ihn in seiner Wertschöpfungskette erfolgreich zu machen.

In welchen rationalen Bereichen können Sie nach Optimierungs- und Nutzen-

potentialen suchen? Hier einige Beispiele:

- Produktivitätssteigerung
- Lagerwirtschaftlichkeit
- Wirtschaftlichere Bestellorganisation
- Logistische Optimierung
- Verbesserung der Zusammenarbeit (z.B. persönliche Kontakte zu Ihrem Innendienst, kürzere Wege zwischen Ihren Häusern)
- Verbesserung des Know-how seiner Mitarbeiter
- Bessere Konditionen durch höhere Lieferanteile
- Bessere technische Lösungen/Bearbeitungssicherheit
- Bessere Partner weltweit

Damit begeben Sie sich aus der „Froschperspektive" in die ganzheitliche Betrachtungssituation der „Vogelperspektive" und können Ihren potentiellen Kunden in der Gesamtheit seiner Prozesse analysie-

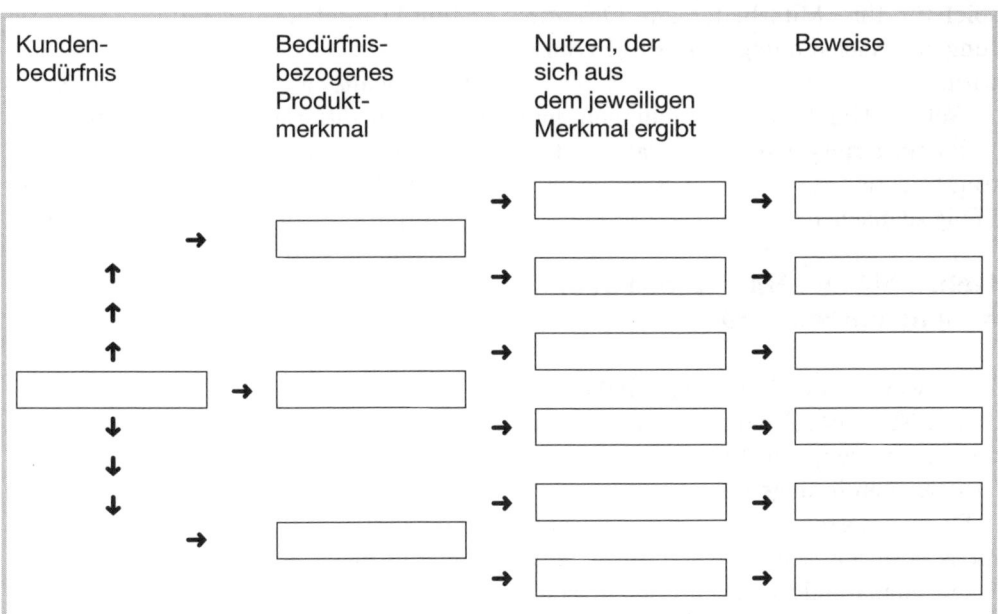

Abb. 2: Arbeitsblatt zur Produktwert-Ermittlung

ren und ihm anschließend mit den besseren Argumenten Lösungsvorschläge unterbreiten.

Die Betrachtung der Marktanteilsentwicklung ist bewußt untergliedert in die beiden Schwerpunkte:

- Emotionaler Erfolgsfaktor – verkäuferisches Software-Paket
- Marktbearbeitungssystematik – verkäuferisches Hardware-Paket

Beiden ist allerdings ein Schwerpunkt gemeinsam. Der Akquisitionserfolg wird in seiner Intensität davon geprägt sein, wie gut vorbereitet Sie an die zu erwerbenden Marktanteile – potentielle Kunden, Menschen – herantreten. Besonders im Falle des emotionsgeprägten Beziehungsaufbaus sollte ein hoher Grad an Sensibilität und damit Professionalität gezeigt werden.

Zeigen Sie als Vertriebsverantwortlicher, daß Verkaufen auf der Beziehungsebene Ihnen persönlich wichtig, somit zur Chef-Sache und damit als vorgelebtes Beispiel für Ihre Mitarbeiter zur Orientierung und Nachahmung im positiven Sinne wird.

Welche Handlungsempfehlungen gibt es, um förderungswürdige, umsatz- und ertragsträchtige (potentielle) Kunden ausfindig zu machen?

Gehen Sie im „Hardware-Paket" ressourcenschonend vor

Es ist wie beim Goldwaschen: Sieben Sie „Gold-Nuggets", also die potentiellen rentablen Kunden, mit Ihrem Förderungs- bzw. Segmentierungssieb heraus.

Die Erfolgspotentiale eines Unternehmens bewegen sich zwischen den beiden Polen: hohe Kundeneinzahlungsüberschüsse einerseits bei möglichst geringen Startauszahlungen für den Erwerbungsprozeß

andererseits zu realisieren. Für Kunden gilt ähnliches. Es ist anzustreben, hohe laufende Wiederverkäufe bei geringen Akquisitions- und Kundenbindungskosten zu entwickeln. Die Ausgangsfrage lautet: Welche Kunden rechnen sich, wie stellt sich die Aufwands- und Ertragsrechnung im Akquisitionsvorgehen dar, und welcher Aufwand rechtfertigt, diesen Kunden zu pflegen und zu halten?

Wenn es im „Normalfall" zutrifft, daß sich die Anzahl der Kunden eines Unternehmens im Verhältnis zum Umsatz nach dem Pareto-Prinzip verteilt – so entstehen folgende Grundraster:

- Auf 5 Prozent der Kunden basieren 70 Prozent des Umsatzes; sie sind als „high potentials" einzustufen.
- Die „medium potentials", bei denen die Zahl der Kunden der Umsatz-/bzw. Investitionswürdigkeit entspricht.
- Und die „low potentials", die von der Zahl der Kunden 75 Prozent und von der Umsatz-/Investitionsbedeutung nur fünf Prozent ausmachen.

Die Folge dieser unterschiedlichen Potentiale ist ein differenziertes Investitionsverhalten im Akquisitionsbereich.

Sie sollten also anstreben, die „Wachstumspflanzen" zu gießen, nicht mehr im Gießkannenprinzip zu verfahren, sondern die Mittel auf potentielle Erfolge zu konzentrieren.

Welche Verfahren eignen sich, eine qualifizierte Kundensegmentierung vorzunehmen?

Ich möchte einen Gedankengang vorausstellen, der mit der grundsätzlichen strategischen Ausrichtung eines Unternehmens in Verbindung steht und unmittelbar zum Erfolg im Akquisitionsverhalten beitragen kann.

Stimmt Ihre strategische Fokussierung?
Ein Trend hat sich in den vergangenen Jahren als beständig erwiesen: Die Strategiefindung wird von den Unternehmenszentralen in die Geschäftseinheiten verlagert. Das ist offensichtlich und ebenso vernünftig. Denn: Wer kennt die harten Realitäten Ihres Geschäftes besser als die Verantwortlichen vor Ort? Die Vogelperspektive aus einer dezentralen Organisation ist wirksamer und in den Konturen schärfer als die Betrachtung einer oft zwangsläufig weiter vom Markt entrückten Unternehmenszentrale. Unternehmen wie der schweizerisch-schwedische Konzern ABB praktizieren diese Strategieentwicklung beeindruckend effizient.

Ob im Stammkundengeschäft oder bei der Entwicklung neuer Geschäftsbeziehungen: Die grundlegenden Fragen sollten lauten: Schätzt der Kunde wirklich, was wir gut können, oder benötigt er Produkte und Leistungen, die unsere Systeme unnötig komplizieren oder gar belasten? Bietet der Kunde uns Aussicht auf mehr Umsatz? Können wir von dem Kunden lernen, vielleicht von seinem technischen Know-how, seinen Marketingfähigkeiten oder Führungsmethoden?

Weiß er es zu würdigen, welche Leistungen über die Jahre hinweg unser Unternehmen in den Marketing-Mix-Faktoren erbringt? Haben wir unsere Kundschaft bereits so verwöhnt, daß Außergewöhnliches zur Selbstverständlichkeit wurde?

Präsentieren wir uns in der bereits angesprochenen Gesamtheit als der bessere Partner und kommunizieren dies auch bei jeder passenden Gelegenheit? Schaffen wir bewußt die Grundlagen und Atmosphäre, um Zusatzverkäufe (Cross-Selling) tätigen zu können? Sprechen wir diese zusätzlichen Möglichkeiten auch aktiv an?

Geht unsere Marktentwicklung auf technisch geschützte Produkte zurück und begründet somit den Wettbewerbsvorteil?

Passen die Produkte gut zu den Kernkompetenzen des Unternehmens in den Bereichen Fertigung und Vertrieb?

Besaßen die Produkte Wachstumschancen, weil sie den Hauptkunden mehr nutzten als die Konkurrenzprodukte? Erleichtern sie den Zugang zu weiteren wichtigen Kunden?

Eine vielleicht nicht erwartete Erkenntnis aus diesem selbstkritisch zu beantwortenden Fragenkatalog könnte sein, daß bei einem mittelgerechten Einsatz von Betriebskapital die Zahl der Kunden ebenso drastisch zu verringern wäre wie die der Produkte. Ähnlich einer alten Gärtnerweisheit: Wer nicht nur pflanzt und hegt, sondern auch überlegt zurückschneidet, erreicht er ein üppiges Wachstum.

Im folgenden sollen nun die verschiedenen Segmentierungsverfahren etwas genauer unter die Lupe genommen werden.

In Anlehnung an Kreutzer kann eine Kunden- und Marktbearbeitungsbewertung mit der Betrachtung und Auffächerung der Kunden nach der Auftragswahrscheinlichkeit und damit dem Loyalitätsgrad zum Unternehmen vorgenommen werden.

Die aktuellen und potentiellen Unternehmen sollen schrittweise auf dieser Loyalitätsleiter vom potentiellen Verwender zum Stammkunden an unser Unternehmen herangeführt werden. Jede Stufe der Kaufwahrscheinlichkeit stellt dabei unterschiedliche Anforderungen hinsichtlich Inhalt, Art und Intensität der Kundenansprache, wobei das Investitionsrisiko mit zunehmender Kundenloyalität sinkt.

Kunden				Stammkunden Mehrfachkäufer Folgekäufer Erstkäufer
Potentielle Kunden	Interessenten			Kaufinteressenten Produktinteressenten
	Potentielle Interessenten	Kontaktierte		Werbekontaktierte PR-Kontaktierte
		Potentielle, zu kontaktierende Kunden/ Interessenten	Verwender	Intensivverwender Schwachverwender
			Potentielle Verwender	Verwendungskenntnis Verwendungspotential

Abb. 3: Auffächerung der Kunden nach der Auftragswahrscheinlichkeit

Eine weitere klassische Möglichkeit zur Ableitung von effizientem Marktbearbeitungsverhalten ist die A-B-C-Analyse, die in erster Linie der differenzierten Bewertung von Stammkunden dient. Die Kunden werden anhand der mit ihnen in einer Periode getätigten Umsätze bewertet. Anschließend erfolgt eine Aufteilung in A-, B- und C-Kunden, je nach Umsatzhöhe. Wenngleich diese Art der Umsatzanalyse sehr weit verbreitet ist, reicht sie als Instrument zur Kundenanalyse nicht aus. Die Umsatzbetrachtung allein ermöglicht keine Aussagen über die Rentabilität eines Kunden, solange die Kostenseite nicht mitberücksichtigt wird.

Kunden-Portfolio-Analyse

Als wirksames Instrument zur Einschätzung der Kunden- und Marktentwicklung kristallisiert sich immer mehr die Kunden-Portfolio-Analyse heraus.

Der Mitteleinsatz zur Bearbeitung und Investitionswürdigkeit von Kunden wird dabei von zwei Bemessungsgrundlagen bestimmt. Die Investitionswürdigkeit wird zum einen von der Attraktivität des Kunden und zum anderen von den Erfolgschancen des eigenen Unternehmens im Vergleich zum Wettbewerb abhängig gemacht, das Kundenpotential weitestmöglich auszuschöpfen.

Für wie attraktiv ein Kunde gilt, bestimmen die Koordinaten in der Portfolio-Matrix im Verhältnis zur Wettbewerbsposition.

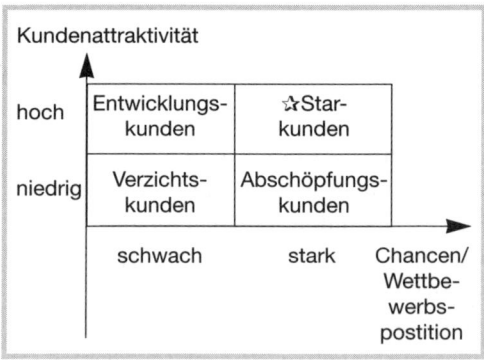

Abb. 4: Kunden-Portfolio-Analyse

Für jedes einzelne Kundensegment lassen sich nun spezielle Marktbearbeitungsstrategien entwickeln, um den Mitteleinsatz ausgewogen und den Erwartungen entsprechend einzusetzen.

Die profitabelsten Kunden sind die Starkunden, für sie sind hohe Investitionen erforderlich und gerechtfertigt, um sie möglichst lange an das Unternehmen zu binden – natürlich auch, um dem Wettbewerber keine Möglichkeiten zu bieten, in unser rentables Kundensegment einzudringen.

Bei den Entwicklungskunden ist zu prüfen, ob sie sich durch geeignete Maßnahmen zu Starkunden fördern lassen oder ob der Wettbewerb so stark ist, daß die eigenen Mittel besser geschont werden. Trotzdem können Sie diesem Kundensegment auf längere Sicht zeigen, daß Sie mit Ihrem Leistungspaket „Gewehr bei Fuß" stehen und Lieferalternativen im Bedarfsfall bieten können. Die Akquisitionsempfehlung besteht im ersten Schritt darin, nicht die Produkte in den Vordergrund zu stellen, sondern als Person zu wirken, Flagge zu zeigen und Lieferalternativen darzustellen. Den Einstieg ausschließlich über Produkte finden zu wollen, könnte zu kontraproduktivem Verhalten Ihrer Gesprächspartner führen. Sie würden ihnen dann signalisieren, daß sie bisher keine guten Einkäufer waren.

Welche Bewertungskriterien eignen sich, um die Kundenattraktivität, also das Potential und die Wettbewersposition, einzuschätzen?

Für die Bewertung nicht nur von Kunden, sondern laufender bzw. in der Angebotsphase befindlicher Projekte eignet sich eine einfache, jedoch wirkungsvolle Methode der Prioritätensetzung. In Einzelgesprächen mit Vertriebsmitarbeitern oder anläßlich von Vertriebsbesprechun-

Kriterien	Gew.	Punkte
Kundenpotential (Einkaufsvolumen, Umsatz) Potentialentwicklung Branchenentwicklung Bonität Image Preissensibilität Reklamationsverhalten Kooperationsverhalten Beratungsintensität Serviceansprüche Standort		
Summe (Attraktivitätswert)		

Abb. 5: Kundenattraktivität

gen mit Ihren Außendienstmitarbeitern soll darauf geachtet werden, daß nicht nur Angebotsgrößenordnungen beschrieben werden, sondern die Chance zur Realisierung des Projekts vom Mitarbeiter eigenverantwortlich bewertet wird.

Wettbewerbsposition/ Chance	Gew.	Punkte
Schwächen des Wettbewerbers Persönliche Beziehungen des Außendienstes Ihre Konditionspolitik Stärke Ihres Leistungspaketes Produktimage beim Kunden/dessen Kunden Geographische Nähe		
Summe		

Abb. 6: Projektbearbeitung – an Potential und Realisierungschance orientiert

Kunde	Angebots-/ Umsatz- potential	bewertete Realisierungs- chance	alte Priorität		neue Priorität
Meyer AG	220 TDM	20 % = 44 TDM	1	→	3
Schulz GmbH	140 TDM	50 % = 70 TDM	2	→	2
Müller OHG	100 TDM	90 % = 90 TDM	3	→	1

Abb. 7: Beispiel

Im beschriebenen Fall bedeutet dies, daß in bezug auf den Umsatz das Projekt der Müller OHG auf den ersten Blick als am wenigsten attraktiv erscheint. Betrachtet man nun die Einschätzung des zuständigen Außendienstmitarbeiters, verschiebt sich die Priorität aufgrund seiner persönlichen Bewertungskriterien von Platz 3 auf Platz 1. Entsprechendes gilt bei der Einschätzung der beiden anderen Projekte.

Diese Betrachtungsweise berücksichtigt gleichberechtigt neben der theoretischen Umsatzgröße des Angebotsprojektes auch die Einschätzung der Realisierbarkeit.

Es empfiehlt sich deshalb, für praxisgerechte Einschätzungen engen und offenen Informationsaustausch zwischen Führungskraft und Außendienstmitarbeiter zu pflegen.

Kunden-Netto-Kapitalwert

In der Auswahl der Zielkunden soll nun eine Betrachtung im Mittelpunkt stehen, die den potentiellen Kunden danach bewertet, was durch den Beziehungsaufbau und die anschließende Auftragsabwicklung meßbar in der Kasse des Unternehmens bleibt. Mit Hilfe der Kundenerfolgsrechnung kann der Beitrag jedes Kunden zum Periodengewinn ermittelt werden.

Durch eine verursachungsgerechte Zuordnung von Erlösen und Kosten wird ein monetärer aussagefähiger Kundenwert errechnet. Die ermittelte Größenordnung spiegelt die Rentabilität nach Abzug der zurechenbaren Kosten des einzelnen Kunden wider. Die Erkenntnisse daraus lassen eine Zuordnung der Aufwendungen und Gestaltung der Vertriebs- und Marketingkosten für diese Kunden zu. Schaffen Sie dazu die Rahmenbedingungen im Unternehmensbereich Rechnungswesen, die zwar nicht einfach zu installieren, allerdings für die Festlegung Ihrer Prioritäten der Marktbearbeitung ungeheuer wertvoll sind.

Es gibt immer noch zu viele Unternehmen, die sich von Umsatzzuwächsen blenden lassen und dabei die Kosten der Akquisition und Auftragsabwicklung so gut wie nicht berücksichtigen oder bewußt verdrängen.

Die genaue Betrachtung der Umsatz- und Kostenentwicklung hat manches Unternehmen aus einem „Dornröschenschlaf" geweckt. Bevor eine Kundenbeziehung zum Alptraum wird, empfiehlt es sich, Mut aufzubringen, die Kostenentwicklung bis zum Kundendeckungsbeitrag IV zu verfolgen.

In der Vorbereitung zu Jahresgesprächen mit Handelszentralen konnte ich feststellen, daß imposante Millionenumsätze ebenso imposante Kostenblöcke verursachten. In einigen Fällen wurde nachgewiesen, daß bei dieser Geschäftsbeziehung lediglich „Geld gewechselt" wurde. Es hatte bis zu einem bestimmten Zeitpunkt nur niemand so entschieden gewagt, diese Kosten entsprechend zuzuordnen und durchzuforsten. Jede weitere Erhöhung im Kostenblock hätte bedeutet, daß bei dieser Partnerschaft rote Zahlen geschrieben werden.

Mit welchem Instrumentarium können Sie diese Entwicklung transparent machen und gegebenenfalls dagegensteuern?

Bruttoumsatz (zu Listenpreis)
– Preisnachlässe (Rabatte, Skonti)
– sonst. Erlösschmälerungen

= Nettoumsatz
– Herstellungskosten

= Kundendeckungsbeitrag I
– dem Kunden zurechenbare Marketingkosten (z.B. Mailings)

= Kundendeckungsbeitrag II
– dem Kunden zurechenbare Verkaufskosten (z.B. Außendienstbesuche)

= Kundendeckungsbeitrag III
– zurechenbare Service- und
Transportkosten

= Kundendeckungsbeitrag IV

Abb. 8: Kundendeckungsbeitragsrechnung

Die Kundendeckungsbeiträge können auch in A-B-C-Analysen oder in die Entwicklung der Kunden-Portfolios als Wegweiser für die Marktbearbeitung eingehen. Dabei stellt nicht nur der augenblickliche Stand der Deckungsbeitragssituation eine Orientierung dar, sondern ebenso die Deckungsbeitragsentwick-

lung, d.h., die zukünftige Entwicklung und Ertragswachstumsaussichten müssen in die Kundenbeziehung einfließen.

Oft werden bewußt „rote Zahlen" in der Anfangsphase einer Kundenentwicklung in Kauf genommen, wohl wissend, daß aufgrund der Langfristigkeit diese Kundenbeziehung ein positives Ergebnis zeigt.

Das „Kundendeckungsbeitragspotential" ist also die Summe aus den gegenwärtigen Erträgen einer Kundenbeziehung und den für die Zukunft zu erwartenden Deckungsbeiträgen.

Deshalb kann das Kundendeckungsbeitragspotential grundsätzlich auch bei Neukunden oder potentiellen Kunden als Richtgröße und Peilung eingesetzt werden.

Ich empfehle Ihnen, dieser aktuellen, aber auch zukünftigen Deckungsbeitragsrechnung die Marketingaufwendungen gegenüberzustellen.

Nur so läßt sich absehen, welcher Mitteleinsatz für welchen potentiellen Kunden gerechtfertigt ist.

Die Berechnung gibt demnach Aufschluß darüber, ob die Marketingmaßnahmen unseres Unternehmens den Kundenstamm vergrößern oder aushöhlen.

In diesem Zusammenhang läßt sich auch nachvollziehen, ob systematisch an Cross-Selling-Aktivitäten gedacht wird und bestehende Kundenkontakte zu Zusatzverkäufen aktiviert werden. In vielen Fällen sind Geschäfte deshalb nicht gemacht worden, weil sie einfach nicht angesprochen und aktiv angeboten wurden.

Sprechen Sie also bewußt und vorbereitet Geschäftspartner an, für die Sie erfolgreich gearbeitet haben, ob diese Empfehlungen für eine Kontaktaufnahme bei anderen Kunden/Interessenten in der Branche geben können.

Nach der Qualifizierung der Marktbearbeitungsmöglichkeiten soll es nun darum gehen, den Akquisitionsansatz konkret herauszuarbeiten und dadurch die Chancen für einen Abschluß zu erhöhen.

Wie erkennen Sie Störfaktoren und Schwachstellen beim potentiellen Kunden?

Versuchen Sie, sich durch möglichst substantielle Informationen über das zu akquirierende Unternehmen im Vorfeld ein Bild darüber zu machen, mit welchen Engpässen, Störfaktoren und Schwachstellen die Entscheider und/oder Entscheidungsgremien zu kämpfen haben.

Dabei sollte im Kaufanbahnungsprozeß die Sensibilität für den/die echten Entscheider/Gremien geschärft werden. Denn in der Praxis fungiert nicht immer zwangsläufig der Wortführer einer Verhandlung dann auch als Entscheider. Nicht selten sind es die Anwender, also beispielsweise Gruppenleiter einer Schaltschrankfertigung eines Maschinenbauers, die die Entscheidung über den Einsatz eines alternativen oder neuen Produkts beeinflussen. Verschaffen Sie sich schnell Kontakt zu allen am Entscheidungsprozeß beteiligten Personen, und ziehen Sie daraus Ihre Schlüsse, wer den Auftrag vergibt. Wenn Ihnen das gelingt, werden Sie feststellen, daß viele in diesem Unternehmensbereich ihr „Herz auf der Zunge" haben und Ihnen signalisieren, wer über Auftragsvergaben und Projekte tatsächlich entscheidet. Dieser „Coach" – Ratgeber im Unternehmen – kann jeder, vom Pförtner über die Sekretärin bis hin zum Geschäftsleitungsassistenten, sein. Wichtig dabei ist, daß Sie diese oft auf den ersten Blick nicht vordergründig entscheidungswirksamen Personen durch ehrlich gemeinte Anerkennung ebenso wertschätzen.

Um Ihnen die Vorgehensweise etwas zu erleichtern, sollen die folgenden Bearbeitungcharts zur Transparenz Ihrer Vorgehensweise beitragen.

Versuchen Sie, sich Ihren Kunden und dessen Entscheidungsträger vorzustellen und den meist unterschiedlichen Motivlagen/Wünschen auf die Spur zu kommen. Finden Sie heraus, welche Störfaktoren einer möglichen Geschäftsverbindung noch im Wege stehen und welche Ideen Sie zur Lösung personengerecht anbieten können.

Nehmen wir als Beispiel den Käufer im Entscheidungsprozeß, der der Einkaufsleiter sein kann (jedoch nicht muß). Für ihn wird entscheidend sein, daß er zu optimalen Konditionen bei Ihnen einkauft. Der kaufmännische Aspekt steht also im Vordergrund.

Der Störfaktor könnte aus Sicht Ihres Unternehmens der für den Einkäufer zu hohe Preis sein. Eine Bearbeitungsidee sollte nun darin bestehen, die Alleinstellungsmerkmale Ihres Unternehmens nochmals klar herauszuarbeiten und nutzengerecht zu kommunizieren. Oft besteht der Störfaktor darin, daß unsere Leistung noch nicht transparent genug und damit wertgeschätzt werden kann. Oftmals ist es nicht nur der Preis alleine, sondern die noch fehlende Beziehungstiefe zu den Entscheidern, die ein „Ja" zu einer Zusammenarbeit noch blockieren. Verleihen Sie diesem Chart (Abb. 9) Leben durch personengerechte Informationen, und sehen Sie dies als dynamischen Prozeß an, der von Projekt zu Projekt unterschiedlich verlaufen kann. Bauen Sie sich in diesem Unternehmen einen Coach auf, der Ihnen zu den Entscheidungswegen gute Informationen geben kann.

Kunde:	Wünsche	Störfaktoren	Idee
Käufer	z. B. gute Konditionen/ Preise	noch zu hohe Preise	USPs hervorheben, motivbezogen argumentieren, Beziehungstiefe kultivieren
Anwender			
Entscheider			
Einflußnehmer			
?			
Coach			

Abb. 9: Unsere Ansprechpartner

Damit wir unseren potentiellen Kunden besser verstehen können, sollten Sie einen strukturierten Blick in seine Welt wagen und Ausschau halten, welche Problembereiche bei ihm und in seinem Markt zu erkennen sind und welche Lösungen Sie dafür parat haben könnten.

Wenn Sie sich durch die Gedankenwelt des Kunden leiten lassen, seine Bedürfnisse orten können, sind Sie in der Lage, neben einem maßgeschneiderten Angebot auch emotional ein Stück weiter heranzurücken, ihm somit einen Lieferantenwechsel zu vereinfachen oder zumindest einen Testauftrag auszulösen.

Welche taktischen Maßnahmen können

Welche Problembereiche sind beim Kunden erkennbar? Welche Forderungen kommen aus dem Markt des Kunden auf ihn zu?	Können Sie: lösen? helfen? Wie?	Brauchen Sie: neue Produkte? neue Dienstleistungen? Welche?	Deshalb

Abb. 10: Aktive kundenbezogene Bedarfsforschung

Sie ergreifen, um die Entscheidung Ihres Interessenten zu erleichtern, mit Ihnen die Zusammenarbeit zu intensivieren?

Fragen Sie sich, wo Sie eigene Engpässe sehen und wie Sie sie tilgen und ausgleichen können.

Führen Sie sich vor Augen, wie Sie weiter wachsen können, und untersuchen Sie die Facetten einer augenblicklich noch bestehenden Blockade einer Zusammenarbeit.

Schwächen tilgen oder ausgleichen durch:

- Produkte
- Service und Zusatznutzen
- Konditionen und Abläufe
- Beziehungen/Image

Die herausgearbeiteten Schwachstellen ermöglichen Ihnen nun, entsprechende operative Maßnahmen abzuleiten, um Eintrittsbarrieren zu diesem Kunden abzubauen.

Wie können Sie sich mittelfristig verhalten, um die Kundenbindung zu intensivieren? Folgende Fragen können diesen Zugang erleichtern:

- Wie kann Ihnen dabei Ihr Management helfen?
- Wo können Kollegen Sie unterstützen?
- Wie können Sie erreichen, daß sich Ihr Kunde mit seinen Produkten innovativ in seinem Markt differenzieren kann? Er durch Mehr-Werte höhere Preise in seinem Markt erzielt? Seine Kosten reduzieren kann? Schneller ist als seine Wettbewerber? Ein besseres Image in seinem Markt bekommt? Sein mittelfristiges Ziel erreicht?

Beispiele aus unserer Beratungs- und Seminararbeit zeigen immer wieder, daß trotz gesättigter Märkte Umsatzpotentiale in den Außendienstgebieten zu aktivieren sind.

Diese Reserven sind nur zu entdecken, wenn das „Marktbearbeitungsmikroskop" fein justiert und scharf gestellt wird. Einzelne Kunden müssen von der gesamten Vertriebsmannschaft in Kleinstarbeit analysiert werden und konkrete Marktbearbeitungszielsetzungen ausgearbeitet werden.

Damit diese Notwendigkeit in der Vorgehensweise nicht als von oben „aufgepfropft" erlebt wird, ist die Vertriebsführungskraft gefordert, Bewußtsein für die Notwenigkeit dieser nicht immer sehr populären Maßnahme zu entwickeln. Schaffen Sie durch kritische Fragestellung über den Sinn dieses Vorhabens und der damit zusammenhängenden Unternehmens- und Arbeitsplatzsicherheit ein Problembewußtsein. Nur dann wird es viele Mitstreiter geben, die sich für dieses Ziel engagiert einsetzen.

Strategische Maßnahmen zur Kundengewinnung

Die folgenden Stichworte sollen Ihnen die Schritte zu einer systematischen Neukundengewinnung erleichtern.

Das voreilige Angebot führt selten zum Erfolg. Voraussetzungen sind:

- Aufbau guter persönlicher Kontakte
- Systematische und umfassende Analyse
- Erkennen und Aufzeigen von Chancen und Bedrohungen
- Präsentation des Unternehmens als besserer Partner
- Gemeinsames Erarbeiten akzeptierter Lösungen
- Hemmschwellen frühzeitig erkennen und Lösungen vorbereiten
- Höchst individuelle Betreuung – sich mit den Wünschen/Ängsten/Hoffnungen der Gesprächspartner vertraut machen

- Betreuer-Netz frühzeitig etablieren: Innendienst/Service/Technik/Marketing persönlich vorstellen und als Ansprechpartner anbieten
- Gesetz der Spannung: „Fortsetzungsromane" schreiben – Spannung für den nächsten Kontakt einleiten
- Gesetz der Konsequenz: Vertrauen durch Einhaltung von Zusagen entwickeln
- Gesetz der Reziprozität: eine Kultur des Gebens und Nehmens entwickeln
- Kundenspezifischen strategischen Aktionsplan erstellen

Die folgende Checkliste für die Systematik im Projekt-Geschäft soll Ihnen Orientierung für den Ist-Zustand geben, aber auch praktische Hinweise zur Bearbeitung vermitteln. Ziehen Sie daraus Bilanz, und versehen Sie Ihre Erkenntnisse mit ganz konkreten praxisgerechten Umsetzungsschritten.

Es geht um:
- Kunden einbeziehen
- Sich helfen lassen
- Entscheidungen im Vorfeld absichern
- Auftragswahrscheinlichkeit steigern

Der kundenspezifische Aktionsplan

Welche Teilentscheidungen können Sie herbeiführen, um damit die Legitimation für den nächsten Kontakt zu bekommen?

Schritt	Etappenziel	Termin?
_____	Hintergrundinformation	_____
_____	Erster Kontakt/Analyse	_____
_____	Konkrete/spezielle Unterlagen	_____
_____	Vertiefendes Gespräch/Angebotsvorbereitung	_____
_____	Abgabe Richtangebot	_____
_____	Vorführung	_____
_____	Bemusterung	_____
_____	Besuch Referenzkunde	_____
_____	Lokaltermin in Produktion	_____
_____	Erprobung/Test	_____
_____	Gespräch mit Technik	_____
_____	Gespräch mit Einkauf	_____
_____	Auftragsgespräch	_____
_____	Einladung zur Messe	_____
_____	Besuch zur Kundenpflege und -bindung	_____
_____	Weiterempfehlung durch Kunden intern/extern	_____
_____	...	_____

Abb. 11: Teilentscheidungen im Aktionsplan

Checkliste „Systematik im Projekt-Geschäft"				
Nr. Aktivität	Ja	Nein	Erforderliche Maßnahmen	Termin
1. Informieren Sie den Kunden regelmäßig über den Stand der Ausarbeitung des Angebots?				
2. ... und fordern Sie ihn auf, darüber zu diskutieren?				
3. Beziehen Sie ständig Wünsche und Ideen des Kunden in das Angebot aktiv ein?				
4. Haben Sie mit dem Kunden eine Referenzanlage besichtigt?				
5. Lassen Sie den Kunden am Pflichtenheft mitarbeiten?				
6. Berücksichtigen Sie genügend die Produkt-/Materialwünsche des Kunden?				
7. Machen Sie Kunden früh auf mögliche Mehrkosten (über geplantes Budget hinausgehend) aufmerksam?				
8. Haben Sie mit dem Kunden gemeinsam die Ziele schriftlich fixiert?				
9. Lassen Sie den Kunden ständig aktiv mitarbeiten?				
10. Lassen Sie den Kunden im Konzeptstadium bereits Vorentscheidungen treffen?				
11. ... bzw. lassen Sie den Kunden unter Alternativen wählen (die dann weiterbearbeitet werden)?				
12. Berücksichtigen Sie auch persönliche Wünsche der Sachbearbeiter (z.B. keinen Ärger bei Umstellungen)?				
13. Werten Sie die Ideen des Kunden besonders auf/bewundern Sie diese genügend?				
14. Bieten Sie bei den bestehenden Anlagen, die in Betrieb sind, bereits Service?				
15. Bringen Sie auch Vorschläge mit Vor- und Nachteilen?				
16. Kontaktieren (telefonieren/besuchen) Sie den Kunden während der Ausarbeitung?				

Nr.	Aktivität	Ja	Nein	Erforderliche Maßnahmen	Termin
17.	Fordern Sie hausintern Hilfe von anderen Abteilungen/Bereichen an?				
18.	Beziehen Sie betroffene Mitarbeiter des Kunden in die Zielsetzungen und Entscheidungsfindungen ein?				
19.	Bringen Sie frühzeitig Muster?				
20.	Beziehen Sie den Kunden in die Terminplanung ein?				
21.	Erklären Sie dem Kunden immer wieder, daß sein Auftrag der wichtigste ist?				
22.	Werden durch permanenten Kundenkontakt Probleme frühzeitig erkannt?				
23.	Sind Sie beim Kunden ausreichend präsent?				
24.	... zeigen Sie dabei ständig neue, eigene Firmenentwicklungen?				
25.	Besichtigen Sie beim und mit dem Kunden ähnlich gelagerte und bereits gelöste Projekte?				
26.	Haben Sie alle Ansprechpartner geklärt?				
27.	... sind auch die Kompetenzen (Wer hört auf wen?) geklärt?				
28.	Nutzen Sie Ihre hausinternen Kompetenzen aus?				
29.	Beziehen Sie auch Fremdleistungen (andere Anbieter, Sub-Lieferanten) genügend mit ein?				
30.	Bieten Sie Mithilfe beim Lastenheft an?				
31.	Versuchen Sie, die Budgetplanung einzuhalten?				
32.	... oder versuchen Sie, weitere Budgetteile zu bekommen?				
33.	Kämpfen Sie genügend um die Zahlungsbedingungen?				
34.	Zeigen Sie genügend Gesten (Danke, Bitte, kleine Geschenke, Aufmerksamkeiten)?				
35.	Haben Sie einen Coach ... oder mehrere Coachs?				

Abb. 12: Checkliste „Systematik im Projektgeschäft"

Fazit/Diskussion

Ob es Ihnen gelingt, in überwiegend gesättigten Märkten trotzdem ein intelligentes Wachstum oder zumindest eine Konsolidierung Ihrer Marktanteilsposition zu erreichen, wird immer mehr davon abhängen, wie der „Soft-Faktor Mensch" im Beziehungsaufbau zu potentiellen Kunden dazu beiträgt, das Paßwort zu deren emotionaler Welt zu finden.

Dabei ist es entscheidend, daß Sie in der Lage sind, zunächst Ihre eigenen Gefühle zu erkennen und damit situationsgerecht umzugehen. Sie können dadurch an Ausstrahlung – vielleicht an Charisma – gewinnen. Dieses „innere Feuer" wird dazu führen, daß Sie leichter von Ihrem Partner angenommen und als „Freund" betrachtet werden. Der Kunde wird sich einem „Freund" gegenüber leichter öffnen – über Wünsche, Ängste und Hoffnungen im Umfeld seines beruflichen Alltags berichten und Ihnen somit seine wahren Motive und Beweggründe offenbaren. Mit diesen Erkenntnissen gelingt es Ihnen dann spielend, die oft nur zwei oder drei motivbezogenen Alleinstellungsmerkmale Ihres Hauses in überzeugende Argumente zu kleiden.

Dies setzt voraus, daß Sie sich im Vorfeld einer Akquisition optimal auf das Unternehmen, den Menschen und die Rahmenbedingungen einstellen.

Nur so können Sie Sympathie aufbauen und Einfühlungsvermögen entwickeln.

Viele Verkäufer wären noch erfolgreicher, wenn sie sich selber weniger und ihren Kunden sich mehr darstellen ließen.

Die Beziehungsfaktoren – das echte Interesse an Ihrem Partner – werden der Schlüssel dazu sein, ob Sie Ihr Unternehmen, die Produkte und Dienstleistungen verkaufen können und sich daraus eine im besten Sinne langfristige Partnerschaft ergibt.

Die richtigen Kunden zu finden, bei denen es sich lohnt, Energie in der Akquisition einzusetzen, ergeben sich aus den „Hardware-Faktoren" der Marktbearbeitung.

Die Systematik soll dazu dienen, „Bauchentscheidungen" transparent zu machen und zu kultivieren, Sicherheit zu geben, um die richtigen „Antennen" zum Kundenauftrag ausfahren zu können.

Motivieren Sie Ihre Mitarbeiter vor dem Hintergrund einer sich wandelnden Welt und Marktbearbeitungsnotwendigkeit dazu, nicht die Dinge richtig zu tun, sondern die richtigen Dinge zu tun.

Noch besser natürlich: die richtigen Dinge richtig zu tun.

Literaturhinweise

Peters, T. J./Waterman, R., Auf der Suche nach Spitzenleistungen, 15. Aufl., Landsberg 1993
Simon, H., Die heimlichen Gewinner, 4. Aufl., Frankfurt, 1996

3.3 Key Account Management

Der Autor

Dr. Hans D. Sidow ist Betriebswirt und Volljurist. Er arbeitete in der Industrie als Marketing- und Verkaufsleiter. Danach wechselte er in die Beratungs- und Trainingsbranche. Seit 1975 ist er selbständiger Unternehmensberater. Zu seinen Schwerpunkten gehören Themen wie die Verknüpfung von kundenbezogenen Strategien zur Realisierung der Unternehmensstrategie und die Erschließung von Customer-Value-added-Potentialen für den Unternehmenserfolg. Herr Sidow ist Autor zahlreicher Fachpublikationen.

Key Account Management in unserer heutigen Industriegesellschaft

Während in der Öffentlichkeit Themen wie Arbeitslosigkeit, Abbau des Sozialstaates, Reform des Steuersystems, Rückgang der Kaufkraft usw. behandelt werden, wird oft nicht gesehen, daß dem eine *Umstrukturierung der industriellen Organisationsformen* zugrunde liegt. Diese war in Deutschland nötig geworden, um das Angebot der Industrie weltweit wettbewerbsfähig zu machen – oder wieder zu machen. Vordergründig geht es auch hier um die Frage des Shareholder-Value. Aktionäre reagieren immer schon im Vorfeld auf Trends in der Wirtschaft. Aktienkurse nehmen die Ergebnisse der Maßnahmen zur Steigerung der Wettbewerbsfähigkeit zu einem Zeitpunkt vorweg, zu dem die Maßnahmen erst zu greifen beginnen.

Als Kern der Restrukturierung von Wettbewerbsfähigkeit stellt sich die Neubestimmung leistungsfähiger Kunden-Lieferanten-Verhältnisse in zum Teil neuen, auf jeden Fall aber bewußten Prozeßketten heraus. Kunden suchen zur Verstärkung ihrer Wettbewerbsfähigkeit Lieferanten, die ihnen helfen, ihre Kernkompetenz zu stärken. Lieferanten ihrerseits müssen sich verschärft auf Leistungen konzentrieren, die sie beherrschen, und diese Leistungen auf solche Schlüsselkunden oder Key Accounts auslegen, denen diese Leistungen maximalen Nutzen bringen.

Das hat zur Folge, daß sich auf beiden Seiten und überall Unternehmen von Produkten, Kunden, Aktivitäten und Mitarbeitern trennen, die diesem Strukturbild nicht entsprechen. Ziel ist die Steigerung der Produktivität. Unternehmen müssen sich heute in vielfältiger Hinsicht auf die Kompetenzen konzentrieren, die sie wirklich bestens beherrschen, also auf ihre *Kernkompetenzen,* oder sie fallen im Wettbewerb ab.

Vor diesem Hintergrund leiten sich die *Gründe für die Installation und Forcierung von Key Account Management* ab.

Zehn gewinnträchtige Gründe für das Key Account Management

1. Key Account Management ist handfester Ausdruck von Kundenorientierung des Unternehmens. Kundenorientiert arbeitende Unternehmen verdienen besser als alle anderen, z. B. technikorientierte, produktionsorientierte, kostenorientierte, finanzergebnisorientierte oder gar introvertierte Unternehmen.

2. Die meisten Unternehmen machen
   - mit 20 Prozent ihrer Kunden
   - 80 Prozent ihrer Umsätze!

   Das erfordert Konzentration der teuren Ressource Personal auf die wichtigsten Umsatz- und Ertragsträger des Unternehmens.

3. In den strategischen Märkten, in denen das Unternehmen arbeitet, muß es Nr. 1 oder Nr. 2 sein. Dafür gibt es folgende Gründe:
   - Die globalen Beschaffungsstrategien der meisten Unternehmen erfordern nur zwei Lieferanten pro Segment: einen Hauptlieferanten und einen Zusatzlieferanten.
   - Die Kunden betreiben vermehrt Category Management der Art, daß sie pro Segment nur mit den besten Lieferanten arbeiten.
   - Hohe Gewinne erfordern hohe Marktanteile: Diese Korrelation ist seit den PIMS-Studien (Profit Impact Market Share = der Einfluß des Marktanteils auf den Gewinn) seit den 70er Jahren bekannt.

4. Das bedeutet, daß man vor allem bei globalen Key Accounts die Position 1 oder 2 als strategischer Partner oder strategischer Lieferant besetzen können muß!

   Wird diese Zielposition bei den 20 Prozent der Key Accounts nicht erreicht, mit denen das Unternehmen 80 Prozent seiner Umsätze abdeckt, so wird sie natürlich auch nicht im gesamten Geschäftsfeld erreicht!

   Das bedeutet: Um Gewinn machen zu können, muß sich das Unternehmen bei den Key Accounts jedes Geschäftsfeldes die Position 1 oder 2 erarbeiten!

   „Make it, fix it or sell it!" (Jack Welsh von General Electric)

5. Das erfordert ein Key Account Management als professionelle Kundenbearbeitung mit Tiefgang oder Kundenmarketing.

6. Viele Unternehmen sind heute noch überwiegend getrieben von F & E, Technik oder der Produktion. Das ist gut so, muß aber durch Markt- und Kundenorientierung ergänzt werden, um die Kräfte auf die wesentlichen Erfolgstreiber konzentrieren zu können.

   Wesentlich ist das, was dem Kunden nützt!

7. Der Erfolg beim einzelnen Key Account ist abhängig davon, in welchem Maße es dem Unternehmen gelingt,
   - die Anforderungen des Einzelkunden
   - nach den Gewichtungen des Kunden
   - im Verhältnis zu den Konkurrenten
   - langfristig besser zu erfüllen.

Dann – und nur dann – können Marktanteile bei Key Accounts und im Geschäftsfeld gehalten und ausgebaut werden.

8. Das erfordert Kenntnis über
   - Entscheider beim Kunden,
   - ihre gewichteten Anforderungen,
   - Mitbewerber und
   - deren Stärken und Schwächen.

9. Die Folge muß ein einzelkunden-basiertes Marketing sein,
   - welches die Anforderungen der Kunden pro Segment nach oben wieder verdichtet,
   - entsprechend Kunden gleicher oder ähnlicher Struktur ihrer Anforderungsprofile.

10. Das Ziel ist die Schaffung und Verbesserung von
    - Kunden-Nutzen-Vorteilen oder
    - Customer-Value added.

Dies wiederum ist Voraussetzung für Loyalität von Kunden und Mitarbeitern und für die Verbesserung des Shareholder-Value.

Was heißt Key Account Management?

„Account" bedeutet im Deutschen „Konto": Firmen führen die Umsätze mit ihren Kunden als „Konten". Von daher hat sich der Begriff „account" oder „Konto" als Begriff für den Kunden selbst eingebürgert.

„Key" bedeutet Schlüssel, der „Key Account" ist folglich der „Schlüsselkunde". Schlüsselkunden werden in der Regel mit Hilfe von ABC-Analysen nach dem bestehenden Ist-Umsatz-Anteil ermittelt. Daneben finden eine Reihe anderer Auswahlkriterien Anwendung.

Unter Key Account Management wird folgendes verstanden:

- Eine grundsätzlich *kundenorientierte Einstellung* und Arbeitsweise des Unternehmens, die – gut ausgebaut – einen strategischen Wettbewerbsvorteil ergeben kann. Denn die Erfahrung über Unternehmenskulturen und die Art ihrer Orientierung hat erwiesen, daß kundenorientiert denkende und arbeitende Unternehmen tendenziell bessere Gewinne erwirtschaften.

- Ein Ansatz für Lean Management: Auf der Basis von ABC-Analysen werden *differenzierte Bearbeitungsformen* für unterschiedliche Kundengruppen gewählt, um den Anforderungen dieser Kundengruppen sowie eigenen Kosten- und Ertragsgesichtspunkten besser Rechnung tragen zu können.

- *Spezielle Organisationsformen* für den Verkauf an und die Zusammenarbeit mit Schlüsselkunden als Ausdruck einer differenzierten Bearbeitungsform.
  Dabei werden in der Aufbauorganisation spezielle Stellen oder Kunden-Teams gebildet, welche auf die Zusammenarbeit mit bestimmten Key Accounts spezialisiert sind. Man kann diese Formen auch als *institutionelles Key Account Management* bezeichnen.
  Zum anderen werden die eigenen internen Leistungsprozesse und Ablaufstrukturen auf Marktsegmente Kundengruppen oder Einzelkunden ausgerichtet statt an den herkömmlichen vertikalen Hierarchien und Abteilungen.
  Man spricht dabei auch von *Streamlining oder Pipelineisierung interner Arbeitsprozesse* und Wertschöpfungsketten. Dies steht bei der Einführung in der Regel mit umfassenden Business-Reengineering-Programmen in Zusammenhang.

- Die Summe professioneller Arbeitsmethoden und Arbeitstechniken aus Marketing, Verkauf und strategischem Management, mit deren Hilfe die geschäftlichen Möglichkeiten mit Key Accounts besser gesichert und ausgeschöpft werden können. Man kann diesen Ansatz auch als „funktionales Key Account Management" oder auch als *Kunden-Marketing* bezeichnen. Der einzelne (Groß-) Kunde wird dabei wie ein (kleinerer) Teil-Markt bearbeitet.

In der Praxis treten diese unterschiedlichen Verständnisformen in verschiedenartigsten Kombinationen auf. Nicht nur die einzelnen Branchen, sondern auch die einzelnen Firmen einer Branche verstehen unter Key Account Management Unterschiedliches – meist das, was sie selbst praktizieren. So gibt es in der Konsumgüterindustrie viele Firmen, die vor allem den Ansatz des institutionellen Key Account Managements verfolgen. Daneben gibt es aber einige wenige, die lediglich funktionales Key Account Management betreiben. Dabei bleibt die Bearbeitung der Key Accounts voll in der Linie, ohne daß spezielle Stellen für das Key Account Management gebildet werden.

Am häufigsten wird eine *Kombination* aus institutionellem und funktionalem Key Account Management betrieben.

So spiegelt Key Account Management in der Praxis letztlich immer die sehr individuellen Beziehungen zwischen einem Unternehmen, seiner Firmenphilosophie, seiner Unternehmenskonzeption, seinem Marketing und seiner Art des Verkaufens mit allen Eigenarten, Stärken und Schwächen zu seinen Kunden wider.

Dabei wird versucht,

- zwischen diesen oftmals sehr eigenständigen – auch historisch gewachsenen – Formen ein Geschäft mehr oder weniger erfolgreich zu betreiben und
- zwischen den unterschiedlichen Strategien, Anforderungskriterien, Kulturen, Arbeitsweisen und auch Umgangsformen der verschiedenen Kunden und Branchen eine für beide Teile sinnvolle Wertschöpfungsbrücke herzustellen. Damit ist die Summe aller Maßnahmen von Anbieter und Abnehmer gemeint, *Wertschöpfungspotentiale* für beide Beteiligte

zu erkennen,
zu erschließen,
zu vergrößern und
„gerecht" oder (viel strapaziert!) „partnerschaftlich",
meist jedoch unter Einsatz der jeweiligen Übermacht zu teilen.

Lassen sich Unternehmensstrategien und Wertschöpfungsbrücken mit Key Accounts erfolgreich realisieren, so ist dies meist ein Prüfstein für die Erfolgsträchtigkeit und Schlüssigkeit der eigenen Vorgehensweisen gegenüber den übrigen Marktpartnern.

Insofern ist der Erfolg im Key Account Management zugleich auch ein wichtiger Test für das eigene Unternehmen,

- in welchem Maße seine Strategien, Konzeptionen und Vorgehensweisen greifen und
- inwieweit veränderte Anforderungen, Probleme, Bedürfnisse, Strategien, Konzeptionen und Vorgehensweisen der Kunden eine Anpassung der eigenen Strategien erfordern.

Hier überschneidet sich Key Account Management mit den Überlegungen des Unternehmens über seine Strategien-Bildung, die sich von den Themen des Key Account Managements auch kaum trennen lassen.

Die Rückkopplung zwischen Großkunden und Hersteller kann sehr wichtige Anstöße für die Verbesserung der Wertschöpfung in der Kette geben. Das Herstellerunternehmen erhält dadurch wichtige Informationen über Probleme, Anforderungen und Veränderungstendenzen im Markt.

Das erfordert aber Key Account Manager als Gesprächspartner, welche die Fachsprache der Branche ihrer Key Accounts beherrschen, auf deren Wellenlänge mitdenken und Anregungen positiv und kritisch verstehen können. *Key Account Manager müssen sich in den Märkten ihrer Kunden und in deren Köpfen auskennen.* Solche Fachkräfte sind keineswegs ohne weiteres zu beschaffen, sondern sie müssen konsequent aufgebaut werden.

Früher hat oftmals der Chef persönlich die Rolle des ersten Verkäufers seiner Firma gespielt und war Träger der Firmenphilosophie und des Firmen-Know-hows. Quelle des Firmen-Know-hows waren die Informationen aus vielen Gesprächen mit großen und kleinen Kunden. Key Account Management war Chefsache. In kleineren Firmen ist es dies heute noch. Bei größeren Firmen muß heute als Äquivalent der qualifizierte Key Account Manager aufgebaut werden.

Das bedeutet zugleich auch, daß Key Account Management nicht nur dann Key Account Management ist, wenn es ausdrücklich als solches bezeichnet oder als Institution organisiert wird („institutionelles Key Account Management"). Vielmehr liegt Key Account Management auch dann vor, wenn es Key Accounts gibt und diese in einer besonderen – zunächst nicht näher definierten – Form bearbeitet werden.

Key Account Management wird als Funktion im Unternehmen oft auch von mehreren Personen oder *Key Account Teams* betrieben. Denn die Frage der Schlüssigkeit und Tragfähigkeit der eigenen Konzeptionen und Strategien ist kei-

neswegs nur vom Key Account Manager zu verantworten, sondern interessiert natürlich auch

- die Geschäftsleitung,
- die Marketingleitung,
- die Vertriebsleitung,
- das Produktmanagement,
- die Werbeleitung,
- die Forschung & Entwicklung,
- die Produktion,
- die Logistik,
- das Controlling,
- die Beschaffung,
- usw.,

also im Prinzip das gesamte Unternehmen. Aus diesem Grund ist es auch verständlich, daß sich häufig Geschäftsleitungen in das Management ihrer Key Accounts einschalten. Deshalb versteht sich das Key Account Management auch eine „Spinne im Netz": An der Schnittstelle zu den Key Accounts werden die unterschiedlichsten Personen des eigenen Unternehmens eingebunden, eingeschleust, damit wird die Kette der Information zwischen dem Unternehmen und seinen Key Accounts dicht geschlossen.

Ähnliche Arbeitsweisen gegenüber und mit wichtigen Kunden gab es natürlich schon vor Aufkommen des speziellen Begriffs Key Account Management. Nur übten diese Funktion mehrere Personen nebenbei mit aus, z. B.:

- der Verkäufer des Gebietes, in dem der Key Account zufällig den Sitz seiner Zentrale hatte
- der Gebietsverkaufsleiter, der der Zentrale des Key Account geographisch am nächsten lag (Prinzipien der geographischen Nähe, der Qualifikation und der Hierarchie-Adäquanz)
- der Vertriebsdirektor (Prinzipien der Qualifikation und der Hierarchie-Adäquanz)

- der Unternehmer selbst (Prinzipien der Hierarchie-Adäquanz und der Qualifikation; Gedanke der authentischen Darstellung und Abprüfung der Unternehmensphilosophie sowie des Einholens von Primärinformationen für die eigene Geschäftspolitik)

Probleme mit einem solchermaßen praktizierten Key Account Management gab und gibt es immer dann, wenn
- sich auf Kundenseite rasche Veränderungsprozesse vollziehen,
- die qualifizierte Key-Account-Bearbeitung Spezialisierung im eigenen Fachbereich *und* vertiefte Kundenkenntnis, z.B. wegen dessen hoher Komplexität, *zugleich* erfordert und
- diese Funktion von anderen Stelleninhabern nicht nebenbei mitausgeübt werden kann.

Denn dann werden Chefs, die Key Account Management nebenbei mitausüben, leicht überfordert, können sich nicht sachgerecht in die Kundenprobleme vertiefen und werden dazu verführt, nur die „vordergründigen" Kundenprobleme zu lösen, z.B. durch Preisnachlässe.

Aus dem *Dilemma des Hin- und Hergerissenseins* zwischen verschiedenen Funktionen, z. B.
- *„Normal-Verkäufer":* gleichzeitige Bearbeitung vieler Kunden *und* vertiefte Bearbeitung von Key Accounts,
- *Verkaufsleiter:* qualifizierte Mitarbeiterführung *und* qualifiziertes Key Account Management,
- *Vertriebsdirektor:* Vertriebssteuerung *und* qualifiziertes Key Account Management,
- *Unternehmer:* Unternehmensführung *und* qualifiziertes Key Account Management,

ist verständlich, daß *Tiefgang und Professionalität der Key-Account-Bearbeitung Spezialisierung erfordert:*
- Beschränkung der Mehrfachfunktionen auf Key Account Management unter Verzicht auf andere Aufgaben
- Beschränkung auf wenige Key Accounts entsprechend dem Bearbeitungsaufwand, den diese aus ihrer individuellen Komplexität heraus erfordern (Nebenbei: Nicht alle großen Kunden sind schwierig und komplex. Es gibt auch große einfache und kleine schwierige Kunden.)

Dem widerspricht nicht, daß in großen und erfolgreichen Unternehmen Key Account Management nicht als institutionelles, sondern nur als funktionales Key Account Management betrieben wird: Meist handelt es sich dabei um Unternehmen mit starken Pull-Strategien und/oder starkem funktionalem Key Account Management. Deshalb ist Key Account Management im wesentlichen geprägt durch Methodik, Systematik, Instrumentalisierung und Professionalität, also durch die Qualität, mit der es ausgeübt wird. Diese professionelle Qualität gerät immer dann in Schwierigkeiten, wenn für sie durch Doppelbelastung, Überbelastung und Ablenkung durch andere Aufgaben und Interessen zuwenig Zeit für Tiefgang bleibt. Institutionelles Key Account Management *kann* diese Überforderung mit der Folge der Oberflächlichkeit verhindern – *muß aber nicht.* Maßgeblich sind auch die Qualifikation des Stelleninhabers und die Zahl der Kunden, die er betreuen soll, und die damit verbundene Arbeitslast.

So wurde bei einem Unternehmen der Konsumgüterindustrie ein institutioneller nationaler Key Account Manager angetroffen, dem mit einem sehr breiten Sortiment des Unternehmens sämtliche Zentralen des deutschen Lebensmittelhandels zur verantwortlichen Bearbeitung übertragen worden waren. Wir errechneten für deren qualifizierte Bearbeitung eine Gesamtarbeitslast von über 500 Arbeitstagen pro Jahr. Der Mann war verzweifelt, weil er einmal zwangsläufig oberflächlich arbeiten mußte, zum anderen auch das Handwerkszeug des Key Account Managements nicht ausreichend beherrschte und drittens die Potentiale dieser Key Accounts nicht annähernd ausschöpfen konnte.

Daraus ergibt sich, daß die Grundform des Key Account Managements das funktionale Key Account Management ist. Dieses ist durch die gekonnte Anwendung von professioneller Methodik und Systematik gekennzeichnet (siehe dazu: Die Arbeitsmethoden des Key Account Managements).

Funktionales Key Account Management *kann, muß aber nicht* institutionalisiert werden. Das gilt immer bei starken Pull-Strategien. Das Dilemma ist nur, daß diese immer schwieriger – vor allem mit dem Anspruch der Alleinstellung und der Nichtaustauschbarkeit – realisierbar sind. In Situationen eines Marketing mit Grenzwirkung müssen alle Elemente einer professionellen Marktbearbeitung aktiviert werden.

Wenn im folgenden also von Key Account Management die Rede ist, dann ist damit primär das funktionale Key Account Management gemeint. Dieses müssen alle beherrschen, die die Key Accounts des Unternehmens (mit-) bearbeiten. Man darf nie vergessen, daß Key Accounts auch ohne Key Account Management existieren und bearbeitet werden – mehr oder weniger bewußt und mehr schlecht als recht. In den folgenden Ausführungen soll daher herausgearbeitet

werden, wie Unternehmen ihre Key Accounts erfolgreich bearbeiten können. Dabei sollen die Ideen und Überlegungen, Denkansätze und Systeme, Methoden und Instrumente, Aufbau- und Ablauforganisationen, die für das Key Account Management bekannt sind, für alle Branchen umfassend dargestellt werden. Wo nötig wird auf die Spezialbedeutung bestimmter Ansätze für bestimmte Branchen hingewiesen. Vielfach ergibt sich jedoch Nutzen für den Anwender der einen Branche durch Analogie-Erkenntnisse. Deshalb wird eher mehr als weniger dargestellt und angeboten.

Im Einzelfall muß jedes Unternehmen sich sein Key Account Management zusammenstellen.

Anlässe für die Einrichtung von Key Account Management

Welche Anlässe kann ein Unternehmen haben, um Key Account Management institutionell oder funktional einzurichten und zu betreiben? Reicht nicht Kundenorientierung des Unternehmens als strategische Erfolgsposition, ergänzt durch professionelles Verkaufen aus? Denn tatsächlich beinhalten ja die Methoden und Instrumente des funktionalen Key Account Managements eine Reihe professioneller Verkaufstechniken hohen Niveaus in hoher Systematik.

Die einfachsten Anlässe für die Einrichtung von Key Account Management ergeben sich immer dann, wenn einige Kunden des Unternehmens im Verhältnis zu anderen gewichtiger werden. Gewichtigkeit kann durch *Umsatzkonzentration* einer Branche entstehen. Dadurch vergrößert sich die Abhängigkeit der Lieferanten von immer mehr Großkunden.

165

Bekannt sind diese Erscheinungen als
- Pareto-Prinzip
- Lorenz-Kurve oder
- 20-80-Regel, d.h., 80 Prozent des Umsatzes werden mit 20 Prozent der Kunden gemacht.

Weitere Gründe nicht nur für die Einrichtung von Key Account Management, sondern auch für die Veränderung der gesamten Vertriebsstruktur können sich immer dann ergeben, wenn sich die Organisation der Kunden und deren Struktur und Arbeitsweise verändert, so daß diese aus der bisherigen Vertriebsstruktur des Unternehmens heraus nicht mehr optimal zu bearbeiten sind.

Das war in den Jahren nach 1970 für die Konsumgüterindustrie in Deutschland der Fall, weil sich in dieser Zeit die Struktur des Lebensmittelhandels änderte.

Folgende Merkmale kennzeichneten diese Veränderung:
- *Konzentration* der vorher amorphen Struktur vieler Einzelhändler auf wenige nachfragestarke Handelskonzerne
- *Verlagerung der Entscheidungskompetenzen* von einzelnen regionalen Niederlassungen *in die Zentralen* der Großkunden. Diese Zentralen lagen immer seltener in den Gebieten, in denen der Umsatz getätigt wurde. Das hatte zur Folge, daß den Umsatzverantwortlichen in der Region ein Teil der Instrumente zur Umsatzgenerierung fehlte, zum Beispiel der Einfluß auf die Aufnahme in das Warenwirtschaftssystem des Kunden durch Listung sowie die Distribution durch die Zentrale.

In der Konsumgüterindustrie waren deshalb die Verantwortlichen der Industrie für die Bearbeitung der Handelszentralen („Handels-Direktoren") die ersten Key Account Manager. Sie hatten vor allem die Schlüsselentscheidung der Listung in den Handelszentralen zu beeinflussen.

Vergleichbare Probleme tauchten europaweit im Vorfeld und Nachgang der Bildung des Europäischen Marktes auf. Um Computer an die Tochter eines französischen Konzerns in Norddeutschland verkaufen zu können, benötigte die Key Account Managerin eines Computerunternehmens die Einverständniserklärung der Zentrale in Paris. Dort durfte sie aber keine Gespräche führen, weil
- die bürokratische Reisekostenregelung des Unternehmens einen Besuch der Zentrale in Paris nicht zuließ,
- das Verkaufsgebiet Frankreich der französischen Tochterfirma des Computerunternehmens unterstand und diese kein Interesse am Approval für die deutsche Konzerntochter hatte, weil ihr die Teilumsätze aus Deutschland und die damit verbundene Provision nicht angerechnet wurden.

Weitere Beispiele sind aus der Automobilindustrie bei Einführung der Approvals als Qualitätslieferant bekannt, z.B. bei Ford als Q1-Lieferant. Hier bestehen *dezentrale Entscheidungsstrukturen*. Die Approvals für einzelne Zulieferteile werden an verschiedenen Niederlassungen der Konzerne erteilt, gelten dann aber konzernweit.

All dies machte ein Koordination der Key-Account-Bearbeitung, besser der *Large Accounts*, also regionenübergreifender Konzernkunden, nötig.

Ein weiterer Grund für die Installation von Key Account Managern ist die *Veränderung des Qualifikationsniveaus der Entscheider bei Großkunden*. Dies erfordert jeweils auch eine Anhebung des Qualifikationsniveaus der Verhandler oder der

Teams auf Lieferantenseite, wobei dies nicht notwendigerweise institutionelles Key Account Management erfordert.

Ähnlich werden Überlegungen zur Veränderung der Key-Account-Bearbeitung durch eine *Veränderung der Strategien und Arbeitsweisen der Key Accounts* beschleunigt, insbesondere durch Erhöhung des professionellen Niveaus der Arbeitsweise von Key Accounts.

Dafür zwei Beispiele: In den 50er und 60er Jahren war das Handelsmarketing überwiegend eine Spielwiese unterschiedlicher Herstellerunternehmen mit ihrem Industriemarketing. Nach Aufhebung der Preisbindung der letzten Hand bediente sich der Handel als erstes sehr intensiv der Preispolitik als des hervorragenden Instruments zur Profilierung, bis er spätestens in den 80er Jahren feststellen mußte, daß eigenständige Profilierung mehr erfordert als das einseitige Ausreizen des Preisinstruments.

Denn wenn alle Wettbewerber im Handel zum gleichen Zeitpunkt mit dem gleichen Artikel gleich billig sind, geht Profilierung gegeneinander verloren. Also entwickelte der Handel ein eigenständiges Handelsmarketing auf allen Instrumenten mit der Folge, daß vieles nicht mehr in die Konzepte des Industriemarketing paßte. Dieser Prozeß war gekennzeichnet durch stärker werdende Zielkonflikte zwischen den Interessen des Herstellermarketing und denen des Handelsmarketing. Handelsmarketing muß Eigenständigkeit der Profilierung betreiben und dabei auch in der Sortimentsbildung Marken der Hersteller entweder entgegen der Verbrauchernachfrage zurücksetzen oder über sie hinaus forcieren, um eine Diffenzierung zum Marketing-Mix der Handelskonkurrenz herzustellen. Herstellermarketing muß dagegen die eigene Marke minde-

stens analog zu Marktanteil und Verbrauchernachfrage bei allen Handelskunden forcieren und verwischt damit wieder differenzierte Sortimentsprofile des Handels. Analytiker und Gestalter dieses Beziehungsdetails ist der Key Account Manager – oder er sollte es wenigstens sein. Seinem gestalterischen Einfluß werden Grenzen gesetzt durch vier Faktoren:

1. Die konzeptionelle Willenskraft des Handelspartners einerseits und die Markenstärke bzw. Markenschwäche der Industrie andererseits.

2. Die Qualität des Trade-Marketing der Industrie. Unter Trade-Marketing ist die Summe aller Maßnahmen der Industrie zu verstehen, mit denen das Marketing des Handels (das Handelsmarketing) im Herstellersinne gestärkt werden soll. Das erfordert einmal Kreativität der Industrie und zum anderen Berücksichtigung der eigenständigen Interessen und Ziele des Handelspartners.

3. Die Qualifikation des Key Account Managers, dieses Trade-Marketing maßgeschneidert bei Key Accounts umzusetzen.

4. Die Machtkonzentration bei Key Accounts und der Einsatz dieser Macht gegenüber Lieferanten, z.B. der Automobilhersteller gegen Ingredient Branding ihrer Zulieferer Ende der 80er Jahre.

Die Entwicklung von Key Account Management ist also meist Spiegelbild einer teilweise gravierenden Veränderung der Markt- und Macht-Strukturen. Daraus haben sich veränderte Strategien der Unternehmen zu ergeben.

Das Marketing zielte zunächst auf Massenmärkte, dann auf Marktsegmente und schließlich auf Einzelkunden ab. *Die ein-*

zelnen Kunden – insbesondere Großkunden, internationale Kunden, Global Players – *gestalten ihre Organisationsformen unabhängig von Ländern, Grenzen, Regionen und unabhängig vor allem von Lieferanten überregional.* Dadurch können sie von regional organisierten Lieferantenunternehmen nicht mehr erfaßt werden. Sie passen sozusagen nicht mehr in die Organisation der Lieferanten hinein. Somit verschiebt sich auch die Bedeutung weg von z. B. „Made in Germany", „Swiss made", hin zu „Made by BMW", „Made by Lufthansa", „Made by Swiss Air" usw.

Globale Marken ersetzen die Bedeutung von Herkunftsländern. Deshalb müssen sich Unternehmen in Organisation und Arbeitsweise an ihren Kunden und deren veränderten Strukturen orientieren. Bei einzelnen Kunden gilt es, deren individuelle Teilbedürfnisse zu identifizieren:

- nach Entscheidereinheiten
- nach den Anforderungen und den Anwendungen dieser Entscheidereinheiten
- nach den Entscheidern in diesen Entscheidereinheiten und deren Entscheidungskriterien
- nach den zukünftigen Anforderungen dieser Entscheidereinheiten
- nach den zukünftigen Profilierungsmöglichkeiten dieser Firmen bei ihren eigenen Kunden

Das heißt: Die Individualisierung der eigenen Vorleistung in der Prozeßkette muß sehr spezifiziert werden und auch im Sinne eines Advanced Marketing vorauseilend gestaltet werden.

Hinzu kommt der steigende Wettbewerb in vielen gesättigten Märkten. Das Beispiel von Procter & Gamble ist dafür kennzeichnend: Die Erkenntnis, daß die Potentiale der Markendifferenzierung

über Werbung im wesentlichen ausgereizt erscheinen, führte dazu, daß sich das Unternehmen auf die Ausschöpfung von Wertschöpfungs-Potentialreserven in der Logistik und im Warenwirtschaftssystem der Kunden konzentriert hat.

Als dritter Aspekt ist die Neigung zur Lieferantenkonzentration und teilweise zum Single Sourcing als Triebkraft für Key Account Management zu erkennen. Die großen Automobilhersteller haben die Zahl ihrer Lieferanten drastisch reduziert. Bei BMW hat das eine Reduktion von ca. 4.000 auf ca. 400 Lieferanten ergeben.

Das bedeutet natürlich

- eine höhere Abhängigkeit der Lieferanten von den Kunden,
- aber auch eine höhere Abhängigkeit der Kunden von den Lieferanten und als Folge daraus
- einen stärkeren, strengeren Dichtschluß zwischen dem Unternehmen und seinen Kunden.

Außerdem sind für das Key Account Management und seine Einrichtung die Triebkräfte aus der Qualitätssicherung, dem Total Quality Management und dem Business Process Reengineering mitbestimmend: Alle drei Ansätze überlagern, durchdringen und bedingen sich in vielfältiger Weise. Sie haben jedoch einen gemeinsamen Ausgangspunkt, und der besteht in den Anforderungen der Kunden.

Gesichtspunkte für die Bestimmung von Key Accounts

Gründe für die Einrichtung von Key Account Management ergeben sich auch aus der Unterschiedlichkeit der Kunden. Diese erfordert ein hohes Maß an Spezialisierung auf deren Belange, welche ja von der Gliederung der Unternehmen nach Strategischen Geschäftseinheiten oder Business Units einerseits, aber auch vom Special Key Account Management her bereits bekannt sind. Hinzu kommt, daß in vielen Branchen Key Accounts in scharfem Wettbewerb zueinander stehen und kein Interesse daran haben, daß sensible interne Informationen auf dem Umwege einer engen Zusammenarbeit mit Lieferanten zu ihren Wettbewerbern gelangen. Diese Gefahr könnte theoretisch auch durch Geheimhaltungsabkommen (secrecy agreements) mit den Lieferanten beseitigt werden. Tatsächlich ist es aber doch so, daß sich dieselbe Person (oder dasselbe Key Account Team) schwertun würde, im Kopf auseinanderzuhalten, welche Informationen sie von wem hat und an wen nicht weitergeben darf. Dieses Dilemma legt eine getrennte Bearbeitung der Key Accounts durch unterschiedliche Personen und Teams im Lieferantenunternehmen nahe. Daneben gibt es aber noch andere Gesichtspunkte, um Kunden als Key Accounts zu klassifizieren.

Die Auswahl, Bestimmung oder Einstufung eines Kunden als Schlüsselkunde oder Key Account für das eigene Unternehmen erfordert, daß auf den Kunden ein oder mehrere Gesichtspunkte zutreffen, die eine höhere Professionalität der Kundenbearbeitung in Qualität und Tiefgang und damit eine höhere Qualifikation des Kundenbearbeiters nötig machen.

Großkunden als Key Accounts (Major Accounts)

Die einfachste Auswahl war immer die Festlegung von Großkunden nach der ABC-Analyse: A-Kunden nach ihrer Umsatzwertigkeit waren im Prinzip die ersten Key Accounts. Grund für ihre Sonderbehandlung ist in den meisten Fällen das hohe geschäftspolitische Risiko, das mit ihrem möglichen Ausfall verbunden ist. Auch ohne den Begriff Key Account Management waren es immer strategische Kunden oder Chef-Kunden, deren Sicherung das besondere Augenmerk des Unternehmens galt. Diesen Großkunden gegenüber ist vor allen Dingen die Kundensicherung ein wichtiges Ziel für die Arbeitsweise des Key Account Managements.

Entwicklungskunden (Potentialträger)

Für die Strategie des Unternehmens, Erster oder Zweiter in den Märkten zu sein, in denen es operiert, ist natürlich die Kenntnis der Potentiale und die Erringung hoher Marktanteile bei Key Accounts ein bedeutender strategischer Aspekt. Deswegen ist die Auswahl von Key Accounts nach ihrer Potentialwertigkeit ein wichtiger Gesichtspunkt für ihre Bestimmung. Ziel des Key Accounts Managers in bezug auf diese Key Accounts muß sein, möglichst hohe Marktanteile bzw. die Marktführerschaft in Segmenten zu erwerben, in die man hineinliefert.

Wachstumskunden

Für die eigenen Wachstumsstrategien eines Unternehmens sind Kunden, die selbst wachsen, strategisch von außerordentlicher Bedeutung. Hier geht es vor allen Dingen für die Zielsetzung des Key Accounts Managements darum,

- das Wachstum dieser Kunden zu erkennen,
- kundenbezogene Leistungen zu konzipieren, die es dem eigenen Unternehmen ermöglichen, am Wachstum dieser Kunden zu partizipieren,
- eigene Leistungen zu konzipieren, die dem Key Account helfen, seine Wachstumsstrategie erfolgreich zu realisieren.

Das erfordert einen gewissen Kunden-fokus, der vor allen Dingen von Tiefgang, aber auch Voraussicht in bezug auf die zukünftigen strategischen Schritte der Kunden gekennzeichnet ist.

Kunden mit hohen absoluten Deckungs-beiträgen

Auch nach diesen Kriterien können Key Accounts bestimmt werden, da die absolu-ten Deckungsbeiträge aus den Geschäften mit Großkunden natürlich eine wesent-liche Basis für die Ertragserwirtschaftung des Gesamtunternehmens sind.

Kunden mit Deckungsbeitragspotential

Unter diesen Kunden verbergen sich zum einen solche, bei denen der Deckungsbei-trag noch ausgebaut werden kann, zum anderen aber auch solche, bei denen er sehr schlecht ist, so daß eine Sanierung dieser Key Accounts ansteht (Sanierungs-Key-Accounts).

Ziel des Key Account Managements muß sein, die Potentiale zur Verbesserung der Deckungsbeiträge mit dieser Kunden-gruppe herzustellen, auszuschöpfen und zu sichern.

Übergreifende Key Accounts (Large Accounts)

Bei diesen Kunden handelt es sich um sol-che, die von einer Stelle, einer Sparte oder einer Niederlassung des eigenen Unter-nehmens nicht ausreichend erfaßt werden können. Sie entziehen sich sozusagen der herkömmlichen Organisation eines Liefe-ranten, und ihre oft weltweite Bearbei-tung erfordert Koordination. Key Account Manager, die dies tun, werden oft auch als Global Key Account Manager (GKAM), Internationale Key Account Manager (IKAM) oder Strategische Account Ma-nager (SAM) bezeichnet.

Des weiteren kann man Kunden ent-sprechend ihrer Marktbedeutung einem Key Account Management zuführen: Marktführer dürften zugleich auch vom Umsatzpotential her schon Key Accounts sein.

Imageführer und Prestigeträger

Das Image dieser Kunden und ihrer Pro-dukte im Markt ist so hoch, daß es für das eigene Unternehmen sehr wichtig ist, diese Key Accounts zu halten und zufrie-denzustellen. Man erhofft sich dadurch eine Transferwirkung des Images dieser Key Accounts auf das eigene Unterneh-men (das sich der Kunde häufig auch gern bezahlen läßt) sowie als Referenzen auch für weitere Kunden.

Meinungsbildner

Meinungsbildner müssen weder groß noch prestigeträchtig sein: Es gibt ausrei-chend viele Beispiele von Kunden, die in ihrer Branche Wortführer sind und einen sehr starken lateralen Einfluß haben. Es ist daher in nicht wenigen Fällen ange-bracht, diese Kunden einer gesonderten Bearbeitung zuzuführen.

Know-how-Träger

Das Know-how-Potential des Kunden und seine Rolle für Forschung und Entwick-lung des eigenen Unternehmens auf be-stimmten Gebieten bewirkt, daß man die Beziehung zu diesen Kunden besonders qualifiziert gestalten will und muß.

Steigbügelhalter

Hier handelt es sich um Kunden, die für die Einführung und Umsetzung von neuen Technologien, Produkten und Dienstlei-stungen in Märkten sehr wichtig sind: Sie sind als Vorreiter und Multiplikatoren besonders geeignet und lassen sich diese

Funktion ebenfalls nicht selten gut bezahlen. Die Zusammenarbeit mit ihnen erfordert mit Sicherheit eine besondere Fokussierung.

Komplexe Kunden

Die Organisation und die Entscheidungsprozesse des Kunden sind so umfangreich und komplex, daß nur eine Spezialisierung mit Tiefgang auf diesen Kunden eine erfolgreiche Erschließung seiner Potentiale ermöglicht. Wichtig ist jedoch, daß hinter der Komplexität auch ein interessantes Umsatzpotential steckt.

Angst-Kunden

Dabei handelt es sich um Kunden, die in Einkauf und Beschaffung aggressiv reagieren und mit ihrem Beschaffungsmarketing dem eigenen Verkauf deutlich überlegen sind. Solche Beispiele von „purchase-driven companies" hat es immer wieder gegeben.

Insbesondere im Lebensmittelhandel in Deutschland hat sich in einigen Fällen deutlich gezeigt, daß die Fokussierung dieser Firmen auf den Einkauf oft kombiniert war mit Schwächen im Abverkauf. Es ist so oder so sehr wichtig, daß Lieferanten diese Überlegenheit im Beschaffungsmarketing erkennen und sich so organisieren, daß sie von diesen Kunden nicht ausgespielt werden können, insbesondere in bezug auf widersprüchliche Aussagen zu Preisen und Konditionen.

Entscheidungsmultiplikatoren

In vielen Branchen gibt es Einrichtungen, wie Einkaufsverbände, Testinstitute und Informationszentren, deren „Wohlgesonnenheit" einen wichtigen Hebel bietet, um in den Märkten, die sie beeinflussen, erfolgreich voranzukommen. Es ist sicherlich nützlich, wenn ein Unternehmen diese Multiplikatoren einer Spezialbehandlung zuordnet.

Kundenwunsch

Nicht zuletzt kann es der Wunsch von Kunden sein, einen Key Account Manager zugeordnet zu bekommen. Der Grund dafür liegt oft darin, daß es diesen Kunden lästig ist, in ihren Lieferantenunternehmen keine eindeutig definierten Gesprächspartner sowie keine klaren und einheitlichen Bearbeitungsstrukturen zu erkennen. Jedes Gespräch mit jedem Gesprächspartner erscheint wieder völlig neu und erfordert eine Fülle von Vorinformationen, um überhaupt die gewünschten Entscheidungen zu bekommen. Das macht die Kommunikation mit dem Lieferanten sehr aufwendig, da die Spezialisierung und Professionalisierung mit Tiefgang für das Kundenunternehmen fehlen. Dieses Beispiel zeigt, daß die Einrichtung von Key Account Management keineswegs nur aus dem Interessenspektrum des eigenen Unternehmens erfolgt, sondern auch im Interesse der Kunden selbst liegen kann.

Zusammenfassung

Aus den Gesichtspunkten und Beispielen für die Auswahl von Key Accounts sind folgende *Kernpunkte* erkennbar:

- Die Definition der Key Accounts erfolgt fast immer nach qualitativen *und* quantitativen Aspekten.
- Schwerpunkte des Key Account Managements sind fast immer „Maßschneiderung" der eigenen Leistung und der qualitativen Art der Bearbeitung.
- Überall stellt sich tendenziell heraus, daß die auf die Key Accounts maßgeschneiderten Leistungen des eigenen Unternehmens bessere Erträge bringen als das Anbieten und Vermarkten von Standardleistungen.

Key Account Management erscheint als die konsequente Fortentwicklung der Markt- und Kundenorientierung. Ziele sind Sicherung und Ausbau von Umsätzen und Deckungsbeiträgen mit Schlüsselkunden.

Die *Methode* besteht in der möglichst absolut problemorientierten Maßschneiderung von Leistungen durch qualifizierte und spezialisierte Mitarbeiter.

Unterschiede gibt es sehr deutlich nach Branchen: In der Konsumgüterindustrie ist die Aufgabe des Produktmanagements und der Produktentwicklung ganz eindeutig dem Bereich Marketing zugeordnet.

In der Investitionsgüterindustrie dagegen sind das Produktmanagement und die Produktentwicklung sehr intensiv in das Key Account Management integriert. Als bestes Beispiel können die sogenannten Resident Engineers oder stationären Ingenieure in den Forschungs- und Innovationszentren der Automobilindustrie angeführt werden: Sie entwickeln mit den Kunden simultan Teileelemente für neue Automodelle. Der stationäre Ingenieur ist Mitglied des Key Account Teams und wird von diesem intensiv unterstützt. Es findet keine Trennung zwischen Kundenbearbeitung und Produktentwicklung beziehungsweise Produktmanagement statt.

Die Ziele des Key Account Managements

Die Zielsetzung für das Key Account Management ergibt sich in der Regel aus den Gründen für seine Einrichtung. Die meisten dieser Gründe sollen für das Unternehmen die Gefahr verringern, daß Absatz, Umsatz und Erträge mit den Key Accounts gefährdet werden oder sich verschlechtern.

Ziele

- Verbesserung der Qualität der Bearbeitung des Managements von Key Accounts als Methode, mit der die Sicherung und der Ausbau von Umsätzen und Deckungsbeiträgen aus Geschäften mit Key Accounts erreicht
- und damit die Kundenbindung vertieft und verstärkt werden soll.

Leitgedanke für die Frage, was man mit Key Account Management erreichen will, muß immer sein, wie man durch eine bessere bzw. die beste Key-Account-Bearbeitung bessere Geschäfte machen kann – nach Umsatz *und* Ertrag. Key Account Management ist kein Selbstzweck, sondern dient dem Geschäftszweck.

Dabei geht es bei großer Abhängigkeit des Unternehmens von einigen wenigen Key Accounts in erster Linie um die Sicherung der Geschäftsbeziehung zu diesen. Die Sicherung von Key Accounts muß im Prinzip schon im Unternehmenskonzept angelegt sein: Langfristig kann jedes Unternehmen nur überleben, wenn es für seine Umfeldpartner, insbesondere seine Key Accounts, sinnvollen Nutzen stiften kann.

Ethisches Prinzip des Key Account Managements sollte daher sein, daß alle Leistungen gegenüber den Key Accounts deren langfristige vernünftige Interessenlagen mitberücksichtigen müssen – zugleich mit den eigenen. Wenn der Key Account Manager einen Konkurrenten beim Kunden um jeden Preis verdrängt, so bedeutet das für den Kunden, daß er von dem verdrängenden Unternehmen abhängig wird. Lieferanten andererseits um jeden Preis an sich binden und von sich abhängig zu machen heißt, sie zu schwächen und sich damit langfristig selbst zu schwächen und zu schaden.

Neckermann und andere sind daran gescheitert, daß sie ihre Lieferanten ausgezehrt haben. IBM hat das Prinzip, daß keiner ihrer Lieferanten zu mehr als 25 Prozent von IBM-Umsätzen abhängig sein darf; sonst könnte IBM aus dem vielfältigen Lieferanten-Know-how nicht profitieren. Im Gegensatz dazu steht das Prinzip des Single Sourcing, wenn sich der Kunde auf bestimmten Gebieten auf einen Lieferanten stützt. Dies erfordert jedoch eine sehr enge vertragliche Absicherung, die den Interessen beider Seiten Rechnung tragen muß.

Leben und leben lassen ist das Prinzip für Key Account Management, keine „Gewinner-um-jeden-Preis-Haltung". Wer sein eigenes Unternehmen auf ein sicheres Fundament stellen will, muß zusehen, daß er existenzfähige Key Accounts hat. Also muß Key Account Management die Zielsetzung verfolgen, die Key Accounts existenzfähig zu erhalten. Andererseits muß Key Account Management auch die Angriffe zu starker Key Accounts, die darauf ausgelegt sind, das eigene Unternehmen auszusaugen und abhängig zu machen, abwehren helfen:

„Was haben Sie langfristig von lauter kranken Lieferanten?" muß die erlaubte Frage sein, die ein Key Account Manager seinem Kunden in kritischen Situationen zu stellen hat. Die Abwehr überzogener Forderungen und die Aufrechterhaltung bzw. Wiederherstellung eines ausgewogenen Verhältnisses der eigenen Leistungen des Unternehmens zu den Gegenleistungen des Key Accounts ist heute in vielen Branchen eine wichtige Aufgabe des Key Account Managers. Andererseits betreiben aber auch viele Key Accounts durch ihren Preisdruck Business-Reengineering-Programme in die Unternehmen ihrer Lieferanten hinein, ohne die diese keine

Entwicklungs- und Verbesserungsanstöße bekommen würden. Der Austauschprozeß an der Schnittstelle zwischen Unternehmen und Key Account ist also immer zweiseitig und anstrengend.

Die strategische Betrachtungsweise von Key Account Management

Auf strategischer Ebene stellen sich zwei Fragen, die beantwortet werden müssen:
1. Welchen Nutzen bringt Key Account Management dem Kunden?
2. Welchen Nutzen bringt Key Account Management dem eigenen Unternehmen?

Welchen Nutzen bringt Key Account Management dem Kunden?

Für die Beantwortung dieser Frage spielt der Customer Value added eine zentrale Rolle: Dreh- und Angelpunkt für die Entwicklung von Geschäften sind wachsende Wertebildungspotentiale von Kunden. Diese gibt es nur dort, wo Kunden in ihren Märkten und bei ihren Kunden Mehrwert schaffen können. Gelingt es dem Lieferanten, seinem Kunden ein solches Mehrwertfenster zu eröffnen, so beeinflußt er den Erfolg seines Kunden prozeßstufenübergreifend in dessen Märkten positiv und kann darauf eine eigene (Teil-)Geschäftsstrategie aufbauen.

Value added oder Mehrwert hat drei Einflußfaktoren:
- Mehr Umsatz über mehr Kunden oder Vergrößerung des Marktanteils
- Höhere Preise aufgrund von höherem Nutzen
- Niedrigere Kosten

Die Potentiale für Value added bei Kunden werden also zum Ausgangspunkt für

Wachstums- und Gewinnstrategien. Es handelt sich um strategisches Verkaufen: Die eigenen Strategien so zu formatieren, daß sie die Strategien der Kunden in der Prozeßkette erfolgreich unterstützen helfen. Noch ganz wenige Unternehmen denken und handeln so. Zu selten ist es Aufgabe eines Key Account Managers, dem Kunden dessen Value added aus seinem Konzept zu quantifizieren. Man überläßt dies dem Kunden oder argumentiert aus dem Bauch heraus.

Darüber hinaus gewinnt der Ansatz des Customer Value added eine zeitliche Dimension in die Zukunft. Auf vielen Gebieten ist es existenznotwendig, daß Lieferanten auf ihrem Spezialgebiet dem Kunden zeitlich voraus sind in Form von *vorauseilender Findung von Mehrwertfeldern für Kunden*.

Beides erfordert eine sehr fokussierte Bearbeitung insbesondere von Schlüsselkunden – also Key Account Management.

Welche Strategien verfolgen Key Accounts?

Um Kunden-Erfolgssicherung zu betreiben, muß man sich in die Lage des Kunden versetzen und sich an den Strategien orientieren, die er verfolgt, um zu seinem Erfolg zu kommen. Dabei scheint es zunächst schwierig zu sein, zu erfahren, welche Strategien Kunden verfolgen. Es gibt aber zwei Quellen, um diese Strategien zu erfahren und richtig einzuschätzen. Die Informationen aus diesen Quellen sind wichtige Voraussetzung, um den Kunden bei der Verfolgung seiner Strategien paßgenau zu unterstützen.

Die erste Quelle ist der Kunde selbst. Man kann ihn immer nach seinen Strategien fragen. Nicht immer wird man von ihm jedoch Antworten erhalten.

Dafür gibt es zwei Gründe:
- Der Kunde ist nicht immer in der Lage, seine Strategie in verständlichen Worten zu artikulieren. Mir ist es einmal passiert, daß ich nach der Frage an den Kunden nach seiner Strategie die banale Antwort erhielt: „Wir wollen von allem etwas mehr – außer bei den Kosten." Man kann sich dann damit behelfen, den Kunden in seinem Gesamtverhalten zu beobachten, um die von ihm verfolgten Strategien zu verstehen. Das Ergebnis kann man formulieren und den Kunden damit konfrontieren. Er wird die eigenen Beobachtungen entweder bestätigen, korrigieren, oder er wird einer Antwort ausweichen. Auf jeden Fall wird man nach diesen Versuchen bessere Informationen über die Strategien des Kunden haben als gar keine.
- Der Kunde ist nicht bereit, Lieferanten Informationen über seine Strategie zu geben. Hier kann man sich wie im vorangegangenen Falle durch Beobachtung und Eigenformulierung behelfen. Man kann den Kunden aber auch zur Informationsbereitschaft motivieren. Dies kann durch den Hinweis darauf erfolgen, daß man ihn besser unterstützen kann, seine Strategien zu realisieren, wenn man weiß, welche er verfolgt. Das verhilft in der Regel zu weiteren Informationen, welche die Rekonstruktion der vom Kunden verfolgten Strategien erleichtern.

Die zweite Quelle ist eigenes Nachdenken über die Kundenstrategie und Rekonstruktion derselben. Dabei kann man auf den oben beschriebenen Ansätzen aufbauen:
- Beobachtungen des Gesamtverhaltens des Kunden und eigene Formulierung der Kundenstrategie

- Fragen nach den von ihm verfolgten Strategien

Der dritte Ansatz ist die Rekonstruktion der möglichen Strategie des Kunden aus allgemeinen Kenntnissen über mögliche und im konkreten Einzelfall sinnvolle Strategien: Welche Strategien kommen überhaupt generell in Frage, welche müßte er verfolgen, um erfolgreich zu sein?

Im Grunde kommt ja immer nur eine begrenzte Zahl möglicher Strategien in Frage, die ein Unternehmen, also auch ein Kunde, überhaupt verfolgen kann:

- Differenzierungsstrategien, durch die er der eigenen Leistung gegenüber seinen Kunden und im Verhältnis zu seinen Wettbewerbern ein unverwechselbares Profil oder eine Unique Selling Position, wenn möglich eine Alleinstellung, verschaffen will
- Qualitätsstrategien, die eine Variante der Differenzierungsstrategien sind
- Preisstrategien, die aber echte Kostenvorteile voraussetzen
- Zeitführerstrategien, um in der Branche der Schnellste und Zuverlässigste zu sein
- Strategien, die mehrere andere kombinieren, zum Beispiel die *Strategie der Zeit-Qualitäts-Kostenführerschaft,* die auch unter dem Schlagwort Lean Management bekannt wurde

Den Anforderungen aus dieser Strategie sind heute sehr viele Unternehmen ausgesetzt. Das hat in Europa und insbesondere in Deutschland zu einem Sturz althergebrachter Denkmuster geführt. Denn etwa Ende der achtziger Jahre galten so ehrenwerte Denkrahmen wie „Gut Ding braucht Weil" oder „Qualität kostet ihren Preis", bis uns die japanische Automobilindustrie vorgemacht hat, daß man Autos zugleich schneller, besser und kostengünstiger bauen kann.

Wie richten Lieferanten ihre Strategien auf die ihrer Key Accounts aus?

Das bedeutet, daß der Lieferant heute gegenüber seinen Kunden in der Regel einfach definierbaren, aber sehr schwer erfüllbaren Forderungen entsprechen muß: *Er muß durch seine Vorleistung seinen Key Account in die Lage versetzen, schneller, besser und kostengünstiger zu sein.* Das geht in der Regel nur, wenn sich das Lieferunternehmen selbst in die Lage versetzt, schneller, besser und kostengünstiger zu sein. Insofern werden Strategien Bottom-up von den strategischen Zwängen der Key Accounts rückwärts in die Prozeßkette hinein bestimmt und strukturiert.

Im Prinzip sind es ja immer wieder die gleichen Erfolgsfaktoren, die Kunden brauchen und suchen und für die leistungsfähige Lieferanten zuliefern können müssen. Nur ist der Bedarf danach bei einzelnen Kunden und in einzelnen ihrer Entwicklungsphasen unterschiedlich. Deshalb ist das Erkennen von für Kunden wichtigen und benötigten Stärken immer der Ausgangspunkt für die Formatierung der eigenen strategischen Erfolgsfaktoren, also gezielter Aufbau bestimmter Stärken und Abbau von Schwächen. Dabei kann es zu Zielgegensätzen zwischen Kunden und Lieferanten kommen, die sich aber häufig auf die faire Teilung des gemeinsam erzielten Mehrwerts beziehen.

Welchen Nutzen bringt Key Account Management dem eigenen Unternehmen?

„Lohnt sich Key Account Management überhaupt für uns?" ist eine Frage, die nicht selten gestellt wird. Die Gegenfrage muß erlaubt sein: „Lohnen sich die Geschäfte des Unternehmens mit seinen Key Accounts, kann man daraus mehr machen in bezug auf Umsatz und Ertrag, muß man seine Key Accounts vielleicht sogar schon sichern oder sogar zurückgewinnen?"

Für den Nutzen von Key Account Management spricht:

- Die meisten Firmen haben Key Accounts, sei es auch nur aufgrund der Umsatzgewichtung.
- Die Geschäfte mit großen Kunden leiden meist unter der Umsatz-Ertrags-Ungleichheit, d.h., ihr Umsatzanteil ist proportional größer als ihr Beitrag zum Gewinn des Unternehmens.
- Diese Tatsache ist für die meisten Firmen ein Problem.
- Wenige Großkunden machen ihre Lieferanten abhängig. Auch das ist ein existentielles Problem vieler Unternehmen.
- Ziel des Key Account Managements ist immer Sicherung und Ausbau von Umsätzen und Deckungsbeträgen mit Key Accounts.
- Wird dieses Ziel nur einigermaßen erreicht, so ist Key Account Management notwendigerweise nützlich.
- Key Account Management ist meist so wichtig und nützlich, wie es die Key Accounts mit ihren Umsätzen und Deckungsbeiträgen für den Ertrag des Unternehmens sind.
- Key Accounts bestehen zum Teil unabhängig vom unternehmerischen Willen und prägen – mehr oder weniger erfolgreich gesteuert – entscheidend den Unternehmenserfolg und das Ergebnis.
- Die Frage des Nutzens von Key Account Management hängt natürlich entscheidend davon ab, mit welcher Professionalität Key Account Management durch das Unternehmen betrieben wird.
- Bekannt ist, daß Unternehmen mit kundenorientierter Unternehmenskultur und Arbeitsweise tendenziell besser verdienen. Key Account Management ist instrumentalisierter Ausdruck von Kundenorientierung.
- Insgesamt ergibt sich der unternehmerische Nutzen des Key Account Managements aus der Existenz von Key Accounts, egal ob das Unternehmen Key Account Management kennt, praktiziert oder nicht. (Lassen Sie einmal die fünf größten Kunden bei einem Unternehmen abspringen, und Sie werden sehen, wie schnell Key Account Management in Aktion ist: Wetten, daß sich der Chef selber darum kümmert?)

Als positive Effekte des Key Account Managements kann folgendes gesehen werden:

- Höhere Transparenz der Key Accounts, ihrer Entscheidereinheiten, ihrer Entscheider, ihrer Entscheidungskriterien und -prozesse
- Intensiveres Kontaktnetz mehrerer Personen des eigenen Unternehmens zu Entscheidern des Kundenunternehmens (Multilevel-Kontakte, Kontaktnetze)
- Verbesserte und vertiefte, auch zukunftsorientierte Informiertheit über Kunden und ihre Anforderungen
- Verminderte Konfliktintensität mit den Key Accounts
- Verbesserung des Geschäftsklimas
- Verbesserung der Wettbewerbsposition bei Key Accounts
- Höheres Problemlösungsniveau des eigenen Unternehmens gegenüber Key Accounts

Letztlich stellt sich die Frage nach dem Nutzen des Key Account Managements überhaupt nicht: Key Accounts sind vorhanden und werden so oder anders bearbeitet. Ob man das nun Key Account Management nennt oder nicht, ist zweitrangig. Wichtig ist, daß die Geschäfte mit Key Accounts die Basis für das Gesamtgeschäft stark prägen und dominieren. Soll ein Geschäft Nutzen bringen (und diese Prämisse ist ja wohl nicht diskutabel), so muß das von den Geschäften mit den Key Accounts her aufgebaut werden. Shareholder-Value setzt Customer-Value voraus. Customer-Value muß zu positiven Deckungsbeiträgen aus Geschäften mit Key Accounts führen.

Literaturhinweise

Sidow, Hans D., Key Account Management, 3. Auflage, Landsberg 1997

3.4 Projektmanagementpraxis

Der Autor

Dipl. Ing. Winfried vom Hofe ist DV-Leiter für den Kundendienst in Deutschland, Österreich und Osteuropa bei der Digital Equipment GmbH. Er arbeitete viele Jahre als Projektleiter in unterschiedlichen Bereichen. Herr vom Hofe ist Mitglied der GPM Deutschen Gesellschaft für Projektmanagement e.V.

Wozu Projektmanagement?

Der Bedarf an individuellen Kundenlösungen, die verstärkte Nachfrage nach Systemlösungen, die zunehmend gemeinsamen Entwicklungen von Kunde und Lieferant bewirken, daß Projektarbeit heute immer wichtiger wird. So entwickeln Projektteams beim Lieferanten maßgeschneiderte Lösungen für den Kunden, so erarbeiten prozeß- und firmenübergreifende Teams gemeinsame Projekte von Lieferant und Kunde oft bereits im Entwicklungsstadium von Produkten. Die Grundregeln des Projektmanagements zu kennen, ist deshalb ein wichtiger Erfolgsfaktor für Ihre Arbeit als Führungskraft im Verkauf.

Mit den Methoden des Projektmanagements können Sie alltägliche Aufgaben, z.B. größere Konferenzen, ebenso gut wie „echte" Projekte, interne wie solche mit Kunden, erfolgreich realisieren. Auch wenn Sie selbst nicht aktiv an Projekten mitarbeiten, so ist es doch wichtig, daß Sie die Grundregeln des Projektmanagements kennen, um geeignete Projektmanager für anstehende Projekte zu finden, im Projektverlauf die richtigen Fragen stellen, um Lagebeurteilungen anstellen zu können.

Der dazu erforderliche minimale Formalismus ist kein administrativer *overhead,* sondern lediglich Hilfsmittel. Projekte folgen einem einfachen Regelwerk, das dem alltäglichen Managen entlehnt und ihm damit sehr ähnlich ist. Dieses Regelwerk macht die Abläufe ein wenig formalisierter und damit bewußter.

Dieser Beitrag zeigt Ihnen, wie Sie Projekte unterschiedlichster Natur gewissenhaft planen und erfolgreich durchführen (lassen) können.

Der Start und die ersten Schritte

Ein Projekt beginnt zu einem gewollten Zeitpunkt. Zielsetzung bzw. erwartetes Ergebnis müssen festgelegt sein. Der Auftraggeber, der bei größeren Projekten in der Regel gleichzeitig der Geldgeber (Sponsor) ist, hat das Projekt genehmigt. Dies setzt natürlich voraus, daß es einen Auftraggeber gibt, der sich seiner Rolle bewußt ist. Wenn der bekanntgemachte Projektmanager mit seiner Arbeit beginnt, ist das Projekt gestartet.

Bei umfangreichen Projekten sind folgende Faktoren im allgemeinen Voraussetzung für die Genehmigung des Projekts. Sie sind aber auch bei kleinen Projekten zu empfehlen. Es sollte

- das Gesamtbudget des Projekts definiert und genehmigt,
- ein Projektphasen- bzw. Meilensteinplan ausgearbeitet und genehmigt,
- die Projektorganisation festgelegt sein.

Checkliste für den Projektstart

- Startdatum festgelegt ❏
- Startdatum veröffentlicht ❏
- Genehmigung des Auftraggebers liegt vor ❏
- Budget liegt vor ❏
- kompetenter Projektmanager ernannt ❏
- Projektplan veröffentlicht ❏

Eine ausführliche Dokumentation der Rahmenbedingungen gehört zu jedem Projektstart. Der Projektmanager arbeitet sie als Projektplan aus und stellt sicher,

daß sie allen Beteiligten zugänglich gemacht wird.

Projektorganisation

Viele Projekte sind mehr oder weniger einmalig, deshalb leistet man sich dafür keine eigenständige feste Organisation. Außerdem müssen die Beteiligten bestimmte Fähigkeiten und ein bestimmtes Fachwissen besitzen. Daher wird eine Projektorganisation festgelegt, die über den Zeitraum des Projekts gültig ist. Die Leitung übernimmt der Projektmanager.

Je nach Art des Projekts sind natürlich unterschiedlichste Abteilungen und Mitarbeiter beteiligt, nicht unbedingt alle in Vollzeit. Die „Teilzeitbeschäftigung" (hier ist nicht die tarifliche Teilzeit gemeint) an einem Projekt macht allerdings die Koordination und Zusammenarbeit schwierig. Häufig stehen benötigte Ressourcen nicht zu 100 % für ein Projekt zur Verfügung, sondern arbeiten an mehreren Projekten gleichzeitig.

Um den Erfolg eines Projekts (und anderer laufender Projekte) zu gewährleisten, muß die Ressourcenzuordnung klar festgelegt werden. Hierzu erarbeitet der Projektmanager eine Rollen- und Verantwortlichkeitsmatrix, in der definiert ist, wer was in welchem Umfang zu erledigen hat. Bei größeren Projekten bildet man Gruppen, die von Gruppen- bzw. Teilprojektleitern gemanagt werden. Die Beziehungen untereinander und in der Projekthierarchie werden ebenfalls vorher festgelegt.

Checkliste für die Projektorganisation

- Projektorganigramm erstellt ❏
- Rollen und Verantwortlichkeiten definiert ❏
- Ressourcen genehmigt und zugesichert ❏

Projektplanung

Um die erforderlichen Ressourcen in Umfang und Zeitpunkt allokieren zu können, muß der Projektmanager eine Aufwandsabschätzung durchführen. Dafür ist das Projekt zunächst zu strukturieren.

Im Projektstrukturplan (PSP) wird diese Strukturierung dokumentiert. Er ist eine hierarchische Aufgabendarstellung in grober Untergliederung (s. Abbildung unten).

Die Aufwandsschätzung ordnet jeder Aufgabe einen Zeitaufwand und die Anzahl der gleichzeitig einsetzbaren Ressourcen zu.

Der Netzplan (s. Abbildung folgende Seite) als Vorgänger-Nachfolger-Plan –

welche Aufgabe muß erledigt sein, bevor eine bestimmte andere beginnen kann – erlaubt, den Zeitpunkt der Abarbeitung einer Aufgabe im voraus zu berechnen.

Der Balkenplan (s. Abbildung folgende Seite) gibt eine grafische Übersicht, wann welche Ressource zum Einsatz kommt

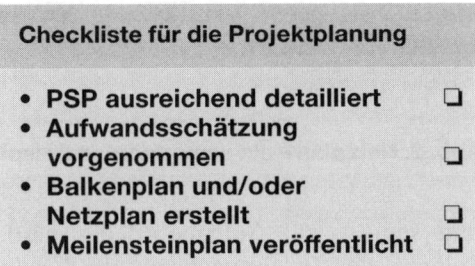

Checkliste für die Projektplanung

- **PSP ausreichend detailliert** ❑
- **Aufwandsschätzung vorgenommen** ❑
- **Balkenplan und/oder Netzplan erstellt** ❑
- **Meilensteinplan veröffentlicht** ❑

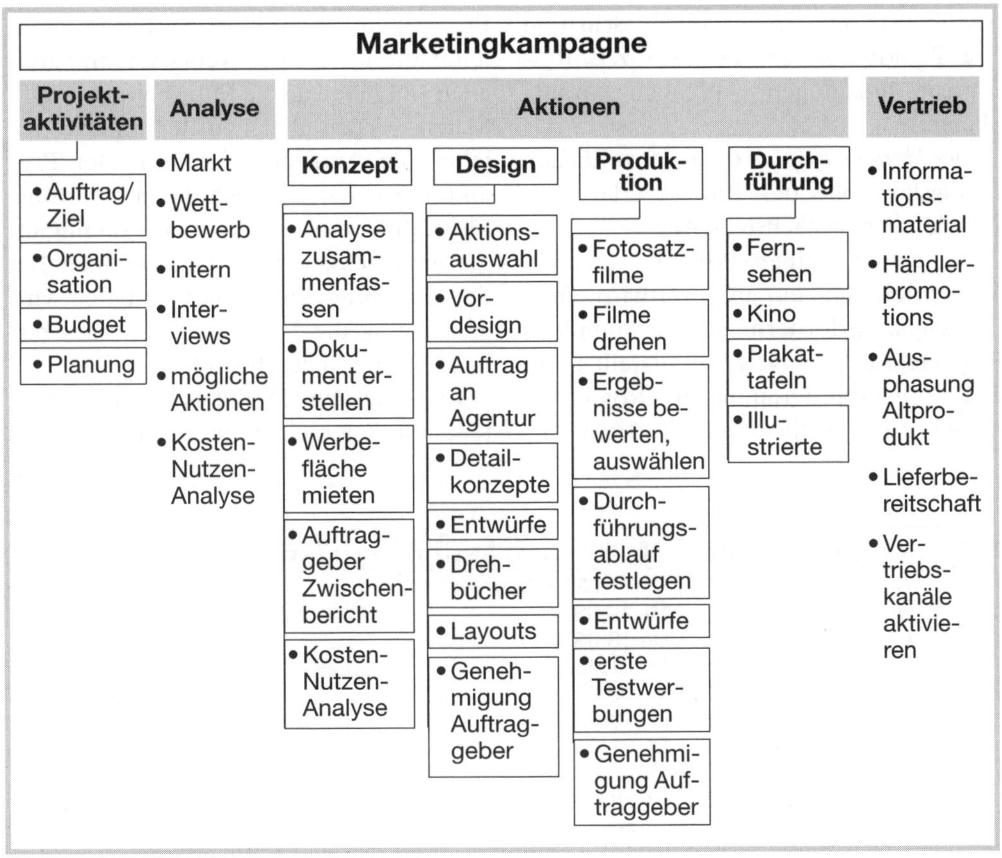

Marketingkampagne

Projekt-aktivitäten	Analyse	Aktionen				Vertrieb
• Auftrag/ Ziel	• Markt	**Konzept**	**Design**	**Produk-tion**	**Durch-führung**	• Informations-material
• Organisation	• Wett-bewerb	• Analyse zusam-menfas-sen	• Aktions-auswahl	• Fotosatz-filme	• Fern-sehen	• Händler-promo-tions
• Budget	• intern		• Vor-design	• Filme drehen	• Kino	
• Planung	• Inter-views	• Doku-ment er-stellen	• Auftrag an Agentur	• Ergeb-nisse be-werten, auswählen	• Plakat-tafeln	• Aus-phasung Altpro-dukt
	• mögliche Aktionen	• Werbe-fläche mieten	• Detail-konzepte	• Durch-führungs-ablauf festlegen	• Illu-strierte	• Lieferbe-reitschaft
	• Kosten-Nutzen-Analyse	• Auftrag-geber Zwischen-bericht	• Entwürfe	• Entwürfe		• Ver-triebs-kanäle aktivie-ren
		• Kosten-Nutzen-Analyse	• Dreh-bücher	• erste Testwer-bungen		
			• Layouts	• Genehmi-gung Auf-traggeber		
			• Geneh-migung Auftrag-geber			

Abb.1: Projektstrukturplan –
    hier nur bis zur dritten Ebene ausgeführt. Er kann bei Bedarf weiter detailliert werden

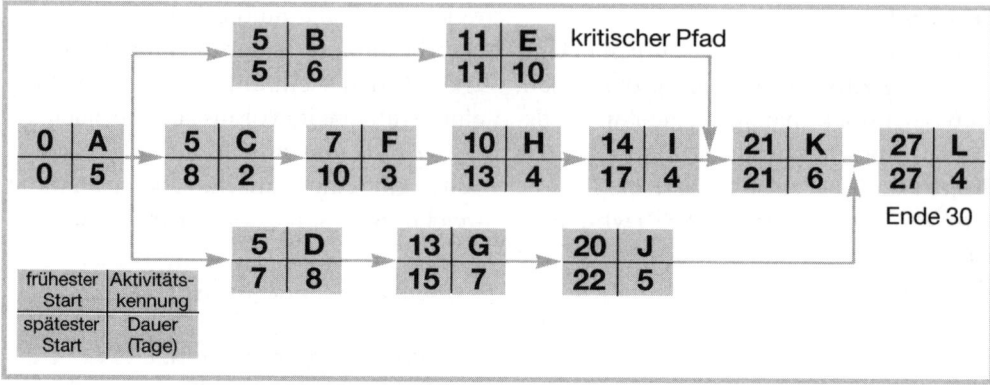

Abb. 2: Netzplan – ein vereinfachtes Beispiel

und wann welche Aufgabe erledigt wird. Solange der Projektmanager (und sein Auftraggeber) mit dem Zeitplan nicht zufrieden ist, muß in iterativen Schritten eine Planoptimierung erfolgen, z. B. Ressourcen hinzufügen, Aufgaben parallel planen.

Der Meilensteinplan dient der zeitlichen Erfolgskontrolle des Projektverlaufs (s. Abbildung übernächste Seite).

Bei einem kleinen Projekt reicht ein Meilensteinplan, ein größeres wird einen Balkenplan erfordern. Nur für komplexe Projekte wird ein Netzplan erstellt (gängige Softwareprogramme für Projektplanung beinhalten alle drei Planvarianten).

Durchführung, Steuerung, Kontrolle und Plananpassung

Im Verlauf des Projekts werden durch den Projektmanager bzw. die Arbeitsgruppenleiter die mehr oder weniger umfangreichen Aufgaben an die Mitarbeiter verteilt. Selten werden gleich zu Beginn des Projekts alle Aufgaben zugeteilt. Der Projektmanager sichert sich damit die nötige Flexibilität, um auf veränderte Bedingungen angemessen reagieren zu können. Bei der Zuteilung einer neuen Aufgabe wird gleichzeitig die Erfolgskontrolle des bisher geleisteten durchgeführt.

In jedem Projekt gibt es Unwägbarkeiten, von denen einige bereits im Stadium

Nr.	V	D	Anfang	Ende	5. März 10. März 17. März 24. März usw.
					M D F S S M D M D F S S M D M D F S S M D M D F usw.
1	A	5 t	Mi 05.03.	Di 11.03.	
2	B	6 t	Mi 12.03.	Mi 19.03.	
3	C	2 t	Mi 12.03.	Do 13.03.	
4	D	8 t	Mi 12.03.	Fr 21.03.	
5	E	10 t	Do 20.03.	Mi 02.04.	
6	F	3 t	Fr 14.03.	Di 18.03.	
7	G	7 t	Mo 24.03.	Di 01.04.	
8	H	4 t	Mi 19.03.	Mo 24.03.	
9	I	4 t	Di 25.03.	Fr 28.03.	
usw.	usw.	usw.	usw.	usw.	

Abb. 3: Balkenplan

Checkliste für Steuerung und Kontrolle

- **regelmäßige Kontrollen durchgeführt** ❑
- **Ursachen für Verschiebungen ermittelt** ❑
- **Aktionspläne erstellt und verfolgt** ❑
- **Planrevisionen genehmigt** ❑
- **Risikobewertung durchgeführt (vgl. Kapitel „Projektrisiken")** ❑

der Planung bekannt sind. Aber selbst bekannte Imponderabilien, auf die man sich rechtzeitig einstellen könnte, führen im Verlauf eines Projekts oft zu mehr oder minder gravierenden Verzögerungen. Manchmal müssen auch die Inhalte oder die Ziele des Projekts verändert bzw. angepaßt werden. Kein Projekt verläuft genau nach Plan. Aufgabe des Projektmanagers ist es, rechtzeitig Verzögerungen, Ressourcenknappheit oder inhaltliche Veränderungen zu erkennen und geeignete Maßnahmen zu ergreifen.

Die Durchführung eines Projekts ist ein ständiger Steuerungs- und Regelkreis: Messen des Arbeitsfortschritts – Vergleich zum Plan – Ergreifen von Maßnahmen zur Rückkehr auf den Plan – Anpassung des Plans.

Dies ist die schwierigste, gleichzeitig wichtigste Aufgabe des Projektmanagers.

Der beste Plan nützt nichts, wenn der Projektmanager nicht in der Lage ist, ihn adäquat umzusetzen. Hierzu gehören die zeitliche und inhaltliche Umsetzung genauso wie die Einhaltung des Budgets bzw. die vom Auftraggeber möglicherweise genehmigte Revision des Budgets.

Kosten-Nutzen-Analyse

Bei sehr vielen Projekten ist dies einer der Schwachpunkte, weil diese Analyse einfach nicht erstellt wird. Ein Grund, warum eine Kosten-Nutzen-Analyse (*Return on Investment*-Rechnung, abgekürzt RoI) so selten gemacht wird: Sie ist etwaskompliziert und wird häufig als Theorie und lästiges Zahlenwerk angesehen. Ein anderer Grund: So manches Projekt wäre wohl nicht genehmigt worden, wenn man den zu erwartenden Nutzen gegenüber dem Aufwand vorher quantifiziert hätte.

Wenn Sie aber erfolgreiche Projekte machen wollen, mit denen Sie auch Profit erzielen können, dann sollten Sie Ihr Augenmerk auf das zu erreichende Kosten-Nutzen-Verhältnis legen. Zugegeben, viele Projekte müssen einfach gemacht werden. Aber wer wollte nicht sicherstellen, daß Projekte in verantwortbarem Aufwandsrahmen ablaufen und die Zielsetzung am Ende auch wirklich erreicht wird?

Gehen Sie wie folgt vor: Ermitteln Sie alle Kosten- und Nutzen-Faktoren und teilen Sie sie in quantifizierbare und nicht quantifizierbare ein (diese Zuordnung

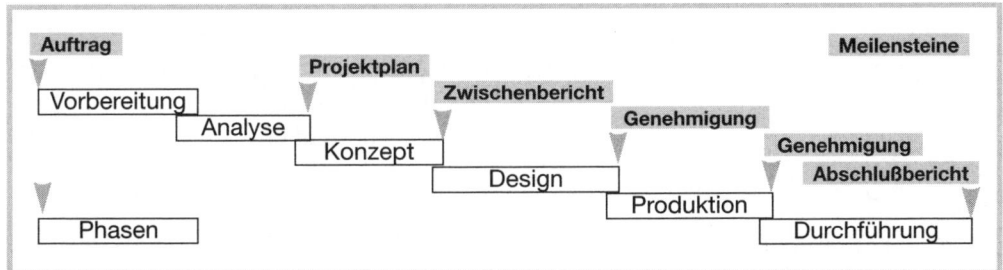

Abb. 4: Phasen- und Meilensteinplan

kann im Laufe der weiteren Analyse verschoben werden).

Ermitteln Sie die Einflußparameter der quantifizierbaren Faktoren und drücken Sie diese in Zahlen aus (am besten in DM bzw. umgerechnet in DM).

Führen Sie anschließend eine Sensitivitätsanalyse durch: Setzen Sie untere und obere Grenzwerte für die Einflußparameter fest und ermitteln Sie so einen erwartbar schlechten und einen erwartbar guten Kosten-Nutzen-Effekt. Fragen Sie sich, wie wahrscheinlich die drei ermittelten Werte sind (der schlechtere, der mittlere und der bessere). In der Praxis werden auch die Einflußparameter untere und obere Grenzwerte haben, die mit größerer oder geringerer Wahrscheinlichkeit eintreten. „Drehen" Sie nun an diesen Werten, bis Sie mit den Ergebnissen Ihres *RoI* „ein gutes Gefühl" haben.

Für solche Analysen empfiehlt sich dringend ein PC-gestütztes Tabellenkalkulationsprogramm.

Fragen Sie sich zum Schluß, ob Ihnen die nicht quantifizierbaren Faktoren bei deren möglichem Eintritt das Ergebnis in einem gewünschten Rahmen verbessern oder möglicherweise auch verschlechtern.

Lassen Sie die Ergebnisse aus dieser Analyse in die Zielsetzung des Projekts einfließen. Führen Sie nach erfolgreichem Abschluß des Projekts erneut eine Kosten-Nutzen-Analyse durch, um die Annahmen zu verifizieren bzw. zu revidieren. In letzterem Fall müssen Sie geeignete Maßnahmen zur „Wiederherstellung der Profitabilität" ergreifen.

Checkliste für RoI

- **Kalkulation wirklich durchgeführt?**   ❏

Wie stellt man den Erfolg eines Projekts sicher?

Es gibt hundert Gründe, warum ein Projekt scheitern kann – und es gibt sieben Prinzipien, was Sie dagegen tun können:

Transparente Zielsetzung

Es mag trivial klingen, diesen Punkt zu einem eigenen Erfolgsfaktor zu machen, aber lange nicht jedes Projekt hat eine klar definierte Zielsetzung. Selbst wenn es eine gibt, kann das Projekt daran scheitern, daß so mancher das Ziel der Arbeit und wie es gemeint war, eigentlich gar nicht so richtig erfaßt hatte. Es nützt wenig, das Projektziel an einer großen Plakattafel in der Firma aufzuhängen. Es muß sichergestellt sein, daß alle Projektbeteiligten verstanden haben, was am Ende herauskommen soll.

Sinnvoll ist es, die Hintergründe, die zu dem Projekt führten, den Beteiligten mitzuteilen. So können sie viel leichter und sachgerechter in einzelnen Situationen eigenständige Entscheidungen treffen. Es ist ohnehin nicht sicherzustellen, daß der Projektmanager laufend kontrolliert, ob alle in die richtige Richtung arbeiten.

Nicht zu vergessen: Nicht jeder versteht unter einem Begriff notwendigerweise dasselbe. Und manchmal kommt etwas beim Hörer ganz anders an, als der Sender es gemeint hat.

Je präziser und ausführlicher der Projektauftrag formuliert ist, um so weniger wird ihn jemand mißverstehen (dies gilt für alle Teilaufträge innerhalb des Projekts gleichermaßen).

Projektleiterkompetenz

„Naturgemäß" werden Projekte aus unterschiedlichsten Ressourcen „zusammenorganisiert". Der Projektmanager ist der

Regel 1

Die Zielsetzung des Projekts mit ihren Rahmenbedingungen muß ausführlich schriftlich festgehalten und kommuniziert werden.

Fragen Sie sich:
- **Was haben wir getan, um sicherzustellen, daß alle Beteiligten wissen und verstanden haben, worum es bei dem Projekt geht?**
- **Wer hat daran mitgewirkt?**
- **Wie werden neu zum Projekt hinzukommende Mitarbeiter eingearbeitet?**
- **Wie wird sichergestellt, daß alle Änderungen – dazu gehören auch Präzisierungen – der Zielsetzung bekannt werden?**

Koordinator dieser für den einmaligen Fall zusammengestellten Organisation. Er muß daher einen weiten Bereich unterschiedlichster Kompetenzen abdecken. Daß er fachlich kompetent ist, reicht nicht, vielmehr muß er intellektuelle und soziale Fähigkeiten mitbringen, die er mit seinem fachlichen Know-how kombinieren können muß. Der Projektmanager ist ein Teamleiter auf Zeit, der in kürzester Zeit das Projektteam auf Höchstleistung bringen muß.

Stellen Sie sicher, daß Ihr Kandidat in ausgewogener Form die folgenden Qualitäten mitbringt (je größer das Projekt um so mehr davon; keine Prioritätsfolge!):
- fachliches Know-how
- analytisches Verständnis und schnelle Auffassungsgabe
- gleichermaßen globales und detailliertes Denken
- schriftliches und mündliches Ausdrucksvermögen
- vorausschauendes Denken und Abstraktionsvermögen

- sicheres Auftreten und exzellente Kommunikationsfähigkeiten
- gleichermaßen ausgleichende Fähigkeiten wie Durchsetzungsvermögen
- Zähigkeit, um ständig am Projektfortschritt zu arbeiten

Gründliche Bedarfsanalyse

Viele Projekte scheitern, weil zwar eine klare Zielsetzung bekannt ist, sie aber den eigentlichen Zweck nicht erfüllt. Man will z. B. einen Nachfolgetyp für ein auslaufendes Produkt entwickeln. Wie er aussehen soll, ist geklärt. Aber wer hat den Kunden gefragt, wie er es gern hätte?

Regel 2

Nehmen Sie als Projektleiter nicht einfach jemanden, der gerade abkömmlich ist. Nehmen Sie den besten, den Sie sich für diese Aufgabe vorstellen können.

Fragen Sie sich:
- **Was ist an unserem Projekt so Besonderes, daß wir einen besonders kompetenten Projektleiter brauchen?**
- **Welche Kompetenzschwerpunkte soll er mitbringen?**
- **Wer käme eigentlich am besten für den Job in Frage? (Warum bekommen wir ihn nicht?)**
- **Wenn wir schon nicht den besten bekommen haben, was fehlt dem ausgewählten Kandidaten? Und was können wir zur Kompensation tun?**

Auftraggeber und Projektmanager müssen gemeinsam sicherstellen, daß eine genaue Beschreibung des Kundennutzens in Ergänzung des Projektziels vorliegt. Dies betrifft interne Projekte genauso wie externe. Liegt eine solche Bedarfsanalyse beim Start des Projekts nicht vor (und bestehen Zweifel daran, daß allen Beteiligten klar ist, daß das Projektziel auch wirklich den Nutzen des Endkunden deckt), muß am Anfang des Projekts eine entsprechende Analyse durchgeführt werden. Das kann durchaus parallel zu laufenden Projektaktionen geschehen.

Wenn über das Projektziel Einigkeit besteht, dient die Bedarfsanalyse eher dazu, einen höheren Detaillierungsgrad für das Projekt zu beschreiben. Sie kann auch dazu führen, das Projektziel zu verifizieren oder zu revidieren.

Die Bedarfsanalyse besteht je nach Projekttyp aus einer Menge Detailarbeit mit vielen Interviews und dem Sammeln von Fakten, wie das Endprodukt genau aussehen soll (wobei Endprodukt z.B. auch eine Tagung oder Umorganisation sein kann).

Ein Beispiel, was mit der Bedarfsanalyse im Vergleich zum Projektziel (als Auftrag für den Projektmanager) gemeint ist: Der Auftrag lautet „Durchführen einer Marketingkampagne zur Wiederbelebung des Umsatzes für ein bestimmtes Produkt innerhalb eines vorgegebenen Zeitraums". Der Projektmanager analysiert nun, was die Hintergründe des Umsatzrückgangs sind, welches Marktpotential existiert, was die Wettbewerber tun, was ihm der Vertrieb zu sagen hat, welche Vorstellungen die Vertragsagentur hat usw. Dies diskutiert er dann mit seinem Auftraggeber.

Generell ist es wichtig, daß Sie versuchen, den Bedarf von unterschiedlichen Seiten zu ermitteln, wenn Sie den Endnutzer nicht unmittelbar interviewen können. Sie haben damit die Möglichkeit, konkurrierende Aussagen zu bestätigen oder zu widerlegen. Einer umfangreichen Analyse bedarf es z.B., um festzulegen, mit welcher Farbpalette ein neuer Automobiltyp angeboten werden soll. Der Projektleiter wird

Regel 3

Glauben Sie nicht, daß mit der Festlegung des Projektziels auch automatisch der Kundennutzen erreicht wird.

Führen Sie eine gründliche Bedarfsanalyse durch!

Fragen Sie sich:
- **Was wurde über die Beschreibung des Projektziels hinaus getan, um das Anforderungsprofil an das Endprodukt kundennutzengerecht zu beschreiben?**
- **Wer wurde befragt, um den Kundennutzen zu spezifizieren?**
- **Wie stellen wir sicher, daß Veränderungen (auch Präzisierungen) im Zuge der Projektlaufzeit berücksichtigt werden?**

sich nicht nur die Verkaufszahlen des Vorläufermodells besorgen, sondern auch einzelne Verkäufer fragen, was sie aus ihrem unmittelbaren Kundenkontakt mitteilen können. Er wird einen Farbpsychologen befragen und viele andere mehr.

Bei größeren Projekten wird die Analysearbeit durch vorbereitete Fragebogen erleichtert, die man ggf. auch ohne Interviews ausfüllen lassen und danach systematisch auswerten kann.

Eindeutige Verteilung der Rollen und Verantwortlichkeiten

So wie die Kompetenz des Projektleiters die Klammer über die Projektorganisation darstellt, so ist die ausgewogene Verteilung der Rollen und Verantwortlichkeiten die Basis für die reibungslose Zusammenarbeit des gesamten Projektteams (oder auch mehrerer Teilprojektteams).

Bedenken Sie: Die überwiegende Mehrheit der Mitarbeiter in einem Projekt hat in dieser Form vermutlich noch nicht zusammengearbeitet und wird es mit großer Wahrscheinlichkeit auch nie wieder tun. Es muß in kürzester Zeit eine funktionsfähige Organisation geschaffen werden, in der die Rollen klar festgelegt und die Verantwortlichkeiten abgegrenzt sind.

Sie können es sich nicht leisten, daß innerhalb des Projekts Doppelarbeit oder ein Verzug entsteht, weil eine Aufgabe nicht (rechtzeitig) erledigt wurde.

Legen Sie zu Beginn des Projekts alle Rollen schriftlich fest, auch wenn sie erst später ins Projekt einsteigen. So kann sich jeder Projektbeteiligte von vornherein darauf einstellen, wann sein Einsatz kommt.

Die Zuteilung der Verantwortlichkeiten ist das Kernstück der Projektorganisation. Der Projektmanager legt fest, was er von jedem Mitspieler erwartet und wie dieser seinen Part zu spielen hat. Stellen Sie sich den Projektplan als Drehbuch vor, das vor Beginn der eigentlichen Arbeiten fertiggestellt ist. Danach läuft alles (hoffentlich) „wie am Schnürchen".

Wenn die Verantwortlichkeiten nicht zu Beginn des Projekts festgelegt und kommuniziert werden, können Sie sicher sein, daß es im Verlauf des Projekts zu mehr oder weniger offenen Kompetenzstreitigkeiten kommt. Diese müssen nicht gravierend sein, sind aber vermeidbar. Gerade die nicht so gravierenden und damit weniger offensichtlichen Kompetenzprobleme erweisen sich in der Praxis immer wieder als die kritischeren. Häufig steckt nicht einmal Absicht oder böser Wille, sondern schlicht Unwissenheit oder Unaufmerksamkeit dahinter. Regeln müssen Sie die Verantwortlichkeiten in jedem Fall – also tun Sie es am besten rechtzeitig.

Die Verantwortlichkeit der Rolle „Projektmanager" sieht z. B. wie folgt aus: Der Projektmanager

- managt das gesamte Projekt eigenverantwortlich;
- legt zu den Meilensteinen und nach Abschluß jeder Phase dem Auftraggeber einen Statusbericht vor;
- stellt die Ressourcenverfügbarkeit in Zusammenarbeit mit den Fachabteilungsleitern sicher;
- bezieht die Qualitätssicherung und die Marketingabteilung mit ein usw.

Die Verantwortlichkeit der Rolle „Marketingagentur" könnte (vereinfacht) so aussehen:

- Sie erstellt ein Angebot für die Kampagne und entwirft diese nach Vorgaben des Marketingleiters;
- sie führt die Kampagne nach Genehmigung selbständig durch – oder das genaue Gegenteil: „führt sie nicht durch", dann muß dies bei jemand anderem erscheinen.

Regel 4

Vermeiden Sie Kompetenzrangeleien während des Projekts durch eine Verantwortlichkeitsverteilung für alle Projektbeteiligten zu Beginn des Projekts.

Fragen Sie sich:
- **Hat der Projektmanager die wesentlichen Verantwortlichkeiten der Beteiligten ausreichend festgelegt?**
- **Passen die Verantwortlichkeiten zu den Rollen und umgekehrt?**
- **Wo gibt es möglicherweise erkennbare Reibungspunkte in der Organisation?**
- **Sind die Schnittstellen zu anderen Projekten (ggf. auch externen Organisationen) ausreichend klar festgelegt?**

Definierter Projektstart

Die bisher beschriebenen Erfolgsfaktoren liegen alle am Beginn des Projekts. Das ist auch die härteste Zeit, ja, die Bewährungsprobe des Projekts. Ein sarkastisches Wort sagt: „Ein schlechtes Projekt beginnt nie, aber es endet auch nie."

Warum tun sich Projekte am Start so schwer? Dies hängt wiederum mit der eigens dafür zu etablierenden Organisation zusammen. Steht endlich ein kompetenter Projektmanager zur Verfügung, hat dieser mit „seinen Ressourcen" das gleiche Problem: Die Mitarbeiter sind meist alle noch in anderen Projekten beschäftigt, die in „guter Manier" ständigen Verzögerungen unterliegen. Manche Mitarbeiter sind bereits verfügbar, aber sicherlich nicht die, die am dringendsten benötigt werden. So ziehen sich die Projektaktivitäten zu Beginn des Projekts hin; niemand kommt richtig vorwärts, weil er notwendige Zuarbeiten vermißt oder seine Arbeitsergebnisse noch nicht abgenommen werden. Folge ist, daß der benötigte Aufwand deutlich über den Planungen liegt, was sich linear in steigenden Kosten niederschlägt.

Gerade in dieser Zeit, in der er um jede Ressource kämpfen muß, hat der Projektmanager die größte intellektuelle Herausforderung zu bestehen. Er muß das gesamte Projekt vor seinem geistigen Auge ablaufen lassen, um es durchstrukturieren zu können. Er darf nichts auslassen, was von Bedeutung ist. Fehler (insbesondere Unterlassungen), die zu Beginn des Projekts entstehen, können fatale Auswirkungen auf das Endergebnis haben.

Er muß „in der Theorie" das gesamte Projekt vorwegnehmen, die früheren Phasen detaillierter, die späteren gröber. Und er braucht Ruhe und Konzentration dazu. Schließlich legt er als Ergebnis den Projektplan als abgeschlossenes Dokument vor.

Es enthält die folgenden Kapitel:

- Projektauftrag und Abgrenzung des Auftrags zu anderen Projekten,
- Projektorganisation, Rollen und Verantwortlichkeiten,
- Phasenplan mit Grobmeilensteinen, z. B. Analyse-, Konzept-, Design- und Durchführungsphase,
- Dokumente, die zu erarbeiten und ggf. zu genehmigen sind,
- Schnittstellen nach außerhalb des Projekts, z. B. Ausphasung des alten Produkts, Herstellen der Lieferbereitschaft des neuen Produkts; Planung/Vorbereitung der Produktion,
- Analyse der möglichen Risiken,
- Eskalationsplan für Streitfälle,
- erster grober Zeitplan mit allen fixen Terminen.

Regel 5

Geben Sie dem Projektmanager zu Beginn des Projekts genügend Ruhe und Freiraum, die Planung des Projekts zu erstellen.

Machen Sie in Ihrer Firma Werbung für Ihr Projekt. Sie erhöhen die Wertigkeit Ihres Projekts, wenn es in der Firma einen guten Namen hat. Damit erhalten Sie auch zu teilende Ressourcen leichter.

Gewissenhafte Planung

Es geht weniger darum, gleich zu Beginn des Projekts jedes nur erdenkliche Detail „durchplanen" zu lassen, vielmehr soll sichergestellt werden, daß sich ein abgerundetes und ausgewogenes Bild des Projektablaufs ergibt. Es macht keinen Sinn, spätere Projektphasen schon zu Beginn im Detail zu planen. Selbst Aufwandsschät-

Regel 6

Stellen Sie sicher, daß zugesagte Ressourcen zu Beginn des Projekts nicht laufend wieder für andere Zwecke eingesetzt werden, und planen Sie speziell bei Projektbeginn nicht zu optimistisch mit den zugesagten Ressourcen.

Fragen Sie sich:
- **Welches sind die Kernressourcen, die zu Beginn des Projekts verfügbar sein müssen?**
- **Hat der Auftraggeber (Sponsor) seine Rolle verstanden und steht er hinter dem Projekt? Auch mit Taten?**
- **Welche vorbereitenden Aktionen müssen abgeschlossen sein, bevor das Projekt beginnt? Und sind sie auch wirklich abgeschlossen?**
- **Gibt es eventuell noch ein paar Alibivorbereitungen, die den Projektstart „verschleifen"?**
- **Wer muß Ressourcen bereitstellen, steht aber noch nicht voll hinter unserem Projekt?**
- **Was kann getan werden, um dem Projektmanager die Projektplanung zu erleichtern?**

„Sage mir, wie Dein Projekt begonnen hat, und ich sage Dir, wie es enden wird."

zungen, so wünschenswert sie für eine genaue Budgetierung und Ressourcenreservierung bereits zu Beginn des Projekts wären, sollten in abgestufter Detaillierung erfolgen.

Es ist viel sinnvoller, die Planung in überschaubaren Zeiträumen zu detaillieren und ggf. zu revidieren, spätestens zum Abschluß jeder Projektphase für die jeweils nächste.

Die Planung zu Beginn des Projekts ist aus mehreren Gründen so wichtig:

- Es ist alles noch im Fluß, deshalb muß ein ausreichendes Maß an Transparenz für alle Beteiligten geschaffen werden.
- Der Auftraggeber muß die Gelegenheit bekommen, anhand der Planung Korrekturen am Projektrahmen vorzunehmen.
- Zu Beginn des Projekts sollten alle Eventualitäten bedacht werden; im Verlauf des Projekts kann man immer noch Streichungen vornehmen – Hauptsache, es wird nichts unbewußt übersehen.
- Sie können später zu jedem Zeitpunkt messen, wie weit vom Projektende entfernt Sie sich noch befinden, selbst wenn sich Verzögerungen ergeben haben und das Projekt nicht mehr im ursprünglichen Zeitplan ist.

Regel 7

Eine sorgfältige Planung gibt Ihnen in sicheres Gefühl und ist ein ausgezeichnetes Meßinstrument für den Projektfortschritt. Überziehen Sie aber nicht den Detaillierungsgrad der Planung.

Fragen Sie sich:
- **Haben wir genügend Sicherheit eingeplant (und nicht alles von vornherein zu optimistisch angesetzt)?**
- **Wo brauchen wir ggf. ein größeres Maß an Flexibilität in der Planung? – Ist sie entsprechend eingebaut?**
- **Unterstützt der Detaillierungsgrad der Planung die Durchführung von Revisionen und erleichtert er die Umplanung im Bedarfsfall?**
- **Inwieweit haben wir die während der ersten „unkontrollierten Phase" des Projektbeginns gewonnenen Erkenntnisse in die weitere Planung einfließen lassen?**

Konsequente, situationsgerechte Steuerung

Planung ist lediglich die eine Seite der Medaille. Ohne eine konsequente Steuerung auf der anderen Seite wird Ihr Projekt keinen schnellen Fortschritt machen.

Der Projektmanager ist der Kapitän. Er sorgt zu jedem Zeitpunkt des Projekts dafür, daß die Mitarbeiter auf dem richtigen Weg und im Zeitrahmen sind. Er ermittelt Abweichungen vom Plan und ergreift angemessene Maßnahmen. Je nachdem, ob eine Aufgabe auf dem kritischen Pfad liegt oder nicht, wird er Ressourcen hinzuziehen, die Arbeit beschleunigen, Teilziele umdefinieren, Aufgaben verlagern, andere Aufgaben parallel laufen lassen usw.

Es gibt keine Patentrezepte für das erfolgreiche Steuern eines Projekts. Entscheidend ist die Kompetenz des Projektmanagers und der Rückhalt des Auftraggebers, ihn das Projekt durchziehen zu lassen. Die Kontrolle des Projektmanagers muß unsichtbar bleiben. Er ist nicht nur einfach ein verlängerter Arm der Geschäftsleitung, sondern der voll verantwortliche Auftragnehmer für die Realisierung des Gesamtprojekts. Er ist der Fachmann, der als einziger das Gesamte überblickt und die Zusammenhänge versteht (auch wenn es Teilprojektleiter gibt).

Der Projektmanager wird regelmäßig Besprechungen abhalten, in denen er den Fortschritt mit den Verantwortlichen bespricht. Er wird die Ergebnisse, vor allem die beschlossenen Aktionen, mit Ausführenden und Terminen, schriftlich kommunizieren. Und der Auftraggeber wird vom Projektmanager regelmäßig über den Fortschritt informiert werden wollen.

Regel 8

Die geballte Kompetenz des Projektmanagers ist erforderlich, um das Projekt erfolgreich zum Ziel zu bringen. Der Auftraggeber gewährt ihm dafür die volle Rückendeckung.

Fragen Sie sich:
- **Ergreift der Projektmanager situationsgerechte Maßnahmen?**
- **Kann der Projektmanager über den Status der Kernpunkte des Projekts jederzeit Bericht geben?**
- **Sind die Statusberichte des Projektmanagers an seiner eigenen Planung orientiert?**
- **Sind die Planrevisionen inhaltlich nachvollziehbar begründet oder nur Verschleierungen von nachlässiger Projektsteuerung?**

Projektrisiken managen

So sehr die Erfolgsfaktoren auf die meisten Projekte anwendbar sind, so wenig sind die Risiken „standardisierbar". Ganz ausschalten lassen sich Risiken nie, sie sind höchstens relativ minimierbar.

Erstellen Sie eine Risikoliste. Teilen Sie jedem Risiko eine Eintrittswahrscheinlichkeit zu, schätzen Sie die Auswirkungen bei Eintritt des schlechteren Falles ein und planen Sie rechtzeitig Gegenmaßnahmen. Danach bleibt es dem Projektmanager überlassen, den Eintritt von Risiken rechtzeitig vorherzusehen und möglichst schon vorher angemessen darauf zu reagieren.

Regel 9

Zum Projektstart und zu jedem Phasenabschluß gehört mindestens eine kurze Risikoanalyse.

Zum guten Schluß

Außerhalb des Massenproduktbereichs werden heute kundenspezifische Lösungen immer mehr zum Inhalt der Vertriebsanstrengungen. Dabei kann es aber nicht im Sinn einer stabilen Vertriebsorganisation sein, wenn die Verkäufer zu Projektmanagern für die Lösungen werden. Vielmehr sollten diese auch im Lösungsgeschäft nur verkaufen und die Realisierung ihrer Innenorganisation überlassen.

Trotzdem muß der Verkäufer wissen, daß bestimmte Lösungen für seinen Kunden nur durch ein Projekt zu realisieren sind, daß dies Zeit braucht und Geld kostet (und möglicherweise Umsatz bringt), dem Kunden aber letztlich eine perfekte Lösung bietet. Er sollte die potentiellen Unsicherheiten, die einfach in jedem Projekt liegen, grob abschätzen können. Mit dem Projektmanager sollte er über die Planungen und den Projektverlauf sachgerecht sprechen und die Aussagen des Projektmanagers richtig einordnen können.

Ein Verkäufer muß auch Beiträge zum Projekt leisten, die ihn Zeit kosten, z.B. er wird Daten für die Kosten-Nutzen-Analyse und für das Anforderungsprofil liefern müssen. Er wird an Projektrevisionsbesprechungen teilnehmen und (je nach Kompetenz) zeitliche bzw. inhaltliche Projektveränderungen gegenzeichnen.

Aus eigenem Interesse wird er sich auf dem laufenden halten, damit er seinem Kunden jederzeit über den Stand Auskunft erteilen kann (ohne jedesmal beim Projektmanager nachfragen zu müssen).

3.5 Rein- oder/und Rausverkaufen?

Die Autorin

Dipl.-Betriebsw. Bettina Neehoff ist Mitglied der Geschäftsleitung der Wetzlarer Marketing- und Kommunikationsagentur MARKETING VISION. Dort verantwortet sie den Geschäftsbereich Investitions-/Gebrauchsgüter und den Bereich Creation. Bettina Neehoff betreut namhafte Kunden wie Villeroy & Boch, Leonardo, Novartis, Sonax, Philips Car Systems, Mettler Toledo, uvex und Kawasaki. In den letzten Jahren konzentrierte sie sich zunehmend auf die Themen Absatzförderung und Handelsmarketing.

Zielkonflikte zwischen Industrie und Handel

Auf den ersten Blick kooperieren Hersteller und Handel im Rahmen der Vermarktung von Produkten, während sie sich eigentlich an eigenen, divergierenden Zielen orientieren.

Der Hersteller möchte sein Produkt fördern, während für den Handel das Produkt nur Mittel zur Steigerung seines Sortimentsgewinnes bzw. Images seiner Einkaufsstätte ist. Ein gegenseitiges Mißtrauen erschwert darüber hinaus gemeinsame Zielüberlegungen. Und doch ist es für beide Seiten, Hersteller und Handel, wichtig, erfolgreiche Partnerkonzepte zu finden.

Ziele und Wünsche der Hersteller

Handelsmarketing erhält eine wachsende Bedeutung innerhalb des Marketing-Mix der Hersteller. Laut einer Analyse (o.V. w&v news, München, 19/1996) ist der Anteil der Verkaufsförderungsmaßnahmen an den Marketing-Budgets der Hersteller seit 1993 von 26 Prozent auf 41 Prozent gestiegen.

Diesen Trend bestätigen aktuelle Befragungen in ausgewählten Branchen der Gebrauchsgüterindustrie (o.V. Marketing Vision, Wetzlar, 1996/97) nach dem Standort der Kaufentscheidung:

Abhängig von der Branche/dem Produkt werden zwischen 50 bis 80 Prozent der Kaufentscheidungen am POS (Point of

Sale), im Händlerbetrieb, getroffen. Zudem ist das Handelsmarketing aus Sicht der Hersteller zur Beeinflussung des Handels kaum verzichtbar, da der Handel das Marketing am POS autonom steuert. Dies fordert von den Herstellern neue, den Handel in den Mittelpunkt stellende Kommunikationskonzepte mit dem Ziel:

- Präferierter Hersteller bei selektierten Handelsunternehmen zu werden.
- Kernkompetenz bei den Handelspartnern im Vergleich zum unmittelbaren Wettbewerb auf- und auszubauen.
- Den Handel und dessen Verkaufspersonal emotional an das eigene Unternehmen zu binden und somit die eigenen Produkte im Handel zu fördern.
- Eigene Präsenz/Plazierungen im Handelsunternehmen zu erhöhen.
- Letztendlich die Steigerung des Umsatzes/der Marktanteile im Handel zu bewirken.

Ziele und Wünsche der Händler

In wachsenden Sättigungstendenzen und mangelnder Ausgabefreudigkeit der Verbraucher sieht der Handel die größten Probleme (BBE Studie Der Handel: Strategie-Outlook '97, Köln 1996). Als zentrale Herausforderung für den Handel bis zum Jahre 2000 sahen die Händler in dieser Befragung hauptsächlich die Bereiche Personal/Service und Marketing.

Die wichtigsten Aspekte nach Ansicht der Befragten:

- Die Ladengestaltung wird aufgewertet.
- Die Erlebnisbetonung gewinnt an Bedeutung.
- Freundlichkeit und fachkompetente Beratung prägen am stärksten das Image des eigenen Handelsunternehmens.
- Immer noch ist das Schaufenster das wichtigste Werbemittel des Fachhandels.
- Direktwerbung gewinnt an Bedeutung.

Besonders der Fach-/Einzelhandel benötigt zur Lösung dieser Aufgaben Unterstützung von seiten der Hersteller.

Befragte Händler der Gebrauchsgüterindustrie (o.V. Marketing Vision, Wetzlar 1996/97; o.V. w&v Background, München, 44/1996) wünschten sich folgende Unterstützungsmaßnahmen:

- Den Handel integrierende Kommunikationskonzepte
- Informationen zum Thema Handelsmarketing/Kommunikation
- Verkaufsförderungsaktionen am POS
- Händler-Aktionstage
- Merchandising/Dekorationsunterstützung
- Mehr Schulung/Produktinformationen bzw. einprägsame Verkaufsargumente
- Kommunikations-/Servicezentralen beim Hersteller
- Allein-Stellung gegenüber regionalen Mitbewerbern

Zielkonflikt oder gemeinsame Chancen?

Der Hersteller möchte seine Präsenz am POS und sein Produkt fördern und gibt dem Handel entsprechende und gewünschte Unterstützungsmaßnahmen. So einfach ist das?

Langjährige Erfahrungen der Konsumgüterindustrie, die ca. 2/3 ihres Werbeetats für Verkaufsförderungsaktionen verwendet (o.V. absatzwirtschaft, Düsseldorf, 2/1995), zeigen die Risiken derartiger Aktionen: Die vom Hersteller eingesetzten Mittel und Gelder gelangen nur zu einem Bruchteil an den Endverbraucher, gewährte Rabatte werden nicht weitergegeben, Displays und Werbematerial werden häufig nicht eingesetzt.

Bei starker Unterstützung des Handels allerdings kann der Hersteller mit hoher Nachfrage der Endverbraucher rechnen. Demnach stellt sich den Herstellern die

Frage: „Wie kann ich den Handel zur Kooperation gewinnen?"

Den Handel zur Kooperation gewinnen

Aufgrund fehlenden Einflusses und geringer Möglichkeiten, Sanktionen gegenüber dem Handel auszuüben, bleiben dem Hersteller nur eingeschränkte Mittel, um den Handel zur Unterstützung zu bewegen. Dies fordert eine stärkere Orientierung an den Interessen des Handels.

Partnerkonzept oder Aktionismus?

Viele der bisherigen Maßnahmen zur Förderung des Absatzes im Handel drehen sich um Preisaktionen und Rabatte. Mit dem Nachteil: Der Hersteller erleidet einen Deckungsbeitragsverlust. Der Handel könnte vor der Aktion seinen Lagerbestand reduzieren, um sich zu Aktionskonditionen für längere Zeit zu bevorraten.

Ist das der Sinn und Zweck von Verkaufsförderungsaktionen? Wohl kaum!

Gefordert sind Partnerkonzepte statt Aktionismus, mit dem Ziel, durch eine geschickte Kombination der Maßnahmen und Medien des Herstellers die Handelsinteressen unter Wahrung der eigenen Ziele zu beachten.

Das Partnerkonzept

Ein Partnerkonzept soll dem Handel zeigen, daß dem Hersteller nicht an einer kurzfristigen, oft unrentablen Umsatzsteigerung, sondern an einer mittel- bis langfristigen Verfolgung beiderseitiger Interessen gelegen ist.

Diese Konzeption soll vordergründig den Rausverkauf des Handels unterstützen und dadurch dem Hersteller und dessen Vertriebsmannschaft das Reinverkaufen erleichtern.

Wichtige Elemente einer solchen Konzeption:

- Eigene Zieldefinition finden
- Gespräche mit dem Handel führen zur Ermittlung von dessen Bedürfnissen und der vorhandenen Infrastruktur
- Marktanalysen erstellen mit Prognosen zum Erfolg der gemeinsamen Aktionen
- Die emotionale Bereitschaft von Händler und Verkaufspersonal fördern, sich mit dem Hersteller/dem Konzept zu identifizieren
- Schulung/Information anbieten
- Kommunikationszentrale einrichten zur Individualisierung der Beziehung zwischen Handel und Hersteller
- Kommunikationspaket zusammenstellen mit dem Schwerpunkt auf Verkaufsförderungsaktivitäten am POS
- Merchandising konzipieren
- Konsumentengerichtete Aktivitäten anbieten zur Unterstützung des Handels

Rechte und Pflichten

Trotz der wichtigen Handelsorientierung darf ein Partnerkonzept nicht einseitig aufgebaut sein. Zum einen benötigt der Hersteller zur Finanzierung der Verkaufsförderungsaktionen eine bestimmte Abnahmeverpflichtung des Händlers, zum anderen steigt durch ein Partnerkonzept die Anwendung der Mittel und Medien beim Händler.

Der Händler erhält die Kommunikationspakete zum Rausverkaufen unter bestimmten Voraussetzungen, wie etwa Abnahmeverpflichtung, Teilnahme an Schulungen/Trainings, Plazierungen, Zweitplazierungen oder Einsatz der Kommunikationsmedien.

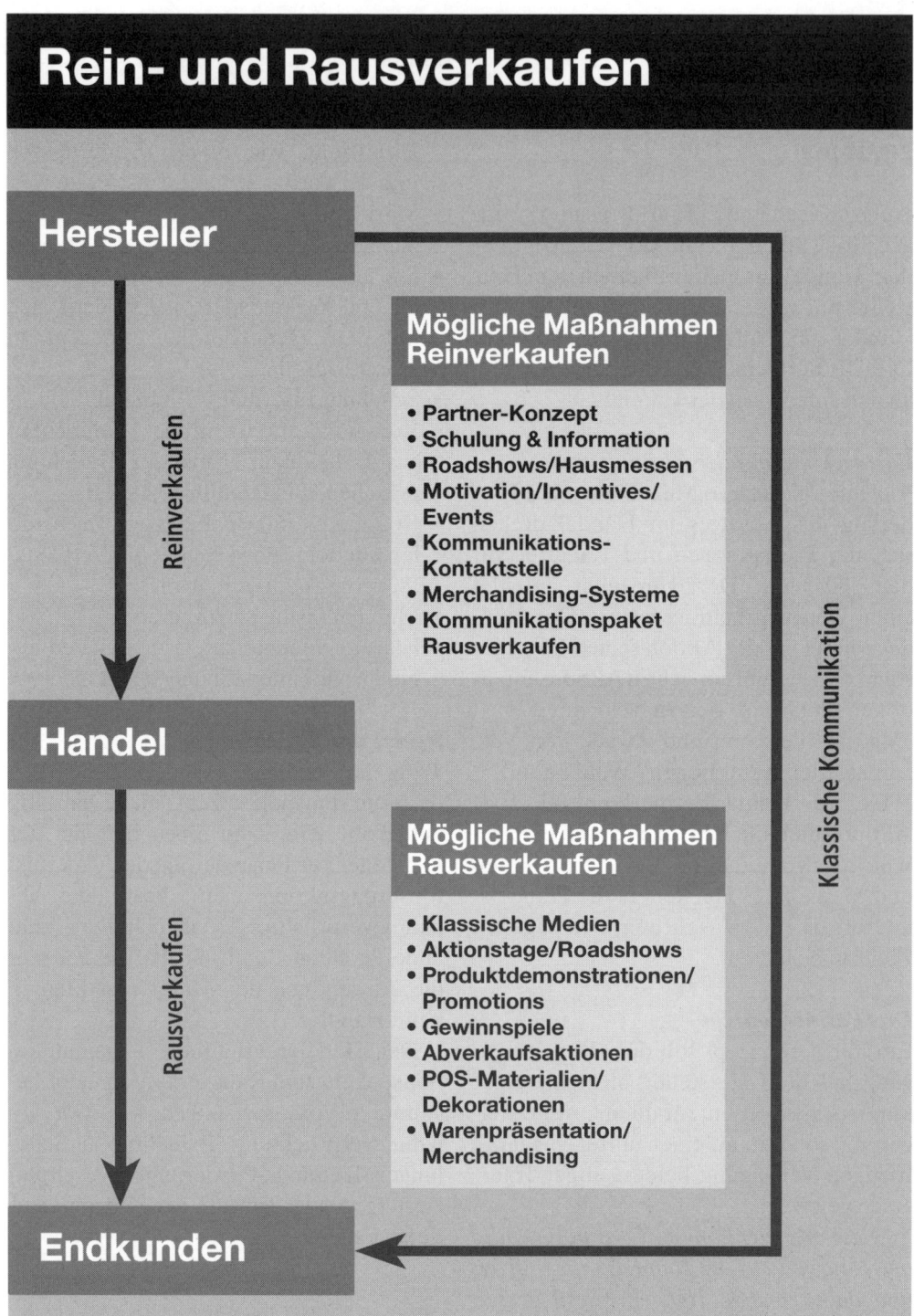

Rein- und Rausverkaufen

Hersteller

Reinverkaufen

Mögliche Maßnahmen Reinverkaufen

- Partner-Konzept
- Schulung & Information
- Roadshows/Hausmessen
- Motivation/Incentives/ Events
- Kommunikations- Kontaktstelle
- Merchandising-Systeme
- Kommunikationspaket Rausverkaufen

Handel

Rausverkaufen

Mögliche Maßnahmen Rausverkaufen

- Klassische Medien
- Aktionstage/Roadshows
- Produktdemonstrationen/ Promotions
- Gewinnspiele
- Abverkaufsaktionen
- POS-Materialien/ Dekorationen
- Warenpräsentation/ Merchandising

Klassische Kommunikation

Endkunden

Abb. 1: Rein- und Rausverkaufen

Die Basis

Die Voraussetzung zur „Steuerung" des Handels besteht in der Information des Herstellers über die wesentlichen Einflußfaktoren des Handels, die dort vorhandene Infrastruktur und den Aufbau von Kontroll- und Informationssystemen.

Maßgeblich verantwortlich für den Erfolg der Konzeption ist die eigene Zieldefinition.

Die Zieldefinition

„Wenn man nicht weiß, wohin man will, landet man oft dort, wo man auf keinen Fall hin wollte." (Prof. Dr. Stecker, Ev. Fachhochschule für Sozialwesen, Reutlingen)

Eine interne Analyse bezüglich der bereits bekannten Stärken und Schwächen, besonders in bezug auf den Handel, ist der erste Schritt zur Entwicklung der Grundkonzeption. Bestehende Probleme im Absatzkanal werden darin erfaßt und in erste Zieldefinitionen umgesetzt. Sie dienen als Basis für die weitere Entwicklung der Grundkonzeption. Kommunikationsprobleme mit den Endverbrauchern können über derartige Handelsmarketing-Konzepte ebenfalls gelöst werden (siehe Praxisbeispiel uvex). Zur Durchführung, besonders der folgenden Befragungen, empfiehlt sich die Unterstützung durch externe Dienstleister, da die Befragten einer neutralen Person gegenüber eher bereit sind, Auskünfte zu erteilen, und das Phänomen der „Betriebsblindheit" in den Hintergrund tritt.

Analyse/Befragung der Händler

Um den geplanten Einsatz der Hersteller zu sichern, muß eine Händleranalyse durchgeführt werden:

- Die interne Analyse untersucht das Gesamtpotential der Händler, Präferenzen zum eigenen Unternehmen und Probleme mit bestimmten Händlergruppen.
- Eine Selektion nach ertragsstarken Händlern empfiehlt sich für eine eventuelle Sonderbetreuung der Key-Accounts. Kleinere Händler können nach Sortiment, Plazierungen, Regionen und Umsatzgröße klassifiziert werden.

Aufgrund der internen Analyse wird die Zielgruppe der Händler für das Partnerkonzept definiert.

Selektiv wird nun eine Stichprobenbefragung durchgeführt, die die Wünsche/Probleme der Händler und des Verkaufspersonals sowie die vorhandene Infrastruktur für Verkaufsförderungsaktivitäten erfaßt, das heißt im besonderen:

- Demografische Daten der befragten Händler/des Verkaufspersonals für eventuelle Motivationsmaßnahmen
- Generelle Probleme der Branche und im spezifischen auf das eigene Angebot bezogen
- Plazierung/Forcierung der eigenen Produkte durch den Händler bisher
- Einstellung der Händler/des Verkaufspersonals zum eigenen Unternehmen, zum Sortiment und die Wahrscheinlichkeit der Unterstützung der Herstelleraktivitäten
- Unterstützungswünsche des Händlers in bezug auf die eigene Unternehmensführung, Marketingthemen, Schulung/Information, Kommunikation mit dem Hersteller
- Bisherige Händlerkommunikationsmaßnahmen
- Wünsche der Händler bezüglich Unterstützung des Herstellers im Bereich Kommunikation/Verkaufsförderungsaktivitäten

- Bisherige Maßnahmen der Wettbewerber
- Motivationsfaktoren, die den Händler und das Verkaufspersonal dazu bewegen können, den Hersteller aktiv zu unterstützen
- Die vorhandene Infrastruktur des Händlers in bezug auf Kommunikationsstandorte, wie Schaufenster, Warenträger, Infotheken, Eingang, Ausstellung und Plazierungen/Zweitplazierungen.
- Orderzeitpunkte und -standorte, potentielle Aktionszeitpunkte und Kaufanlässe der Endverbraucher (wichtig für Verkaufsförderungsaktivitäten).

Analyse/Befragung der Endverbraucher

Der Umfang dieser Analyse ist abhängig von den bereits vorhandenen Informationen/Marktdaten des Herstellers. Dabei sind von Bedeutung:

- An welche Zielgruppe soll welches Produkt/Sortiment vermarktet werden?
- Welche Botschaft soll kommuniziert werden?
- Unter welchen Voraussetzungen wird der Endverbraucher auf das Produkt/Sortiment aufmerksam?
- Welche Kaufanlässe/saisonale Schwerpunkte können genutzt werden?
- Welche generellen und branchenspezifischen Trends können das Konzept beeinflussen?

Die Ergebnisse der beiden Befragungen fördern oft erstaunliche, dem Hersteller meist nicht bekannte Informationen zutage. Abweichungen der Soll- und Ist-Zustände werden deutlich und dienen der Erstellung einer Grundkonzeption.

Resümee

Nach Erfassung und Auswertung der Analysen und Befragungen müssen die bisher definierten Ziele neu bewertet und gegebenenfalls angepaßt werden. Die Bausteine/Inhalte des Konzeptes sind nun konkret zu definieren.

Zielgruppen und Bausteine des Partnerkonzeptes

Entsprechend der Zieldefinition ist zu klären, welcher Personenkreis mit welchen Kommunikationsmaßnahmen angesprochen werden muß. Hier sind die eigenen Mitarbeiter, der Händlerbetrieb und die Endverbraucher zu berücksichtigen.

Der eigene Vertrieb als Schlüsselposition

Eines der Kernziele solcher Konzeptionen ist, die Unterstützung des Vertriebs zu erreichen. Denn er ist direkt zuständig für das Reinverkaufen und die emotionale Bindung des Händlers.

Da der Vertrieb oft der Verkäufer/Akquisiteur des Konzeptes und der Kommunikationsmaßnahmen ist, ist es für den Erfolg des Konzeptes besonders wichtig, ihn über Ziele und Inhalte gut zu informieren. Eine fehlende Akzeptanz oder Desinformation des Vertriebs kann zum Scheitern der Partnerkonzepte führen. Die Konsequenz: Der Händler wird schlecht oder gar nicht informiert, POS-Material „modert in eigenen Kellern oder Garagen".

Mögliche Maßnahmen, um den eigenen Vertrieb zu informieren:

- Informations- und Motivationsveranstaltungen organisieren
- Alle Analyse- und Befragungsergebnisse präsentieren
- Konzeption präsentieren
- Akquisestrategien für neue und bestehende Händler gemeinsam erarbeiten
- Kommunikationspaket zur Akquise und emotionalen Bindung (siehe hierzu Abb. 1) vorstellen

- Selektiertes Datenmaterial, klassifiziert nach Händlern und Verkaufsgebieten, zur Verfügung stellen
- Reportingsystem zur Information, Erfolgskontrolle und besseren Aktionssteuerung/-planung aufbauen
- Projektgruppe zur Optimierung der Aktionen bilden

Gute Erfahrungen wurden bisher auch mit Motivations-/Anreizsystemen in Verbindung mit den aktionsbezogenen Erfolgen der Händler im eigenen Verkaufsgebiet gemacht. Damit werden die Vertriebsaktivität und der Partnerschaftsgedanke gefördert.

Der Händlerbetrieb im Mittelpunkt

Je nach Vertriebsstätte und Infrastruktur sind mehrere Personen im Händlerbetrieb zu berücksichtigen:

- Der Inhaber/Geschäftsführer bzw. der Abteilungsleiter, der als Hauptinitiator gewonnen werden muß
- Das Verkaufs-/Beratungspersonal, das als wichtiger Multiplikator und Umsetzer der Maßnahmen in das Konzept integriert werden muß

Im Einzelfall müssen zusätzlich relevante Personen mit einbezogen werden (z.B. Ehefrau, Einkauf, Marketing/Werbung). Dieser Personenkreis ist abhängig von den gewonnenen Befragungsergebnissen.

Ausgesprochen wichtig ist es, in der Analyse/Befragung die Verkaufsaktivität der Händler zu ermitteln. Das heißt: Inwieweit ist die Handelsform/der Händler/das Verkaufspersonal überhaupt in der Lage, die Kommunikationsmaßnahmen/Verkaufsförderungsaktivitäten durchzuführen?

Bei geringer Verkaufsaktivität, z.B. durch schlecht ausgebildetes Verkaufspersonal, empfehlen sich Aktionsmechanismen, die auch ohne größere Unterstützung vor Ort durchführbar sind. So zum Beispiel:

- Handelspromotions mit eigenem Promotion-Personal
- Aktionsdisplays, Self-shipper, die sich von selbst erklären und Aufmerksamkeit auf sich lenken (Gestaltung, Art und Größe, Sound- und Bewegungsmodule)
- Anreize, wie Gewinnspiele, Testaktionen, die den Endkunden direkt ansprechen
- Einsatz von Merchandisern zum Aufbau, zur Pflege und zur Kontrolle von Displays und Promotionmaterial

Derartige Maßnahmen sind auch besonders für Großvertriebsformen geeignet.

Der Händler/die Geschäftsleitung

Die wichtigste Aufgabe der Konzeption ist, den Händler zur Kooperation zu gewinnen, ihn von den Vorteilen, die er und sein Unternehmen durch das Partnerkonzept erlangen, zu überzeugen.

Bei der Entwicklung der Händler-Akquise-Strategie ist zu berücksichtigen, ob es sich um die Gewinnung bestehender Händler für das Konzept handelt oder durch diese Konzeption neue Händler für das eigene Unternehmen gewonnen werden sollen. Entsprechend unterscheiden sich die Kommunikationsmaßnahmen. Deren Qualität, die Art und Weise bzw. der notwendige Aufwand dafür, hängt von den bisherigen Aktivitäten und denen der Wettbewerber ab. Folgende Maßnahmen dienen der Gewinnung der Händler:

- Entwicklung einer visuellen Darstellung eines Konzeptnamens zur Wiedererkennung und Motivation der Händler (siehe Praxisbeispiel Leonardo „Fit for Sales")

Fit for Sales

Abb. 2: Schriftzug LEONARDO

- Idealerweise wird auf einer motivierenden, emotional ansprechenden Händlerveranstaltung akquiriert. Doch auch der Vertrieb kann dies mit geeignetem Präsentationsmaterial oder einem aufmerksamkeitserregenden Mailing übernehmen.
- Die Konzeptvorteile für den Händler werden plakativ und emotional sowie mittel- bis langfristig dargestellt.
- Das Konzeptpaket „Reinverkaufen" (siehe Abb. 1) mit Maßnahmen für den Geschäftsführer und seine Mitarbeiter wird präsentiert.
- Das Konzeptpaket „Rausverkaufen" (siehe Abb. 1) wird vorgestellt.
- Den Händlern werden Motivationselemente (Incentives/Events) zur emotionalen Bindung angeboten.
- Eine gute Kreativkonzeption für die Umsetzung der Verkaufsförderungsmaßnahmen im Händlerbetrieb dient dazu, das eigene Unternehmen für den Endkunden attraktiver zu gestalten.

Ist der Händler für die Konzeption gewonnen, muß als nächstes eine Kommunikation aufgebaut werden, die ihn bei Fragen zu den Verkaufsförderungsaktivitäten unterstützt.

Das Verkaufspersonal

Je nachdem, wie stark das Verkaufs-/Beratungspersonal in den Abverkauf involviert ist und wie hoch dessen Verkaufsaktivitäten sind, werden Maßnahmen für diese Zielgruppe entwickelt (siehe hierzu auch den Abschnitt „Der Händlerbetrieb im Mittelpunkt").

Sind die Chancen hoch, daß das Verkaufspersonal die Endverbraucher beeinflußt, empfiehlt sich eine permanente Kommunikation mit ihm.

Gute Erfahrungen werden mit Kommunikationsmaßnahmen gemacht, die Elemente einer Clubkonzeption beinhalten:

- Ein eigenes Kommunikations-Signet dient der Wiedererkennung und Identifikation.
- Ein regelmäßiges Kommunikationsmedium (z. B. ein Informationsletter, ein Herstellermagazin) trägt mit fachlichen und emotionalen Elementen (möglichst mit persönlichen Vorteilen) zur Bindung bei.
- Schulungen und Informationen liefern Verkaufsargumente.
- Einladung zu Messen/Ausstellungen.
- Die Verkaufsförderungsaktivitäten werden ausführlich erläutert.
- Motivation/Incentives werden möglichst abverkaufsbezogen oder auf den Einsatz der Verkaufsförderungsaktivitäten angeboten.
- Emotionales (z. B. Geburtstags- oder Weihnachtskarte).
- Eine Kommunikationsanlaufstelle besteht beim Hersteller.

Ziel der Maßnahmen ist, eine Präferenz des Verkaufspersonals für das eigene Unternehmen zu erreichen, die Empfehlungsrate zu erhöhen und damit die Verkaufsaktivität zugunsten des Herstellersortiments zu beeinflussen.

Der Endverbraucher

In Anlehnung an die zentralen Kommunikationsmaßnahmen des Herstellers ist ein Kommunikationspaket für den POS zu entwickeln, das dem Handel hilft, den Absatz an den Endverbraucher zu fördern. Hier stellen sich die folgenden Fragen:

- Unter welchen Umständen, zu welchem Anlaß und zu welcher Zeit sind Verkaufsförderungsaktionen für das eigene Produkt/Sortiment besonders geeignet? Welche Kaufanlässe können initiiert werden?
- Mit welcher Ansprache, welchen Mitteln, Medien oder Aktionen kann auf das eigene Produkt/Sortiment besonders aufmerksam gemacht werden?

Im Sinne des Händlers sind hier auch Aktionen geeignet, die ihm helfen, den Verkauf in umsatzschwachen Perioden anzukurbeln.

Spätestens in dieser Phase empfiehlt sich eine Zusammenarbeit mit spezialisierten Agenturen, um kreative Kaufanreize zu entwickeln. Gute Kaufanreize bieten dem Endverbraucher einen oder mehrere Zusatznutzen. Die Ansprache kann folgendermaßen aussehen:

- Die Verkaufsförderungsaktionen werden am POS beim Händler in zentrale Kommunikationsmaßnahmen des Herstellers integriert (z. B. durch eine Verkaufsförderungsanzeige in den überregionalen Medien). Sie sorgen insgesamt für mehr „Store Traffic".
- Regionale Kommunikation/Werbung: Händleranzeigen, Plakate, Handzettel, Beileger
- Werbung im direkten Umfeld des Händlerbetriebes, Außenwerbung
- Kommunikationsmaßnahmen im Händlerbetrieb
- Regionale oder überregionale Verbundaktionen

Von großer Bedeutung bei der Endkundenansprache ist die Art und Weise der kreativen Umsetzung (Tonality).

Um in der heutigen Reizüberflutung überhaupt wahrgenommen zu werden, muß man die Bedürfnisse und Wünsche der eigenen Endverbraucher-Zielgruppe kennen und die richtige Ansprache finden.

Die kreative Umsetzung des Partnerschaftskonzeptes

Wie im vorangehenden Punkt erwähnt, empfiehlt sich eine kreative Umsetzung der Maßnahmen des Rein- und Rausverkaufens. Sie lehnt sich an die CI des Herstellers an und berücksichtigt die besonderen Kommunikationsbedürfnisse der Händler.

Da das Konzept über zwei bis drei Jahre verkaufsfördernd bei Händlern und Endverbrauchern wirken soll, muß bereits bei der Entwicklung der Grundkonzeption eine Art „Leitfaden" deutlich werden. Damit ist eine Basiskreation gemeint, die der Wiedererkennung und damit der Verbreitung des Konzeptes dient.

Je attraktiver die Verkaufsförderungsaktivitäten, also das Paket zum Rausverkaufen, um so leichter der Reinverkauf durch den Vertrieb.

Der „Leitfaden" der Konzeption

Gegenüber dem Händler werden Kommunikationselemente unter einem bestimmten, bleibenden Konzeptnamen (siehe Praxisbeispiel uvex) entwickelt. Alle Kommunikationsmedien werden so gekennzeichnet. Dadurch wird nach außen kommuniziert, daß der Händler zu einem ausgewählten Kreis gehört (Imagegewinn des Händlers).

Die Kommunikation gegenüber dem Endverbraucher muß flexibler gestaltet werden, um „Ermüdungserscheinungen" der Aktion zu vermeiden. Hier empfiehlt sich ein Gestaltungsraster, das anlaß- oder

201

Abb. 3: Schriftzug uvex

- Probier-/Demo-/Testaktionen
- Direkter Abverkauf durch Promotion-Personal des Herstellers
- Self-Shipper
- Primär kreative Attraktivität durch Volumen und Art der POS-Materialien
- Zugabe/Kombinationen
- Sondergrößen/Verpackungen
- Co-op-Aktionen
- Gewinnspiel/direkte Verlosung
- Event am POS

saisonbezogen gestaltet werden kann. Die Ansprache am POS sollte einfach und schnell zu verstehen sein.

Die Anlässe der Verkaufsförderungsaktivitäten

Sicher hat jede Branche ihre Eigenheiten, im folgenden sind einige branchenübergreifende genannt.

Innerhalb der Analyse/Befragungen und der darauf folgenden Entwicklung der Grundkonzeption sollte jeder Hersteller individuelle Anlässe und deren Häufigkeit/Anzahl definieren.

Dabei sind sicher fixe, vom Markt vorgegebene Zeitpunkte zu berücksichtigen. Es empfiehlt sich, zusätzliche Kaufanlässe individuell zu entwickeln, die den Hersteller von seinen Mitbewerbern unterscheiden und dem Händler weitere Möglichkeiten der Absatzförderung bieten. Das können zum Beispiel Produkteinführungen/Neuheiten, Forcierung umsatzstarker und -schwacher Produkte, saisonale Kaufanlässe, saisonale Produkte, aktionsbezogene Kaufanlässe (Muttertag, Weihnachten) oder das Messe-Nachgeschäft sein.

Auch einzelne Aktionen können den Verkauf fördern, wie stark, ist individuell herauszufinden. Varianten über das Jahr oder über eine Saison steigern die Attraktivität des Konzeptes:

Die Standorte der Medien

Welcher Rahmen, welches Platzvolumen und welcher Standort dem Hersteller am POS zur Verfügung steht, ist nicht nur vom Willen der Händler, sondern auch von der vorhandenen Infrastruktur abhängig.

In den meisten Handelsbetrieben ist das Schaufenster nach wie vor die aus Sicht der Händler wichtigste Plazierung für POS-Materialien. Weitere relevante Standorte sind die Außenanlage des Händlers, eventuell Medien auf Parkplätzen, der Eingangsbereich, die Information, Sonderflächen, Ausstellung und Regale/Warenträger.

Relevante Kommunikationsmittel und -medien am POS zur Endkundenansprache sind (im Vorfeld siehe „Der Endverbraucher"):

- Fahnen
- Poster
- Deckenabhänger
- Aktionsdisplays
- Display als Warenträger
- Schaufenstermodule als Waren- oder Aktionsträger
- Multi-Media-Systeme
- Akteure/Promotoren
- Printmedien (Gewinnkarten, Aktions- und Infofolder)
- Proben

Abb. 4: Deko-Fahne LEONARDO

Voraussetzungen beim Hersteller schaffen

Die Konzeptentwicklung und die laufende Betreuung der Konzeption erfolgen idealerweise in Kooperation von Marketing und Vertrieb. Bei der Entwicklung und Realisation der jeweiligen Verkaufsförderungsaktivitäten sind folgende Punkte zu beachten.

Aktionsbezogenes Produkt-/Sortimentsangebot

Um dem engagierten Händler einen Vorteil gegenüber den regionalen Mitbewerbern zu verschaffen, werden meist Sonderkonditionen, d. h. Promotionrabatte, gewährt. Um dies zu umgehen, kann mit Zugaben, Sonderverpackungen und Proben gearbeitet werden. Der Hersteller kann Produkte selektieren, die eine starke

Aktionselastizität und ein geringes Absatzrisiko aufweisen.

Eine weitere erfolgreiche Variante ist die Entwicklung von Aktions-Editions, d. h. anlaß- oder saisonbezogenen Produkten, die ein besonderes Kaufinteresse wecken und nur dem speziellen Händler zur Verfügung stehen.

Kontaktstelle Hersteller/Händler

Primär erfolgt die Kommunikation zwischen dem Vertrieb des Herstellers und dem Händler. Für Fragen zu den Verkaufsförderungsaktivitäten und eventuellen Nachbestellungen der POS-Materialien sollte eine zweite Kontaktstelle intern eingerichtet werden. Ist das Verkaufsförderungspaket stark erklärungsbedürftig oder schwer aufzubauen, lohnt sich der Einsatz von Merchandisern.

Zeit- und Ablaufpläne

Zu beachten bei der Konzeptentwicklung und der Definition der Zeitpunkte der Verkaufsförderungsaktivitäten am POS sind die Einkaufsgewohnheiten der Händler, Messen-/Orderzeitpunkte und die eigene Produktions- und Logistiksituation.

Praxisbeispiel: UVEX-Sports GmbH

uvex ist neben den Bereichen Ski, Rad, Brillen und Arbeitsschutz im Motorradsektor tätig. Motorradhelme, Bekleidung und Accessoires werden primär über den Motorradfachhandel vermarktet.

Die Ausgangssituation/die Analyse

Die neue Visiertechnologie uvex supravision® für Motorradhelme hatte eine absolute Alleinstellung auf dem Markt in bezug auf Anti-Fog-Beschichtung und Kratzfestigkeit.

Abb. 5: Promotion uvex

Eine Stichproben-Befragung von Motorradhändlern und -fahrern ein Jahr nach der Markteinführung ergab, daß trotz intensiver Kommunikationsmaßnahmen (primär klassische Werbung) die Visiertechnologie uvex supravision® kaum bekannt war und Visiere bei der Kaufentscheidung für einen Helm eine untergeordnete Rolle spielten.

Zudem präferierte der Handel aus Imagegründen Helme einiger Mitbewerber. Diese Markenbindung wurde vom Endverbraucher/Motorradfahrer nicht bestätigt.

Das wichtigste, nicht erwartete Ergebnis der Befragung: 70 bis 80 Prozent der Kaufentscheidungen für einen Helm werden erst am POS, beim Händler, getroffen. Dadurch wurde deutlich, warum der Einsatz der klassischen Medien nicht zum gewünschten Erfolg führte. Andere händler

orientierte, verkaufsfördernde Maßnahmen mußten eingesetzt werden.

Die Basis/die Ziele der Grundkonzeption
Resultierend aus den Analysen wurden folgende Ziele definiert:

- Schaffung der emotionalen Bereitschaft des Handels, sich stärker mit den uvexProdukten zu identifizieren, die Vorteile der uvex-Helme mit der einmaligen Visiertechnologie uvex supravision® zu erkennen und daraus resultierend den Handel beim Rausverkaufen zu unterstützen.

- Eine Sensibilisierung der Endverbraucher für das Visier als Top-Kaufentscheidungskriterium beim Helmkauf und somit eine Positionierung von uvex gegenüber den Mitbewerbern zu erreichen.

Die Zielgruppen/die Bausteine des Partnerkonzeptes

Beide Zielgruppen, der Handel und die Endverbraucher, wurden mit einer direkten Ansprache in das Konzept integriert, der eigene Vertrieb informiert und motiviert.

Der eigene Vertrieb

Während einer Vertriebstagung wurde der eigene Vertrieb über das Partnerkonzept informiert, außerdem wurden die zur Verfügung stehenden Kommunikationsmaßnahmen präsentiert. Ein Kombinations-Incentive Händler/Vertrieb förderte den Partnergedanken.

Der Händler

Innerhalb der Analyse wurden Mängel in bezug auf Verkaufsaktivität und Verkaufsausbildung im Motorradhandel festgestellt.

Abb. 6: Ein „Hauchtest" zeigt die Vorteile der Visiertechnologie von uvex supravision®

Das entwickelte Partnerkonzept für selektierte, ausgewählte Händler mit dem Namen „uvex supravision-proficenter" hatte folgende Inhalte:

- Händler-Incentive „uvex adventure camp"
- Schulung und eine Broschüre als Verkaufshilfe
- Testaktion zur Unterstützung des Rausverkaufens
- Merchandiser zum Aufbau und zur Erklärung der Testaktion

Die Akquise der Händler für das Partnerkonzept erfolgte während der größten Motorradmesse – der IFMA in Köln. Das Reinverkaufen des Vertriebs wurde durch eine Akquise-Broschüre, die Präsentation des Kommunikationspakets „Rausverkaufen" und den ersten Einsatz des Promotion-Personals unterstützt.

Der Endverbraucher

Um den Store-Traffic beim Händler und die Nachfrage von uvex-Helmen mit der Visiertechnologie uvex supravision® zu erhöhen, wurden zentral durchgeführte Maßnahmen entwickelt. Diese zielten darauf ab, den Bekanntheitsgrad der Visiertechnologie und deren Stellenwert zu erhöhen und die angesprochenen Motorradfahrer zu einem Test der Helme beim Händler zu bewegen.

Hierzu wurden Motorradfahrer auf Messen und Motorsportveranstaltungen von externem Promotion-Personal angesprochen, um ihnen die Visiertechnologie per „Hauchtest" zu demonstrieren.

Das Kreativkonzept

Die Ansprache durch die Kommunikationsmaßnahmen sollte den Endkunden und den Motorradhändler auffordern, sich mit den Vorteilen der uvex-Produkte zu beschäftigen.

Der Leitfaden, das Motto der Aktion „Nicht zweifeln. Testen!" hat einen starken Aufforderungscharakter und kommuniziert die Möglichkeit, den uvex-Helm und die Visiertechnologie zu testen.

Aufgrund der geringen Verkaufsaktivität der Händler wurde ein Promotion-Paket entwickelt, welches ohne Mitwirken des Verkaufspersonals auf sich aufmerksam macht und die Besucher auffordert, Testhelme anzuprobieren und sich dadurch von der Qualität zu überzeugen. Einmalig war dabei die Möglichkeit, den Helm bei einer Probefahrt aufzusetzen.

Das Verkaufsförderungspaket zum Rausverkaufen erhielten ausgewählte Händler im Gegenwert zu einer Abnahmeverpflichtung. Es beinhaltete folgendes:

- Leuchtdisplay und große Aufkleber zur Außenwerbung und Kennzeichnung des „proficenter"
- Großes Aktionsdisplay als Warenträger der Testhelme/der Hauchtests und zur Kommunikation der USPs
- Drei hochwertige Testhelme
- Aktionsfolder mit Produktinformationen, auch als Mailing/Beileger nutzbar
- Test/Gewinnspielkarte (für Händler-Nachfaßaktionen und uvex-Database)
- Aktionstag beim Händler mit externem Promotion-Personal (siehe Abb. 6)
- Anzeigenvorlage

Das Ergebnis

- Es wurden 100 Prozent mehr Händler als geplant für das Konzept gewonnen.
- Ansprache von 25 000 Motorradfahrern (geplant ca. 10 000) durch das Promotion-Personal auf sechs Motorradmessen und 14 Händleraktionstagen.
- 7 021 Personen haben den uvex-Helm getestet.
- Zweistellige Umsatzsteigerung gegenüber dem Vorjahr.

Praxisbeispiel: Glaskoch-LEONARDO

Gläser und Accessoires der Glaskoch-Marke LEONARDO werden über verschiedene Fachhandelsstrukturen vermarktet. Ein großes Leistungsmerkmal der Marke sind Sortimentserneuerungen, die in ungewöhnlich kurzen Zeitabständen von einem halben Jahr erscheinen.

Die Ausgangssituation/die Analyse

Die häufigen Sortimentserneuerungen/Produkteinführungen fordern von LEONARDO immer neue, kreative Ideen für den Rein- und Rausverkauf. Obwohl die Marke LEONARDO bei der Zielgruppe einen Bekanntheitsgrad hat, der seinesgleichen sucht, fiel eine nicht dementsprechende Plazierung im freien Handel auf. Um einen besseren Auftritt im Handel für beide Seiten (Hersteller/Handel) optimal zu gestalten, wurde zunächst eine stichprobenartige Händlerbefragung durchgeführt.

Diese zeigte eine hohe Zufriedenheit der Händler mit Glaskoch/LEONARDO, machte aber auch Wünsche nach einer stärkeren Unterstützung am POS deutlich. Konkrete Anforderungen waren die Unterstützung beim Rausverkaufen durch Verkaufsförderungsaktionen und Dekorationsideen.

Die Basis/Ziele der Grundkonzeption

Resultierend aus der Analyse der Händlerbefragung und dem Wunsch von Glaskoch/LEONARDO nach einer stärkeren Präsenz beim Handel, wurden folgende Ziele definiert.

- Den Händler durch eine Unterstützung des Rausverkaufens mehrmals pro Jahr an LEONARDO zu binden und ihm einen Wettbewerbsvorteil in seinem regionalen Markt zu verschaffen.

- Eine stärkere Sensibilisierung des Endverbrauchers für die Produktneuheiten und das bestehende LEONARDO-Sortiment. Eine Wettbewerbsabgrenzung soll durch einen Zusatznutzen für den Endverbraucher angestrebt werden.

Die Zielgruppe/Bausteine des Konzeptes

Das Verkaufsförderungspaket zum Rausverkaufen enthält Komponenten, die eindeutige Vorteile für den Handel sowie Zusatznutzen für den Endverbraucher bieten. Dabei ist das Partnerschaftskonzept langfristig angelegt und besteht aus einzelnen Aktionspaketen, die unterschiedlich abgestimmt sind.

Der eigene Vertrieb

Die Motivation des eigenen Vertriebs erfolgte anläßlich einer Vertriebstagung, auf der die Befragungsergebnisse präsentiert und das daraus abgeleitete Konzept vorgestellt wurden.

Der Händler

Das Partnerschaftskonzept mit dem Namen „Fit for Sales" wurde dem Händler durch einen Akquisefolder mit Jahresüberblick vermittelt, der die Thematik der vier geplanten Verkaufsförderungsaktionen darstellte.

Ein zusätzlicher Pluspunkt bei der thematischen Auswahl der Aktionen war die Schaffung zusätzlicher Kaufanreize, die auch in umsatzschwächeren Phasen für neue Impulse sorgten.

Die Inhalte

- Produkt-Editions
- Großes Aktionsdisplay als Warenträger für das Schaufenster
- Dekorationsvorschläge, Dekomaterial und Dekorationsschulungen
- Kommunikationsmedien

Die Gegenleistung des Händlers war eine Abnahmeverpflichtung/Beteiligung an allen Aktionen.

Der Endkunde

Durch eine einladende Schaufensterdekoration mit immer wieder neuen Objekten als Blickfang wurde der Schaufensterpassant motiviert, das Geschäft zu besuchen und LEONRADO-Produkte zu kaufen.

Bei dieser Form der Endkundenansprache ist das Erzeugen von Emotionen das übergeordnete Ziel. Die Schaufensterdekoration als Gesamtbild griff Situationen auf und stellte die Produkte in einen Zusammenhang, den der Endkunde als Anregung für sein eigenes Handeln leicht verstand. Zudem wurden fixe, in der Branche etablierte Kaufanlässe (z. B. Weihnachten) aufgegriffen.

Der Zusatznutzen ist für den Endkunden ein verstärkter Anreiz, sich für das LEONARDO-Produkt zu entscheiden. Er kann z. B. in Form einer Zugabe oder einer besonders originellen Verpackung bestehen.

Eine Aktionsanzeige, die der Händler regional schaltet, sorgte für zusätzlichen „Store-Traffic".

Das Kreativkonzept

Durch die gewählten Kommunikationsmittel und die Art der Ansprache (Tonality) mußte der Händler zum einen vom Erfolg der Aktion und einem echten optischen Zugewinn für seinen Laden/seine Dekoration überzeugt werden. Zum anderen mußte das Interesse des Endkunden durch immer neue Kaufanreize geweckt werden.

So wurden die Verkaufsförderungsaktionen unter dem Kernthema *„the elements"* mit den Einzelaktionen: *„spring, heaven, cool water"* und *„warm up"* entwickelt.

Dabei verbindet sich „*spring*" mit dem Element Erde, visuell durch den Vorgang des „Sprießens" als Aktionsmotiv dargestellt.

Für den Endkunden gab es passend zu dem Thema Frühling (neue Kräfte sprießen) einen Vitaminpaß als Zugabe.

„*Heaven*" fiel in den Hochzeitsmonat Mai und war visuell von dem Element Himmel geprägt. Natürlich drehte sich hier alles um Geschenk- und Verpackungsideen, der Händler erhielt gratis Verpackungsmaterial.

Mit „*cool water*" wurde unter anderem das eher schwache Sommergeschäft belebt, indem man in dieser heißen Jahreszeit „Lust" auf etwas Kühles machte.

„*Warm up*" schaffte Kaufanreize zwischen der Wein- und Weihnachtssaison. Als Gegensatz zu „*cool water*" wurde das Element „Feuer" aufgegriffen und mit Kamin-Atmosphäre, Tee und Cognac assoziiert.

Ein Verkaufsförderungspaket bestand aus folgenden Basiselementen:
- Händlerfolder zur Erklärung des Aktionspaketes inkl. Deko-Vorschlag
- Speziell für die Aktionen entwickeltes Produktsortiment, das nur für LEONARDO-Partner zugänglich ist
- Aktionsspezifische Dekorationselemente für das Schaufenstermodul
- Plakative Deko-Fahne als Blickfang
- Händleranzeige
- Zusätzliches VKF-Element, um dem Endkunden einen Zusatznutzen bieten zu können (z. B. Rezeptfolder)

Das Ergebnis:
- Gewinn von 900 statt 450 geplanten Händlern
- Top-Plazierungen im Schaufenster und im Verkaufsraum
- Spürbare Verbesserung der Händlerbindung, besonders in den mittleren Handelsgrößen

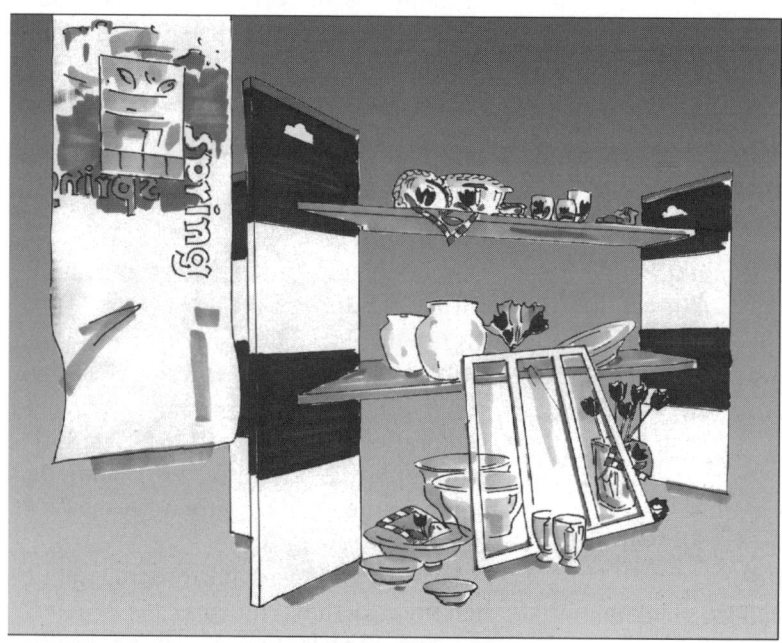

Abb. 7: Verkaufsförderungsaktionen LEONARDO unter dem Kernthema „the elements"

3.6 Das Telefon als Akquisitionsinstrument

René E. Huber

(Informationen zum Autor s. Kap. 2.5)

Man bat mich, zum „Telefon als Akquisitionsinstrument" einen Beitrag in diesem Handbuch zu schreiben, und zwar aus der Sicht des Praktikers. Meine praktischen Erfahrungen basieren einerseits auf meiner Tätigkeit als Verkäufer, Verkaufsleiter und später als Verantwortlicher für Telemarketing bei IBM, andererseits auf meiner jetzigen Trainertätigkeit mit Schwerpunkt Telefonverkauf. Als Partner der größten Telemarketing-Agentur in der Schweiz mit über 60 Mitarbeitern kann ich die aktuellen Markttrends „live" mitverfolgen.

Ausgangslage

Das Telefon ist zusammen mit anderen Direktmarketingwerkzeugen ein ideales Hilfsmittel, in kurzer Zeit und zu günstigen Kosten diejenigen Interessenten oder Kunden zu finden, die zum momentanen Zeitpunkt Bedarf oder Interesse an unseren Produkten/Dienstleistungen haben.

Mit herkömmlichen Werbemaßnahmen wird es immer schwieriger, Kunden auf uns aufmerksam zu machen. Prof. Dr. W. Kroebel-Riel von der Universität Saarbrücken hat herausgefunden, daß durchschnittlich 98 Prozent der angebotenen Informationen im Müll landen, daß also nur rund zwei Prozent der Werbung ankommen! Schon der alte Autopionier Henry Ford sagte: „Ich weiß, daß rund die Hälfte meiner Werbeausgaben in den Sand gesetzt sind. Mein Problem ist, ich weiß nicht, welche Hälfte."

Tatsächlich werden wir alle mit Informationen täglich so überflutet, daß wir ganz einfach nicht mehr in der Lage sind, die Angebote wahrzunehmen, geschweige denn zu prüfen.

Die unterbrochene Linie in Abbildung 1 stellt die Informationsmenge dar, die täglich zu einem bestimmten Produkt mittels Werbung auf uns einwirkt. Die durchgezogene Linie zeigt, wieviel Informationen wir zu verschiedenen Zeitpunkten über ein solches Produkt haben möchten.

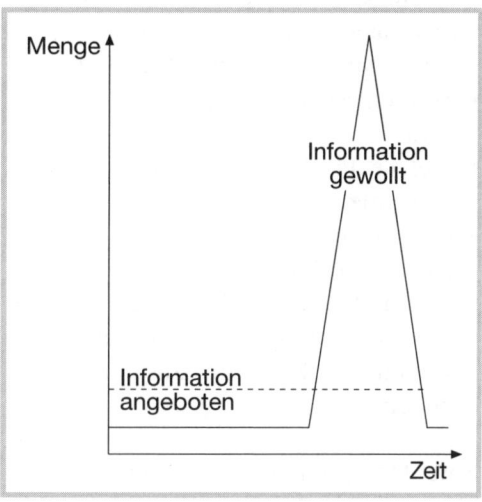

Abb. 1: Information und Werbung

In der Praxis übersehen oder ignorieren wir beim Durchblättern von Zeitungen Zeitschriften etc. diese Produktinformationen oder Produktwerbung oft ganz einfach.

Was geschieht jedoch, wenn zum Beispiel unser altes TV-Gerät langsam den Geist aufgibt? Jetzt sind wir plötzlich an möglichst vielen Informationen zu einem Produkt interessiert. Kein Unternehmen kann es sich aber leisten, soviel Geld in die herkömmliche Werbung zu stecken, daß eine bestimmte Zielgruppe genügend informiert wird.

In dieser Phase, wir nennen sie die Awareness-Phase, wird das Telefon zum effektiven Marketinginstrument. In kurzer Zeit können Sie als Verkäufer diejenigen Personen finden, die zum gegebenen Zeitpunkt Interesse oder Bedarf zeigen. Oft wird diese Aufgabe auch durch professionelle Telefonagenturen übernommen. Der Verkäufer kann sich dann auf die echten Interessenten konzentrieren. Hier ist es auch relativ leicht, Termine zu vereinbaren. Und bei den übrigen Telefongesprächen haben wir wenigstens für die Zukunft wichtige Informationen erhalten, wie zum Beispiel:

• Wann wird ein Entscheid gefällt?
• Wer entscheidet in diesem Unternehmen?
• Welche Produkte werden gegenwärtig eingesetzt?
• Mit welchen Lieferanten arbeitet der Kunde zur Zeit zusammen?
• Ist er mit seinen Lieferanten zufrieden?
• Welches wären seine Kriterien, um in Zukunft auch mit uns zusammenzuarbeiten?

Eine Definition für die Telefonakquise könnte lauten: Mit dem Einsatz des Telefons in Verbindung mit anderen Medien neue Kontakte zu Kunden herstellen, diese pflegen, ausbauen und so Nutzen für beide Parteien generieren.

Grundsätzlich unterscheiden wir beim Telefonverkauf zwischen aktivem und reaktivem Telefonieren.

• Aktives Telefonieren ist vergleichbar mit Jagen,
• reaktives Telefonieren mit Fischen.

Beim aktiven Telefonieren geht der Anrufer auf die Pirsch, um Beute zu machen. Beim passiven Vorgehen wurde vorher ein Köder, oft in Form eines Mailings oder Inserats, ausgeworfen, und der Interessent meldet sich, falls ihm der Köder schmeckt! Wichtig ist: Der Köder muß dem Fisch schmecken und nicht dem Angler!

Vorbereitung von Telefonakquise-Gesprächen

Aktives Telefonieren ist sicher schwieriger, denn hier müssen wir zuerst Interesse wecken. Beim reaktiven Telefonieren geht es bereits etwas leichter, denn der Gesprächspartner ist bereits interessiert. Er will sich helfen lassen und ruft deshalb an!

Neukundengewinnung mittels Telefon ist meiner Auffassung nach ein sehr effektives, effizientes und auch kostengünstiges Marketinginstrument. Effektivität und Effizienz sind beide gleich wichtig.

Wenn ein Unternehmen oder eine Verkaufsmannschaft mit Telefonverkauf in der Vergangenheit keinen Erfolg hatte, waren meistens folgende Fehler passiert:
• Die Vorbereitung war mangelhaft.
• Die Dinge wurden nicht richtig gemacht.
• Es wurden nicht die richtigen Dinge getan.
• Die Motivation fehlte.
• Telefonakquisition wurde isoliert betrieben und nicht sinnvoll eingebettet in andere Maßnahmen.
• Im Vordergrund stand der sofortige Abschlußversuch.

In den letzten Jahren setzte sich immer mehr interaktives Marketing durch. Die große Verbreitung von Personalcomputern machte dies möglich. Im Internet bieten sich natürlich ganz neue Perspektiven an, um mit potentiellen Kunden in Kontakt zu kommen. Beim interaktiven Marketing ist es jedoch ähnlich wie beim reaktiven Telefonieren. Der Kunde oder Interessent muß die Initiative für einen Kontakt selber ergreifen. Das Angebot erstreckt sich überwiegend auf Produkt- und Dienstleistungsbereiche, über die sich eine breite Kundenschicht aus eigenem Antrieb informieren will.

Auf einen persönlichen Termin beim Kunden bereitet sich jeder Verkäufer gewissenhaft vor. Ich kann deshalb nicht begreifen, warum das bei der telefonischen Kontaktaufnahme anders sein soll. Und doch stelle ich immer wieder fest, daß hier viel gesündigt wird und in etwa nach folgendem Schema vorgegangen wird:
• Telefonhörer abheben
• Nummer wählen
• Sprechen
• Suchen der notwendigen Unterlagen
• Hörer wieder auflegen

Jetzt faßt man sich an die Stirn, weil man feststellt, daß man ja vergessen hat, das Wichtigste zu fragen. Es wird endlich nachgedacht – und die Nummer wieder gewählt! Oft ertönt jetzt aber leider das Besetzt-Zeichen, oder der Gesprächspartner hat gerade eine Besprechung, ist bereits auf dem Heimweg ...

Wie soll ich wissen, was ich denke – bevor ich höre, was ich sage?
Das müßte nicht sein! Ebenso wie beim persönlichen Gespräch ist bei der telefonischen Kontaktaufnahme die Vorbereitung entscheidend, sie ist sogar noch wichtiger, denn am Telefon hat es der Partner relativ leicht, das Gespräch rasch zu beenden.

Nicht umsonst gilt: „Für den ersten Eindruck gibt es keine zweite Chance!" Wenn es dem Verkäufer jedoch gelingt, in den ersten 10 bis 15 Sekunden das Interesse des Kunden zu wecken, hat er bereits eine gute Chance, daß dieser ihm weiterhin zuhört.

Das ist natürlich nicht nur bei der Neukundenakquisition wichtig. Rund zwei Drittel aller Kundengespräche werden heute am Telefon abgewickelt. Die Gesprächs- und Verhandlungtechnik des Verkäufers läßt auf seine Kompetenz und auf die Qualität seines Unternehmens schließen.

Alle denken an sich – nur ich denke an mich!
Je intensiver Sie sich bei der Kundengewinnung per Telefon vorbereiten, desto größer sind Ihre Erfolgschancen. Überlegen Sie vor dem Abheben des Hörers genau, wie Sie den Gesprächspartner interessieren möchten und welche Bedürfnisse er haben könnte.

Wie gehen Sie vor?
Als Verkaufsleiter bei IBM Mitte der achtziger Jahre organisierte ich für mein Verkaufsteam einmal pro Monat einen sogenannten „Teleton"-Tag. Wir leiteten diesen Namen ab von der Sportart „Skeleton", die dem Bob ähnlich ist und sehr viel Mut abverlangt. Man rast nämlich auf dem Bauch liegend mit einem Spezialschlitten die Bobbahn hinunter. Die Ähnlichkeit „Skeleton – Telefon" sorgte für Beachtung und Akzeptanz.

Damals waren Begriffe wie Telemarketing oder Relationship-Marketing bei uns noch nicht geläufig. Das hinderte uns aber nicht daran, diese Treffen immer kompetent und mit Begeisterung vorzubereiten und durchzuführen.

Der Haustechniker installierte für uns jeweils in einem Konferenzraum sechs bis acht Telefone, von denen aus wir gemeinsam unsere Kunden oder Interessenten anriefen. Jeder riß den anderen mit, wenn dieser gerade ein Tief hatte. Erster Tip deshalb an Sie als Verkaufsleiter: Wenn Sie dieses Vorgehen einmal testen möchten, dann sorgen Sie dafür, daß mehrere oder alle in Ihrem Team mitmachen. Aber eben nicht jeder für sich allein, sondern möglichst alle in der gleichen Umgebung oder sogar in demselben Raum. Mehrmals pro Tag tauscht man dann die Ergebnisse und Erfolge aus. Was Erfolg ist, muß natürlich je nach Aktion vorher definiert werden. Oft ist bereits das Zustandekommen eines Gesprächstermins beim Kunden das angestrebte Ziel.

Allgemeiner Leitfaden

Wenn Sie die folgenden Hinweise und Tips beachten, werden Sei bei Ihrer telefonischen Kontaktanbahnung in Zukunft erfolgreicher sein und mit Begeisterung diese anspruchsvolle Verkaufsaufgabe meistern. Viele Verkäufer haben Angst oder Hemmungen, weil sie befürchten, abgelehnt zu werden. Es ist auch die Angst vor dem Ungewissen. Wie wird er/sie wohl reagieren? Diese Unsicherheit und vielleicht auch die Angst vor einer Blamage müssen überwunden werden. Ich kenne niemanden, der nicht etwas Lampenfieber hat, wenn er mit unbekannten Gesprächspartnern Kontakt aufnimmt. Aber ohne Kontakte keine Kontrakte! Bedenken Sie, das Schlimmste, was Ihnen passieren kann, ist ein „Nein" des Kunden. Nicht

mehr und nicht weniger! Und mit dem Nein des Kunden fängt ja das Verkaufen erst an!

Tip Nummer 1
Herr Kunde, ich habe hier eine tolle Lösung! Hätten Sie zufällig das passende Problem dazu?

Man geht davon aus, daß bei der Neukundengewinnung rund 80 Prozent des Erfolgs davon abhängen, wie wir den Gesprächseinstieg wählen. Wir benötigen also einen Aufhänger, einen sogenannten „Door opener", wie die Amerikaner sagen. Überlegen Sie sich also vor dem Anruf, wie Sie das Interesse oder die Neugierde wecken können. Am besten bereiten Sie einen Gesprächsleitfaden vor. Profis nennen das „Skript". Was in so einem Skript enthalten sein sollte, lesen Sie weiter unten.

Tip Nummer 2
Schön, daß Sie anrufen, ich hatte sowieso gerade nichts zu tun!

In den meisten Fällen stören Sie den Anrufpartner bei einer wichtigen Tätigkeit. Es wird selten vorkommen, daß man Ihnen am Telefon sagt: „Gut, daß Sie anrufen, ich wüßte sonst nicht, was ich mit meiner Zeit anfangen soll!" Im Gegenteil, Sie sind immer ein Störfaktor, und der Angerufene fühlt sich oft richtig überrumpelt. Versetzen Sie sich also in die Situation Ihres Kunden, und überlegen Sie sich *vor* dem Gespräch, mit welchen Fragen oder Aussagen Sie ihn dazu bringen können, Ihnen interessiert zuzuhören.

Tip Nummer 3
Sagen Sie endlich, was Sie wollen!

Kommen Sie bereits in den ersten Sätzen auf den Punkt. Wenn der Kunde fragen muß „Sagen Sie mal, was wollen Sie eigentlich?", haben Sie meist schon verloren. Wenn Sie es bei Ihren Besuchen und persönlichen Kundengesprächen gewohnt sind, zuerst über Belanglosigkeiten zu sprechen, um das Eis zu brechen, so müssen Sie dies am Telefon unbedingt unterlassen!

Tip Nummer 4

Haben Sie einen Augenblick Zeit?

Fragen Sie Ihren Kunden, ob er jetzt Zeit für ein Gespräch mit Ihnen hat. Sie werden vermutlich protestieren, weil Sie einmal gelernt haben, gerade diese Frage nicht zu stellen, weil der Kunde dann ja ohnehin sagt: "Nein, ich habe keine Zeit!" Bedenken Sie: Falls er wirklich wenig oder keine Zeit hat, hört er Ihnen ohnehin nicht richtig zu. Er wird es vielmehr zu schätzen wissen, daß er mit Ihnen einen Verkaufsleiter oder Verkäufer am Telefon hat, der ihn respektiert und auf seine Situation eingeht. Fragen Sie aber nie einfach bloß: "Haben Sie jetzt Zeit?" Denn mit dieser Frage machen Sie es ihm natürlich einfach, nein zu sagen, selbst wenn er Zeit hätte. Da er aber den Nutzen einer Unterhaltung mit Ihnen ja noch nicht kennt, ist das Gespräch jetzt tatsächlich meist zu Ende. Fragen Sie geschickter und mit einer Alternativ-Frage. Zum Beispiel: "Herr X, Frau Y, haben Sie jetzt Zeit für ein kurzes Gespräch? Oder paßt es Ihnen besser, wenn ich Sie heute nachmittag oder morgen früh anrufe?" Wenn Sie so fragen, denkt der Kunde nicht mehr in erster Linie darüber nach, ob er Zeit hat, sondern ob er jetzt mit Ihnen sprechen möchte oder ob er das Gespräch zu einem anderen Zeitpunkt vorzieht.

Tip Nummer 5

Es kommt viel weniger auf das an, was ist, als auf das, was geglaubt wird!

Neueste Tests und Umfragen zeigen, daß am Telefon nur zu rund 20 Prozent der Inhalt Ihrer Aussage über den Erfolg entscheidet. 80 Prozent und damit viermal wichtiger ist, wie Sie sprechen – also Ihre Stimme und Ausdrucksweise. Klingt Ihre Stimme freundlich, kompetent, überzeugt, selbstsicher? Oder eher unsicher, arrogant, hektisch, undeutlich?

Checkliste für bessere Akquisitionsgespräche

1. Das Telefongespräch hat Verhandlungscharakter und muß vorbereitet sein (mindestens in Stichworten).
2. Sind alle Unterlagen griffbereit (Dossiers, Preislisen, Kundenkarteien etc.)?
3. Deutlich und langsam sprechen.
4. Echowirkung, Freundlichkeit strahlt zurück.
5. Formuliere ich meine Sätze in „Sie-Form", aus der Sicht des Kunden? Sagen Sie besser: „Herr X, Frau Y, letzte Woche haben Sie von uns erhalten" anstatt: „Wir haben Ihnen ... geschickt."
6. Fragen Sie, anstatt Behauptungen aufzustellen.
7. Lassen Sie den Kunden ausreden, wenn er schon bereit ist, Ihre Fragen zu beantworten.
8. Vermeiden Sie Technoquatsch. Verwenden Sie also nur Fachbegriffe, die Ihr Kunde versteht.
9. Klären Sie ab, ob Sie mit der richtigen Person sprechen.
10. Der Kunde ist kein geeigneter Trainingspartner. Trainieren und üben Sie deshalb mit Kollegen Ihre gesamten Kenntnisse in bezug auf die verschiedenen Verkaufstechniken (Fragetechnik, Einwandbehandlung, Nutzen verkaufen, Abschlußtechnik und vor allem Ihre soziale Kompetenz).

Nur soviel: Ihre soziale Kompetenz, d.h., wie Sie auf den Kunden eingehen, macht rund 80 Prozent Ihres Erfolgs aus!

Tip Nummer 6
Wenn alle Menschen gleich wären, würde im Prinzip einer genügen!

Im Bereich Telefonverkauf und Neukundengewinnung am Telefon sind in den letzten Jahren aus den USA verschiedene neue Verhandlungstechniken auch zu uns gekommen. Beispielsweise verwenden Telefonprofis gerne die Erkenntnisse aus der NLP (Neuro-Linguistische Programmierung). Die amerikanischen Wissenschaftler Bandler und Grindler fanden heraus, daß die Menschen unterschiedliche Neigungen in bezug auf den Gebrauch ihrer Sinneswahrnehmungen aufweisen. Sie unterteilen die Mensen grundsätzlich in drei verschiedene Kategorien:

- Visuelle Typen
- Auditive Typen
- Kinästhetische Typen

Man kann diese drei auf Grund ihrer Wortwahl am Telefon erkennen und diese Erkenntnisse für das Akquisitionsgespräch nutzen. Das braucht natürlich eine entsprechende Ausbildung, die wir vor allem in Seminaren für Fortgeschrittene anbieten. Hier kurz die wichtigsten Unterscheidungsmerkmale dieser drei Kundentypen:

Der *visuell orientierte Kunde* spricht schnell, reagiert auf Bilder und verwendet auch in seinen Antworten entsprechende Formulierungen wie zum Beispiel: Können Sie sich ein Bild davon machen? Ich werde dies ins Auge fassen. Ich sehe, was Sie meinen.

Der *auditiv orientierte Kunde* spricht eher langsam und bedacht. Er achtet auf korrekte Wortwahl. Er beachtet Geräusche, läßt sich also auch stark durch Ihre Stimme und Tonalität beeinflussen. Er verwendet oft Formulierungen wie: Das hört sich sehr gut an. Ich bin ganz Ohr.

Der *kinästetische (gefühlsorientierte) Kunde* spricht ebenfalls langsam. Er begreift, indem er sich Ihr Produkt vorstellt. Bei ihm muß das Gefühl angesprochen werden, keine harten Fakten. Er verwendet Worte und Sätze wie z.B.: Ich habe das Gefühl. Ich empfinde das nicht so.

Wenn es Ihnen gelingt, diese drei Kundentypen zu identifizieren, und dann Ihr Angebot respektive Ihren Terminvorschlag ebenfalls mit entsprechenden Worten und Begriffen formulieren, fühlt sich Ihr Kunde verstanden und ist eher bereit, auf Ihre Vorschläge einzugehen.

Tip Nummer 7
Ein Lächeln am Telefon ist hörbar!

Nonverbale Informationen, wie Gesten, Mimik und Körperhaltung, übertragen sich auch am Telefon. Wenn Sie also lächeln, wenn Sie eine gerade Haltung einnehmen, spürt das Ihr Gesprächspartner. Man unterhält sich lieber mit selbstbewußten und aufgerichteten Personen – eben mit Siegern!

Beeinflussen Sie Ihre eigene Stimmung positiv. Wenn Sie einmal schlecht gelaunt sind – und das Recht hat jeder von uns –, dann tun Sie alles mögliche, nur eines nicht: am Telefon Termine vereinbaren! Beginnen Sie erst wieder mit Telefonieren, wenn Sie eine positive Stimmung ausstrahlen.

Geben Sie dem Kunden das Gefühl, daß Sie an ihm interessiert sind – an dem, was er ist und was er fühlt. Und nicht nur an seiner Brieftasche.

Jedes Telefongespräch ist ein kleines Abenteuer. Behandeln Sie das Telefon am besten, als sei es erst vor kurzem erfunden worden. Behandeln Sie es mit Respekt und nicht wie etwas Selbstverständliches.

Tip Nummer 8

Telefonskript, der rote Faden für das Akquisitionsgespräch!

Verwenden Sie für Ihre Akquisitionsgespräche ein Telefonskript. Hier stellt sich natürlich die Frage: Was ist überhaupt ein Telefonskript, und wie verwende ich es?

Wir unterscheiden zwei verschiedene Arten von Skripten:

- Das Konservengespräch, in dem jeder Satz genau vorgeschrieben ist, ähnlich einer Rolle in einem Theaterstück.
- Das Stichwortgespräch, bei dem man eher mit verschiedenen Checklisten arbeitet und frei formuliert.

Beide Arten bieten folgende Vorteile:

- Die wichtigsten Punkte sind aufgeschrieben und werden nicht vergessen. Sie können damit Ihr Konzept eher beibehalten.
- Sie fühlen sich sicher und besser vorbereitet.
- Sie ermüden nicht so schnell.
- Andere können Sie mit dem gleichen Skript bei einer Aktion unterstützen.
- In der gleichen Zeiteinheit können mehr Gespräche geführt werden. Sie sparen damit Kosten und Zeit.

Die wichtigsten Merkmale eines Telefonskripts für das Akquisitionsgespräch:

Eröffnung

- Gute Gesprächsatmosphäre aufkommen lassen. Vertrauen aufbauen. Nicht um den heißen Brei herumreden. Interesse wecken.
- Beziehung herstellen, z. B. zugestelltes Mailing, Gespräch vor kurzem bei Messebesuch etc.

- Volle, klare Identifikation. Wer bin ich? Warum rufe ich an?
- Grund und Nutzen für das Gespräch angeben.
- Mit offenen Fragen den Dialog einleiten.

Analyse

- Ist Ihr Angebot deckungsgleich mit der Bedarfslage des Kunden?
- Gezielte Fragetechnik einsetzen.

Argumentation

- Wie lauten meine Antworten auf die Fragen oder Einwände des Kunden?
- Die Antworten sollen nicht auswendig gelernt oder gar eingedrillt klingen.

Angebot

- Welches können die Motive des Kunden sein?
- Wie heißt deshalb mein Door opener?
- Welches ist der Nutzen meines Produkts?

Abschluß

- Erkennen der Kaufsignale
- Provozieren von Kaufsignalen
- Zuhören und zwischen den Zeilen lesen können.
- Mut, geschickt nach dem Auftrag respektive dem Termin zu fragen.
- Zusammenfassung. Wiederholen, was vereinbart wurde.
- Der letzte Eindruck zählt! Nachdem das Ziel erreicht wurde, nicht im Eilzugtempo das Gespräch beenden.

Tip Nummer 9

Man muß vom Weg abkommen, um nicht auf der Strecke zu bleiben!

In der folgenden Übersicht sehen Sie verschiedene Arbeitsschritte, die Ihnen aufzeigen, wie Sie zum ersten Termin kommen und welche weiteren Möglichkeiten Sie für die Neukundengewinnung haben. In der letzten Spalte können Sie die Ideen auf Ihr Unternehmen übertragen.

Das Telefon – eine Wunderwaffe?

Neue Untersuchungen belegen, daß Menschen am Telefon oft freundlicher mit anderen umgehen als im persönlichen Gespräch! Es ist am Telefon ja auch leichter, die Meinung zu ändern und Kompromisse zu schließen.

Ich habe selbst bei meinen Trainings bei Kunden erlebt (zwei dieser Firmen machen pro Jahr je rund hunderttausend Telefonanrufe), wie bereitwillig selbst Topmanager am Telefon Informationen auf Fragen von Verkäufern preisgeben. Fragen, die ich früher als junger Verkäufer beim persönlichen Kundenbesuch nie zu stellen gewagt hätte!

Aber es kommt eben sehr darauf an, wie geschickt und gut vorbereitet diese Telefonate durchgeführt werden.

Auf keine andere Weise als mit Hilfe

Beispiel für das Gewinnen eines Neukunden		
Medium	Ziel	Beispiel in meiner Firma
Telefon	• Namen des Entscheiders erfragen • Adreßbereinigung • Bedürfnisse abklären • Informationen abgeben	
Brief	• Verstärker der mündlichen Information • Beweise/Bilder • Neugierde schaffen	
Telefon	• Einladung zu Veranstaltung • Erster Abschlußversuch • Terminvereinbarung für Verkäufer	
Brief	• Zusätzliche Informationen mit Referenzen • Sich in Erinnerung rufen (Relationship-Marketing)	
Veranstaltung	• Nutzen für Interessenten aufzeigen • Begeisterung wecken • Kundenbeziehung vertiefen • Zweiter Abschlußversuch	
Telefon	• Nachbearbeitung • Interesse/Entscheidungsreife abklären • Termin für Beratungsgespräch	
Besuch	• Abschluß • Ausbau zur Topreferenz!	

des Telefons können Sie Ihrem Gesprächspartner so nahe kommen, ohne daß er sich unbehaglich fühlt! Mittels Telefonhörer erzielen Sie Hautkontakt! Probieren Sie das einmal bei einem persönlichen Gespräch aus!

Da wir ja bekanntlich am Telefon nichts zeigen können, müssen wir an die Vorstellungskraft des Partners appellieren. Dies geht natürlich umso einfacher je besser wir es verstehen, bildhaft zu formulieren und je mehr wir auf den Partner eingehen, an seiner Person Interesse zeigen. Wir können Illusionen oder Bilder entstehen lassen. Wir selbst können erfolgreicher, größer oder schlanker klingen, als wir wirklich sind. Ich bin oft über das Aussehen von Personen überrascht, die ich bisher nur vom Telefon her kannte. Sicher kennen Sie ähnliche Beispiele.

Wenn Sie selbst ein richtiger Telefonprofi geworden sind, werden Sie merken, daß Sie mit Hilfe des Telefons fast alles erreichen können, was Sie wollen. Manchmal sogar fast hypnotisieren!

Die Kunst des Telefonierens können Sie lernen – so wie Sie das Autofahren oder das Spielen eines Instruments gelernt ha-

ben. Es braucht jedoch die richtige Einstellung zum Telefon und vor allem „üben, üben, üben"!

Wie und wann beginne ich mit der Akquisition am Telefon?

Wer nicht weiß, wohin er will, darf sich nicht wundern, wenn er ganz woanders ankommt!

Halten Sie sich an die Tips und Informationen in diesem Artikel – und beginnen Sie! Erfahrungen können Sie nicht kaufen. Die müssen Sie selber machen. Falls Sie Gelegenheit haben, in einem Training diese Techniken zu vertiefen, wäre dies von Vorteil.

Nochmals: Der Kunde ist kein idealer Trainingspartner! Trainieren und üben Sie mit anderen, bevor Sie beginnen. In Deutschland werden jedes Jahr rund 20 Milliarden Mark in die Werbung investiert. Nur rund ein Zehntel dieses Betrages geht in die Weiterbildung!

Entscheiden Sie selbst als Verantwortlicher des Verkaufs, in was Sie investieren wollen, um mit Ihrem Team erfolgreicher zu sein!

4. Vertriebssystematik

4.1 Verkaufserfolge durch bessere Strategie

Der Autor

Hans-Peter Krämer ist Geschäftsführer der Krämer & Partner Consulting in Bad Neustadt/Saale und Mitinhaber der Unternehmensgruppe „Strategische Assistenz". Nach seinem Studium der Betriebswirtschaft und Sozialpsychologie war er in den Bereichen Verkauf, Führung und Management in der Assekuranz tätig. Zuletzt war er in der Funktion des Leiters Bildungswesen bei der Magdeburger Versicherungsgruppe in Hannover beschäftigt. Herr Krämer ist berufsständig im BDVT tätig. Er hat sich durch diverse Veröffentlichungen – unter anderem im Verlag mi und Duden-Verlag – profiliert.

Erfolgreicher verkaufen ohne Strategie?

Auch wenn der Zeitgeist meint, verkaufen ohne Strategie sei der bessere Verkauf (vgl. Gerken 1994), so ist meine Erfahrung aus vielen Jahren des praktischen Verkaufs, der Führung und der qualifizierten Ausbildung von Verkäufern, daß der totale „Qualitätsverkauf" nur in der Abfederung einer wohldurchdachten Strategie stattfinden kann. Der strategisch gut vorbereitete Verkäufer hat – in der Verschmelzung einer brillanten fachlichen Qualifikation mit einer intuitiven Persönlichkeit – die größere Garantie auf den Erfolg. Strategie als alleinseligmachendes Erfolgsmittel zu betrachten wäre genauso fatal wie ein Verzicht auf Strategie im Rahmen anvisierter Verkaufserfolge. Die Ausführungen zum

Thema sind also immer in der Vernetzung (Abb. 1) zu betrachten.

Verkaufserfolge durch bessere strategische Vorbereitung

Im wesentlichen hängt der Verkaufserfolg von einer exzellenten Vorbereitung ab. Fünf wichtige Schritte bilden einen Regelkreis, der alle Aktivitäten an einer hohen Kundenorientierung ausrichtet:

- Kundendatenerhebung
- Kundenpotentialanalyse
- Ideenfindung und Maßnahmenplanung
- Durchführung
- Kontrolle

1. Im Sinne einer intensiven Kundenorientierung ist es notwendig, möglichst viele Kundendaten zu erfassen und diese in

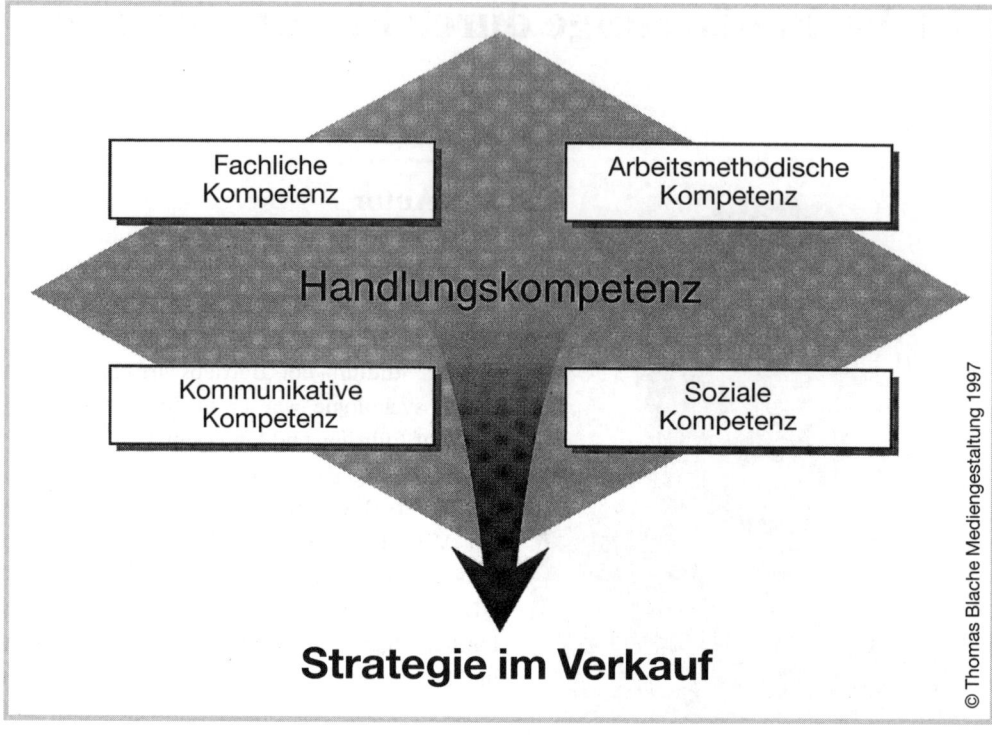

Abb. 1: Über Synergien zu neuem strategischem Ansatz

eine Datenbank zu speichern. Diese Daten sind in einem festgelegten Rhythmus zu pflegen. Je ergiebiger die Kundendaten sind, um so individueller ist die Vorbereitung auf das Kundengespräch.

2. Ein wichtiger strategischer Aspekt bei der Kundendatenerhebung ist die Möglichkeit, bei einer repräsentativen Anzahl von Vergleichszahlen Verkäuferverhalten zu analysieren, bestimmte Kauftrends zu ermitteln und überhaupt Rückschlüsse und Vergleiche anzustellen. Außerdem sind Fakten wie etwa die Zusammensetzung des Kundenstamms sowie die Ausschöpfung der Kundenpotentiale für den Verkaufsleiter von großem Interesse. Auch die Betrachtung der Verkaufsbereichsstrukturen im Ver-

gleich gibt wichtige Aufschlüsse. Die ständige analytische Arbeit mit diesen Zahlen fördert das Bewußtsein, wo Ansatzpunkte für Verbesserungen im Verkauf zu finden sind.

3. Die kreative Phase im Vorbereitungsprozeß sind die Ideenfindung und Maßnahmenplanung. Hier werden Ideen entwickelt, wie die Zielsetzung der allgemeinen und individuellen Umsatzsteigerung realisiert werden kann. Angestrebt werden soll die Generierung möglichst vieler, auch ungewöhnlicher Ideen, die spezifisch zum Verkaufsbereich passen und aus denen sich entsprechende Maßnahmen planen lassen.

4. Der nächste Schritt besteht in der Durchführung dieser gut vorbereiteten verkaufsbereichsspezifischen Maßnah-

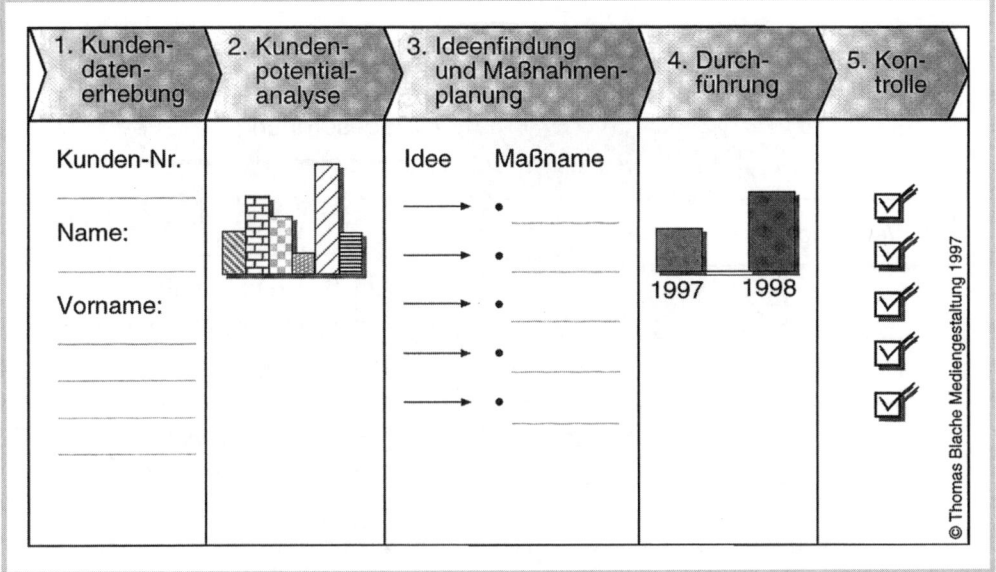

Abb. 2: Basis für strategischen Verkauf

men. Der Verkäufer hat in der Planungsphase soviel Stabilität gewonnen, daß er sich im Verkauf total auf den Kunden einlassen kann. Exzellent ausgestattet mit Kundendaten und -kenntnissen sowie individuellen Ideen kann er sie im Verkaufsgespräch sinnvoll einsetzen.

5. Die Kontrolle der Ergebnisse erlaubt laufend Einfluß auf den Verkaufsprozeß, und Verbesserungen können kurzfristig vorgenommen werden.

Verkaufserfolge durch „Flow-Management" realisieren

Die Märkte haben sich verändert, Produkte definieren sich permanent neu, und der Kunde unterliegt in seinem Verhalten entsprechend einem steten Wandel. Mit diesen laufenden Veränderungen muß sich der Verkäufer befassen, wenn er seine Chancen am Markt nutzen und ausbauen

will. Da die sich verändernde Welt allerdings immer komplexer wird und die Zyklen zwischen den Veränderungsmomenten immer kürzer, ist ein gut gelerntes „Flow-Management" für den Verkäufer unabdingbar. Hier ist es die Aufgabe des Verkaufsleiters, bei den Verkäufern ein neues Bewußtsein zu entwickeln, d. h., durch gezielte Zusammenarbeit die Veränderungen deutlich werden zu lassen. Wichtig ist hier vor allem, den Regelkreis der „Veränderungsdramaturgie" zu verstehen (Abb. 3).

Der Verkäufer muß lernen, daß Veränderungen etwas völlig Normales sind und Folgen für ihn haben. Er muß sich schneller auf neue Situationen einstellen können und seinen Verkauf spontan inszenieren. Das erfordert die bereits angesprochene strategische Vorbereitung. Je mehr der Verkäufer in der Lage ist, die Situation und das Individuum (Kunde) so zu akzeptieren, wie er sie im gegebenen Augenblick

223

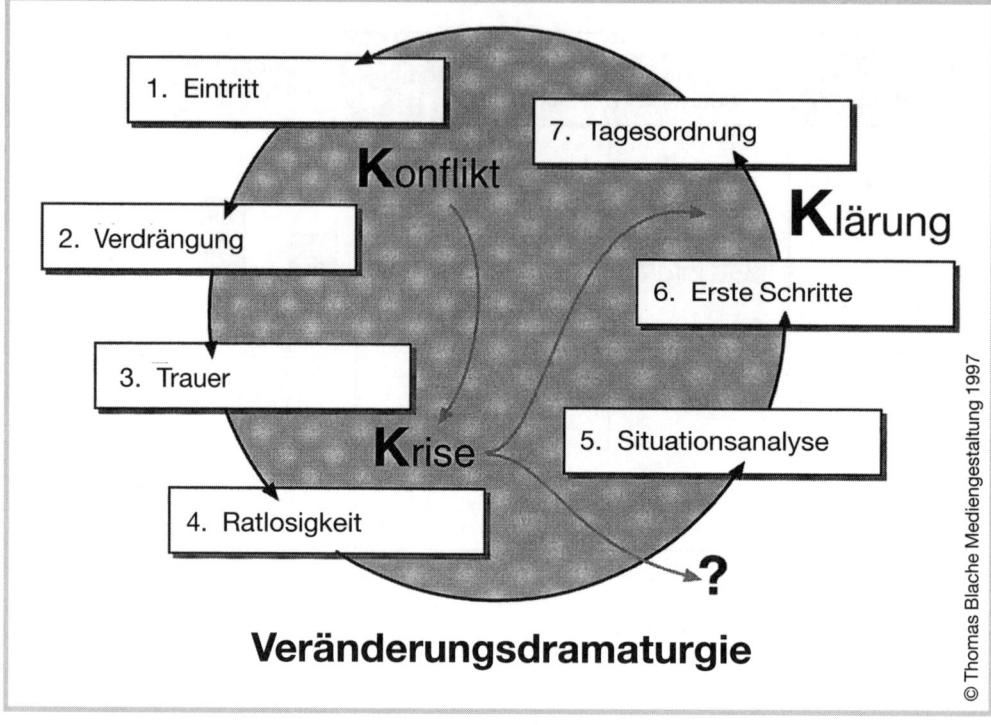

Abb. 3: Mit Veränderungen im Verkauf leben lernen

wahrnimmt, um so mehr Raum hat er auch, sein Produkt so zu inszenieren, daß es zum Kunden paßt.

„Flow-Management" bedeutet in diesem Zusammenhang die völlige Hinwendung zum Kunden vor dem Hintergrund einer sehr hohen Bereitschaft zur Leistung und zur Qualifizierung. Nachfolgende Fragen sollen helfen, dieses fließende Management des situativen Verkaufs und seiner Inszenierungen zu verstehen.

- Welche Logik (Realität) hat der Bedarf meines Kunden?
- Welche Attraktivität verspricht sich der Kunde von meinem Produkt?
- Wie sieht sich der Kunde in der Produktinszenierung?
- Was will der Kunde gerade jetzt, gerade von diesem Produkt, gerade von mir?

- Welche Kommunikation möchte der Kunde?
- Wie paßt das Produkt in die Kundenzukunft?
- Wie steht der Kunde zu seinem/meinem Produkt?
- Wie erreiche ich den mentalen Raum meines Kunden?

In diesem strategischen Ansatz, den Verkauf fließend zu managen, entwickelt der Verkäufer die innere Bereitschaft zur Entwicklung, d. h. Veränderung, und lernt, den Raum der Veränderung kreativ zu nutzen. Der Kunde wird im Verkaufsgespräch dort empfangen, wo er sich sieht und wohl fühlt.

Die Zukunft als Plattform des erfolgreichen Verkaufs

Wie schon angedeutet, spielt die „Zukunft" eine zentrale Rolle im Verkauf. Wir müssen uns stärker mit der Zukunft befassen, denn sie ist das einzige, was mit Sicherheit kommt.

Trendforscher Gert Gerken schreibt in seinem Buch „Besser verkaufen ohne Strategie" hierzu folgendes: *„Das Interesse an Zukünften wird immer größer. Wenn der Attraktor ‚Evolution' nun immer deutlicher in den Konsum hineinwandert, dann verändert sich auch der Kontext des Konsums. Das, was wird, wird wichtiger als das, was ist. Und alles das, was Offenheit signalisiert, erhält mehr Zuwendung als das, was Abgeschlossenheit repräsentiert. Im neuen Paradigma, was sich jetzt in der Wissenschaft herausgebildet hat, wird es das ‚Offene Werden' genannt.*

Der moderne Konsument operiert als Mitgestalter dieses offenen Werdens. Hier liegt auch sein unbewußter Stolz."

Wichtig ist hier, daß der Verkäufer die Befähigung entwickelt, dieses „offene Werden" mit dem Kunden zu gestalten. Auch an dieser Stelle sei nochmals angemerkt, daß die Vorbereitung auf das Verkaufsgespräch einen sehr hohen Stellenwert erhält. Aus meiner Erfahrung gehört sie zu den strategischen Erfolgsfaktoren, die den Verkäufer stabilisieren und in das Unternehmen integrieren. Vorbereitung heißt also auch, gedanklich Zukunft zu spielen, d. h., darüber nachzudenken:

- Was erwartet mein Kunde zukünftig von mir?
- Was erwartet mein Kunde zukünftig von meinem/seinem Produkt?
- Was erwartet mein Kunde von der Zukunft?
- Wie realisiert mein Kunde seine Zukunft?
- Welche Entwicklungen zeigt mir der Kunde an?
- Welche Ideen hat der Kunde für seine Zukunft?
- Was unternimmt der Kunde für seine Zukunft?
- Wie gehe ich auf diese Kundengedanken ein?

Notizen zur Analyse-Nr. _____	Verkaufsleiter: _____	
Thema: _____	Verkäufer: _____	
	Ort: _____ Datum: _____	
Kernaussagen	**Ursachen-Erklärungen**	**Schlußfolgerungen Handlungsrichtungen**
• • •	• • •	• • •

© Thomas Blache Mediengestaltung 1997

Abb. 4: Entwicklungsstrategischer Ansatz

Handlungsrichtungen zur Strategieverbesserung Thema: _____			Verkaufsleiter: _____ Verkäufer: _____ Ort: _____ Datum: _____		
Handlungs-richtung	Kunden-gruppe	Maßnahmen	Voraussetzungen/ Hilfsmittel	Termine	Geschätzter Mehrumsatz

© Thomas Blache Mediengestaltung 1997

Abb. 5: Handlungsrichtungen zur Strategieverbesserung

- Wie vernetze ich diese Gedanken mit meiner Zukunftsvision?
- Wie gestalte ich meinem Kunden sein Bild der Zukunft?

Zur strategischen Vorbereitung ist es unabdingbar, mit entsprechenden Arbeitshilfen zu operieren. Diese Hilfen entstehen, wenn die Ergebnisse der Analyse der Vergangenheit in erste Handlungsrichtungen umgewandelt werden (Abb. 4).

Diese Handlungsrichtungen weisen die Richtung für Veränderungsideen, die jetzt entwickelt werden. Hier ist es absolut notwendig, den Freiraum für Kreativität und Innovation zu nutzen. Keine Idee ist unsinnig, und Blockaden sind unzulässig. Es kommt beim weiteren Experimentieren darauf an, konsequent ein Ergebnis bis hin zum geschätzten Mehrumsatz zu entwickeln. Die Möglichkeit, hier viele Alternativen zu bilden, potenziert die Chance, eine „Top-Strategie" für erfolgreichen Verkauf zu entwickeln (Abb. 5).

Der nächste strategische Schritt zum Erfolg ist die Fixierung fest terminierter Maßnahmen in einer Übersicht (Abb. 6). Sie soll einen schnellen Rückschluß über Quantität und Qualität der Ziel- und Handlungsrichtungen geben. Sie dient auch nach einer gewissen Zeit zur computergestützten Analyse einer Soll-Ist-Struktur, d. h., die Ergebnisse können mit den Planungsschritten verglichen werden und lassen auf bestimmte Verhaltensweisen und Trends des Verkäufers und der Kunden schließen. Zur Vernetzung ist natürlich eine weitere Darstellung, die Termin- und Ergebnisübersicht (Abb. 7), erforderlich.

Damit Maßnahmen, die nicht fest terminiert werden, erhalten bleiben, werden diese in einer Übersicht zur späteren Verwendung festgehalten (Abb. 8).

Die hier dargestellte strategische Vorbereitung hat den Vorteil, daß sie einerseits offen für Ergänzungen ist – es entsteht immer wieder neuer Raum für Kreativität und Innovation – und sie anderer-

Sammelliste für fest terminierte Maßnahmen	Verkaufsleiter: _____ Verkäufer: _____ Ort: _____ Datum: _____		
Maßnahme	Kunde	Termin	Vorbereitung

© Thomas Blache Mediengestaltung 1997

Abb. 6: Maßnahmen fest terminieren

seits einen klaren Rahmen darstellt, der eine Führung „step by step" möglich macht und letztlich die Basis eines Controlling-Systems darstellt. Hier vernetzt sich die Theorie mit der Praxis und untermauert ganz klar, daß „strategischer Verkauf" heute nicht einengend und linear ausgerichtet ist und nicht statische, herzlose Verkäufer ausbildet, sondern Systeme schafft, in denen sich der Verkäufer durch abgesicherte Freiräume wohl fühlt und dennoch genügend Orientierung hat, um als Spitzenverkäufer erfolgreich zu sein. Was nützt es dem emotional intelligenten

Termin- und Ergebnisübersicht	Verkaufsleiter: _____ Verkäufer: _____ Ort: _____ Datum: _____			
Monat	Kunde	Maßnahme	Datum	Ergebnis

© Thomas Blache Mediengestaltung 1997

Abb. 7: Termine und Ergebnisse kontrollieren

227

Sammelliste für **nicht** fest terminierte Maßnahmen	Verkaufsleiter: _____ Verkäufer: _____ Ort: _____ Datum: _____	
Maßnahme	Kunde	Memo

© Thomas Blache Mediengestaltung 1997

Abb. 8: Sammlung nicht fest terminierter Maßnahmen

und überaus hellhörigen Verkäufer, wenn er ohne Struktur und Orientierung mit einem sich immer schneller verändernden Kundenstamm konfrontiert ist und sich nur vom Gefühl des Zeitgeistes und gefühlsbetonten Trends leiten läßt. Stimmiger Verkauf – und das wird die Zukunft von uns fordern – basiert auf fachlicher Kompetenz, arbeitsmethodischer Perfektion und emotionaler Persönlichkeit in der Gesellschaft. Das macht uns handlungsfähig und schafft auch ein „Top-Fundament" für erfolgreichen Verkauf.

Die hier skizzierte Brücke der Vergangenheit zur Zukunft macht einige Trends deutlich. Erkennt der Verkäufer diese, hat er einen strategischen Vorteil in der Hand. Er kann sich mental besser, schneller, flexibler und zukunftsorientierter auf Veränderungen einstellen und ist somit in der Lage, mit dem Kunden gemeinsam „das Produkt" zu kreieren, zu gestalten, ja zu designen. Er kann völlig auf den Geschmack des Kunden eingehen und ist in

der Lage, die um ihn herum stattfindenden Wertewandel-Prozesse zu akzeptieren und zu integrieren. Der Verkäufer der Zukunft steht somit in der exponierten Position, Hard facts und Soft facts zu koordinieren und zu vereinen. Er kann mit beiden umgehen. Der Verkauf der Zukunft wird also nicht mehr im „Abschluß" münden, sondern ist offen und wird somit als Prozeß des „offenen Werdens" zum Erfolg geführt.

Das Geheimnis „zukünftiger Verkaufserfolge" liegt somit in der schnellen Erfassung, Verarbeitung und Gestaltung des kontinuierlichen Wandels. Und hier sind Struktur und Strategie, eingebettet in eine emotionale Kultur, die Sicherheitsanker des Erfolgs. Es gilt, die Ordnungsmuster der Gegenwart zu nutzen und diese mit den Ordnungstrends der Zukunft zu erneuern.

Den Kunden zulassen, nicht verhindern

Meine Erfahrungen in der praktischen Zusammenarbeit mit Verkäufern und im Training on the job sind sehr vielfältig und ließen mich folgende Schlüsse ziehen:

- Erfolgreiche Spitzenverkäufer arbeiten mit einer hervorragenden Leistungsfähigkeit und -bereitschaft.
- Mittelmäßige Verkäufer haben sehr oft Defizite im Bereich des Fachwissens oder der Arbeitsorganisation, können hier allerdings relativ gut durch eine hohe Leistungsbereitschaft kompensieren.
- Antiverkäufer haben Defizite in allen Bereichen und sind im Regelfall mehr Verwaltungsstatisten oder Strategieversuchskaninchen.

Spitzenverkäufer beherrschen das bereits beschriebene „Fluß-Management" und können sich völlig auf ihre Kunden einstellen.

Diese Befähigung, völlig kongruent, aber dennoch empatisch auf den Kunden einzugehen, unterstützt den Verkaufsprozeß unendlich. Festgestellt habe ich bei Spitzenverkäufern, daß sie zu jeder Zeit und bei jedem Käufer – egal ob Neu- oder Bestandskäufer – ein intuitiv-organisiertes Beziehungsmanagement aufbauen und pflegen. In keinem Fall habe ich Verhinderungsstrategien festgestellt. Die Einstellung und das daraus resultierende Verhalten sowie Spitzen-Know-how, bildeten hier immer die Grundlage für den erfolgreichen Verkauf. Diese Verkäufer sind in gewissem Sinne phänomenal. Analysiert man allerdings eine repräsentative Reihe erfolgreicher Verkäufer, dann bilden sich bestimmte Erfolgsfaktoren zu einer Gesamtkonfiguration. In entsprechenden Entwicklungstrainings in Intervallen – mit praktischen und theoretischen Lernfeldern – können diese Faktoren bei mittelmäßigen Verkäufern zu erheblichen Optimierungen führen. Solche Entwicklungen haben wir mehrfach erforscht und durch systemische Entwicklungsprozesse zu nachweislichen Erfolgen geführt.

Hier einige Beobachtungsschwerpunkte im Feld der Top-Verkäufer:

- Spitzen-Know-how in den entsprechenden Fachgebieten.
- Hervorragende arbeitsmethodische Kenntnisse für das Verkaufsgespräch.
- Ein exzellent ausgebildetes Umsetzungsvermögen der entsprechenden Kenntnisse und Fertigkeiten.
- Eine ausgesprochen hohe Lernfähigkeit, verbunden mit einer stabilen und erfrischenden Lernbereitschaft.
- Das Fremdeinschätzungs- und das Selbsteinschätzungvermögen sind realistisch.
- Erkenntnisse der Vergangenheit werden – wenn nützlich – mit gegenwärtigen Anforderungen gepaart. Zukünftige Erwartungstrends werden sorgsam in den Dialog eingebaut.
- Die Kundenaussagen werden unauffällig und sorgsam diagnostiziert.
- Der Dialog mit dem Kunden wird situativ dem „Individuum Kunde" angepaßt, ohne daß feinfühlige Interventionen fehlen.
- Kaufreize werden authentisch, offen nachvollziehbar und fair adaptiert.
- Erhöhte Aufmerksamkeit ist über das gesamte Verkaufsgespräch, auch über lange Zeiträume, hinweg spürbar.
- Eine kundenbezogene Einstellung, d. h. die persönliche Erwartungshaltung und Bereitschaft, konzentriert sich völlig auf den Gesprächspartner.

- Befähigung, Informationen gezielt zu verarbeiten.
- Ganzheitliche Wahrnehmung, nicht nur kognitives Erleben.
- Situationsbezogene angenehme Lautstärke in der Kommunikation.
- Ausgesprochen kundenbezogene Kommunikationsfähigkeit.
- Hohe Befähigung, ein Gespräch situativ und bedarfsgerecht nach einem Ordnungssystem zu strukturieren, das bei dem Kunden ein Wohlgefühl hervorruft.
- Fähigkeit, die Kundenaussagen in den Verlauf des Gesprächs einzubeziehen.
- Balance zwischen konservativer und innovativer Haltung im Sinne einer hohen Kundenorientierung.
- Kommunikativ und kundenorientiert im Sinne einer situativen, individuellen Lösung.
- Eine hohe Befähigung, ein Verkaufsgespräch zu „führen", das ergebnisorientiert beim Kunden Sicherheit vermittelt.
- Balance zwischen Selbstmotivation (emotionaler Begeisterung) und Zurückhaltung im Sinne einer hohen Kundenorientierung.
- Ergebnissicherung durch kontrolliertes Feedback.
- Hohe empathische Ausstrahlung, unterstützt von emotionaler Intelligenz.

Von diesen Beobachtungsmerkmalen sind natürlich nicht alle bei jedem Top-Verkäufer zu erkennen. Doch alle Verkäufer zeigten in den beobachteten Fällen 60 Prozent der aufgezeigten Merkmalen. Festgestellt haben wir in 95 Prozent der geführten Verkaufsgespräche einen Soforterfolg, und grundsätzlich war die Kundenzufriedenheit auch über Weiterempfehlungen, Anschlußverkäufe usw. nachvollziehbar. Diese Einstellungs- und Verhaltensweisen sind nicht in jedem Fall, aber doch in den meisten, durch gezielte Entwicklungsmaßnahmen optimierbar.

Die Erfolgsweiche im Verkauf: Commitment

Commitment – ein Modetrend oder das Ergebnis des Wertewandels? Nun, so einfach läßt es sich nicht definieren. Commitment bedeutet die persönliche Einstellung, die Selbstverpflichtung zum eigenen Tun und Lassen, zur persönlichen Handlungsbereitschaft in der Vereinbarung mit anderen Menschen. Wenn der Verkäufer das, was er tut, mit voller Begeisterung, mit vollem Enthusiasmus ausführt, stellt er hiermit die Weichen für seinen Erfolg. Der Grundsatz kann hier nur lauten: „Tue das, was du tust, mit 100 Prozent Energie, mit Begeisterung!" Die dargestellten Beobachtungsergebnisse sind unbedingt eine Folge dieser Lebenseinstellung, und sie werden immer wieder durch eine klassische Aussage in Zusammenhang mit Change-Management bestätigt: „Love it, leave it or change it; but do it and keep smiling."

Wenn ich nicht zu meinen Handlungen stehe, dann spürt das auch der Kunde. Wenn ich meine Verkaufstätigkeit und meine Produkte nicht liebe, warum soll sie dann der Kunde lieben? Die passende Frage muß lauten: „Wenn Sie Ihren Job (Ihre Handlungen) nicht lieben können, können Sie es sich dann leisten, diesen zu behalten?" Wenn Sie Ihre Handlungen nach dem Prinzip der Selbstverpflichtung ausrichten, dann tun Sie das aus eigenem Antrieb. Diese Eigenmotivation, dazu Liebe und Energie zu je 100 Prozent, bilden den Rahmen für erfolgreiches Handeln (Verkaufen). Nur wer sich klar darüber ist, daß sein eigenes Tun und Lassen

(= Handeln) in der Selbstverpflichtung mündet, die da lautet: „Ich verpflichte mich, die Vereinbarung mit dem Kunden so zu gestalten, daß der Kunde die gleichen Gewinnchancen hat wie ich", wird auf Dauer Erfolg im Verkauf haben. Commitment definiert sich somit in der Vernetzung der Begriffe:

* Selbstverpflichtung
* Selbstvereinbarung
* Selbstverantwortung
* Selbstmotivation
* Selbstdisziplin
* Selbstvertrauen

Nicht der Kunde, das Produkt, der Markt, die Umstände oder was und wer auch immer sind schuld am schlechten Verkauf, sondern das eigene mangelnde Commitment.

Sehr ausführlich hat Reinhard K. Sprenger klare, logische und auch für jeden durch die eigene Lebenserfahrung nachvollziehbare Ausführungen zum Thema „Commitment" in seinem Buch „Das Prinzip Selbstverantwortung" gemacht.

Diese Ausführungen kann ich über weite Phasen mit meinen eigenen Kenntnissen und Erfahrungen im Umgang mit Menschen, und hier im speziellen in der Zusammenarbeit mit Verkäufern, bestätigen. In der praktischen Zusammenarbeit mit Verkäufern habe ich immer als bewährte Hilfe die Checkliste zur Beantwortung der Frage: „Wie selbstverantwortlich gehe ich als Verkäufer mit meinen Kunden um?" verwendet:

* Wie klar ist meine verkäuferische Vision?
* Welche klaren verkäuferischen Ziele habe ich?
* Was will ich überhaupt als Verkäufer?
* Was tue oder lasse ich zum erfolgreichen Verkauf?

* Wie gestalte ich mein verkäuferisches „Flow-Management" durch meine Prozeßorientierung im Verkauf?
* Wie effizient organisiere ich den Kleinkram zum verkäuferischen Erfolg (tun oder lassen)?
* Was benötige ich zur Erlangung meiner verkäuferischen Vision/Ziele?
* Wie erreiche ich meine verkäuferische Vision/Ziele?

In der Beantwortung dieser Checkliste finde und definiere ich das Commitment. Nicht die Fähigkeiten und Kenntnisse sind eine Frage des Erfolgs, sondern es ist die Frage nach der Hingabe.

Wir sind sehr oft gewillt, mehr zu leiden, als Änderungen zu organisieren. Es braucht oft mehr Mut, nicht zu leiden, als zu leiden. Meist geben wir den Umständen (dritten Personen, der Situation etc.) die Schuld, daß die Dinge nicht laufen. Aber die Umstände sind wir in Person.

Ich muß Klarheit haben über das, was ich will, Klarheit über meine brennenden verkäuferischen Ziele, dann habe ich auch den Weichenhebel für erfolgreichen Verkauf fest in der Hand. Abbildung 9 gibt einen Überblick über Commitment im Verkauf.

Die Symbiose: Kunde – Verkäufer

Der Verkäufer der Zukunft muß bereit sein für spontane Symbiosen zwischen dem Kunden und ihm, die durch den schnellen Wandel des Zeitgeistes und die Faszination einer ständig „neuen" Zukunft, einer multi-optionalen Veränderungsdramaturgie unterliegen. Er muß die Triade Kunde-Produkt-Verkäufer permanent neu definieren.

231

Welche verkäuferischen Visionen habe ich?			
Welche Ziele hierzu habe ich?	Was will ich hierfür tun/lassen?	Was brauche ich hierzu?	Wie erreiche ich meine Ziele?

© Thomas Blache Mediengestaltung 1997

Abb. 9: Meine verkäuferische Vision

Unabhängigkeit im Verkauf durch Symbiosen auf der Basis uneingeschränkter Kundenorientierung

Der symbiotische Verkauf der Zukunft wird, wenn vom Verkäufer akzeptiert, unweigerlich zum Erfolg führen. Der wesentliche Unterschied zu allen rezeptiven Ansätzen historischer Verkaufsparolen ist hier das Zusammenleben von Menschen (Lebewesen verschiedener Art, Unikate) zu gegenseitigem Nutzen.

Je klarer die Transparenz des gegenseitigen Nutzens, um so höher die Akzeptanz der Symbiose. Der Erfolg der Symbiose wird vom Verkäufer durch die uneingeschränkte Kundenorientierung organisiert. Der Verkäufer macht sich hiermit unabhängig von fachlichen und arbeitsmethodischen Zwängen. Er weiß um seine Fähigkeiten und ist gut ausgestattet mit Knowhow. Er bringt sein Know-how situativ ein und handelt symbiotisch im Sinne einer uneingeschränkten Kundenorientierung. Er kreiert „das" Produkt mit dem Kunden und nutzt somit das „offene Werden".

In Begleitbesuchen von Spitzenverkäufern habe ich es sehr oft erlebt, daß sie sich durch ihre konstruktiv-destruktive Haltung vom Unternehmen und vom Produkt entfernt haben, um mehr Nähe zum Kunden zu bekommen. An Produkt und Unternehmen näherten sie sich dann durch den gemeinsamen Nutzen des Verkaufs wieder an.

Der Spitzenverkäufer sah immer zuerst den Nutzen für den Kunden und schaffte sofort Klarheit vom eigenen Nutzen des Verkaufs hin zu einem Gefühl des sinngebenden Nutzens der Verbindung Kunde – Verkäufer.

Die sinnbringende Ergänzung der Triade war das Produkt. Die Kundenorientierung war hier immer ein zwangsläufiges Ergebnis der Ereignisse. Der Erfolg war programmiert, und das Verkäuferprofil stach durch Unabhängigkeit hervor.

Die Lust an der Tätigkeit führte immer zu interessanten Dialogen, von denen die Erfolgsverkäufer in den Feedback-Gesprächen mit mir berichteten, daß sie durch

Unabhängigkeit im Verkauf auf Basis uneingeschränkter Kundenorientierung (durch Symbiose)			
Was will der Kunde?	Was will ich?	Was brauchen wir hierzu?	Wie erreichen wir unsere Ziele?

© Thomas Blache Mediengestaltung 1997

Abb. 10: Unabhängigkeit schafft Erfolge

diese Dialoge und die offene, freundliche Haltung des Kunden neue Informationen bekamen und eine Menge daraus lernten. Nie hatten sie das Gefühl, dem Kunden mit „Power" und „strategischen Klimmzügen" ein Produkt übergestülpt zu haben. Interessant war für mich als Coach auch immer wieder die entspannte und von hoher gegenseitiger Akzeptanz getragene Atmosphäre, die keinen Sieger und keinen Verlierer, sondern ein einfaches „in Ordnung" hinterließ.

Alles in allem fassen sich meine Erfahrungen und Forschungsergebnisse wie folgt zusammen.

Lebt der Verkäufer ein identifiziertes Commitment, das die Freiräume des Verkaufsgesprächs symbiotisch werden läßt, dann nutzt er das „offene Werden" und organisiert somit unweigerlich – gemeinsam mit dem Kunden – den Verkaufserfolg. Die professionelle Vorbereitung eines neuen strategischen Verkaufens wird spürbar.

Der Verkäufer als Persönlichkeit im freien Umgang mit dem Kunden

Spitzenverkäufer sind in der Lage, ihre Persönlichkeit total in den freien Umgang mit dem Kunden einfließen zu lassen. Sie haben keine Berührungsängste, sind unkompliziert im Umgang mit dem Individuum (Kunden) und benötigen keine Verhaltensmuster, weil sie so sind, wie sie sind. Sie sind fachlich top, haben arbeitsmethodisch immer noch eine Idee, vermitteln dem Kunden das Gefühl der sozialen Geborgenheit, akzeptieren das Anderssein und leben ihre Berufung völlig authentisch aus. Sie sind erfolgreich, kurz gesagt, „die Verkäuferpersönlichkeit".

Die endogene und exogene Ausgeglichenheit dieser Verkäuferpersönlichkeit hat eine motivative Ausstrahlung auf den Kunden und schafft natürlich Freiraum zum unkomplizierten Umgang mit den Kunden. Diese offene Situation fördert wiederum die Reaktion symbiotischen Verhaltens beim Kunden und Verkäufer.

Persönlichkeitscheck: „Wie wirke ich auf andere?"				
Ich . . .	. . . in der Gruppe . . .	. . . habe Fachwissen . . .	. . . und beherrsche Arbeitsmethodik	Sonstige

© Thomas Blache Mediengestaltung 1997

- Prüfen Sie anhand der Adjektiv-Prüfliste
- Beurteilen Sie mit ⑴ ____ ⑵ ____ ⑶ ____ ⑷ ____ ⑸ ____ ⑹ ____

Abb. 11: Ich – die einzigartige Verkäuferpersönlichkeit auf dem Prüfstand

Freies Assoziieren fördert diesen Zustand und wird von den Beteiligten im Verkaufsgespräch kontrolliert. Meine Beobachtungen, die die eben beschriebene Verkäuferpersönlichkeit bestätigen, beruhen auf rund 20 Jahren Beobachtungs-, Erfahrungs- und Forschungsarbeit im Verkauf mit und durch Verkäufer, deren Führungskräfte und Manager.

Verkaufserfolge durch Strategie und Symbiose

„Worin liegt der Erfolgsmythos ganzheitlicher Verkausstrategie?"

Ganz einfach im Spagat, d.h., das eine zu tun, ohne das andere zu lassen; oder einfach mehrere Alternativen „offenen Werdens" zuzulassen und die passendere situativ zu nutzen. Der i-Punkt ist die totale Einbindung des Kunden in allen Phasen des Verkaufsprozesses, d. h. die Symbiose.

Zur Beantwortung der obigen Frage möchte ich hier eine Liste von offenen Fragen anbieten, die über das bereits Gesagte hinaus zur Vorbereitung einer möglichen Ausrichtung auf den „ganzheitlichen strategischen Verkauf" dienen soll und ein Potential an Ideen für den Verkaufserfolg durch die „bessere" Strategie freiwerden läßt.

- Welche Anregungen erhalte ich im Verkaufsgespräch, die mich motivieren, besonders gut zu sein?
- Welche Initiativen entwickle ich, um Neukunden zu gewinnen?
- Welche Beratungs- und Verkaufskultur habe ich entwickelt, die mich erfolgreich macht?
- Wie und wie oft qualifiziere ich mich fachlich, arbeitsmethodisch, im Umgang mit Kunden/Kundengruppen und im Bereich kreativer Möglichkeiten, um meine Leistungsfähigkeit und -bereitschaft zu optimieren?
- Wie sichere ich meinen Verkauf im Stammkundenbereich? (Neukundengewinnung, das zeigen einschlägige Untersuchungen, verursacht fünf- bis sechs-

mal höhere Vertriebs- und Marketingkosten als Bestandskundenakquisition.)

- Wie pflege ich die Kundendaten der Stammkunden, und wie gewinne ich Informationen über potentielle Neukunden?
- Welche Serviceleistungen biete ich meinen Kunden, die nachweislich zu Akquisitionserfolgen führen?
- Wie stelle ich sicher, daß ich nicht nur die harten Servicefaktoren, wie pünktliche Lieferung, Vertragstreue etc., erfülle, sondern auch die weichen Servicefaktoren, wie emotionale Bindung, soziales Einfühlungsvermögen etc., gewährleiste?
- „Kundenzufriedenheit = Gewinn?"
- Wie organisiere ich aus einem gewonnenen Erstkunden einen hundertprozentig zufriedenen Stammkunden?
- Wie sichere ich mir die „Poleposition" bei meinem Kunden?
- Wie gehe ich mit dem Thema „Kundendienst als Vorverkauf" um, und was tue und lasse ich hier?
- Wie denke ich über das Marktforschungsergebnis der Fa. McKinsey: „Lediglich 14 Prozent der Kunden werden ihrem Lieferanten untreu, weil sie mit seinem Produkt bzw. seiner Dienstleistung an sich unzufrieden waren!"?
- Wie gehe ich mit der – in diesem Zusammenhang stehenden – Aussage um? „Neun Prozent der Abnehmer wechseln aus Preisgründen zum Wettbewerber, fünf Prozent, weil ihnen ein Wettbewerber ein attraktives Produktangebot gemacht hat. Drei Prozent der Kunden wechseln die Bezugsquelle, weil sie an einen anderen Ort umziehen bzw. ihre eigene Angebotspalette verändert haben. Dagegen sind 69 Prozent der Kundenverluste vor allem darauf zurückzuführen, daß sich die Abnehmer nicht ausreichend gewürdigt und mit der nöti-

gen Aufmerksamkeit bedient fühlen!"

- Wie gehe ich damit um, daß rund 91 Prozent der unzufriedenen Kunden zum Wettbewerber abwandern, ohne daß sie ihren Schritt begründen, und damit dem Unternehmen keine Chance geben, die Situation zu korrigieren?
- Wie gehe ich mit der Tatsache um: „Der Kunde hat Wünsche – an mich als Verkäufer"?
- Warum fühlen sich potentielle Kunden in ihren Erwartungen oft unverstanden?
- Wie nutze ich die Entwicklungsmöglichkeiten (Training, etc.) meines Auftrag-/Arbeitgebers?
- Wie attraktiv gestalte ich die Entwicklungsmöglichkeiten (Training etc.) für meine Verkäufer?
- Wie fördere ich die Idee „Serviceorientierter und kundenorientierter Verkäufer vs. Verkäufer der ‚Hauruck und tschüs'-Methode"?
- Wie gehe ich mit der individuellen Leistung meiner Verkäufer um?
- Wie organisiere ich interessenübergreifende, absolut kundenorientierte Zusammenarbeit in meinem Unternehmen?
- Welche Servicevision habe ich für meinen zukünftigen Verkauf?
- Wie gehe ich mit meiner firmeninternen Kultur zur Verbesserung der Beziehung zum Stammkunden und zur Gewinnung von Neukunden um?
- Wie oft hinterfrage und kontrolliere ich meine persönliche Verkaufsplanung?
- Wie organisiere ich mich im Verkauf in bezug auf Bedingungen, Faktoren, Hilfsmittel?
- Welche aussagefähigen Statistiken nutze ich?
- Wie nutze ich meine Kundenpotentiale?
- Wie nutze ich die Erkenntnisse meines prozessualen Verkaufs?

- Wie nutze ich meine Persönlichkeit, meine Emotionen und Fachkenntnisse im Verkauf?
- Wie qualifiziere ich meine arbeitsmethodischen sowie meine Fachkenntnisse, und wie nutze ich sie?
- Wie ist es um meine Leistungsbereitschaft und -fähigkeit bestellt?
- Wie verpflichtend und vereinbarend führe ich meinen Verkauf durch?
- Wie organisiere ich mein Beziehungsmanagement zum Kunden für den Verkauf?
- Wie verhindere ich eigene Verhinderungsstrategien im Verkauf?

Alle hier genannten offenen Fragen korrespondieren mit den schon genannten Beobachtungskriterien für „Top-Verkäufer" und erheben in der Auflistung nicht den Anspruch der Vollständigkeit. Zusammen mit allem bisher Erwähnten bilden sie ein Ordnungssystem des „offenen Werdens", d. h., jeder Verkäufer bzw. jeder Verkaufsleiter sieht mit Sicherheit seine strategischen Handlungsgrößen für erfolgreichen Verkauf.

Abschlußfragen zum strategischen Verkauf

- Wie bereite ich mich auf den Verkauf vor?
- Welche Ziele verbinde ich mit meinem Verkauf?
- Wie stelle ich mich auf „Flow-Management" im Verkauf ein?
- Wie stelle ich mich auf meinen Kunden ein?
- Welche Verpflichtung gehe ich für meinen zukünftigen Verkauf mit meinen Handlungen ein?
- Wie bereite ich mich symbiotisch auf den zukünftigen Verkauf vor?
- Wie setze ich mich als „Person" im Verkauf ein?
- Wie organisiere ich meine Verkaufserfolge gemeinsam mit meinen Kunden?
- Was will ich mit dem, was ich aussage, bewirken?
- Was benötige ich hierzu (Zeit/Räume/Mittel)?
- Wie erreichen wir (Verkäufer/Kunde), was wir wollen?

© Thomas Blache Mediengestaltung 1997

Abb. 12: Check „Vorbereitung auf den neuen, strategischen Verkauf"

Literaturhinweise

Gerken, G., Besser verkaufen ohne Strategie, Düsseldorf 1994
Müller, W. (Hrsg.), Duden, das Beudeutungswörterbuch, Mannheim 1985
Pieper, R. (Hrsg.), Management-Lexikon, Wiesbaden 1991
Sprenger, R. K., Das Prinzip Selbstverantwortung, Frankfurt 1997
Zickendraht, V., Persönlichkeitsprofil – Identity vom Scheitel bis zum Schreibtisch, Landsberg/Lech 1991

4.2 Der USP im Verkauf

Der Autor

Carlheinz Naumann, Dipl. rer. pol., arbeitet als selbständiger Unternehmensberater für Kommunikation in Marketing und Management in Nürnberg. Mit seinem Team berät er Firmen der Investitionsgüter-, Zuliefer- und Konsumgüterindustrie sowie Banken, Messen und andere Dienstleister im In- und Ausland. Herr Naumann ist Lehrbeauftragter an der Fachhochschule in Nürnberg und Dozent an Weiterbildungsinstituten in München, Frankfurt, Wien und Zürich. Er ist Autor zahlreicher Fachpublikationen. Carlheinz Naumann ist Mitglied des BDU, des RKW und des club 55.

Die USP-Wertanalyse beantwortet die Frage Ihres Kunden: Warum soll ich dieses Produkt überhaupt und wenn, warum ausgerechnet bei Ihnen kaufen?

Der USP, Unique Selling Proposition, wurde von Rosser Reeves, einem Mitarbeiter der New Yorker Werbeagentur Ted Bates & Company, schon Anfang der dreißiger Jahre kreiert. Reeves war auf der Suche nach der einzigartigen Werbeaussage, dem wirksamen und überzeugenden Slogan, der das Produkt gegenüber der Konkurrenz abhebt. Eigentlich wäre es richtiger, diese Formulierung UAP, Unique Advertising Proposition, zu nennen. Wir Verkäufer allerdings sollten das Wort Selling beibehalten, denn im Gegensatz zur Werbung, die Nachfrage auslösen soll, müssen Verkäufer auf Kundenfragen Antwort geben.

Was ist die USP-Wertanalyse? Es handelt sich dabei um eine durch Formulare gestützte Methode systematischen Denkens. Mit ihr werden die Alleinstellungsmerkmale eines Unternehmens ebenso wie die seiner Produkte und Leistungen in unterschiedlichen Märkten und für unterschiedliche Kundenzielgruppen herausgearbeitet und im einzelnen hinsichtlich ihres Nutzens für die Kunden bewertet. Daraus wird eine schlüssige Kaufargumentation entwickelt. Sie zählt zu den entscheidenden Elementen der Kundenorientierung. Ausgehend von den Wünschen und Zielen der Kunden werden diejenigen Eigenschaften und Fähigkeiten des ganzen Unternehmens und seiner Einzelleistungen definiert, die es positiv von seiner Konkurrenz im Markt abheben. Die so gewonnenen Alleinstellungsmerkmale, die USPs, werden einzeln, soweit möglich in ihrem Geldwert für den Kunden berechnet oder im Analogieverfahren geschätzt. Ist die Summe der USP-Werte höher als die positive Preisdifferenz gegenüber einem Konkurrenten, so ist dieser in seinem Preis zu teuer für den Kunden. Der einzelne USP als strategischer Vorteil muß für den Kunden wichtig und klar wahrnehmbar und von Konkurrenten nicht ohne weiteres einholbar oder zu substituieren sein. USPs gibt es immer weniger im Bereich der Produkte und immer mehr im gesamten Lieferleistungspaket von Service, Qualität, Ambiente und Beziehung.

Gegenstand der USP-Wertanalyse und ihre Ziele lassen sich in zwölf Punkten zusammenfassen. Mit ihnen kann die Schwachstelle der meisten Verkäufer, nämlich keine überzeugenden Formulierungen für Akquisition, Verkaufsgespräch und Preisverhandlung parat zu haben, nachhaltig behoben werden.

1. Definition aller Eigenschaften und Fähigkeiten der Produkt- und Leistungsangebote sowie der des ganzen Unternehmens, die sie bzw. es von seinen einzelnen Konkurrenten und gegenüber allen gemeinsam im für den Kunden positiven Sinne unterscheiden.

2. Feststellung des Nutzens und der Ergebnisse, die durch diese Eigenschaften und Fähigkeiten beim Kunden entstehen und Berechnung bzw. Schätzung des erzeugten Wertes.

3. Die Umsetzung dieser Ergebnisse in eine logische, konsequente und schlüssige Argumentation, die im Verkaufsgespräch ebenso wie in der Werbung und Verkaufsförderung verwendet werden kann.

4. Training der Verkäufer für die Akquisition neuer Kunden, die Einführung neuer Produkte und wertanalytisch geführte Preisverhandlungen für die Auseinandersetzung mit der Konkurrenz.

5. Beantwortung der entscheidenden Kundenfrage: „Warum soll ich bei Ihnen, Ihrer Firma kaufen?" durch eine auf den Kundennutzen bezogene, sichere, beweisbare und kaufwirksame Antwort.

6. Die überzeugende, kundenorientierte Argumentation dient der Festigung von Position, Kompetenz und Beziehung der Verkäufer gegenüber dem Kunden.

7. Herausfinden der Ursachen für Gewinn und Verlust von Kundenaufträgen, woraus wirksame Konsequenzen gezogen werden können.

8. Informationen an Entwickler und Konstrukteure über Schwachstellen der Angebote aus Kundensicht und Anregungen für Verbesserungen.

9. Verbesserung der Zusammenarbeit zwischen Verkäufern, Konstrukteuren, Entwicklern sowie den Produkt- und Projektmanagern. Einfließen des Know-how aller Beteiligten in Verkaufsinformation, Argumentation und Werbung.

10. Permanenter Vergleich der eigenen Produkte und Leistungen im Sinne des Benchmarking.

11. Positive Beeinflussung der Angebotsentwicklung sowie der Kundenbeziehung und -orientierung.

12. Darstellung eines zentralen und mit größtem Interesse angenommenen Elementes in der Personalenwicklung und im Verkaufstraining.

Der USP (besser UAP)-Aussage in der Werbung wird auf allen Stufen des Managements größte Aufmerksamkeit gewidmet. Um die so wichtige USP-Aussage im Verkauf dagegen kümmern sich anscheinend nur ganz wenige. Die Ergebnisse des seit über 12 Jahren durchgeführten „Naumann-Verkäufer-Checks", in dem bis jetzt über 4000 Verkäufer im Business-to-Business-Verkauf ihre Einstellung, ihr Verhalten und ihre Argumentation gegenüber dem Kunden überprüft haben, zeigen eines eindeutig: Die Formulierung des USP ist die größte Schwäche der Verkaufsargumentation (s. Abb. 1). Das verursacht die in den Checkergebnissen ebenfalls deutlich werdenden Schwachstellen bei Akquisition und Preisverhandlungen. Auch die bei über 50 Prozent der befragten Verkäufer festgestellte mangelhafte Identifikation mit Beruf, Rolle, Aufgabe und Verantwortung des Verkäufers wird davon beeinflußt, auch wenn dabei sozio-historische, sozio-ökonomische und religiös-mythologische Ursachen wesentlich mitwirken.

Auf die vom Kunden gestellte Frage: „Warum soll ich dieses Angebot ausgerechnet bei Ihnen kaufen?" erhält der Trainer im Verkaufsseminar meist die Antwort: „Weil bei uns die Qualität und das Preis-Leistungs-Verhältnis stimmen. Weil wir einen erstklassigen Service bieten und über langjährige Erfahrungen verfügen!" Fragt der Trainer die Verkäufer daraufhin, was denn die Konkurrenz auf diese Kundenfrage antwortet, erfährt er prompt, daß sie dasselbe sagt. Soll der Kunde würfeln? Er tut es nicht!

Es gibt aber auch eine zweite Antwort aus der Seminarrunde: „In dieser Form ist mir diese Frage noch nie gestellt worden." Also braucht man offenbar auch keine Antwort darauf zu haben. Niemand unterstellt, daß der Kunde diese Frage immer stellt, auch wenn er sie nicht ausspricht. Das Thema USP-Wertanalyse findet im Verkaufsseminar immer die größte Aufmerksamkeit und wird von den Teilnehmern als am nützlichsten für ihre verkäuferische Praxis bewertet. Im allgemeinen entdecken sie an ihren Produkten Eigenschaften und an ihren Firmen Fähigkeiten, die sie bisher weder gekannt noch gar als Verkaufsargumente eingesetzt hatten. Für über 80 Prozent ist die USP-Wertanalyse ein ganz neues Instrument. Sie ist nach praktischen Erfahrungen der Verkäufer entwickelt worden und wird schon seit etwa acht Jahren systematisch angewandt. Ganz besonders wirksam ist die Methode bei der individuellen Vorbereitung wichtiger Akqusitionsgespräche und Preisverhandlungen. Im Naumann-Verkäufer-Check bezeichnen 56 Prozent der Teilnehmer eine bessere und systematischere Vorbereitung ihrer Kundenkontakte als wesentlichste Voraussetzung für bessere Verkaufserfolge und größere Stärke gegenüber der Konkurrenz.

Ändern sich das Angebot, die Funktion und Konstruktion der Produkte oder die Zielgruppen und Kundenstrukturen, müssen sie im Hinblick auf deren Wünsche und Ziele aktualisiert werden. Auch die laufend notwendige Konkurrenzanalyse macht Änderungen notwendig.

Im Verkaufsalltag zeigen sich zunehmend und weltweit Tendenzen, die eine immer exaktere Argumentation einerseits und eine immer festere Kundenbeziehung andererseits fordern. Die einzelnen Aufträge werden weniger. Die Volumina der Einzelaufträge werden immer größer. Die Kosten und auch das damit verbundene Risiko bei der Akquisition werden immer höher, die Kundentreue wird immer geringer. Die Tendenz des Einkaufs, die miteinander konkurrierenden Angebote durch Vorgaben, Pflichtenhefte und Ausschreibungen so stark zu egalisieren, daß am

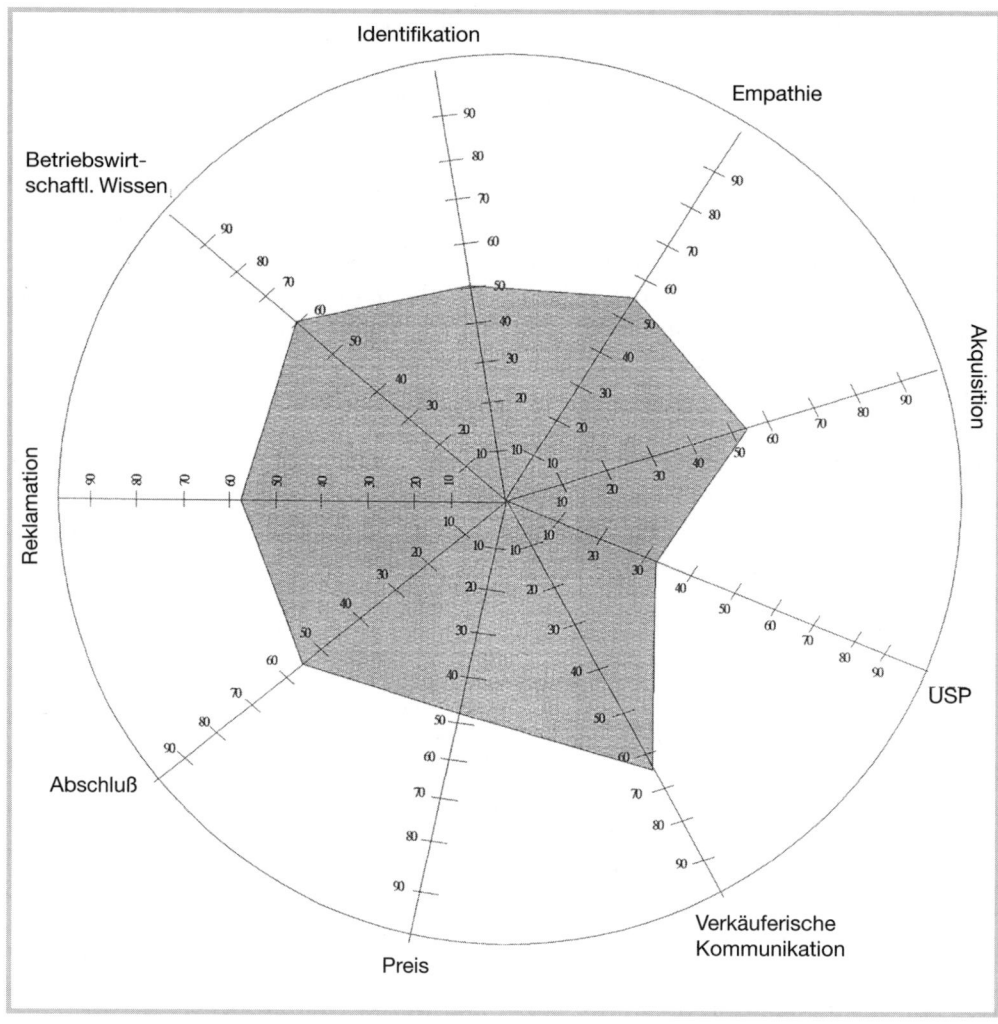

Abb. 1: Naumann-Verkäufer-Check: Ergebnisse in den neun Testfeldern

Ende nur noch der nackte Preis als Unterschied übrig bleibt, wird immer deutlicher, die Methoden werden immer perfekter. Die USP-Wertanalyse ist ein geeignetes Verfahren, um das eigene Angebot, unabhängig vom Preis, vom Nutzen her mit ausgefeilter Argumentation darzustellen. Ziel dabei ist, mit dem Kunden weniger über den Gesamtkomplex des angebotenen Produktes, sondern vorzugsweise über die Alleinstellungsmerkmale, eben

die USPs, zu diskutieren. Dabei kann ein Verkäufer nicht nur die Vorteile des Produkts für den Kunden herausstellen, sondern auch den Verlust für den Partner, falls er auf diese verzichtet.

Wie finden Sie den USP?

Dafür müssen vier Voraussetzungen geschaffen werden.

1. Die klare und eindeutige Bestimmung des Produkts oder der Dienstleistung, für welche die USPs herausgearbeitet werden sollen. Dies kann zum Beispiel eine Maschine, ein Hilfsmaterial für die Fertigung ebenso sein wie ein Gebrauchsgut oder eine Transportdienstleistung. Je präziser die Definition ist, um so besser werden die Ergebnisse. Also z. B. modische Kleidung für Herren in Konfektionsgrößen ab 56 aufwärts und nicht Herrenkleidung.

2. Die ebenso präzise Definition der Kundengruppe. Unterschiedliche Kundengruppen haben an die gleichen Produkte und Dienstleistungen häufig sehr unterschiedliche Anforderungen und Wünsche. Z. B. sind die Erwartungen eines Betonteilewerks in einem Industriegebiet an den gleichen Gabelstapler ganz anders als die eines Getränkegroßhändlers in einem Wohngebiet. Wer die Kundengruppe nicht berücksichtigt, läuft Gefahr, an den Wünschen und Zielen seiner Kunden im Verkaufsgespräch vorbeizuargumentieren. Bei entsprechend großen Projekten können sich diese Überlegungen bis zur Vorbereitung einer Produktpräsentation bei einem einzelnen Kunden erstrecken. Bei Verhandlungen mit Entscheidergruppen sollten Sie die Frage nach den Wünschen und Zielen der einzelnen Mitglieder und deren Funktionen in der Entscheidergruppe in der gleichen Art berücksichtigen.

3. Um die Abhebung von Angeboten der Konkurrenz, gleichgültig ob positiv oder negativ, festzustellen, ist es notwendig, die Konkurrenz und ihr spezifisches Angebot an Produkten und Leistungen so genau wie möglich zu kennen. Dies funktioniert am besten mit Hilfe eines gut gepflegten und immer auf aktuellem Stand gehaltenen Konkurrenzarchivs.

Die wichtigsten Informationen dafür können aus den Veröffentlichungen der betreffenden Firmen und aus den Berichten des eigenen Außendienstes geschöpft werden.

4. Weil die Mitarbeiter des eigenen Verkaufsaußendienstes aus den persönlichen Gesprächen mit den Kunden und Interessenten am besten über diese und die Konkurrenz informiert sind, sind sie auch bei der Suche nach den USPs die Zentralfiguren. Sie werden sich mit den USPs aber nur identifizieren und damit überzeugend wirken, wenn sie die Aussagen und Argumente nicht vom Marketing übergestülpt bekommen, sondern an der Ausarbeitung persönlich beteiligt sind. Deshalb bilden Verkäufer und Projekt- bzw. Produktverantwortliche mit unmittelbarem Kundenkontakt den Kern der USP-Wertanalyse-Teams. Außerdem sollten Mitarbeiter aus Forschung und Entwicklung, Konstruktion und Produktion, Marketing und Werbung das Team ergänzen. Wenn die Möglichkeit besteht, auch noch einen Kunden selbst, einen Vertrauenskunden, mit einzubeziehen, ist das sehr hilfreich.

Die eigentliche Suche nach den USPs beginnt dann mit der Drei-Brillen Methode (s. Abb. 2).

Erste Phase
In der ersten Phase setzt das Team die „Kundenbrille" auf, d. h., alle versetzen sich in die Lage und Situation der definierten Kundenkategorie. Nun werden aus dieser Sicht heraus alle Wünsche und Ziele aufgelistet, die diese Kunden an das

Sicht durch die Kundenbrille

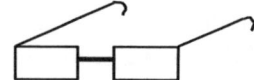

Welche Erwartungen haben welche Kunden an unsere Firma, unser Produkt, unsere Leistung? Welche Erfolgsziele wollen sie mit dem Kauf erreichen?

Sicht durch die Expertenbrille

Welche Fähigkeiten und Eigenschaften muß eine Firma – ein Produkt, eine Leistung – haben, um die jeweils beschriebenen Erwartungen und Erfolgsziele zu erreichen?

Sicht durch die Firmenbrille

Hat unsere Firma, unser Produkt, unsere Leistung die aus Ansicht der Experten beschriebenen Fähigkeiten und Eigenschaften, um die aus Sicht der Kunden gesammelten Erwartungen zu erfüllen und die gesetzten Erfolgsziele zu erreichen?

Abb. 2: Die „Drei-Brillen-Methode"

definierte Produkt haben könnten. Dabei sollte keine Rücksicht darauf genommen werden, ob ein solcher Wunsch durch Eigenschaften des eigenen oder eines Konkurrenzprodukts bereits erfüllt wird oder nicht. Anschließend werden die Wünsche nach Priorität geordnet.

Dabei werden Sie feststellen, daß sowohl vom eigenen Team als auch von den technisch meist gut informierten Kunden in der Praxis Wünsche und Anforderungen sehr häufig schon als spezifische Eigenschaften eines Produkts geäußert werden. Der Wunsch an sich tritt in den Hintergrund. Dadurch wird im Verkaufsgespräch der Spielraum für die Argumen-

tation des Verkäufers sehr nachteilhaft eingeengt. Wie Sie dieser Zwangslage entgehen können, behandeln wir an späterer Stelle.

Die endgültig formulierten Wünsche und Ziele an das Produkt oder die Leistung werden entsprechend ihrer Priorität senkrecht an einer Pinnwand geordnet.

Zweite Phase

In der zweiten Prozeßphase setzt das Team die „Expertenbrille" auf. Alle Mitglieder versetzen sich in die Rolle eines unabhängigen Experten, der die zur Erfüllung der einzelnen Kundenwünsche notwendigen Produkteigenschaften in deren optimaler Ausprägung so exakt wie nur möglich beschreibt. Dabei sollten meßbare Daten eingesetzt werden, denn Bezeichnungen wie gut, hoch, effizient sind kaum mit Konkurrenzprodukten vergleichbar. Die definierten Produkteigenschaften werden horizontal zu den Wünschen der Kunden gepinnt. In der dabei entstehenden Matrix zeigt sich, daß häufig ein und dieselbe Produkteigenschaft zur Erfüllung unterschiedlicher Kundenwünsche auf verschiedenen Prioritätsebenen notwendig ist. Andererseits können aber Eigenschaften, die zur optimalen Erfüllung eines Kundenwunsches zwingend sind, die Erfüllung eines anderen behindern.

Dritte Phase

Erst in der dritten Prozeßphase setzt das Team endlich die „Firmenbrille" auf und beginnt, die Eigenschaften und Fähigkeiten des eigenen Produkts mit den vertikal und horizontal aufgelisteten Punkten sowie mit den Konkurrenzprodukten zu vergleichen.

Auf diese Weise werden die USPs der eigenen Produkte deutlich, ebenso deren Defizite. Der Vergleich mit der Konkurrenz gelingt am besten und sichersten, wenn Sie Ihre wichtigsten Konkurrenten codieren und die Codes bei jeder in der Matrix definierten Eigenschaft markieren. Damit stellen Sie im Sinne von Benchmarking genau dar, bei welchen Produkteigenschaften zur Erfüllung welcher Kundenwünsche Sie welchem ihrer jeweiligen Konkurrenten oder gar allen überlegen oder unterlegen sind. Bei dieser Untersuchung sind gute Konkurrenzinformationen und absolute Ehrlichkeit sich selbst gegenüber erforderlich. Wer hier durch die „rosa Brille" schaut, blamiert sich beim Kunden schnell, und seine Argumentation wird unglaubwürdig. In der Ab-

bildung 3 finden Sie den Ansatz für die eben beschriebene Matrix.

Für diese dritte Phase benutzen wir ein festes System geschlossener Fragen, wie in folgendem Ablaufschema beschrieben:

1. Hat unser Produkt die hier skizzierte Eigenschaft zur Erfüllung des ermittelten Kundenwunsches? Wenn nicht: Wer von den Konkurrenten verfügt über diese Eigenschaft? Damit haben Sie ein Defizit definiert. Erfüllt das Produkt den Kundenwunsch, können Sie das im Eigenschaftsfeld markieren und die nächste Frage stellen.

2. Besitzt unser Produkt die erwünschte Eigenschaft alleine? Lautet die Antwort nein, ist zu fragen: Welches der Konkurrenzprodukte hat diese Eigenschaft auch? Dabei werden wesentliche Unterschiede in der Stärke Ihrer Konkurrenten aufgedeckt, die Ihnen im Aufbau Ihrer Argumente sehr helfen. Lautet die Antwort wiederum ja, verfügen Sie in dieser Eigenschaft über einen USP temporärer Art, den Sie noch aktuell berechnen und dann in der Verhandlung einsetzen können. Jetzt erst können Sie die dritte Frage stellen.

3. Wird unser Produkt die hier beschriebene Alleinstellung auf eine überschaubare Zeit alleine behalten? Lautet die Antwort nein, bleibt es zunächst bei dem temporären USP, und es ist weiter zu fragen, welche von den Konkurrenten Sie in absehbarer Zeit einholen werden. Diese sind in dem entsprechenden Feld zu markieren. Lautet die Antwort auf die dritte Frage abermals ja, so verfügen Sie in dieser Eigenschaft über einen echten USP, der Ihr Produkt im ganzen Markt der definierten potentiellen Kunden einzigartig macht.

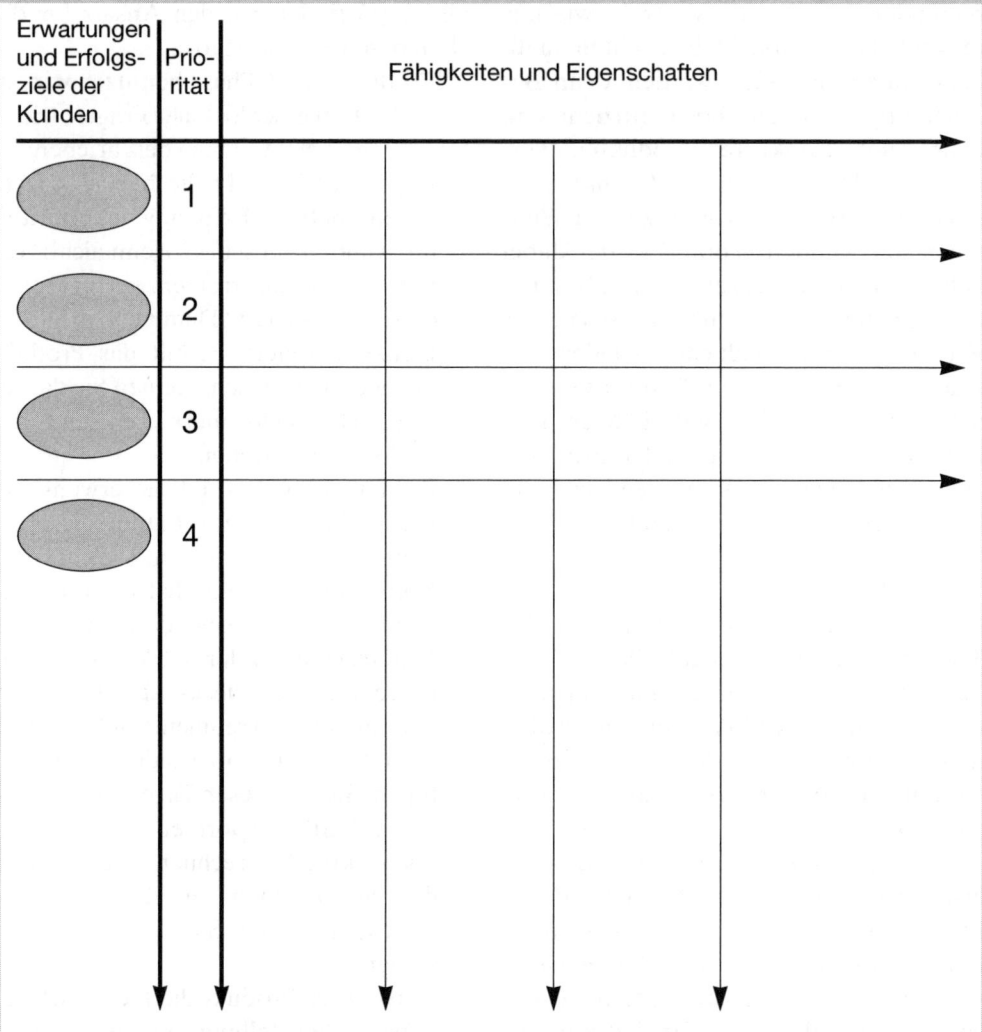

Diese Matrix ist vertikal und horizontal beliebig erweiterbar.

Innerhalb der Felder der Fähigkeiten und Eigenschaften wird durch einen Strich (/) vermerkt, daß das eigene Angebot über diese Eigenschaft verfügt.

Sofern kein Konkurrent zur Zeit diese Eigenschaft erfüllt, folgt eine weitere Markierung (//). Das bedeutet einen temporären USP.

Wird auch auf überschaubare Zeit kein Konkurrent diese Eigenschaft bieten können, folgt eine dritte Markierung (///), die einen vollen USP dokumentiert.

In den gleichen Feldern wird auch der Code der Konkurrenten vermerkt, die die jeweilige Eigenschaft erfüllen oder beim temporären USP diese in kürzerer Zeit erfüllen werden.

Abb. 3: Matrix für die Phasen des Prozesses

Wenn die Summe der USP-Werte höher ist als die Preisdifferenz zwischen Ihrem Angebot und dem nächstniedrigeren eines Konkurrenten, ist dieser Konkurrent vergleichsweise zu teuer für Ihren Kunden. Für Sie gibt es keinen Anlaß, Ihren Preis zu senken, denn der Kunde kann sich beim Vergleich des Preis-Leistungs-Verhältnisses nur selbst schaden, wenn er sich gegen Ihr Angebot entscheidet. Die Abbildung 4 zeigt Ihnen das Fragediagramm für diesen Ablauf.

Firmen, für deren Produkte wir mittels dieser Methode der USP-Wertanalyse zwei oder gar noch mehr USPs entdeckt haben, hatten immer einen sehr hohen Marktanteil, oft verbunden mit Marktführung in Preis und Qualität.

Analog zu diesem Prozeß des Suchens nach den USPs einzelner Produkte für bestimmte Kunden können Sie auch die Alleinstellungsmerkmale eines ganzen Unternehmens und seines Lieferleistungspakets herausarbeiten. Das ist besonders dann wichtig, wenn konkrete detaillierte, in Geldwert berechenbare technische und materielle Unterscheidungen immer schwieriger werden. Die Ergebnisse gut geführter Markenpolitik beweisen aber seit Jahrzehnten, daß der Markt für die Produkte einer renommierten Marke noch immer einen Bonus gibt. Ein solches Image im internen Kreis einer Branche ist nichts anderes als ein USP.

Wie schwierig es ist, die Rollen des Kunden und des Experten in der ersten und zweiten Prozeßphase richtig zu übernehmen, wird sich bei den ersten Versuchen herausstellen. Deshalb ist die USP-Wertanalyse auch gleichzeitig ein hervorragendes Training für bessere Kundenorientierung aller Beteiligten. Die Leitung der USP-Wertanalyse-Workshops durch einen erfahrenen Moderator ist daher zumindest für den Anfang sehr zweckmäßig. Die dabei eingesetzten Formulare helfen den Teams in den Firmen bald zur selbständigen Arbeit und bilden auch die Grundlage für den einzelnen Verkäufer zur intensiven Vorbereitung einer wichtigen Verhandlung.

Ergebnis der USP-Wertanalyse

Unternehmen und Verkäufer ziehen drei Ergebnisse aus der USP-Wertanalyse.

Erstens werden dabei in den meisten Fällen Produkteigenschaften entdeckt, die bisher noch nie so deutlich bewußt waren und deshalb als Argumente zur Überzeugung des Kunden noch nie eingesetzt wurden. Nur relativ selten wird festgestellt, daß es überhaupt keine Abhebung gibt und damit der Preis die einzige Chance zur Gewinnung des Kunden bietet.

Zweitens ergibt sich daraus eine Rangliste der Konkurrenten zusammen mit einer spezifischen Taktik zur Konkurrenzabwehr.

Drittens entsteht eine sichere Basis für systematische, vor allem kundenorientierte Aussagen mit großer Kenntnis und Überzeugungskraft.

Entwicklung der Argumentation

Wie entwickeln und formulieren Sie eine solche Argumentation, welche Bausteine muß sie enthalten?

Eine vollständige und auf den USPs aufbauende Verkaufsargumentation enthält eine Reihe von Fakten, die logisch von den Alleinstellungsmerkmalen des Angebotes zu für den Kunden wesentlichen Vorteilen führen. In der Verkaufspraxis wird dem Kunden meist nur ein Teil der besonderen Eigenschaften von

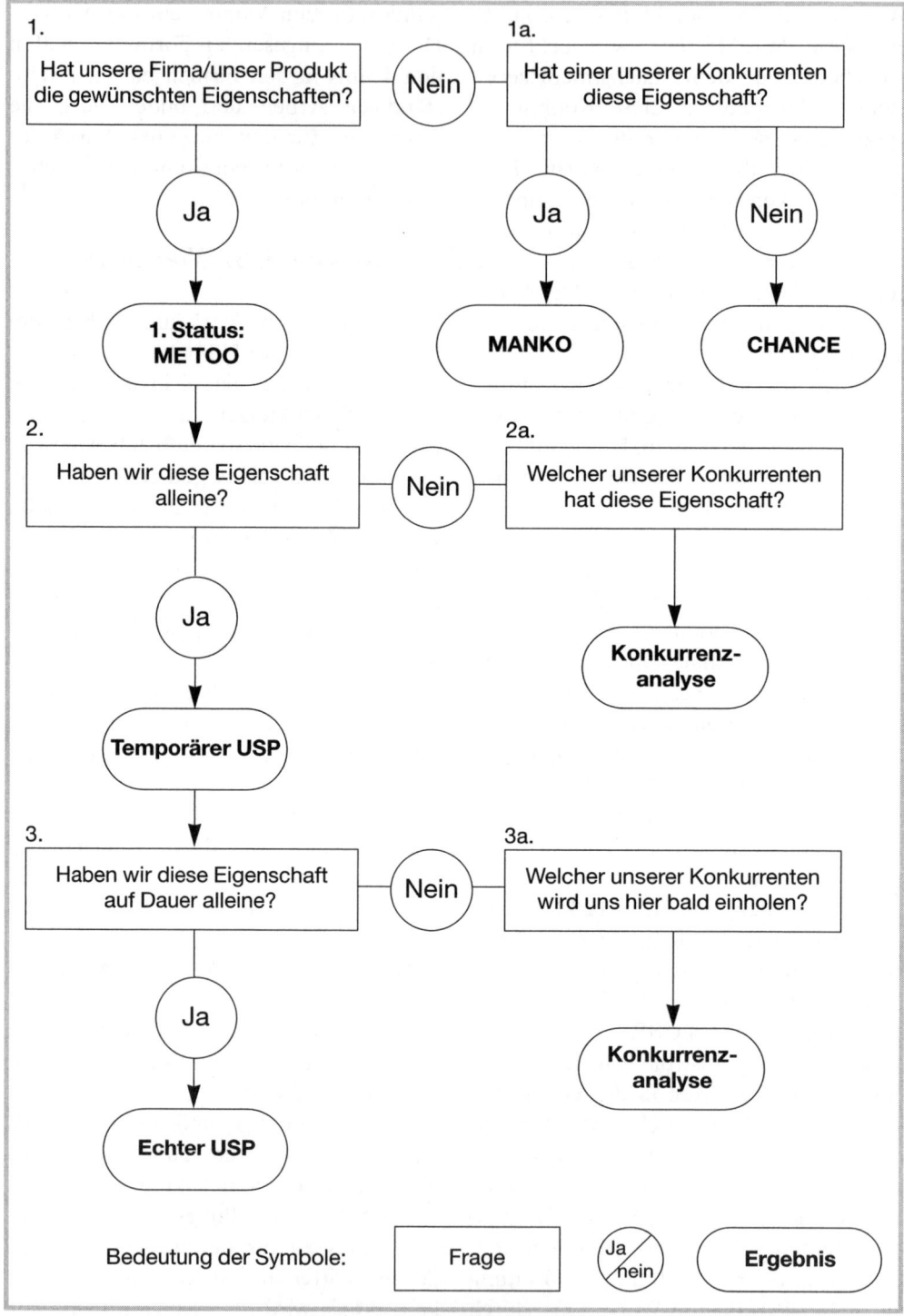

Abb. 4: Fragediagramm in der Phase der Firmenbrille

Priorität / erfüllt	Wir haben	davon USP	A haben	davon USP	B haben	davon USP	C haben	davon USP	D haben	davon USP	E haben	davon USP	Gesamtzahl der geforderten Eigenschaften und Fähigkeiten
1	4	1	2		1		3		2		1		4
2	4	0,3	4		3		4		4		2		5
3	4	1	3		2		3		3		2		4
4	3	0,3 0,5	1		2		2		2		3		3
5	4	0,3 0,5	3		2		4		2		2		4
Σ	19	4 2 ⬭ 2 ⬭ 1 ⚡	13		10		16		13		10		20

Unser stärkster Konkurrent ist: C

Abb. 5: Rangliste der Konkurrenten

Firma, Produkt und Leistung – und das meist nicht in logischer Folge – geschildert. Die Hoffnung, daß der Kunde daraus selbst die für ihn entscheidenden Ergebnisse zieht, erweist sich meist als irrig. Eine überzeugende Argumentation führt den Gesprächspartner Schritt für Schritt bis zum Ergebnis und sichert bei jedem Schritt den Konsens. Sie mündet in einen Vorschlag zu einer konkreten Handlung des Kunden, z. B. einer Erprobung, oder direkt in einen Kaufvorschlag.

Die Argumentation besteht aus zwei Teilen: Erstens: Nennung der Fakten (z. B. der USPs) und ihrer Folgen. Diese beiden Elemente gehören zum Angebot.

Zweitens: Darlegung des Nutzens, den der Kunde aus den Folgen der Fakten zieht, sowie der Ergebnisse, die der Kunde mit dem Kauf erzielt bzw. die ihm entgehen, wenn er nicht kauft. Letzteres ist ein wichtiges Instrument in der Preisverhandlung.

Ihre Argumentation sollte sich ganz und gar auf die Positionen Ihrer Firma, Ihres Produkts und Ihrer Leistungen konzentrieren, die Sie von den Konkurrenten deutlich abheben. Über die Vorzüge, die andere Anbieter auch vorweisen können, müssen Sie mit dem Kunden nur dann diskutieren, wenn der einzige Unterschied zur Konkurrenz im Preis liegt. Solange der Nutzen Ihres Angebots anders und besser ist, kann der Entscheid des Kunden nur an diesen Stellen zu Ihren Gunsten entschieden werden.

Eine so entwickelte Kaufargumentation hat den Vorteil, daß sie nicht nur im klassischen Stil vom Faktum über dessen generelle Folge zum Nutzen für den Kunden und zu dessen konkretem Ergebnis führt, sondern auch umgekehrt funktioniert. Das ist die Methode der Sokratischen Mäeutik. Der griechische Philosoph

Sokrates (470–399 v. Chr.) hat sie erfunden. Der Diskussionspartner wird zuerst nach seiner Zielvorstellung befragt und dann durch geschickte offene Fragen zur notwendigen Ursache für den von ihm angestrebten Erfolg geführt. Der Kunde findet also auf diesem Weg den USP des Angebots selbst heraus und damit einen Grund, auf das Angebot einzugehen. Es liegt auf der Hand, daß dieses Verfahren außerordentlich überzeugend ist. Es bedarf aber beträchtlicher dialektischer Übung, um es mit Erfolg anzuwenden.

Erfolgsziele des Kunden

Wie wir bei der Listung der Kundenwünsche und Ziele schon festgestellt haben, werden diese sehr häufig in Form genau konkretisierter Produkt- und Leistungseigenschaften benannt, die wir eigentlich erst beim Blick durch die Expertenbrille definieren sollen. Das bringt Verkäufer immer dann in Schwierigkeiten, wenn ihr Angebot nicht diese vom Kunden genau beschriebenen Eigenschaften hat. Viele Verkäufer argumentieren dann, daß ihr Produkt oder ihre Leistung auch so gestaltet oder benutzt werden könne. Damit machen sie ihr Angebot absolut vergleichbar und räumen dem Konkurrenzprodukt die Stellung des Orginals ein, sich selbst die Position des Plagiats. Für den Kunden ist es naheliegend, lieber beim Orginal zu bleiben, es sei denn, das Plagiat ist sehr viel niedriger im Preis. Dabei ist es durchaus wahrscheinlich, daß der Kunde mit Ihrem Produkt sein Erfolgsziel genauso gut oder sogar noch besser, eventuell auch noch zusammen mit einem weiteren, erreicht.

Vergessen Sie nie, daß Sie einen Vorgänger niemals in dessen Fußstapfen überholen können!

Wenn Sie sich die aufgelisteten Erwartungen und Erfolgsziele der Kunden in der Matrix ansehen, werden Sie feststellen, daß sie sich fast alle auf die folgenden sieben Wurzeln oder Fundamente aller Kaufentscheidungen zurückführen lassen. Das gilt für das Business-to-Business-Geschäft ebenso wie für Business to Consumer.

1. Rendite – Wirtschaftlichkeit: Bei allen Investitionen und Handelswaren steht die Rendite im Vordergrund und nicht der Preis. Auch für den privaten Käufer spielt die Wirtschaftlichkeit bei vielen Anschaffungen eine größere Rolle.

2. Sicherheit: Sie wird in zwei Richtungen beurteilt. Funktionale Sicherheit bedeutet, daß das gekaufte Produkt seine Funktion sicher und in zugesagter Weise erfüllen soll. Zum anderen wird personale Sicherheit erwartet. Niemand soll bei der Nutzung in Gefahr geraten.

3. Komfort: Dabei geht es um Vorteile, die dem Kunden bei Nutzung, Anwendung und durch den Besitz entstehen. Einfachheit und Bequemlichkeit, ein Gerät oder eine Anlage zu bedienen, fällt ebenso in diese Kategorie wie Verzicht auf hohe Personalqualifikation oder umfängliche Lernprozesse als Voraussetzung der Anwendung. Solche Komforteigenschaften als USP sind häufig sehr verkaufswirksam, werden von den Kunden hoch eingeschätzt und auch entsprechend durch die Inkaufnahme eines höheren Preises honoriert. Viele dieser Komfort-USPs werden allerdings mit der Zeit zum Standard. Denken Sie zurück an das erste bügelfreie Hemd, die erste Schaltautomatik und viele andere ähnliche Komforteigenschaften. Es lohnt sich aber immer wieder, für bestehende Angebote neue Komfortelemente zu entwickeln.

4. Prestige: Wilhelm Vershoven, der Vater der modernen Marktforschung, formulierte den Begriff des „Geltungsnutzens", mit dessen Hilfe der Mensch in einer multiplen Gesellschaft seinen sozialen Geltungsanspruch dokumentiert. Böse Zungen behaupten, daß die Menschen sich Dinge kaufen, die sie nicht brauchen; für Geld, das sie nicht haben; um Leute zu ärgern, die sie nicht mögen. Der Besitz und Gebrauch von prestigeträchtigen Gütern und Leistungen ist meist auch mit hoher Kaufmotivation und noch höherem Preisniveau verbunden. Besonders beim privaten Konsum tritt dieses Phänomen stark in Erscheinung. Aber auch im Business-to-Business-Geschäft sollte man das Prestige als fundamentalen Grund für den Kaufentscheid nicht gering schätzen.

Das Gewicht dieser vier beschriebenen Gründe für den Kaufentscheid wird im realen Fall durch die persönliche Einstellung des Kaufentscheiders bestimmt. Manche Kunden mögen z. B. der Rendite den höchsten Rang vor Komfort und Prestige einräumen, während andere Sicherheit und Komfort bevorzugen. Dies herauszufinden ist Sache des guten Verkäufers, der seine „Argumente auf der Überholspur" so anlegen muß, daß er nicht an der Intention seines Kunden vorbeiredet.

5. Marktanteil und Marktposition: Jeder Einkäufer zielt bei seinen Entscheidungen auch auf die Festigung und wenn möglich Steigerung der Marktposition, des Images seiner eigenen Firma und auch deren Marktanteils. Die Verkäuflichkeit des eigenen Produkts kann durch den Einkauf beim richtigen Lieferanten sehr stark beeinflußt werden.

6. Soziale und ökologische Verträglich-

keit: Diese beiden Eigenschaften der Lieferfirma, ihrer Produkte und Leistungen spielen für den Kaufentscheid eine immer größere Rolle. Stichworte wie wasserlösliche Lacke, recyclingfähige Autos, naturbelassene Stoffe und andere machen das deutlich und dienen der Abhebung gegenüber den Konkurrenten. Die Argumente auf diesem Feld zielen nicht nur auf ideellen Nutzen, sondern, wenn es um Kosten der Entsorgung geht, auf Rendite, die aus solchen Kaufentscheidungen dem Kunden erwächst.

7. Konkurrenzfähigkeit: Nur Unternehmen, die ihre Beschaffungsmärkte ständig und systematisch sichten, können sicher sein, ihre eigene Konkurrenzfähigkeit zu erhalten. Attraktive, innovative und kostensenkende Angebote, die nur sehr selten die mit den niedrigsten Preisen sind, müssen gesucht, gefunden und

erkannt werden. Damit ist der Erhalt der Konkurrenzfähigkeit ein ganz wichtiges Ziel des Einkaufs.

Als guter Verkäufer, der die USPs seines eigenen Angebots genau kennt und zu bewerten weiß, werden Sie Ihre Kunden leichter überzeugen, wenn Sie mit einer oder mehreren der beschriebenen sieben Wurzeln der Kaufentscheidung argumentieren. Finden Sie damit die Zustimmung ihres Kunden, können Sie ihm das Erreichen seiner Ziele mit den Eigenschaften Ihres Produkts, gerade wenn diese anders sind als die des Konkurrenzproduktes und womöglich zusätzliche Kundenziele erreichen lassen, überzeugend darlegen.

Voraussetzung für das erfolgreiche Verkaufsgespräch sind die USP-Wertanalyse und die gründliche Vorbereitung der Argumente. Sie fallen in der aktuellen Situation nicht vom Himmel!

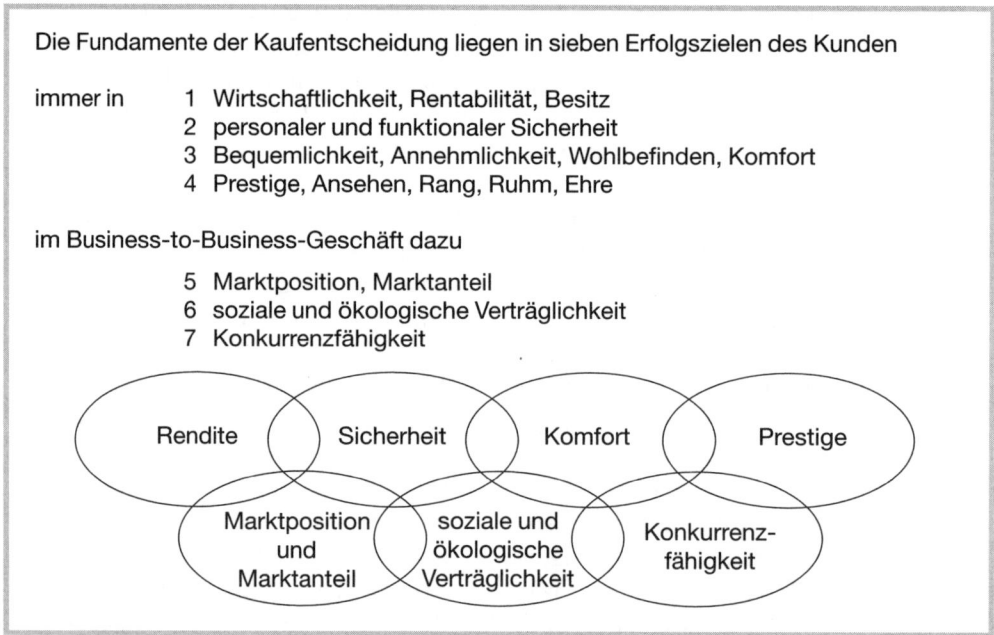

Die Fundamente der Kaufentscheidung liegen in sieben Erfolgszielen des Kunden

immer in   1   Wirtschaftlichkeit, Rentabilität, Besitz
                2   personaler und funktionaler Sicherheit
                3   Bequemlichkeit, Annehmlichkeit, Wohlbefinden, Komfort
                4   Prestige, Ansehen, Rang, Ruhm, Ehre

im Business-to-Business-Geschäft dazu

                5   Marktposition, Marktanteil
                6   soziale und ökologische Verträglichkeit
                7   Konkurrenzfähigkeit

Rendite   Sicherheit   Komfort   Prestige

Marktposition und Marktanteil   soziale und ökologische Verträglichkeit   Konkurrenzfähigkeit

Abb. 6: Die Fundamente der Kaufentscheidung liegen in sieben Erfolgszielen des Kunden

4.3 Akquisition von Projekten – Herausforderungen

Der Autor

Josua Fett ist Berater im Bereich Marketing und Werbung sowie Trainer für Kommunikations- und Führungsverhalten. Nach mehrjähriger Verkaufspraxis im Außendienst und später als Verkaufsleiter arbeitete er als selbständiger Berater und Trainer, bevor er bei Detroy Consultants International die Bereiche Entwicklung von Vertriebs- und Verkaufsstrategien, Produktbezogenes Verkaufstraining, Strategien zur Eigenmotivation und Motivationstechniken übernahm.

Herausforderungen in der Projektakquisition

Das Projektgeschäft ist vom Grundsatz her komplex und mehrdimensional, im Gegensatz zu Geschäften, bei denen auf jeder Seite nur ein Entscheidungsträger sitzt. Beim Projektgeschäft gilt es, die Wünsche und Bedürfnisse von mehreren Personen „unter einen Hut" zu bringen, und dies so zu tun, daß jeder für sich den größtmöglichen Nutzen daraus ziehen kann. Wie schwierig dies ist, konnten Sie bestimmt schon im Kreis Ihrer Familie feststellen, wenn es darum ging, wie und wo der nächste Urlaub verbracht werden soll. Auch hier treffen die unterschiedlichsten Interessen aufeinander. Die Herausforderung liegt jetzt darin zu sondieren, wer was möchte, und dann diese Bedürfnisse so zu befriedigen, daß jeder sich als Gewinner in dieser Sache sieht.

Die wichtigsten Merkmale von Projekten

- Projekte sind mehr oder weniger komplex, sie gehen über die gewöhnlichen Organisationsformen hinaus, sie sind hochindividuell und von der Aufgabenstellung her jedesmal etwas völlig Neues. Man kann also nur sehr bedingt auf Erfahrungswerte zurückgreifen.
- Projekte verfolgen ein bestimmtes, auf der Verkaufsseite genau definiertes Ziel.
- In Projekte sind immer mehrere Personen eingebunden, die als Initiatoren, Entscheidungsträger, Meinungsbildner usw. für den Akquisitionserfolg von großer Bedeutung sind.

251

- Projekte sind immer zeitlich begrenzt, es gibt also feste Anfangs- und Endpunkte, innerhalb derer verschiedene Phasen durchschritten werden.
- Die Erfolgsparameter ändern sich innerhalb der o. g. Zeitachse von Phase zu Phase, wobei die Phasen klar getrennt sein können oder auch fließend ineinander übergehen können.
- Projekte sind mit vielen variablen Faktoren im Hinblick auf Zeit und Geld verbunden und erfordern besondere Sorgfalt sowie strategisch vorausschauendes Denken, um die Imponderabilien frühzeitig zu erkennen und die richtigen Gegenmaßnahmen einleiten zu können.

Sorgfältige Überprüfung eines Projektes im Vorfeld

Bevor ein bestimmtes Projekt bearbeitet wird, gilt es abzuchecken, ob und wie Sie in der Lage sind, dieses Projekt auch wirklich mit hoher Wahrscheinlichkeit zum Erfolg zu führen.

Sie gehen bei einem Projekt, je nach Umfang, teilweise ja ein recht beachtliches Risiko ein. Dieses Risiko ist einerseits von der Kostenseite her zu betrachten, denn es summieren sich die Beträge für das erste Kennenlernen, die ersten Briefinggespräche, die Analysephase, die Angebotserstellung usw. sehr schnell zu einem größeren Vorinvestitionsbedarf.

Auf der anderen Seite geht es auch um das Image Ihres Unternehmens, falls Sie den Zuschlag für das Projekt aus irgendwelchen Gründen nicht erhalten sollten.

Hier gilt immer wieder zu bedenken, daß im Projektbereich sehr viele Angebote lediglich deshalb angefordert werden, nur um einen zweiten oder dritten Anbieter vorweisen zu können. Die Entscheidung, wer den Auftrag letztlich bekommt, ist oft schon vorher gefallen.

Im Vorfeld muß ein Projektleiter festgelegt werden, der das Projekt lenkt und steuert. Dieser Projektleiter koordiniert und organisiert das gesamte Projekt von Anfang bis Ende. Er trifft die wichtigen Entscheidungen innerhalb des Projektes mit hoher Eigenverantwortung. Bei ihm treffen alle, das Projekt betreffende Informationen zusammen, die er sichtet und gewichtet. Daraus leitet er den aktuellen Handlungsbedarf ab. Während des Projekts muß der Projektleiter mit allen fachlichen und sachlichen Kompetenzen ausgestattet sein, um schnelle Entscheidungen mit hoher Autorität treffen zu können.

Checkliste für die Projektvorbereitung

- Können wir das Projekt mit unserem derzeitigen Mitarbeiterpotential (qualitativ und quantitativ) durchführen?
- Über welche Erfahrungen verfügen wir in dieser Branche bzw. Aufgabenstellung?
- Wie sind wir organisatorisch gerüstet, um das Projekt zum Erfolg zu führen?
- Steht ein qualifizierter Projektleiter mit hohem persönlichen Engagement und Können zur Verfügung?
- Welche Tätigkeiten müssen wir auslagern, bzw. wo müssen wir auf externe Quellen zurückgreifen?
- Sind wir in der Lage, den Zeitrahmen einzuhalten?
- Können und wollen wir die erforderlichen Vorinvestitionen tätigen?
- Gibt es eine Risikoteilung, und wie sieht diese aus?
- Wie hoch ist die strategische Bedeutung des Projekterfolgs für uns?
- Auf welche Wettbewerber werden wir treffen, und wie agieren wir dann?
- Welche Folgen (Kosten, Image) hat der evtuelle Verlust des Projekts für uns?
- Können aus dem Projekt Folgeaufträge (vom gleichen Auftraggeber oder aus der Branche) für uns resultieren?

Idealerweise ist der Projektleiter auch abteilungsübergreifend mit entsprechenden Weisungsbefugnissen ausgestattet, um ein optimales Zusammenwirken im Projektablauf sicherzustellen.

Die vorstehende Checkliste hilft Ihnen, Projekte im Vorfeld zu analysieren. Die dort genannten Kriterien sollten mit allen Mitarbeitern, die später an dem Projekt beteiligt sind, diskutiert werden.

Die strategische Vorgehensweise

Ihr Ziel steht fest. Sie wollen ein Projekt akquirieren und sind gewillt, dafür Anstrengungen in Kauf zu nehmen.

Die Analyse der Entscheidungswege

Jetzt müssen Sie, ähnlich einem Flugzeugführer, die Wege zur Entscheidung, also zu unserem Ziel, sondieren und damit die Grundlagen für die späteren Navigationsaufgaben legen.

Hierbei ist es ganz entscheidend, möglichst frühzeitig herauszufinden, wie sich in diesem Projekt die Entscheidungswege darstellen. Entscheidungen können zentral oder dezentral fallen, wobei es Mischformen gibt, die je nach Umfang des Auftrags variieren können.

Dabei ist zu bedenken: Ihre Gesprächspartner werden nicht eingestehen wollen, daß sie keine Entscheidungskompetenz besitzen. Sie neigen vermutlich wohl eher dazu – auch wenn dies nicht so ist –, den Eindruck zu hinterlassen, sie könnten allein und unabhängig entscheiden.

Neben den formalen Entscheidungswegen sind auch die informellen Verbindungen der am Projekt beteiligten Gesprächspartner zu beachten.

Falls bestimmte Mitarbeiter besonders gut harmonieren, so sollten wir dies für uns und unsere Sache nutzen. Aufpassen müs-sen Sie, wenn sich Mitarbeiter oder gar ganze Abteilungen regelrecht bekriegen. In solchen Fällen können Sie schnell Opfer der Zwistigkeiten werden, und man trägt dann die Fehden auf Ihrem Rücken aus.

Noch ein praktischer Tip, mit dem ich selbst gut Erfahrungen gemacht habe:

Als ich im Krankenhausbereich Projektgeschäfte betreute, habe ich in jedem Krankenhaus das Organigramm, das dort im Empfangsbereich aushing, abfotografiert. Das Foto vergrößerte ich einfach mit dem Fotokopierer und legte es – versehen mit individuellen Notizen – in die Hausakte ein. So hatte ich stets den Überblick über alle Entscheider, über die von mir per Hand eingezeichneten Entscheidungswege, Unwägbarkeiten und Förderlichkeiten innerhalb des Projekts.

Das Buying-Center als Element der erfolgreichen Projektakquisition

Wenn die Entscheidungswege klar sind, kommt es darauf an, möglichst viel über die Entscheidungsträger und alle am Projekt Beteiligten in Erfahrung zu bringen, um dann daraus die reflektierende Argumentation abzuleiten.

Um diese Ziele zu erreichen, empfiehlt es sich, das Element des *Buying-Centers* einzusetzen (s. Abbildung folgende Seite). Hiermit können sie das gesamte Projekt durchleuchten und feststellen, wer beim Auftraggeber welche Funktion hat, wie sein Status und seine Fachkompetenz sich gestaltet und vor allen Dingen, welche persönlichen Bedürfnisse er hat.

Beispiel 1

Sie verkaufen einem Krankenhaus eine komplette OP-Einrichtung, darunter Kaltlichtquellen, die häufig bewegt werden müssen. Sie haben einen Entscheider vor sich, der seine Mitarbeiter mag, sie als sein wichtigstes Kapital betrachtet und auf optimale Arbeitsbedingungen großen Wert legt. Für diese Person können z.B. das geringe Gewicht, die leichte Reinigung und das gute Handling ganz entscheidende Faktoren für den Erwerb Ihrer Anlage sein.

Wenn Sie diese Faktoren dagegen einem Entscheider nennen würden, der seine Mitarbeiter lediglich als Mittel zum Zweck betrachtet, dürfte der Erfolg der Aktion in Frage gestellt sein.

Beispiel 2

Der junge Einkäufer, der erst seit einigen Monaten im Unternehmen ist und auf sich aufmerksam machen möchte, braucht eine andere Ansprache. Er legt höchsten Wert auf Rentabilität und Wirtschaftlichkeit, er möchte gern Erfolge vorweisen und damit die Grundsteine seiner Karriere legen. Helfen Sie ihm dabei.

Zeigen Sie ihm auf, daß Ihr Produkt vielleicht auf den ersten Blick etwas teurer als andere ist, sich aber bereits nach 18 Monaten amortisiert hat und das Unternehmen dann richtig Geld damit verdient.

Ein mir bekannter Außendienstmitarbeiter, der Aufbauten für Lkws verkauft, ging dabei so vor: Er war um 20 Prozent teurer als sein Wettbewerber (der Gesamtwert des Projekts betrug DM 800 000). Er führte gemeinsam mit dem Einkäufer eine Wirtschaftlichkeitsberechnung mit fundierten Daten durch, wobei ihm der Einkäufer stets die Zahlen zur Ermittlung des Ergebnisses lieferte. Dies zeigte, daß der Einkäufer in der ganzen Sache „sein Baby" sah.

Nachdem das Ergebnis feststand, half ihm der Außendienstmitarbeiter, eine glanzvolle Präsentation vor dem Entscheidergremium zu inszenieren. Dieses Gremium war tief beeindruckt und erteilte die Freigabe für den Auftrag.

Der Außendienstmitarbeiter hat durch dieses kluge und strategische Vorgehen nicht nur diesen Auftrag gewonnen, sondern auch noch einen Freund und Partner, der ihn mittlerweile in allen wichtigen Fragen um Rat bittet.

Buying-Center	Machtgrundlagen					Persönliche Motive
	Neigt zu belohnen	Neigt zu bestrafen	Sympathie im Haus	Fachwissen Experte	Status	
Entscheidungstendenz						
Initiator						
Wächter						
Einflußnehmer						
Entscheider						
Käufer						
Anwender						

Abb. 1: Formblatt für die Buying-Center-Analyse

Beispiel 3

Ein Mitarbeiter eines Softwarehauses fand aufgrund der Buying-Center-Analyse heraus, daß die Entscheidungsträger Workaholics waren und mit Freizeit nichts anfangen konnten. Diese Haltung strahlte auch auf die Mitarbeiter aus. Jeder war froh, wenn er keine Freizeit hatte, sondern in der Firma an neuen Projekten arbeiten konnte.

Der Außendienstmitarbeiter stellte den entscheidenden Faktor der neuen Software, nämlich eine eklatante Zeitersparnis, genau ins richtige Licht. Er wies darauf hin, daß dieses Produkt Freiräume schaffe, um neue Geschäftsfelder aufzubauen. Das gefiel den Gesprächspartnern.

Nicht auszudenken, was passiert wäre, wenn er mit mehr Freizeit für Familie und Freunde argumentiert hätte.

Quellen anzapfen!

Denken Sie bitte beim Einsatz des *Buying-Centers* daran, das unterste Feld mit Leben zu erfüllen. Bauen Sie einen Coach auf, der Ihnen hilft, Hintergründe zu erfahren, Abläufe zu durchleuchten und der Ihnen zur rechten Zeit den richtigen Tip gibt. Diese Coaches finden Sie überall in jedem Unternehmen. Denken Sie einmal darüber nach, über welche Informationen Portiers, Sekretärinnen, Chauffeure oder Hausmeister verfügen. Zapfen Sie diese Quellen für Ihren Projekterfolg an. Es lohnt sich!

Die Beweggründe der Entscheidungsträger analysieren

Daß jeder Mensch aus zwei Grundmotiven – dem rationalen Bedarfsdenken und emotionalen Bedürfnisdenken – heraus Entscheidungen trifft, ist bekannt. Daß oft die emotionalen Faktoren überwiegen, weiß auch (fast) jeder.

Für das Projektgeschäft bedeutet dies, daß wir wissen müssen, wie die rationalen und emotionalen Anforderungen bei den am Projekt beteiligten Personen aussehen. Nur wenn wir diese Anforderungen kennen, können wir sie ansprechen und mit Leben erfüllen.

Analysieren Sie daher zuerst, wer mit Ihrem Projekt bzw. Produkt in Berührung kommt. Berücksichtigen Sie alle Beteiligten, ohne dabei deren Status zu bewerten! Achten Sie unbedingt auf die tatsächlichen Beweggründe der Beteiligten:

Der Einkäufer redet möglicherweise nur über die Einkaufskonditionen, vielleicht geht es ihm aber eigentlich mehr um die Bequemlichkeit bei der Umstellung Ihrer Artikelnummern auf seine EDV.

Der Arbeitsvorbereiter verlangt von Ihnen Refa-Zeitstudien als Vergleichswerte, tatsächlich will er aber damit arbeiten, weil dies komfortabler ist, als die Zeiten selbst zu ermitteln.

Beim Entscheider steht die Wirtschaftlichkeit im Vordergrund. Er legt Wert auf die Senkung seiner Produktionskosten, um kostengünstiger produzieren und somit neue Kundenkreise erschließen zu können. Letztlich möchte er aber mehr Marktmacht bekommen, um seinen langjährigen Wettbewerber abzuhängen.

Der Anwender legt Wert auf ein leichtes Handling, in Wirklichkeit muß er aber seine Akkordzeiten einhalten, um gutes Geld zu verdienen.

Der Hausmeister achtet besonders auf die Verpackung, da einkomponentige Verpackungen im Gegensatz zu Mischmaterialien weniger Entsorgungskosten bedeuten. Tatsächlich hat er aber Interesse daran, daß er den Müll leichter entsorgen kann.

Der Forschungsleiter redet von der hohen wissenschaftlichen Bedeutung des neuen Analysegeräts, denkt aber an das damit verbundene Prestige mit der derzeit besten Anlage zu arbeiten.

Der technische Geschäftsführer legt Wert auf guten Service, dahinter steht jedoch sein Bedürfnis nach höchster Sicherheit, denn er ist für die Produktion und die Produkthaftung verantwortlich.

Der kaufmännische Geschäftsführer redet über die Vorteile, durch die neuen PCs auch im Internet präsent zu sein, denkt aber als PC-Freak an die technische Innovation, die mit den Geräten verbunden ist.

Schlüssel zu den Entscheidungsträgern

Jeder unserer Gesprächspartner hat, wie Sie gerade gelesen haben, bestimmte Faktoren, die für ihn von besonderer Bedeutung sind. Faktoren, die uns helfen, ihn zu öffnen, Zugang zu ihm zu bekommen. Es

sind fast immer die gleichen Grundfaktoren, nämlich:

- Sicherheit
- Wirtschaftlichkeit
- Bequemlichkeit
- Innovation
- Prestige

Diese Faktoren sind von Mensch zu Mensch in der Gewichtung unterschiedlich ausgeprägt. Die Herausforderung im Projektgeschäft liegt darin, die jeweilige Gewichtung durch sorgfältige Analyse herauszufinden und unsere Kommunikation darauf auszurichten.

Das folgende Zitat stammt zwar aus dem 17. Jahrhundert, doch da es auf den Punkt genau unser Thema beschreibt, führe ich es hier an. Entnommen ist es dem Werk

Welche Personen in welchen Abteilungen haben Kontakt mit unserem Produkt, und was ist für sie dabei wichtig?		
Personen/Abteilungen	**Rationale Faktoren**	**Emotionale Faktoren**
Einkäufer		
Arbeitsvorbereiter		
Wareneingangskontrolle		
Technisches Büro		
Kaufmännischer Geschäftsführer		
Technischer Geschäftsführer		
Forschungsleiter		
Kundendienst		
Inhaber		
Anwender		
Hausdienste		
Nachkalkulation		
Versandabteilung		
usw.		

Abb. 2: Checkliste, die bei der komplexen Tätigkeit, rationale und emotionale Wünsche der am Projekt Beteiligten zu analysieren, helfen kann

„Handorakel. Die Kunst der Weltklugheit" des spanischen Jesuitenpaters und Schriftstellers Baltasar Gracián. Er schreibt: „Die Daumenschrauben eines jeden finden. Dies ist die Kunst, den Willen eines anderen in Bewegung zu setzen. Es gehört mehr Geschick als Festigkeit dazu. Man muß wissen, wo einem jeden beizukommen sei. Es gibt keinen Willen, der nicht einen eigentümlichen Hang hätte, welcher nach der Mannigfaltigkeit des Geschmacks verschieden ist. Alle sind Götzendiener, einige der Ehre, andere des Interesses, die meisten des Vergnügens. Der Kunstgriff besteht darin, daß man diesen Götzen eines jeden kenne, um mittels desselben ihn zu bestimmen. Weiß man, welches für jeden der wirksame Anstoß ist, so hat man den Schlüssel zu seinem Willen. Man muß nun auf die allererste Springfeder oder das primum mobile in ihm zurückgehen, welches aber nicht etwa das Höchste seiner Natur, sondern meistens das Niedrigste ist; denn es gibt mehr schlecht- als wohlgeordnete Gemüter in der Welt. Jetzt muß man zuvörderst sein Gemüt bearbeiten, dann ihm durch ein Wort den Anstoß geben, endlich mit seiner Lieblingsneigung den Hauptangriff machen; so wird unfehlbar sein freier Wille Schach matt." (Aus: „Handorakel. Die Kunst der Weltklugheit", Übersetzung von Arthur Schopenhauer, Kröner-Verlag, Stuttgart.)

Geht es treffender zu beschreiben? Ich glaube nicht.

Für unser Projektgeschäft läßt sich daraus z. B. folgendes „mitnehmen":

Bei einem Entscheider mit einem hohen Sicherheitsbedürfnis sollte man nicht unbedingt stark betonen, daß die Technik der Anlage der „letzte Schrei" ist und gerade neu auf der letzten Messe vorgestellt wurde. Diese Aussage stellt aus seiner Sicht die Sicherheit und Zuverlässigkeit in Frage. Bei einem Technikfreak dagegen, der großen Wert auf Innovation legt, kann diese Aussage der entscheidende Impuls sein.

Ein Entscheider aus dem gewerblichen Bereich, der sich mehr als Handwerker sieht, ist mit Sicherheit nicht besonders angetan, wenn wir ihm von der schnellen Amortisation unter den Gesichtspunkten der degressiven Abschreibungsmöglichkeiten und der damit verbundenen Auswirkung auf seinen Deckungsbeitrag berichten. Für einen anderen, der nicht nur eine gewerbliche Ausbildung, sondern auch ein betriebswirtschaftliches Studium absolviert hat, sind diese Ausführungen aber von größter Bedeutung.

Sie sehen, daß wir unsere Argumentation höchst individuell verpacken oder – besser gesagt – kodieren müssen. Jeder unserer Ansprechpartner in einem Projekt hat einen ganz individuellen Zugangscode, der in der Ansprache und Argumentation berücksichtigt werden muß.

Diesen Code kann man sehr gut mit einer Telefonnummer vergleichen. Schleicht sich beim Wählen auch nur ein kleiner Zahlendreher ein, erreichen Sie den gewünschten Gesprächspartner nicht, dafür aber einen anderen Teilnehmer, der Ihnen vermutlich nicht dienlich sein kann.

Sie können den Zugangscode zu Ihren Gesprächspartnern durch aufmerksames Hinhören und durch die beschriebenen Analyseinstrumente mit großer Sicherheit und Präzision herausfinden.

Fragen Sie sich, was die jeweilige Person in der „Umwerbungsphase" möchte, und tragen Sie die einzelnen Motive bzw. Bedürfnisse in eine Skala von 1 bis 10 ein. Sie werden so sehr anschaulich feststellen können, was einen hohen Rang einnimmt (bei dem Sie dann „einhaken"). Damit haben Sie einen wichtigen Schlüssel „zum Öffnen Ihrer Partner" in der Hand.

Die operative Vorgehensweise bei der Projektakquisition

„Es gibt keine zweite Chance für den ersten Eindruck." Sicher kennen Sie diesen Satz sehr gut.

Der tiefere Sinn dieses Satzes: Es ist von entscheidender Bedeutung, wie wir neben dem zuvor beschriebenen strategischen Ansatz im operativen Bereich an die Projektakquisition herangehen.

Die Entscheidungsträger professionell ansprechen

Bei der Erstansprache spielt in jedem Fall die gründliche Vorbereitung vor dem Gespräch eine große Rolle. Je mehr Informationen Sie im Vorfeld sammeln, um so höher ist die Chance, den Gesprächspartner neugierig auf weitere Gespräche zu machen. Darüber hinaus können Sie durch diese gute Vorbereitung dokumentieren, wie wichtig Ihnen der Kunde ist.

Noch einmal möchte ich Baltasar Gracián zitieren: „Tätigkeit und Verstand. Was dieser ausführlich durchdacht hat, führt jene rasch aus. Eilfertigkeit ist eine Eigenschaft der Dummköpfe, weil sie den Punkt des Anstoßes nicht gewahr werden, gehen sie ohne Vorsicht zu Werke. Dagegen pflegen die Weisen eher Zurückhaltung... Schnelligkeit ist die Mutter des Glücks."

Projektakquisition darf nichts mit Glück zu tun haben, sondern muß wohlüberlegt und mit Verstand angegangen werden.

Analysieren Sie deshalb im Vorfeld alles, was Sie erfahren können. Zapfen Sie hierzu alle möglichen Quellen an, z. B.:

- Berichte über das Unternehmen in Zeitungen oder Zeitschriften
- Datenbanken mit Informationen zum Unternehmen
- vorher Prospekte zusenden lassen
- Baustellen des Kunden besuchen
- Außendienstmitarbeiter des Kunden ansprechen
- IHK- bzw. Handwerkskammerinformationen einholen
- „Who is who" zu Rate ziehen
- Produkte und Präsentationen ansehen
- Das Internet als Infoquelle nutzen

Beleuchten und analysieren Sie den Kunden wirklich aus jedem Blickwinkel, sei es in bezug auf das Produkt, seine Wettbewerber, seine Probleme, seine Abhängigkeit bezüglich irgendwelcher Vorschriften, Verträge o.ä., seine Grundsätze und der innerbetrieblichen Struktur oder Gepflogenheiten. So können Sie beruhigt und souverän in das Erstgespräch gehen. Zeigen Sie mit viel Fingerspitzengefühl, daß Sie vorbereitet sind, kokettieren Sie ab und zu auch mal mit Ihrem Hintergrundwissen. Verpacken Sie am besten dieses Wissen in geschickte Fragen, dadurch machen Sie sich als Gesprächspartner interessant.

Parlieren Sie bitte aber nicht zuviel über sich selbst, über Ihr Unternehmen und Ihre Produkte. Die Worte „ich", „wir" und „unser" sollten nicht in jedem Satz vorkommen. Stellen Sie die Interessen Ihres Gesprächspartners in den Mittelpunkt. Fragen Sie ihn nach seinen Anforderungen, die er an ein Unternehmen stellt, das für ihn tätig wird. Lassen Sie ihn von seinen Erfahrungen berichten. Jeder weiß, daß der Gesprächsanteil mit etwa 80 Prozent beim Kunden und 20 Prozent bei uns liegen sollte. Die Realität sieht aber meist so aus, daß 95 Prozent beim Verkäufer und vielleicht 5 Prozent beim Kunden liegen. („... Kundenorientierung scheint jedoch noch kein Kulturgut für die Mitarbeiter zu sein...", aus einem Artikel der Absatzwirtschaft 10/95).

Zeigen Sie deutlich, daß der Kunde und seine Forderungen die Grundlage Ihres

Denkens und Handelns bei dem zur Diskussion stehenden Projekt sind.

Die begeisternde Präsentation vor Entscheidungsträgern

Präsentationen können das nach dem Erstgespräch existierende Interesse weiter verfestigen und alle am Projekt beteiligten Personen noch neugieriger auf Ihr Unternehmen und Ihre Produkte machen.

Legen Sie vor einer Präsentation für sich selbst und für alle Teilnehmer ein Ziel fest. Teilen Sie die Zeit sauber ein und geben Sie den Anwesenden einen Überblick über Ihre Zeitplanung. Achten Sie auf die Chronologie in der Präsentation. Jemandem,

---

Meine zukünftigen **Vorführungen** werden geprägt sein von folgenden neuen Ideen:

1. „Abstand" vom Produkt – wie folgt:

....

2. „Schokoladenseite" der Produkte – wie folgt:

....

3. „Aktivierung" und „spielen lassen" – wie folgt:

....

4. „Erinnerungsstück für den Kunden – wie folgt:

....

5. „Steuern zum Höhepunkt" – wie folgt:

....

6. Meine „Vorteilszusammenfassung" – wie folgt:

....

7. Einleitung zur „Auftragserlangung" – wie folgt:

....

Mein persönlicher Aufgabenkatalog für meine eigene **Produktvorführung**:

1. Ich werde für mehr „Glanz" sorgen durch:

....

2. Ich werde für mehr „Aufwertung" sorgen durch:

....

3. Ich werde mit meinen Produkten „liebelnder" umgehen durch:

....

4. Ich werde mehr „Spannung" wecken durch:

....

5. Ich werde mehr „Bewunderung" zeigen durch:

....

6. Ich werde „verstärkende" Chancen nutzen durch:

....

7. Ich werde für mehr „Wirkung" sorgen durch:

....

---

der sauber chronologisch präsentiert, traut man diesen chronologisch präzisen Ablauf auch im geplanten Projekt zu.

Zeigen Sie bei jeder Präsentation, wie akribisch Sie arbeiten und wie sorgfältig Sie an alles gedacht haben. Fragen Sie vorher nach, wer alles teilnehmen wird, holen Sie die Namen der Teilnehmer ein, damit Sie Ihre Unterlagen individualisieren können. Kopieren Sie das Logo des Unternehmens in Ihre Präsentationsunterlagen ein.

Starten Sie Ihre Präsentation mit einer kleinen Analogie, welche die Teilnehmer schmunzeln läßt. Damit bricht schon mal das erste Eis.

	Diese Regel befolge ich		
	nie	selten	immer
1. Vor der Präsentation frage ich den Kunden nach seinen Ansprüchen			
2. Ich gebe erst einen Überblick, bevor ich ins Detail gehe			
3. Ich spreche ruhig und akzentuiert			
4. Ich gebe dem Kunden nach einer Information Zeit zum Nachdenken/Einwirken			
5. Ich bringe jedes Argument einzeln und gezielt			
6. Ich wiederhole Aussagen durch Variieren und Interpretieren sofort			
7. Ich spreche zu hochgestochen (überspitzte Fachsprache)			
8. Ich verwende zu viele Füllwörter und Floskeln			
9. Ich variiere meine Sprachgeschwindigkeit (mal schneller, mal langsamer)			
10. Ich mache auf wichtige Passagen noch extra aufmerksam			
11. Ich spreche zur Steigerung der Aufmerksamkeit auch mal etwas leiser			
12. Ich zeige immer wieder Bilder, Graphiken und Demonstrationsmaterial			
13. Ich beende meine Argumentation mit einer Zusammenfassung			
14. Ich beginne ein Zweitgespräch mit einer Zusammenfassung des Erstgesprächs			
15. Ich hole häufig die Zustimmung des Kunden zu meinen Aussagen ein			
16. Ich fordere den Kunden auch auf, meine Aussagen zu beurteilen (mehr als nur ein Ja)			

Abb. 3: Kommunikation als Basis einer besseren Präsentation

Nehmen Sie ausreichend Kataloge und Handmuster mit.

Drücken Sie sich möglichst bildhaft aus, denn ein Bild sagt nun einmal mehr als tausend Worte. Sorgen Sie durch bildliche Darstellungen für eine höhere

- Überzeugungskraft
- Vorstellungskraft
- Erinnerungskraft

Benutzen Sie die beiden Checklisten auf der vorangegangen Seite sowie die nebenstehende, um Ihre Präsentationen insgesamt zu optimieren.

Kontinuität bei der Projektakquisition wahren

Bei der Projektakquisition gilt das Gesetz der Konsequenz und das Gesetz der Kontinuität.

Zeigen Sie in der Akquisitionsphase ebenso wie in der Auftrags- und Nachbetreuungsphase, wie konsequent und kontinuierlich Sie arbeiten.

Sorgen Sie immer dafür, daß Abmachungen wie Rückrufe, Terminversprechen usw. präzise eingehalten werden.

Ein mir bekannter Verkäufer akquiriert Projekte im Bereich von Hängeförderanlagen mit großem Erfolg. Er gibt dem Kunden beim Erstgespräch nicht alle Informationen und Drucksachen. Vielmehr macht er seine Gesprächspartner neugierig auf für sie wichtige Projektdetails und deutet die wichtigsten Punkte nur beiläufig an. Es war für mich anläßlich einer Mitreise faszinierend zu beobachten, wie seine Gesprächspartner „angebissen" hatten und sofort nachhakten, ob er diese Unterlagen denn nicht dabei hätte. Natürlich hatte er sie dabei, holte Sie aber nicht heraus, sondern versprach, sich darum zu kümmern, daß der Kunde die Unterlagen per Post erhält. Beim Verlassen des Kunden ließ er sich im Sekretariat ein Kuvert mit dem Firmenstempel geben. Im Auto holte er die Unterlage aus seiner Tasche, steckte sie ins Kuvert, frankierte es und warf es abends in seinem Heimatort in einen Briefkasten.

Zwei Tage darauf rief er den Gesprächspartner an und fragte nach, ob er die Unterlagen erhalten habe. Durch diese Maßnahmen stellte er von Anfang an seine Zuverlässigkeit unter Beweis.

Zwischen den einzelnen Besuchsterminen versorgte er seine Gesprächspartner immer wieder mit aktuellen Informationen zu verschiedenen Themenbereichen, z. B.:

- allgemeine Brancheninformationen
- Ausschreibungsinformationen
- Informationen für den Privatbereich wie z. B. zum Hobby
- Einladungen zu Hausmessen
- Zusendung einer Hauszeitung
- Zusendung von aktuellen Videofilmen zum Thema
- Informationen zu neuen Produkten
- Wirtschaftlichkeits- und Produktivitätsstudien

Sicher fällt Ihnen spontan noch viel mehr ein, was Sie den Gesprächspartnern in den aktuellen Projekten an Informationen zukommen lassen können. Wichtig ist die Kontinuität und die Dosierung, also einerseits nicht durch zu viele Informationen auf die Nerven gehen, andererseits den Kontakt stets aufrechterhalten. Bedienen Sie sich aller zur Verfügung stehender Kommunikationsmittel.

Denken Sie bei der Abwicklung eines Projektes immer daran, alle Mitarbeiter Ihres Unternehmens, die Kontakt mit den Kunden führen, sorgfältig über die aktuellen Gegebenheiten zu informieren. Wie angenehm ist es doch für den Kunden, wenn er bei uns auch am Telefon von jedem gekannt und mit seinem Namen und ggf. Titel angesprochen wird.

Wenn jeder Mitarbeiter die Bedeutung des Kunden und des Projekts kennt, kann die gesamte Kommunikation darauf abgestimmt und wiederum dokumentiert werden, wie professionell wir uns intern organisieren und in der Realisierungsphase agieren werden.

Nachfolgend finden Sie eine Checkliste zur Systematik im Projektgeschäft.

Systematik im Projektgeschäft

Aktivität	Ja	Nein	Erforderliche Maßnahme	Termin
1. Informieren wir den Kunden regelmäßig über den Stand der Ausarbeitung des Angebots?				
2. Fordern wir ihn auf, darüber zu diskutieren?				
3. Beziehen wir ständig Wünsche und Ideen des Kunden in das Angebot ein?				
4. Haben wir mit dem Kunden eine Referenzanlage besichtigt?				
5. Lassen wir den Kunden im Pflichtenheft mitarbeiten?				
6. Berücksichtigen wir genügend die Produkt-/Materialwünsche des Kunden?				
7. Machen wir Kunden frühzeitig auf mögliche Mehrinvestitionen aufmerksam?				
8. Haben wir mit dem Kunden gemeinsam die Ziele schriftlich fixiert?				
9. Lassen wir den Kunden ständig aktiv mitarbeiten?				
10. Lassen wir den Kunden bereits im Konzeptstadium Vorentscheidungen treffen bzw. Alternativen wählen?				
11. Werten wir die Ideen des Kunden besonders auf bzw. bewundern wir diese genügend?				
12. Bieten wir bei den bestehenden Anlagen bereits Service?				
13. Bringen wir auch Vorschläge mit Vor- und Nachteilen?				
14. Kontaktieren (telefonieren/besuchen) wir den Kunden während der Ausarbeitung?				
15. Fordern wir hausintern Hilfe von anderen Abteilungen/Bereichen an?				

Aktivität	Ja	Nein	Erforderliche Maßnahme	Termin
16. Beziehen wir betroffene Mitarbeiter des Kunden in die Zielsetzungen und Entscheidungsfindungen ein?				
17. Bringen wir frühzeitig Muster?				
18. Beziehen wir den Kunden in die Terminplanung akiv ein?				
19. Erklären wir dem Kunden immer wieder, daß sein Auftrag der wichtigste ist?				
20. Werden durch permanenten Kundenkontakt Probleme frühzeitig erkannt?				
21. Sind wir beim Kunden ausreichend präsent?				
22. Zeigen wir dabei ständig neue eigene Firmenentwicklungen?				
23. Besichtigen wir beim und mit dem Kunden ähnlich gelagerte und bereits gelöste Projekte?				
24. Haben wir alle Ansprechpartner geklärt?				
25. Sind auch die Kompetenzen geklärt?				
26. Nutzen wir unsere hausinternen Kompetenzen aus?				
27. Beziehen wir auch Fremdleistungen (Sublieferanten u.a.) genügend mit ein?				
28. Bieten wir Mithilfe beim Lastenheft an?				
29. Versuchen wir die Budgetplanung einzuhalten?				
30. Oder versuchen wir, weitere Budgetteile zu bekommen?				
31. Kämpfen wir genügend um die Zahlungsbedingungen?				
32. Zeigen wir genügend Gesten (Danke, Bitte, kleine Geschenke)?				

Abb. 4: Systematik im Projektgeschäft

Schlußwort

Die Akquisition von Projekten ist in der Tat eine sehr komplexe Sache. Von welcher Seite aus wollen wir Sie betrachten? Wollen wir uns lähmen lassen, indem wir über die Probleme bei der Akquisition reden und somit wie paralysiert vor der Aufgabe erstarren? Wollen wir in die Opferrolle schlüpfen und alle Faktoren zusammenzählen, warum es nicht einfach ist, Projekte zu akquirieren?

Oder wollen wir vielmehr die Akquisition von Projekten als eine echte Herausforderung ansehen, um zu zeigen, daß wir wirklich Profis sind, die strategisches Denken und pragmatisches Handeln zum rechten Zeitpunkt zu unterscheiden wissen.

Wollen wir nicht lieber in die Macherrolle schlüpfen?

Sie können es selbst immer wieder in Talkshows beobachten oder in Interviews lesen, jeder lamentiert über die schwierigen Umfeldbedingungen am Standort Deutschland. Die Zeit wird damit verbracht, sich mit Schuldzuweisungen zu bombardieren, anstatt die Ärmel hochzukrempeln und zu beweisen, daß es funktioniert, daß in diesem unserem Lande Chancen für gute Geschäfte und damit verbundene Erfolge in Hülle und Fülle vorhanden sind.

Zeigen wir gemeinsam den Unglückspropheten, die Verkäufer als schlecht hinstellen, die Bücher schreiben wie „König Kunde – abgezockt und angeschmiert", daß es sehr viele gute Verkäufer gibt, die ihr Handwerk verstehen und bei denen eine gehörige Portion Herzblut die Begeisterung für wirklich zufriedene Kunden aufkommen läßt.

Ihnen wünsche ich dabei viele Erfolge!

4.4 Kennzahlen im Vertrieb, Handel und Handwerk

Der Autor

Gerhard Brauch ist selbständiger Unternehmensberater im Handel und Handwerk mit den Schwerpunkten Controlling und Seminarwesen. Nach seinem Studium der Betriebswirtschaft arbeitete er jahrelang als Marketing- und Produktmanager im Konsumbereich und war später als verantwortlicher Controllingleiter tätig.

Grundsätzliches zu Kennzahlen

Kennzahlen sind Begleiter, Unterhalter, Lehrmeister, Erzieher, Wegbegleiter und vieles mehr. Sie sind phänomenal, obwohl diese Aussage zunächst unwirklich erscheinen mag.

Wir alle beginnen den Tag mit Kennzahlen. Meistens unbewußt, weil selbstverständlich. Es ist wirklich so. Oder anders gefragt: Wer lebt ohne Uhr? Die erste und meistens täglich wiederkehrende Kennzahl ist die Tageszeit, zu der wir eine Aktion planen, beginnen. Das setzt sich fort mit Terminen zu Konferenzen, Abflugzeiten und vieles mehr. Auch das Arbeitsende wird von einer Kennzahl bestimmt und festgehalten. Kurz: Unser Leben und Wirken – geschäftlich wie privat – wird von Kennzahlen geprägt, die vielfach so nicht gesehen werden.

Kennzahlen schaffen Ordnung, geben Orientierung und nicht zuletzt auch Sicherheit. Wer kennt die Fahrgeschwindigkeit ohne die Information aus dem Armaturenbereich? Oder die Flughöhe ohne den Höhenmesser, der ein sicheres Überwinden von Bergen ermöglicht?

Auch im Geschäftsleben vermitteln Kennzahlen Sicherheit. Sie regeln, animieren, bestätigen oder lösen Frust und Freude aus. Ein Leben ohne Kennzahlen – unvorstellbar. Ein Geschäft ohne Kennzahlen – unmöglich.

Kennzahlen sind positiv wie negativ. Zum Beispiel als Umsatzplus natürlich positiv, als überfällige Rechnung danach negativ. Kennzahlen wirken steuernd, anschiebend oder bremsend – und wir alle sind daran Beteiligte.

Mythos Kennzahlen

Vergleiche in Verbindung mit Kennzahlen sind nicht zuletzt durch computergesteuerte Programme gigantisch geworden. Endlose Tabellen, Übersichten, Grafiken – nach Möglichkeit in Farbe – erzeugen Aktivitäten, Maßnahmen, Entscheidungen oder auch Resignation. Dieses Spiel läuft täglich und verstärkt sich zu bestimmten Terminen im Wochen-, Monats- oder Jahresrhythmus. Ist dieser Aufwand an Zeit und Kosten gerechtfertigt? Bleibt nicht häufig die Resignation, weil das Wissen um die Situation erreicht wurde, die Erkenntnis daraus aber nicht gewonnen wird?

Das mag seltsam erscheinen, aber wenn wir den Sachverhalt unter die psychologische Brille bringen, dann zeigt sich durchaus ein Motiv. Deutlich wird: Kennzahlen schmücken sich vielfach mit einem Mythos. Nicht vordergründig, nicht auffällig und schon gar nicht gewollt.

Kennzahlen werden glorifiziert und auf legendäre Gleise geschoben. Das Erscheinungsbild liefert in diesem Umfeld ein ganzes Spektrum an Deutungsmöglichkeiten wie z.B.
• Wahrheit
• Sachlichkeit
• Klarheit
• Glaubwürdigkeit
• ungenutzt
• unentdeckt

Wer kennt nicht den Spruch „Der Glaube versetzt Berge", der in dieser Beziehung den Hauch von Mythos zu erkennen gibt.

Wie lassen sich Kennzahlen davon befreien? Objektiv wohl kaum, denn die Vollständigkeit, die Genauigkeit sowie die periodengerechte Zuordnung werden nie mit absoluter Sicherheit von externen Nutzern zu klären sein. Andererseits ist auch die Frage erlaubt, ob wirklich eine hundertprozentige Genauigkeit die angestrebte Informationswirkung erhöht.

Die Erwartung im Informationstausch (Mittlerfunktion) zwischen Konsumseite (hier Handelsbetrieb) und Produktion (auch Großhandel) bringt häufig nicht die erwarteten Effekte. Logisch bleibt es schon, die systematisch anfallenden Wirtschaftsdaten zu Kennzahlen zu verdichten und bereitzustellen. Ob Kennzahlen-Illusionen bestehenbleiben, liegt nicht zuletzt am Nutzer – mit den organisatorischen Konsequenzen sowie den nicht zu verhindernden Kosten.

Generell bleibt meistens offen, ob Kennzahlen „rentabel" sind, also nach Abzug der Kosten als Plussaldo der Nutzen steht. Es bildet sich fast eine Parallele zum bekannten Spruch von Henry Ford über die Wirkung von Werbemaßnahmen: „Ich weiß, daß die Hälfte der Kosten meiner Werbung zum Fenster rausgeworfen sind, aber ich weiß nicht, welche."

Die Beschaffung von wertvollen Kennzahlen ist schwierig, weil die Information über die Herstellung (Quellen) fehlt. Als Hürde danach steht die Entscheidung zur Kosten-Nutzen-Relation. Ist ein Budget dafür vorhanden, reichen die geplanten Mittel aus?

Einen Betrieb/ein Unternehmen mit Kennzahlen zu steuern ist eingeschränkt möglich. Fehlende Teile werden durch Intuition, Gefühl und Gespür ersetzt und bilden somit die Brücke zur vollständigen Basis. Die Kennzahlen-Uhr zeigt, welche Informationsstunde „geschlagen" hat (Abb. 1).

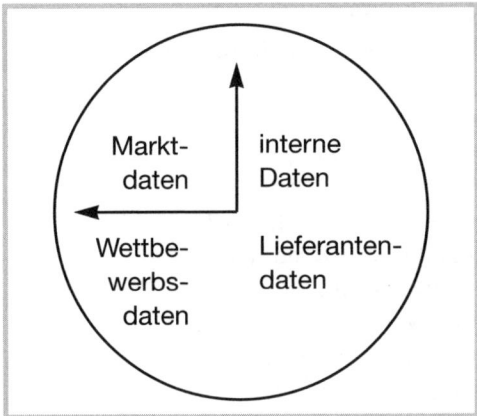

Abb. 1: Die Kennzahlen-Uhr

Kennzahlen wirken in erster Linie durch die Aktualität. Das bezieht sich nicht auf das Datum der Veröffentlichung, sondern auf den Zeitraum der Ermittlung. Ausgehend von der Kennzahlen-Uhr werden die Daten nie zeitidentisch verfügbar sein, wodurch die auf sie aufgebauten Entscheidungen immer eine Unsicherheit haben, die sich aus den zwischenzeitlichen Veränderungen ergibt. Die Uhr soll aber sinnbildlich klarmachen, daß sich aus dem Zusammenspiel der verschiedenen Datenquellen nur eine fundierte Datenbasis bilden kann, wenn die zeitliche Harmonie gegeben ist.

Mythos Kennzahlen? Ja und nein! Der persönliche Einfluß entscheidet letztlich darüber.

Kennzahlen-ABC

Wer kann schon behaupten, alle Arten von Kennzahlen zu kennen, die im Wirtschaftsleben eine Bedeutung haben oder Rolle spielen? Die Ergänzung dazu ist, ob es überhaupt einen Sinn macht, dieses Wissen zu erlangen bzw. zu erhalten. Außerdem: Wer definiert „alle" Kennzahlen?

Die „Masse" Kennzahlen wird stets in Bewegung sein und daher im Kreislauf keinen Fixpunkt finden. Alle Richtungen, alle Ausprägungen bleiben offen. Es gibt aber quasi einen fixen Kern, der als ABC der Kennzahlen bezeichnet werden kann. Damit wird auf Standardinformationen bzw. -daten Bezug genommen, die allgemein zur (erfolgreichen) Führung von Wirtschaftseinheiten zur Verfügung stehen und genutzt werden.

Dies ist sicher nicht überall Praxis, was kaum überraschen dürfte. So gesehen hat die folgende Übersicht auch eine Schrittmacherfunktion. Die gewählte Katalogisierung akzeptiert Überschneidungen, die durchaus gewollt sind.

Strategische Kennzahlen

Das Profil dieser Kennzahlen ist geprägt durch die Qualität in bezug auf die darauf aufzubauenden Entscheidungen sowie die Bedeutung für einen Zeithorizont von fünf Jahren. Sie stehen in enger Verbindung zum Auftrag von Geschäftsführern:

- Volkswirtschaftliche Kennzahlen
  - Bevölkerungsentwicklung
  - Inflationsrate
  - Erwartete Veränderung im Bruttosozialprodukt (BSP)
- Betriebswirtschaftliche Kennzahlen
  - Marktanteilsziele in Prozent
  - Exportanteil in den folgenden Jahren
  - Investitionsvolumen
  - Änderungen in den Absatzkanälen
  - Marge in Prozent vom Umsatz oder Verzinsung des eingesetzten Kapitals
  - Personalentwicklung
  - Produktivität je Beschäftigten

Operative Kennzahlen

In der Ableitung der strategischen Kennzahlen und abgestimmt auf aktuelle Entwicklungen werden die operativen Kennzahlen in der Regel von den Fachbereichen erarbeitet und vom Controlling (oder auch Planungsabteilung/Rechnungswesen) zu einer Art Fahrplan = Budget transferiert. Die einzelnen Abteilungen verantworten folgende Daten:

- Absatzdaten, gesplittet auf Regionen, Absatzkanäle oder Segmente
- Verkaufspreise für die jeweiligen Einheiten
- Die Abnahmekonditionen inkl. Boni
- Die Umsatzerlöse
- Die Produktkosten
- Werbekosten mit Aktionen und zeitlichen Rahmendaten
- Personalbedarf
- Personalkosten
- Investitionen
- Verwaltung/Übrige Kosten
- Abschreibung
- Deckungsbeiträge pro Bereich/Profit Center/Produkt bzw. Produktgruppe
- Betriebsergebnis
- Liquidität und Budget-Bilanz
- Break-even-Analyse/Break-even-Punkt
- Tendenzwerte fürs Betriebsergebnis zu den jeweiligen Stichtagen

Selbstverständlich werden diese operativen Kennzahlen nach saisonalen Schwerpunkten auf die einzelnen Monate gerechnet und auch in kumulierter Form aufbereitet.

Bei den folgenden Kennzahlen-Gruppen werden auch Werte genannt, die bereits zuvor bei den strategischen bzw. operativen aufgeführt sind. Damit wird erreicht, daß innerhalb einer Gruppe alle wesentlichen Kennzahlen zusammengefaßt erscheinen.

Monetäre Kennzahlen
- Liquidität in den Stufen 1, 2, und 3
- Cash-flow

- Working Capital
- ROI für Eigenkapital und Gesamtkapital
- Payout-Periode
- Verschuldungsgrad
- Eigenfinanzierungsgrad
- Deckungsgrad 1 und 2
- Debitoren-Kreditfrist
- Umsatzrentabilität
- Gewinn
- Lagervorrat/Reichweite
- Umlaufvermögen
- Dividende
- Dispositionskredit

Nicht monetäre Kennzahlen
- Zahl der kaufenden Kunden mit Entwicklung; registrierte Gesamtkunden
- Artikelprogramm, Preisniveau, Preispolitik
- Mitarbeiterentwicklung
- Fehltagestatistik
- Produktportfolio
- Qualitätsimage, ermittelt durch Skalieren oder Marktanalyse

Externe Kennzahlen
- Marktzinsen (als Vergleich, um evtl. Handlungsbedarf zu erkennen)
- Branchenentwicklung, Inflationsrate, Exportmarkt
- Steueränderungen/Sozialtarifänderungen
- Marktpotential (Paneldaten, Marktforschungszahlen)
- Entwicklung des Wettbewerbs, Wettbewerbsvorteile
- Geplante Lohnsteigerungen der Gewerkschaften
- Rohstoffpreise
- Wechselkurse und deren Tendenz
- Leasingkonzepte zur Stärkung der Liquidität

Interne Kennzahlen

(Um Doppelnennungen zu vermeiden, ohne monetäre Kennzahlen)

- Absatzdaten
- Umsatzzahlen
- Produktprogramm
- Preisänderungen
- Ergebnisse aus allen Soll-Ist-Vergleichen
- Lieferzeiten
- Kundenreklamationen

Die Auflistung von Kennzahlen, die nie vollständig sein kann, erhebt nicht den Anspruch, alleine durch die Nennung einen Ergebniseffekt zu erzielen. Gegenteiliges ist aber nicht ausgeschlossen, wie schon mancher verantwortliche Manager erkannt hat.

Kennzahlen sind andererseits das Herz des Informationsmanagements. Erfolgsfaktoren bilden sich, wenn durch elektronisch gestützte Systeme die Aktualität, die Darstellung und die fallspezifische Auswahl zu einer höheren Entscheidungssicherheit führen. Kurzgefaßt kann auch konstatiert werden: Erlösvorteil durch Informationsvorsprung! Aber – es muß selektiert werden, damit die Informationsflut nicht zum „Ertrinken" führt.

Pflichtenheft für Kennzahlen

Kennzahlen müssen eine Botschaft enthalten. Das ist mehr als eine normale Information. Aus der Botschaft muß klar ersichtlich sein, welcher Auftrag damit ins Rollen kommen soll und welches Ziel damit angestrebt wird.

Das Profil ist damit erkennbar, sowohl für den Absender als auch für den Empfänger der Kennzahlen. So gesehen besteht kaum ein Zweifel, daß Kennzahlen ein notwendiges, ein nützliches, ja auch ein

ökonomisches Element im Wirtschaftskreislauf darstellen.

Reicht dies jedoch aus, um auf der Zweckebene auch Bewegung auszulösen? Wahrscheinlich nicht, obwohl der Auftrag klar erkennbar ist. Die Koordination zwischen Absender und Empfänger von Kennzahlen muß einen Rahmen erhalten schon aufgrund der Tatsache, daß einzuhaltende Termine die Qualität der Kennzahlen stark prägen.

Das Kriterium Genauigkeit steht hier weniger in der Diskussion, sondern ganz einfach die Tatsache, daß das wirksame „Leben" von Kennzahlen in vielen Fällen einen kurzen Zyklus hat. Auch das Hindernis in bezug auf Hol- oder Bringschuld von Kennzahlen ist zu beachten und zielkonform zu lösen.

Kennzahlen können über den Weg des Pflichtenheftes den fixierten Zweck effizienter ausfüllen. Besonders die Zielkomponente wird dadurch verstärkt (s. Abb. 2).

Mehrere Ziele werden damit verfolgt:
- Eine Struktur für das Gebilde der Kennzahlen zu entwerfen
- Zuständigkeiten in den Absender- und Empfängerkreis zu bringen
- Terminbedeutung und Termintreue hervorzuheben
- Die Kosten deutlich zu machen (vor dem Engagement) und die Kostenträger zu nennen

Der Stellenwert, den Kennzahlen einnehmen können, wird durch ein Pflichtenheft viel konkreter. Fast automatisch erhöht sich die Effektivität mit der Folge, daß sich auch die Effizienz verstärkt.

In jedem Bereich bzw. jeder Abteilung ist ein Pflichtenheft zu installieren, das durch den Controller koordiniert werden kann. Eine Aktualisierung ist obligato-

Kennzahlen Art	Absender	Empfänger	Lieferzeit Termin	Inhalt	Darst.-Form Umfang	Kosten	Kosten-träger
Orientierung für den Plan	Gesch.-Ltg.	Fachbereich	z.B. 30.04. lfd. Jahr	Entw.-Trend Schwerp.	Kommentar u. Tabellen	keine	entfällt
Investition	Fachbereich	Zentr.-Contr.	bis 31.03. lfd. Jahr	Projekte	Kalkulation Tabellen	Gesamt u. je Periode	Fach-bereich
Wettbewerb	Markt-forschung	Fachbereich Mark./Vertr.	z.B. 15.04. lfd. Jahr	Marktanteil	Diagramm wicht.Wettb.	20.000 DM	Marketing
Personal-bestand	Pers.-Abt.	Bereich Abteilung	je Quartal bis 5.lfd.Mt.	Entwicklung Tendenz	Graphiken Kommentar	keine	entfällt
Lagerbest.	Controlling	Fachbereich	monatlich	Menge u. Wert	Prod.-Grupp. Diagramm	keine	entfällt
Ergebnis-tendenz	Zentral-Controlling	Gesch.-Ltg.	monatl. bis 10.lfd.Mt.	Umsatz etc. Rentabilität	Übersicht 1 DIN A 4	keine	entfällt

Abb. 2: Pflichtenheft für Kennzahlen (Beispiel)

risch und muß als Dauerauftrag gesehen werden. Dies gilt jedoch mehr für die Termine als für den Inhalt, denn bei diesem Punkt sollte schon eine gewisse Konstanz gewahrt werden.

Mit der Entscheidung, die notwendigen Kennzahlen mittels Pflichtenheft zu steuern, ist auch das Muß für konkrete Informationen eingebunden. Überflüssiges wird dem Notwendigen und Regelmäßigen weichen.

Der Arbeitsumfang nimmt nicht ab, aber die Wirkung der Kennzahlen steigt, weil die darauf aufbauenden Entscheidungen sicherer werden.

Risiken im Umgang mit Kennzahlen

Experten äußern gelegentlich, daß ohne Kennzahlen kaum ein Unternehmen erfolgreich – und das auf Dauer – zu steuern sei. Diese Einschätzung findet allgemein Zustimmung. Erwartet werden in der Regel Ergebnisverbesserungen durch das Nutzen der eingebrachten Kennzahlen.

Die nicht als nachrangig zu wertende Eigenschaft der Genauigkeit aller Kennzahlen spielt hierbei eine wesentliche Rolle.

Risiken im Umgang mit Kennzahlen werden eher angetroffenen im externen Bereich. Ähnlich ist die Situation bei allen Kennzahlen, die der Steuerungsinformation die Basis liefern.

Externe Kennzahlen werden als eine Art Fertigprodukt geliefert. Die „Herstellung" oder „Präparation" wird nicht erläutert. Bei internen Kennzahlen besteht zumindest die Möglichkeit, eine erschöpfende Auskunft zu erhalten, wobei hier kaum Zweifel an der Richtigkeit angemeldet werden.

Generell muß akzeptiert werden, daß Kennzahlen die Situation der Vergangenheit wiedergeben. Insofern ist die *Aktualität* immer ein Handicap, das einzugrenzen ist, wenn

• die Erfassungszeit genau beschrieben und

• die Zeit zwischen Erhebungsende und Lieferung nahezu terminidentisch ist. (Kennzahlen just in time!)

Je mehr Gewicht die Entscheidung hat, desto wichtiger ist die Klärung des Zeitaspekts. Blindes Vertrauen darauf, daß die neuesten Zahlen vorgelegt werden, ist ein risikobehafteter Glaube. Allerdings gibt es keine Beweise dafür, daß vergangenheitslastige Kennzahlen die Ergebnisqualität der darauf begründeten Entscheidungen um x Prozent vermindern.

Höheres Risiko liegt im Vertrauen darauf, daß die *Genauigkeit* der Kennzahlen unterstellt wird. Fehlerfreies Ermitteln, eine präzise Aufbereitung mit eindeutiger Darstellung müssen vom Nutzer im Zweifelsfall als gegeben unterstellt werden. Bei externen Daten gibt es wenig konkrete Möglichkeiten, durch Rückfragen die Garantie zu gewinnen.

Ein weiterer Aspekt ist die *Interpretation*, die mehrere Deutungen zulassen kann. Wenn hier eine Schnittstelle eingebaut ist, d.h., der Produzent/Lieferant der Kennzahlen ist nicht identisch mit der Person, die kommentiert oder erläutert, dann kann das Risiko in den Zufallsbereich steigen. Auch ohne Schnittstelle ist der Kommentar zu Kennzahlen individuell eingefärbt. Es bleibt jedoch die Alternative, die Informationsdaten nach eigenem Gespür zu verwerten.

Selten kommen Zweifel auf, ob die *Vollständigkeit* der Kennzahlen erwartet werden darf. Dies ist ein kritischer Bereich, der statistische Fragen aufwirft. Ist die Stichprobe, auf der die Kennzahl beruht, ausreichend breit angelegt? Sind alle notwendigen Merkmale nach demoskopischen Regeln berücksichtigt? In vielen Entscheidungssituationen kann allerdings auf die Kommastelle bei den Kennzahlen verzichtet werden; aber nicht grundsätzlich, so daß der Nutzer schon den Auftrag hat, zu hinterfragen, um die Vollständigkeit zu klären.

Daß Kennzahlen in Verbindung mit der Datenbanktechnologie neue Dimensionen erreicht haben, ist an vielen Signalen im täglichen Wirtschaftsleben zu erkennen. Zahlenreihen in allen Formen für viele Themenbereiche – und doch nicht das Treffende? Die *Daten-Inflation* verwirrt und birgt das Risiko in sich, daß ganz auf die Nutzung der Kennzahlen verzichtet wird, weil eben von der Quantität auf wenig Qualität geschlossen wird.

Kennzahlen, die zunächst als Vergleichsmedium dienen, werden in der Folge als Orientierungs- und Steuerungsgrößen aktiv. Dieser Aspekt muß Anlaß sein, sich mit den Risiken nicht nur nebenbei und emotional, sondern ganz rational zu beschäftigen.

Controlling und Kennzahlen

Noch nicht überall hat sich Controlling in den betrieblichen Organisationen etabliert. Das ist nicht außergewöhnlich, obwohl es „ins Bild paßt", und sei es auch nur als Alibi. Entscheidend ist aber nicht der hierarchische Aufbau, sondern die „Produktion", die Informationsversorgung, die das Controlling in Form von Kennzahlen als Arbeitsergebnis einbringt.

Diese Informationsbasis, seien es interne oder externe Daten, Planzahlen oder Tendenzergebnisse, können auch andere Personen/Abteilungen liefern. Einfluß wird nur erreicht, wenn die Nutzung stimmt. So gesehen stellt sich die Frage: Wie kann ich mit Kennzahlen umgehen, daß die Entscheidungen, die darauf beruhen, sicherer oder besser werden? Die Antwort ist nicht einfach zu finden.

Vorteile hat hier in jedem Fall ein etabliertes Controlling, das sich in der Sache und den Zielen auskennt und regelmäßig

Dienste leistet, Kennzahlen-Dienste, ohne die ein Controlling keine Existenzberechtigung hätte.

Dies ist die eine Seite. Die andere Seite ist die entscheidende: Wie müssen Zahlen sein, damit sie wirken ? Wie kann ein Prozeß des Machens davon ausgehen? Eigeninitiative wird überall erwartet, gefordert, doch vielfach von der Tagesroutine übertrumpft. Eine Person, die Controlling versteht und zelebriert, leistet in derartigen Situationen die notwendigen Schrittmacherdienste.

Beim Prozeß des Entstehens ist der Zeitfaktor ein elementarer Baustein. Unterstützung geben dabei solche Kennzahlen, die verständlich aufbereitet sind und spezifisch dem Anwendungsbereich gerecht werden.

Aus dieser Optik ergeben sich folgende Soll-Kriterien:

• Die Darstellung muß dem Inhalt/der Aussage ein eindeutiges Profil geben. Fehlinterpretationen dürfen nicht auftreten.

• Eine Person (ControllerIn), die aufklärt, die anregt und „das Licht einschaltet", damit die Entscheider die bessere Sicht haben, den vorausschauenden Überblick gewinnen.

• Die permanente Nachversorgung mit Kennzahlen, die Ergebnisse aus dem Steuerungsprozeß enthalten, auch die aus Soll-Ist Vergleichen.

Es ist ein Irrglaube, daß der Lieferant von Kennzahlen seinen Auftrag im Sinne der Entscheidungsvorbereitung mit der Übergabe erfüllt hat – schon gar nicht, wenn das Controlling als Absender erscheint.

Das Machen, das untrennbar mit erfolgreichem Controlling verbunden ist, verhindert, daß sich eine Kennzahlenbürokratie entwickelt. Mit dem Anpacken, dem Agieren, ausgelöst durch den Informationsvorsprung, kann der/die ControllerIn seinen/ihren Beitrag zur Ergebnissicherung leisten und damit auch die Berechtigung gewinnen, ein wesentlicher Faktor des Unternehmens zu sein.

Die Rolle der Kennzahl als Fundament für Entscheidungen wird durch das Controlling verstärkt. Eingeschlossen ist dabei das Kümmern um die Versorgung mit Kennzahlen, damit die richtige Information zur rechten Zeit am Entscheidungsort verfügbar ist.

Kennzahlen haben Gewicht im Betriebsablauf, besonders in Phasen der Plan- und Budgetbearbeitung. Ohne Kennzahlen läuft wenig, aber nicht alles ist mit Kennzahlen machbar.

Botschaftswirkung von Kennzahlen

Wie wirken Kennzahlen beim Empfänger, oder was bleibt dort ungenutzt, wo das Medium Kennzahlen nicht eingesetzt wird? Ziel der Botschaft – mit den Ausführungen zur Botschaftswirkung – von Kennzahlen ist, aufzuzeigen, daß im positiven Falle konkrete Vorteile für den Betrieb und die Mitarbeiter entstehen. Im Umkehrschluß wird das Versäumte deutlich. Daraus muß dann die Eigendynamik entstehen, um in diesem Informationsbereich einzusteigen oder ihn stärker als bisher zu nutzen.

Generell gilt, daß besser – inhaltlich und zeitlich – informierte Mitarbeiter erfolgreicher sind. Sie treffen die besseren Entscheidungen und haben im Wirtschaftsleben bei Konkurrenzsituationen die Vorteile auf ihrer Seite. Gültig ist auch, daß die Personen, die keine Botschaft in Form von Kennzahlen erhalten, auch keine Verantwortung übernehmen können. Daraus ergibt sich eine logisch begründbare Botschaft, daß Empfänger von Kennzahlen auch die daran gekoppelte Verantwortung übernehmen.

Die Botschaften, die Kennzahlen beim Empfänger auslösen, sind vielfältig und in folgender Übersicht als Orientierung – ohne Anspruch auf Vollständigkeit – vorgestellt:

- Sie ebnen den Weg zum Kunden, weil sie durchaus Kundennutzen in sich bergen. (Die Kennzahl gibt Auskunft über den Wirkungsgrad mit Produkt X. Der Effekt beim Kunden ist eine Kostenreduzierung um X Prozent.)
- Sie bewirken eine Art Entscheidungsautonomie im jeweiligen Verantwortungsbereich. Üblicherweise werden dadurch Ressourcen freigesetzt, die sich sonst nicht entwickeln würden.
- Sie stellen eine Art Werkzeug dar für die Kommunikationsfähigkeit und schaffen die Voraussetzung zur so wichtigen Erfolgskontrolle (bestätigende Information).
- In der richtigen Aufmachung lösen sie eine große Welle aus, die Zuversicht, Vertrauen und Selbstbewußtsein anschwemmt.
- Sie sind Teil eines Programms, das einen Prozeß auslöst, der nach dem Anlaufen zum Selbstläufer avanciert (vorauseilende Bestätigung aus psychologischer Sicht).
- Sie sollen dazu verleiten, auf sicherem Terrain risikoreichere Entscheidungen zu treffen.
- Für die strategische Planung bilden sie den Orientierungsrahmen für alle relevanten Daten.

Bei all den positiven Aspekten ist eine kritische Handhabung angebracht. Blindes Vertrauen auf die Richtigkeit oder Vollständigkeit darf auch unter dem Aspekt der Botschaftswirkung nicht zum Automatismus werden.

Die den Kennzahlen zugeordnete Botschaftsfunktion kann mit einem chinesischen Sprichwort deutlicher werden: „Langsam auf ein Ziel zugehen ist tausendmal schneller, als ohne Ziel zu gehen."

Kennzahlen zeigen den Weg zum Ziel. Ist das Ziel erkannt, dann ist der Weg dorthin das eigentliche Ziel. Oder: Das Ziel ist strategische und der Weg operative Entscheidung!

Die mehr praktisch zu sehende Botschaftswirkung, die sich aus den Kennzahlen ableiten läßt, hat ein breites Spektrum. Nicht zuletzt die Dimension der aktuellen Datentechnologie – Art und Umfang – prägt das Bild der gezielt aufgebauten Botschaft.

So verkürzen sich ständig die Informationsintervalle mit der Notwendigkeit, Kennzahlen schnell zu erfassen und für die Empfänger/Nutzer so aufzubereiten, daß sofort damit gearbeitet werden kann. Weitere Rüstzeiten dürfen nicht notwendig werden. Läßt sich dies nicht vermeiden, ist die Effizienz eingeschränkt, und der Kennzahlen-Service verliert unter Umständen seine Berechtigung.

Kennzahlen schaffen Bewegung, erzeugen Spannung. Sie liefern Anknüpfungspunkte für das häufig stimulierende Feedback. Dieses Plädoyer für den Einsatz von Kennzahlen, für die Kommunikation mit Kennzahlen kann nicht überraschen. Schließlich sind Kennzahlen unverzichtbar bei der Formulierung von Vorgaben, für die Basis zur Berechnung von Prämien, Provisionen, Incentives und vieles mehr.

Kennzahlen werden nicht zuletzt auch als Erfolgsfaktoren gesehen, weil sie das kreative Potential beim Empfänger aktivieren. Dies gilt besonders dann, wenn der

Service, den Kennzahlen ja bieten, zur Regelmäßigkeit ausgebaut wird. Hier gibt es dann Parallelen zur Erfahrung aus dem Werbebereich, daß erst mehrere Kontakte zum Ziel führen.

Kennzahlen in ihrer Eigenschaft als Botschaftsüberbringer erfüllen ihren Auftrag auch dann, wenn sie Auslöser sind für ergänzende Daten, um eine notwendige Entscheidungsbasis zu verbreitern, also höherwertig abzusichern. Die Merkmale einer Entscheidungssituation werden so besser ausgeleuchtet. Ein Zeitbedarf, der zum Zeitdruck bei der Entscheidung führt, kann jedoch nicht akzeptiert werden. In diesem Zusammenhang muß die Kenntnis über den Tendenzverlauf die mögliche Lücke schließen. Das Zurückstellen von Entscheidungen, weil die aktuelle Datenbasis noch offen ist, kann nur eine Präferenz für die zweite Wahl sein.

Botschaftswirkung liegt auch darin, die Informationen zu distribuieren, um bereits an der Basis zu wirken. Hier werden Kennzahlen zum Multiplikator für höheres Qualitätsniveau (z.B. weniger Reklamationen), weniger Kosten und größere Termingenauigkeit.

Wohl eine Binsenwahrheit, aber in der Botschaftswirkung ist auch die Gewißheit enthalten, daß die Gewinner am Markt die Kennzahlen schneller und intensiver nutzen.

Botschaftswirkung erreichen auch Kennzahlen, die sich außerhalb gewohnter Normen bewegen, aber wesentliche Ist-Parameter über Kunden- oder Mitarbeiterzufriedenheit liefern.

Fazit: Wesentliches Element in der Botschaftswirkung von Kennzahlen ist die Konsequenz in bezug auf die Regelmäßigkeit und das notwendige Vertrauen. So lassen sich überall schlummernde Leistungs-

potentiale wecken. Die Prozeßverantwortlichen erhalten den Nutzen, wenn sie lernen, mit Kennzahlen zu leben, und Entscheidungen danach ausrichten.

Kennzahlen-Methodik zur Steuerung in den Erfolg

Die Kennzahlen-Methodik zur Steuerung in den Erfolg beruht darauf, daß Kennzahlen eben Informationen liefern, die Kräfte freimachen für Entscheidungen, fürs Handeln, fürs Ausführen. Mißerfolg ist häufig in Gemeinschaft mit gelegentlicher Information, gestrigen Kennzahlen und schwacher Kommunikation zu finden. Jede Kennzahl bietet die Chance, eine Situation zu beeinflussen. Geschieht dies mit Methodik, dann steigt die Wirkung, weil intensiver dafür bzw. damit gearbeitet wird. Das beginnt mit der Darstellung in Formularen, die ihrerseits den Nutzer „in Form" bringen und damit das Fundament der Methodik bilden.

Kennzahlen-Methodik ist eine offensive Angelegenheit. Auf den Punkt bringen, was wichtig ist, und dann das richtige Werkzeug einsetzen. Kennzahlen-Methodik heißt somit auch: Informieren, Überzeugen, Inspirieren und somit Kommunizieren. Kräfte freisetzen, die morgen wirken. Wirkungsvolle Botschaften sind die, die sofort vom Empfänger verstanden werden.

Kennzahlen-Methodik und deren Werkzeuge im Vertriebsbereich

Sowohl in der Literatur als auch in der Praxis findet man vielfältige Beispiele zur Kennzahlen-Methodik. Ein markantes Kennzeichen ist, daß in der Praxis meistens firmenspezifische Änderungen deutlich werden. An eine Kommentierung, die den Hintergrund der Anpassung aus-

Umsatzerlös in DM/E	IST 1996			IST bis 06/97			Tend. ges. Jahr			Budget 1998		
Produkte	A	B	C	A	B	C	A	B	C	A	B	C
Region 1												
Region 2												
Vertreter-Bezirk 1												
Vertreter-Bezirk 2												
Vertreter-Bezirk 3												
Kunden-Gruppe 1												
Kunden-Gruppe 2												

Abb. 3: Budget-Kennzahlen

leuchtet, ist hier nicht gedacht. Ziel ist vielmehr, einige Empfehlungen zu geben, die den Kriterien „wesentlich", „überschaubar" und „schneller Zugriff" gerecht werden.

Der Einstieg in die Methodik wird mit dem Budget empfohlen, das in folgender Version Kennzahlen liefert (E = Euro) (Abb. 3).

Diese Übersicht ist natürlich auf die jeweilige Situation auszurichten und entsprechend zu ergänzen (mehr Produkte, Vertreterbezirke etc.).

Die Kennzahlen werden im 4. Quartal des laufenden Jahres für das Folgejahr erarbeitet, geknetet und festgeschrieben. Änderungen gibt es danach keine mehr. Das gehört zur Methodik, daß Budget-

Kennzahlen für ein Jahr Gültigkeit haben und nach der Veröffentlichung nicht mehr geändert werden.

Im neuen Jahr – ab Januar – werden dann regelmäßig und monatlich Kennzahlen in folgender Übersicht publiziert (Abb. 4).

Die Spalte Tendenz wird jeweils von den verantwortlichen Personen vor Ort überprüft, evtl. angepaßt und dem Absender übermittelt. Der Rhythmus dafür ist monatlich.

Einen Mix aus externen und internen Kennzahlen liefert die folgende Übersicht (Abb. 5). Die Information erfolgt mindestens einmal pro Jahr und wird situationsbedingt oder firmenspezifisch in kürzeren Intervallen ablaufen.

Umsatzerlös DM/E	Vorjahr			Budget 1997			SOLL b. 06/97			IST b. 06/97			Tend. 1997		
Produkte	A	B	C	A	B	C	A	B	C	A	B	C	A	B	C
Region 1															
Region 2															
Vertreter-Bezirk 1															
Vertreter-Bezirk 2															
Vertreter-Bezirk 3															
Kunden-Gruppe 1															
Kunden-Gruppe 2															

Abb. 4: Monatliche Budget-Kennzahlen

Kennzahlen-Übersicht	1996	1997	1998	1999	2000	2001	2002
	IST	Tendenz	Budget	Orientierungsrahmen			
Marktvolumen i.DM/E							
Marktanteil in %							
Absatz in Einheiten							
Umsatzerlös i.DM/E							
Umsatzrendite in %							
Gewinn in DM/E							
Abweich.z.Soll-Gew.i.%							
Cash-flow in DM/E							
Mittelbedarf in DM/E							
EK-Rentabilität in %							
GK-Rentabilität in %							
Vorräte in % v. Umsatz							

Abb. 5: Kennzahlen-Mix

Je nach Empfängerhierarchie kann der Inhalt gekürzt werden durch Aussteuern der betreffenden Informationszeilen.

Zur Ergebnissteuerung muß auch die Kennzahl „Deckungsbeitrag (DB) je Produkt" bekannt sein. Änderungen bei den Produktkosten (Grenzkosten) bzw. den Verkaufspreisen oder Konditionen müssen fließend verarbeitet werden, um stets mit aktuellen Kennzahlen arbeiten zu können.

Bei Bedarf kann diese Übersicht bis zum Betriebsergebnis/Cash-flow erweitert werden, wenn der Empfängerkreis auf den Kostenbereich nach dem DB II Einfluß hat.

Eine Kennzahlen-Übersicht, die durchaus mit sportlichem Anstrich versehen ist, wird als Produkt-Hitliste bezeichnet. In Tabellenform, vergleichbar mit einer Bundesligatabelle, werden die im Programm befindlichen Produkte nach der Höhe des erreichten Deckungsbeitrages II in DM/E aufgeführt. Dazu kommt der Deckungsbeitrag in Prozent, um auch Produkten mit geringerem Marktpotential eine Chance zu geben. Das Ordnungsprinzip bleibt aber bei DM/E, da ein Unternehmen ja nicht von Prozenten lebt.

Hinzu kommt die Rangfolge, abgeleitet

Sachverhalt	Produkte		Prod.-Gr.	Produkte		Prod.-Gr.	Bezirke	
	I	II	Summe	I	II	Summe	I	II
Umsatz i.DM/E								
– Produktkosten								
Deck.-Beitrag I								
– Direkte Strukt.-Ko.								
Deck.-Beitrag II								
Deck.-Beitrag i. %								

Abb. 6: DB-Kennzahlen

Produkt-Hitliste	Umsatz	% v. total	Deckungsbeitrag II		% v. total	Rang Vorj.
Produkte	DM/E		DM/E	%		
1						
2						
3						
4						
5						
:						
Summe						

Abb. 7: DB II/Produkt-Kennzahlen

vom Anteil des Deckungsbeitrages des einzelnen Produktes am gesamten Deckungsbeitrag. Die letzte Spalte gibt die Veränderung in der Rangfolge zum Vorjahr wieder (Abb. 7).

Diese Übersicht umfaßt die Situation eines Jahres und bezieht sich auf Ist-Zahlen des Vorjahres. Natürlich kann diese Übersicht auch mit den Budget-Daten erstellt und in den Soll-Ist Vergleich einbezogen werden.

Eine Klassifizierung kann zusätzlich erfolgen, und zwar nach folgendem Schema:
• Gruppe A = alle Produkte, deren DB II-Anteil über 5% liegt (v. DB II gesamt)
• Gruppe B = alle Produkte, deren DB II-Anteil zwischen 1 und 5% liegt
• Gruppe C = alle Produkte, deren DB II-Anteil unter 1% liegt

Kennzahlen-Methodik und deren Werkzeuge in Handel und Handwerk

Viele Betriebe bis zur mittleren Größe haben ein heterogenes Kennzahlensystem. Ökonomisch notwendig ist eine kompakte Kennzahlenmethodik, die eine Harmonie darstellen muß zwischen dem Mengenbedarf an Daten und dem Zeitbedarf plus Kosten für die Bereitstellung.

Die Notwendigkeit, eine individuell angepaßte Kennzahlen-Methodik zu entwickeln, ist offensichtlich. Nur bei diesem Vorgehen wird erreicht, daß Kennzahlen auf Dauer auch Schrittmacher für gute oder bessere Ergebnisse sind und daß vor allem regelmäßig damit gearbeitet wird.

Die hohe Zahl an Insolvenzen wird häufig mit der finanziellen Ausstattung in Verbindung gebracht. Leider wird dies oft zu spät erkannt, wofür letztlich die fehlenden oder nicht stimmigen Kennzahlen zum Auslöser werden. Euphorisch darf dies nicht machen, denn Kennzahlen wirken ja erst, wenn sich Entscheidungen daraus entwickeln, und zwar schnell und spontan.

Ein Muß in der Kennzahlen-Methodik ist die Erarbeitung eines Budgets auf Monatsbasis mit der Berücksichtigung von saisonalen Höhen und Tiefen. Das Beispiel auf der folgenden Seite liefert dafür die Form. Dabei wird die an anderer Stelle gemachte Aussage, über Formulare „in Form" zu kommen, deutlich. Das Ziel ist klar definiert: Bessere Resultate durch Methodik!

Sachverhalt/DM/E	Januar	Februar	März	April	Mai	...	Ges.Jahr	%
Kundenbesuche								
Umsatz je Kundenbes.								
Umsatz, brutto								
−Mehrw.-Steuer								
Umsatz, netto								
−Wareneinsatz								
−Personalkosten								
−Raumkosten								
−Steuer/Vers.-Beitr.								
−Kfz-Kosten								
−Werbe-/Reisekost.								
−Instandh./Werkz.								
−Sonst. Kosten								
−Abschreibung								
−Zinsen								
Summe Kosten								
+ Sonst. Erlöse								
Betriebsergebnis								
Cash-flow								
−Entnahmen								
−Tilgung/Invest.								
+ Zugang Darl.								
=Über-/Unterdeckung								

Hinweis: Kundenbesuche und Umsatz je Kundenbesuch sind branchenspezifische Informationen. Nutzen entsteht daraus, wenn die Daten wesentlich sind für Werbemaßnahmen etc.

Abb. 8: Budget: Betriebsergebnis 1998 – Monatsübersicht

Aus dem gezeigten Beispiel für ein Budget läßt sich auch ein Formular für einen Ist-Vergleich nach folgendem Muster entwickeln:

Sachverhalt/DM/E	Januar	IST	Februar	IST	März	IST	Tend. Ges.Jahr	%
Kundenbesuche								
Umsatz je Kundenbes.								
Umsatz, brutto								
–Mehrw.-Steuer								
Umsatz, netto								
–Wareneinsatz								
–Personalkosten								
–Raumkosten								
–Steuer/Vers.-Beitr.								
–Kfz-Kosten								
–Werbe-/Reisekost.								
–Instandh./Werkz.								
–Sonst. Kosten								
–Abschreibung								
–Zinsen								
Summe Kosten								
+ Sonst. Erlöse								
Betriebsergebnis								
Cash-flow								
–Entnahmen								
–Tilgung/Invest.								
+ Zugang Darl.								
=Über-/Unterdeckung								

Abb. 9: Budget: Betriebsergebnis 1998 – Monatsübersicht mit Ist-Vergleich

Aus den Budget-Daten läßt sich auch die für die Existenz eines Unternehmens so wichtige Kennzahl *Minimum-Umsatz* ableiten. Diese Zahl bezieht sich auf ein Jahr und kann auch für Filialen oder Sparten herangezogen werden. Die Kennzahl *Minimum-Umsatz* informiert, welche Umsatzgröße bei der gegebenen Kostenstruktur erreicht werden muß, um aus dem laufenden Mittelzufluß alle bestehenden Verpflichtungen der betreffenden Periode (in der Regel 1 Jahr) erfüllen zu können.

Notwendig dafür ist folgende Aufbereitung des Budgets:

	DM/E	% (Beispiel-Werte)
Umsatzerlös netto	1.000	100
– Variable Kosten	250	25
Deckungsbeitrag I	750	75
– Übrige Kosten	700	70
Gewinn	50	5

Variable Kosten steigen und fallen mit dem Umsatz. Der relative Anteil bleibt in der Regel konstant. Bei starker Umsatzausweitung können günstigere Grenzkosten den relativen Anteil reduzieren, im negativen Fall einer Umsatzabschwächung auch erhöhen. Die Veränderungen dieser Art sind aber im Budget berücksichtigt, so daß mit folgender Formel gearbeitet werden kann:

$$\text{Minimum-Umsatz} = \frac{\text{(übrige)fixe Kosten x 100}}{\text{\%-Satz Deckungsbeitrag I}}$$

$$= \frac{700 \times 100}{75}$$

$$= 933,33 \text{ DM/E}$$

Bei der Umsatzgröße 933,33 DM entstehen an variablen Kosten 233,33 DM (25%), so daß zur Deckung der übrigen (fixen) Kosten 700 DM zur Verfügung stehen.

Sofern Tilgungen anstehen, die höher sind als die in den Kosten enthaltene Abschreibung, oder Entnahmen zu bedienen sind, dann muß diese Summe in die Ermittlung des Minimum-Umsatzes einfließen. Die Kosten von 700 DM sind um den Betrag der Tilgungen/Entnahmen zu erhöhen.

Angenommen, es wären in obigem Fall 150 DM/E, dann steigt der Minimum-Umsatz, der alle Verpflichtungen aus der Periode abdeckt, auf 1.133,33 DM/E an.

Eine elementare Kennzahlen-Methodik für die Existenz eines Unternehmens ist die Darstellung relevanter Unternehmensdaten und deren zeitliche Entwicklung. Dabei spielt die Größe eines Betriebes eine untergeordnete Rolle. Ausgangspunkt dafür ist das Budget. Das nachstehende Beispiel (Abb. 10) soll nur die Methodik vermitteln und enthält keine Zahlen.

Diese in Abbildung 10 empfohlene Ergebnisdarstellung mit der so wichtigen Jahrestendenz ist bei Gesprächen mit den Kreditgebern eine wesentliche Unterlage. Sie zeigt Ist-Werte, das Engagement in Form von Budget-Zahlen und den Ergebnisverlauf mit der Vorschau fürs Gesamtjahr.

Bei einer Präsentation ist diese Methodik sehr nützlich, da alle wichtigen Zahlen und deren Entwicklung auf einem DIN-A 4-Blatt Transparenz geben und Fakten aufzeigen. Natürlich gehört ein Kommentar dazu, der eigentlich obligatorisch sein sollte.

Gestützt werden kann diese Information mit Branchenvergleichszahlen, wenn

Ergebnis/Sachverhalt	Monat:						Von Januar bis:						Gesamt-Jahr 1998					
	Vorjahr		Budget		IST		Vorjahr		Budget		IST		Vorjahr		Budget		Tendenz p....	
	TDM/E	%	TDM/E	%	TDM/E	%	TDM/E	%	TDM/E	%	TDM/E	%	TDM/E	%	TDM/E	%	TDM/E	%
Umsatzerlös																		
– Wareneinsatz																		
– Personalkosten																		
– Raumkosten																		
– Versch. direkte Kosten																		
Deckungsbeitrag I																		
– Abschreibung																		
– Zinsen																		
Deckungsbeitrag II																		
– Verwalt./Übrige Kosten																		
+ Sonst. Erlöse																		
– Sonst. Aufwand																		
Betriebsergebnis – v.St.																		
Cash-flow																		
– Mittelbedarf																		
+/– Über-/Unterdeckung																		

Datum: Bearbeitet von:

Abb. 10: Betriebsergebnis mit Soll-Ist-Vergleich + Tendenz, Jahr: 1998

281

Ergebnis Branchenvergl.	Unternehmen		Entwicklg.	Branchenwert	Entwicklg.
	19..		+ oder –	19..	+ oder –
	TDM/E	%		%	
Umsatzerlös netto					
– Wareneinsatz					
– Personalkosten					
– Raumkosten					
– Versch. direkte Kosten					
Deckungsbeitrag I					
– Abschreibung					
– Zinsen					
Deckungsbeitrag II					
– Verwalt./Übrige Kosten					
+ Sonst. Erlöse					
– Sonst. Aufwendungen					
Betriebsergebnis –v.St.					
Cash-flow					

Abb. 11: Branchenvergleichskennzahlen

deren Aktualität gegeben ist. Dazu eignet sich dann die in Abbildung 11 gezeigte Übersicht.

In den Spalten „Entwicklung" soll der Trendverlauf innerhalb der Perioden aufgezeigt werden. Dabei geht es nicht um Kommastellen, sondern um die globale Richtung.

Neben der bisher dargestellten zentralen Kennzahlen-Methodik gibt es noch weitere Felder, deren Informationsnutzen nicht untergewichtet ist in bezug auf Ergebnisauswirkungen.

Die großen Kostenblöcke mit Kennzahlen auszuleuchten ist eigentlich unverzichtbar. Dazu gehört die Gruppe der Personalkosten. In vielen Unternehmen ist dieser Kostenbereich übrigens der mit den höchsten Beträgen.

Die Beeinflussung kann durch informative Kennzahlen ausgelöst werden mit folgenden Einzelheiten:

- Produktivität:
  - Produzierte Einheiten je Vollbeschäftigten (Teilzeit angeglichen)
  - Einheiten mit Produktionsfehler je Vollbeschäftigten
  - Umsatzerlös im Monatsdurchschnitt je Vollbeschäftigten
- Kostensituation:
  - Bruttolohnsumme je Vollbeschäftigten
  - Bruttolohnsumme der letzten 6 Monate je Vollbeschäftigten (die direkt zur Umsatzerzielung im Einsatz sind)
  - Verhältnis der Personalkosten zu Umsatzerlös für jede der Personen, die direkt zur Umsatzerzielung im Einsatz sind. Dies kann auch im gleitenden 6-Monats-Durchschnitt erfolgen.

Aus diesen Kennzahlen entwickeln sich Maßnahmen, wenn erkennbar ungenutztes Potential einzelner Mitarbeiter zu erschließen ist.

Kennzahlen zu den Mietverträgen							
Geschäftsort	Gültigkeitsdauer	Option	Monatsmiete/DM	Raum-	Mietkost.	Gegebene
	von bis	bis	kalt NKo.	größe m²	i.DM je m²	Sicherh.
1						
2						
3						
.						
.						
Total						

Abb. 12: Raumkosten-Kennzahlen

Für Unternehmen, die viele Stützpunkte (Filialen) haben, ist eine Übersicht mit den Kennzahlen zur Miete und den Mietverträgen ein Auftrag, der strategisches Profil hat. Der Kostenblock Raumkosten zeigt nur den Rahmen, die Wirkung kommt jedoch aus den Details, die mit folgender Methodik sichtbar werden (Abb. 12).

Besonders die Erklärungstermine zur Verlängerung bestehender Verträge sind kostenrelevant. Verspätungen engen den Handlungsspielraum ein und verursachen dadurch häufig höhere Kosten.

In den meisten Bilanzen werden Standard-Kennzahlen veröffentlicht, die das Geleistete der Vergangenheit wiedergeben. Interessant ist stets der Anlagespiegel als Übersicht zum Anlagevermögen mit Zu- und Abgängen plus der verrechneten Abschreibung.

Eine vergleichbare Übersicht zu den bestehenden Darlehen mit den Kapitaldienstverpflichtungen daraus gibt es selten. Es ist somit nicht außergewöhnlich, daß an verantwortlicher Stelle die komplette Information fehlt. Ein schneller Zugriff ist nur selten vorbereitet.

Wirkungsvoll ist daher, über eine Kennzahlenmethodik diesen Bereich „ins Licht" zu stellen und so auf ökonomischen Handlungsbedarf (der meistens gegeben ist) hinzuweisen.

Das nutzbare Potential liegt oft im Zins-

Darlehensgeber	Konto-Nr.	Darl.Su.	Auszahlg.	Laufzeit	Zinssatz	Tilg./Zins	Restdarleh.
		DM/E	am	bis	%	DM/E	per........
Bank							
Bank							
Sparkasse							
ERP-Mittel							
.							
.							
.							
Total							
erarbeitet von .... zum Stichtag							

Abb. 13: Darlehenskennzahlen

bereich, in den Laufzeiten der Darlehensverträge und beim Dispo-Kredit in der Höhe und den Konditionen.

Mit den verschiedenen Beispielen ist die Kennzahlen-Methodik zur Steuerung in den Erfolg nicht komplett. Diesen Punkt wird es nie geben, so daß in diesem Bereich immer Bewegung und Entwicklung vorherrschen werden.

Die als wichtig erkannten Kennzahlen sollten in der Methodik verankert sein und damit einen „Dauerauftrag" darstellen. Weniger kann in diesem Kontext durchaus mehr sein. Werden beim Datenvolumen keine Präferenzen beachtet, sind die Empfänger schnell überversorgt, ohne daß dadurch eine positive Wirkung ausgelöst wird. Eher ist mit dem Gegenteil zu rechnen.

Informationen zur Verfügung zu stellen ist ein Teil des Führungsauftrages. Damit wird Vertrauen delegiert, das eigenverantwortliche Entscheidungen anbahnt. Derart begründete Entscheidungen sind damit ganz einfach erfolgreicher.

Mitarbeiter auf allen Ebenen benötigen einen Überblick. Kennzahlen sind dafür das Werkzeug, das neben der Information auch noch dazu beiträgt, die gestellten Aufgaben besser zu bewältigen. Kennzahlen sind u.a. auch Schrittmacher, daß Leistungen gewürdigt werden können.

Die Wahrnehmung von Arbeitsergebnissen fördert das Selbstwertgefühl und steigert die Arbeitsmoral der Beschäftig-

ten. Die Auswirkungen auf die Zufriedenheit der Kunden vermitteln dann die Kennzahlen der folgenden Perioden. Deshalb – nicht nur reden, sondern auch tun!

Kennzahlen sind nicht alles, aber ohne Kennzahlen bleibt vieles im dunkeln. Nutzen wir Kennzahlen als Medium, gemeinsame Ziele für ein Unternehmen deutlich zu machen, dann wird dadurch mehr Schwung ausgelöst, als gemeinhin vermutet wird.

Literaturhinweise

Carlzon, J., Alles für den Kunden, Frankfurt/Main 1988
Deyhle, A.; Bösch, M., Arbeitshandbuch Gewinn-Management, 4. Aufl., München 1979
Egger, A.; Winterheller, M., Kurzfristige Unternehmensplanung, 9. Aufl., Wien 1996
Eisenrieder, K., Analyse von Handwerksbetrieben, Stuttgart 1993
Forschungsstelle für den Handel Berlin (FfH) e.V., Trommsdorf, V. (Hrsg.), Handelsforschung 1995/96, Wiesbaden 1995
Kosmider, A., Controlling im Mittelstand, 2. Aufl., Stuttgart 1994
Tietz, B., Zukunftsstrategien für Handelsunternehmen, Bd. 3., Frankfurt/Main 1993
Warren, B., Führen lernen, Frankfurt/Main 1990
Wildenmann, B., Professionell Führen, 3. Aufl., Neuwied 1996

4.5 Kundenorientierung mit System

Der Autor

Dr. Hans Jürgen Ulrich promovierte an der ETH Zürich im Bereich der Produktions- und Regelungstechnik und arbeitete danach 15 Jahre lang in der Industrie, u.a. als Leiter des Werkzeugmaschinenbaus bei Georg Fischer. Seit 1985 führt er eine selbständige Unternehmensberatung für Industrie- und Dienstleistungsunternehmen. Seine Beratertätigkeit erstreckt sich über die verschiedensten Unternehmensbereiche von der Marketingkonzeption über die Organisationsentwicklung bis hin zur Strategieformulierung.

Die sachliche Kaufentscheidung – ein Mythos

Kaufentscheidungen hängen immer weniger von Sachkriterien ab. Abgesehen von wenigen Ausnahmen zeichnet sich der heutige Wettbewerb durch eine weitgehende Austauschbarkeit von Produkten bzw. Dienstleistungen (DL) aus. Käufer können in der Regel immer zwischen mehreren Angeboten wählen und werden praktisch gleich zufriedengestellt. Sachargumente verlieren daher logischerweise an Gewicht, außerdem sind informierte Käufer gegenüber „technischen" Argumenten, die sie ohnehin nicht überprüfen und beurteilen können, zunehmend skeptisch.

Wenn Kaufentscheidungen nicht nur von sachlichen Gesichtspunkten abhängen, müssen andere, subjektive, emotionale eine große Bedeutung haben. Das gilt nicht nur für Konsumgüter, sondern ebenso für technische Produkte wie Investitionsgüter, Anlagen usw. Technisch orientierte Unternehmen schätzen diesen Gedanken gar nicht und tun sich schwer, das einzusehen. Tatsächlich ist dieser subjektive Einfluß nicht nur vorhanden, sondern er ist in der Regel sogar dominant (Abb. 1).

Obwohl Sachanforderungen von der Produkt- bzw. einer Dienstleistungsart abhängen, gelten einige Kriterien wie Lebensdauer und Qualität praktisch immer und werden als selbstverständliche Attri-

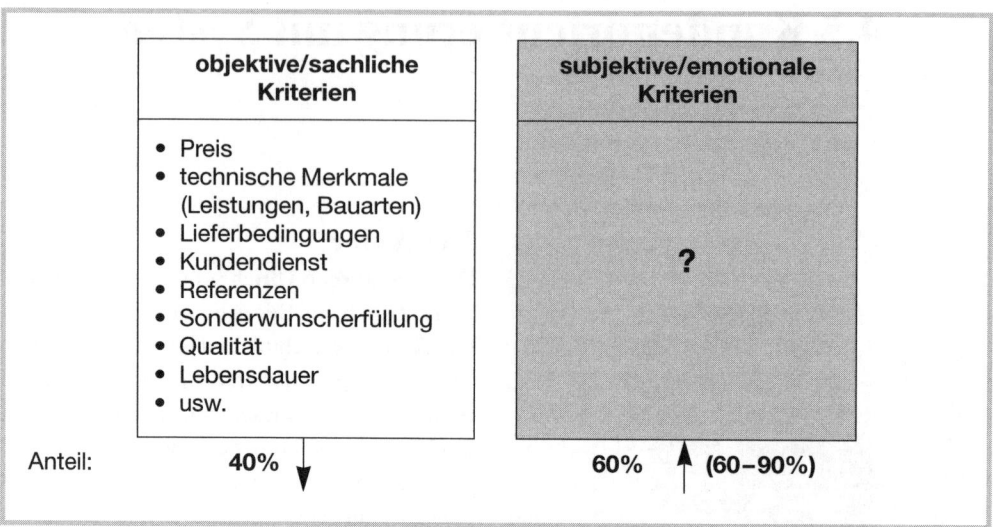

Abb. 1: Anteil der sachlichen und emotionalen Anforderungen am Kaufentscheid. Dominanz der emotionalen Faktoren

bute eingefordert. Der Begriff Qualität wäre allerdings kritisch zu hinterfragen, weil viele Anbieter hierunter verschwommene und kaum nachprüfbare Eigenschaften verstehen. Häufig wird Qualität als Argumentationskeule eingesetzt, weil die Differenzierung zum Wettbewerb nicht darstellbar ist. Der Preis ist zwar immer gegenwärtig – außer es geht um Statuskäufe –, er hat aber meistens nicht die allgemein angenommene Bedeutung. Welches sind nun die subjektiven Anforderungen? Subjektive Kriterien (Abb. 2) reflektieren die psychologische Disposition des Käufers und sind daher im Grunde produktunabhängig. Das Gewicht der einzelnen Anforderungen hängt allenfalls noch vom Wert eines Produkts/DL ab, wie stark es emotionale Aufmerksamkeit erregt, und dann ganz deutlich vom Personentyp.

Die subjektiv-emotionalen Kaufkriterien
Die emotionalen Gesichtspunkte bestehen im wesentlichen aus drei Hauptfaktoren: der subjektiven Beurteilung des Produkts des Anbieters, Freund/Feind-Einstellungen und der persönlichen Beziehung zu den Repräsentanten der Firma (Abb. 2). Die beiden ersten Faktoren können maßgeblich durch Werbung und Auftreten der Repräsentanten des Unternehmens beeinflußt werden. Von der Werbung wissen wir aber, daß auch hier die Wettbewerber mit gleichen Mitteln operieren und etwa gleich abschneiden. Dem Faktor „Persönliche Bindung", der Sympathie des Käufers gegenüber dem Verkäufer, kommt also eine immer stärkere Bedeutung zu, und wir möchten behaupten, daß sie heute in den meisten Fällen über den Kauf entscheidet.

Die Entwicklung und andauernde Pflege solcher Sympathien zu den Kunden müßte also das wichtigste Thema in jedem Unternehmen sein und ein methodisches Vorgehen provozieren. Tut es aber nicht. Eigenartigerweise wird dieses Thema meistens vernachlässigt oder nur beiläufig be-

Faktoren	Kriterien	Motive/Käuferdisposition nach Leavitt-Berth Typ	beeinflußbar durch:
Image = Vorstellung von etwas	• Ansehen • Bedeutung des Lieferanten	Sicherheit – vernünftiger Analysierer	• Werbung
	• Zuverlässigkeit	Sicherheit – vern. Analysierer	• Werbung • Empfehlung
	• Seriosität	Sicherheit – vern. Analysierer	• Werbung, • Auftreten der Repräsentanten
	• Vertrauenswürdigkeit	vorsichtiger Organisator	• Werbung
	• Erwartung von Großzügigkeit	Analysierer – Macher	• Empfehlung • Werbung
	• Qualitätsimage	vorsichtiger Entdecker	• Werbung
	• Dynamik/Innovativität	Revolutionär – Macher	• Werbung • Auftreten der Repräsentanten
Nationalistische Grundeinstellung	• „Italienische Autos rosten!"	vorsichtiger Organisator	PR
Persönliche Bindung	• Was ist das?	alle	**persönliche Kontakte**

Abb. 2: Subjektiv-emotionale Anforderungskriterien und Kaufmotive

handelt; dabei gehörte es in den Mittelpunkt aller Managementüberlegungen. Verkaufen gilt weithin immer noch als eine Kunst, die von Talent und Intuition der quasi freischaffenden Verkaufskünstler abhängt. Methodik und Steuerung werden in der Regel ignoriert oder abgelehnt, so daß Verkaufsergebnisse im Grunde dem Zufall überlassen sind.

Methodisches Verkaufen

Wie müßte ein sinnvolles Vorgehen aussehen?

Methodisches Verkaufen kann prinzipiell auf zwei Ebenen stattfinden, auf der Ebene der Kommunikation und der der Prozesse, wobei man oft auch von den Soft Facts und Hard Facts spricht (Abb 3).

Die Technik der Kommunikation mit Kunden unterscheidet sich nicht grundlegend von der innerbetrieblichen. Ob wir nun versuchen, einen Kunden von etwas zu überzeugen oder einen Mitarbeiter, macht keinen großen Unterschied, es ist die gleiche psychologische Situation. Meistens besteht er nur darin, daß man sich gegenüber Kunden mehr Mühe gibt.

Alle unter Prozeßtechnik aufgeführten Titel dienen dem Zweck, die persönliche Beziehung zum einzelnen Kunden und

Kommunikationstechnik	Prozeßtechnik
• Preisgespräch • Telefonverkauf • Gesprächsführung • Überzeugungstechnik • persönliches Auftreten • Gebärdensprache • Präsentationstechnik • Einwandbehandlung • usw.	• Kontaktsteuerung • Betreuerqualifikation • Betreuungsinhalte • Betreuungsintensität • Zielgruppendefinition • Ansprachewirkung • Kundenkosten • Fokussierung • usw.

Abb. 3: Ebenen des systematischen Verkaufens: Kommunikation und Prozesse

dessen Bindung an unser Unternehmen – im wesentlichen durch Kontakte – systematisch zu entwickeln mit dem Ziel, daß er nur noch bei uns kauft. Damit die Ausgestaltung dieser verschiedenen Prozesse die gewünschte Wirkung entfaltet, müssen wir zunächst verstehen, was eine persönliche Bindung eigentlich ist, wie sie zustande kommt und was sie nährt und erhält. Abbildung 4 faßt die vier wichtigsten Einflußparameter, die eine Kundenbindung ausmachen, zusammen.

Zu 1: Ganz sicher sind hierunter nicht endlose Palaver über Fußball usw. zu verstehen, die manche Handelsvertreter pflegen, hauptsächlich weil sie Angst haben, zur Sache zu kommen, oder weil sie schlicht Schwätzer sind. Eine Kommunikation wird vom Kunden als angenehm empfunden, wenn sie seinem Charakter angepaßt ist. Sie sollte persönliche Zuneigung und Interesse am Gegenüber ausstrahlen. Umfragen unter Hotelgästen in der Schweiz haben beispielsweise ergeben, daß ihnen die persönliche Zuneigung des Personals wichtiger ist als die Perfektion des Service.

Zu 2: Die Erkenntnisse aus der Kindererziehung und das Verhalten von Kindern, von Gordon (1972) so wunderbar beschrieben, sei als Erfahrungsquelle wärmstens empfohlen. Manager können sich Kurskosten ersparen, wenn sie unvoreingenommen in ihrer eigenen Familie Verhaltensbeobachtungen machen. Die Demonstration des Interesses am Menschen selbst, Lob und Huldigung steigern sein Selbstwertgefühl (SWG) und erzeugen bei ihm Wohlbefinden. Bei Geschäftsbeziehungen findet sich immer eine Disziplin (Finanzen, Steuern, Informatik, Technik, Strategie usw.), in der man seine Fragen plazieren und den Respekt vor der Weisheit des Gefragten bekunden kann. Diese Masche funktioniert selbst dann oder vielleicht sogar gerade dann, wenn diese Weisheit nur eingebildet ist.

Zu 3: Manager sind immer an berufsbezogenen Informationen interessiert. Man kann sich also Sympathiepunkte verdienen, indem man auf Branchenberichte, Forschungsergebnisse usw. hinweist. Es macht gar nichts, wenn dann der Kunde eine Information bereits kennt; die Tatsache der Bemühung bewirkt den eigentlichen Bonus.

Zu 4: Sobald mit dem Geschäftspartner

Einflußparameter	Inhalte – Voraussetzungen
1. Angenehme Kommunikation	• Gleiche Wellenlänge: – weltanschaulich – politisch (Schimpfen auf andere) – vom Typ her: konserv.- konserv. – vom Niveau: Ebenbürtigkeit – von den Interessen her: kulturelle; Hobbys; Sport; Geschlecht • Sofort gemeinsam interessierenden Gesprächsstoff finden
2. Steigerung des Selbstwertgefühls SWG (Wertschätzung – Liebe)	• Erzeugung eines Gefühls der Wichtigkeit durch: – Anteilnahme – Fragen und Zuhören – Interesse an der Person – Interesse für den Privatbereich – Um Rat fragen – Bewunderung, Schmeichelei, Lob (subtil – plump)
3. Beruflicher, sachlicher Nutzen	• Berufsspezifische Informationen (Wirtschaftsinfos, Wettbewerbsinfos, techn. Neuerungen, Einkaufsmöglichkeiten, Schnäppchen) • Beratung • Dienstbarkeit
4. Zusatznutzen	• Nichtberufliche Hinweise • Aufmerksamkeiten, Geschenke • Einladung zu Freizeitanlässen • Zuwendungen an Angehörige

Abb. 4: Bestandteile und Bindemittel einer persönlichen Kundenbeziehung

eine gewisse Vertraulichkeit entstanden ist, wird ein geschickter Verkäufer auch die Privatsphäre miteinbeziehen. Hier kann man mit Originalität und geringen Kosten viel erreichen. Die stereotypen Weihnachtskalender oder die üblichen Geschenke zeugen von Phantasielosigkeit und mangelndem Engagement.

Bei der Entwicklung der Kundenbindung sollten wir natürlich nicht vergessen, daß wir ja etwas verkaufen wollen. Wir sollten daher verstehen, was sich beim Kaufvorgang im Kopf des Kunden bewußt und unbewußt alles abspielt. Abbildung 5 nennt die wichtigsten Hintergründe und Motive, die übrigens ein Käufer – direkt

- Die Richtigkeit der eigenen Entscheidung bestätigt wissen
- Bestätigung der eigenen Intelligenz
- Erfolg haben wollen
- Selbstbestätigung – Daseinsberechtigung
- Sich gegenüber Kollegen profilieren
- Geliebt und gebraucht sein wollen
- Die gefühlsmäßige Sicherheit ist wichtiger als die sachliche Richtigkeit
- Ich kaufe einen Anzug. Bestätigungsbedarf, das Richtige gewählt zu haben

Abb. 5 : Unbewußte Motive des Käufers, die im Kaufprozeß wirken

darauf angesprochen – nie eingestehen würde.

Es geht also dem Käufer gar nicht um die Sache selbst, sondern um die Bestätigung der eigenen Daseinsberechtigung, und wir erhalten seine volle Aufmerksamkeit nur, wenn das berücksichtigt ist. Wenn man das weiß, macht es z.B. nichts, wenn der Kunde im Angebot einen Fehler entdeckt. Man gibt ihm damit sogar eine Gelegenheit, seine Intelligenz und Wachsamkeit zu demonstrieren. Es ist also klar, daß wir um so mehr erreichen, je stärker wir diese unbewußten Antriebe ansprechen. Verkäufer machen oft den Fehler, im Monolog von ihrem Produkt zu reden und ständig auf der Sachebene zu argumentieren. Den Kunden interessiert nur, was er davon hat, wie sein eigenes Ego befriedigt wird. Man muß ihn also auf der Ebene seiner Motive ansprechen.

Wenn sich ein in die Jahre kommender Manager für einen Porsche interessiert, wird er über Fahrverhalten und allerlei Technik diskutieren. Unser psychologisch erfahrene Verkäufer weiß aber, daß es ihm unbewußt um jugendlich-dynamische Selbstdarstellung geht.

Käufer wollen aber nicht nur vor dem eigentlichen Kaufakt emotional angesprochen werden. Es ist eine eigenartige Tatsache, daß der Besitzer eines Autos sich auch nach dem Kauf für die Inserate seiner gewählten Marke interessiert. Es geht ihm also um die kontinuierliche Bestätigung seines Entscheids, und der Lieferant kommt dem nach, weil er ihn als Botschafter bei Laune halten will.

Zielgruppenbestimmung im Marketingkonzept

Bevor man an ein System zur Entwicklung der Kundenbindung denken kann, muß das eigentliche Marketingkonzept des Unternehmens vorliegen. So trivial diese Feststellung auch ist, Konzepte, die die Unternehmensstrategie untermauern, sind nach unserer Erfahrung in den meisten Unternehmen nach wie vor selten. Es genügt auch nicht, wenn der Geschäftsführer das Konzept im Kopf hat. Die ganze Mannschaft muß in den Entstehungsprozeß eingebunden sein, ihre Erkenntnisse einbringen können, damit sie dann das Ergebnis auch mitträgt.

Das Wesentliche eines Konzepts ist die richtige Einschätzung der Marktverhältnisse und eine nüchterne Beurteilung der eigenen Möglichkeiten. Wir verwenden dazu die 6stufige USAP-Methode von Ante (1979) (Abb. 6), vor allem wegen

1. Abnehmerstruktur-Analyse

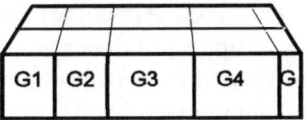

Struktur nach Branchen,
Regionen, Größenklasse,
anderen Eigenheiten

2. Bedarfsanalyse

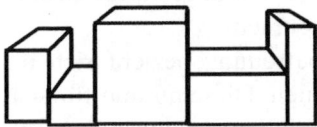

Jährliche Bedarfswerte
in Stück, Geld, Gewicht ...

3. Wettbewerbsanalyse

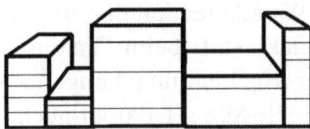

Unterschiedliche Marktanteile
der Wettbewerber in den
verschiedenen Abnehmergruppen

4. Sachliche Anforderungen

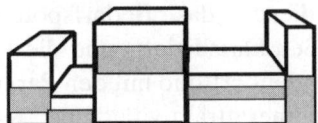

Erfüllungsdefizite des
eigenen Unternehmens

5. Emotionale Vorstellungen

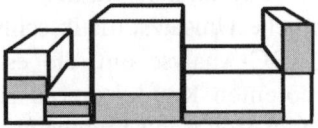

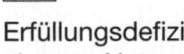

Erfüllungsdefizite des
eigenen Unternehmens

6. Unternehmensspezifisches
   Absatzpotential USAP

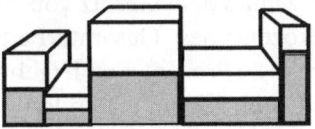

Für das eigene Unternehmen
offener Markt

Abb 6: Das USAP-Verfahren von Ante

291

ihrer Prägnanz und Zeitökonomie. Die sechs Analyseschritte engen die Alternativen der für das Unternehmen denkbaren Möglichkeiten trichterförmig ein und bilden am Ende eine klare Hierarchie von Zielgruppen. Bei diesem Analyseprozeß wird immer wieder deutlich, daß sich viele Unternehmen aus den verschiedensten Gründen an Abnehmersegmenten, die hart umkämpft sind und keinen Ertrag abwerfen, die Zähne ausbeißen. Diesen „überworbenen" Märkten stehen dann tragischerweise andere aussichtsreiche Segmente gegenüber, die mangels Kapazität nicht bearbeitet und damit verschenkt werden.

Die Hierarchie der Zielgruppen, die den für das Unternehmen offenen Markt repräsentiert, bildet mit ihren Bedarfswerten das unternehmensspezifische Absatzpotential USAP. Das USAP eines Unternehmens kann sich regional jeweils anders zusammensetzen, da die Wettbewerber regional auch unterschiedlich stark sind. Entsprechend ist für jeden Vertriebsbereich das USAP separat herauszuarbeiten.

Fokussierung im Kundenportfolio
Es ist eine Kernaufgabe für Unternehmen, aufbauend auf den bevorzugten Zielgruppen, systematisch Beziehungen zu den einzelnen Abnehmern herzustellen und zu pflegen und durch eine abgestufte, konsequente Betreuung zu vertiefen. Eine dauerhafte Betreuung ist natürlich zeitintensiv und dementsprechend kostspielig und nur mit einer beschränkten Anzahl Abnehmer machbar. Sie muß selbstverständlich rentabel sein und eine vernünftige Relation zwischen möglichem Nutzen und erforderlichem Mitteleinsatz aufweisen. Nicht jeder Kunde ist als Käufer gleich bedeutend. Ein wirtschaftliches

Vorgehen führt damit zwangsläufig zu einer Selektion und hierarchischen Gruppierung der einzelnen Abnehmer innerhalb einer Zielgruppe, mit denen in abgestufter Intensität und Art zu kommunizieren ist. Der Einteilungsprozeß selbst ist bereits arbeitsaufwendig, und es drängt sich auf, die Schritte der Auswahlverfeinerung ebenfalls mit abgestufter Gründlichkeit vorzunehmen.

Kundenbetreuung bezieht sich immer auf Individuen. Diese an und für sich triviale Feststellung ist notwendig, weil Firmen sehr oft in nutzloser Weise anonym angesprochen werden. Man denke nur an den teuren Wandkalender, der, unpersönlich zugeschickt, statt beim Einkaufschef dann in der Buchhaltung hängt (womit nicht ausgeschlossen sei, daß er auch dort nützt). Die den definierten Zielgruppen zugeteilten Kunden und Nichtkunden sind nun einzeln zu bewerten. Als Bewertungskriterien dienen das Bedarfspotential (nach Größen klassifiziert) und die Position im Kundenportfolio mit den Parametern „Abnehmerattraktivität" und „Kaufwiderstand".

Bedarfszahlen müssen in der Regel geschätzt werden, wobei die eigene Umsatzstatistik wertvolle Anhaltspunkte bietet. Jede ordentliche Umsatzstatistik schließt auch eine ABC-Analyse ein, die es erlaubt, die potenten Kunden herauszufiltern. Bei einem größeren Kundenstamm – sagen wir 8000 aktive Kunden – reicht es fürs erste, wenn man sich nur auf die A-Kunden konzentriert. Ziel unseres Vorgehens ist, gemäß dem Gesetz von Pareto mit 20 Prozent des Gesamtarbeitsaufwands bereits 80 Prozent vom Ergebnis zu erreichen. Damit kommt man relativ rasch vorwärts und kann dann die umfangreiche Vervollständigung der Bewertung nach und nach erledigen.

Das Kunden-Portfolio bewertet die Attraktivität der Abnehmer bezüglich deren Wachstum und der langfristigen Rentabilität aus Lieferantensicht und die eigene Wettbewerbsposition als „Hoflieferant", Teillieferant und Nichtlieferant.

Abnehmer-Attraktivität			
Zukunft des Abnehmers I USAP Kaufwiderstand uns gegenüber	Kunde hat langfristig großes Wachstum und große Zukunft „Aufsteiger"	Kunde hat mittleren Erfolg. Wachstum wie Branchendurchschnitt „Mitläufer"	Kunde hat keinen Erfolg. Stagnation und Rückgang „Absteiger"
Kunde bevorzugt uns: **Stammkunde (A)** *Unser Angebot paßt optimal*	① *Idealkunde*	③ *Brot-u.-Butter-Kunde*	⑥ *Barzahlungskunde*
Kunde beschafft bei mehreren Lieferanten: **Wechselkunde (B)** *Unser Angebot paßt wie Konkurrenzangebot*	② *potentieller Idealkunde*	④ *Standardkunde*	⑧ *Mitnahmekunde*
Kunde bevorzugt Konkurrenz: **Konkurrenzkunde (C)** *Unser Angebot paßt ungenügend*	⑤ *Beobachtungskunde*	⑦ *Karteikunde*	⑨ *Meidungskunde*

Abb. 7: Kundenportfolio mit Abnehmerattraktivität und Kaufwiderstand nach B. Ante. Die 9 Felder fordern eine differenzierte Betreuungsintensität. Links von der Diagonalen erfolgt intensive Bearbeitung (Felder 1–4), rechts von der Diagonalen wird Betreuungszeit abgebaut. Das Feld 9 sollte nicht bearbeitet werden!

Das Bedarfspotential ist aber nur ein Faktor. Ein Kunde ist nur dann rentabel, wenn er bei möglichst wenig Aufwand einen möglichst hohen Gewinn abwirft. Gewinn ist die Differenz zwischen Verkaufspreis und Aufwand. Leider führen die wenigsten Unternehmen eine Kundenkalkulation, so daß sie darüber nicht im Bilde sind. Rentabilität entsteht erst, wenn den eigenen Akquisitions- und Betreuungsinvestitionen sowohl ein hoher als auch lang andauernder Rückfluß gegenübersteht. Kundenattraktivität resultiert aus verschiedensten Qualitäten wie Wachstum, Bonität, gute Zahlungsmoral und Toleranz gegenüber unseren Preisen. Zweifellos sind Abnehmer mit Wachstum besonders interessant, weil Wachstum ständig ändernde Bedürfnisse hervorruft und uns damit Chancen eröffnet, durch Einsatz und Kreativität den Wettbewerb zu überflügeln. Stagnation mündet immer in Kostensenkungsbemühungen, bei denen Lieferanten bevorzugte Opfer sind. Unter diesem Gesichtspunkt sind auch B-Kunden im Wachstumssegment bevorzugt zu beachten.

Der zweite Parameter ist die relative Wettbewerbssituation, die sich ausdrückt durch den Kaufwiderstand, den ein Kunde uns als Anbieter entgegenbringt. Je kleiner dieser ist, desto geringer ist die von uns abverlangte Überzeugungsarbeit pro Verkaufsabschluß. Das Optimum wird erreicht, wenn er mehr oder weniger nur bei uns kauft, also unser Stammkunde ist.

Die Rentabilität der Kunden kommt sehr anschaulich im neunfeldrigen Kundenportfolio zum Ausdruck (Abb. 7). Zur Einordnung der Kunden ist das Wissen des Verkäufers gefordert, der die Verhältnisse und Einstellungen des Kunden am besten kennt. Es ist eine außerordentlich gesunde Prozedur, deckt sie doch Kenntnislücken und Fehlbetreuungen auf. Daher sollte dieser Prozeß alle paar Jahre wiederholt und ständig verfeinert werden. Sobald alle Abnehmer mit A-Potential klassifiziert worden sind, folgen die mit B- und C-Potential, wobei die Gründlichkeit der Wichtigkeit anzupassen wäre. Es lohnt sich beispielsweise nicht, an C-Kunden in Wettbewerberhand seine Zeit zu verschwenden.

Die vollständige Strukturierung aller Abnehmer ergibt mit den drei Potentialgrößen A,B,C und je neun Feldern des Kundenportfolios insgesamt 27 unterschiedliche Klassifizierungsfelder. Die Feldzuordnung mag auf den ersten Blick aufwendig erscheinen, sie dient aber nur zur ersten Einteilung jedes einzelnen Abnehmers in die ihm angemessene Betreuungsstufe.

Die Selektion im Kundenportfolio kann natürlich sowohl für einzelne Produktgruppen als auch auf der Ebene eines Verkaufsgebiets und des Unternehmens insgesamt angewendet werden. Wir kennen keine effizientere Selektionsmethode.

Das Kundenportfolio jedes einzelnen Verkäufers bildet eine objektive Grundlage für dessen optimale Marktbearbeitungsstrategie und Jahreszielsetzung. Rentabilität ergibt sich bekanntlich sowohl aus der Höhe als auch der dauernden Wiederholung einer Marge. Eine Verkäuferleistung ist also auch an ihrem Beitrag zur Zukunftssicherung zu messen. Die Portfoliosituation nach Abb. 8 weist beispielsweise einen hohen Bestand an Wechselkunden auf. Hier können durch eine Intensivierungsstrategie die eigenen Stammkunden noch vermehrt werden.

Wachstumsziele vorausgesetzt ergeben Portfoliosituationen immer eine der drei Strategien:

Struktur der eigenen A-Kunden und aller A-Abnehmer (zahlenmäßig) (Angenommener Schwellenwert für die A-Klasse: Bedarf > 75 Stk. p.a.)			
A-Abnehmer Bedarf > 75 Einheiten	**Kunde mit Wachstum „Aufsteiger"**	**Kunde auf dem Zenit „Mitläufer"**	**Kunde im Abstieg „Absteiger"**
Stammkunde	① 15 Tot.: 15	③ 60 Tot.: 60	⑥ 10 Tot.: 10
Wechselkunde	② 10 Tot.: 40	④ 40 Tot.: 140	⑧ 10 Tot.: 25
Konkurrenzkunde	⑤ 0 Tot.: 30	⑦ 0 Tot.: 260	⑨ 0 Tot.: 40

Abb. 8 : Kundenportfolio mit den Parametern Attraktivität und Kaufwiderstand.
Der erste Wert je Feld betrifft die Anzahl eigener A-Kunden, der zweite Wert die aller Abnehmer mit A-Potential. Bei den Wechselkunden mit Wachstum heißt das beispielsweise, daß von den 40 (bei uns kaufenden) Kunden mit A-Potential nur 10 bei uns auf A-Umsätze kommen. Das Zahlenbeispiel zeigt, daß wir bei Wechselkunden in den Feldern 2 und 4 durch Intensivierung unserer Anstrengungen noch mehr verkaufen könnten.

- Intensivierung
- Rückzug
- Neukundengewinnung

Je deutlicher die Schieflage in der Kundenstruktur ist, desto einleuchtender ist die Strategiewahl. Theoretisch denkbar ist die Möglichkeit eines außerordentlich hohen Bestands an *Idealkunden* (1) und nur wenigen 2er und 4er. In dem Fall wäre der Betreuer zur Genüge mit *Konsolidieren* beschäftigt. Seine Leistung wäre allerdings geringer einzuschätzen als bei der Umsetzung einer der drei genannten Strategien. In der Erfolgsanalyse sollte bei Umsatzzuwächsen immer klar unterschieden werden, ob diese davon herrühren, daß wir mit dem Kunden mitgewachsen sind, oder ob wir Wettbewerber verdrängt haben (was nur über Konditionen geht) oder ob wir durch bessere Problemlösungen das Geschäft gemacht haben. Es ist einleuchtend, daß die letzte Ursache die höchste Verkaufsleistung darstellt.

Ein langfristig denkender Vertriebsleiter wird nach Abschluß der Geschäftsperiode den Verkäufer nicht nur nach Umsatz- und Gewinnergebnissen beurteilen, sondern auch nach der Anzahl der neu gewonnenen Kunden in den attraktiveren Portfoliosektoren.

A-Kunden-Struktur für eine Rückzugsstrategie			
A-Abnehmer Bedarf > 75 Einheiten	Kunde mit Wachstum „Aufsteiger"	Kunde auf dem Zenit „Mitläufer"	Kunde im Abstieg „Absteiger"
Stammkunde	① 5 Tot.: 5	③ 15 Tot.: 15	⑥ 20 Tot.: 20
Wechselkunde	② 8 Tot.: 18	④ 40 Tot.: 80	⑧ 25 Tot.: 50
Konkurrenzkunde	⑤ 0 Tot.: 20	⑦ 0 Tot.: 60	⑨ 0 Tot.: 10

Abb. 9 : Kundenportfolio der A-Kunden in einem Verkaufsgebiet. Kunden mit schlechten Zukunftsaussichten sind stark vertreten. Der Betreuer lenkt seine Ressourcen in die falsche Richtung. Empfehlung: Rückzugsstrategie. Verkaufsanstrengungen bei den „schwindsüchtigen" Kunden abbauen und diese auf die unausgeschöpften Potentiale der Kategorien 2 und 4 lenken. Alternativ überpüfen, ob das Verkaufsgebiet auf andere aufgeteilt und die Verkaufskapazität anders genutzt werden sollte.

A-Kunden-Struktur für Neukundengewinnungsstrategie			
A-Abnehmer Bedarf > 75 Einheiten	Kunde mit Wachstum „Aufsteiger"	Kunde auf dem Zenit „Mitläufer"	Kunde im Abstieg „Absteiger"
Stammkunde	① 25 Tot.: 25	③ 15 Tot.: 15	⑥ 10 Tot.: 10
Wechselkunde	② 10 Tot.: 18	④ 20 Tot.: 30	⑧ 5 Tot.: 30
Konkurrenzkunde	⑤ 0 Tot.: 40	⑦ 0 Tot.: 90	⑨ 0 Tot.: 10

Abb. 10: Kundenportfolio der A-Kunden in einem Verkaufsgebiet. Der Betreuer hat die Möglichkeiten bei den bestehenden Kunden praktisch ausgeschöpft. Seine Strategie muß lauten: Neukundengewinnung. Er wird also die Sektoren 5 und 7 intensiver bearbeiten.

System der methodischen Sympathiegewinnung

Nach der methodischen Eingrenzung der für uns wirklich interessanten Abnehmer und nach ihrer Einteilung in die verschiedenen Kundenportfolio-Ebenen können wir uns nun dem eigentlichen Betreuungssystem zuwenden. Eine Betreuung besteht aus wirksamen und rationellen Vorgehensweisen, die in ihrer Qualität und Intensität auf die verschiedenen Betreuungsgruppen abgestimmt sind. Bei der Systemgestaltung sind drei Dinge zu beachten: Erstens sollte das System nicht zu kompliziert sein, zweitens ist die eigene personelle Kapazität zu berücksichtigen, und drittens sollte die Wirksamkeit richtig eingeschätzt werden.

Ein praktikables System sollte drei bis fünf Betreuungsstufen nicht übersteigen. Eine feinere Abstufung würde die Unterscheidungen verwischen und im Innen- und Außendienst nur Verwirrung stiften. In einem ersten Durchgang würden wir eine Zuordnung nach Abbildung 11 vornehmen. Die Zuordnung der 27 Klassifizierungsfelder zu den fünf Betreuungsstufen hängt natürlich von der gewählten Portfoliostrategie ab und wird je nach Branche etwas anders aussehen, im Prinzip aber doch ziemlich ähnlich sein.

Noch nicht berücksichtigt sind Personen und Institutionen, die zwar den Kaufentscheid beeinflussen, aber nicht selbst kaufen bzw. bezahlen. Verbandsmitglieder, Berater, Behördenmitglieder usw. können z. B. einen namhaften Einfluß auf Kaufentscheide ausüben. Sie sind entsprechend in das Betreuungsschema einzubauen.

Alle Abnehmer sind nun als Unternehmen eingeteilt. Eine Betreuung hat es aber, wie schon gesagt, mit Menschen zu tun. Allenfalls bei C-Abnehmern oder solchen, die noch nicht richtig eingeschätzt werden konnten, kann eine anonyme „Betreuung" z.B. mit Mailings als Vorstufe zu einer personenbezogenen Betreuung vorübergehend zweckmäßig sein. Anonyme Botschaften sind aber sehr papierkorbanfällig. Wir müssen daher herausfinden, wer die kaufentscheidenden Personen in jeder Abnehmerfirma sind. Das erfordert natürlich Insiderkenntnisse, die als wichtiges Know-how des Vertriebs oft mühsam erworben worden sind. Wie oft werden die falschen Personen angesprochen!

Bei vielen Firmen werden es mehrere Personen sein, die in das Betreuungssystem aufzunehmen und unabhängig voneinander zu bearbeiten sind. Es wäre unwirtschaftlich, von fünf wichtigen Ansprechpartnern in einer Firma vier zu betreuen, und der fünfte entscheidet das Geschäft. Die Zahl der zu Betreuenden wird also logischerweise größer sein als die Zahl der Abnehmerfirmen. Außerdem gehören sie je nach ihrer Bedeutung in unterschiedliche Stufen. Ein Geschäftsführer dürfte anders zu betreuen sein als der zuständige Einkaufssachbearbeiter, dessen Betreuung in vielen Fällen aber durchaus nützlicher sein kann.

Die Aufteilung der Personen in die einzelnen Stufen ergibt das Mengengerüst (Abb. 11) für die Betreuungsaufwendungen. Es sind nun die qualitativen und quantitativen Betreuungsvorstellungen mit den zur Verfügung stehenden Betreuern in Einklang zu bringen. Vorsicht ist geboten beim Versuch, die Qualität und Intensität so lange zu senken, bis Betreuungsanforderung und Anzahl verfügbarer Betreuer übereinstimmen. Die Wirksamkeit einer Betreuung hört bei Unterschreiten einer bestimmten Intensität auf. Um es mit einem extremen Beispiel zu verdeut-

Betreuungs-stufen	Zuordnung der 9er-Felder zu den Betreuungsstufen, geordnet nach ABC-Potential			Gesamtzahl	
	A	B	C	Abnehmer	Personen
1. Stufe	1; 2	-	-	60	70
2. Stufe	3; 4	1; 2	-	150	200
3. Stufe	6	3; 4; 6	1; 2	700	850
4. Stufe	5; 8	5	3; 4	2000	2400
5. Stufe	7; 9	7; 9	5; 6	5000	5500
Total				7810	9020

Abb.11: Beispiel einer Zuordnung der 27 Portfolio-Felder zu den verschiedenen Betreuungsstufen

lichen: Ein Telefonanruf alle zwei Jahre ist wirkungslos, und man kann ihn sich genausogut schenken.

Zunächst ist aber ein Konzept von Betreuungsart und -intensität festzulegen. Es könnte beispielsweise wie in Abbildung 12 aussehen. Damit wir nicht auf Abwege geraten, vergegenwärtigen wir uns nochmals, worum es eigentlich geht. Wir suchen Vehikel zum Transport von Sympathiebotschaften. Dafür in Frage kommen Gespräche – telefonische oder persönliche Kontakte –, Briefe, Veranstaltungen mit Kontakt und sachliche Aufmerksamkeiten. Je nach Betreuungsstufe sind entsprechend der gewünschten Wirkung die optimalen „Arzneien" und „Dosierungen" zu wählen.

Jede Stufe hat außerdem andere Anforderungen an die Qualifizierung des Betreuers. In der ersten Stufe befinden wir uns i.d.R. auf hohem Niveau, und die Betreuten erwarten ein adäquates Gegenüber. Sind die Gesprächspartner im Niveau zu weit auseinander, erlischt das Interesse am Kontakt, bzw. beim Betreuer entsteht Angst. Unter adäquat sind dann

verschiedene Attribute denkbar. Das muß nicht heißen, daß ein Vorstand nur von einem gleichrangigen Betreuer angesprochen werden will. Hier gilt die ganze Skala der kommunikativen Interaktion, die persönliche „Chemie", Bildung, Weltanschauungen, Hobbys, Eitelkeiten usw. Nur wer diese Instrumente richtig einsetzt, wird erfolgreich kommunizieren. Was richtig ist, kann auch nicht immer im voraus gesagt werden, sondern muß oft behutsam herausgefunden werden.

Aus dem Mengengerüst der Stufeneinteilung (Abb. 11) und den wünschenswerten Betreuungsqualitäten (Abb. 12) wird die notwendige Betreuungskapazität errechnet. Die Arithmetik ist eine simple Multiplikation wie in Abbildung 13 dargestellt. Die Aufwendungen für Reisen hängen selbstverständlich von der Gebietsgröße ab, was ganz anders in einem Verkaufsgebiet mit 20 km Radius aussieht als bei einer international tätigen Firma.

Ist die Anzahl verfügbarer Betreuer für die Erfüllung optimaler Anforderungen zu klein, empfiehlt es sich, die ABC-Krite-

Betreuungsstufen	Art der Betreuung des Abnehmers	Intensität p.a.
1. Stufe Key Accounts	• Einladung zu Veranstaltungen der Firma • Einladung zu anderen Veranstaltungen (Theater, Konzert, Fußballspiel, Segeltörn, Dolomiten-Wanderung, Picknick im Firmen-Strandhaus • periodische Reise zum Kunden auf Geschäfts-leitungsebene • Zustellung von Informationen mit Privatbezug • telefonischer Kontakt • Einladung zum Besuch unserer Firma	1 x 0,7 x 1 x kontinuierlich 12 x 1 x
2. Stufe	• Einladung zum Besuch unserer Firma (Haus-ausstellung, Prototypvorführung) mit Freizeit-ereignis (Abendessen) • periodische Reise zum Kunden • telefonischer Kontakt • schriftlicher Kontakt	0,5 x 1 x 6 x kontinuierlich
3. Stufe	• periodische Reise zum Kunden mit Einladung zum Essen • telefonischer Kontakt • schriftlicher Kontakt	0,5 x 4 x kontinuierlich
4. Stufe	• telefonischer Kontakt • anlaßbezogenes Gespräch • schriftlicher Kontakt	2 x kontinuierlich
5. Stufe	• schriftlicher Kontakt (Hauszeitschrift, Produkt-berichte, Wirtschaftsinfos usw.) • Mailing-Aktionen	kontinuierlich > 1 x

Abb. 12: Stufenschema einer systematischen Betreuung. Kontaktarten und -häufigkeiten sind den Anforderungen der einzelnen Stufen angepaßt.

rien heraufzusetzen und dadurch die Selektionspyramide steiler zu machen. „Es richtig machen", geht immer vor „Möglichst viel machen".

Botschaften – Betreuungsinhalte

Nachdem die Akteure des Vertriebs für die Betreuung bestimmt und eingeteilt sind, geht es als nächstes um die Inhalte, die Art und Weise, wie die Kontakte und Botschaften am besten auszugestalten sind. In der Kundenbetreuung ist Phantasie und Kreativität gefragt; damit können unnötige Kosten vermieden werden. Stereotype Praktiken erregen im übrigen nur wenig Aufmerksamkeit, langweilen und erzeugen nicht den gewünschten Sympathiezuwachs. Und die Botschaften sind auf den Typ der betreuten Personen anzupassen, gemäß den sechs unterschiedlichen Grundtypen in Abbildung 14. Ohne das wird sehr viel Energie verpuffen.

299

| Stufe | Anzahl | Telefon | | Reise zu Kunde | | Besuch v. Kunde | | Veranstaltung | |
		Freq.	Summe	Freq.	Summe	Freq.	Summe	Freq.	Summe
1	70	12	840	1	70	1	70	1	70
2	200	6	1200	1	200	0,5	100		-
3	850	4	3400	0,5	425		-		-
4	2400	2	6800	-	-		-		-
5	5500	-	-	-	-		-		-
Σ	9020		12240		695		170		70

| Anzahl | Belastung pro Betreuer und pro Jahr | | | |
Betreuer	Telefon	Reisen	Besuche	Veranstaltung
10	1224	70	17	7
12	1000	58	14	6

Abb.13: Mengengerüst der Belastung pro Betreuer, wenn die Zuteilungen von Abb.11 und 12 zugrunde gelegt werden. Die Betreuerbelastung wird einmal für 10 und dann für 12 Betreuer ausgerechnet. Jede Branche hat bezüglich Anzahl zumutbarer Telefongespräche und Reisen etc. andere Normen. Schließlich besteht ein Unterschied, ob das Verkaufsgebiet 20 km Radius hat oder ein ganzes Land umfaßt.

Die wichtigste und wirtschaftlichste Kontaktart ist selbstverständlich das Telefongespräch. Was dann als häufig gilt, hängt stark von der Geschäftsart ab. Im Lebensmittelhandel beispielsweise bestellt ein Kunde mehrmals im Monat. Der Betreuer wird seine Kontakte auf diesen Rhyhtmus einstellen und sich vielleicht telefonisch melden, wenn eine Bestellung eine Woche lang ausbleibt. Geht der Kontakt vom Kunden aus, wird der Betreuer diesen gleichzeitig für die Sympathieförderung nutzen und seine eigene geplante Kontaktnahme damit „abbuchen". Der Betreuungsmodus für einen Kunden stellt also eine Leitlinie dar; eine starre Anwendung kann nicht der Sinn der Sache sein.

Bei vielen täglichen Kontakten geht in der Hektik der Überblick leicht verloren, und es werden Kunden übersehen. Eine konsequente Betreuung kommt daher auf Dauer kaum ohne eine geeigneten PC-Lösung zur Vertriebssteuerung aus.

Wie ist nun der Inhalt eines telefonischen Kontakts zu gestalten?

Diese Frage ist am leichtesten zu beantworten, wenn wir uns das Ziel einer Betreuung nochmals vor Augen führen. Wir wollen, und zwar auf Gegenseitigkeit, folgendes erzeugen:

- Respekt
- Anerkennung
- Sympathie

Sympathie gewinnt ein Betreuer nur, wenn es ihm gelingt, die Empfindungen und Interessen des Gesprächspartners anzusprechen. Und wofür interessiert sich jeder Mensch am meisten? Für sich selbst! Ein erfolgreicher Betreuer wird sich also von dieser Erkenntnis leiten lassen, in der Kommunikation mit seinen Kunden viel fragen, zuhören und heimliche Sorgen und Wünsche wahrnehmen. Der berufliche Erlebnisbereich birgt dazu schon genügend Stoff: Probleme mit Lieferungen, Druck von Vorgesetzten, interne Rivalitäten, Erfolgserlebnisse oder Frustrationen. Bei geschicktem Vorgehen gelangt man dann immer weiter auch in den privaten Bereich mit immensen Anknüpfungsmöglichkeiten.

Beiläufig erwähnte Ereignisse in Familie, Freizeit, Politik usw. sollte der Betreuer systematisch registrieren, um damit ein andermal die Aufmerksamkeit des überraschten Kunden zu gewinnen. Die Strategie heißt Überraschung, es anders machen als üblich.

Wir sind damit mitten in der Gestaltung eines Betreuungsgesprächs am Telefon. Ein ganz wichtiger Gesichtspunkt ist der Aufhänger. Viele scheuen sich zu Recht, ohne vernünftigen Grund einen Kunden anzurufen. Ein ständiges Anfragen, ob gerade eine Bestellung fällig sei, kann ganz schön nerven, außer sie ist tatsächlich aktuell. Andererseits wäre es sträflich, den Moment des Kaufentscheids zu verpassen und die Chance dem Wettbewerber zu überlassen. Wir benötigen also für Kontaktgespräche einen persönlichen Aufhänger, einen Anlaß, der die Aufmerksamkeit des Kunden erregt und unverfänglich ist.

Ein Anlaß, der sich auf berufliche Belange bezieht, ist unverfänglich und vorzuziehen, solange man den Gesprächspart-ner noch nicht so gut kennt. Hat der Kunde beispielsweise einmal erwähnt, daß seine Wareneingangskontrolle starke Verzögerungen verursacht, kann man „auf diesem Instrument spielen" und z.B. auf ein neues PC-Programm hinweisen oder wie das Problem in der eigenen Firma gerade gelöst worden ist. Die Aufmerksamkeit des Kunden ist damit sofort geweckt, weil ihn das Thema interessiert. Und selbst wenn er das Programm bereits kennt, entspinnt sich ein längeres Gespräch, das dann ganz natürlich die Bereitschaft für geschäftliche Zusatzfragen öffnet. Der Kunde wird das Interesse des Betreuers an seiner Person ganz unbewußt wahrnehmen und als Sympathie-Pluspunkt verbuchen.

Dieses Beispiel führt uns zu einem wichtigen Betreuungsaspekt. Phantasie und Aufmerksamkeit können bei der Wahl des Kontaktaufhängers gewaltig Kosten sparen. Teure Werbegeschenke, eine Kiste Wein an Weihnachten o.ä. entfalten lange nicht die Wirkung wie eine Aufmerksamkeit, die eigenes Bemühen und das Interesse an der Person erkennen läßt. Als Geburtstagsgeschenk vom eigenen Kind wird jedem Vater ein selbstgebastelter Briefbeschwerer – z.B. ein bemalter Kieselstein – mehr Freude bereiten als ein teures gekauftes Gerät. Wir schätzen die Bemühung mehr als den eigentlichen Sachwert. Es lohnt sich also, die Interessen der Gesprächspartner aufzunehmen, zu notieren und bei der eigenen täglichen Informationsaufnahme (Zeitung, TV, Fachliteratur usw.) für sie mitzudenken. Liest man einen Zeitungsartikel über die Honigbienenmilbe, sollte sofort nachgesehen werden, welche Kunden sich für Imkerei interessieren. Eine Kopie mit kurzem Gruß darauf per Post wird mehr Wirkung entfalten als teure Geschenke.

Weitere, klassische Anlässe sind: Geburtstag, noch besser jener der Ehefrau, Jubiläen, Ereignisse der Kinder (Prüfungen, Abschlüsse, Geburten), interessante Reisen, Erfahrungen beim Hausbau usw. Ein sehr guter Anlaß ist die Ratsuche, indem auf die Berufserfahrung des Kunden Bezug genommen wird.

Zusammenfassend wollen wir festhalten, daß in der grassierenden Hektik die Bereitschaft zu einem Gespräch immer geringer wird. Die Akzeptanz von Trivialbotschaften nimmt rapide ab und führt zu einer prophylaktischen Verweigerung. Um nicht mißverstanden zu werden, sei klargestellt, daß es uns nicht darum geht, die normale Geschäftskommunikation durch eine Freizeitplauderei zu ersetzen. Zweck unseres Vorgehens ist, die Aufnahmebereitschaft für geschäftliche Mitteilungen zu schaffen und zu erhöhen. Aufmerksamkeit von Geschäftspartnern ist heute nur noch zu erreichen, wenn man sie überrascht und ihre ureigenen Interessen anspricht. Diese herauszufinden ist eine Schlüsselaufgabe des Betreuers. Will man dieses Instrument wirksam nutzen, müssen die Interessen und Anlässe der Kunden aber in einem Registriersystem abrufbar gespeichert sein. Andernfalls schreckt der große Aufwand von der Anwendung ab, und viele Gelegenheiten werden übersehen und verpaßt.

Wir haben das Betreuungsgespräch per Telefon ausführlicher behandelt. Auch in der schriftlichen Kommunikation bestehen große Möglichkeiten, vom Gewohnten abzuweichen, und das sehr häufig mit einfachen Mitteln, also beispielsweise Fotokopien von Publikationen über Themen, für die sich der Gesprächspartner interessiert.

Das alles gilt auch beim persönlichen Kontakt, bei Treffen oder Veranstaltungen. Einen Empfang im Hotel oder den Besuch eines Restaurants zählen wir eher zu den weniger originellen Einfällen. Die Fitneßwelle erfaßt auch Geschäftspartner, und sie werden immer körperbewußter. Statt Essen empfiehlt sich je nach Persönlichkeitstyp etwas Originelles: eine Weindegustation, Besuch einer Vernissage, ein Bundesligaspiel, private Stadtführung, ein Vortrag über Streßbewältigung usw. Warum nicht mit einer Gruppe von Kunden ein Theaterspiel im privaten Kreis in einem gemieteten Raum organisieren und anschließend bei Würstchen und Bier plaudern. Solche Theateraufführungen inmitten des Publikums kann man übrigens mieten.

Der Vollständigkeit halber wollen wir nicht unterschlagen, daß Frauen auf andere Persönlichkeitsbotschaften ansprechen als Männer. Bei der Erarbeitung eines Kommunikationskonzepts wäre das in Rechnung zu stellen, wobei nach unserer Erkenntnis Frauen auf Phantasie stärker reagieren als Männer.

Kunden-Typologie – Schema von Leavitt-Berth

Ein Gesichtspunkt, der viel zuwenig und eigentlich nie systematisch berücksichtigt wird, ist der Charaktertyp von Gesprächspartnern und deren Empfänglichkeit für spezifische Botschaften. Der Sympathieeffekt wird nachhaltig gefördert, wenn die Geprächspartner die gleiche Wellenlänge haben oder eben der Betreuer auf der Wellenlänge des Kunden Signale sendet. Die verschiedenen vorkommenden Charaktere sind im Leavitt-Berth Schema (Berth 1994) in drei Grundtypen eingeteilt: der *Neuerer*, der *vernünftige Analysierer* und der *Macher*. Diese drei Grundtypen werden nochmals unterteilt nach ihrer Grundhaltung „extravertiert" und „introvertiert", so daß insgesamt sechs typische Verhaltensmuster entstehen. (Abb. 14).

Es teilen sich dann auf:	*extravertiert*	*introvertiert*
Der Neuerer in:	reformerischer Visionär	systematischer Entdecker
der Vernunftstyp in:	vernünftiger Analysierer	konservativer Anpasser
der Macher in:	geschickter Macher	vorsichtiger Organisierer

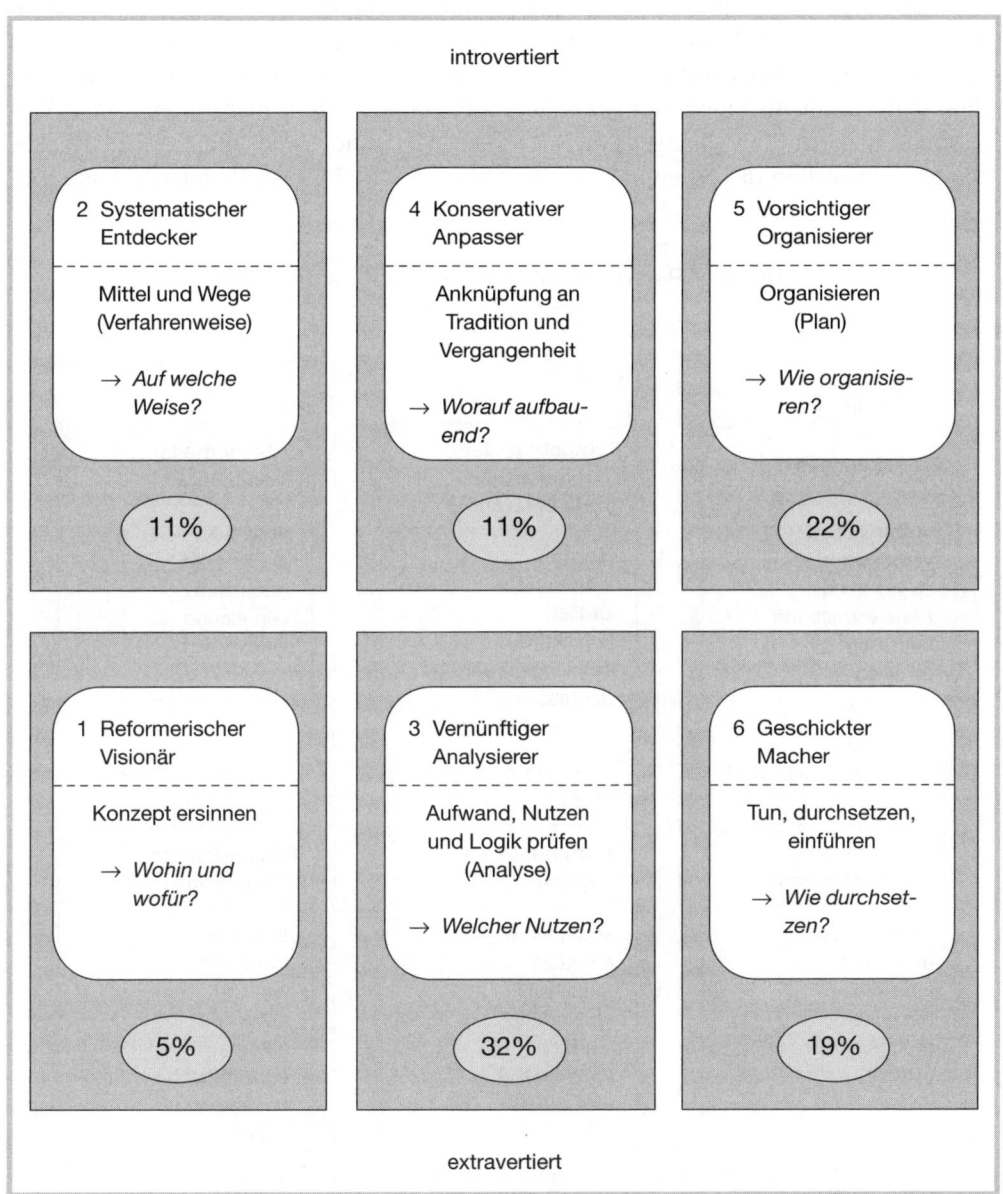

Abb. 14: Die sechs Grundtypen nach Leavitt/Berth; Namensgebung, Hauptdenkrichtung und Häufigkeit des Vorkommens in Prozent

303

Das Beratungsunternehmen Kienbaum hat in einer Feldstudie in 116 Firmen mit 437 Managern das Vorkommen dieser Typen untersucht. In der prozentualen Verteilung der sechs Typen zeigte sich, daß die Neuerer die kleinste und die Analysierer und Macher etwa gleich große Gruppen bilden (Abb. 14). Die Einteilung in diese sechs Grundtypen gilt natürlich für Menschen schlechthin, also nicht nur für Käufer, sondern ebenso für Manager und Mitarbeiter. Wir wollen das Schema hier nur

zur Beurteilung von Käufertypen und Käuferverhalten heranziehen. Abbildung 15 nennt charakteristische Wertvorstellungen der sechs Typen, die deren Suchhaltung bestimmen und an denen sich persönliche Botschaften orientieren sollten.

Der *Neuerer* will entdecken und Neuheiten aufstöbern. Hat sich etwas als Mode oder Trend durchgesetzt, interessiert es ihn schon nicht mehr. Seine Wesenszüge sind Experimentierlust, Risikobereitschaft, Unrast, Neugierde, hohe Mo-

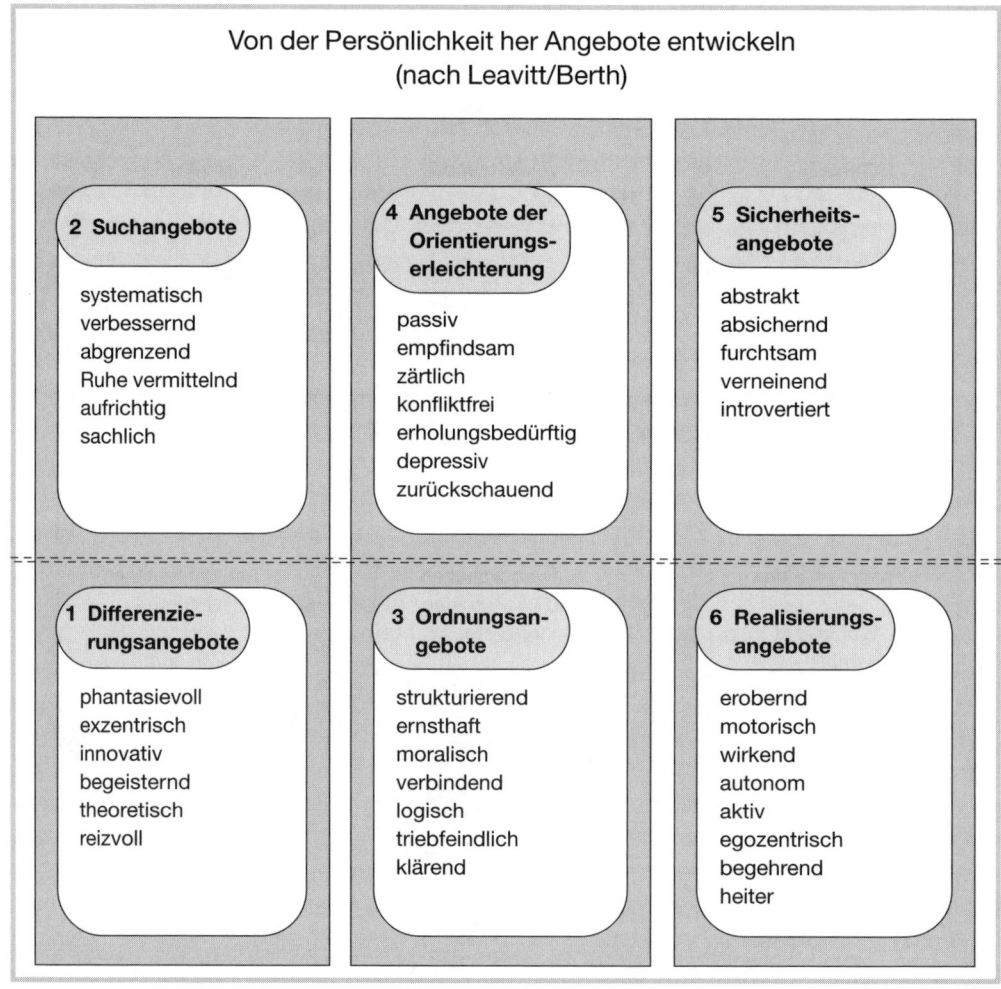

Abb. 15: Suchverhalten der sechs Grundtypen beim Kauf

bilität, Phantasie, Begeisterungsfähigkeit und Unstetigkeit. Als Käufer gehört er zur Kategorie der „First user". Während der extravertierte Typ andere mitreißt und sich mit Visionen zur Schau stellt, knobelt der introvertierte Entdecker in der Abgeschiedenheit an Problemen und gibt sich Träumen hin vom großen Wurf und vom Ruhm des Entdeckers.

Der *Vernunftstyp* betrachtet die Welt als sachlicher Analytiker. Er schätzt Berechenbarkeit, Verlaß, Bewährtes, Überschaubares, Logik, Vernünftiges. Er kauft nach Gesichtspunkten der Zweckmäßigkeit, Wirtschaftlichkeit und Notwendigkeit. Er wägt ab, vergleicht, bewertet. Der introvertierte Typ betrachtet die Welt aus einem Schneckenhaus heraus. Vorsicht, nur kleine Schritte machen, nicht auffallen, das sind seine Maximen.

Der *Macher* findet seine Befriedigung im Kaufvorgang selbst. Er ist ein Mensch mit Bewegungsdrang, sucht Action, es muß immer etwas los sein, und er legt Wert auf Selbstbestätigung und Beifall. Er fühlt sich bestätigt, daß er das Geeignete gefunden hat, und sucht den raschen Abschluß. Solche Käufer machen wenig Konzessionen und sind harte Verhandler. Schnäppchenjäger sind typische Vertreter.

Ein Gesprächspartner der Kategorie 5 „Vorsichtiger Organisierer" wird nur auf Botschaften ansprechen, die in seinem „Wellenlängenbereich" liegen. Der Grundtenor – Sicherheit, Ordnung, Zuverlässigkeit, Bewährtes, keine Experimente usw. – steigert in diesem Fall den Wert der Sachbotschaft ganz wesentlich. Hingegen wird ein „Wir haben Sie als ersten Anwender ausgesucht" nur die Telefonrechnung entlasten, weil das Gespräch gleich beendet ist.

Wenn wir uns mit dieser Beschreibung etwas in die Typen hineinversetzen, ahnen wir auch schon die neurotischen Übertreibungen. Wir alle tragen in uns diese neurotische Seite unseres Charakters, die mehr oder weniger stark ausgeprägt ist und in bestimmten Situationen zum Vorschein kommt. Als angepaßte Wesen sind wir Weltmeister im Verbergen, weshalb es gar nicht so einfach ist, den neurotischen Ausdruck wahrzunehmen. Manchmal hat er auch seinen besonderen Charme. Aus der Psychologie wissen wir aber, daß diese neurotische Komponente gerade bei emotionalen Verhaltensvorgängen eine große Rolle spielt. Wenn also eine Kaufentscheidung ansteht, die, wie wir wissen, im hohen Maß emotional bestimmt ist und von unbewußten Hintergründen abhängt, können wir durch die Kenntnis dieser Seite eigenartige Reaktionen besser einordnen und mit ihnen umgehen. Das gilt übrigens auch für die innerbetriebliche Kommunikation.

Unsere Erkenntnisse über die unterschiedlichen Käufertypen und deren Suchhaltungen verdeutlichen, daß die Definition von Zielgruppen nur aus der Sicht der Marktanalyse für eine Betreuung unzureichend ist. Eine wirkungsvolle Betreuung muß auch die Komponente der Persönlichkeitsstruktur des Ansprechpartners berücksichtigen. Beispielsweise wird eine Zielgruppendefinition: „Frauen, 20- bis 40jährig, unverheiratet, berufstätig" für ein gesundheitsorientiertes Produkt nur zu begrenzten Werbungs- und Verkaufsergebnissen führen, weil vergessen wird, daß ein avantgardistischer, visionärer Frauentyp auf ganz andere Botschaften anspricht als eine vorsichtige Organisiererin. Oder beispielsweise die klassische Zielgruppeneinteilung von Bankkunden nach Einkommen, Vermögen, Lebensalter und Berufssituation mit der üblichen einheitlichen Ansprache, lediglich unterschiedlich dosiert. Typenorientierte Angebotsbündel für die Zielgruppe „Selbständige" müßten richtigerweise z.B. aus sicheren Anlagen für den Typus 5 und spekulativen Geldeinsätzen für den Typus 6 bestehen, weil das deren Grundeinstellung entspricht. Die gleichen Bündel könnten dann bei dieser Zielgruppe in entsprechend gestaffelter Intensität auch in den anderen Einkommensklassen eingesetzt werden.

Botschaften, die den Käufer nicht typenbezogen ansprechen, stoßen ins Leere und sind rausgeschmissenes Geld. Die Tatsache, daß bei Kaufentscheiden die persönliche Ansprache auf der subjektiven Ebene ausschlaggebend ist, führt zwangsläufig zu der Erkenntnis, daß ohne Berücksichtigung der Typologie die Zusammensetzung von Zielgruppen für die Marktbearbeitung und Betreuung nie richtig sein kann. Leider entspricht das aber der heutigen Praxis.

Praktisches Vorgehen

In Workshops und Seminaren haben wir noch kein Unternehmen angetroffen, in dem die Organisation und Gestaltung des Themas Kundenbetreuung nicht als ungenügend erachtet wurde. Die Kette der logischen Denkschritte (Abb. 16) ist zwar immer allen sofort einleuchtend; es fehlt aber die Kraft und Ausdauer, diese Erkentnisse in Taten umzusetzen.

Der Aufbau eines funktionfähigen Betreuungssystems muß in einer logischen

Reihenfolge erfolgen (Abb. 17). Jede Stufe baut auf der vorhergehenden auf, und das System gerät auf Abwege, wenn Teilschritte falsch sind. Andererseits funktioniert das System recht gut mit Ungenauigkeiten, die durch Lernen – deshalb ein Regelkreis – sukzessive beseitigt werden können. Auf diese Weise kann man die Anfangsaufwendungen etwas einschränken, indem man nur mit einem Teil der Kunden, eben den wichtigsten, anfängt.

Wir wollen die Teilschritte nochmals zusammenfassen:
1. Basisanalyse:
   Produkt-/Marktanalyse – Bestimmung der eigenen Möglichkeiten – Unternehmensspezifisches Absatzpotential USAP – Einbeziehung der Kenntnisse aller Mitarbeiter mit Kundenkontakten
2. Klassifizierung der Kunden/Abnehmer:
   Erarbeitung der Kriterien – Abstimmung auf eine optimale Aufteilung (Pyramide) – Prüfung und Einordnung aller Kunden nach einheitlichem Verfahren – Eintrainieren des Selektionsverfahrens mit dem Vertrieb
3. Neustrukturierung der Kunden/Abnehmer:
   Überprüfung der Kundenportfolios je Betreuungsgebiet – Einführung einer aussagekräftigen Kundenkalkulation – Harmonisierung der Portfoliostrukturen durch Anpassung der Gebietsaufteilungen durch die Vertriebsleitung im

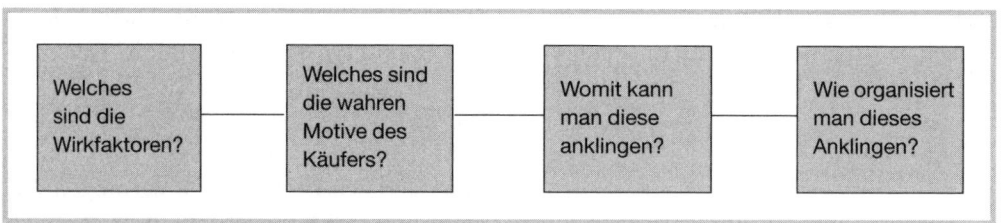

Abb. 16: Logik der Kundenbetreuung

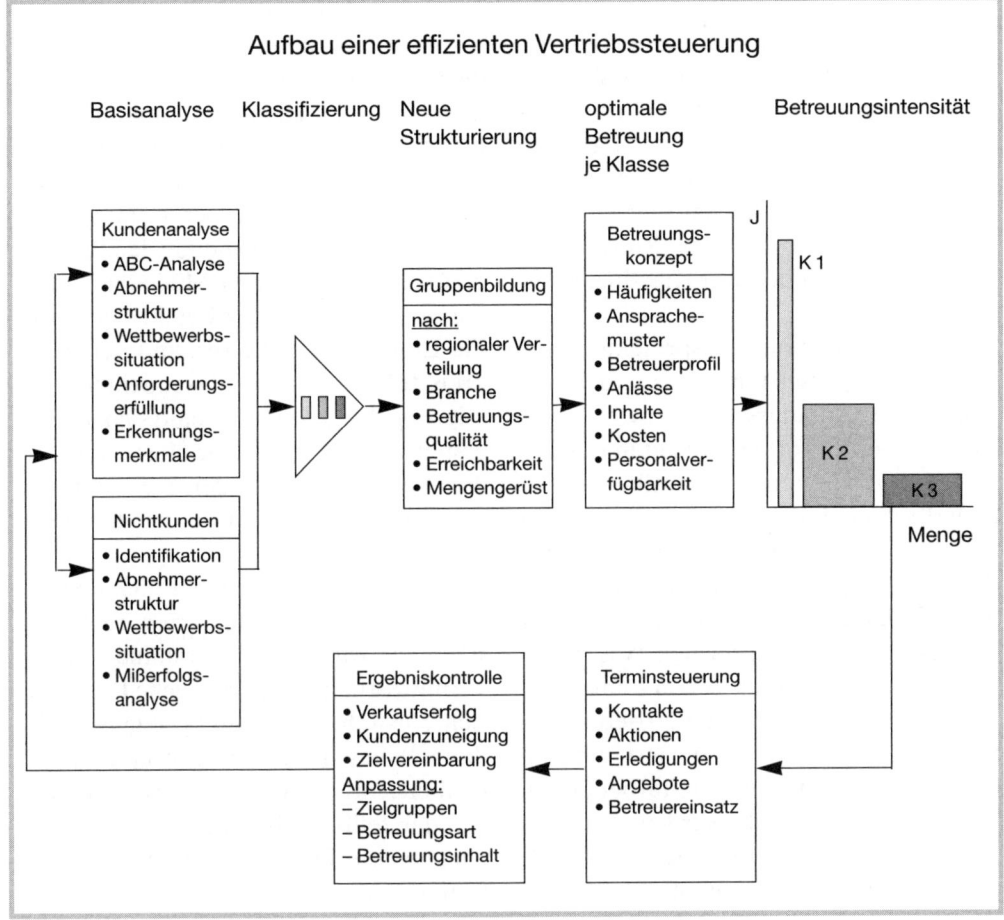

Abb. 17: Regelkreis einer systematischen Vertriebssteuerung

Konsens mit den Gebietsleitern/Außendienst
4. Betreuungskonzept je Abnehmergruppe:
Entwicklung kreativer Betreuungsinhalte – Anpassung der Botschaften an die Ansprechpartner nach Typ und Wichtigkeit – Typenorientierte Ansprache eintrainieren (gleich wichtig wie Produktargumentation) – PC-System für Registrierung der Kundendaten (Typ, Betreuungsintensität, Kontakte, Geschäftsdaten)

5. Betreuungsintensität und Betreuungsteam:
Festlegung der optimalen Betreuungsintensitäten nach Gruppen und Kontaktarten – Abstimmung der vorhandenen Betreuer auf die Betreuungsgruppen – Anpassung der Gruppengrößen an die verfügbaren Kräfte
6. Terminsteuerung:
Einführung eines Terminsteuerungssystems für die geplanten Kontakte – PC-Vertriebssteuerungssystem

7. Ergebniskontrolle:
Regelmäßige Überprüfung der Systemwirksamkeit – Kontrolle, ob sich die Betreuer an das System halten – Anpassung der Punkte 1–6, sofern sich Unstimmigkeiten zeigen – Messung der Fortschritte im Geschäftsgang – Sukzessiver Einbezug aller Kunden/Abnehmer mit niedrigerer Klassifizierung

Wenn Vertriebssteuerungsprojekte scheitern, liegt es meistens daran, daß die Hürde der Anfangsschritte nicht überwunden wurde. Verkäufer sind in der Regel keine geborenen Systematiker, und es bedarf schon einiger Überzeugungsarbeit und dann Druck von der Vertriebsleitung, damit ein Projekt die ersten Hürden überwindet. Immer häufiger kann man aber Verkäufer mit Laptops sehen, was Anlaß zu einigem Optimismus geben sollte.

In jedem Fall muß ein Vertriebssteuerungsprojekt gut kommuniziert und am besten mit den Vertriebsmitarbeitern in Workshops entwickelt werden. Das Belastungsschema für Betreuer (Abb. 13) zeigt, daß eine konsequente Betreuung von Kunden von der Zeit her machbar ist. Mit solchen Vorrechnungen kann man den Betroffenen die Angst nehmen. Die wichtigen Prozeßschritte wie die Methode der Zielgruppenauswahl, die Kriterien der Personenauswahl, Botschaften, Ansprechvorgehen, Betreuungsintensität und die Frage, woran man die verschiedenen Typen erkennt, müssen ausführlich diskutiert und in der Mannschaft eintrainiert werden. Hier wird es bei der Frage, was richtig ist, viele Einwände geben und der Versuch, gewohnte Bahnen zu verlassen, auf Widerstand stoßen.

Wie immer ist es vorteilhaft, so schnell wie möglich sichtbare Erfolge zu erzielen. Daher empfiehlt es sich, das System anfänglich auf die allerwichtigsten Kunden zu beschränken, um dann nach und nach die anderen aufzunehmen. Fehleinstellungen der verschiedenen Parameter (Gruppenauswahl, Ansprache, Intensitäten etc.) sind mit einer konsequenten Projektverfolgung sofort zu korrigieren, um Vorwänden für die Nichtanwendung den Wind aus den Selgeln zu nehmen. Mit jedem Durchlauf und zunehmender Erfahrung werden die Einstellungen besser, und der Regelkreis führt zu einer konsequenten Optimierung des Systems. Sobald sich aber die ersten sichtbaren Erfolge einstellen, steigt die Anziehungskraft der Steuerungsmethode und die Motivation zur Systemanwendung.

Es ist klar, daß der Überblick über das Geschehen mit Karteikarten recht umständlich wird. PC-Programme sind für Terminvorhaltung, persönliche Daten, Berichte usw. hervorragend geeignet. Abbildung 18 beschreibt die Informationen, die in übersichtlichen Masken und Datenbanken darstellbar sein müssen. Vor allem erleichtert ein PC-Programm auch den betreuerübergreifenden Überblick für den Vertriebsleiter. Im weiteren kann der Betreuer gewisse Aufgaben einfacher an Mitarbeiter delegieren.

Die Einführung und Durchsetzung der Vertriebssteuerung wird im Unternehmen am besten verankert durch eine vielfältige und vollständige Vernetzung in verschiedenen Führungselementen, wie:

• Jahresstrategie des Vertriebs
• persönliche Zielsetzung je Verkäufer
• Individualstrategie pro Kunde (nur A)
• Angebotsanalyse → typengerechte Gestaltung und Argumentation, persönliche Botschaften
• regelmäßiger Erfahrungsaustausch
• Nutzung der Kundenkalkulation zur Selektion

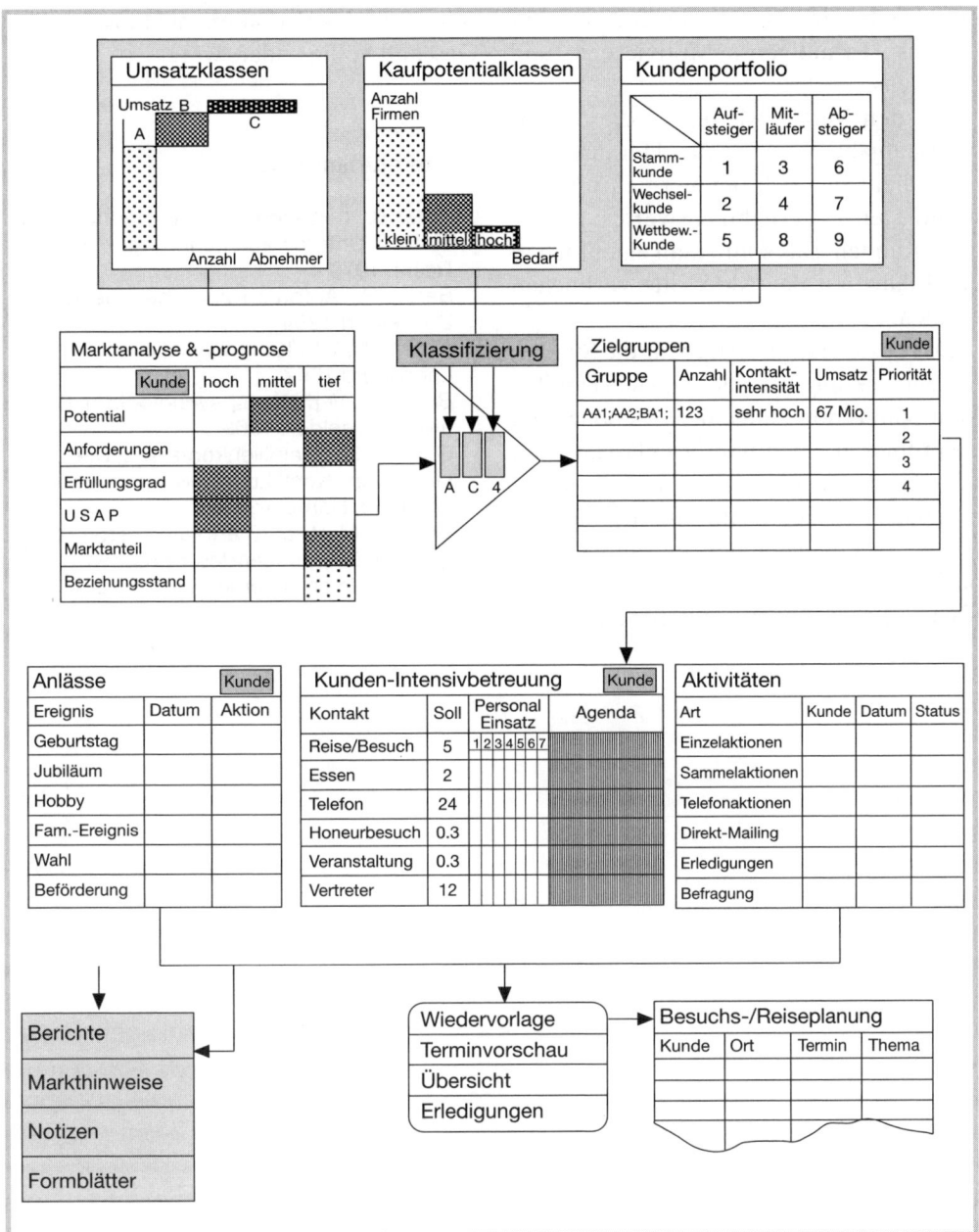

Abb. 18: Ablaufschema/PC-Masken eines Kundenbetreuungssystems

Ohne Steuerung, ohne Nachdruck und Kontrolle durch das Management hat ein Betreuungssystem nur geringe Überle- benschancen. Die Neigung, Anstrengun- gen ohne unmittelbare Auswirkung zu strecken und zu vertagen, ist dazu viel zu

groß. Es bedarf also eines ständigen An-
stoßens, Ermutigens, Motivierens und
Drückens.

Für den Vertriebsleiter ist diese Füh-
rungsaufgabe eine echte Herausforderung, dient sie doch der Vermehrung des
wichtigsten Unternehmenswertes: zufriedene Kunden. Das sollte man eigentlich in
der Bilanz auf der Aktivseite verbuchen
können.

Das beste Trainingslager für die Sympa-
thieentwicklung ist die eigene Familie.
Man kann dort ungeniert beobachten,
ausprobieren, üben und Nachlässigkeiten
schadlos korrigieren. Und wer ist scho-
nungsloser in der Kritik als die eigenen
Kinder. Wer es in der eigenen Familie nicht
packt, hat auch im Geschäft schlechte
Karten. Es würde an Schizophrenie grenzen, wenn das Verhalten zu Hause und im
Geschäft völlig anders wäre.

Literaturhinweise

Ante, B., Leitlinien für eine marktorien-
tierte Unternehmensführung. RKW
Reihe, 1979
Berth, R., Aufbruch zur Überlegenheit.
Düsseldorf 1994
Birkenbihl, V.F., Kommunikationstraining,
Landsberg 1997
Blake, M., Verhaltenspsychologie im Be-
trieb. Düsseldorf 1968
Gordon, Th., Familienkonferenz, Die Lö-
sung von Konflikten zwischen Eltern
und Kind, Hamburg 1972
Haucke, M., Die 20 erfolgreichsten Re-
geln für überzeugendes Sprechen und
Verhandeln am Telefon. Kissing 1984

4.6 Angebote analysieren

Der Autor

Loek C. M. de Bruin arbeitete als Verkaufstrainer bei einer führenden niederländischen Organisation, bevor er 1976 ein Beratungsbüro für Absatzfragen gründete, das Raadgevend Bureau De Bruin BV.
Er beschäftigt sich dort mit der Ausbildung und Beratung von Unternehmen und arbeitet maßgeschneiderte Rahmensysteme für Angebote aus. Herr De Bruin hält Seminare und leitet Projekte in über 14 Ländern.

Angebote sind eine wichtige und oft übersehene Form des persönlichen Verkaufs. Sie schlagen darin einem Kunden vor, die erwünschten Produkte bei Ihnen zu kaufen. Sie machen also eher einen Vorschlag als ein Angebot. Deshalb sollte alles klar und gut zu verstehen sein. Dazu müssen Sie sich vorher über das Konzept Ihres Angebots im klaren sein.

Die Vorbereitung eines Angebots

Ziel

Ihr Ziel ist die Unterschrift des Kunden unter den Auftrag. Analysieren Sie dafür genau die vorangegangenen Verkaufsgespräche, um sich die Wünsche des Kunden vor Augen zu führen. Ein Angebot kann unterschiedliche Zwecke erfüllen:

- Es ist eine schriftliche Bestätigung eines am Telefon ausgehandelten Preises für ein bestimmtes Produkt oder eine Dienstleistung.
- Es beschreibt detailliert ein zwischen dem Kunden und dem Lieferanten bereits gemeinsam besprochenes mündliches Angebot und dient der allseitigen Bestätigung über die getroffenen Abmachungen.
- Es dient als schriftliche Bestätigung eines persönlichen Gesprächs zwischen Ihnen und Ihrem potentiellen Kunden.

Zweck

In den meisten Fällen wird Ihr Angebot ein Zwischenstadium markieren, an das sich ein persönliches Gespräch zum Aushandeln der Details oder möglicher Änderungen anknüpft.

Ist es jedoch das „letzte" Angebot, auf das Sie oder Ihr Kunde eingehen wollen, bleibt Ihnen nichts anderes übrig, als auf dessen Antwort zu warten.

Form

Ein gutes Angebot sollte den folgenden Anforderungen entsprechen:

- Es besitzt eine persönliche Note: Der Kunde fühlt sich von Ihnen individuell behandelt.
- Es ist kundenorientiert und geht auf die Wünsche des Kunden ein, nicht auf Ihre eigenen.
- Der Aufbau ist logisch strukturiert.
- Form ist ordentlich und übersichtlich.
- Es ist sprachlich klar und verständlich abgefaßt.

Das Angebot muß unbedingt so konkret wie möglich sein. Vermeiden Sie also jedes Fachchinesisch oder technische Ausdrücke, die nicht unbedingt notwendig sind.

Sprechen Sie Ihren potentiellen Kunden mit aktiven Wendungen an, indem Sie z. B. viele Sätze so formulieren, als habe der Kunde bereits bei Ihnen gekauft. Jede Konstruktion, die einen Vorbehalt oder einen Zweifel durchblicken läßt, sollten Sie vermeiden, also Wörter wie „vielleicht" oder „wenn möglich".

Wichtig ist auch, daß Sie die Hauptaspekte von den Nebensächlichkeiten trennen. Sie können dem Hauptbrief zur klareren Strukturierung Anlagen beifügen, denen der Kunde Details entnehmen kann.

Trefferquote

Bevor Sie Ihr Angebot schreiben, sollten Sie sich mit der Trefferquote auseinandersetzen, mit der Ihr Angebot Ihren potentiellen Kunden erreicht. Um einen Überblick darüber zu erhalten, können Sie die aktuelle Trefferquote in bestimmte Kategorien aufteilen: bestehende Kunden – Neukunden; bestehende Produkte – neue Produkte; allgemeine Sortimentsteile – besondere Sortimentsteile; große potentielle Abnehmer – kleine potentielle Abnehmer; Großbetriebe – Kleinbetriebe; einfache Angebote – komplizierte Angebote; Innendienst – Außendienst.

Wählen Sie drei oder vier Kategorien aus, an denen Sie Ihre Trefferquote bemessen wollen.

Hauptsächlich wird die Trefferquote von den Einkaufskriterien des potentiellen Kunden bestimmt. Sie können von den Bedürfnissen seines Unternehmens geprägt sein, aber auch von denen der Branche. Für manche ist der technische Standard am wichtigsten, andere müssen sich an bestimmte gesetzliche Regelungen halten. Deshalb ist es wichtig, daß Sie oder Ihre Verkäufer Erfahrungen innerhalb der jeweiligen Branche haben und diese Einkaufskriterien kennen.

Die folgenden Faktoren beeinflussen ganz allgemein die Trefferquote Ihres Angebots:

- Interesse: Manche potentielle Kunden signalisieren ihr fehlendes Interesse nicht eindeutig. Sie erbitten ein schriftliches Angebot, um den Verkäufer wieder loszuwerden. Im Verkaufsgespräch sollte dieser Punkt offen angesprochen und möglichst geklärt werden, um Ihnen unnötige Arbeit zu ersparen.
- Preis: Das Budget des Kunden ist zu gering, um Ihren Preis zu bezahlen. Das heißt nicht unbedingt, daß Ihr Preis zu hoch ist. Deshalb sollte der Budgetrahmen bereits im Vorgespräch angesprochen werden.

- Komplikationen: Sollten sich Schwierigkeiten bei der Herstellung oder Lieferung Ihres Produkts abzeichnen, sollten Sie Ihren potentiellen Kunden schon im Angebot darüber informieren und eine mögliche Lösung anbieten. Er wird verständlicherweise mißtrauisch, wenn plötzlich Schwierigkeiten auftauchen, die im Angebot nicht erwähnt waren.
- Konkurrenz: Wahrscheinlich wird Ihr potentieller Kunde auch noch Angebote von gleichwertigen Konkurrenten einholen. Deshalb ist es wichtig, daß Sie Ihre Vorteile klar herausstellen. Diese USPs (Unique Selling Propositions) unterscheiden Sie eindeutig von Ihrer Konkurrenz.
- Management: Ihr Angebot sollte deutlich werden lassen, daß Ihr Management die Qualität der Ausführung des Auftrags fest im Griff hat. Der Kunde muß das Vertrauen gewinnen, daß Sie Ihr Angebot auch umsetzen können. Möglicherweise können Sie Ihren Ruf durch Referenzen herausstellen.
- Mehrwert: Der Kunde muß seinen Mehrwert deutlich erkennen können: Der liegt nicht immer nur im Produkt selber, sondern auch in der Form der Lieferung, der Pünktlichkeit und der Zuverlässigkeit. Diese Faktoren müssen Sie ihm klar vor Augen führen.
- Preis: Vergleichen Sie ruhig Ihren Preis mit dem der Konkurrenz. Erläutern Sie Ihrem Kunden die Hintergründe möglicher Preisunterschiede und warum Ihr Angebot Ihren Preis rechtfertigt.
- Kundennähe: Versetzen Sie sich in die Lage Ihres Kunden, und helfen Sie ihm, Kosten zu senken. Möglicherweise hat er unnötige Maßnahmen eingeplant, die Sie ihm ersparen können.
- Beziehungen: Bauen Sie eine persönliche Beziehung zum potentiellen Kunden auf, bevor Sie ihm ein Angebot unterbreiten. Wenn Ihre Firma selber nicht bekannt ist, dann lassen Sie sich empfehlen, oder suchen Sie sich eine Kontaktperson zum Unternehmen des Kunden. Dadurch können Sie auch mit Ihrem Angebot den oder die wirklichen Entscheidungsträger erreichen.

Das Abfassen eines Angebots

Ihr Angebot sollte folgende Fragen des Kunden beantworten:
- Auf wessen Bitte machen Sie Ihr Angebot?
- Warum schlagen Sie Ihre Produkte/Leistungen vor?
- Warum ist Ihr Angebot für Ihren Kunden gerade jetzt interessant?
- Welchen Bedarf hat Ihr Kunde?
- Was kann er mit Ihrem Angebot in seiner Organisation verbessern/erreichen?
- Was schlagen Sie ihm konkret vor und warum?
- Welches Budget erfordert dieser Vorschlag?
- Wie liefern Sie Ihre Produkte?
- Welchen Service bieten Sie?
- Wer hat den Brief geschrieben?

Einführung
Richten Sie Ihren Brief an eine mit Namen genannte Person, und erklären Sie ihr, warum Sie sich gerade an sie wenden. Dafür können Sie sich zum Beispiel auf eine Kontaktperson oder Referenz beziehen oder auf ein persönliches Gespräch. Erklären Sie die Struktur des Angebots, und verweisen Sie auf die Anlagen zum Hauptbrief. Der Kunde muß aus der Einführung erfahren, warum Ihr Angebot für ihn interessant ist, das heißt, Sie müssen ihm seinen eigenen Bedarf klarmachen

und warum gerade Sie ihm zu einer Lösung verhelfen können.

Ihr Angebot

Geben Sie klar, aber kurz an, welche Materialien, Produkte oder Leistungen Sie vorschlagen und warum. Die Details dazu kann der Kunde Ihren Anlagen entnehmen. Sprechen Sie Ihren Kunden persönlich an, indem Sie Formulierungen einfügen wie „ in Ihrem Fall", „speziell für Sie" etc. Nennen Sie deutlich die Vorteile, die Ihr Kunde von Ihrem Angebot hat, denn Menschen kaufen keine Produkte und Dienstleistungen, sondern Vorteile.

Preis

Wenn Sie einen spezifischen Preis nennen, dann erklären Sie ganz genau sein Zustandekommen. Sie sollten dabei auch die Ersparnisse erwähnen, die der Kunde damit möglicherweise macht. Verbinden Sie die Zahlen mit dem Text, und stellen Sie sie nicht separat wie in einer Rechnung auf.

Ausführung

In einem kurzen Abschnitt erwähnen Sie, wie Sie Ihr Angebt ausführen werden, wie die Lieferung erfolgt und welcher Zeitrahmen eingehalten werden kann.

Zusammenfassung

Ist Ihr Brief ausführlich, dann fassen Sie den Inhalt kurz in einem abschließenden Absatz zusammen. Darin bringen Sie Ihren konkreten Vorschlag noch einmal zum Ausdruck. Informieren Sie den Kunden auch darüber, wie es jetzt weitergehen soll und welche Reaktion Sie von ihm erwarten. Hier, wie auch bei der Einführung, haben Sie die Gelegenheit für ein paar freundliche Worte, etwa über die bisherige Zusammenarbeit, die dem Brief wiederum eine persönliche Note geben.

Nach dem Angebot

Mit dem Abschicken des Angebots können Sie sich natürlich nicht zurücklehnen. Vor allem müssen Sie Übersicht über die Angebote bewahren, die Ihr Unternehmen verschickt hat: Wie viele Angebote hat wer pro Woche/pro Monat verschickt? Wie sehen die Trefferchancen, wie die Trefferquoten aus? Der Trend kann Ihnen wertvolle Informationen liefern.

Wenn Sie eine Antwort auf Ihr Angebot erhalten, sollten Sie außerdem analysieren, wer den Brief gelesen hat und ob er in Ihrem Sinne verstanden wurde oder ob Sie an den Formulierungen Ihrer Angebote noch arbeiten müssen. Natürlich müssen Sie auch nachhaken und mit dem Kunden alle noch offenen oder sich ergebenden Fragen klären.

Wenn Sie wissen, daß Ihr Kunde auch mit der Konkurrenz verhandelt, dann versuchen Sie, noch einmal einen Termin mit ihm auszumachen, nachdem er mit den Mitbewerbern gesprochen hat. Am besten sind Sie der erste und der letzte Anbieter, mit dem er verhandelt.

Letztlich spielt der persönliche Kontakt eine mindestens ebenso große Rolle wie die gute Ausarbeitung. Wenn Sie die Möglichkeit dazu haben, dann analysieren Sie zusammen mit Ihrem Kunden, was an Ihrem Angebot seinen Bedürfnissen entspricht und was nicht. Daraus können Sie eine eigene, auf Ihr Unternehmen abgestimmte Checkliste entwickeln und für alle weiteren Anfragen verwenden.

Auf welche Punkte Sie beim Verfassen eines Angebots besonders achten müssen, finden Sie in dem nachfolgenden Musterbrief.

Anmerkungen zum Musterbrief
(Die Ziffern verweisen auf die Ziffern am Rand des Mustertextes)

1. Der Adressat ist immer eine Person in einer Firma, nicht die Firma und „zu Händen von". Sie wenden sich an Menschen, nicht an Firmen.
2. Statt „Kundennummer" schreiben Sie besser Identifikation, der Kunde ist keine Nummer.
3. Bei „Betreff" müssen Sie nicht ausführen, daß es sich um ein Angebot handelt, das merkt der Kunde selber. Wenn Sie an dieser Stelle etwas vorwegnehmen wollen, dann schreiben Sie z. B. „Vorschlag für den Einsatz eines neuen Müllverdichters".
4. Beginnen Sie mit einer persönlichen Einleitung.
5. Zeigen Sie, daß Sie sich freuen, ein Angebot machen zu können.
6. Helfen Sie dem Kunden, sich in Ihrem Brief samt den Unterlagen zurechtzufinden.
7. Gehen Sie auf den Kunden ein wie in einem Verkaufsgespräch.
8. „Übersetzen" Sie die technischen Merkmale in Kundennutzen.
9. Verwenden Sie positive Wendungen: „Bekommen Sie schon für" ist viel positiver als das Wort „kosten".
10. Nichts liest der Kunde so gerne wie seinen eigenen Namen. Machen Sie Gebrauch davon, aber sparsam.
11. Sprechen Sie von „Investition", es ist ein positives Wort.
12. Wenn Sie ankündigen, etwas besprechen zu wollen, gibt Ihnen das Grund, sich wieder beim Kunden zu melden. Außerdem ist das viel positiver, als ihn um Kontakt zu bitten, wenn „er noch Fragen hat".
13. Kündigen Sie konkret an, was Sie mit ihm noch zu besprechen haben.
14. Die Schlußsätze sollten wieder persönlich gehalten sein.
15. Geben Sie Ihren Vor- und Ihren Familiennamen an und Ihre Stellung im Unternehmen.

03.08.19 . .

② Identifikation   00922519
(bei Rückfragen bitte angeben)

①   Herrn H. Praaß, Geschäftsführer
Praaß & Könsler GmbH
Ernst-Thählmann-Str. 1
12303 HARDENBERG

    Ihre Anfrage   Persönlich
    am   01.03.19 . .
③ Gesprächspartner Herr H. Preuß
    Auftragart   AN
    Unser Zeichen   VI-Bln/Ei-SM

Sehr geehrter Herr Praaß,

④   herzlichen Dank für den freundlichen Empfang unseres Außendienstmitarbeiters, Herrn Eider, am 1. August 19 . . . Herr Eider berichtete uns folgendes.

| **Ausgangs-punkt** | Die Firma **PRAASS & KÖNSLER** beschäftigt sich seit 6 Jahren im Auftrag der Gemeinde mit der Müllverdichtung der Stadt Hardenberg. Bis jetzt operierten Sie mit einem XYZ Gerät Type AC. |

| **Interessen-gebiet** | |

⑤

Die Resultate der Verdichtung lassen jedoch zu wünschen übrig, vor allem im Vergleich mit den modernsten Geräten auf diesem Gebiet. Sie sind nun daran interessiert, die Möglichkeiten, die die ELCEA GmbH auf diesem Gebiet anbietet, ernsthaft zu prüfen. Wir freuen uns mit Herrn Eider über Ihre Anfrage!

Vorschlag

⑥

Herr Eider zeigte Ihnen die Abbildungen unseres Verdichters PQ 123 LK, dem robustesten Gerät unserer Serie mit DEUTZ-Dieselmotor, Druckbelüftung für die Kabine und Klimaanlage.
Zu Ihrer Information haben wir die technischen Daten dieser Maschine als Anlage zusammengefaßt: Sie erhalten somit eine Übersicht der wesentlichen Vorteile, die Sie und Ihre Mitarbeiter mit diesem Müllverdichter erlangen.

Vorteile

⑦

Motorensicherheit
Diese Maschine enthält keinen Wasserkühler und keine Wasserschläuche, die die Anfälligkeit des Motors beeinträchtigen, denn sie verfügt über einen luftgekühlten Dieselmotor. Ein Feinsieb saugt in 4 m Höhe Kühl- und Verbrennungsluft an.
Resultat: Anstatt täglich muß nur einmal in drei Tagen eine Kühlerreinigung durchgeführt werden.
Ihr Vorteil: Zeitersparnis.
Angenehmes und sicheres Arbeiten
Der **PK 123 LK** verfügt über einen Komfortsitz, ein hohes, verstellbares Lenkrad und eine Standheizung. Die Druckbelüftung hält die Kabine geruchsfrei. Die Rundumsicht ist optimal; Luftfilter und Auspuff befinden sich unter der Haube, ohne die Sicht zu behindern. Der niedrige Geräusch-

⑧

pegel (Daten: siehe Anlage) in der Kabine und rundherum ermöglicht Ihrem Personal ein angenehmes Arbeiten.
Optimales Müllgleiten
Weil keine Achsen vorhanden sind, ist der Boden vergrößert und vollkommen glatt. Ein optimales Gleiten über den Müll ist gewährleistet.

Leichte Zugänglichkeit
Die Zugänglichkeit zu den Aggregaten ist auch bei erschwerten Bedingungen gewährleistet; man braucht keine Bodenwannen zu entfernen. Darüber hinaus befindet sich auf beiden Seiten eine Aufstiegs-und-Service-Plattform.

Eine besondere Ersparnismöglichkeit
Wir empfehlen Ihnen, die Verdichtungsräder mit austauschbaren Verdichtungszähnen ausrüsten zu lassen. Durch diese Konzeption müssen nach einem Verschleiß nur noch die Zähne selbst ausgetauscht werden und nicht mehr wie bisher das ganze Rad.

⑨ Ein Satz Wechselzähne pro Austausch für alle 4 Räder bekommen Sie schon für insgesamt DM 7.200,-, wogegen ein Satz konventioneller AT-Räder ca. DM 32.000,- kostet!

Dieses Wechselzahnsystem ist also wesentlich günstiger, zudem entfallen die Transportkosten für die Räder, die Bereitstellungskosten für Hebezeuge und die Stillstandskosten der Maschine. Der Austausch erfolgt problemlos durch Herausschlagen der Haltebolzen. Dies kann vom Fahrer selbst ausgeführt werden.

⑩ Damit sind, sehr geehrter Herr Praaß, die wesentlichen Vorteile des ELCEA-Müllverdichters PQ 123 LK zusammengefaßt. Sie und Ihre Mitarbeiter können mit diesem Gerät hervorragend arbeiten und werden optimale Ergebnisse erzielen.

Investition
⑪ Die Investition für diese Maschine beträgt DM 409.500,- + Mwst. inklusive Klimaanlage und K-2-Heizung.
Bei Lieferung einer Überdruck-Kabinenlüftung anstelle einer Klimaanlage reduziert sich der Preis um DM 5.500,-.

Lieferbedingungen
Die allgemeinen Lieferbedingungen der ELCEA finden Sie auf der Rückseite der 1. Seite dieses Briefes abgedruckt. Über die Lieferzeit Ihres neuen Müllverdichters werden wir uns noch mit Ihnen abstimmen.
Unsere Zahlungsbedingungen: 2% Skonto bei Zahlung innerhalb von 10 Tagen oder 30 Tage netto. Dieses Angebot gilt bis zum 30.10.19..

Anlagen   Neben der detaillierten technischen Spezifikation liegt diesem Angebot eine Preisliste für Verschleiß-Ersatzteile bei.
Außerdem haben wir je ein Muster eines Wartungsvertrages
und eines Full-Service-Vertrages beigefügt.

Mietkauf-   Wir sind gerne bereit, eine Finanzierung des ELCEA-Müll-
möglichkeiten   verdichters über die von Ihnen gewünschte Laufzeit durch
Mietkauf abzuwickeln. In diesem Fall würden wir entspre-
chende Mietsätze und Verzinsung des Kapitals vereinbaren.
Auch dieses Thema besprechen wir gerne mit Ihnen.

Wir schlagen ein Treffen in der 38. KW vor. Folgende Punkte wären zu diskutieren:

⑫   1. Unsere Vorschläge generell
           2. Option der Wechselzähne
           3. Möglicher Liefertermin
           4. Wartungsverträge
           5. Sonstiges

⑬   Unser Herr Eider wird Sie in der 36. KW anrufen, um Datum und Uhrzeit
abzustimmen. Sollten Sie vorher Fragen haben, rufen Sie bitte Herrn Eider
unter der Rufnummer 011 – 134 5678 direkt an. Gerne wird er Ihre Fragen
beantworten.

⑭   Es war uns ein Vergnügen, diese Information für Sie auszuarbeiten. Wir
freuen uns auf Ihren Auftrag und hoffen, damit eine langjährige Geschäftsverbindung mit Ihnen einzugehen.

Ein freundlicher Gruß, auch von Herrn Eider, begleitet diesen Brief aus der
Niederlassung Beilstein der

ELCEA GmbH
ppa.

⑮   Loek C.M. de Bruin
       Niederlassungsleiter

Anlage
Prospektmappe

Kopie: Herr G. Eider

5. Moderne Medien im Vertrieb

5.1 Internet und Online-Dienste im Vertrieb

Der Autor

Stefan Raake, Jahrgang 1965, Diplom-Kaufmann, ist Partner der Düsseldorfer Unternehmensberatung itm IDEAS TO MARKET GmbH und verantwortet den Geschäftsbereich Internet. Er betreut unter anderem den größten deutschen Internet-Marktplatz für Versicherungen, dem sich bisher über 25 Unternehmen angeschlossen haben (http://www.versicherungen.de). Stefan Raake ist Autor mehrerer Veröffentlichungen, unter anderem „Marketing Online", das er gemeinsam mit H.-Rüdiger Huly geschrieben hat.

Digitale Wege zum Kunden

Im Herbst 1996 erregte ein Thema in den Medien weltweit Aufsehen: Der Online-Dienst CompuServe hatte 200 Newsgroups, elektronische Diskussionsforen, von seinen Servern gelöscht. Daraufhin ging erwartungsgemäß – und sicher auch zu Recht – ein virtueller Aufschrei durch die elektronischen Netze, deren Nutzer gegen diesen Akt der Zensur mit aller Heftigkeit reagierten. Diese Reaktion ist eigentlich noch nicht erwähnenswert, mit ihr war vielmehr zu rechnen. Neu hingegen war das Interesse der Medien. Von FAZ bis ZDF, ob CNN oder Washington Post – zum ersten Mal in der Geschichte der Online-Dienste wurde ein netzinternes Ereignis in nahezu sämtlichen Zeitungen, Zeitschriften und Nachrichten-sendungen behandelt. Das heißt: Online-Kommunikation ist nicht mehr nur „cool" und „trendy" für eine Handvoll PC-Freaks, die nächtelang in den Netzen surfen. Online entwickelt sich vielmehr immer stärker zu einem neuen Medium, das auf dem besten Wege ist, unser Medienverhalten, unsere gesellschaftlichen, sozialen und wirtschaftlichen Denkmuster aufzubrechen, neu zu definieren und zu verändern.

Seitdem haben dies hierzulande viele Großunternehmen und Mittelständler erkannt und besetzen mehr oder weniger professionell die neuen Online-Medien. Während viele Unternehmen in den vergangenen Jahren aktiv in Btx agierten und dort auch erfolgreich verkauften, ist nun der Aufbau einer Internet-Präsenz im Mittelpunkt vieler Planungen. Die Gefahr, wichtige Marktchancen im Internet nicht zu nutzen und der Konkurrenz das Feld zu überlassen, ist durchaus realistisch.

Der Effekt des Ersten, der bei neuen Technologien stets Imagegewinne bringt (wie z.B. die CD-ROM des Otto-Versands Mitte 1994), ist schon fast verspielt. Inzwischen machen einige der Großunternehmen online schon guten Umsatz. Nach drei Monaten Betrieb ist man bei Karstadts Internet-Kaufhaus „My World" bereits sehr zufrieden und verzeichnet 7000 Besucher täglich. Otto ließ jüngst verlauten, man mache mit digitalen Medien (CD-ROM, Internet, Btx/T-Online) inzwischen 420 Mio. DM Umsatz. Otto präsentiert inzwischen 44 000 Artikel, die elektronisch bestellt werden können.

Das US-Unternehmen Activ Media befragte 1100 internationale Anbieter im Internet. 31 Prozent gaben an, jetzt schon profitabel zu arbeiten, 28 Prozent gingen davon aus, innerhalb von zwei Jahren schwarze Zahlen zu schreiben – nicht schlecht für ein so junges Medium, wenn auch die Zeit der „einfachen Lösungen" langsam zu Ende geht. Mit einem eingescannten Firmenprospekt ist es nicht mehr getan. Ein mittelständisches Unternehmen, das jetzt starten möchte, kommt nicht umhin, das Internet-Angebot der Konkurrenz genau zu analysieren – und entweder mit entsprechendem finanziellen Engagement mitzuhalten oder klein beizugeben. Die Möglichkeit, das eigene Unternehmen als technisch führend in der Öffentlichkeit zu präsentieren, mag schwinden, aber Internet und Online-Dienste bieten zum Glück weitaus mehr Marketingchancen.

Welche Leistungsmerkmale Internet und Online-Dienste bieten, wer die Online-Medien heute bereits nutzt und wie sie in Marketing und Vertrieb eingesetzt werden können, wird im folgenden erläutert.

Das Internet

Innerhalb weniger Jahre hat sich ein weltumspannendes Datennetz namens Internet mit geschätzten 80 bis 120 Mio. Teilnehmern entwickelt. In der Bundesrepublik haben bereits vier bis fünf Mio. Menschen Zugang zu diesem neuen Medium. Das Internet ist wie ein Nervensystem, durch das verschiedene Rechner zu Kommunikationszwecken miteinander verbunden sind. Der entscheidende Vorteil eines solchen Netzwerks ist, daß eine bestimmte Information (z.B. ein aktuelles Sonderangebot) nur auf einem Rechner gespeichert werden muß, um prinzipiell jederzeit für alle anderen Internet-Benutzer weltweit zugänglich zu sein.

Mit Hilfe eines Modems oder per ISDN kann der Anwender vom eigenen Computer aus Informationen und Software aus aller Welt abrufen oder mit anderen Teilnehmern elektronische Briefe austauschen. Der Anwender zahlt eine monatliche Grundgebühr, eventuell Zuschläge für die übertragene Datenmenge und die Telefongebühren bis zum Einwählknoten des nächsten Internet-Providers (Huly/ Raake 1995, S. 99). Ein *Internet-Provider* ist ein Dienstleistungsunternehmen, das den Zugang zum Internet ermöglicht. Auch die Online-Dienste, die noch beschrieben werden, agieren als Internet-Provider.

Die Entwicklung des Internet
Anfang der sechziger Jahre hatte die amerikanische Armee ein strategisches Problem. Wie konnten die US-Regierungsstellen nach einem Atomkrieg sicher miteinander kommunizieren? Eine einzelne Netzwerkleitstelle wäre sicherlich das Ziel eines Angriffs geworden. Die Lösung war relativ einfach. Es wurde ein dezentrales

Netz entwickelt, das so angelegt wurde, daß die einzelnen Netzknoten unabhängig voneinander operieren konnten. Die Nachrichten wurden in einzelne „Pakete" gepackt, jedes mit einer Adresse versehen, und gingen ihren eigenen Weg durch das Netz.

Ende der sechziger Jahre beteiligten sich die ersten amerikanischen Universitäten an diesem Projekt. Es stellte sich schnell heraus, daß das Netz in erster Linie zum Übertragen von Nachrichten und persönlichen Mitteilungen genutzt wurde. Möglich wurde dies durch Benutzernummern und E-Mail-Adressen. Während der siebziger Jahre wuchs das Netz (damals als ARPANET bezeichnet) weiter. Anders als die herstellerabhängigen Netzwerke konnte das ARPANET die unterschiedlichen Computersysteme verstehen, solange die verschiedenen Computer die paketübertragenden Protokolle benutzen (das sogenannte TCP/IP-Protokoll).

Aus dem ARPANET und anderen Netzen entstand schließlich das Internet, das heute in fast allen Ländern dieser Erde genutzt wird (Raake/Riehn 1996, S. 7).

Die Internet-Nutzer

Für Millionen Menschen ist das „Netz" – wie es auch genannt wird – anscheinend von großem Nutzen (und/oder Unterhaltungswert), denn derzeit kommen immer noch geschätzte 150000 Anwender im Monat hinzu. Marktforschungsuntersuchungen prognostizieren bis 1999 einen Zuwachs auf über 200 Mio. Teilnehmer. Wieviele Personen das Internet wirklich nutzen, kann nicht festgestellt werden. Man kann nur messen, wieviel Rechner (*Hosts*) mit dem Internet verbunden sind. Dies sind zur Zeit (April 1997) etwa 16 Mio. Hosts weltweit. Eine umstrittene Faustre-

gel nimmt die Zahl der Hosts mal 7,5 Personen (gleich 120 Mio. Nutzer). In der Bundesrepublik käme man nach dieser Formel auf 5,5 Mio. Nutzer.

Das System der Domain-Namen

Ein wichtiger Punkt für das gute Funktionieren des Internet ist die Art der Adreßvergabe. Jeder Internet-Rechner hat eine eigene Adresse (*Domain*), die weltweit nur einmal vergeben wird. Hinter einer solchen Adresse steckt eine Zahlenfolge. Da die meisten Menschen Buchstabenfolgen – sprich Wörter – leichter behalten können, wurde das reine Zahlensystem ergänzt.

Eine Internet-Adresse (z. B. http://www.urlaub.de) setzt sich aus mehreren Bestandteilen zusammen:

- „http://" steht für das Internet-Übertragungsprotokoll
- „www" steht für World Wide Web. Mit www bezeichnet man den multimedialen Teil des Internet. www hat sich als Bezeichnung vor dem eigentlichen Namen etabliert. Statt www kann hier auch ein anderer Name oder gar keiner stehen, z. B. http://live.exite.com
- Es folgt der Name des Rechners, z. B. „urlaub" oder „deutsche-bank" oder ein anderer Name, der jedoch weltweit nur einmal vergeben werden kann.
- Zum Schluß steht in der Regel die Länderkennung, z. B. „de" für Deutschland oder „ch" für die Schweiz. Ausnahme: Die „Länderkennungen" der USA, z. B. „com" für commercial oder „gov" für government. Beispiel:
  - http://www.whitehouse.gov (wenn Sie den amerikanischen Präsidenten besuchen möchten) oder
  - http//www.hrgiger.com, die Homepage des Schweizer Künstlers H. R. Giger.

Dem deutschen Network Information Center (DE-NIC), angesiedelt an der Universität Karlsruhe, kommt derzeit eine Monopolstellung bei der Vergabe von Domain-Adressen mit der Kennung „de" zu. Zur Zeit verwaltet DE-NIC rund 20 000 aktive Domains in Deutschland. Während bisher Domain-Namen auch lediglich reserviert werden konnten, d. h. ohne ein Angebot im Netz „geparkt" werden konnten, besteht diese Möglichkeit seit 1. Februar 1997 nicht mehr. Ab sofort muß ein Name direkt delegiert werden. Dies ist über einen Internet-Provider oder DE-NIC selbst möglich. Die Kosten liegen hier zur Zeit zwischen 400 DM und 750 DM, je nach Provider.

Spricht man von Internet, ist meist nur vom World Wide Web, dem multimedialen Teil des Internet, die Rede. Das Internet bietet für den Vertrieb aber noch mehr, beispielsweise E-Mail und Diskussionsforen.

E-Mail

War der Telefondienst die Kommunikationsrevolution des 20. Jahrhunderts, so wird die elektronische Post dies im nächsten Jahrhundert sein. E-Mail stellt die optimale Lösung zur preiswerten und schnellen Übertragung von Informationen dar. Innerhalb weniger Minuten ist in fast jedem Netzwerk ein Teilnehmer erreichbar. Auch jeder Kunde eines Online-Dienstes verfügt über eine eigene E-Mail-Adresse. Das Übermitteln von Dateien, Bestellformularen, Sound und bewegten Bildern ist heute schon möglich. So sieht eine typische E-Mail-Adresse aus: raake@itm.de

Links vom sogenannten „at"-Zeichen (@) steht die Benutzerkennung (hier der Nachname des Autors), rechts die Länder- und Standortkennung („de" für Deutschland, „itm" für das Unternehmen).

Newsgroups (Diskussionsforen)

1979 wurde von zwei Studenten einer amerikanischen Universität im Usenet (heute Teil des Internet) eine Art Wandzeitung entworfen, auf der jeder Student eine Nachricht hinterlassen konnte. Sehr schnell wurden die einzelnen Nachrichten in bestimmte Themenbereiche gegliedert. So entstanden die Newsgroups. Heute gibt es weltweit zirka 11 000 Diskussionsforen, in denen jedes nur erdenkliche Thema diskutiert wird – vom Kuchenbacken bis zur Kernforschung. Jeder Nutzer ist in der Lage, ein neues Diskussionsforum zu eröffnen. Die Teilnahme an einer Newsgroup erfolgt durch E-Mail.

World Wide Web

Mit der Erfindung und Implementierung des World Wide Web, dem multimedialen Teil des Internet, begann der Internet-Boom. Das World Wide Web (www) wurde von Tim Berners-Lee entwickelt und 1991 im CERN (European Laboratory for Particle Physics, Genf) installiert, wo Berners-Lee als Computer-Spezialist arbeitete. Die Idee war, für die Wissenschaftler eine einheitliche Kommunikationsoberfläche zu schaffen. Das World Wide Web ist ein auf *Hypertext* basierendes Informationssystem. Hypertext-Dokumente sind durch eine Vielzahl ausgewählter Worte miteinander verbunden. Durch Auswahl eines bestimmten Wortes läßt sich ein anderes Dokument öffnen. Dieses Dokument kann wiederum weitere Verbindungen (*Links*) zu anderen Dokumenten enthalten. Das Springen von einem Dokument zum anderen und von einem Rechner zum nächsten prägte den Begriff des Internet-*Surfens*.

Mit Browsern durchs Netz

Das Internet wurde vor kurzem noch als

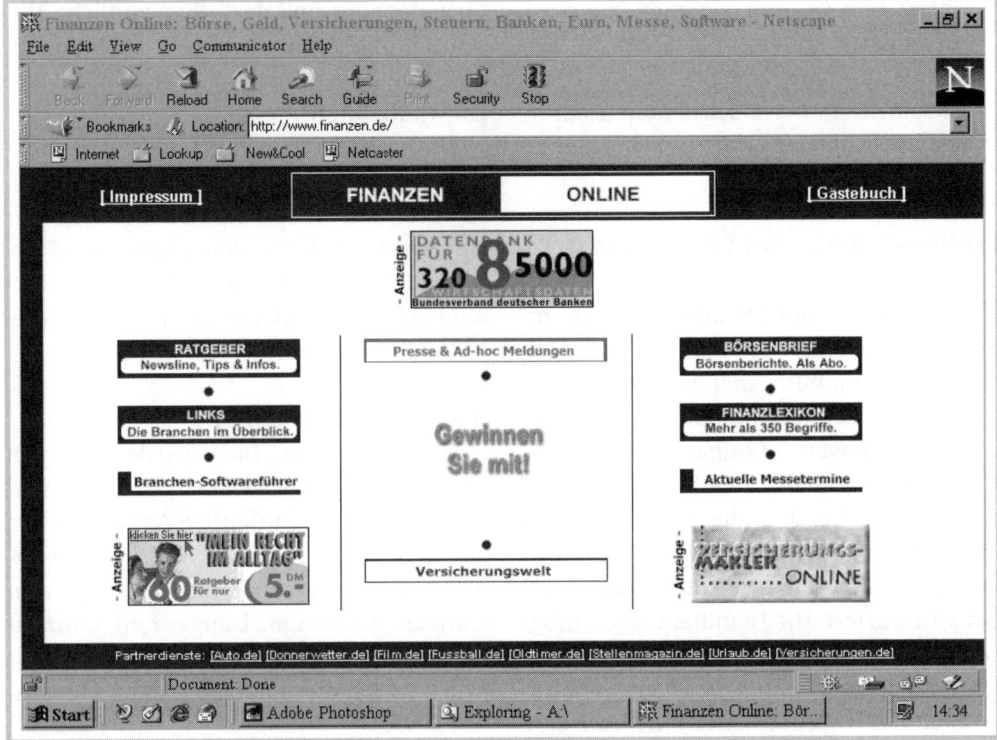

Abb. 1: Browser der Firma Netscape

wirrer Datendschungel bezeichnet. Richtig ist: Bei der Fülle der Information besteht die Gefahr, daß das eigene Angebot nicht gefunden wird. Doch mit der Einführung der Browser-Software begann die entscheidende Wende in der Online-Kommunikation. Browser vereinfachen die Navigation durch den Internet-Kosmos dramatisch. Browser werden wie eine Windows-Oberfläche benutzt. Mit Browsern können Sie z. B. auch ganz einfach Ihre E-Mail handhaben. Zwei Browser dominieren zur Zeit den Markt, der *Internet-Explorer* von Microsoft (30 Prozent Marktanteil) und der *Navigator* der Firma Netscape (65 Prozent).

Der Zugang zum Netz

Folgende Dinge benötigen Sie für Ihren Weg ins Internet:

- Telefonanschluß (analog oder ISDN)
- Computer
- Internet-Anschluß über einen Online-Dienst (z. B. T-Online oder AOL) oder über einen Internet-Provider (z. B. EUnet, Nacamar, um zwei größere von über 200 Anbietern in Deutschland zu nennen)
- Modem oder ISDN-Karte (entsprechend Ihrem Telefonanschluß)
- Browser-Software (siehe oben)
- Einen „Reiseführer", d. h. eine Internet-*Suchmaschine*. Suchmaschinen durchsuchen das Internet automatisch. In eine Suchmaschine kann ein Begriff

eingegeben werden, sie zeigt dann an, auf welchen Seiten im Internet der Begriff vorkommt. Entsprechende Fachzeitschriften oder Bücher helfen natürlich auch, interessante Internet-Seiten zu finden.

Online-Dienste im Überblick

Neben den Internet-Diensten gibt es kommerzielle Online-Dienstleister, die eine monatliche Gebühr und bestimmte Beträge für die zeitliche Nutzung ihres Angebotes verlangen. Online-Dienste wie Btx/T-Online oder CompuServe bieten eigenständige Inhalte, die kostenpflichtig ihren Abonnenten zugänglich gemacht werden. Online-Dienste sind in der Regel gut strukturiert. Ihr Bemühen ist es, möglichst attraktive Angebote selbst zu erstellen oder über *Content-Provider* (Inhalte-Anbieter, z. B. Zeitschriften) in ihre Netze zu holen, um so ihren Kundenkreis stetig zu erweitern.

Das wichtigste Merkmal von Online-Diensten ist die zentrale Steuerung – der Inhaber kann seinen Dienst jederzeit abschalten oder Personen den Zugang verweigern. Sowohl Wachstum des Dienstes als auch Informationsinhalte sind so steuerbar. Die Online-Dienste verstehen das Internet nicht als Konkurrenz, sondern als Ergänzung der eigenen Angebote. Daher ist es in allen großen Online-Diensten möglich, über einen speziellen Zugang das Internet direkt anzuwählen (Raake 1996, S. 57 ff.).

Online-Dienste rechnen in der Regel nach Minuten ab, die der Nutzer online ist. Meist gibt es einige Freistunden im Monat. Auch andere Systeme, wie das *Flat-Rate-Gebührenmodell*, sind im Gespräch. Hier zahlt der Abonnent eines Online-Dienstes eine bestimmte monatliche

Grundgebühr und darf ohne zeitliche Beschränkung online sein. Hinzu kommen die Telefongebühren bis zum nächsten Einwählknoten.

Die wesentlichen Merkmale der wichtigsten Online-Dienste, ihre Angebotsstruktur und ihre Marktchancen in der Bundesrepublik werden nachfolgend erläutert. Bei der rasanten Marktentwicklung hat sich allerdings sicher einiges geändert, wenn Sie diesen Text lesen.

America Online (AOL)

America Online Inc. wurde 1985 in Vienna (Virginia, USA) gegründet und ist Marktführer in den USA. Inzwischen hat AOL über sechs Mio. Mitglieder weltweit und verzeichnet nach wie vor ein stetiges Wachstum. Lange Zeit konzentrierte sich America Online auf den US-Markt, doch dies änderte sich im Dezember 1995.

Der größte deutsche Medienkonzern, die Bertelsmann AG, Gütersloh, und AOL wollen in Form eines Joint Ventures vor allem in Europa an der künftigen Entwicklung der elektronischen Medien teilhaben. Der deutschsprachige AOL-Dienst ist seit November 1995 online. Vorerst will Bertelsmann gut 100 Mio. DM in das gemeinsame Unternehmen investieren. Auf 1 Mio. Abonnenten im Jahr 2000 und einen Umsatz von 700 Mio. Dollar hoffen die beiden Unternehmen in Europa. Zur Zeit nutzen 400 000 Abonnenten den Dienst in Deutschland.

Das Dienstleistungsangebot umfaßt in Anlehnung an das AOL-Angebot folgende Bereiche (mit u. a. folgenden Inhalten/Zeitschriften): Nachrichten, Kiosk (Stern, PM), Finanzen (Hoppenstedt, Wirtschaftsnews), Computing (PC Welt, Chip), Treffpunkt (Jobbörse, Chat), Reisen (Lufthansa, Geo, ADAC), Entertainment (TV Today, Tower Records), Service, Internationales (AOL Canada, AOL USA, AOL Frankreich), Internet-Zugang.

Aufgrund des vielfältigen Informationsangebots und der Möglichkeit, über den Bertelsmann-Club mit weltweit über 25 Mio. Mitgliedern aktive Kundenakquise – zu niedrigen Kosten bei gleichzeitig hohen Rückläufen – zu betreiben, hat AOL in Europa sehr gute Marktchancen.

CompuServe

Der weltweit führende kommerzielle Netz-Anbieter war lange Zeit das US-Unternehmen CompuServe, das 1969 als Computer-Timesharing-Unternehmen gegründet wurde. CompuServe stieg 1979 in den Markt der Online-Anbieter ein und ist im Laufe der Jahre zu einem der führenden Anbieter computergestützter Informationen, Software und Kommunikationsmöglichkeiten für die Wirtschaft und den PC-Anwender geworden. In Deutschland gibt es etwa 120 000 Abonnenten.

CompuServe will künftig seine eigene Zugangssoftware aufgeben und mit Internet-Software arbeiten. Die Inhalte werden nach und nach auf das Internet-Format umgestellt. Auch der Browser für das World Wide Web ist in die Zugangssoftware integriert, Übergänge vom geschlossenen System zum Internet sind problemlos möglich. Zur Zeit werden etwa 100 Basisdienste angeboten, wie z. B. ein Reisebuchungssystem für Flugreise-, Hotel- und Mietwagenbuchungen weltweit, elektronische Post, weltweite Wetterberichte, Trainingsforen und verschiedene Finanzdienste.

Fehlgeschlagen sind die Versuche von CompuServe, auch Privatanwender in großem Maße einzubinden, ein spezieller

Dienst namens „WOW" war in den USA schnell wieder verschwunden. CompuServe steht unter Druck und bemüht sich, verlorenes Terrain wieder gutzumachen.

Inzwischen ist CompuServe von AOL gekauft worden. CompuServe hat für die ersten drei Monate des Geschäftsjahres 1997 Verluste ausgewiesen, während in der Vorjahresperiode noch Gewinne erwirtschaftet wurden. Wann das Unternehmen wieder schwarze Zahlen schreiben wird, ist fraglich.

GermanyNet

Innerhalb kurzer Zeit hat es der Frankfurter Online-Dienst GermanyNet geschafft, über 50 000 Teilnehmer zu gewinnen. GermanyNet bietet als erster Online-Dienst den Großteil seines Angebotes kostenlos an. Bis auf die Telefongebühren entstehen für die Nutzer keine weiteren Kosten. 110 Content-Provider versorgen den Dienst mit attraktiven Informationen. Weiterhin gewährt er Zugang auf das nationale Internet. Als neuen Partner konnte der Dienst die RWE-Tochter Telliance AG gewinnen. Die RWE verfügt über das größte deutsche Glasfasernetz und will GermanyNet bundesweit zum Ortstarif erreichbar machen. Wenn GermanyNet seine Kostenstruktur halten kann, wird der Service eine ernstzunehmende Konkurrenz für die etablierten Dienste.

Microsoft Network (MSN)

Auch wenn Software-Weltmarktführer Microsoft erst spät ins Online-Geschäft eingestiegen ist, hat das Unternehmen einen entscheidenden Vorteil. Windows und andere Microsoft-Programme sind bei vielen PCs schon beim Kauf obligatorisch auf der Festplatte installiert. Das Betriebssystem Windows 95 enthält eine Funktion, von der man sich direkt per Modem ins Microsoft Network (MSN) einwählen kann. Der Service soll als Kommunikationsnetz zum Datenaustausch zwischen Windows-Anwendern dienen, gleichzeitig aber auch ein vollwertiger Online-Dienst sein.

Hinzu kommt die Änderung der Microsoft-Strategie. Bisher wurde gegen die offene Welt des Internet gekämpft, jetzt will Microsoft das Internet für sich vereinnahmen. Mit der eigenen Browser-Software *Explorer* steigen die Chancen. Explorer ist so gut wie der Netscape-Browser und kann kostenlos im Internet heruntergeladen werden.

Inhaltlich wurde MSN im Herbst 1996 komplett überarbeitet und besteht jetzt hauptsächlich aus vier Teilen. Es gibt einen Kommunikationsbereich, einen Bereich mit Suchmaschinen und Online-Führern, der den Einstieg ins Internet erleichtern soll, sowie einen Servicebereich mit Nachschlagewerken, Finanzinformationen und Produktkatalogen. Der vierte Bereich, der sogenannte On-Stage-Bereich, bietet auf sechs Kanälen Info- und Entertainment. Alle Inhalte sind hier zielgruppenspezifisch aufgeteilt (z. B. gibt es einen Kinderkanal und einen Lifestyle-Kanal). Ziel ist die Entwicklung von echten „Online-Shows". Das deutsche Programm „wird sich zusammensetzen wie ein deutscher Fernsehsender", so der neue MSN-Deutschland-Chef Knut Föckler in einem Interview (Mattys 1996).

Allerdings scheint auch diese Vorgehensweise nicht sehr erfolgversprechend zu sein. Über die nächste Strategieänderung wird schon wieder laut nachgedacht; der interessante Online-Show-Ansatz wird wohl bald wieder aufgegeben.

Ob sich MSN gegenüber T-Online und AOL wird behaupten können, ist offen. Microsoft hat bekanntermaßen die nötige Geduld zur Entwicklung eines neuen Geschäftsfeldes.

T-Online

Vor 16 Jahren wurde Btx eingeführt, zwischenzeitlich in Datex-J umbenannt. Der Nachfolge-Dienst T-Online ist der erfolgreichste Anbieter auf dem deutschen Online-Markt. T-Online umfaßt Btx, BtxPlus, Internet-Zugang und E-Mail. Zur Zeit gibt es ca. 1,5 Mio. Kunden, damit ist die Deutsche Telekom größter Internet-Provider in Europa. T-Online nutzt nach wie vor die Basistechnik von Btx, wurde aber durch das Betriebssystem KIT erweitert, das auch Videos, Musik, Bilder und Grafiken online übertragen kann. Die 800 000 Btx-Kunden erhielten die spezielle Software kostenlos auf CD-ROM, um auf den neuen Dienst umsteigen zu können. Ziel von T-Online ist, bis 1998 4 Mio. Nutzer zu bekommen.

T-Online bietet seinen Kunden unter anderem ein elektronisches Telefonbuch, Kursbuchabfragen der Bahn und der Lufthansa, Recherchemöglichkeiten in verschiedenen Zeitungen und Zeitschriften, Bank- und Börseninformationen, eine Firmendatenbank aus dem deutschsprachigen Raum und Internet-Zugang. T-Online hätte sicherlich nur halb so viele Teilnehmer, gäbe es nicht zudem die Möglichkeit, Bankgeschäfte zu tätigen. Beim Electronic Banking gibt es inzwischen mehr Konten als Teilnehmer.

Für T-Online spricht die bereits jetzt hohe Nutzerbasis, die (Marketing-) Macht der Deutschen Telekom AG, die T-Online stark bewirbt, die gute technische Basis (ISDN ist flächendeckend verfügbar), die Verfügbarkeit von Electronic Banking sowie die sichere und einfache Abrechnung über die Telefongebühren. T-Online ist bundesweit zum Ortstarif erreichbar. Mittels T-Online läßt sich rationell und sicher ein anonymisiertes Inkasso von Anbieter-Vergütungen durchführen. Über 100 Mio. DM wurden so 1996 abgerechnet. Problematisch sind die regionale Beschränkung des Dienstes, die relativ hohen Kosten für Internet-Surfen und der neue KIT-Standard, der aufwendig zu programmieren ist und qualitativ nicht überzeugt. Trotz dieser Schwächen hat T-Online eine starke Marktposition und wird diese wohl auch halten.

Online-Medien in Marketing und Vertrieb

Schwerpunkt der folgenden Betrachtung sind die Vermarktungschancen im Internet. Die geschlossenen Online-Dienste verfolgen in der Regel das Ziel, ihren Dienst für Endverbraucher so attraktiv wie möglich zu machen. Dies kann nur teilweise mit den Zielen der Unternehmen in Einklang gebracht werden. Wollen Sie Ihre Firma in einem Online-Dienst präsentieren, müssen Sie mit dem entsprechenden Dienst verhandeln. Im Internet hingegen können Sie gewissermaßen tun und lassen, was Sie wollen. Doch zuerst wollen wir einen Blick auf die Online-Nutzer werfen.

Der Online-Markt in der Bundesrepublik

Annähernd 29 Prozent (14,5 Mio.) der deutschen Bevölkerung zwischen 14 und 64 Jahren verfügen über einen PC in ihren eigenen vier Wänden. Von diesen besitzen ca. 2,4 Mio. ein Modem und sind somit technisch in der Lage, einen Online-Dienst zu nutzen. Hinzu kommen die rein beruflichen Online-Nutzer, die schätzungsweise noch einmal eine halbe Million ausmachen. Die Gesamtzahlen der

Nutzer ändern sich derzeit rasant, ebenso die qualitativen Strukturen der Anwender.

Die im Herbst 1996 zum dritten Mal durchgeführte Studie der Hamburger Marktforschung Fittkau & Maaß, W3B, liefert das aktuelle demographische Profil der Benutzer des World Wide Web. 7445 Nutzer wurden online befragt. Gefragt wurde nach Alter, Einkommen, Bildung, Beruf und danach, welche Angebote sich die Teilnehmer im Internet ansehen und wie sie diese bewerten. Innerhalb von sechs Monaten, die zwischen der zweiten und der dritten Studie liegen, gibt es deutliche Nutzerverschiebungen. Der Anteil der Studenten ist von etwa 40 Prozent auf 30 Prozent gesunken, die Zahl der Nutzer mit Abitur von 95 Prozent auf 78 Prozent gefallen. Das Internet scheint sich, vermuten die Marktforscher, vom „Spiel- zum Marktplatz" zu entwickeln. Die neuen Teilnehmer kommen aus der Wirtschaft und den Behörden. Inzwischen machen Angestellte (36 Prozent), Selbständige (13 Prozent) und Beamte (4 Prozent) zusammen den Großteil der Nutzer aus. Nur 9 Prozent sind Frauen, andere Studien sprechen von 15 Prozent bis 20 Prozent. Das Durchschnittsalter liegt bei 30 Jahren (Münch 1997).

Am meisten werden elektronische Online-Angebote von Zeitschriften (72 Prozent) und Tagezeitungen (55 Prozent) genutzt. Hier ist das gute Zusammenspiel von Printwerbung und Online-Auftritt sicher eine der entscheidenden Erfolgskomponenten. Eine Zeitschrift macht nun einmal leichter und preiswerter auf ihr Online-Angebot aufmerksam als ein Büromöbelhersteller. Über 60 Prozent der Teilnehmer nutzen Online-Lexika und Archive, gut 46 Prozent die Angebote der TV-Sender im Internet, 26 Prozent Reiseangebote, Flug- und Fahrpläne. Online-Werbung wird inzwischen von über 50 Prozent der Befragten akzeptiert, weil die Anwender erkannt haben, daß durch Werbelogos viele Online-Angebote finanziert werden.

Fazit: Der Markt ist da, die kaufkräftigen Konsumenten auch. Wer nun letztlich wirklich Ihr Online-Angebot nutzen wird, werden Sie nur durch Ausprobieren herausbekommen. Die Erfahrungen aus der Praxis unseres Beratungsunternehmens itm IDEAS TO MARKET sprechen hier eine klare Sprache. Selbst wenig begehrenswerte Produkte wie Versicherungen lassen sich online erfolgreich vermarkten. Im Schnitt erhalten die Versicherungsunternehmen, die wir beraten, monatlich 400 bis 500 konkrete Produktanfragen auf ihren Internet-Homepages – und das ohne zusätzliche TV-/Printwerbemaßnahmen. Der Return on Investmest wurde so bei allen Unternehmen innerhalb kürzester Zeit geschafft, von anderen Marketingzielen, die ebenfalls erreicht wurden, einmal abgesehen.

Vor dem Start empfiehlt es sich, eine Strategie festzulegen,

- welche Ziele Sie mit einem Online-Engagement verfolgen,
- wie die Online-Aktivitäten in die gesamten Unternehmensaktivitäten eingebunden werden sollen,
- welche der Online-Vertriebschancen Sie von Beginn an nutzen wollen,
- wie und wo Sie Ihr Unternehmen präsentieren und
- welche Ressourcen Sie im ersten Jahr Ihrer Online-Präsenz bereitstellen wollen.

Die obigen Punkte sollten eigentlich eine Selbstverständlichkeit sein, um so erstaunlicher, wie viele Firmen sie in der Vergangenheit nicht beachtet haben. Eine Untersuchung der Universität Marburg ergab, daß von 384 befragten Firmen, die bereits im Internet vertreten sind, nur 70 eine Kommunikationsstrategie für ihren Online-Auftritt haben. Schon der Einstieg geschah häufig mehr oder minder zufällig, die Marketingabteilung wurde nur bei jedem dritten Anbieter mit dem Auftritt beauftragt.

Ziele eines Online-Engagements

Letztlich ist Ziel allen wirtschaftlichen Strebens die Gewinnoptimierung. Nur wird sich bei einer Investition in neue Medien vielleicht nicht jede Mark vom ersten Tag an rechnen. Sie sollten das erste Online-Jahr als Investition verstehen, in dem Sie Erfahrungen sammeln und lernen, mit dem Medium umzugehen. Echte Umsatzsteigerungen sind online in vielen Branchen nur langfristig realisierbar. Vielmehr werden Ihre Kunden künftig von Ihnen erwarten, daß Sie online erreichbar sind, denn beispielsweise E-Mail wird für viele Menschen ein normales Kommunikationsmittel wie das Fax werden.

Die eigene Homepage

Vor dem Aufbau einer eigenen Homepage sollte das Angebot der Wettbewerber analysiert werden. Zur qualitativen Bewertung von Internet-Angeboten – und zum Aufbau Ihrer eigenen Homepage – ist der Einsatz einer Checkliste sinnvoll. Dabei lassen sich insgesamt acht Themenkomplexe unterscheiden, die je nach Produkt unterschiedliche Bedeutung haben (Huly/Raake 1997, S. 90 ff.):

- Information
- Aktualität
- Interaktion
- Gestaltung
- Unterhaltungswert/Spannung
- Auffindbarkeit im Netz

- Kommunikation in anderen Medien
- Wertschöpfungskette

Wichtige Fragestellungen zu diesen Themenkomplexen sind im folgenden branchenübergreifend (mit Beispielen) zusammengestellt.

Welche Informationen werden in welchem Umfang angeboten?
Denkbar sind zum Beispiel:
- Unternehmensdarstellung („Unsere Firma im Wandel der Zeit")
- Darstellung der Produktpalette („Feuerlöscher für Auto, Haus und Garten")
- Erklärungen der Produkte („Alles Wichtige über unseren neuen Staubsauger")
- Informationen in der Form eines Ratgebers („Haushalt-Tips")
- Aktuelle Brancheninformationen
- Produktunabhängige Zusatzinformationen (Chemiekonzern bietet Umwelttipps)
- Angaben über Vertragsgestaltung und Konditionen

Informationstiefe
Sie umfaßt
- die Vermittlung von Basiswissen („Dein Auto und Du")
- die Vermittlung von weiterführendem Hintergrundwissen („So funktioniert unser neuer Motor.")
- detaillierte Nutzendarstellungen („Diesel- oder Benzinmotor – was ist besser?")
- die Möglichkeiten, den individuellen und persönlichen Nutzen zu bestimmen („Wenn Sie im Jahr x km fahren, sollten Sie Modell C nehmen, weil ...")

Die Aktualität des Angebotes
Sie wird bestimmt durch
- die redaktionelle Betreuung von Trendthemen („Jede Woche Bundesliga-News")

- die regelmäßigen Beiträge von Fachleuten („Unser Vorstand zum Thema ...")
- die Einbindung von Informationen einschlägiger Quellen, wie Nachrichtenagenturen oder Wirtschaftspresse („News-Ticker")
- gepflegte Kalender für den Kultur- und Veranstaltungsbereich
- die Einbindung von Informationen über das aktuelle Tages- und Wochengeschehen

Gerade dieser Punkt wird bei Unternehmen häufig sträflich vernachlässigt. Über die Hälfte aller Internet-Angebote werden nicht einmal monatlich aktualisiert.

Die Interaktionsmöglichkeiten des Angebotes
- ermöglichen von den Unterseiten einen schnellen Wechsel in andere Hauptbereiche des Dienstes
- unterstützen eine konsequente E-Mail-Verbindung
- umfassen ein Diskussionsforum („Sagen Sie uns Ihre Meinung.")
- umfassen Online-Chats mit Experten („Am Montag um 19.00 Uhr steht Ihnen unser Pressesprecher Rede und Antwort.")

Die Gestaltung des Angebotes
- zeichnet sich durch eine klare Themengliederung aus
- beinhaltet Grafikelemente, die die Benutzerführung unterstützen
- bietet ein ausgewogenes Text/Grafik-Verhältnis
- führt den User zielgerichtet durch das ihn interessierende Thema

Der Unterhaltungs-/Spannungswert des Angebotes
- liegt in der spielerischen Erklärung von Produkten und Dienstleistungen

- wird durch unterhaltsam gestaltete Grafiken erhöht
- liegt in flüssig und angemessen unterhaltsam formulierten Texten
- wird durch ein anspruchsvolles Gewinnspiel erhöht

Auffindbarkeit im Netz
- Ist die Homepage in den wichtigen Suchmaschinen verzeichnet?
- Hat die Homepage einen sinnvollen, nicht zu langen Namen, den sich die Kunden einprägen können? Wenn Ihr Unternehmen z. B. „Synetics Gesellschaft für Systemintegration mbH" heißt, empfiehlt sich der Name www.synetics.de oder, falls dieser nicht mehr frei ist, der Name www.synetics-gmbh.de. Wie der Nutzer im Netz sucht, wird weiter unten ausführlicher behandelt.

Kommunikation in anderen Medien
- Hat die Presseabteilung die Medien rechtzeitig zum Online-Start informiert?
- Sind Werbeplakate, Prospekte und Broschüren mit der Internet-Adresse versehen worden?
- Haben die Visitenkarten der Außendienstmitarbeiter eine E-Mail-Adresse?

Wertschöpfungskette
Die Wertschöpfungskette „Online-Verkauf" fängt bei der Möglichkeit an, Informationen anzufordern und kann bei nicht-materiellen Gütern (z. B. Informationen) bis zur Lieferung/Abrechnung gehen. Bei der Wertschöpfungskette müssen Sie überlegen, welche Funktionen Sie in Ihrem Angebot integrieren wollen. Das kann von der einfachen Information (Online-Werbebroschüre) bis zum aktiven Verkauf Ihrer Produkte mit Bestell- und Zahlungsfunktion und After-Sales-Online-Betreuung gehen.

Wie sucht der Kunde im Internet?

Der Nutzer sucht nicht, er weiß, wo die Information steht	Der Nutzer kennt Firmen- oder Produktname (Nur starke Marken haben eine Chance)	Der Nutzer arbeitet mit Suchmaschinen	„Gelbe Seiten"-Suche mit bekannten Begriffen
z. B. Adresse des AMC (versicherungen.de/amc)	z. B. langnese.de oder albingia.de	z. B. Alta Vista oder Web.de	z. B. auto.de finanzen.de

Abb. 2: Wie sucht der Kunde im Internet?

Wie sucht der Nutzer im Internet?

Wie findet der Internet-Nutzer Ihre Seiten? Das ist vielleicht die wichtigste Frage, die beantwortet werden muß, will man heute ein Angebot aufbauen, das sich durchsetzt und am Markt besteht. Um diese Frage beantworten zu können, muß man eine weitere klären: Wie sucht der Kunde eigentlich online?

Grundsätzlich gibt es vier Arten, wie Informationen im Internet gefunden werden können:

- Der Nutzer sucht nicht. Er weiß, wo die Information steht, und gibt einfach die Internet-Adresse ein. So findet man zum Beispiel den AMC Assekuranz Marketing Circle unter der Adresse www.versicherungen.de/amc.
- Der Nutzer sucht intuitiv mit dem Firmennamen oder Produktnamen der ihn interessierenden Leistung, z. B. www.devk.de, www.sony.com oder www.west.de. Hier haben starke Marken die besten Chancen.
- Der Nutzer benutzt Kataloge wie Web.de, Suchmaschinen wie „Yahoo" und „Alta Vista" und gibt einen bestimmten Begriff ein, z. B. „Versicherungen" – und erhält über 4000 Treffer (d. h. Angaben, wo überall in Internet-Dokumenten der gesuchte Begriff erwähnt ist). Dabei bieten Suchmaschinen nicht unbedingt Vollständigkeit und liefern auch nicht immer die gleichen Ergebnisse.
- Noch relativ neu ist die Idee, mit Internet-Adressen im Stil der Gelben Seiten zu arbeiten, z.B. mit Begriffen wie www.tennis.de oder www.olympiade.de. Der Umgang mit den Gelben Seiten muß vom Nutzer nicht mehr gelernt werden. Er kann sofort handeln, sobald er weiß, daß Teile des deutschsprachigen Internet-Angebotes so funktionieren.

Kommunikation per E-Mail

E-Mail bietet immense Chancen zur Steigerung der Produktivität, was häufig unterschätzt wird. Pispers/Riehl geben in ihrem Buch „Digital Marketing" ein schönes Beispiel: Ein Teil einer Präsentation (3 DIN A4-Folien) soll unter Zeitdruck von Deutschland in die USA geschickt werden. Es kommt nur Fax oder E-Mail in Frage. *Beim Versand per Fax* werden die Folien ausgedruckt, zu Kosten von 3,84 DM (Welt-Tarif Telekom) in die USA geschickt, dort am Fax abgeholt und abgeschrieben. *Beim Versand per E-Mail* wird offline (d. h. ohne Verbindung zum Online-Dienst) die E-Mail adressiert, und die Folien werden an die E-Mail mit Hilfe einer entsprechenden Funktion „angehängt". Nach 18.00 Uhr wird sie zum Freizeit-Tarif der Telekom (0,12 DM für die Verbindung und Übertragung) automatisch verschickt. In den USA wird die eingegangene E-Mail geöffnet und in die anderen Teile der Präsentation eingebunden.

Der gesamte Zeitaufwand hier und diesseits des Atlantiks beträgt beim Faxen ca. 40 bis 60 Minuten, per E-Mail vielleicht 15 Minuten. Nicht berücksichtigt sind unter anderem Personalkosten sowie Kosten für Toner und Papier. Allein dieses Beispiel zeigt, wie lohnend der E-Mail-Einsatz nach kurzer Zeit schon ist (Pispers/Riehl 1997, S. 98 f.).

Wie können Sie E-Mail in Ihre Vertriebsaktivitäten einbinden? Möglich sind unter anderem:
- der Einsatz einer E-Mail-Funktion auf Ihren Internet-Seiten (siehe oben),
- die Versendung elektronischer Werbebriefe,
- der Einsatz von Personal News zur Kundenbindung.

Elektronische Werbebriefe

Grundsätzlich problematisch ist die direkte Ansprache unbekannter Online-Nutzer mittels einer „Junk-Mail", d. h., Sie mailen einfach E-Mail-Adressen wie bei einem normalen Post-Mailing auch. Diese „Müll-Mails" sind nicht gern gesehen, in der Regel reagieren die Empfänger verärgert darauf. Auch rechtlich gesehen gibt es hier Grenzen. Im November 1996 legte eine solche Junk-Mail den E-Mail-Betrieb von T-Online lahm. Die kurze, nur 300 Byte große Nachricht mit eindeutigem Inhalt „Demnächst neu im Programm sind Damen für vorübergehende Urlaubsbekanntschaft" hatte ein Anbieter an 3,4 Mio. Adressen abgesendet, von denen nur ein Zehntel überhaupt existierte. Die 3 Mio. Irrläufer brachten das System zum Erliegen. Der Fall wird ein juristisches Nachspiel haben.

Diskussionsforen (Newsgroups)

Die Werbung in Newsgroups ist ebenfalls problematisch. Es erscheint schon sehr verlockend, in den Tausenden digitalen „schwarzen Brettern" seine Werbebotschaft zu plazieren. Schließlich lesen dann Millionen von Newsgroup-Teilnehmern zwangsweise Ihre Werbung. In Deutschland ist dieses Vorgehen noch nicht allzu verbreitet, anders in den USA. Dort sind unverlangte Werbeschreiben an Endverbraucher zum erstenmal im Frühjahr 1994 öffentlich bekannt geworden. Die Anwaltskanzlei des Ehepaars Canter & Siegel war spezialisiert auf Kunden, die an der Green-Card-Lotterie teilnehmen, in der jährlich eine bestimmte Anzahl der Arbeitserlaubnisse für die USA verlost werden. Juristische Beratung bei dieser Verlosung boten die Anwälte den Nutzern von über 8 000 Newsgroups an. Dazu nutzen sie eine eigens entwickelte Software, die auf einen Schlag das gesamte Netz überschwemmte. Viele User empfanden diesen eklatanten Verstoß gegen die „Netiquette" – die Online-Umgangsformen – als Kampfansage. Die Gegenmaßnahmen ließen nicht lange auf sich warten: Einige tausend User schickten große unnütze E-Mails an Canter & Siegel, bis deren elektronischer Briefkasten unbrauchbar wurde. Dieses „Mailbombing" zeigte Wirkung; bald darauf kündigte der Internet-Provider der Kanzlei den Anschluß. Die Anwälte vermarkteten ihre Erfahrungen als Buch. E-Mail-Werbung ist also mit Vorsicht zu genießen.

Die Befürworter der E-Mail-Werbung sehen das anders. Sie sind der Überzeugung, E-Mail-Werbemaßnahmen helfen dem Empfänger, Kaufentscheidungen zu treffen wie andere Werbung auch. Sicherlich sind die Werbemöglichkeiten eines gezielten E-Mail-Einsatzes hervorragend: Kundeninformationen, Beschwerdemanagement, Produktsupport, Online-Verbraucher-Clubs sind nur einige Beispiele – aber nur bei Nutzern, die man kennt. Sonst ist diese Form der Direktwerbung nur eine Störung der Privatsphäre des Anwenders oder führt im schlimmsten Fall zum Zusammenbruch des Netzes wie beim oben erwähnten T-Online-Beispiel (Gröndahl 1997, S. 43 ff.).

Personal News zur Kundenbindung

Unter der Adresse www.suchen.de können Online-Nutzer ihre E-Mail-Adresse und ihre spezifischen Interessen angeben. Sie bekommen dann zu gewünschten Themen (z. B. Finanzen, Computer) regelmäßig (z. Zt. wöchentlich) eine E-Mail mit etwa fünf bis sieben Kurznachrichten. Bereits in die E-Mail eingebunden sind

Abb. 3: Beispiel für einen digitalen Marktplatz, der Internet-Service Versicherungen Online (http://www.versicherungen.de)

Links, die auf die entsprechenden Seiten im Internet verweisen, die dieses Thema vertiefen. Der Service von *suchen.de* ist ein Mix aus Information und Werbung. Die Idee stammt aus den USA, erfolgreichster Anbieter ist dort Pointcast (www.pointcast.com) mit über 1 Mio. Abonnenten. Möchte ein Internet-Anbieter hier genannt werden, muß er in der Regel dafür bezahlen. Auf Ihrer eigenen Homepage können Sie einen ähnlichen Dienst zur Kundenbindung einrichten. Sie können den Besuchern Ihrer Seite z.B. anbieten, eine E-Mail zu hinterlassen, um sie über Neues aus Ihrem Unternehmen per E-Mail auf dem laufenden zu halten. Machen Sie dies unaufdringlich und interessant, ist es eine bequeme Möglichkeit, Kunden und Interessenten schnell und preisgünstig über Ihre Servicepalette zu informieren.

Digitale Marktplätze

Eine weitere Möglichkeit, sich online zu präsentieren, ist die Teilnahme an einem virtuellen Marktplatz. Hier sind zu unterscheiden:

- Branchenmarktplätze (z.B. alles zum Thema Geld)
- Regionale Marktplätze (wie die Bodensee-Mall, die Anbieter und Informationen rund um den Bodensee zusammengestellt hat)
- Virtuelle Shopping-Malls (von Unterwäsche bis zu Büchern – alles unter einer Online-Adresse)

335

Beurteilung Internet/Online-Dienste

Der Online-Markt für geschlossene Benutzergruppen ist eng geworden. In der Bundesrepublik werden sich America Online und T-Online etablieren, CompuServe hingegen hat es schwer, seine Kunden auch außerhalb der professionellen PC-Nutzer zu finden.

Der Markt scheint die Frage des Netzes bereits entschieden zu haben: Die Menschen wollen den Zugang zum Internet. Und die Unternehmen auch – hier liegen gerade für europäische oder weltweit agierende Unternehmen hervorragende Chancen. Angebote von Magazinen wie *Spiegel* (http://www.spiegel.de) oder spezielle Branchendienste wie *Finanzen Online* (http://www.finanzen.de) werden zeigen, ob das Internet alleine Bestand hat, oder ob einigen Nutzern die Vielfalt des Netzes der Netze nicht zuviel wird.

Das Thema der nächsten Jahre wird erst nach und nach erkannt: firmeninterne Kommunikation via *Intranet*. Indem die Möglichkeiten des Internet für die Unternehmenskommunikation genutzt werden und für Außenstehende mit Hilfe sogenannter Firewalls (elektronische „Mauern") ein Eindringen praktisch unmöglich ist, ergeben sich gewaltige Rationalisierungspotentiale. E-Mail ist nur eine Möglichkeit.

Ob die Online-Dienste langfristig Erfolg haben werden, hängt vor allem von folgenden Faktoren ab:

Die Angebotsqualität und -aktualität
Nur wer Sinnvolles spannend vermittelt, wird erfolgreich sein – und nur wenn genügend sinnvolle und zugleich spannende Anwendungen vorhanden sind, bleibt der Anwender. Die Informationen müssen gleichzeitig ständig gepflegt werden. Schließlich hat der Kunde auf diese Daten rund um die Uhr Zugriff.

Die Kosten für die Online-Nutzung
Die Erhöhung der Telefongebühren und die noch unübersichtliche Preisgestaltung von Providern und Online-Diensteanbietern erschwert derzeit eine noch zügigere Entwicklung. Die USA könnte hier Vorbild sein: Es gibt selten Telefongebühren für Ortsgespräche und die Internet-Zugänge sind oft nur auf geringe Pauschal-Gebühren beschränkt.

Die Akzeptanz
Konsumenten und Unternehmen warten ab, eine Euphorie wie in den USA ist in Europa nicht zu beobachten.

Die Schnittstellen-Qualität
Langer Bildaufbau, schlecht gestaltete Oberflächen, langsame Videos und Sounds – die virtuellen Welten müssen schneller werden, um Entertainment zu bieten.

After-Sales-Service
Die Qualität der (Online-) Beratung der Online-Diensteanbieter nach der Nutzung einer Information oder nach dem Kauf eines Produkts wird mitentscheidend für die Akzeptanz der Kunden sein.

Wichtige Internet-Adressen
* http://www.nic.de
  Adreßvergabe von Domains mit der Endung .de (wie Deutschland)
* http://www.w3b.de
  Die größte, unabhängige deutschsprachige Meinungsumfrage im Internet – wird kontinuierlich durchgeführt.
* http://www.web.de
  Suchmaschine für den deutschen Markt.

- http://www.flix.de
  Der deutsche Internet-Branchenindex.
- http://www.handelsblatt.de
  Einer der besten Wirtschaftsdienste im Netz.
- http://www.vwd.de
  Wirtschaftsnews rund um die Uhr.

Literaturhinweise

Gröndahl, B., Junk-Mail? Nein, danke! in: Planet, Nr. 2, 1997, S. 42–46
Huly, H.-R., Raake, S., Marketing Online, Frankfurt – New York 1995
Huly, H.-R., Raake, S. (Hrsg.), Versicherungen Online – Die Assekuranz im Internet, 2. itm-Internet-Kompendium, Düsseldorf 1997
Mattys, K., Wir stehen ganz am Anfang, in: Werben & Verkaufen Nr. 45, 1996, S. 102–104
Münch, V., Aus der Spielwiese wird nun langsam ein Marktplatz, in: Handelsblatt vom 5.3.97
Pispers, R., Riehl, S., Digital Marketing, Bonn Reading u. a. 1997
Raake, S., Online-Dienste im Überblick: Angebot und Marktchancen, in: itm-Internet-Kompendium, hrsg. v. H.-Rüdiger Huly und Stefan Raake, Düsseldorf 1996
Raake, S., Riehn, T., Internet im Überblick, in: itm-Internet-Kompendium, hrsg. v. H.-Rüdiger Huly und Stefan Raake, Düsseldorf 1996

5.2 Alles Online –
Vertriebsweg der Zukunft?

Die Autorin

Eva Pawlowitz, Dipl.-Betriebswirtin (FH), spezialisierte sich auf Marketing und Marktforschung in der Produktentwicklung. Nachdem sie als Beraterin für Image- und Konkurrenzstudien tätig war, arbeitete sie als Produktmanagerin in einem Verlag der deutschen Tochterfirma der kanadischen Thomson Corporation. Seit 1996 arbeitet Frau Pawlowitz als Produktmanagerin bei einem amerikanischen Hersteller von Desktop-Publishing-Software.

Die Autorin

Nina Pawlowitz, Dipl. Betriebswirtin (FH), arbeitet als Unternehmensberaterin und Projektleiterin für Marketing und Neue Medien in München. Nachdem sie als Marketingleiterin eines Electronic-Publishing-Verlages tätig war, spezialisiert sie sich in ihrer jetzigen Beratungsarbeit vor allem auf die Verknüpfung von Marketing- und Vertriebsstrategien mit den neuen Möglichkeiten des Internet. Frau Pawlowitz ist u. a. Autorin von „Marketing im Internet".

- Pressemeldung: Kommerz auf dem Internet explodiert
- Pressemeldung: Stau auf der Datenautobahn wegen hohem Einkaufsaufkommen
- Pressemeldung: Der Computer als Einkaufstasche der Zukunft?

Internet, Multimedia und Online-Shopping waren die „Cyber"-Wörter des Jahres 1996 und sind es auch jetzt noch. US News & World Report nennt das Phänomen einen Goldrausch, und das bedeutendste aller Manager-Magazine, Entrepreneur Magazine, erklärt den Einstieg ins Internet zur wichtigsten Manager-Aufgabe des Jahres.

Was an diesem Thema so interessant für Sie als Vertriebspersönlichkeit sein kann, möchten wir in den folgenden Abschnitten darstellen. Dabei kommt es uns nicht darauf an, eine lückenlose Studie zu liefern; vielmehr sehen wir die Leistung dieser Arbeit darin, Ihnen einen Überblick zu verschaffen, zu erklären und am Ende des Beitrages mit nützlichen Praxistips weiterzuhelfen.

Digitale Geschäfte: Überblick

Online-Shopping: Definition
Für das Online-Shopping gibt es mehrere Fachbegriffe und Termini, die sich alle um dasselbe drehen: multimediales Einkaufen auf dem Marktplatz, im Kaufhaus oder in einem x-beliebigen Laden. Der einzige Unterschied zum uns bekannten „physischen" Einkauf ist das Raumgefühl, das hier nicht zum Tragen kommt, denn wir befinden uns im sogenannten virtuellen Raum und machen digitale Geschäfte. Wir kaufen ein ohne haptisches Erlebnis (denn wir können ja nichts anfassen), ohne mit jemandem zu sprechen und ohne ein Verkehrsmittel zu nutzen (wenn wir

einmal vom Computer absehen). Dies kann tagsüber oder nachts geschehen, sonntags oder am „langen" Donnerstag, in der Silvesternacht oder während eines Nationalfeiertags, denn wir sind bei unseren virtuellen Einkäufen auf keine Ladenschlußzeiten oder realen Einkaufsstätten angewiesen. Die Datenautobahn „öffnet" für uns die Geschäfte.

Neben der Online-Shopping-Methode gibt es noch andere Möglichkeiten, um auf zeitgenössische Weise einzukaufen. Die wichtigsten seien im folgenden genannt und kurz erläutert:

Offline-Datenträger (Offline-Shopping)
Das derzeit noch am meisten genutzte Offline-Medium (offline bedeutet ohne Verbindung zu einem anderen Rechner oder einer Datenbank) ist die CD-ROM. Ihr großer Vorteil gegenüber den Online-Medien ist die Übertragungsgeschwindigkeit. Selbst dynamische Informationsdarstellungen (Video, Audio, Animation) lassen sich in passablen Abspielgeschwindigkeiten übertragen. Aber auch mittels der CD-ROM kann der Kunde online verbunden sein und Bestellungen ausführen: Dazu braucht er dann eine Telefonleitung und ein Modem. Kombinierte Modelle, wobei auf der CD-ROM die Datenmassen wie Bilder, Video und Audio abgelegt sind und der Rechner online mit einem anderen Rechner verbunden ist und aktuelle Daten liefert, nennt man das sogenannte Hybrid-Modell.

Direct-Response-TV (DRTV)
Das Direct-Response-TV ist eine Vorstufe des Tele-Shopping und bedeutet das bequeme Bestellen von zu Hause aus, um genauer zu sein: vor dem Fernseher. Geordert wird auf ein bestimmtes, gerade im Fernsehen gezeigtes Angebot hin (über

die dann im Fernsehen eingeblendete Telefonnummer wird die Bestellung abgewickelt).

Im Jahr 1996 wollte es das Magazin FOCUS ganz genau wissen und gab eine Umfrage in Auftrag. Dabei kam folgendes zutage:

- 10 % der DRTV-Teilnehmer sind Konsumenten (also potentielle Besteller).
- 15 % der DRTV-Teilnehmer sind möglicherweise zukünftige Besteller.
- 85 % der deutschen Bundesbürger sehen im DRTV gar keine Alternative zum Einkauf im richtigen Geschäft.

Woran es genau liegt, daß dieses Medium nicht so richtig ankommt, ob es das eingeschränkte Angebot ist oder ob diese Art von Shopping zu unpopulär ist, weiß noch niemand genau zu sagen. Fest steht jedoch, daß der eigentliche Vorläufer des Direct-Response-TV (DRTV), der Distanzkauf per Katalog, hier in Deutschland eine sattelfeste Tradition hat, werden doch allein 41 Milliarden DM von Katalogversendern umgesetzt. Und damit ist Deutschland Weltmeister mit etwa 500 DM Umsatz pro Kopf.

Der erste DRTV-Sender ist H.O.T (Home Order Television); ein Gemeinschaftsunternehmen von Quelle (31 %), Thomas Kirch (33 %), Georg Kofler (7 %) und seit Ende 96 auch HSN (Home Shopping Network) mit 29 %, ein DRTV-Sender aus den USA.

H.O.T. ist seit Ende 1995 live im Kabelnetz zu empfangen. Dort werden Artikel angeboten, die „leichtverkäuflich" sind und keiner umfassenden Beratung bedürfen z.B. Videospiele, CDs, Haushaltswaren usw. Präsentiert werden die Waren meist von Moderatoren oder volkstümlichen Prominenten.

QVC (Quality, Value, Convenience) ist das amerikanische Pendant zum deutschen H.O.T. und mit 1,8 Milliarden $ der größte Anbieter in den USA. QVC will nun auch in den deutschen Markt eindringen und ist seit dem 1. Dezember 1996 im nordrhein-westfälischen Kabelnetz über Satellit zu empfangen.

Zukünftige Entwicklung des Direct-Response-TV bzw. des Tele-Shopping: Echtes interaktives Tele-Shopping, wie es in ein paar Jahren in Deutschland stattfinden soll, implementiert die vollständige Kontrolle des Kunden über das gerade gezeigte Produkt. Das wirklich Neue daran ist die Interaktivität, d. h., der Kunde kann hier spontan in das Programmgeschehen „eingreifen" und aktiv mitmachen. Der Kunde kann die gezeigten Werbe-Videoclips stoppen, das Produkt dreidimensional drehen und ansehen, den Werbefilm noch einmal zurückspulen und direkt über die Fernbedienung bestellen. Bisher war diese Form des Tele-Shopping noch nicht möglich, da hierzu die technischen Voraussetzungen (breitbandige Zwei-Wege-Kommunikation) in Deutschland noch fehlten.

Es lassen sich aber positive Tendenzen für das Tele-Shopping verzeichnen, denn der Distanzkauf hat Tradition in Deutschland, und der „Fernseher" ist des Deutschen liebstes Hobby. Bequem und einfach zu bedienen ist er auch. Bleibt nur noch, auf die entsprechende Technik zu warten?!

Kiosk-Systeme

Kiosk-Systeme sind stationäre Multimedia-Terminals, die online mit dem jeweiligen Anbieter verbunden und dort direkt an das Warenwirtschaftssystem angeschlossen sind. Zumeist sind diese Terminals an von vielen Menschen frequentierten Plätzen aufgestellt (z.B. Banken, Tankstellen, Hotels, Flughäfen etc.), sie sollen informieren, aber auch zum Einkaufen animieren.

Diese Terminals haben eine bedienerfreundliche Oberfläche und geben auf leichtes Berühren sensorischer Punkte ein vielfältiges Angebot preis. Je nach Anbieter können das Mediamärkte, Versandanbieter oder auch regionale Anbieter wie z. B. Elektrofachgeschäfte oder Supermärkte sein. Der Benutzer kann sich mittels einer sehr einfachen Menüführung durch diese virtuellen Angebote navigieren und auch gleich per Tastendruck bestellen.

Das wohl bekannteste Shopping-Pilotprojekt ist das BP Oil Deutschland GmbH Projekt. Seit Oktober 1996 wurden Kioske an 10 Münchner Tankstellen bereitgestellt. Mitstreiter ist u. a. der Katalogversender Otto Versand, der sein gesamtes Katalogrepertoire anbietet. Aber auch Entertainment-Anbieter wie die Bertelsmann Tochter Ariola bietet hier CDs, Spiele usw. dem Kunden an.

Ziel des ganzen Angebots ist, den Kunden noch spezifischer zu bedienen, deshalb entschloß die BP, sich mit einem dortigen Supermarkt (Spar) zusammenzutun. Der Kunde, der bis um 11 Uhr bestellt, kann am Nachmittag seine Waren an der Tankstelle abholen. Waren, die nicht „lebensnotwendig" sind, werden natürlich nach altbewährter Manier zugesandt. Die Rechnung kann sofort mit der EC-Karte bezahlt werden oder aber nach Hause gesandt werden. Wie erfolgreich das Projekt wird, ob die BP noch andere Projektteilnehmer hinzunehmen will oder ob das Projekt auf das gesamte Bundesgebiet ausgeweitet wird, bleibt noch abzuwarten.

Web-TV

Web-TV, so die Erfinder und Protagonisten, ist die ideale Verschmelzung der Internet-Technologie mit dem Fernsehgerät. Einstecken genügt, und der Fernseher sucht über eine eingebaute „Intelligenz" den nächsten Service-Anbieter, stellt die Verbindung her, richtet automatisch die E-Mail ein (und sofort kann der Benutzer mit aller Welt kommunizieren) und ist außerdem im Handumdrehen für das „Web-Surfen" bereit. Die Angebote regen durch eine einfache und klar strukturierte Übersicht, die wir schon vom Fernsehprogramm her kennen, zum Einkaufen an. Zusätzliche Add-ons (z. B. Gewinnspiele) oder Talkshows machen das Einkaufen noch interessanter und verführen zum längeren Verweilen vor dem Fernseher.

Hiermit werden Verbraucherschichten angesprochen, die vor der Komplexität oder Technologie eines Computers zurückschrecken und sich auch zukünftig keinen anschaffen. Experten gehen davon aus, daß bei knapp 40 % aller deutschen Haushalte ein PC installiert ist. Demgegenüber steht nahezu in jedem Haushalt ein Fernseher. Einen PC bedienen traut sich noch lange nicht jeder, einen Fernseher hingegen bedient jeder in der Familie, und das mit absoluter Selbstverständlichkeit. Und gerade auch die Nicht-PC-Faszinierten sind von den Möglichkeiten der Internet-Technologie angesteckt worden und möchten baldmöglichst mitmachen. Für sie ist der Einstieg durch den Fernseher der optimale Zugang zur Internet-Technologie.

Somit kann man dem Web-TV eine große Zukunft voraussagen, denn der Fernseher hat in jedem Wohnzimmer seinen festen Platz und wird nahezu jede Zielgruppe erreichen.

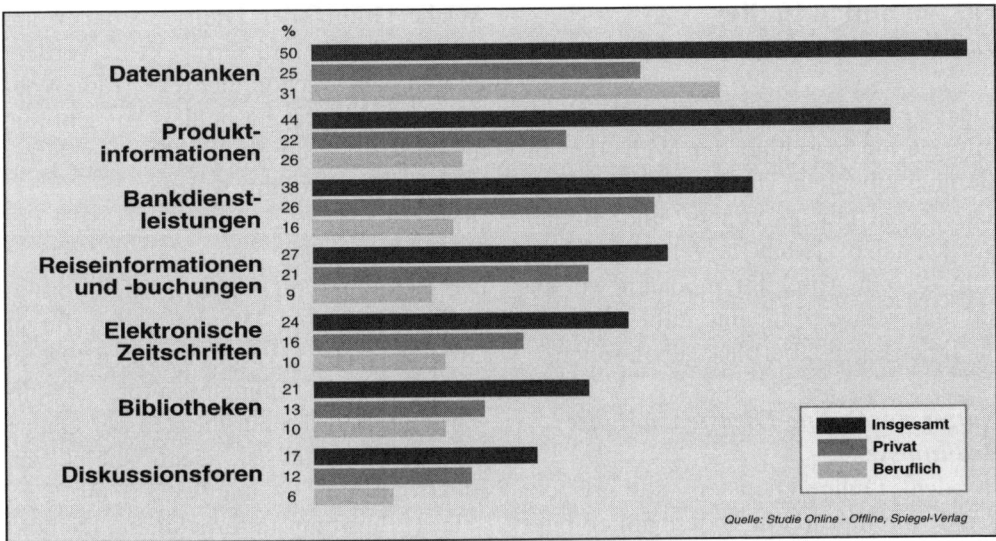

Abb. 1: Online-Dienste-Nutzer

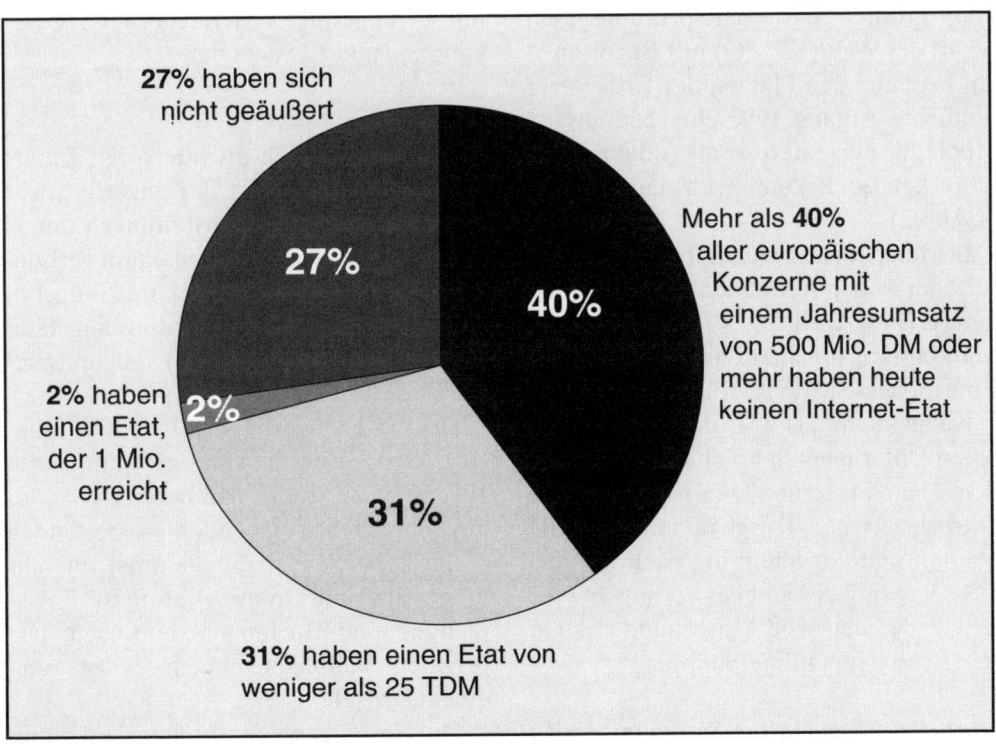

Abb. 2: Welche Bedeutung hat Internet für die Unternehmen?

Fakten und aktuelles Zahlenmaterial

Eines steht fest: Das Internet ist die größte Informationsmaschine der Welt, die mit atemberaubendem Tempo wächst. Zahlenmaterial gibt es zuhauf, und Studien werden nahezu jeden Tag veröffentlicht.

In diesem Abschnitt möchten wir uns auf sehr wenige, prägnante Zahlen stützen, die Ihnen einen Überblick geben sollen.

Nutzer von Online-Diensten und ihre Bedürfnisse

In den Online-Diensten stöbert der Kunde am liebsten in Datenbanken oder sucht gezielt nach Produktinformationen, dicht gefolgt von Bankdienstleistungen (z. B. Homebanking) (s. Abb. 1).

Die Internet-Etats der Unternehmen

Die größte Wirtschaftsprüfungsgesellschaft der Welt (KPMG) mit Büros an allen bedeutenden Plätzen der Erde veröffentlichte Anfang 1997 eine bedeutsame Studie, die eine interessante (oder auch erschreckende) Erkenntnis zutage brachte (s. Abb. 2).

Darüber hinaus wurde bei der Konferenz der sieben führenden Industrienationen (G7) im April 1997 (Thema „A global Marketplace for Small and Mediumsized Enterprises (SMES)") folgendes deutlich:

Kaum mehr als 1 % der mittelständischen Unternehmen beschäftigen sich mit dem Thema Internet. Dies ist insofern gefährlich, als der Trend in anderen EU-Staaten und vor allem in Asien und den USA wesentlich schneller vorangeht. Verschläft der deutsche Mittelstand das Geschäft mit dem Online-Shopping?

Die beliebtesten Online-Shopping-Artikel

Hier soll der Frage nachgegangen werden, welche Güter oder Dienstleistungen am meisten von den Surfern gekauft werden. Hierzu gab es schon mehrere Studien nationaler und internationaler Ausrichtung, die im Auftrag unterschiedlichster Unternehmen durchgeführt wurden.

Nationale Studien:

Das Beratungsunternehmen MC Informationssysteme, Bad Homburg, und Target Group, Nürnberg, veröffentlichten 1996 in ihrer Studie MC Online-Monitor, daß Software mit 41 % das am meisten per Online gekaufte Produkt ist, dicht gefolgt von Elektronik mit 23 % und Textilien mit 23 %.

Das Beratungsunternehmen Diebold Deutschland Eschborn und die Bertelsmann Tochter Telemedia schrieben in ihrer Studie „Business Digital" folgenden Waren den höchsten Umsatz im Online-Business zu: Software mit 60 %, Hardware mit 45 %, gefolgt von Büchern, CDs, Bekleidung und EDV-Zubehör.

Internationale Studien:

Forrester Research attestiert den Entertainmentangeboten (z. B. Konzerte, Theater, Musical, Großveranstaltungen unterschiedlichster Art) und den damit verbundenen Ticketreservierungen und -angeboten, Reisen und Computern im allgemeinen (Soft- und Hardware) den umsatzstärksten Markt.

Der US-Fachverband „The Travel Industry Association of America" publizierte 1996 in einer Studie, daß bereits 47 % der aus beruflichen Gründen verreisenden Amerikaner, die mehr als 5mal im Jahr unterwegs sind, Online-Dienste für Reiseplanung und Buchungen einsetzen. Die privaten Vielreiser nutzen es zu rund einem Drittel.

Die Researcher von Jupiter Communications, New York, glauben, daß im Jahr

	1995/1996	2000
Umsatz über das Internet	3 Mrd. US-$	100 Mrd. US-$
Anteil der Web-Käufer in Deutschland	24%	28%
Anteil der Web-Käufer in den USA	29%	45%

Quelle: IDC Research

Abb. 3: Electronic Commerce wird kräftig zulegen

2000 bereits 3 Milliarden $ weltweit für Online-Buchungen ausgegeben werden. Und damit ist der Löwenanteil am Online-Shopping auch das Travelgeschäft.

Prognosen für das Jahr 2000

Für das Jahr 2000 wird ein stetiger Anstieg im Electronic-Commerce-Bereich prophezeit, in den USA mehr als in Deutschland. Aber das liegt einfach daran, daß die amerikanischen Shopper von Haus aus selbstverständlicher mit dem Online-Shopping umgehen, weil dort Tele-Shopping eine schon fast 10jährige Tradition hat. Zudem sind in Amerika die Gebühren für Telefon und Online-Dienste wesentlich kostengünstiger als in Deutschland, und die dortige eher liberale Gesetzeslage macht es den Unternehmen einfacher, Tele-Shopping zu lancieren.

Gründe für die Zurückhaltung der Unternehmen

In mehreren Studien wurden Führungspersönlichkeiten aus Industrie, Handel, Dienstleistung etc. immer wieder zu ihrer Einstellung zum Internet befragt. Hier sollen die wichtigsten Gründe für die Zurückhaltung der Unternehmen angeführt werden.

In diesem Zusammenhang sei auch auf die jüngst veröffentlichte Studie des dmmv (Deutscher Multimediaverband) verwiesen, die greifbare Ergebnisse zu diesem Thema darstellt.

Gründe für die Abneigung:
- Internet ist „neu", relativ unerforscht, unbewährt und kompliziert.
- Internet bringt für mein Unternehmen nichts.
- Internet ist für mein Unternehmen ungeeignet.
- Internet ist nur etwas für Forschungseinrichtungen und Studenten.
- Internet ist ein Spielzeug für die Mitarbeiter.
- Internet ist reine Zeitverschwendung.
- Internet ist ungeeignet für Geschäftsleute.
- Internet ist etwas für „dunkle Ge-

schäfte" (1996 kamen Online-Dienste in die Schlagzeilen, da dort pornographische Inhalte gesichtet wurden).

- Internet bietet unsichere Zahlungsmöglichkeiten.

Diese Knock-out-Argumente können bei näherem Hinsehen und vor allem durch konkreteres Untersuchen berichtigt, abgeschwächt und zum großen Teil revidiert werden. Interessierte Unternehmen, die in das Online-Shopping-Geschäft einsteigen wollen, sollten jetzt damit anfangen und die Zeit für Vorbereitungen nutzen: z. B. für eine gründliche Marketingkonzeption, die den Internet-Auftritt miteinschließt, und für eine präzise Zielgruppensegmentierung.

Das alles schafft Erfahrungswerte, denn es wird sich in naher Zukunft viel ändern: Das Monopol der Telekom wird 1998 wegfallen, und die Technik schreitet in Riesenschritten vorwärts. Der Kunde wird in ein bis zwei Jahren auf vollkommen neuen Wegen seine Einkäufe tätigen können, und darauf sollten Sie vorbereitet sein.

Chancen und Möglichkeiten des Online-Shopping

Signifikant ist die Ablehnung des Internet durch die traditionellen Unternehmen. Demgegenüber steht das sprunghafte Heranwachsen von jungen Unternehmen, die gerade das Internet und die damit verbundenen Shopping-Möglichkeiten als die größte Herausforderung genutzt haben.

Diese „Newcomer" hätten nicht die geringste Chance gehabt, in den konventionellen Handel oder Dienstleistungsbereich einzusteigen, was nicht am Produkt liegt (selbst mit einem überragenden Pro-

dukt wäre es nicht möglich gewesen), sondern an den Strukturen der traditionellen Märkte. Was dort zählt, sind Etats, Verkaufsnachweise, Regalmieten und natürlich auch persönliche Beziehungen. Das Betätigungsfeld „Internet" hat gezeigt, daß nicht die Großen die Kleinen, sondern die Schnelleren die Langsamen überholen.

Vorteile des Online-Shopping für den Unternehmer

- Online-Shopping braucht keine „physischen" Einkaufsmärkte, keine Platzmieten, keine persönlichen Beziehungen zu Bestellern oder Märkten.
- Geeignetes Medium zur Erschließung neuer, bisher nicht erreichter Zielgruppen
- Standortunabhängigkeit
- Nationale und weltweite Verfügbarkeit (keine Ländergrenzen)
- Keine Ladenschlußzeiten (24 Std. Angebotsleistung)
- Direkte Kommunikation mit dem Kunden durch E-Mail-Anbindung
- Aktuellste Informationen für den Kunden
- Abwicklung ohne viel Papierkram
- Administrationsaufwand bis zum Kaufabschluß wird geringer.
- Der Vertrieb kann seine Zeit mehr für den Kunden nutzen, Routinebesuche fallen weg.
- Kostenreduktion: günstiges Informations- und Transaktionsmedium
- Imagevorteile

Vorteile des Online-Shopping für den Kunden

- Kunde muß nicht warten, bis z. B. eine Leitung im Servicebereich frei ist.

- Kunde wird nicht durch unfreundliches Personal abgeschreckt.
- Kunde muß nicht warten, bis er an der Kasse drankommt oder bedient wird.
- Kunde kann sich informieren, vergleichen, entscheiden und kaufen – innerhalb kürzester Zeit und ohne seinen Standort (nämlich zu Hause vom PC) zu wechseln (= individuelle Selektionsmöglichkeit und Zeitersparnis).
- Kunde kann einkaufen, wann er will, weil es keine Ladenschlußzeiten gibt.
- Anonymität

Technik und Möglichkeiten

Unabhängig davon, welche Software Sie für Ihren Online-Auftritt einsetzen möchten, sind einige technische Voraussetzungen zu erfüllen, ohne die Ihr Auftritt in das digitale Geschäft nicht realisiert werden kann. Wir möchten uns in diesem Abschnitt darauf beschränken, einfach und verständlich zu erläutern, was an Technik bei Ihrem Unternehmen und bei Ihren Kunden vorhanden sein muß. Eine Darstellung der Online-Dienste (z.B. AOL, CompuServe, MSN.) wird hier nicht vorgenommen, da dies bereits im Kapitel 5.1 getan wurde.

Um auf einen Informationsdienst oder das Internet zugreifen zu können, benötigt Ihr Kunde ein Modem (bzw. einen ISDN-Adapter) und einen Computer.

Modems sind bereits Klassiker, um Daten über das Telefonnetz zu übertragen und auch wieder zu erhalten. Diese Modems gibt es in unterschiedlichen Ausführungen und Qualitäten. Hier gilt: je schneller, desto besser für die Übertragungsgeschwindigkeit- und -dauer. Modems gelten als Bindeglied zwischen dem Computer und der Telefonleitung. Modems gibt es in verschiedenen Geschwindigkeiten:

- 14.400 Bit pro Sekunde (Bit/s): hoffnungslos veraltet
- 28.800 Bit pro Sekunde (Bit/s): für Einsteiger, nicht für Power-User
- 33.600 Bit pro Sekunde (Bit/s): empfehlenswert
- 56.000 Bit pro Sekunde (Bit/s): für die Zukunft, z. Zt. unterstützen die wenigsten Online-Dienste oder Service Provider diese Technik

Die zwei führenden Modem-Hersteller sind US Robotics und Rockwell. Modems kosten zwischen 150 und 300 DM.

Ähnlich wie die Technik der Modems verhalten sich die ISDN-Adapter: Sie gelten als Bindeglied zwischen Computer und Telefonleitung. Vor Jahren noch war dieses Verfahren das einzige, um nach außen zu kommunizieren. Jedoch sind die Konfiguration und die Installation einer ISDN-Karte für einen „normalen" User kompliziert und bereiten Mühe.

ISDN-Adapter (oder ISDN-Steckkarten) gibt es von vielen Herstellern. Die einfacheren Versionen liegen etwa in derselben Preisklasse wie ein Modem. Die Hochleistungs-ISDN-Karten sollen an dieser Stelle nicht erläutert werden, da diese ihre volle Leistungsfähigkeit nicht auf einem einfachen Computer entfalten.

Zusammenfassung: Jeder Surfer braucht somit folgende Grundausstattung:

- Computer: ab 2000 DM
- Modem oder einfache ISDN Steckkarte: ab 150 DM
- Online-Dienst: max. pro Stunde 6 DM + Telefongebühren

Ein Unternehmen sollte alle im Unternehmen bereits implementierten Softwareapplikationen bei der Gründung einer Internet-Präsenz mit ins Kalkül ziehen. Das fängt an bei der einfachen Buchhaltungs-software und geht hin bis zum komplexen Warenwirtschaftssystem, über das alle geschäftlichen Transaktionen abgewickelt werden. Werden diese im Unternehmen bestehenden Einheiten nicht mit eingeplant, werden Arbeiten u. U. doppelt oder sogar per Hand ausgeführt; von den Kosten einer Nachrüstung ganz zu schweigen.

Ein klassisches Beispiel von „Doppelarbeit": Die Bestellung geht online in der Bestellannahme ein und wird dann (aufgrund fehlender Verbindung zum Warenwirtschaftssystem) manuell in das Auftragsverwaltungssystem eingetippt. Folge: Unnötige Doppelarbeit fällt an und läßt Zweifel an der Effizienz eines Online-Bestellsystems aufkommen.

Grundsätzlich spricht man von statischen und dynamischen Inhalten, die auf der jeweiligen Webseite des Unternehmens plaziert werden.

- Statische Inhalte: Inhalte werden einmal auf der Webseite plaziert und dann in gleichmäßigen Abständen aktualisiert. Diese Art der Plazierung von Inhalten sollte heutzutage nur angewandt werden, wenn Aktualität ein nachgeordnetes Kriterium für das Unternehmen ist. Bislang herrscht diese Art noch vor, da der Einsatz von Datenbanken erst jetzt seinen wirklichen Höhenflug erlebt.
- Dynamische Inhalte: Wer seine Web-Präsenz möglichst effektiv und attraktiv für den Kunden darstellen und verwalten will, sollte sich heute ausschließlich für den Einsatz einer Datenbank entscheiden. Diese unterstützt den Kunden mit der jeweiligen aktuellsten Information (ganz wichtig, wenn es dabei um Preise geht), wann immer er auf den jeweiligen Link geht oder Informationen anfordert.

Da bieten sich z. B. ORACLE, Informix oder Sybase an (Hersteller von sog. relationalen Datenbanken).

Grundsätzlich gilt es zu klären, ob die Firma selbst oder ein externer Dienstleister das Projekt realisieren soll. Diese Frage sollte sehr sorgfältig geklärt werden, da ein späteres Umstrukturieren der Prozesse viel Ärger und Mühe mit sich bringt.

Ein Online-Shop sollte folgende Komponenten enthalten:

- Shopsystem: Hierbei geht es vor allem um die Frage: Eigenentwicklung eines Online-Shops versus Erwerb einer „schlüsselfertigen" Lösung vom Markt. Bei beiden Varianten muß berücksichtigt werden, daß sie an die unternehmensinternen Abläufe oder Besonderheiten angepaßt werden müssen. Ein Shopsystem, das die Funktionen einer Warenwirtschaft bietet und womöglich auch über einen integrierten Datenbankserver verfügt, sollte die effizienteste Lösung darstellen. Eine Eigenentwicklung aufgrund der vielfältigen Möglichkeiten, die der Markt jetzt schon bietet, ist im Grunde unwirtschaftlich. Jedoch sollte berücksichtigt werden, daß auch ein „Fertig-Produkt" vom Markt durch Spezialisten „taylored" (= an die spezifischen Bedürfnisse des Unternehmens angepaßt) werden muß.
- Schnittstellen zu Warenwirtschaft, Versand, Lager, Rechnungswesen, Mahnwesen, Vertrieb und Marketing
- Aufbau einer Datenbank, die die Produktinformationen etc. bereithält, oder Verknüpfung des Web-Servers mit der bereits vorhandenen Datenbank
- Implementierung eines Systems zur Ausführung von Zahlungstransaktionen

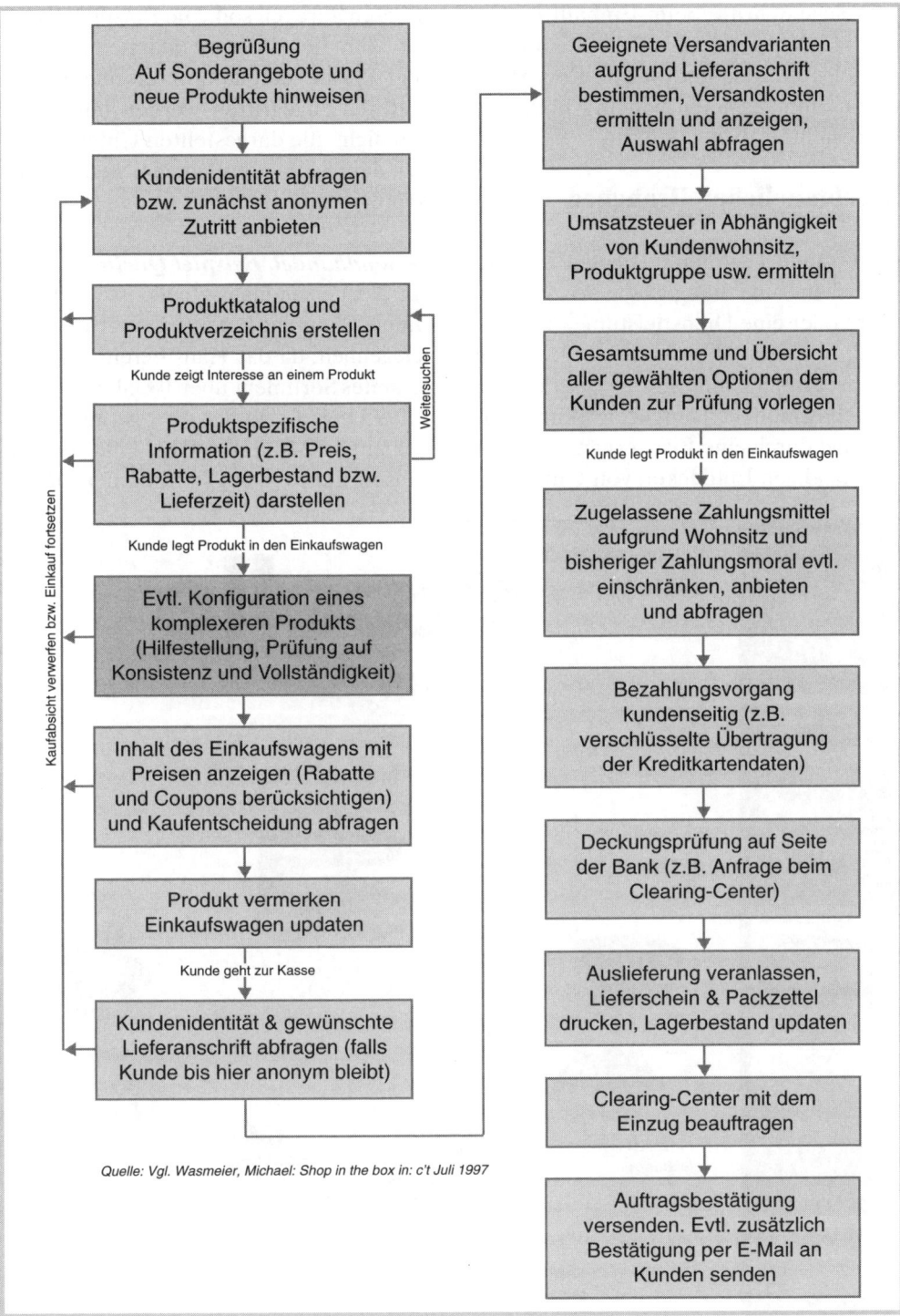

Abb. 4: Ablaufplan eines Einkaufs im Internet

Welche Schritte beim Einkauf im Web durchlaufen werden, welche Reaktionen ausgelöst werden und welche Komponenten zusammenspielen, wird in Abbildung 4 dargestellt.

„Webtaugliche" Branchen

Im Grunde genommen eignen sich alle Branchen, unabhängig davon, ob eine Ware oder eine Dienstleistung angeboten wird. In diesem Abschnitt werden einige Praxisbeispiele mit ihren verschiedenen Angebotsmodellen aufgezeigt, kurz erläutert und durch eine Liste ergänzt, die zum selbständigen Entdecken von Online-An-geboten anregen soll. Die Beispiele unterscheiden sich in ihrer Darstellung. Dies liegt daran, daß auf unterschiedlichstes Material zugegriffen werden mußte und sich nicht alle dargestellten Unternehmen zu jedem Sachverhalt im gleichen Umfang geäußert haben.

Versandhandel, Beispiel Quelle

Für das Versandhaus Quelle ist das Thema Online-Shopping bereits eine vertraute Angelegenheit, da das Haus bereits 1979 sein gesamtes Sortiment über T-Online anbot.

1995 belief sich der dort getätigte Umsatz auf 65 Millionen DM. 1996 stieg der Umsatz um 15 % auf 75 Millionen DM an.

Abb. 5: Das Easy Shopping von Quelle

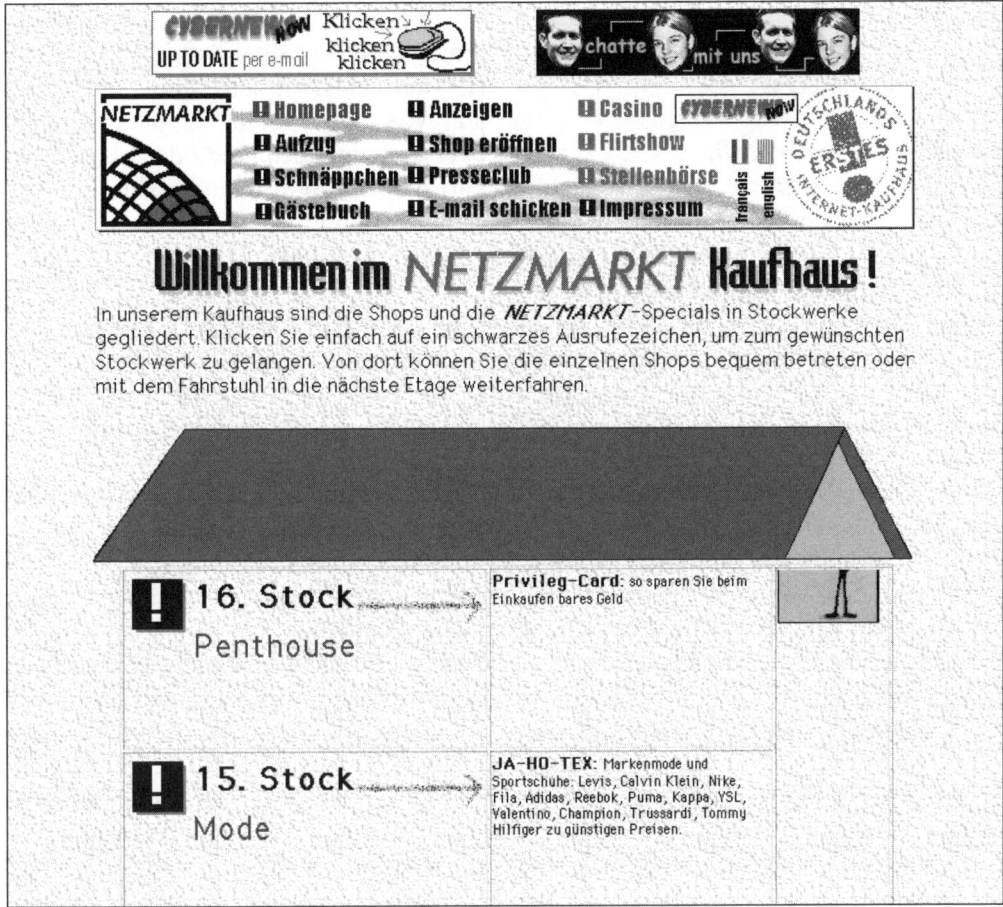

Abb. 6: Deutschlands erstes virtuelles Kaufhaus

Die Verkäufe über Internet wachsen für die Quelle Gruppe langsamer, jedoch relativ gesehen explosionsartig. Momentaner Besuch auf der Webseite von Quelle (http://www.quelle.de): weit über 100.000/Monat. Das Angebot im Web (1200 Artikel) beschränkt sich hauptsächlich auf einen männlichen Kundenkreis (mit 80 % auch das Gros der Besteller). Quelle hat für sich herausgefunden, daß die Web-Surfer etwa folgendes Kundenprofil aufweisen: männlich, gute Ausbildung (meist Abitur und Studium) und relativ gut verdienend. Hinzu kommt natürlich die hohe Affinität zur Computertechnologie.

Quelle hat heute folgende Shopping-Möglichkeiten:

- Traditionell: Shopping per Print-Katalog (65.000 Artikel erhältlich)
- CD-ROM: 65.000 Artikel erhältlich
- T-Online: 65.000 Artikel erhältlich
- Internet: „Easy Shopping": 1200 Artikel erhältlich (durch Anbindung an die Datenbank ständig aktuelle Informationen über Preis und Verfügbarkeit)

Mit dem gesamten Offline- und Online-

Angebot will Quelle in 10 Jahren 10 % des gesamten Versandumsatzes realisieren (ca. 8 Milliarden DM).

Virtuelle Shopping Malls Beispiel Netzmarkt

Sogenannte Shopping Malls sind Märkte, die aus einem Zusammenschluß verschiedenster Geschäfte und Dienstleister bestehen. Als „anfaßbare" Beispiele lassen sich etwa das Europacenter in Berlin oder die „Zeil 26" in Frankfurt nennen. Eine virtuelle Shopping Mall ist die Transformation dieser Idee in die digitale Einkaufsszenerie. Vor allem für kleinere und mittlere Anbieter lohnt sich der Auftritt in diesem Zusammenschluß. Jeder der Anbieter profitiert von dieser gemeinsamen Aktivität, da sich die Präsenzkosten sehr gut untereinander aufteilen lassen.

Seit Dezember 1995 ist Netzmarkt Deutschlands erstes „Internet-Kaufhaus" (lt. Geschäftsführer von Netzmarkt, Heiko Zentschner, Erlangen) http://www.netzmarkt.de

Zielsetzung des „Netzmarktes" ist, ein gemeinschaftliches Marketingdach für alle Anbieter mit begleitender Promotion und Service zu schaffen; dazu gehört auch eine Kundenzeitschrift, die momentan an rund 9.000 Kunden versendet wird.

Diese virtuelle Shopping Mall ist wie ein Hochhaus mit vielen Stockwerken aufgebaut. Der Kunde kann sich mit dem imaginären Fahrstuhl (in Form eines Buttons, der sich mit dem Mauszeiger „up and down" fahren läßt) durch das Angebot navigieren. In den einzelnen Stockwerken öffnen sich dem Kunden dann Elektronik- und Computershops, Finanzdienstleister, Musik- und Modegeschäfte, Luxusshops und sogar eine Kunstgalerie. Selbstverständlich ist die Liste der virtuellen Shops ständig erweiterbar. Der Kunde hat die

Möglichkeit, sich zu informieren, in direkten Kontakt mit dem Anbieter zu treten (E-Mail) und natürlich „online" zu bestellen. Wie jeder Anbieter das handhabt (Versand auf Rechnung oder per Kreditkarte), bleibt ihm (dem Anbieter) freigestellt.

- Dezember 1995: Eröffnung der Shopping Mall
- Dezember 1996: 1 Million Zugriffe
- Februar 1997: 1,6 Millionen Zugriffe
- April 1997 (hinzu kamen auch 10 neue Anbieter): 2,5 Millionen Zugriffe

Englische und französische Versionen des Netzmarktes sind im Aufbau.

Dienstleister, Beispiel Santander Direkt Bank AG

Wurden bisher oftmals nur Waren angeboten, drängen nun nach und nach auch die deutschen Geldinstitute ins Netz, um in Kürze Finanztransaktionen über das Internet anzubieten. In den Online-Diensten befinden sich schon seit längerem Finanzinstitute.

Den Besucher der Santander Webseite (http://www.santander.de) erwarten Neuigkeiten aus der Finanzwelt, Produktinformationen, ein Newsletter und stets aktuelle Daten aus der Börsenwelt.

Etwa 60.000 DM kosteten die Santander Direkt Bank die anfänglichen Investitionen des deutschen Internet-Auftritts. Den Kunden noch besser zu betreuen und die Akquisition neuer Kundenkreise waren dabei die Hauptgründe für die Investition. Und natürlich die Kosten: Informiert sich der Kunde selbst via Internet über das Angebot, fallen gerade einmal 10 % der Kosten an, die sonst durch das Santander Call Center anfallen würden.

Das Internet-Projekt der Santander Direkt Bank ist in zwei Phasen aufgeteilt:

Phase 1 der Realisation beinhaltet das zur Verfügungstellen reiner Beratungsleistungen:

- Die Inhalte der Webseite ergänzen das Geschäftsangebot der Direktbank.
- Die Webseite erfüllt überwiegend Serviceleistungen, die keine individuelle Spezialberatung verlangen.
- Mehr Attraktivität durch Expertenanalysen und tagesaktuelle kostenlose Informationen

Fazit: Die Wirtschaftlichkeit des Online-Projekts ergibt sich durch reduzierten Telefonberatungsaufwand. Standardinformationen können einfach und bequem durch den Kunden vom Internet abgerufen werden. Das entlastet das Santander Direkt Bank Call Center und spart natürlich Personal- und Telefonkosten. Aber auch besondere Dienstleistungen können den Kunden auf der Webseite binden.

Phase 2 der Realisation: Online-Transaktionen zwischen einzelnen Anlageformen ist für die Zukunft geplant, jedoch noch nicht umgesetzt.

Business-to-Business im Internet, Beispiel Cisco

Sind bisweilen vor allem Firmen dargestellt worden, die sich hauptsächlich mit dem Consumer als Käufer auseinandersetzen, wird nun eine Firma vorgestellt, die nahezu ausschließlich auf professionelle Käuferschichten abzielt und die mit dieser Internet-Präsenz die vorhandene Kundenbasis vollständig einbindet.

Die kalifornische Hardwarefirma Cisco ist Anbieter von „Routern" (Router werden benötigt, um Firmen an das Internet anzubinden) – http://www.Cisco.com

Währung		Devisen Briefkurs (DM)	Devisen Geldkurs (DM)
1	Austral.Dollar	1.308	1.296
1	Kanadischer Dollar	1.247	1.239
100	Schweizer Franken	119.535	119.335
100	Tschechische Krone	5.426	5.326
1	European Currency Unit	1.952	1.944
100	Spanischer Peseta	1.187	1.179
1	Pfund Sterling	2.822	2.808
1000	Ital. Lira	1.019	1.011
100	Japanischer Yen	1.514	1.512
1	Neuseeländ. Dollar	1.194	1.182
1	US Dollar	1.728	1.720
1	Suedafr.Rand	0.390	0.378

Abb. 7: Screenshot Santander Bank: Interesse erzeugen mit tagesaktuellen Währungskursen. Auf Wunsch durch Kursbeobachtungen jeder Währung, sogar des südafrikanischen Rand.

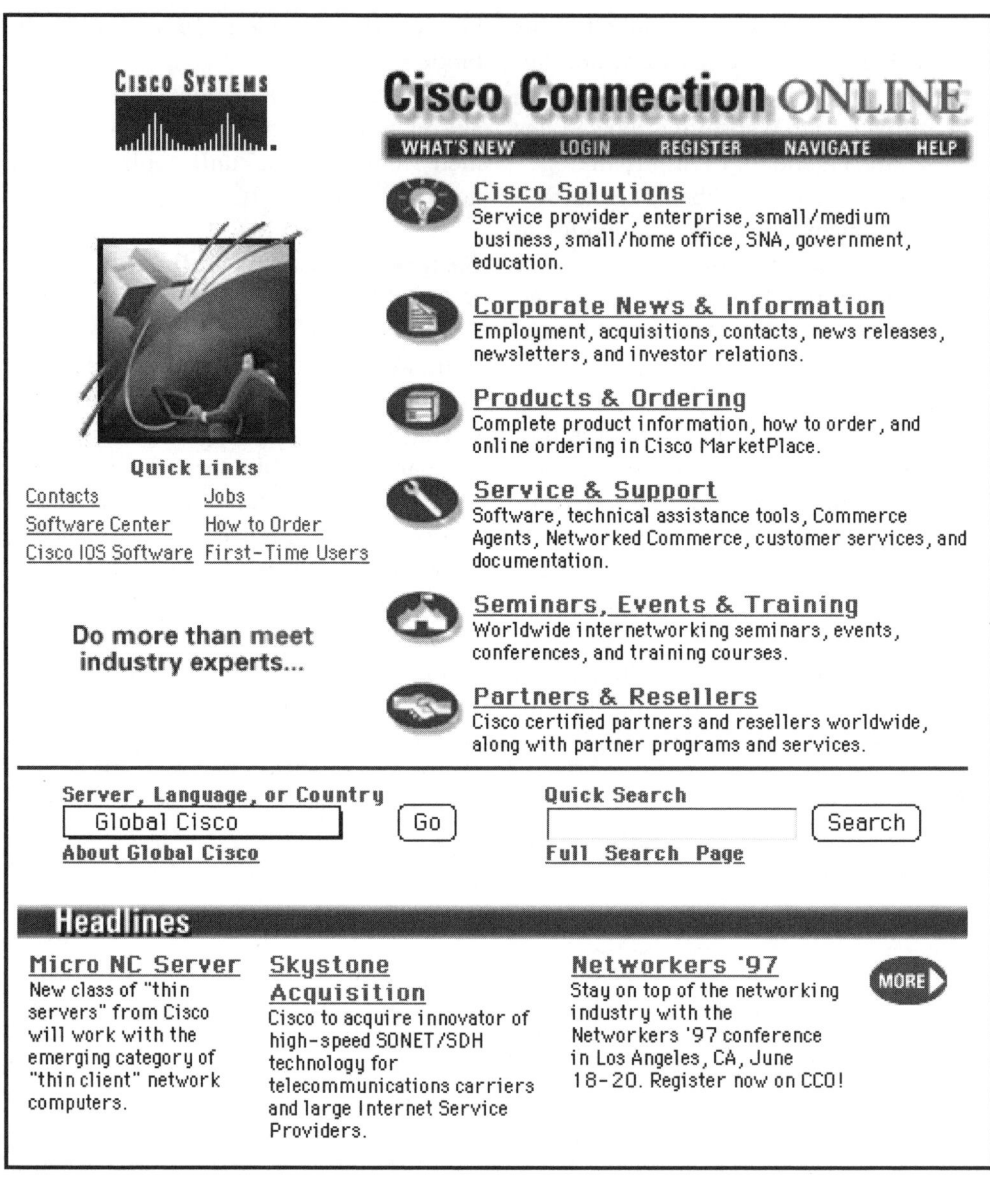

Abb. 8: Die „Cisco Connection Online": gezielte Auskunft per Suchmaschine

Cisco bietet seinen 8.000 registrierten Kunden auf der Homepage einen Fullservice an. Angefangen von Produktbeschreibungen, Unternehmensinformationen, Bestellinformationen, Service, Support bis hin zu Seminarinformationen, Training und Partnern. Im Cisco Market-place laden 3D-Räume den Besucher zum Verweilen ein.

Per Suchmaschine können Kunden besonders präzise Anfragen stellen, Cisco Connection Online – kurz CCO – gibt Informationen in Sekundenschnelle. Selbst Auskunft über aktuelle Bestellvorgänge und Troubleshooting (Selbsthilfe durch gezieltes Nachschlagen bei auftretenden Fehlermeldungen) sind möglich.

Bedeutendes Beispiel: Als sich der amerikanische Mobilfunkbetreiber Cellular One entschloß, seine ganze Hardware auf Basis von Cisco-Produkten zu standardisieren, traf er die Entscheidung quasi online. Der leitende Mitarbeiter der Cellular One war beeindruckt durch die schnelle Methode, auf aktuellste Daten zugreifen zu können. Er fand sich auf der Homepage von Cisco durch das gut strukturierte Datenschema in kürzester Zeit zurecht und konnte sich aufgrund dieser Daten sofort entscheiden. Auch eine Account Managerin einer kalifornischen Firma hatte keine Kopfschmerzen, als sie bei Cisco einen Ankauf benötigter Hardware von insgesamt über 1.000.000 $ online bestellte.

Die registrierten Kunden, Mitarbeiter und Partner des Unternehmens sind in ein ausgeklügeltes Sicherheitssystem eingebettet, denn nur das schafft Vertrauen beim Kunden und Akzeptanz. 10 % mehr Kunden fanden sich in den letzten Monaten über das Web. Auch die zahlreichen Vertriebspartner von Cisco werden praktisch mit Informationen und Bestellmöglichkeiten über das Web versorgt. Manche nutzen ausschließlich diese Möglichkeit des Bestellwesens, da aktuelle Preise und Verfügbarkeit immer abgerufen werden können. Jederzeit, auch beim Kunden, können die Cisco-Vertriebsleute durch das „einloggen" auf der Cisco-Web-Site sofort aktuelle Preisinformationen liefern, natürlich standortunabhängig! Die Zeiten, mit schweren Katalogen bepackt – ohne endgültige oder aktuelle Preis- oder Artikelangaben – durch die Gegend zu laufen, sind damit endgültig passé.

Im Jahre 1996 hat Cisco 1 Milliarde $ über das Web umgesetzt. Das beste Einzelergebnis überhaupt, so ein Analystenteam von IDC Research.

Managementaufgabe: Vorgehensweise beim Aufbau einer Internet-Präsenz

Geht es um die Herausforderung, eine Internet-Präsenz im Unternehmen aufzubauen, fehlt es zumeist an einem überzeugenden Konzept. Allem vorweg: Nicht die bunteste, verrückteste und vollgeladenste Web-Site animiert den Besucher, auf der Homepage zu bleiben und vor allem auch wiederzukommen, sondern Funktionalität und Nutzen werden den Besucher letztlich überzeugen.

Eine Homepage wird erst dann sinnvoll, wenn technische Infrastruktur, Geschäftsprozesse und Inhalte harmonisch miteinander arbeiten – ohne Reibungsverluste oder gegenseitige Defizite. Anhand des nachfolgenden Leitfadens (vgl. auch Prof. Kabel, http://www.kabel.de) werden wichtige Meilensteine innerhalb des Projektes deutlich gemacht, die es für das Unternehmen ständig zu beobachten, zu überarbeiten und zu reflektieren gilt.

Der erste Schritt:
Planung und Vorbereitung

- Ziele und Indikatoren für die Zielerreichung bei der eigenen Web-Präsenz definieren (Was soll es dem Kunden bringen, was soll der Mitarbeiter dabei lernen?)
- Welche Abteilungen sollen auf der Web-Site vertreten sein (z. B. Marketing, Presse, Vertrieb etc.)?
- Welche Abteilungen sollen an welcher Stelle im Prozeß stehen, und vor allem,

wie sollen diese nacheinander eingebunden werden?

- Wer koordiniert und kommuniziert mit
allen Fachabteilungen?
- Wie wird der Internet-Auftritt in die anderen Aktivitäten des Kommunikati-
onsmix eingebunden, und an welcher
Stelle geschieht das?
- Werden wir (die Firma) selbst tätig,
oder überlassen wir die Realisation
einem externen Dienstleister?

Herausforderungen in dieser Phase:
- Inhalte für den Web-Auftritt müssen
konzipiert, aufbereitet und in medien-
gerechter Form bereitgestellt werden.
In der Regel sollte man die Inhalte ganz
neu aufbereiten, da die Texte einer
Printpublikation ungeeignet für einen
Online-Auftritt sind. (Das liegt weniger
an der Aussage der Texte als an der Dar-
stellungsweise von Printtexten, die sich
oft über lange Textblöcke erstrecken.
Das mag für Bücher etc. geeignet sein,
auf dem Bilschirm wirkt es eher ermü-
dend.)
- Sowohl die direkt als auch die indirekt
betroffenen Abteilungen müssen informiert werden, um einen ständigen und
vor allem selbstverständlichen Informationsfluß zu gewährleisten. Oft vergißt
man dabei den Einbezug der EDV-Abteilung, die aber schon am Anfang ganz
entscheidend motiviert werden muß.
Vor allem, da diese Abteilung die „elektronischen" Abläufe am besten kennt
und ggf. an der Neugestaltung von Abläufen durch die Inbetriebnahme einer
Internet-Präsenz entscheidend mitarbeiten muß.

Der zweite Schritt: Realisation
- Vorbereitung und Planung der Testphase (Welche Personen oder Abteilun-

gen sollen testen, was soll getestet werden, z. B. Funktionalität, Inhalte, Fea-
tures, wie lange soll getestet werden?)
- Prototypentwicklung: Nach Beendigung der Programmierung müssen die
nun vorliegenden Programmteile zusammengesetzt (kompiliert) werden.
Die dann vorliegende Vorabversion
nennt man Prototyp.
- Early Adopter bestimmen (= Personen
oder Abteilungen, die testweise mit
dem Prototyp arbeiten und ständiges
Feedback an die Projektleitung und
Entwicklungsabteilung geben), einbinden und Testphase einleiten. Anmerkung: Der Prototyp und die dann fest-
stehende Version sollte höchsten Ansprüchen in punkto „Easy to use",
Funktionalität und Stabilität genügen.
- Inhalte einfließen lassen
- Nach abgeschlossener Testphase
tatsächliche Produktion

Herausforderungen in dieser Phase:
- Ständige Plausiblitätskontrolle (anhand
der „Early Adopter"): Der Early Adopter Test bietet den idealen „Härtetest"
für die Sinnhaftigkeit der Anwendung.
Mittels einer konkreten Testanweisung
wird der Prototyp sozusagen auf „Herz
und Nieren" geprüft. Jedes Feature und
jede Funktionalität werden einer Kontrolle unterzogen, ob z. B.
  - dieses Feature an dieser Stelle Sinn
  macht,
  - Untermenüs eingefügt werden müssen,
  - dieser Vorgang schnell genug vom
  Programm abgearbeitet wird,
  - wichtige Funktionalitäten allesamt
  vorhanden sind.

In keinem Falle soll der Kunde in einer
Sackgasse landen oder unter Pro-
grammabstürzen zu leiden haben.

- Klärung der Zuständigkeiten der Entscheidungsfindung: Wird zum ersten Mal ein Prototyp abgenommen, braucht man für die Zukunft auch einen zuständigen Entscheiderkreis, der für Teilbereiche oder aber auch den Gesamtumfang der erstellten Applikation verantwortlich ist. Dieser sollte hier zumindest definiert werden.
- Internet-„Task force" erweitern oder umstrukturieren. Die Internet-„Task force" besteht aus Projektteilnehmern im Unternehmen, die teilzeit- oder vollzeitmäßig mit dem Internet-Auftritt beschäftigt sind. Im Idealfall sollte das ein Mitarbeiter aus jeder am Internet-Auftritt beteiligten Abteilung sein.

Der dritte Schritt: Pflege

- Langfristige Redaktionsplanung notwendig: Um die Aktualität der Inhalte zu gewährleisten, sollte eine Redaktionsplanung eingeleitet werden. Es muß hierbei auch bedacht werden, daß die Texte „internettauglich" sein müssen. Somit ist eine Umarbeitung bzw. Nachbearbeitung bestehender Presse- oder Marketingtexte zwingend notwendig. Eventuell wird ein Redakteur allein für die Redaktion der Internet-Texte verantwortlich sein.
- Verdrahtung der Internet-Strategie mit allen nach „außen" gehenden Abteilungen: Alle nach „außen" gehenden und nicht in der Internet-Strategie eingebundenen Abteilungen (z. B. Außendienst, Auftragsbearbeitung...) sollten immer die Ankündigung neuester Inhalte oder Änderungen zuerst erfahren, da sie mit dem Kunden in direktem Kontakt stehen.
- Aufgabenverteilung planen: Hat sich einmal ein Kreis von geeigneten Mitarbeitern bewährt, sollte dieser auch als Team

weiterhin bestehen und fest eingeplante Aufgaben übernehmen. Von allzu häufigem Wechsel ist abzuraten, da die Internet-Aufgabe einer gewissen Einarbeitungszeit und hoher Motivation bedarf.
- Langfristige Planung der noch zusätzlich erforderlichen Software: Nach Einführung des Internet-Auftritts werden schnell die ersten Erfahrungen gemacht, und das Unternehmen kann überschauen, was in der nahen Zukunft noch fehlen wird. Sollte sich herausstellen, daß z. B. zusätzliche Software für Online-Befragungen gebraucht wird, ist eine Budgetplanung für die Implementierungsphase notwendig.
- Ständige Überprüfung der Web-Attraktivität, ggf. Umbau: Kundenbefragungen sind das beste Mittel, um herauszufinden, wie gut oder schlecht der eigene Auftritt im neuen Medium Internet ankommt. Sinn macht es auf jeden Fall, bereits nach einem Monat die Kunden anhand einer Fragebogenaktion nach ihrer Einstellung zu befragen. Ggf. können hier Focusgruppen gebildet werden, die in regelmäßigen Abständen immer wieder befragt werden.

Herausforderungen in dieser Phase:

- Ständige Verbesserung anstreben (Benchmarking). Die Internet-„Task force" sollte flankierend beauftragt werden, einmal wöchentlich, z. B. während einer Besprechung, neueste Webseiten anderer oder konkurrierender Unternehmen vorzustellen. Gemeinsam sollten diese analysiert und mit der eigenen verglichen werden. Das schafft ständige Verbesserung, und man behält den Überblick über das aktuelle Geschehen im Internet-Markt.
- User-Profil erstellen und Nutzungsverhalten der Online-Besucher erstellen.

Genaue Zielgruppenuntersuchung ist notwendig, um das Angebot besser auf den „Web-Kunden" zuschneiden zu können bzw. Unterschiede zu traditionellen Kunden herauszufinden. Auch das Nutzungsverhalten der Web-Kunden ist eine interessante Untersuchung, da mittels dieser Daten eine noch präzisere Sortimentsauswahl möglich ist. Die sogenannte Erstellung von Konsumentenprofilen (usage tracking) auf dem Web kommt etwa einer Kundenbeobachtung oder einer Kundenbefragung gleich.

Online-Shopping: Angebote zum Ausprobieren

Dieses Kapitel soll sich rein auf eine Sammlung interessanter Web-Angebote der unterschiedlichsten Branchen zum Selbstausprobieren und Entdecken beschränken.

Online-Shopping-Angebote (Auswahl):

Shopping Malls	
	http://
my-world	www.my-world.de
netzmarkt	www.netzmarkt.de
Electronic Mall	
Bodensee	www.bodan.net
Bergisches Netz	www.bergnetz.de
Metronet	www.metronet.de
Versandhandel	
Otto Versand	www.otto.de
Quelle	www.quelle.de
Neckermann	www.neckermann.de
Schwab	www.schwabver-sand.de
Buchhandel	
Lehmanns Online Bookstore	www.lob.de
ABC Bücherdienst	www.telebuch.de
Reisebüros und Fluggesellschaften	
Travel Overland	www.travel-overland.de
TUI	www.tui.de
LTU	www.ltu.de

Lufthansa	www.lufthansa.de
Software/Systemanbieter	
Oracle	www.oracle.com
Quark	www.quark.de
CommercePoint	netcommerce.ibm.com
Cisco	www.cisco.com
Macwarehouse	www.mac-macwarehouse.com
Spezielles	
Call-a-Pizza	www.call-a-pizza.bln.de
Dr. Oetker	www.oetker.de
Onsale	www.onsale.com
Versicherungen	
Allianz	www.allianz.de
Generali Versiche-rungs AG	ea-generali.group.co.at/generali.-de
Gerling	gerling-konzern.de
Signal Versiche-rungen AG	www.signal.de
Immobilien	
DataConcept	www.immawelt.de
EstateNet	www.estate.de
Landesbausparkassen	www.lbs.de
RDM	www.rdm.de

Zahlungsmöglichkeiten im Internet

Der 1997 erschienene Berichtsband der Touch GmbH in Bad Vilbel brachte folgendes Ergebnis hervor:

93 % der Bundesbürger verlangen nach höheren Sicherheitsstandards im Internet, bevor sie bezahlen! Auch die Anonymität des Besuchers auf der Webseite spielt eine große Rolle bei den Befragten. Demnach sind Sicherheit und Anonymität sehr kritische Faktoren für den Besuch von Webseiten.

Digitales Geld: Wie sicher ist mein Geld im Cyberspace?

Elektronische Zahlungssysteme, die mit Sicherheit und Komfort aufwarten, haben eine bedeutende Zukunft, denn Zahlungstransaktionen, besonders mit der Kreditkarte, bergen z. Zt. noch viele Risiken. Es gibt schon einige Online-Shops, die Bezahlung mit der Kreditkarte anbieten, jedoch entscheidet sich der Kunde großteils für die konservative Zahlungsmethode bei Distanzkäufen – per Rechnung oder Nachnahme.

Im Jahre 2000, so ein renommiertes Forschungsinstitut, wird sich das Online-Geschäft zur Hälfte mit virtuellem Geld abwickeln lassen.

Welche Zahlungsmöglichkeiten es gibt, welche Risiken diese bergen und wie Standards sich entwickeln, wird im folgenden erläutert.

Electronic Cash

Generell handelt es sich bei allen virtuellen Zahlungsmethoden auch um virtuelles Geld. Eine Form davon ist das sogenannte Electronic Cash. Erfinder ist die niederländische Firma „Digicash", deren größter Anteilnehmer die Deutsche Bank ist.

Electronic Cash funktioniert folgendermaßen: Electronic Cash verhält sich wie richtiges Bargeld. Wer etwas davon einsetzen will, braucht ein Konto bei einer Digicash-Partnerbank. Von dort wird das Geld abgehoben, auf der Festplatte des PC gespeichert und kann nun ausgegeben werden. Das hat den Vorteil, daß niemand mit persönlichen Daten in Berührung kommt; wofür Sie Ihr Geld ausgeben, bleibt unentdeckt.

Feldversuche laufen gerade in Finnland und den USA. In Deutschland hofft man, das Projekt baldmöglichst anlaufen zu lassen: 1000 Kunden sollen bei 30 Akzeptanzstellen (die eben virtuelles Geld annehmen) einkaufen dürfen. Bis zu 400 DM können dabei vom Girokonto oder einem virtuellen Gegenkonto als Electronic Cash auf die Festplatte fließen und in einer Transaktion ausgegeben werden. Der Mindestbetrag ist ein Pfennig.

Elektronische Brieftasche (Electronic Wallet)

Die Firma Cybercash hat das System einer elektronischen Brieftasche erfunden. Dabei überträgt eine digitale Brieftaschensoftware (wallet) die verschlüsselte Kreditkartennummer vom Kunden-PC zum Server beim Händler. Hier ist die Cybercash-Software „Cash Register" installiert, die Transaktionen auf der Seite des Händlers abwickelt, Belege erstellt und bei der Bearbeitung von Reklamationen hilft.

Die Kartennummer des Kunden bleibt dem Händler verborgen: Sie wird zum Aufschlüsseln und zur Authentifizierung an den Cybercash-Server weitergelei-tet. Cybercash stellt auch den Kontakt zum Kreditkartenunternehmen her, das ausschließlich die Karte des Kunden belastet.

Micropayment (Digitales Bargeld)

Oftmals lohnt es sich nicht, die Kreditkarte einzusetzen (z. B. bei kleineren Einkäufen im Supermarkt oder beim Kaufen der Tageszeitung). Stellen Sie sich nun vor, Sie wollten sich all das auf virtuellem Wege besorgen. Micropayment ist das digitale Kleingeld im Portmonnaie; das Einkaufen zwischen 25 Cent und 10 Dollar funktioniert beim Hersteller von „Cybercoins" folgendermaßen:

Cybercoin-User belasten ihre Kreditkarte mit einem bestimmten Betrag, den sie nachher für kleinere Barzahlungen ausgeben können, einfach und problemlos. Um das Verfahren schlank und überschaubar zu halten, wurde auf Kryptographieverfahren usw. verzichtet. Jedoch geben einige Firmen Quittungen auf Wunsch aus. Auch hier laufen bereits Testprojekte in den USA.

Abschließend läßt sich sagen, daß die Durchsetzung dieser Art von Zahlungsmethoden allein vom Vertrauen der Kunden abhängt. Und das ist mehr als wichtig. Für den Netzguru Nicholas Negroponte ist digitales Geld das „Salz der Netze", ohne das das Internet keine Zukunft hat.

Einige wichtige Schlüsselbegriffe und -verfahren, die in direkter Verbindung mit Zahlungssystemen im Internet stehen

Sie werden bei dieser Lektüre oder in der Diskussion mit anderen oftmals auf einige immer wiederkehrende Begriffe stoßen, die im Zusammenhang mit Zahlungssystemen stehen. Diese sollen hier kurz erläutert werden:

SET (Secure Electronic Transaction): Gemeinsamer Standard der Kreditkartenunternehmen Mastercard und VISA für den elektronischen Zahlungsmittelverkehr über Netzwerke (z. B. World Wide Web). Ausführliche Informationen unter: http://www.visa.com

SSL (Secure Socket Layer): Spezifikation für sichere Internetübertragung. Damit wird eine sichere Übertragung von HTTP-Protokollen erreicht. MS Explorer und Netscape Navigator unterstützen SSL.

Public-Key-Verfahren: Verschlüsselungstechnik, die mit zwei sogenannten „Schlüsseln" arbeitet – einem öffentlichen und einem privaten Schlüssel, der nur einem Berechtigten zugeteilt ist. Beide Schlüssel ergeben ein unikates Schlüsselpaar, mit dem die Daten entschlüsselt werden können.

Kryptographie: Wissenschaft vom Verschlüsseln und Entschlüsseln von Informationen. Kryptographische Verfahren spielen eine besondere Rolle bei Daten-

übertragung über das Internet und ganz besonders bei Zahlungstransaktionen. Stark umstritten ist in Deutschland derzeit der Entwurf zum Kryptographiegesetz, denn sollte er genehmigt werden, wird Deutschland um Lichtjahre in der Entwicklung von Electronic Commerce zurückgeworfen.

Dieses Gesetz besagt, daß die Anbietung und Nutzung nicht genehmigter Kryptier-Verfahren unter Strafe gestellt werden. Das bedeutet, daß

- Schlüssel bei einer öffentlichen Institution hinterlegt werden müssen,
- Verschlüsselungstechniken genehmigungspflichtig werden sollen,
- frei zugängliche Programme dann verboten werden würden.

Die Bekämpfung des organisierten Verbrechens (z. B. Geldwäsche) gilt dabei als Hauptkriterium der Befürworter einer Krypto-Regulierung. Namhafte Netzsicherheitsexperten wehren sich gegen diesen Beschluß, da dieser aus juristischer Sicht „verfassungswidrig" sei und den Bürger „durchleuchte". Genauer Wortlaut dieser „Hamburger Erklärung zur Verschlüsselungsfreiheit" der Netzsicherheitsexperten unter: ftp://TROLL.HZ. KFAJuelich.de/pub/KRYPTO/hh.htm

Firewall: Grundsätzlich müssen alle unternehmensinternen Netze, die mit außen (über das Internet) verbunden sind, geschützt werden. Eine „Firewall" reduziert dieses Risiko, indem dort durch eine „Türe" nach außen kontrolliert Zugriffe auf das Internet gegeben werden.

Allerhand Nützliches

Es gibt zwar unzählige Bücher über das Internet & Co., die mit Titeln wie „Wie werde ich zum Cyber-Millionär gebeamt" versehen sind, doch spätestens nach dem Titel verschwinden die Spannung und die Ernsthaftigkeit.

Wirklich gutes Material ist tatsächlich schwer zu finden. Hinzu kommt, daß die meisten Materialien am Tage ihrer Drucklegung bereits veraltet sind. Im folgenden soll auf Literatur hingewiesen werden, die in jedem Falle als Entscheidungsfinder oder Nachschlagewerk hinzugenommen werden sollte. Sehr sinnvoll ist es auch, Vereinen beizutreten, deren Hauptziel die kommerzielle Verbreitung des Online-Shopping-Gedankens bzw. Electronic Commerce ist.

Bücher

- Internet für Marketing, Vertrieb, Kommunikation
  D. Wallbrecht, R. Clasen
  Verlag Luchterhand, 1997, 446 S.,
  DM 44,–
  ISBN 3-472-02128-4
  Klein, aber fein: zum Nachschlagen, schnellen Überblick, speziell für den Verkaufsprofi, eben für Leute, deren Passion der Vertrieb ist und nicht das Internet.
- Marketing im Internet – Zielgruppenpotentiale, Einsatzmöglichkeiten, Nutzenvorteile, Leitfaden für Umsetzung und Implementierung Wirtschaftsverlag Carl Ueberreuter, 1997, 111 S., DM 19,80
  ISBN 3-7064-0363-3
  Praxisnah erläutert mit einem Sortiment von Checklisten und Arbeitsblättern. Genau richtig für den Einstieg.
- Kommerzielle Web-Seiten entwickeln
  L. Lemay, B. Murphy
  Verlag Markt & Technik, 1997, 585 S.,
  DM 59,95
  ISBN 3-8272-5202-4
  Genaue und präzise Heranführung an

das Thema Internet. Mit Praxisbeispielen und CD-ROM

- Online & Recht
  T. Strömer
  dpunkt Verlag, 1997, 246 S., DM 68,–
  ISBN 3-920993-66-7
  Recht auf das Internet zugeschnitten. Eigenes Kapitel über Electronic Commerce und Entscheidungssammlung zum Online-Recht. Sollte in jedem Schrank stehen.
- Computergeld – Zahlungssysteme im Internet
  A. Furche, G. Wrightson
  dpunkt Verlag, 1997, 120 S., DM 49,–
  ISBN 3-920993-55-1
  Für den technisch interessierten Praktiker. Kompakt und verständlich geschrieben mit systematischem Überblick.
- Marketing-Instrument Internet
  A. Werner, R. Stephan
  dpunkt Verlag, 1997, DM 68,–
  ISBN 3-920993-56-x
  Umfaßt Themengebiete wie Werbewirkung, Demographie, Marktforschung sowie Tips für den Firmenauftritt im Internet. Solide gemacht!

Zeitschriften und Magazine

Viele Marketing-Fachzeitschriften bringen oftmals Artikel zum Thema rund um das Internet (z. B. Absatzwirtschaft, Harvard Business Manager, Horizont ...). Hier sei jedoch auf Fachzeitschriften verwiesen, die den Internet-Gedanken mit dem Business-Gedanken verquickt haben.

- Business Online
  Technik, Trends und Dienste in globalen Datennetzen
  Konradin Verlag Robert Kohlhammer GmbH, Leinfelden-Echterdingen
  Jahresabonnement: DM 168,–

- Global Online
  Das Business-Magazin für Unternehmenskommunikation
  Computer-Woche Verlag GmbH, München
  Jahresabonnement: DM 50,–
- NetInvestor
  Transparenz bei Investiitionsentscheidungen für Internet und Intranet
  Net-Investor Verlag GmbH München
  Jahresabonnement: DM 162,–
- Englischsprachige Zeitschriften über WILSON Internet Services
  http://www.garlic.com/rfwilson/web-market/ezines.htm

Deutschsprachige Studien

- Business Digital: Die große Multimedia-Studie von Bertelsmann Telemedia und Diebold. Bietet Statistiken über PC-Ausstattung der Haushalte in Deutschland, Angaben über Nutzergruppen und deren Präferenzen sowie Branchenbeispiele.
  http://www.telemedia.de/news/diebold.htm
- MGM Media Gruppe München. Die optimale Online-Werbung für jede Branche in Zusammenarbeit mit dem Spiegel Verlag: Was Nutzer von Unternehmensauftritten im Internet erwarten. Die erste Analyse zur Online-Werbung für 10 Schlüsselbranchen.
  http://WWW.mgmuc.de/ (mit Media und Online ABC!)
- Internet.com – Warum gehen deutsche Firmen nicht ins Internet? 360 Unternehmen wurden telefonisch befragt, über 100 beantworteten einen ausführlichen Fragebogen. Die empirische Studie ist die erste und bisher einzige, die sich mit dieser Frage beschäftigt – mit faßbaren Ergebnissen.
  http://www.dmmv.de/presse

Englischsprachige Studien

Die wahrscheinlich brauchbarsten Quellen (weil sie oft genug aktualisiert werden) sind in der Regel englischsprachige Studien:

- Cyberatlas: Cyberatlas wertet ständig alle verfügbaren Studien zum Thema aus und erarbeitet eine laufende Zusammenfassung.
  http://www.cyberatlas.com
- GVU Web Survey: Eine alle sechs Monate von Georgia Tech's Graphics and Visualisation und Usability (GVU) Programm durchgeführte Studie, bei der Web-Anwender nach ihren Gewohnheiten und Bedürfnissen befragt werden.
  http://www.cc.gatech.edu/gvu/user_surveys
- Matrix Information Directory Srevices: MIDS führt ständige Internetumfragen durch und veröffentlicht die Ergebnisse in regelmäßigen Reports.
  http://www.mids.org

Online-Shopping/Electronic Commerce-Vereine und Verbände (Auswahl)

Deutschsprachige Vereine und Verbände

- ECO Electronic Commcerce Forum: Das ECO Forum e.V. ist ein unabhängiger Zusammenschluß von Unternehmen, die auf die kommerzielle Zukunft des Internet und der Online-Dienste bauen. Verschiedene Arbeitskreise für Technologie, Anwendung und Recht/Soziales, Informationsveranstaltungen in Zusammenarbeit mit den IHKs; gemeinschaftliche Marketingaktionen.
  http://www.eco.de/verein.htm
- dmmv Deutscher Multimedia Verband e.V: Der deutsche Multimedia Veerband ist die wohl bedeutendste Interessenvertretung der deutschen Offline-

und Online-Multimedia-Branche (über 250 Mitglieder). Der dmmv gilt als Ansprechpartner für Industrie, Politik, Behörden und Presse. Arbeitsfelder: Recht, Ausbildung, Qulitätssicherung, Angebots- und Kalkulationsrichtlinien, Marketing.
http://www.dmmv.de/uber/uber.htm

Englischsprachige Vereine und Verbände
- Center for Electronic Commerce of the William E. Simon School of Business, University of Rochester, bietet laufend aktuelle Veröffentlichungen und allerlei Hilfe rund um das Thema „Electronic Commerce"
http://commerce.ssb.rochester.edu
- Business GATEWAY: GATEWAY hilft Ihnen, Electronic Commerce im Unternehmen aufzubauen, und untersützt Sie hierbei mit einem umfangreichen Managementprogramm. GATEWAY bietet auch Produkte zum Aufbau eigener Internetpräsenz.
http://www.businessgateway.com/mission.htm
- AECPI The Association for Electronic Commerce, Professional International Electronic Commerce Club mit Trainingsprogamm, Seminaren und Veranstaltungen.
http://www.aecpi.com

Self-Assessment: 20 Fragen zu Electronic Commerce, die man sich als Internet-Projektleiter selbst beantworten sollte, bevor das Internet-Projekt beginnt oder das Konzept offiziell im Unternehmen vorgestellt wird
1. Was ist Electronic Commerce im Internet?
2. Wer von unseren Kunden/Zielgruppen ist im Internet?
3. Haben wir eine Möglichkeit, mit einem Internet-Auftritt Geld zu verdienen?
4. Wem gehört oder wer managt das Internet?
5. Was für eine Bedeutung hat das World Wide Web als Marketingplattform?
6. Ist das World Wide Web dasselbe wie Electronic Commerce? Wenn nicht, was ist der Unterschied, und wo wäre unser Einsatzbereich anzusiedeln?
7. Wie sicher sind unsere Informationen auf dem Internet?
8. Wie weit weg ist Electronic Commerce? Besteht sofortiger Handlungsbedarf für uns?
9. Werden unsere Kunden wirklich über das Internet einkaufen?
10. Wie werden unsere Kunden auf unseren Internetauftritt aufmerksam? Wie binden wir das in unsere gesamte Kommunikationsstrategie ein?
11. Wie verbringen die Leute ihre Zeit auf dem Internet?
12. Warum werden die Leute gerade auf unsere Webpage gehen und warum auch wieder dorthin zurückkommen?
13. Wo ist unser Geld am besten investiert?
14. Wer unter unseren Konkurrenten nutzt diese neuen Technologien? Wie machen sie das im einzelnen? Gibt es irgendeine Zahl (z.B. Umsätze, Kosten) darüber?
15. Kann das Internet mit seiner Technologie unsere Mitarbeiter verbessern, entstehen neue Vertriebswege, verbessert sich die Unternehmensdarstellung – oder ist es absolute Zeitverschwendung?
16. Wie implementieren wir eine Internet-Darstellung? Welche Fachleute müssen wir einstellen, um das zu realisieren? Sollen wir (die Firma) es selbst tun oder „outsourcen"?

17. Wie verändert das Internet die Erwartungen unserer Kunden?
18. Wie verändert das Internet unser Procedere, Waren und Dienstleistungen auszuliefern?
19. Was genau versteht man unter Micropayment? Wie arbeitet es?
20. Wie können bereits implementierte Softwareapplikationen im Unternehmen neben/mit Electronic Commerce existieren?

Ausblick ins Jahr 2000

Kein Thema im Bereich der virtuellen Welten ist in letzter Zeit so kontrovers diskutiert worden wie das des Online-Shopping/Electronic Commerce. Kaum ein Thema bringt es auf solch viele Publikationen, Studien und vor allem Zahlenmaterial (die leider manchmal bis zu 100 % auseinanderdriften).

Ratsam für die am Online-Shopping interessierten Unternehmen ist auf jeden Fall, bald zu handeln. Ein später Einstieg wird teuer. Denn wenn erst einmal die Konkurrenz vorbeigezogen ist, steht der eigene Web-Auftritt unter großem Zeitdruck. Darüber hinaus können schon jetzt wichtige Erfahrungen gesammelt und Vorbereitungen getroffen werden.

Die guten Agenturen sind inzwischen in der Wahl ihrer Klienten wählerisch geworden, und Spezialisten sind bis auf weiteres vollkommen ausgebucht. Besser auszuloten und zu untersuchen sind auch die „Online-Shopper" als Spezies „Kunde". Und das braucht Zeit und Konzepte.

Warten Sie nicht zu lange, denn die nächste Welle kommt bestimmt. Eines der am meisten verkauften Weihnachtsgeschenke der 1996er Saison in den USA war das gerade neu auf den Markt gekommene WebTV, ein Zusatzgerät fürs heimische Fernsehen, das den Internet-Anschluß so vereinfacht, daß selbst Leute, für die die Programmierung eines Videorecorders unmöglich ist, mit dem Gerät auf Anhieb zurechtkommen.

Für den Erfolg steht die Firma Microsoft gerade. Bill Gates hat soeben die kalifornische WebTVNetworks für 425 Millionen $ gekauft!

Alles Online??

Literaturhinweise

Buck, Konrad, Bestellen via Bildschirmkatalog, Business Online, 1-2/97, S. 48–50

Gadeib, Andrea, Buyer behaviour in the WWW: An international empirical study concerning the purchase decisions of WWW users in Germany and USA. Online Publikation 1996, http://www.members.aol.com/gardez1/ygar4/summary.htm

Hartge, Thomas, Digitale Geschäfte Shopping im Cyberspace – Chancen und Prognosen, c't 3/97, S. 178

Hünerberg, Reinhard, Heise, Gilbert, Mann, Andreas, Handbuch Online Marketing, verlag moderne industrie, 1996

Knieriem, Uwe, Die Milliarden Website, Global Online, 5–6/97, S. 58–59

Kutzner, Michael, Peins, Jürgen, Informationen anzapfen, Business Online, 3/97, S. 26–31

Publishing Praxis, Das Fachmagazin für digitalen Workflow & Electronic Publishing, Juni 1997

Sperlich, Tom, Nostalgie Supermarkt Virtuell Einkaufen – Renner oder Flop? c't Report 2/97 Geld online S.141–166

Sussman, Vic, Pollack, Kenan, Gold Rush in Cyberspace? News Online, 11/96, http://www.usnews.com

Wasmeier, Michael, Shop in the box c't Juni 1997

5.3 Multimediale Systeme zur Verkaufsunterstützung

Der Autor

Dipl.-Kfm. Dr. Heinz Joachim Bless war Inhaber einer Handelsagentur und Vorsitzender des Fachverbandes Deutscher Lebensmittel-Handelsvertreter, später Vizepräsident der CDH. Er leitete den Forschungsverband für den Handelsvertreter- und Handelsmaklerberuf. Seit 1986 ist er selbständiger Management- und Verkaufstrainer und Partner im MM-Institut für Analyse, Marketing und Absatzförderung in Meerbusch bei Düsseldorf. Er hält Vorträge und lehrt an Universitäten. Herr Dr. Bless ist seit 1988 Träger des Bundesverdienstkreuzes.

Ein zukunftsweisender Faktor

Der Vertriebssektor ist in allen Ländern, die sich der Marktwirtschaft verschrieben haben, von einem harten Wettbewerb gekennzeichnet. Alle Güter, die zu einer Massenfabrikation geeignet sind, befinden sich in einem Verdrängungswettbewerb.

In manchen Produktgruppen sind Differenzierungen unterschiedlicher Anbieter kaum noch zu erkennen, und aufgeklärte Kunden stellen bis ins Detail gehende Fachfragen.

Im Zeitalter von High-Tech sind die Verkäufer da oft großen Ansprüchen ausgesetzt. Das berufs- und fachbezogene Wissen vergrößert und verändert sich ständig, und der Begriff vom lebenslangen Lernen ist für viele Bereiche zur Selbstverständlichkeit geworden.

So wie in verschiedenen Branchen heute ausgefeilte Softwareprogramme unter dem Begriff *Computer-Aided-Selling* (CAS) den Vertrieb unterstützen, werden auch multimediale Programme zunehmend zur Verkaufsunterstützung und -förderung verwendet.

Dies geschieht vor allem da, wo stark erklärungsbedürftige und auch variationsreiche Produkte, Investitionsgüter und Dienstleistungen anzubieten sind. Die Frage, ob solche Programme nutzbringend sind, braucht nicht mehr gestellt zu werden. Da, wo multimediale Verkaufsunterstützung eingesetzt wurde, hat sie den Erfolgsnachweis bereits gebracht (vgl. Hünerberg/Heise, 1995).

Die Schrittmacher kommen von zwei Seiten

„Nicht die Großen werden die Kleinen besiegen, sondern die Kreativen die Verharrenden" (vgl. Klein, 1994).

Rechnerleistungen und Software-Entwicklung machen's möglich

Der Fortschritt, der in nur acht Jahren auf dem Hardwaregebiet stattgefunden hat, sei an folgendem Vergleich dargestellt: Während 1988 das Speichervolumen auf Festplatten bei etwa zehn Megabite lag, sind 1996 bereits zwei Gigabyte auf Festplatten verfügbar gewesen.

1988 mußte man sich bei farblichen Darstellungen noch mit 16 Farben (320 x 200 Pixel) begnügen, 1996 dagegen waren es bereits 16 Millionen Farbnuancierungen (800 x 600 Pixel). Die Verkaufspreise fielen in der gleichen Zeit gewaltig, so daß auch die Anschaffung geeigneter Geräte für größere Außendienststäbe wirtschaftlich vertretbar ist.

Die Entwicklung auf diesem Gebiet schreitet tagtäglich weiter.

Parallel zur stürmischen Hardware-Entwicklung ist auch die Software-Entwicklung rasant fortgeschritten. Die multimedialen Möglichkeiten – die Verknüpfung von Bild, Text, Ton und Video-Einblendungen – steigern sich von Tag zu Tag (die Fachliteratur gibt darüber Auskunft).

CAS-unterstützter Außendienst – fast schon Standard

Die Zahl der CAS (Computer-Aided-Selling-Software-Programme) nimmt jedes Jahr zu. Auf der CeBIT 1997 war von etwa 150 verschiedenen Programmen die Rede. Da die Mehrzahl dieser Software-Programme auf der Kombination von Text-

und Kalkulationsprogrammen basiert, ist für den Laien eine Qualifizierung recht schwierig. Hilfreiche, anschauliche Informationen für die Auswahl des zur Anwendung kommenden Programms bietet der „Marktspiegel Computer Aided Selling" (Schwetz, 1997), der Auskunft über 150 Programme gibt. Nach seinen Angaben sind heute schon rund 20000 Vertriebsorganisationen mit CAS-Programmen zur Unterstützung des Vertriebsnetzes im Außen- und Innendienst ausgestattet.

Investitionsgüterhersteller berichten von einer Umsatzsteigerung von rund 10 Prozent, in Einzelfällen sogar deutlich darüber. Im Dienstleistungsbereich liegt diese bei rund 20 Prozent und im Konsumgütersektor bei etwa 5 Prozent. An Ertragssteigerungen konnten in der Regel um die 5 Prozent erzielt werden (vgl. acquisa 3/97, Seite 58).

Daß durch den Einsatz der Programme Kostensenkungen durch schnelle und fehlerfreie Kommunikation erreichbar sind, ist ohne Zweifel. Bei großen Außendienstorganisationen ergibt dies beträchtliche Einsparungen.

Es ist bewiesen, daß die Effizienz einer Außendienstorganisation mit Unterstützung durch ein CAS-Programm erheblich zunimmt. Beim Kundengespräch stehen alle notwendigen Daten sofort zur Verfügung, und selbst Rückfragen bei einer Datenbank des Stammunternehmens sind technisch möglich.

Für den entsprechenden Einsatz der Programme stehen geeignete Notebooks zur Verfügung. Sowohl die Speicher- als auch die Batteriekapazität reichen aus, um den Verkäufer oder Berater auch bei einem längeren Verkaufsgespräch oder einer Präsentation unabhängig vom Stromnetz zu machen.

Ein Systembeispiel

Als Beispiel soll das GEDYS-System dienen. Es ist eigenständig, aber mit installierten CAS-Systemen verknüpfbar. Wer bereits in ein Computer-Aided-Selling-System investiert hat und nun in die multimediale Welt einsteigen möchte, kann dies ohne Bedenken mit einem anderen System tun.

Bei dem GEDYS-System handelt es sich um ein Werkzeug zur Erstellung individueller, kundenspezifischer, elektronischer Kataloge, die durch ihre interaktiven Möglichkeiten zur Verkäuferunterstützung ebenso wie zur Verkaufsförderung eingesetzt werden können. Es ist konsequent durch seine Module auf den Bereich der Absatzförderung mit verschiedenen Präsentationsformen eingerichtet und damit ein ideales Werkzeug für erklärungsbedürftige Investitions- und Ge-

brauchsgüter, die in Varianten und mit diversem Zubehör angeboten werden.

Das System basiert auf praxisbewährten Industriestandards (Microsoft/IBM) und ist als Datenbank realisiert (Bless/Matzen, 1995). Seine Spezialität ist die visuelle regelbasierte Produktkonfiguration als modernste Form der interaktiven Auftragserfassung. Dieses System ist eine Synthese aus modernster Software und interaktivem Screendesign.

Die Module decken den individuellen Funktions- und Kommunikationsbedarf des Kunden ausgezeichnet ab, stets an der Zielgruppe orientiert.

Die bestimmenden Parameter ergeben sich aus dem Forderungskatalog nach faktischen und emotionalen Gesichtspunkten. Die Vielseitigkeit der Möglichkeiten erlaubt Offline-Lösungen auf Notebook, PC, CD-ROM oder Kiosk-Systeme, vernetzt über LAN, WAN, bei Bedarf sogar

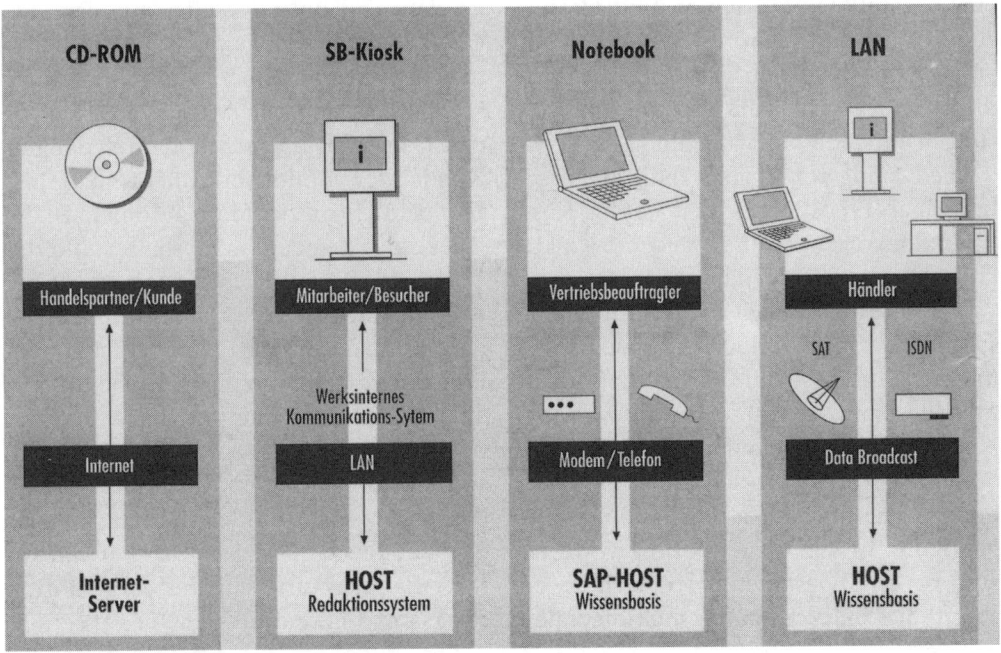

Abb. 1: Beispiel für ein multimediales System mit einem breiten Leistungsspektrum

über Satellit. Auf diese Weise hat man ein breites Leistungsspektrum, das auch Online-Anwendungen als Erweiterung der Vertriebs- und Marketingaktivitäten ermöglicht.

Bedingt durch die komplexen Zusammenhänge und die vielfältigen Möglichkeiten (Verkaufsunterstützungssystem, Online-Shop bzw. Electronic Commerce, SB-Kiosk oder Internet-Applikation) ist bei der Konzeption eine sorgfältige Analyse erforderlich.

Die Chancen solch eines Systems liegen in drei Bereichen:

- Intensivierung der Vertriebskanäle,
- Erweiterung der Vermarktungswege um die weltumspannende Komponente Online-Vertrieb als Electronic Commerce via Internet,
- Erhöhung der Kundenzufriedenheit durch Direktkommunikation.

Solche komplexen Lösungen bedingen eine sorgfältige Konzeption und Umsetzung durch ein Team von Experten der verschiedensten Fachrichtungen, die dann diese neuartigen Verkaufsförderungslösungen auf den Punkt bringen.

Die Lösungen sind vollständig integrierbar, ob ab P-host als Datenbasis für Konfigurationsregeln oder Excel-Etat-Kalkulation für das Preis-Update.

Die Wirkungsweise ist verblüffend: Der schönste farbig bebilderte Katalog kann nur ein statisches Bild zeigen. Funktionen müssen dann verbal erläutert werden. Niemand aber wird in der Lage sein, in 20 Sekunden verbal das auszudrücken, was eine Animation auf dem Bildschirm zeigen kann. In der Visualisierung von Leistungen im Dienstleistungsbereich liegen somit die Stärken eines multimedialen Systems.

Die neue Qualität des Verkaufsgesprächs

Wenn multimediale Systeme beim Verkauf eingesetzt werden, so erhält das Gespräch eine neue Qualität. Wo bislang die Face-to-face-Argumentation und Verhandlungsführung stattfand, ist nun ein neues Medium hinzugetreten. Es ist gleichsam eine Dreierbeziehung hergestellt worden (s. Bless, 1994). Schon der gemeinsame Blick auf den Bildschirm oder das Display erfordert eine Sitzpositionierung, die Verkäufer und Kunden den Blick auf den Bildschirm gestattet.

Natürlich wird ein versierter Verkäufer beim Kundengespräch nicht sofort sein Notebook auspacken, aufklappen und mit dem Gespräch beginnen. Die übliche Verhandlungstechnik für die Begrüßungs- und Bedarfsanalysephase bleibt erhalten (s. Abbildung 2).

Erst wenn das Interesse des Kunden an der Angebotserstellung mit dem PC geweckt ist, wird gemeinsam am Bildschirm weiterverhandelt. Der Verkäufer setzt sich gemeinsam mit dem Kunden vor den Computer und achtet darauf, daß der Kunde den optimalen Blickwinkel hat. Der Bildschirm zieht nun automatisch die Blicke des Kunden an, deshalb sollte der Verkäufer darauf trainiert sein, noch bewußten Blickkontakt mit dem Kunden zu halten, um die entsprechende Rückkoppelung bei Vorschlägen und Entscheidungen zu bekommen. Während der Verkäufer per Maus durch das Programm klickt, sollte er dem Kunden seine Schritte und das jeweils nächste Bild erläutern, denn es ist nicht davon auszugehen, daß er auf Anhieb die Strukturierung des vorgeführten Programms erkennt.

Die gewohnte Gesprächsführung mit präziser Fragetechnik, wie sie auch beim

Abschluß angewandt werden muß, wird beibehalten. Der Verkäufer muß auf der Hut sein: Die Faszination des Programms verführt leicht dazu, alle möglichen Alternativen zu zeigen. Eine große Hilfe bei der Einwandbehandlung bietet die Fülle von Informationen, die im Hintergrund verfügbar ist. Durch Anklicken von Informationshinweisen können viele Einwendungen durch Fakten glaubwürdig und überzeugend behandelt werden.

Eine interessante Variation des Verkaufsgespräches besteht darin, daß entweder der Preis bei den besprochenen Modellen von Anfang an unterdrückt werden kann und erst am Schluß des Gespräches eingeblendet wird oder aber von Anfang an mitläuft und aufzeigt, welche zusätzlichen Beträge durch gewünschte Sonderausstattungen anfallen werden. Hier ist das Fingerspitzengefühl des Verkäufers gefragt, wie er seinen Kunden im Hinblick auf die Preisempfindlichkeit einschätzt.

Trainingsbedarf für das neue Verhalten beim Kundengespräch

Durch die neue Sitzposition und den völlig anderen Ablauf des Verkaufsgesprächs sind zwei Dinge unbedingt nötig, wie die Praxis gezeigt hat:

Bedienungstraining

Für das Multimedia-Programm auf dem Notebook oder PC ist ein sorgfältiges Training nötig. Der Verkäufer muß das Programm in allen Einzelheiten so beherrschen, daß er sich jederzeit darin zurechtfindet und Vorwärts- und Rückwärtssprünge mit der Maus problemlos bewältigt. Dieser Lernprozeß erscheint anfangs mühselig, macht aber mit zunehmendem

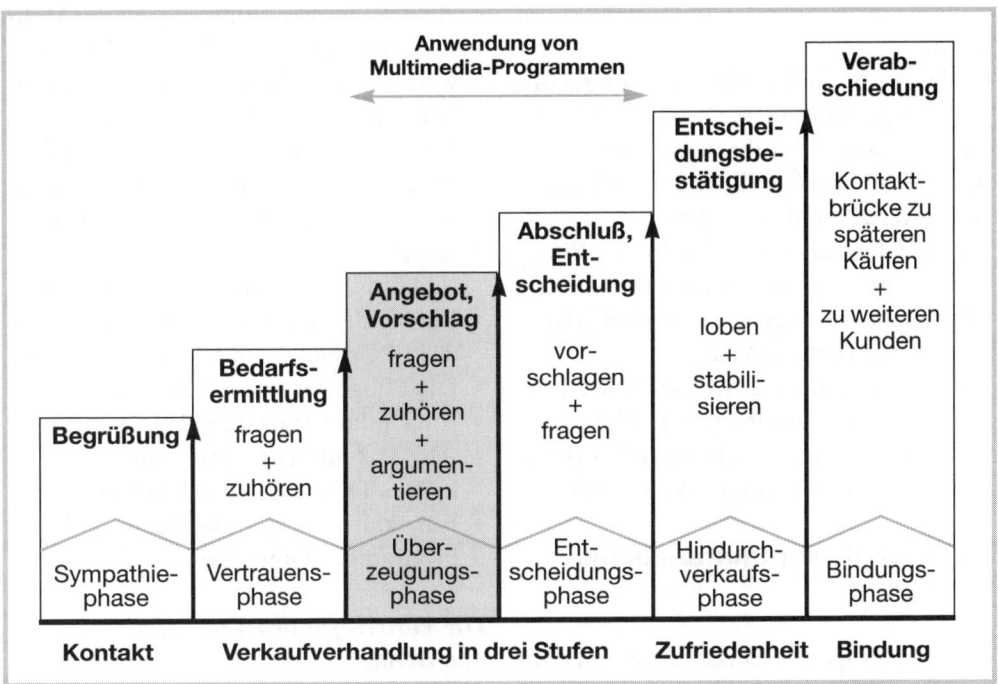

Abb. 2: Ablauf eines Verkaufsgespräches unter Einsatz multimedialer Programme

Fortschritt immer mehr Spaß und wird auch von der älteren Generation, der man nicht gerade Computerbegeisterung nachsagt, gern mitgemacht. Wenn diese Bedienung des Programms reibungslos klappt, folgt das Umgangstraining im Gespräch mit dem Kunden.

Training des neuartigen Verkaufsgesprächs

Ein erfahrener Trainer muß die neue Sitzposition und den Ablauf eines Gesprächs am besten mit kurzen Rollenspielen trainieren und vor allen Dingen die Verkäufer dazu anhalten, den normalen systematischen Gesprächsablauf beizubehalten und sich nicht durch das Programm vom Verkaufsgespräch mit dem Ziel des Abschlusses ablenken zu lassen.

Diese Gefahr ist gegeben, wenn der Kunde einen eigenständigen Spaß an dem Programm entwickelt, so daß das Verkaufsgespräch einen Nintendo-Effekt bekommt.

Die Praxis vieler Trainingsworkshops hat gezeigt, daß die Verkäufer die Nützlichkeit dieser Einführungsschulung und des anschließenden Trainings erkennen und auch rückhaltlos bejahen.

Das Echo der Anwender in der Praxis spricht eindeutig von erleichterten und erfolgreichen Kundengesprächen mit erfreulichen Umsatzzuwächsen.

Es kann daraus geschlossen werden, daß in wenigen Jahren multimedial unterstützte Verkaufsgespräche in vielen Branchen zur Selbstverständlichkeit werden.

Die Vorteile der multimedialen Programme

Wenn die Frage des Einsatzes für ein multimediales Verkaufsunterstützungssystem ansteht, wird nach den Kosten und auch nach dem voraussehbaren Nutzen gefragt.

Die Investitionen richten sich nach dem Umfang des zu bearbeitenden Materials und den qualitativen Ansprüchen des Auftraggebers. Sind viele Video-Sequenzen einzublenden, erfordert dies Speicherplatz und einen größeren Aufwand, als wenn nur Bilder, Text- und Tonvariationen einzuspielen sind. Dennoch sind verläßliche Vorauskalkulationen möglich, sobald in einer Art Drehbuch die gewünschten Leistungen umrissen sind.

Der *Return on Investment* ist dann ebenfalls zu kalkulieren, wenn Art und Umfang der Zielgruppen festzustellen sind.

Die Vorteile für das Unternehmen

- Das Programm hat durch seinen elektronischen Support eine permanente Aktualität;
- einen klar strukturierten Aufbau;
- einfache Bedienerführung mit der Maus.
- Das System ist modular erweiterbar, wenn neue Video-Sequenzen oder Tabellen hinzugefügt werden sollen.
- Fehler und Vergeßlichkeit der Verkäufer werden durch die komplette Erstellung durch das Unternehmen vermieden.
- Durch Schnittstellen zur Zentral-EDV sind weitere Verknüpfungen möglich.
- Verwendet werden können alle Standard-PCs, Notebooks, Kiosk-Systeme.
- Die Pflege der Daten ist einfach.
- Ein Update ist problemlos.
- Als Datenträger sind geeignet: Diskette, CD-ROM und ISDN-Leitungen.
- Eine klare Wirkungskontrolle ist in das Programm zu integrieren.

Die Vorteile für den Verkäufer und Berater

- Das Programm erzwingt durch seinen klar strukturierten Aufbau ein systematisches Verkaufsgespräch. Man kann durch Zwischenfragen des Kunden nicht den Faden verlieren, sondern wird immer wieder auf den zuletzt erreichten Punkt zurückgeführt.

- Die optische Darstellung aller Varianten unterstützt den Verkäufer, weil er nicht nur auf die verbale Darstellung angewiesen ist, sondern den Kunden sehen läßt, worüber gesprochen wird.
- Die Visualisierung auf dem Bildschirm oder Display vermeidet Mißverständnisse, die sich sonst leicht einschleichen können.
- Die illustrierte Argumentation unterstützt das Verkaufsgespräch in bisher nicht gekannter Weise.
- Durch die Führung am Bildschirm entsteht eine kreative Zusammenarbeit mit dem Kunden, der jeweils wählen kann, welche der angebotenen Möglichkeiten und Variationen ihm gefällt.
- Für den Verkäufer ergibt sich daraus die Sicherheit bei der Beratung. Er kann nichts vergessen.
- Der Preis, der in vielen Fällen eine entscheidende Rolle spielt, kann vom Programm unterdrückt werden, ist aber jederzeit einblendbar. Das bietet den Vorteil, daß man entweder das Gespräch von Preisen unbeeinflußt führen kann oder aber bei limitierten Preisvorstellungen jederzeit im Blick hat, wie weit man sich bewegt hat (z. B. Zusatzwünsche bei der Ausstattung).
- Da die Preise aus der unterlegten Datenbank geholt werden, gibt es keine Fehlerquellen und Irrtümer durch den Verkäufer, da jeder Preis immer genau dem auf dem Bildschirm erscheinenden Produkt durch das Programm zugeordnet ist. Die Preise können problemlos aktualisiert werden.
- Das Programm gibt dem Verkäufer eine

überzeugende Beratungskompetenz, die auch zu einer starken Kundenbindung führt. Der Kunde fühlt sich gleichsam von einem Experten beraten. Dadurch wird die Persönlichkeitswirkung des Verkäufers entschieden verstärkt, und wenn er sich auf der emotionalen Ebene richtig auf seinen Kunden eingestellt hat, wird der Abschluß leicht fallen.

Die Vorteile für den Kunden

- Mit welchen Empfindungen sieht ein Interessent oder Kunde einen Verkäufer an, der bei dem Gespräch ein multimediales Programm einsetzt?
- Nach den bisher vorliegenden Erfahrungen begrüßt der Interessent diese visuelle Hilfe zu seinem Vorstellungsvermögen, denn er sieht die angebotenen und besprochenen Produkte nicht nur vor seinem geistigen Auge, sondern farbig und perspektivisch vor sich. Die Möglichkeit falscher Vorstellungen taucht gar nicht erst auf.
- Durch die eingeblendeten Auswahlmenüs kann er selbst sofort alle Angebotsvariationen erkennen und sich ihm gefallende Variationen durch Mausklick bildlich darstellen lassen. Auf diese Weise wirkt er selbst mit, ein optimales Angebot für sich zu finden. Durch die eigene Mitarbeit identifiziert er sich mit dem Angebot, das er zusammenstellt.
- Die unterlegten Computerdaten geben ihm auch das Gefühl der Faktensicherheit, denn er wird grundsätzlich den Daten des Computerprogramms trauen.
- Das Preisthema läuft von selbst am Rand mit, und der Kunde hat jederzeit eine Preisklarheit über das, was da auf dem Bildschirm für ihn entsteht. Besonders positive Erfahrungen gibt es diesbezüglich beim Einsatz multimedialer

Programme für den Verkauf von Fertighäusern.

- Durch die optische Preiskontrolle kann ein Auftrag durch zusätzliche Wünsche erweitert oder bei Überschreitung von Limits wieder reduziert werden.
- Letztlich wird auf diese Weise auch der Entscheidungsprozeß eines Kunden beschleunigt, der sonst bei mangelndem Vorstellungsvermögen immer noch durch Rückfragen, Überlegungen und zusätzliche Informationen hinausgeschoben wird.
- Das bei dem Gespräch zum Schluß auf dem Bildschirm stehende Produkt entspricht voll den Vorstellungen des Kunden. Er kann nun ein ausgedrucktes Angebot erhalten oder sofort den Auftrag erteilen.

Der Konferenz- oder Schreibtisch als Point of Sale

Bei den Verkaufsverhandlungen über Investitionsgüter geht es häufig um komplizierte technische Aggregate oder Prozesse, die verbal schwer zu erläutern sind. Die bei solchen Gesprächen überreichten schriftlichen Unterlagen sind selbst mit Zeichnungen, Grafiken und Fotos statisch und müssen durch verbale Erläuterungen ergänzt werden.

Diese Verhandlungen finden an einem Schreibtisch oder in einem Konferenzraum statt. Hierbei kommt es für den Verkäufer vor allem darauf an, seine Darstellung so überzeugend zu gestalten, daß die Gesprächspartner im positiven Sinne fasziniert sind und eine Entscheidung zu seinen Gunsten fällen. So ist der *Point of Sale* in den Konferenzraum verlagert, wobei meist auch über größere Beträge entschieden wird als an dem klassischen *Point of Sale* im Einzelhandel.

Ein besonderes Augenmerk für Vertriebsleiter ist hier auf die Präsentationstechnik der Verkäufer zu legen. Im Normalfall sind die Verkäufer auf Gespräche im Dialog mit ihren Kunden eingestellt. Sitzt ihnen aber nun plötzlich ein Gremium gegenüber, das einen Präsentationsvortrag erwartet, müssen die Verkäufer das systematische Präsentationsgespräch jetzt mit Hilfe ihres multimedialen Programms durchführen.

Es ist daher durchaus nützlich, wenn solch ein Präsentationsgespräch einmal im kleinen Kreis vorab trainiert wird, denn die rhetorische Begabung der Verkäufer ist nicht immer solchen Prüfungen gewachsen. Als sinnvoll hat es sich erwiesen, wenn die Präsentationsversuche auf einem Kassettentonband mitgeschnitten werden, damit die Verkäufer selbst ihre Vortragsweise kontrollieren können.

Ein zusätzlicher Nutzen solcher Übungen besteht darin, daß man sich ein derartiges Gespräch wieder leicht ins Gedächtnis rufen kann, wenn diese Präsentationen in größeren Abständen stattfinden.

Der Desktop-PC als Verkäuferpartner im Verkaufsbüro

In verschiedenen Branchen werden Verkaufsbüros als *Point of Sale* fungieren, wenn z.B. Interessenten für Wohnungs- oder Hauskäufe die Vertriebsbüros aufsuchen. In diesem Fall ist besonders auf eine korrekte Plazierung des Kunden vor dem Bildschirm zu achten, der ja meist dem Verkäufer zugewandt ist. Das Nebeneinandersitzen bringt hier die schon erwähnte neue Dreierbeziehung im Verkaufsgespräch wieder ins Spiel.

Der Kunde kann sich kaum der Faszination der Darstellung auf dem Bildschirm entziehen. Für den Verkäufer kommt es darauf an, daß er seine Schritte bei dem

Gang per Mausklick durch das Programm kommentiert, damit der (ungeübte) Kunde versteht, weshalb und warum die nächsten Schritte getan werden, und welches Bild gleich erscheinen wird. Solange der Verkäufer die Maus behält, hat er auch die Gesprächsführung buchstäblich in der Hand. Zweckmäßigerweise vermeidet er, die Maus dem Kunden zu übergeben, denn damit gibt er auch die Gesprächsführung aus der Hand: Der Kunde führt nun fragend den Dialog, weil er die Maus führt.

Die Gesprächsführung durch den Verkäufer soll in gewohnter Weise durch eine präzise Fragetechnik, wie sie auch beim Abschluß erfolgreich angewendet werden muß, vonstatten gehen.

Die Faszination des Programms verführt dazu, alle möglichen Alternativen auf dem Bildschirm zu zeigen, so daß sich Verkäufer und Käufer vom zielgerichteten Verkaufsgespräch entfernen.

Es ist zwar nützlich, daß alle Alternativen im Programm eingebaut sind, sie sollten aber als Option nur dann aufgezeigt werden, wenn der Kunde den wirklichen Bedarf danach erkennen läßt.

Das Touch-Screen-Terminal

Eine weitere Möglichkeit, ein multimediales Programm einzusetzen, besteht darin, eine nur leicht abgewandelte Fassung auf einem Touch-Screen-Terminal in Show- oder Verkaufsräumen einzusetzen (s. Bless 1994).

Früher wurden Video-Shows oder Tonbild-Shows zur Produkterklärung verwendet, heute kann man die interaktiven Programme, die auf einem Rechner von der CD-ROM laufen, benutzen.

Die Multimedia-Selbstbedienungs-Terminals bieten dem Kunden und Interessenten die Möglichkeit der Interaktion: Am Touch-Screen-Bildschirm, der auf Berührung reagiert, informiert sich der Kunde per Fingerzeig über das Produkt und seine Einsatzmöglichkeiten.

Er kann sich auch das gewünschte Angebot selbst zusammenstellen. Wichtig ist dabei eine benutzerfreundliche Bedienungsoberfläche, wie sie die meisten Anwender von PC-Programmen durch Windows gewohnt sind.

Wer einmal vor dem Terminal steht, bekommt alle wissenswerten Auskünfte schnell, präzise und bildhaft erläutert. Bei guter Texteingabe sogar in einer verbraucherfreundlichen Umgangssprache, statt in einem Expertenkauderwelsch.

Der faszinierende Dialog mit dem Touch-Screen veranlaßt den Bediener, rasch und gründlich in die gebotenen Informationen einzusteigen. Das problemlose Durchspielen aller Variationen, die ein Produkt oder eine Dienstleistung bieten, führt schließlich dazu, daß ein ursprüngliches Problem (Soll ich oder nicht? Dies oder das?) in einer selbst herbeigeführten Wunschvorstellung endet.

Genauer gesagt: Nach dem Gang durch das System hat sich der Kunde am Bildschirm selbst das Produkt zusammengestellt, das seiner Vorstellung am meisten entspricht. Videobilder und Ton machen das Herumspielen am Terminal besonders interessant.

Die idealen Standorte für solche elektronischen Aktionen sind Warenhäuser, Fachmärkte, Messen, Ausstellungen und Showrooms, eben überall dort, wo viele Menschen zusammenkommen und sich gezielt oder spontan informieren bzw. Kaufwünsche erfüllen wollen. Einsatzmöglichkeiten ergeben sich z. B. für PKW, Lastkraftwagen, Nutzfahrzeuge aller Art, Landmaschinen, die verschiedene Arbeiten verrichten, Heimwerkergeräte, Elektro- und Elektronikgeräte, medizinische Geräte, Wohn-, Küchen- und Büromöbel, die die bisherigen CAD-Programme nun foto- und videogerecht illustrieren können.

Dienstleistungen auf dem Finanz-, Verkehrs- und Versicherungssektor, die bisher mit trockenen Statistiken, Zahlen und Tabellen illustriert wurden, lassen sich so ebenfalls anschaulich visualisieren.

Durch Vernetzung mit ISDN oder Online ständige Aktualität

Die andauernden technologischen Fortschritte ermöglichen heute durch ISDN-Leitungen auch ganze Netze elektronisch im Griff zu behalten. Außenstellen können ständig über Neuigkeiten und Veränderungen informiert werden, wobei eine zuverlässige Datenübermittlung gewährleistet ist. Das bedeutet eine erhöhte Flexibilität für das gesamte Unternehmen, weil die Marktsituation jeweils aktuell erfaßbar ist.

Online-Verbindungen werden sich je nach Dichte der Distribution und Anzahl der Außendienststellen rentieren.

Auch die internationalen Anbindungen sind im Zeitalter des Internet vorstellbar. Es empfiehlt sich allerdings aus Gründen der Praktikabilität, Pilotprojekte zu testen.

High-Tech-Verkauf und Human relations sind vereinbar

Zweifellos wird der Verkauf durch die modernen Technologien weiteren Wandel erfahren. Der High-Tech-Verkauf durch Online-Verbindungen zwischen Vorlieferanten, Lieferanten und deren Kunden wird um sich greifen.

Allerdings werden grundsätzliche Entscheidungen, bei denen es auch um Problemlösungen geht, weiterhin Face-to-face und nicht Fax-to-Fax oder von PC zu PC erfolgen.

Selbst wenn es künftig möglich sein wird, auch drahtlos über den Mobilfunk Daten zu übertragen und Rückmeldungen zu empfangen, wird das persönliche Verkaufsgespräch auch künftig, dort wo Interaktionen erforderlich sind, immer noch zwischen Menschen geführt werden, jedoch mit hochqualifizierter, multimedial gestützter Substanz.

Das bedeutet, daß selbst eine hochtechnisierte Ausstattung weiterhin den hochqualifizierten Verkäufer erfordert, der vor allem auf der menschlichen Ebene den Zugang zu seinen Kunden findet, um erfolgreich abzuschließen.

Literaturhinweise

Bless, H. J., Individuelle Produktpräsentation am Bildschirm, in: acquisa 5/94
Bless, H. J., Das Wunschprodukt zum Greifen nah, in: acquisa 8/94, S. 30
Bless; Matzen, Optimierung von Verkaufsgesprächen und individuelle Produktpräsentation mittels PC in: Hünerberg/Heise: Multimedia und Marketing 1995, S. 297 ff.
Hünerberg, R.; Heise, G. (Hrsg.), Multimedia und Marketing, Grundlagen und Anwendungen, Gabler Verlag, Wiesbaden, 1995
Klein, H., Zitat aus einer Rede anläßlich des 25jährigen Jubiläums des Instituts für Marketing an der Universität Münster (1994)
Schwetz, W., Marktspiegel Computer Aided Selling, 7. Aufl. 1997, auch CD-ROM Version, Karlsruhe
CAS für jede Gelegenheit, in: acquisa 3/97, S. 58 ff.

5.4 Mailings als schriftliche Verkaufsgespräche

Der Autor

Prof. Siegfried Vögele ist Fachdozent für Direktmarketing an den Universitäten München und Wien, Mitbegründer des Fachstudiums für Direktmarketing an der Bayerischen Akademie der Werbung (BAW) in München und Leiter seines Instituts für Direktmarketing (DMI) in Gelting bei München. Er ist Urheber der sogenannten Dialogmethode zur Entwicklung und Gestaltung von Mailings und anderen Direktmarketing-Instrumenten. Diese Methode wurde mit dem 1. Award von Montreux ausgezeichnet. Sie wird in 13 europäischen Ländern gelehrt. Das Buch „Dialogmethode" wurde ins Englische, Französiche, Spanische und Italienische übersetzt.

Wer als Verkaufsleiter über die Effizienz seiner Verkäufer nachdenkt, kommt am Thema Mailing längst nicht mehr vorbei, ganz gleich ob es um den Verkauf im Außen- oder im Innendienst geht. Und auch völlig unabhängig von den Branchen. Direktmarketing als Vertriebsmethode ist heute ein fester integrierter Bestandteil des Marketing. Und das Mailing ist das am meisten eingesetzte erfolgreiche Instrument des Direktmarketing.

Aus der uralten „Direkten Reklame" und der späteren „Direktwerbung" hat sich ein modernes Marketinginstrument entwickelt. Ein Instrument, das in manchen Branchen den gesamten Marketing-Mix übernehmen muß – vom werblichen Informieren potentieller Interessenten und Kunden über die Auftragsbeschaffung bis hin zur Kundenpflege. Alle diese Bereiche kann das Mailing abdecken. Der Versandhandel liefert dafür den deutlichsten Beweis seit mehr als 100 Jahren.

Solche kompletten schriftlichen Verkaufsgespräche finden sich auch außerhalb des traditionellen Versandhandels. Bei Investitionsgütern im Industriebereich verkaufen wir z.B. Ersatzteile über den Katalog. Und bei Finanzdienstleistungen ist die Kontoeröffnung per Post längst selbstverständlich. Die Ursache für diese Entwicklung liegt vor allem in den Kosten für das persönliche Verkaufsgespräch.

Mailings ergänzen persönliche Verkaufsgespräche

Im Jahr 1997 nennen Unternehmen mit Außendienst einen Kostensatz von durchschnittlich 250 DM pro Besuch, berechnet auf der Basis von ca. 20 Besuchen pro Woche und etwa zehn Monaten Reisezeit pro Jahr. Abweichende Besuchszahlen ergeben demzufolge auch andere Besuchskosten. Aber ein einziger Besuch ist noch lange kein Verkauf. Der europäische Durchschnitt liegt bei vier bis fünf Besuchen pro Abschluß, faßt man Stammkundenbesuche und die Akquisition neuer Interessenten und Kunden zusammen. Das ergibt in diesem Beispiel 1000 DM Außendienstkosten pro Abschluß. Diese Kosten müssen im Verkaufspreis einkalkulierbar sein. Und das wiederum ist in den meisten Fällen nur bei Aufträgen ab etwa 10 000 DM denkbar.

Der Außendienst konzentriert sich demnach auf Kunden, deren Auftragswert möglichst über 10 000 DM liegt. Entweder das Einzelprodukt selbst hat diesen Preis, oder die Menge der bestellten Kleinartikel übersteigt diesen Betrag. In beiden Fällen trägt sich der Außendienst selbst. Im anderen Falle sprechen wir von C-Kunden oder

D-Kunden, die entweder höchst selten oder gar nicht mehr besucht werden. Bei letzteren geht der Kontakt verloren, eine gute Chance für die Mitbewerber und deren Akquise.

Briefe sind Ersatzgespräche

Wenn also persönliche Gespräche nicht mehr zu bezahlen sind, sind schriftliche Verkaufsgespräche in Form von adressierten Mailings gefragt. Briefe sind Ersatzgespräche zwischen zwei Menschen, die sich gerade nicht besuchen können. Diese Funktion hatten die Briefe zu allen Zeiten, schon vor 2000 Jahren. Nur die Übermittlungswege haben sich immer wieder geändert und werden sich weiter ändern.

Wenn Ihr Unternehmen mit eigenem Verkaufsaußendienst arbeitet, dann hegen und pflegen Sie diesen Weg, solange es möglich ist. Der Mensch ist schließlich das bestes Marketinginstrument, alles andere sind billige Ersatzmethoden. Aber gerade dieses „Billiger-Sein" verbunden mit der Reproduzierbarkeit und der Schnelligkeit dieser anderen Instrumente macht sie zu hervorragenden Partnern des Vertriebs. Sie sind bestens geeignet, den persönli-

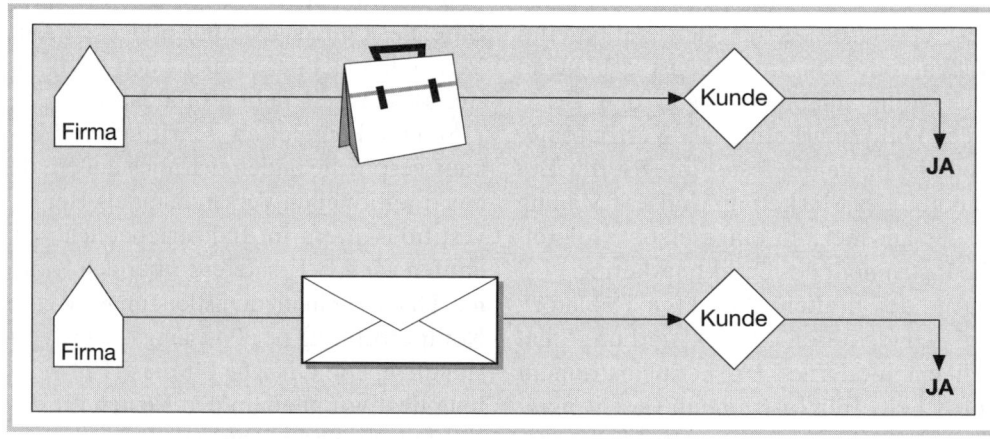

Abb. 1: Mailings unterstützen den Verkäufer im Außendienst

chen Verkäufer zu unterstützen und seine Effizienz zu steigern.

Deshalb ist das Mailing heute in allen Branchen gängig, egal ob mit oder ohne Außendienst. Wo es den Verkäufer nicht ersetzen muß, da unterstützt es ihn. Neben den Abschlußgesprächen mit unterschriebenem Auftrag und neben den persönlichen Beratungsgesprächen gibt es noch viele Gesprächsarten, die wir dem Verkäufer heute abnehmen und per Mailing führen: Informationsgespräche, Konditionsgespräche, Kontaktgespräche, Einladungsgespräche, Bedarfsermittlungsgespräche, Reklamationsgespräche usw. Alles das sind typische Aufgaben, die man heute in allen Branchen sehr erfolgreich und zugleich „kostendeckend" per Mailing erledigen kann.

Mailings produzieren sofort meßbare Reaktionen

Schriftliche Verkaufsgespräche ersetzen nicht nur die zu teuren persönlichen Gespräche, sie bringen vor allem sofort meßbare Ergebnisse, wie Sie es vom Außendienst gewohnt sind. Was der Verkäufer nach seinen Besuchen als Ergebnis berichtet, das erfahren Sie in Form der unterschiedlichsten Reaktionen nach dem Versand Ihrer Briefe. Lassen Sie uns für diesen kurzen Extrakt aus der Dialogmethode fünf Reaktionskanäle betrachten: den Posteingang, die Anrufe, die Faxreaktionen, die persönlichen Besuche und die elektronischen Reaktionen per E-Mail.

Reaktionen per Post
Ganz gleich ob Antwortkarten, Antwortscheine, Bestellscheine oder sonstige schriftliche Reaktionen, sie alle übermitteln Ihnen das kleine Wörtchen „Ja", das große Erfolgserlebnis aller Direktmarke-

ter. Ja, ich bestelle. Ja, ich abonniere. Ja, besuchen Sie uns. Ja, liefern Sie uns.

Aber auch ein „Nein" gibt oft einen Sinn, besonders bei Zielgruppen, die bisher schlecht reagiert haben. Ein „Nein" ist schließlich besser als gar keine Antwort. Wer nein sagt, der redet noch mit Ihnen und gibt Ihnen die Chance, den Dialog fortzusetzen. Und genau das ist das Ziel erfolgreicher Mailingaktionen: Dialoge und keine Monologe zu führen.

Probieren Sie einmal einen „Nein-Verstärker" auf der Antwortkarte oder der Faxantwort, um mehr Reaktionen hervorzurufen: „Ja, ich bestelle 500 Kilo des XY-Materials zum Gesamtpreis von 9000 DM." „Nein, ich bestelle nur ein Kilo für 20 DM zur Probe." Oder: „Nein, schicken Sie mir zuerst die kostenlose Broschüre: Alles zum Thema XY." Mit der Probelieferung oder dem Broschürenversand beginnen Sie dann, den Dialog auszubauen – immer mit dem eigentlichen Ziel, schließlich ihr Produkt oder ihre Dienstleistung zu verkaufen.

Reaktionen per Telefon
Telefonreaktionen sind für Sie genauso meßbar wie die postalischen. Sie können das telefonische Reagieren jederzeit provozieren. Bringen Sie bei jeder Reaktionsaufforderung den Telefonhinweis, vor allem auf der Vorder- und Rückseite der Antwortkarte. Aber auch im „PS" des Briefes und auf der letzten Seite Ihres Prospekts.

Sorgen Sie dafür, daß der Anrufer einen kompetenten Partner ans Telefon bekommt. Dann bietet das Telefonat auch alle Chancen für Cross-Selling und Up-Trading. Und vergessen Sie nicht: Wer *Sie* anruft, hat mehr Zeit als ein von Ihnen angerufener Kunde. Das ist eine gute Gelegenheit, im Gespräch den künftigen Bedarf des Anrufers besser einzuschätzen.

Reaktionen per Fax

Reaktionen per Fax sind heute der große Trend, besonders im Bereich Business to Business. Sie müssen allerdings dem Empfänger deutlich zeigen, daß Sie auf seine Faxantwort warten. Legen Sie ihm deshalb eine vorbereitete Faxantwort in das Mailing, und tragen Sie seinen Namen gleich darin ein. Der Leser muß *sehen*, was Sie von ihm wollen, er sollte es nicht erst *lesen* müssen. Sehen ist einfacher als lesen und schneller und wird vom überlasteten Betrachter von heute eher wahrgenommen. Die Reaktionen per Fax und Telefon zusammen umfassen derzeit weit mehr als die Hälfte aller Mailingreaktionen.

Reaktionen per Besuch

Auch ein persönlicher Besuch kann eine Reaktion auf ein Mailing sein. Vor allem beim stationären Handel. Aber auch bei Banken und Sparkassen, bei Messen und Ausstellungen, bei Seminaren und Kongressen ist der Besuch das eigentliche Ziel des schriftlichen Verkaufsgesprächs.

Reaktionen per E-Mail

Die neueste Art zu reagieren, ist das Senden eines E-Mails. Ein Reaktionsmittel mit höchsten Zuwachsraten, wenn auch auf insgesamt noch niederen Stückzahlen. Wer im Internet oder anderen Online-Services surft, trifft immer wieder auf eine Antwortseite zum Anfordern weiterer Informationen. Die Nutzer kommen nicht nur aus der privaten Zielgruppe junger Computerfreaks. Das Internet hat schon längst das Studenten- und Hochschulumfeld verlassen. Es erobert die mittleren und gehobenen privaten Einkommen ebenso wie den Bereich Business to Business. Und schon heute ist sichtbar, daß selbst die Senioren mit höherem Bildungsgrad zu den potentiellen Zielgruppen gehören. Sie haben das Geld und vor allem die für das Surfen nötige Zeit.

Auf welchem Weg die Reaktion auch erfolgt, sie muß sofort oder später Umsatz auslösen, der die Kosten der Aktion deckt. Ganz gleich, ob der Verkauf durch das Mailing selbst oder erst lange danach durch den persönlichen Verkäufer zustande kommt. Erfolgreiche Mailingaktionen tragen sich selbst. Genauso wie erfolgreiche Verkäufer ihre Kosten über die einkalkulierte Provision selbst decken. Dazu aber brauchen Sie eine exakte Erfolgskontrolle. Jede Reaktion wird deshalb über Kennziffern der jeweiligen Mailingaktion zugeordnet.

Obwohl in diesem Kapitel nur von Mailings gesprochen wird, sind diese nur ein Teil aller Instrumente des Direktmarketing. Sie umfassen etwa die Hälfte der für 1997 mit ca. 32 Milliarden DM veranschlagten Gesamtaufwendungen im Direktmarketing. Die zweite Hälfte teilen sich Couponanzeigen, Zeitungsbeilagen mit Coupons, Telefon-Marketing, Response-Fernsehen und Response-Radio, Offline- und Online-Medien, Kundenzeitungen mit Response-Elementen usw. Alle Reaktionen eröffnen einen Dialog mit dem Antwortenden. Nur so entsteht aus dem werblichen Monolog ein Dialog als Basis für den Vertrieb.

So beeinflussen Sie den „Erfolg" Ihrer Mailings

Wann immer Sie über die möglichen Ursachen für den Erfolg oder Mißerfolg Ihrer Mailings nachdenken, vergessen Sie nie die oben besprochene Analogie zum persönlichen Verkäufer. Auf diesem Weg finden Sie die besten Erklärungen für die bisherigen Ergebnisse und auch immer wieder neue Ideen.

Was aber verstehen wir unter „Erfolg" im schriftlichen Verkaufsgespräch? Wenn Sie einen neuen Vertreter einstellen, verursacht er zunächst Kosten. Suchen, Auswählen, Einschulen, Training usw. sind Aufwendungen, noch bevor der Neuling seinen ersten Kunden besucht. Sie erwarten, daß er alle diese Vorlaufkosten durch seine späteren Aufträge und die darin einkalkulierten Deckungsbeiträge wieder einspielt. Schafft er das nicht innnerhalb eines bestimmten Zeitraums, trennen Sie sich von ihm. Umgekehrt tragen sich Ihre erfolgreichen Vertreter selbst. Diese Grundregel gilt auch im Direktmarketing: Erfolgreiche Mailings tragen sich selbst!

Wenn Sie eine neue Aktion planen und gestalten, verursachen Sie zunächst eine Menge Vorlaufkosten: Konzeption, Text, Grafik, Fotografie, Druck, das Adressieren und Kuvertieren sind Aufwendungen, noch bevor es zum ersten schriftlichen Besuch kommt.

Wenn die Reaktionen alle Vorlauf- und Folgekosten decken, sprechen wir vom direkten oder sichtbaren Erfolg eines Mailings. In der Abbildung 2 sehen Sie die Kostendeckungsgrenze. Sie zeigt, wieviel Reaktionen (Response) in Prozent der ausgesandten Stückzahl Sie zur Deckung der Aktionskosten brauchen.

Erfolgreiche Mailings übersteigen diese Grenze (Break-even-point). Die Fläche zwischen beiden Kurven deutet die Größe Ihres Erfolgs an. Bleiben die Reaktionen unter der Kostengrenze, haben Sie wahrscheinlich ein Flop-Mailing vor sich. Von solchen Aktionen trennen Sie sich ebenso schnell wie von einem erfolglosen Vertreter.

Neben diesem sofort sichtbaren „Erfolg" hat das Mailing auch eine unsichtbare „Wirkung". Auch wer nicht sofort reagiert, wer Ihre Mailings im Archiv ablegt oder sie in den Papierkorb wirft, hat etwas gesehen: Ihr Logo, Ihren Firmennamen, Ihren Slogan, Ihre Bilder und Ihre Produkte. Ihr Bekanntheitsgrad steigt nach jeder Aussendung und beeinflußt die kommenden Dialoge, sowohl die schriftlichen als auch die persönlichen.

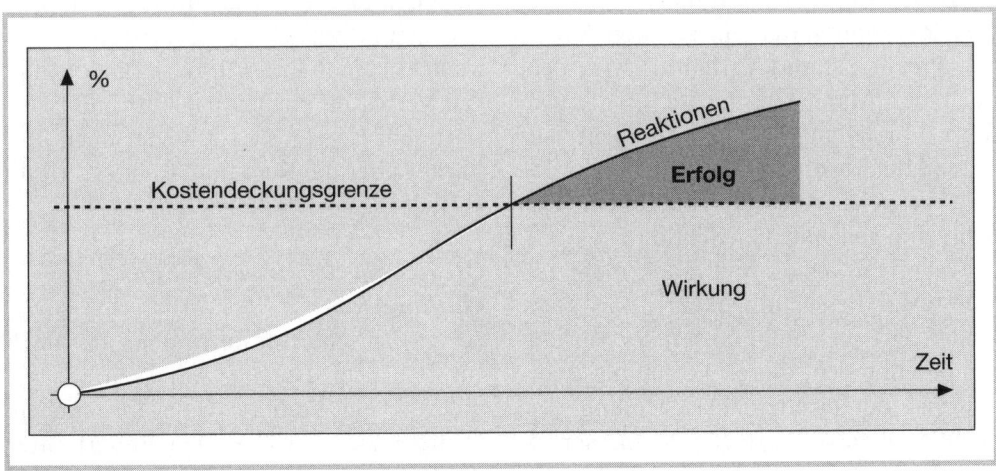

Abb. 2: Sichtbarer „Erfolg" und unsichtbare „Wirkung" eines Mailings

Das Mailing allein ist nicht größte Erfolgsursache

Das schriftliche Verkaufsgespräch, das Mailing selbst, ist weder die alleinige noch die wichtigste Ursache für den Erfolg oder Mißerfolg Ihrer Kampagne. Viel wichtiger sind z. B. das marktreife Produkt, die richtige Zielgruppe und der richtige Zeitpunkt, aber auch das erwünschte Reaktionsziel und das bisherige Verhalten Ihrer Zielgruppe.

Das alles kennen Sie auch als Erfolgsursachen bei Ihrem Außendienst. Selbst der beste Vertreter kann einen Ladenhüter nur schlechter verkaufen als den Bestseller. Und bei seinen besten Kunden hat er weit mehr Erfolg als bei den schlechtesten oder den Noch-nicht-Kunden. Rein äußerlich tritt Ihr Vertreter in allen diesen Fällen gleich auf. Er spricht und verhandelt genauso gut wie immer. Aber er bringt nicht die gleichen Ergebnisse. Das Angebot und die Zielgruppe wirken stärker als der überzeugendste Dialog.

Das Produkt als Erfolgsursache der Mailings

Die Marktreife Ihrer Produkte oder Dienstleistungen beeinflussen das Lese- und Reaktionsverhalten. Denken Sie an das Preis-Leistungs-Verhältnis, von dem auch der Mailingempfänger eine ungefähre Vorstellung hat. Er vergleicht sehr schnell Ihr Angebot mit den in seinem Gehirn gespeicherten Informationen. Das führt zum gedanklichen Schluß:

Was mehr kostet, muß auch mehr leisten. Oder besser umgekehrt: Was mehr leistet, darf auch mehr kosten. Ihr Verkäufer bemüht sich, dieses Verhältnis überzeugend darzustellen. Das Mailing versucht es ebenso. Sie zeigen dem Leser sofort die Vorteile des Angebotes. Am besten per Bild. Nur wer den Vorteil sofort

erkennt, ist bereit, etwas zu lesen. Und ohne Lesen gibt es keine Reaktion.

Sie selbst kennen die Vorteile Ihres Angebotes. Aber kennt sie auch Ihr Mailingempfänger? Bevor Sie ein Mailing entwickeln, stellen Sie deshalb etwa sieben Vorteile zusammen. Vorteile, die Ihr Leser leicht und schnell verstehen kann. Der Leser braucht gute Gründe für seine Reaktion. Welche Vorteile versprechen Sie ihm als Gegenwert für seine Antwort? Zeigen Sie ihm diese Vorteile möglichst mit Bildern. Das verbale Beschreiben allein genügt nicht mehr. Besonders bei der Neukunden-Akquise.

Bei vorhandenem Außendienst oder im stationären Handel muß das Mailing nicht immer verkaufen. Es ersetzt kein komplettes Verkaufsgespräch, sondern vielmehr ein Informationsgespräch, ein Kontaktgespräch, ein Einladungsgespräch oder ein Beratungsgespräch. Vielleicht soll der Empfänger nur einen Katalog abrufen, ein konkretes Angebot anfordern, zur Messe kommen oder einen Termin mit dem Außendienst vereinbaren. Auch für diese Reaktionsziele brauchen Ihre Adressaten ein paar Vorteile. Was haben die Leute davon, Ihren Katalog abzurufen? Das muß ein „marktreifes" Angebot sein, auch wenn es keinen Preis für den Katalog gibt. Das Verhältnis von (Zeit-) Aufwand zu erwartetem Ergebnis entscheidet auch hier stärker über die Reaktion als die schönste Gestaltung der Mailingdetails.

Die richtige Adresse als Schlüssel zum Mailingerfolg

Selbst das schlechteste Mailing hat noch gute Chancen bei den Adressen, die gerade jetzt ein Produkt wie das Ihre suchen. Je mehr Sie also über den Bedarf Ihrer Zielgruppe wissen, desto mehr können Sie Ihren Erfolg optimieren.

Gliedern Sie deshalb vor dem Gestalten Ihrer Mailings die Adressen Ihrer Gesamtzielgruppe. Suchen Sie Gruppen mit den schwächsten und solche mit den besten Erfolgschancen. Ein Produkt, das theoretisch „alle Adressaten" brauchen können, bringt insgesamt die niedrigste Quote. Der Grund ist schnell erklärt: Sie sprechen damit auch die treuesten Kunden Ihrer Konkurrenz an. Außerdem schreiben Sie an Fabriken, die Ihre Produkte gar nicht einsetzen können.

Doch innerhalb der Gesamtzielgruppe gibt es auch Firmen, die schon längst ein mehr oder weniger starkes Interesse an Ihren Produkten signalisiert haben. Es sind die Adressen Ihrer bisherigen Reaktionsgeber: Ihre Kunden, Ihre Kataloganforderer, Ihre Prospektinteressenten, Ihre Besucher und alle sonstigen Kontakte, die bisher noch nicht zum Kauf geführt haben.

Ihre Stammkunden reagieren am besten

Ihre Datenbank braucht vor allem die Adressen aller bisherigen Reaktionen. Die restlichen aus der Gesamtgruppe betrachten Sie als „kalte Adressen", nicht als Interessenten! Woher wollen Sie von deren Interesse wissen, wenn noch nie eine Reaktion gekommen ist?

Diese Direktmarketing-Regel gilt für alle Branchen und deshalb auch für Sie: Die besten künftigen Reaktionen findet man unter den besten bisherigen Reaktionen, unter den Stammkunden Ihres Hauses. Wer schon mehrmals oder schon seit Jahren bei Ihnen gekauft hat, der reagiert auch künftig am besten auf Ihre Mailings. Ganz gleich ob Sie ihn zu einer Bestellung auffordern, zum Besuch einer Veranstaltung oder zum Anfordern eines Katalogs oder Vertreterbesuchs. Ihre Gruppe „Stammkunden" bringt etwa fünf bis zehn

Mal mehr Response als die kalten Adressen. Diese Bindung wirkt weit mehr als alle textlichen und grafischen Feinheiten in der Gestaltung.

Neben Ihren Stammkunden reagieren auch Ihre gelegentlichen Kunden oder Ihre Neukunden noch bis zu fünf Mal besser als kalte Adressen. Und selbst Ihre Interessenten, die zwar reagiert, aber noch nie gekauft haben, übertreffen die kalten Adressen bis zum dreifachen Response-Wert. Je mehr eigene Reaktionsadressen Sie also besitzen, desto größer sind Ihre Chancen für schriftliche Dialoge. Deshalb versucht der Dialogmanager immer wieder, aus kalten Adressen neue Interessenten und Kunden zu gewinnen.

Das Reaktionsziel als Erfolgsverstärker

Im Reaktionsziel eines Mailings verbergen sich die meisten Filter. Denken Sie an die Antwortkarten oder Faxantworten in Ihrem Unternehmen. Was sollten die kalten Adressen dort ankreuzen? Ist nur Infomaterial per Post abzurufen oder kann man auch einen Vertreterbesuch anfordern? Schon diese beiden Reaktionsziele entscheiden zwischen Erfolg oder Mißerfolg Ihrer Mailings. Der anzukreuzende Vertreterbesuch wirkt bei kalten Adressen als Filter mit bis zu zehnfacher Wirkung. Anstatt möglicher 5 Prozent Response erhalten Sie vielleicht nur 0,5 Prozent. Es melden sich nur solche Interessenten, die sofortigen Bedarf haben, aber bisher nicht wußten, wo sie einen Vertreter anfordern können. Diese Leute sind aber eine absolute Minderheit in Ihrer Zielgruppe. Deshalb setzen Sie dieses Reaktionsziel dann ein, wenn Sie tatsächlich nur spezifische Reaktionen wollen. Das aber kommt sehr selten vor.

Wer eine Höchstzahl an Reaktionen will, der macht auf der Antwortkarte deutlich, daß bei Abruf nur schriftliche Infos per Post folgen. Je eindeutiger dies geschieht, desto höher ist die Reaktion. Schon die Alternative „Bitte ankreuzen: Info per Post oder Vertreterbesuch" vermindert die mögliche Höchstreaktion auf die Hälfte. Die Zielgruppe glaubt, sie könne ankreuzen, was sie wolle, der Vertreter kommt in jedem Fall.

Geben Sie Ihren eigenen Adressen, den Interessenten und Kunden, die Gelegenheit, sofort einen Besuchstermin zu vereinbaren. Wer zu diesem Zeitpunkt gerade keinen Bedarf hat, wird nicht reagieren. Aber diesmal schadet das Schweigen nicht. Sie haben ja die Adresse dieses Kunden oder Interessenten schon lange in Ihrer Datenbank. Nach zwei bis drei Monaten werden Sie erneut nach seinem Bedarf fragen. Ihr Verkäufer im Außendienst verhält sich genauso.

Der Verkaufsleiter als Dialog-Manager

Wenn das marktreife Angebot steht, die richtigen Adressen gefunden sind, das Reaktionsziel und der passende Zeitpunkt festliegen, beginnt die Gestaltung des eigentlichen Dialogs. Jetzt ersetzen wir die einzelnen Stufen des persönlichen Gesprächs durch die einzelnen Teile des Mailings.

Wer also das echte, das persönliche Verkaufsgespräch gut beherrscht, der besitzt schon eine der wichtigsten Voraussetzungen für das Entwickeln schriftlicher Gespräche. Zu den bisher besprochenen Erfolgsvoraussetzungen kommen jetzt die Werbemittel, die Briefe, Prospekte, Antwortkarten und deren Erscheinungsbild, Lesbarkeit und Verständlichkeit. Dazu bedarf es etwas Fachwissen über den Ablauf schriftlicher Dialoge.

Das Leseverhalten im schriftlichen Dialog unterscheidet sich in diesem Punkt vom echten Verkaufsgespräch. Wenn der Verkäufer spricht und der Kunde zuhört, läuft alles chronologisch ab. Jede Antwort folgt auf die vorangegangene Frage. Der Verkäufer steuert auf diese Weise den Gesprächsverlauf.

Im Direktmarketing und somit im Mailing ist diese chronologische Reihenfolge nicht gegeben. Die Mailingempfänger verhalten sich völlig anders. Es gibt immer einen ersten kurzen Durchgang, ein erstes Überfliegen der einzelnen Seiten. Danach folgt meistens, aber nicht immer, der zweite intensivere und ausführlichere Dialog. Zwischen diesen beiden Phasen liegt die sogenannte erste „Wegwerfwelle". Nur wer in den zweiten Dialog einsteigt, ist auf dem Weg zur Reaktion. Dieses Verhalten der Empfänger läßt sich durch die Blickregistrierung mit der Augenkamera nachweisen. Sie selbst können es auch am eigenen Verhalten beobachten.

Wirkung bildähnlicher Teile

Der Kurzdialog dauert pro DIN-A4-Seite nur etwa zwei Sekunden. Während dieser Zeit huscht das Auge über die Seite und verweilt etwa zehn Mal an ganz bestimmten Augenhaltepunkten. Eine dieser Fixationen dauert etwa 2/10 Sekunden. Danach huscht das Auge weiter zum nächsten Punkt. Dieses Verhalten besteht unabhängig von Zielgruppe, Branche, Alter und Bildungsgrad.

Solche Haltepunkte sind vor allem Bilder, Grafiken, Headlines, Unterstreichungen oder sonstige Hervorhebungen auf der Seite.

Auch die Reihenfolge ist „unbelehrbar" in unserem Gehirn vorgeprägt. Wir alle schauen z.B. zuerst auf die farbigen Bilder und die farbigen Grafiken, bevor wir die schwarzweißen beachten. Wir fixieren zuerst die großen Headlines auf einer Seite, bevor wir die kleinen anschauen usw. Alle diese Erkenntnisse gehören heute zum Fachwissen der Direktmarketing-Spezialisten oder der Dialog-Manager.

Für Verkaufsleiter ist in diesem Zusammenhang nur eines interessant: Während dieses ersten Kurzdialogs sucht der Betrachter Motive für das eigentliche Weiterlesen oder das Wegwerfen. Wenn die Summe aller Haltepunkte einer Seite positive Signale auslöst, liest er weiter. Wenn die Summe aller Haltepunkte am Ende negativ ist, landet das Material im Papierkorb oder im Archiv, oder es wird erst einmal auf die Seite gelegt. Was aber zur Seite gelegt wird, das fliegt zu 50 Prozent irgendwann später doch noch in den Papierkorb.

Diese Erkenntnis hat schon 1980 zur Dialogformel geführt, auf der die „Dialogmethode für das Entwickeln und Gestalten von Mailings" aufbaut. Sie heißt:

$$JA = \sum ja, ja ..... > \sum nein, nein ....$$

Im Klartext: Solange die Summe der „Jas", die Vorteile oder „Verstärker", beim Betrachten des Mailings dominiert, liest der Empfänger weiter. Sobald die Summe der „Neins", die Nachteile oder Filter die Oberhand gewinnen, ist der Dialog zu Ende.

Zeigen Sie dem Leser sofort seine Vorteile
Jetzt kennen Sie eine der wichtigsten Regeln für das Entwickeln und Gestalten von Mailings. Zeigen Sie dem Empfänger die Vorteile Ihres Angebots. Aber zeigen Sie sie ihm schnell. Sie brauchen *Leser*, nicht nur Empfänger. Denn vor der Reaktion steht ein Lesevorgang, was mit der Arbeitsweise unserer rechten und linken Gehirnhälfte zusammenhängt. Wer seine

Vorteile *schnell* zeigen will, der muß sie möglichst in Form von Bildern oder bildähnlichen Elementen präsentieren. Das ist die Sprache der rechten Gehirnhälfte, und sie dominiert beim ersten „Abtasten" einer Seite.

Konzentrieren Sie sich auf die Vorteile für den Leser (!) und nicht auf Ihre eigenen. Stellen Sie deshalb etwa fünf bis zehn Vorteile Ihres Angebots zusammen, bevor Sie mit der Gestaltung Ihres Mailings beginnen.

Auf diese Art bereiten Sie auch Ihre persönlichen Verkaufsgespräche vor. Sie müssen die Vorteile Ihres Produkts oder Ihrer anzubietenden Dienstleistung kennen, bevor Sie Ihren Kunden besuchen. Und Sie verwenden im Gespräch keine Formulierungen oder Argumente, die auch für die Produkte Ihrer Mitbewerber gelten. Genauso bereiten Sie sich vor, wenn Sie schriftliche Gespräche in Form von Mailings entwickeln und gestalten.

Die Stufen des schriftlichen Dialogs

Auch schriftliche Gespräche brauchen eine Trennung in einzelne Stufen: die Kontaktstufe, das Fachgespräch, die Abschlußphase. Genauso wie die echten Verkaufsgespräche. Je deutlicher diese einzelnen Phasen sichtbar sind, desto erfolgreicher läuft der Dialog.

Die Kontaktstufe
Der Brief übernimmt im Mailing die persönliche Kontaktstufe aus dem echten Verkaufsgespräch. Er beantwortet die unausgesprochenen persönlichen Leserfragen wie „Warum schreiben diese Leute gerade mir?", „Warum gerade heute?", „Wer unterschreibt?", „Woher kennen wir uns?" usw. Die Antworten auf diese Fragen sucht der Leser nur im Brief, nicht im Pro-

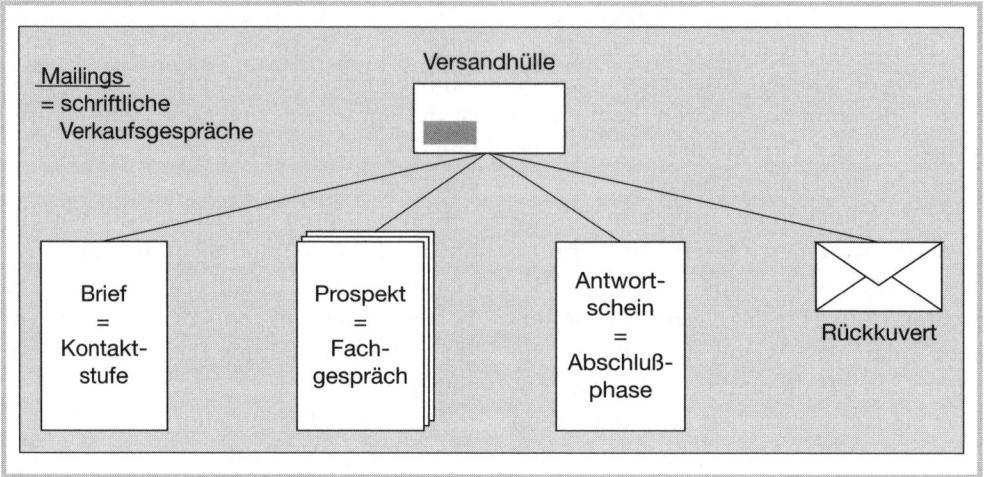

Abb. 3: Die Stufen im Mailing

spekt und nicht auf dem Antwortschein. Wenn der Brief in einem Mailing fehlt, dann fehlt nicht nur ein Stück Papier. Dann fehlt die persönliche Kontaktstufe! Die Folgen sind genauso gravierend wie im persönlichen Verkaufsgespräch.

Erfolgreiche Mailings enthalten deshalb Briefe. Und je näher diese den Erwartungen der jeweiligen Zielgruppe entsprechen, desto besser wirkt die persönliche Kontaktstufe. Jeder PC mit einem guten Drucker hilft Ihnen, diese hochwertigen Briefe selbst zu produzieren. Und wenn Sie Zielgruppen mit zigtausend kalten Adressen ansprechen wollen, dann hilft Ihnen Ihr Adressenverlag, diese Briefe so original wie möglich und preiswert herzustellen.

Aber auch Briefe werden nicht Wort für Wort gelesen. Es gibt einen ersten schnellen Durchgang über die ganze Seite mit etwa zehn Haltepunkten an den exponierten Stellen. Nur wenn diese Punkte insgesamt positive Signale senden, kommt es zum wirklichen Lesen Ihrer Briefe.

Der Prospekt als das eigentliche Fachgespräch

Zwischen der Kontaktstufe und der Abschlußphase im echten Verkaufsgespräch liegt der ausführliche fachliche Teil: die Produktpräsentation, das Wecken der Kaufwünsche, die Qualitätsbeweise, die Kompetenzbeweise, die technischen Informationen usw. Diese Gesprächsphase übertragen Sie dem *Prospekt*.

Und auch hier gilt die Regel: Zeigen Sie die Vorteile Ihres Angebots sehr schnell. Also brauchen Sie besonders für die Produktpräsentation im Prospekt viele Bilder und bildähnliche Elemente. Was Sie nicht mit Bildern schaffen, das packen Sie in bildhafter Sprache in die Headlines.

Auf diesem Weg beantworten Sie unausgesprochene Leserfragen wie z.B. „Wie funktioniert das?", „Welches Material ist das?", „Wie umweltfreundlich?", „Wie wird geliefert?", „Wie ist es verpackt?", „Was kostet das alles?", „Wie bezahle ich das?" Auch das sind im Grunde die gleichen Fragen wie im echten Verkaufsgespräch. Und deshalb fällt es gerade Verkäufern leicht, den Inhalt von Dialogprospekten selbst zu entwickeln. Bei klassischen Prospekten zur Steigerung des Bekanntheitsgrades liegen die Inhalte auf anderen Schwerpunkten.

Die Abschlußphase

Ganz gleich welches Reaktionsziel Sie anstreben, Ihr Mailing braucht ein deutlich sichtbares Reaktionsmittel. Eine Antwortkarte, eine Bestellkarte, eine Abrufkarte, einen Teilnahmeschein, eine Faxantwort oder was auch immer. *Zeigen* Sie dem Leser, daß er reagieren soll. Schreiben Sie es nicht nur irgendwo im Textblock, den er ohnehin viel zu spät oder gar nicht liest.

Kalte Adressen, die noch nie bei Ihnen reagiert haben, dürfen Sie nicht mit zu vielen Entscheidungen überfordern. Lassen Sie nur einfache Reaktionen ankreuzen. Von Ihren eigenen Kunden können Sie mehr verlangen. Übrigens, die portofreie Antwortkarte ist nicht immer zu empfehlen. Manchmal benutzt man das verlangte Frankieren bewußt als Filter, um die Prospektsammler etwas fernzuhalten.

Die Energie Ihrer Mailings

Wir haben in diesem Kapitel das schriftliche Verkaufsgespräch immer in Analogie zum persönlichen Gespräch Ihres Außendienstes erläutert. Lassen Sie uns zum Schluß auch die Gesprächsergebnisse vergleichen:

Schon zehn Mailings haben die vergleichbare Kraft eines Vertreterbesuchs! Und etwa 50 Mailings „entsprechen" der Energie eines Vertreterarbeitstages. Natürlich lassen sich die Systeme nicht so einfach vergleichen, weil beide unterschiedliche Ziele verfolgen. Doch es gibt auch Bereiche, wo wir Produkte um ca.

5000 DM sowohl per Mailing als auch per Außendienst verkaufen. Dort bestehen gute Vergleichschancen.

Der „Energie-Vergleich" funktioniert folgendermaßen: Als durchschnittliche Abschlußquote der Vertreter aller Branchen werden 25 Prozent (vier bis fünf Besuche = ein Abschluß) genannt, gemessen an allen Zielgruppen – von der Neukunden-Akquise bis zum Besuch der Stammkunden. Die Durchschnittsquote aller Verkaufsmailings liegt bei drei Prozent (von weniger als ein Prozent bis zu weit mehr als 10 Prozent). Dies ist etwa 1/10 des Vertretererfolges. Sie brauchen also zehn Mal mehr Mailingkontakte als Vertreterbesuche, um ein ungefähres Äquivalent herzustellen.

Rechnen wir für einen Vertreter im Durchschnitt aller Branchen fünf Besuche pro Tag (einer bis mehr als zehn), dann brauchen Sie für die gleiche „Power" 50 schriftliche Besuche pro Tag. Oder hochgerechnet auf einen Monat mit 20 Arbeitstagen: 20 x 50 = 1000 Mailings pro Monat entsprechen der durchschnittlichen Kommunikationsenergie eines Vertreters pro Monat. Die 1000 Mailings kosten Sie je nach Auflage ca. 2000 DM. Die analogen 100 Vertreterbesuche verursachen wahrscheinlich 20000 DM.

Der Vergleich mit Verkaufszahlen ist nur dort möglich, wo Vertreter und Mailing das gleiche oder ähnliche Produkt direkt verkaufen. Bei allen anderen Vergleichen gewinnt das Mailing noch stärker. Bei den typischen Mailingzielen wie Informieren, Einladen, Akquirieren, Bedarf abfragen, Einladen, Kontakte pflegen usw. schneidet das Mailing weit besser ab als nur mit 1/10 der Vertreterbesuchsergebnisse, besonders im Vergleich der Kosten zu den Ergebnissen.

Der richtige Marketing-Mix entscheidet

Als Ergebnis können wir zusammenfassen: Das beste und wertvollste Vertriebs-„Instrument" bleibt der Mensch. Sein besonderer Wert ist aber auch teuer. Setzen Sie ihn deshalb dort ein, wo er unersetzlich ist: beim Abschlußgespräch, beim Beratungsgespräch, bei der Pflege Ihrer Key Accounts usw. Für alle sonstigen „leeren" oder einfachen Gesprächsarten planen Sie das Ersatzgespräch, das Mailing ein. Vor allem in der Akquisition. Ihr wertvoller und teurer Außendienst kommt erst, wenn der Boden bereitet ist.

Zwischen dem persönlichen Besuch und dem Mailing liegt übrigens ein sehr erfolgreiches anderes Direktmarketing-Instrument, das Telefon-Marketing. Und vor Ihrer Mailingaktion sind noch ganz andere Instrumente denkbar, die Ihnen neue Interessentenadressen für die Datenbank und somit für Ihre Mailings, für das Telefon und den Außendienst liefern: die Couponanzeigen, die Zeitungsbeilagen mit Coupons, das Direkt-Response-Fernsehen usw.

Der Verkaufsleiter als Dialog-Manager der Zukunft wird je nach Branche und Größe seiner Zielgruppe diese verschiedenen Instrumente zu seinem eigenen Marketing-Mix gewichten und einsetzen. Er wird Direktmarketing integrieren. Und auch der Werbe-Etat des Unternehmens wird sich verschieben zugunsten der Dialoge und weg von den Monologen.

Literatur- und Informationshinweise

Direkt Marketing Centers der Deutschen Post AG. Dort seit 1988 exklusiv alle Prof. Vögele-Seminare und -Kurse für Praktiker im Vertrieb, Verkauf, Marketing, Werbung und Direktmarketing. Informationen erhalten Sie über die DM-Centers der Deutschen Post AG oder über DMI Institut für Direktmarketing, Postfach 1125, 82501 Wolfratshausen, Fax 08171/420042.

Heller & Partner, Datenbank-Software „VALyou" nach Prof. Vögeles Dialog-Methode, Heller & Partner Marketing Services, Possartstr. 14, 81679 München

Vögele, S., Dialogmethode. Das Verkaufsgespräch per Brief und Antwortkarte, 10. Aufl., Landsberg 1997

Vögele, S., 99 Erfolgsregeln für das Direktmarketing aller Branchen, 3. Aufl., Landsberg 1997

Vögele, S., Video Lehrfilm „Leseverhalten im Direktmarketing", DMI Institut für Direktmarketing, Postfach 1125, D-82501 Wolfratshausen

Vögele, S., Gratis-Service im Internet: „Tip der Woche". Jeden Montag neu. http://www.voegele.de

6. Die tägliche Verkäuferführung

6.1 Ein Tag im Leben des Verkaufsleiters Sven Wolff

Der Autor

Hans-Uwe L. Köhler ist Trainer und Berater. In seiner 1979 gegründeten Köhler-Werbeagentur GmbH realisiert er Marketing-Ideen aus seiner Beratungspraxis. 1993 gründete er den Köhlerverlag. 1984 wurde er Experten-Mitglied in der Gemeinschaft europäischer Marketing- und Verkaufsexperten „Club 55", dem er seit 1993 als Präsident vorsteht. Er ist außerdem Mitglied des Marketing-Club Allgäu, der DeGefest und des BDVT. Herr Köhler ist Autor zahlreicher Bücher, z.B. „Wie Sie Ihre Patienten überzeugen" und „Verkaufen ist wie Liebe".

Tatsächlich waren die letzten Tage des Jahrtausendwechsels für alle strapaziös. Jeder hatte versucht, möglichst originell und angemessen dieses Ereignis zu feiern. Und Sven Wolff hoffte, daß durch dieses Ereignis endlich der lähmende wirtschaftliche Stillstand sein Ende finden würde.

Mentale Fitneß geht vor

Als Sven Wolff erwachte, begann er seinen Tag wie jeden Morgen mit einer kleinen mentalen Übung. Er lag im Bett und wanderte in Gedanken durch seinen Körper. Dabei nutzte er die Gelegenheit, wie jeden Morgen, sich bei Leber, Magen und Herz zu bedanken. Er sagte tatsächlich: „Danke schön für deinen Dienst!" Und wie jeden Morgen stellte er fest, daß er körperlich fit und unversehrt war.

Ein warmes Gefühl des Glücks durchfloß ihn. Sein nächster Gedanke galt dem neuen Tag. Er stellte sich vor, wie glücklich er bei seiner Arbeit ist und wie gut die zu führenden Gespräche verlaufen. Er freute sich auf die Menschen, die er heute trifft.

Nach 90 Sekunden war diese mentale Übung beendet. Mit einem lauten Ruf „Musik!" stand er auf. Der Homecomputer, sprachgesteuert, reagierte und startete das Radioprogramm. Sven Wolff hatte sich für einen Sender entschieden, der einen aufbauenden Mix an Klassik und Soft-Rock sendet. Mit dem Ruf „Drive!" wäre ein Sender aufgerufen worden, der Wirtschafts- und Verkehrsnachrichten bringt. Doch ihm war heute nicht nach Staumeldungen, die ihn eigentlich noch nichts angingen, denn sein Tag begann ja erst ...

Körperliche Fitneß

Zum Frühstück wählte er ein gut zusammengestelltes Menü aus Obst und Müsli. Ein Vitamindrink, der alle Elemente für seine persönliche Fitneß enthielt, rundete diesen Teil ab.

Im Faxkorb fand er bereits den farbigen Ausdruck der für ihn ausgewählten Zeitungsseiten. „Was habe ich früher Zeitungsseiten weggeworfen", murmelte er. Endlich bekam er von der Süddeutschen Zeitung nur die Nachrichten, für die er Stichworte festgelegt hatte – auf drei Seiten alles Wichtige zusammengefaßt. Zugegeben, auch ein wenig Boulevardtratsch.

„Schade", dachte Sven Wolff, „daß Elke nicht mehr da ist." Zu zweit hatte Frühstücken mehr Spaß gemacht. Doch sie entschied sich für einen Karrieresprung und mußte für zwei Jahre in die USA. Vielleicht würde sie wiederkommen.

E-mail-Kommunikation

Um 8.00 Uhr tippte er seinen Code in den Zentralcomputer ein, und sein Arbeitstag begann. Schnell las er die aktuelle Post, die er dann sofort bearbeitete und per E-mail zurückschickte.

Sein Bodycheck-System im Badezimmer hatte entdeckt, daß es Abweichungen gab, die einen Arztbesuch rechtfertigten. Daraufhin hatte der Computer gleich den Termin ausgesucht und mit dem Computer des Arztes abgestimmt. Sven Wolff gab jetzt dafür sein o.k.

Kontrolle der Verkaufsziele

Anschließend rief er das grafische Übersichtsprogramm für Verkaufsziele und Ergebnisse aller Teams ab. Er entschied sich zunächst für die farbcodierte Bewertung. Die echten Zahlen würde er nur bei Abweichungen aufrufen. Auf eindrucksvolle Art führte ihn die Computeranimation in

einer Art Flug, wie man es früher bei den Wetternachrichten machte, durch sein deutsches Verkaufsgebiet. Als nationaler Verkaufsleiter Deutschland startete er in Flensburg und er flog in einer Schleife über das Ruhrgebiet, das Rhein-Main-Gebiet, den Stuttgarter Raum, dann über München und Nürnberg nach Berlin. Und was er sah, war o.k. Die Farben sagten ihm ohne Wenn und Aber: Seine Mannschaft erreichte mehr als die verabredeten Verkaufsziele!

Jericho-Time

Jetzt, um 8.30 Uhr, erinnerte ihn die Stimme seines Computers daran, daß nun die Jericho-Time begann. Sven Wolff überlegte, ob die Stimme dieses Computers von einer Frau gesprochen wurde oder ebenfalls ein Kunstprodukt war.

Wer könnte diese Frau sein? Vielleicht sollte er in der Software-Abteilung einmal nachfragen ...

Jericho-Time war ein Codebegriff für alle Mitarbeiter. Jericho-Time konnte auf zweierlei Weise verwendet werden: jeden Morgen von 8.30 bis 9.00 Uhr als Computerkonferenz oder sonst per Telefon oder Telefax. Jericho-Time war eine Art Notruf. Schließlich konnte jedem Verkäufer etwas geschehen, das sofort einen ungehinderten Kontakt zum nationalen Verkaufsleiter erforderte. Aber es mußte ein verdammt guter Grund sein, wenn jemand Jericho-Time beanspruchte.

Jericho-Time wurde aufgerufen. Auf dem Bildschirm erschien das Videobild eines Kölner Mitarbeiters, Enrico Cordas. Er sah nicht besonders happy aus. Am rechten Bildschirmrand stand eine Liste mit seinen persönlichen und aktuellen Daten. Auf ECs Bildschirm waren Sven Wolffs Videobild und die Datenliste mit dessen persönlichen Informationen zu sehen.

„Hallo, Enrico, was ist der Grund Ihres Anrufes?"

„Hallo, Sven! Es ist folgendes: Sie wissen, ich lebe mit Hartmut zusammen. Und es hat furchtbaren Krach gegeben. Ich bin ziemlich durcheinander. Ich dachte, wir hätten das alles gut im Griff, aber offenbar war das ein furchtbarer Irrtum – vielleicht sogar Selbstbetrug. Ich hätte es selber früher merken müssen ... Der Kerl betrügt mich! Haben Sie eine Idee, was ich jetzt machen soll?"

„Enrico, Sie haben recht, das nicht in sich hineinzufressen. Und es ist o.k., daß Sie mich deswegen kontakten, aber Sie wissen, ich bin kein Beziehungstherapeut. Was halten Sie davon, wenn Sie sich professionellen Rat holen?"

„Schade, ich dachte, Sie könnten ... als mein Coach ..."

Richtiges Coaching

„Gut, Sie sind erst kurze Zeit in unserer Mannschaft. Sie sollten wissen, Enrico, daß es zu den Spielregeln gehört, daß ich nicht die Beratungsperson für Ihr Privatleben bin. Es ist wirklich besser, wenn Sie diesen Streit mit einem Spezialisten besprechen, es steht doch viel zuviel auf dem Spiel. Finden Sie nicht?"

„Sie haben recht! Mich irritiert das dermaßen, daß ich auch nicht mehr richtig denken kann!"

„Enrico, Sie finden gleich auf Ihrer E-mail-Seite die Adresse einer wundervollen Gesprächspartnerin. Es ist Dr. Susanne Scott. Sie ist besonders gut in der Entwicklung gemeinsamer Ideen zur Klärung von Beziehungen. Und noch etwas, informieren Sie bitte Ihr Verkaufsteam, damit die Ihre Aufgaben übernehmen, bis Sie aus diesem emotionalen Durcheinander raus sind. Sagen Sie dem Teamleader bitte den Grund für Ihren Ausstieg. Wenn Sie men-

tal wieder fit sind, informieren Sie mich bitte. O.k.?"

„Einverstanden! Ich könnte mit dem Problem im Kopf heute keinem anderen Menschen richtig zuhören. Hätte ich nie geglaubt, daß es mich mal erwischt! Danke für die Chance, Sven!"

„Ich danke Ihnen für das Vertrauen, Enrico!"

Selbstmanagement

Auf dem rechten Scroll-Fenster wurde jetzt automatisch der Zeitpunkt des Gesprächs festgehalten. Außerdem war noch Platz für einige Stichworte, die der Computer automatisch ausgewählt hatte. Sven Wolff machte sich darüber hinaus noch persönliche Notizen in seinem Sammelprogramm: Weiß ich über Beziehungsprobleme unter Männern oder unter Frauen genug? Literatur? Wer könnte durch ein Gespräch weiterhelfen? Seminar?

Um 9.00 Uhr war ein weiterführendes Vorstellungsgespräch avisiert – doch nichts geschah. Um 9.10 Uhr meldete sich per Computerkonferenz ein Kandidat für eine zu besetzende Position in einem Großkundenteam.

Sofortige Stellungnahme

„He, Mann, Sie sind zu spät! Haben Sie eine gute Ausrede?"

„Nein, allenfalls eine schlechte, aber die wird Sie nicht interessieren."

„Los, erzählen Sie. Wenn Sie bei uns an Bord wollen, dann sollten Sie sehr pünktlich sein. Ihr Kunde erwartet das!"

„Einverstanden, Sie haben da im Prinzip einen wunden Punkt entdeckt, Herr Wolff. Es ist tatsächlich so, daß ich nicht einfach so an Menschen vorbeigehen kann. Ich will einfach höflich und auch offen sein. Und dadurch kann es passieren, daß ich auf dem Weg zu einem Termin einfach einen Menschen zuviel treffe – und schon ist es passiert!"

„Sagen Sie, Herr Deuser, wie oft kommt das vor?"

„Ich bin kein prinzipieller Zuspätkommer! Wenn Sie das meinen. Aber was soll ich machen, wenn Leute mich ansprechen? Einfach weitergehen?"

Führungsfrage

„Natürlich nicht! Haben Sie schon einmal darüber nachgedacht, warum Leute Sie ansprechen?"

„Ich habe mir sogar manchmal schon überlegt, daß die doch eigentlich sehen müßten, daß ich es eilig habe, trotzdem werde ich angesprochen – hier noch eine Frage, dort noch ein kleiner Wunsch mit der Bitte um Erledigung, na ja, und so kann das schon mal eine ganze Menge werden. Herr Wolff, vielleicht ist etwas an mir, das auf Kollegen oder Kunden so wirkt, daß man sich gerne mit mir unterhält."

„Könnte sein. Wie fühlen Sie sich denn so, wenn Sie in Kontakt mit Kunden oder Kollegen sind?"

„Gut! Sehr gut sogar! Das ist schließlich der ganze Grund, weshalb ich in den Verkauf gegangen bin! Was soll ich allein in einem Büro? Übrigens, ich finde z.B. unsere Videokonferenz scheußlich. Ich sähe Sie viel lieber direkt – life."

Emotionale Kontaktaufnahme

„Das kann bald möglich sein, Herr Deuser, denn das Team, in dem Sie arbeiten sollen, hat für Ihre Einstellung plädiert. Das Team glaubt, daß eine Ihrer besonderen Stärken im emotionalen Kontaktaufbau besteht. Damit wären Sie eine besondere Bereicherung für dieses Team. Vielleicht sollten wir während der Probezeit darauf achten, ob dieser latente Hang zur Unpünktlichkeit in Wirklichkeit Teil Ihrer

Stärke ist – Sie sollen schließlich wissen, worauf geachtet wird."

Zielsetzung

„Herr Wolff, Sie werden wahrscheinlich einiges mehr von mir verlangen als nur Pünktlichkeit. Wie geht man in diesem Unternehmen mit Zielsetzungen um? Das möchte ich jetzt ganz genau wissen!"

„Logisch, daß Sie danach fragen! Zunächst bekommen Sie ein von Ihrem zukünftigen Teamleader festgelegtes Ziel. Es enthält eine ganze Reihe von quantitativen und qualitativen Aufgaben. Ein Zeitplan steckt den Handlungsspielraum ab. Sie finden diesen Arbeitsplan unter dem Target-Icon, oben links. Wenn Sie darauf drücken, verschwindet mein Bild, aber wir können uns ja noch hören. O.k.? Sehen Sie sich diese Punkte genau an."

„Das sind sehr enge, ganz genaue Vorgaben. Machen Sie das mit allen Mitarbeitern immer so?"

Zielprogramm

„Nein, nicht mit allen Mitarbeitern. So starten wir immer und in jedem Fall mit allen neuen Kollegen. Dieses Programm ist so aufgebaut, daß Sie bei Erfüllung der Vorgaben wirtschaftlich so erfolgreich sind, daß Sie davon leben könnten. Also ist der Punkt zunächst keine Bedrohung.

Im Lauf der Zusammenarbeit verändert sich das Zielprogramm. Je besser Sie arbeiten, je erfolgreicher Sie sind, um so weniger Vorgaben bekommen Sie in diesem Unternehmen. Das Ziel ist für alle Mitarbeiter gleich. Sie, lieber Herr Deuser, werden durch Ihren Teamleader und Ihren Verkaufsleiter auf einen Punkt hingeführt, daß Sie ganz allein Ihre Ziele definieren, festlegen und erreichen. Im Klartext: Sie erarbeiten sich völlige Entscheidungs- und Budgetfreiheit durch Erfolg."

Selbständige Handlungskonzepte

„Als nächstes werden Sie folgendes machen: Erarbeiten Sie bitte ein Handlungskonzept, aus dem hervorgeht, wie Sie die einzelnen Arbeitsschritte angehen werden. Diese Punkte sprechen Sie dann bitte in einer gemeinsamen Konferenz mit Ihrem Teamleader und mir durch. Das gilt nur für dieses eine Mal. Wie lange brauchen Sie zur Erarbeitung eines solchen Handlungskonzepts?"

„Ich werde das in vier Tagen präsentieren können."

„Ginge es auch schneller?"

„Nein, Herr Wolff, dann hätte ich Ihnen eine andere Zeit gesagt."

„Einverstanden! Also verabreden wir uns zu einem Meeting in fünf Werktagen bei Ihrem Teamleader. Ich werde dabei sein. Übrigens, in dieser Company siezen sich alle beim Vornamen – ich bin Sven. Herzlich willkommen an Bord, Marcus!"

„Danke! Ich freu' mich schon darauf, Sie persönlich in fünf Tagen zu treffen!"

Kontaktzeiten für Führungsgespräche

„Natürlich hat er recht", dachte Sven Wolff, „es wäre viel angenehmer und auch persönlicher, wenn man sich jedesmal direkt zu einem Gespräch treffen könnte." Jedoch waren Videokonferenzen unter dem Gesichtspunkt der aktiven Kontaktzeit durch nichts zu überbieten. Als Coach seiner Mannschaft mußte Sven ein Maximum an Zeit direkt mit seinen Leuten verbringen und nicht in Autos, Zügen oder Flugzeugen absitzen.

Bestärkung von Mitarbeitern

Sven Wolff schaltete eine Leitung zu einem Mitarbeiter, der ein Shop-in-Shop-Konzept ausprobieren wollte.

„Guten Morgen, Oskar Simon, wie geht es Ihnen in Ihrer neuen Funktion?"

„Hallo, Sven, na prima, alles paletti!"

„Erzählen Sie keinen Quark – so sehen Sie nicht aus. Was ist los?"

„Sie haben recht, so toll geht es nicht. Die Idee, als Verkäufer ein Büro direkt beim Kunden zu haben, also die permanente Besuchseinheit mit ständiger Auftragserteilung bei erfolgter Problemlösung, ist gar nicht so einfach umzusetzen."

„Es war doch Ihre Idee. Geben Sie bitte nicht gleich auf! Wo ergeben sich denn die Schwierigkeiten?"

„Ich muß einen Balanceakt vollziehen. Einerseits muß ich mich in diese Mannschaft hier integrieren, gleichzeitig bin ich trotzdem jemand von draußen – was auch wichtig ist. So als Zwitter lebt es sich nicht leicht."

„Verstehe, das ist tatsächlich eine Situation, die man nicht täglich erleben kann. Wie reagiert denn Ihr Hauptgesprächspartner auf die Tatsache, daß Sie jetzt als ständige Einrichtung im Hause sind?"

„Ich glaube, das weiß der selber auch noch nicht so genau. Wir haben jedenfalls für heute nachmittag eine Konferenz angesetzt, in der zwei konkrete Projekte besprochen werden. Das wird wohl der entscheidende Start sein."

„Wie haben Sie sich vorbereitet?"

„Ich habe zwei Dinge getan. Zum einen bin ich bereit, völlig offen in die Geschichte reinzugehen, mit der Idee, durch totale Akzeptanz der Kundenwünsche den Auftrag mit einer hohen Wertschöpfung zu bekommen. Wenn diesem Gespräch kein Kundenwunsch zugrunde liegt, ist das vielleicht auch als Test gedacht. Ich habe auf Grund der zur Verfügung stehenden Daten und Entscheidungsmuster des Gesprächspartners ein konkretes Angebot für eine Problemlösung erarbeitet."

„Hört sich gut an. Wenn Sie wollen, es gibt in unserem Infodienst eine aktuelle

Seite mit einer interessanten Dialogidee. Vielleicht haben Sie Lust, vor dem Gespräch da noch einmal reinzuschauen?"

Sven Wolff machte sich eine Notiz auf dem Infofeld. Auf dieser erwähnten Infoseite mit dem Angebot einer speziellen Dialogform wurde ein Fachbegriff verwandt, den Oskar Simon nur hier finden konnte. Sven Wolff würde Oskar Simon bei Gelegenheit nach diesem Begriff fragen ...

„Sven Wolff, was halten Sie davon, wenn Sie sich jetzt eine Pause gönnen und einen Fruchtsaft trinken? Ich rufe Sie, wenn der nächste Kontakt steht."

Manchmal war diese Computerstimme eine Spur zu menschlich. Außerdem mußte sich Sven Wolff daran erinnern, daß er dieses Programm selbst autorisiert hatte.

Ein Türklingeln zwei Minuten später meldete den nächsten Besucher – am Bildschirm.

Sprache verrät ...

„Guten Morgen, Sven Wolff, hier ist Norbert Zander! Wie geht es Ihnen?"

„Hallo, Norbert, danke, sehr gut! Ich kann Sie gut sehen. Erzählen Sie ein wenig über Ihre Situation."

„Genau deswegen rufe ich an. Ich brauche Ihre Hilfe. Ich habe da einen wirklich dicken Fisch an der Angel ...!"

„Norbert Zander, Sie wissen, wir haben keine dicken Fische, wir haben keine Verkaufsfront, bei uns wird weder gejagt noch Krieg gespielt ...!"

Vorsicht Rückdelegation

„O.k., o.k. Also, ich hab' da einen Kunden, der über ein sehr interessantes Auftragsvolumen verfügt. Nur, der Haken ist, ich kriege den nicht an Land. Entschuldigung, Sven, wollte nicht schon wieder angeln. Also, da hab' ich gedacht, wie das

wäre, wenn wir gemeinsam zu dem Kunden gingen und Sie ihn dann, quasi als der nationale Verkaufsleiter, überzeugen. Und außerdem, wenn es bei den Preisen schwierig würde, Sie haben doch da bestimmt ganz andere Möglichkeiten ..."

„Angenommen, wir würden Ihrer Idee folgen, was wäre das Resultat?"

„Ist doch klar. Wir hätten einen tollen Auftrag und einen Kunden mehr!"

„Könnte es nicht auch so sein, daß unser Unternehmen zwar diesen Auftrag bekommt, aber Sie als Verkäufer bei diesem Kunden verloren haben? Wie wollen Sie dann dort je einen eigenen Auftrag erhalten? Was ist, wenn dieser Kunde sagt, ich will nur noch mit dem nationalen Verkaufsleiter verhandeln? Dann sind Sie raus aus dem Spiel! Und es wäre auch nicht mehr Ihr Kunde und schon gar nicht mehr Ihr Einkommen!"

Hilfe zur Selbsthilfe geben

„Schauen Sie, Norbert, Sie liegen zwar bei der Erreichung der Zielvorgaben gut im Rennen. Allerdings bin ich sicher, daß Sie noch gar nicht Ihre wirklichen Potentiale entdeckt haben. Ich glaube, Sie können viel mehr erreichen. Wir sollten also lieber gemeinsam darüber nachdenken, ob es außer der Möglichkeit, daß ich mitkomme, noch andere Wege gibt, diesen Kunden zu überzeugen."

„Sie haben recht! Wissen Sie, Sven, ich weiß schlicht und einfach nicht weiter."

Norbert Zander und Sven Wolff besprechen die Sache knapp zehn Minuten lang.

„Ja, das wird klappen, Sven! Jetzt sehe ich eine ganz klare Chance für mich, den Kunden davon zu überzeugen, daß er eine richtige Entscheidung trifft, wenn er diesen Auftrag an unser Unternehmen gibt. Vielen Dank, daß Sie mir geholfen haben, einen Weg aus diesem Loch zu finden!"

„Hören Sie genau zu, Norbert! Das ist meine allererste Aufgabe, mit Ihnen und Ihren Kollegen Wege zum Kunden zu finden. Kein Unternehmen braucht einen Verkaufsleiter, der Preise senkt und Rabatte gibt! Ich habe schließlich einen hart erarbeiteten Ruf zu verlieren!"

„Ja, ich weiß! Sie sollen der härteste Verteidiger unserer Preispolitik sein."

„Norbert, ich liebe Geld – viel Geld! Und das kann man nur bekommen, wenn man hart daran arbeitet, den Kunden reich zu machen! Und das geht nicht durch Preisnachlässe!"

Information als Bringschuld

„Rufen Sie mich in jedem Fall nach Ihrem nächsten Gespräch an. Informieren Sie mich direkt und jeweils sofort. Viel Glück!"

Sven Wolff trägt auf das Info-Scroll von Norbert Zander ein, daß dieser demnächst ein Verkaufstraining in Richtung Entwicklung von kreativen Verkaufspotentialen belegen sollte.

Führungsstil

Die Presseabteilung hatte angefragt, ob Sven Wolff bereit wäre, für W&V ein Interview zu geben. Es sollte in dieser Geschichte über Führungsstile verschiedener Verkaufsleiter von bekannten Unternehmen gesprochen werden.

„Guten Tag, Herr Wolff! Ich bin Isolde Kaltensberger-Jacobson, ich würde mich gern mit Ihnen über Ihren Führungsstil unterhalten. Einverstanden?"

„Natürlich, ich bin von unserer Presseabteilung informiert worden."

„Um so besser, Herr Wolff, ich würde gern von Ihnen wissen, von welchen Ansichten Sie sich bei Ihrer Arbeit leiten lassen. Muß man selber eigentlich ein besonders guter Verkäufer sein oder gewesen sein, um ein so erfolgreicher Verkaufsleiter zu werden?"

„Lassen Sie es mich an einem sehr drastischen Beispiel erklären. Ein Priester, Pfarrer oder Rabbiner muß kein besonders frommer Mensch seiner Glaubensrichtung sein. Es geht um das Verständnis und das Wesen der Dinge. Nicht der Fromme weiß den Weg. Allein der Weise wird eine Idee entwickeln, wie man den Weg zur Erkenntnis finden könnte."

Potentiale in Menschen entdecken können

„Natürlich war ich ein guter Verkäufer. Sonst hätte ich in dem Geschäft gar keinen Platz gefunden. Doch das entscheidende, weshalb ich heute nationaler Verkaufsleiter bin, ist, daß ich gelernt habe, die Entwicklungsmöglichkeiten anderer Menschen gut zu erkennen. Dazu ist eine besondere Fähigkeit vonnöten: Sie müssen ohne Neid sein. Das ist sehr wichtig!"

„Was heißt das ganz genau: ohne Neid sein können?"

„Ich darf nie ein Problem damit bekommen, daß ein Verkäufer unseres Unternehmens besser ist oder wird, als ich je war oder hätte sein können. Stellen Sie sich einmal vor, was das für eine Mannschaft ist, in der der Verkaufsleiter sozusagen sich als der Geringste unter allen fühlt. Wenn dann auch noch das Ausgangsniveau sehr hoch ist, dazu ist übrigens der eigene Erfolg die notwendige Meßlatte, dann hat das erhebliche Konsequenzen, und zwar für alle."

„Ist das nicht ein sehr hoher Anspruch?"

„Richtig! Es ist der maximale Anspruch! Warum sich mit weniger zufriedengeben? Jedoch prüfen Sie die Möglichkeiten. Ich erkläre hiermit, daß ich alles tun werde, damit jeder, der mit mir arbeitet, ein besserer, ein erfolgreicherer Verkäufer wird, als ich es je war. Ich werde also keine versteckten oder letzten Geheimnisse für mich behalten."

„Kann das nicht auch Mitarbeiter überfordern?"

„Ja, das kann passieren. Ich bin bereit, diese Tatsache zu akzeptieren. Jedoch, wenn ich eine Mannschaft an die Spitze führen möchte, muß jeder wissen, wie der Verkaufsleiter, der Coach, denkt. Und jeder, der sich dieser Mannschaft anschließt, trägt den Wunsch, an die Spitze zu kommen, mit, sonst wäre er nicht dabei."

Führen!

„Sie sagten eben, daß Sie der Coach Ihrer Mannschaft sind. Wieso diese spezielle Titulierung?"

„Das ist wie im Fußball. Ich bin der Coach. Ich selber schieße keine Tore mehr, jedoch mache ich Torjäger, schaffe die Räume, damit sich die Mannschaft entwickeln kann, und ich führe sie letztlich zur Meisterschaft."

„Hätten Sie ein Problem damit, wenn einer Ihrer Verkäufer ein höheres Einkommen hätte als Sie?"

„Natürlich nicht! Ganz im Gegenteil! Je erfolgreicher meine Mannschaft ist, um so höher ist auch mein Einkommen. Seien Sie sicher, es ist wirklich sehr attraktiv!"

„Wie haben Sie das Führen Ihrer Mannschaft gelernt? Kann man das überhaupt lernen?"

„Natürlich! Gut, es ist notwendig, daß als Basis die grundsätzliche Bereitschaft besteht, mit Menschen aktiv arbeiten zu wollen. Und es ist bestimmt auch notwendig, daß man selber sehr gerne Verkäufer ist. Und es ist sehr wichtig, keine Identitätsprobleme zu haben. Alles weitere kann man lernen. In unserem Unternehmen investieren alle Führungskräfte etwa zehn Prozent ihrer Jahresarbeitszeit in Fortbildung."

„Herr Wolff, herzlichen Dank für das Gespräch!"

Sven Wolff überprüfte den aufgezeichneten Text. Tatsächlich, das Protokoll dieses Interviews war fast fehlerfrei! Er fand es immer wieder faszinierend, daß der Computer in der Lage war, ein Gespräch komplett in Schrift umzusetzen.

Wolff wollte diese Unterlage als Idee für eine Passage im firmeneigenen Fernsehprogramm nutzen. Er schickte die Daten mit einer Notiz dazu an das entsprechende Projektteam.

Daten als Führungsmittel

„Hallo, Hans-Georg Bauer! Was haben Sie es denn so eilig! Wir waren doch erst in zwei Tagen zu einem Talk verabredet. Was gibt's denn?"

„Sven, ich habe da einen verdammt wichtigen Grund! Wir werden von alpha-Industries angegriffen! Und dieses Mal ist es mehr als ein Sonderaktions-Scharmützel! Ich habe den Verdacht, daß die mein Verkaufsgebiet in einer konzentrierten Aktion knacken wollen. Schauen Sie sich einmal die Daten und Fakten an, die ich bis jetzt zusammengestellt habe."

„Zeigen Sie mir die Daten!"

Beide tauschten jetzt eine Vielzahl von Informationen aus.

„O.k. Sie haben recht. Sie bekommen zur Unterstützung eine Task-force-Gruppe. Wir werden Ihnen ein Team zusammenstellen, das Ihnen vor Ort hilft, durch ein Bündel von Maßnahmen diesen Angriff abzuwehren. Nach diesem Gespräch spiele ich Ihnen Informationen auf Ihren Computer, die aus einem ähnlichen Fall stammen. Lesen Sie sich das alles genau durch. Mit diesen Maßnahmen wurde sehr erfolgreich ein Angriff abgewehrt. Sie können dann auch sofort erkennen, wie Sie das Task-force-Team am besten einsetzen."

Strategisches Führen

„Verwenden Sie unbedingt die angebotenen Checklisten. Sie müssen ab sofort Ihren Kopf klar und frei haben. Bitte wirkliche strategische Strenge!

Hans-Georg, Sie informieren mich bitte jetzt täglich. Wir können dann gemeinsam in fünf Werktagen entscheiden, ob meine Anwesenheit vor Ort Sinn macht."

„O.k., Sven, ich rufe Sie morgen um 11.00 Uhr wieder an."

So, nun war Zeit für einen kleinen Lunch. Der In-Home-Service hatte Svens beidseitig bedienbaren Kühlschrank mit wirklich leckeren Speisen gefüllt. Sven Wolff empfand es als sehr wohltuend, nicht unnötig die Wohnung verlassen zu müssen. Die Mikrowelle garte die Speisen schonend und schnell.

Kleingruppen-Verkaufstraining

Es war 14.00 Uhr. Sven Wolff ging an seinen Video-Arbeitsplatz zurück. Er wählte eine Kameraposition, die ihn in der Halbtotalen zeigte. Auf seinem Flachbildschirm aus Flüssigkristallen, fast zwei Quadratmeter groß, sah er die neuen Mitarbeiter des Düsseldorfer Teams.

„Hallo, nach Düsseldorf! Wie geht es Ihnen allen?"

Es begann eine kurze Plauderei. Dann stieg man in das Thema ein. Es ging um den perfekten Umgang mit Kunden, wenn diese eine Reklamation vortragen.

Die vier Damen und zwei Herren hatten sich in das Thema bereits eingearbeitet. Nun wurde in Rollenspielen der richtige Einsatz des gelernten Stoffes ausprobiert und in eine möglichst realistische Situation übertragen.

Sven Wolff wollte sehen, wie sich die Mitarbeiter in dieser Situation verhielten. Als Verkaufsleiter führte er täglich solche Trainingsmaßnahmen durch.

Um solche Kurztrainings organisieren zu können, hatte Sven Wolff sich mit den jeweiligen Verkaufstrainern abgestimmt. Deshalb machte er auch immer alle Verkaufstrainingsmaßnahmen einmal persönlich mit. Es ging ja nicht darum, die Trainer zu kontrollieren. Er mußte aber die Inhalte kennen, um sich mit seinen Coaching-Aktivitäten einklinken zu können.

Für die Düsseldorfer folgten nun noch – mit jeweils einer kurzen Unterbrechung – im Abstand von zwanzig Minuten zwei weitere Sitzungen, in denen andere Trainingsmodule zur Anwendung kamen.

Sven Wolff machte sich Notizen für die Optimierung des Trainingsprogramms. Er hatte in zwei Tagen die monatliche Konferenz zur Aktualisierung des firmeninternen Schulungsprogrammes, das über Computer ständig allen Mitarbeitern zur Verfügung stand.

Interaktives Trainingsprogramm

Sven Wolff freute sich darauf, denn auf diesen Meetings wurde ganz entscheidend der Verkaufserfolg seiner Mannschaft geprägt. Man hatte es in diesem Unternehmen geschafft, ein interaktives Trainingsprogramm zu installieren, das gewährleistete, daß ständig alle Mitarbeiter in einem kontinuierlichen Verkaufstraining eingebunden waren.

Mit Grauen erinnerte sich Wolff an die Zeit, in der Verkäufer ab und zu, hin und wieder, nach dem Gießkannenprinzip, irgendwann einmal ein Verkaufstraining besuchten.

Training für Spitzenleistungen

Für ihn galt die alte Sportlerregel: Nur tägliches, konsequentes Training hält fit und ermöglicht Spitzenleistungen!

Einige Skeptiker hatten noch befürchtet, daß die Mitarbeiter es ablehnen oder gar demotivierend empfinden könnten, nun ständig im Training zu sein und auch noch kontrollierbar am Computer zu sitzen.

Tatsächlich kam es ganz anders: Die Gelegenheit zum täglichen Training und die hinzugeschaltete Möglichkeit, dann direkt oder zeitversetzt mit dem Verkaufsleiter oder den jeweiligen Verkaufstrainern per Videokonferenz aktiv zu korrespondieren, wurde sehr geschätzt.

Und das Ganze hat sich als ein äußerst wichtiges Instrument zur Steigerung der Verkaufserfolge herausgestellt.

Motivation

Sven Wolff ließ sich nun alle Unterlagen und Checklisten für die anstehende Kick-off-Tagung ausdrucken. Schließlich war das seine Superchance, die er als Coach seiner Mannschaft auch konsequent nutzte.

Wolff wußte ganz genau, wie man solche Veranstaltungen mit großen Gruppen inszenieren mußte. Auf solchen Meetings mußte der Funke überspringen, da wurde der *spirit of success* beschworen!

Besonders sorgfältig bereitete er seine beiden Auftritte vor. Von der Art seiner Begrüßung, vom Überspringen des Funkens, seiner guten Laune sollten von Beginn an alle profitieren.

Entscheidend war jedoch seine Schlußrede. Die mußte auf den Punkt sitzen, durfte niemals moralisieren, richten, kritisieren oder gar bereits Besprochenes nachträglich korrigieren.

Diese Rede hatte nur eine Aufgabe: in seiner Mannschaft den Glauben zu stärken, daß sich jeder auf jeden verlassen kann, daß jeder gewillt und in der Lage ist, die gesetzten oder gestellten Aufgaben und Ziele zu erreichen, und daß sie alle in einem wirklich erfolgreichen Unternehmen ihr wirtschaftliches Zuhause hatten!

Täglicher Arbeitsplan

Sven Wolff rief zum Schluß des Tages seinen Arbeitsplan auf. Die Checkliste war abgearbeitet, bis auf den letzten Punkt: den Bildschirmschoner für morgen schreiben. Es ging darum, einen Text auszuwählen oder zu kreieren, der dann die nächsten 24 Stunden auf allen Bildschirmen seiner nationalen Verkaufsmannschaft zu lesen war. Sven Wolff entschied sich für „Trau Dich! Think big!"

„Schluß!" rief Sven Wolff und gab sein Codewort ein. Der Computer zog in rasendem Tempo sein Sicherungsprogramm durch, alles erlosch, bis auf ein kleines Icon. „Gute Nacht, Sven Wolff! Ich freue mich auf Sie, wenn wir morgen wieder zusammenarbeiten!" – Oh, diese Stimme!

Sven Wolff verbrachte den Abend in einem Wellness-Center. Er lief 15 Kilometer auf einer Inline-Skate-Bahn, ging in ein türkisches Bad und ließ es sich richtig gutgehen.

Bei seiner Rückkehr fand er ein Fax von Elke in seiner Mailbox. In New York war schließlich erst Nachmittag. Sie müsse nach Europa kommen, zu einem Bündel von Veranstaltungen. Und sie hätte Lust, mit ihm zu frühstücken ... Tolle Idee!

Als Sven Wolff gegen 23.00 Uhr einschlief, machte er seine tägliche mentale Schlußübung. Er stellte sich, wie jeden Abend, die Frage: „Was war heute besonders schön?" Und mit diesem guten Gedanken erwartete ihn ein erholsamer Schlaf. Die Stimme seines Computers würde ihn wecken ...

Coaches ...

• verfügen über mentale Power!
• sind strategisch ausgerichtet!
• handhaben ihren Führungsstil berechenbar!
• lehnen Rückdelegation konsequent ab!

6.2 Coaching für Verkäufer

Der Autor

Horst Rückle ist Vorsitzender der Geschäftsführung der Horst Rückle Team GmbH (hr TEAM) in Böblingen. Als Coach, Berater und Trainer entwickelt und begleitet er mit seinem Team Maßnahmen der Unternehmens- und Personalentwicklung in zahlreichen Unternehmen, aller Branchen. Er coacht Unternehmer, Manager, aber auch Politiker, Fernsehmoderatoren und Freiberufler. Außerdem unterrichtet er an verschiedenen Universitäten und Fachhochschulen zu den Themen Körpersprache und Mitarbeiterführung.

Herr Rückle ist Autor und Herausgeber zahlreicher Fachveröffentlichungen und häufiger Gast in Fernseh- und Rundfunksendungen.

Rahmenbedingungen und Ziele für das Coaching

Wer besser werden will, braucht Anregungen. Da wir unsere eigenen Fehler nicht merken (sonst würden wir sie ja nicht machen!), benötigen wir den partnerschaftlichen Helfer. Dies kann der Vorgesetzte in der Rolle als Verkaufsleiter oder in der weitergehenden Rolle als Coach sein.

Mit dem Begriff „Coaching" konfrontiert, können sich viele für Führung und Verkauf Verantwortliche wenig Konkretes vorstellen. Doch schon nach ein paar Stichworten, wie z.B. Beratung oder Begleitung zur Leistungssteigerung und/oder Unterstützung bei der Lösung von komplexen Problemen, wird klar, daß hier ein aus dem Sport altbekanntes und hilfreiches System für den beruflichen Bereich nutzbar wird. Der inhaltliche Unterschied zum herkömmlich bekannten Trainieren ist die viel weiterreichende und tiefergreifende Betreuung im Coaching. Der Coach kümmert sich viel umfassender um die ihm anvertraute Person. Er ist Trainer, Berater und Betreuer in einer Person. Er ist es, der hilft, mit Frustration, Aggression, Leistungsdruck und Versagensangst umzugehen, und der hilft, stabile Motivation und anhaltende Konzentration aufzubauen. Er ist eher der gute Freund oder Partner – weniger der „Kumpel". Er ist stets zur Stelle und festigt mit Anerkennung und Kritik die Leistungsbereitschaft, manchmal auch mit Lob und Tadel das Selbstwertgefühl und das Selbstbewußtsein.

Ziel dieser umfassenden Betreuung ist die Selbständigkeit und Selbstverantwortung im Umgang mit Problemen, Konflikten, Erfolgen, Mißerfolgen, Erwartungen und Zielsetzungen.

Der Coach braucht Wissen und Erfahrung in den seinen Klienten tangierenden Bereichen. Er muß unternehmerisches Denken, betriebswirtschaftliche Kenntnisse, Wissen um die Märkte und deren Bedingungen haben, politisch up to date sein. Er muß Kenntnisse in psychologischen, psychotherapeutischen und sozialpsychologischen Bereichen und insbesondere analytische sowie kommunikative Fähigkeiten mitbringen und nutzen können. Obwohl der Coach Gesprächspartner und Spezialist in vielen Bereichen ist, darf er kein „Hans Dampf in allen Gassen" sein, sondern er muß entscheiden, welche der gestellten Aufgaben er leisten kann und welche nicht.

Die sozialpolitische Einstellung hat sich in den letzten Jahren stark geändert. Im heutigen Arbeitsalltag sucht der einzelne Mitarbeiter in allen Bereichen mehr Möglichkeiten der Selbstbestimmung und Selbstverwirklichung. Um so wichtiger ist daher, daß der Coach nicht unreflektiert eigene Erfolgsmuster auf den Gecoachten überträgt und diesen entsprechend dressiert.

Besonders wichtig ist auch die Erkenntnis, daß Unternehmen und Menschen heute zunehmend in ihren Handlungen und Entscheidungen in Systeme eingebunden sind. Daß diese Vernetzungen vielfältige Auswirkungen haben, wird den Führungskräften der neuen Generation immer bewußter.

Führungskräfte, die systemisch denken und handeln, sehen sich nicht als „Beherrscher" oder „Macher" des Systems, sondern als „Impulsgeber" oder „Katalysator". Sie sehen das Unternehmen nicht mehr wie früher als eine Maschine, die man durch ständiges Eingreifen steuern kann, sondern sie geben Impulse.

Verschwunden ist (außer in der Mechanik) die statische Ordnung, in der die Bedingungen längere Zeit konstant bleiben. Unsere Wirklichkeit ist dynamisch, sie verändert sich permanent, und das Tempo der Veränderung erfordert immer schnellere Lernprozesse und Entwicklungen. Kunden, die heute noch treu sind, können morgen schon bei einem anderen Lieferanten kaufen.

Führungskräfte, die vom systemischen Denken und Handeln geprägt sind, helfen als Coach, Potentiale zur Lösung zukünftiger Aufgaben und Probleme zu entwickeln. Sie lösen Veränderungsbereitschaft aus, und sie begleiten die gewollte Veränderung. Probleme und Konflikte begreift der Coach (und bald auch sein Mitarbeiter) als Motoren der Evolution.

Vielleicht hat unsere Zeit den Coach aus der Not geboren. Aus der Not der vielen einseitig und im alten Weltbild Gebildeten, die jenen „Freund" suchen, der helfen kann, ihre Einseitigkeit zu überwinden.

Der Mitarbeiter als Mittelpunkt des Systems

Der Mensch wird in seiner Entwicklung vom Kind zum Erwachsenen durch verschiedene Einflüsse geprägt:
• Die genetischen Faktoren (Anlagen, Begabungen, Talente) als Potentiale für spätere Fähigkeiten und Fertigkeiten
• Eltern, die die spätere Ausrichtung an ethischen und moralischen Grundsätzen vermitteln

- Erziehung, Bildung, Ausbildung, die den größten Teil der kognitiven Fähigkeiten und Fertigkeiten entwickeln bzw. bereitstellen
- Die Umwelt, die je nach Grad der Behütung durch das Elternhaus einen großen oder geringen Einfluß auf die sozialen Kompetenzen des Menschen hat

Dadurch „profiliert", wird der Mensch zur Person und tritt in die Unternehmenswirklichkeit ein – als Mitarbeiter und/oder Führungskraft.

Paßt sein Profil zu den Anforderungen im Unternehmen wie ein Schlüssel zum Schloß, ist er der richtige Mann am richtigen Platz.

Wenn die eigenen Werte nicht in Konflikt geraten mit den Werten des Unternehmens, die es als Philosophie anstrebt oder als Kultur bereits lebt, ist zumindest eine wichtige Voraussetzung für eine positive Entwicklung im Unternehmen gegeben.

Das jeweilige Unternehmen ist verpflichtet, Hilfen, z. B. Leitlinien, Grundsätze, Richtlinien, zu formulieren, damit die Mitarbeiter eventuelle Abweichungen zwischen gewolltem Soll und gegebenem Ist beobachten können.

Wer will, daß der andere seine Rolle wirksam gestalten kann, muß ihm Regeln geben. Diese Regeln entstammen
- der jeweiligen Unternehmensphilosophie,
- den Unternehmenszielen,
- der aus Philosophie und Ziel erwirkten Vision,
- den Erwartungen der Zielgruppen
- und anderen Einflußbereichen.

Paßt der Mensch in seiner Rolle zu den Anforderungen, so ist eine erfolgreiche Tätigkeit wahrscheinlich. Bei deutlichen Abweichungen ist zu überprüfen, ob Entwicklungspotentiale gegeben sind, die bei realistischer Einschätzung durch Entwicklung, Training oder Ausbildung genutzt werden können. Bei zu großen Abweichungen in zu vielen Bereichen paßt der Mitarbeiter oder die Führungskraft nicht zum Unternehmen, und eine erfolgreiche Zusammenarbeit ist unwahrscheinlich.

Ob die Potentiale eines Menschen in ihrer Ausprägung den Anforderungen und Aufgaben im Unternehmen entsprechen und somit das erfolgreiche Gestalten der Rolle ermöglichen, sollte also idealerweise vor Eintritt in das Unternehmen geprüft werden. Nicht selten fallen Abweichungen erst auf, wenn aufgrund von wiederholten Konflikten nachgeforscht wird.

Maßnahmen zur Ermittlung von Potentialen zur Gestaltung einer Rolle werden bereits vielfach, aber oft nicht besonders glücklich genutzt. Assessment Center (= Begabungspotentialanalysen) dienen dazu, die Potentiale eines Menschen für eine definierte Rolle zu messen.

Es sei schon hier gesagt: Übungen, mit denen nicht firmen- und aufgabenspezifisch sowie anforderungsspezifisch, also rollenspezifisch gemessen werden kann, gehören nicht in eine solche Veranstaltung. Mir ist noch in Erinnerung, wie in einem Assessment Center zur Auswahl eines Dienstleistungsverkäufers eine „Postkorb-Übung" veranstaltet wurde. Gemessen wurde damit, inwieweit der Bewerber Wichtiges von Unwichtigem, Dringendes von später Bearbeitbarem usw. unterscheiden konnte. Mit diesem Maßstab findet man einen verwaltenden Sachbearbeiter, aber keinen potentiellen Spitzenverkäufer.

Selbstredend müssen Auswahlverfahren, egal ob sie als Assessment Center, in Form von Tests, als persönliche Gespräche oder anders gestaltet werden, daran orientiert sein, wie was mit wem in der späteren Aufgabe getan werden soll.

Ansatzpunkte für Coaching

Beim Coaching geht es im persönlichen oder im Gruppenprozeß (Gruppencoaching) darum, Veränderungs- und Selbsterkenntnisprozesse zu ermöglichen, durch Erweiterung der Selbstwahrnehmung das jeweilige Verhalten durchschaubar und veränderbar zu machen.

Neben der primär auf das Rollenverhalten zielenden Arbeit mit dem Mitarbeiter weitet sich die Beratung und Einflußnahme beim Einzelcoaching erfahrungsgemäß auch auf andere Persönlichkeitsbereiche aus. Es ist schwierig, im Coaching eine scharfe Grenze zwischen den einzelnen Rollen und ihrer wechselseitigen Wirkung zu ziehen. Ein qualifizierter Coach wird über die berufliche Rolle hinaus andere Rollen in bezug auf deren Wirkung betrachten. So wirkt er im wörtlichen Sinne persönlichkeitsfördernd, wenn wir uns der Hofstätter-Definition „Persönlichkeit ist der Schnittpunkt von sozialen Rollen" anschließen.

Beim Einzelcoaching arbeiten beide Partner in einer von Vertrauen getragenen Beziehung sowohl an der methodischen Kompetenz im Umgang mit Vertriebsaufgaben als auch an der individuellen Weiterentwicklung, der Kompetenz im Umgang mit sich selbst und anderen.

Beides zusammen versetzt den Gecoachten in die Lage, zunehmend auch komplexere Aufgabenstellungen in eigener Verantwortung und erfolgsorientiert zu bearbeiten und zu lösen. Dabei bezieht der Coach die Potentiale seines Mitarbeiters ein.

Es ist z. B. unsinnig, einem introvertierten Verkäufer zu raten, daß er mehr aus sich herausgehen müßte. So etwas ist für den Introvertierten (normalerweise) nicht machbar.

Während ein verantwortbarer Rat, nach genauer Analyse formuliert, zur Lösung des Problems beiträgt, wird ein Ratschlag ohne vorherige Analyse sozusagen als „Schnellschuß losgelassen".

Weil das so ist, bedient sich auch der Coach seines psychologischen Wissens, aber er läßt in seine Arbeit eher das „Machbare" einfließen.

Zurück also zu unserem Beispiel: Wo setzt die Tätigkeit des Coach z. B. bei einem introvertierten Verkäufer an? Seine Aufgabe ist, herauszufinden, wie der Introvertierte durch Nutzung anderer Fähigkeiten und Fertigkeiten trotzdem zum Erfolg kommen kann.

Ein guter Coach wird also nicht daran arbeiten, Schwächen abzubauen. Wer Schwächen abbaut, wird nicht stark, sondern ist hinterher nur weniger schwach! Der gute Coach wird Stärken aufbauen, z. B. Stärken, die die Introversion unschädlich machen. Manche von uns betreute Außendienstverkäufer litten z. B. früher unter ihrer Introversion, die ihnen die Akquisition unmöglich machte. Vielen war schon damit geholfen, daß jemand anders die Termine für sie vereinbarte. Standen die Termine, war es für die meisten dann kein Problem mehr, den Termin wahrzunehmen. Einer der Verkäufer entwickelte sich zum Produktspezialisten und ließ sich als solcher von seinen Kollegen für die Bearbeitung von Spezialaufgaben „mitnehmen". Andere „beauftragten" ihre Schwiegermutter oder frühere Sekretärin mit der Telefonakquise.

Fähigkeiten des qualifizierten Coach

Es ist für den externen wie für den internen Coach unumgänglich, sich mit der Philosophie auseinanderzusetzen, innerhalb der der Gecoachte seine Rollen gestalten will, genauso wie mit den Zielen, die der Partner erreichen will, und den Zielgruppen, mit denen er arbeiten soll.

Er muß diese Einflußfaktoren kennen, um das Coaching durchführen zu können. Hinzu kommt, daß der Coach die Anforderungen des Umfeldes kennen muß, um an diesen und anderen Bereichen seine Maßnahmen auszurichten. Auch und gerade hier tun sich interne Coaches bzw. Führungskräfte oft schwer, denn oft leiden sie genauso im System wie der zu Coachende.

Ein interner Coach muß Vorbild sein. Dieser Begriff wurde in einem Vorstandsseminar einer Großbank folgendermaßen definiert: „Vorbild ist jene Führungskraft, die mit ihrem Erfolg beim Erreichen von Zielen und ihrem wertebezogenen Verhalten so viel Sog auslöst, daß Mitarbeiter auch so sein möchten."

Daneben braucht der Coach das nötige Einfühlungsvermögen in die „Welten" des Gecoachten und dessen Umfeld sowie Stabilität im Umgang mit Konflikten und die Fähigkeit zum Aushalten der Spannung, die sich zwischen den Anforderungen des Unternehmens, dem eigenen Auftrag und den Erwartungen des Gecoachten ergeben.

Dazu kommt, daß der Coach Zivilcourage und die notwendige Geduld haben muß, da der Prozeß, der durch die Coaching-Maßnahme in Gang gesetzt wird, in vielen Fällen erst mittel- oder sogar erst langfristige Effekte mit sich bringt. Auch das Reflektionsvermögen im Hinblick auf eigene Wertvorstellungen und Vorgehensweisen darf nicht fehlen.

Der externe Coach

Die Hilfestellung eines externen Coach sollte dort in Anspruch genommen werden, wo

- der interne Coach nicht weiterkommt,
- der Gecoachte aufgrund seiner hierarchischen Stellung im Unternehmen keinen adäquaten Gesprächspartner findet,
- abzusehen ist, daß der Coachingprozeß stark in die Privatsphäre des Gecoachten hinreicht,
- das Coaching fachliche, methodische und/oder menschlich-soziale Kompetenzen erfordert, die unternehmensintern nicht verfügbar sind.

Der externe Coach kann aber nur wirksam arbeiten, wenn er

- die Einflußbereiche und Anforderungen des Gecoachten kennt,
- sich in die Philosophie und die Ziele sowie das Umfeld des Gecoachten einzudenken und einzufühlen in der Lage ist,
- die jetzige Gestaltung der Rolle des Gecoachten kennt und einschätzen kann, wie Einstellungen, Fähigkeiten, Fertigkeiten und Wissensbereiche aufeinander wirken,
- die „richtigen" Fragen stellen kann,
- ein breites Sach-, Fach- und Handlungswissen flexibel einsetzen kann,
- sich im Spannungsfeld zwischen Auftraggeber und dem Gecoachten (sofern diese unterschiedlich sind) situationsangemessen bewegen kann.

Nicht zuletzt muß gerade der externe Coach wissen, daß er sich entbehrlich machen muß. Der externe Coach begleitet auf Zeit, nicht auf Lebenszeit! Der Gecoachte darf nicht von seinem Coach abhängig werden. Eine gute Beziehung ist wichtig, eine Bindung schädlich.

Selbstverständnis und Arbeitsweise des Vorgesetzten als Coach

Auch der Vorgesetzte sollte als Coach folgenden Ablauf einhalten:

- Erarbeiten der aus der Unternehmensphilosophie (aus den Werten), den Unternehmenszielen, den Zielgruppen und anderen relevanten Einflußbereichen resultierenden Anforderungen an die Verhaltensweisen und die Arbeit des Mitarbeiters, Erstellen eines Anforderungsprofils mit definierten und damit beobachtbaren Kriterien.
- Analysieren der derzeitigen Situation. Dies beinhaltet Beobachten und Informieren über die Art und Qualität der Aufgabenerfüllung sowie über erkennbare Stärken und Schwächen. Erstellen eines Ist-Profils mit definierten Verhaltensweisen.
- Besprechen der Analyseergebnisse. So erfährt der Mitarbeiter, wie er durch die Brille der Werte, Ziele usw. wahrgenommen wird.
- Diskussion über die Übereinstimmungen und Differenzen im Anforderungs- und Ist-Profil.
- Erarbeiten von Maßnahmen zur Verbesserung oder zur Kompensation der vom Soll abweichenden Kriterien.
- Gestaltung der Maßnahmen mit Feedbackgesprächen, d.h. Veränderungen, aber auch Stillstände aufzeigen.
- Gegebenenfalls Entsendung zu Trainingsmaßnahmen und/oder Hinzuziehung eines externen Coach.
- Entscheidung über den Verbleib des Mitarbeiters in der Position bzw. über

Möglichkeiten, seine Fähigkeiten und Fertigkeiten wirksamer und für das Unternehmen nützlicher einzubringen.

Idealerweise sollten alle diese Schritte mit dem Mitarbeiter gemeinsam gestaltet werden.

Eine weitere Möglichkeit kann überall dort genutzt werden, wo die Unternehmensphilosophie nicht klar ist und die Ziele keine Ableitungen zulassen. Hier wird der Mitarbeiter gebeten, eine Selbsteinschätzung zu erstellen. Der Vorgesetzte erstellt aus seiner Sicht eine Beurteilung. Anschließend werden die beiden Ausarbeitungen im offenen Gespräch verglichen. Aus dem Gespräch resultieren im Idealfall genaue und operational definierte Ziele, die in einen Maßnahmen- und Aktivitätenplan einmünden.

Dieser Plan kann unterschiedlichste Elemente enthalten, z. B.

- die Mitarbeit an internen oder abteilungsübergreifenden Projekten,
- temporäre Aufgabenerweiterung,
- zeitlich begrenzter Arbeitsplatzwechsel,
- gezieltes Literaturstudium,
- Besuch externer Seminare,
- Teilnahme an firmenspezifischen Trainingsmaßnahmen,
- regelmäßige Mentorgespräche,
- Veränderung im Verkaufsgebiet,
- Bearbeitung von nach dem Trainingsbedarf ausgewählten Kunden

Coaching ist ein Prozeß, in dem der Vorgesetzte durch direkte Interventionen und überwachende Aktivitäten seinen Mitarbeitern hilft, ihre Aufgaben qualifiziert zu erledigen, sich weiterzuentwickeln und erfolgreich zu sein.

Coaching soll dazu führen, daß die Mitarbeiter sich in Problemsituationen (besser) zurechtfinden und einen geeigneten Lösungsweg suchen, also besser mit komplexen und problematischen Situationen fertig werden.

Ein Vorgesetzter, der die wichtige und verantwortungsvolle Aufgabe übernommen hat, seine Mitarbeiter zu coachen, sollte immer entwicklungsorientiert denken. Seine Grundhaltung ist, daß Fehler Indizien für Interventionen sind. Er bestimmt den Coachingprozeß also dadurch, daß er ähnlich wie der Mitarbeiter, aber unabhängig von ihm, Informationen über dessen Verhaltensfortschritte sammelt und in regelmäßigen oder unregelmäßigen Gesprächen mit ihm die entsprechenden Beobachtungen und Erkenntnisse auswertet.

Jede Coachingsitzung sollte in eine neue und möglichst konkret gehaltene Vereinbarung einmünden. Eine wesentliche Aufgabe der Führungskraft ist, den Coachingprozeß zu strukturieren, Termine für vereinbarte Aktivitäten festzulegen und erreichte Verhaltensfortschritte positiv zu verstärken. So kann weitgehend verhindert werden, daß eingeleitete Coachingprozesse versickern und seitens der Mitarbeiter zu Frustration und Demotivation führen.

Umsetzungshindernisse und Probleme werden im Gespräch analysiert. Merkt der Vorgesetzte, daß er an die Grenze seiner Möglichkeiten kommt, kann er den Prozeß beenden, Spezialisten hinzuziehen oder andere Möglichkeiten einleiten. Arbeiten Führungskräfte als Coach ihrer Mitarbeiter, müssen sie vorleben, was sie erwarten. Unklare Rückmeldungen, Tricks und Manipulationsversuche in dieser Rolle werden nicht ohne schlimme Folgen bleiben.

Einige Aufgaben, die im Führen enthalten, aber auch im Coaching wichtig sind, sind z. B.

- den Mitarbeiter ständig klar zu informieren, was von ihm erwartet wird,
- dem Mitarbeiter zu sagen, inwieweit er das gesteckte Ziel schon erreicht hat,
- dem Mitarbeiter während definierter Projekte mit Rat und Tat zur Seite zu stehen und ihn zu beraten,
- den Mitarbeiter in regelmäßigen Abständen auf der Grundlage der Werte, des Ziels und den Eindrücken der Zielgruppe zu beurteilen,
- helfendes Feedback (Anerkennung und Kritik) und Rückenstärkung zu geben,
- immer neue Reize, z. B. durch herausfordernde Aufgaben, zu geben,
- dem Mitarbeiter seine Aufstiegs- bzw. Entwicklungsmöglichkeiten aufzuzeigen.

Der Mitarbeiter soll erkennen, daß er mit einem Partner und nicht mit seinem „Chef" redet. Manchmal wird eine Coaching-Sitzung aufgrund eines spezifischen Problems anberaumt, das es durch gezieltes Nachfragen zu konkretisieren und durch Aktivierung von Fähigkeiten und Fertigkeiten zu lösen gilt. Der Mitarbeiter wird zum Nachdenken über seine Situation angeregt und kann seine Gedanken dann in präzise Worte fassen. So können Ursachen und Hemmnisse, die an der Lösung des Problems gehindert haben, abgebaut werden. Der Weg zur Veränderung wird aufgezeigt und eingeleitet.

Die einzelnen Schritte auf diesem Weg der Veränderung werden gemeinsam geplant. Der Mitarbeiter darf sicher sein, daß er auf diesem Weg nicht allein gelassen wird, sondern daß er bei seinem Vorgesetzten an die Rolle des Coach appellieren kann, wenn er bei seiner Entwicklung Hilfe braucht.

Dies setzt voraus, daß der Mitarbeiter den Vorgesetzten als seinen Coach akzeptiert und bereit ist, sich ihm zu öffnen. Der Vorgesetzte muß also die Basis für gegenseitiges Vertrauen legen und Vertrauen aufrechterhalten können.

Dies gelingt nur, wenn der Coach den Mitarbeiter respektiert – unabhängig davon, welche Position er im Unternehmen innehat, wie lange er dem Unternehmen schon angehört, was er vor seinem Eintritt gemacht hat, welche Ausbildung er absolviert hat, wie alt er ist und welchem Geschlecht er angehört. Diese Eigenschaften sind, wenn überhaupt, vor der Übernahme der Coaching-Aufgabe relevant. Nachher dürfen sie den Prozeß nicht mehr beeinflussen.

Der Coach muß absolut diskret mit den ihm anvertrauten Problemen umgehen, auch mit den ihm fast zwangsläufig bekannt werdenden Aspekten des Privatlebens des Mitarbeiters. Er handelt ethisch, zumindest aber moralisch, und versucht nicht, den Mitarbeiter in irgendeiner Art und Weise zu manipulieren. Er legt den Schwerpunkt seiner Arbeit immer auf das Verhalten des Mitarbeiters und dessen Fortschritt.

Maßstäbe für den Coach sind Unternehmenswerte und -ziele, die Aufgabe des Mitarbeiters und die Erwartungen seiner Zielgruppen – nicht eigene oder egoistische persönliche Interessen.

Wenn die Frage nach Coaching entsteht, ist eine freiwillige und selbstmotivierte Entscheidung wichtig. Ein von ganz oben „verordnetes" Coaching, womöglich noch nach dem altbekannten „Unternehmensrezept", wäre für beide Seiten unsinnig. Der Coach und sein Partner wären unter solchen Umständen nicht in der Lage, eine persönliche, partnerschaftliche Beziehung aufzubauen und das gegenseitige Vertrauen und die nötige Akzeptanz zu gewinnen. Auch die wichtige Diskretion von seiten des Coach könnte so nicht mehr gewährleistet werden. Stellungnahmen in Richtung Unternehmensleitung oder Auftraggeber sind, wenn sie überhaupt gegeben werden, mit dem Gecoachten abgestimmt und erfolgen mit dessen Einständnis bzw. auf dessen Wunsch.

Was Coaching ist, und was es nicht ist

Coaching ist:
- Eine Begleitung auf Zeit
- Hilfe zur Selbsthilfe
- Ein kompaktes, umfassendes Maßnahmenbündel zur Hilfe, insbesondere bei beruflichen Aufgaben und Problemen
- Die Summe von Hilfsmaßnahmen bei der Lösung persönlicher komplexer Problemstellungen
- Hilfestellung bei der Ablösung alter und Entwicklung neuer Denkmuster
- Hilfestellung bei der Gestaltung des Wertewandels
- Die Möglichkeit, der Vereinsamung von Führungskräften, Spezialisten, Spitzenverkäufern u. a. entgegenzuwirken
- Gelegenheit bieten zum Erlernen von Techniken für Streßsituationen
- Gelegenheit bieten zum Erlernen kommunikativer, erfolgsfördernder Fähigkeiten
- Ein Prozeß zur Entwicklung der Persönlichkeit und/oder der rollenspezifischen Fähigkeiten und Fertigkeiten oder deren Kompensation

Coaching ist nicht:
- Begleitung auf Lebensdauer
- Eine neue Form der Psychotherapie
- Eine neue Form von Training
- Eine Art von oder Ersatz für Freundschaft
- Eine Arzt-Patienten-Beziehung

- Eine Unterweisung und Belehrung
- Ein Wundermittel
- Ein Lehrer-Schüler-Prozeß
- Eine Chance zur Verlagerung von Problemen auf den Coach

Coaching auf der Basis von Stärken-Schwächen-Profilen

Stärken und Schwächen sind immer nur definierbar im Zusammenhang mit Werten, Zielen und Erwartungen von Zielgruppen.

In einem „innovativen" Unternehmen mag die Fähigkeit des Verkäufers, „kreativ zu denken", eine Stärke sein. Im Verwaltungsbereich, wo es darauf ankommt, genau zu arbeiten, ist die Fähigkeit, „kreativ zu denken" eher eine Schwäche. Dort zeigt sich „innovativ" in der Kenntnis und Nutzung von neuen Vorschriften und Entwicklungen zur Optimierung von Abläufen.

Beim Ziel Neukundengewinnung mag „Aggression" eine Stärke sein; wird Kundenzufriedenheit angestrebt, ist Aggression eine Schwäche.

Erwartet die Zielgruppe Rabatte, ist Kundenorientierung eine Schwäche; will sie individuelle, maßgeschneiderte Einmallösungen, ist Kundenorientierung eine Stärke.

Rolle: z. B. „Verkäufer"

In dieser Rolle erlebe ich folgende Fähigkeiten und Fertigkeiten, die ich aus Sicht der Rolle definiere als

Stärken   Schwächen

bei den aus den Werten resultierenden Anforderungen:

....   ↕   ....
....
....

bei den aus dem Ziel resultierenden Anforderungen:

....   ↕   ....
....
....

bei den von der Zielgruppe gestellten Anforderungen:

....   ↕   ....
....
....

Abb. 1: Selbstdefinition von Stärken und Schwächen (Arbeitsblatt)

Rolle: „Verkäufer"		
Anforderungen aus Werten und Ziel:	Beobachtbar an:	Bemerkungen vorhanden/fehlt Maßnahmen:
aus Wert „Kompetenz" • Fachwissen	gibt richtige Antworten	
• Einsatzbereitschaft	erreicht abgesicherte Ergebnisse	
	kennt Meinungen der Zielgruppen	
aus Ziel „Ertrag" • Deckungsbeitrag	verursacht geringe Kosten	
	verhindert Rabatte	
usw.		

Abb. 2: Anforderungsprofil

Die Aufgabe des Coach besteht darin, die im System bewerteten Stärken noch besser wirksam und die eventuellen Schwächen unschädlich zu machen.

Eine Hilfe hierzu bietet das Arbeitsblatt in Abbildung 1.

Anforderungsprofil

Als weiteres Beispiel für die Arbeit des Coach mit Verkäufern steht das gemeinsam erarbeitete Anforderungsprofil.

Dieses Anforderungsprofil zeigt, wie individuell die aus den Werten und Zielen abgeleiteten Anforderungen und die Beobachtungskriterien sein können.

Mit entsprechenden Maßnahmen werden die notwendigen Fähigkeiten und Fertigkeiten beim Mitarbeiter entwickelt. Wo dies nicht möglich ist, wird im Coaching darüber zu sprechen sein, welche Verwendung der Mitarbeiter im Unternehmen finden kann oder wie eine Trennung zu gestalten ist.

Feedback

Wenn der Coach Feedback gibt, teilt er mit, wie er Verhalten durch die Brille der Werte, der Ziele und der Erwartungen der Zielgruppen wahrnimmt und erlebt. Er ist quasi der Spiegel für den anderen. Der Coach zeigt dem Partner die Seiten seiner Person, die dieser selbst nicht sehen oder wahrnehmen kann.

Feedback
• Formuliert das Fremdbild und erweitert die Selbstwahrnehmung.

- Besteht aus Anerkennung und Kritik oder Lob und Tadel.
- Klärt die Beziehung.
- Ermöglicht Veränderungen.

Das Geben und Nehmen von Feedback unterliegt bestimmten Regeln, welche die Führungskraft und erst recht der Coach kennen und exzellent beherrschen sollte.

Feedback geben

- *Hier und jetzt:* Je dichter das Feedback im Anschluß an bestimmte Handlungen gegeben wird, desto wirkungsvoller ist es. Durch die nahe Verbindung zum Ereignis ist eine bessere Verarbeitung von Feedback möglich.
- *Direkt:* Feedback geht direkt an den Handelnden, über Dritte wird es leicht zur üblen Nachrede oder zu Klatsch.
- *„Ich" statt „man" oder „du":* Ich-Aussagen sind sachlicher, greifen weniger an und haben positivere Auswirkung auf den Empfänger als Du-Botschaften oder die Man-Form.
- *Sachlich:* Beobachtetes Verhalten, das sachlich und konkret in seinen Einzelheiten beschrieben wird, verhindert den Drang, sich zu rechtfertigen.
- *Wohlmeinend:* Der Coach will mit Feedback helfen, zur Entwicklung beitragen, nicht bestrafen.
- *Positiv und negativ:* Der erfahrene Coach formuliert je nach Situation positives (Anerkennung) oder negatives (Kritik) Feedback. Nur bei Beurteilungen (zusammengefaßte Rückmeldung, einen bestimmten Zeitraum betreffend) nennt er beide Bereiche.
- *Sinnvoll:* Veränderbares wird thematisiert. Feedback sollte sich auf Verhaltensweisen beziehen, die der Empfänger verändern kann, nur dann ist es sinnvoll. Es wird nur soviel formuliert, wie der Empfänger im Moment aufnehmen kann.
- *Einfühlsam:* Empathisches (einfühlendes) Feedback ist dem Empfänger von Nutzen, weil es ihm hilft, seine Wirkung auf andere besser zu verstehen.
- *Nicht zwingend:* Feedback ist keine pädagogische Zwangsmaßnahme. Der Empfänger entscheidet, ob er sich auf der Basis der neuen Information ändern möchte oder nicht.
- *Nicht abwertend:* Feedback kann dem Empfänger das Gefühl von Unterlegenheit vermitteln. Deshalb Vorsicht mit „autoritären" Werkzeugen wie Lob und Tadel. Der Coach vermeidet beim anderen das Gefühl, daß er ihm überlegen ist und gern „diese Lektion erteilt". Er sagt dem Partner vielmehr, welche persönlichen Ziele er mit dem Feedback erreichen will.

Inhalte und Reihenfolge der Feedbackschritte

Wichtig beim Geben von Feedback sind der Inhalt und die Reihenfolge:

- Die genaue Beschreibung des beobachteten Verhaltens
- Die daraus entstandene Folgerung, das entstandene Gefühl, die zu klärende Frage
- Mögliche oder tatsächliche Folgen

Schritt eins und zwei werden als Anerkennung bzw. Kritik, Schritt zwei ohne Schritt eins als Lob oder Tadel definiert.

Beispiel für Feedback:

1. „Sie kommen seit einigen Tagen später als vereinbart ins Büro." (Beschreibung)
2. „Mir ist nicht sehr wohl dabei." (Eigenes Gefühl)
3. „Denn ich befürchte, daß Ihr Telefon

zu lange unbesetzt ist und Kunden ver- geblich anrufen." (Konsequenz)

Feedback empfangen

Auch für das Empfangen von Feedback gibt es wichtige Regeln, die der Coach seinem Partner vermittelt.

Wer mehr über sich selbst weiß, wird weniger angreifbar. Deshalb ist es günstig, Feedback als Meinung anderer nicht nur anzunehmen, sondern sogar zu erbitten.

Der Feedbackempfänger sagt dem Partner, über welche Einzelheiten seines Verhaltens er gern seine Reaktion hören möchte.

Der Feedbackgeber versucht, durch Verbalisieren, Interpretieren oder Hinter- fragen sicherzustellen, daß sein Feedback vom anderen richtig verstanden wurde.

In den meisten Fällen ist es gut, über die Bedeutung eines Feedback länger nachzudenken und sich nicht sofort zu verteidigen, besonders dann, wenn man eine starke gefühlsmäßige Betroffenheit bei sich selbst feststellen kann.

Vorschnelle „Lippenbekenntnisse", Aggression oder Flucht helfen nicht dabei, Lernprozesse auszulösen und leidvolle Erfahrungen zu verhindern.

Auch der Feedbackgeber erwartet eine Rückmeldung. Er sollte wissen, ob sein Feedback hilfreich war und wie sich der Empfänger jetzt ihm gegenüber fühlt.

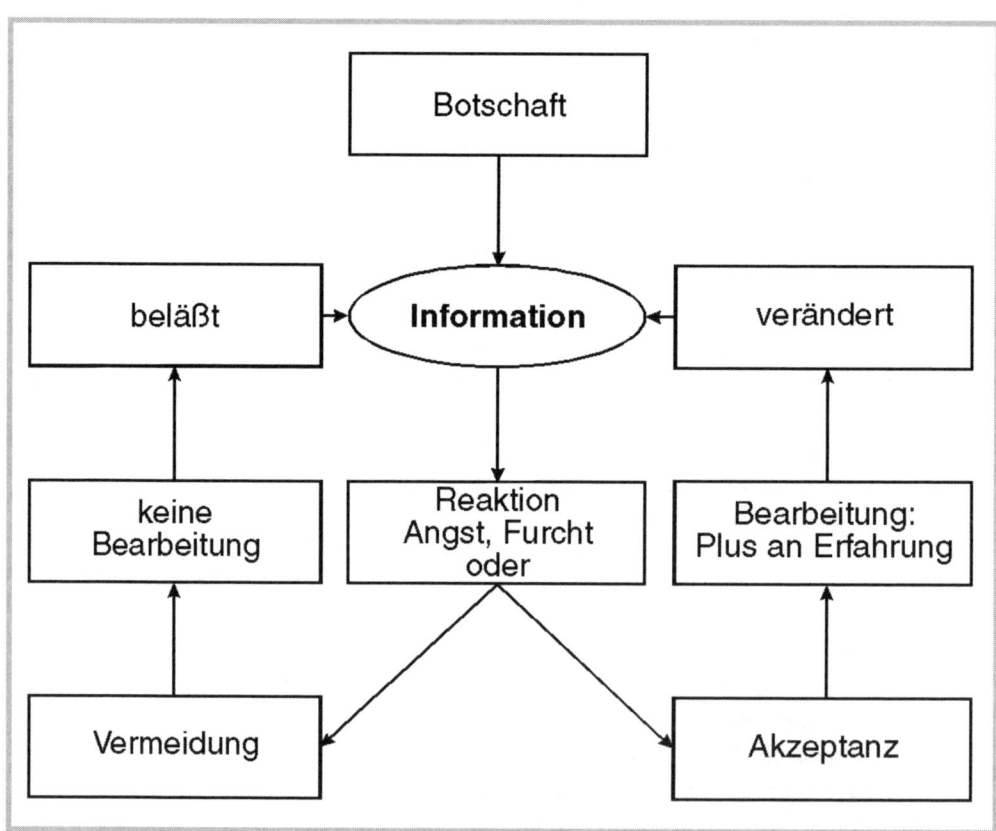

Abb. 3: Umgang mit Feedback/Information/Konflikt

Der Umgang mit Konflikten

Wer Feedback empfängt, erfährt meist etwas Neues über sich, das er, je nach seiner Fähigkeit zur Selbstkritik, verarbeitet.

Stimmt der Inhalt des Feedback nicht mit dem vorhandenen Selbstbild überein, kann es zu folgenden Reaktionen kommen:

- Ignorieren, Vergessen, Verdrängen
- Die Wichtigkeit des Feedback wird abgewertet.
- Der Coach wird abgelehnt.
- Das Feedback wird als unrichtig abgelehnt.

Ein verantwortungsbewußter Coach registriert also die Reaktionen seines Mitarbeiters oder erfragt diese. Nur so kann er eine positive Beziehung halten und Fortschritte initiieren.

6.3 Modernes Vertriebscontrolling mit Kennzahlensystemen

Ekkehard Zahn

(Informationen zum Autor s. Kap. 6.4)

Anforderungen an ein Kennzahlensystem

Verkaufsstatistiken nach den verschiedensten Kriterien sind seit langem bekannt. Sie beruhen auf den Auswertungen der Fakturierung bzw. des Auftragseingangs. Sobald Daten aus der Kostenrechnung oder aus dem Verkaufsbereich (Außendienst-Berichtswesen) hinzukommen, spricht man von weiteren Ausbaustufen des Marketinginformationssystems.

Wenn sich solche Informationen schließlich zu Datenbanken durch Hinzufügung externer Markt- und Konkurrenzdaten erweitern, ist die Endausbaustufe eines Marketinginformationssystems (MIS) erreicht.

Für die Praxis des Vertriebscontrolling ist diese Datenfülle wenig nutzbringend. Das Management benötigt vielmehr ein Kennzahlensystem, das schnell über wesentliche Daten aus dem Markt informiert. Dabei liegt die Betonung auf dem Wort „System". Einzelne Verhältniszahlen sind nicht aussagekräftig; isoliert betrachtet können sie sogar zu Fehlinterpretationen führen.

An ein Kennzahlensystem im Vertrieb sind deshalb folgende Anforderungen zu stellen:
- Es muß hierarchisch aufgebaut sein, d. h. die Zusammenhänge zwischen Einzelzahlen und Gesamtkennzahlen aufzeigen und dadurch zur Koordination von Einzelentscheidungen beitragen.
- Es muß entscheidungsorientiert sein, d.h. ausgerichtet auf die vom Vertrieb angestrebten Ziele und Entscheidungen.
- Es muß aktuell sein, d.h., die Kennzahlen sollen aus dem laufenden Geschäft stammen.
- Die Kennzahlen müssen nicht nur den finanziellen Rahmen wiedergeben, sondern auch aus dem sogenannten nichtfinanziellen Bereich der Unternehmung bzw. des Marktes abgeleitet sein.

Das bekannteste Kennzahlensystem, das in der Marketingpraxis in verschiedensten Formen zur Anwendung kommt, ist das DuPont-System bzw. das Kennzahlensystem des Zentralverbandes der Elektrotechnischen Industrie e. V. (ZVEI-Kennzahlensystem).

Beide Systeme bauen auf Kapital-Rentabilitätsgrößen als Spitzenkennzahlen auf, wie etwa der ROI (Return of Investment) bzw. die Eigenkapitalrentabilität.

Für die Bereiche Marketing und Vertrieb sind beide Systeme nur bedingt verwendbar, weil Basisinformationen über Preise, Außendienst und Kundensegmente zuwenig Berücksichtigung finden.

Ein absatzpolitisches Kennzahlensystem muß vielmehr auf der Deckungsbeitragsrechnung aufbauen und folgende Größen im Auge haben:
- Brutto-Umsatz
- Erlösschmälerungen (Rabatte, Boni, Vertreterprovisionen)

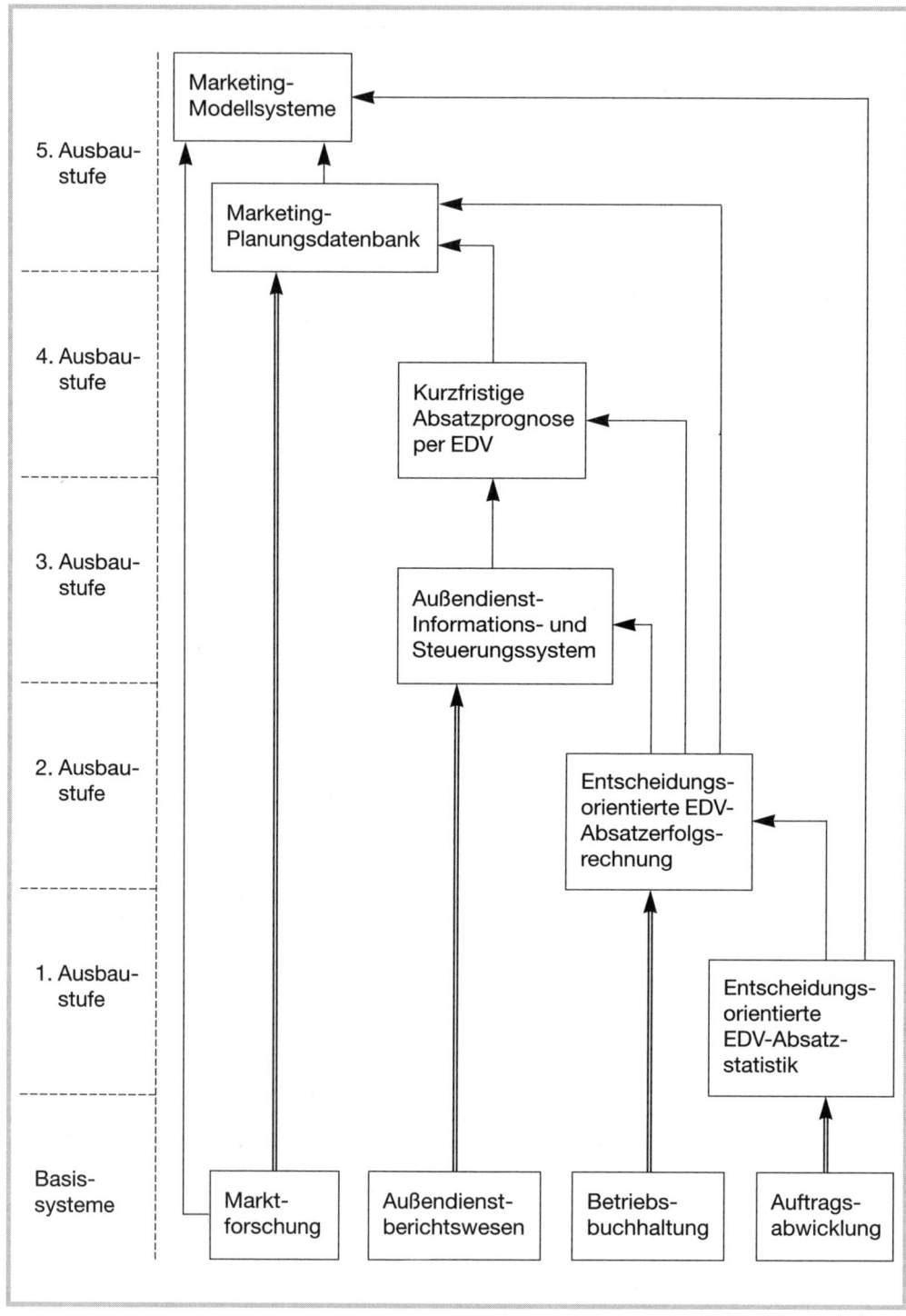

Abb. 1: Ausbaustufen eines Marketing-Informations-Systems (MIS)

- Netto-Umsatz
- Wareneinstandskosten bzw. Herstellkosten
- Deckungsbeitrag I
- Verkaufskosten (Außendienst, Innendienst)
- Marketingkosten (Werbung, Verkaufsförderung, PR)
- Logistikkosten (Lager, Versand)

Der Gedanke, der den genannten Kennzahlensystemen zugrunde liegt, kann übernommen und für ein Vertriebscontrollingsystem weiterentwickelt werden.

Welche Kennzahlen werden in Vertrieb und Marketing verwendet?

Strukturelemente
Zu unterscheiden sind (s. Abb. 2):
- Wachstumsgrößen: z. B. Marktanteil, Auftragseingang/Umsatz, Deckungsbeiträge, Kapazitäten
- Strukturgrößen: z. B. Umsatzstruktur, Preis und DB, Kosten, Lager, Forderungen

- Beziehungsgrößen: z. B. Sortimentsabhängigkeiten, Preisbildung und Vertriebswege, Werbeeinfluß, Akquisition und Auftragsabwicklung einschließlich Logistik

Auswertungen aus dem Managementinformationssystem (MIS) als Basis für die Kennzahlenbildung
Als Quellen für die Kennzahlenbildung kommen interne und externe Informationen in Frage.

Die folgenden Strukturbilder veranschaulichen den Systemaufbau beispielhaft.
- Gliederung von Auftragseingang und Umsatz (s. Abb. 3)
- Erweiterung Absatz/Umsatz um Herstell-/Wareneinstandskosten (= Deckungsbeitragsrechnung) sowie Außendienstinformationen (s. Abb. 4)
- Systemaufbau PC-gestütztes VIS (= Vertriebsinformationssystem) (s. Abb. 5)
- Zugriff auf externe Daten (Beispiel Firma Henkel) (s. Abb. 6)

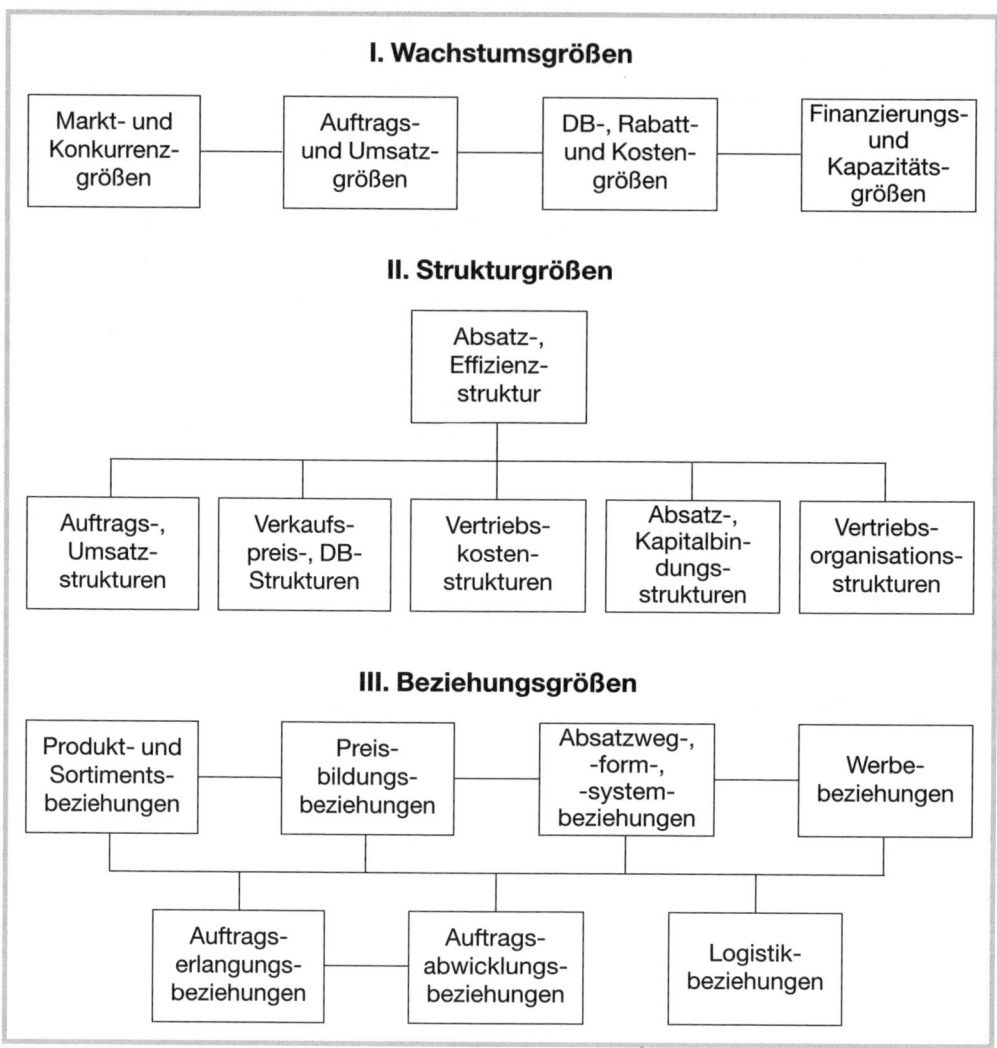

Abb. 2: Kennzahlenstrukturen im Vertriebsbereich

Periode			
Stunde Tag	Woche Monat	Quartal Jahr usw.	Besondere Anlässe Saison

Umsatzleistungen • Dienstleistungsmerkmale • Produktmerkmale • Marke • Produktgruppe • Produktvariante usw.	Absatzmethode		Absatzbereich	
	Akquisit. Distribution	Physische Distribution (Logistik)	Geograph. Bereich • Land • Bezirk • Stadt usw.	Verantw. Bereich • Gesamt unter- nehmen • Division • Region

Menge / Rang
 	
• Auftrags-
größe   • Liefer-
          rhythmus
• Rang des   – täglich
  Auftrags   – nach Bedarf
          – gelegentlich
usw.   usw.
	Ab-
	satz-
	system
	• Filialen
	• Ver-
	  trags
	  handel
		Ab-
		satz-
		form
		• Reisen-
		  de
		• Vertre-
		  ter
		  usw.
			Trans-
			port-
			weg
			• Bahn
			• LKW
			  usw.
				Trans-
				port-
				ziel
				• Lager-
				  haus
				• Laden	

Konditionen		
Preise, Skonti, Rabatte	Zahlungsbedingungen	Lieferbedingungen

Kundenarten		
Konsumenten	Handel, Gewerbe	Produzenten

Abb. 3: Absatz-/Umsatz-Gliederung

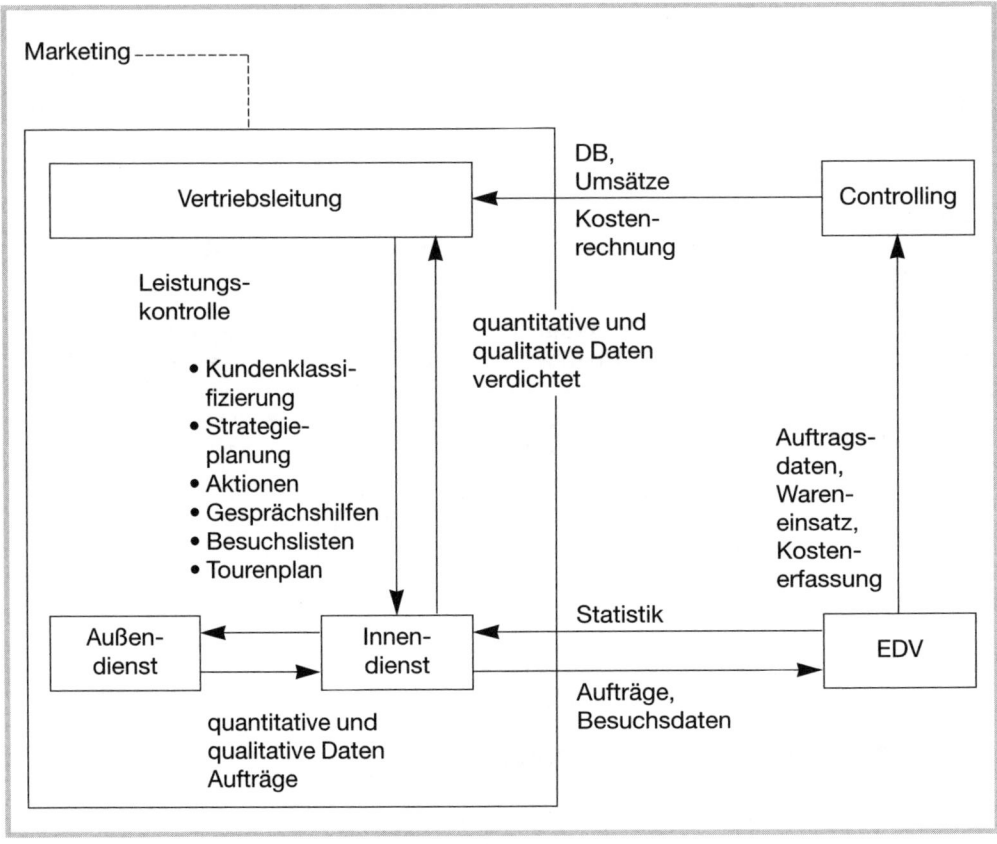

Abb. 4: Absatz/Umsatz – Kosten/Außendienst

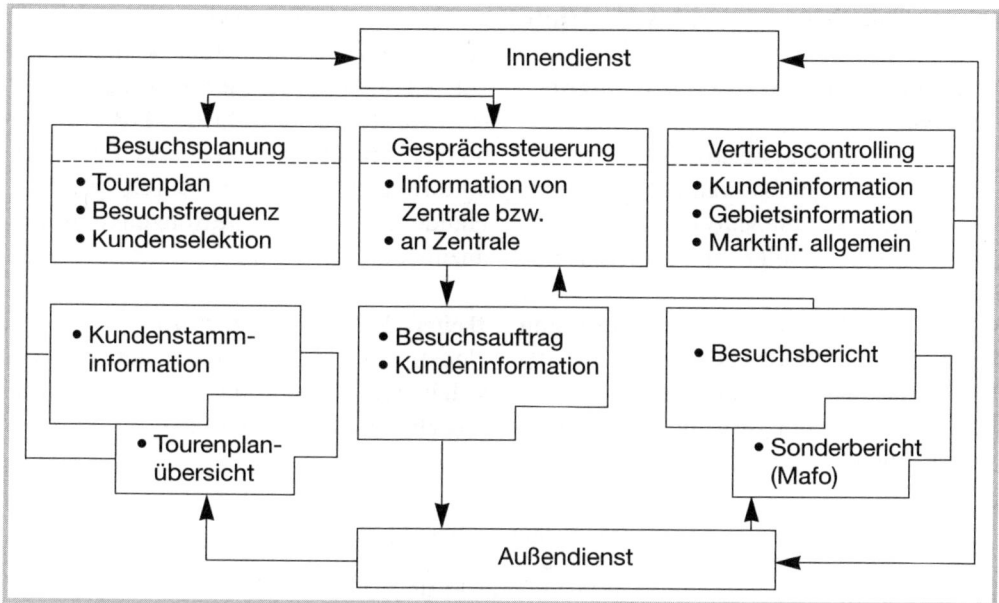

Abb. 5: Informationen im Vertriebsteam

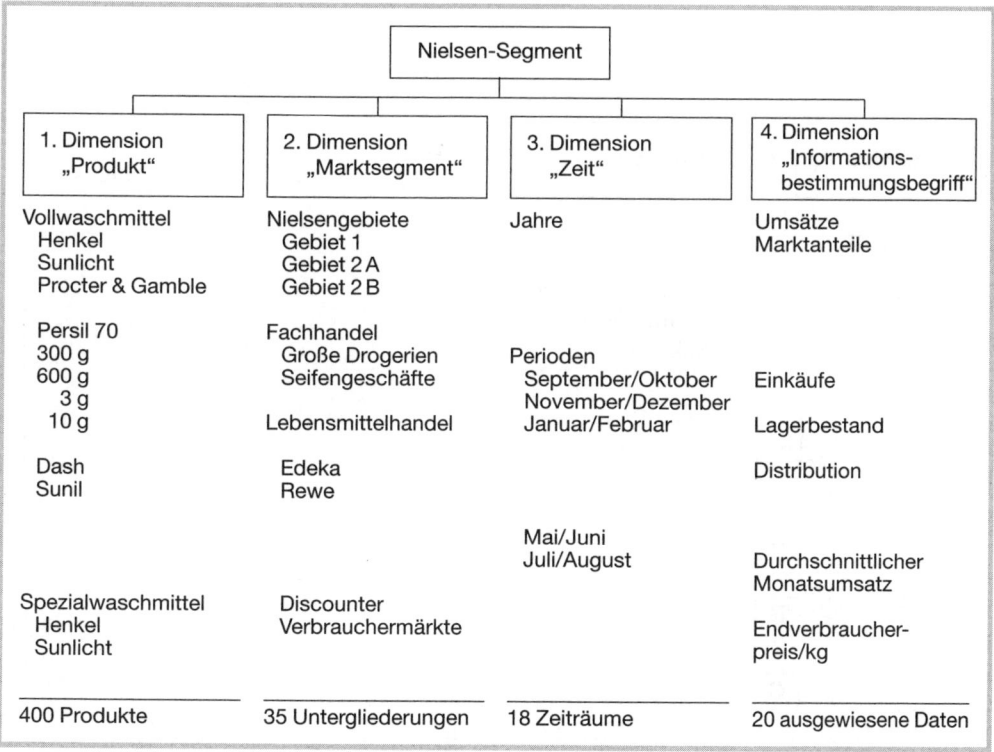

Abb. 6: Marktforschungsdaten Firma Henkel & Cie GmbH

419

Das Kennzahlensystem im Vertrieb

Marketingergebnis (DB II) als Spitzenkennzahl

Als Teilbereich der Umsatzrentabilität des Gesamtunternehmens kann eine Kennzahlenhierarchie im Marketing- und Vertriebsbereich wie folgt gebildet werden (s. Abb. 7).

Der DB II in der hier dargestellten Form kann als Spitzenkennzahl für den Marketing- und Vertriebsbereich fungieren, ähnlich wie der ROI für das Gesamtunternehmen.

Die Ableitung einzelner Kennzahlen aus diesem Gesamtsystem ist individuell von jedem Unternehmen zu lösen.

Im Mittelpunkt steht der DB I; geeignete Kennzahlen bilden den weiteren Orientierungsrahmen, um durch gezieltes Handeln den DB II (die Spitzenkennzahl) anzuheben (s. Abb. 8).

Weitere Vertriebskennzahlen

Neben dem allgemeinen Schema haben sich in der Praxis für das Vertriebscontrolling als Kennzahlen bewährt:

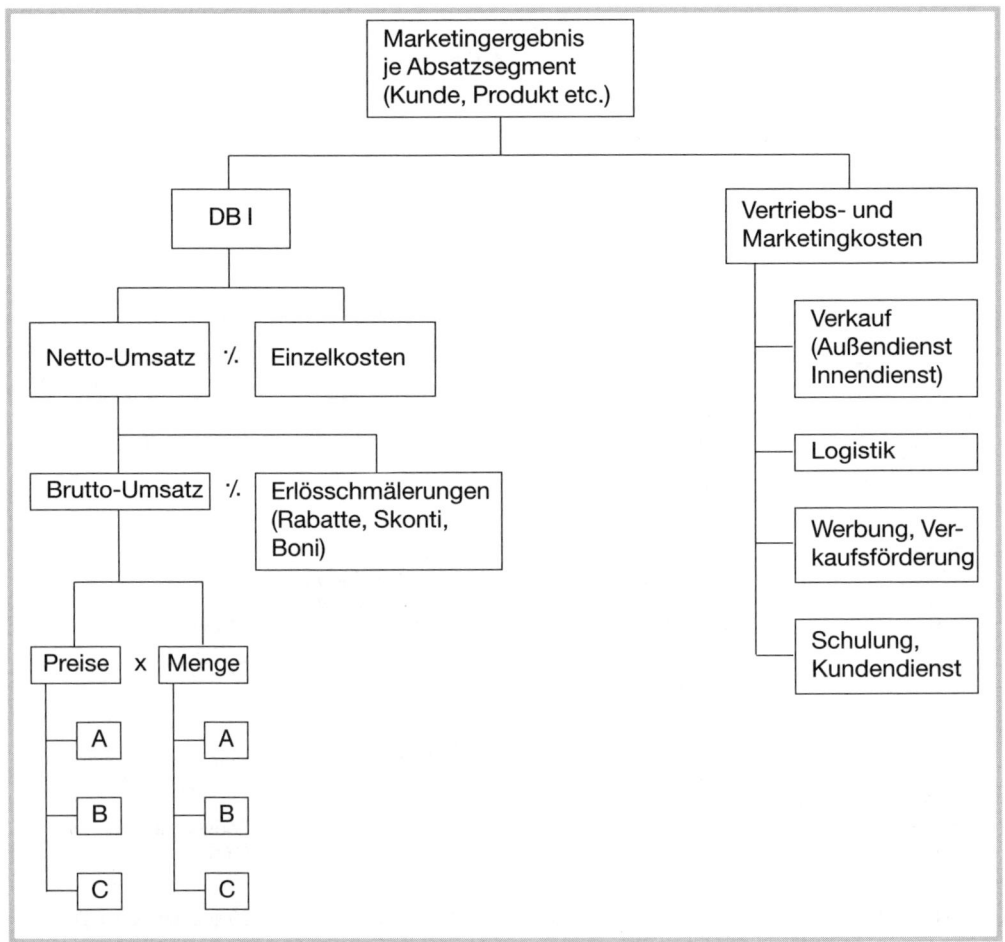

Abb. 7: DB II als Spitzenkennzahl

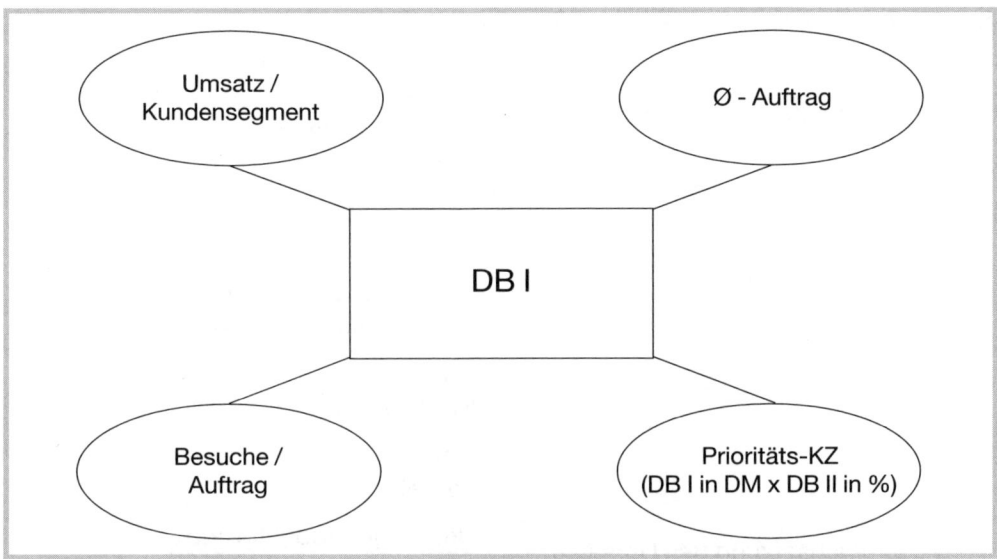

Abb. 8: DB I und Schlüsselkennzahlen (Beispiel)

Auftragskontrollzahlen

Abb. 9: Auftragskontrollzahlen

421

Kennzahlen zur Umsatzgröße bzw. DB

• Umsatzvergleiche	$= \dfrac{\text{Umsatz}}{\text{Auftragsbestand}}$
	$= \dfrac{\text{Umsatz}}{\text{Lagerbestand}}$
• Pro-Kopf-Ziffern	$= \dfrac{\text{Umsatz}}{\text{durchschnittlich Beschäftigte (Angestellte, Verkaufspersonal)}}$
	$= \dfrac{\text{Umsatz}}{\text{Kundenzahl}}$
	$= \dfrac{\text{Umsatz}}{\text{Vertreter}}$
• Zusammensetzung des Umsatzes	$= \dfrac{\text{Umsatz je Produktgruppe}}{\text{Gesamtumsatz}}$
	$= \dfrac{\text{Umsatz Lagerware}}{\text{Gesamtumsatz}}$
	$= \dfrac{\text{Umsatz Streckengeschäft}}{\text{Gesamtumsatz}}$
• Umsatz je Verkaufsgebiet	$= \dfrac{\text{Bezirksumsatz}}{\text{Inlandsumsatz}}$
	$= \dfrac{\text{Bezirksumsatz}}{\text{Gesamtumsatz}}$
• Umsatzentwicklung	$= \dfrac{\text{Umsatz in der Berichtsperiode}}{\text{Umsatz in der Basisperiode}}$
• Umsatzintensität	$= \dfrac{\text{Umsatz}}{\text{Verkaufstage}}$
	$= \dfrac{\text{Umsatz}}{\text{Verkäuferanzahl}}$
	$= \dfrac{\text{Umsatz}}{\text{Verkaufsfläche}}$
• Umsatz je Auftragsgröße (-klasse)	$= \dfrac{\text{Umsatz}}{\text{Auftragsanzahl}}$

Abb. 10: Kennzahlen zur Umsatzgröße bzw. DB

Anmerkung: Die Umsatzkennzahlen lassen sich analog auf den DB I übertragen.

Preise, Rabatte, Kosten

- Nachlässe $= \dfrac{\text{Preisnachlässe}}{\text{Brutto-Umsatz bzw. Netto-Umsatz}}$

  $= \dfrac{\text{Wiederverkaufsrabatte}}{\text{Gesamtnachlässe}}$
  (evtl. einschl. WKZ)

- Rücklieferungen / Reklamationen $= \dfrac{\text{Verkaufswert d. Rücklieferungen}}{\text{Warenausgang}}$

  $= \dfrac{\text{Rücklieferung wegen Mängelrüge}}{\text{Gesamte Rücklieferungen}}$

- Vertriebs- und Marketingkosten $= \dfrac{\text{Außendienstkosten}}{\text{Umsatz}}$

  $= \dfrac{\text{Auftragsabwicklungskosten}}{\text{Umsatz}}$

  $= \dfrac{\text{Logistikkosten}}{\text{Umsatz}}$

  $= \dfrac{\text{Werbekosten}}{\text{Umsatz}}$

  $= \dfrac{\text{Werbekosten}}{\text{Gesamtkosten}}$

Abb. 11: Preise, Rabatte, Kosten

Außendienstkennzahlen

• Basisdaten	= Zahl der Kunden (Ist, potentielle) (nach Umsatz- und DB-Klassen) • davon Neukunden
	= Umsatz / DB I • nach Topkunden • nach Kundensegmenten
	= Anzahl Angebote, Aufträge
	= Rabatte, Rücklieferungen
	= Reisetage, Besuche, km
	= Promotionkosten
• Kennzahlen	= %-Verteilung, Vertriebskanäle
	= Gebietsausschöpfung (numerisch/gewichtet)
	= Auftragskennzahlen
	= % Kundenverteilung (Top-, A-, B-, C-Kunden)
	= Preise, Konditionen, Serviceaufwand
	= AD-Kennzahlen i. e. Sinne (Besuche/Kunde, km/Besuch, Angebotserfolg, Kosten/Besuch, Zielerreichung etc.)

Abb. 12: Außendienstkennzahlen

Frühwarnsysteme

Neben der Information erfüllen Kennzahlensysteme auch eine Frühwarnfunktion. Darüber hinaus können sie für den zwischenbetrieblichen Vergleich herangezogen werden (Benchmarking).

Beispiel für Frühwarn-Indikatoren:

Indikator	Ausdruck	Aussage
Auftragseingangs-quote	Auftragseingang / Umsatz	kleiner als 1 = Schrumpfung des Geschäftsumfangs
Markterschließungs-grad	Anfragen (Angebote) / Aufträge	Anfragen-/Angebots-Erfolgsqoten
Marktanteil	Eigener Umsatz / Branchenumsatz	Marktstellung
Kalkulationsab-weichungen	Vorkalkulationswerte / Nachkalkulationswerte	kleiner als 1 = Verluste größer als 1 = Unternehmen rechnet sich aus dem Markt
Preiselastizität	Proz. Absatzänderung / Proz. Preisänderung	Entscheidung über Preispolitik
Termintreue	Tage Lieferverzögerung aller Aufträge	Terminliche Zuverlässigkeit = wichtiges Qualitätsmerkmal
Werbeerfolgsquote	Werbeaufwand x 100 / dadurch erzielte Ums.-Steig.	Entscheidung über Art und Menge des Werbeaufwandes
Werbeelastizität	Proz. Umsatzänderung / Proz. Werbeaufwandsändg.	Entscheidung über Werbepolitik
Vertriebserfolgs-quote	Vertriebskosten x 100 / Umsatz	Effizienz des Vertriebsapparates
Umschlagshäufigkeit	Umsatz / Durchschnittsbestand	Ergiebigkeit des in Halb- und Fertigerzeugnissen gebundenen Kapit.
Reichweite	Durchschnittsbestand x 365 / Jahresumsatz	Zuverlässigkeit der Kundenbelieferung, aber auch Lagerhüter

Abb. 13: Frühwarnsystem im Absatzbereich

Einführung von Kennzahlensystemen

Bei der Einführung von Kennzahlensystemen für Zwecke des Vertriebscontrolling sind folgende Schritte sinnvoll:
- Phase 1: Zielsetzung
  – Vertriebsziele und wichtige Erfolgsfaktoren
  – strategische Ausrichtung
- Phase 2: Ist-Analyse
  – Welche Zahlen sind bereits vorhanden (interne und externe)?
  – Welche können mit welchem Aufwand beschafft werden?
  – Beurteilung des vorhandenen Informationssystems
- Phase 3: Systemaufbau
  – Kennzahlenauswahl
  – Kennzahlenhierarchie

Informationsverknüpfungen

• Phase 4: Organisation
  – Wer erhält welche Informationen?
  – Auswertung und Kommentierung
  – Umsetzung, Folgemaßnahmen (Szenarien, Follow-up)

Fallbeispiele

Fall 1: Verbrauchsgüterindustrie: Allgemeines Vertriebscontrolling

Der Verkaufsleiter einer Verbrauchsgüterfirma stützt sich neben einer Topkundenliste auf zehn Schlüsselkennzahlen im Vertrieb (s. Abb. 14).

Von besonderem Interesse sind:

• Vertriebskosten in % v. Umsatz
• Gebietsausschöpfung in den Verkaufsbereichen
• Umwandlung Angebote in Aufträge
• Außendienstfluktuation

Fall 2: Gebrauchsgüter: Kennzahlen im Außendienst

Aufgrund von verdichteten Statistiken bildet ein Unternehmen fünf Felder, um die Tätigkeit des VAD zu bewerten und zu steuern (s. Abb. 15).

Zehn Schlüsselkennzahlen zur Beurteilung der Vertriebseffizienz

Zehn Schlüsselkennzahlen	Erläuterungen/Beurteilung/Prognose
❶ $\frac{\text{Umsatz}}{\text{Vertriebskosten}}$	Gesamttrend? Trend bei Vertriebskostenarten?
❷ $\frac{\text{Umsatz}}{\text{Verkaufsbezirke}}$	Extremwerte? Regionale Unterschiede? Nord-Süd-Gefälle?
❸ $\frac{\text{Kundenzahl}}{\text{Mitarbeiterzahl}}$	Trend? Differenzierung nach A-, B- und C-Kunden?
❹ $\frac{\text{Kundenbesuche}}{\text{Mitarbeiterzahl}}$	Trend? Differenzierung nach Wachstums-, Stagnations- und Abschlußkunden?
❺ Zahl der Besucher pro Mitarbeiter/Tag	Trend? Verkaufsbezirke vergrößern/verkleinern?
❻ $\frac{\text{Verkaufszeit pro Mitarbeiter}}{\text{Ges.-Arbeitszeit pro Mitarb.}}$	Trend? Neue Akquisitionswege? Direktwerbung? Telefonverkauf?
❼ $\frac{\text{Zahl der Besuche}}{\text{Zahl der Aufträge}}$	Trend? Reorganisation d. Außendienststeuerung? PC-Einsatz?
❽ $\frac{\text{Zahl der Angebote}}{\text{Zahl der Aufträge}}$	Trend? Mehr Richtangebote? Weniger Festpreisangebote?
❾ $\frac{\text{Zahl der Lieferungen}}{\text{Zahl der Reklamationen}}$	Trend? Fehlerquellen? Reklamationsursachen? Vorbeugemaßnahmen?
❿ Fluktuationsrate im Außendienst/Innendienst	Trend? Führungsprobleme? Ausbildungsdefizit? Incentives?

Abb. 14: Vertriebscontrolling (Graumann, München 1996)

Abb. 15: Vertriebsführung mit Kennzahlen

Die Hauptkennzahlen zu den Feldern 1 und 2 werden z. B. monatlich, zu den Feldern 3 und 4 vierteljährlich ermittelt, ebenso die Spitzenkennzahl im Feld 5.

Fall 3: Lebensmittel-Einzelhandel: Kennzahlen im Außendienst
Folgende Basisdaten und Kennzahlen werden je Bezirk erhoben (s. Abb. 16).

427

Basisdaten	Reisende		Bezirk
	A je Periode	B je Periode	Ø
1. Gesamt-Umsatz TDM	5.100	1.700	3.600
2. Ums.-Anteil am Bezirk	29,5 %	9,8 %	20 %
3. Zahl der Aufträge	780	560	510
4. Zahl der Kunden	237	220	175
5. Zahl der Besuche (eff.)	1.120	920	898
6. Gefahrene km	29.300	28.200	28.040
7. Direkte Kosten (Eink., Kfz., Spesen, Telefon usw.)	79.800	54.600	70.560
8. Zahl der Reisetage	215	202	205
Kennzahlen			
9. Besuche/Reisetag	5,2	4,6	4,4
10. Besuche/Auftrag	1,4	1,6	1,8
11. Besuche/Kunde	4,7	4,2	5,1
12. Umsatz/Besuch	4.554	1.848	3.853
13. Umsatz/Auftrag	6.538	3.036	6.784
14. Umsatz/Kunde	21.518	7.727	19.771
15. Umsatz/100 km	17.406	6.028	12.340
16. Aufträge/Kunde	3,3	2,5	2,9
17. km/Besuche	26,2	30,7	31,2
18. km/Reisetag	136,3	139,6	136,6
19. km/Kunde	123	128	160
20. Kosten in % v. Umsatz	1,56	3,21	2,04
21. Kosten/Besuch	71,–	59,–	78,–
22. Kosten/Auftrag	102,–	97,–	138,–
23. Kosten/Kunde	336,–	248,–	403,–
24. Marktausschöpfung in %	16	7	14

Abb. 16: LEH-Kennzahlen im Außendienst

Anmerkungen:
- Fleiß und Zeitmanagement sind unauffällig (vgl. KZ 9 – 11 bzw. 18, 19),
- dagegen sind der Gesamtumsatz sowie dementsprechend die Kostenstruktur extrem abweichend. B besucht zu kleine Kunden oder schöpft diese nicht wie A aus (KZ 12 – 14)!

Fall 4: Investitionsgüter: Prozeßabläufe im Innendienst

Vorher:

- Wenig Kundenselektion
- Hohe Anfragenzahl (Lopez-Effekt)
- Überlastung im Innendienst wegen hohem Aufwand je Angebot
- Wenig Zeit für aktive Verkaufsarbeit
- Mehr als 15 % Überstunden
- Keine individuellen Angebote
- Trefferquote 4 : 1
- Keine Anfragenqualifizierung
- Keine Prämie im Innendienst

Nachher:

- Exakte Kundensegmentierung
- Direct-Mail und Telefonmarketing-Aktionen
- Anfragenqualifizierung
- Trennung von Standard- und Spezialangeboten
- Individuelle Kundenangebote
- Trefferquote 3 : 1
- Weniger Kalkulationen (./. 33 %)
- Prämie an Innendienst
- Veränderung Innendienstkosten von 4,5 auf 3,7 % vom Umsatz

Untersuchungen:

- Kundenanzahl je Innendienstmitarbeiter
- Anfragen, Angebote, Aufträge je Mitarbeiter
- Anzahl Kalkulationen
- Trefferquote Angebote
- Durchschnittlicher Umsatz je Auftrag
- Prozeßablauf Anfragenbearbeitung
- Zeitaufwand Angebote und Kalkulationen
- Standard-/Spezialangebote

Zahlen im Vergleich

		Vorher	Nachher
Kosten vom Umsatz		4,5 %	3,7 %
Anzahl ID-Mitarbeiter		10	10
Anzahl Kunden	St.	150	180
Anzahl Aufträge	St.	500	575
Anzahl Anfragen (nach Qualifizierung)	St.	2.100	2.200 1.700
Anzahl Angebote	St.	2.000	1.700
Anzahl Kalkulationen	St.	3.000	2.000
Durchschnittlicher Umsatz je Kunde	TDM	135	150
Durchschnittlicher Umsatz je Auftrag	TDM	40	47
Anfragen je Mitarbeiter	St.	210	220 /170
Angebote je Mitarbeiter	St.	220	170
Aufträge je Mitarbeiter	St.	50	57
Trefferquote		4 : 1	3 : 1

Fall 5: Baustoffindustrie – Kundenzufriedenheit

Der interne Soll-Ist-Vergleich wichtiger Vertriebskennzahlen brachte folgende Ergebnisse (s. Abb. 17).

Eine Kundenbefragung ergab folgendes Profil (s. Abb. 18).

Aufgrund dieser Resultate werden folgende Benchmarks von der Geschäftsleitung gemeinsam mit dem Vertrieb vereinbart (s. Abb. 19).

429

Interne Kennzahlen	Ist	Soll
• Ausschußquote	3 %	0,5 %
• Termintreue	80 – 90 %	95 %
• Zurückweisung von Liefermengen	5 – 15 %	< 5 %
• Reklamationen	3 %	1,5 %
• Kulanzfälle	–	1 %
• Angebotsbearbeitung	10 – 25 Tage	7 – 14 Tage
• Auftragsdurchlaufzeit	3 Wochen	2 Wochen
• Durchschnittliche Lieferzeit	4 Wochen	20 Tage
• Kundenbetreuung	Ø 5 – 15 x / Jahr	individuell
• Frühwarnsystem	nicht eindeutig	100 %
• Kundendienst	2 – 3 Tage	24 Stunden
• Kundenfluktuation	40 %	20 %
• Kundenbindung	Bonussystem	System erneuern

Abb. 17: Ergebnisse Soll-Ist-Vergleich

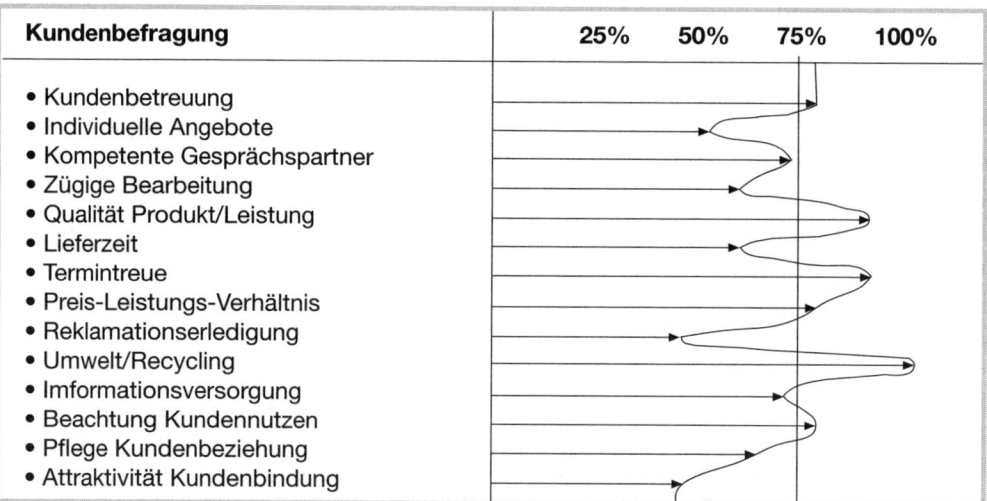

Abb. 18: Profil durch Kundenbefragung

	Ist	Soll
• Angebotsbearbeitung	10 – 25 Tage	7 – 10 Tage
• Auftragsdurchlaufzeit	3 Wochen	10 Tage
• durchschnittliche Lieferzeit	4 Wochen	3 Wochen
• Reklamationsbearbeitung	40 %*	80 %*
• Kundenbeziehung	60 %*	90 %*
• Kundenbindung	35 %*	80 %*

* %-Bewertung durch Kunden (Zufriedenheitsgrad)

Abb. 19: Benchmarks für den Vertrieb

Checklisten

Checkliste 1: Allgemeine Kennzahlen im Vertrieb

Kerndaten	vorhanden		Analyse erforderlich		Erkenntnis-wert
	ja	nein	ja	nein	
1 Umsatz 1.1 Veränderungen gegenüber der Vor-periode 1.2 Durchschnittsumsatz pro Waren-gruppe 1.3 Durchschnittsumsatz pro Kunde/Kundengruppe 1.4 Umsatz pro ADM/Gebiet 1.5 Umsatz der einzelnen AD-Organisation 1.6 Umsatz/DB-Anteil nach Vertriebs-wegen					
2 Deckungsbeitrag 2.1 Deckungsbeitrag pro Kunde/Kundengruppe 2.2 Deckungsbeitrag pro Produktgruppe/Produkt 2.3 Deckungsbeitrag pro ADM/AD-Organisation 2.4 Deckungsbeitrag pro Auftrag/Besuch 2.5 Break-even-point pro Artikel					
3 Zielerreichungsgrade 3.1 Zielerreichung einzelner ADM/Teams 3.2 Zielerreichung nach Gebieten/Kunden/Kundengruppen 3.3 Zielerreichung nach Artikeln/Produkten 3.4 Zielerreichung einzelner Produktgrup-pen unter Berücksichtigung des DB					
4 Kennzahlen 4.1 Umsatz/Absatz-Diskrepanz 4.2 Umsatz/Deckungsbeitrag pro Auftrag 4.3 Umsatz pro Kunde/Kundengruppe 4.4 Umsatz pro Besuch/Reisetag 4.5 Umsatz pro ADM in der Entwicklung 4.6 Umsatz pro Auftrag 4.7 Menge/Wert pro Auftrag/Auftrags-position 4.8 Anzahl der Positionen pro Auftrag 4.9 Anzahl der Aufträge pro Mitarbeiter					

Kerndaten (Fortsetzung)	vorhanden		Analyse erforderlich		Erkenntnis- wert
	ja	nein	ja	nein	
4.10 Verhältnis der Aufträge zu den Kunden je Mitarbeiter					
4.11 Anzahl der Besuche pro Auftrag/ Reisetag					
4.12 Anzahl der Besuche bei Neukunden					
4.13 Anzahl der Besuche bei effektiven Kunden					
4.14 Kosten in % vom Umsatz/DB I					
4.15 Besuchskosten pro Kunde/Kunden- gruppe					
4.16 Besuchskosten pro Auftrag					
4.17 Kosten pro Besuch					
4.18 Kilometer pro Besuch/Auftrag/Kunde					
5 Absatz/Marktanteil Kennziffern					
5.1 Marktanteile im Bezirk					
5.2 Absatzkennziffer					
5.3 Marktanteile nach Vertriebswegen					
5.4 Marktanteile nach Kunden/Kunden- gruppen					
5.5 Marktanteile nach Produktgruppen/ Produkten					
5.6 Entwicklung das Marktanteils (mengenmäßig/wertmäßig)					
6 Verkaufsförderung					
6.1 Verkaufsförderungsaufwand pro Produktgruppe					
6.2 Vkf-Aufwand/Produkt/Vertriebsweg					
6.3 Vkf-Aufwand/Kundengruppe im Vergleich zum Deckungsbeitrag					
6.4 Vkf-Aufwand in % vom Umsatz/DB I					
7 Konditionen/Durchschnittspreise					
7.1 Konditionsgefüge					
7.2 Rabatte/Artikel/Kunde/Vertriebsweg					
7.3 Nettopreise/Kunde/Artikel					
8 Neukunden					
8.1 Neukunden gegen verlorengegangene Kunden					
8.2 Neukunden in % von Gesamtkunden					
8.3 Anteil Neukundenumsatz am Gesamtumsatz					
8.4 Anteil der Neukunden je ADM					
8.5 Verhältnis effektive zu potentiellen Kunden					

Kerndaten (Fortsetzung)	vorhanden		Analyse erforderlich		Erkenntnis-wert
	ja	nein	ja	nein	
9 Entlohnung					
9.1 Höhe des fixen Entlohnungsanteils pro ADM je Vertriebsorganisation					
9.2 AD-Entlohnungsanteil					
9.3 Entlohnung ID/AD					
9.4 Ursachen des variablen AD-Einkommens					
10 Kostenübersichten					
10.1 ID-Kosten in % vom Umsatz					
10.2 Kosten pro Team ID/AD					
10.3 Innendienstkosten pro Kunden-gruppe/Kunde/Gebiet					
10.4 AD-Kosten Gebiet/Kundengruppe					
10.5 AD-Kosten in % vom Umsatz/DB					
10.6 Vertriebskosten pro Besuch/Kunde/Auftrag					
10.7 Frachtkosten pro Produkt/Vertriebsweg					
10.8 Frachtkosten pro Kundengruppe					
10.9 Frachtkosten pro Artikelgruppe im Vergleich zum DB					
10.10 Frachtkosten pro Kundengruppe im Verhältnis zum Umsatz					
11 Sortiments-/Kundenstrukturen					
11.1 Sortimentsstrukturen nach Umsatz/Deckungsbeitrag					
11.2 Sortimentsstrukturen nach Absatz/Umsatz					
11.3 Kundenstrukturanalyse					

Checkliste 2: Allgemeine Kennzahlen im Handel

Kerndaten	vorhanden		Analyse erforderlich		Erkenntnis-wert
	ja	nein	ja	nein	
1 Umsatzanteile von Artikeln/Artikel-gruppen am Gesamt-Umsatz/ Warengruppen-Umsätzen					
2 Bruttonutzen in % vom VKP-Umsatz: Bruttospanne					
3 Umsatzanteil: Bruttonutzenanteil					
4 Rohertrag in % vom VKP-Umsatz: Nettospanne					
5 Netto(Roh-)-ertragsanteil: Bruttonutzenanteil					
6 Umschlagsgeschwindigkeiten (Artikel, Produktgruppen, Sortimente)					
7 Umsatz pro qm Verkaufsfläche gesamt, nach Abteilungen differenziert					
8 Rohertrag pro qm Verkaufsfläche					
9 Umsatz pro Regalmeter (bzw. qm)					
10 Rohertrag pro Regalmeter (bzw. qm)					
11 Umsatz pro Mitarbeiter (Personal-Produktivität)					
12 Rohertrag pro Mitarbeiter (Personal-Wirtschaftlichkeit)					
13 Deckungsbeitrag pro qm-Verkaufs-fläche gesamt, nach Abteilungen differenziert					
14 Deckungsbeitrag pro Regalmeter (bzw. qm) gesamt, nach Abteilungen differenziert					
15 Kosten in % vom Umsatz (gesamt, nach Kostenarten differenziert)					
16 Anteile einzelner Kostenarten an den Gesamtkosten					
17 Kosten in % vom Bruttonutzen/ Rohertrag					
18 Kosten pro qm Verkaufsfläche					
19 Kosten pro Mitarbeiter					
20 variable Kosten: Fixkosten (Gemeinkosten)					
21 Gewinn in % vom Umsatz = Umsatzrendite					
22 Gewinn in % vom Gesamtkapital = Gesamtkapital-Rendite					
23 Gewinn in % vom Eigenkapital = Eigenkapital-Rendite					
24 Ergänzungen					

6.4 Effizienzsteigernder Einsatz von Verkaufsinformationssystemen in der Praxis

Der Autor

Ekkehard Zahn, Dipl.-Kfm., ist Inhaber und Geschäftsführer der GUM Gesellschaft für Unternehmensberatung und Marketing mbH (BDU) Hamburg, München und Wien und berät als internationaler Vertriebs- und Marketingexperte Vertriebsorganisationen im EG-Raum. Er beschäftigt sich hauptsächlich mit der modernen Vertriebssteuerung, Teamselling, mit dem Training von Verkäufer und Führungskräften sowie mit Recruiting und Vertriebscontrolling. Herr Zahn ist Autor zahlreicher Publikationen wie z.B. „Vertrieb 2000-Zahlen, Fakten, Trends" und Herausgeber des Loseblattwerkes „Marketing- und Vertriebscontrolling".

Der Autor

Michael Benz, Diplom-Volkswirt, begann seine Karriere als Assistent der Geschäftsleitung und Assistent des Direktors Marketing/Verkauf. Seit 1992 ist er Geschäftsführer der Firma Update Marketing Service Deutschland GmbH, einem Software- und Dienstleistungsunternehmen für Marketing- und Vertriebssteuerungssoftware mit Hauptsitz in Wien und neun Niederlassungen weltweit. Dort ist Michael Benz zuständig für den Aufbau der Marktführerschaft von Update im deutschen Markt.

Ein Unternehmen gut zu führen heißt, seine Zukunft zu lenken; und die Zukunft zu lenken heißt, richtig mit Informationen umzugehen.

Marion Harper

Beziehungsmarketing als Erfolgsfaktor im Vertrieb

Von der Notwendigkeit, informiert zu sein...

Innovative Firmen versichern es immer wieder in wortgewaltigen Werbeauftritten, aber auch selbst wissen wir es längst: Technisch ist fast alles machbar. Wir können jeden noch so ungewöhnlichen Kundenwunsch erfüllen, und unsere Maschinen genügen höchsten Qualitätsansprüchen.

Auch auf der Konsumentenseite kennen wir den erfreulichen Zeitgeist: Gekauft werden jeden Tag Unmengen von Gütern, und die Nachfrage nach neuen Produkten kennt fast keine Grenzen. Als Anbieter jeglicher Produkte und Dienstleistungen stellt sich daher die gleiche alte Frage, die sich bereits die ersten Händler stellen mußten: Wo ist der Kunde?

Manche Branchen konzentrieren sich auf einige wenige Kunden, die, wenn sie einmal gefestigt sind, nicht selten eine strategische Allianz bedeuten. Dieses Nachfrage-Oligopol dürfte aber eine Ausnahme des gängigen Geschäftsalltags bilden. In anderen Branchen herrscht für den Kunden eine vollständige Marktintransparenz, was zu einer zwanghaften Kundenbindung führt, aber nur so lange gut geht, wie sich der Nachfrager nicht durch gezielte Konsumenteninformationen emanzipiert. Die Öffnung des Versicherungsmarktes belegt diese Entwicklung eindrücklich. In allen Branchen gilt deshalb: Wer weiß, was gefragt ist, wird verkaufen können.

Wer Beziehungen hat, der weiß, wo eine Nachfrage besteht. Wer den Markt kennt, weiß, was die Nachfrager wünschen. Wer sein Know-how sammeln und der gesamten Unternehmung zur Verfügung stellen kann, der wird gegenüber seinen Konkurrenten einen der entscheidendsten Wettbewerbsvorteile nutzen können.

Das ist nichts Neues. Findige Verkäufer legten umfassende Zettelkataloge mit Informationen über ihre Kundschaft und den Markt an. Nur: Das Wissen blieb lokal. Viele Firmen bauten auch auf ein umfassendes Informantennetz, das so lange reibungslos funktionierte, wie die Menge der Daten relativ einfach kanalisierbar war. Heute überfluten uns Informationen aus schriftlichen und digitalen Medien; wer da nicht gezielt mithören kann, an dem rauschen die besten Chancen lautlos vorbei.

Verkaufen heißt: eine Beziehung pflegen

Wir sind wieder in Zeiten angelangt, in denen der persönliche Kontakt das A und O des Verkaufens ist – nicht etwa, weil die Bedürfnisse der potentiellen Kunden immer vielschichtiger geworden sind, sondern weil die am Markt feilgebotenen Produkte sich immer mehr gleichen. Und gerade diese Ähnlichkeit ist es, die den Kunden beim Kauf eine emotionale Entscheidung fällen läßt. Ein bestimmtes Angebot wird, eigentlich aufgrund produktfremder Faktoren, einem anderen Produkt vorgezogen.

In der Praxis kann sich dieser Umstand in etwa so widerspiegeln: Eine Kfz-Werkstatt kündigt ihren Kunden regelmäßig rechtzeitig den Termin zum nächsten Service in einem persönlich gehaltenen Anschreiben an. Ganz abgesehen davon, daß die betreuten Kfz-Halter nun nicht mehr Gefahr laufen, ihren Termin zu vergessen, freuen sie sich über das individuelle Anschreiben und melden sich selbstverständlich an. Oder ein Versicherungsagent hat in der Zeitung gelesen, daß einer seiner Kunden in ein neues Heim gezogen ist, und bietet ihm eine entsprechende Modifizierung der Police an. Der Kunde schätzt diesen Vorzug, sich nicht selbst solcher Versicherungsfragen annehmen zu müssen, und schließt die Police kurz und bündig ab.

Die verkaufsrelevante Essenz aus diesen Beispielen läßt sich knapp zusammenfassen: Ob wir unser Auto in die eine oder andere Werkstatt bringen, spielt technisch oft keine große Rolle mehr. Die Mechaniker sind an den meisten Orten kompetente Fachkräfte, und die Verkäufer ihrerseits haben nicht selten dieselben Seminare besucht, um ihr Handwerk zu perfektionieren. Aber wo man mit Namen angesprochen wird, ist man bekannt. Wo man bekannt ist, weiß man um die persönlichen Wünsche und Bedürfnisse und erhält ein dementsprechendes Angebot. Diese Art des geschäftlichen Umgangs wird geschätzt. Sie ist individuell, ohne aufdringlich zu sein, schafft Vertrauen, und gerade dieser menschliche Mehrwert ist es, den wir so oft im bürokratischen Dschungel anonymer Märkte vermissen. Daher wird sich eine individuelle Beziehung immer von der Massenabfertigung unterscheiden und dem Käufer das Gefühl geben, in einen persönlichen, von gegenseitiger Wertschätzung geprägten Dialog zu treten.

Beziehungsmarketing

Die Betriebswirtschaft hat die Zeichen der Zeit seit längerem erkannt und den Trends der Praxis schillernde Namen verliehen: Beziehungsmarketing, Relationship-Marketing, Computer Aided Selling, Database-Marketing. Das Ziel bleibt freilich allen gemeinsam: weg von der reinen

Produktevermarktung – hin zur Partnerschaft mit dem Kunden. Das bedeutet nicht, sporadisch Zehntausende Briefe in alle Welt zu versenden, um kundzutun, daß eine bestimmte Firma tatsächlich noch existiert. Beziehungsmarketing ist vielmehr als eine Firmenphilosophie aufzufassen, die davon ausgeht, daß allein der Mensch im Mittelpunkt des Verkaufsalltages steht.

Der Kunde will mit seinen persönlichen Interessen und Vorstellungen ernst genommen werden, aber auch das spezifische Produkt aus der Hand eines Vertrauten wissen. Die Entwicklung zum heutigen Verständnis von Beziehungsmarketing ist dementsprechend eindeutig: Während der finanziell potenten 60er und 70er Jahre konnte die Ware gar nicht schnell genug vom Tisch kommen, und ein schier ungehemmter Bedarf verschlang alles an Dienstleistung und Wertschöpfung, was die Weltwirtschaft irgendwann und irgendwo zu produzieren bereit war. Bald war aber die Nachfrage gesättigt. Die Produktevielfalt nahm zu, ohne daß sich die Erzeugnisse einer Produktklasse im gleichen Zuge intensiver voneinander unterscheiden ließen.

Wer heute erfolgreich verkaufen möchte, der muß sich von den übrigen Anbietern unterscheiden. Wenn das über die Produkteschiene immer komplizierter wird, so steht nichts im Wege, den Servicegedanken zu verstärken und auf emotionale Kundenbindung zu setzen. Niemand kann den schrumpfenden Markt vergrößern oder Währungsverluste verhindern. Ebensowenig lassen sich Konjunkturlagen beeinflussen oder schwierige Absatzsituationen verbessern. Aber es liegt in der Hand des Verkäufers, das individuelle Potential wieder zu nutzen und sich in Vertrieb und Marketing auf den Menschen hinter dem Produkt zu konzentrieren. Der Verkauf muß zu einem verbindlichen, wertvollen Dialog werden, zu einem abgestimmten Austausch von Angebot und Nachfrage.

Vor etwa zehn Jahren haben einige Unternehmen den Trend zum verstärkt kundenorientierten Verkauf und Marketing erkannt und sich das Ziel gesetzt, ihr Know-how aus der internationalen Unternehmungsberater- und Informatikbranche für Lösungen und neue Ansätze einzusetzen, die den Bedürfnissen der Wirtschaft entsprechen. Im Ergebnis dieser Diskussion wurde der Begriff des Beziehungsmarketing geboren. Das bedeutet:

- Jeder relevante Entscheidungs- und Bedürfnisträger aus dem anonymen Markt wird individuell als Marktbeziehungspartner aufgefaßt.
- Nicht das Produkt steht im Vordergrund des Verkaufsprozesses, sondern der Nutzen des Nachfragers beim Kauf des Produkts. Das bedingt eine digitale Erfassung von Marktdaten, um bestehende Kundenpotentiale rechtzeitig zu erkennen.
- Die Verkaufsbemühungen schließlich werden nicht breit und massenhaft gestreut, sondern zielgerichtet und persönlich.

Die Technik, vor allem die EDV, hat dafür Werkzeuge geschaffen, um diese Ziele zu erreichen: Sie nennen sich Verkaufsinformationssysteme (VIS) oder verkaufsunterstützende Systeme (CAS). Sie zu erläutern, ihre Standards festzulegen und ihre Auswirkungen auf den unternehmerischen Prozeß aufzuzeigen soll Gegenstand des folgenden Kapitels sein. Im Fallbeispiel Du Pont werden diese Erkenntnisse durch die Ergebnisse einer Fallstudie erhärtet und in einen weiteren Zusammenhang mit einer integrierten Marktbearbeitung durch das Database-Marketing gestellt. Im letzten Abschnitt beschäftigen wir uns schließlich mit der Einführung und Handhabung eines VIS im unternehmerischen Prozeß. Dabei gibt es einige Grundsätze zu beachten, die für den erfolgreichen Einsatz des Systems von größter Wichtigkeit sind.

Verkaufsinformationssysteme (VIS)

Das VIS als Voraussetzung für erfolgreiches Beziehungsmarketing

Die erklärten Ziele und das Wesen des Beziehungsmarketing überhaupt setzen eine Unmenge von Datenmaterial und Statistiken voraus, die dem Marketing und dem Verkauf, schließlich aber auch der gesamten Unternehmensführung als Grundlage dienen. Ein Verkaufsinformationssystem besteht aus diesem Grund aus technischen Einrichtungen und Verfahren zur Gewinnung, Zuordnung, Auswertung und Koordinierung zeitnaher und relevanter Informationen für den Entscheidungsprozeß der Führungskräfte und Mitarbeiter im Vertrieb. Ein VIS ist dementsprechend eine betriebliche Infrastruktur, die sowohl strategisch und operativ als auch taktisch eingesetzt wird. Strategisch für eine langfristige und großräumige Planung wie zum Beispiel die Umsetzung des Marketingkonzeptes, die Einrichtung einer umfassenden Verkaufsplattform o.ä. Operativ für die Planung eines optimalen Instrumentaleinsatzes, wie zum Beispiel die Generierung bestimmter Aktivitäten, deren Wirkung die folgenden Verkaufsstrategien bestimmt. Taktisch für die Realisation, Umsetzung, Ausführung, Implementierung des Marketing- und Verkaufsalltages, und zwar insofern, als diese Handlungen zur Basis des Unternehmensverhaltens gegenüber dem Markt werden.

Allgemeine Standards

Wenn wir uns mit den Möglichkeiten eines VIS auseinandersetzen, können wir uns beruhigt an des Credo halten, das die Technik anstimmt: Fast nichts ist unmöglich. Trotzdem und vielleicht gerade deshalb sind gewisse Überlegungen geboten. Wir betrachten zuerst die allgemeinen Anforderungen, die wir grundsätzlich an eine Software stellen, die in die unternehmungsinterne Netzwerkumgebung eingebunden wird.

Anforderungen an die Software

Die Datenbank wird in dem Moment, in dem mit ihr allgemein zugängliches Wissen und Know-how verwaltet wird, zum Herzstück des digitalen Informationsflusses. Sie ist das zentrale Werkzeug für Marketing, Verkauf, Administration und Management, nicht selten sogar für Produktion und Entwicklung. Die erforderlichen Daten müssen einfach zu verwalten, auszuwerten und zu koordinieren sein, damit sie sich optimal einsetzen lassen, wenn mehrere Personen, vielleicht sogar mehrere Abteilungen miteinander arbeiten sollen. Es ist von größter Wichtigkeit, daß diese Prozesse übersichtlich abgebildet sind und die Handhabung klar, deutlich und logisch gestaltet ist. Andernfalls läuft die Unternehmung Gefahr, sich in einem Datenfriedhof zu befinden – ein Hort vielen Wissens, der sich ständig vergrößert, aber aufgrund seiner unübersichtlichen Datenablage und ungeklärter Zugriffsrechte niemals wirklich effizient eingesetzt werden kann.

Die bedienerfreundliche Oberfläche ist eine weitere Forderung in diese Richtung. Kennzeichen dafür ist eine übersichtliche Maskengestaltung und -positionierung sowie das Vorhandensein intuitiver Befehls-, Status- und Prozeßleisten. Eine optimale Oberfläche animiert stets zur Arbeit mit der Applikation, weil damit gleich der Mehrwert gegenüber herkömmlichen analogen Verarbeitungsprozessen offenbar wird.

Ein VIS ist vor allem eine Software zur Verwaltung von Daten. Verarbeitet werden diese aber nicht selten in anderen Applikationen wie zum Beispiel Word oder Excel. Funktionsfähige Schnittstellen sind nicht einfach ein praktikabler Bonus für eingefleischte PC-Freaks, sie sind Grundlage vernetzter Arbeitsvorgänge, sie ermöglichen die Nutzung besonderer Fähigkeiten von anderen Programmen, und sie sind schließlich die Verbindungen zu Netzwerken, zum Fax, zum Telefon, zum E-Mail oder zum Internet. Eine Software, die in das EDV-Netz einer Unternehmung integriert wird, kann nicht als Insellösung bestehen, es braucht diese Schnittstellen, und es braucht sie benutzerspezifisch. Viele VIS weisen bereits die notwendigen Schnittstellen als Standard auf.

Die modernen Instrumente der Kommunikation haben uns Tür und Tor für eine fast unbegrenzte Übermittlung von Daten ermöglicht, allein die Umsetzung solcher Errungenschaften bietet oft mehr Anlaß zur Verzweiflung denn zur Freude. Eine ausgereifte Kommunikation ist darum ein wichtiges Grundelement, ohne das eine saubere Koordination der Informationen nicht funktioniert: keine Verzögerung der Übermittlung, keine Dubletten, keine Datenverluste bei halbherzigen Transfers. Die Kommunikation muß integrierter Bestandteil der Software oder derart kompatibel aufgebaut sein, daß der Austausch nicht jedesmal zum Abenteuer wird, sondern ein automatisierter Prozeß ist, der im Hintergrund und ohne ständige Wartung von Spezialisten abläuft.

Anforderungskatalog für ein VIS
Die Anwenderbedürfnisse sind natürlich außerordentlich unterschiedlich, und die Arbeits- und Vertriebsprozesse sollen weniger der EDV angepaßt werden als umgekehrt. Trotzdem lassen sich einige Grundstandards für ein VIS festlegen, die im folgenden umrissen werden:

Die einwandfreie Beschreibung von Marktbeziehungspartnern umfaßt nicht nur formale Deskriptionen, die im wesentlichen eine Adreßdatenbank ausmachen. Mit einem VIS muß die termingerechte Verfolgung von Kontakten und Angeboten ebenso selbstverständlich möglich sein wie die organisierte Planung einer effizienten Akquisition. Persönliche Ansprache und die Miteinbeziehung des Partners in die Geschäftstätigkeiten sind die wesentlichen Verkaufsbemühungen, die sich vom breitgestreuten Massenabsatz unterscheiden. Ein VIS muß also auch den Anforderungen genügen, die Marktbeziehungspartner in die Beziehungsnetze der Unternehmung einzubetten, nach Bedürfnis- beziehungsweise Entscheidungskomponenten zu unterscheiden, aber auch die Involviertheit in Kampagnen, Aktivitäten, Projekte usw. abzubilden.

Benutzerfreundliche und zuverlässige Verarbeitungsprozesse bedeuten für ein VIS:

• Neuaufnahmen, Mutationen oder Abfragen müssen simple Grundfunktionen sein, die so einfach handzuhaben sind, daß sie jedem Vergleich mit Karteisystemen, Zettelwirtschaft und anderem standhalten können.

• Kontaktprozesse müssen soweit automatisiert sein, daß nicht nur Serienbriefe und Adressierungen selbständig

gespeichert werden, sondern auch Telefon-, Fax- und E-Mail-Kontakte per Knopfdruck aus der Applikation möglich sind. Ob dazu andere Programme miteinbezogen werden, spielt weniger eine Rolle, da die Bedienung einheitlich aus ein und derselben Anwendung erfolgt. Das gleiche gilt für den Textverarbeitungs- und Korrespondenzverbund: Die Übersicht über getätigte und geplante Kontakte muß ungeachtet des Textverarbeitungsprogramms im Hintergrund eines VIS kompakt und einheitlich gewährleistet sein.

• Die Zugriffsprozesse innerhalb einer Datenbank garantieren dem Benutzer, daß er auch tatsächlich alle zeitnahen und relevanten Informationen zu einem Marktbeziehungspartner beisammen hat. Abfragen und Analysen solcher Informationen müssen aus diesem Grund integrierter Bestandteil jedes Systems sein.

• Die Zugriffshierarchien schließlich gewährleisten, daß die internen Verarbeitungsprozesse nicht umgangen werden. Vor allem für größere Firmen gehören sie zu den Pflichtprogrammierungen, die entsprechend der internen Organisation vorgenommen und vom Supervisor jederzeit durch spezielle Rechteinstellungen modifiziert werden können.

Ein weiterer wichtiger Aspekt ist die Relationalität der Datenbank. Gut konzipierte Lösungen bieten diese Verknüpfungen bereits als Standardsoftware an und garantieren damit eine effiziente Ausnutzung der vorhandenen betriebsinternen Daten. Die Vernetzung mit Charakteristiken der Produkte, des Services und des Rechnungswesens ist nicht nur eine Notwendigkeit für die Herleitung und Dokumentation der Kundenkontakte, sie ist die Voraussetzung, daß alle am Verkaufsprozeß Beteiligten den gleichen Wissensstand haben. Nur so erfahren die Datenmengen eines Unternehmens nützliche Synergien und breite Anwendung in allen Bereichen des wertschöpferischen Prozesses.

Die Darstellung von Beziehungsentwicklungen ist gerade für die strategische Planung eines Unternehmens von eminenter Wichtigkeit. Dabei geht es nicht nur darum, nachzuvollziehen, welche Aktion welche Erfolge gebracht oder in welchem Cluster ein bestimmtes Produkt Abnahme erfahren hat, es geht im wesentlichen auch um wichtiges Datenmaterial im Dienste der Marktforschung. „Der Ausgangspunkt für großartige Unternehmen liegt oft in kaum wahrnehmbaren Gelegenheiten", bemerkte schon der griechische Gelehrte Demosthenes. Heute haben wir zumindest die technische Möglichkeit, jene kleinen Gelegenheiten wahrzunehmen.

Neben den Daten potentieller und bestehender Kunden muß ein VIS auch generelle Daten des Marktes und der Umwelt miteinbeziehen und mit den eigenen Daten vergleichen. Das kann in allgemeinen Anwendungen wie der Portfolioanalyse geschehen, das können aber auch benutzerdefinierte Module wie eine spezifische Marktsegmentierung oder Konkurrenzanalyse sein.

Damit sind wir an einem Themenblock angelangt, der betriebswirtschaftlich von allgemein großer Bedeutung ist. Ein VIS sollte nicht allein ein Tool für den Verkauf sein, sondern auch ein Forum von Informationen für den Innendienst, das Management und die Geschäftsleitung. So beinhaltet ein VIS auch Analysen. Hier stellt sich die Frage: Können die Daten so aufbereitet werden, daß sie eine Führungsgrundlage bilden, oder schlummern sie einfach als Informationsleichen in einem Server?

Ein ausgereiftes VIS bietet mannigfaltige Möglichkeiten, Informationen sinnvoll zu nutzen, indem sie tabellarisch, grafisch oder statistisch dargestellt zu Präsentationszwecken und Schulungen dienen.

Neben diesen datenbankspezifischen Anforderungen darf die Organisationshilfe nicht vergessen werden, die den Tag des Verkäufers plant: der Terminkalender. Was nützen Agenden und Organisationssysteme in Koffern und Köpfen einzelner Mitarbeiter, wenn der Verkaufsleiter darüber keine Informationen hat? Er wird die Verkäufer weder optimal einteilen können, noch kann er darüber Bescheid wissen, welche Kontakte mit dem Kunden oder Interessenten vereinbart wurden. Der Terminkalender ist die logische Verbindung der gesamten Kontakthistorie einer Firma und damit nicht nur ein Tages-, Wochen- oder Monatsplaner, sondern gleichzeitig ein wichtiges Instrument der Mitarbeiterführung. Nur wer den Arbeitsstatus seiner Mitarbeiter kennt, sieht sich in der Lage, ihre Leistungen im täglichen Verkaufsprozeß zu bewerten, zu koordinieren und schließlich auch zu honorieren.

Neue Entwicklungen
Seit Beziehungsmarketing und der damit verbundene Umgang mit Informationssystemen nicht einfach als neue Modewelle der Betriebswirtschaft, sondern als notwendiges Mittel moderner Marketing- und Verkaufspraktiken angesehen wird, entwickelt sich der Markt von Systemanbietern dementsprechend rasant, und die Zahl der Firmen, die ihr Know-how und ihre Erfahrung in die Entwicklung solcher Tools stecken, nimmt täglich zu. Was heute als Neuerung in diesem Aufsatz steht, wird morgen bereits zum Standard gehören. Aus diesem Grund seien vor allem die

Beispiele erwähnt, deren Konzeption erst angefangen hat und die sich in Zukunft entwickeln werden.

Opportunity Management

Um die Vielfalt von Informationen während des Verkaufsprozesses übersichtlich zu ordnen, bieten einige VIS ein Opportunity-Management-System an. Informationen werden nicht nur in bezug auf Firmen und Personen, sondern auch pro Verkaufschance gesammelt. Die Daten werden entweder vom Verkaufsmitarbeiter manuell erfaßt oder von verschiedenen EDV-Systemen importiert. Sämtliche wichtigen Informationen, die die Verkaufsmöglichkeit beeinflussen, stehen auf Knopfdruck zur Verfügung (Kundenhistorie, Angebote und Aufträge, Konkurrenzinformationen etc.). Alle Chancen sind übersichtlich nach Projektrahmen, Realisierungswahrscheinlichkeit oder Realisierungszeitpunkt geordnet, was die Abschlußchancen während des gesamten Verkaufszyklus verbessert.

Workflow-Konzepte

In jeder Phase des Verkaufsprozesses gibt es immer wiederkehrende Abläufe. Die Idee des Workflow-Konzepts ist, diese Geschäftsprozesse zu automatisieren, und zwar bis über Abteilungs- und Funktionsgrenzen hinweg. Ziel ist der zeitoptimierte und gesteuerte Prozeßablauf. So kann ein workflow-orientiertes VIS aktiv auf wichtige Ereignisse im Verkaufszyklus hinweisen und aktiv Folgeschritte vorschlagen. Beispielsweise kann der Innendienst vom VIS von der Bedarfserhebung bis zur Individualisierung eines Angebots systematisch geführt werden. Das VIS versendet automatisch per Datenfernübertragung das Angebot an das lokale VIS auf dem Notebook des Außendienstlers. Dieser

wird darafhin aufgefordert, das Angebot zu kontrollieren und freizugeben.

Derartige Trigger sind unternehmensspezifisch definierbar und eröffnen enorme Qualitätssteigerungs- und Kosteneinsparungspotentiale.

Internet

Die Einrichtung eines weltumspannenden Netzes hat uns in den letzten Jahren in ein neues Zeitalter der digitalen Kommunikation geworfen: Internet heißt der neue Marktplatz, auf dem ausgetauscht und ausgerufen, angeboten und nachgefragt wird. Für Firmen bedeutet diese Technik die Möglichkeit, jederzeit aktuellste Daten zu senden und zu empfangen. Andererseits eröffnen sich neue Märkte und Gelegenheiten, Produkte und Dienstleistungen feilzubieten.

Die verborgenen Potentiale des Netzes können in den Marketing- und Verkaufsprozeß einbezogen werden, indem die eigene Homepage mit dem VIS verknüpft wird. Ein Interessent auf dem Netz kann sich über ein Registrierungsformular im Online-Gästebuch eintragen und seine Firmen- und Personalinformationen, aber auch Interessenprofile angeben. Alle mit dem Markt in Berührung stehenden Abteilungen des Unternehmens, ob nun Telemarketing, Vertriebsinnen- oder Außendienst, können zu jedem Zeitpunkt ein aktuelles Gesamtbild vom Status der Beziehung abrufen und es durch eigene Aktionen modifizieren. So sind die unverzögerte Reaktion auf Anfragen, die darauf folgende, automatisch ausgelöste persönliche Ansprache und die gleichzeitige Speicherung in der Kontakthistorie garantiert.

Ein anderes weites Feld ist die Datenkommunikation auf dem Internet. Was heute über separate Kommunikationsprogramme abläuft, ist bald im VIS selbst integriert, so daß sämtliche dezentralen Vertriebsbüros, Home-Offices, Tochtergesellschaften und Auslandsstellen online am Marktwissen beteiligt sind. Die Datensynchronisation und administrative Aufwendungen der Informationsaufbereitung entfallen, die Sicherheit des Transfers ist aber gewährleistet. Abhängig von den Zugriffsrechten werden die Daten vom Server an den Browser des Benutzers geliefert. Die Weiterleitung qualifizierter Interessenten an Händler via Internet wird genauso umsetzbar sein wie die Möglichkeit, daß Kunden direkt über den autorisierten Zugriff auf die Datenbank Produkte und Dienstleistungen anfordern und bestellen.

Angebotserstellung
Als Beispiel von Arbeitsprozessen, die das VIS nicht an externe textverarbeitende oder produktionsorientierte Programme gibt, kann die Angebotserstellung gelten. Dabei wird ein Angebot mit detaillierten Angebotspositionen gleich innerhalb des Systems erstellt. Im Artikelstamm können sämtliche Artikel mit Beschreibung in verschiedenen Sprachen erfaßt oder importiert werden, dazu sind die Preislisten in verschiedensten Währungen hinterlegt. Darin definiert sind auch Verkaufs-, Einkaufs- und Sonderpreise, aber auch Mindest- und Staffelpreise, ebenso die Lieferbarkeit der einzelnen Produkte.

Pro Angebot übernimmt das VIS beliebig viele Positionen aus dem Artikelstamm. Im Hintergrund läuft ein Prozeß zur Ermittlung des korrekten Verkaufspreises ab. Für die Preisfindung relevant sind alle eingetragenen unterschiedlichen Preise, Rabatte und Konditionen auf Firmen-, aber auch auf Konzernebene.

Auswirkungen auf den Vertriebsprozeß
Wenn wir kurz die wichtigsten Auswirkungen auf den Vertriebsprozeß jenes Unternehmens zusammenfassen wollen, das einen datenbankunterstützten Verkauf praktiziert, verweisen wir gleichzeitig auf die wesentlichen Bereiche, die später in der Fallstudie durch die Einführung von CAS tangiert werden. Es ist ganz klar: So verschieden einzelne Branchen oder Firmen den Verkaufszyklus handhaben – das Ziel und oft auch die erforderlichen Mittel bleiben, wie wir zu Beginn dieses Aufsatzes gesehen haben, dieselben. Ein Tag im Leben eines Verkaufsleiters könnte also wie folgt aussehen:

Beginnen wir mit der Kundenkartei. Der Verkaufsleiter hat soeben per Kommunikation die Daten von den dezentralen Einheiten eingespielt und dabei auch die Kundenhistorie erhalten, die seine Verkäufer gestern beim Projektmeeting mit einem seiner Kunden erzielt haben. Er freut sich über den erfolgreichen Abschluß und vergewissert sich, welche weiteren Schritte zur Kundenbetreuung geplant sind sowie welcher Aufwand dem erzielten Umsatz gegenübersteht.

Nun begibt er sich an die Kontaktplanung. Er lädt die vom Telemarketing generierten Besuchstermine und verteilt die Kontakte per Besuchssteuerung auf die einzelnen Verkäufer, die er seit der Marktanalyse im Vormonat endlich einzelnen Segmenten zuteilen konnte. Durch Portfoliobewertung der Kunden werden nur noch die lukrativsten von ihnen regelmäßig besucht, während die Kunden mit geringem Potential und geringer strategischer Relevanz schriftlich und telefonisch betreut werden anstatt durch einen aufwendigen und teuren Besuch.

Eben ruft ein Kunde an und beschwert sich über die verbleibende Lieferung.

Hätte er nicht die gesamten auftragsbezogenen Daten aus dem Modul der Angebotserstellung sowie die erforderliche Korrespondenz, die sein VIS mit dem Textverarbeitungsprogramm verknüpft hat, er hätte vermutlich noch stundenlang nach der Lieferung gesucht und doch nicht herausgefunden, daß seine Lieferung direkt an das Lager des Kunden ging.

Weiter geht es mit dem Follow-up. Der Verkaufsleiter widmet sich nach dem Telefon wieder dem Terminkalender. Darin erscheinen nun im Zuge der Messenachbearbeitung die Kunden, die durch eine automatische Wiedervorlage zum Nachfassen vorgesehen wurden. Er weiß ja: Einen Kunden behalten ist zehnmal billiger als einen neuen gewinnen.

Als letzte Aufgabe vor dem Feierabend aktiviert er die Potential- und Wettbewerbsanalyse, bei der generelle Daten des Marktes und der Umwelt nach seinen spezifischen Bedürfnissen und Angaben selektiert und ausgewertet werden. Schließlich sind all die Informationen in der Unternehmung zum Gebrauch da. Die Ergebnisse bilden die Grundlage für einige wenige, aber präzise angesprochene und zeitlich wohlgeplante Angebote an potentielle Kunden. Da sein VIS über ein Workflow Management verfügt, geschieht die Angebotserstellung vollautomatisch, die Daten werden über die Schnittstellen in ein vordefiniertes Dokument in der Textverarbeitung exportiert und lösen während der Übergabe sogleich einen Follow-up-Termin aus, den er nur noch einem Verkäufer zuweisen muß. Waren das Zeiten, als er all das Zeugs noch von Hand ausfüllen mußte!

Effizienzsteigerungen

Die Beispiele, die wir aus dem Tag eines Verkaufsleiters gesehen haben, betreffen vor allem eine Effizienzsteigerung, die sich weniger in Zahlen denn in Qualität ausdrücken läßt: Es ist die Betreuung des Kunden. Es ist das, was Idee, Inhalt und Ziel des Beziehungsmarketing ist: nämlich ein individuelles, zielgerichtetes und persönliches Ansprechen des Marktbeziehungspartners, indem sein Nutzen für das Produkt zum Inhalt der Verkaufsstrategie wird.

Beziehungsmarketing wäre aber nicht ein echtes Bedürfnis der Betriebswirtschaft und eine erfolgversprechende, zukunftsorientierte Firmenphilosophie, ließen sich die Erfolge und Effizienzsteigerungen nicht auch quantitativ belegen. Zuerst betrachten wir im folgenden die Umsatzsteigerungen und die Budgeteinsparungen, danach die positiven Auswirkungen auf den betriebsinternen Informationsfluß. Diese Aspekte gelten auch für die in der Fallstudie erzielten Ergebnisse.

Die optimale Qualifizierung des Marktes und die zielgerichtete Ansprache der sich darin befindlichen potentiellen Kunden bewirkt zwei Veränderungen des herkömmlichen Akquisitionsprozesses: Erstens müssen weniger Angebote erstellt werden, um den gleichen Response zu erhalten, zweitens erhöht sich die Trefferrate der verbleibenden Marktbeziehungspartner (s. Abb. 1).

Eine weitere Effizienzsteigerung entsteht durch die Zeitersparnis, die die Workflow-Unterstützung mit sich bringt. Durch die genaue Analyse der Beziehungsentwicklungen, der Bedürfnisse und der Entscheidungskompetenzen potentieller, aber auch bestehender Kunden können Kontakte viel effizienter ausgeführt und generiert werden, als es bisher möglich war. Das folgende Beispiel der Besuchsplanung findet sich auch in der Fallstudie wieder.

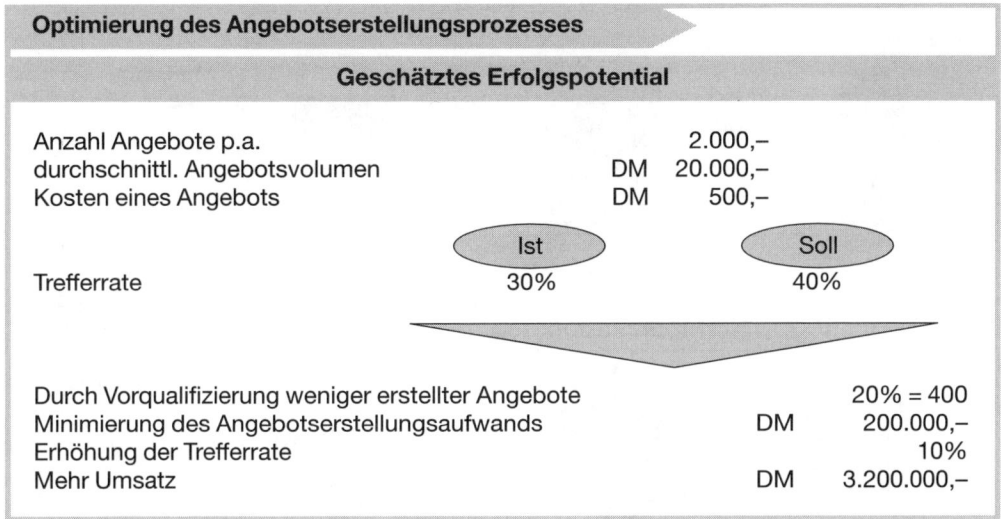

Abb. 1: Optimierung der Angebotserstellung
   (Quelle: UpDate Marketing Service Deutschland GmbH, Wiesbaden 1997)

Die letzte Konsequenz ergibt sich direkt aus der Konzeption eines VIS. Alle gesammelten und generierten Daten aus dem Markt, der Umwelt, der Kundschaft, schließlich aber auch der Unternehmung und ihren Produkten und Dienstleistungen selbst dienen nicht allein dem Marketing und dem Verkauf, sie stellen die Basis für die taktische, operative und strategische Unternehmensführung überhaupt dar. Alle haben den Wissensstand, den sie für die Lenkung des Unternehmens brauchen, um an das eingangs erwähnte Zitat von Marion Harper anzuschließen.

Zeitersparnis durch Workflow-Unterstützung		
Geschätztes Erfolgspotential p.a.:		*Bsp. FMCG*
Anzahl Außendienstmitarbeiter	:	250
durchschnittl. Anzahl Besuche pro Tag	:	15–20
durchschnittl. Zeitersparnis pro Besuch (Minuten)	:	2
durchschnittl. Anzahl AD-Tage pro Jahr	:	180
Gesamtersparnis (Std.)	:	26.250
Gesamtersparnis (AD-Mannjahre)	:	ca. 16

Abb. 2: Workflow-Unterstützung bei der Besuchsplanung
   (Quelle: UpDate Marketing Service Deutschland GmbH, Wiesbaden 1997)

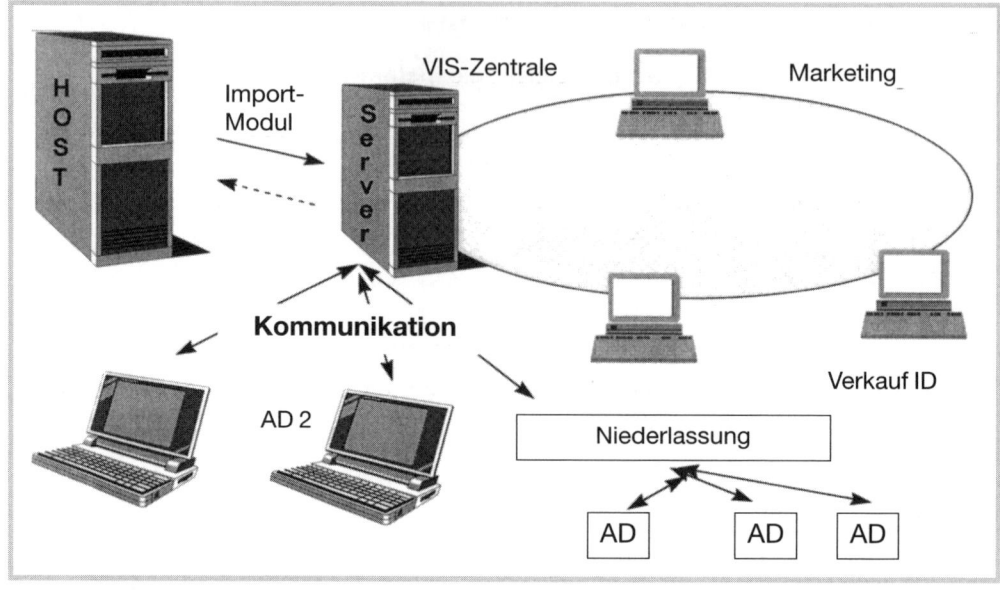

Abb. 3: Einrichtung des unternehmungsinternen LAN
   (Quelle: UpDate Marketing Service Deutschland GmbH, Wiesbaden 1997)

Fallbeispiel DuPont

Rahmenbedingungen des Pflanzenschutzmarktes

Die Qualität erfolgreicher Marktbearbeitungsstrategien läßt sich am besten in anspruchsvollen Märkten erkennen. Hier bietet sich das Beispiel der Firma DuPont in Bad Homburg an, die unter anderem Pflanzenschutzmittel sehr erfolgreich vertreibt.

Der Markt für Pflanzenschutzmittel ist seit 1991 rückläufig. Zum einen nimmt die Nachfrage stetig ab, zum anderen sinken, vor allem in Deutschland, die Preise. Gleichzeitig benötigen die technisch anspruchsvollen Produkte eine umfassende und kompetente Beratung und verursachen deshalb hohe Außendienstkosten. Ein Kundenbesuch kostete DuPont 1992 z. B. 518,– DM, die Kosten stiegen bis 1994 auf 610,– DM. Auf der anderen Seite führt die zunehmende Konzentration des Handels zu immer engeren Spielräumen im eigenen Marktauftritt.

Für die Produkte, Pflanzenschutzmittel für Mais, Kartoffeln, Getreide und Rüben, kommen 190000 Ansprechpartner, vor allem Landwirte, als Kunden in Betracht. Die Distribution erfolgt über 22 Großhändler und 3500 Wiederverkäufer. Zusätzlich müssen noch 1500 staatliche Berater als Multiplikatoren betreut werden. In den fünf neuen Bundesländern findet die Distribution noch fast ausschließlich über die alten LPG-Strukturen statt.

Die Marktzyklen für Pflanzenschutzmittel sind sehr kurz und verlangen schnelle und termingenaue Plazierung der Angebote. So werden 78 Prozent der Produkte im Frühjahr und 22 Prozent im Herbst abgesetzt. Die Zeit dazwischen kann lediglich zur Vor- und Nachbereitung genutzt werden. Erschwerend kommt

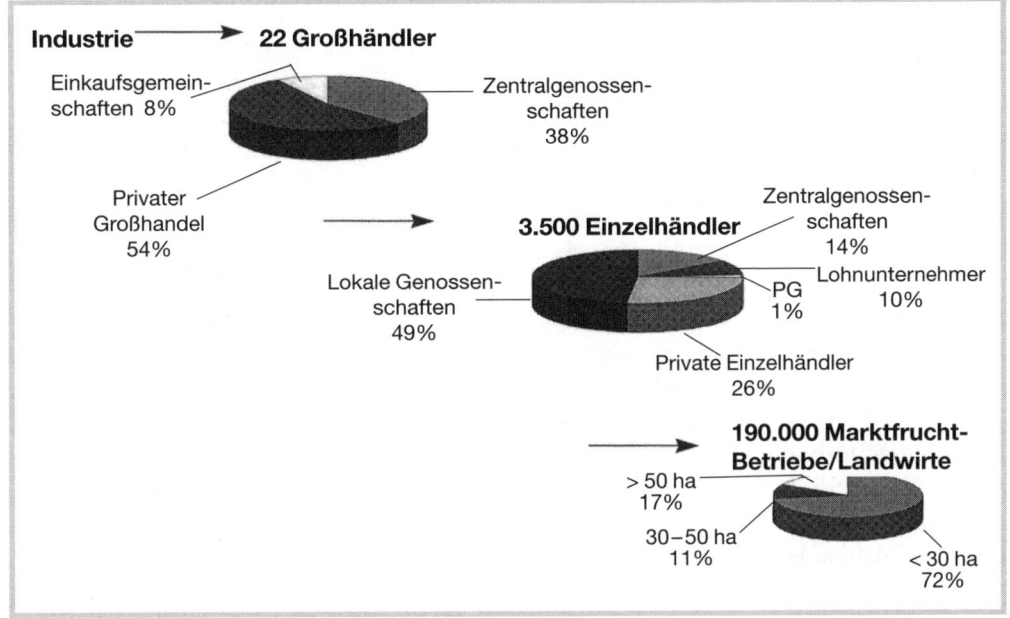

**Abb. 4: Handelsstruktur des Pflanzenschutzmarktes
(Quelle: DuPont de Nemours, Bad Homburg 1996)**

hinzu, daß im Markt nur wenige namhafte und hochprofessionelle Anbieter aktiv sind.

Ausgangssituation und Ziele

Ursprünglich verfügte DuPont neben der Zentrale über fünf Regionalbüros, die weitgehend eigenständig den Vertrieb durchführten. Marketingaufgaben wurden in der Zentrale, Bad Homburg, wahrgenommen. Eine Abstimmung zwischen Vertrieb und Marketing fand über regelmäßige Treffen statt. Der Austausch zwischen Marketing und Vertrieb war aufwendig und gelang nicht immer vollständig. Vor allem die bei der Marktbearbeitung gewonnenen Informationen wurden häufig nicht so kommuniziert, wie es für einen optimalen Markterfolg notwendig gewesen wäre. Um hier entscheidende Wettbewerbsvorteile erringen zu können, wurden folgende Ziele vereinbart:

- Die Betreuung der Kunden sollte deutlich verbessert werden.
- Der Kontakt mit dem Markt darf nicht nur über den Handel vermittelt, sondern muß vom eigenen Unternehmen gesteuert werden.
- Marketing und Vertrieb sollten in einen Marktbearbeitungsprozeß integriert werden.
- Die Kosten für Marketing und Vertrieb waren deutlich zu senken.
- Gleichzeitig mußte die Bearbeitung der Marktpotentiale intensiviert werden.
- Marketing und Vertrieb sollten diese Aufgaben ohne zusätzliches personelles Wachstum bewältigen.

Umsetzung der Ziele

Organisatorische Veränderungen

In einem ersten Schritt wurden die fünf Regionalbüros zu zwei Geschäftsstellen

447

zusammengelegt, die für den Norden bzw. Süden verantwortlich zeichneten. Diese wurden 1994 aufgelöst und in eine Verkaufsorganisation zusammengeführt. Die 26 Vertriebsmitarbeiter sind in sechs regionalen Teams organisiert, die dem Gesamtverkaufsleiter direkt unterstehen. Die zwei Gebietsleiter und die sechs Teamleiter nehmen nur noch organisatorische und funktionale Aufgaben wahr.

DuPont setzte als amerikanisches Unternehmen von Anfang an auf flache Hierarchien und eigenverantwortliches Handeln der Mitarbeiter. Diese Philosophie wurde durch die Abschaffung der Geschäftsstellen weiter verstärkt. Die Außendienstteams organisieren und kontrollieren sich weitgehend selbständig. Der Forecast wird durch die Teams selbst erstellt, der Erfolg im Akquisitionsprozeß permanent durch die Mitarbeiter überprüft, die Priorisierung der Ansprechpartner eigenverantwortlich durchgeführt und die Planung mit dem Tagesgeschäft permanent abgestimmt.

Zur professionellen Bewältigung der Vertriebsaufgaben wurden die Außendienstmitarbeiter mit kompletten Home Offices ausgestattet. Mit ISDN, Fax, Mobiltelefon und Notebook stehen bestens ausgerüstete Heimarbeitsplätze zur Verfügung. So können die Außendienstmitarbeiter produktiv vor Ort handeln und verbringen nur noch zwei Tage im Jahr in der Zentrale.

Integration von Marketing und Vertrieb
Um den gestiegenen Ansprüchen an ihre Vertriebsleistung gerecht werden zu können, müssen die Außendienstmitarbeiter in der Lage sein, kompetent von zu Hause aus zu agieren. Neben der „klassischen Vertriebsarbeit" müssen Mailings, Telemarketingaktionen, Aktionen mit Landwirten

und/oder Verbänden dezentral vorbereitet, mit der Marketingabteilung effektiv abgestimmt, durchgeführt und zuverlässig ausgewertet werden.

Vertrieb und Marketing haben ein zentrales VIS mit Zugriff auf die gleiche Datenbasis. Aktionen der einzelnen Bereiche stehen allen involvierten Mitarbeitern stets aktuell zur Verfügung. Jeder Mitarbeiter hat alle von ihm benötigten Informationen auf seinem Notebook. Er kann in vollem Umfang damit arbeiten. Über tägliche Kommunikation wird sein Bestand mit dem zentralen Kundenbestand abgeglichen. Es werden nur die geänderten Felder kommuniziert, Dubletten werden automatisch erkannt, Daten auf ihre Richtigkeit geprüft, so ist ein einheitlicher und aktueller Datenbestand für alle gewährleistet.

Klassische Standardaufgaben wie Kundenbriefe und -faxe, Besuchsberichte, Termin- und Kontaktverwaltung sollten über die Vertriebssoftware mit einem Bruchteil des bisherigen Aufwands erledigt werden, um die Mitarbeiter trotz zusätzlicher Anforderungen produktiver zu machen. Darüber hinaus mußte die Software den Mitarbeitern professionelles Marketing im Außendienst überhaupt erst ermöglichen. Selektionen von Ansprechpartnern, die Weiterverarbeitung zu Serienbriefen, Telefonlisten u.ä., Aktionsplanung und -überwachung und Soll-Ist-Vergleiche mußten einfach und zuverlässig vom Außendienstmitarbeiter durchgeführt werden können.

Die Erweiterung der Außendiensttätigkeit barg die Gefahr einer starken Überschneidung der Tätigkeiten zwischen Marketing und Vertrieb. Damit die Kommunikation bei Kunden und Interessenten als integrierte Kommunikation wahrge-

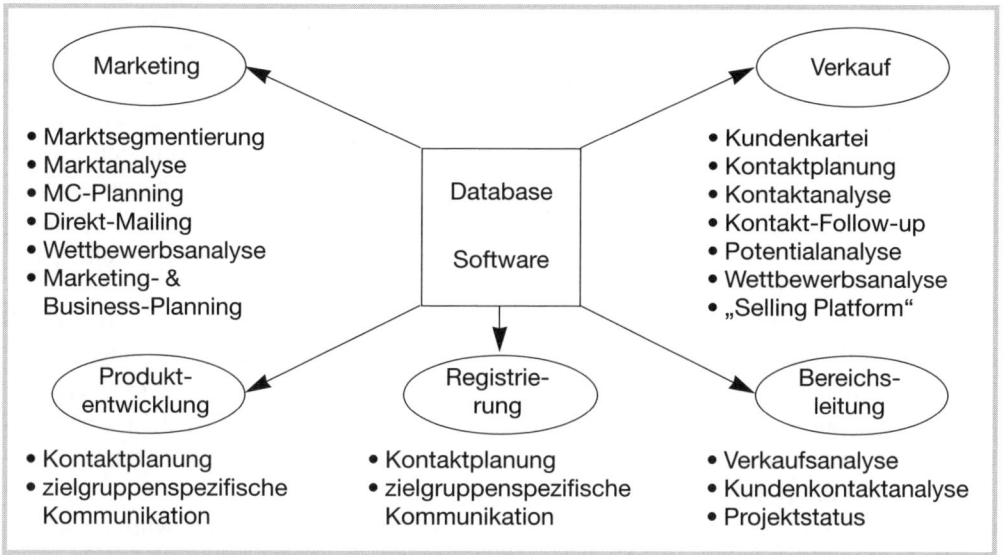

Abb. 5: Computer Aided Marketing & Selling
(Quelle: DuPont de Nemours, Bad Homburg 1996)

nommen wird, ist die Definition eines einheitlichen Akquisitionsprozesses unerläßlich. Die umfassende Betreuung des Interessenten und dessen Entwicklung zum Kunden und schließlich zum Stammkunden muß detailliert geplant werden. Die einzelnen Phasen im Akquisitionsprozeß werden dort erledigt, wo sie sich am effektivsten durchführen lassen. Alle stattgefundenen und geplanten Kontakte werden in einer Kontakthistorie direkt beim Ansprechpartner hinterlegt und für alle nachvollziehbar gemacht. Die Kommunikation mit den einzelnen Ansprechpartnergruppen ist im Sinne eines systematischen Kontaktmanagements strukturiert. Wie das konkret funktioniert, wird im folgenden Abschnitt detailliert beschrieben.

Die Integration von Vertrieb und Marketing verlangt darüber hinaus eine permanente Kontrolle, ob die einzelnen Marketing- und Vertriebsressourcen jeweils optimal eingesetzt werden. Regelmäßige Potentialanalysen, zuverlässige Segmentierung nach ABC-Potentialen, einfacher Aufbau eines individuellen Kundenportfolios und die umfassende Analyse sämtlicher Kosten einer Aktion und der daraus gewonnenen Erträge müssen den Marktbearbeitungsprozeß begleiten und absichern.

Damit kein Mitarbeiter seine Produktivität durch administrative Kontrollaufgaben „vergeudet", muß die eingesetzte CAS-Software diese Aufgaben übernehmen bzw. umfassend unterstützen: Die Bestimmung des individuellen Kundenportfolios muß mit wenig Aufwand möglich sein. Relevante Daten zum Marktbearbeitungsprozeß müssen über ein Analysetool auf Knopfdruck erstellt und den betroffenen Mitarbeitern zur Verfügung gestellt werden können. Diese Analysen sind an die jeweils aktuelle Geschäfts- und Marktsituation anzupassen.

Der gesamte Marketingprozeß ist strategisch auf die Kommunikation des Nutzens abgestimmt, den der Kunde durch die Kooperation mit DuPont gewinnt. Nicht die Produkte von DuPont werden bei den Aktivitäten in den Vordergrund gestellt, sondern der Nutzen, den der einzelne Landwirt, Händler oder Berater bei seiner täglichen Arbeit erhält.

Dieser Nutzen umfaßt auch die Art, wie der Kontakt hergestellt wird. Jeder Kontakt muß auf die konkrete Situation des Ansprechpartners abgestimmt werden. Über die umfassende Information aus dem VIS und die potentialorientierte Betreuung des Kunden konnten viele Anforderungen des Kunden schriftlich oder telefonisch erfüllt werden anstatt wie bisher durch einen Besuch. Dadurch wurden die Besuchskosten deutlich gesenkt und gleichzeitig die Betreuung deutlich verbessert. Die Außendienstmitarbeiter können im gleichen Zeitraum mehr Kontakte betreuen, und die tatsächlich durchgeführten Besuche verlaufen aufgrund der besseren Informationen erfolgreicher.

Alle Kontakte orientieren sich an der konkreten Situation des Ansprechpartners. Da diese nicht immer exakt geplant werden kann, werden zwei Kontaktstrategien verfolgt.

- Dem Ansprechpartner wird die Möglichkeit geboten, selbst zu entscheiden, wann er den Kontakt mit dem Unternehmen wünscht. Das geschieht vor allem über Hotline und Fax-on-Demand-Service.
- Der Erstkontakt wird bewußt so gestaltet, daß der Ansprechpartner mit wenig Aufwand reagieren kann. Erst bei konkretem Interesse wird dann die Kommunikation intensiver gestaltet. Hier werden mehrstufige Aktionen durchgeführt.

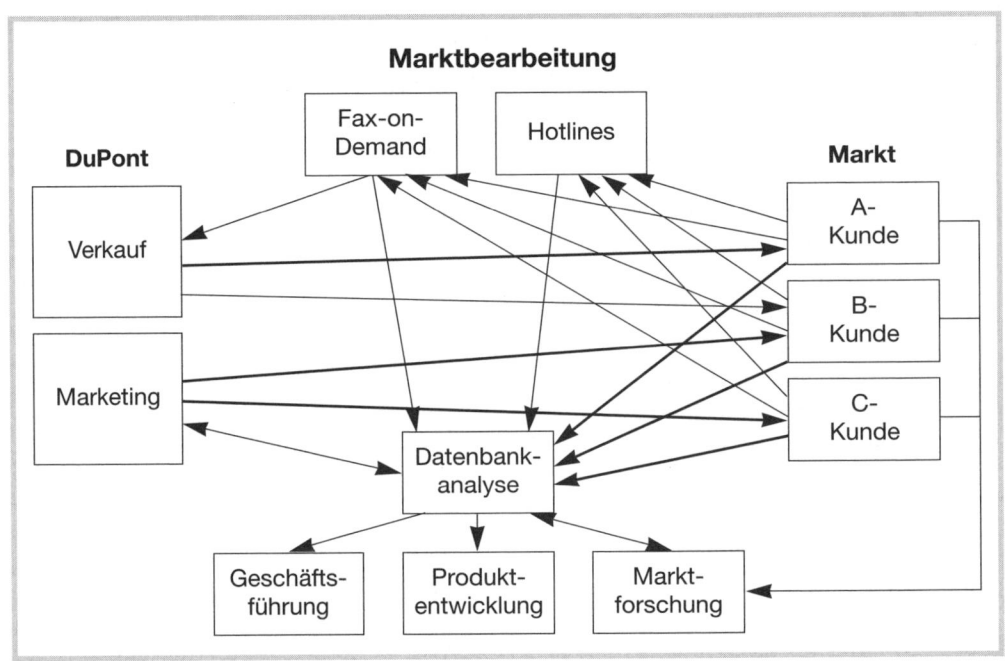

Abb. 6: Marktbearbeitung bei DuPont
(Quelle: DuPont de Nemours, Bad Homburg 1996)

Integration des gesamten Unternehmens

Im Kommunikationsprozeß erhält Du-Pont sehr viele Rückmeldungen über angebotene Produkte und die Qualität des Service. Diese Informationen sind nicht nur für Marketing und Vertrieb relevant, sie stellen eine wertvolle Basis für die strategische Produktplanung, Entwicklung, Marktforschung, Produktion und Kundenbetreuung dar. Das Feedback der Ansprechpartner wird deswegen regelmäßig ausgewertet, konsolidiert und in Form von Berichten den einzelnen Abteilungen zur Verfügung gestellt.

Beispiel für die Kundenbetreuung bei DuPont

Progno-Fax

Einen für diesen Kundenkreis ungewöhnlichen Weg der Betreuung hat DuPont mit ihrem Fax-on-Demand-Service gewählt. Bei insgesamt zwanzig 0130-Nummern können Landwirte bei Bedarf Informationen abrufen. Neben Produktinformationen werden Serviceleistungen vorgehalten. So werden für einzelne Regionen aktuelle Wetterinformationen zusammengestellt und Wetterprognosen verfügbar gemacht. Zusätzlich werden aktuelle Informationen über Befallswahrscheinlichkeit mitgeteilt und Fungizidmaßnahmen empfohlen. Dazu werden optimales Mittel, Ausbringungszeitpunkt und empfohlene Menge vorgeschlagen. Bei bestimmten Witterungsverhältnissen kann es bei einzelnen Produkten zu verminderter Wirksamkeit oder zu Schäden an den Kulturpflanzen kommen. Im Rahmen des Service wird von DuPont ausdrücklich auf diese Problemfälle verwiesen und die richtige Strategie empfohlen. So werden Reklamationen vermieden, und die Zufriedenheit mit der Qualität der Beratung steigt.

Der Service wurde über Mailings an alle Kunden kommuniziert. Bei allen Kontakten, so z.B. auf den Produktverpackungen, wird auf ihn hingewiesen. Abgerundet wird der Fax-Service durch die Hotline, die für Kunden Informationen und Hilfe am Telefon bereithält. Die Anfragen der Kunden werden im VIS gespeichert.

Die Aktion läuft sehr erfolgreich. Im Frühjahr 1996, von März bis Juni, wurden ca. 30 000 Abrufe des Fax-on-Demand-Service und über 12 000 Hotline-Anrufe durch Kunden getätigt. Das Ergebnis dieser Anfragen wird in die Kundendatenbasis reintegriert und zur Planung der weiteren Marketing- und Vertriebsaktivitäten genutzt.

Ergebnisse

Das Unternehmen DuPont konnte über die Integration von Marketing und Vertrieb durch Database-Marketing erhebliche zusätzliche Potentiale realisieren. So stiegen die Umsätze bei Pflanzenschutzprodukten deutlich, gleichzeitig konnte das Marketingbudget um ca. 40 Prozent reduziert werden. DuPont mißt die Kosten pro Hektar betreuter Fläche. Lagen die Betreuungskosten 1990 noch bei 4,65 DM pro Hektar, so sind sie auf aktuell 1,51 DM pro Hektar gesunken. Es konnte festgestellt werden, daß der Costumer integration process erheblich verbessert wurde und sich die Kunden trotz weniger Besuche durch den Außendienst aufgrund der breiten Palette an Aktivitäten wesentlich besser betreut fühlen. Intern ist festzustellen, daß der Informationsfluß zwischen Vertrieb und Marketing optimal verläuft und sich aus zwei selbständigen Bereichen ein erfolgsorientiertes Team gebildet hat.

Ausblick

Der Erfolg der bisher realisierten Maßnahmen soll in Zukunft noch weiter verstärkt werden. So soll über einen intensiven Data-mining-process die Segmentierung der Kunden und Ansprechpartner weiter optimiert werden. Reaktionen der Kunden und Abfragen über den Fax-on-Demand-Service sollen direkt in die Akquisitionsprozesse des Vertriebs eingebunden werden, neue Akquisitionsstrategien aus dem erkannten Bedarf abgeleitet werden.

Darüber hinaus soll der Kundenresponse wesentlich intensiver für die Entwicklung der eigenen Produkte und Dienstleistungen genutzt werden. So sollen alle Reaktionen systematisch im VIS erfaßt und allen Unternehmensbereichen aktuell zur Verfügung gestellt werden. Ziel ist die frühestmögliche Integration der Kunden in die Entwicklung der eigenen Produkte.

Empfehlungen für ein erfolgreich funktionierendes VIS

Bei der Evaluation

Wir haben eingangs darauf hingewiesen, daß sich die Idee und die Umsetzung des Beziehungsmarketing, schließlich auch des Computer Aided Selling, aus dem traditionellen Verkaufsverständnis entwickelt hat. Während in kleineren Betrieben der Verkauf notwendigerweise als Beziehungspflege aufgefaßt wird, weil der Chef alle seine Kunden durch und durch kennt, können größere Firmen, vernetztere Unternehmen und großräumig agierende Branchen nicht mehr ohne die elektronische Datenbank auskommen. Oft haben sich aus diesem Grund die unternehmensinternen EDV-Abteilungen an die Programmierung sogenannter VIS gemacht,

freilich mit viel Engagement und technischem Wissen, aber ohne die vernetzte, interdisziplinäre Weitsicht, die der Unternehmungsberater- und EDV-Branche aus ihrer langjährigen Tradition eigen ist.

Das Schöne am heutigen Stand der Entwicklung ist, daß man den Weg nicht selber pflügen muß. Viele Unternehmen haben bereits vor Jahren begonnen, ihre Erfahrungen auszutauschen und Lösungen für ein digitales Marketing zu erarbeiten. Von diesen Resultaten können wir getrost profitieren und Unternehmungen konsultieren, die ihr Know-how aus solchen internationalen Projekten gewonnen haben. In der Regel werden da spezielle branchenspezifische Standard-VIS angeboten, bei denen ohne größeren Aufwand Anpassungen an eigene Bedürfnisse selbst vorgenommen werden können.

Trotzdem ist es wichtig, in allen Phasen des Umgangs mit einem VIS, vor allem aber bei der Evaluation, nicht nur die unmittelbar beteiligten Marketing- und Verkaufsleute, sondern auch die interne EDV-Abteilung miteinzubeziehen. Es geht nicht allein darum, daß wir später die tägliche Wartung und Supervision des Systems garantiert wissen, als vielmehr um den Gedanken intrinsischer Motivation: Die Einführung eines VIS tangiert alle Ebenen und alle Bereiche der Unternehmung. Es ist deshalb von vornherein wichtig, sie alle in den Evaluationsprozeß einzubeziehen, um so auch der ganzen Reorganisation der elektronisch gestützten Arbeitsweise ihren kalten, technisch vorbelasteten Nimbus zu nehmen. Außerdem wird durch den gemeinsam erreichten Erfolg die Kooperation im Unternehmen gestärkt, die Kunden werden zufriedener, weil sie besser betreut werden, und die Gesamtkosten sinken, weil der Vertriebsprozeß erfolgsorientiert und schlank wird.

Bei der Auswahl eines VIS ist folgendes vorauszuschicken: Mit der Unternehmung wachsen auch die Anforderungen an Verkauf und Dienstleistung. Die strategischen Weiterentwicklungen des Unternehmens, zum Beispiel neue Vertriebsprozesse, neue Distributionswege, Kooperationen oder Neustrukturierungen, müssen im VIS nachvollzogen werden. Wachsende Anforderungen und technologische Fortschritte müssen einfach und schnell im System abgebildet werden. Ganz allgemein sind strategische Perspektiven zu sichern, indem die kontinuierliche Weiterentwicklung der Software zu verbindlichen Kosten garantiert ist. Vor allem flexible Systeme können sich dieser Eigenschaft rühmen und weniger solche Lösungen, die ungeachtet ihrer Benutzer in den Regalen stehen. Die Preise jener flexiblen Systeme scheinen anfänglich nicht ganz gerechtfertigt. Sie beweisen aber ihre Richtigkeit mit der Zeit um so mehr, als sie sich als eine weitsichtige Investition erweisen, die auch in einem neuen Feld von Anforderungen hält, was sie verspricht.

Bevor ein VIS überhaupt eingeführt wird, ist eine detaillierte und langfristig ausgerichtete Planung unentbehrlich. Es füllt Bände, wollten wir hier wegweisende Angaben festlegen. In Kürze ist aber auf folgende Punkte zu achten: Die unternehmensspezifischen Besonderheiten, etwa Arbeitsabläufe oder administrative Praktiken, sind stets neu festzuhalten, damit das VIS darauf abgestimmt werden kann. Nicht umgekehrt.

Der Aufbau einer kompetenten Betreuung für den Kunden ist ein weiterer Punkt. Man neigt zu Beginn von großen EDV-Projekten zu einer wahren Sammelwut von Informationen. Erste Priorität ist jedoch: Welche Informationen sind relevant, um dem Kunden einen optimalen Nutzen zu gewährleisten und diesen zu kommunizieren. Zweite Priorität: Welcher Mitarbeiter benötigt welche Information, wann, wo und wie aktuell. Nur so erfüllt das VIS seinen Zweck und droht nicht, in Scheinkommunikation zu verkommen.

Zugriffsberechtigungen und Hierarchien, wie wir bereits erwähnt haben, werden mit Bedacht sorgfältig festgelegt. Es handelt sich dabei nicht um die nachfolgende Einrichtung eines Kastensystems, nachdem die organisatorischen Hierarchien abgeschafft worden sind, sondern um die Vorbeugung von Mißbrauch der Daten, der übrigens oft weniger aus Bosheit denn durch Unwissen entsteht.

Bei der Implementierung

Bei der Implementierung eines VIS ist darauf zu achten, daß nicht allein technologische Aspekte vorherrschen. Geniale Informatiker sorgen für Software, die exzellent ist, aber weder den Grundsätzen des Beziehungsmarketing noch Computer Aided Selling entspricht, weil sie nicht auf die Anwenderbedürfnisse bezogen ist. Oft handelt es sich um raffinierte elektronische Adreßkarteien, denen die Tiefe völlig fehlt, die im Verkauf unentbehrlich ist.

Einige Vereinbarungen mit dem VIS-Anbieter sind bei Beginn ratsam: Ein frühzeitiger, verbindlicher Termin für den Echtbetrieb der Software ist insofern sehr nützlich, als dabei schnell auf Probleme oder Inkonsequenzen reagiert werden kann. Eine Kosten-Nutzen-Analyse für jeden Projektschritt bewahrt vor unerfreulichen Erkenntnissen, was die Effizienz der Implementierung betrifft. Schließlich erspart die Zusicherung bestimmter wesentlicher Vertragsinhalte wie zum Beispiel Schulung und Betreuung der Mitarbeiter nachträgliche Unsicherheit über den Verlauf des Projekts.

Im täglichen Umgang

Nach der Implementierung des VIS beginnt die eigentliche Arbeit der Projektbetreuung. Man tut gut daran, deren Wirkungsfeld und Wichtigkeit für die sozialverträgliche Einführung von EDV nicht zu unterschätzen und sie aus diesem Grund mit versierten Fachkräften aus der Organisation zu besetzen: In jedem Stadium, in jeder Phase der EDV-Einführung müssen die Mitarbeiter informiert und auf dem neusten Stand des Wissens sein. Nur allzuschnell werden Probleme im Umgang mit der unbekannten Materie externalisiert und auf EDV-Verantwortliche abgewälzt. Es entsteht Unzufriedenheit und Unsicherheit, was zur Ablehnung der neuen Technologien führt und der effizienten Ausnutzung derselben nicht eben förderlich ist.

Für die tägliche Arbeit am System sind einige Punkte von Wichtigkeit, die wir hier kurz behandeln wollen: Als erstes muß die Datenbank stets auf dem aktuellsten Stand sein, was nur durch knallharte Inputdisziplin zu erreichen ist. Man vergißt leider nur zu oft den ungeheuren Arbeitsaufwand, der hinter diesem Ansatz steckt. Eine Datenbank zu warten und zu pflegen bedingt den Einsatz vieler Mitarbeiter und von Kapital, ist aber schließlich der Schlüssel zum Erfolg im Beziehungsmarketing.

Gerade deshalb ist es wichtig, all den Mitarbeitern, die in der Datenverarbeitung involviert sind, die Konzentration auf erfolgversprechende Tätigkeiten zu ermöglichen. Routinearbeiten sind zu minimieren, Aufgaben müssen ohne Aufwand dort erledigt werden, wo es am effektivsten und kostengünstigsten ist. Teilaufgaben, zum Beispiel Adreßpflege, Mailingabwicklung und Telemarketing, sollten bei Bedarf ausgelagert werden.

Dauernde Kontrollen sind notwendig, damit möglichst fehlerlos gearbeitet wird, die Aktualität gewahrt bleibt und die Charakterisierungen der erfaßten Marktbeziehungspartner sinngemäß nach den festgelegten Kriterien erfolgen. Kontrolle hat im heutigen Verständnis des menschenorientierten Führungsstils eine etwas negative Konnotation erhalten. Wir dürfen aber nicht vergessen, daß die Daten einer Unternehmung, das gesamte Wissen und Know-how die Ressourcen überhaupt sind. Sie unkontrolliert fließen zu lassen ist verantwortungslos.

Überhaupt ist ein permanentes Qualitätsmanagement ein wesentlicher Teil des erfolgreichen Computer Aided Selling. Alle Vertriebsaktivitäten der Mitarbeiter sollten im VIS hinterlegt und transparent werden. So kann das Know-how der erfolgreichsten Verkäufer für alle nutzbar gemacht werden, ohne daß der Betreffende seine Kompetenz teilen oder gar offenlegen muß. Mit regelmäßigen Analysen wird geprüft, ob die Aktivitäten noch am tatsächlichen Potential ausgerichtet sind. Schließlich ist für einen schnellen, aktuellen Überblick über Status, Erfolg und Kosten aller verkaufsfördernden Maßnahmen zu sorgen. Eine exakte Kosten- und Erfolgskontrolle läßt frühzeitig notwendige Prozeßveränderungen erkennen.

Zu guter Letzt ist innerhalb der organisatorischen Ausrichtung nochmals festzuhalten, daß solche technischen Projekte stets ein ungeheures soziales Potential in sich tragen. Die Software als unterstützendes Werkzeug erachten wir noch zu oft als das Zentrum des Interesses. Wir dürfen nicht vergessen, daß stets Menschen mit diesen Werkzeugen arbeiten. Ihnen soll die hauptsächliche Aufmerksamkeit von der Implementierung bis zur täglichen Arbeit gewidmet sein. Aus diesem Grund muß unbedingt darauf geachtet werden, daß nicht einfach ein Satz Disketten gekauft wird, sondern die Gesamtprojektierung des VIS-Anbieters garantiert ist. Das bedeutet die technische und organisatorische Unterstützung von der Evaluation über die Implementierung, die Schulung der Mitarbeiter und der Supervisor, bis zur Beratung in sämtlichen Belangen, die durch das neue Projekt für das Unternehmen von Bedeutung sind, und eine funktionierende Hotline.

6.5 Präsentainment für Verkaufsleiter

Der Autor

Andreas Bornhäußer, Verkaufs- und Verhaltenstrainer. Nach der Ausbildung im Interaktiven Lernen (Moderationstechnik), in der Silva Mind Control Methode, in der Neurolinguistischen Programmierung und im Bereich der Persönlichkeitsentwicklung und Kreativität (TETA-Seminare) arbeitet er im Bereich der Aus- und Weiterbildung. Zu seinen Schwerpunkten gehören Themen wie Motivation, Kommunikation und Kreativität in Führung und Verkauf. Herr Bornhäußer ist Autor zahlreicher Fachveröffentlichungen.

Wer seine Verkaufsmannschaft motivieren will, überzeugender zu präsentieren oder einfach nur besser zu verkaufen, sollte selbst Vorbild sein. Außendiensttagungen, Aktionärsversammlungen und Kundenveranstaltungen jedweder Art bieten dazu die besten Gelegenheiten. Soweit nichts Neues.

Eine bei Aktionären großer deutscher Unternehmen durchgeführte Studie der Arthur D. Little Unternehmensberatung belegt jedoch, daß über 60 Prozent der Befragten die Präsentationen der Unternehmenskapitäne und ihrer Führungsriege für stark verbesserungswürdig halten.

Die persönliche Inszenierung läßt vielerorts mehr als nur zu wünschen übrig. Schade, weil es sich um verpaßte Chancen handelt, die Verkaufsmannschaft durch Vorbildlichkeit anzuleiten und in ihnen den Wunsch nach Verbesserung ihrer eigenen Überzeugungskraft auszulösen.

Es scheint, als würde mit jeder Stufe der Karriereleiter nach oben die Bereitschaft der Führungsriege nach persönlicher Weiterbildung und -entwicklung sinken.

Dieser Beitrag will deshalb weiblichen und männlichen Verkaufsleitern Lust auf die Steigerung ihrer individuellen Darstellungs- und Überzeugungsfähigkeit machen. Und er enthält dazu eine Fülle von praktischen Anregungen, wie sich das in kurzer Zeit mit nachhaltiger Wirkung erreichen läßt.

Die Ideen hierzu fasse ich unter dem Begriff Präsentainment zusammen. Denn neben der Notwendigkeit inhaltlicher Ernsthaftigkeit vertrete ich vor allem die

Ansicht, daß die Art der Darbietung allen Beteiligten auch Spaß machen muß. Es geht nicht nur um Information, sondern auch um Unterhaltung. Es geht um Präsentation und Entertainment, eben Präsentainment.

Zwar widme ich mich im folgenden primär dem Vortrag. Doch einen großen Teil der darin enthaltenen Anregungen können Sie 1:1 auf die tägliche Verkaufsarbeit übertragen. Denn auch hier wäre vielerorts eine unterhaltsamere Kundenansprache ausgesprochen sinnvoll und nützlich.

Das Prinzip der Wahl-Freiheit

Auf eine stimmige Einstellung folgt eher die Zustimmung

In diesem Abschnitt geht es um Ihre ganz persönliche Einstellung zu sich selbst, zu Ihrem Thema und zu den Menschen, vor denen Sie einen Vortrag halten. Wenn Sie nämlich wollen, daß Ihre Verkaufsmannschaft, die Aktionäre Ihres Unternehmens oder Ihre Kunden Sie als Person und die Inhalte Ihres Vortrags mögen und mit frenetischem Applaus bedenken, sollten Sie sich selbst, Ihre Teilnehmer und Ihre Inhalte mehr als nur mögen. Sie sollten mit Leib und Seele verinnerlicht haben, was Sie veräußern, also verkaufen wollen. Schließlich geht es auch in jedem Vortrag ums Verkaufen. Ihre Teilnehmer sollen ja sagen zu dem, was Sie ihnen mitzuteilen haben. Sie sollen es annehmen und bestenfalls nach Ihrem Vortrag ebenfalls verinnerlicht haben. Es soll sie zu konkreten Handlungen animieren. So wie in und nach jedem Verkaufsgespräch.

Ihr Publikum spürt zwischen den Zeilen des Gesprochenen, ob Sie auch meinen, was Sie sagen. Ihr Körper spricht mit. Und er spricht auch immer die Wahrheit. Im schlimmsten Fall führt das dazu, daß Sie während der Aussage „Das ist wirklich das beste Ergebnis, das wir in den letzten Jahren erzielt haben" leicht den Kopf schütteln. Der Körper verneint, was das Wort bejaht. Diese Form der Widersprüchlichkeit nimmt das Auditorium wahr.

Wenn Sie nicht zu dem stehen können oder wollen, was Sie anderen mitzuteilen haben, schweigen Sie lieber.

Es gibt nichts, was Sie tun müssen. Sie haben die freie Wahl. Das war immer so, und es wird wohl auch für den Rest Ihres Lebens so bleiben. Ob Ihnen das nun paßt oder nicht. Und schon höre ich das Gezeter der armen Opfer ihrer Umstände: „So ein Unfug. Es gibt ganz im Gegenteil sehr viele Dinge, die ich tun muß. Manche Situationen habe ich mir in meinem Leben nicht ausgesucht. Wenn ich zum Beispiel in einem Unternehmen arbeite und eines Tages einen neuen Chef vorgesetzt bekomme, dann habe ich mir das wohl kaum ausgesucht. Und wenn ich Pech habe, dann komme ich mit dem überhaupt nicht zurecht. Oder wenn uns die allgemeine wirtschaftliche Lage und unsere eigene dahinschmelzende Ertragsdecke zwingt, unsere Außendienstmannschaft zu dezimieren, dann muß ich als Führungskraft denen das auch klarmachen. Und erst die Kinder in Äthiopien. Die haben sich auch nicht ausgesucht, daß sie Hunger leiden. Und doch müssen sie Hunger leiden."

Meine Umstands-Opfer finden immer wieder derart zum Teil weit hergeholte Beispiele.

Reine Ablenkungsmanöver. Nur nicht Verantwortung für die eigene Lebenssituation übernehmen, schuld sind immer die anderen! Ich hätte ja anders gehandelt, wenn die anderen mich gelassen hätten. Das sagen alle. Und jeder hat eine Ausrede dafür, daß er gehandelt hat, wie er gehandelt hat, obwohl er eigentlich ja ganz anders handeln wollte. Ein Mensch, der am Schreibtisch sitzt und von Hawaii träumt, hat zwei Probleme. Er ist erstens nicht an seinem Schreibtisch. Aber leider zweitens auch nicht auf Hawaii.

Es gilt das Prinzip: Jeder hat die Wahl-Freiheit. Dieses Prinzip besteht aus genau drei Ebenen.

Ebene eins: Love it. Was immer Sie tun, tun Sie es mit ganzem Herzen. Stehen Sie dazu. Was immer Sie in einem Vortrag vermitteln wollen, lieben Sie es. Sollte dies aus welchen Gründen auch immer nicht möglich sein, dann wenden Sie sich Ebene zwei des Prinzips der Wahl-Freiheit zu:

Ebene zwei: Change it. Wenn ich zu den geforderten oder notwendigen Inhalten meines Vortrags nicht stehen kann, setze ich mich mit den Verantwortlichen oder Auftraggebern auseinander. Ich erkläre ihnen, was mich davon abhält, zu dem erwarteten Vorgehen mit ganzem Herzen zu stehen. Ich mache mir die Arbeit, ihnen meinen Standpunkt in der Sache darzulegen. Ich setze mich dafür ein, sie für meine Sicht zu gewinnen, sie zu anderen Lösungsansätzen zu bewegen. Das ist mühsam, keine Frage.

Das bedeutet Konflikt. Sich dafür zu engagieren, daß sich Rahmenbedingungen oder Spielregeln verändern, mit denen ich mich nicht einverstanden erklären kann oder will, ist unbequem. Da ist es dann für viele Menschen bequemer, darüber zu lamentieren, daß man selbst es viel lieber anders gehabt hätte. Nur leider hat ja niemand auf einen gehört.

Wenn Sie wirklich der tiefen inneren Überzeugung sind, daß Ihre Betrachtungs- und Vorgehensweise die richtigere gewesen wäre, wer oder was hat Sie dann davon abgehalten, sich dafür stark zu machen? Sie selbst. Weil Sie sich der Kontro-

verse nicht aussetzen wollten. Es gibt eine Menge Menschen, die sich selbst im (richtigen) Weg stehen. Nach meinen Beobachtungen ist es die Mehrheit. Das Schlimme daran ist der faule Kompromiß. Nichts ist gegen Kompromisse an sich einzuwenden. Vollkommen einverstanden bin ich, wenn Sie mir entgegnen: „Aber in manchen Situationen muß man doch einfach Kompromisse schließen. Es gibt Situationen, in denen ich wirklich niemanden zu einer anderen Sichtweise bewegen kann."

Ich stimme Ihnen zu. In dem „Verändere es!" der zweiten Ebene des Prinzips der Wahl-Freiheit steckt aber auch noch eine andere Facette. Wenn ich das Außen nicht verändern kann – nachdem ich es mehrfach engagiert versucht habe –, kann ich zur Abwechslung ja auch mal nach innen gehen. Eugen Roth dazu: „Ein Mensch nimmt guten Glaubens an, er habe sein Äußerstes getan. Doch leider Gott's vergaß er nun, auch noch sein Innerstes zu tun." Ich kann also nach innen gehen und meine Sicht der Dinge verändern. Vielleicht ergeben sich ja aus der kontroversen Diskussion mit meinen Vorgesetzten, Mitarbeitern oder Kunden Aspekte und Sichtweisen, die mir bisher verschlossen waren. Schrittweise kann ich sie mir vielleicht in der Diskussion erschließen. Diese Ebene enthält eben auch die Option, die eigene Einstellung zu der Situation zu verändern.

Die anonymen Alkoholiker haben den Grundsatz eines evangelischen Theologen zu ihrem Motto gemacht: „Oh Herr, gib mir die Kraft, Dinge zu verändern, die zu verändern sind, die Einsicht, Dinge zu akzeptieren, die ich nicht verändern kann, und die Weisheit, das eine vom anderen zu unterscheiden."

Wenn Sie sich ernsthaft mit den beiden Möglichkeiten der zweiten Ebene des Prinzips der Wahl-Freiheit auseinandergesetzt und sich entsprechend engagiert haben und weder akzeptieren können, was ist, noch an Veränderungen arbeiten wollen, um sich dann wieder ganz zur Situation, zur Person beziehungsweise zu den geforderten Inhalten Ihres Vortrags zu bekennen, dann bleibt Ihnen schließlich und letztlich nur noch:

Ebene drei: Leave it. Auch diese Option ist Bestandteil des Prinzips der Wahl-Freiheit. Zu guter Letzt bleibt Ihnen immer noch die Wahl, sich etwas anderes zu suchen, neu zu wählen. Sie sind nicht auf dieser Welt, um so zu sein oder das zu tun, wie andere Sie gerne haben möchten und was andere von Ihnen erwarten.

Nur wer sich mit seinen zu präsentierenden Inhalten zunächst auseinandersetzt und schließlich identifiziert, wird andere Menschen für eben diese Inhalte gewinnen. Sie werden die Stimmung erzeugen, in der man Ihren Ausführungen von Herzen zustimmt.

Als Führungskraft haben Sie die Aufgabe, Vorbild zu sein – auf jeden Fall für alle jene Mitarbeiter, die sich gerne durch Vorbildlichkeit führen lassen, weil sie noch Orientierung brauchen. Und davon gibt es mehr, als uns so manche ausschließlich an die Selbstverantwortung von Mitarbeitern appellierende Buchautoren glauben machen wollen. Wenn Sie Ihre Verkaufsmannschaft motivieren wollen, ihre eigene Präsentationsfähigkeit zu optimieren, ihre Redegewandtheit zu verbessern, kurzum ihr Verkaufsgeschick weiterzuentwickeln, dann schaffen Sie dies vor allem auch dadurch, daß Sie vorbildliche Vorträge halten. Und die grundlegende Voraussetzung dafür ist bei Ihnen wie bei Ihren Mitarbeitern, daß die innere Einstellung und Haltung stimmen.

Anders als alle anderen und besser

Wer sich traut, dem ist zu trauen

Wer immer in den Spuren anderer wandelt, wird selbst niemals Eindrücke hinterlassen. Erinnern Sie sich doch bitte mal an die Seminare, Präsentationen, Vorträge oder Verkaufsgespräche, die Sie selbst als Teilnehmer oder Kunde schon hinter sich gebracht haben. Wie viele davon sind Ihnen wirklich in angenehmer Erinnerung geblieben? Etwa die folgende:

Zielstrebigen Schrittes bewegt sich der Referent zum Rednerpult. Mit einem strafenden Blick von der Kanzel herab streift er alsdann sein Publikum, um schließlich die schmale Lesebrille auf die Stirn zu schieben, das Licht des Overhead-Projektors anzuknipsen und mit dem Standardspruch „Einen wunderschönen guten Tag, meine sehr geehrten Damen und Herren" die nun folgende Folien-Leier anzukündigen und schließlich herunterzubeten. Zwischendrin der eine oder andere Ausfallschritt. Gut macht sich auch immer wieder das leidenschaftslose Absetzen der Lesebrille verbunden mit dem prüfenden Blick in die Teilnehmerschaft. So kann er wenigstens zwischendrin überprüfen, ob noch jemand im Auditorium sitzt. Selbiges gerät ihm während der meisten Zeit jedoch eher aus dem Blick, weil er sich entweder über sein Manuskript beugt oder auf den Projektor schaut und sich blenden läßt oder – was der Gipfel des Dilettantismus ist – sich immer wieder zurück zur Leinwand dreht.

Landauf landab das gleiche Elend. Mal lauter, mal leiser. Genug lamentiert. Wie ginge es besser, und was ist zu tun?

Wer seinen Vortrag nach dem Motto „Anders als alle anderen und besser" aufbereitet, der macht das Rennen. Den Sieger in diesem Sinne erkennt man schon am Start.

Beispiel:

Von dem Vertriebsleiter der Wick-Pharma wurde mir berichtet, daß er eine Außendiensttagung vor einigen Jahren damit eröffnete, daß er ohne viele Worte eine große Packung Wick VapoRub langsam und genüßlich aufdrehte. Dann nahm er einen großen Löffel und tauchte diesen in die Salbendose. Im Saal herrschte Totenstille, weil allen Anwesenden klar war, daß diese Salbe nur zur äußerlichen Anwendung, keinesfalls aber zum Einnehmen geeignet ist. Man war gespannt, was der Chef nun weiter tun würde. Er lenkte den Löffel in aller Seelenruhe zum Mund, öffnete diesen und schob Löffel samt Salbe hinein. Die Teilnehmer riefen ihrem Chef erschrocken und besorgt zu „Halt, nicht! Das ist gefährlich. Stop! Das bekommt Ihnen nicht. Nur zur äußerlichen Anwendung bestimmt." Es brach ein Stimmengewirr aus. Der Chef ließ sich nicht weiter beirren. Er kramte ein Stück Brot hervor, schnitt eine Scheibe ab und bestrich die Scheibe mit der Salbe, um anschließend das ganze Brot zu verspeisen. Vor den Augen seines Auditoriums, das – wie Sie sicherlich nachvollziehen können – äußerst verwirrt war. Und dann begann er seinen eigentlichen Vortrag sinngemäß mit den Worten „Es ist gut möglich, daß die Marktentwicklung dieses wichtigen Umsatzträgers unseres Unternehmens in den vergangenen Monaten zu einer ähnlichen Verwirrung bei Ihnen und bei unseren Handelspartnern geführt hat. Die heutige Veranstaltung, meine sehr verehrten Kolleginnen und Kollegen, hat das Ziel, für Klarheit zu sorgen, aufzuklären und klarzumachen, daß wir uns auf gar keinen Fall die Butter vom Brot nehmen lassen werden."

Und dann stieg er in seinen Folienvortrag ein. Was die Teilnehmer seines Vortrages nicht wußten, war, daß er in seine Salbendose Schmalz hatte füllen lassen. Diese Aufklärung gab es für die Außendienstmitarbeiter der Wick-Pharma auch erst sehr viel später. Aber Sie können gewiß sein, daß sich auch heute noch alle Teilnehmer an diesen Einstieg und die Veranstaltung erinnern. Das ist Präsentainment. Ein chinesisches Sprichwort dazu: Verwunderung und Überraschung sind der Anfang des Begreifens. Erfüllen Sie die ganz spezifische Erwartungshaltung nicht, kommen Sie den Teilnehmern Ihrer Präsentation von einer unerwartet anderen Seite, und Sie sichern sich eine sicht-, hör- und spürbar höhere Aufmerksamkeit.

In meinen Seminaren bekomme ich nach solchen Beispielen nicht selten zu hören: „Das geht nicht, weil meine Verkaufsmannschaft überwiegend aus altgedienten Haudegen besteht, die so etwas einfach nur albern fänden." Oder: „Meistens präsentiere ich vor unseren Geschäftsführern oder leitenden Mitarbeitern. Die werfen mich anschließend aus dem Laden raus, weil sie sich von mir nicht ins Kindergartenalter zurückversetzen lassen." Und weiter: „Das geht nicht, weil wir eine sehr konservative Kundenstruktur haben und die für solche Spielchen sicher nicht zu gewinnen sind." Sicher fallen Ihnen noch weitere Argumente ein, warum derartiges nicht geht.

Haben Sie es überhaupt schon einmal probiert?

Die von mir so gefragten Teilnehmer antworten zu 95 Prozent mit einem zögerlichen, aber schließlich doch eindeutigen Nein. Wie aber wollen sie dann beurteilen können, ob es nicht vielleicht doch ankäme, wenn sie sich trauten?!

Geht nicht gibt's nicht. Hinter jedem „Geht nicht" oder „Kann nicht" steht ein „Will nicht".

461

Und hinter jedem „Will nicht" steht ein „Weiß nicht". Der Betreffende weiß nicht, welche Resonanz er auf die neue Art seines Einstiegs bekommt. Er weiß nicht, was er möglicherweise dabei verliert. Statt sich mit solchen Fragen auseinanderzusetzen, bevorzugt er es, auf den eingefahrenen Gleisen weiterzumachen. Erstens kommt man da schneller ans Ziel. Zweitens kennt man auf dem Weg schon jeden Bahnübergang, jedes Bahnwärterhäuschen und jeden Bahnhof. Und drittens beinhaltet das alles kein Risiko. Jedoch: *Nur wer vom Weg abkommt, lernt die Gegend kennen.* Machen Sie sich bitte bewußt: Was immer Sie tun, Sie haben nichts zu verlieren – außer Ihr Ansehen, Ihre Glaubwürdigkeit oder gar ihren Job. Das soll hier nicht verniedlicht, sondern nur ins rechte Licht gerückt werden. Ob Sie nun den braven uniformen Gewohnheitsbrei abliefern oder mit einer überraschenden Inszenierung Ihrer Vortragsinhalte überzeugen – das Risiko ist in beiden Fällen das gleiche. Sie können verlieren oder gewinnen. Der Daumen Ihrer Zielpersonen geht anschließend rauf oder runter. Und nachdem das in jedem Fall die beiden gleich gültigen Ergebnis-Optionen sind, empfehle ich die Wahl der Variante, die Ihnen und vor allem Ihren Zuhörern letztlich mehr Spaß macht.

Sie haben die Wahl zwischen den beiden Polen: „So habe ich's schon immer gemacht, so mache ich es auch weiter" und „Das hat so noch keiner gemacht, damit mache ich als erster Eindruck!" Sich nicht zu trauen ist das gute Recht eines jeden Menschen. Dafür aber andere verantwortlich machen zu wollen ist nicht rechtens. Schieben Sie also bitte keine fadenscheinigen Ausreden vor: der strenge Chef, die konservativen Kunden, die altgediente Verkaufsmannschaft.

Wie sehr mögen Sie Ihre Teilnehmer, und wie gerne halten Sie Vorträge?

Nach Möglichkeit sollten Sie die Teilnehmer Ihres Vortrags mindestens so gerne haben wie die Inhalte, über die Sie zu sprechen beabsichtigen. Richtig gut läuft Ihr Vortrag immer dann, wenn Sie sich an den individuellen Bedürfnissen Ihrer Teilnehmer/innen ausgerichtet haben und wenn Sie Ihr eigenes Ziel, das abschließende Ja zu den Inhalten Ihres Vortrags, konsequent und mit hohem persönlichem Engagement verfolgen.

Von dem berühmten Clown Rock wird berichtet, daß er sich jeden Abend vor der Vorstellung heimlich hinter den Vorhang geschlichen hat, um sein Publikum schon vor der eigentlichen Vorstellung in Augenschein zu nehmen. Dabei soll er sich mit folgenden Sätzen positiv auf die Zuschauer eingestimmt haben: „Liebes, liebes Publikum. Ich danke dir, daß du heute Abend den Weg in dieses Haus gefunden hast. Jedem einzelnen von dir habe ich es zu verdanken, daß ich heute Abend in Lohn und Brot stehe und all mein Können entfalten kann. Ohne dich wäre alles, was ich kann, wertlos. Weil es niemanden gäbe, für den ich es aufführen könnte. Ich verehre dich und arbeite um deine Gunst. Und deshalb werde ich auch heute Abend wieder mein Bestes geben. Denn du hast es dir verdient, da du mir Gelegenheit zu dieser wundervollen Arbeit gibst."

Diese Haltung von Rock gegenüber seinem Publikum, gepaart mit dem unermüdlichen Fleiß eines ambitionierten Artisten, hat sicher ganz maßgeblich zu seinem internationalen Erfolg und Ruhm beigetragen. Sie müssen es ihm ja nicht buchstäblich gleichtun. Gleichwohl täten Sie gut daran, wenn Sie vor jeder Rede Ihre innere Einstellung zu denen überprüfen, zu denen Sie sprechen, denen Sie etwas verkaufen möchten.

Wenn Sie wollen, daß Ihre Teilnehmer Sie und die Inhalte Ihres Vortrags annehmen und mögen, sollten Sie Ihre Ausführungen und sich selbst mögen. Es gilt: Nur wer sich traut, dem ist zu trauen. Noch einmal: Wenn Ihre Einstellung stimmt, wird es insgesamt auch für alle Beteiligten stimmiger. Wenn Ihre innere Haltung stimmt, dann werden Sie sich in der Folge auch eher und leichter trauen, Ihren Vortrag einmal anders anzulegen, als Sie dies bislang getan haben.

Emotion und Interaktion

Wer Perspektiven verändern will, sollte seine Teilnehmer in Bewegung halten
Ein überzeugender Vortrag zeichnet sich unter anderem auch dadurch aus, daß er den Teilnehmern ständig Identifikationsplattformen anbietet. Je mehr Sie in Ihrem Referat Beispiele aus dem beruflichen oder privaten Alltag Ihrer Verkaufsmannschaft verwenden, desto eher wird sie sich Ihren Inhalten zuwenden. Und genau darum geht es in erster Linie. Es geht zunächst um Zuwendung. Ohne Zuwendung keine Zustimmung. Es handelt sich um emotionale, keineswegs um rationale Aspekte. Wenn Sie Ihre Teilnehmer zu neuen Gedanken anregen, zu neuen Sichtweisen oder zu einem bestimmten Engagement bewegen wollen, dann schaffen Sie das am ehesten auf der emotionalen Ebene. Das Wort Emotion selbst gibt ja bereits einen Hinweis darauf. Emotion kommt von movere, bewegen.

In einen 45minütigen Vortrag sollten Sie mindestens 15 Minuten einplanen, in denen Sie Ihre Teilnehmer provozieren, zum Mitmachen und -denken anregen, sie zum Lachen bringen, sie überraschen und

sie durchaus auch Wechselbäder der Gefühle nehmen lassen.

Eine der einfachsten Formen, Teilnehmer eines Vortrags aktiv in den gedanklichen Prozeß Ihrer Ausführungen einzubinden, ist, ihnen Fragen zu stellen. Gemeint sind hier nicht die Suggestiv-Fragen der Art: „Sie sind doch sicher auch der Meinung, daß wir uns angesichts des veränderten Bestellverhaltens unserer Kunden neue Strategien einfallen lassen müssen, oder?"

Ebenso überflüssig sind die sogenannten rhetorischen Fragen. Der Referent fragt „Wie erklären Sie sich dieses veränderte Bestellverhalten?", blickt zwei Sekunden ins Auditorium und beantwortet die soeben gestellte Frage dann gleich selbst. Das halte ich für unhöflich. Das ist so, als würden Sie jemanden fragen „Wie geht's?" und ihn dann nicht zu Wort kommen lassen sondern diesem Menschen erst mal erzählen, wie es Ihnen selbst geht.

Wenn Sie sich trauen, eine Frage zu stellen, dann vertrauen Sie bitte auch darauf, daß Sie Antworten bekommen. Das kann in manchen Auditorien einen Augenblick dauern. Dabei wird es nicht selten mucksmäuschenstill. Und genau diese Ruhe halten die wenigsten Referenten aus. Doch gerade in dieser Ruhe liegt eine ungeheure Spannung und Kraft. Sie können sie als dramaturgisches Instrument hervorragend einsetzen. Kommt jedoch auch nach längerer Zäsur keine Teilnehmerresonanz, haken Sie mit einer weiteren oder ausführlicheren Frage einfach noch einmal nach.

Spätestens an dieser Stelle fragen Sie sich vielleicht: „In einem Vortrag soll ich Fragen stellen? Dann ist es doch kein Vortrag mehr, sondern ein Seminar."

Seminar kommt aus dem Lateinischen (semen = Samen, Setzling). Ziel eines jeden Vortrags ist, eine gedankliche Saat auszubringen in der Absicht, sie möge möglichst bald aufgehen und Früchte tragen.

Wer also einen einwandfreien, vorbildlichen Vortrag halten will, sollte die Gedanken seiner Teilnehmer lenken. Aus der Zeit, in der Sie selbst regelmäßig Verkaufsseminare besucht haben, sind Ihnen vielleicht noch die öffnenden Fragen bekannt. Mit solchen Fragen übernehmen Sie die gedankliche Lenkung Ihrer Teilnehmer. Und dadurch erreichen Sie auch leichter, daß Ihre Teilnehmer Ihre Gedanken übernehmen.

Um nur einige Beispiele für öffnende Fragen zu nennen: „Was gefällt Ihnen an den bisherigen Ausführungen besonders gut?" „Auf welches Themenfeld sollen wir uns jetzt zuerst konzentrieren?" „Bis wann werden wir diese Ziele erreichen können?" „Wessen Unterstützung brauchen wir noch, um diese Ergebnisse auch im geplanten Zeitraum zu erzielen?"

Auch hier kann es Ihnen passieren, daß Sie nicht die Antworten zu hören bekommen, die Sie gerne hören möchten. Aber die Wahrscheinlichkeit, daß Ihre Teilnehmer in die Richtung denken, in die sie von Ihrer Frage gelenkt wurden, ist deutlich größer als bei einer schließenden oder der Suggestiv-Frage. Und wenn Sie sich im Zuge Ihrer Vortragsvorbereitung einige der denkbaren Antworten überlegen, können Sie sich auch die daraus resultierenden Weiterführungen zurechtlegen. Das ist wie Schachspielen. Der gute Schachspieler plant immer einige Züge voraus.

Die Frage ist, wie viele Fragen machen im Verlauf eines 45minütigen Vortrags Sinn? Wer zuviel fragt, nervt. Wer zuwenig fragt, trifft nie den Nerv. Auf die gesunde Mischung von vortragendem und fragen-

dem Anteil, von Schweigen und Reden, von Enthusiasmus und Nachdenklichkeit, von An- und Entspannung, von Aktion und Reaktion kommt es an. Je größer das Auditorium, desto weniger Interaktionen rate ich Ihnen, und desto kürzer sollten sie sein. So können Sie zum Beispiel mit einem Publikum, das rund eintausend Teilnehmer zählt, nicht wirklich in einen Dialog treten. Je kleiner der Kreis, desto mehr Raum und aktive Zeit sollten Sie jedem einzelnen zugestehen. Insbesondere bei Plenen mit bis zu 50 Teilnehmern können Sie verstärkt auf den dialogischen Vortragsstil setzen. Darüber hinaus bieten sich andere Formen der aktiven Teilnehmereinbeziehung an. Für beide Varianten einige Beispiele:

Beispiel Nr. 1: Ein ungewöhnlicher Einstieg in einen gewöhnlichen Vortrag

Anläßlich eines eintägigen Seminars, zu dem die Stiftung Philosophisches Institut Wiesbaden vier Referenten und zirka 40 Teilnehmer versammelt hatte, hatte ich Gelegenheit, den Philosophie-Professor Walter Zimmerli kennen und binnen kürzester Zeit als Referenten schätzen zu lernen. Als sein Vortrag begann, erhob er sich, klemmte einen Ordner unter den Arm und schritt zum Platz seines Vorredners, der soeben seinen Vortrag beendet hatte. Zimmerli lud den Ordner neben dem noch laufenden Overhead-Projektor ab, schaltete diesen aus und trat vor seinen Referententisch, so daß er von Kopf bis Fuß zu sehen war. Er stieg ein mit der Frage: „Was glauben Sie, habe ich wohl in diesem Ordner, meine sehr geehrten Damen und Herren?" Die Teilnehmer antworteten mehr oder weniger unisono: „Wahrscheinlich Folien und Unterlagen für Ihren Vortrag." Zimmerli: „Korrekt. Ich habe doch geahnt, daß ich es in dieser

Runde mit ganz besonders intellektuellen und anspruchsvollen Menschen zu tun bekomme. Darum habe ich mich entsprechend gründlich vorbereitet. Als ich Sie allerdings nun hier so gesehen und während des Vortrags meines Vorgängers beobachtet habe, habe ich mich entschieden, die gründlich vorbereiteten Folien wegzulassen. Was denken Sie, hat mich zu dieser Entscheidung veranlaßt?" Die Reaktion der Teilnehmer reichte von: „Fühle mich provoziert" bis hin zu: „Bin gespannt, was da kommt." Nach einem kurzen Austausch mit dem Plenum lüftete Zimmerli sein kleines Geheimnis mit den Worten: „Wissen Sie, erstens bin ich Philosoph. Und wir Philosophen entwickeln die Gedanken am liebsten aus dem Kopf heraus in die Köpfe und manchmal auch in die Herzen hinein. Und ‚over head' heißt: über den Kopf hinweg. Das ist der Grund, warum Sie bei mir keine Folien zu sehen bekommen. Zweitens verzichte ich auf die Folien, weil Sie sich so noch lange an diesen Vortrag erinnern werden. In dreißig Jahren werden Sie sagen, dieses Referat vom Zimmerli war der einzige Vortrag in der zweiten Hälfte des zwanzigsten Jahrhunderts, in dem es keine Folien zu sehen gab. Guten Tag meine Damen und Herren. Hiermit begrüße ich Sie recht herzlich zu einem Thema, das sehr viel mit Verzicht zu tun hat. Wenn wir über Wertewandel sprechen ..."

Kommentar:

Der dann folgende Vortrag war alles andere als gewöhnlich. Er war ebenso außergewöhnlich wie der Referent selbst und sein Einstieg. Nach Meinung aller Beteiligten war er der Höhepunkt des gesamten Seminartags. Wer schon in den ersten Minuten durch das aktive Einbeziehen seiner Teilnehmer zu erkennen gibt, daß jetzt etwas anderes passiert, als man es normaler-weise gewohnt ist, der öffnet bei seinen Rezipienten in Minutenschnelle Herz, Augen und Ohren und weckt eine gespannte und wohlwollende Erwartungshaltung.

Beispiel Nr. 2: Design erlebbar gemacht

In einem Vortrag von Uli Skrypalle, einem der leitenden Siemens-Designer, ging es darum, daß er ungefähr 150 zu einem Vortrag eingeladenen Vertriebsmitarbeitern deutlich machen wollte, wie notwendig und wie nützlich es ist, ganz bestimmte eigenständige Form- und Farbkompositionen für bestimmte Marken zu schaffen und diese Eigenständigkeit über Jahre oder gar Jahrzehnte hinweg kontinuierlich zu pflegen. Das gesamte Auditorium war eingestimmt auf eine Kombination aus Dia- und Folien-Präsentation. Nach einer zirka fünfminütigen Begrüßung und Einleitung, während der er hinter dem Overhead-Tisch stand und erklärte, worum es in seinem Vortrag ginge, kramte er in seiner Jackentasche und zog ein Produkt aus der Tasche. Er hielt den Schriftzug der Marke verdeckt, doch aufgrund der Form war für jeden sofort erkennbar, daß es sich um eine Cola-Flasche handelte. An die Teilnehmer richtete er die Frage: „Was ist das für ein Produkt?" Dieses Procedere wiederholte er mit einigen anderen Produkten, die entweder an der Form, an der Farbe oder an der Schrift auf Anhieb erkennbar waren. Nach weiteren fünf Minuten trat er vor den Overhead-Tisch und richtete an die Teilnehmer, die bereits den ganzen Tag in diesem Raum zusammengesessen und diverse andere Vorträge gehört hatten, eine weitere Frage: „Nun frage ich Sie, die Sie seit heute morgen in diesem Raum sitzen und mehr oder weniger ununterbrochen nach vorne schauen: Wie heißt der Hersteller des Overhead-Projektors, auf den Sie den ganzen Tag bewußt oder unbewußt gucken und dessen Namen ich jetzt ganz gezielt mit meinem Körper verdecke?" Keiner der Teilnehmer hatte den Namen richtig präsent; selbst die nicht, die in den vordersten Reihen saßen. Uli Skrypalle trat zur Seite und gab den zweimal auf der Kopfseite in deutlich sichtbaren Buchstaben angebrachten Produkt- und Herstellernamen frei. Die Teilnehmer staunten, wie groß die Schrift war. Aber da es sich um einen völlig unbekannten Namen handelte, der obendrein in ganz gewöhnlicher Schrift auf dem Produkt angebracht war, hatte sich diesen niemand gemerkt. Herr Skrypalle fuhr fort: „Sehen Sie. Genauso ergeht es jemandem, der offensichtlich zuwenig für die Pflege seines Designs tut. Da können die Buchstaben noch so groß sein. Sie werden nicht wahrgenommen, weil es ihnen an Eigenständigkeit und Signifikanz fehlt ..."

Kommentar:

Hohe Betroffenheit bei allen Beteiligten. Die Teilnehmer wurden auf eine emotionale Art und Weise angesprochen, über die sie übrigens heute noch sprechen, wenn es um die Notwendigkeit von Design geht. Das war keine riesige Show. Aber da war auf sehr eindrückliche und merkfähige Weise auf den Punkt gebracht, was auf den Punkt zu bringen war. Auch so können Teilnehmer beteiligt werden.

Beispiel Nr. 3: Auch die Provokation ist eine Interaktion

Hubertus Tessar, Geschäftsführer des Hauptverbandes des Deutschen Einzelhandels, ist bekannt für seine Eloquenz. Ein wahres Feuerwerk der Rhetorik. Wann und wo immer er Reden hält, ist ihm reichlich Szenenapplaus sicher – so erlebt im Zuge einer Veranstaltung des Deutschen Kommunikationsverbandes BDW

e.V.: Nach einigen sehr humorigen und provokanten Thesen lachte das etwa 800 Personen zählende Publikum und applaudierte ihm. Allerdings wurde in typischer Unimanier mit der Faust auf den Tisch geklopft. Hubertus Tessar unterbrach seinen Vortrag, kam hinter dem Rednerpult hervor und ging zum Bühnenrand. Dort warf er einen mehr oder weniger vorwurfsvollen Blick ins Plenum und sagte mit einem fast herablassenden Ton: „Meine Damen und Herren, vielen Dank für Ihren Applaus. Aber wenn Sie schon applaudieren, dann klatschen Sie doch bitte auch. Wer klatscht, gibt mit beiden Händen." Ergebnis: Das gesamte Plenum lachte erneut und klatschte nun spontan mit beiden Händen.

Kommentar:

Dieses Beispiel verdeutlicht, wie sich Teilnehmer auch ohne Fragen aktivieren lassen. Übrigens: Ab dem Zeitpunkt dieser kleinen provokanten Einlage applaudierten die Zuhörer nur noch mit beiden Händen.

Eine entscheidende Frage ist: Wie gut paßt das alles zu Ihnen?

Wie bereits ausgeführt: Mit Erwartungshaltungen zu brechen erfordert Mut. Locker und frech zu sein ist eine Frage des persönlichen Stils. Und mit keiner Silbe will ich Sie für Dinge gewinnen, mit denen Sie sich aufgrund Ihres persönlichen Stils nicht wirklich anfreunden können. Ganz im Gegenteil: Authentizität ist richtig und wichtig. Es macht keinen Sinn, wider die eigene Natur zu handeln. Gleichwohl hoffe ich, daß es mir gelungen ist, Sie zum Nachdenken über den Einsatz von mehr Interaktion und gezielten Fragen in Ihrem Vortrag anzuregen. Bevor Sie sich gegen oder für interaktivere Vorträge entscheiden, probieren Sie es erst ein paar Mal aus, und entscheiden Sie danach. Machen Sie es wie beim Modeeinkauf. Um beurteilen zu können, ob Sie ein Kleidungsstück wirklich kleidet, ziehen Sie es an. Vermutlich betrachten Sie sich mehrfach von allen Seiten im Spiegel. Möglicherweise haben Sie zusätzlich noch einen persönlichen Einkaufsberater, Ihre Freundin, Ihren Freund oder Mann oder Ihre Tochter dabei und fragen die um Rat. Und erst dann schreiten Sie zur Tat und Kasse oder auch nicht.

Genauso bitte ich Sie, es mit dem von mir empfohlenen Vortragsstil zu handhaben. Erst testen, dann urteilen. Das Urteil Ihrer Teilnehmer kann ich schon von dieser Stelle aus vorwegnehmen: Die werden begeistert sein. Und Sie vorbildlicher und überzeugender.

Hausaufgaben

Wer vorher überlegt, ist nachher überlegener

Es ist einfach nicht zu verstehen, warum es insbesondere in Führungskreisen so weit verbreitet ist, daß die Chefs ihre Folien das erste Mal auf dem Weg zum eigentlichen Vortragstermin sehen. Meine Empfehlung lautet: Machen Sie vor jeder Rede, in der Sie echte Überzeugungsarbeit leisten wollen, mindestens eine Generalprobe. An jedem Theater liegt die eigentliche Arbeit für ein erstklassig inszeniertes Stück vor der Premiere.

Der Unterschied ist: Während jedes Theaterstück gründlich einstudiert wird, unternehmen die meisten Redner eine unangemessen geringe Vorbereitungsanstrengung. Was gesagt werden soll, wird meist Wort für Wort auf die Goldwaage gelegt. Doch der Inszenierung des zu Referierenden wird nur in den seltensten Fällen die gebotene Aufmerksamkeit ge-

schenkt. Das ist beim besten Willen nicht nachzuvollziehen angesichts der Mühe, die Sie sich selbst oder Ihre Mitarbeiter sich im Vorfeld gegeben haben, um geniale Vortragsinhalte zu entwickeln. Das Ergebnis dieser meist unzureichend geplanten Inszenierung ist nicht selten, daß der Vortrag nachher zu einer echten Anstrengung für alle Beteiligten, also Referent und Teilnehmer, wird.

Wer sich aber vorher grundlegende Gedanken dazu macht, mit welchem Auditorium er es zu tun haben wird, welche unangenehmen Situationen während des Vortrags zum Beispiel dadurch entstehen können, daß nicht die erhofften Antworten kommen, in welchem Umfeld er sich und seine Inhalte auf welche Art und Weise inszeniert, der überzeugt mit spielerischer Leichtigkeit.

Bereiten Sie sich auf unangenehme Situationen vor

Wenn Sie einen Flugzeugkonstrukteur nach den wesentlichen Konstruktionsmerkmalen seines Flugzeugs befragen, kommt er irgendwann aus gutem Grund auch auf die Sollbruchstellen zu sprechen. Übertragen auf Ihren Vortrag: Wer auch in Krisensituationen mit seinen Inhalten landen will, sollte sich bereits im Vorfeld Gedanken darüber machen, wie bestimmte Reaktionen schlimmstenfalls aussehen könnten und wodurch sie abgefedert und aufgefangen werden könnten.

Eine konkrete Arbeitsanleitung hierzu ist: Laden Sie zu Ihrer Generalprobe des Teufels Anwalt ein. Bitten Sie einen Kollegen, in die Rolle des kritischsten Mitarbeiters Ihrer Verkaufsmannschaft zu schlüpfen. Er mimt den, der gegen alles und für nichts zu haben ist. Zu jeder Aussage Ihrerseits fällt ihm der kontroverse Standpunkt ein, und seine ständige Negation all

Ihrer Aussagen grenzt an Destruktion. Es ist nicht wichtig, daß Sie auf all seine Einwände sofort und spontan richtig zu antworten wissen. Wichtig ist, daß Sie sich bei dieser Übung notieren, bei welchen Einwänden Sie unsicher geworden sind. Diese Passagen sind Hinweise auf Lernfelder für Sie. Hier sind Sie auf mögliche Einwände noch nicht vorbereitet. Laden Sie diese Aspekte nach, und im Vortrag selbst sind Sie in diesen Punkten nicht mehr so schnell und leicht angreifbar. Entscheidend ist in diesem Zusammenhang, daß Sie sich nicht nur die nachgebesserten Argumente notieren, sondern vor allem auch, wie Sie dann durch gezieltes Fragen oder andere Interaktionen wieder die Lenkung der Teilnehmergedanken übernehmen.

Machen Sie sich vorher Ihr Bild vom Bühnenbild

Viel zu oft ist es an der Tagesordnung, daß Referenten mit hängender Zunge und schräger Krawatte in den Vortragsraum poltern, hechelnd ihre Folien auf einem Tisch ablegen, eine kurze Funktionskontrolle des Overhead-Projektors vornehmen, zweimal tief durchatmen und dann in ihren Vortrag einsteigen. Mancherorts wird dann der eigentlich benötigte Diaprojektor erst noch besorgt. Oder auf das vorbereitete Video muß verzichtet werden, weil so schnell keine Recorder beschafft werden kann. Immer wieder kommt es auch vor, daß die Birnen der Tageslichtprojektoren ausfallen und kein Ersatz zur Verfügung steht. Oder für die geplante Power-Point-Präsentation fehlt es am notwendigen Verbindungskabel zum Beamer. Fehler über Fehler, die alle hätten vermieden werden können – bei gründlicher Vorbereitung. Und die sieht so aus:

Wie groß ist der Raum, und wie viele Teilnehmer werden mindestens und maximal erwartet?

Sie sollten pro Person mindestens fünf Quadratmeter Fläche planen. Lassen Sie sich auf keinen Vortrag in beengten Verhältnissen ein. Die Atmosphäre wird zwangsläufig negativ sein, weil die Menschen Ihnen dicht gedrängt nebeneinander sitzend folgen sollen. Die wollen höchstens ausbrechen, aber sicher nicht Ihren Ausführungen aufmerksam lauschen. Falls es keinen größeren Raum gibt, verzichten Sie wenigstens auf Tische für die Teilnehmer.

Welche Lichtverhältnisse treffen Sie an?

Inwieweit Tageslicht optimal ist, hängt von den von Ihnen bevorzugten Vortragsmedien ab. Bei Dia- und manchmal auch bei Overhead-Projektion kann Tageslicht durchaus stören. Klären Sie bitte, wie der Raum im Bedarfsfall abgedunkelt werden kann, damit es im Vortrag keine Zeitverzögerungen gibt. Checken Sie unbedingt, von wo das Licht kommt und wo der für Sie als Referent geplante Standort ist. Zwei Situationen sind unbedingt zu vermeiden. Erstens sollten die Teilnehmer nicht vor einer Lichtquelle – unabhängig davon, ob Tages- oder Kunstlicht – sitzen, weil Sie in diesem Fall deren Mimik nur schwer erkennen können. Eben diese sollten Sie aber jederzeit zumindest bei kleineren Auditorien im Auge haben, um auf eventuell erkennbare Stimmungsveränderungen sofort eingehen zu können. Und zweitens sollten Sie selbst und die von Ihnen präsentierten Charts oder Folien nicht vor einer Lichtquelle stehen, sitzen oder liegen. Dies erschwert nämlich Ihren Teilnehmern den Blick aufs Wesentliche.

Wo ist für welche Inszenierung Raum?
Was immer Sie an technischem Gerät oder Umfeld für Ihren Vortrag benötigen, werden Sie hoffentlich vorher mit den Verantwortlichen des jeweiligen Veranstaltungsorts direkt abstimmen. So haben wir zum Beispiel einmal für eine große Auftaktveranstaltung eines Kunden, der damit seine Verkaufsmannschaft auf eine neue Werbekampagne und die damit verbundenen Außendienstaufgaben einstimmen wollte, das folgende Szenario geplant: Wir wollten mit zwei Bühnen arbeiten. Während die rund 350 Teilnehmer in den Saal strömten, sollten auf verschiedenen Leinwänden einer Bühne bereits Videos laufen, das überarbeitete Logo des Unternehmens sollte in verschiedenen Perspektiven gezeigt werden, und Musik sollte eine gute Atmosphäre verbreiten. Nachdem alle Teilnehmer ihre Sitzplätze eingenommen hatten, sollte die Stimme des Vorstandsvorsitzenden ertönen, ohne daß er sich zunächst dem Publikum zeigte. Der geplante Wortlaut sollte ungefähr sein: „Tja, meine Damen und Herren. Sie hören mich, aber sie sehen mich nicht. Es ist wie im richtigen Leben. Manchmal sehen wir die Zeichen und Signale, die uns der Markt gibt, aber wir erkennen sie nicht wirklich. Unsere heutige Veranstaltung hat das Ziel, Sie noch sensibler für die Veränderungen in unseren Märkten zu machen. Es geht um Perspektivenwechsel. Der Wind hat sich gedreht und kommt aus immer neuen Richtungen. Um dieser Veranstaltung hier und heute von Anfang an den richtigen Dreh zu geben, bitte ich Sie, Ihren Stuhl zu nehmen und sich zu mir umzudrehen. Verändern Sie Ihre Perspektive probeweise jetzt gleich einmal, und wenden Sie sich den Inhalten des heutigen Tages zu." So war es geplant. Die Teilnehmer sollten sich dann umdrehen, und

währenddessen sollte der Vorstandsvorsitzende mit einem Bühnenaufzug auf eine zweite Bühne hochgefahren werden. Auf dieser Bühne sollte dann auch das gesamte Programm ablaufen. Eine Idee, die bei allen Beteiligten Anklang fand. Ein Anruf beim Veranstaltungsort fegte unsere diesbezüglichen Überlegungen jedoch vom Tisch: Der geplante Raum ließ den Aufbau einer zweiten Bühne nicht zu, und die Stühle konnten nicht gedreht werden. Damit standen wir also vor der Wahl: Entweder fällt uns eine andere Einstiegsidee ein, oder wir suchen nach dem passenden Veranstaltungsort. Unser Kunde hat sich für letzteres entschieden. Heute wissen wir, daß es eine gute Entscheidung war, weil die Außendienstmannschaft sich immer noch gerne an diesen mittlerweile sechs Jahre zurückliegenden Auftakt erinnert. Und das unter anderem auch wegen des so gründlich anderen Einstiegs.

Was wird nebenan gespielt?
Diesen Punkt sollten Sie möglichst immer dann klären, wenn Ihre Veranstaltung in einem Hotel stattfindet. Hotels haben in erster Linie das Interesse, ihre Räume auszulasten. Dabei ist es den meisten Hotels bedauerlicherweise ziemlich egal, an wen und zu welchem Zweck sie die Räume vermieten. Stellen Sie sich vor, Sie erzählen Ihrer Verkaufsmannschaft gerade davon, daß Sie mit Ihren neuen Verkaufsförderungsmaßnahmen dafür sorgen werden, daß wieder Ruhe im Markt einkehrt und sich die Lage entspannt. Um das für die Teilnehmer auch richtig erlebbar zu machen, beginnen Sie mit einer kleinen Entspannungsübung, bei der Sie zu beruhigender Musik mit leisen Worten die nötigen Anleitungen geben. Und im selben Moment wird im Nebenraum ein „Hoch soll'n sie leben" von schrillen Nicht-

sängern zu Ehren irgendwelcher Jubilare angestimmt. Ihre Entspannungsübung hat sich damit erledigt. Was Ihren Teilnehmern vor allem bleibt, ist die Erinnerung an dieses Mißgeschick. Auch das könnten Sie durch ein paar gezielte Fragen im Vorfeld vermeiden.

Wer seine Inhalte mit Spaß inszeniert, überzeugt mit spielerischer Leichtigkeit

In den wenigsten mir bekannten Fällen nutzen Referenten die Möglichkeit, ihren Vortrag auch räumlich zu inszenieren. Das ist verschenktes Potential oder besser noch Kapital. Da werden Motivationsreden in Räumen gehalten, in denen die Stiche alter Meister, die Porträts von Firmengründern, die Diagramme sinkender Umsatzkurven und ähnliche Schauerlichkeiten an den Wänden hängen. Und in diesem Umfeld wollen Sie Aufbruchstimmung verbreiten und neue Leistungsbereitschaft anzetteln? Nicht unbedingt hoffnungslos, auf jeden Fall aber gedankenlos.

Wenn Sie nicht nur Ihren Vortrag, sondern die gesamte Veranstaltung planen, empfehle ich Ihnen, die Dienstleistung einer professionellen Veranstaltungsagentur in Anspruch zu nehmen. Die haben sich darauf spezialisiert, ihre Kunden bei der Inszenierung der geplanten Inhalte zu unterstützen. Und die überzeugen Sie mit Ideen, die nachher auch Ihre Verkaufsmannschaft überzeugen.

Jede Veranstaltung, jeder Vortrag, ja sogar jedes Verkaufsgespräch enthält eine oder mehrere zentrale Aussagen, die inszeniert werden können. Auch in diesem Sinne lohnt sich eine gründlichere Vorbereitung Ihres Vortrags. Es wird für Ihre Teilnehmer erlebbarer, spannender und unterhaltsamer. Der beste Vortrag, die beste Unterhaltung ist immer noch die, die alle Beteiligten auch unterhält. Und je mehr Sie in diesem Sinne vorher überlegen, desto überlegener werden Sie nachher auch sein.

Je facettenreicher Ihre Aussprache, desto wirkungsvoller Ihre Ansprache

In manchen Vorträgen wird die Atmosphäre vor allem auch deshalb mit der Zeit schläfrig, weil dem Referenten der Stimmumfang von gerade einer Terz zur Verfügung steht. Und diese nutzt er zu allem Überfluß auch noch in Moll.

Wenn Sie es besser machen wollen, empfehle ich das Buch „Der Kleine Hey – Die Kunst des Sprechens", erschienen im Schott Verlag. Dieses von Fritz Reusch überarbeitete Textbüchlein beinhaltet eine Fülle von Sprachübungen. Es ist eines der Standardwerke zur Ausbildung von Schauspielern. Dadurch lernen diese, auch schwierigere Texte leichtlippiger zu artikulieren. Ein solches Training ist nach meinen Erfahrungen auch für jeden Menschen von Nutzen, der immer wieder vor der Aufgabe steht, durch das gesprochene Wort zu überzeugen.

Es lohnt sich, dies zu üben. Zum Beispiel, indem Sie mit Hilfe des oben erwähnten schriftlichen Sprachtrainings „Der kleine Hey" Ihre Artikulationsfähigkeiten verfeinern und alle dort angebotenen Texte nach und nach auf Diktiergerät oder Recorder aufnehmen, sich die Ergebnisse anhören, erneut aufnehmen, abhören – so lange, bis Sie mit der Betonung und ihrer Aussprache zufrieden sind.

Das gleiche empfiehlt sich auch für Ihre Vorträge. Nehmen Sie Ihre Rede vor dem eigentlichen Veranstaltungstermin mehrfach auf Tonband auf, und optimieren Sie Ihre Betonungen nach und nach.

Wie steht's um Anglizismen, und was ist in puncto Dialekt zu beachten?

Speziell die Verkaufs- und Marketingbranche ist wie kaum ein anderes Metier ständig Einflüssen aus dem englischen Sprachraum ausgesetzt. So läßt es sich manchmal auch nicht verhindern, Begriffe wie Unique Selling Proposition, Sales-Promotion, Incentive, Key Account etc. zu verwenden. Vielerorts sind allerdings Verkaufsleiter anzutreffen, in deren Reden es von Anglizismen nur so wimmelt. Und das kann je nach Teilnehmerrunde äußerst störend wirken. Erst kürzlich nahm ich an einem solchen, mit englischen Fachwörtern gespickten Vortrag eines Marketingchefs teil. Nach zirka fünfzehn Minuten reagierte der Chef des Unternehmens bei der Aussage des Marketingleiters: „Das betrachten wir als eine echte Challenge, die uns zu absoluter Uniqueness verhilft, wenn wir hier erfolgreiche Customer-Satisfaction schaffen" mit der Frage: „Können Sie das bitte noch einmal auf Russisch sagen?" Sicher können Sie sich vorstellen, wie verunsichert der Redner für einen Augenblick gewesen ist. Derart peinliche Momente können Sie sich ersparen, wenn Sie Fachtermini da einsetzen, wo sie sich nicht vermeiden lassen, und ansonsten von der Reichhaltigkeit der deutschen Sprache Gebrauch machen.

Oft werde ich in meinen Präsentainment-Seminaren auch gefragt, ob und wenn ja in welcher Form Mundart verwendet werden darf. Dialekt kann nach meinen Erfahrungen sogar eine äußerst sympathische Ausdrucksform sein. Wenn Sie in Niederbayern einen Vortrag halten und zufällig aus der Region stammen, stellen Sie durch die Nutzung Ihres muttersprachlichen Akzentes ein Wir-Gefühl her. Wenn Sie hingegen als Niederbayer Ihre Verkaufsmannschaft im hohen Norden auf die Planzahlen fürs nächste Jahr einschwören wollen, könnte es sein, daß man Sie schlichtweg nicht versteht. Hier ist eine sprachliche Anpassung sicher sinnvoll. Aber nur so weit, wie es für Sie als Verkaufsleiter natürlich ist. Wenn Sie sich wider ihre Natur abmühen, wendet sich der gutgemeinte Versuch eher gegen Sie, als daß er ihnen hilft. Und von einem ist unbedingt abzusehen: Wer aus Gründen der Opportunität als Schwabe versucht, seine hessischen Mitarbeiter in deren Mundart anzusprechen, erweckt den Eindruck, als wolle er diese nachäffen.

Grundsätzlich gilt: Bleiben Sie, wer Sie sind. Bei allen Betonungsübungen und Inszenierungsabsichten sollten Sie sich stets die Frage stellen: Paßt das zu mir, oder muß ich mich dabei verbiegen? Wenn letzteres der Fall ist, Finger weg. Wenn Sie sich vorstellen können, daß es zu Ihnen paßt und Ihr Repertoire erweitert, dann trainieren Sie das, was Sie in diesem Zusammenhang für erstrebenswert halten. Eins ist sicher: Je besser Ihr aussprachliches Geschick, desto mehr sprechen Sie an.

Autorität ist nicht alles. Aber ohne Autorität ist alles nichts

So wichtig es ist, an der persönlichen Wirkung zu arbeiten, so nützlich ist es insbesondere für den Umgang mit größeren Auditorien, einige grundlegende Aspekte zu kennen und zu berücksichtigen. Aspekte, die Sie bei der Wahrnehmung Ihrer Vorbildrolle unterstützen und Ihre natürliche Autorität besser zur Geltung bringen.

Wie ist der Begriff Autorität zu verstehen?

Ein Vortrag ist vergleichbar mit einem Segeltörn. Alle Crewmitglieder wissen, daß sie jederzeit einen Richtungswunsch äußern können. Und jeder kann sich auch darauf verlassen, daß Sie als Skipper diesem Richtungswunsch gerne folgen und sich auf eine vorübergehende Kursänderung einlassen. Schließlich wollen Sie eine zufriedene Mannschaft an Bord haben. Dazu gehört auch, den einen oder anderen Lieblingshafen auf Wunsch anzulaufen. Aber jedes Crewmitglied weiß: Zu keiner Zeit darf Ihnen jemand ins Steuer greifen.

So verstehe ich die Autorität eines Referenten. Ihre Teilnehmer müssen das berechtigte und sichere Gefühl haben, daß sie mitdenken und mitwirken sollen und Sie zu Abstechern und Umwegen verleiten können. Aber es muß für sie auch spürbar werden, daß die grundsätzliche Leitung bei Ihnen liegt. Sie lenken. Wenn Sie richtig gut sind, lenken Sie im weitesten Sinne sogar, wie und was die Teilnehmer während Ihres Vortrags denken. Und wie gesagt: Öffnende Fragen sind dazu ein sehr nützliches Instrumentarium.

Was tragen Ihre Teilnehmer zum Gelingen Ihres Vortrags bei?

Eine Zuhörerschaft ist immer nur so aufgeschlossen, engagiert, motiviert, widerspenstig, kreativ, leistungswillig, leistungsfähig, passiv oder fröhlich etc. wie ihr Referent. Was immer Sie in Ihre Teilnehmer hineingeben, bekommen Sie auch aus ihnen heraus. Ihre Mitarbeiter sind Ihr Spiegel. Mal verzerrt, mal ganz klar, doch immer spiegeln sie Ihnen etwas von dem wider, was Sie ihnen vorher gezeigt haben.

Diese Erkenntnis ist nicht bequem, aber sehr hilfreich, wenn Sie die damit verbundene Empfehlung ernst nehmen. Wer nach einem mißlungenen Vortrag bei sich selbst mit der Fehlersuche beginnt, wird schneller fündig. Sich können Sie unbedingt ändern, wenn Sie wollen. Ihre Teilnehmer können Sie nur bedingt än-

dern und auch nur, wenn die es wollen. Ersteres können Sie jederzeit und überall selbst entscheiden, letzteres nicht.

Und wenn Sie nach einem gelungenen Vortrag dem Erfolg auf den Grund gehen, erhalten Sie ebenfalls nützliche Hinweise auf Persönlichkeitsfelder und Verhaltensweisen, die Sie bei sich zukünftig noch mehr ausbauen und in Vorträgen verstärkt einsetzen können. Dazu ist es gut, wenn Sie einen Kollegen bitten, Teilnehmerreaktionen zu beobachten und sich sach- und personenbezogene Notizen zu machen. Er sollte beobachten und notieren, bei welchen sachlichen Aussagen in der Gruppe insgesamt welche Resonanz feststellbar war und wie die einzelnen Teilnehmer auf bestimmte stimmliche Veränderungen, humorige Einlagen, Gesten, Provokationen von Ihnen reagiert haben. So ist eine anschließende Auswertung und Optimierung Ihrer Autorität im Sinne von Überzeugungsvermögen am leichtesten und besten möglich.

Welche Teilnehmertypen gibt es, und wie ist am besten mit den unterschiedlichen Charakteren umzugehen?

Sie können davon ausgehen, daß es ein primäres Bedürfnis jedes Teilnehmers Ihres Vortrags ist, wahrgenommen zu werden und dazugehören zu dürfen. Erst danach kommt der Wunsch nach neuer Information. Und jeder verschafft diesen Bedürfnissen auf ganz unterschiedliche Weise Geltung. Wenn Sie dem nicht folgen, es nicht ernst nehmen und darauf nicht eingehen, kreieren Sie sich selbst unnötigerweise Schwierigkeiten. Eine der klassischen Kardinalfehler in diesem Zusammenhang ist, Teilnehmerfragen nicht an Ort und Stelle zu beantworten, sondern auf den Diskussionsteil Ihres Vortrags zu verschieben. Auf diesem Verschiebebahnhof kommt es dann zum Schluß meist zu einem regelwidrigen Verkehrschaos, und niemand ist mehr in der Lage, die Weichen für einen grandiosen Schluß zu stellen. Wann immer sich Ihre Teilnehmer aktiv in Ihren Vortrag einbringen wollen, nehmen Sie, was kommt. Und nehmen Sie's, wie's kommt. Dazu einige typenbezogene Empfehlungen.

Was tun mit dem großen Boß?
Würdigen Sie ihn und seine Position. Behandeln Sie ihn sonst aber nur mit der Aufmerksamkeit, die Sie auch allen anderen Teilnehmern zukommen lassen können. Lassen Sie sich nicht aus der Bahn werfen, wenn er eine negative Bemerkung zu einer Ihrer Aussagen macht. Und lassen Sie sich schon gar nicht auf eine kontroverse Diskussion mit ihm ein. Sie können sich auf eins verlassen: In jeder Gruppe haben Sie auch Freunde. Die stellen sich zwar für Sie nicht unbedingt gegen den Chef. Aber in einem anderen Moment werden sie Ihnen helfen. Lassen Sie sich selbst vom Chef nicht die Schneid abkaufen. Sie können auch von ihm verlangen, daß er Sie respektvoll behandelt. Wenn er sich z.B. immer wieder mit seinem Assistenten unterhält, seine Unterlagen durchforstet o.ä., bitten Sie ihn liebenswürdig, aber bestimmt um seine Aufmerksamkeit. Damit gewinnen Sie an natürlicher Autorität.

Wie reagiert man auf Besserwisser?
Dieser Typ ist eigentlich am einfachsten zu behandeln, da für alle Gesprächspartner gilt: Jeder will ernst und wahrgenommen werden. Deshalb rate ich Ihnen, dem Besserwisser den Raum und die Zeit zu gewähren, die er sich selbst nimmt. Erfahrungsgemäß regelt die Zuhörerschaft es irgendwann von alleine, wenn sich der Besserwisser zu sehr in den Vordergrund

spielt. Wenn Sie aber weder die Zeit noch die Geduld haben, können Sie ihn irgendwann auch einfach bitten, Ihnen die Chance zu geben, einen bestimmten Gedanken ganz auszuführen, bevor er seine Anmerkung zum besten gibt. Wichtig ist nur, daß Sie anschließend noch einmal auf ihn eingehen und ihn einladen, sich mit seinem Kommentar einzubringen. Damit schaffen Sie sich einen Freund mehr.

Wie behandeln Sie den Freund?
So freundlich wie nötig und so distanziert wie möglich. Es gilt: Zuviel vom Guten wendet sich ganz schnell zum Schlechten. Mag es auch noch so verführerisch sein, sich in seinem Vortrag am liebsten und längsten den Freunden zuzuwenden. Es ist und bleibt schädlich, die Aufmerksamkeit in erster Linie auf Einzelpersonen oder Teilgruppen zu richten. Damit verlieren Sie früher oder später den Kontakt zu den anderen. Verlieren Sie den Kontakt zu Teilen der Gruppe, wird das Überzeugen der gesamten Verkaufsmannschaft immer schwieriger. Ergo machen Sie sich das Leben leichter, und behandeln Sie alle Teilnehmer quantitativ und qualitativ mit Gleichgültigkeit im Sinne von mit gleicher Gültigkeit und Bedeutung.

Wie neugierig ist der Neugierige?
Der ist immer nur so neugierig, wie Sie ihn lassen. Wenn Sie es zulassen, daß er Ihnen ständig Fragen stellt, sind Sie in der reaktiven Haltung. Beispiel: „Sie wollen also damit sagen, daß 15 Prozent unserer Stammkunden bereits in drei Monaten abgewandert sein werden, wenn wir diese Maßnahme nicht ergreifen? Und wie können Sie uns garantieren, daß wir die behalten, wenn wir tun, was Sie uns vorschlagen?" Jetzt fliegen Sie als Verkaufsleiter den Erklärungskurs. Alle Ohren lauschen Ihren

Worten und den Zwischentönen, alle übrigen Sinne nehmen die Wahrhaftigkeit Ihrer Argumentation wahr. Sie wissen das, und je nach Form und Verfassung macht es Sie nervös. Übernehmen Sie lieber das Kommando, und lotsen Sie den Neugierigen dahin, wo Sie landen wollen. Das klingt als gezielte Frage an ihn so: „Was, denken Sie, macht mich so sicher in der Annahme, daß wir die abwanderungswilligen 15 Prozent Kunden mit dieser Maßnahme halten und an uns binden werden?" Jetzt ist er dran. Und Sie können sich ganz entspannt Ihren nächsten Schritt überlegen.

Wenn der Störenfried den Frieden stört
Lassen Sie sich das nur so lange gefallen, wie Sie es aushalten. Oder besser noch: Halten Sie Störungen auf, schon lange bevor Sie sie nicht mehr aushalten. Eine Störung ist eine Störung. Sie stört die anderen Teilnehmer. Und sie stört vor allem Ihre Befindlichkeit. Erst kaum merklich. Doch wenn sie fortgesetzt wird, wird Ihre Irritation sehr bald auch für alle übrigen Teilnehmer sicht-, hör- und spürbar. Die Empfehlung: Klappen Sie das Visier hoch, und packen Sie den Stier bei den Hörnern. Sie inszenieren eine kurze Pause und nehmen sich den Störenfried im Zweiergespräch vor. Teilen Sie ihm offen mit, wie sehr seine Aktionen Sie behindern, und bitten Sie ihn, die Störungen zu unterlassen. Falls die spontane Pause nicht machbar ist, thematisieren Sie Ihre Befindlichkeit auf offener Szene. Es ist keine Schande, einem Teilnehmer mitzuteilen, daß und wie sehr Sie sich durch seine Aktionen beeinträchtigt fühlen. Machen Sie aus Ihrem Appell eine Ich- und vermeiden Sie die Sie-Botschaft. Ihr Adressat kann es leichter annehmen, wenn Sie ihm sagen: „Ich fühle mich dadurch nervöser", als

wenn Sie ihm vorwerfen: „Sie stören mich und den Ablauf der Präsentation."

Sorgen Sie beim Gelangweilten für Kurzweil
Auch er will wahr- und ernstgenommen werden. Er verleiht diesem Bedürfnis Ausdruck indem er sich von Ihnen und Ihrer Präsentation abwendet – mit dem Ziel, daß man sich ihm zuwendet. Es kann aber auch sein, daß er nur mit seinen Gedanken ganz woanders ist und einfach seine Ruhe haben will. Verhaltensweisen sind manchmal Ausdruck sehr komplexer und manchmal ganz einfach strukturierter Ursachen. In der überwiegenden Zahl der zu beobachtenden Fälle ist es allerdings tatsächlich so, daß der Gelangweilte dieses Verhalten aufgibt, sobald man stärker auf ihn eingeht. Jeder Mensch hat Vorlieben und Abneigungen, also emotionale Beziehungen zu ganz bestimmten Themen. Gelingt es Ihnen, die bevorzugten Themenfelder des Gelangweilten anzusprechen und in irgendeiner Form mit Ihrer Botschaft zu verbinden, wird er auch insgesamt verbindlicher und zugänglicher.

Autorität ist eine soziale Kompetenz
Und diese mit Leben zu erfüllen macht Sie zum Vorbild. All das wird von Teilnehmern Ihres Vortrags bewußt oder unbewußt erwartet. In all diesen Punkten sind Sie als Referent ausgesprochen oder unausgesprochen gefordert und gefragt. Alles, was Sie tun müssen, ist, dem zu entsprechen. Sie werden an Autorität gewinnen. Und zwar in einer Form, die Ihnen als Qualität im Sinne sozialer Kompetenz zuwächst. Mit dieser gewinnenden Autorität werden Sie auch mehr und mehr Teilnehmer für sich und Ihre Sache begeistern. Sie werden die Inhalte Ihres Vortrags meßbar erfolgreicher verkaufen. Denn Sie bekom-

men nicht nur in der Sache, sondern auch als Person mehr und mehr Zustimmung. Und diese Zustimmung zu Ihrer Person macht Sie zu dem Vorbild, von dem sich Mitarbeiter gerne führen lassen.

Wie bei kaum einer anderen Gelegenheit haben Sie die Chance, insbesondere in Vorträgen, die Sie vor Ihren Kunden, Aktionären und nota bene vor Ihrer Verkaufsmannschaft halten, vor allem letztere anzuleiten, zu motivieren und ihnen mit gutem Beispiel voranzugehen. Nutzen Sie die damit verbundene Chance, und geben Sie Ihren Mitarbeitern damit die gerade in immer turbulenter werdenden Zeiten notwendige Orientierung. Sie werden es Ihnen mit erhöhter Leistgungsbereitschaft und zunehmender Leistungsfähigkeit danken. Und wenn die Arthur D. Little Unternehmensberatung eines Tages wieder eine Umfrage bei Aktionären startet, rangiert auf Platz eins der Antworten auf die Frage „Womit sind Sie besonders zufrieden?" hoffentlich die Präsentationsqualität der Führungsriege.

Literaturhinweise

Bernstein, D., Die Kunst der Präsentation. Wie Sie einen Vortrag überzeugend ausarbeiten und überzeugend darbieten, Frankfurt 1991
Birkenbihl, V. F., Stroh im Kopf. Betriebsanleitung fürs Gehirn, Speyer 1983.
Birkenbihl, V. F., Kommunikationstraining. Zwischenmenschliche Beziehungen erfolgreich gestalten. München 1984.
Bornhäußer, A., Jetzt reicht's – Der außer(ordentlich)irdische Roman über Führung und Motivation, Landsberg/L. 1993
Bornhäußer, A., Präsentainment – Die hohe Kunst des Verkaufens, München 1996
Cohen, W.A., Die Kunst zu führen, Hemel Hempstead, Landsberg/L. 1991
De Bono, E., Laterales Denken – Ein Kurs zur Erschließung Ihrer Kreativitätsreserven, Düsseldorf 1989
Donovan, P./Wonder, J., Wie flexibel sind Sie? Die Lust an der Veränderung. Warum flexible Menschen erfolgreicher sind, München 1990
Fisher, R./Ury, W., Das Harvard Konzept. Sachgerecht verhandeln – erfolgreich verhandeln, Frankfurt a.M. 1991
Hey, J./Reusch, F., Der kleine Hey – Die Kunst des Sprechens, Mainz 1971
Meier-Maletz, M., Trainer Guide. Das Verkaufsteam in Top-Form bringen, Landsberg/L. 1994
Peters, T. J./Watermann, R. H., Auf der Suche nach Spitzenleistungen. Was man von den bestgeführten Unternehmen lernen kann, München 1992
Reck, R. R.; Long, B. G., Unschlagbar verhandeln – Die beiderseitige Gewinnerstrategie, München 1990
Scheler, U., Informationen präsentieren, Offenbach 1994
Seifert, J.W., Visualisieren – Präsentieren – Moderieren, Speyer 1992.
Siegel, M. R., Arbeit macht Spaß, Stuttgart 1993
Ulsamer, B., Exzellente Kommunikation mit NLP - Erfolgsfaktoren des Neuro-Linguistischen Programmierens für Führungskräfte, Speyer 1991

6.6 Kreativität in Marketing und Verkauf

Andreas Bornhäußer

(Informationen zum Autor s. Kap. 6.5)

Gegen den Strom schwimmen

Weg von der Austauschbarkeit hin zur Einzigartigkeit

Sie sind herzlich eingeladen, sich als Verkaufsleiter einmal kurz in die Lage Ihrer Kunden zu versetzen. Stellen Sie sich vor, Sie sind Zentraleinkäufer eines großen Lebensmitteleinzelhandelsunternehmens. Und jeden Tag haben Sie das Vergnügen, mit erstklassig qualifizierten Verkäufern der Markenartikelindustrie Verhandlungen zu führen. Produktseitig, markt- und wettbewerbstechnisch, körpersprachlich und rhetorisch trainiert und bis in die Haarspitzen motiviert sitzen Ihnen die sogenannten Key-Account-Manager vis-à-vis. Oberstes Ziel dieser Menschen ist es, Sie für sich und ihre Produkte oder Dienstleistungen zu gewinnen.

Oder Sie nehmen an einer großen Auftaktveranstaltung teil, bei der Ihr Lieferant Sie mit seinem neuesten Produkt und den dazu entwickelten Markteinführungsmaßnahmen bekanntmachen möchte. Ein Vortrag reiht sich an den anderen. Eine Folie jagt die nächste. Im Foyer sind die Produkte aufgebaut. In der Mittagspause erwarten Sie am Buffet Leckereien vom Feinsten. An das obligatorische Partnerprogramm ist ebenfalls gedacht. Und am Abend dürfen Sie dann noch auf eine unterhaltsame Überraschung gespannt sein.

Wie gut können Sie sich in die Welt Ihrer Kunden versetzen? Was aber in diesem Zusammenhang noch viel wichtiger ist: Was denken Sie, wie viele Male pro Jahr Ihre Kunden zu solchen Veranstaltungen eingeladen werden und mit wie vielen Top-Gesprächspartnern jene es jährlich zu tun haben?

Im Rahmen einer bei 2500 Einkaufsführungskräften des Handels durchgeführten Studie haben wir unter anderem auch diese Frage gestellt. Das Ergebnis: Der Einkäufer spricht im Schnitt pro Jahr persönlich mit 490 Partnern auf Anbieterseite und nimmt an durchschnittlich 21 Herstellerveranstaltungen pro Jahr teil.

Wesentliche Kritikpunkte:

1. Die Verkäufer ziehen alle ähnliche Manipulationsregister.
2. Die Veranstaltungen laufen fast alle nach dem gleichen Schema ab.
3. In Sachen Verkaufsförderung fällt den wenigsten etwas wirklich Neues ein.

Austauschbarkeit ist die Devise. Wir haben es schon immer so gemacht, und es war erfolgreich. Also machen wir es auch weiter so und hoffen, daß es erfolgreich bleibt. Und außerdem machen es alle so. Dann kann es ja nicht so falsch sein. Dabei weiß mittlerweile jedes Kind:

Nur tote Fische schwimmen immer mit dem Strom

Versetzen Sie sich doch bitte noch einmal für einige Momente in die Lage Ihres Einkäufers. Was würden Sie denken, wenn Ihre Bürotür aufgeht und plötzlich steht ein Key-Account-Manager in Hawaii-T-

Shirt, mit Taucherbrille auf dem Kopf und einer Strandtasche über der Schulter vor Ihnen. Ihre Sekretärin hatte ihn schon angemeldet mit den Worten: „Herr Müller ist hier zu dem verabredeten Termin. Aber bekommen Sie keinen Schreck, wenn ich ihn jetzt reinschicke." Also: Was würden Sie denken? Der ist verrückt? So eine Unverschämtheit? Oder was?

Ver-rückt heißt doch nur, daß eine Sache von ihrem alten Standpunkt weg- und auf einen neuen Standpunkt gerückt wurde. Eben ver-rückt!

Zugegeben: So bei einem Kunden aufzutauchen erfordert sicher eine Menge Mut. Und ebenso sicher kann man sich das nicht oft und vor allem nicht bei jedem Kunden leisten. Das erwartet ja auch niemand. Vielmehr dient es der Veranschaulichung, daß es mehr denn je not tut, sich als Verkaufsleiter und Verkäufer neue Konzepte und Strategien auszudenken. Auffallendes und Einzigartiges, das sich ins Bewußtsein des Kunden einprägt, damit er Sie gerne und vor allem länger in Erinnerung behält.

Wie wichtig und nützlich dies ist, haben die meisten Unternehmen in bezug auf ihre Markenführung und das Unternehmen selbst längst erkannt. Ganze Stäbe sind damit beschäftigt, Corporate Identity für Unternehmen zu entwickeln. Ordner werden gefüllt mit strengen Corporate-Design-, Communication- und Behaviour-Vorschriften. Von professionellen Marketing- und Kommunikationsexperten werden die Unterscheidungsmerkmale eines Produkts herausgearbeitet und in adäquate Marktkommunikation umgesetzt. Und was tun Sie selbst in diesem Punkt für sich? Wodurch unterscheiden Sie sich in Ihrem Verkaufsgespräch von all den anderen Anbietern? Was macht Ihre Kundenveranstaltung so anders als alle anderen – und vor allem besser?

Neues selbst leben, nicht nur predigen

Wer den Handel von heute behandelt, als sei er von gestern, wird selbst vom Handel morgen für jemand von gestern gehalten

Jeder Anbieter von Produkten oder Dienstleistungen buhlt verständlicher- und richtigerweise um die Gunst seiner Kunden und Kundeskunden. Und jeder sucht krampfhaft nach besonders eigenwilligen, aufmerksamkeitsstarken und damit alleinstellenden Strategien hierfür.

Es ist allerdings nicht damit getan, eine pfiffige Kampagne für das neue Produkt in den Medien zu präsentieren. Mindestens genauso wichtig ist, daß Sie als Verkaufsleiter sich für sich selbst und für Ihre gesamte Verkaufsmannschaft Gedanken darüber machen, wie Sie den Witz oder Genius der Kampagne auf Ihr Kundengespräch und Ihre Kundenveranstaltung übertragen. Und da die wenigsten Agenturen Ihre konzeptionellen Überlegungen so konsequent herunterbrechen und zu Ende denken, sind Sie selbst in diesem Sinne gefordert.

Ihre Handelspartner erwarten das von Ihnen. Denn so qualifiziert, wie Sie im Key-Account-Management sind, so gut ausgebildet und anspruchsvoll sind Ihre Kunden. Die wollen in Ihrer Person nicht nur die leibhaftige Stimmigkeit der Kampagneninhalte wiederfinden. Die wollen auch von Ihnen lernen, wie man diese Inhalte und die eigene Person optimal inszeniert.

Wenn Sie im Gespräch mit Ihrem Key Account die Marketingmaßnahmen Ihres Unternehmens besprechen und ihm diese als das Gelbe vom Ei verkaufen wollen, dann nehmen Sie doch zwei Eier mit – ein gekochtes und ein rohes. Legen Sie beide auf den Tisch, und beginnen Sie das Gespräch mit der Frage: „Was stellen Sie bei äußerlicher Betrachtung dieser beiden Gegenstände fest?" Der Kunde wird Ihnen sehr schnell antworten, daß ein Ei dem anderen gleicht. Dann drehen Sie beide Eier um die eigene Achse und fragen: „Was aber unterscheidet die beiden voneinander?" Es wird klar, daß das eine Ei gekocht und das andere roh ist, weil das rohe Ei sich nicht gleichmäßig dreht, sondern eiert. Ihr Kommentar dazu ist: „Der Unterschied der beiden Eier ist die Konsistenz des Inhalts." Dann nehmen Sie das rohe Ei, schlagen es an einem mitgebrachten Gefäß auf und steigen in Ihre Inhalte ein mit den Worten: „Und das, worüber wir heute sprechen, ist das Gelbe vom Ei…"

Ein Unternehmen hatte für sein neues Erfrischungsgetränk sehr mediterran anmutendes Verkaufsförderungsmaterial entwickelt. Der Verkaufsleiter ging zu seinen Key-Account-Gesprächen tatsächlich in lässiger Freizeitkleidung mit Sonnenbrille und Strandtasche. Zum Schluß des Gesprächs stellte er dem Key Account eine Sanduhr auf den Tisch mit den Worten: „Und ab jetzt arbeitet die Zeit für unseren gemeinsamen Erfolg!"

Ein Farbenproduzent hatte für das bevorstehende Geschäftsjahr seine Marketingmaßnahmen unter das Motto gestellt „Der gute Ton macht gute Laune". Die gesamte Kampagne war sehr stark auf Musik und entsprechende Umsetzungen ausgerichtet.

Der Verkaufsleiter präsentierte die Inhalte in einem Notenheft, nachdem er mit einer Stimmgabel und dem Kammerton A das Gespräch eröffnet hatte. Seine gesamte Argumentation war sinnvollerweise gespickt mit Begriffen aus dieser Welt. Von stimmigem Auftritt, tonangebenden Verkaufsförderungsmaßnahmen, der ersten Geige und so weiter war die Rede.

In einem anderen Gespräch hatte der Verkaufsleiter die Aufgabe und das Ziel, die Handelspartner zur verstärkten Nutzung des angebotenen Point-of-Sales-Materials zu motivieren. Als Metapher überreichte er den Key Accounts zu Beginn einen frischen knackigen Apfel. Er sprach im folgenden von Verführungskünsten, von kernigen Maßnahmen, die Kunden tatsächlich zum Anbeißen bringen, von Früchten, die es zu ernten gilt…

Das ist nur ein kleiner Auszug aus Verkaufsgesprächen, die sich durch eine hohe Kreativität und Andersartigkeit auszeichneten. Die Resonanz, die ich hier durch die Bank feststellen konnte, war positiv. Kein Key Account hat sich auf den Arm genommen gefühlt. Nicht ein einziger fand das albern.

Im Gegenteil: Nicht selten habe ich Rückmeldungen gehört wie „Endlich mal nicht das gewohnte Sich-über-den-Salesfolder-Beugen und Mediapläne studieren" oder „Sie haben sich aber wirklich mal was einfallen lassen für unser Gespräch heute."

Denken Sie daran: Ihre Handelspartner und Kunden sind nicht von gestern. Deshalb haben sie auch Spaß an neuen Formen des persönlichen Verkaufsgesprächs. Mehr Spaß als an dem normalerweise mit Verkaufsleitern üblichen Austausch. Und für Sie hat es den entscheidenden Vorteil, daß Sie sich weg von der Austauschbarkeit hin zu mehr Einzigartigkeit entwickeln und damit nachhaltigeren Eindruck hinterlassen.

Das gilt selbstverständlich gleichermaßen für die Verkaufsförderungsmaßnahmen, die Sie Ihren Kunden zur Unterstützung anbieten.

Hilfe zur Selbsthilfe

Wer für seinen Händler dauernd nach Kunden taucht, wird sich kaum über Wasser halten können

Bisher hat sich die Industrie genauso verhalten. Mit immer größerem finanziellen Aufwand wurden Konzepte, Mittel und Maßnahmen entwickelt, die dem Handel – quasi als gebratene Tauben – auf dem silbernen Tablett kredenzt wurden. Mit der Bitte, doch auch möglichst reichlich davon zu nehmen. Das hat jedoch zu vermehrtem Anspruchsdenken auf Handelsseite und verminderter Leistungsbereitschaft geführt. Kein Wunder. Würden Sie sich noch in die Küche stellen wollen, wenn Sie immer wieder an den gedeckten Tisch gebeten werden? Die Schwierigkeit ist nur, daß einem auf Dauer die Rezepte ausgehen. Mal ganz abgesehen davon, daß durch die immer feiner herausgebildeten Geschmacksnerven auch der kulinarische Anspruch kontinuierlich steigt und die zu verwendenden Zutaten immer feiner, also auch teurer werden müssen. Das geht ins Geld und reduziert damit die Deckungsbeiträge. Und hinzu kommt, daß Sie sich quantitativ damit in bester Gesellschaft befinden. Denn alle Anbieter gehen hier mehr oder weniger gleich vor und schütten Ihre Handelspartner mit Displaymaterial, Regalstoppern und so weiter förmlich zu. Welches aber ist dann die Alternative?

Ihre Kreativität ist gefordert. Und wie steht es in diesem Zusammenhang um die Kreativität Ihrer Handelspartner? Wie wär's, wenn Sie statt Sattmachern lieber Hilfe zur Selbsthilfe anbieten und sich damit von den meisten Wettbewerbern unterscheiden? Wie gut würde es Ihnen gefallen, für eine Marktbearbeitungsmaßnahme Geld zu bekommen, anstatt viel Geld dafür auszugeben? Was halten Sie von Marketing- und Verkaufsinstrumentarien, die sich selbst finanzieren, bei denen sich der Return on Investment genau vorhersagen und berechnen läßt? Nicht durch den nachher erzielten Mehrverkauf, sondern bereits durch den Verkauf der entsprechenden Instrumentarien selbst.

Wenn Sie neuartige Gedanken und Konzepte entwickeln, erleiden Sie damit wahrscheinlich auch immer wieder das Schicksal, das jeder neuen Idee widerfährt. Zunächst wird sie belächelt. Dann wird sie bekämpft. Und schließlich wird sie kopiert. Denn die meisten Menschen wissen genau, was sie nicht wollen oder warum etwas nicht geht. Nur wenige haben eine klare Vorstellung davon, was sie genau wollen. Und nur wenige machen sich wirklich die Mühe, neue Ideen aufzugreifen und zu überlegen, wie es gehen könnte.

Als wir in unserer Beratungstätigkeit mehr und mehr dazu übergingen, unseren Kunden Marktbearbeitungsmaßnahmen zu empfehlen, die sich selbst finanzieren, haben wir zunächst mit erheblichen Widerständen kämpfen müssen. In Zeiten immer knapper werdender Ertragsdecken und kleiner werdender Marketingbudgets nimmt allerdings die Bereitschaft zur Realisierung derartiger Konzepte kontinuierlich zu. Aus der Not wird mehr und mehr eine Tugend.

Wenn Händler die Quellen kennen würden, müßten Hersteller nicht ständig Wasser schleppen

Gemeinsam mit unserem Kunden RISO – weltweit Marktführer in der Risografie, einer speziellen Vervielfältigungstechnologie – haben wir überlegt, wie wir es schaffen können, aus dem geschilderten Teufelskreis der Förderung von Anspruchsdenken und Verhinderung von Eigeninitiative herauszukommen. Eine Vielzahl von Ideen haben wir kreiert. Ausgewählt haben wir dann schließlich den Weg, Seminare anzubieten, in denen den Handelspartnern Kreativitätstechniken vermittelt werden.

Auf zwei Ebenen setzten diese Trainings an. Ebene eins: Wir verschafften den Inhabern und Verkäufern Zugang zu ihren eigenen kreativen Ressourcen und machten ihnen anhand einiger sehr plastischer Beispiele klar, wie unerschöpflich ihre individuelle Schöpferkraft ist, um ihnen so Mut zu machen, mehr Zutrauen in ihre eigenen Qualitäten zu fassen. Ebene zwei: Wir probierten gemeinsam mit ihnen verschiedene Kreativitätstechniken aus, indem sie selbst außergewöhnliche Ideen zur Neukundengewinnung und Stammkundenpflege erarbeiteten. Die Resonanz unmittelbar im Anschluß an die Seminare war mehr als zufriedenstellend. Doch damit nicht genug. Der Transfer in den Alltag der Büromaschinenhändler ist gelungen. Die vorgenannten Seminare liegen mittlerweile vier Jahre zurück. Doch die Händler bedienen sich heute noch verschiedener Ideen, die sie in den damaligen Seminaren generiert haben.

Ein Team kam auf die Idee, Stammkunden bei einem Besuch in den eigenen Schauräumen während der Besuchszeit die Windschutzscheibe des Autos zu reinigen und eine kleine Karte unter den Scheibenwischer zu klemmen mit dem Spruch: „Wir sorgen für klare Verhältnisse. Nicht nur im Büro. Damit Sie Ihre Ziele sicher erreichen." Feedback der Händler, die es ausprobiert haben: „Wir haben noch auf keine Maßnahme eine so überwältigend positive Resonanz erhalten wie auf diese kleine und ausgesprochen kostengünstige Aufmerksamkeit."

Ein weiteres Team war der Meinung, daß Schluß damit sein müsse, Akquisition immer teuer zu bezahlen. Dieses Team erarbeitete folgendes Konzept: Gemeinsam mit einem ortsansässigen Einrichtungs- oder Küchenhaus wird für Sekretärinnen ein Wochenendseminar veranstaltet unter dem Motto: Karriere und Familie – Die Frau von heute kombiniert richtig. Im Rahmen dieses Seminars wird ein Kochkurs mit einem Rationalisierungsseminar für die Büroarbeit verbunden. Die Kosten tragen die beiden Veranstalter jeweils zur Hälfte. Allerdings nur die Vorfinanzierung. Denn die Seminarteilnahme ist kostenpflichtig. Das Ganze refinanziert sich also. Mittlerweile haben 23 Händler das Konzept übernommen, und rund 1.200 Sekretärinnen haben diese Seminare bisher besucht.

Synergien mit Profit

Wenn Budgets immer kleiner werden, haben Synergien immer größere Chancen
Machterhalt und -zugewinn diktiert in vielen Unternehmen immer noch viel zu viele unternehmerische Entscheidungen. Die unselige Profitcenterdenke verhindert vielerorts konstruktives Zusammenwirken der Budgetverantwortlichen. Die Personalentwicklung ergreift alle möglichen und unmöglichen Maßnahmen, damit der Kostensparkelch an ihr vorübergehe. Die Werbeleiterin übt sich in Budget- und Selbstverteidigungstechnik. Und die für das Marketing und den Verkauf zuständigen Damen und Herren arbeiten Tag und Nacht an den dem Selbsterhalt dienenden Strategiepapieren. Nabelschau hat Hochkonjunktur. Daß es auch anders geht, beweisen Konzepte wie das bereits vorgestellte der Firma RISO. Konzepte, in denen Verkaufsförderung und Training eine ge-

lungene Symbiose miteinander eingehen. Hier wird nicht gefragt, welcher Kopf aus welchem Topf für die Bezahlung zuständig ist, sondern wer sich an der Finanzierung von Maßnahmen beteiligt, die letztlich zur Steigerung der gesamten unternehmerischen Wertschöpfung beitragen.

Kein schöner Land zu dieser Zeit?

„Spare in der Zeit, dann hast du in der Not" lehrt uns ein altes Sprichwort. Offensichtlich hat es sich jedoch in den Managementetagen der meisten Unternehmen nicht genügend Gehör verschafft. Denn da wird in der Not gespart. Die Gefahr dabei: Wer anfängt, in der Not zu sparen, dessen Zeit ist vermutlich bald abgelaufen. Die Schlagworte der Stunde heißen Reengineering, Benchmarketing, Lean Management, Outsourcing und (um wenigstens ein deutsches hinzuzufügen) Kostenführerschaft. Allerorten wird gespart, was das Zeug hält. Schade nur, daß diese Maßnahmen kurzfristig zwar wirken, mittelfristig aber nicht halten, was man sich davon verspricht. Denn wer auf allen Ebenen Geld spart, muß sich nicht wundern, wenn bald keine mehr da ist, auf der es verdient werden kann. Das bekannteste Beispiel in diesem Zusammenhang ist die Persiflage des Berichts vom McKinsey Damaging Director nach einem Besuch der Berliner Philharmoniker. Der nämlich führt aus, daß es Energieverschwendung ist, wenn 16 Geiger dasselbe spielen, daß es keinem vernünftigen Ziel dient, wenn die Posaunen eine Passage wiederholen, die die Oboen schon gespielt haben, und daß 32tel Noten im Interesse eines reduzierten Kraftaufwands der Musiker sämtlich auf 4tel Noten gekürzt werden sollten. Sein Bericht gipfelt schließlich in der Empfehlung, daß man die Musiker allesamt entlassen und das Konzerthaus schließen und

für andere Zwecke verwenden könne. Sicher ein übertriebenes Beispiel. Aber ebenso sicher kommt es nicht von ungefähr, daß gerade dieser Text zur Zeit die Runde macht. Die beliebtesten dem Rotstift zum Opfer fallenden Kosten sind die variablen. Und hier allen voran die Marketingbudgets. Werbe-, Verkaufsförderungs- und Trainingsbudgets werden gekürzt. Wo kurzfristig gedacht wird, liegt der Schwerpunkt auch auf kurzfristig wirksamen Maßnahmen. Wenn allerdings das deutsche Volkslied „Kein schöner Land zu dieser Zeit" seine inhaltliche Berechtigung zurückerlangen soll, müssen Ad-hoc-Maßnahmen mittel- und langfristigen Überlegungen weichen, müssen isolierte Vorgehensweisen einer integrierten Marketingkommunikation Platz machen. Daß und wie es möglich ist, beweisen neben dem RISO-Konzept die folgenden Beispiele.

Das BayCAM-Konzept

Die Bayer AG sei hier als zweites vorbildliches Beispiel für synergetisches, kreatives Vorgehen angeführt. Gemeinsam mit der Düsseldorfer Verkaufsförderungsagentur Frey/Beaumont-Bennett haben sich die verantwortlichen Mitarbeiter/innen der Bayer Consumer Care Gedanken darüber gemacht, wie sie für ihr Unternehmen einen der wichtigsten Absatzkanäle sichern und ausweiten können. Die Antwort auf diese Frage lautete auch hier „Hilfe zur Selbsthilfe". Es entstand das BayCAM-Konzept. Die Buchstaben CAM stehen für Cooperatives Apotheken Marketing. Ein Konzept, das aus gutem Grund 1996 den Deutschen Verkaufsförderungspreis in Gold des BDVT verliehen bekommen hat. Hier wurde und wird integrierte Marketingkommunikation nicht nur postuliert, sondern auch praktisch gelebt. Unter dem Motto „Mit Marketingvorsprung gemeinsam in eine erfolgreiche Zukunft" wird dem Apotheker ein umfassendes Kompendium angeboten, das sich mit konkreten Arbeitshilfen zur strategischen Apothekenführung, dem Category Management, dem Local Store Marketing, der Mitarbeiterführung und dem Verkauf befaßt. Um dieses schriftliche und als Software erhältliche Kompendium nun aber auch mit Leben erfüllen und zur Anwendung bringen zu können, veranstaltet BAYER bundesweit Foren, in denen interessierten und für BAYER interessanten Apothekern zunächst das gesamte Konzept und seine zu erwartende Wirkungsweise präsentiert wird. Aus diesen Foren generieren sich dann jene Apotheker, die als aktive BayCAM-Partner in darauffolgenden Seminaren von qualifizierten Experten mit den detaillierten Inhalten der einzelnen Module vertraut und in der Handhabung und Anwendung derselben fit gemacht werden. Und eine beinahe rund um die Uhr besetzte Hotline hilft über eventuelle spätere Implementierungsklippen ebenso hinweg wie spezielle BayCAM-Coaches, die den Apothekern vor Ort das Umsetzungsleben erleichtern.

Der Nutzen für die Apotheker/innen
1. Qualifizierung in Themenfeldern, die im Studium der Pharmazie schlichtweg nicht vorkommen
2. Professionalisierung in für die Existenzsicherung eines Handelsunternehmens lebensnotwendigen Bereichen
3. Vorbereitung auf die für die Apotheke erwartungsgemäß schwieriger werdenden Rahmenbedingungen

durch Thematisierung von:
1. Corporate Identity
2. Überlegungen zur Neukundengewinnung und Stammkundenbindung

3. Warengruppengestaltung
4. betriebswirtschaftlichen Know- und Do-hows

mit den finalen Zielen:
1. Sortiments-, Kundenkreis- und Umschlagsoptimierung
2. Marktanteilssicherung und -ausweitung
3. Rentabilitätssteigerung
4. Existenzsicherung

Die für BAYER damit erzielbaren Nutzen:
1. partnerschaftliche Bindung von wichtigen Absatzmittlern
2. Sicherung des Wettbewerbsvorsprungs
3. noch höhere Markenpräsenz

Angesichts dieser für die Apotheke nützlichen Effekte versteht es sich von selbst, daß diese Maßnahmen nicht etwa kostenlos von BAYER zur Verfügung gestellt, sondern von den Apothekern mitfinanziert werden. Mittelfristig handelt es sich hierbei also um ein Maßnahmenkonzept, das sich mehr oder weniger selbst finanziert. Ebenso wie das folgende:

Das COCPIT-Programm
Vor bald 20 Jahren erfand der Europäische Trainingsexperte und BDVT-Kollege Max Maier-Maletz auditive Lehr- und Lernprogramme, die eine besonders gelungene Symbiose aus Verkaufsförderung und Training darstellen. Meier-Maletz hatte erkannt, daß Verkaufskräfte des Fachhandels zu den am meisten vernachlässigten Gruppen der Marketingkommunikation gehörten und übrigens immer noch gehören. Andererseits nahm und nimmt der Einfluß dieser Verkaufskräfte auf das Betriebsergebnis ständig zu. Weil jedoch die verkäuferische Unterweisung der Fachhandelsverkäufer durch Semi-

nare sehr teuer ist, unterbleibt sie meist. Außerdem kann der Handel seine Mitarbeiter nicht tagelang entbehren. Klar ist, daß jedoch gerade in der Verbesserung der verkäuferischen Qualifikation beträchtliche Chancen für den Fachhandel liegen. Die von Meier-Maletz generierte Idee ist so einfach wie genial. Da die Industrie gleichermaßen ein Interesse an qualifizierten Fachhandelsverkäufern haben muß wie der Handel selbst und da sie andererseits an einer aktiven Förderung ihrer eigenen Marken im Handel interessiert ist, galt es eine Form zu finden, mit der sich Verkaufsförderung der Industrie mit Weiterbildung für den Fachhandelsverkauf verbinden läßt. In einer gründlichen Analyse der Bedarfssituation des Handels stellte Meier-Maletz die folgenden Voraussetzungen fest, die es zu erfüllen galt, um den Handel zu verstärkten Trainingsmaßnahmen für sein Verkaufspersonal zu motivieren:

1. Volle Erhaltung der Arbeitszeit, also keine Reisen zu Seminaren
2. Bearbeitung aller Verkaufskräfte, also eine Art Heimtraining
3. Keine zusätzlichen Kosten durch Reisen, Übernachtungen und Spesen der Verkaufskräfte, also ein Nettotraining
4. Entlastung der Verkaufsleiter oder Inhaber von Trainingsaufgaben, also ein Fix-und-fertig-Training
5. Möglichst niedrige Kosten pro trainierte Verkaufskraft
6. Keine teuren Geräte, also ein Spartraining
7. Länger wirkende Systematik, also ein Dauertraining
8. An der spezifischen Arbeitssituation ausgerichtet, also ein Praxistraining
9. Alle Aufwendungen mit Erfolgsnachweisen, also ein kontrolliertes Training

Auf der Suche nach geeigneten Lösungen entstanden die folgenden Aufgaben:

1. Organisatorisch
1.1 Alle Verkaufskräfte eines Geschäfts zugleich erreichen
1.2 Die Maßnahmen in den Räumen des Handels durchführen
1.3 Arbeitsabläufe trotz Trainings erhalten
1.4 Führungskräfte ins Training einbinden
1.5 Zusätzliche Belastungen der Führungskräfte vermeiden
1.6 Ergebnisse feststellen
2. Finanziell
2.1 Zusätzliche Anschaffungen von Geräten vermeiden
2.2 Kosten möglichst nicht höher als 350 DM pro Verkäufer und Jahr
2.3 Nebenkosten (Reisen, Übernachtung, Spesen) vermeiden
3. Didaktisch
3.1 Verkaufskräfte weder zeitlich noch lernbezogen überfordern
3.2 Kleine Lern- und Übungseinheiten schaffen
3.3 Hohe Wirkungen erreichen
3.4 Niveau der Verkaufskräfte berücksichtigen
3.5 Führungskräfte informiert halten
3.6 Führungskräfte bei der Anwendung mitwirken lassen
3.7 Große Häufigkeit der Lernimpulse, verteilt über einen längeren Zeitraum

Zur Erfüllung der vorgenannten Voraussetzungen und Lösung der daraus resultierenden Aufgaben entstand COCPIT: Continuous Organization of Controlled Promotional Interval Training. Der Name sagt deutlich, daß es sich hierbei um ein Trainingskonzept handelt, das dauernd organisiert, kontrolliert und verkaufsfördernd gestaltet ist. Bei diesem System werden Filialleiter oder Abteilungsleiter in einem Seminar auf ihre Aufgaben vorbereitet. Sie lernen und üben dabei die Handhabung der systemkonformen Medien. Nach diesem zweitägigen Seminar führen die Führungskräfte, im COCPIT-System Kursleiter genannt, das mediengesteuerte Training selbst durch. Sie verantworten dabei weder Inhalte noch Beispiele, sind eher Organisatoren als Trainer. Sie funktionieren als Helfer ihrer Verkaufsmannschaft und werden insoweit begeistert akzeptiert. Die obengenannten Führungskräfteseminare benutzt der Außendienst des Auftraggebers, also der Industrie, zur Teilnahme und Kontaktpflege mit den Händlern. Das gesamte Programm wird begleitet von einem Lern- und Beteiligungswettbewerb. Bis heute wurde dieses Programm unter anderem eingesetzt von Eurotax Schwacke für die Zielgruppe der Autoverkäufer (1.000 Teilnehmer/innen), von FRICK Teppichböden für die eigenen Fachhandelsverkäufer (1.200 Teilnehmer/innen), von OBI ebenfalls für die eigenen Verkäufer/innen (2.000 Teilnehmer/innen) und von der Mobil Oil für Kundendienstmitarbeiter/innen bei den verschiedenen z.B. VW-Vertragshändlern (12.000 Teilnehmer).

Das Faszinierende an COCPIT ist, daß es sich hierbei um eine Verkaufsförderungsmaßnahme des Herstellers handelt, die sich selbst finanziert, und zugleich um eine Trainingsmaßnahme für den Fachhandel, die sich durch nachweisbaren Mehrumsatz bezahlt macht. In Zahlen: Der Hersteller investiert rund 400.000 DM pro Jahr für ein über drei Jahre laufendes Training mit 2.000 Betrieben und 10.000 Teilnehmern. Durch die Teilnahmegebühren der Betriebe (ca. 300 DM pro Person und Jahr) fließt dieses Geld im

Laufe eines Jahres wieder zum Auftraggeber zurück, er macht sogar Profit. Die gesamte Abwicklung der Kurse übernimmt ein externes Institut. Aufgabe des Herstellers ist es lediglich, über seinen Außendienst die Handelspartner zur Teilnahme am Programm zu motivieren. Neben Umsatzzuwächsen von durchschnittlich 14 Prozent bietet das Programm eine besonders starke Kundenbindung, die auch nach Beendigung der eigentlichen Kurse noch andauert und so den Außendienst wirkungsvoll unterstützt.

Die Nutzen für den Auftraggeber (Hersteller):

1. Starke Bindung des Handels über den Zeitraum von mindestens drei Jahren
2. Verkaufskräfte des Handels werden monatelang direkt mit Marke und Produkt angesprochen und erreicht.
3. Einkaufsentscheidende Führungskräfte des Handels werden besonders intensiv betreut.
4. Erleichterung für den Außendienst
5. Niedrige Kosten
6. Bevorzugung des eigenen Angebots
7. Gute PR-Wirkung in der Fachpresse

Die Nutzen für den Handel:

1. Verbesserung des Verkaufsverhaltens
2. Kundenzuwachs durch besseren Umgang mit den Kunden
3. Höhere Umsätze mit dem gesamten Sortiment
4. Lokaler Wettbewerbsvorteil

Das ist Verkaufsförderung, die nichts kostet und trotzdem viel bewirkt

Die hier vorgestellten Beispiele des Unternehmens RISO, der BAYER AG und des COCPIT-Systems sind nur drei aus einer Reihe erfolgreicher Maßnahmen, die der Not gehorchend eine Tugend aus ihr gemacht haben. Wenn allerorten gestrichen und gespart wird, sind die Budget-Verantwortlichen mehr denn je gefordert, Verkaufsförderungsmaßnahmen zu kreieren, die nicht etwa nur Geld sparen, sondern Geld verdienen helfen. Und genau in diesem Punkt sind Sie als Verkaufsleiterin und Verkaufsleiter gefordert, Ihre Kreativität zu entfalten.

Vom Management zum Synagement

Ganzheitliches Vorgehen ist angesagt. Der Spartendenke und Abteilungsegoismen ist eine Absage zu erteilen. Gemeinsam läßt sich schlichtweg mehr bewirken; mit weniger Aufwand und mehr Ergebnis. Was bedeutet das für Ihren Alltag?

Noch einmal: Kreativität und Mut sind gefordert.

Der gute Verkaufsleiter kommt sicher voran. Der Kreative aber ist allen voraus und dient anderen deshalb als Weg-Weiser
Die Frage ist: Wer ist für Ihre Kreativität verantwortlich? Die Antwort: Sie selbst. Jeder ist so kreativ, wie er es sich selbst gestattet. Zur Entfaltung dieser Kreativität empfehle ich Ihnen:

1. Tun Sie jeden Tag eine Sache anders, als Sie sie normalerweise zu tun gewohnt sind. So üben Sie sich darin, mit ungewohnten Situationen umzugehen.
2. Trainieren Sie Ihre Konfliktfähigkeit, suchen Sie kontroverse Diskussionen. Wer es allen recht machen will, wird sich weniger oft trauen, neue Ideen zu kreieren. Denn die stoßen erfahrungsgemäß immer erst mal auf Ablehnung.
3. Besetzen Sie Fehler und Probleme nicht mit negativen Gefühlen. Nehmen Sie sie als Chance und Herausforderung an, zu wachsen und zu lernen. Wer die Angst

vor der Niederlage verliert, kann nur gewinnen. Die Erkenntnis nämlich, daß auch in jeder Niederlage die Chance steckt, an Größe und Erfahrung zu gewinnen. Und das macht Sie in der Folge eher bereit, sich auch einmal Außergewöhnliches zu trauen.
4. Gewinnen Sie Ihre Verkaufsmannschaft und Ihre Kunden für diese Geisteshaltung, denn:

Wer anderen beibringt, sich eigene Gedanken zu machen, hat den eigenen Kopf öfter frei
Und damit sind Sie häufiger in der glücklichen Situation, vorauszuplanen und vorzudenken, statt nachzudenken. So schaffen Sie sich die kreativen Freiräume, in denen Sie sich Gedanken darüber machen können, wie Sie Ihren Verkäuferinnen und Verkäufern Lust auf die Entfaltung ihrer eigenen Kreativität machen. Damit helfen Sie sich selbst und Ihren Mitarbeitern, das typische und absolut austauschbare Gebaren der 90er Jahre dann vielleicht doch noch rechtzeitig zu den Akten zu legen. Denn dort gehört es meiner Meinung nach auch hin. Die Zeit ist reif für mehr Kreativität in Marketing und Verkauf.

Literaturhinweise

Bornhäußer, A., Erfolgreich pitchen durch Präsentainment, in: Kommunikationspraxis, Landsberg 1997
Bornhäußer, A., Exzellente Werbetexte durch NLP, in: Kommunikationspraxis, Landsberg 1992
Bornhäußer, A., Jetzt reicht's. Der Roman über Führung und Motivation, Landsberg 1993
Bornhäußer, A., Motivation zur Spitzenleistung, in: Erfolgreiches Verkaufsmanagement, Landsberg 1992
Bornhäußer, A., Präsentainment. Die hohe Kunst des Verkaufens, Bergheim 1996

6.7 Sekretärin und Verkaufsleiter – Synergie im Team

Die Autorin

Gabriele Posch, ausgebildete Hotelfach-frau, war für verschiedene Hotels, darunter große Tagungshotels und Hotelketten tätig, zuletzt als Assistentin des Geschäftsführers. Seit Ende 1996 arbeitet Frau Posch freibe-ruflich als Tagungs- und Eventberaterin mit den Schwerpunkten Konzeption, Planung von Events, Hotelsuche und -auswahl sowie Seminarbetreuung.

Der neue Verkaufsleiter: Neue Herausforderungen fordern neue Antworten

Weltweit und nahezu lückenloser Preisver-gleich per Internet, nationale Grenzen fal-len ebenso wie traditionelles Einkaufsver-halten. Kunden kaufen heute, wann und wo sie wollen. Die Unternehmen stehen in einer Zeit der Revolution im Vertrieb. Aber die meisten Unternehmen stecken noch zutiefst in traditioneller Konzentra-tion auf interne Organisation und Ablauf-reglementierungen, auf Produktions- und Kostenmanagement. Rasend schnell und vor allem unwiderruflich ändern sich am Übergang ins dritte Jahrtausend die Auf-gaben und die Anforderungen an die Ver-triebsorganisationen. Mit den bisher be-währten und weithin auch erfolgreichen Methoden läßt sich die Zukunft nicht ge-winnen.

Die Unternehmen stehen nicht mehr national, sondern weltweit untereinander im Wettbewerb, der mit bislang unbekann-ter Härte ausgefochten wird. Jeder Tag entscheidet übers Überleben im Markt-kampf, und allein der Kunde entscheidet hier über Gewinner und Verlierer. Der Verkauf steht vor völlig neuen Herausfor-derungen: interaktives Fernsehen, E-Mail, Tele-Shopping, das ISDN-Telefon mit gleichzeitigem Schauen, Sprechen und Schreiben, Einkauf und Bestellung via Tele-Netz und Datenautobahn.

Tatsächlich gibt der Verkaufsleiter längst nicht mehr nur Zahlen der Ge-schäftsleitung an seine Verkäufer weiter und entnimmt aus den Berichten seiner Verkäufer, ob vorgegebene Ziele erreicht wurden. Vielmehr ist das Anforderungsprofil an den Verkaufsleiter und ebenso an die Verkäufer weitaus vielschichtiger geworden. Neue Kompetenzen sind gefordert für den Verkaufsleiter der Zukunft und ebenso für seine Verkäufer. Neue „Methoden" für den Vertrieb und für die Personalführung sollen das künftige Geschäft sichern und beleben. Team-Selling, Coaching, Personalentwicklungspläne, NLP sind nur einige Schlagworte.

Vom Verkaufsleiter wird heute eine Menge an emotionalen, sozialen und fachlichen Fähigkeiten gefordert. Ein profunder Betriebswirtschaftler, ein Marketingexperte, ausgefuchster Vertriebsmann, Manager und Motivator und auch noch Trainer, und natürlich Vorbild soll er sein. Damit der Verkaufsleiter diesen Anforderungen entsprechen kann, ist er natürlich auf die Mitarbeit aller in seinem Team angewiesen.

Kernaufgaben des erfolgreichen Verkaufsleiters

Verkaufsleiter brauchen interne Netzwerke

Mitarbeiterförderung und Teamintegration, also die Fähigkeit, „vernetzt" zu arbeiten, sowohl im Team wie auch mit Kunden, das sind Fähigkeiten, die für Verkaufserfolge der Zukunft weitaus wichtiger sind als klare, straffe Organisation und allseits zur Schau gestellte Autorität. Die Zeiten der klassischen Einteilung in „Innendienst" und in „Außendienst" sind in zukunftsorientierten Unternehmen längst Geschichte. Integration und Arbeit in Netzwerken bedeutet: Jeder im Unternehmen verkauft aktiv, und zwar in jeder Sekunde. Jeder im Unternehmen baut glei-

chermaßen am Bild den Kunden gegenüber und damit an der Bindung der Kunden ans Lieferunternehmen.

Begeisterung und Kommunikationsfähigkeit und andere höchst persönliche Einstellungen und Talente lassen sich in der Verkaufsabteilung ebenso wie im gesamten Unternehmen nicht „von oben" befehlen. Das läßt sich nicht in Arbeitsplatzbeschreibungen vorzeichnen. Das läßt sich nicht in ein paar Seminartagen antrainieren. Dafür braucht es die innere Überzeugung, die Einsicht in die Zusammenhänge, die Freude und den Ehrgeiz, das Ziel „begeisterte Kunden" so perfekt, so lückenlos wie nur möglich zu erreichen. Diese Forderung gilt zuerst für den Verkaufsleiter, dann für alle im Team. Dazu braucht es Kollegialität, Kameradschaft und einen Geist von Verschworenheit in der Frau- und Mannschaft des Unternehmens und insbesondere des Verkaufsteams nach dem Motto: „Wir wollen das alle miteinander: Begeisterte Kunden sind unser gemeinsames Ziel und unser aller Ehrgeiz."

„Nur wer nach innen teamfähig ist, der kann auch im Team mit dem Kunden arbeiten", mahnt die prominente Unternehmensberaterin Dr. Gertrud Höhler. Jeder im Team braucht die Überzeugung, daß nur durch konsequent am Kunden orientierte Einstellung der richtige Weg offensteht zum Erfolg morgen und übermorgen. Der erste Schritt aber hängt am Verkaufsleiter: Er hat die Aufgabe, möglichst viele Mitarbeiter dafür zu begeistern, mit ihrer Tätigkeit die Kunden zu begeistern. Aber selbst der höchstmotivierte Mitarbeiter kann nur dann positive Beziehungen zu Kollegen und zum Kunden herstellen, wenn er gelernt hat, in geeigneter Weise zu kommunizieren. Also zählt auch die Entwicklung der Kommunikationsfähigkeit zu den Hauptaufgaben des Verkaufsleiters.

Standardisierte Team-„Programme" haben keine Chance. Teambildung kann nur aus der Seele aller Mitarbeiter leben und zum Erfolg kommen. Jeder im Verkaufsteam muß das Gefühl bekommen, er persönlich, seine Ideen, seine Sicht der Dinge tragen den Erfolg. Gemeinsam entsteht so aus dem Team heraus und mit dem Team ein „Leitbild", das mehr und mehr den Auftritt und das Handeln gegenüber den Kunden prägt.

Der Verkaufsleiter als Coach, seine Sekretärin als Moderatorin

„Coaching" zählt in diesem Prozeß zu den Aufgaben des Verkaufsleiters. Das heißt: bei jedem Mitarbeiter „am Ball bleiben", aufmuntern, nachfassen, Erfolge bestärken, Zeichen von Abschlaffen erkennen und sofort mit neuer Motivation abfangen. Als Coach ist der Verkaufsleiter nicht „Chef" (Autorität) seines Teams und auch nicht Trainer (Vermittler von Wissen und Fertigkeiten). Der „Chef" wird zum Partner, zum Motor, der ständig neue Kräfte erzeugt. Die neue Aufgabe des Verkaufsleiters liegt im Vermitteln von Impulsen auf der Basis ständiger Erfolgsbeobachtung. Zu den Aufgaben des Verkaufsleiters als „Coach" zählen die Suche nach Lösungswegen, die Pflege enger Verbindungen zum Team, die Wahrung offener Kommunikation, ständiges Fördern von Kreativität und Initiative sowie der Aufbau eines Klimas von „kalkulierter Risikobereitschaft", ohne die es keinen Weg vorwärts geben kann. Modernes Coaching verbindet die Unternehmensziele und die Ziele der Kunden mit den Zielen der Mitarbeiter.

Die engagierte Assistentin des Verkaufsleiters kann in diesem Prozeß die Rolle der „Moderatorin" übernehmen: Sie initiiert, organisiert, bringt voran, motiviert und vor allem auch: Sie vermittelt – ohne dabei aber in die „formelle Rolle" eines Vorgesetzten mit formeller Anordnungs- und Disziplinar-„Macht" zu gleiten. Die Sekretärin bleibt „Gleiche unter Gleichen" und sichert sich durch „weibliches Fingerspitzengefühl" emotionale Zugänge, die dem Vorgesetzten weithin verschlossen bleiben. So hat sie in vielen Fällen die Möglichkeit, zu vermitteln und Verständigung vorzubereiten – sowohl „nach oben" wie auch „nach unten".

Im rein organisatorischen Bereich des „Team-Managements" kann sie dem Verkaufsleiter Aufgaben abnehmen wie zum Beispiel das Sichten von Arbeitsunterlagen, Gesprächsauswertungen, Berichten und Verkaufsstatistiken. Diese Unterlagen kann sie vor-auswerten und zusammenfassen, so daß sie dem Verkaufsleiter nur die „Ausreißerzahlen" vorlegen muß, die seine Anerkennung oder seinen Eingriff fordern.

Spaß statt Angst in der Arbeit

Arbeit muß wieder „Spaß" werden, um erfolgreich sein zu können. Arbeit darf nicht länger als lästige Pflicht erlebt, als „Fron" des Alltags mißmutig abgeleistet werden, sondern sie muß wieder zur Freude werden, muß mit dem Erlebniswert von Freizeit gleichziehen. Dazu allerdings muß sich in der Sinnhaftigkeit von Arbeit ebensoviel ändern wie in der Teilhabe am Ergebnis der Arbeit. Eigenbestimmung muß über Fremdbestimmung dominieren.

Weithin sind es scheinbare Kleinigkeiten, die entscheiden, wann und wo Arbeit Spaß macht oder wann und wo sie zur Last entartet: Ein paar frische Blumen, ein Kinderfoto, ein Lächeln, ein aufmunterndes

Wort, emotionales Interesse, eine Warnung vor „dicker Luft" oder ein Hinweis auf die günstige Gelegenheit... Frauen sind von Natur aus deutlich im Vorteil beim Aufspüren und beim Gestalten solch „weicher Faktoren" des Arbeitsalltags.

Angst zerstört positiven Teamgeist
Arbeit mit Freude und Begeisterung setzt vor allem auch weitgehende Freiheit von Ängsten im Verkaufsteam voraus. Das alltägliche Arbeitsleben, generell das tagtägliche Leben, ist geradezu eingepfercht in einen Wust bedrängender Ängste:

- Angst vor dem Arbeitsplatzverlust
- Angst vor materiellem Abstieg
- Angst vor Einsamkeit
- Angst vor Ablehnung durch andere (Schüchternheit)
- Angst vor Kontakten (Kontaktscheu, Sprachhemmnisse)
- Angst vor Versagen (im Betrieb, in der Partnerschaft, im Sportverein, in der Männerrunde...)
- Angst, sich zu blamieren (Lampenfieber)
- Angst vor den Launen des Chefs (oder des Partners zu Hause)
- Angst vor kleinen Räumen, Höhen- und Flugangst
- Angst vor Neuem und Unbekanntem...

Abb. 1: Beispiele für alltägliche Ängste

Der Weg zu wirklich „verschworenem Teamgeist" ist gewiß mühsam und beschwerlich, und er verlangt vom Verkaufsleiter erheblichen Verzicht auf „Macht". Die Sekretärin als Assistentin des Verkaufsleiters kann hier entscheidende Aufgaben übernehmen und „typisch weibliche Fähigkeiten" in die Waagschale werfen:

- Weibliche Sensibilität kann bereits bei der Mitarbeitereinstellung beitragen, keine „Ausreißer" ins Team zu holen.
- Weibliches Kommunikationstalent kann im Arbeitsalltag „zwischen den Worten" heraushören, wie die Stimmung im Team sich entwickelt, bei welchem Mitarbeiter Probleme anstehen.
- Die Sekretärin erfährt mehr aus dem Arbeitsalltag und auch aus dem privaten Lebenskreis der einzelnen im Team als der Verkaufsleiter als „Vorgesetzter".

Beziehungsmanager zu den Kunden

„Verkaufen im Team" heißt vor allem: Alle ziehen an einem Strang. Dieser „Strang" ist der Kunde bzw. der Nutzen/Vorteil für den Kunden. Und das Ergebnis stimmt nur, wenn keine Ausreißer im Team sind. Eine(r), die/der den Kunden oder den Interessenten unfreundlich grüßt, lieblos Auskunft erteilt, schlampigen Service leistet, Lücken in der Hilfsbereitschaft klaffen läßt, die geregelte Arbeitszeit höher einstuft als das termingerecht fertiggestellte Angebot, eine(r), die/der kein Einfühlungsvermögen für die Bedürfnisse und Wünsche des Kunden aufbringt, eine unwirsche Antwort einer genervten Sekretärin am Telefon – eine einzige solche Schwachstelle kann und wird das komplette „Team-Selling" in sich zusammenklappen lassen.

Frauen haben von Natur aus das höhere Talent, Teams zusammenzuhalten, Teamgeist zu stärken und Beziehungen zu pflegen. Frauen sind „beziehungsorientierter" als Männer. Männer sind in erster Linie „sachorientiert". Gute Beziehungen zum Kunden setzen zunächst gute Beziehungen und gutes Klima im Team voraus. Es genügt nicht, wenn nur die Sekretärin in der Verkaufsleitung „perfekt" mit Kunden umgeht, andere im Team sich aber Kunden gegenüber überheblich, gleichgültig, unsensibel zeigen.

Beim kooperativen Führungsstil im Team kann die Sekretärin wesentlich zur Integration beitragen, natürlich stark abhängig von ihren ganz individuellen Charaktereigenschaften und „Talenten". Sie kann eine Art „Mutterolle" übernehmen: Ihr Büro wird zur Anlaufstelle für alle im Team, aber ebenso auch für die Kunden. Hier lassen sich mal Sorgen abladen, hier lassen sich mal „Streicheleinheiten" (Anerkennung, Trost, freundliche Worte) abholen. Verstimmungen werden von der „Frau im Vorzimmer" diplomatisch korrigiert. Die freundliche Frauenstimme, das Lächeln (auch übers Telefon ist Lächeln „hörbar"!) nimmt zum Beispiel dem wütend reklamierenden Kunden schon die erste Spitze – ganz anders als der Mann (der Verkaufsleiter selbst), der dazu neigt, sofort in seine Rechtfertigung einzusteigen.

Die „natürlichen weiblichen Talente" der Assistentin in der Verkaufsleitung

Die Ansicht hat sich inzwischen doch einigermaßen herumgesprochen, daß eine Sekretärin mehr ist als nur eine Tippse, die Männeraugen mit figürlichen Rundungen, Augenaufschlag und schlanken Beinen erfreut, die auch Kaffee kochen und die ihr diktierten Briefe wortgetreu unterschriftsfertig machen kann.

Frauen auf dem Vormarsch?

Die Ansicht, daß Frauen überhaupt die besseren Verkäufer (oder gar auch die besseren „Manager"?) sein könnten, empfinden manche Männer immer noch als lächerlich, andere aber zutiefst im Unterbewußten als eine an die männliche „Exi-

stenz" gehende Bedrohung. Wieder andere sehen die Fakten des „kleinen Unterschieds" ganz bewußt und nehmen die Herausforderung durch „emanzipierte" Kolleginnen an.

Unendlich viel hat sich in den letzten 20 Jahren an der Rolle der Frau geändert, vor allem in den Berufsfeldern, die Frauen heute für sich in Anspruch nehmen und zum Schrecken vieler Männer dann mit deutlichem Vorsprung gegenüber männlichen „Konkurrenten" ausfüllen. Zwar wird bei der Qualifikationsbeurteilung von Frauen noch immer Wert auf Fertigkeit in „Steno und Schreibmaschine" gelegt, aber auch bei den meisten Männern hat sich herumgesprochen, daß inzwischen Maschinen das Kaffeekochen erledigen. Und aus der Schreibmaschine ist ein Computer geworden, der bei gekonnter Bedienung schier unendliche Möglichkeiten bietet, die Arbeitszeit produktiver und ertragreicher zu verbringen als mit Diktat aufnehmen und Briefe tippen.

Das Glück der Frauen, anders zu sein

„Intuition" gestehen sogar sehr traditionell denkende Männer den Frauen zu. Denn Frauen „spüren" das Unausgesprochene, „wenn was in der Luft liegt". Wie auch immer ausgelöst, die Evolution des Homo sapiens hat dahin geführt, daß der weiblichen Spezies dieser Gattung die Gabe der Intuition stärker zur Verfügung steht als der männlichen Spezies.

Emotionale Intelligenz (EQ) der Frau: Die Biologie steht auf der weiblichen Seite

Abgesehen von ihren fachlichen Möglichkeiten bietet die Sekretärin durch ihr Frausein im emotionalen Bereich eine Ergänzung zu den männlichen Kompetenzen. Feinfühligkeit und Verständnis für Gefühle, Mitgefühl, besseres Hinhören

(Hineinhören in andere) und schnelles Wahrnehmen von Stimmungen, die Fähigkeit zu Ausgleich und Kompromiß, die Flexibilität für pragmatische (oft „diplomatische") Lösungswege – das sind anerkanntermaßen „frauentypische" Talente.

Der Vorsprung der Frauen im emotionalen Bereich führt dazu, daß Frauen im Dialog schneller Vertrauen aufbauen können als Männer. Unterstützt wird dieser Erfolg weithin auch noch von der physischen Konstitution der Frau: Der vorwiegend kleinere und rundlichere Frauenkörper löst im tiefsten Urinstinkt des Dialogpartners (ob männlich oder weiblich) weniger Bedrohungsaffekte aus als der große, breitschultrige Mann, der zudem in aller Regel auch in seiner gesamten Körpersprache und Gestik agressiver auftritt als die Frau.

Frauen gewinnen schneller Vertrauen
Frauen haben durch ihren Vorsprung in emotionaler Intelligenz auch deutlich mehr Feingefühl im zwischenmenschlichen Umgang, zum Beispiel allein schon für die unterschiedlichen „Distanzzonen". Die Rücksicht auf diese Distanzzonen (Diese bestehen übrigens analog auch im verbalen Bereich: In welchen Worten spreche ich mit einem Partner?) vermeidet Frustrationen und auch Konfrontationen. Die Rücksicht auf die unbewußten Distanzzonen baut „Verbindlichkeit" und „Beziehungsqualität" auf. Der Partner fühlt sich respektiert, geachtet und aufgewertet. Damit ist die Tür zur „Seele" des Partners schon zumindest einen Spaltbreit geöffnet.

Frauen sind wesentlich schneller bereit (und auch in der Lage), das Fenster zur eigenen Gefühlswelt ein wenig zu öffnen. Frauen bauen weniger stark den Schutzwall einer „generell gültigen Scheinrationalität" um sich auf und können zugestehen, Entscheidungen „aus dem Bauch heraus" zu treffen. Dieses Sich-Öffnen aber löst auch beim Partner einen Öffnungsprozeß aus. Der Dialog kann beginnen. Die „heldenhaften" männlichen Ritterkämpfe in stählernen Rüstungen quasivernünftiger Argumentgefechte entfallen. Frauen können zur Sache und zum Kern kommen, ohne Status und Rang mit dem „Partner" abklären zu müssen.

Frauen lesen und hören „zwischen den Zeilen"
Auch ist es einfach nicht Männersache, „zwischen den Zeilen" zu lesen, versteckte Signale in Worten oder auch in schriftlichen Informationen wahrzunehmen und zu deuten. Oft werden dann teure Seminare über NLP (neurolinguistisches Programmieren) besucht, um Männer zu „rüsten", damit sie dem Kunden das Gefühl vermitteln, auf seiner Wellenlänge zu sein. Viele Kommunikations- und Rhetorikseminare, Motivations- und Führungskurse werden absolviert, Moderations- und Diskussionstechniken studiert – aber alles ohne durchschlagenden Effekt. Die Kommunikation zu vieler Männer bleibt kantig und geht immer wieder an den Gefühlen des Partners vorbei. Oft genug bohren Männer (ohne es zu merken) sogar heftigst in den empfindlichsten Punkten des Partners und zerstören damit jede Beziehungsbasis.

Was haben sich Verkaufsleiter schon alles an Kommunikationstechniken angeeignet, um mit ihren Mitarbeitern und mit den Kunden „besser klarzukommen". Aber trotz all der Schulungen und Techniken klappt es immer wieder einfach nicht! Da steckt ein Verkäufer über lange Wochen im Tief trotz Mitarbeitergespräch, trotz Lösungsvorschlägen von neuer Gebietseinteilung bis zu besserem Zeitmanagement, vom telefonischen Nachfassen bis zur Fahrstreckenoptimierung – das Tief zieht nicht ab. Der Verkäufer kann seine Leistung nicht steigern. Der Verkaufsleiter kommt nicht an seinen Verkäufer ran. Das Vertrauen fehlt.

Würde der Verkaufsleiter sich aber bei seiner Sekretärin/Assistentin erkundigen, was denn mit Verkäufer X „los ist", so würde sie ihm erzählen können, daß X seit Wochen nicht mehr richtig schläft, da ihm der Streß mit Hausbau und Banken über den Kopf wächst. Und nun auch noch der Druck aus der Firma – man ist doch auch nur Mensch ... Da können also alle systeminternen Optimierungsrezepte dem Übel nicht an die Wurzel kommen. Aber vielleicht hilft ein günstiger Überbrückungskredit durchs Unternehmen? Die Sekretärin erfährt das, aber meist nicht der Verkaufsleiter. Sie hat ganz intuitiv bei X nachgefragt, wie es denn so geht, als er immer schon morgens so kaputt und müde ins Büro kam. Und X hat ihr sein Herz ausgeschüttet. Vor dem Chef hätte er sich solch eine Blöße niemals gegeben.

Frauen holen „Stimmungen" ins Licht
Die „gute Stimmung" des Verkaufsleiters ist Gold wert für den Mitarbeiter, der ein Problem hat, der sich Tips abholen möchte oder einen schlechten Bericht abgeben muß, der aber oft auch eine neue Idee ein- und anbringen will. Was ist wohl Unternehmen schon so alles verlorengegangen an wertvollen Verbesserungsideen und damit an Spar- und Ertragspotential, weil diese Ideen zum falschen Zeitpunkt, in der falschen Stimmungslage des Vorgesetzten vorgetragen wurden? Durch synergetische Kooperation im Team von Verkaufsleiter und Assistentin können auch solche Verluste minimiert werden.

Durch ihre weibliche Fähigkeit zur Einschätzung von Menschen und auch deren momentaner Stimmungslage hat die Sekretärin natürlich den Mitarbeitern einen Wissensvorsprung über das wahrscheinliche Verhalten ihres Chefs voraus. Und sie hat auch ihren Chef „im Griff", kann vorbauen, kann einleiten, kann dämpfen oder auch anregen und bestärken. Im kooperativ arbeitenden Team kann die Sekretärin also wesentlich zur „emotionalen Hygiene" beitragen.

Die Assistentin schafft Kompetenz im „sozialen Bereich"
Das Arbeitsklima im Verkaufsteam wird weithin durch versteckte Signale beeinflußt. Ein klares Bild und ausreichend Erfahrungen
- über Grundcharakter und typische Verhaltensweisen des Verkaufsleiters,
- über Charakter und Verhaltensweisen der einzelnen im Team,
- über den Kommunikations- und Managementstil (interne „Beziehungskultur") in der Abteilung
- und über die kurz-, mittel- und langfristigen Ziele des Unternehmens

helfen der Sekretärin, sich ideal für und in das Unternehmen einzubringen. Bei relativ häufigem Wechsel in der Assistenz des Verkaufsleiters kommt dieses Potential nicht zum Tragen.

Wichtig bei der Neueinstellung einer Sekretärin ist es daher, die Unternehmensphilosophie und den Managementstil klar darzustellen. Andererseits ist es ebenso wichtig, beiderseits gründlich zu diskutieren, ob „die Chemie stimmt", das heißt, ob im emotionalen Bereich der Verkaufsleiter mit seiner „Neuen" denn „gut kann".

Die Frau hat das größere Talent, soziale

Beziehungen zu „spüren", Signale zu erkennen und zu deuten und in kongruentes Verhalten umzusetzen:

- Wer kann mit wem?
- Wer geht wem aus dem Weg?
- Wer hat welche kommunikativen Talente oder Schwächen?
- Wer braucht einfach wann mal ein offenes Wort?
- Wer braucht wann mal einen kleinen Extra-Anstoß?
- Wem ist womit am besten beizukommen?
- Wer wird an welchem Tag besser mal nicht angesprochen?
- Wann ist bei wem die „Situation" besonders günstig, einen Vorschlag, eine Kritik, einen Wunsch anzubringen?

Im kooperativ arbeitenden Team kann die Sekretärin also auch wesentlich zum Funktionieren der sozialen Kontakte untereinander beitragen. Aber ebenso vermittelt sie auch Grundstimmungen aus der Verkaufsleitung an Geschäftskunden weiter. Ob bei einem Telefonanruf oder einem Besuch, schon mit dem Tonfall bekommt der Anrufer „Stimmung" übermittelt:

- Ist der Anruf willkommen?
- Signalisiert die Stimme, daß der Anruf stört?
- Interesse und Hilfsbereitschaft?
- Desinteresse und Unkompetenz?

Die gutgelaunte Stimme, die erste kompetente Reaktion der Sekretärin sind für den Anrufer eine Wohltat. Sachlich beurteilt die Assistentin den Anruf und gibt ihn dann gezielt weiter. Schon hier kann der Anrufer erkennen, wie intensiv diese Abteilung miteinander arbeitet. Schon hier entscheidet der „erste Eindruck" über die künftige Qualität einer Beziehung. Die Assistentin hat das weithin in der Hand

bzw. „in der Stimme". Tests haben bewiesen: Anrufer empfinden eine freundliche Frauenstimme am Telefon „einladender" zur Kommunikation als eine noch so zuvorkommende Männerstimme.

Die Sekretärin wird zum „Verkehrsknoten" im „sozialen Netz" der Verkaufsabteilung". Denn wo sonst als bei der Sekretärin des Verkaufsleiters laufen so viele Fäden zusammen? Verkäufer müssen an ihr vorbei, Kunden machen bei ihr zuerst Halt. Anfragen laufen über ihr Telefon, Mitarbeiter anderer Abteilungen wollen von ihr wissen, ob oder wann der Verkaufsleiter Zeit hat. Der Verkaufsleiter erkundigt sich bei ihr, ob das Angebot schon raus ist, fordert bei ihr die neuesten Umsatzzahlen an und fragt sie nach seinen Terminen. Ebenso gilt das für die Mitarbeiter: Sie erkundigen sich bei der Sekretärin zuerst: „Na, wie ist er denn heute aufgelegt?", bevor sie in die „Höhle des Löwen" gehen, um über ihre Prämien zu sprechen. Die Sekretärin ist der Fixpunkt im Verkaufsbüro. Nutzt der Verkaufsleiter ihre Wahrnehmung und ihr soziales Wissen, so kann sie damit auch zum Fixstern werden.

Die Sekretärin – vielfach die „rechte Hand" des Verkaufsleiters

Ein wichtiges Aufgabengebiet der Verkaufsleiter-Sekretärin ist die Terminplanung und die Terminüberwachung. Wertvolle Arbeitszeit wird hier verplant, nicht nur die eigene Zeit der Assistentin, sondern auch die Zeit ihres Chefs und vor allem auch die Zeit anderer. Versäumte Termine können komplette Projektsysteme zum Einsturz bringen. Übergreifende organisatorische Maßnahmen fallen in sich zusammen, wenn eine Säule wegbricht. Hektik und Streß (aufschieben statt erledigen, zuwenig Zeit für alles…) schaffen ein unangenehmes und unproduktives Arbeitsklima.

Terminplanung und Zeitmanagement

Wie sieht die Arbeits- und Zeiteinteilung im Verkaufsleiter-Büro aus? Muß „der Chef" immer alles selber machen? Kann nur er entscheiden? Mit welchem Stil oder System von „Zeitmanagement" arbeiten die Verkäufer? Um Termine und Zeit richtig planen zu können, braucht der Verkaufsleiter ebenso wie seine Sekretärin/ Assistentin:

- Überblick über sachliche Zusammenhänge
- Trennung von *wichtig* und *dringlich*
- genaue Kenntnis des zeitlichen Rahmens für die einzelnen Arbeiten
- die Trennung von zeitfixen und von zeitflexiblen Aufgaben
- die Trennung in delegierbare und nichtdelegierbare Arbeiten

Um effiziente Zeiteinteilung vorzunehmen, muß die Sekretärin natürlich ein genaues Bild über die einzelnen Aufgaben ihres Chefs und den benötigten Zeitrahmen haben. Das gilt aber ebenso für Aufgaben aller im Team. Den einzelnen Aufgaben einen Zeitrahmen geben zu können setzt voraus, in einer ersten Phase die Aufgaben in kleine Schritte zu zerlegen und zweitens ein Zeitbuch anzulegen.

Nach solchen Zeitschemata können sehr viele Aufgaben der Verkaufsleitung und auch des Verkaufsteams genauer erfaßt und eingeteilt werden. Die Analyse der Zeitaufwände erfordert zwar anfangs und einmalig etwas mehr Mühe und Zeit, ist später aber Grundlage für eine effektive und vor allem auch kooperative Arbeitszeiteinteilung von Verkaufsleiter und Sekretärin. Ähnliche Arbeiten (Diktate, Statistiken, Ablage, Kopieren etc.) lassen sich zusammenfassen. So gewinnt die Sekretärin Überblick über den Zeitrahmen

1. Post aus Poststelle abholen.................	.........................im Schnitt ca. 5 Minuten
2. Sortieren der Post....................................	.........................im Schnitt ca. 10 Minuten

3. Lesen und entscheiden ob
    3a.) zur Vorlage oder
    3b.) zur Eigenbearbeitung..............
	.........................im Schnitt ca. 15 Minuten

4. Wichtige Hintergrundinfos
   zur Post heraussuchen und
   bereitlegen..
	.........................im Schnitt ca. 15 Minuten

5. Post vorlegen und kurze Hinweise geben...	.........................im Schnitt ca. 5 Minuten
+ Pufferzeit:	10 Minuten
= Gesamt:	im Schnitt ca. 60 Minuten

Abb. 2: Beispiel: Zeitanalyse für „Posteingang"

für einzelne Aufgaben und kann danach relativ reibungs- und vor allem überschneidungsfrei die Termin- und Zeitplanung vornehmen, am besten nach der *ALPEN-Methode* von Lothar J. Seiwert:

A – Alle Aufgaben aufschreiben

L – Länge der Aufgaben schätzen

P – Pufferzeiten einplanen

E – Entscheidung über Prioritäten

N – Nachkontrolle, Unerledigtes übertragen

Prioritäten setzen bringt Übersicht und hilft gegen Streß

Die effektive Zeitplanung fordert das Festlegen von Prioritäten, die in Klassen eingeteilt werden, dem Prinzip „wichtig vor dringlich" folgend:

1. Wichtige, nicht delegierbare Tätigkeiten (A-Priorität)
2. Durchschnittlich wichtige Arbeit, teilweise delegierbar
3. Mäßig wichtige Arbeit, großer Zeitbedarf, delegierbar

Pro Tag sollte nur eine A-Priorität eingeplant werden. Erfahrungsgemäß bringen bei der richtigen Auswahl rund 20 Prozent des Zeitaufwands etwa 80 Prozent der „Ergebnisse" (Pareto-Prinzip). Einen großen Teil der restlichen 80 Prozent der Zeit fressen Routinearbeiten (Ablage, Korrespondenz, Statistiken etc.) und eingefahrene Gewohnheiten (unnötige Gespräche, Besuche und Wege). Ist es nötig, daß der Verkaufsleiter ständig für alle erreichbar ist? Oder lassen sich „Sprechzeiten" etablieren?

Nicht vergessen werden dürfen bei der Zeitplanung auch „ruhige Stunden" für konzentriertes, ungestörtes Arbeiten, am besten Zeiten mit erfahrungsgemäß wenig Anrufen oder Besuchen. Für diese störungsfreien Zeiten können sich Verkaufsleiter und Assistentin dann ergänzen: Wechselseitig übernehmen sie dann den „Telefondienst".

Terminplan fördert Kundenbeziehungen

Notwendige Besprechungen (mit Mitarbeitern, mit Niederlassungsleitern, mit Kollegen anderer Abteilungen, mit Kunden, mit Dienstleistern usw.) und deren ungefährer Zeitbedarf müssen vom Verkaufsleiter rechtzeitig mit der Sekretärin besprochen und eingeplant werden. Das entscheidet nicht nur über die Qualität der Terminplanung, sondern auch über die Qualität der Gesprächsvorbereitung: Unterlagen suchen, Informationen beschaffen, Gesprächsleitfäden vorbereiten, nötigenfalls Unterlagen kopieren – je besser ein Gespräch vorbereitet werden kann, desto höher die Chancen für eine erfolgreiche und fruchtbare Besprechung.

Bei vielen Dingen – auch gegenüber Kunden und Interessenten – ist der richtige Zeitpunkt für den Erfolg entscheidend. Wann hat ein Gespräch mit dem „schwierigen Kunden" oder mit dem „Ausreißer" im Team die besten Chancen für einen fruchtbaren Verlauf? Weibliches Wahrnehmen von Stimmungen, gepaart mit Übersicht übers Arbeitspensum des Verkaufsleiters und über die noch zu erledigende Arbeit erlauben es der Sekretärin, sich ein Stimmungsbild von ihrem Chef zu machen. Emotionale Feinfühligkeit fließt in die Zeitplanung ein. Die Sekretärin kann ihrem Chef so den nötigen Raum verschaffen, um zum entscheidenden Termin aufnahmefähig zu sein. Sie kann ihm nach exaktem Zeitplan unterstützend zuarbeiten und auch mal geschickt abblocken.

Kundenspezifische Jubeldaten werden von der Sekretärin mit Hilfe des Computers überwacht und in den Terminplaner des Verkaufsleiters übertragen.

Terminhilfe aus dem Computer

Hilfreich für die Terminplanung kann heute der Computer sein: Geeignete Software übernimmt nicht nur die Terminbuchführung, sondern auch die Terminerinnerungen per „Alarmruf". Wichtig dabei: Die Terminpläne im Computer des Verkaufsleiters und im Computer der Assistentin müssen unbedingt vernetzt sein, so daß es zu keinen Abweichungen kommen kann.

Neben der täglichen Terminübersicht für regelmäßige Arbeiten, für Besuche und Besprechungen liefert der Computer auch komplette Wochen-, Monats- oder Jahresübersichten, die auch Urlaubszeiten, Seminartermine etc. enthalten, so daß klar und vorausschauend im Team zusammengearbeitet werden kann. Durch vorausschauende Arbeitsweise können viele Dinge erleichtert und kann viel destruktiver Streß vermieden werden.

In die Langzeit-Übersicht im Computer gehören dann aber zum Beispiel auch:
- Abgabetermine für Berichte der Vertreter
- Meldedaten für Versicherungen, Steuer oder Statistiken
- Messe- und Kongreßtermine
- Eckdaten von Aktionen oder der Verkaufsjahresplanung
- ebenso alle „Beziehungsdaten": Geburtstage und andere „Jubeltage" von Kunden
- Last, but not least: „interne" Geburtstage von Ehefrau, Oma, Tante und Kin-

dern des Verkaufsleiters und auch der Kollegen, ebenso Hochzeitstage usw.

Dieses Plus an Informationen und Transparenz ermöglicht es der Sekretärin, effektive Vorarbeit zu leisten:
- Da wird dann zum Beispiel Verkäufer A zwei Tage vor der Gebietsbesprechung daran erinnert, seinen Bericht zu überarbeiten und ihn aussagekräftig für den Chef und für die Kollegen auszuarbeiten.
- An die anstehende Kundenbesprechung werden rechtzeitig nochmals alle Beteiligten telefonisch erinnert. Zudem werden die nötigen Unterlagen herausgesucht, nochmals überflogen, zusammengefaßt, für die Teilnehmer der Besprechung kopiert, ergänzt mit Preisliste, Spezifizierungen, Bestellformularen.

Die Termin- und Arbeitsplanung muß auch Rücksicht nehmen auf aktive und passive Phasen unseres Körpers. Wichtige Besprechungen, die hohe Konzentration erfordern, dürfen nicht kurz nach dem Mittagessen angesetzt werden, wenn der Verdauungstrakt das Blut aus den Gehirnzellen abzieht. Vormittags ist die Leistungskurve am höchsten, sie sinkt kurz vor der Mittagspause. Nachmittags liegt sie nach dem Mittagessen tief „im Keller", erholt sich dann nach etwa 60 bis 90 Minuten, erreicht nicht ganz den Vormittagsgipfel und sinkt im Lauf des späten Nachmittags rapide ab. Dementsprechend lassen sich knifflige Arbeiten und Routine sinnvoll über den Tag verteilen.

„Posteingang" sortieren, aufbereiten, vorlegen

Ein Großteil der Zeit in der Verkaufsleitung wird für „Postbearbeitung" verbraucht: Posteingang, Berichte, Anfragen,

Antworten und Angebote, Kundenfragen beantworten, Kundenbetreuung, Akquisition, Beschwerdemanagement, Informationen beschaffen und weiterleiten, Angebote einholen, gratulieren hier, danken dort...

Schon beim Öffnen und Sortieren der Eingangspost kann die partnerschaftlich arbeitende Assistentin für den Verkaufsleiter Zeit einsparen, indem sie

1. die Post vorsortiert,
2. das Wichtige in den Briefen anstreicht (mit Markierstift!),
3. mit ergänzenden Informationen und/oder Kurznotizen den Verkaufsleiter zur schnellen Entscheidung befähigt,
4. nötigenfalls Informationen von dritter Seite direkt beschafft oder die „Sachbearbeitung" dort veranlaßt,
5. Routinebriefe direkt selbst beantwortet (je nach Absprache: mit oder auch ohne kurze Rücksprache mit dem „Chef").

Über die im Computer gespeicherten „Vorgänge" oder auch über gezielt erarbeitete „Musterfälle" hat die Assistentin Zugriff auf Leitlinien für selbständiges Bearbeiten von Routinepost. Der Verkaufsleiter muß beileibe nicht mit jeder Anfrage, mit jedem Informationswunsch von Kunden, mit jedem Bericht aus dem Außendienst belastet werden. Sind die Kriterien festgelegt, dann selektiert die Assistentin, und nur wirkliche „Entscheidungsfälle" landen auf dem Tisch des Verkaufsleiters. Längere Betriebserfahrung hilft natürlich der Assistentin und gibt ihr Sicherheit: Was kann sie allein erledigen, und was muß vom Verkaufsleiter entschieden werden. Erfahrungswerte spielen auch hier eine große Rolle.

Auch beim Nachfassen von Anfragen und von Angeboten ist eine gut geführte

Datei hilfreich. In diesem Bereich kann die „Sekretärin" definitiv zur vollwertigen Verkaufsassistentin werden. Nicht immer hat der Verkaufsleiter Zeit, alle Angebote nachzufassen. Oft weiß er gar nicht, welche Angebote noch nachbearbeitet werden müssen. Ein Blick in den Computer zeigt der Sekretärin: Wann wurde das Angebot erstellt, und was wurde angeboten? Wer ist zuständig und hat wann bereits nachgefaßt? Kam ein Abschluß zustande? Warum nicht? Wurde eine „Wiederaufnahme" des Kontakts vereinbart, gar ein terminierter Rückruf zugesichert? Computerprogramme sind zudem heute in der Lage, an einmal eingetastete Termine selbständig zum morgendlichen Arbeitsbeginn zu erinnern. Die Assistentin kann entscheiden, was der „Chef" selbst übernehmen muß und was sie ihm abnehmen kann.

Nicht immer ist fachspezifisches Wissen nötig, um Anfragen erledigen zu können. Je enger der Verkaufsleiter mit seiner Sekretärin zusammenarbeitet, desto effizienter wird beider Arbeit. Nimmt sich der Verkaufsleiter die Zeit und erklärt und begründet manche Entscheidungen, so gibt er der Sekretärin damit die Möglichkeit, dazuzulernen und später ähnliche Fragen selbständig zu beantworten. Je plausibler die Strukturen der Entscheidungen und des Handelns des Verkaufsleiters für die Assistentin sind, desto besser kann sie den „Chef" entlasten und freihalten für die wirklich wesentlichen Analysen und Entscheidungen. Nur durch Wissen, welche Aufgaben wie gelöst wurden, wo die Erwartungen des Verkaufsleiters und der Geschäftsleitung liegen, ist es möglich, gute Arbeit zu leisten.

Läßt der Verkaufsleiter sich allerdings sämtliche Post vorlegen und will alles selber entscheiden, so sind der willigsten und der fähigsten Sekretärin die Hände gebunden. Sie kann dann nur immer wieder versuchen, ganz „vorsichtig" die Eingangspost mit notwendigen Anlagen zu ergänzen oder „einen Vorschlag" vorzuformulieren. Damit gibt sie dann immer wieder dem Verkaufsleiter zu verstehen: „Ich bin durchaus so weit eingearbeitet, um Standardpost zu erledigen." Die „gute" Kraft, die ständig unterfordert wird, wandert bald ab und stärkt vielleicht dann gerade den Wettbewerber, bei dem fruchtbares Delegationsklima herrscht.

Betreuung und Gespräche bei Besuchen

Kunden kommen ins Büro. Der Verkaufsleiter steckt noch mitten in unaufschiebbarer Arbeit oder in einer entscheidenden Besprechung. Mindestens zehn Minuten wird es noch dauern. Diese schwierige Phase, in der Kunden beim vereinbarten Termin warten müssen, überbrückt die geschickte Assistentin: Sie bittet den Kunden ins Besprechungszimmer und bietet als erstes Kaffee (Tee, Saft, Erfrischungsgetränke, ein paar Kekse etc.) an. Außerdem versucht sie, schon mal die Wünsche des Kunden zu konkretisieren und mit Vorab-Informationsmaterial zu beantworten. Sie zeigt Mustermappen oder Modelle und/oder legt ein Video ein, das dem Kunden neue Anwendungen des Produkts erläutert oder das Besitz- und Nutzungsvisionen aufbaut. Im geschickten persönlichen Gespräch mit dem Kunden kann sie in der Wartephase zudem wertvolle Zusatzinformationen über den persönlichen Hintergrund des Besuchers gewinnen.

Erscheint der Verkaufsleiter dann und entschuldigt sich, so gibt die Assistentin ein kurzes „Briefing": welches Produkt den Kunden interessiert, welches das Ziel des Besuches ist, welche Fragen bereits beantwortet wurden, welche Kernpunkte

noch anstehen. Der Kunde fühlt sich beachtet und empfindet die Wartezeit nicht als nutzlos vertan. Der Verkaufsleiter kann mit diesen Vorgaben das Kundengespräch schnell und effektiv führen.

Planung und Organisation von Seminaren und Meetings

Viele Veranstaltungen im Verkaufsbereich erreichen keine optimalen Ergebnisse, da sie ungenügend vorbereitet werden. Die seit zehn Jahren jeweils am zweiten Wochenende im September durchgeführte Planungskonferenz fürs nächste Jahr kommt Jahr für Jahr so überraschend wie Weihnachten am 24. Dezember: Zwei Wochen vor dem Meeting setzen plötzlich hektische Vorbereitungen ein. Das Wunsch-Hotel ist ausgebucht, der Wunsch-Referent sagt ab, großes Murren bei den Teilnehmern, die ihre persönlichen Planungen nicht auf den Termin einstellen konnten.

Die engagierte Assistentin reserviert bereits im April das Hotel fürs September-Meeting, bucht Referenten und informiert die Teilnehmer, die sich so frühzeitig auf den Termin einstellen können. Unterlagen für die Diskussion werden umfassend zusammengetragen und aufbereitet, teils schon vorab an die Teilnehmer übergeben zur Vorbereitung. Die Präsentation stützt sich auf klare, eingängige Folien, vorbereitet durch die Assistentin, abgesegnet von den Referenten, produziert in der betrieblichen „Graphikabteilung" oder in einem Studio.

Ehe die Sekretärin an die Organisation von Meetings, Seminaren, Tagungen oder „Events" gehen kann, muß geklärt sein:
• Welche Art von Veranstaltung ist geplant? Repräsentation? Kreative, konzentrierte Arbeit? „Belohnung" oder „Motivation" mit Erlebnissen?

- Welche Zielgruppe, welcher Teilnehmerkreis ist beteiligt?
- Termin fest oder flexibel?
- Ort oder Region vorgegeben oder frei wählbar?
- Referent/Trainer/Tagungsleiter intern oder extern?

Dann geht es an die Suche und Wahl des Tagungsortes und des Tagungshotels, Suche, Auswahl und Buchung von Referenten, Trainern, Moderatoren oder auch „Entertainern". Die Teilnehmer bekommen eine „Vor-Einladung", um den Termin zu reservieren. Die definitive Einladung folgt etwa sechs bis vier Wochen vor Termin. Etwa 14 Tage vor dem Termin werden dann die Reiseunterlagen, Tickets, Straßenpläne etc. und dazu das ausführliche Tagungs- oder Veranstaltungsprogramm mit Themen- und Zeitübersicht verschickt. Parallel laufen die Detailverhandlungen mit dem Hotel und teils auch mit den Partnern für Rahmen- und Begleitprogramme. Zur Tagung selbst sind dann die Unterlagen vorzubereiten. An den Unterlagen läßt sich ablesen, welchen „Wert" der Veranstalter seiner Tagung beimißt und welche Achtung er für die Teilnehmer hegt.

Rund um Meetings und Veranstaltungen läßt sich unendlich viel Ergebnisverbesserung erreichen durch professionelle Planung, Vorarbeit und Organisation. Ebenso lassen sich beträchtliche Geldbeträge einsparen, wenn Tagungen und Veranstaltungen systematisch vorbereitet und nachträglich auch ausgewertet werden. Die Grundausbildung von Sekretärinnen geht auf den Bereich „Tagungsplanung" so gut wie überhaupt nicht ein. Erst in speziellen Seminaren (regelmäßig zum Beispiel durchgeführt durch F. Christian Zach, D-83530 Schnaitsee) macht sich die

Sekretärin wirklich „fit" für ergebnisorientiertes „Handling" von Tagungen aller Art. Die Teilnahme an einem Tagungsseminar erspart häufig hohe Honorare für PCOs (Professional Congress Organizer).

Mit der Orts- und Ablaufplanung kann der Erfolg einer Tagung oder Veranstaltung verstärkt oder zunichte gemacht werden. Ruhige Plätze und Hotels im Grünen sind zum Beispiel geeignet zur Teamentwicklung und für kleinere Gruppen mit hohen Anforderugen an Konzentration und Kommunikation. Für repräsentative Tagungen (Produkteinführung, Händlertagung, Kunden-Symposium) sollte auf zentral erreichbare Häuser zurückgegriffen werden. Interne Räume eignen sich für kurze und „sachlich" ausgerichtete Meetings. Externe Räume (Hotels) sind nötig, wenn kreative Lösungen, Verhaltensänderungen und Motivation (Mitarbeiter ebenso wie Kunden) angestrebt werden. Verkaufsschulungen sind abhängig von Anlaß und Zweck, vom Produkt und vom „Einzugsgebiet" der Teilnehmer, ebenso aber auch vom verfügbaren Budget (Reisekosten und Hotel).

Reiseplanung und Abwesenheitsmanagement

Eine der typischen Assistenzaufgaben im Verkaufsleiter-Büro ist die Reisevorbereitung: von Ticket- bis Hotelbuchung, von Visumbeschaffung bis Impferinnerung, von Mietwagenbuchung bis Taschenwörterbuch ... Sinnvolle Arbeit kann die Sekretärin nur leisten, wenn der „Chef" bereit ist, seine anstehenden Reisen detailgenau mit seiner Sekretärin durchzusprechen:
- Termine, Ziele
- Sinn, Zweck, Gesprächspartner, Begleiter
- Möglichkeiten, weitere Termine und Ziele einzubinden

- persönliche Wünsche und Präferenzen zu Verkehrsmitteln und Hotels
- besondere Erfordernisse (Visa, Impfungen, Dolmetscher usw.)
- Gastgeschenke
- Was ist bereits mit wem abgesprochen?
- Was muß noch abgesprochen werden?

Üblich ist die Zusammenarbeit mit Reisebüros. Vor allem bei Auslandsreisen ist es zumeist einfacher, auf Reisebüros zurückzugreifen, um Flug und Hotel buchen zu lassen. Der Service der Reise-Profis orientiert sich allerdings nicht immer an den Sparinteressen des Kunden, da die Provision weithin abhängt von der Summe für Flüge und Hotels. Zudem ist durchaus nicht immer Verlaß darauf, daß der Mitarbeiter im Reisebüro nach der optimalen Lösung sucht, wenn eine bequeme Lösung näherliegt. Auch hier kann die Sekretärin über spezielle Seminare sich kundig machen, so daß sie zumindest in Stichproben die Arbeit des Reisebüros kontrollieren und bewerten kann. So mancher Reise-Tausender ist damit schnell eingespart.

Zur Reisevorbereitung zählen allerdings nicht nur Carrier- und Hotelbuchungen. Ebensowichtig ist die Vorbereitung der Reiseunterlagen:
- Basis-Facts zu den besuchten Ländern, Unternehmen
- Personalities der Gesprächspartner
- Dokumentationen zu den anstehenden Gesprächen (bisherige Verhandlungen, Aufträge, Konditionen usw.)

Ein übersichtlicher Gesamtterminplan und detailliertere, einseitige Tagesterminpläne (mit Zeiten, Orten, Partnern, Anschriften und Telefonnummern, jeweils Zweck, Hinweis auf Unterlagen und Bemerkungen) helfen dem Verkaufsleiter, den Reisestreß besser zu bewältigen. Systematisches Ordnen der Unterlagen in separaten Mappen, deutlich nach Terminen markiert, bewahrt den Verkaufsleiter unterwegs vor umständlichem Kramen.

Vor Abreise ist auch die Vertretung zu regeln:
- Wer übernimmt was?
- Was kann (soll) aufgeschoben werden?
- Welche erweiterten Befugnisse sind für wen nötig?
- In welchen Fällen wird der Verkaufsleiter telefonisch verständigt oder eingeschaltet? (Übersicht erstellen: Wann ist er wo erreichbar?)

Kompetenz-Plus bei Verkäufersuche und Einstellung

Bei der Suche nach dem richtigen Mitarbeiter kann die Sekretärin schon in der Vorbereitung sehr hilfreich mitwirken: Sie kann mit ihrem Chef die Anforderungen an den „Neuen" klären, nicht nur sachliche Faktoren, sondern auch emotionale und soziale Erwartungen. Das stellt sie am besten in einem Arbeitsblatt übersichtlich zusammen, das dann später auch bei der Bewerberbeurteilung herangezogen wird. Sie kann dem Verkaufsleiter auch viel Arbeit bei der Formulierung und beim Schalten der Anzeigen abnehmen.

Falls der Verkaufsleiter das Bewerbungsgespräch selber führt, kann er die Sekretärin zuziehen und sie nach ihrem Eindruck über den Bewerber befragen, ebenso nach dem Verhalten des Bewerbers während des Wartens vor und nach dem Gespräch: War der Bewerber nervös, zu sicher, arrogant? Wie wirkt der Bewerber auf Fremde? Wie sind seine Manieren?

Durch viele Kleinigkeiten lassen sich solche Bilder abrunden. Dabei nutzt die Sekretärin ihren Vorteil: Sie wird nämlich meist als nicht so wichtig empfunden. Das läßt Bewerber zwangloser, ehrlicher, offener auftreten.

Beim Sichten der Bewerberunterlagen kann die Sekretärin durch das klare vorformulierte Anforderungsprofil einen Stapel von Zuschriften meist allein erledigen. Das bringt deutliche Zeitersparnis für den Verkaufsleiter, der sich hoffungslose Kandidaten erspart. Durch das Markieren wesentlicher Punkte in den Unterlagen wird das Lesen der restlichen Bewerbungen erleichtert und beschleunigt.

Gerade im Verkauf sind profilierte, aber nicht arrogante Persönlichkeit und emotionale Intelligenz („EQ") notwendig. Der Verkäufer als Mensch ist das Kapital, aus dem die Verkaufsabteilung besteht. Er repräsentiert in seiner Person und Art das ganze Unternehmen. Er ist Stellvertreter für alle, vom Produktentwickler und Lageristen bis hin zum Direktor. Der Verkäufer ist die Visitenkarte seines Unternehmens und muß sich dessen bewußt sein und sich entsprechend verhalten. Darum erfordert die Verkäufereinstellung ganz besonders viel Fingerspitzengefühl und Menschenkenntnis. Die Assistentin kann hier für den Verkaufsleiter entscheidende zusätzliche Aspekte einbringen.

Abteilungsinterne Mitarbeiterdatenbank
Soweit die Mitarbeiterdatei nicht im Personalbüro geführt wird, kann sie ebenfalls in die Obhut der Assistentin des Verkaufsleiters gehen. Zudem erfaßt die Personaldatei der Personalabteilung ohnehin meist andere Fakten, als sie intern in der Verkaufsabteilung über die Kollegen abgespeichert werden: Wer hat wann Geburtstag? Wessen Kinder, wessen Partner/in hat wann Geburtstag? Wer hat wann Betriebsjubiläum? Wer fährt welches Auto? Wer hat welches Hobby? Wer hat welche Urlaubsgewohnheiten? Wer hat welche persönlichen Gewohnheiten oder „Bedürfnisse", auf die Rücksicht zu nehmen ist (Raucher, Diät, Flugangst usw.)? Nicht zuletzt sind hier auch für Notfälle private Telefonnummern und Telefonnummern von nahen Angehörigen abgespeichert. Aus der Datei seiner Assistentin bekommt der Verkaufsleiter diese „relevanten Daten" rechtzeitig auf den Tisch, kann gratulieren, einen kleinen Umtrunk arrangieren oder ein Geschenk besorgen lassen.

In einer „Kollegendatei" in der Verkaufsleitung lassen sich auch personenbezogen abspeichern: Ziel- und Terminabsprachen, Umsatzerfolge (zum Beispiel im Rahmen eines laufenden Incentive-Wettbewerbs), ebenso Besuchsberichte und andere Statistiken, Seminar- und Schulungsteilnahmen, Spesensätze, aber auch ganz persönliche Stärken und Schwächen. So kann jederzeit ein „Performance-Profil" erstellt werden. Die Zustimmung der Kollegen im Team ist für diese Speicherungen auch außerhalb der offiziellen „Personalakte" allerdings nötig.

Konflikt- und Kommunikationsmanagement im Team
Kommunikation und auch Konflikte basieren zum einen auf individueller Wahrnehmung (Beziehungsebene), unterteilt in teils offene, bewußte Wahrnehmung und teils versteckte, unbewußte Wahrnehmung, zum anderen auf inhaltlichen Aussagen (Sachebene).

Gerade in der versteckten Wahrnehmung kann die Sekretärin ihre weiblichen Qualitäten einbringen im Bereich des Zwischenmenschlichen und des Lesens zwischen Zeilen und vor allem auch zwischen gesprochenen Worten. So mag manch verbaler inhaltlicher Angriff gar nicht so gemeint sein, oder ein scheinbares Nachgeben mag nur kurzes Luftholen für die Fortsetzung von Intrigen und Mobbing sein.

Konflikte entstehen oft aus der Divergenz zwischen Selbst-Wahrnehmung und Außen-Wahrnehmung: Wie sieht sich ein Mensch selbst? Wie sehen ihn andere? Selbstüberschätzung ebenso wie Minderwertigkeitsgefühle bei Mitarbeitern können die gesamte Teamatmosphäre vergiften. Wer bringt der/dem Betroffenen schonend bei, daß sie/er anders wirkt, als sie/er sich selbst einschätzt? Männer sind hier weitaus ungeschickter als Frauen.

Feedback-Gespräche helfen beim Überwinden von blinden Flecken in der Selbst-Wahrnehmung. „Wie wirke ich auf andere? Was kann ich daran verbessern?" Die Sekretärin als Frau kann hier Aspekte einbringen, die sich „von Mann zu Mann" nur schwer sagen und noch schwerer akzeptieren lassen.

Bei Konflikten kann die Sekretärin gerade zwischen Männern ausgleichende Mittlerin sein oder unparteiische Schiedsrichterin. Wichtig dabei zu wissen: Konflikte liegen meist in Wahrheit auf der Beziehungsebene und nicht auf der Sachebene. Diese wird meist nur vorgeschoben, da hier besser und vorzeigbarer argumentiert werden kann. Gerade weil das so ist, kann die emotional höher talentierte Frau eher Auswege finden und Lösungen herbeiführen.

Im kooperativen Miteinander kann vielfach die zweifache Wahrnehmung von Konflikten (Verkaufsleiter hier, Sekretärin dort, Mann hier, Frau dort) abgeglichen und beurteilt werden, um möglichst zu gemeinsamen Schlüssen und Lösungen zu gelangen. Der Verkaufsleiter kann sich ein objektiveres Bild der Situation und der Stimmung machen und damit Handlungsspielraum gewinnen. Klarere Aussagen, positives Auftreten für das nächste Verkaufsgespräch, für die nächste Konferenz mit dem Außendienst sind die Ergebnisse.

Die Sekretärin fördert und steuert die interne Kommunikation

Zwischen Verkaufsleiter, Verkäufern und Sekretärin sollte ein offener Dialog gepflegt werden. Gerade der Außendienst muß mit betrieblichen Interna vertraut sein und eingebunden bleiben. Der geschickt gesteuerte permanente Dialog in der Abteilung fördert nicht nur den Umsatz, sondern hat nachweislich auch positive Auswirkungen auf Krankheitstage, Fluktuation und Motivation.

Permanenter Ansprechpartner für die gesamte Abteilung wird als „Home Base" die Sekretärin, da sie die Schnittstelle zwischen Verkäufer, Verkaufsleiter und anderen Abteilungen ist. Innendienst- und Außendienstmitarbeiter können bei der Assistentin der Verkaufsleitung eine zentrale „Info-Börse" einrichten. Die Sekretärin integriert die diversen Informationen zum umfassenden Bild über Kunden und Interessenten. Sie ist Abrufstelle für benötigte Informationen.

Weibliche Kompetenz am Computer: die Sekretärin als Managerin der Dateien

Ohne Computer wäre Management heute nicht mehr möglich. Die Datenfülle ist zu groß. Die Übersicht ginge völlig verloren. Der Computer ist das „Gedächtnis" für

- Zeit- und Terminpläne,
- Besuchs- und Kontaktpläne für Kunden und Noch-nicht-Kunden,
- Kundendatei,
- Mitarbeiterdateien,
- Kalkulationen,
- Konditionen,
- erledigte und laufende Aufträge,
- Marketing- und Verkaufsaktionen,

- Produkteinführungen mit Daten, Investitionen und Erfolgen,
- Warenbestände mit Ein- und Ausgängen und Lieferfristen,
- Standardbriefe und Briefbausteine,
- Prospekt-Texte,
- Rundschreiben,
- Angebotsformulare,
- Produktbeschreibungen ebenso wie Konstruktionspläne,
- Arbeitsbeschreibungen und Lösungsmuster für wiederkehrende Aufgaben oder Kundenwünsche,
- Reisestandards und Spesensätze,
- Umsatzstatistiken,
- Budgetpläne mit Soll-Ist-Abgleichen,
- Verzeichnisse nützlicher Dienstleister (Dolmetscher, Berater, Agenturen, Reisebüro, Hotels usw.),
- internes Telefonverzeichnis,
- häufig benötigte externe Telefonnummern.

Frauen achten aufs Ziel, weniger auf die Methode

Erstaunlich, in wie vielen Fällen inzwischen Frauen längst wesentlich tiefer ins Leistungspotential des Computers vorgedrungen sind als ihre Chefs. Elisabeth Seidel, Geschäftsführerin der Frauen-Computer-Schule in München, belegt anhand konkreter Studien: „Frauen sind wesentlich geschickter als Männer, die Möglichkeiten des Computers zweckorientiert zu nutzen." Männern geht es häufig vor allem „ums System": Wie funktioniert die Maschine? Wie läßt sich welche Aufgabe systematisieren und schematisieren? Frauen dagegen lassen diese Aspekte weithin außer acht und konzentrieren sich voll auf Zweck und Ziel, sie sind dabei höchst flexibel und offen auch für unkonventionelle, oft sogar „systemwidrige" Wege. „Männer würden auf

viele Lösungsideen nie kommen, wenn diese nicht ins Schema passen", lobt Computer-Trainerin Seidel ihre lernfreudigen Frauen.

Kundendatei: Daten sammeln, speichern und nutzen

Die Sekretärin als Assistentin klärt laufend übers Telefon mit Kunden viele Details. Sie erfährt Wünsche und Erwartungen der Kunden, die Ursachen und die Folgen einer Reklamation, aber auch private „Fakten" über den Kunden. Dem Verkaufsleiter kann sie dann die „Kernfrage" des Vorgangs (Angebot, Reklamation, Anwendungsproblem usw.) zusammen mit allen relevanten Fakten aus der Kundendatei vorlegen, so daß der „Chef" dann sehr fundiert, kurz und präzis entscheiden kann.

Sämtliche Informationen (geschäftliche ebenso wie „private") aus den Telefonaten (oder auch aus Briefwechsel) mit Kunden füttert die Assistentin in die Kundendatei, die damit zum tragenden Fundament für die Beziehungspflege wird. Aus dem Kunden als unbekanntem Wesen wird dadurch der „gläserne Kunde"; denn „Freundschaften" oder auch Partnerschaften lassen sich nur fruchtbar aufbauen und pflegen, wenn der Partner ein in allen Details bekanntes Wesen ist.

Der Dialog mit den Kunden läßt sich mit Hilfe der Kundendatei perfektionieren. Vom Anruf oder Brief zum Geburtstag (auch der Partnerin des Kunden!) bis hin zur Nachfrage nach Abverkauf oder komplikationsloser Verwendung unserer Produkte, bis hin auch zum Anruf (oder Brief) aus Anlaß des „Jahrestags" des letzten Kaufs oder des ersten Kaufs. Anhand der Kundendatei läßt sich auch mit „Problemkunden" der Dialog „rationalisieren". Immer wieder gleiche „Beschwerden" werden transparent, und der Kunde merkt, daß er durchschaut wird.

Kundendatei – mehr als der Verkaufsleiter bewältigen kann

Konventionelle Kundendateien enthalten meist nur Angaben über:

- Anschrift der Kunden
- Name des Gesprächspartners/Bestellers
- bisherige Aufträge mit Warenwert und Nebenabreden
- Zahlungsweise
- Versandart

Ebenso wichtig aber ist das Erfassen von Angebotsdaten und weiterer „Korrespondenz", auch wenn kein direkter Auftrag erfolgte. Warum kam der Auftrag nicht zustande? Wann gibt es eine Chance zum neuen Angebot? Nur so sind nützliche Auswertung der „Vergangenheit" und der Aufbau künftiger Kontakte möglich. Auch hier muß der Kontakt gepflegt und nachgefaßt werden.

Das Sammeln und Zusammentragen von immer wieder neuen Zusatzinfos über Kunden und Interessenten darf aber nicht nur Aufgabe der Sekretärin sein. Außen- wie Innendienst, Verkaufsleiter wie Telefonistin, Kundendienst-Techniker wie Anwendungsberater müssen auf die zahllosen „Kleinigkeiten" achten, die Kunden im Gespräch über sich verraten. Jede Information muß dann zur „Sekretärin" gelangen, die die Kundendatei verwaltet. Ihr obliegt nun das Einsortieren der „Daten" und zum Teil auch deren Auswertung. Aus dieser Datenbasis versorgt sie dann den Außendienstmitarbeiter, bevor er auf Tour geht, sei es zu Stammkunden, sei es zur Neukundenakquisition.

Den Mitarbeitern im Innen-Team müssen die Daten ebenfalls zugänglich sein.

So kann der Mitarbeiter schon während des Telefonats auf den Gesprächspartner konkret und persönlich eingehen. Gleichzeitig erfährt er neue „Fakten" und gibt sie direkt in die Datei ein. Systematisch werden dabei auch die Nicht-Kauf-Argumente festgehalten und später durch die Assistentin zusammen mit dem Verkaufsleiter ausgewertet. Die Entwicklung oder die Produktion kann auf dieser wohlfundierten Basis die Produkte an tatsächliche Kundenbedürfnisse anpassen, der Außendienst kann auf dieser Basis Gegenargumente ausarbeiten. Die Assistentin der Verkaufsleitung sorgt dafür, daß diese Argumentationsbasis dann an alle Verkäufer verteilt wird, und sie kontrolliert auch, daß die Argumente „sitzen". Eine gute Portion Humor und weiblicher Charme sind dabei meist hilfreicher als Gouvernanten-Manier!

Für die Neukundenakquisition ist es wichtig, alle Interessenten regelmäßig anzuschreiben, um den Kontakt nicht abreißen zu lassen. Jede zusätzliche Information, die über Kunden, über Vielleicht- und über Noch-nicht-Kunden, erleichtert die individuelle Kontaktpflege und gibt damit die Chance zum künftigen Auftrag. Die mit vielen zusätzlichen Informationen gefütterte Kundendatei bietet dem Unternehmen (der zentralen Verkaufsleitung obenso wie dem einzelnen Verkäufer „vor Ort") immer wieder neue Möglichkeiten zum Kontakt zu seinen Kunden. Dabei dürfen aber nicht penetrante Verkaufsabsichten dahinterstehen, die Kunden mehr Belästigung als Nutzen bringen.

Die von der Assistentin gut gepflegte Datei bietet zahllose Möglichkeiten, eingeschlafene Kontakte wiederzubeleben, laufende Kontakte und Beziehungen zu pflegen, Kunden zu binden und neue Kunden zu gewinnen.

Kundendatei speichert Besuchsberichte

Besuchsberichte werden von meist nicht gerade schreibbegeisterten Verkäufern mehr oder minder mißmutig, mehr oder weniger detailgenau abgefaßt. Der Verkaufsleiter überfliegt sie, und dann verstauben wertvolle Informatioen über Kunden in den Schubladen oder in der Hängeregistratur. Erst im Mai 1997 zeigte eine Trend-Umfrage der GUM-Unternehmensberatung GmbH (Hamburg-München-Wien), daß Besuchsberichte in den Unternehmen nur mit großer Nachlässigkeit als Basis für Maßnahmen der Kundenbindung herangezogen werden. Die Außendienst-Mitarbeiter sollten angehalten werden, auch persönliche Detaildaten über Kunden und Nicht-Käufer zu sammeln und nicht nur Auftragserfolg, Lieferdatum, Umsatzvolumen, Bezahlung. Das sind Informationen über das Unternehmen des Kunden, welche Probleme der Kunde in seiner Firma hat, im Absatz und in der Auslastung, mit dem Wettbewerb, mit seiner Produktion, mit seinen Mitarbeitern, mit seiner Technik, privat. Auf welche Fragen oder Themen reagiert der Kunde kritisch? Was verrät seine Körperhaltung? Welche Begleitpersonen waren mit ihm im Gespräch, und welche Positionen haben diese inne? Wer sind seine Kunden? Was erwarten diese? Dazu gehören auch Informationen über private Bereiche des Kunden: Hobbys, Familie, Haus, Automarke, Hund usw.

Die Assistentin des Verkaufsleiters kann die Verkäufer ständig darauf hinweisen, diese Aspekte zu beachten und sie in den Berichten festzuhalten. Sie ist dann aber auch verantwortlich, aus diesen Informationen eine Kundendatei zu erstellen, die als wirklich individuell ergiebige Kontaktbasis genutzt werden kann. Schon bei der Besuchs- und Tourenplanung wird aus dieser Datei dann für jeden Besuch ein Exposée gezogen, das dem Verkäufer eine hervorragende Gesprächsbasis liefert, auch wenn er vielleicht noch nie bei diesem Kunden oder Interessenten gewesen ist.

Erfaßte Nicht-Kauf-Motive verbessern Leistung und Produkte

Im Zuge der Angebotskontrolle stellt die Assistentin/Sekretärin fest, ob ein Abschluß zustande kam oder nicht. Gerade bei den Nicht-Abschlüssen kann sie dann nachfassen, warum der Kunde nicht kaufte. Auf das „Warum nicht" wird nämlich im Verkauf viel zuwenig Wert gelegt. Gerade aber die Gründe für den Nicht-Kauf bieten die Möglichkeit, die Dienste und Produkte zu verbessern und sie an definitive Kundenwünsche anzupassen. Auch diese Gespräche mit Nicht-Kunden müssen in der Kundendatei gespeichert werden. Aus „Jetzt-noch-nicht-Kunden" können (und sollen) ja möglichst bald Kunden werden. Dazu heißt es, positiv in deren Erinnerung bleiben. Dabei hilft die Kundendatei, verwaltet und ausgeschöpft durch die Sekretärin/Assistentin.

Aus der Beziehungspflege mit Kunden via Datei, die von der Assistentin der Verkaufsleitung übernommen und gepflegt wird, ergeben sich dann bei geschickter Gesprächsführung und Datenauswertung auch wertvolle Hinweise auf Kundenwünsche, auf mögliche Produkt- und/oder Dienstverbesserungen. Viel zu schnell glauben Lieferanten zu wissen, was ihre Kunden wünschen, ohne dabei offen hinzuhören, was den Kunden wirklich wichtig ist. Hinter Reklamationen des Kunden steckt keine Demontage-Absicht am „Wert-Selbstbild" des Lieferanten, sondern in jedem Fall ein wertvoller Hinweis auf mögliche Produkt- und Dienstoptimierungen.

Die Assistentin des Verkaufsleiters kann aufgrund der Beziehungspflege zu den Kunden zum „Innovationskatalysator" für Produktion, Kundendienst, Buchhaltung/Rechnungsabteilung, Logistik und andere Bereiche werden. Sie übernimmt somit eine Kernaufgabe der Verkaufsleitung, die der Verkaufsleiter allein neben seiner Fülle an organisatorischen Aufgaben in diesem Maß nicht übernehmen könnte. Die Verkaufsleitung gewinnt dadurch ganz erheblich an Kompetenz und auch an „Status" im Gesamtgefüge des Unternehmens.

Mitarbeit der Sekretärin in der Kundenpflege

Verkaufs-Mehrwert schaffen – so heißt die Herausforderung unter dem Ziel „Begeisterte Kunden". Verkaufs-Mehrwert heißt: den Kunden jenseits des eigentlichen Produktes (oder Dienstes) Mehrwert in Form von Nutzen oder Gewinn zu verschaffen. Dieser Plus-Gewinn der Kunden kann und wird vielfach im rein emotionalen Bereich liegen: Zuwendung, Aufwertung, Betreuung, persönliche Nähe zum Kunden. Die Palette reicht vom „Sorgentelefon" über die Hotline bis zum Blumenstrauß zum Geburtstag der Partnerin des Kunden.

Im Bereich dieser individuellen Zuwendung kann die Sekretärin wesentliche Aufgaben übernehmen. Die von ihr geführte Kundendatei unterstützt sie dabei wesentlich. Hier sind Geburtstage (von Kunden ebenso wie von deren Partner/innen, deren Kindern usw.), Geschäftsjubiläen der Kunden, Jahrestage des ersten Kaufs und ähnliche Fakten eingetragen. Per Computerprogramm erscheinen die Merk-Tage ein paar Tage im voraus auf dem Bildschirm. Jetzt ist noch die Zeit, ein Geschenk zu besorgen oder eine individuelle

Karte auszuwählen, die dann mit kurzem handschriftlichem Gruß des Verkaufsleiters pünktlich beim Kunden eintrifft.

Verkaufs-Mehrwert schaffen, das heißt auch: mit dem Kunden nach dem Kauf in Kontakt bleiben. Diese Aufgabe kann die Assistentin der Verkaufsleitung übernehmen. (Oder es kann eine „Assistentin der Assistentin" diese Aufgabe übernehmen.) Eine Möglichkeit für solche Nachkauf-Kontakte sind Anrufe beim Kunden, zum Beispiel zehn Tage nach dem Kauf, um abzufragen, ob „alles bestens läuft" oder „welche weiteren Wünsche" bestehen.

Eine Frauenstimme aus der Verkaufsleitung gewinnt bei solchen Anrufen mehr emotionalen Wert beim Kunden als die sachlich gefärbte Telefonnachfrage durch den bekannten Verkäufer. Versichert der Kunde, daß er rundum zufrieden ist, so hört er zunächst auf jeden Fall ein „Danke" für dieses Lob. Zudem kann die Sekretärin jetzt direkt die Frage anhängen, ob der Kunde denn bereit ist, als Referenz genannt zu werden, oder ob er eine Empfehlung oder eine Anregung für weitere Produktverbesserungen oder Dienstergänzungen geben kann und mag.

Der Aufbau von tragenden Beziehungen zu Stammkunden fordert Konstanz in den Kontakten. Da genügt es nicht, zu warten, bis der Kunde sich wieder mal mit Bedarf meldet. Da genügt es auch nicht, wenn zweimal im Jahr der Außendienst-Verkäufer beim Kunden vorbeischaut. Regelmäßige Betreuungsanrufe, regelmäßige Tip-Briefe, regelmäßige „Freundschaftsangebote nur für Stammkunden", einige Einladungen zu „Events" übers Jahr, „neutrale" Berichte in der Lokal- und in der Fachpresse – das sind die Kontaktschienen, die Beziehungen zu den Kunden frisch und lebendig halten.

Die Assistentin kann diese Aufgaben

nicht allein übernehmen und ausführen, aber sie kann in diesem Bereich aufsteigen zur „Managerin für Kunden-Relations" und sie wird damit zur vollwertigen Partnerin des Verkaufsleiters. Die gesamte Planung, Steuerung und Durchführung der Kunden-Relations steht dann in ihrer Verantwortung. Sie muß kreative Ideen entwickeln und nun ihrerseits Mitarbeiter/innen einsetzen und „coachen" …

Wohlgepflegte Kontakte zur Presse bringen Publizität und guten Ruf, ebenso Bekanntheit bei Bisher-noch-nicht-Kunden. Auch diese Pressekontakte brauchen einen gefühlvollen, aber dennoch sachlichen Aufbau und anhaltende Pflege. Der Nutzen der Leser gibt die Orientierung vor, nicht die Lust an selbstgefälliger Nabelschau. Diese Aufgabe der Kontaktpflege zur Presse haben viele Unternehmen (vor allem im Mittelstand) an kompetente Sekretärinnen oder Chef-Assistentinnen übertragen. Speziell für den Verkauf ist der „gute Ruf" des Unternehmens und seiner Produkte entscheidend. Daher ist es durchaus sinnvoll, daß auch die Assistentin des Verkaufsleiters sich dieser Aufgabe annimmt. Das nötige Rüstzeug dafür allerdings bekommt sie auch hier nur in speziellen Seminaren.

Beziehungspflege per Telefon

Die Assistentin garantiert auch die Erreichbarkeit der Verkaufsleitung für die Kunden: Gute Beziehungen zu den Kunden setzen voraus, daß das Telefon nicht endlos ins Leere klingelt, wenn der Kunde eine Frage oder „ein Problem" hat.

Die Assistentin in der Verkaufsleitung stellt für die Kunden die „wohlbekannte Stimme" dar. Sie kennt umgekehrt auch die Kunden, zumindest die meisten. Mit ein paar persönlichen Worten gibt sie den Anrufern zunächst einmal bei jedem Gespräch das Gefühl, „willkommen" zu sein. Dann „sortiert" sie die Anrufe, verbindet weiter, nimmt Fragen und Wünsche auf und sagt Rückrufe zu. Vieles kann sie direkt erledigen, wobei sie Mitarbeiter aus dem Verkaufsteam ebenso einschaltet wie „Kollegen" aus anderen Bereichen des Unternehmens. Beim Verkaufsleiter landen nur die „Vorgänge", die wirklich von ihm entschieden oder beurteilt werden müssen.

Allein durch die Art, wie ein Telefonat angenommen und geführt wird, kann der Anrufer erkennen, ob er dem Unternehmen ein Begriff ist, ob „sein Gegenüber" schon länger in dieser Firma arbeitet, über Vorgänge und Abläufe informiert ist und kompetent weiß, wer welche Zuständigkeiten hat, oder ob schon wieder eine „neue Stimme" absolut desinteressiert, schlecht motiviert und überfordert auf den Anruf reagiert.

Der erste Fall ist natürlich der wünschenswertere, doch leider ist die Praxis nicht immer so. Lustlosigkeit, meist versteckt hinter scheinbarem Zeitmangel, und zuwenig Interesse für Vorgänge außerhalb des eigenen Büros herrschen vor.

Die motivierte, gut eingearbeitete, verkäuferisch einbezogene Sekretärin/Assistentin wird (auch dank ihrer wohlgefüllten Datenbank) anders reagieren. Allein durch den zeitgleichen Zugriff auf die gespeicherten Daten kann sie dem Anrufer zunächst einmal konzentriert und sachkundig zuhören.

In ihrer Kundenkartei sieht sie sofort, wer bisher der Hauptansprechpartner für den Anrufer war, um welchen „Vorgang" es sich handelt, und sie ist anhand der Daten häufig in der Lage, dem Anrufer selber Auskunft zu geben oder ihn aber sofort mit dem richtigen Gesprächspartner zu verbinden und während des Verbindens dem Kollegen die benötigten Infos durchzugeben. Der Anrufer wird nicht zum Buchbinder Wanninger.

Die Sekretärin – ruhender Pol in der Verkaufsleitung

Verkäufer wechseln rasch und häufig. Der eine wechselt das Gebiet. Der andere sieht bei einem neuen Arbeitgeber bessere Chancen. Der eine übernimmt eine Filiale, der andere übernimmt eine Abteilung. Auch Verkaufsleiter sehen ihre Position selten als Endstation der Karriereleiter. So ist es durchaus nicht selten, daß die Sekretärin in der Verkaufsleitung länger ihre Position wahrnimmt als ihr Chef oder als irgendein anderer im Verkaufsteam. Die Sekretärin weiß dann „im Notfall", was da und wie das damals so war ... Und sie weiß auch, wo denn eventuell welche Unterlagen noch zu finden sein können oder wen man danach fragen könnte.

Erfolgreiche Zusammenarbeit bedarf der gegenseitigen Gewöhnung und braucht Erfahrungswerte. Wechselt der Verkaufsleiter seine Sekretärin häufig aus oder schafft er es einfach nicht, seinen Assistentinnen ein motivierendes Arbeitsklima zu vermitteln, bleiben die Synergieeffekte der Zusammenarbeit aus. Die Einarbeitung kostet den Verkaufsleiter mehr Zeit und Mühe, als er an Entlastung erwarten kann. Nahtlose Anbindung ans Verkaufsteam ist unverzichtbar. In der Einarbeitungsphase ist durchaus zu erwägen, die neue Sekretärin auch einmal für einige Wochen im Außendienst-Verkauf aktiv einzusetzen. Wer die Arbeiten der anderen kennt, kann optimal zuarbeiten und Zusammenhänge schneller erfassen. Die Sekretärin soll ja die Schnittstelle sein zwischen Verkaufsleiter-Büro, Außen- und Innendienst.

Nur bei bekannten Zielen kann zielorientiert gearbeitet werden. Nur bekannte Aufgaben und bekannte Erwartungen können erfüllt werden. Zur Einarbeitung der Sekretärin im Verkaufsleiter-Büro sollte daher genügend Zeit eingeplant werden, vor allem auch für ausführliche Gespräche über gegenseitige Wünsche und Sichtweisen. Die Sekretärin ist kein „Hiwi" für untergeordnete Hilfstätigkeiten, sondern eine wertvolle und hochqualifizierte Kraft. Je besser und intensiver die Einarbeitung, desto eher hat der Verkaufsleiter eine zuverlässige, kompetente Assistentin an seiner Seite. Teure Fehler und „schlechte Angewohnheiten" werden dadurch vermieden, man spart eine Menge Zeit, die man sonst später aufwenden muß, um diese Versäumnisse zu korrigieren.

Die kompetente, gut integrierte, umfassend informierte Sekretärin entlastet den Verkaufsleiter ganz wesentlich und macht ihn frei für seine Grundaufgaben: Teammanagement und Beziehungsmanagement zu den Kunden. Die Sekretärin kann für den Verkaufsleiter

* zusätzliche Sichtweisen und Empfindungen einbringen,
* emotionale und soziale Kompetenz sichern und ausweiten,
* selektieren und filtern (Informationen, Kontakte),
* Wesentliches herausarbeiten,
* Informationen beschaffen, aufbereiten, und verwalten,
* damit Entscheidungen vorbereiten,
* Routinen selbst erledigen,
* Kontinuität sichern (Erfahrung, Betriebszugehörigkeit),
* Arbeitssicherheit gewährleisten (Termine, Reisen),
* für angenehmes Arbeitsumfeld sorgen (Blumen, Ordnung),

- das Klima im Team pflegen (Konflikte, Kommunikation),
- Personalmaßnahmen absichern (Einstellungen, Seminare),
- Beziehungsmanagement zu den Kunden steuern,
- Beziehungen zu den Kunden pflegen.

Zu viele Verkaufsleiter zollen der Leistung ihrer „rechten Hand" zuwenig Anerkennung. Verkaufsleiter sollten die weiblichen Kräfte und das zusätzliche Wissen ihrer „Vorzimmer-Damen", vor allem im emotionalen und sozialen Bereich, besser nutzen. Besonders deutliche Synergieeffekte erzielt derjenige Verkaufsleiter aus der „Teamarbeit" mit seiner Assistentin, der seine Stärken im Strukturieren und Systematisieren kennt und sie konsequent nutzt und der seiner Assistentin

überträgt, die „intuitive" Seite zu pflegen: Beziehungen im Team, zu den anderen Abteilungen und Bereichen des Unternehmens und zu den Kunden.

Verkaufsleiter und auch Personalbüros fragen auch häufig zu einseitig nach den Kosten, anstatt den Nutzen einer zusätzlichen Kraft (einer Assistentin für die Assistentin) im Verkaufsleiter-Sekretariat zu kalkulieren. Auch gibt es keinen plausiblen Grund, das Gehalt einer vollwertigen Assistentin nicht gleichrangig neben dem Gehalt eines Spitzenverkäufers anzusetzen. Die Sekretärin ist damit dann allerdings hoffnungslos überbezahlt, wenn der Verkaufsleiter unfähig zur vertrauensvollen Delegation und verantwortungsteiligen Kooperation ist. Über den Synergienutzen durch die Assistentin wird vom Verkaufsleiter selbst entschieden.

7. Verkäufersuche, -auswahl und -positionierung

7.1 Verkäufersuche – Verkäuferauswahl

Der Autor

Günther Weisser, Dipl.-Betriebswirt (FH), ist geschäftsführender Gesellschafter der Personalberatung Weisser Consultant International GmbH. Nachdem er in internationalen Konzernen Erfahrungen im Linien-Management sowie als Unternehmensberater in führenden deutschen Unternehmensberatungen gesammelt hat, gründete er 1988 seine o.g. Firma, deren Schwerpunkt u.a. die Beratung bei der bestmöglichen Besetzung von Führungspositionen bildet. Günther Weisser beteiligte sich am Aufbau eines weltweit operierenden Netzwerkes von inhabergeführten Personalberatungen (IMSA).

Die kritischen Erfolgsfaktoren für die Wettbewerbsfähigkeit der Unternehmen werden durch die hohe Dynamik unserer Wirtschaftsprozesse bestimmt.

Wenn das wichtigste Element dieser Entwicklung die Wandlung und ihr Tempo ist, dann muß Anpassungsgeschwindigkeit entwickelt werden und die Flexibilität zunehmen. Die neuen Märkte und die neuen Kunden bestimmen durch ihre differenzierteren Ansprüche und Erwartungen das Geschehen.

Herausforderung und Chancen

Verkäufer für morgen müssen innovativer sein als bisher, wenn sie den Umbruch meistern sollen.

In diese neue Ära führt ein neuer Katalog an Eigenschaften, die den Verkäufertypus auszeichnen müssen:

- unternehmerisches Denken
- Veränderungsbereitschaft
- Informationshunger
- Geltungsbedürfnis
- Frustrationstoleranz
- eine geglückte Kombination von Ratio und Intuition
- Argumentationskraft
- der Wille vorn zu sein und zu siegen

Der Erfolg einer Verkaufsorganisation ist in starkem Maße abhängig von der Qualität der Verkaufsmannschaft. Diese beeinflußt die Wettbewerbsfähigkeit des Unternehmens.

Es ist Qualität, die Unternehmenserfolg schafft oder verhindert!

Die Suche nach den Besten gehört mit zu einer der herausforderndsten und anspruchsvollsten Aufgaben eines Verkaufsleiters.

Der richtige Zeitpunkt

Die Gründe für den Bedarf an neuen Verkaufsmitarbeitern können vielfältig sein:
- Austausch von Mitarbeitern
- Ersatz von ausscheidenden Mitarbeitern
- Umstrukturierung der Verkaufsorganisation
- Aufnahme neuer Produktprogramme
- Wachstum

Ist die Entscheidung über die Einstellung eines neuen Verkäufers gefallen, gilt es, keine Zeit zu verlieren. Erfahrungsgemäß benötigt man vom Beginn der Suche bis zur Vertragsunterzeichnung im Regelfall drei bis vier Monate. Kündigungsfristen sind dabei noch nicht berücksichtigt.

Die Stellenbeschreibung – Basis für die erfolgreiche Suche

Die Stellenbeschreibung, kurz und präzise gefaßt (ideal eine Seite, maximal zwei Seiten), enthält folgende Kategorien:
1. Stellenbezeichnung
2. organisatorische Einbindung
3. Unter-/Überstellungsverhältnis
4. Zielsetzung der Position
5. Verantwortung
6. Aufgaben
7. Aus- und Weiterbildung
8. fachliche Qualifikation
9. Berufserfahrung
10. spezielle Kenntnisse
11. Branchenherkunft
12. Persönlichkeitsmerkmale
13. Arbeitsbedingungen
14. Informations- und Berichtswesen
15. Entscheidungsbefugnisse und Entscheidungsprozesse
16. Weiterentwicklungsmöglichkeit
17. vertragliche Rahmenbedingungen einschließlich Einkommensfragen

Diese Stellenbeschreibung dient im Lauf des Suchprozesses immer wieder als Orientierung bei der Bewerberauswahl.

Wie und wo sind die Besten zu finden?

Gute Verkäufer sind nicht leicht zu finden. Und gute Verkäufer, die ideal zu dem suchenden Unternehmen passen, sind noch schwerer aufzudecken. Erschwerend kommt hinzu, daß die „Ressource Mensch" zum knappen Faktor geworden ist. Das relativ geringe Potential an guten Verkäufern entspricht nicht der Dynamik der Märkte. Da Angebot und Nachfrage nicht übereinstimmen, ähnelt die Suche nach dem Besten der Suche nach der Stecknadel im Heuhaufen.

Bei jeder zu besetzenden Position sollten alle Suchmethoden erwogen werden. Dabei sollten folgende Faktoren vor Beginn einer Suche berücksichtigt werden:
- Wie schnell ist die Position zu besetzen?
- Welches Budget steht für die Suche zur Verfügung?
- Muß die Gruppe der Kandidaten sehr weit oder eng gefaßt werden, weil die Aufgabenstellung sehr spezialisiert und somit sehr schwierig zu besetzen ist?

Im folgenden werden sowohl gebräuchliche als auch relativ neue Suchmethoden mit ihren Vor- und Nachteilen dargestellt.

Interne Stellenausschreibung
An erster Stelle sollte der Verkaufsleiter einen neuen Verkäufer im eigenen Unternehmen suchen.

Die Vorteile liegen auf der Hand:
1. Das Unternehmen spart Zeit und Geld bei einem Mitarbeiter, der bereits mit dem Unternehmen und dessen Produkten bestens vertraut ist.

2. Es erhöht die Mitarbeitermotivation, weil erkennbar Personen aus den eigenen Reihen gefördert werden.
3. Versteckte Talente in nicht verkaufsnahen Funktionen können aufgedeckt werden.

Mögliche Nachteile könnten daraus erwachsen, daß
1. Verkaufsleiter sich in Ihrer Mitarbeiterauswahl eingeschränkt sehen.
2. Vorgesetzte es eher Mitarbeitern nachtragen, wenn sie sich auch außerhalb ihrer Abteilung oder ihres Bereiches bewerben.
3. Zeitverlust entstehen kann, bis Ersatz gefunden wurde.

Der Erfolg einer internen Stellenausschreibung hängt größtenteils davon ab, wie sie gestaltet und kommuniziert wird.

Mitarbeiter gewinnen Mitarbeiter

Eine andere Quelle sind Empfehlungen der Mitarbeiter im eigenen Unternehmen. Führungskräfte sollten ihre Mitarbeiter über Vakanzen informieren und sie bitten, die Augen offenzuhalten.

Die Vorteile liegen in den geringen Kosten und der Schnelligkeit.

Nachteile können erwachsen durch fehlende Systematik bei der Suche, einseitige Auswahl durch subjektive Präferenzen der Mitarbeiter. Daher sollte diese Suchmethode lediglich als Ergänzung zu anderen betrachtet werden.

Anzeigengestützte Suche

Obwohl die meisten offenen Verkäuferstellen nicht über eine Anzeige besetzt werden, ist sie unverändert eine der am weitesten verbreiteten Suchmethoden.

Eine anzeigengestützte Verkäufersuche lohnt sich in der Regel, wenn

- keine bestimmte Branchenerfahrung gefragt wird und ein großer Bewerberkreis angesprochen werden soll.
- Bewerber aus anderen Branchen stammen sollen, um Know-how-Transfer zu betreiben und einer Branchenblindheit zu entgehen.
- Nachwuchskräfte gesucht werden oder qualifizierte Bewerber auch aus anderen Funktionsbereichen stammen können.

Erfolg oder Mißerfolg einer Verkäufersuchanzeige ist nicht nur davon abhängig, in welchen Medien sie geschaltet wird, sondern auch wie sie getextet ist. Werden in der Anzeige lediglich die Tätigkeit beschrieben und die Qualifikationen des Verkäufers aufgelistet, erreicht man nicht jene, die man sucht: die Besten. In der Masse bewerben sich die, die sich unbedingt beruflich verändern müssen, und diejenigen, die sich auf jede Anzeige melden.

Das Verkaufen in einer Personalsuchanzeige hat weniger mit der Verkäufertätigkeit zu tun, sondern mehr mit dem Unternehmen, das hinter der Anzeige steht.

Den Bewerber interessiert das Umfeld eines Unternehmens wie Unternehmensreputation, Führungskultur, angemessene Verantwortung, interessante Aufgaben, Förderungschancen, Souveränitätsspielräume, Entscheidungsnähe, Mitwirkung an der Weiterentwicklung eigener Arbeitsmethoden, Belohnung – denn Arbeitszeit soll lohnende Zeit sein.

Die Direktansprache

Die klassische Direktansprache ist ein erprobtes Verfahren und traditionell als Suchmethode zur erfolgreichen Besetzung von Top-Positionen in Wirtschaft und Verwaltung eingesetzt.

Heute kann man feststellen, daß die Direktansprache auch auf der mittleren

Vertriebsführungsebene bis hin zum Verkäufer deutlich zunimmt. Dies ist nicht nur eine Folge der veränderten rechtlichen Situation in Deutschland, sondern auch nachhaltiger Strukturveränderungen in der Wirtschaft. Die Einführung neuer Technologien erfordert z. B. zunehmend Spezialisten im Verkauf. Diese sind über die Anzeige oft ebensowenig zu finden wie ein guter Software-Ingenieur.

Die Kandidatenansprache muß zu Beginn sehr diskret verlaufen, da kein Unternehmen zu früh Konkurrenten z. B. durch eine anzeigengestützte Verkäufersuche auf sich aufmerksam machen möchte. Rückschlüsse auf das suchende Unternehmen müssen ausgeschlossen sein (via Anzeige möglich durch z. B. fingierte Bewerberanrufe oder Bewerbungen).

Die Direktansprache ist somit in all den Fällen angebracht, in denen die Zahl möglicher Kandidaten aufgrund der Spezialisierung/Branchenkenntnisse oder Marktnischen eingeschränkt ist, wenn absolute Diskretion erforderlich ist, wenn es notwendig ist, aktiv den zum Suchzeitpunkt bestmöglichen Verkäufer zu finden – auch wenn dieser zur Zeit nicht an einen Wechsel denkt.

Von solchen Kandidaten ist dann zu erwarten, daß sie aufgrund ihrer fachlichen Kompetenz und Erfahrung, ihrer Leistungsmotivation, ihres Durchsetzungsvermögens, ihres unternehmerischen Denkens und Handelns und – nicht zuletzt durch nachweisbare Erfolge – die besten Voraussetzungen mitbringen.

Arbeitsamt

Eine weitere Quelle ist das Arbeitsamt.

Vorteilhaft ist, daß die Dienstleistungen des Arbeitsamtes unentgeltlich sind und möglicherweise eine große Anzahl an Kandidaten kurzfristig zur Verfügung steht.

Nachteilig ist der erfahrungsgemäß recht hohe Anteil nicht ausreichend qualifizierter Bewerber.

Outplacement-Beratungsfirmen

Diese Firmen werden häufig von Unternehmen eingesetzt, um Mitarbeitern, von denen man sich trennt oder getrennt hat, zu helfen, eine neue Aufgabe zu finden. Diese Beratungsunternehmen können somit eine Quelle für mögliche Bewerber sein.

Der Vorteil kann in der schnellen Besetzung einer vakanten Verkäuferposition liegen, falls die dem Anforderungsprofil entsprechenden Bewerber vorhanden sind.

Nachteilig ist, wenn man man sich ausschließlich auf diese Ressource stützt, daß man keinen Überblick über die zum Suchzeitpunkt verfügbaren am besten geeigneten Kandidaten hat. Außerdem können die traumatische Erfahrung des Jobverlusts und der Druck, unbedingt einen neuen zu finden, das Selbstbewußtsein derartiger Bewerber sehr beeinflussen.

Personalsuche in den neuen Medien (Online-Dienste)

Die „anzeigengestützte" Suche in elektronischen Medien ist nicht nur ein Anpassen an die Entwicklung moderner Kommunikationstechnologien, sondern könnte auch Preisvorteile gegenüber Printanzeigen aufweisen.

Entscheidender Vorteil ist, daß der Stellensuchende Online nach bestimmten Kriterien, die ihn interessierenden Angebote suchen kann und nicht mehr Hunderte „unsortierter" Anzeigen lesen muß.

Ehemalige Mitarbeiter

Für jedes Unternehmen ist der Weggang eines guten Verkäufers ein Verlust. Aus welchen Gründen auch immer der Mitarbeiter zu einem anderen Unternehmen gewechselt hat, empfiehlt es sich, mit ihm in Kontakt zu bleiben, falls man ihm ein auf ihn zugeschnittenes Angebot unterbreiten kann. Vielleicht entspricht die neue Verkaufstätigkeit des ehemaligen Mitarbeiters nicht mehr seinen Vorstellungen.

Die Vorteile ehemaliger Mitarbeiter liegen auf der Hand. Sie kennen das Unternehmen und deren Produkte, und hinzu kommt der Gewinn an Erfahrung aus dem neuen Unternehmen.

Personalberatung

Personalberater werden aus Gründen der Anonymität, der Marktkenntnis, der Kapazität oder/und deren Kernkompetenz in Personalbeschaffung von Unternehmen zur Problemlösung, den Besten zu finden, eingeschaltet. Wirtschaftliche Aspekte kommen hinzu, denn der erste Teil des Such- und Auswahlprozesses, nämlich die Ansprache, die ersten Interviewrunden und die Vorauswahl binden keine unternehmensinternen Ressourcen.

Die Wahl der richtigen Personalberatung ist letztlich abhängig von den anzuwendenden Suchmethoden. Die „einzig richtige" Suchmethode wird es nicht geben. Abhängig vom Anforderungsprofil des zu suchenden Verkäufers, von den unternehmensbezogenen Rahmenbedingungen und der Marktsituation wird man die Entscheidung zunächst zwischen der anzeigengestützten Suche und der Direktsuche treffen. Ergänzende Aspekte sind: Marktkenntnis eines Personalberaters in bezug auf High-potential-Verkäufer, sein Wissen über „Verkäuferwanderungen" in bestimmten Branchen sowie die Kenntnis über unterschiedliches Verkaufs-Knowhow in verschiedenen Branchen und sein direkter Zugang zu Personen in den relevanten Bereichen.

Kostenaspekte treten dabei in den Hintergrund, da es keine signifikanten Unterschiede zwischen den beiden Suchmethoden gibt.

Die anzeigengestützte Suche bzw. die Direktansprache erfordern unterschiedliche Beraterpersönlichkeiten. Dies führt in der Praxis zu entsprechend spezialisierten und somit unterschiedlichen Personalberatungen, also „Anzeigenberatung" oder Executive-Search-Beratung bzw. Headhunting.

Der Personalberater muß genau wie ein Lieferant nach Kriterien wie Professionalität, Seriosität, Prozeßsicherheit in der jeweiligen Suchmethode, Erfahrungshorizont, Referenzen, Internationalität, Berufsethik, Vertrauen in die Person des Beraters und Preis-(Honorar-)politik ausgewählt werden.

Auswahl des Verkäufers – die ersten Schritte

Die Auswahl des richtigen Verkäufers ist deshalb so schwierig, weil es im Verkauf nur begrenzt möglich ist, im voraus zu beurteilen, welcher der Kandidaten erfolgreich sein wird und wer scheitert. Es gibt keine allgemeingültigen Regeln im Hinblick auf Verkaufsfähigkeit – Erscheinungsbild und selbstbewußtes Auftreten bedeuten nicht alles. Eine zwanzig Jahre lange erfolgreiche Verkäufertätigkeit in einem Unternehmen ist keine Garantie, im neuen Unternehmen ebenso erfolgreich zu sein, auch wenn es sich um die gleiche Branche handelt.

Mit keiner noch so ausgeklügelten Testmethode läßt sich Verkaufstalent aufspüren. Das Beurteilen, ob jemand über Verkaufstalent verfügt, ist keine Wissenschaft, sondern Kunst – vergleichbar mit dem Talent eines Künstlers, das weder wissenschaftlich meßbar noch in üblichen Eignungstests erfaßt werden kann.

Der extrovertierte, gut gekleidete, überzeugend und schnell sprechende Verkäufer ist ein Klischee. Der introvertierte, gut zuhörende Verkäufer kann für viele Produkte und manche Branchen genau der richtige sein. Gerade im Verkauf können die unterschiedlichsten Persönlichkeiten erfolgreich sein.

Sieben Schritte der Vorauswahl

Einige Vorbereitungen sind nötig, um sich nicht zuletzt aus ökonomischen Gründen auf in Frage kommende Bewerber bzw. Kandidaten voll konzentrieren zu können. Folgende Schritte dienen dazu, die Spreu vom Weizen zu trennen:

1. *Überprüfung der Aus- und Weiterbildung* sowie des bisherigen beruflichen Werdegangs. In welchem Maß erfüllen die Bewerber bzw. Kandidaten die in der Stellenbeschreibung festgelegten Anforderungen zur Aus- und Weiterbildung, Berufserfahrung, zu den speziellen Kenntnissen, zur Branchenherkunft und Persönlichkeit. Welche dieser Anforderungen sind zu 100 % erfüllt und welche anderen sind wünschenswerterweise vorhanden.

2. *Der Begleitbrief zur Bewerbung bzw. der Lebenslauf* lassen weitere Schlüsse über die Qualifikation des Bewerbers zu. Inwieweit nimmt der Begleitbrief bei einer Stellenanzeige Bezug auf spezifische Aussagen, die darin gemacht wurden? Geht bei einer Blindbewerbung der Bewerber auf unternehmensspezifische Belange ein? Vorsicht ist angebracht bei überlangen Lebensläufen im Verhältnis zur bisherigen beruflichen Praxis. Sie zeugen oft von mangelnder Fähigkeit, sich kurz zu fassen, oder sollen Lücken verschleiern.

3. *Erzielte Leistungen* lassen sich gerade bei Verkäufern im Lebenslauf prägnant darstellen. Sind sie überprüfbar, um so besser.

4. *Das Erscheinungsbild einer Bewerbung* gibt weitere Aufschlüsse über den Bewerber. So, wie sich der Bewerber präsentiert, wird er auch sein Produkt verkaufen. Ist die Bewerbung ordentlich geschrieben und leicht zu lesen? Fehlerhafte Bewerbungsunterlagen lassen vermuten, daß der Bewerber sich nicht genügend Zeit dafür genommen hat. Aller Voraussicht nach wird so ein Verkäufer sich genausowenig Zeit für die sorgfältige Vorbereitung eines Kundenbesuchs nehmen.

5. *Beim Überprüfen des Lebenslaufes* ist stets auf zeitliche Lückenlosigkeit bzw. Überschneidungen zu achten. Ebenso sind Widersprüche aufzudecken, z.B. ein Mißverhältnis zwischen Ausbildung und tatsächlich ausgeübter Verkäufertätigkeit. In der Vergangenheit ausgeübte, vom Anspruchsniveau her sehr unterschiedliche Verkaufstätigkeiten lassen unter Umständen ebenfalls Rückschlüsse auf die Grenzen verkäuferischer Fähigkeiten zu.

6. *Ein häufiger Stellenwechsel* ist kritisch und im Zusammenhang mit den jeweiligen Firmen zu betrachten. Gründe können sowohl beim Bewerber liegen als auch in nicht von ihm zu vertretenden Umständen. Die Hintergründe sind sehr sorgfältig herauszuarbeiten. Voreilige Schlüsse sollten ohne entsprechende Informationen nicht gefällt werden. Dies gilt auch bei arbeitslosen Verkäufern. In der heutigen, vom Strukturwandel gekennzeichneten Zeit gibt es zahlreiche Gründe für Arbeitslosigkeit, die der stellensuchende Verkäufer nicht zu verantworten hat.

7. *Das Lesen zwischen den Zeilen* eines Lebenslaufes kann weitere sehr aufschlußreiche Hinweise auf die Qualität des Bewerbers geben. Lebensläufe sollten auch von „hinten nach vorne" und von „oben nach unten" gelesen werden. Kritisch sind Kandidaten zu bewerten, die mit einer ungewöhnlich langen Liste von Mitgliedschaften in Clubs und Vereinigungen aufwarten. Zeigt der Lebenslauf ein stetiges Anwachsen an Übernahme von Verantwortung auf? Vorsicht auch bei einem Lebenslauf, der zahlreiche Allgemeinplätze enthält und weniger auf Details eingeht. Weist der Lebenslauf handfeste Leistungen auf, die zum Unternehmenserfolg des früheren Arbeitgebers beigetragen haben? Welche wertvollen Eigenschaften besitzt der Bewerber, die dem neuen Arbeitgeber zugute kommen können?

Am Ende dieses ersten Bewertungsdurchganges sollte man die Zahl der Kandidaten auf vier bis acht vielversprechende Personen reduzieren können und mit diesen erste Telefoninterviews führen.

Telefoninterviews

Telefoninterviews haben zum Ziel:
- herauszufinden, ob sich die anhand der vorliegenden Unterlagen angenommene Qualifikation des Bewerbers bestätigt,
- die Zahl der persönlich zu interviewenden Bewerber auf ein Mindestmaß zu reduzieren,
- das Interesse der in Frage kommenden Bewerber weiter aufrechtzuerhalten.

In keinem Fall ist ein Telefoninterview Ersatz für ein persönliches Gespräch. Es dient ausschließlich dazu, festzustellen, ob ein Interview für beide Seiten Sinn macht.

Der Inhalt eines Telefoninterviews, das nicht länger als 20 Minuten dauern sollte, umfaßt im wesentlichen folgendes:
- Vorstellen der eigenen Person,
- Darlegen, welches Ziel mit diesem Anruf verbunden ist,
- sich vergewissern, daß der Bewerber weiterhin Interesse hat,
- kurze und prägnante Darstellung der ausgeschriebenen Position,
- den Bewerber aufzufordern, Fragen zu dieser Position zu stellen.

Weitere Fragenkomplexe könnten sein:
- Warum ist der Bewerber veränderungswillig?
- Warum interessiert er sich für diese Position?
- Was gefällt ihm an seiner gegenwärtigen Verkaufstätigkeit und was nicht?
- Wie sieht seine derzeitige Verkäufertätigkeit aus?
- Was erwartet er von der neuen Aufgabenstellung in der neuen Firma?
- Wie fügt sich die Position in sein mittelfristiges Berufsziel ein?
- Von welchem Ist-Einkommen des Bewerbers ist auszugehen und welche Gehaltsvorstellung liegt vor.

Diese Telefoninterviews entfallen bei Bewerbern / Kandidaten, die über eine Personalberatung zugeführt werden, die aus dem eigenen Unternehmen kommen oder Berufsanfänger etc. sind.

Vorbereitung des persönlichen Interviews

Sind die Bewerber für ein persönliches Interview ausgewählt, sollten folgende Überlegungen angestellt werden:

Interviewzeit: Das erste Interview hat eine wichtige Bedeutung im Sichtungsprozeß. Es sollte nicht mehr als eine bis maximal eineinhalb Stunden dauern. Dieses Zeitlimit ist zu Beginn des Interviews dem Bewerber/Kandidaten mitzuteilen.

Planung des Umfelds: Dazu gehören, Vertraulichkeit und Wahrung der Intimsphäre des Bewerbers sicherstellen, Vermeiden jeglicher Störung während des Interviews, Sicherstellen, daß der Kandidat sich wohl fühlt, eine geeignete Sitzordnung bedenken.

Bei einem Interview beachten: Bevor man in ein Interview geht, sollte man sich bewußt machen, welche kleinen Signale, die der Bewerber aussendet, im Zweifel mehr aussagen als jeder geschriebene Lebenslauf. Hier einige Beispiele:

- Erscheint der Bewerber pünktlich zu dem Interview? Pünktlichkeit ist ein wichtiges Merkmal im Verkauf.
- Wie ist der Händedruck? Ein trockener und fester Händedruck ist ein Signal für Selbstvertrauen.
- Der erste Eindruck darf nicht überbewertet werden. Natürlich ist er bedeutend und spielt eine Rolle im Auswahlprozeß. Verkäufer repräsentieren ein Unternehmen, und daher reflektiert das Image, das von ihnen ausgeht, auf das Unternehmen. Aber der erste Eindruck ist nicht immer korrekt. Niemand ist in der Lage, jemanden in Sekundenbruchteilen auf Grund seiner Erscheinung zu beurteilen, ob dieser für die Verkaufsaufgabe der geeignete Verkäufer ist.
- Spricht die Person zu schnell? Ist das die Art und Weise wie die Firma Ihre Verkaufsphilosophie den Kunden präsentiert?
- Tritt der Bewerber gepflegt auf?
- Macht der Bewerber zu viel Witze?
- Gestikuliert er wild, oder besitzt er Eigenschaften, die der Interviewer als beleidigend empfindet?
- Wie gut kann die Person zuhören, wie gut kann sie sprechen?

- Wie gut hat sich der Bewerber über das Unternehmen, die Produkte, die zu verkaufen sind, und die Kunden informiert?
- Überzeugt die Person und vermittelt sie Vertrauenswürdigkeit?
- Ist der Bewerber aufgeschlossen gegenüber neuen Ideen und neuen Verkaufstechniken?
- Was sagt die Körpersprache über den Bewerber aus?

Die Kunst der Gesprächsführung

Eine allgemeingültige Beobachtung ist, daß Menschen nie wirklich zuhören, sondern lediglich darauf warten, an der Reihe zu sein, zu sprechen. Dies sollte man auch in einem Interview berücksichtigen.

Die 80/20-Regel
Während des persönlichen Gesprächs sollte der Interviewer 20 % der angesetzten Zeit auf seine Fragen verwenden und 80 % zum Zuhören nutzen. Durch zu viele Fragen geht wertvolle Beurteilungszeit verloren. Deshalb sollte man den Bewerber durch offene Fragestellungen zum Sprechen anregen. Viele Verkaufsleiter brechen mit dieser Regel. Sie erzählen zuviel über die Firma, über die Aufgabe, über sich und geben somit dem Kandidaten keine Chance, sich selbst zu präsentieren und seine Fragen zu stellen.

Fragen richtig formulieren
Wichtig für den Kandidaten ist, sich auf die Beantwortung der Fragen zu konzentrieren und weniger darauf, was mit der Frage gemeint sein könnte. Die Fragen sind daher leicht verständlich zu formulieren, und man sollte nicht zu viele Fragen auf einmal stellen.

Die Fragen sollten in thematische Bereiche zusammengefaßt sein, und es sollte ein gleitender Übergang von einem Themenbereich zum nächsten gefunden werden.

Wer fragt, der führt und bestimmt die Richtung. Es ist wichtig, das Gespräch immer wieder auf den Kern der Frage zurückzuführen.

Der Umgang mit nervösen Kandidaten

Häufig geschieht es, daß der Kandidat sich bei der Beantwortung einer Frage verheddert und der Interviewer ihn dann mit einer Mischung aus Verlegenheit, Peinlichkeit und Mitgefühl aus dieser Situation entrinnen läßt. Dies ist der falsche Weg. Besser ist es, den Kandidaten zu ermuntern, sich in Ruhe die Antwort zu überlegen und ihm zu versichern, daß er eine gute Antwort geben wird. Oft hilft hier auch eine Kunstpause.

Der Umgang mit allzu gesprächigen Kandidaten

Wenn der Interviewte zu keinem Ende kommt, gibt es zwei Möglichkeiten für den Interviewer, die Gesprächsinitiative zurückzugewinnen:

- gleichzeitig mit dem Kandidaten zu reden beginnen und das Gespräch zu einem anderen Thema überzuleiten. So lange weitersprechen, bis der Kandidat von sich aus aufhört!
- förmlich in die Rede des Bewerbers hineinspringen mit dem Hinweis, daß alles interessant sei und sich daraus folgende Frage ableiten läßt ...

Der Interviewstart

Wichtig ist, eine positive Atmosphäre zu schaffen. Der Bewerber sollte entspannt sein; eventuelle Nervosität ist abzubauen. Dazu dienen Fragen, die mit dem Job nichts zu tun haben und das „Eis auftauen" sollen. Fragen nach der Fahrt, zum Wetter usw. können solche allgemeinen

Eröffnungsfragen sein. Natürlich stellt sich der Interviewer vor. Er sollte nicht nur seine Funktion darstellen, sondern auch mit wenigen Worten seinen beruflichen Werdegang umreißen. Dies gilt insbesondere, wenn Interviewer und Vorgesetzte ein und dieselbe Person ist.

Auf diese Weise läßt sich leicht zur ersten Frage überleiten. Ob diese den Komplex zur Aus- und Weiterbildung betrifft oder die aktuelle Tätigkeit des Kandidaten, ist im Ergebnis unerheblich.

Fragetechnik

Hier gelten die gleichen Regeln wie bei einem Verkaufsgespräch. Zentrale Aufgabe des Interviewers ist es, Fragen zu stellen, um die Informationen vom Bewerber zu erhalten, die als Basis für eine Auswahl des Besten notwendig sind. Der Erfolg ist oft davon abhängig, wie man die Fragen stellt. Im allgemeinen bieten sich folgende Fragetechniken an:

Sondierungsfragen: Darunter sind die sogenannten W-Fragen (Was, Wer, Wo, Wie, Warum, Wieso, Wann, Weshalb) zu verstehen. Diese Fragen sind gewöhnlich kurz und einfach formuliert.

Hypothetische Fragen: Sie können ein wertvolles Hilfsmittel sein, um die Fähigkeit des Kandidaten z. B. in strukturiertem Denken besser kennenzulernen. Dem Bewerber wird z. B. als Hypothese eine bestimmte Verkaufssituation geschildert mit der Bitte, einen Lösungsvorschlag zu unterbreiten.

Offene Fragen: Diese können nicht mit Ja oder Nein beantwortet werden und sind im Ergebnis sehr effektiv, weil sie die umfassendsten und wertvollsten Informationen über den Bewerber liefern. Antworten auf solche Fragen geben dem Interviewer die Möglichkeit, darauf aufbauend weitere Fragen zu stellen.

Frageformen, die zu vermeiden sind

Bei Suggestivfragen kann der Interviewer nicht davon ausgehen, irgend etwas über den Bewerber zu erfahren.

Geschlossene Fragen können mit einem einfachen Wort beantwortet werden – Ja oder Nein. Fragen mit einer Mehrfach-Wahlmöglichkeit zählen auch zu dieser Kategorie. Im allgemeinen zwingen sie Bewerber zu wählen, anstatt zu informieren. Deshalb ist sehr sorgfältig zu überlegen, in welchen Fällen eine solche Frageform angebracht ist.

Fragenkatalog

Neben dem Fragenkomplex zur Aus- und Weiterbildung sind die Fragen zur Verkäuferpersönlichkeit von großer Bedeutung. Vernünftig ist es, sich einen Fragenkatalog zusammenzustellen, der außer allgemeinen verkäuferischen Aspekten vor allem die unternehmensspezifischen berücksichtigt. Der ggf. eingeschaltete Personalberater steht hierbei mit Rat und Tat zur Seite.

Denken Sie bei allen Fragen daran: Es liegt in der Natur von Verkäuferpersönlichkeiten, ein Interview als eine Verkaufspräsentation über ein Produkt zu betrachten, das sie am besten kennen: sich selbst. Deshalb kommt es darauf an, mit den richtigen Fragen hinter die Verkäufermaske zu schauen und offenbart zu bekommen, wie es um die wirklichen verkäuferischen Fähigkeiten bestellt ist.

Interview-Ende

Das Interview ist dann zu beenden, nachdem alle nötigen Fragen seitens des Interviewers gestellt und beantwortet wurden, der Bewerber ausreichend Fragen zum Unternehmen und zur Position stellen konnte und dieser umfassend über Aufgabe und die Organisation, Rahmenbedingungen wie Einkommensfragen, Verfügbarkeit, Wettbewerbsverbote usw. informiert wurde.

Zum Abschluß ist der Bewerber über das weitere zeitliche Vorgehen zu unterrichten – und wie ein Kunde zu behandeln und so auch zu verabschieden.

Die Auswahl treffen

Aus einem Erstinterview sollte der Verkaufsleiter sich folgende vier Grundfragen über jeden Bewerber beantworten können:

1. Verfügt der Bewerber über die entsprechende Berufserfahrung und den notwendigen Hintergrund für diese Aufgabe?
2. Ist der Kandidat fähig, den angebotenen Verkäuferjob auszufüllen?
3. Will die Person die angebotene Verkäuferposition auch tatsächlich antreten?
4. Bringt der Kandidat den richtigen Teamgeist mit und paßt er in die Verkaufsmannschaft?

Zur Beantwortung dieser Fragen empfiehlt es sich, jedes geführte Interview schriftlich festzuhalten. Subjektive Eindrücke und Meinungen sind dabei zu vermeiden, z. B. arrogantes Auftreten, anmaßend, attraktiv, raffiniert, oder ich fühle, ich glaube beziehen sich nicht auf konkrete Qualifikationsmerkmale. Deshalb ist es notwendig, sich auf die stellenbezogenen Fakten zu beziehen: Jeder Bewerber bzw. Kandidat ist an den in der Stellenbeschreibung festgelegten Aufgaben und Anforderungen (Fähigkeiten, Erfahrungen) zu messen. Darüber hinaus sind das Verhalten des Bewerbers, sein Auftreten, seine Kleidung oder sein Sprachniveau sachlich zu beschreiben.

Als nächstes kommt die Entscheidung, mit welchen Kandidaten eine zweite Interviewrunde zu bestreiten ist. Es wird nicht immer eine perfekte Wahl sein, Kompromisse sind einzugehen. Jeder Kandidat verfügt über Stärken und Schwächen. Hinzu kommt, daß der Auswahlprozeß keine Einbahnstraße darstellt. Der Bewerber kann sich genauso zurückziehen wie das suchende Unternehmen. Daher sollte man eine Rangliste aller relevanten Kandidaten bilden und idealerweise die drei Besten in die engere Wahl nehmen.

Zweite und weitere Interviewrunde

Diese dienen dazu, den Kreis der Kandidaten weiter einzuengen. Sie bieten außerdem Gelegenheit, offengebliebene Fragen aus vorangegangenen Interviews zu klären, vertiefende Fragen zum Werdegang und fachspezifischem Wissen zu stellen sowie vertragliche Rahmenbedingungen, Gehaltsfragen und Arbeitsbeginn zu erörtern.

Die Entscheidung für den Besten kann getroffen werden nach einer abschließenden Würdigung

- der beruflichen Entwicklung sowie der gegenwärtigen Position, insbesondere auch im Hinblick auf nachweisbare Erfolge,
- der Persönlichkeit im Hinblick auf die gestellten Anforderungen,
- nachvollziehbarer Beweggründe für einen Wechsel.

Wenn es schwierig wird, sich zwischen den zwei verbliebenen in etwa gleichwertigen Top-Bewerbern entscheiden zu müssen, könnten folgende Faktoren den Ausschlag geben:

Welcher dieser Kandidaten zeigt das größte Interesse, den Job zu bekommen? Dieser wird vermutlich in der täglichen Verkaufsarbeit am härtesten arbeiten, um erfolgreich zu sein.

Welcher der beiden Kandidaten konnte mit der überzeugendsten Abschlußpräsentation aufwarten, um ein Vertragsangebot zu bekommen? Derjenige wird auch beim Kunden entsprechend auftreten, um den Auftrag zu erhalten.

Referenzeinholung

Als letzten Schritt im Entscheidungsprozeß bietet sich die Referenzeinholung bei ehemaligen Arbeitgebern, Kollegen oder anderen Personen, die den Wunschkandidaten beurteilen können, an. Dabei ist folgendes zu beachten:

- Nur über den Kandidaten eine Referenz einholen, der ein Vertragsangebot erhalten soll.
- Die Referenzpersonen sind im voraus mit dem Kandidaten abzustimmen.
- Nie den gegenwärtigen Arbeitgeber befragen!
- Negativauskünfte, die im Widerspruch zu den Informationen im Rahmen der Interviewgespräche stehen, sind mit dem Kandidaten zu erörtern.

Wird eine Referenz von einem ehemaligen Arbeitgeber eingeholt, kann man mit nachstehenden Fragenkomplexen herausfinden, wie über den Kandidaten wirklich gedacht wird.

- Beurteilung der Qualität der Verkaufsleistung.
- Was hat man an dem ehemaligen Mitarbeiter besonders geschätzt?
- In welchen Arbeitsgebieten – bezogen auf die Aufgaben eines Verkäufers – wurden Weiterbildungsmaßnahmen ergriffen?
- Gründe für das Ausscheiden.
- Würde man den Kandidaten bei einem adäquaten Angebot wieder einstellen?

Vertragsangebot und Abschluß

Im abschließenden Interview mit dem Wunschkandidaten sollten beide Seiten bereit sein, zu einer Vereinbarung zu kommen. Seitens des suchenden Unternehmens sollte dem Wunschkandidaten ein klares Angebot einschließlich des finanziellen Rahmens unterbreitet werden. Der Kandidat verpflichtet sich, das Angebot anzunehmen. Es empfiehlt sich, dem Kandidaten den seitens der Firma unterschriebenen Vertrag auszuhändigen.

Integration des neuen Verkäufers

Damit sichergestellt wird, daß der neue Verkäufer im Unternehmen seine volle Leistung entfalten kann und die gegenseitigen Erwartungshaltungen erfüllt werden, ist der neue Mitarbeiter in der Startphase zu begleiten.

Diese Begleitung bei der Integration ist sehr wichtig und hat folgende Zielsetzung:
- Sicherstellung der Zufriedenheit des neuen Mitarbeiters,
- uneingeschränkte Akzeptanz durch das neue Unternehmen auf allen Hierarchieebenen.

Dies erfolgt durch eine Reihe von Maßnahmen mit dem eingestellten Kandidaten sowie dessen Vorgesetzten.

Erster Arbeitstag
- Persönliche Begrüßung durch den Vorgesetzten und Vorstellen des neuen Mitarbeiters den unmittelbaren Kollegen sowie in den Abteilungen, mit denen der neue Verkäufer zusammenarbeiten wird.
- Einführung am neuen Arbeitsplatz.
- Gemeinsames Mittagessen, um dem neuen Mitarbeiter ein gutes Gefühl zu vermitteln und ihn weiter mit seiner neuen Umgebung vertraut zu machen.

- Präsentation des Unternehmens mit Schwerpunkten über Unternehmensentwicklung, Ist-Situation, Unternehmensphilosophie und -kultur, allgemeine Unternehmenszielsetzung, Regeln, Betriebsvereinbarungen usw.
- Einführung in die Organisation der Verkaufsabteilung (Struktur, Verantwortungsbereich, Schnittstellen zu anderen Abteilungen, Arbeitszeit, Berichtswege, Tourenplan usw.)

Einarbeitungsplan

Dieser sollte dem neuen Verkäufer am ersten Arbeitstag ausgehändigt und mit ihm durchgesprochen werden. Er sollte alles umfassen, was der „Neue" wissen muß, um erfolgreich seiner Tätigkeit nachgehen zu können, z.B:
- Durchlauf aller verkaufsrelevanten Abteilungen Verkaufsinnendienst, Marketing, Kundendienst. Festlegen eines Zeitplanes.
- Mitreisen mit verschiedenen Verkaufskollegen, um die Kunden kennenzulernen und die Usancen des Marktes.
- Aufstellung einer Einführungstour bei den wichtigen Kunden zusammen mit dem Vorgesetzten oder Vorgänger.
- Festlegung der ersten Schritte, den vorhandenen Verkaufsplan in Verkaufsaktivitäten umzusetzen. Festlegen von Prioritäten.

Überprüfung der Einarbeitungsphase

Nach einer bei der Aufnahme der Verkaufstätigkeit festgelegten Zeit – spätestens jedoch nach drei Monaten – sollten in einem Feedback-Gespräch kritisch und konstruktiv die beidseitigen Erwartungen und ihre Erfüllungen diskutiert und der sich daraus ergebende künftige Weg gemeinsam festgelegt werden.

7.2 Emotionale Intelligenz als Erfolgsfaktor

Der Autor

Uwe Günter-von Pritzbuer, ist Volljurist und arbeitet seit 1991 als Berater und Trainer bei der MLP-Finanzdienstleistungen AG, die vom ManagerMagazin als beste AG der letzten zehn Jahre ausgezeichnet wurde. Dort etablierte er sich schon sehr bald als Spitzenverkäufer und ist ständiges Mitglied im „Club der besten 10 Prozent". Er hält regelmäßig Seminare für Kunden sowie für Mitarbeiter von MLP und ist Autor mehrerer Fachartikel.

Unser beruflicher und privater Alltag besteht aus Höhen und Tiefen, aus Gewohnheit und Routine und auch aus einer ganzen Menge „Kleinkram", der uns stets sehr beschäftigt hält. Dadurch werden in uns die unterschiedlichsten Stimmungen und Gefühle ausgelöst. Manche dieser Gefühle bleiben oft unklar. Weil wir so in unser tägliches Leben eingebunden sind, nehmen wir ihren wahren Grund oft gar nicht mehr wahr. Unbewußte Ängste, Abwehrhaltungen, Selbsteinschränkungen, Demotivation, Gleichgültigkeit und Selbstresignation verzehren eine Menge Energie. Dabei könnten wir diese Energie besser und zielgerichteter einsetzen, wenn wir so leben würden, wie wir es in unserem Innersten fühlen. Doch dazu ist eine gehörige Portion emotionale Intelligenz notwendig.

Oft ist es nicht leicht, die Beziehung zu anderen Menschen – den Mitarbeitern, Kollegen, dem Kunden, dem Partner, den Kindern, Freunden, Bekannten und anderen gegenüber – befriedigend zu gestalten. Wie oft ist Kommunikation doch kalt, oberflächlich, nichtssagend und langweilig, ohne daß wir uns es selbst offen eingestehen. Wo es an Offenheit, an Einfühlungsvermögen, an Gefühlen und Begeisterungsfähigkeit mangelt, da kann die Distanz zum Mitmenschen auch nicht überwunden werden. Oft ist die Kommunikation auch einseitig, rational überlagert und spricht nur den Kopf an.

Stellen Sie sich doch einmal vor, Sie sitzen mit 2.000 anderen Personen in einem festlich geschmückten Ballsaal und lauschen dem Gesamtgeschäftsführer einer sehr erfolgreichen GmbH. Anlaß der Feier ist die Umwandlung in eine Aktiengesellschaft und der Gang an die Börse. In den letzten Jahren wurde so richtig Erfolgsgeschichte geschrieben, und zwar in jeder Beziehung. Das Unternehmen wurde in seiner Firmengeschichte mehrfach ausgezeichnet und schreibt Zuwachsraten, von der die Kunkurrenz nur träumen kann. Alles stimmt – nur die Rede ist eine Katastrophe! Der Geschäftsführer redet über Zahlen – anstatt über Menschen, stellt die Wertentwicklung des Unternehmens vor und vergißt dabei die Mitarbeiter, die diesen Erfolg mit herbeigeführt haben, liest die Rede ab, anstatt sie frei vorzutragen, seine Wortwahl spricht nur den Kopf, aber nicht den Bauch an. Allenfalls eine Laudatio zum Lesen, aber nicht zum Hören, nicht zum Miterleben. Sein Credo für die nächste Epoche kommt nicht rüber, reißt die Menschen nicht vom Stuhl. Mit der selben Konsequenz beendet er seine Laudatio. Eine Rede ohne Schluß! Keiner weiß so richtig, ist es nun vorbei, oder geht es noch weiter? Eine Rede ohne Schluß ist keine Rede. Der letzte Eindruck bleibt und sollte das Feuerwerk der Rede sein, das Finale. Das Credo, das die Mitarbeiter von der Vision begeistern soll, erreicht nicht ihre Herzen. Nur: wer die Welt bewegen will, muß die Herzen bewegen. Echt schade – denn was hatte er für Chancen!

So wie dieser Geschäftsführer setzen viele Manager und Führungskräfte nur auf die rationale Intelligenz. Wenn Sie als Manager andere motivieren wollen, oft vor größeren Gruppen stehen oder andere Menschen führen wollen, dann kommt es aber ganz besonders auf die emotionale Intelligenz an.

Wer nicht in seiner Arbeit aufgeht, geht darin unter!

Wenn du eine Stunde lang glücklich sein willst, schlafe. Wenn du einen Tag glücklich sein willst, gehe fischen. Wenn du eine Woche glücklich sein willst, schlachte ein Schwein. Wenn du ein Jahr glücklich sein willst, habe ein Vermögen. Wenn du ein Leben lang glücklich sein willst, liebe deine Arbeit! (Chinesische Weisheit)

Der Mensch verbringt den größten Teil seiner Lebensjahre im Beruf, als Manager im Büro, in der Fabrik, auf der Straße oder an anderen Orten. Wirtschaftlich betrachtet verbringt der Mensch den größten Teil seiner Jahre damit, die Kosten für seinen Lebensunterhalt und den der Familie zu erwirtschaften. Genaugenommen verbringt der Mensch in den ersten 60 Lebensjahren 20 Jahre damit, erwachsen zu werden, 20 Jahre mit Schlafen – wenn er pro Nacht acht Stunden schläft – und 20 Jahre mit Arbeit. Ist es dann nicht sinnvoll, daß der Mensch alles daransetzt, damit die Arbeit zur Lust anstatt zur Last wird? Die 20 Jahre sollen nicht heißen: „zu lebenslänglicher Zwangsarbeit" verurteilt!

Lust stellt sich dann ein, wenn Sie im Umgang mit Ihren Kollegen und Mitarbeitern ein verständnisvolles, harmonisches Miteinander pflegen, wenn die Zusammenarbeit blind funktioniert und die Arbeit so richtig Spaß macht, ein Erfolgserlebnis das nächste jagt und Sie Sinn finden in dem, was Sie tun. Menschen suchen in ihrem Leben eine Bestimmung, eine Mission, die dem Leben Inhalt geben. In jedem Menschen steckt das Bedürfnis, nicht nur Ziele im Leben zu haben, sondern sich auch Lebensziele zu setzen und diese dann auch zu erreichen. Dadurch wird er sich seiner Kompetenz und seiner

Leistungsfähigkeit bewußt. Daraus wiederum kann er Selbstvertrauen und -sicherheit ziehen und daraus dann sein Leben meistern. Vorwiegend suchen Menschen im Beruf ihre Bestimmung und verwirklichen sie durch berufliche Karriere. Aber das Privatleben darf dabei nicht auf der Strecke bleiben! Arbeit fängt nicht nur im Unternehmen an und endet nicht nur dort. Die arbeitende Bevölkerung ist physisch zwischen Arbeitsplatz und Wohnort und psychisch zwischen Familie und Firma hin- und hergerissen. Berufliches Wohlbefinden und privates Wohlergehen gehen daher Hand in Hand, hängen voneinander ab und beeinflussen sich gegenseitig. Man kann nicht zwei völlig unabhängige, eigenständige Leben nebeneinander führen: ein berufliches und ein privates. Es gibt keine geteilte Ethik!

Damit sich im Beruf und im Pivatleben Wohlbefinden einstellt, ist vor allem emotionale Intelligenz notwendig; sie ist der Schlüssel zum Erfolg. Emotional intelligente Menschen haben bessere Beziehungen zu ihren Kollegen und Untergebenen als Gefühlsanalphabeten, werden seltener krank, steigen auf der Karriereleiter schneller und weiter nach oben und haben im Privaten glücklichere Beziehungen, sind im Beruf und im Privaten erfolgreicher als Gefühlslegastheniker und schaffen es, das Leben erfolgsgekrönt zu meistern.

Diese Erfahrung hat auch Peter gemacht, als er nach 20 Jahren durch Zufall seinem alten Schulfreund, Frank, in einem Café begegnet.

Daß Peter es in seinem Leben weit bringen würde, war eine klare Sache. Abi mit 1,3 – das Jurastudium absolvierte er nach nur acht Semestern mit Auszeichnung. Die Professoren schwärmten von seiner Intelligenz und prophezeiten ihm eine große Karriere. Aber es hat nicht gereicht: Acht Jahre nach seiner Promotion krebst Peter immer noch auf einer mittleren Position herum, Rechtsabteilung in einer Versicherung. Eigentlich anständig bezahlt, kein Grund zum Jammern, aber was hätte aus ihm nicht alles werden können! Und die Liebe? Die übliche Geschichte, dumm gelaufen. Kaputte Ehe, beziehungsgestörtes Kind, danach zwei aufwendige Beziehungsversuche, das klassische Nähe-Problem. Jetzt ist er Single, liest jedes Wochenende lustlos den Heiratsmarkt in der „Süddeutschen", jammert viel und lacht wenig. Echt schade um Peter.

Frank dagegen war in der Schule immer bloß Mittelmaß, jedenfalls was seine Zeugnisse angeht. Das Jurastudium brachte er auch gerade so über die Runden. Aber bekannt und beliebt war er immer. Jetzt ist er Sozius bei derselben Welt-Kanzlei, bei der er damals sein erstes Praktikum ergattert hatte. Er ist für eine Auslandsniederlassung vorgesehen, zu der ihm eigentlich die fachliche Kompetenz fehlt, aber richtig sauer ist deswegen keiner der anderen 50 Anwälte auf ihn. Frank hat viele Freunde, und seine Ehe ist nun schon seit 14 Jahren sehr glücklich, mit den Kindern gibt es keine Schwierigkeiten. Im Judoverein ist er Vorstand und im Jagdclub ständiger Gast auf allen möglichen Treibjagden. Wenn eine Party läuft, ist er der erste, der eingeladen wird. Besonders intelligent ist Frank nicht, aber trotzdem käme keiner auf die Idee zu sagen, er sei dumm. Aber: „Was hat Frank, was Peter nicht hat?" Eine Frage, die sich die Peter auf dieser Welt immer wieder stellen müssen. Warum stehen jene ganz oben auf der Siegertreppe und nicht immer nur die Gescheitesten? Glück, Zufall, das richtige Sternzeichen, Mentoren, Zauberei? Oder ...?

Entscheidend ist nicht immer der schärfste Verstand, nicht der höchster IQ, sondern: die emotionale Intelligenz. Sie besteht darin, verstehen zu können, was unsere Gefühle uns sagen wollen, und darauf richtig zu reagieren, anstatt sich von ihnen lähmen oder bewußtlos mitreißen zu lassen. Wer die Fähigkeit hat, sich auf seine Gefühle zu besinnen, wer ihren Reichtum für sich ausschöpfen kann, der bringt es weiter im Leben, ist im Privaten und im Beruf erfolgreicher.

Rationale und emotionale Intelligenz allein ist wichtig und gut, aber nur die Kombination aus IQ und EQ ist ideal.

Die fünf Bereiche der emotionalen Intelligenz

1. Selbstwahrnehmung
2. Emotionen handhaben
3. Emotionen in die Tat umsetzen
4. Empathie
5. Umgang mit Beziehungen

1. Selbstwahrnehmung
Es gehört Einsicht, Mut, Kraft und Wille dazu, sich den Spiegel vorzuhalten und ins eigene Innere zu sehen – aber auch die Fähigkeit, unserem Inneren verstehend zu begegnen. Diese Fähigkeit wächst in dem Maße, in dem wir lernen, uns so zu akzeptieren, wie wir wirklich sind. Um herauszufinden, wie wir im Innersten wirklich fühlen, denken, handeln und werten und wie unser Gegenüber, unser Partner, der Mitarbeiter, der Kollege, der Vorgesetzte, der Kunde, in seinem Innersten fühlt, denkt und handelt, hilft uns die emotionale Intelligenz. Der erste Schritt dazu ist die richtige Selbstwahrnehmung. Seine Gefühle intensiv wahrnehmen, richtig und ehrlich fühlen, d.h.:

- ein Gefühl, während es auftritt, erkennen
- die eigenen Gefühle spüren
- sie identifizieren können
- wissen, woher sie kommen
- die eigenen Emotionen kennen

Das schafft die Grundlage für

2. Emotionen handhaben
Manche Verkäufer leiden unter Stimmungsschwankungen, manchmal fühlen sie sich himmelhoch jauchzend und später zu Tode betrübt. Schwankungen in ihrer Stimmung und in ihren Gefühlen sind natürliche Reaktionen und Ausdruck ihrer Persönlichkeit. Wie gehen Sie mit Ihren Gefühlen um? Eine Freundschaft auf du und du oder eher ein Waffenstillstand oder gar Krieg? Welche Gefühle begrüßen Sie mit offenen Armen, und welche schicken Sie in die Wüste?

Gefühle so zu handhaben, daß sie angemessen sind, ist eine Fähigkeit, die auf der Selbstwahrnehmung aufbaut. Es ist die Fähigkeit, sich selbst zu beruhigen, Angst, Niedergeschlagenheit oder Gereiztheit, die einen beschleichen, abzuschütteln und unter Streß nicht nur nervös zu reagieren. Andererseits ist es aber auch die Fähigkeit, sich zu motivieren, sich selbst in eine begeisternde und mitreißende Gefühlsstimmung zu bringen und mehr zu agieren, anstatt nur zu reagieren. Gefühle sind nun mal häufig gemischt und widersprüchlich, und nicht jeder hat sie alle gleichermaßen im Griff!

Was geschieht, wenn man diese elementare emotionale Fähigkeit nicht beherrscht? Wer darin schwach ist, hat ständig mit bedrückenden Gefühlen zu kämpfen, wer darin gut ist, erholt sich sehr viel rascher von den Rückschlägen und Aufregungen des Lebens, erlebt mit viel Lebensfreude seinen Alltag und kann mit Streß besser umgehen. Jede Situation, die ein schlechtes Gefühl auslöst, blockiert, und man denkt nur noch an eines: „Mein einziger Wunsch ist es, dieses Gefühl nicht länger zu spüren." Das kann normalerweise zu Verdrängung führen. Damit ist man ein Gefangener seiner Stimmungen. Der Schlüssel zum emotionalen Wohlbefinden ist aber Ausgeglichenheit, nicht Unterdrückung der Gefühle. Seien Sie deswegen nicht „gefühlsblind". Tiefen und Höhen verleihen dem Leben Spannung, müssen aber ausgeglichen sein. Genießen Sie deswegen das Pendel des Lebens, seine Ausschläge nach beiden Seiten, das ständige Auf und Ab. Das Leben ist wie eine Achterbahn, es geht rauf, und es geht runter. Die großen Befriedigungen im Leben, die Vergnügen bereiten und die einem in Erinnerung bleiben, bestehen im Kontrast. Abwechslung ist die Würze des Lebens. Erfolg und Niederlagen gehören zusammen, es sind Bestandteile des Lebens, und sie liegen oft so dicht beieinander wie Kartoffeln im Sack. Also: Sorgen Sie für ein erfolgreiches Stimmungsmanagement!

3. Emotionen in die Tat umsetzen

Emotionen in den Dienst eines Ziels zu stellen ist wesentlich für unsere Könnerschaft, Aufmerksamkeit, für Selbstmotivation und für Kreativität. Wer sich in den „fließenden" Zustand – Flow – versetzen kann, ist zu herausragenden Leistungen jeglicher Art imstande. Was er auch unternimmt, er macht es produktiver und effektiver, weil er sich in einem persönlichen Hochgefühl befindet.

Und haben Sie Biß! Bleiben Sie an einer Aufgabe dran und verzagen Sie nicht, auch wenn etwas nicht auf Anhieb klappt. Kein Mensch, der den ersten Tag auf einer Rinderfarm arbeitet, glaubt, er sei bereits ein Cowboy. Lassen Sie sich nicht entmutigen, sondern setzen Sie auf Ihren Erfolgswillen. Aus den Biografien der Erfolgreichen spricht immer der unübersehbare Erfolgswille: Christoph Kolumbus, der sich in seinem Lebensziel niemals beirren ließ, Demosthenes, der Rhetoriker, der mit Kieselsteinen im Mund sprechen übte, um seinen Sprachfehler zu beheben, Präsident Roosevelt, der trotz seiner Lähmung Präsident der Vereinigten Staaten wurde.

4. Empathie

Zu wissen, was andere fühlen, ist eine weitere Fähigkeit, die auf der emotionalen Selbstwahrnehmung aufbaut. Empathie ist die Bereitschaft und die Fähigkeit, sich in die Einstellungen anderer Menschen einzufühlen, sich anderen einfühlend zuzuneigen, quasi das „Wandern in den anderen". Es ist die Grundlage der „Menschenkenntnis". Wer einfühlsam ist, vernimmt eher die versteckten sozialen Signale, die einem anzeigen, was ein anderer braucht oder wünscht. Setzen Sie sich doch mal auf den Stuhl des anderen, oder versuchen Sie, einmal die Dinge durch seine Brille zu sehen!

Als Verkäufer müssen Sie sich auf die gleiche emotionale Ebene begeben, auf der sich auch der Kunde bewegt. Es ist ein Einfühlungsprozeß für den Tonfall, die Sprechgeschwindigkeit und den Sprachrhythmus. Werden Sie zum „Chamäleon", und profitieren Sie von Ihrer emotionalen Bandbreite.

Zum Einfühlungsvermögen gehört aber auch das Respektieren von abweichenden Ansichten und Meinungen anderer. Damit haben Sie ständig zu tun, weil Egoismus und Empathie sich gegenseitig ausschließen. Hier einen Kompromiß zu finden, bei dem beide ihren Interessen gerecht werden und keiner sein Gesicht verliert, ist nicht immer leicht. Denn in einer Beziehung gibt es zwei emotionale Realitäten: Ihre und die des anderen.

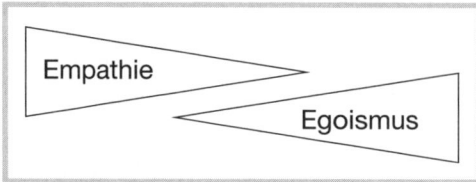

5. Umgang mit Beziehungen

Der tragfähigste Pfeiler einer guten Beziehung ist die soziale Kompetenz. Sie ist die Grundlage von Beliebtheit, Führung und interpersonaler Effektivität. Diejenigen, die darin glänzen, sind erfolgreich in allem, was darauf beruht, reibungslos mit anderen zusammenzuarbeiten, ihre Reaktionen und Gefühle zu erfassen, andere zu verstehen, zu führen, zu organisieren und mit Konflikten fertigzuwerden. Wer gut mit anderen Menschen zurechtkommt und Freude daran empfindet, unter Menschen zu sein, ist ein „sozialer Star", als Führungskraft ein echter Führer und Vorbild. Wer zwischenmenschliche Beziehungen durchschaut, kann Intrigen und „falsche Freunde" schneller entlarven.

Was sind Emotionen?

Eine Emotion ist eine seelische Erregung, ein intensives Lust- oder Unlusterlebnis, das durch Signale aus der Umwelt oder Innenwelt durch unsere Sinnesorgane aufgenommen wird. Es gibt Hunderte von Emotionen mitsamt ihren Mischungen, Variationen und Nuancen.

Die Wurzel des Wortes „Emotion" ist movere, lateinisch für „bewegen", wobei das Präfix „e" „hinwegbewegen" bedeutet, was darauf hindeutet, daß jeder Emotion eine Tendenz zum Handeln innewohnt. Emotionen führen zu Handlungen. Es gibt immer mehrere Möglichkeiten, auf eine Emotion zu reagieren. Je mehr Möglichkeiten man kennt, desto reicher kann das Leben sein. Ganz eng verwandt mit der Emotion ist das Gefühl. Es ist das Grundphänomen des individuellen, subjektiven Erlebens einer Emotion, einer Erregung oder einer Beruhigung, einer Entspannung. Gefühle sind demnach Antworten des Unterbewußtseins, Kreationen der Vergangenheit.

Sinn und Wert der Gefühle

Jedes Gefühl hat seinen Wert, seinen Sinn und seine Bedeutung. Gefühle sind das Wichtigste im Leben, weil sie erst Power und Sanftheit, Licht und Schatten, das Klare und das Trübe in die Welt bringen. Ein Leben ohne Leidenschaft z.B. wäre eine kahle Wüste der Gleichgültigkeit, abgeschnitten vom Reichtum und der Schönheit des Lebens selbst.

Um geistig nicht zu träge zu werden, braucht der Mensch emotionale Höhenflüge. Gefühle sind unsere größten Energiespender und bestimmen gleichzeitig auch am stärksten die Richtung und Qualität unserer Handlungen, sie bestimmen unsere Leistungsfähigkeit. Gerade in Extremsituationen werden Leistungsreserven mobilisiert, und oft sind es die Krisen, die Menschen nachhaltig formen.

„Der hat am meisten gelebt, der das Leben am meisten gefühlt hat." (J. Rousseau)

Der Ursprung unserer Gefühle ist in einem biologischen Sinn begründet:
- Angst schützt uns vor Gefahren und macht uns vorsichtig,
- Liebe macht uns offener,
- Ärger macht uns so stark, daß wir es mit Feinden aufnehmen können,

• Wut und Zorn erzeugen einen Energieschub, der den Körper in die Lage versetzt, tüchtig zu kämpfen oder rasch zu fliehen.

Unsere Vorfahren mußten auf ihre *Angst* hören, um zu überleben, ihrem *Ekel* gehorchen, wenn sie es nicht riskieren wollten, an Vergiftungen zu sterben. Jedes Gefühl ist sozusagen eine kleine Erkenntnis, ehe sie vom Verstand interpretiert wird. Entwicklungsgeschichtlich sind die emotionalen Teile unseres Gehirns viel älter als die rationalen. Heute noch steckt in jedem von uns ein kleiner Neandertaler, denn immer noch macht der Körper, lange bevor wir analysieren, abwägen und urteilen, „ganz von selbst" das Richtige. Wenn wir zum Beispiel *Angst* empfinden, fließt Blut in die Beine – was die Flucht erleichtert. Zugleich wird der Körper für einen kurzen Augenblick starr: Das erlaubt uns, darüber nachzudenken, ob Verstecken nicht doch die aussichtsreichere Reaktion wäre. Bei *Zorn* erhöht sich der Puls, Blut strömt zu den Händen, was es erleichtert, zur Waffe zu greifen oder einen Feind zu

schlagen, und durch den Hormonausstoß von Adrenalin steht mehr Energie zur Verfügung. Ebenso intelligent ist der Mechanismus, der vom Gefühl der *Überraschung* in Gang gesetzt wird. Unsere Augenbrauen heben sich, und das Blickfeld wird größer. Mehr Licht fällt auf die Netzhaut. Wir erhalten mehr Informationen über das unerwartete Ereignis, können besser abschätzen, wie wir darauf reagieren sollen.

Emotio und Ratio – Widerspruch oder Harmonie?

Der Mensch hat zwei Seelen: eine denkende und eine fühlende. Die rationale kann langfristige Pläne schmieden und Strategien für die Zukunft entwerfen, die emotionale sieht nur den Augenblick. Sie folgt Launen und Begierden. Die emotionale ist sehr viel schneller als die rationale, sie handelt augenblicklich, ohne auch nur eine Sekunde lang abzuwägen, was sie tut.

Während sich die ratinale durch Worte ausdrückt, ist die Sprache der Emotionen nonverbal. Wenn die Worte eines Menschen nicht mit dem Klang seiner Stimme, seiner Körperhaltung oder anderen nonverbalen Äußerungen übereinstimmen, liegt die emotionale Wahrheit in dem, *wie* er es sagt, und nicht in dem, *was* er sagt. Nach einer Faustregel der Kommunkationsforscher ist eine emotionale Mitteilung zu 90 oder mehr Prozent nonverbal. Was auf diese Weise mitgeteilt wird, sei es die Angst, die aus dem Ton der Stimme herauszuhören ist, sei es Verärgerung, die aus einer kurzen Geste spricht, wird fast immer unbewußt aufgenommen, ohne daß man der Mitteilung besondere Aufmerksamkeit schenkt. Man nimmt es einfach stillschweigend auf und reagiert darauf. Ein sarkastisches „Danke", ein dankbares

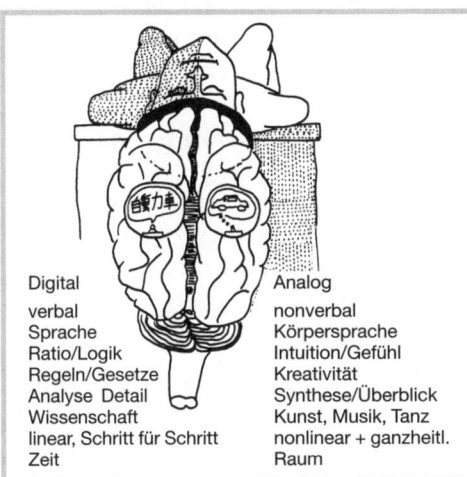

Digital	Analog
verbal	nonverbal
Sprache	Körpersprache
Ratio/Logik	Intuition/Gefühl
Regeln/Gesetze	Kreativität
Analyse Detail	Synthese/Überblick
Wissenschaft	Kunst, Musik, Tanz
linear, Schritt für Schritt	nonlinear + ganzheitl.
Zeit	Raum

Abb. 1: Die beiden Hirnhälften
Quelle: Birkenbihl 1997

„Danke" oder ein ärgerliches „Danke" kann man am Ton unterscheiden. Die rationale Seele stützt sich dagegen auf objektive Tatsachen und äußert ihre Ansichten nur unter Vorbehalt, denn neue Tatsachen können eine Ansicht widerlegen und zu einer anderen führen. Die emotionale Seele hält Ansichten dagegen für absolut wahr und läßt deshalb Tatsachen, die eventuell das Gegenteil beweisen, unberücksichtigt. Darum ist es so schwer, mit jemandem zu argumentieren, der emotional erregt ist: Sie können aus logischer Sicht noch so recht haben, Ihr Argument zählt nicht, wenn es mit der emotionalen Überzeugung des Augenblicks nicht übereinstimmt. Die emotionale Seele folgt einer assoziativen Logik. Elemente, die eine Realität symbolisieren, werden zur absoluten Realität. Gefühle stützen sich auf ihre eigenen Wahrnehmungen und „Beweise" und rechtfertigen sich selbst.

Meistens arbeiten diese beiden Seelen harmonisch zusammen, sie sind jedoch eigenständig. Wenn z.B. Leidenschaften oder Zorn aufwallen, gewinnt die emotionale Seite die Oberhand, die rationale weicht zurück. Es gibt sog. Schnellfeuer-Reaktionen, die in dringenden Situationen eintreten, bei denen es z.B. um Leben und Tod geht.

In dem Wechselspiel von Gefühl und Ratio lenkt die emotionale Seite unsere momentanen Entscheidungen, arbeitet dabei aber mit der Ratio Hand in Hand. Umgekehrt spielt aber auch das denkende Gehirn eine leitende Rolle bei unseren Emotionen. Es gibt emotionale Reaktionen, für die die Gedanken verantwortlich sind und die aus Gedanken hervorgehen. Das passiert immer wieder bei Prüfungen. Dann gibt es Emotionen, die sich auf Wunsch einstellen. Das ist z.B. der Fall, wenn ein Schauspieler in einer Szene an einer bestimmten Stelle weint. Hier geht der Weg der Emotion vom Denken zum Fühlen. Gedanken haben immer die Tendenz, sich zu verwirklichen. Was die rationale Seele dabei beeinflussen kann, ist der Ablauf der Reaktionen.

Gefühle sind wichtig für das Denken, Gedanken sind wichtig für das Fühlen. Wir können nicht fühlen, ohne zu denken, und nicht denken, ohne gleichzeitig zu fühlen. Gedanken bedingen Gefühle und umgekehrt.

Was die Menschen für die Lösung der heutigen Probleme und die der Zukunft brauchen, sind beide Elemente, die Ratio und die Emotio. „Die Strenge des logischen Schlußfolgerns und die Ungebundenheit der Phantasie, die nüchterne Sachlichkeit der Aufgabenbewältigung und die Gefühlsbetontheit des Tagträumers, die Gewißheit und die Unwägbarkeit – die Dialektik des Sowohl-Als-auch." (Klaus Linneweh 1991)

Der richtige Umgang mit den Gefühlen

Mit den Gefühlen richtig umzugehen ist nicht immer leicht, weil unsere Gefühle Eigenarten und Macken haben.

Gleiche Ladungen ziehen sich an

Im Gegensatz zur Physik, wo sich gleiche Ladungen abstoßen, ziehen sich bei der emotionalen Intelligenz gleiche Gefühle an. „Gleich und gleich gesellt sich gern", sagt man. Wenn sich Menschen sehr harmonisch zueinander verhalten, sich sehr ähneln, Gefühle ähnlich erwidern und viele Gemeinsamkeiten haben, also auf einer gemeinsamen Wellenlänge schwingen, dann klappt's auch mit der Kommunikation. Menschen ziehen Menschen mit gleicher Denk- und Verhaltensweise an.

Vielleicht haben Sie es schon einmal erlebt, daß Sie wegen eines Meetings ein Unternehmensgebäude betreten und der Pförtner ein unfreundliches Verhalten zeigt. Kommen Sie dann zu der Sekretärin Ihres Gesprächspartners, zeigt sie vielleicht die gleichen unfreundlichen Wesenszüge. Nach einigen Minuten Zusammensein mit Ihrem Gesprächspartner wird Ihnen plötzlich klar, daß die Mitarbeiter nur das Verhalten ihrer Vorgesetzten widerspiegeln. In anderen Unternehmen dagegen sind die Mitarbeiter gleichermaßen freundlich und höflich, weil es auch in der Chefetage freundlich und offen zugeht. Wenn sich in der Geschäftsleitung eines Unternehmens die Denkweise positiv oder negativ verändert, passen Mitarbeiter daraufhin ebenfalls ihr Verhalten nach und nach an. Der größte Teil des menschlichen Verhaltens wird durch Imitation anderer Menschen erworben.

Wenn nun Menschen acht oder mehr Stunden täglich zusammenarbeiten, werden sie zwangsläufig das Verhalten der anderen – meist des Vorgesetzten – annehmen, um im Unternehmen überleben zu können und Karriere zu machen.

Die Vergangenheit ersetzt die Realität

Wenn irgend etwas an einem Ereignis einer emotionsgespeicherten Erinnerung ähnelt, löst die emotionale Seele die Gefühle aus, die sich mit dem vergangenen Ereignis verbinden. Entstehende Gefühle werden mit Gefühlen der Vergangenheit gleichgesetzt. Es ist wie ein Automat, der auf gespeicherte Präzedenzfälle zurückgreift. Die emotionale Seele reagiert auf die Gegenwart so, als sei sie die Vergangenheit. Weil sie zeitlich nicht differenzieren kann, sind im Prinzip neue Gefühle immer alte Eindrücke. Die Vergangenheit wird der Gegenwart quasi übergestülpt. Problematisch daran ist, daß wir unter Streß oder bei anderen schnellen und automatischen Handlungen möglicherweise nicht erkennen, daß die einstigen Gegebenheiten nicht mehr stimmen.

Das gleiche Phänomen tritt auf, wenn man immer wieder in das Fettnäpfchen tritt, wenn man immer wieder über denselben Fehler stolpert, obwohl man weiß, daß man aus Fehlern lernen soll! Die Ursache dafür liegt meist nicht in mangelndem guten Willen. Fehler werden fast nie willentlich gemacht, sondern es laufen einfach alte, „falsche" Programme in den Gehirnen ab. Fehler im emotionalen Bereich sind viel schwerer auszumerzen als Fehler im rationalen Bereich.

Gefühle sind zustandsspezifisch

Wer sich in einer aggressiven Stimmung befindet, handelt aggressiv. Wer in einer fröhlichen Stimmung ist, handelt entsprechend und ist fröhlich. Durch Ihre Stimmung legen Sie eine bestimmte Grundstimmung für Ihren Tag fest. Achten Sie besonders morgens darauf, welche Stimmung Ihren Tag beherrschen soll! Und denken Sie emotional positiv, denn was der Mensch denkt, strahlt er aus. Was er ausstrahlt, überträgt er auf andere.

Gefühle sind ansteckend

Beim Verlassen eines Kinos erkennt man bei Menschen an der Haltung und Mimik, welche Art von Film sie gesehen haben. Bei Schindlers Liste gehen Sie wahrscheinlich bedrückt, frustriert und nachdenklich nach Hause; war der Film heiter und humorvoll, dann werden Sie zu Hause noch darüber lachen. Waren Sie bei Detroy auf einem Seminar, gehen Sie begeistert und motiviert nach Hause, denn gute und begeisternde Laune steckt an.

Wenn an Bord eines Flugzeuges durch ein Feuer Panik ausbricht, dann übertragen sich die Gefühle wie ein Dominoeffekt. Und wie oft entstehen aus kleinen Rangeleien am Rande einer Demonstration Massenschlägereien. Wir schicken bei jeder Interaktion auch emotionale Signale aus, die sich auf unser Gegenüber auswirken. Wir vermitteln einander Stimmungen und fangen die Stimmungen von anderen auf.

Je nachdem, wie wir etwas sagen und welche Gefühlsvorstellungen andere damit verbinden, bekommen wir die entsprechenden Stimmungen zurück. Dabei wird die Stimmung in der Regel von demjenigen, der seine Gefühle stärker äußert, auf den Passiveren übertragen.

Wenn Sie andere in den Bann Ihrer Stimmungen ziehen können, dann sorgen Sie dafür, daß es positive Stimmungen sind. Geben Sie in der Interaktion den positiven emotionalen Ton an. Und lachen Sie öfters, denn wer lacht, der hat mehr Erfolg.

Gefühle kommen mit wenig Worten aus

Ihre Umwelt kann Ihre Gefühle an Ihrer Gestik, an Ihrer Mimik erkennen, ohne daß Sie dazu verbal Stellung nehmen müssen. Ein sympathisches Lächeln, ein Blick, der einen zusammenzucken läßt, der Blick von zwei Verliebten, der furchteinflößende, kalte Blick eines Massenmörders oder die verzweifelten Augen einer Mutter, die bei einem Bombenangriff ihre Familie sterben sah. Gestik, Mimik und Haltung eines Menschen brauchen keine Worte. Wenn Sie z.B. wütend sind, die Fäuste ballen oder auf den Tisch schlagen, versteht Ihre Umwelt Ihre Gefühle von ganz allein. Und wenn Blicke töten könnten, dann ...

Was ein Bild aussagt, das übersetzt sich von ganz allein in jede Sprache der Welt.

Gefühle dienen als Vorwand

Gefühle werden aktiv eingesetzt, um Situationen zu meistern, die rational nicht bewältigt werden können. Dann dienen Gefühle als Werkzeuge und werden vorgeschoben. Das ist z.B. der Fall, wenn Ihrer Sekretärin ein schwerer Fehler unterläuft, das Disaster offenbar wird und Sie sie zur Rede stellen. Wenn sie mit einer Erklärung beginnt, kann es sein, daß sie sehr schnell in hemmungsloses Weinen verfällt. Oder denken Sie an Kinder, die emotional reagieren, wenn sie etwas rational nicht verstehen wollen.

Oft reagieren Mitarbeiter auf Neuerungen im Innendienst oder im Vertrieb mit emotionaler Ablehnung, wenn sie befürchten, den damit zusammenhängenden Anforderungen nicht gewachsen zu sein. Deshalb ist es leichter, diese Mitarbeiter über die Gefühls- statt über die Verstandsebene zu überzeugen.

Gefühle kann man nicht abstellen wie einen Wecker

Wenn eine Beziehung z.B. durch eine Affäre auseinanderbricht, dann dauert es eine ganze Weile, bis sich die/der Betrogene damit abfindet. Gefühle halten an oder wirken nach. So wie sie aufgebaut werden, müssen sie auch wieder abgebaut werden. Meistens braucht man dafür nur viel, viel länger. Opfer von Überfällen in einem Aufzug z.B. brauchen sehr lange Zeit, bis sie angstfrei wieder einen solchen Ort betreten können. Oder denken Sie an traumatische Erinnerungen wie Krieg, Vergewaltigung oder eine Entführung. Solche emotionalen Verwundungen hinterlassen sehr lange Zeit emotionale Schmerzen. Diese Wunden des Grauens bleiben lange im Gedächtnis, für Opfer des Holocaust manchmal sogar ein Leben lang. Ein Überlebender sagte einmal:

„Wer Auschwitz durchgemacht hat und keine Alpträume hat, ist nicht normal."

Wenn Sie sich im Büro den ganzen Tag geärgert haben, dann können Sie nicht einfach Ihre schlechte Laune zu Hause ablegen wie einen Mantel. Gefühle halten an und wirken nach.

Gefühle können sich schnell ändern

Warum verschwindet der Schmerz durch einen Kuß, warum sind nach einer Entbindung die Schmerzen der Wehen in Sekunden verflogen?

Gefühle sind mit der Wetterlage vergleichbar: äußerst wechselhaft. Heute morgen noch super drauf, und nach dem ersten Kundentelefonat sieht die Welt plötzlich ganz anders aus.

Vielleicht haben Sie schon mal Gelegenheit gehabt, ein gutes nachbarschaftliches Verhältnis zu beobachten? Zwei Nachbarinnen sind zwar eng miteinander befreundet, eines Tages aber stellt irgendein geringfügiger Zwischenfall die Freundschaft auf eine kleine Bewährungsprobe, und das gute Verhältnis kühlt sich nicht nur merklich ab, sondern verwandelt sich von einer zur anderen Minute in bittere Feindschaft. So kann es auch mit einer Beziehung gehen, die durch eine Affäre auseinanderbricht. Aus Liebe kann schnell Haß werden. Oder haben Sie schon mal überlegt, warum ein kleiner Kratzer am neuen, glänzenden Auto manchen Leuten gleich die Freude am ganzen Auto verdirbt? Einige Quadratmillimeter fehlenden Lacks genügen, um ihnen die Freude an den restlichen Quadratmetern blitzenden Lacks zu verderben. Oder: Ein Seminar ist zwei Tage super gelaufen, und dann kommt da eine Frage und eine Antwort. Doch diese Antwort bringt das gesamte Seminar zum Kippen! Wie sagt dazu ein altes bulgarisches Sprichwort?

„Die Zunge hat keine Knochen, kann aber Knochen brechen."

Gefühle brauchen Klischeevorstellungen

Sobald man einem Mitmenschen gegenübertritt, macht man sich von ihm ein Bild und hat eine bestimmte Vorstellung, ein Klischee. Es vermittelt, wie unser Gegenüber sein kann. Es sind gefolgerte Meinungen, quasi Abziehbilder der Realität. Diese gefolgerten Meinungen „beantworten" Fragen, und das Ergebnis ist das, was wir Image nennen. Klischees signalisieren den Beruf, die soziale Herkunft, das Temperament, die Nationalität, den Charakter etc. Meistens kann man dem Klischee nicht entfliehen, denn der Mensch ist einfach ein „neugieriges Wesen". Typische Signale aus Ihrer täglichen Arbeit dienen aber als Imageauslöser: das Auto, der Schreibtisch, der PC, der Zeitplaner, die Kleidung, die Büroräume, die Anzahl der Fenster in einem Büroraum und vieles andere mehr. Lassen Sie Klischees für sich wirken, setzen Sie sie gezielt ein, und nutzen Sie die damit verbundenen Gefühle. Amerikaner z. B. fragen oft, wieviel Dollar man in seinem Job p. a. so macht, um damit die soziale Stellung des anderen abzuklären. Bei uns schaut man sich dazu das Auto des Gegenübers an. Wenn man gefragt wird, wo man sein Auto abgestellt hat, sagen viele, ohne nachzudenken: „Ich stehe gleich dort drüben", obwohl dort ja nur der PKW steht. Aber damit steht eben auch etwas von uns selbst.

Die emotionalen Aufgaben des Managers

Wenn Sie als Manager mit anderen Menschen zusammenarbeiten, sind folgende Gefühlssituationen möglich:

> Flow
> Faszination
> Begeisterung
> Zufriedenheit
> Sympathie
> Vernünftige Zustimmung
> Leichte impulsive Sympathie
> Neutrale Gleichgültigkeit
> Ablehnung

Um in den oberen Bereich zu kommen, genügt allein eine fachlich-technische Argumentation nicht. Wenn Sie die Menschen erreichen wollen, müssen Sie ihre Herzen erreichen. Vermitteln und „verkaufen" Sie deswegen Emotionen, um Gefühle zu ernten.

Das stärkste Gefühl: das Flow-Erlebnis

Kennen Sie das Gefühl, wenn alles super läuft, wenn Sie auf den Erfolgszug aufgesprungen sind und dieser mit hoher Geschwindigkeit dem Ziel entgegenrast? Nichts kann ihn mehr aufhalten! Das Gegenteil von Murphys Law tritt ein. Nichts geht schief. Alles flutscht wie Butter, alles läuft so präzise wie ein Schweizer Uhrwerk! Innerlich scheint die Sonne, Sie scheinen die Engel singen zu hören, Sie durchströmt ein Gefühl, als ob Sie Bäume ausreißen könnten. Harte Arbeit wird zur inneren Meditation. Sie befinden sich in einem persönlichen Glückszustand höchster Güte. M. Csikszentmihalyi beschreibt diesen Zustand als „Flow-Erlebnis".

Ein solches Flow-Erlebnis hatte der Offizier Rouget de Lisle in der Nacht vom 25. auf den 26. April 1792. In dieser Nacht komponierte er die Marseillaise, die noch heute die französische Nationalhymne ist. Rouget war ein bescheidener, unbedeutender Mann, ein Gelegenheitsdichter, der sich nicht für einen großen Komponisten hielt. Als er sich daranmachte, ein Kriegslied zu schreiben, überkam ihn plötzlich eine magische Gewalt. „Mit einmal strömt alles zusammen: alle Gefühle, die sich in dieser Sekunde entladen, alle die Worte, die er auf der Straße, die er beim Bankett gehört, der Haß gegen die Tyrannen, die Angst um die Heimaterde, das Vertrauen zum Siege, die Liebe zur Freiheit. Wie unter fremdem Diktat schreibt er hastig und immer hastiger die Noten auf, ein Sturm ist über ihn gekommen. Eine Exaltation, eine Begeisterung, die nicht die seine ist, sondern eine magische Gewalt, zusammengeballt in eine einzige explosive Sekunde, die ihn wie eine Rakete bis zu den Sternen schleudert." (Stefan Zweig in Sternstunden der Menschheit)

Ein anderer Komponist beschreibt die Phasen seiner Arbeit, in denen er in Höchstform ist, so: „Man ist in einem derart ekstatischen Zustand, daß man fast das Gefühl hat, nicht zu existieren. Meine Hand scheint nicht mehr zu mir zu gehören, und mit dem, was da geschieht, habe ich nichts zu tun. Ich sitze einfach in einem Zustand ehrfürchtigen Staunens da und schaue zu. Und es fließt von ganz allein." (Martin Seligman)

Schriftsteller, Komponisten, Erfinder, Politiker oder andere Genies erlebten und erleben Flow. Aber nicht nur Genies können diesen Zustand erreichen, sondern jeder Mensch kann es. Marathonläufer, Tennisspieler, Skifahrer, eigentlich alle Sportler kennen dieses Flow-Gefühl. Sie sind Leistungsfanatiker und Kampfsüchtige. Bergsteiger berichten oft davon, Rallye-Fahrer gehen immer wieder auf die Rennstrecke, um diesen Zustand zu erleben, und am Wochenende zieht es Hunderte von Go-Kart-Fahrern in ausgediente Fabrikhallen, immer auf der Suche nach

Flow, denn: Flow macht süchtig. Es ist wie „Gefühls-Haschisch". Flow wird zur Droge. Immer wenn eine Aktivität Flow erzeugt, entsteht der starke Wunsch, nicht aufzuhören und diese Aktivität zu wiederholen. Es ist ein Gefühl wie Besessenheit. Bei Flow ist man in einem optimalen Zustand innerer Harmonie, denn hier verschmelzen Handlung und Bewußtsein. Menschen haben Sehnsucht danach. Flow ist ein menschliches Grundbedürfnis wie Schlafen oder Bewegung oder wie Essen. Nur leider kommt Flow nicht so oft vor. Manche Menschen können die Flow-Erlebnisse ihres Lebens an einer Hand abzählen, andere haben eine reichhaltige Sammlung davon und sind durch Flow in ihrem Leben gewachsen. Jede Flow-Erfahrung trägt zum Wachstum des Selbst bei. Herausforderungen prägen uns, und Erfolge ziehen weitere Erfolge nach sich. Die Herausforderungen werden größer, die Erfolgschancen werden riskanter, aber die Erfolgserlebnisse um so stärker. Es entsteht ein stärkeres Selbstbewußtsein für neue Herausforderungen. Das Flow-Erlebnis eröffnet uns die ganze Welt als einen Ort neuer Herausforderungen, als Manege für unsere Kreativität. Flow ist das völlige Aufgehen in einer Tätigkeit, die Lust an der Leistung, die zu einer persönlichen Höchstleistung führt. Beim Flow-Erlebnis überschreitet man bisherige Grenzen, man hat übergeordnete Fähigkeiten. Es ist ein dynamischer Zustand, denn man geht in der konkret vorliegenden Aufgabe auf. Man ist begeistert von dem, was man tut, und daraus entsteht eine immer höher steigende intrinsische Motivation. Es ist, wie wenn ein winziger Schneeball zur riesigen Lawine wächst. Man erreicht persönliche Bestleistungen.

Bei Flow arbeitet das Gehirn mit höchster Effektivität. Flow fängt da an, wo die Anstrengung aufhört, wo sie nicht mehr wahrgenommen wird. Selbst harte Arbeit kann einem in diesem Zustand erfrischend und federleicht vorkommen.

Sich auf das Fließen einlassen zu können ist das höchste der Gefühle, ist die höchste Form von emotionaler Intelligenz. Hier sind die Emotionen nicht beherrscht, es ist ein Zustand der Selbstvergessenheit, alles ist positiv, voller Spannung und auf die zu bewältigende Aufgabe ausgerichtet. Obwohl Menschen im Zustand des Fließens Höchstleistungen vollbringen, kümmert es sie dabei nicht primär, wie sie abschneiden, welche eventuellen Belohnungen damit verbunden sein könnten, sie denken nicht an Erfolg oder Versagen. Vorherrschend ist die reine Freude am Tun, und daraus kommt die Motivation. Für einen Maler z. B. ist es der Prozeß des Malens selbst und nicht die Vorstellung von einem hohen Verkaufspreis.

Wie erzeugt man das Flow-Erlebnis bei sich selbst?

Grundsätzlich kann dieses Erlebnis bei ganz unterschiedlichen Tätigkeiten auftreten. Grundvoraussetzung jedoch ist immer Freude am Tun, eine starke Motivation und vor allem eine hohe Konzentration. Natürlich kann es eine beträchtliche Mühe bereiten, hinreichend konzentriert zu sein, denn dieser erste Schritt erfordert eine hohe Disziplin. Es verhält sich wie das Spiel mit dem Brennglas: Wer seine Konzentration fokussiert und inszeniert, entfacht das Feuer. Wenn Sie an Ihrem Schreibtisch vor Ihrer Arbeit sitzen und an Mauritius denken, dann haben Sie zwei Probleme: Erstens sind Sie nicht in Mauritius und zweitens nicht am Schreibtisch! Ein altes Jägersprichwort sagt: „Wer viele

Hasen gleichzeitig jagt, fängt keinen." Also konzentrieren Sie sich, und grübeln Sie nicht über Fragen nach, die im Moment unwichtig sind. Verdrängen Sie Dinge und Gedanken, die ablenken. Hat sich jedoch Konzentration eingestellt, gewinnt sie eine eigendynamische Kraft. Dieser erste Schritt tritt leichter ein, wenn ein zündender Funke, ein gelungener Anfang gefunden wird. „Wie man startet, so geht man ins Rennen."

Weiter ist wichtig, eine Aufgabe zu finden, in der man bewandert ist und in der man die eigenen Fähigkeiten auf die Probe stellen will. Man hat Lust, das eigene Können auf ein sehr hohes Niveau zu bringen. Natürlich muß man dabei etwas stärker als gewöhnlich gefordert werden, sonst tritt Langeweile ein. Aber auch nicht zu stark, denn sonst tritt von Anfang an zuviel Angst vor dem Versagen ein. Wer Angst hat, ist blockiert und kann deshalb nicht explodieren. Nur solche Aktivitäten, die man einigermaßen unter Kontrolle hat, führen zum Flow-Erlebnis. Ferner kommen weitere Voraussetzungen wie Selbsteinschätzung, Erfahrung, Vorausberechnung, Vorsicht und natürlich Training hinzu. Aber: Gehen Sie an Ihre Grenzen, und finden Sie heraus, wo Ihr Grenzbereich ist. Gehen Sie dazu absichtlich ein paarmal über das Limit hinaus, denn wie wollen Sie sonst wissen, wo die Grenzen sind? Es ist ähnlich wie beim Automobilrennsport, wo Sie das Fahrzeug optimal durch die Kurven bewegen. Optimal bewegen heißt, das Fahrzeug im Grenzbereich zu fahren. Ein Anfänger wird im Training immer viel zu früh auf die Bremse treten, wird die Kurve viel zu langsam anfahren. Allmählich wird er aber bei jedem neuen Versuch das Tempo etwas steigern, mehr und immer mehr. Jedesmal. Und wann hört er auf, sein Tempo

weiter zu steigern? Erst wenn er die Grenze einmal überschritten hat, weiß er, wo die Grenze ist. Natürlich hat er sich dann mit dem Auto gedreht oder ist aus der Kurve geflogen. Aber die Rennstrecke ist ja gesichert, es gibt genügend Auslauf, und es kann nichts passieren. Wenn der Grenzbereich abgesteckt ist, kann sich das Flow-Erlebnis einstellen.

Wider Erwarten setzt Flow nicht in Momenten der Entspannung, Ruhe oder Ablenkung ein, sondern wenn man sich aktiv auf ein schwieriges Unternehmen einläßt, eine nicht leicht zu lösende Aufgabe vor sich hat oder wenn großer Druck auf den Schultern liegt und man verzweifelt nach einem Ausweg sucht. Erst Druck macht aus Kohle Diamanten!

So ging es z. B. Georg Friedrich Händel im Jahre 1741, als er den Messias komponierte. Er war völlig pleite, die Gläubiger waren ihm auf den Fersen, der Schuldturm winkte schon aus der Ferne, Freunde und Bekannte hatten ihn verlassen; er war ein verlorener, ein verzweifelter Mann. In dieser Stunde der Verzweiflung sah er jedoch ein Licht am Ende des Tunnels. Eine Eingebung verhalf ihm zum „Messias". Eine Woge des Schöpfertums riß ihn mit. Er konnte beim Komponieren nicht innehalten. „Wie ein Schiff, die Segel vom Sturm gefaßt, riß es ihn fort und fort." Nach drei knappen Wochen des Fließens war das Werk vollendet.

Aber wenn das Fließen einen so richtig in den Bann gezogen hat, will es nicht mehr aufhören. Deshalb konnte Händel den Messias auch nicht einfach beenden, sondern gab sich dem letzten Wort Amen hin und schuf allein daraus ein Kunstwerk.

„Aber dieses ‚Amen', diese zwei knappen, raschen Silben, sie faßte Händel nun, um aus ihnen ein klingendes Stufenwerk bis in den Himmel zu bauen. Den einen

Stimmen warf er sie zu und den andern im wechselnden Chore, er dehnte sie, die beiden Silben, und immer wieder riß er sie auseinander, um sie immer wieder neu und noch glühender zu verschmelzen, und wie Gottes Atem fuhr seine Inbrunst in dieses Ausklangswort seines großen Gebetes, daß es weit ward wie die Welt und voll ihrer Fülle. Dieses eine, dieses letzte Wort, es ließ ihn nicht, und er ließ es nicht, in großartiger Fuge baute er dies ,Amen' auf aus dem ersten Vokal, dem hallenden A, dem Urklang des Anfanges, bis es ein Dom war, dröhnend und voll, und mit der Spitze reichend bis in den Himmel, immer noch höher steigend und wieder fallend und wieder steigend, und schließlich von dem Orgelsturm gepackt, von der Gewalt der vereinten Stimmen noch und nochmals emporgeschleudert, alle Sphären erfüllend, bis daß es war, als ob in diesem Päan des Dankes auch die Engel mitsängen und das Gebälk splitterte zu seinen Häupten von diesem ewigen ,Amen! Amen! Amen!'" (Stefan Zweig in Sternstunden der Menschheit)

Beim Finden des Flow-Erlebnisses haben es Optimisten leichter, weil sie die feste Erwartung haben, daß sich trotz Rückschlägen und Enttäuschungen letztlich alles zum Besten wenden wird.

Wie erzeugt man das Flow-Erlebnis bei anderen?

Wenn sich das Team in die Arme fällt und Freudentränen in den Augen hat, dann war es Gruppen-Flow. Wenn sich die Leistungen im Team nicht addiert, sondern multipliziert haben, war Flow der Glücksbote. „Der einzelne Zweig kann zwar zerbrochen werden, aber das fest zusammengefügte Bündel ist unzerbrechlich!" Best alone, better together, denn: Keiner weiß soviel wie alle!

Wenn Sie Teams führen, dann helfen Sie den Teammitgliedern, einen Gruppen-Flow zu erleben. Seien Sie kein „Bremsklotz". Lassen Sie die Mitglieder sich selbst bereichern und anstecken, sich gegenseitig ergänzen und gemeinsam die Erfolge erleben und feiern. Wenn in einer Gruppe, in einem Team Flow erreicht wird, dann deshalb, weil noch mehr gute Leute in noch mehr guten Projekten zusammengearbeitet haben, das Management dies zugelassen hat, sie motivierte und sie in jeder Form unterstützte. Vor allem die Freiheit, auszuprobieren und zu entscheiden, reduziert die Angst auf ein Minimum und verringert die Gefahr der Rückschläge. Wenn Sie kritisieren, dann geben Sie konstruktive Kritik, oder noch besser: Kritisieren Sie andere nicht, sondern loben Sie sie und verstärken Sie die positiven Aspekte. Die Vorteile einer neuen Idee oder Anregung können nicht erkannt werden, wenn zunächst nur ihre Nachteile unter die Lupe genommen werden. Leider wird in vielen Unternehmen oft mehr Zeit darauf verwendet, eine Idee zu zerpflücken, anstatt sie weiterzuentwickeln. Hier sind professionelle Ideenbremser am Werk, die anscheinend nur einen Satz kennen: Es geht nicht, weil... Damit töten sie Initiative und Gedanken und vor allem den Keim von Flow.

Fordern Sie andere, um sie zu fördern, geben Sie Sicherheit, und machen Sie dem anderen Mut, indem Sie *mut*ivieren.

Wenn notwendig: Brechen Sie die Regeln! Zwar hatte jede Regel einmal ihren Zweck, doch Vorschriften werden dann sinnlos, sobald sich die Umstände ändern. Dann behindern sie eher die Abläufe, als daß sie sie unterstützen. Entscheiden Sie sich deshalb zum Kahlschlag unnütz gewordener Regeln. Überzeugen Sie auch Ihre Kollgen davon, daß es falsch ist, sich an Formalien zu klammern, wenn Flexibilität gefragt ist. Es ist töricht, Dinge richtig zu tun, wenn man dadurch versäumt, die richtigen Dinge zu tun. Und lösen Sie bei anderen starke Gefühle aus. Um bei anderen Menschen ein besonders starkes Gefühl auszulösen und ihnen zu helfen, ein starkes Gefühlserlebnis zu bekommen, versuchen Sie es doch einmal mit folgenden Möglichkeiten:

Gefühle werden besonders intensiv erlebt, wenn sie von mehreren Sinnen gleichzeitig wahrgenommen werden
Von dem, was man liest, behält der Mensch ca. 10 Prozent. Dies können Sie um 100 Prozent steigern, denn von dem, was der Mensch hört, behält er schon 20 Prozent. Wenn Sie dies auf 90 Prozent steigern wollen, helfen Sie dem anderen, eigene Erfahrungen zu sammeln und ihn daran zu beteiligen, denn Erfahrungen, die selbst erlebt wurden, sitzen tiefer.

Sprechen Sie möglichst alle Sinne an. Bei sportlichen Aktivitäten wie z. B. Joggen, Bergsteigen und bei Extrem-Sportarten wie z. B. dem Bungeejumpen passiert dies, und die Teilnehmer werden zu wahren Adrenalin-Junkies. Gut essen und trinken kann man auch zu Hause! Trotzdem gehen viele Menschen in Lokale und Gaststätten, weil dort nicht nur Nahrung aufgenommen wird. Es ist die bewußt inszenierte Atmosphäre, die zum Träumen und Genießen anregt. Wenn „Sie sich in die Welt der Karibik entführen lassen", dann wollen Sie nicht nur einen Gaumenschmaus, sondern auch einen Augen- und Ohrenschmaus.

In den letzten Jahren haben die Events stark zugenommen. Diese erlebnisorientierten firmen- oder produktbezogenen Veranstaltungen bieten emotionale und physische Reize und lösen einen starken

Aktivierungsprozeß aus, um durch die Kombination der Reize die Erinnerung zu optimieren. Die Reizwirkung basiert darauf, daß sie Schlüsselerlebnisse vermitteln. Dadurch wecken sie Aufmerksamkeit und Aufnahmebereitschaft und beeinflussen die rationale Beurteilung der vermittelten Inhalte. Wenn sie erfolgreich inszeniert werden, führen sie zu einer engeren emotionalen Bindung der Mitarbeiter an das Unternehmen und erhöhen ihre Loyalität.

Gefühle werden besonders intensiv erlebt, wenn sie nicht gleich befriedigt werden
Was man nicht so ohne weiteres bekommt, steigt unweigerlich im Wert. Es ist die Vorfreude, bis es endlich soweit ist. Das kann für einen Fünfjährigen das Warten auf Weihnachten sein, für die Siebzehnjährige der Führerschein und das erste Auto oder für die werdenden Eltern die Geburt.

Arbeiten Sie deswegen mit dem Prinzip der Knappheit, und steigern Sie die Vorfreude Ihrer Kunden auf Ihr Produkt. Sprechen Sie mit Worten, die bei dem anderen die Gefühle auslösen, die Neugierde wecken. Neugierde schafft Kaufgierde.

Gefühle werden besonders intensiv erlebt, wenn sie spannend inszeniert werden
Spannung bis zum Rande des Erträglichen erleben jedes Jahr die Stars bei der Oskar-Verleihung. Es ist die lange Nacht der tiefen Gefühle.

Wenn Sie bei Ihrer Mitarbeiterbesprechung oder Ihrer Präsentation die Katze nicht gleich aus dem Sack lassen, lösen Sie die Dramaturgie des Spannungsbogens aus. Die Zuhörer kleben an Ihren Lippen und fiebern freudig dem Höhepunkt entgegen. Beginnen Sie mit dem Auftakt, und lassen Sie die anderen erahnen, wie die Sache angelegt ist, noch bevor es richtig losgeht. Arbeiten Sie sich Stück für Stück voran, so daß die anderen sich langsam einen Reim machen können, wohin die Reise geht. Schüren Sie die Spannung, bringen Sie sie sorgsam zum Lodern, und kommen Sie dann langsam zum Höhepunkt, dem spektakulären Punkt. Führen Sie erst dort den anderen die Konsequenzen vor Augen. Ziehen Sie dann einen Schlußstrich und lassen es langsam ausklingen. Wiederholen Sie nochmals die Kernaussage, dann gibt das noch mal zu denken"! Machen Sie es wie bei einem Feuerwerk: Zum Schluß wird nochmals eine ganze Kanonade von Raketen abgeschossen, und der Himmel erstrahlt in besonders vielfältigen, eindrucksvollen Farb- und Formkompositionen.

Gefühle werden besonders intensiv erlebt, wenn etwas Unerwartetes passiert
Eine Gefühlswelle der Entrüstung löste der Film „Die Sünderin" mit H. Knef aus, als sie plötzlich die Hüllen fallen ließ. Damit hatte damals keiner gerechnet. So ist es auch mit dem Schreck, wenn Sie plötzlich auf der Autobahn bremsen müssen, weil vor Ihnen unerwartet ein Auto die Spur wechselt. Jede Überraschung, bei der Sie denken „Daran hatte ich im Traum nicht gedacht", ist von starken Gefühlen begleitet.

Sorgen Sie deshalb für ein Überraschungsmoment bei Ihrer Präsentation oder Mitarbeiterbesprechung. Besonders zu Beginn ist die Aufmerksamkeit am größten. Wirkungsvoll zu beginnen ist wie die Ouvertüre in einer Oper. Der Anfang setzt Zeichen, setzt Maßstäbe und stellt Weichen für den Erfolg oder Mißerfolg. Oder nutzen Sie das Ende, denn der letzte Eindruck bleibt am stärksten haften.

Gefühle werden besonders intensiv erlebt, wenn sie einen persönlich angehen
Jeder Mensch interessiert sich im Prinzip zuerst einmal nur für sich selbst. Auf einem Gruppenfoto suchen sich die Fotografierten zuerst immer selber. Oder legen Sie einem Mitarbeiter den Organisationsplan des Unternehmens vor. Er sucht zuerst seine Position. Oder stellen Sie sich doch einmal vor, Sie wollen morgen das Matterhorn besteigen. Dann werden Sie dem Wetterbericht ganz anders folgen, als wenn Sie morgen nur ins Büro gehen. Genauso geht es einem Bauern, der kurz vor der Ernte steht.

Argumentieren Sie deswegen bei Ihrer Präsentation oder Mitarbeiterbesprechung persönlicher, und benutzen Sie Beispiele aus der persönlichen Sphäre Ihres Gegenübers. Überzeugen Sie den Kunden oder Mitarbeiter mit seinen Argumenten und nicht mit Ihren, sprechen Sie mit Worten aus seiner Welt und nicht aus Ihrer.

Wie erhält man das Fließen aufrecht?
Wenn Sie die Grenzen der eigenen Fähigkeiten immer weiter vorantreiben wollen, ist das Hauptmotiv, immer besser zu werden. Durch die Bewältigung neuer Aufgaben wächst Ihr Selbstvertrauen, Sie gewinnen an Erfahrung, Können, Wissen, und vor allem summieren sich Ihre Erfolgserlebnisse. Sie werden zufriedener und glücklicher. Immer dann, wenn die Fähigkeiten wachsen, kann sich Flow einstellen, immer dann, wenn eine schwere Aufgabe bewältigt ist, ein kniffliges Problem gelöst wurde, kann es vom Aha-Erlebnis bis zum Freudentanz kommen. Unsicherheit und Angst verwandeln sich immer mehr in Sicherheit.

Für Ihre tägliche Arbeit bedeutet dies: Stellen Sie sich ständig neuen Aufgaben, suchen Sie neue Herausforderungen, bauen Sie Unsicherheiten ab. Denn „wer immer nur das tut, was er schon kann, wird immer das bleiben, was er schon ist".

Der emotional orientierte Manager

Die Zukunft wird immer schneller gestaltet, die Durchbruchsinnovationen gehen in Deutschland zurück, und der Markt verändert sich täglich. Paradigmenwechsel stehen uns bevor. Um den wandelnden Herausforderungen im Markt und dem Kampf um Wettbewerbsanteilen auch in Zukunft gewachsen zu sein, sind neue unternehmensinterne Strukturen notwendig. Neue Teams müssen gebildet und vorhandene neu designed werden.

Hier sind Sie als emotional orientierter Mensch gefragt. Sie sind dabei der Erkunder neuer Wege, denn Sie managen das Know-how und Wissen des Unternehmens, sind Ercignis-Manager über Ereignisse, die in der Zukunft liegen, aber bereits erkennbar sind (Alterspyramide, Zusammenbruch der Bürokratie, Umwelt, neue Produktkombinationen etc.). Daraus müssen Sie für Ihren Bereich Visionen entwickeln und Ihr Team im operativen Tagesgeschäft führen, die Weichen für die Zukunft stellen, den Wandel begleiten und im Hintergrund die strategischen Fäden ziehen. Die Weichen für die Zukunft sind Innovationen, Visionen und Strategien.

Als emotional orientierter Manager leben Sie dabei eine Rolle, die man mit einem „Coach" vergleichen kann. Er entzündet sein Team, fördert seine Mitarbeiter, fordert sie zu Spitzenleistungen heraus, führt sein Team bis an die Grenzen der Belastbarkeit und begleitet es in schwierigen Phasen. Durch gemeinsame Ziele sorgt er für Impulse und Motivation von innen. Alle bringen sich ein, anstatt sich abzugrenzen.

Er hat aber vor allem die Aufgabe, für einen hohen Gruppen-IQ im Team zu sorgen. Ein Gruppen-IQ ist die Summe der Talente und Fähigkeiten aller Beteiligten. Entscheidend für einen großen Gruppen-IQ ist die soziale und emotionale Harmonie. Eine Gruppe kann zwar nicht schlauer sein als die Summe der individuellen spezifischen Stärken, aber sie kann viel dümmer und ineffektiver sein, wenn keine emotionale und soziale Harmonie besteht. Nur durch diese Harmonie kann der größtmögliche Nutzen in einer Gruppe freigesetzt werden. Wenn Menschen mit unterschiedlichen Stärken und Perspektiven harmonisch in einer Gruppe zusammenwirken, kommen bessere, kreativere und effektivere Lösungen zustande, als wenn jeder isoliert für sich arbeitet.

Das Werkzeug dazu ist *Team-Design*. Es nimmt sich vor, Teams auf unterschiedliche Art und Weise zu betrachten, Schwächen abzubauen und Stärken auszubauen, sie nach außen zu kehren, Muster neu zu strukturieren und Alternativen zu entwickeln. Team-Design formt eine Identität, entwickelt eine gemeinsame Vision und plant Strategien für die Zukunft. Es schafft ein Klima, in dem Menschen gerne arbeiten. Team-Design kreiert eine Firmenkultur, auf die Mitarbeiter und Kunden stolz sind, und hilft die Unternehmensphilosophie zu verinnerlichen.

Besonders gefragt ist Team-Design, wenn es darum geht, Menschen in ein Team zu integrieren und das Team fest zusammenzuschweißen, und wenn neue Mitglieder zum Team hinzukommen, sie einzuführen, denn: Wer später kommt, ist zunächst ein Außenseiter. Die Reihenfolge des Eintreffens von Mitarbeitern entscheidet oft, wie sie integriert werden.

Jede Gruppe, die neu zusammentritt, hat zunächst vier Probleme zu lösen:

1. das Problem der Identität (Als welche Person werde ich von der Gruppe akzeptiert? Wie soll ich mich in dieser Gruppe verhalten?)
2. das Problem der Bedürfnisse (Welche Ziele hat die Gruppe, und inwieweit decken sich diese Ziele mit meinen eigenen Bedürfnissen?)
3. das Problem der Macht (Wer beansprucht in dieser Gruppe eine führende Rolle, und wie kann ich selbst diese Gruppe in Hinblick auf meine Bedürfnissen beeinflussen?)
4. das Problem der Intimität (Wie offen sind die Mitglieder dieser Gruppe untereinander, und was darf ich von mir selbst preisgeben?)

Wenn Sie als emotional orientierter Manager Team-Design betreiben, dann unterstützen Sie die Kommunikation im Team und bauen die Netzwerke im Team aus. In jedem Team gibt es Netzwerke: Wer spricht mit wem über was? Die Expertennetzwerke werden für Fachgespräche genutzt, die Kooperationsnetzwerke für die Zusammenarbeit, und die Kommunikationsnetzwerke sorgen dafür, daß Informationen ausgetauscht und Nachrichten verbreitet werden. Vertrauensnetzwerke sind für Intimes und Privates, weil man ja nicht mit jedem im Team darüber sprechen will. Meistens sind es andere Gesprächspartner als die, mit denen man ein Expertennetzwerk aufgebaut hat.

Achten Sie bei der Kommunkation im Team darauf, daß Kompetenz und Sympathie ausgewogen sind. Sympathie und Kompetenz sind erforderliche Komponenten, aber die Überbetonung der Kompetenz zerstört die Sympathie. Man lernt nur von dem, den man mag. Das war auch schon zu Zeiten von Aristoteles bekannt,

der einmal einen Schüler mit den Worten nach Hause schickte: „Ich kann ihn nichts lehren, er liebt mich nicht."

Bemühen Sie sich um mehr emotinale Rückkoppelung, und entwickeln Sie ein höheres Verständnis für die Reaktionen der anderen. Beschäftigen Sie sich und sprechen Sie mehr mit den anderen. Ein persönliches Gespräch ist sympathischer als ein Schriftstück und durch nichts zu ersetzen. Ein Gespräch unter vier Augen läßt die Gesprächspartner oft vieles klarer sehen. Geben Sie vor allem:

Emotional intelligentes Feedback/ Feedforward

Als emotional orientierter Manager müssen Sie in der Lage sein, sich in die anderen einzufühlen und andere aus- und weiterzubilden. Wenn Sie andere groß machen, werden Sie selber groß, wenn Sie andere klein machen, werden Sie selber klein. Informieren Sie deswegen den Mitarbeiter darüber, welche Gefühle durch seine Person und sein Verhalten bei anderen ausgelöst wurden, wie er von anderen wahrgenommen, verstanden und erlebt wurde und welche emotionalen Wirkungen damit bei anderen Menschen verursacht wurden. Geben Sie auch Antworten, wie Emotionen gehandhabt wurden und ob die Emotionen, die in den Dienst des Zieles gestellt wurden, ihre Wirkung erreicht haben.

Richtig angewendet ist es mehr als bloßes Feedback, es ist Feedforward, weil Sie damit ein besseres emotional-soziales Klima für die Zukunft schaffen und das gegenseitige Vertrauen zwischen den beteiligten Menschen im Team erhöhen.

Tips für emotionales Feedforward
• Feedforward soll Hilfe für die Zukunft geben.

- Feedforward soll den anderen nicht analysieren und verurteilen, sondern sein Verhalten konkret beschreiben und aufzeigen, welche Gefühle er bei anderen ausgelöst hat.
- Teilen Sie Ihre Wahrnehmungen als Wahrnehmungen, Ihre Vermutungen als Vermutungen und Ihre Gefühle als Gefühle mit.
- Feedforward soll gerade positive Gefühle und Wahrnehmungen umfassen.
- Die Aufnahme von Feedforward ist dann am günstigsten, wenn der andere es wünscht und in der gefühlsmäßigen Verfassung dazu ist.
- Feedforward soll möglichst unmittelbar erfolgen.
- Feedforward soll so ausführlich und konkret wie möglich sein.
- Feedforward soll sich auf begrenztes, konkretes Verhalten beziehen.
- Feedforward soll die Informationskapazität des anderen berücksichtigen.
- Feedforward soll für den Empfänger brauchbar sein.

„Das habe ich getan, sagt mein Gedächtnis. Das kann ich nicht getan haben, sagt mein Stolz und bleibt unerbittlich."

(Friedrich Nietzsche)

Sorgen Sie als emotional orientierter Manager auch dafür, daß die Teams ausgeglichen und die Fähigkeiten und Talente breit gestreut sind. Dazu brauchen Sie Spezialisten zum Analysieren, Problemlöser und Macher, um die Dinge voranzutreiben, jemanden, der die Sicherheitsaspekte nicht aus den Augen läßt, Menschen, die motivieren und begeistern können, den vermittelnden Moderator und vor allem Visionäre.

Nur diejenigen Teams, die schnell und mit Kreativität zu brauchbaren neuen Lösungen kommen, sind für morgen gerüstet. Kreative Leistungen erschaffen bringt Motivation für die Mitarbeiter und brauchbare Ansätze für Innovationen und Visionen für das Unternehmen. Und bauen Sie vor allem Bürokratie ab.

Weichen stellen statt Erbsen zählen

Bürokratie verursacht bei vielen Menschen negative Gefühle, Erbsenzähler sind in der Regel nicht beliebt. Bürokratie ist negativ, wenn sie die Produktivität stört. Dann wird die Aufmerksamkeit der Mitarbeiter von sinnvoller Arbeit auf Nebensächlichkeiten gelenkt. Die Leute kultivieren ihren Blick nach innen, auf die Organisation, anstatt nach außen, auf den Kunden und den Wettbewerb. Weil es in einer Bürokratie darauf ankommt, die Dinge richtig zu tun, anstatt die richtigen Dinge zu tun, wird der Hauptteil vorhandener Energie für die Erhaltung der Ordnung verbraucht und nicht für Kreativität und Erneuerung.

Weichen können Sie nur dann stellen, wenn Sie niemals ein starres Muster akzeptieren und versuchen, die Dinge in anderer Form zusammenzusetzen. Entwickeln Sie deswegen immer Alternativen, und strukturieren Sie Muster um. Natürlich ist es außerordentlich schwer, Systeme und Teams zu verändern, wenn sie sich einmal verfestigt haben. Aber wenn Sie neue Wege gehen wollen, müssen Sie bereit sein, neue Wege zu denken. Es kann Situationen geben, in der man eine Situation umstrukturieren muß, bevor man weitermachen kann, auch wenn man vorher auf jeder Stufe korrekt gearbeitet hat. Eine früher einmal sehr nützliche Idee ist vielleicht heute nicht mehr in der gleichen Weise brauchbar, und dennoch hat sich vielleicht die aktuelle Idee unmittelbar aus jener alten und mittlerweile vielleicht überholten Idee entwickelt. Das alte System – so nützlich es gewesen ist – muß dann eventuell aufgelöst und die alten Informationen/Aufgabenverteilungen müssen neu geordnet werden. Wenn man ein Problem nicht lösen kann, dann muß man es eben verändern, es neu anordnen. Durch die Neuanordnung soll ein besseres und wirksameres Muster gefunden werden. Das hat nichts damit zu tun, augenblicklich vorhandene Muster als falsch oder unangemessen zu bezeichnen.

Ihre Aufgabe verfolgt hier den Zweck, starre Anschauungen von Dingen zu lockern und zu demonstrieren, daß Alternativen immer vorhanden sind, wenn man sich nur der Mühe unterzieht, nach ihnen zu suchen. Wenn Dinge in einer bestimmten Weise zusammengefügt werden und ein Muster bilden, dann verhindert dieser Vorgang oft, daß sie auf andere Weise zusammengefügt und zu einem anderen Muster werden. Normalerweise wird einem ja beigebracht, so lange über etwas nachzudenken, bis man zu einem befriedigenden Ergebnis kommt. Sobald man eine befriedigende Lösung gefunden hat, hört man mit dem Denken auf. Und dennoch kann es Lösungen oder Informationsanordnungen geben, die weit besser sind als die bisher gefundenen. Es ist in diesem Zusammenhang interessant, daß wir in unserem Denken Methoden entwickelt haben, um uns mit dem auseinanderzusetzen, was falsch ist, aber keine Methode, um uns mit dem auseinanderzusetzen, was richtig ist. Nur wenn etwas falsch ist, suchen und forschen wir weiter. Wenn etwas richtig ist, kommt unser Denken in der Regel zum Stillstand. Edison kannte 1.800 Gründe, warum eine Glühbirne nicht funktionierte, und nur einen Weg, wie sie leuchtete. Durch die emotionale Intelligenz schaf-

fen Sie hier eine schöpferische Intelligenz, mit der Sie zu mehreren richtigen Lösungen gelangen.

Die Macht der Gefühle

Auswirkungen auf die interne Unternehmenskultur

Vom Wertewandel reden Führungskräfte gerne, wenn sie ihren Mitarbeitern klarmachen wollen, daß nur die Unternehmen überleben, die die neuen Ansprüche der Kunden erfüllen und befriedigen. Aber auch die Werte des einzelnen Mitarbeiters haben sich gewandelt. Er will heute im Betrieb auch seine sozialen Bedürfnisse befriedigt sehen. Führungskräfte begehen einen fatalen Fehler, wenn sie die Wichtigkeit eines guten emotional-sozialen Betriebsklimas unterschätzen. Mitarbeiter wollen in Zukunft verstärkt mitarbeiten, mitlernen und gemeinsam Erfolge feiern. Menschen wollen auf jeden Fall etwas Emotionales, Persönliches, Sinnliches erleben. Gefühlserlebnisse sind die neue Tagesordnung!

Aber wie ist denn der Status quo? Oben sitzen die Würdenträger, in der Mitte die Bedenkenträger und unten die Wertschöpfungsträger. Mitarbeiter versuchen, den Vorgesetzten zufriedenzustellen, statt Kundenbedürfnisse zu befriedigen. Aus Angst sagen Mitarbeiter nur, was ankommt, anstatt worauf es ankommt. Aus Mißerfolgsvermeidern müssen Erfolgssucher werden! Schaffen Sie deswegen Freiräume, flache Hierarchien, und entrümpeln Sie die Bürokratisierung. Nehmen Sie für die Firmenkultur der Zukunft noch stärker Rücksicht auf die Vermittlung von Emotionen. Der Mensch muß wieder verstärkt in den Mittelpunkt gestellt werden, etwa nach dem Motto „Mehr Menschlichkeit im Unternehmen".

Das ist eine klare Abkehr vom „Hardleading" und vom „Hardliner". Die Unternehmen mit dem besseren emotionalen Kapital und der Fähigkeit, dieses in Führungsphilosophie zu transformieren, werden die Erfolgsgeschichten der Zukunft schreiben.

Dazu muß der Manager selbst mehr mit Emotionen arbeiten, mehr Emotionen vermitteln, sie noch bewußter steuern und die anderen mehr Emotionen erleben lassen. Er muß mit mehr emotionalen Anteilen begeistern, muß zum Spezialisten für Gefühlserlebnisse werden, muß sie bewußt provozieren. Er erreicht dies, indem er die Mitarbeiter ganzheitlich anspricht, also auf der emotionalen und der intellektuellen Ebene. Die ganzheitliche Ansprache ist ein Mix der Sinnesorgane: Sehen, Hören, Fühlen, haptisches Begreifen. Es geht um die ganze Breite sinnlicher Erfahrungen.

Auswirkungen auf den Verkauf

Das Verkaufen ist heutzutage anders als in den vergangenen Jahren. Die Kunden werden immer anspruchsvoller, stellen immer höhere Anforderungen und sprechen immer weniger auf die altbewährten „Methoden" an, sind heute gebildeter und teilweise immun gegen die klassischen Konzepte. In demselben Maße, wie sich die Kunden verändern, müssen auch Sie sich als Verkäufer ändern und Ihre Methoden im Umgang mit Kunden und Klienten weiterentwickeln. Die Lösung heißt nicht einfach, nur besser zu verkaufen, sondern: mehr tun als nur bloßes Verkaufen. Setzen Sie auf die Macht der Gefühle! Die Optimierung von traditionellen Werbe-, Marketing-, Betriebswirtschafts- oder Kommunikationsmitteln reicht allein nicht mehr aus. Der neue und durchschlagende Trend ist die emotionale Intelligenz. Sie wird durch Menschen für Menschen vermittelt, oder wie wollen Sie z. B. Gefühle faxen? Menschen sind spannender als Schriftstücke, Produkte und Programme. Bewegen Sie, was Menschen bewegt. Wenn Sie Menschen bewegen wollen, müssen Sie die Herzen bewegen. Betreiben Sie:

Kundengewinnung mit emotionalem Verkaufen

Im heutigen Verkauf werden Gefühle oft vernachlässigt. Wir konzentrieren uns zu sehr auf die Fakten und sind „linksorientiert", „rational-kopflastig" geworden. Viele Verkäufer meinen, daß präzise, nachprüfbare und kontrollierbare Aussagen das Wichtigste sind und sich nur deswegen allein der Verkaufserfolg einstellt. Dieses Verhalten wird in vielen Unternehmen auch noch durch ständige Fachschulungen verstärkt. Aber bemühen Sie sich nicht länger ausschließlich darum. Alles, was Sie der Wissenschaft entnehmen können, sind Argumente aus dem Kopf. Aber das Argument ist nur die Waffe des Geistes und nicht des Herzens und der damit verbundenen Gefühle. Besser ist, Sie verkaufen Gefühle! Die Zeiten des „Argumentationspingpongs" und des „Einander-schachmatt-Setzens" mit Argumenten sind vorbei, denn die Überbetonung der fachlichen Kompetenz zerstört die Sympathie. Wenn die Gefühle nicht auch angesprochen werden, verpuffen die besten Argumente, denn rationale Argumente wirken oft nur statisch. Nur Emotionen sind natürlich. Argumente müssen im Kopf des Kunden zünden und das Herz des Kunden begeistern. Springt ein Funke über? Findet der Kunde den Berater/Verkäufer wirklich sympathisch? Hat er das Gefühl: „Wir sind auf einer Wellenlänge. Der versteht mich, der denkt wie ich, der denkt für mich, der hilft mir, auf den kann ich mich verlassen."? Persönlichkeit hat Vorrang vor Fachwissen! Bei der Kommunikation über die technischen Eigenschaften muß eine „obenliegende Nockenwelle" Emotionen auslösen, die den Zuhörer fühlen lassen, worauf es ankommt. Anstelle von Fakten und Daten erfährt er dies lieber durch eine Gänsehaut im Nacken. Und „wenn die Nackenhaare aufrecht stehen", hat er erfühlt und verstanden.

Bei komplexen Dienstleistungen und erklärungsbedürftigen Prudukten ist eine gute Sachkenntnis natürlich nach wie vor wichtig. Rationale Kunden erwarten rationale Antworten, die nachprüfbar sind, und spezielle Fragen müssen überzeugend beantwortet werden können. Gleichzeitig muß der Kunde aber auch hier emotional angesprochen werden. Mißtrauen muß abgebaut und Vertrauen muß geschaffen werden. Das ist nur über eine persönliche Beziehung von Mensch zu Mensch möglich. Der Kunde fragt sich doch selbst: „Warum soll ich gerade bei Ihnen kaufen?" Die Antwort muß sein: „Weil ich es bin, der sich um die Erledigung, um Ihre Bearbeitung persönlich kümmern wird, weil ich der für Sie ständig erreichbare Teil des Leistungssystems bin, das Sie von uns bekommen. Sie kaufen mich und meine Fähigkeiten mit ein. Bei mir kaufen Sie gute Gefühle, bei mir haben Sie ein Einkaufs- und Beziehungserlebnis."

„Letztlich gewinnt nicht etwa der, der auf der Ebene der verbalen Kommunikation siegt, sondern der, der auf der emotionalen überzeugt. Jemanden verbal zu überreden wäre ein Scheinsieg. Es gibt Menschen, die eine Fülle solcher Siege erringen und doch nahezu jeden ‚Krieg' verlieren." (Rupert Lay)

Ein Verkaufsgespräch ist also nur dann besonders erfolgreich, wenn Sie den ganzen Menschen ansprechen, nicht nur den Kopf, sondern vor allem das Gefühl bzw. das Herz. Weil wir überwiegend von unseren Gefühlen, von unseren Instinkten, unserer Intuition, von unserem Unterbewußtsein gesteuert werden, erleben wir auch so die Produkte. Produktleistungen werden fast ausschließlich individuell und subjektiv erlebt. Entscheidend ist, was Kunden über ein Produkt denken, und nicht, wie das Produkt wirklich beschaffen ist. Der Gefühls- und Erlebniswert steht im Vordergrund, also der emotionale Bereich, denn im Grunde genommen lassen sich alle Menschen von den Gefühlen leiten. Wenn das Herz etwas will, ist der Verstand schnell bereit, die passenden Gründe dazu zu finden, um die Entscheidung zu rechtfertigen.

Starke Verkäufer machen deshalb aus den „nackten Produkten" echte Produktpersönlichkeiten, visualisieren die rationalen Gründe, geben den Produkten Charakter und verkaufen den emotionalen Mehrwert und sprechen natürlich vorwiegend die Gefühlswelt ihrer Kunden an.

Man muß nicht immer den ganzen Markt erobern wollen – es genügt, wenn es die Herzen sind! Verteilen Sie deswegen Ihre „Visitenkarte der Gefühle", „schneidern Sie sich Ihren Anzug der Gefühle", und visualisieren Sie, denn: „Keine Erfolgsstory ohne Kontaktstory."

Die Visitenkarte der Gefühle

Die Gefühle, die Sie ausstrahlen, die Sie anderen vermitteln, sind Ihre Gefühlsvisitenkarte. Natürlich nicht gedruckt und lesbar, dafür aber um so wirkungsvoller! Sie wirken immer durch Ihre Persönlichkeit. Dabei ist Ihre Stimme am Telefon die akustische Visitenkarte, ihr Auftreten die persönliche, das Logo Ihres Unternehmens und das Layout vermitteln die gedruckte Visitenkarte, Ihr Titel signalisiert die hierarchische Visitenkarte, und das Auto, mit dem Sie vorfahren, ist eine Statusvisitenkarte. Auch die Gegend und das Gebäude, in dem das Unternehmen ansässig ist, vermitteln Gefühle, es ist die gebaute Visitenkarte.

Seien Sie großzügig im Verteilen der Gefühlsvisitenkarten, und achten Sie darauf, daß die Gefühle stets positiv sind. Oder würden Sie Ihrem Geschäftspartner eine gedruckte Visitenkarte mit Eselsohr überreichen?

Schneidern Sie sich den Anzug der Gefühle

So wie Sie sich einen Anzug anziehen, um zu beeindrucken, so können Sie auch, bildlich gesprochen, Gefühle „anziehen". Kleider machen Leute, und Gefühle machen erfolgreiche Verkäufer. So wie Mode erst aus Kleidern Leute macht, so geben auch erst Gefühle die richtige Note. Viele Bekleidungskünstler verkaufen ja auch nicht nur Kleidung, sondern gute Gefühle. Wenn Verkaufsgespräche wie Anzüge wären, würden einige dem potentiellen Kunden sofort passen, und einige sähen aus, ob sie von der Stange und in der falschen Größe wären. Selbst wenn beide Anzüge aus dem gleichen Material wären, welchen würden Sie wählen?

Wenn Sie an einem Brotladen vorbeigehen und der Geruch von frischgebackenem Brot steigt Ihnen in die Nase – was empfinden Sie dann? Wenn Sie mehrere Duftwasser haben, welches wählen Sie und warum? Die Duftnote, mit der Sie sich umgeben, ist aus bestimmten Ingredienzen hergestellt und verursacht bestimmte Wirkungen: die sportliche Note, die schwere Note, die frische Note, die erotische Note

usw. Düfte steuern Gefühle wie die Fernbedienung den heimischen Fernseher. Wie verhalten Sie sich, wenn Sie sich morgens anziehen und für den Tag fertig machen? Wenn Sie vor Ihrem Kleiderschrank stehen, welchen Anzug oder welche Kombination wählen Sie und warum? Warum gerade heute diese Krawatte? Vielleicht weil Sie in Frühlingsstimmung sind und diese Krawatte Ihre Stimmung unterstützt und andere ansteckt? Harmonie wird durch Abstimmung der Farben und Struktur der Stoffe erzeugt, Lebendigkeit durch die Webart der Stoffe, Höhen und Tiefen werden von der Abstufung und Unterschiedlichkeit der Farben erzeugt.

Die Motivation kommt also aus dem Kleiderschrank. Wenn Sie einen wichtigen Termin haben, bei dem Sie auf jeden Fall erfolgreich sein wollen, dann ziehen Sie Ihre Lieblingsstücke an, und Sie fühlen sich darin pudelwohl! So wie Sie sich fühlen, so wirken Sie nach außen, und andere werden Sie so wahrnehmen.

Keine Erfolgsstory ohne Kontaktstory

Wenn Sie Ihr Verkaufsgespräch beginnen, denken Sie immer daran: Gefühle sind süchtig nach Geschichten und Storys. Filme wie „Love Story" und „E. T." lösen Tränen aus, und wer hat nicht bei Jerry Lewis oder den Marx-Brothers gebrüllt vor Lachen. Gute Geschichten schaffen gute Gedanken. Lustige Geschichten verschaffen Spaß. Geschichten wecken Assoziationen, bringen Erinnerungen zurück, geben uns das Gefühl von Abenteuer, erzeugen Spannung, lassen uns eine Entwicklung durchleben und manche Dinge als gänzlich neu erscheinen. Geschichten sind Ratgeber, öffnen das Tor zur Phantasie, zum bildhaften Denken, sind Träger der Kreativität und regen zum Nachdenken an. Geschichten sind geradezu Futter für die emotionale Intelligenz.

Wenn Sie mit einer bildhaften Sprache arbeiten, versteht Ihr Gegenüber schneller und besser, was gespielt wird, denn die rechte Gehirnhälfte – die Gefühlshälfte – arbeitet nur bildhaft. Dabei werden sozusagen „Drehbücher im Kopf" aktiviert. Es werden Signale und Symbole aufgerufen, und die nebeneinander und hintereinander stehenden Informationen werden in unserem Kopf zu einer sinnvollen Handlung zusammengefügt. Dabei laufen eine Unmenge von Gefühlen ab. Gefühle sind dabei sozusagen Gedächtnisverbindungen und lösen Synergieeffekte aus. Die ausgesendeten Gefühlssignale funktionieren wie Computerprogramme, die erst geladen werden müssen, bevor sie Informationen verarbeiten.

Aber nur wenn die ausgesendeten Signale präzise sind, stellt sich im Konsumenten ein Erlebnis- und Gefühlsnutzen ein. Er fühlt sich eingeweiht, ist in der Geschichte drin, macht sich in der richtigen Weise einen Reim, ist aktiviert und involviert.

Wenn Sie für Ihre Kunden eine Botschaft haben, dann visualisieren Sie mit Storys. Etablieren Sie Bilder und Geschichten in den Köpfen Ihrer Zielgruppen und verpacken Ihre Botschaft darin. Eine gute Geschichte ist die verblüffende Dramatisierung einer Botschaft mit dem Inhalt (das bin ich) und der Aufforderung (bitte nimm mich, kaufe mich, löse das Problem auf diese Weise). Entwickeln Sie eine zündende Idee, und machen Sie daraus eine einprägsame Geschichte, mit der Sie sich, Ihre Leistung und Ihr Unternehmen präsentieren können. Gehen Sie damit in den Markt, und inszenieren Sie sie dort publikumswirksam und auf eine konkurrenzlose Art und Weise. Unterhalten

Sie Ihr Publikum ideenreich, und sorgen Sie für eine besondere Atmosphäre. Inszeniertes Handeln und Denken ist z.B., aus einem Plastikgehäuse, das tickt, eine Swatch zu machen. Haben Sie Mut und *MUT*ivation, denn Inszenierung kennt keine kreativen Grenzen. Alles ist Inszenierung, sobald Sie auf den Markt kommen. Beobachten Sie dabei Ihr Gegenüber, um festzustellen, wie gut Sie und Ihre Story angekommen sind.

Damit machen Sie eine Geschichte zu einer „guten Geschichte"

- Sie verfügt über einen Funken, der zündet. Das Mittel dazu ist verbale und/oder visuelle Bildersprache, die Assoziationen auslöst, denen man sich nicht einfach entziehen kann.
- Sie ist leicht verständlich, gefühlsecht und ausbaubar.
- Sie ist erlebbar, hautnah und intensiv.
- Sie hat einen einmaligen Inhalt, der in dieser Form noch nicht bekannt war.
- Sie hat einen sozialen Bezug.
- Sie läßt eine außergewöhnliche Inszenierung zu, die konkurrenzlos und durch die Konkurrenz nicht reproduzierbar ist.
- Sie löst beim Kunden Interaktionen und Dialoge aus.
- Sie läßt sich in Lebensstil und Weltanschauung integrieren.
- Sie befriedigt Selbstwertstreben und Sehnsucht nach Identifikation.
- Hervorragend ist sie natürlich, wenn sie dabei auch noch zeitlos ist, den Keim zum Mythos hat, der Unternehmen und Produkt überleben kann.

Eine der längsten und erfolgreichsten Geschichten ist der Käfer mit seinem einprägsamen Slogan „Er läuft und läuft und läuft". Und so war es denn auch. Diesem

Slogan entsprechend hat er den bisherigen Produktionsrekord des legendären Ford-T-Modells, das von 1908 bis 1927 gebaut wurde, übertroffen. Der VW-Käfer wurde über 2,2 Mio. Mal verkauft. Dabei hatte aber auch diese 50jährige Geschichte ihre Zyklen. Kann man der Firmengeschichte glauben, dann gab es nur ein einziges Bauteil, das vom Originalkäfer übrigblieb, nämlich die Klemmleiste für den Dichtungsgummi unter der Fronthaube. Es wurden 78 000 Änderungen an 30 000 Bestandteilen vorgenommen. Lediglich die Identität, symbolisiert im luftgekühlten Heckmotor und der käferförmigen Karosserie, blieb konstant. Ein amerikanisches Journal hat einmal geschrieben: „Der Käfer ist ein Familienmitglied, das nur zufällig in der Garage wohnt." Übrigens: 1947 stuften die Engländer den Käfer als unverkäuflich ein!

Damit eine Geschichte Emotionen auslöst und transportfähig ist, braucht sie eine Metapher, eine Mission – denn sie vermittelt Sinn, Nutzen, sie ist Ratgeber und schafft Identifikation.

Ansatzpunkte und Ideen für gute Storys ergeben sich aus Ihrer Person, den Produkten und Dienstleistungen oder aus dem Unternehmen, in dem Sie arbeiten. Die Substanz jedes Unternehmens besteht aus einer Geschichte. Ein Unternehmen ist wie eine Persönlichkeit. Das Fundament einer solchen Geschichte ist beispielsweise die Tradition (Woher kommen wir? Welche Leistungen haben wir erbracht?), die Kompetenz (Was können wir, und wo sind wir leistungsfähiger als die anderen?) oder die Vision (Wohin wollen wir?) oder die Mission (Was wollen wir da erreichen?). Wenn Sie auf Entdeckungsreise gehen, werden Sie einen unerschöpflichen Vorrat entdecken.

Gute Geschichten werden aber nicht im Benchmarking entwickelt, indem man sich an der Konkurrenz orientiert bzw. hinter ihr herläuft. Wer in die Fußstapfen eines anderen tritt, wird immer nur hinterherlaufen! Die Quelle guter Geschichten ist der unbeugsame Wille, es anders zu machen – natürlich unter der Berücksichtigung der Biografie des Unternehmens, seiner Mission sowie der Identifikationsbereitschaft und der Persönlichkeit seiner Mitarbeiter.

Nur auf die Gefühle ist Verlaß

Wir leben in einer chaotischen, unberechenbaren Wirtschaftswelt. Alles ist in Bewegung. Der Wettbewerb von heute ist rasant, unbeständig und unterliegt sprunghaften Veränderungen. Die ständigen Veränderungen verlangen innovative Anpassungs- und Veränderungsprozesse. Deshalb werden Teamgeist, Innovation, Kreativität, Phantasie, Wachsamkeit und Mut zum Risiko über die Überlebensfähigkeit der Unternehmen entscheiden. Man kann davon ausgehen, daß andere neue Werte wie Vertrauen, Akzeptanz im gesellschaftlichen Umfeld, ökologische Haltung und weitere Imagefaktoren den Markterfolg noch stärker beeinflussen werden. Eines wird aber ganz wichtig werden: das Bild des Unternehmens. Nach außen, wie es die Kunden, Zulieferer und die breite Öffentlichkeit erfahren. Und nach innen, wie es die Mitarbeiter erleben.

Das Werkzeug dazu ist die emotionale Intelligenz. Da, wo sie eingesetzt wird, sprudeln Innovationen und neue Ideen, und das Team erlebt Flow im Umgang miteinander. Nur in den Unternehmen, wo ein Höchstmaß an Motivation, Spaß an der Arbeit und kreativer Energie existiert, wo die emotionale Intelligenz vorherrscht, wird Zukunftsgeschichte geschrieben werden. In der Zukunft werden nicht nur die Schnellen über die Langsamen herrschen und die Wirksamen über die bloß Besitzenden und Verwaltenden, sondern die emotional Intelligenten über die blutleeren Technokraten.

Die heutigen Organisationen sind häufig zu starr und unbeweglich, der Führungsstil ist häufig zu bürokratisch und unflexibel, die Atmosphäre ist kalt und der Umgang miteinander abgekühlt. Es herrscht eine rationale Intelligenz vor, und eine emotionale muß man mit der Lupe suchen!

Der Wettbewerb der Zukunft wird aber im Bauch und im Kopf gewonnen! Früher galt es als verpönt, Gefühle zu zeigen. Aber die Zeiten haben sich geändert. Alles verändert sich. Die Gesellschaft verändert sich stets, Auffassungen werden überholt, ökonomische Krisen drohen, Kriege werden weiterhin entstehen. Es kann vorkommen, daß der Feind von gestern der Verbündete von morgen ist. Was heute als gute Politik angesehen wird,

kann morgen vielleicht verdammt werden. Sie können Ihren Partner verlieren oder arbeitslos werden. Vielleicht machen Sie Konkurs oder fallen in Ungnade. Alles ist im Fluß. Alles, was Ihnen dann noch bleibt, sind Ihre Gefühle.

Bleiben Sie ihnen deswegen treu. Die Gefühle sind wirklich das einzige, was wir von uns selbst besitzen. Das einzige, was uns niemand wegnehmen kann!

Literaturhinweise

Birkenbihl, V.F., Stroh im Kopf?, Landsberg am Lech 1997

Csikszentmihalyi, M., Flow, Klett-Cotta

Ders., Dem Sinn des Lebens eine Zukunft geben, Stuttgart 1995

Cube, F. von, Besiege Deinen Nächsten wie Dich selbst, München 1997

Goleman, D., Emotionale Intelligenz, München 1996

Linneweh, K., Kreatives Denken, Rheinzabern 1994

Magyar, K.W.; Prange, R., Zukunft im Kopf, Freiburg 1993

7.3 Visuelle Präsentation – oder: Wer erfolgreich sein will, muß auch so aussehen!

Die Autorin

Regina Kotzmaier arbeitet als selbständige Personal-Stylistin. Sie berät, betreut und besorgt Garderobe für Damen und Herren aus der Wirtschaft, Politik und dem Privatbereich, entwirft Firmenausstattungen, hält Vorträge, Seminare und Outfit-Shows für ein perfektes Erscheinungsbild. Frau Kotzmaier schreibt für Fachzeitschriften, Wirtschafts- und Tagespresse und tritt in zahlreichen Fernseh- und Rundfunksendungen auf.

Besser, gepflegter und sicherer auftreten ist die Voraussetzung, um erfolgreicher zu sein als die Konkurrenz.

Im folgenden erfahren Sie Grundsätzliches zum Thema äußeres Erscheinungsbild im Verkauf.

Letztlich ist jedoch die persönliche Präsentation so mannigfaltig, da sie sich aus vielen Elementen zusammensetzt, und somit nur schwer in Normen festzulegen ist.

Als Personal-Stylist mache ich in der Praxis immer wieder die Erfahrung, wie schön es ist, echte Persönlichkeiten durch das Instrument Kleidung auszudrücken. Und Kleidung ist ein Instrument.

Wir alle senden bewußt oder unbewußt durch Kleidung Botschaften aus. Wir empfangen solche Botschaften, und wir richten uns danach. Im Unterbewußtsein schlie-

ßen wir von der Kleidung auf den ganzen Menschen. Wir halten einen Menschen aufgrund seiner Kleidung für korrekt, vertrauenswürdig, seriös und unseriös, ältlich oder dynamisch. Das bestätigen Alltagserfahrungen, aber auch psychologische Untersuchungen. Das Auge urteilt und nicht der Verstand, das hat schon Arthur Schopenhauer festgestellt.

Qualität und Fachwissen sind die elementaren Voraussetzungen für den Erfolg im Verkauf. Aber in einer Zeit, in der sich Produkte und auch Preise kaum voneinander unterscheiden, werden menschliche Komponenten im Verkaufswettbewerb zum Entscheidungsfaktor. Freundlichkeit, bemühter Umfang mit dem Kunden und schließlich das vertrauenswürdige, gepflegte und attraktive Erscheinungsbild werden zum Zünglein an der Waage, wenn sich ein Kunde letztlich für Ihr Produkt und somit für Sie entscheidet.

Welches sind nun die Kriterien für die Zusammenstellung einer optimalen Garderobe?

Die 10 Punkte zum Outfit-Erfolg

1. *Anlaß:* Für welchen Bereich setzen Sie Kleidung ein? Wer sind Ihre Kunden? Welches Produkt führen Sie?
2. *Typ:* Wie ist Ihre Persönlichkeit orientiert? Sind Sie ein dramatischer, natürlicher, burschikoser, romantischer oder klassischer Typ?
3. *Zeit:* Wieviel Zeit setzen Sie täglich für sich ein? Wie können Sie Zeit sparen?
4. *Budget:* Wie können Sie besser planen? Wofür geben Sie unnötig Geld aus?
5. *Pflege:* Gesicht, Hände und Körperpflege, Pflege der Garderobe.
6. *Mode:* Wie ist Ihr modisches Empfinden?
   Accessoires und ihre Wirkungsweisen
7. *Farben:* Grundeinstellung, Vorlieben. Was paßt immer?
8. *Gesellschaftliche Normen:* Grundvorstellungen in der heutigen Gesellschaft
9. *Tip-Liste:* Qutfit-Fallen
   Mängel und Fehler
10. *Garderobeplaner:* Was gehört zur Grundgarderobe?
    Tagesgarderobe, Abendkleidung, Freizeit

Anlaß

Nachdem Sie im Verkauf tätig sind und immer mit Menschen zu tun haben, überlegen Sie, wer Ihre Kunden sind und was diese von Ihnen erwarten. Es geht nicht darum, sich dem Kunden zu unterwerfen, sondern eine gewisse Basis zu finden, wo Sie Ihren Kunden „abholen" können.

Ein Beispiel: Sie haben auf dem Agrarsektor zu tun und müssen aufs Land fahren. Überdenken Sie vorweg, wie sich möglicherweise Ihr Kunde präsentiert. So formell kann Ihre Aufgabe bzw. Ihr Produkt gar nicht sein, daß Sie mit einem streng-eleganten Nadelstreifenanzug bei Ihrem Kunden punkten können. Der Auftritt wirkt viel zu distanziert. Hingegen mit einer Lodenjacke oder einem rustikalen Jackett aus Leder oder Leinen gelingt der Einstieg ins Gespräch wesentlich leichter. Diese Jacke kombiniert mit klassischen Elementen wie eine graue Flanellhose, schwarze Socken, schwarze Schuhe, weißes Hemd mit entsprechend gemusterter Krawatte – und Sie sind damit perfekt gekleidet.

Natürlich steht Ihr Outfit auch in Beziehung zu Ihrem Produkt. (Eben eine feine Mischung aus Kundenorientierung und Produktlinie.)

Angenommen, Sie sind in der Schmuckbranche tätig, dann werden Sie mit Jeans und Turnschuhen nicht gerade die Seriösität ausstrahlen, die man von Ihnen erwartet. Dagegen ist in einem Sportgeschäft, wo Sie z.B. technisch hoch ausgeklügelte Lauf-Schuhe anbieten, ein entsprechend sportives Outfit durchaus geeignet, Kompetenz auf Ihrem Fachgebiet zu demonstrieren.

Schließlich entscheidet der Anlaß auch über die quantitative Zusammenstellung Ihrer Garderobe. Haben Sie häufig formelle bzw. elegante Auftritte, wird entsprechend mehr Kleidung dieser Art vorhanden sein.

Sie werden sich vielleicht denken, daß dies doch ganz klar ist! Glauben Sie mir, in der Praxis – und ich darf oft genug Garderobeschränke durchschauen – sieht es doch immer wieder anders aus.

Zusammenfassung:
- Mit wem haben Sie zu tun?
- Welchen Anspruch stellt Ihr Produkt an Ihr Outfit?
- Die quantitative Zusammenstellung der Garderobe richtet sich nach der Häufigkeit der Anlässe!

Typ

Zur Orientierung darf ich Ihnen fünf Typgruppen in ihren Eigenschaften vorstellen:

Dramatisch – auffallend extrem
Wenn Sie sich zu dieser Typgruppe zählen, sind Sie voller Initiative. Sie haben Stilgefühl, legen Wert auf Details und bevorzugen starke Kontraste. Alles an Ihnen sticht ins Auge. Auch sind Sie höchst modebewußt. Ein dramatischer Mensch wirkt oftmals groß und schlank. Die Schultern sind breit und gerade, die Figur verläuft in gestreckter Linie und ist nicht gedrungen. Sie besitzen so etwas wie angeborene Autorität mit starker Ausstrahlung.

Besonders gut passen –
Doppelreiher mit strenger Schulterpartie und breiten Streifen oder modischer Einreiher mit extravaganten Details und Hemden in kräftigen Farben. Alles, was groß, dunkel, kräftig und auffällig wirkt. Bunte Stecktücher offen drapiert; klare und kräftige Muster in der Krawatte; festes Schuhwerk mit Steppnähten, perforiert; elegante, markante Accessoires.

Vorsicht –
im Geschäftsleben ist oftmals vornehme Zurückhaltung in der Kleidung vorteilhaft, daher nicht um jeden Preis auffallen wollen!

Abb. 1: Dramatischer Typ

Vorteil –
überzeugungsfähig, spritzig, hohe Merkfähigkeit für den Kunden.

Natürlich – sportlich leger
Sind Sie ein „natürlicher" Typ, dann kommen Sie in allem, was Lässigkeit ausstrahlt, am besten zur Geltung. Sie haben ein naturburschenhaftes Aussehen und oftmals auch Sommersprossen. Ihre Gangart ist ungezwungen, und alles an Ihnen macht einen natürlichen und handfesten Eindruck. So richtig fein zurechtgemacht fühlen Sie sich unbehaglich. Das

Abb. 2: Natürlicher Typ

Jeans. Tadellos passen Ihnen Überkaros, Steppnähte, Lederknöpfe, Hornschnallen. Als Kragenform kommt für Sie der Button-down in Frage. Gerne tragen Sie auch Poloshirts oder Turtleneckpullis unter lässigen Tweed- oder Leinensakkos. Abgesteppte Rauhlederschuhe und Gürtel, eben lässige Details und Accessoires, runden die sportliche Ausstrahlung ab.

Vorsicht –
denken Sie daran, daß im Berufsleben oftmals eine gewisse formelle Linie gefragt ist und daher die Neigung zu überaus salopper Kleidung nachteilig sein kann! Lässig ist nicht gleich nachlässig!

Vorteil –
freundschaftlich-umgänglich, unkompliziert, kumpelhaft.

Burschikos – knabenhaft jung
Gehören Sie zum Vertreter des knabenhaften Typs, so sind Sie von kleiner Statur und ein temperamentvolles Energiebündel. Sie haben eine jungenhafte, schlanke Figur, die Gangart ist spritzig, akkurat, und Sie scheinen nie zu altern. Im Kleidungsstil bevorzugen Sie lieber die klare gerade als die lässige Linie – aber nicht konventionell. Meist sind Sie modebewußt und haben ein Auge für die Details.

Besonders gut passen –
Kammgarn und Garbadinestoffe für leicht tailliert geschnittene Anzüge mit schmalen Hosen. Toll sind Button-down-Kragen oder weitgeschnittene Hemden mit Haifisch-Kragen (manchmal auch ohne Krawatte getragen, je nach Anlaß und Alter). Kleine Muster wie Paisley, Karos, Pünktchen oder geometrische Muster in durchaus kräftigen Farben für Krawatten und einfarbig oder buntgemusterte Gilets un-

heißt aber keinesfalls, daß Sie sich nachlässig kleiden müssen.

Besonders gut passen –
locker sitzende Sakkos mit Bundfaltenhosen, denn Zweiteiler sind besser als Anzüge. Keine streng-eleganten Nadelstreifenanzüge. Die Stoffe können grobe Strukturen aufweisen, z.B. Tweed, grobes Leinen, Kord, Flanellstoffe und auch

Abb. 3: Burschikoser Typ

terstreichen Ihre spritzige Art. Sie bevorzugen festes Schuhwerk aus glattem Leder mit Details wie z.B. Schnallen. Ihr Haar ist eher kurz geschnitten, je nach modischer Orientierung geben Sie auch etwas Gel in die Seitenpartie.

Vorsicht –
Ihr Hang zu den jugendlichen Finessen kann manchmal das Ziel verfehlen. Nehmen Sie etwas von dem „coolen Dandy" zurück!

Vorteil –
dynamisch jung, offen für neue Ideen.

Romantisch – verspielt weich
Zählen Sie sich zu dieser Typgruppe, so zeigen Sie sich von einer sehr charmanten und verbindlichen Wesensart. Es umgibt Sie ein gewisses künstlerisches Flair. Meist ist das Interesse an modischen Dingen und Körperpflege schon als Kind deutlich spürbar gewesen. Es ist Ihnen ein gewisses Ebenmaß und auch Sanftheit im Erscheinungsbild nicht abzusprechen.

Abb. 4: Romantischer Typ

Besonders gut passen –
leichte Anzüge aus feinen Materialien, luxuriös und geschmeidig, z.B. Seide, Kaschmirwolle, alles, was weich fließt und fällt. Die Muster sind rund, verwischt oder auch floral. Die Farbschattierungen sind sanft und extravagant. Weiche Seidenkrawatten und Schals mit Fransen, auch feine Seiden- oder Kaschmirrollis passen gut zu Ihnen. Die Schuhe sind aus edlem Rauhleder oder feinstem Glattleder geschmeidig weich verarbeitet. Sie legen Wert auf luxuriöse Accessoires wie Schmuck, Füllfederhalter, exklusive Ledertaschen usw. Sie tragen sanft gewelltes, nicht zu kurz geschnittenes Haar.

Vorsicht –
zu „weich" gestylte Optik wirkt manchmal unkompetent, zumindest aber nicht sonderlich glaubwürdig.

Vorteil –
sympatisch, künstlerisch, sensibel.

Klassisch – elegant förmlich

Als „klassischer Typ" kleiden Sie sich betont schlicht, aber mit hohem Qualitätsanspruch. Sie sind normal proportioniert, weder schlank noch überaus muskulös. Alles an Ihnen strahlt eine verhaltene Eleganz und Gediegenheit aus. Sie neigen keinesfalls zu Extremen, haben ein ausgeglichenes Temperament, Gelassenheit und Sinn für Förmlichkeit – konservativ, jedoch elegant. Sowohl Farben wie auch Muster und Stoffe sind ausgeglichen und unaufdringlich. Mit schlecht sitzender Kleidung oder verknautschten Stoffen können Sie nichts anfangen.

Besonders gut passen –
ein feiner Nadelstreifen aus Cool-Wool oder Flanell oder unifarbene Anzüge, evtl.

Abb. 5: Klassischer Typ

auch Dreiteiler, Jacke, Weste, Hose, mit dezent gemusterter, vorzugsweise gestreifter Krawatte. Es umgibt Sie stets ein Hauch von Makellosigkeit, daher fühlen Sie sich in einem weißen, pastellfarbenen oder zarten Streifenhemd am wohlsten. Wenig Experimente mit Muster und Farben. Dunkelblauer Blazer mit grauer Hose, weißes Hemd und Schalkrawatte passen auch sehr gut. Wenn es gemütlich sein darf, wechseln Sie den eleganten Blazer mit einem klassischen Strickblazer. Ihre Schuhe sind von ausgezeichneter Qualität, eventuell handgearbeitet. Sie tragen dezenten Schmuck, edle Uhren und unaufdringliche Accessoires.

Vorsicht –
der klassische Kleidungsstil ist gerade in der Öffentlichkeit vorzuziehen und daher in der Geschäftswelt angebracht. Vorsicht jedoch vor nichtssagendem, langweiligem oder auch altmodischem Erscheinungsbild.

Vorteil –
korrekt, vertrauenswürdig, unaufdringlich, elegant.

Vergleichen Sie nun Ihre Persönlichkeit mit der angeführten Typisierung. Sie finden sich möglicherweise in zwei bis drei Gruppen wieder. Denn erst die Mischfaktoren machen Ihre eigenständige Persönlichkeit aus. Die fünf Gruppen sind bewußt überzeichnet dargestellt, um klare Unterschiede formulieren zu können. Dennoch bleibt ein klassisch orientierter Mensch lieber formell gekleidet und wird sich niemals in nachlässiger, salopper Kleidung wohl fühlen.

Gleichzeitig sind auch die „Schwachstellen" angeführt, die aber durch leichte Korrekturen wunderbar auszugleichen sind. Alle Gruppen haben auch ihre unverwechselbaren und klaren Stärken. Die gilt es anzunehmen.

Nochmals möchte ich darauf hinweisen, daß es wichtig ist, Ihre Persönlichkeit auf den Anlaß und Ihr Produkt abzustimmen.

Zusammenfassung:
* Fünf unterschiedliche Darstellungsformen
* Welchen Schwerpunkt haben Sie?
* Welche Mischfaktoren treffen auf Ihre Persönlichkeit zu?

Zeit

Nichts läßt den Tag ungünstiger beginnen, als wenn man zu spät aufsteht und unter Zeitdruck kommt. Die Hektik erreicht den Höhepunkt, wenn man vor dem Kleiderschrank steht und nicht weiß, was man anziehen soll. Oder die Wahl ist getroffen, und man entdeckt, daß ein Knopf am Sakko fehlt, das dazugehörige Hemd nicht gebügelt ist oder ein Fleck auf der Krawatte leuchtet.

Diesem Zustand begegnen Sie nur mit einer erprobten Vorgehensweise: Stellen Sie am Vorabend Ihre Garderobe zusammen, und kontrollieren Sie dabei, ob alles gepflegt und gebügelt ist. Dies spart wertvolle Zeit am Morgen. Diese Zeit setzen Sie für Ihre genußvolle Pflege oder einfach für einen angenehmen Start in den Tag ein. Nicht jeder Tag beginnt gleich. Unbehagen in der Früh kennen Sie bestimmt. Um so wichtiger ist es, sofort entgegenzuwirken. Eine gute Möglichkeit ist, in tadellose, gutsitzende Kleidung, in der Sie sich wohl fühlen, zu schlüpfen. Es ist wichtig, daß Sie mindestens zwei Top-Kombinationen im Schrank haben. Sie wissen, da sehen Sie gut aus, das paßt toll, da haben Sie alle Sicherheit. Es ist durchaus legitim, sich manchmal „hinter" der Kleidung zu verstecken bzw. sich auch über den Weg einer perfekten Garderobe Selbstsicherheit zu verschaffen. Kleidung, in der Sie sich nicht wohl fühlen, irritiert Sie und verursacht auch Unsicherheit. (Herumzupfen am Hemdkragen, weil er zu eng ist.)

Zusammenfassung:
* Am Vorabend Garderobe zusammenstellen und kontrollieren
* Kombinationen parat halten, die hundertprozentig passen in Stil, Größe, Farbe
* Am Morgen Zeit nehmen für einen positiven Einstieg in den Tag

Budget

Viel Geld ist nicht unbedingt gleichzusetzen mit viel Geschmack! Jeder muß sich anziehen, ob teuer oder preiswert. Natürlich hat gute Qualität ihren Preis. Aber Sie haben auch mehr Nutzen davon – sowohl in bezug auf die Optik als auch den Tragekomfort und den Langzeiteinsatz. Die Grundgarderobe wie Anzüge und Sakkos, speziell aber die Hosen und Schuhe, sollten von ausgezeichneter Qualität zeugen. Nichts wirkt schlimmer als Pilling-Bildung (die kleinen Faserkügelchen) am Revers oder Ärmel des Jacketts, Sitzknitterfalten in der Hose oder Schuhe, die sich vorne aufrichten. Je besser die Qualität ist, um so länger können Sie die Garderobe auswerten. Sie sparen Geld, wenn Sie passend zu Ihrem Anzug oder Sakko gleich das Hemd und die Krawatte kaufen. Die spätere Suche nach der richtigen Krawatte ist meist schwierig und häufig mit Fehlkäufen verbunden. Wieviel Fehlkäufe haben Sie im Schrank, Stücke, die Sie nur selten oder nie getragen haben? Wieviel Geld hat das gekostet? Lassen Sie sich nicht von „Einzelstücken" verführen, denken Sie beim Einkaufen immer in Kombinationen. Auch sogenannte Urlaubsschnäppchen haben im täglichen Berufsleben kaum Platz (andere Länder, anderes Klima, andere Sitten). Am besten, Sie checken Ihren Garderobeschrank gründlich durch. Alles, was seit zwei Jahren hängt und nicht getragen wurde, geben Sie weg – sonst hängt es noch weitere zwei Jahre unangetastet.

Nun sehen Sie, was vorhanden und gut tragbar ist und was Sie noch zur Ergänzung benötigen. Je konkreter Sie Ihre Wünsche formulieren, um so gezielter können Sie einkaufen und dadurch Fehlkäufe vermeiden. Gehen Sie keine Kompromisse ein. Nur was Ihnen wirklich gut paßt (Hosen- und Ärmellängen können gut geändert werden), worin Sie sich wohl fühlen, das kaufen Sie. Es kommt nicht auf die Quantität, sondern auf die Qualität an. Stellen Sie sich für jede Saison (Frühjahr/Herbst) ein bestimmtes Budget zur Verfügung, so können Sie besonnen Ihre Garderobe kaufen.

Zusammenfassung:
- Immer gesamte Kombinationen kaufen
- Keine Einzelstücke (meist Fehlkäufe)
- Garderobenanalyse: Was haben Sie, was brauchen Sie, ausräumen und neu ordnen
- Auf Qualität achten (Stoffe aus 100 Prozent Wolle, Seide, Baumwolle, Lederschuhe)

Pflege

Ein heikles und sehr persönliches Thema. Denoch begegnen einem immer noch Verkäufer, die diesen wichtigen Bereich mehr schlecht als recht umsetzen. Eine gut geschnittene Frisur und gepflegte Haare sind eine Selbstverständlichkeit. Bei der Frage zum Bart können schon mal Unsicherheiten auftreten. Wirklich gepflegte und exakt geschnittene Bärte sind im Verkaufsbereich zu vertreten. Vorsicht ist jedoch bei Vollbärten und langen Oberlippenbärten geboten. Ihr Kunde sieht Ihnen ins Gesicht. Augen und Mund sind wichtige Mimikbereiche. Es würde Ihnen sicher nie einfallen, eine Sonnenbrille im Verkaufsgespräch zu tragen. Das gilt auch für die Lippen: Wenn sie nicht zu erkennen sind, verunsichert dies und gibt dem Gesprächspartner ein unangenehmes Gefühl. Ihr Friseur hilft auch, gegebenenfalls, Wildwuchs an den Augenbrauen, Ohren und im Nasenbereich zu kultivieren.

Lächeln Sie sich von vorne und von der Seite im Spiegel entgegen: Ist alles in Ordnung mit den Zähnen? Wenn Sie Raucher sind, bedarf es im Mundbereich besonderer Sorgfalt und Pflege. Was Gerüche betrifft, Vorsicht auch bei stark gewürzten Speisen (Zwiebeln, Knoblauch) und Bier vor einem Verkaufsgespräch. Schon ein Schluck Bier reicht aus, um eine Fahne entstehen zu lassen. Am besten, Sie führen in Ihrem Gepäck immer ein paar Einmal-Zahnbürsten und starke Menthol-Pastillen mit. (In der Apotheke gibt es spezielle Geruchskiller.) Vom Rauchen werden auch die Hände in Mitleidenschaft gezogen. Wenn sie nach Rauch riechen, wirkt dies in der zunehmenden Gesellschaft von Nichtrauchern besonders unangenehm. Die Hände sind ein Instrument der Gestik und werden vom Kunden genau wahrgenommen. Für Herren gilt die einfache Regel: kurz geschnittene und gefeilte Fingernägel. Genießen Sie gelegentlich eine professionelle Maniküre, verbunden mit einer feinen Handmassage.

Was die Körperpflege betrifft, so gibt es für Herren phantastische Spezialprodukte. Vom erfrischenden Duschgel aus Ihrer Lieblingsduftserie bis zum Körpertonic, das Sie auch an heißen Tagen nicht ins Schwitzen kommen läßt, ist die Bandbreite groß. Wenn Sie Parfum benutzen, bitte nur leichte und frische Düfte. Eine süße Parfumwolke wirkt aufdringlich. Oftmals genügt schon das Parfum-Deodorant aus Ihrer Duftserie. Verwenden Sie auch Körperpuder. An heißen Sommertagen ist er angenehm kühlend an den Fußsohlen, unter den Achseln und im Nackenbereich. Dort schützt er auch vor scheuernden und kratzenden Hemdkragen.

Sorgfalt und Pflege im Umgang mit Ihrer Garderobe runden den positiven Eindruck ab.

Hängen Sie Ihre getragenen Sakkos und Hosen abends an die frische Luft, und tragen Sie einen Anzug oder eine Kombination nicht zwei Tage hintereinander. Geben Sie dem Stoff Zeit, sich zu regenerieren. Wolle ist lebendiges Material und hängt sich in feuchter Luft wieder aus. In den Reinigungsanstalten werden Anzüge und Sakkos nicht besser. Wenn Sie gelegentlich mit einer Echthaarkleiderbürste Ihre guten Stücke pflegen, zum Lüften Ihre Kleidung ins Freie hängen und regelmäßig mit einem Dampfbügler darüberstreichen, halten Sie Ihre Garderobe lange in Form. Wenn Sie unterwegs auf Reisen sind und Sie nicht alle Hilfsmittel parat haben, hängen Sie Ihre Sakkos auf möglichst breite Kleiderbügel und die Hosen auf Hosenbügel mit dem Bund nach unten ins Badezimmer. Die feuchte Luft wirkt Wunder.

Beim Kauf von neuen Schuhen besorgen Sie sich gleichzeitig feste Schuhstrecker (aus Holz). Jeden Abend die Schuhe auf den Leisten gespannt, erhält die korrekte Form. Auch beim Schuh empfiehlt sich nach jedem Tragen ein Ruhetag. Das klassische Schuhputzzeug ist unverzichtbar, wenn Sie sich länger an Ihren Schuhen erfreuen möchten. Es gibt im Handel edle und praktische Pflegesets im Etui verpackt, damit Sie auch unterwegs perfekt gepflegtes Schuhwerk haben, ohne daß Ihre mitgeführte Garderobe etwas abbekommt. Hände weg von Instant-Quick-Glanz! Die Läppchen verteilen eine Lasur, die mehr an Kleister als an Schuhpaste erinnern. Richtig sind deckende Cremes, die mit einem Bürstchen aufgetragen werden. Anschließend wird der Schuh mit einer weichen Bürste auf Hochglanz gebracht.

Zusammenfassung:

- Gepflegter und exakter Haarschnitt (alle vier Wochen)
- In Form gebrachte Augenbrauen, keine Nasen- und Ohrenhaare
- Kurzgestutzter Bart, Lippenkontur sichtbar
- Keine Zahnlücken; Mundpflege und Wohlgerüche
- Fingernägel kurz und gefeilt
- Herrenparfum frisch und dezent
- Kleidung ausbürsten, an die Luft hängen, aufbügeln
- Schuhe jeden Abend auf Strecker

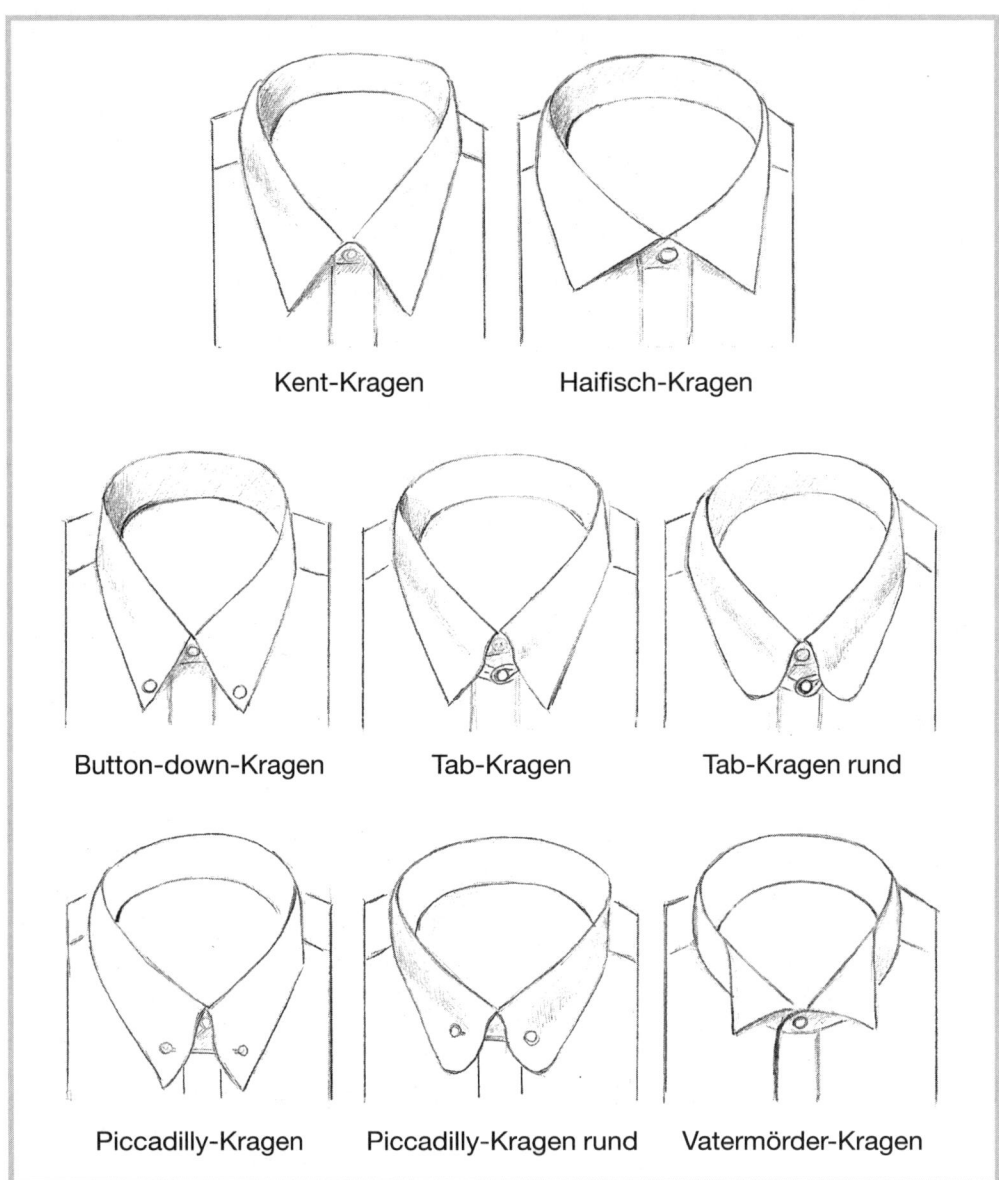

Abb. 6: Hemdkragenformen

Mode

Dies ist für viele Herren ein scheinbar unwichtiges Thema. Ich kann Sie beruhigen, es geht nicht um Maskerade. Aber es wird doch immer wieder eines deutlich: Menschen, die keinerlei modisches Empfinden an den Tag legen und gewisse Trends überhaupt nicht beachten, werden (mit Recht) als ewig Gestrige eingestuft. Es fehlt eine gewisse Dynamik und der Anspruch, Vordenker zu sein. Gerade wenn es darum geht, von einer Sache oder einem Produkt zu überzeugen, muß ein gewisser Zeitgeist mitschwingen. Und der ist im Outfit erkennbar.

Details wie Schnittführung und Accessoires sprechen Bände. Innerhalb einer Zeitspanne von rund zwei Jahren wird für jeden von uns der Wandel einer Kleidungslinie spürbar. Aussagen wie „Das habe ich vor zehn Jahren gekauft, das ist noch immer in Ordnung, es war damals schon recht teuer" sprechen zwar für die Qualität des guten Stückes, aber ganz sicher nicht mehr für unseren heutigen Anspruch auf modische Kompetenz. Bevor Sie sich neue Garderobe zulegen, empfiehlt es sich daher, einen Blick in diverse Herrenjournale zu werfen. An folgenden Details können Sie modische Richtlinien ablesen:

Hemdkragenformen – ob Haifischkragen, Button-down- oder Tab-Kragen, Under-Button, langgezogener oder Kentkragen; 2-, 3-, oder 4-Knopf-Sakkos, einreihig oder doppelreihig; weite oder schmale Hosen; breite oder schmale, einfarbige, kleingemusterte oder großflächig gemusterte Krawatten in zarten oder kräftigen Farben. An solchen „Kleinigkeiten" erkennt man den zeitgemäßen Kleidungsstil.

Accessoires sind das schmückende Beiwerk, um dem Outfit Lebendigkeit, Farbe, Frische und Ihrem persönlichen Stil Ausdruck zu verleihen.

Eine einfache Grundregel besagt: Kombinieren Sie nicht drei verschiedene Muster gleichzeitig, z.B. Karo-Sakko, Streifenhemd, Blümchenkrawatte. Wenn Sie Sakko, Hemd und Krawatte gleichzeitig auf einmal aussuchen, kann Ihnen das nicht passieren.

Stecktücher werden häufig zu eleganten Anlässen getragen. Entweder weiß, einfarbig passend in der Farbe des Hemdes oder abgestimmt in Farbe und Design auf die Krawatte. Bauschig eingesteckt ist es ein sehr nobles Accessoire. Von erlesenem Geschmack können Krawatten zeugen. Sie sollten ausschließlich aus Seide sein. Der Gürtel als notwendiges und ausdrucksstarkes Accessoire sollte farbig auf den Schuh abgestimmt sein und kann aus glattem oder geprägtem Kroko oder Wildleder sein.

Die Schuhe sind ein absolutes Stilbarometer. Man erkennt sofort, ob Sie Stil haben. Sie können mit dem Schuh eine Garderobe aufwerten oder zerstören. Im Geschäftsleben haben sich folgende Schuhe bewährt:

Der klassische Oxford – ein glatter Leder-Schnürschuh mit abgesteppter Kappe, elegant in Schwarz, wird er zur formellen Garderobe getragen.

Der Brogue – ein Leder-Schnürschuh mit perforierter Lochrosette: Er ist robuster, die Sohlen sind stärker, und er paßt somit auch zur sportlichen Garderobe mit gröberen Stoffen wie Tweed und Cord. Für Herren, die das Schlichte, Geschmackvolle bevorzugen, gibt es den Blucher mit Derbyschnürung. Er ist glatt, ohne Perforierung oder Steppnähte und paßt daher besonders gut zu einer geradlinigen Garderobe. Zu sportlicher Kleidung wie Polos und Sakkos mit Jeans oder

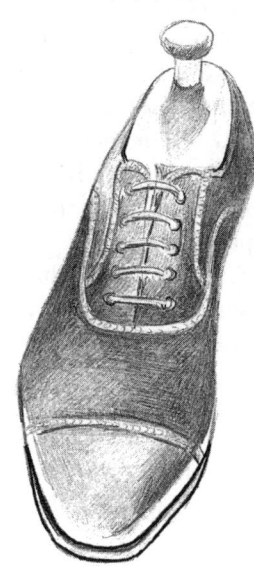

Oxford-Schnürschuh

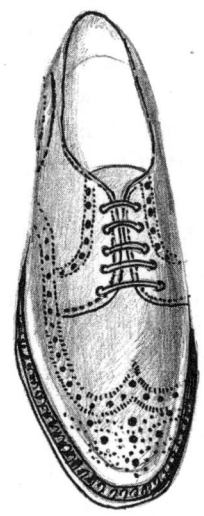

Brogue-Schnürschuh

Blucher-Derbyschnürung

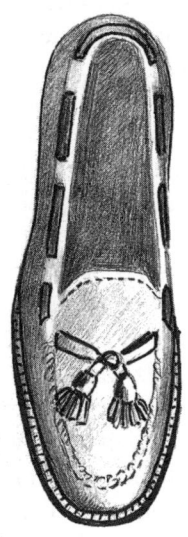

Tassel-Loafer Slipper

Abb. 7: Schuharten

Flanellhose mit Strickblazer passen auch die Tassel-Loafer. Das sind Slipper mit rundherum durchgezogenem Ledersenkel und zwei Quasten. Tragen Sie grundsätzlich nur Lederschuhe. Lackschuhe oder Lack/Lederschuhe haben am Tag nichts verloren. Auf Baustellen oder bei Schlechtwetter sind auch Schuhe mit dünner Gummisohle erlaubt.

Die Farbe der Socken ist abgestimmt auf die Hosen, z.B. Dunkelblau, Dunkelgrau, Schwarz, oder auf die Schuhe: Schwarz, Braun. Zu Anzügen und eleganten Kombinationen tragen Sie immer Kniestrümpfe bzw. Stutzen, zu leichten Sommerkombinationen können auch Socken getragen werden. Weiße Sportsocken zu Kombinationen oder Anzügen sind ein Fauxpas.

Zu den Accessoires gehören auch die Brillen. Sie können als modischer Gag in schicken Farben und Formen oder auch als seriös-klassisches Instrument in Gold oder Silber eingesetzt werden. In jedem Fall müssen sie entspiegelt sein und dürfen nur eine Tönung von max. 15 Prozent aufweisen. Eine sensible Angelegenheit ist Schmuck für Herren. Bei Uhren können Sie Ihr elegantes oder modisches Empfinden ausleben mit jungen, flippigen oder kostbaren, teuren Stücken. Schlichte Manschettenknöpfe und edle Krawattennadeln zu dunklen Blazern oder Anzügen verfehlen nie ihre elegante Wirkung. Der Ehering hat eine seröse Ausstrahlung, jeder weitere Ring ist mit Vorsicht zu betrachten. Ohrringe, sog. Flinserl, Armkettchen und Halsketten sind für Verkäufer nicht empfehlenswert.

Format und Stilgefühl zeigen auch Ihre Schreibaccessoires wie schöne Füllfederhalter oder Kugelschreiber. Aufeinander abgestimmtes Gepäck wie Aktentasche, Reisekoffer und Kleiderhüllen vervollständigen ein perfektes Erscheinungsbild.

Zusammenfassung:
- Sensibler Umgang mit modischen Trends
- Schuhe sind Stilführer
- Stutzen, keine weißen Socken
- Brille entspiegelt, max. 15 Prozent abgetönt
- Schmuck nur dezent einsetzen
- Schlichte, edle Schreibutensilien
- Zusammenpassendes Reisegepäck

Farbe

Abgesehen von formellen Konventionen gibt es Farben, die einem besonders gut passen, und Farben, die einem nicht zu Gesicht stehen. Trotzdem möchte ich davon ausgehen, daß man keine Farbe für sich grundsätzlich ausschließen sollte. Zur einfachen Orientierung möchte ich zwei Farbunterscheidungen aufzeigen:

Warme Farben
Alle Farben, die einen gelben, warmen Unterton haben – Gelb, Orange, Rot, Braun, Beige, Moosgrün, Lindgrün, Naturweiß, Gold usw.

Kalte Farben
Alle Farben, die einen blauen, kalten Unterton haben – Blau, Grün, Türkis, Violett, Weinrot, Flaschengrün, Schwarz, Weiß, Grau, Silber usw.

Dunkelblau ist eine neutrale, angenehme Farbe, die laut einer Farbtestumfrage auf der Beliebtheitsskala an erster Stelle steht. Nicht umsonst sind viele Uniformen in Dunkelblau gehalten. Es sieht elegant aus und steht jedem Herren. Außerdem können Sie mit Dunkelblau fast alle Farben kombinieren. Fühlen Sie sich zur Farbgruppe mit den warmen Tönen hingezogen, kombinieren Sie Dunkelblau eben mit Naturweiß, Gelb, Beige, Rostrot usw.

Ziehen Sie die kalten Farben vor, wird Dunkelblau mit Weiß, Grau, Hellblau, Mittelblau, Tannengrün, Rosé usw. variiert. Dies gilt vor allem für Hemden, Krawatten und Stecktücher.

Grundsätzlich gilt: Von unten dunkler nach oben heller werdend. Also dunkle Schuhe, Socken und Hosen, das Sakko kann schon im Kontrast lichter sein. Hell sind die Hemden (in Ihrer Farbgruppe gehalten), markant in Farbe und Design können dann die Krawatten ausfallen.

Zusammenfassung:
• Welches sind Ihre Vorzugsfarben?
• Achten Sie auf die harmonische Abstimmung innerhalb der Farbgruppe
• Zum Gesichtsbereich hin markant und heller werden
• Den Farbton lieber eine Nuance zarter wählen als zu grell

Gesellschaftliche Normen

Auch in der heutigen Gesellschaft gibt es noch einige Grundregeln, über die man sich nicht hinwegsetzen sollte.

Zum Beispiel immer einen Hauch besser gekleidet zu erscheinen, als es dem Anlaß entspricht bzw. wenn es gilt, vor einer größeren Menge zu sprechen. Aber Vorsicht – damit ist nicht overdressed gemeint. In dunklen und gedeckten Farben bis hin zum mittleren Grau sind Sie meist richtig gekleidet. Die alte Regel „no brown after six" ist auf jeden Fall einzuhalten, bezieht sich für Manager und Leute am Finanzmarkt sogar auf den ganzen Tag.

Tragen Sie unter dem Sakko keine Pullover oder Strickwesten. Strick ist dem Freizeitbereich vorbehalten. Der doppelreihige Blazer ist immer geschlossen zu tragen. Der Einreiher kann während eines Gesprächs auch mal geöffnet werden.

Manchmal gibt es gesellschaftliche Events mit einer konkreten Kleiderordnung. Hier sind die wichtigsten Kleidungsstücke dazu (s. folgende Seite).

Zusammenfassung:
• Dunkle und gedeckte Farben
• Doppelreiher geschlossen tragen
• Bei Einladungen auf „Dressorder" achten

Tip-Liste

Achtung, Outfit-Fallen! Betrachten Sie Ihre Garderobe kritisch, und bitten Sie eine vertraute Person, Sie auf eventuelle „Mängel" hinzuweisen

• *enge Halsweiten:* gerade im Sommer eine Nummer weiter besorgen
• *engtaillierte Hemden:* tragen auf, man sieht Schweißstellen, speziell im Sommer besser weite Hemden
• *offener Hemdkragen:* wirkt unseriös, im Verkauf absolut vermeiden
• *offene Krawatte:* schlampig, ebenfalls absolut verboten
• *Krawattenlänge:* zu kurz, zu lang. Die Krawatte ist richtig gebunden, wenn die Spitze den Dorn des Gürtels überdeckt.
• *Ärmellängen:* nichts ist schlimmer als zu lange Ärmel, Manschetten müssen sichtbar sein.
• *Hosenlängen:* Zu lange oder zu kurze Hosen wirken unbeholfen. Am Schuh vorne muß die Hose einen kleinen Knick machen und hinten leicht über die Ferse gehen.
• *ungebügelte Hosen:* wirken schmuddelig, aber darauf achten, daß nur eine Bügelfalte drin ist; Verschleißerscheinungen beachten: Glanzstellen an Schenkel, Gesäß, Taschen, abgestoßene Manschetten an Hemden und Sakkos

Kleidung	Tageszeit	Anlaß
• *Dinnerjackett* – mit Fliege und Stecktuch, Hose schwarz	Vormittag bis Abend	Tagesempfänge, Essen, Hochzeiten
• *Smoking* – Fliege, Stecktuch, evtl. Kummerbund oder Gilet	am Abend ab 19 Uhr	Theater, Konzerte, Hochzeiten, Ehrungen im Kulturbereich, Bälle
• *Stresemann* – kurzes graues Sakko, gedeckte Streifenhose, weißes Vatermörderhemd, Weste silber, Krawatte grau, Fliege oder Plastron grau	Vormittag	Hochzeiten
• *Cut* – einreihig, langgeschnittenes Sakko grau, Vatermörderhemd, Plastron oder Fliege in Schwarz oder Grau, Stresemannhose, Silberne oder graue Weste	Vormittag bis Nachmittag (nicht abends)	Beglaubigungen von Botschaftern, Tagesempfänge, Hochzeiten
• *Frack* – einreihig, Piqueé-Hemd, Fliege und Weste, Hose schwarz, Lackschuhe	abends, evtl. bei Hochzeiten auch schon am Nachmittag	Dressorder nur wenn vorgeschrieben, Bälle, Konzerte, Hochzeiten
• *Uniformen* und *Trachten*	bei allen gesellschaftlichen Anlässen gestattet	

- *gefüllte Taschen:* Gesäßtaschen mit Geldbörse und Schlüsselbund prall gefüllt unbedingt vermeiden
- *weiße Sportsocken:* keinesfalls zu Anzügen oder Kombinationen
- *Socken:* keine Waden zeigen, farblich auf Hosen oder Schuhe abstimmen
- *Schuhwerk:* Gummisohlen nur bei Regenwetter oder auf Baustellen, graue Schuhe aussortieren, auf Absätze und Spitzen achten; Abnützungserscheinungen richten lassen
- *süße Parfums:* wirken aufdringlich, lieber dezente, frische Eau de Toilettes verwenden

Zusammenfassung:
- Schon beim Einkauf die Ärmel- und Hosenlängen perfekt richten lassen
- Abgetragene Kleidung aussortieren
- Offene Kragen und Krawatten sind während eines Verkaufsgesprächs untersagt

Garderobeplaner

Bei der Zusammenstellung einer optimalen Garderobe sind zu beachten:
- persönlichkeitsbezogene Merkmale – Typeigenschaften, Stil, Grad der Eleganz

- zweckbezogene Merkmale – Anlaß, Kunde, Produkt, Region
- vielfältige Kombinationsmöglichkeiten

Ein Top-Verkäufer benötigt folgende Garderobeteile (pro Saison):

Für den Tag:

2–3 Anzüge, dunkelgrau, dunkelblau
2 Sakkos, mittlere Farbtöne, auch
   kariert oder blackwatch
mind. 3 Hosen, grau, dunkelblau
   auf die Sakkos abgestimmt
10–14 Hemden
mind. 1 Krawatte pro Kombination
1 Gürtel, elegant schwarz
1 Gürtel, sportiv, Farbton auf die
   Kombination abgestimmt
1 Stecktuch, weiß
Stecktücher, passend zur Krawatte
Krawattennadel
Manschettenknöpfe für eleganten
   Anlaß
mind. 2 –3 Paar Schuhe, schwarz,
   Oxford, Brogue
1 Paar Slipper, eventuell dunkelblau
1 Mantel, eventuell Trenchcoat

Für den Abend:

1 eleganter Anzug, schwarz oder
   dunkelblau
1 Smoking
3 elegante Hemden mit Vatermörder
   oder Kentkragen
Accessoires: Fliege, Stecktuch,
   Kummerbund
1 Paar elegante Schuhe, schwarz,
   eventuell mit Lack

Für die Freizeit:

1 Sakko, lässig, eventuell Leinen
   oder Leder
1 Strickblazer, Grundfarbe blau,
   weinrot, grün oder grau
2 Pullis, dunkelblau, bunt
2–3 Baumwoll-Hosen, blau, weiß,
   beige
1–2 Jeans, blau, schwarz
5 Langarm- u. Kurzarmhemden,
   bunt, eventuell Karos, mit
   Button-down-Kragen
diverse Shirts und Polos
lässige Schuhe, Timberlands
eventuell Stiefel
Parka

Zusammenfassung:

Attraktivität entsteht aus einem harmonischen Zusammenwirken von Persönlichkeit, Stil und Geschmack, Kleidung, Accessoires und Pflege.

8. Verkäufermotivation in der Praxis

8.1 Vom Mitarbeiter zum Mitunternehmer durch professionelle Kommunikation und Motivation

Der Autor

Rolf Rührer, Dipl.-Betriebswirt (BA), arbeitet bei Detroy Consultants International, wo er sich auf die Bereiche Marketing und Vertrieb spezialisierte. Er arbeitete u. a. im Finanzwesen eines deutschen Elektrokonzerns, als Verkaufsleiter und Trainer in der Immobilienbranche.

Bei DCI veranstaltet er Workshops und Seminare zur Mitarbeiterführung und Motivation, zur Umsetzung von Marketingstrategien für Mittelstand und Handwerk, für Selbstmotivation und Begeisterungsfähigkeit der Mitarbeiter u.v.a.

Motivation, der falsch verstandene Begriff

Motivation, das Schlagwort unserer heutigen Zeit. „Wir leben von motivierten Mitarbeitern", diese und ähnliche Überschriften können Sie in beinahe jedem Wirtschaftsjournal fast täglich lesen.

In dieser Formulierung steckt schon dieses Mißverständnis des Mit-Arbeiters. Die Menschen im Unternehmen sind nicht nur Mit-Arbeiter. Sie sind Denker, Visionäre, Ideenschmiede, wenn man sie läßt. Sie sind keine Mitarbeiter im Unternehmen, sie *sind* das Unternehmen. Sie müssen in Zukunft nicht nur mitarbeiten, sondern mitunternehmen und mitdenken. Deswegen möchte ich ab jetzt von Mitunternehmern sprechen.

Das zweite tragische Mißverständnis beginnt in den Köpfen der Menschen. Wußten Sie, daß bei einer Meinungserhebung auf die Frage: „Was motiviert oder demotiviert Sie bei Ihrer Arbeit am meisten?" 57 Prozent ihren Chef oder direkten Vorgesetzten genannt haben? Dies ist die vielleicht schlimmste Tatsache in unseren heutigen Unternehmenskulturen. Warum?

Wenn die Zeit abgezogen wird, die ein Mensch schläft, so verbringt er zwischen 30 und 50 Prozent seines bewußten Lebens mit Arbeiten. Jeder weiß, daß nur der Freude am Leben hat, der motiviert ist, jenes zu tun, was er gerade macht. 57 Prozent aller Menschen in Deutschland legen also die Verantwortung dafür, ob ihnen zwischen 30 und 50 Prozent ihres Lebens

Freude bereiten, in die Hände anderer Menschen, ihrer Chefs.

Diese wiederum sind damit heillos überfordert. Nicht umsonst hat die Literatur über Motivationstechniken und -methoden Jahr für Jahr Umsatzrekorde zu verbuchen. Hilflos wenden sich Führungskräfte an irgendwelche Gurus, die ihnen das Wundermittel versprechen, mit dem ihre Mitunternehmer sofort und für immer motiviert werden. Tage und Wochen werden in Sitzungen (versuchen Sie es mal mit DENK-ungen, damit jeder weiß, worauf es ankommt) verbracht, in denen darüber diskutiert wird, wie die Menschen im eigenen Unternehmen motiviert werden können.

Worin aber liegt die Lösung dieses Dilemmas? Was soll man tun, gerade als junger Unternehmer, der auf leistungsbereite Mitunternehmer und Mitdenker angewiesen ist?

Motivation ist keine harte Arbeit ...

... sondern soll Spaß machen. Ein Drittel aller Haushalte in Deutschland sind Single-Haushalte, ein Drittel aller Ehen werden geschieden, und ein Drittel aller Menschen leben laut eigenen Aussagen in einer sozialen Eiszeit, und die Tendenz ist klar steigend. Dies bedeutet, der Mangelfaktor Nummer 1 in der heutigen Zeit ist menschliche Anerkennung und Zuneigung. Diese Erkenntnis wird in der Werbung schon lange umgesetzt. Wer erinnert sich nicht an die Daewoo-Werbung, als uns ein küssender Frauenmund beibrachte, wie man Daewoo richtig ausspricht? Oder warum haben die 0190er-Nummern mit Fragen wie: „Bist du auch so einsam, ruf an!" so einen riesigen Erfolg?

Die Menschen suchen in diesen immer hektischer werdenden Zeiten eine Heimat, einen Ort, an dem sie sich wohl fühlen, einen Ort, an dem sie geliebt werden, denn nur dafür stehen wir morgens 30 Minuten und länger vor dem Spiegel.

Wie kann Ihr Betrieb zu so einem Ort für Ihre Mitunternehmer, und natürlich auch für Ihre Kunden, werden?

Praktische Lösungen, die nicht die Welt kosten

Vier wesentliche Ansatzpunkte gibt es zur Motivation der Menschen in unserem Unternehmen außerhalb der monetären Mittel:

Wie verhalten wir uns selbst als Unternehmer und Führungskräfte? Wie können sich die Menschen selbst motivieren? Wie können wir mit geringem Mitteleinsatz durch Kreativität ein motivierendes Umfeld schaffen? Warum ist die Vision so wichtig?

Wir selbst

Die Hauptbezugsperson für die Mitarbeiter ist oft der direkte Vorgesetzte. Fragen wir uns deswegen einmal selbst:

- Sind wir selbst für unsere Mitunternehmer menschlich?
- Interessieren wir uns aufrichtig für das Wohlergehen der Menschen in unserem Unternehmen?
- Setzen wir uns ständig für sie ein?
- Freuen wir uns über die Leistungen unserer Mitunternehmer sichtbar?
- Geben wir immer wieder anerkennende Worte an sie weiter?
- Strahlen wir auch in schwierigen Zeiten Optimismus aus?
- Sind wir die meiste Zeit gut gelaunt?
- Wissen wir, wie wir uns Tag für Tag selbst motivieren?

- Sind wir selbst in jeder Hinsicht Vorbild?
- Informieren wir sie regelmäßig über die Entwicklung des Unternehmens?

Wenn wir diese Fragen alle mit „ja" beantworten können, ist der wichtigste Schritt zu motivierten Mitunternehmern bereits getan.

Unsere Mitunternehmer

Die nächste Frage lautet: Wie helfen wir den Menschen, sich selbst zu motivieren? Geben Sie Ihren Mitunternehmern doch folgende Tips zur täglichen Selbstmotivation (entlehnt aus „Mit Begeisterung verkaufen" von Erich-Norbert Detroy), die ihnen helfen, nicht nur glücklicher zu arbeiten, sondern auch mehr Zufriedenheit und Begeisterung für ihr ganzes Leben zu erlangen:

- Gehen Sie gut gelaunt ins Bett, und Sie werden in guter Laune erwachen.
- Konzentrieren Sie sich abends vor dem Einschlafen auf eine positive Idee zum kommenden Tag. Konzentrieren Sie sich auf etwas, worauf/worüber Sie sich morgen freuen können.
- Kaufen Sie sich einen fröhlichen Wecker! Weg mit dem schrillen, gellenden Wecker. Wie wäre es mit einer Zeitschaltuhr an der Stereoanlage?
- Lächeln Sie morgens Ihr Spiegelbild an. Sie sind meistens der erste Mensch, den Sie morgens bewußt wahrnehmen. Sie werden staunen, wie leicht es Ihnen nach einer Woche fällt. Dadurch wird direkt Ihr Unterbewußtsein beeinflußt.
- Singen oder pfeifen Sie ein fröhliches Lied unter der Dusche. Aber in Zimmerlautstärke, damit auch für Ihre Umwelt der Tag nicht zu hart beginnt.
- Begleiten Sie sich mit angenehmer Musik in Ihren neuen Tag. Machen Sie sich unabhängig vom Radioprogramm. Oder haben Sie morgens schon einmal positive Nachrichten gehört? Bereiten Sie Ihre Lieblingsmusik auf Kassetten vor.
- Lernen Sie, das Positive zu sehen. Konzentrieren Sie sich auf die Stärken und Vorzüge Ihrer Mitmenschen. Die Welt wird Ihnen so positiv begegnen, wie Sie sie sehen.
- Freuen Sie sich an Ihren positiven Gefühlen. Drücken Sie Ihre positiven Gefühle in Ihren Worten aus. „Toll, phantastisch, überragend" anstatt „nicht schlecht" oder „ganz gut". Sie werden staunen, wieviel Freude Sie damit um sich herum erzeugen können.
- Glauben Sie an Ihren Erfolg, glauben Sie an sich, und Sie werden sehen: Ihr Glaube wird wahr! Nehmen Sie in Ihren inneren Bildern Ihren Erfolg schon vorweg. Malen Sie sich in allen Farben aus, wie gut Ihnen Ihr Tag gelingen wird. So wie Sie an sich glauben, so trifft es auch ein.
- Denken Sie positiv über sich, über die Welt, über die Menschen, mit denen Sie heute zu tun haben werden. So wie Sie die Welt sehen, so wird sie sein.

Sie denken jetzt vielleicht, das ist ja schön und gut, aber wirklich nichts Neues. Aber ganz ehrlich, wie viele dieser einfachen Regeln befolgen Sie wirklich täglich? Machen Sie doch mal einen Haken hinter diese 10 Punkte, wenn Sie es wirklich täglich tun. Dauerhafte Begeisterung und Motivation ist „harte" Arbeit, und wir spüren ihre tollen Ergebnisse dann besonders intensiv, wenn wir täglich daran arbeiten.

Unser gemeinsames Umfeld und Miteinander

Folgende Fragen zeigen Möglichkeiten auf, wie eine motivierende und begei-

sternde Stimmung im Unternehmen.ge-
schaffen werden kann. Bei allen Fragen,
bei denen Sie mit „nein" antworten, machen Sie sich Gedanken, ob diese Maßnahme nicht sinnvoll für die Zukunft
wäre. Sie sind alle mit relativ geringem
finanziellen Aufwand durchführbar.

- Veranstalten wir regelmäßig einen
  Wettbewerb der guten Laune? Lassen
  Sie jeden in Ihrer Abteilung (Ihrem Un-
  ternehmen) abwechselnd morgens eine
  amüsante Geschichte oder einen guten
  Witz erzählen. Prämieren Sie jede Wo-
  che den Mitunternehmer, der die beste
  Laune verbreitet, ohne dabei den Arbeitsablauf zu stören.
- Vergeben wir Freundlichkeitspreise für
  das Verhalten untereinander und zum
  Kunden? Verteilen Sie in bestimmten
  Zeitabständen Anerkennungen für die
  Mitarbeiter, die sich besonders durch
  Freundlichkeit hervortun.
- Haben wir ein funktionierendes Ver-
  besserungsvorschlagswesen? Bekommen Ihre Mitunternehmer und Mitdenker eine Rückmeldung innerhalb kürzester Zeit? Toyota z.B. schafft dies innerhalb von 24 Stunden. Haben Sie ein klares und verständliches Prämiensystem?
  Machen Sie am Jahresende eine Verlosung, an der alle nicht umgesetzten Verbesserungsvorschläge teilnehmen?
- Haben wir eine Wünsche-Wand für die
  Mitunternehmer? Diese Wand funktioniert wie ein schwarzes Brett, an dem
  Ihre Mitunternehmer, auf Wunsch auch
  anonym, ihre Wünsche und entdeckten
  Mißstände bekanntgeben können.
  Diese Wand macht nur dann Sinn, wenn
  die angesprochenen Themen auch bearbeitet werden.
- Verleihen wir den Titel Mitarbeiter/in
  des Monats? Dies ist keine Anleihe aus
  gescheiterten sozialistischen Zeiten,

sondern von modernen japanischen
Managementmethoden, wie sie z.B. in
japanischen Fabriken in Wales durchgeführt werden – eine der preisgünstig-
sten Methoden, Anerkennung zu zeigen. Die Wahl sollte von den Mitunternehmern und dem Management gemeinsam durchgeführt werden.

- Haben wir ein Monatsmotto wie zum
  Beispiel: „Begeisterung im Januar",
  „Sauberkeit im Februar", „Freundschaft im März" etc.?
- Haben wir eine Happy-Hour (z.B. Montags um 8 Uhr oder Freitags 16 Uhr), bei
  der sich das ganze Unternehmen trifft,
  um gut in die Woche zu starten oder gemeinsame Erfolge der vergangenen
  Woche zu feiern?
- Werden Erfolge sofort und gemeinsam
  und richtig gefeiert? Große Erfolge verlangen nach sofortiger Anerkennung.
  Gönnen wir uns diese Zeit?
- Haben wir eine Bundesligatabelle, an
  der jeder ablesen kann, wo er steht? Die
  meisten Menschen, vor allem im Vertrieb, haben einen ausgeprägten sportlichen Ehrgeiz. Ändern Sie die Kriterien
  der Tabelle regelmäßig (z.B. Umsatz,
  Deckungsbeitrag, Neukundengewinnung), so daß jeder in Ihrer Mannschaft
  eine Chance sieht, mal ganz vorne zu
  stehen. Ganz nebenbei können Sie so
  auch Ihre Vertriebsziele umsetzen.
- Haben wir Spiegel mit der Aufschrift:
  „So sieht dich dein Kunde und dein Kollege"?
- Verteilen wir an unsere Mitarbeiter
  Memo-Karten? Textbeispiele: „Lache,
  und du gewinnst!", „Wir leben von unseren Kunden, machen wir sie erfolgreich!" etc.
- Führen wir einmal pro Monat eine
  Brainstormingsitzung mit allen Mitunternehmern durch, um Optimie-

rungspotentiale zu erarbeiten? Die Zeitdauer sollte nicht über 20 Minuten hinausgehen. Die zwei wichtigsten Grundregeln: Jede Idee ist erlaubt, jegliche Kritik ist verboten. Sie müssen strikt befolgt werden. Lassen Sie Mitunternehmer aus allen Abteilungen daran teilnehmen.

- Partizipieren die Mitunternehmer direkt am Unternehmenserfolg? Sind sie wirklich Mitunternehmer? Schütten Sie Anteile am Unternehmenserfolg in welcher Art auch immer an Ihre Mitunternehmer aus?
- Haben wir eine Politik der offenen Tür? Sind Führungskräfte einfach zu erreichen, und hören sie auch zu?
- Haben wir eine gemeinsam mit den Mitunternehmern erarbeitete Unternehmenskultur? Sind die Menschen an der Ausarbeitung der Unternehmenskultur beteiligt, gehen sie eine wesentlich höhere Selbstverpflichtung ein, als wenn sie nur am grünen Tisch entwickelt wird. Gerade mittelständische Unternehmen haben so für eine gelebte Unternehmenskultur gesorgt.
- Haben wir einen Fan-Club für unser Unternehmen? (Mit Wimpeln, gemeinsamen Veranstaltungen, gemeinsamem Song oder Schlachtruf etc.?)
- Haben wir ein Klima der positiven Kritik?
  – Versuchen wir immer, mindestens drei Möglichkeiten zu finden, wie eine Idee funktionieren könnte?
  – Ist in unserem Unternehmen der Satz „Das geht nicht, weil …" ersetzt worden durch den Satz „Das könnte gehen, wenn …"?
  – Müssen sich auch unsere Führungskräfte regelmäßig der konstruktiven Kritik der Basis stellen?
- Werden alle wichtigen Entscheidungen

immer klar und zeitnah im Unternehmen kommuniziert? So können wir eine schädliche Gerüchteküche im Unternehmen vermeiden.

Voraussetzung für eine dauerhaft hohe Leistungsbereitschaft ist:

Die Vision

Wer heute keine Vision hat, hat morgen kein Unternehmen mehr. Die Menschen vollbringen immer grandiose Leistungen, wenn sie einer Vision folgen können. Nur mit einer einfachen und verständlichen Vision können wir den Idealismus und den Ehrgeiz der Menschen wecken. Bill Clinton ist trotz aller Skandale unter anderem deswegen wieder zum Präsidenten gewählt worden, weil er den Menschen in seinem Buch „Zwischen Vision und Wirklichkeit" und in seinem Wahlkampf ein optimistisches Bild der zukünftigen USA geben konnte. Er spricht von drei wesentlichen Grundpfeilern einer funktionierenden Gesellschaft: Möglichkeiten, Verantwortung und Gemeinschaftlichkeit. Er beschwört damit die unendlichen Chancen, die den Menschen mitgegeben sind, wenn sie ihr Potential nutzen, sich über ihren Tellerrand hinaus verantwortlich für das Gesamte zu fühlen und zu kümmern und trotz allem Individualismus gemeinsame Ziele zu stecken und zu erreichen. Das Wichtigste ist jedoch seine feste Überzeugung, daß die Menschen diese Vision auch umsetzen können und werden. Eine Vision, die jeder im Unternehmen versteht und lebt, erfüllt die meisten Menschen mit einem grandiosen Stolz und dem Gefühl, wichtiger Teil von etwas Besonderem zu sein.

Walt Disney hat einmal gesagt: „If you can dream it, you can do it." Träumen Sie gemeinsam mit Ihren Mitunternehmern, oder lassen Sie sie an Ihrem Traum teilhaben. Lieben Sie Ihre Mitunternehmer, und nutzen Sie all ihre Stärken und Fähigkeiten für das Erreichen der großen Ziele Ihres Unternehmens.

Vielleicht sind die Amerikaner deswegen wirtschaftlich wieder erfolgreich, weil sie wieder Unternehmer mit Visionen haben wie z.B. Bill Gates, den Chef von Microsoft, die versuchen, Visionen Wahrheit werden zu lassen.

Und vielleicht ist die asiatische Wirtschaft aufgrund von Philosophien wie der folgenden so stark geworden:

Konosuke Matsushita brachte es auf den Punkt, als er sinngemäß sagte: Wir sind überzeugt, der industrielle Westen wird verlieren, und wir werden gewinnen. Westliche Manager wollen nur ihre Ideen in die Köpfe der Mitarbeiter einpflanzen. Doch nur wenn wir die kombinierte Kraft der Hirne *und* Herzen aller Mitarbeiter nutzen, können wir die Zukunft gewinnen.

Literaturhinweise

Clinton, B. (William Jefferson), Zwischen Vision und Wirklichkeit, München, 1996
Detroy, E.-N., Mit Begeisterung verkaufen, Landsberg/Lech, 1994
Gates, B. (William H.), Der Weg nach vorn, Hamburg, 1995

8.2 Den Vertrieb von innen heraus explodieren lassen

Der Autor

Beat Bouquet, MBA, ist Geschäftsleiter der Bouquet & Partner AG in St. Gallen und Präsident der Bouquet & Associates, Inc. in Chicago. Die Unternehmen planen und realisieren strategische Projekte für den Verwaltungsrat und die Geschäftsleitung von KMU-Betrieben. Herr Bouquet arbeitet am Aufbau einer „Zukunftswerkstätte" zur Erschließung von Kreativitätspotentialen in Unternehmen und ist Herausgeber von Management-Literatur wie „Unternehmen überlebensfähig machen" (1996) sowie Projektleiter bei Vorbereitungen zur Schweizerischen Landesausstellung „Expo 2001".

Unternehmen mit Organismusstrukturen verzeichnen in jüngster Vergangenheit laufend neue Erfolge. Dies in einer Zeit, in der die Mehrheit der anderen Firmen u.a. über gedämpfte Absatzentwicklung und Konjunkturschwächen klagen. Der Unterschied zwischen herkömmlichen Organisationsformen und Organismusstrukturen liegt darin, daß bei letzteren die Menschen als Mitarbeiter und als Kunden uneingeschränkt im Mittelpunkt stehen.

Die Zukunft beginnt jeden Tag von neuem und erfordert ein differenziertes Verständnis im Umgang mit dem Markt. Ebenso ist ein neues Verhalten in der Führung gefragt. Das gegenseitige Vertrauen zwischen Mitarbeitern und Vorgesetzten wird in den kommenden Jahren

ein bedeutendes Schüsselthema darstellen. Verspüren die Angestellten erst einmal Vertrauen, offene Spielräume sowie die Kompetenz zur Selbstorganisation und Selbstkontrolle, wird ein enormer Schub an Kreativität und Innovation im Unternehmen freigesetzt werden. Diese neue Energie zugunsten der Kunden entfaltet, verändert schlagartig die angestammten Geschäftsprozesse. Die Mitarbeiter werden Unternehmer, die Vertreter avancieren zu Topverkäufern, und die Manager wachsen zu Leadern heran. Kurz, das Unternehmen beschäftigt sich nicht mehr mit sich selbst, sondern wieder mit dem Kunden und seinen Sehnsüchten, mit dem Markt.

Die Fähigkeit zum Wandel ist eine der maßgeblichen Voraussetzungen für den

Markterfolg eines Unternehmens. Dabei kommt dem in der letzten Zeit vermehrt vernachlässigten Aspekt der strategischen Unternehmensvision eine überragende Bedeutung zu. Im Wettlauf um die Märkte der Zukunft können letztlich nur jene Unternehmen mithalten, deren Management sich von überholten Denkmustern befreit, Chancen rasch erkennt und hilft, die nötigen Veränderungen im Geschäftsgebaren gezielt umzusetzen.

Radixzeit, die Zeitqualität des „radikal erneuernden Aufbauens"

Wir arbeiten in den Unternehmen mit Grundlagen, die z.T. über 200 Jahre alt sind. Die Wirtschaft besteht seit einiger Zeit nicht mehr als Einheit, sondern wir haben zwei diametral auseinandertreibende Elemente. Auf der einen Seite der Markt mit multidimensionalen Kunden als chaotisches System, auf der anderen Seite die Unternehmen mit Abläufen und Strukturen. Diese basieren in den wesentlichen Grundzügen auf den Gedanken von Adam Smith und Alfred Sloan. Beide verfolgten den Ansatz der Arbeitsteilung in kleinere und funktional identische Einheiten. Vor rund 50 Jahren konnte sich dieses Konzept zur vollen Blüte entwickeln. Wohlgemerkt in Märkten, die nicht genügend Produkte und Dienstleistungen bekommen konnten und die gedanklich weitgehend nachvollziehbar und auch vorhersehbar waren.

Warum machen wir es so oder tun es überhaupt?

Wenn wir die vielstimmigen Ausführungen „Unser Unternehmen ist für die Kunden da" zu einer wirklich erlebbaren, faßbaren und greifbaren Wirklichkeit für den Kunden werden lassen wollen, dann sollten wir „zulassen" und nicht „mauern". Denn alle unternehmerischen Tätigkeiten haben nur dann einen wirklichen Wert, wenn der Kunde diesen Wert erkennt, erfährt, wünscht und dafür einen bestimmten Betrag ausgeben will. Alles, was der Kunde nicht als eine für ihn adäquate Leistung empfindet, wird er nicht mehr oder immer weniger kaufen. Andere Möglichkeiten hat er allemal bei einem stetig zunehmenden Angebot. Diese Perspektive läßt das mentale Erkennen „warum tun wir dies überhaupt" zur absoluten Notwendigkeit werden und erfordert die Umsetzungsenergie, dieses Denken und Handeln auf das gesamte Unternehmen zu transformieren.

Wir müssen erkennen, daß wir wirkliche Werte für den Kunden nur erbringen, wenn wir immer wieder bei sämtlichen Prozessen und auf allen Ebenen die zentrale, überlebenswichtige Frage stellen und Antworten verwirklichen. Für einen radikal veränderten Markt, der sich in den nächsten Jahren laufend neu und noch schneller modifiziert, ist ein radikal erneuerndes Aufbauen im Unternehmen überfällig. Es ist Zeit für Radixzeit.

Lust am Frust

Nicht erst heute, sondern bereits während der Hochkonjunktur waren die meisten Mitarbeiter, hochgelobt und gut bezahlt, Erfüllungsgehilfen in der arbeitsteiligen Unternehmenswelt. Die Antwort auf die Frage „Arbeiten, um zu leben, oder leben, um zu arbeiten?" wurde bisher nicht zugelassen. Denn dies verlangt in den Unternehmen nach dem so dringend erforderlichen radikalen Umdenken.

Es würde dem Gedanken „selbstmotivierend, selbstgestaltend, selbsterfüllend und selbstkontrollierend" zum wirklichen Durchbruch verhelfen. Dies könnte bedeuten, daß Hilfe zur Selbsthilfe gefördert würde, daß Eigenmotivation zu selbstverantwortlichem Handeln führen könnte. Der Vorstand von Daimler-Benz hat im Mai 1997 anläßlich der Eröffnung des ersten US-Werkes eingeräumt, daß die Realisierung dieses Megaprojektes nur möglich wurde, weil Teams mit hoher Autonomie, Selbstverantwortung und selbstbestimmtem Zielverständnis sich der Herausforderung angenommen haben. Vom Entscheid in der Konzernetage in Stuttgart, auf der grünen Wiese in Alabama ein Werk zu erstellen, bis zum Rollout des ersten US-Mercedes verstrichen nur 34 Monate! In dieser Zeit wurden Gebäude geplant, Bewilligungen eingeholt, Prozesse simuliert, Personal ausgebildet, Anlagen gebaut und in Betrieb genommen. Die beauftragten Teams wurden nicht behindert, sie wurden vielmehr gefordert und gefördert, Hervorragendes zu leisten.

Wie viele Mitarbeiter besitzen eine unerhörte Menge und Qualität an unerschlossenen Fähigkeiten, die in dieser zersplitterten Aufgabenkultur nie zum Tragen kommen? Die Zahl der „innerlichen Kündigungen", des freizeitorientierten Schonverhaltens, des „Mobbing", der destruktiven Gedankenfolgen, „auch morgen wird es nicht anders sein als heute", usw. müßten eigentlich beim Management ein radikales Handeln einleiten. Die „Bewahrer" sind leider meistens in den Führungspositionen anzutreffen und entwickeln sich damit zu „Verhinderern". Durch diese vieldimensionalen „Klemmer" mit Lust am Frust werden die kraftvollen, erneuernden, belebenden, lustvollen und energiereichen Seiten der Mitarbeiter nicht oder nur verkümmert

zum Schwingen gebracht. Der nachfolgende Gedanke müßte wahrhaftig für jeden Mitarbeiter, jede Führungskraft und das gesamte Unternehmen gelten: „Gesund sind nicht Unternehmen, die keine Probleme haben, sondern Unternehmen, die in der Lage sind, mit den Problemen umzugehen!"

Die Schnelligkeit des neuen Informationsangebotes zwingt Unternehmen, „in der Zeit zu sein". Dies bedeutet nicht mehr und nicht weniger, als die Unternehmen zu einer neuen Einstellung umzupolen. In dieser hat das schnelle Wahrnehmen, das schnelle Aufarbeiten, das schnelle Umsetzen und das schnelle Sichtbarmachen grundlegende Priorität.

Kontinuierlich finden kleine und kleinste Veränderungen im Markt und im Umfeld statt, aber auch mittlere und große. Das Unternehmen als agierender Organismus muß die Fertigkeit haben, zeitgerecht damit umzugehen.

Die Veränderungswahrnehmungen werden also dort aufgearbeitet, wo die größtmögliche Nähe zur Veränderung besteht. Beim Kundenkontakt wird erkannt und gelebt, daß ein Versuch oder ein Fehler in dieser Turbulenz ein effektives Mittel ist, dem Markt auf der Spur zu bleiben. Frühstartermentalität und abgestufte Perfektion sind heute die Grundlage für den Erfolg von morgen. Bereits das Pareto-Prinzip zeigt, daß das Wichtige vor dem Dringenden erledigt werden muß. Wichtig sind jene Aktivitäten, die zum Erreichen der Ziele beitragen oder das größtmögliche Erfolgspotential beinhalten. Schnelligkeit beginnt im Kopf. Unternehmen, die die Einstellung nicht laufend verändern, „Was können wir besser machen", werden keine überlebensfähigen Netzwerkunternehmen sein. Sie werden keine Zeit mehr haben, in der Zeit zu sein! Bob Davids, CEO

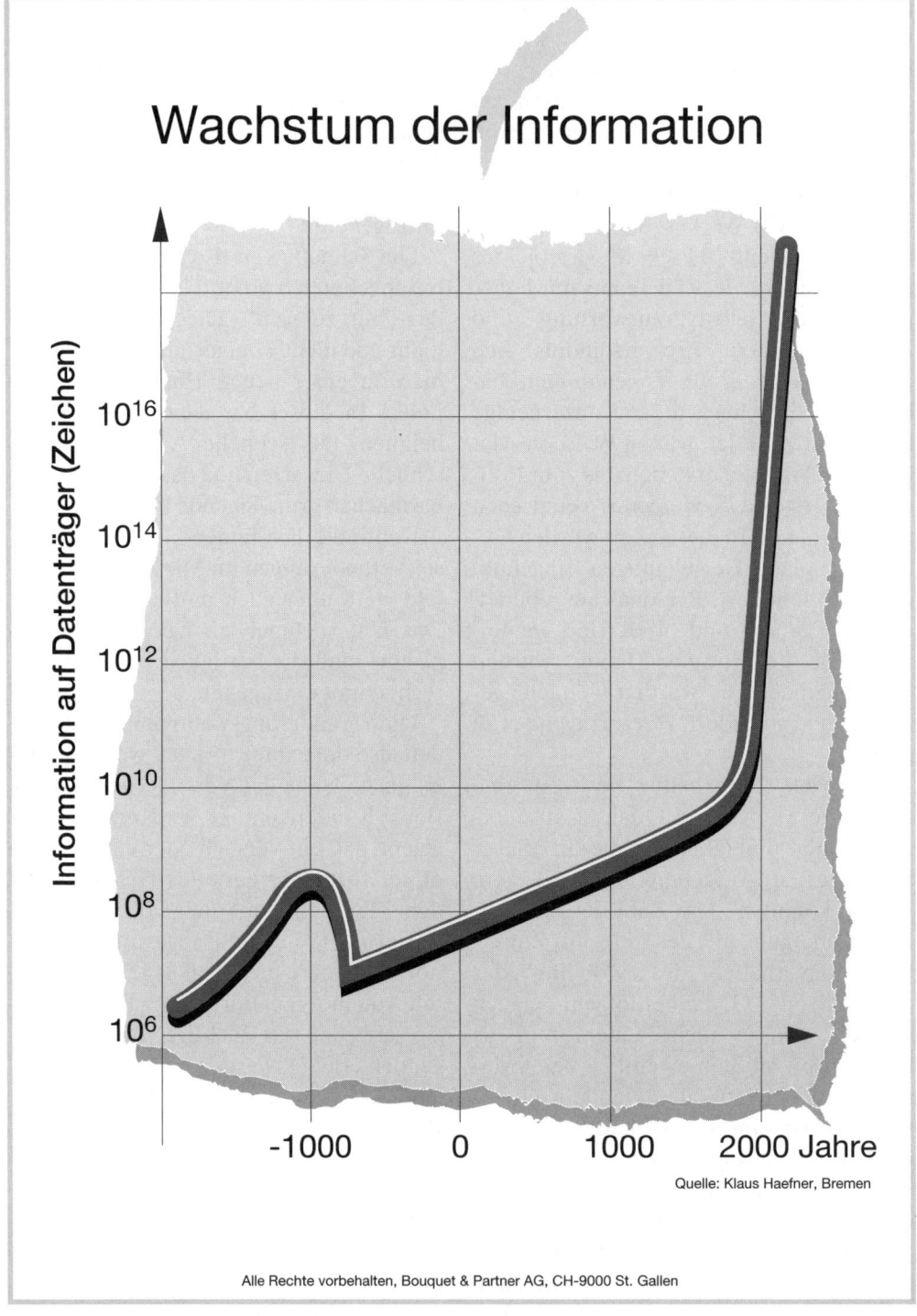

Abb. 1: Wachstum der Information

einer US-Firma, hat 1988 für 2 US-$ in Hongkong ein Unternehmen gegründet. Heute beschäftigt er nahezu 3000 Mitarbeiter und ist einer der Hauptlieferanten für amerikanische Spielzeuganbieter. Angesprochen auf sein Erfolgsrezept antwortete er: „I am not in search of excellence, but I am in search of necessary quality. Further, most of my time is used to clarify whether I am responsible to do a decision myself or not. Believe in god, there are just a few decisions I have really to do myself. Therefore I force my employees to do decisions theirselves, to do it fast and to take care about it. Nobody has more information to identify important facts than the people who work with the customer day for day! When my vice president asks for my support, I write my ideas on a sheet of paper and I am going to answer him: ‚Here is my statement, come back within 24 hours and let us see what is yours. Be sure that your solution is better than mine, because you have all the information to do your decision yourself.‘ This kind of training for doing decisions is the best way to lead my employees into a successful job!"

Deduktives Denken ist „out", induktives Denken ist „in"

Bisher war und ist die Stärke der Unternehmen, der Manager und der involvierten Mitarbeiter die Problemdefinition, die Suche nach erfolgversprechenden Lösungsmöglichkeiten, die Bewertung verschiedener Optionen und daraus in der Evaluation zu denken und zu handeln. In der heutigen und künftigen Welt des rasanten gesellschaftlichen Wandels, der unermeßlichen technologischen Möglichkeiten und besonders in der Informationsentwicklung genügt dieses – bisher so bewährte – deduktive Denken und das

daraus resultierende Handeln nicht mehr. In dieser neuen Landschaft verführt deduktives Denken dazu, daß die Menschen im Unternehmen das Wichtige verkennen. Sie sind mit dem Dringenden vollumfänglich beschäftigt. Dies heißt, daß mit viel Schwung und Optimismus Anwendungen und Techniken verwendet werden, die für die Zukunft des Unternehmens unbedeutend sind. Und noch etwas wird beim deduktiven Denken meistens vergessen, nämlich die Frage: „Was hat der Markt, der Kunde davon?"

Induktives Denken und Handeln heißt, vorausschauend die wirklich überzeugenden Leistungen, Ideen und Lösungen wahrzunehmen. Es bedeutet auch, eine Vision zu haben und Menschen im Unternehmen zusammenzuführen, die diese Vision mit einer Mission erfüllen wollen.

Induktives Denken und Handeln besitzt die Fähigkeit, Möglichkeiten und Lösungen zu finden, die der Markt und sein Kunde bis jetzt vielleicht gar nicht erkannt haben. Empirische Erkenntnisse aus jüngster Vergangheit besagen, daß in den meisten Fällen erst das Auftreten eines Angebotes die Nachfrage schafft. Gerade in der vor uns liegenden Zeit wird es immer mehr Menschen geben, die nicht wissen, daß sie Sehnsüchte nach einer Leistung, einem Produkt, einer Stimmung, einer Idee haben. Wenn sie dann feststellen, daß sie diese noch undefinierbare Sehnsucht erfüllen können, dann glauben sie, ohne diese Sehnsucht-Erfüllung nicht mehr auszukommen.

Induktives Denken „verführt" Unternehmen, Mitarbeiter und Kunden zu Reisen in noch unbekannte Landschaften. So lange unbekannt, bis diese mental visualisiert sind.

Umfeld-Monitoring

Ein Unternehmen schreibt als Definition:

„Unter Umfeld-Monitoring verstehen wir das frühzeitige Erkennen und verfolgende Beobachten von gesellschaftlichen, sozialen, kulturellen, wirtschaftlichen und politischen Entwicklungen und Veränderungen, die in Bezug zum Unternehmensgegenstand, zur Konzernvision und zur lebenden Konzernstrategie stehen."

Weiter schreibt dieses Unternehmen über das interne Monitoring-Netz für Mitarbeiter: „Was wir am dringendsten benötigen, ist Unmittelbarkeit. Wir bewegen uns nicht nur in einem Gesamtmarkt, sondern in vielen lokalen Teilmärkten. Mega-Trends sind eine Seite, lokale Strömungen zu orten und sofort darauf zu agieren ist die andere Seite. Wir sind ein europäisches Unternehmen. Vor Ort sind unsere Wurzeln, die wir für Signale, Strömungen und Veränderungen des unmittelbaren Umfeldes sensibilisieren wollen. Unmittelbarkeit leben wir auf zwei Ebenen: selbstorganisierend und selbsthandelnd vor Ort und mit raschem Informationsaustausch mittels E-Mails zum schnellen Aufarbeiten und Umsetzen der Aufgaben im Gesamt- oder Teilmarkt."

Durch die wenigen Grundhaltungen (diese werden von oben nach unten und von unten nach oben wirklich gelebt) wurde dieses Unternehmen innerhalb von rund drei Jahren radikal verändert. Im Unternehmen und vor Ort entstanden „Werkstätten-Teams des Wandels". Man erkannte, daß ein gutes Aufarbeiten der Vergangenheit und ein optimales Abwickeln der Gegenwart allein nicht mehr ausreichen in dieser neuen Wirtschaftswelt. Man ist mittlerweile der vollen Überzeugung, daß Unternehmenszukunft nicht das Privileg der Spitze ist, sondern eine herausfordernde Aufgabe aller interessierter Mitarbeiter.

Diese Werkstätten-Teams des Wandels haben als Netzwerk dafür gesorgt, daß die zukunftsrelevanten und zukunftsgestaltenden Potentiale des Unternehmens – auf der Basis „Was hat der Kunde davon?" – schnell umgesetzt wurden.

Leider läuft die Realität in den meisten Unternehmen immer noch auf der Schiene „Zentralisation und Kontrolle". Es seien die Fragen erlaubt: Weshalb wird nicht auf die Motivationskraft des einzelnen, das Leistungspotential im Team, das relevante Wissen und das Gefühl „Wir packen die Zukunft" gesetzt? Weshalb wird nicht die erforderliche Kompetenz zum raschen Handeln ohne Wenn und Aber mitgeliefert?

Die Un-Kultur vergangener Zeiten wird gedankenlos fortgeschrieben, obwohl die Mitarbeiter und der Markt sich radikal verändert haben und noch mehr verändern werden. Überall dort, wo Vertrauen und Komptenz übertragen wird, werden in der überwiegenden Mehrheit immaterielle und materielle Gewinne geerntet. Es entstehen positive Prozesse von innen nach außen.

Wirtschaftliches Verständnis für den Organismus

Menschen sind Märkte. Wenige Menschen mit gleichzeitig identischen Sehnsüchten sind Nischenmärkte. Mehr Menschen mit gleichen oder ähnlichen Sehnsüchten bilden kleinere oder größere Märkte. Diese Nischen, kleineren oder größeren Märkte sind Organismen. Denn die kleinste Einheit dieser Märkte ist der Mensch, er denkt, fühlt und handelt als Organismus. Diese grundlegende Modellbetrachtung des Marktes wird für Unternehmen in der Zukunft zum entscheidenden Erfolgsfaktor.

Menschen sind nicht wirtschaftlich denkende Individuen, wie dies die Erbsenzähler in den Unternehmen gerne darstellen. Das Handeln der Menschen und Kunden demonstriert sich in den meisten Fällen als chaotisch und unlogisch. Die Motive, die zu einer Kaufhandlung führen, erscheinen dem einzelnen Menschen zwar als logisch, plausibel und vernünftig. Das ist es auch aus seiner gegenwärtigen Position und Situation. Die Kumulation aller einzelnen Handlungs- und Sichtweisen reflektiert dann das Kaufverhalten des jeweiligen Marktes.

Unternehmen müssen zunehmend in der Lage sein, mit dem chaotischen zufälligen Kaufverhalten ihrer Kunden umzugehen. Dies wird dann möglich, wenn das Unternehmen sich seinem Markt rasch und chamäleonhaft anzupassen vermag, wenn es sich intern ebenfalls als Organismus-Unternehmen verhält.

Unternehmen, die noch länger in den bisher gültigen Kategorien denken und handeln, Strukturen, Abläufe, Organisationsprinzipien mit viel Aufwand à la Smith oder Sloan durchsetzen, sind sogenannte Mega-Saurier. Und die sind bekanntlich seit rund 65 Mio. Jahren ausgestorben.

Unternehmen müssen von den Menschen (Organismen), die in diesem Unternehmen arbeiten, als soziale, dynamische und offene Systeme verstanden und akzeptiert werden. Die Prozesse und Entwicklungen sind nicht fließende, harmonische Übergänge, sondern meistens turbulente Diskontinuitäten und Sprünge. Also komplexe soziale, wegorientierte Systeme.

Exakt diese Prozesse laufen seit Jahrmillionen in der Natur ab. Evolution und Quantensprünge haben die fortlaufende Weiterentwicklung erbracht. Die Natur als Unternehmen kann man als dynamisches, sich permanent veränderndes Beziehungsgeflecht auffassen. Das Unternehmen „Natur" funktioniert erfolgreich seit Jahrmillionen, ein wirtschaftliches Unternehmen mit einem Lebenszyklus von durchschnittlich 35 bis 40 Jahren müßte also, um ebenso erfolgreich zu sein, sich mindestens jeden Tag fast neu erfinden.

Das Unternehmen „Natur" hat sich zwei grundlegende existentielle Handlungsweisen zugelegt:

• das Bemühen und das Sicherstellen der Nachhaltigkeit durch Erhalten der Lebensgrundlagen und der Lebensqualität

• das Selbststeuern aller Lebensvorgänge, d.h. stabile kybernetische Vorgänge zum Erzielen des Gleichgewichts

Der Markt (die Menschen) ist in dieser Entwicklung viel weiter fortgeschritten als die Unternehmen. Diese offensichtliche Diskrepanz macht immer mehr Unternehmen erhebliche Mühe, für den Markt da zu sein. Solange die laufende Nachfrage zunahm, war das Problem der „Diskrepanz" nicht so erkennbar. Jetzt und in Zukunft – und dies gilt als empirisch gesichert – werden kleine und größere Fehler der nahen Vergangenheit und der Gegenwart in ihren Auswirkungen zunehmen. Zusammen mit der turbulent veränderten Marktentwicklung schaukeln sich die vorhandenen Fehlerpotentiale (z.B. Unternehmen als Organisation) auf und können – aufgrund der Abhängigkeit von anderen Systemen – eine wahre Krise auslösen. Eine Analyse ergab, daß Unternehmen noch vor zehn Jahren während einer Generation ein bis zwei lebenswichtige Entscheidungen treffen mußten. Heute sind mindestens alle vier Jahre ein bis zwei essentielle Entscheide erforderlich.

Schlanker werden, Erbsenzähler fördern, Abläufe und Strukturen optimieren, noch mehr rationalisieren usw. hilft allein nicht mehr weiter. Das Unternehmen muß zur Spielwiese „natürlicher organischer Prozesse" werden, das die drei Fragen stetig selbststeuernd, selbsthandelnd und nachhaltig beantworten kann:

• Was hat der Kunde, der Markt davon?
• Warum tun wir dies überhaupt?
• Was können wir besser, anders machen?

Die nahe Zukunft erfordert nicht ein Umdenken, sondern vielmehr ein Entlernen, um Platz zu schaffen für Quantensprünge.

Die Metapher der Zukunft, das Jahr 2000

Auch wenn die Menschen nicht bewußt damit umgehen, war und ist das Jahr 2000 über Jahrhunderte weg das verheißungsvolle Datum, die Metapher der Zukunft. In einer „selbsterfüllenden Voraussage" projizieren immer mehr Menschen ihre Art der Zukunft, und diese Zukunft ist in wenigen Jahren Vergangenheit. Der Magnet 2000 zieht uns immer mehr in den Bann. Positive Gefühle verleihen Hoffnung, negative Einstellungen versprühen Null-Bock-Stimmung. Beides gepaart verspricht eine unerhörte Dichte und Intensität auf dem Markt in der verbleibenden Zeit.

Ein immer stärker werdendes Bewußtsein für die globalen, regionalen und lokalen Problemfelder zwingt die einzelnen Menschen und die Gesamtheit der industrialisierten Länder dazu, vorhandene Werte und Institutionen neu zu überdenken.

Die größten Durchbrüche werden, obwohl diese aufsehenerregend, faszinierend und unvorstellbar sind, nicht die technologischen Veränderungen sein, sondern das erweiterte Verständnis zum Menschsein, zur Reise nach innen, zur Selbstfindung, zur natürlichen sozialen Kompetenz des täglichen Lebens – und damit das genußvolle, romantische und vitale Ausleben der Polaritäten in allen Facetten, sowohl im Denken als auch im Handeln. Das Individuum als selbstverantwortliche Identität, der Wert des einzelnen Ich und Selbsterfahrung haben bereits eine spirituelle Gesellschaft entstehen lassen. Und obwohl wir diese neue multikulturelle Spiritualität leben, müssen die Antworten zu den wichtigsten Anliegen des Menschseins aus uns selbst kommen.

Wie wir mit der Annäherung an das magische dritte Jahrtausend umgehen, welche Dynamik des Handelns wir entfachen, wird uns allen aufzeigen, welche Bedeutung „Menschsein" hat, wie wir die soziale Kompetenz ausfüllen. Was bedeutet das für die Unternehmen?

Die zweitgrößte protestantische Kirche in den USA formuliert es so: „Vielleicht ist Gott nicht tot, aber der Massenmarkt ist es! Wir haben uns entschlossen und werden alles tun, die Wünsche der Kunden zu erfüllen, außer in Fällen, wo der Kundenwunsch im klaren Widerspruch zur heiligen Schrift ist. Viele kleinere Zentren, wo Menschen sind, haben eine wesentlich größere ‚Kundennähe', denn sie sind flexibler, schneller und menschlicher."

Diese Spiritualität, diese soziale Kompetenz und diese Freiheit müssen im Unternehmen ermöglicht werden zum Nutzen des Kunden und damit auch zum Nutzen des Unternehmens. Wir haben es heute und in Zukunft mit Menschen zu tun, die mehrheitlich bereit sind, Verantwortung zu übernehmen. Diese Mitarbeiter suchen die Gemeinschaft in Teams, in kleinen überschaubaren Gruppen. Es gibt immer weniger Mitarbeiter, die der Verantwortung aus dem Weg gehen. Diese Art von Mitarbeiter sucht das Kollektiv, denn im Kollektiv kann man sich verstecken. Leider arbeiten die meisten Unternehmen immer noch nach dem Prinzip des Kollektivs, hierarchisch gegliedert, nach Aufgaben und Funktionen getrennt, mit marktfernem Denken und Handeln, unüberschaubar in der Größe oder der Aufgabenteilung.

Kleinigkeiten verändern das Gesamtbild

In manchen Unternehmen wird fast immer nur nach der ganz großen, sensationellen Idee und Lösung gesucht. Dies ist sicher ein Teil des Weges, aber auch der andere Teil muß laufend beschritten werden. Innen- und außenorientierte Mitarbeiter überlegen, erzeugen, prüfen und setzen um, was es an vielen kleinen und größeren Dingen „für den Kunden" zu tun gibt. Die zentralen, immer wiederkehrenden Denkanstöße heißen: „Wie können sich Kunden und Mitarbeiter mit diesem Unternehmen identifizieren und mit dem Angebot wohl fühlen?" und: „Welche Ideen, Möglichkeiten, Aktivitäten sorgen und erhalten das Wohlfühlen der Kunden und Mitarbeiter?"

Erkenntnisse aus vielen Prozessen in den letzten zehn Jahren sind positiv. Im Schnitt werden pro Team ca. 50 bis 70 brauch- und umsetzbare Ideen sowie Möglichkeiten nach außen und innen „erfunden". Je tiefer in der Hierarchie und je näher am Markt, um so griffiger sind die Vorschläge. Kleine und mittlere Dinge zwar, die aber die Identität des Unternehmens nach außen und innen nachhaltig verändern können. Besonders wenn die beteiligten Mitarbeiter die „erfundenen"

Gedanken selbsterfüllend, selbstmotivierend, selbstgestaltend und selbstkontrollierend umsetzen, ist der Erfolg von überdurchschnittlichem Ausmaß.

In dieser Art kann konkret begonnen werden, mit offenen Prozessen die Hintergrund-Musik des neuen Werdens zu spielen.

Leben ist Rhythmus und „bewegende" Energie

Werte sind bestimmende Gründe des Handelns. Solange Unternehmen jene belohnen, die am wenigsten Fehler machen (wie im Schulsystem, und alle sprechen ganz gelassen davon, daß dieses 10 bis 15 Jahre hinter der Zeit her ist), gelten Stabilität und Sicherheit als dominante Werte. Wer also in einer solchen Wertewelt Erfolg haben will, der wird dauernd von der Furcht geplagt, Fehler zu machen, zu versagen. Er versucht zwanghaft, jede Möglichkeit der Fehlerverursachung zu vermeiden.

Es wird völlig verkannt, daß hinter jedem vermeintlichen oder wirklichem Versagen oft die Chance für einen Wandel steht. Diese Chancen des Wandels können in der traditionellen Wertewelt nicht wahrgenommen und umgesetzt werden. Linearität ist immer einschränkend, willkürlich, mächtig, strukturell, lähmend, rational und träge. Sie erzeugt Angst, Angst bewegt auch, aber auf dem falschen Weg. Leben ist Rhythmus, ist herausfordernd, unruhig, vital, agierend, chaotisch, positiv stressig und bewegend. Es erzeugt Lust, und Lust bewegt auf den richtigen Weg, den Weg der offenen Prozesse.

Es gibt und es wird Unternehmen geben, die die Radixzeit zum radikal erneuernden Aufbau nicht schaffen werden und gar nicht in Angriff nehmen wollen. Diese

585

Unternehmen sind gefangen von der Angst vor dem spielenden Umgang mit dem wirklichen Leben in der Wirtschaft. Es sind Unternehmen, die in kleinen, abgesicherten Schritten operieren und die

• linkshemisphärisch handeln, denken,
• betonierte Strukturen aufrechterhalten,
• Macht und Größe weiter maximieren,
• Veränderungen nur zulassen, wenn diese mehrfach abgesichert sind,
• Linearität pflegen,
• als Dinosaurier mit kleinem Hirn und großem Körper leben.

Unternehmen die den radikal erneuernden Aufbruch in Angriff nehmen oder bereits aktiv sind, operieren und

• denken, handeln ganzheitlich mit Intuition, Kreativität und Rationalität,
• verwirklichen offene Prozesse,
• wollen Marktnähe und Marktoffenheit,
• lehnen Hierarchien ab,
• verhalten sich entscheidungsfreudig auf marktnächster Ebene mit entsprechender Kompetenz,
• akzeptieren den Change als Spiel,
• nutzen Veränderungen als Chance.

Beide Unternehmenstypen haben die gleichen Voraussetzungen zum Entfalten zur Verfügung. In den einen Unternehmen werden die Potentiale durch die gewachsene Kultur, Betonköpfe und Starrheit vernichtend kanalisiert. In den anderen Unternehmen wird eine bewegende Energie entfacht.

Das Mitarbeiterpotential, das wirkliche Kapital der Unternehmen, besteht aus ca. 30 Prozent bejahenden „Machern und Wollern", ca. 40 bis 50 Prozent begeisterungsfähigen „Mit-Machern und Mit-Wollern" und ca. 20 bis 30 Prozent „Gleichgültigen". Es sind übrigens diese „Gleichgültigen" die im fokussierten Denken der

Führung das Dogma der unfähigen und unwilligen Mitarbeiter prägt. Das natürliche Potential sollte von Unternehmen genutzt werden auf dem Weg zum überlebensfähigen Organismus-Unternehmen.

Schützengraben-Mentalität versus „Fließenlassen"

„Cyberspace nach innen" kann man das Verhalten vieler Unternehmen nennen. Sie haben sich einen Cyberspace-Helm aufgesetzt und sehen das, was sie sehen wollen. Dies entspricht der Kultur des Unternehmens. Jede Kopfdrehung zeigt das vorbereitete Programm von einem Markt und einem Kunden, wie er sein muß, damit er zum Unternehmen paßt!

Erkundigt man sich in diesen Unternehmen bei neu eingetretenen Mitarbeitern nach fünf bis sechs Monaten über die Erkenntnislage, zeigt sich folgendes Bild: Die Nicht-Cyberspace-Mitarbeiter machen zwei, drei oder vier Vorschläge, wie man Dinge verändern, besser machen könnte. Nachdem diese Vorschläge stets mit ähnlichen Argumenten abgewimmelt wurden, haben die neuen Mitarbeiter auch den Cyberspace-Helm aufgesetzt und sehen nun, was sie zu sehen haben. Das Unternehmen hat wieder eine stille Kündigung mehr erreicht.

Leider werden in solchen „Cyberspace-Unternehmen" erst in schlechten Zeiten die Helme abgenommen und bestehende Ordnungen aufgebrochen. Denn das Programm im Cyberspace-Helm hat bisher Ordnung im Markt vorgetäuscht und das Chaos wohltuend ausgeblendet.

Die Prozesse des „Werdens", „Fließenlassens", „permanenten Auftauens" bedeuten, daß man den Herz-und-Kopf-Menschen im Unternehmen tatsächlich will und fördert.

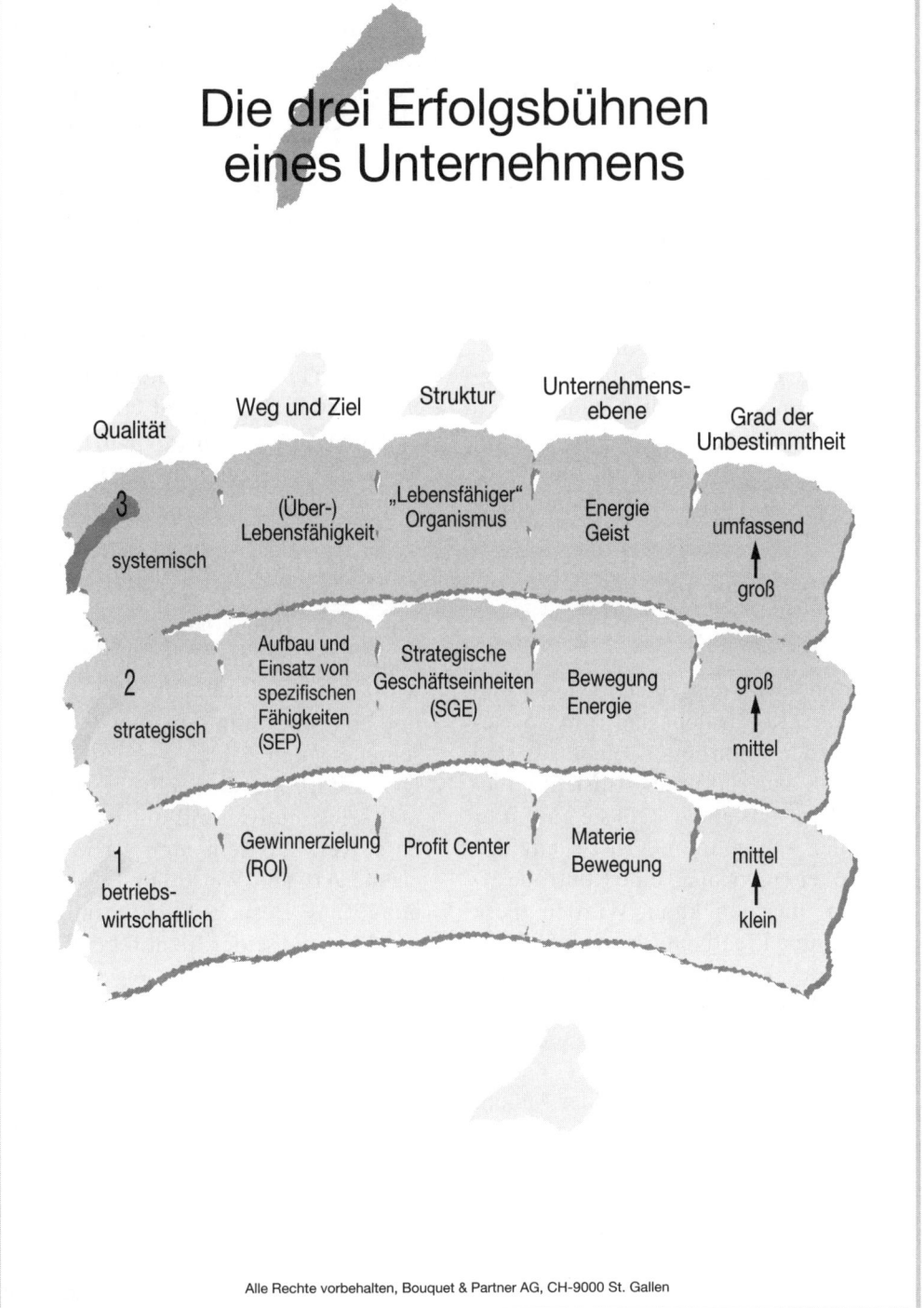

Die drei Erfolgsbühnen
eines Unternehmens

Abb. 2: Die drei Erfolgsbühnen eines Unternehmens

Der Markt hat die Schützengräben der Linearität schon längst verlassen. Die Kunden suchten nach Sinngebung, Sinnentfaltung und Sinnerfüllung. Dies erfordert, daß in den Unternehmen das Ahnen, das Fühlen, das Spüren mindestens so wichtig wird wie das lineare Denken. Diese erforderlichen Prozesse können jedoch nur von Herz-und-Kopf-Menschen initiiert werden, jenen Mitarbeitern, die den Wandel lieben dürfen, können, wollen. Es kommt nicht von ungefähr, daß in der Wirtschaft Frauen zunehmend erfolgreich agieren. Die weiblich emotionalen Instinkte funktionieren seit jeher als ein organisches Detektionssystem für unausgesprochene Bedürfnisse, Empfindungen und Sehnsüchte.

Kontrolle ist gut, Vertrauen ist besser

Sie dürfen davon ausgehen, je besser und raffinierter Kontrollen sind, um so cleverer werden Mitarbeiter. Einerseits sind sie es leid, dauernd unter Aufsicht zu leben, andererseits entwickeln sie aus purer Lust oder angestautem Frust vielfältige Möglichkeiten, wie man eine Kontrolle erfolgreich umgehen kann. Würden diese Energien und kreativen Ideen einfach zugunsten der Kunden eingesetzt, könnte man die Marktstellung des Unternehmens sofort und entscheidend verbessern. Ein Beispiel kann dies illustrieren:

Vor rund fünf Jahren erfand der Außendienst eines großen, schwerfälligen Konzerns ein grundlegend neues Außendienstverständnis. Damals waren rund 1000 Mitarbeiter im Verkauf tätig.

Im Jahr 1
Die Verkaufsmitarbeiter (inklusive der relevanten Innenbereiche) und die Ge-

schäftsleitung deponierten getrennt – dies war ein Teil der neuen Gedankenwelt – die Verkaufszahlen, die das nächste Jahr zu erzielen waren, in einem verschlossenen Briefumschlag beim Rechtsanwalt. Jeder Außendienstmitarbeiter setzte sich seine für ihn erreichbaren Ziele selbst. Er bestimmte selbstverantwortlich auf der Basis der vorhandenen Verkaufsaktivitäten, was er in seinem Gebiet einsetzen konnte und wollte, um sein eigenes Ziel zu erreichen. Seine eigenen Verkäufe und die Verkaufszahlen aller Mitarbeiter lagen im ersten Jahr rund 3,5 Prozent über den vorgegebenen (im verschlossenen Briefumschlag) Verkaufszahlen der Verkaufs- und Geschäftsleitung. Drei elementare Dinge sind abgelaufen:

1. Der Tiefgang der Stimmung beim Bekanntwerden der zu erzielenden Zahlen war nicht vorhanden. Bereits im Januar/Februar des laufenden Jahres wurde von praktisch jedem Mitarbeiter mit Lust und Stimmung am Erreichen seiner eigenen Zahlen gearbeitet.

2. Der Mitarbeiter hat selbstbestimmend und selbstmotivierend mit den verfügbaren Verkaufselementen gespielt, seine eigene Art und Weise der Besuchsplanung und Besuchsdurchführung verwirklicht, die seiner Identität entsprach, und hat durch seine eigene, echte Freude die Kunden auf der sozialen Ebene für sich und damit für das Unternehmen gewonnen.

3. Da der immaterielle und materielle Erfolg bereits nach fünf Monaten absehbar war, wurden von den Mitarbeitern im Außendienst sogenannte „Prozeß-Unterstützer" für die Verkaufsaktivitäten des nächsten Jahres" bestimmt. Der Außendienst bestimmte selbständig 40 Kollegen für die neuen Aufgaben.

Im Jahr 2

Die Außendienstmitarbeiter hatten ja ihre eigene Zukunft erfunden. Sie führten nun zwei ganz entscheidende Prozesse ein:

- Die mit Hilfe der „Prozeß-Unterstützer" ausgearbeiteten Aktivitäten waren wirklich so, wie der Außendienst sie brauchen konnte, und er war absolut frei, diese (aber nur diese) einzusetzen.
- Sieben Außendienstmitarbeiter, die geographisch eine Einheit bilden konnten, haben sich zu einem 7er-Team zusammengeschlossen. Sie haben dann jeder für sich und als Team gemeinsam die zu erreichenden Verkaufszahlen für das Jahr 3 festgelegt.

Diese Außendienstzahlen wurden um rund 5 Prozent übertroffen. Diejenigen der Verkaufs- und Geschäftsleitung (wieder im verschlossenen Briefumschlag deponiert) wurden um rund 3 Prozent übertroffen.

Im Jahr 3

Als wiederum in der Mitte des Jahres 2 absehbar war, daß es – mit wenigen Ausnahmen – gut lief, wurde der alles entscheidende Schritt um ein Jahr vorgezogen (geplant war er für das Jahr 4). Die gebildeten 7er-Teams wurden ab dem Jahr 3 materiell auf zwei Ebenen entlohnt. Einerseits zählte die Einzelleistung, andererseits zählte die Teamleistung als Ganzes. Ganz wenige Kriterien, transparent und von den Mitarbeitern im Außendienst vorgeschlagen, wurden dafür verwendet. Diese gelten heute noch, mit kleineren Modifikationen. Und nun geschah das, was sich bereits im Jahr 1 und 2 abzeichnete: „Kontrolle ist gut, Vertrauen ist besser." Denn die Teams agierten als Einheit, und sogenannte „faule Nüsse" wurden vom Team viel schneller aussortiert, als dies jede noch so rigide Zentrale hätte tun können.

Und noch ein wesentlicher Effekt war plötzlich kein Thema mehr: die verwaisten Gebiete infolge Ferien, Krankheit usw. Die Team-Mitglieder des jeweiligen 7er-Teams teilten sich dieses Gebiet – während der fraglichen Zeit – auf. Es ging ja auch um die Gesamtleistung des Teams. Aus „Rambotum" wurde Teamfähigkeit!

Es entstanden selbsterfüllende, selbstmotivierende, selbstgestaltende und selbstkontrollierende Teams. Von den rund 1000 Mitarbeitern sind heute (nach fünf Jahren) noch 800 dabei, und die Lücken wurden mit Menschen aufgefüllt, die diese Freiheit zur Freiheit suchen und wollen.

Das kontinuierliche Klügerwerden. Führen ist kultivieren!

Mehrheitlich hört man: „Jeder Mensch braucht Führung, basta!" Die Frage sei allerdings erlaubt: Welche Führung? Kann ein Führungsverständnis für ein Menschenbild der Vergangenheit, erprobt und bewährt in Nachfrager-Märkten, noch Gültigkeit haben? Kann es sich um dieselbe Führung handeln, die es erfordert, in chaotischen Anbieter-Märkten zu operieren, selbständige und selbstbewußte Mitarbeiter zu Höchstleistungen anzuspornen und gleichzeitig noch den multidimensionalen Kunden als „Erlebenden" im Mittelpunkt zu fokussieren?

Ein Gedanke allein ruft bereits die „Un-Kultur" im Unternehmen, das Eunuchentum des Bewahrens hervor! Achten Sie darauf, es wird nie soviel Kreativität erzeugt, wie wenn es darum geht, etwas Neues oder Anderes als „unmöglich" zu deklarieren.

Das neue Führen heißt kultivieren, stimulieren, zulassen und moderieren. Es geht um das „Auftauen" des lähmenden

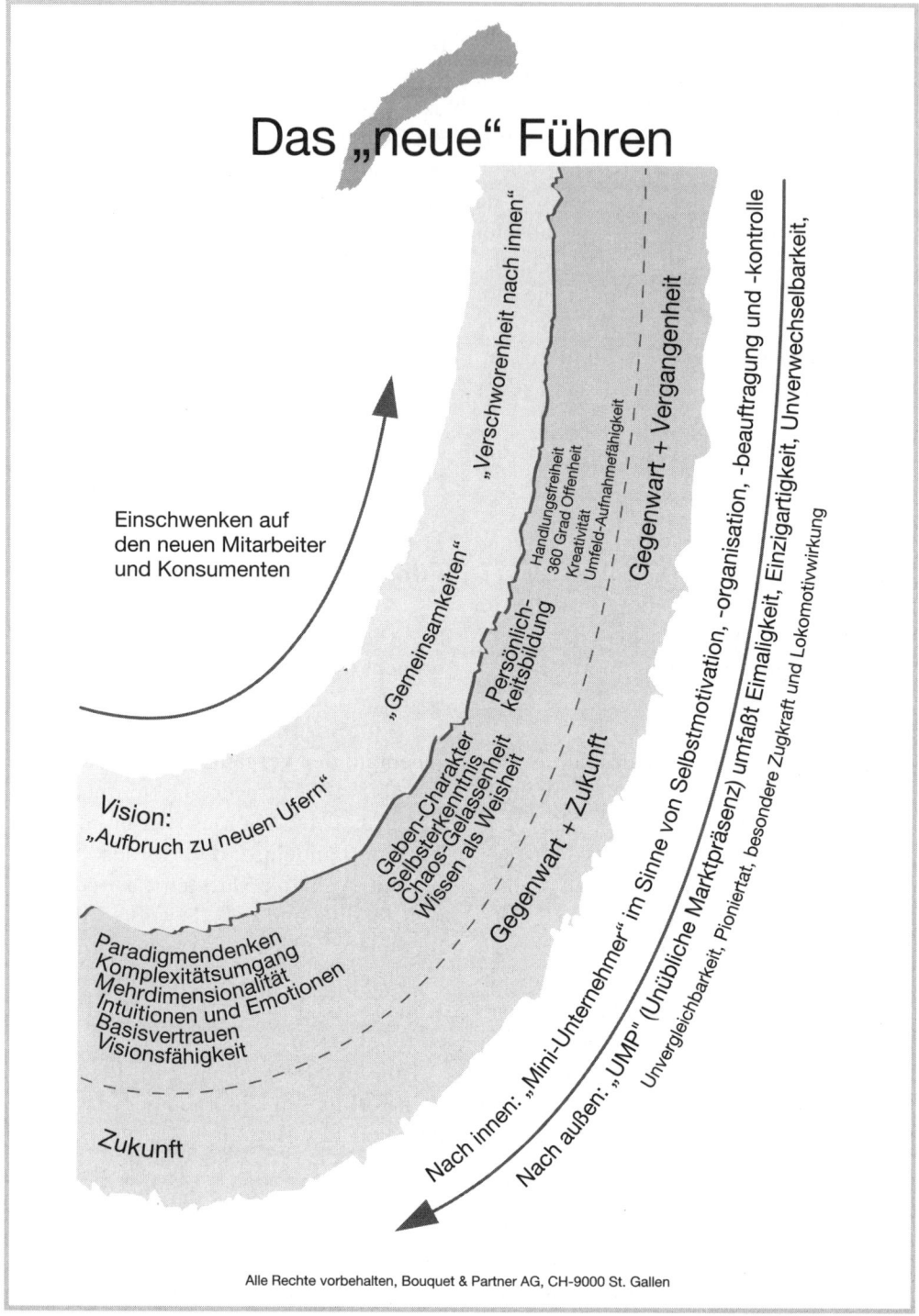

Das „neue" Führen

Einschwenken auf
den neuen Mitarbeiter
und Konsumenten

„Verschworenheit nach innen"

Gegenwart + Vergangenheit

Selbstmotivation, -organisation, -beauftragung und -kontrolle

Handlungsfreiheit
360 Grad Offenheit
Kreativität
Umfeld-Aufnahmefähigkeit

umfaßt Eimaligkeit, Einzigartigkeit, Unverwechselbarkeit,

„Gemeinsamkeiten"

Persönlich-
keitsbildung

Vision:
„Aufbruch zu neuen Ufern"

Geben-Charakter
Selbsterkenntnis
Chaos-Gelassenheit
Wissen als Weisheit

Gegenwart + Zukunft

Paradigmendenken
Komplexitätsumgang
Mehrdimensionalität
Intuitionen und Emotionen
Basisvertrauen
Visionsfähigkeit

Zukunft

Nach innen: „Mini-Unternehmer" im Sinne von

Nach außen: „UMP" (Unübliche Marktpräsenz)

Unvergleichbarkeit, Pioniertat, besondere Zugkraft und Lokomotivwirkung

Abb. 3: Das neue Führen

Klimas der Angst. Mehrheitlich sind in den Unternehmen Menschen, die...

- stolz auf das Unternehmen sein wollen,
- als Mensch und Mitarbeiter zeigen möchten, was in ihnen steckt,
- ihr vielfältiges Wissen und Handeln einem Herz-und-Kopf-Unternehmen vollumfänglich und selbstverständlich zur Verfügung stellen,
- beweisen wollen, daß zwischen Arbeit und Freizeit kein Gegensatz besteht,
- begriffen haben, daß demokratische Ordnungen, ökologische und ethische Handlungsweisen und Selbstverwirklichung im Interesse des Unternehmens sowie gelebte soziale Kompetenz die wesentlichen Potentiale für den Herz-und-Kopf-Markt darstellen,
- die Bereitschaft zeigen, sich „einzubringen", und erkennen, daß Liebe zum Kunden, zum Produkt, zur Leistung und zum Unternehmen wertvolle Variablen sind,
- davon überzeugt sind, daß diese Variablen die Zukunft mindestens so stark mitprägen wie Umsatz-, Kosten- und Gewinnziffern,
- demonstrieren wollen, daß ihre Marktnähe, ihre Kundenkenntnisse, ihr Umgang mit dem Kunden profund sind,
- die Herausforderungen annehmen und schnell umsetzen, wenn die Verantwortung dort ist, wo das Geschehen wirklich stattfindet,
- zugreifen und anpacken statt jammern, blockieren, Spielchen treiben usw. Damit befördern sie das Unternehmen mit den vielen kleinen Impulsen aus dem „Tal des Jammerns" und erzeugen echten Sog neuer Chancen,
- bereit sind, die Gewohnheiten aufzugeben, denn es sind nicht so viele Privilegien zu verteidigen. Die Gewohnheiten sind es bekanntlich, die ein Unterneh-

men träge, fett und selbstgefällig machen.

- vor allem willens sind, den gesunden Menschenverstand einzusetzen und zum Glück wenig Zeit zum internen Taktieren aufwenden. Der Weg ist wichtiger als das Ziel!

Man kann niemand überholen, in dessen Fußstapfen man bleibt – oder: „Perfekte Ordnung ist todsicher"

Daß Menschen niemals wieder so werden können wie bei der Geburt – mit einem Optimum an offenen neuronalen Verbindungen im Gehirn –, ist bedauerlich. Mit der Geburt beginnt jeder Mensch seine Gesamt-Möglichkeiten zu Wahl-Möglichkeiten einzuengen. Gewisse Spuren in seinem Gehirn sind wichtiger, weil diese beispielsweise häufiger benutzt werden oder prägende Eindrücke hinterlassen. Es entstehen „Muster". Diese Muster werden in seinem Gehirn langsam zu „Karten". Diese Karten helfen dem jungen Menschen, der Welt gewiß zu werden und diejenige Welt zu sehen, an die er glaubt. Die Wirklichkeit entsteht in seinem Kopf!

Mit dem Älterwerden korrespondieren diese Karten immer häufiger und intensiver miteinander, es entstehen „Kategorien von Landkarten". Wenn nun dieser Mensch nicht immer wieder „auftaut", aus eigenem Willen oder durch äußere Umstände, dann bleibt er in seinem Zustand. Dieser Mensch verharrt in seiner – von ihm geschaffenen und geglaubten – „Kategorien-Welt". Genau dies passiert auch in den Unternehmen! Die meisten Unternehmen sind – gemäß Organisationslehre – in einem fortwährenden „Freezing", d.h. Dauerfrost.

Untersuchungen zeigen, daß auch ein

durcheinanderschüttelndes „Auftauen" in diesen kurzlebigen Zeiten rasant wieder „gefriert". Es erfordert vielmehr ein penetrantes „Verstören" der relevanten Zustände und damit das Schaffen einer neuen Kultur.

Korn+Ferry Unternehmensberatungen weisen nach, daß Manager in immer kürzeren Intervallen nichts mehr Neues tun. Derzeit spricht man von zwei bis drei Jahren. Denn sie sind selbst in den Karten und Kategorien der Unternehmens-Un-Kultur gefangen, solange die „Dauer-Verstörung" nicht ein Teil der Kultur ist. „Dauer-Verstörung" in den Unternehmen bedeutet ein laufendes „In-Frage-Stellen" praktisch aller Tätigkeiten: „Was können wir anders, was können wir besser machen?"

Es muß in einem Unternehmen möglich werden, Unruhe und Fluktuation als wertvoll aufzunehmen. Vergleichbar mit dem Wasserwirbel, der einen kontinuierlichen und schnellen Durchfluß von Wasser benötigt, um seine Tätigkeit aufrechtzuerhalten.

Das Unternehmen muß als Ganzes, auf allen Stufen zu einem „lernenden Unternehmen" werden, indem es vier Prozesse auf Dauer implementiert:

Das kontinuierliche „Klügerwerden"
„Was kann man besser machen?" wird gefordert und gefördert. Mitarbeiter werden stimuliert zum Selbstlernen, zu Versuch und Fehler, zum Mega-Mut des Ansprechens und animiert zu verändern.

Aktives Lernen ist die Zukunft
Lernen bedarf der Eigeninitiative (selbsterfüllend, selbstmotivierend, selbstgestaltend und selbstkontrollierend). Lernen soll anregen zum Spielen, Experimentieren, Erfahren und zum Träumen.

Flexibilität in der Praxis vorleben
D.h. erkennen und verwirklichen, daß Menschen unterschiedlich arbeiten und lernen. Es sind Freiräume für Aufgabenstellungen zu schaffen. Mitarbeiter und Vorgesetzte, die nur an der Aufgabe wachsen, sind unerwünscht. Das Unternehmen braucht jetzt und zukünftig Menschen, Macher, Beweger, die kundenorientiert verändern und immer wieder verbessern.

Der Wille zur Kulturrevolution
Entscheidend ist der klare, langfristige Wille, die Kultur des Unternehmens in seinen Grundwerten zu verändern. Das bedeutet den Aufbau eines „Fließ-Unternehmens". Dieses operiert auf den verschiedenen Ebenen Wissen, Prozesse, mentales Verhalten, Ethik usw. sowie auf der Grundlage einer offenen Informationspolitik.

Da in Zukunft immer mehr Glaubensmuster die mentale Steuerung übernehmen, muß man den relativen Wert von Daten, Fakten und Erfahrungen (bei der rasenden Veränderung der Welt) neu und richtig gewichten. Es sind vermehrt „Nomaden" im Denken und Handeln gefordert, weniger die stabilen „Besitzer". Eine Meinung zu besitzen ist gut, schlecht ist nur, darauf sitzen zu bleiben!

Stimulieren und moderieren statt motivieren

Leistungslohn wird allgemein über Belohnungen und Sanktionen realisiert. Sehr oft wird dabei vergessen, daß fast jeder Mensch sich selbst motiviert. Sonst wäre es beispielsweise nicht eine Tatsache, daß die Mitarbeiter in ihrer Freizeit Dinge vollbringen, die für das Unternehmen, mit der gleichen Energie erbracht, Quantensprünge bedeuten würden.

Leistungslohn ist Doping. Denn man unterstellt dem Mitarbeiter entweder, daß er die vereinbarte Leistung nicht erfüllen will, oder man beansprucht Energie auf Kosten seiner Gesundheit, Familie und Freizeit.

Führungen, die auf Motivation setzen, haben ein sonderbares Menschenbild, entsprechend einer Reiz-Reaktions-Maschine. Eine starke Fremdmotivation beeinträchtigt die Selbstmotivation und führt zur massenhaften Verführung, zur inneren Kündigung, zum freizeitorientierten Schonverhalten.

In jeder offenen Gesellschaft entsteht Konkurrenz, abgeleitet aus der Grundlogik des Zusammenlebens. In den Unternehmen nun auf Konkurrenz zu setzen ist das eine, das andere ist jedoch, die Konkurrenz mit Motivation (Belohnung und Sanktion) zwischen Menschen, die den gleichen Arbeitsvertrag haben, anzuheizen. Dies ist der Kampf aller gegen alle.

Sicher gilt gerade hier das geflügelte Wort: „In den Unternehmen ist es wesentlich gefährlicher als im Dschungel." Gleichwertigkeit, Zugehörigkeit, seelische Gesundheit, menschliches Glück und die kontinuierliche Anpassung des „Sich aneinander und ineinander Einfügens und Reibens" ergibt den erfolgsorientierten Prozeß „Beziehungen".

Beziehungen sind für jedes Unternehmen in sich selbst und vor allem gegenüber dem Markt, dem Kunden das elementare Kapital der Zukunft. Beziehungen schaffen mehr Vorsprung als soziale Kompetenz. Beziehungen sind der Austausch von Rauchzeichen, Materie und Energie, Qualität und Quantität.

Jedes motivierende Unternehmen hat eine „gespaltene" Kultur. Der Teamgedanke wird zwar gefördert, weil es die Managementlehre empfiehlt, weil es im Mo-

ment „in" ist und weil es fast alle tun. Gleichzeitig hegt und pflegt man Strukturen, Abläufe und Organisationsmodelle, die die Arbeit des einzelnen Menschen zu einer Dauer-Olympiade werden lassen. Die daraus entstehende dauernde Hochspannung ist kontraproduktiv, wie die Streßlehre bestätigt. Wieso ist es nicht einsehbar, daß Konkurrenz die natürlichste Sache der Welt ist? Es ist das existentielle Bedürfnis der Menschen, ihren ureigenen Platz in der Gemeinschaft zu finden und zu verwirklichen.

Was nützt dem Unternehmen mehr?

1. Die Motivation von innen nach außen. Das Bedürfnis jedes Menschen, seinen Beitrag zu leisten, sein Engagement, sein Interesse, seine Liebe, seine Freude, seine Annahme einer Herausforderung, seine eigene Vervollkommnung?

oder

2. Das dauernde Emporschielen nach Belohnung, das Besser-sein-Wollen, die Ungemeinschaft, Destruktivität, Kampf aller gegen alle, Lebensleere statt Lebensinhalt, Negativismus, Aufbauen von angepaßten, belohnungssüchtigen und unverantwortlichen Mitarbeitern im gesamten Unternehmen?

Es kann sein, daß unser abendländisches Denken und Handeln nur den Weg der Motivation als Belohnung und Sanktion zuläßt. Es handelt sich dabei in jedem Fall um eine Einbahnstraße. Interessant ist dann auch die Feststellung, daß Motivation in der Hierarchie immer von oben nach unten erfolgt!

Führen heißt einladen zum Mitmachen,

zum Miterleben, zum Mitgestalten, zum Mitdenken, zum Mitfühlen. Menschen, die zu diesem ganzheitlichen, spielerischen Arbeiten für den Kunden eingeladen werden, erbringen in der überwältigenden Mehrheit Spitzenleistungen auf ihrem Gebiet und in ihrem Umfeld. Die vier Hauptpotentiale des Menschen können kraftvoll, erneuernd, belebend, lustvoll und energiereich zum Schwingen gebracht werden:

• Mittel der Sinne,
• Mittel des Verstandes,
• Mittel der Analyse und
• Mittel der Intuition.

Führen erfolgt durch Vorleben, Beflügeln, Kultivieren, Coaching, Begeisterung, Richtungweisen und Einfordern von Energie, durch Stimulieren und Moderieren aus Achtung vor dem Menschen, damit der Mitarbeiter

• aus sich selbst heraus
• sich voll einbringen kann und will.

Denn nur so hat das Unternehmen den wirklichen Gegenwert des ganzen Menschen. Diese Art Unternehmenskultur der „Werte" schafft Werte im Markt und im Unternehmen!

Der verschwundene Glanz in den Augen der Mitarbeiter ist das Symptom für Angst

Klar es ist nicht die Aufgabe des Unternehmens, den individuellen Umgang mit der Angst der einzelnen Mitarbeiter aufzunehmen. Jeder Mensch muß diesen Umgang selbst in Angriff nehmen.

In den Unternehmen ist von der Grundanlage her ein bewußtes oder unbewußtes Instrumentarium vorhanden, das Angst erzeugt. Es ist die Macht der Hierarchie,

der Information und Kommunikation, die Ausstrahlung von Statussymbolen usw. Es ist die Angst vor Änderungen in der Organisationskultur, die Angst vor dem offenen, weiterführenden, befreienden Dialog, die Angst vor dem Versagen, die Angst, nicht zu genügen, die Angst vor den Kollegen, die Angst vor zementierten Strukturen, die Angst vor Veränderungen (am Arbeitsplatz, im Markt, im Umfeld usw.) und die Angst vor der wirklichen oder vermeintlichen Größe des Unternehmens, der Unpersönlichkeit, der Nummern-Mentalität.

Die Angst ist ein „Verminderer" in jeder Hinsicht, für jede Leistung, für jede Energie, für den gesamten Menschen und somit für das Unternehmen. Angst kann nur ganz kurzfristig zu Höchstleistungen anspornen. Angst ist lähmend, hemmt Verstand und Willen, ist schmerzhaft, beengend, verführt zum Anpassen und Heucheln, ist Verweigerung, Selbstschutz, ist nicht greifbar und faßbar, deshalb unheimlich und führt zu Resignation und Mutlosigkeit.

Die stille, innere Kündigung ist geprägt von Ineffizienz, Anpassertum, Leerlauf und der Angst vor dem eigenen (anfänglich vorhandenen) Mut. Aus Angst, ja nichts falsch zu machen, macht der Mensch vieles (zu vieles) falsch oder gar nichts mehr. Muß das wirklich sein?

Wer hat ein Interesse an dieser Angst? Sind es die Führenden, die dieses Klima der angstvollen Lähmung brauchen, weil sie selbst nicht oder noch nicht gelernt haben, mit Angst, Zorn, Wut, Frustration, Unsicherheit und Veränderungen umzugehen? Weil sie ihre eigene Unsicherheit in Rigidität erstarren lassen? Weil sie nie entspannt, entkrampft und offen anderen Menschen gegenübertreten können? Weil sie selbst Angst vor Machtverlust, vor dem spielerischen Umgang mit den Wirklichkeiten haben? Weil sie den Umgang mit turbulenten Märkten, der Nonstop-Zeit, dem Inferno, dem Chaos usw. fürchten?

Bewältigte oder bewußtgewordene Angst befreit. Sie hilft den Mitarbeitern, im Umfeld von Vorgesetzten viele Ängste sukzessive abzubauen, in gemeinsamen Gesprächen aufzuarbeiten und das Klima zu entkrampfen. Es wird auch Offenheit gewonnen, um die Kommunikation im Dialog zu erleben. Der Vorgesetzte wird im Spiegel an sich selbst und im Dialog in den Augen seiner Mitarbeiter erkennen, daß Glanz, Freude, Hoffnung, Begeisterung, Bereitschaft zum Sich-voll-Einbringen entstehen oder entstanden sind.

Angstfreie Räume schaffen ungeheure Energiequellen für des Unternehmen. Lohnend in jeder Hinsicht!

Der Markt der 100 Spiegel

Die Menschheit hat nichts geschaffen, das besser und seit Jahrtausenden funktioniert als der Markt. Dieses faszinierende Spiel von Angebot und Nachfrage ist so einfach geblieben wie eh und je. Auch wenn es in den internationalen Wirtschaftsräumen immer komplexer und schneller wird. Dabei wird eines immer klarer: Die komplizierten Prozesse der Produktion, Logistik und Finanzen interessieren den Markt überhaupt nicht.

Wie bereits erwähnt ist die ursprünglich vorhandene Einheit „Wirtschaft" diametral auseinanderstrebend. Auf der einen Seite die Unternehmen, die mit ihrer Vergangenheit in die Zukunft wollen, und auf der anderen Seite der Markt, die Kunden, die ganz selbstverständlich die Gegenwart vollzogen haben und die Zukunft leben. Die letzten 10 bis 15 Jahre brachten in fast allen Gebieten den Käufermarkt und da-

mit den Markt der 100 Spiegel. Jeder Kunde (ob Einzelperson oder Unternehmen) hat jetzt und in Zukunft die unerhörte Möglichkeit und Chance, sein Angebot, sein Produkt, seine Leistung 100fach gespiegelt zu sehen.

Die Auswahl ist das wirkliche und tiefe Chancenfeld des Marktes. In der Welt des „Seins", mit der Unbestimmtheit als Basis, ist und wird der Markt zu einer Herz-und-Kopf-Welt. Es gilt bereits heute und noch viel mehr in Zukunft: „Wir haben wohl die Köpfe der Menschen erreicht, aber nicht deren Herzen." Die Herzen sind jedoch die Schlüssel zum Markt!

Bereits erwähnt wurde, daß die Märkte chaotische Prozesse sind, die die Linearität der Unternehmen permanent ad absurdum führen. Es wird erforderlich, daß jedes Unternehmen laufend seine eigene mentale Welt „verstören" muß. Und dies gilt unbedingt und ganz besonders für die Unternehmen, die viel zu viele „Bewahrer-Qualitäten" kultivieren.

Als logisches Denken empfindet jeder sein eigenes Denken und natürlich dasjenige Denken, das seinem eigenen ähnlich ist. Ein anderes Denken wird als unlogisch aufgefaßt, wenn dessen Ergebnisse nicht mit den eigenen übereinstimmen. Solange die hirndominante Welt in den Unternehmen von Linearität geprägt ist, kann man nur logisch denken und handeln, und dies für einen unlogischen Partner, den Markt!

Man denkt mit dem, was man weiß, und mit den Denkstrukturen, die man in seinem eigenen Leben entwickelt hat oder die die Geschichte des Unternehmens in der Vergangenheit erfolgreich gestaltet haben. Logik schafft Ordnung, schafft Orientierungssicherheit. Denn Unsicherheiten und Orientierungslosigkeit werden schlecht ertragen und gelten in einem Unternehmen als Todsünde. Ordnung schafft aber auch das „Eunuchentum des Bewahrens".

Ordnung kann aber dann Freiräume schaffen, wenn man mental bereit ist, an die Grenzen zu gehen, die gesetzt sind als Normen und Vorgaben, und die Grenzen zu überschreiten. Das leisten leider erst wenige Menschen in den Unternehmen, denn die Un-Kultur lautet: „Bewahren, Ordnung, Ruhe, Sicherheit und Angst." Loslösen braucht den Mega-Mut, die neue Unsicherheit zu ertragen und das Risiko zu erhöhen. Dies führt zum Motto: „Risiko-Bewältigung kommt immer vor Risiko-Vermeidung!"

Ereignisse schaffen Sehnsüchte, und Sehnsüchte sind Wachstumsmärkte

Ereignisse und Erlebnisse sind immer in irgendeiner Form psychisches und physisches Teilnehmen. Sehnsucht geht weiter, sie basiert auf drei wesentlichen Stimmungsebenen des Menschen: Zeitgeist, persönliche Grundstimmung und momentane situationsbezoge Stimmung.

Die Alltagsbewältigung der Menschen pendelt zwischen Rückzug und Teilnahme. In den 90er Jahren stehen die meisten zwischen „emotionalem Rückzug", Cocooning genannt, und der Notwendigkeit der „Teilnahme" an einer Welt, die höchste Ansprüche an Körper, Geist und Seele stellt. Beide Ebenen wollen, wenn immer möglich, positiv erlebt werden. Man will dabei sein!

Die erlebnisorientierte Denkwelt ist da!

Die ordnende Kraft der produkt- und leistungsorientierten Denk- und Handlungswelt wird schnell schwächer, weil die ob-

jektiven Nutzen der Produkte bzw. Leistungen nahezu identisch sind. Wie soll sich der Mensch orientieren, wo kann er sich festhalten, was gibt ihm seine Sicherheit? Der Wendepunkt des Denkens und Handels von außen nach innen ist erreicht. Der Nutzen als Erlebnis, als psychologische Ereignisse, Gefühle, innere Bilder steht vermehrt im Vordergrund.

Vom Haben zum Sein!

„Haben" bezieht sich auf Dinge, diese sind konkret und beschreibbar. „Sein" bezieht sich auf Erlebnisse und Ereignisse, diese sind im Prinzip nicht beschreibbar. Obwohl der objektive Nutzen der Produkte und Leistungen immer weiter fortschreitet, achten die Menschen immer weniger darauf. Er ist eine selbstverständliche, angenehme und erwartete Begleiterscheinung. Die Orientierung erfolgt jedoch rasch zunehmend auf der Basis, welche subjektiven Prozesse eine bestimmte Leistung, ein bestimmtes Produkt auszulösen vermag. Dies heißt konkret, der Erlebende reagiert unberechenbar. Das schönste Angebot nützt nichts, wenn er schlechte Laune hat, denn seine Sehnsucht, die momentane Stimmung, kann nicht angekickt werden.

Die späte Konsumgesellschaft

Die „späte Konsumgesellschaft" bedeutet das Auftreten zweier Phänomene gleichzeitig. Die Produkte sowie Leistungen werden immer ähnlicher bei der Etablierung der erlebnisorientierten Denkwelt für fast alle Menschen in den industrialisierten Ländern. Hier entsteht bei vielen Unternehmen ein kapitaler Denkfehler. Den objektiven Nutzen kann man optimieren, den subjektiven Nutzen der erleb-

Vom Haben zum Sein
Vom Versorgungs- zum Ereigniskauf

Haben   Sein

Bestimmtheit	Mehrdimensionales Lust-und-Laune-Prinzip	Oszillierendes Orientierungs-vakuum
Produkt und Leistung sind objektive Wahrnehmungs-elemente	Produktmerkmale, Ereignisse und Erlebnisse sind gleichwertige Wahrnehmungs-elemente (objektiv und subjektiv)	Erlebnisse und Ereignisse, die im Moment entstehen, sind die subjektiven Wahrnehmungs-elemente für den Kaufentscheid, weil die objektiven Produkt- und Leistungskriterien zunehmend weniger unterscheidbar werden

Abb. 4: Vom Haben zum Sein

597

nisorientierten Denkwelt nicht. Dies kann dadurch begründet werden:

- Sehnsüchte sind vage, fließend, offen. Der Mensch weiß zwar, welchen Nutzen er haben will, nämlich einen inneren, er kann diesen aber kaum konkretisieren.
- Die Beziehungen zwischen Erlebnisinhalten und -zielen sind unberechenbar. Ein vergleichbarer Input erzeugt beim zweiten Mal eine andere innere Wirkung.
- Da die Sehnsucht auf den drei wesentlichen Stimmungsebenen (Zeitgeist, persönliche Grundstimmung und momentane Stimmung) beruht, kann das bewußte Ansteuern von Erlebnissen und Ereignissen nicht funktionieren, weil sich diese laufend verändern.

Lust auf Verführung

Noch immer wird das Denken und Handeln in überholten Schablonen kultiviert. Es wird der kritische, sparsame und objektive Qualitäten prüfende Konsument vorausgesetzt. Ganz klar, weshalb: Lineare Unternehmenswelten setzen allein auf Meßbarkeit, die sogenannte Erbsenzähler-Mentalität.

Dabei ist der „Erlebende" unser Produkt- und Leistungsbezieher. Das Aufzeigen der objektiven Vorzüge muß getragen werden von eigentlichen Erlebnishilfen, vom Sichtbarmachen von möglichen inneren Bildern, von Wahlmöglichkeiten zur Befriedigung von Suggestionsnachfragen usw.

Produkte und Leistungen müssen im Trend „in" sein, also lustvoll, und Spektakel, Originalität, Lebensgefühl, Phantasie ausstrahlen, motivierend wirken, Selbstidentifikation und -identität erzeugen, sinnstiftende Aussagen über Ethik und Ökologie zulassen sowie an Mythos und

Glaubwürdigkeit appellieren. Die Erlebnisqualität, die von jedem Menschen laufend neu eingebracht wird, wird auch für die Produkte des täglichen Bedarfs, wie Brot, Mineralwasser, Bier, Gaststätten usw., gefordert. Das tägliche Produkt wird zur heißbegehrten Kultware in einer offenen Situation. Chancenreich und furchterregend!

Was Produkte und Angebote erfüllen sollten

Die sogenannte Funktionalität der Produkte, der Leistungen und der Angebote nimmt in den Augen des Marktes, der Kunden einen immer kleineren Stellenwert ein. In vielen Unternehmen steht noch immer das mit ungeheuer viel Sorgfalt, Präzision, Aufwand und Wissen hergestellte Produkt im Mittelpunkt.

Das ist verständlich, aber gestützt auf die Frage „Was hat der Kunde davon?" in der Welt des „Erlebenden" nicht mehr so relevant. Das Produkt muß stimmig sein, die Funktionalität verglichen mit 10, 50 oder 100 anderen Produkten im Markt ist ja selbstverständlich. In den heutigen und künftigen oszillierenden Orientierungsvakuum-Märkten sind Gefühle sowie Emotionen: „Wir mögen es", der Glaube: „Es tut uns gut", die soziale Kompetenz: „Es tut uns allen gut" und schließlich die Umfeld-Akzeptanz in Ökologie und Ethik: „Es trägt zur Existenz der Menschheit bei" die Anforderungen, die erfüllt werden müssen.

Als rationale Spielerei in Zahlen ausgedrückt, könnte man der Funktionalität noch rund 20 bis 30 Prozent zuordnen, dies mit abnehmender Tendenz, je mehr die Unbestimmtheit des Marktgeschehens zunimmt. Den Gefühlen, Emotionen, dem Glauben, der sozialen Kompe-

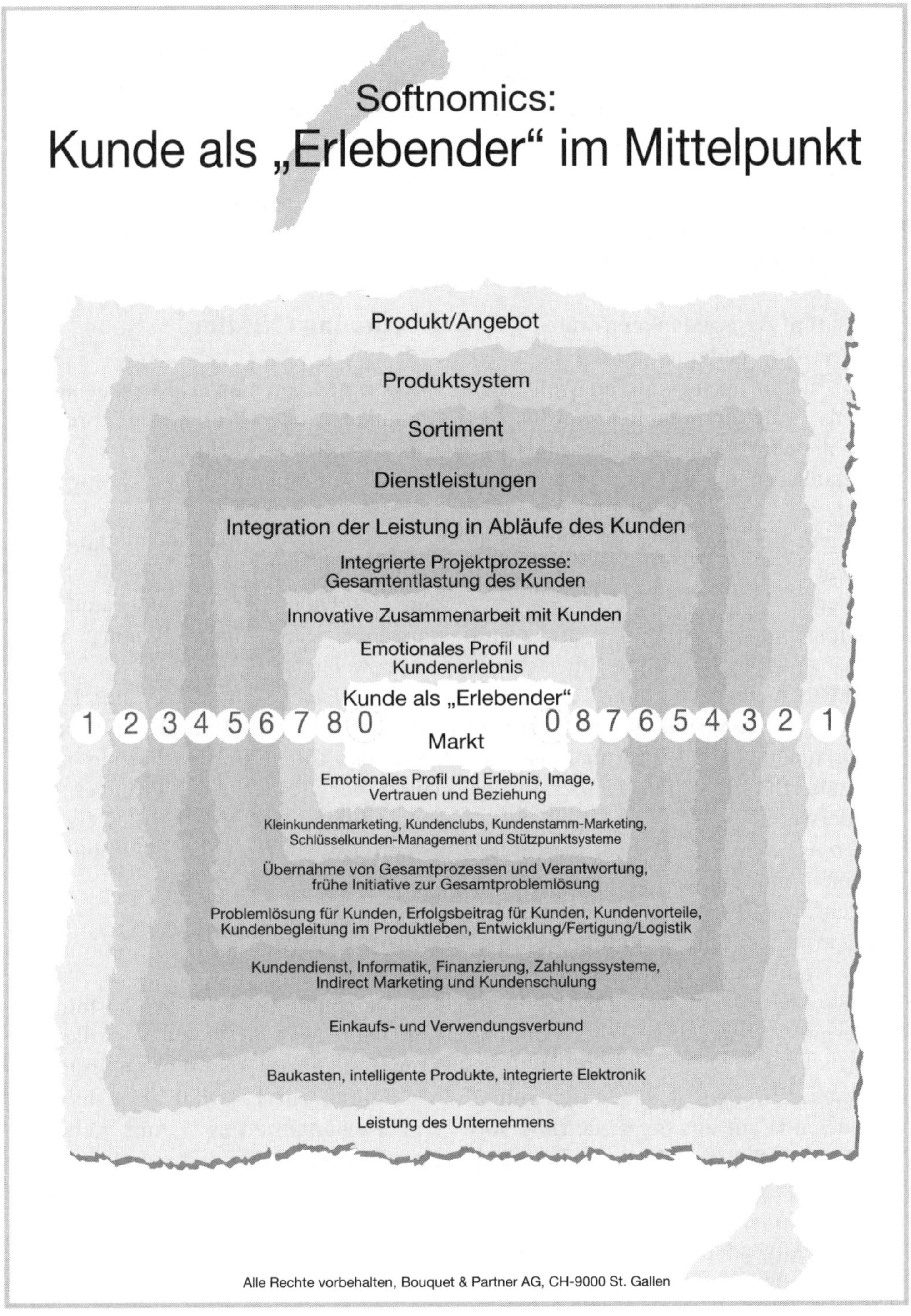
Softnomics:
Kunde als „Erlebender“ im Mittelpunkt
Produkt/Angebot
Produktsystem
Sortiment
Dienstleistungen
Integration der Leistung in Abläufe des Kunden
Integrierte Projektprozesse: Gesamtentlastung des Kunden
Innovative Zusammenarbeit mit Kunden
Emotionales Profil und Kundenerlebnis
Kunde als „Erlebender“
1 2 3 4 5 6 7 8 0
Markt
0 8 7 6 5 4 3 2 1
Emotionales Profil und Erlebnis, Image, Vertrauen und Beziehung
Kleinkundenmarketing, Kundenclubs, Kundenstamm-Marketing, Schlüsselkunden-Management und Stützpunktsysteme
Übernahme von Gesamtprozessen und Verantwortung, frühe Initiative zur Gesamtproblemlösung
Problemlösung für Kunden, Erfolgsbeitrag für Kunden, Kundenvorteile, Kundenbegleitung im Produktleben, Entwicklung/Fertigung/Logistik
Kundendienst, Informatik, Finanzierung, Zahlungssysteme, Indirect Marketing und Kundenschulung
Einkaufs- und Verwendungsverbund
Baukasten, intelligente Produkte, integrierte Elektronik
Leistung des Unternehmens
Alle Rechte vorbehalten, Bouquet & Partner AG, CH-9000 St. Gallen

Abb. 5: Kunde als Erlebender im Mittelpunkt

tenz und der Umfeldakzeptanz könnte man folglich ungefähr 70 bis 80 Prozent zuordnen. Verwenden Sie im Unternehmen rund 80 Prozent der mentalen Energie für diesen – nicht faßbaren – Teil des Verkaufs?

Der riesige Möglichkeitsraum des Andersseins

Vorerst fünf Basisgedanken vorab:

1. *Anderssein* bedeutet, in der heutigen und zukünftigen Inferno-Welt des „Seins" wahrgenommen zu werden, bei den „Erlebern" einen Code im Denken zu etablieren und wenn möglich längerfristig zu verankern. Einen Code verwenden, der möglichst alle Sinne anspricht (Sehen, Hören, Riechen, Fühlen).

2. *Wahrgenommen* zu werden ist die zentrale, unabdingbare und überlebenswichtige Aufgabe für jedes Unternehmen. Die neue Visibilität mit der immer noch zunehmenden Informations- und Reizüberflutung verlangt imperativ das Anderssein.

3. *Erlebnisräume* sind Sehnsuchts-Bilderrahmen mit einigen Hauptlinien des zukünftigen Bildes. Jeder „Erlebende" malt in seinem Inneren – mit seiner eigenen Gefühlswelt, seinen Sehnsüchten usw. – ein individuelles Bild. Dies wird jedesmal anders, jedesmal neu empfunden.

4. *Erlebnisse/Ereignisse* laden sich immer wieder neu auf aus der Erfahrung von Unterschieden. Erlebnisorientierung produziert einen ständigen Bedarf an Neuem. Wobei das Neue sich nicht mehr am objektiven Neuen (d.h., es ist besser, es ist mehr Inhalt, schmeckt besser), sondern allein an der subjektiven Neuigkeit orientiert.

5. *Der Glaube (nicht das Wissen)* des „Erlebenden" an zugesicherte Eigenschaften der Produkte/Leistungen läßt die zugesicherten Eigenschaften erst entstehen.

Das heißt, je wirksamer die Suggestion auf den mentalen Ebenen ist, desto besser sind die Produkte und Leistungen.

Cocooning (Nesting)

Cocooning kann man als Rückzug aus der immerwährenden Präsenz einer problemvollen Alltagswirklichkeit verstehen. Es ist das „Auftanken" der psychologischen Ebenen.

Cocooning hat aber schon lange die eigenen vier Wände gesprengt. Neben dem Teddybär, der eine ungeahnte Renaissance feiert, findet Nesting in der Außenwelt statt.

Die „Streichelkarosserie" des Mazda, der Erlebniseinkauf in der Fußgängerzone, das totale Ecstasy-Feeling in der Disco, der Besuch einer Großveranstaltung (Fühlen und Erleben des Gemeinsamen) usw., dort werden die Impulse der neuen Gefühlswelt spürbar.

Ethnic-Kultur

Das Trommelfeuer der Nonstop-Information, die „Welt als Dorf" vor allem im Kommunikations- und Wirtschaftsgeschehen führen zur Polarität „Lokalisierung und Regionalisierung", zum Leben in tatsächlichen oder vermeintlich überschaubaren Räumen. Gleichzeitig führt das Kennenlernen durch Reisen und Telekommunikation zu einer neuen Offenheit. Dies bedeutet einen ungeheuren Trend in Richtung „Ethnic"-Ereignisse.

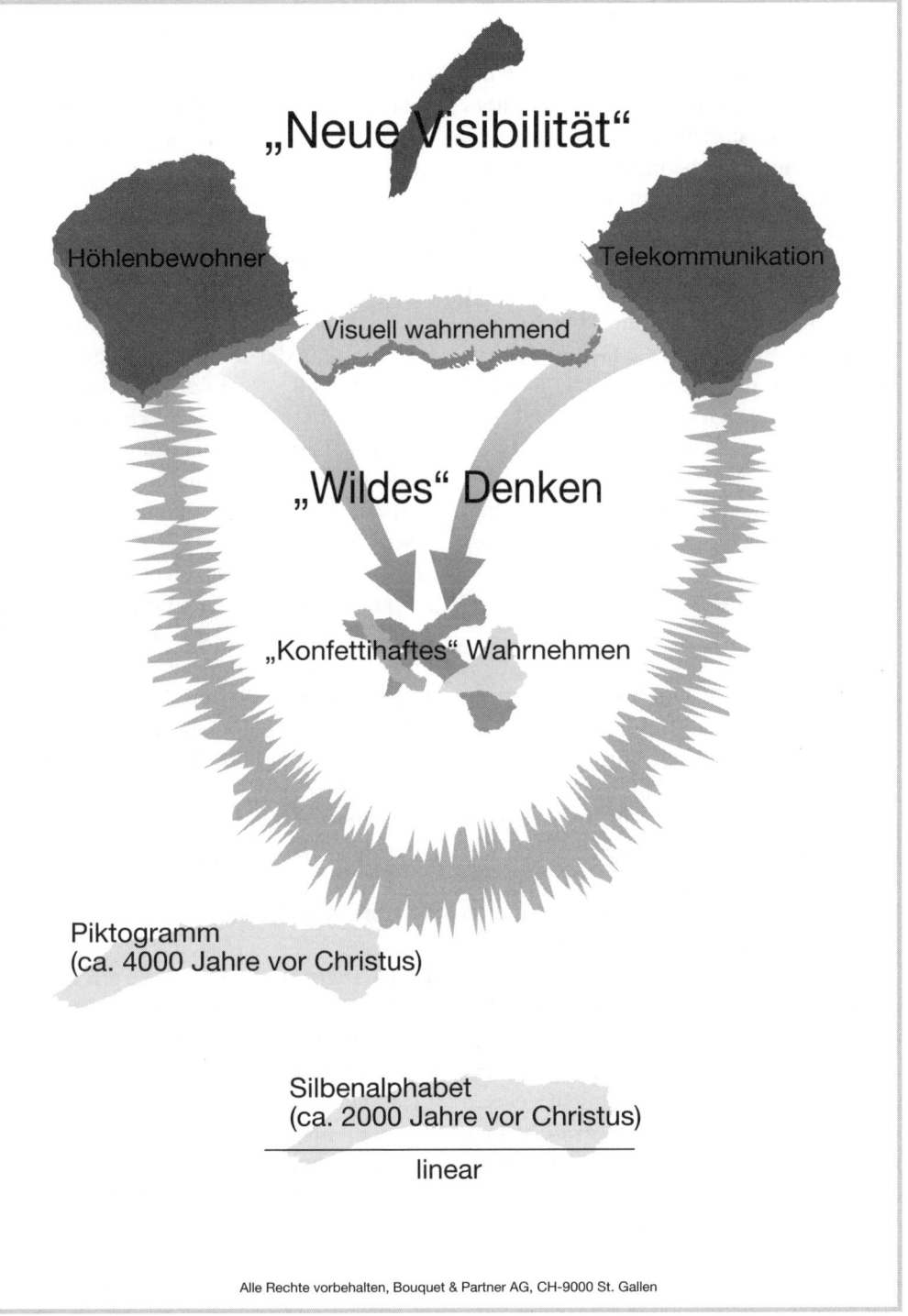

„Neue Visibilität"

Höhlenbewohner

Telekommunikation

Visuell wahrnehmend

„Wildes" Denken

„Konfettihaftes" Wahrnehmen

Piktogramm
(ca. 4000 Jahre vor Christus)

Silbenalphabet
(ca. 2000 Jahre vor Christus)

linear

Abb. 6: Neue Visibilität

Glaubwürdigkeit leben

Anderssein, Originalität und „weg von der Tyrannei des Durchschnitts" sind nur über vermittelte Glaubwürdigkeit zu erzielen. In einer immer noch zunehmenden Unsicherheit, in der Werte „bröckeln", ist der einzelne mehr denn je auf seine eigene Sicherheit angewiesen. Alle objektiven Kriterien wie das Produkt, die Gestaltung, Produktbegleitung, In- und Outfit usw. vermögen wenig, wenn die Grundidee, die Ausrichtung, die Identität nicht wirklich „gelebt" werden. Gerade kleinere und mittlere Unternehmen haben jetzt die unerhörte Chance, glaubwürdig zu sein – inmitten der zunehmenden Unglaubwürdigkeit der Politik und der großen Unternehmen.

Kundenerlebnisse in den Polaritäten

Die Tyrannei des Durchschnitts ist im Markt, beim Kunden immer weniger gefragt. Wenn Sie jedoch ohne Scheuklappen den Markt der 100 Spiegel betrachten, werden Sie feststellen, daß überwiegend Durchschnitt angeboten wird. Viel zu wenig wird echt nachgefragt: „Was hat der Kunde wirklich davon?" Was nützen dem Kunden zwei Knöpfe mehr, wenn es keinen Sinn ergibt? Was nützt eine Bedienungsanleitung, die der überwiegende Teil der Kunden nicht versteht oder, noch schlimmer, von einem Großteil des Marktes wegen zu kleiner Schrift nicht gelesen werden kann? Was bringen zwei Mikromillimeter, wenn sie nicht gebraucht werden? Was bringen Standardwaagen, wenn eine Spezialwaage benötigt wird, jedoch Lieferfristen gegen „unendlich" akzeptiert werden müssen?

Solange in den Unternehmen der Traum vom Massenmarkt nicht ausgeträumt ist, aus lauter Kompromissen nur Durchschnitt resultiert und infolge der Un-Kultur des Unternehmens nur Durchschnittsmitarbeiter toleriert werden, so lange laufen der Markt und die Unternehmen diametral auseinander.

Generation X, die neue Bescheidenheit

Nichts haben, nichts sein. Dies war zuerst eine Haltung der 18- bis 30jährigen, gut bis hervorragend ausgebildet, die durch Gelegenheitsjobs mehr schlecht als recht durchs Leben kamen. Diese Haltung ist zu einer Philosophie gereift, die in der heutigen wirtschaftlichen Zeit, auch immer mehr „Noch-in-der-Wirtschaft-Tätige" nachvollziehen. Das Nichtbesitzen oder Nichtmehrzeigen von materiellen Gütern, stolz demonstriert als Zeichen von Überlegenheit. Golf fahren statt Porsche, statt mit Lachs feiern Mittelständler mit Bier und deftigen Speisen. Der Hedonismus der 80er Jahre brachte nicht das Glück, sondern in dürftigem Maße nur die Lust. Immer mehr gilt: Der Mensch kann durch Beschränkung glücklicher werden.

Die neuen Alten

In den meisten industrialisierten Ländern werden im Jahr 2000 rund 20 Prozent der Bevölkerung über 60 Jahre alt sein, rund 34 Prozent über 50 Jahre alt sein. Und diese neuen Alten gehören bereits heute zu denjenigen Menschen in der Wirtschaft, die vorwiegend genügend Geld und Zeit zur freien Verfügung haben. Im objektiven Bereich der Produkte und Leistungen wird diesen neuen Alten laufend vor Augen geführt, welch körperliches Defizit sie aufweisen. Sie werden konfrontiert mit Kleingedrucktem, zu schweren

Getränkeeinheiten, zu großen Portionen usw. Im subjektiven Bereich werden mehr echte Freundlichkeit, Eingehen auf Wünsche und Dazugehörigkeit respektive Integration erwartet. Diese neuen Alten haben für die nächsten 10 bis 20 Jahre das große Geld, das ausgegeben wird, wenn ihnen Sympathie, Einfühlsamkeit und Glaubwürdigkeit entgegengebracht werden.

Mehr Freizeit, nicht mehr Geld

In Zukunft wird es noch mehr Freizeit geben, aber nicht mehr Geld. Dies bedeutet, daß immer mehr Menschen nicht mehr in die Ferne wollen, sondern die Reise nach innen antreten. Im Moment sind wir in einer Zwischenphase:

• mentale Erholung einerseits
• Adrenalin-Stoß andererseits

Noch mehr „Hüpfer"-Urlaube sind angesagt. Erlebnisse und Ereignisse in vielfältigen Thrill-Optionen und vielschichtigen Innen-Erfahrungen. Außen- und Innen-Glück, als Freizeit-Grundstimmung, sowohl zu Hause als auch auswärts erlebbar. Spielen mit dem eigenen „Ich", spielen als Wiederentdeckung des Menschsein, spielen mit der möglichen Gefahr. Spielen verwischt auch die Grenzen zwischen Kinder- und Erwachsenenwelt.

Die XXX-Large-Kultur

Im textilen Bereich ist XXX-Large die Übergröße, weg von den „Normalos". Nicht das Bestimmte zählt, sondern das Unbestimmte ist im Programm. Wissend und lebend, daß das, was heute Gültigkeit hat, morgen schon veraltet ist oder sein kann. Die aktuelle Gemütsverfassung, das Lustbetonte bestimmen das Tun. In immer mehr Bereichen des menschlichen Lebens

wird Kreativität, Lust, Witz, Unbestimmtheit als Polarität zu Verdrossenheit, Abgestandenheit, Verstaubtheit, Tradition verstanden und eingesetzt.

Hip-Hop-Musik, XXX-Large-Schlabber-Kultur, Sprayer, Sekten usw. sind „Aufreißer, Aufheller, Veränderer, Aufbrecher" im Markt. Die XXX-Large-Kultur wird nicht nur beachtet, sie ist eine wirtschaftliche Giga-Macht. Ein perfektes Beispiel dafür, daß Sehnsüchte die Wachstumsmärkte schaffen und die Märkte der Zukunft darstellen!

Explosion von innen

Es wird zusammenfassend unschwer erkennbar, daß faszinierende Ergebnisse im Verkauf nicht das alleinige Resultat einer Vertriebsabteilung sind. Es ist vielmehr das Gesamtprodukt einer Organismusstruktur, in der sich jederman für alle einsetzt zum Wohle des Kunden und seiner unausgesprochenen Sehnsüchte. Das stetige Optimieren der firmeninternen Prozesse, um den Kunden stets im Mittelpunkt zu halten, erfordert ein kompromißloses Engagement zugunsten des Unternehmens. Die Aufgabe ist so anspruchsvoll, daß die Mitarbeiter zu Unternehmern im Unternehmen heranwachsen und sich mit der neuen Aufgabe und der großen Verantwortung vollumfänglich identifizieren. In Zukunft hat es keinen Platz für die „Bewahrer"-Anliegen seitens der Gewerkschaften, denn diese Wünsche werden in einem Organismus-Unternehmen absurd. Die Rückkehr zu einem eigenverantwortlichen Beitrag zur Existenzsicherung muß wieder im Vordergrund stehen. Darin ist die Chance enthalten, daß in Deutschland zumindest in fortgeschrittenen Betrieben noch vor dem Jahre 2000 eine Renaissance der Ära Erhard beginnen kann, jedoch nicht im Umfeld eines Nachfragermarktes, sondern unter den Voraussetzungen eines Anbietermarktes. Ein entsprechendes Vorgehensmodell wurde in den letzten Jahren in Neuseeland konsequent und mit größtem Erfolg vorexerziert. Es ist gelungen, mit den vereinten Kräften der Regierung, der Industrie, der Agrarwirtschaft und der Sozialpartner an eine selbstbestimmte erfolgreiche Zukunft zu glauben und diese auch gemeinsam zu verwirklichen.

PS: Bewußt wurde im Rahmen dieses Beitrages nur vereinzelt auf Namen hingewiesen. Denn die Aussagen haben grundsätzlichen Charakter und für jedes individuelle Organismus-Unternehmen Gültigkeit.

8.3 Incentives im Aufbruch: Von der Belohnung zur Motivation, von der Motivation zur Innovation

F. Christian Zach

(Informationen zum Autor s. Kap. 2.3)

Vier von zehn Unternehmen (über 20 Mitarbeiter) setzen Incentives ein, dabei dienen 55 Prozent der Incentives der Belohnung für den Außendienst und 41 Prozent auch für den Innendienst, 22 Prozent beziehen auch die Mitarbeiter der Marketingabteilung mit ein, 23 Prozent auch die Werber. Nur jede zehnte Firma setzt Incentives zur Motivation ein.

Über acht von zehn Incentive-Programmen entscheidet der „Chef". Diese Orientierungsszahlen erbrachte eine Umfrage der Verkaufs-Fachzeitschrift acquisa (Schimmel-Verlag, Würzburg).

Ivo Baumann, Herausgeber des Fachblatts Incentive Journal, schätzt zudem: Etwa 80 Prozent der Incentives folgen heute noch dem Grundsatz „höher, weiter, schneller": Die fünfzig besten Verkäufer fliegen dann für vier Tage zum Zuckerhut, zum Tempeltanz nach Bali oder mit der Concorde zur Tenöre-Gala nach New York.

Das „Immer schneller, höher, weiter" von Incentive-Veranstaltungen ist jedoch ausgereizt. Mitarbeiter und Führungskräfte sind dadurch nicht mehr motivierbar, da sie viele dieser Maßnahmen schon kennen oder als Urlaub im Reisebüro buchen können. Der Mitarbeiter ist „satt". Zunehmend wächst der Widerstand gegen solche Jetset-Hektik:

- Vom Betriebsrat kommt hartes „Contra" angesichts der im ganzen Unternehmen diktierten Sparprogramme mit Job-

Abbau. In Zeiten des wirtschaftlichen und gesellschaftlichen Strukturwandels wird in allen Bereichen gemahnt, den Gürtel enger zu schnallen: „Schlaraffenland ist abgebrannt", resümiert Incentive-Insider Baumann.

- Vom Finanzamt kommt Widerstand gegen die Anerkennung derartiger Trips als „betrieblich bedingt". Lohn- oder Einkommensteuer wird fällig.
- Kritische Medien kritiseren „Champagner-Reisen" und dergleichen immer härter und prangern die Unternehmen an: Die Kunden bezahlen dafür.
- Aber auch aus den Vorstandsetagen, z.B. im Finanzdienstleistungs- oder im Pharmabereich, kommt Kritik, da außer einer kurzlebigen Belohnung kein Nutzen für die Mitarbeiter und das Unternehmen herausspringt.
- Sogar von Teilnehmerseite her erhebt sich immer häufiger die Frage nach dem Sinn solcher Belohnungs-Hetzjagden rund um den Globus.

Die Einkommen im Verkauf sind heute durchwegs auf einem Niveau, daß jede(r) sich auch rein privat Urlaubsträume realisieren kann. Und zudem findet sich wahrlich kaum noch ein Trip, kaum noch ein Extra-Erlebnis, kaum noch ein „Thrill", der nicht auch von einem Spezialreisebüro angeboten würde. Die Frage nach dem Sinn und Nutzen traditioneller Incentives ist in den Unternehmen inzwischen voll entbrannt. Die Suche nach Alternativen hat eingesetzt.

Zudem erkennen die Unternehmen, die Incentives der traditionellen Art seit langem durchführen, immer deutlicher: Diese Incentives übertünchen zwar für relativ kurze Zeit die Auswirkungen mangelnder Leistungsbereitschaft, aber sie haben keine Chancen, an die Ursachen heranzukommen und diese zu bekämpfen.

Sedlbrunner Arbeitskreise suchen „Incentives neuer Art"

In zwei Arbeitskreisen stellte sich daher das Incentive-Journal gemeinsam mit Personalentwicklern, Trainern und Beratern, die das Seminar- und Incentivehaus Gut Sedlbrunn (Pöttmes bei Augsburg) betreiben, die Aufgabe, neuen Chancen der Incentive-Gestaltung und der Incentive-Nutzung nachzuspüren. Eingeladen waren sowohl Incentive-Manager aus Agenturen wie auch aus veranstaltenden Unternehmen.

In beiden Expertenrunden gab es am Schluß nahezu identische Erkenntnisse:
- Incentives nach reinem Belohungs- und Unterhaltungsmuster sind überholt.
- Incentives bekommen zunehmend die Aufgabe, zu motivieren.
- Die zukünftige Aufgabe von Incentives besteht neben dem Motivationsgewinn auch im Nutzengewinn für das veranstaltende Unternehmen und die Teilnehmer.
- Die Entwicklung der Incentives geht klar zur Kombination von Erlebnis (Belohnung, Motivation) mit Personal- und Persönlichkeitsentwicklung, aufgebaut auf Elementen von Selbsterfahrung, von Team- und Kommunikationstraining. Der Nutzen dabei:
  - Entwicklung von Team-, Kommunikations- und Kooperationsfähigkeiten

  - Aufbau von emotionalen und sozialen Kompetenzen
  - Förderung der Kreativität
  - Abbau von Leistungs- und Motivationsblockaden
  - Aufdeckung und Abbau von Ängsten
  - Stärkung von Selbstwertgefühlen und Fähigkeiten zur Selbsteinschätzung
  - Förderung der Leistungsfreude
  - Ansteigen der Motivation
  - Unterstützung von Gesundheit und Fitneß
  - Aufbau von Harmonie zwischen Mitarbeitern und Unternehmen

Das Fazit aus den beiden Arbeitsgruppen floß ein in zwei Leitgedanken:
1. Nur mit begeisterten Mitarbeitern lassen sich Kunden begeistern. Nur mit begeisterten Kunden lassen sich begeisternde Ergebnisse erzielen. Begeisterung im Mitarbeiter und auch im Kunden setzt Harmonie voraus sowohl innerhalb des Menschen wie auch zwischen dem Menschen und seiner sozialen und gesellschaftlichen Umwelt. Incentives haben ihre Rechtfertigung und ihren nachweisbaren Nutzen, wenn es gelingt, dadurch den individuellen Erfolg der Teilnehmer und den Erfolg des Unternehmens voranzubringen.
2. Incentives als Einmal-Aktion sind vergeudetes Geld. Erst die konsequente Nacharbeit bei Incentives führt zum und sichert den Erfolg. Gerade Incentives der neuen Art können nur der Auftakt sein für den Einstieg im Unternehmen in konsequente Persönlichkeitsentwicklung aller Mitarbeiter.

Incentives mit Mehrwert in der Testphase
Mit diesem Ziel vor Augen wollen die Teilnehmer der Sedlbrunner Incentive-Arbeitskreise gemeinsam Bewegung in die

Incentive-Landschaft bringen. Erste Agenturen und auch einzelne Unternehmen aus dem Teilnehmerkreis haben sich bereits zu Kooperationen mit Persönlichkeitstrainern, beratenden Psychologen und Personalentwicklern entschlossen und erste Pilot-Programme gestartet. Dabei sind Incentive-Programme für Mitarbeiter ebenso eingeschlossen wie Incentives für und mit Kunden. Im Mitarbeiterbereich zeigen die Unternehmen zunehmend die Abkehr vom Incentive-Programm nur für den Verkauf oder nur für den Außendienst.

Die ersten vorliegenden Konzepte integrieren Elemente der psychologisch geführten Selbsterfahrung und der Persönlichkeitsentwicklung in Incentive-Erlebnisse. Auf Schneller-weiter-höher-Elemente wird dabei zwar graduell, aber nicht durchgängig verzichtet. Die Teilnehmer sollen einerseits bleibende Erlebnsise mitnehmen, andererseits über die Incentive-Tage auch ein wenig zu sich selbst kommen, ein wenig nachdenken über den privaten und beruflichen Bereich. Die Teilnehmer sollen sich öffnen für bewußteres emotionales Erleben, für soziale Querverbindungen im Job und im privaten Leben. Denn: Nur der sich seiner selbst, seiner Potentiale und seiner Grenzen bewußte Mensch ist ein leistungsfähiger und leistungsbereiter Mitarbeiter im Unternehmen.

Erstes Ziel: Mitarbeiter halten und entwickeln

Im Stamm der Mitarbeiter liegt das Kapital für den Erfolg morgen – so verkünden Unternehmer, Politiker, Manager und Verbandsfunktionäre immer wieder. Und reihum nicken alle überzeugt. „Gute" Mitarbeiter, eingearbeitete Mitarbeiter, mitdenkende Mitarbeiter, vor allem aber auch motivierte Mitarbeiter sind Gold wert, auch in Zeiten mit weit über vier Millionen Arbeitslosen.

Die Realitäten aber sehen anders aus: Die innere Kündigung geht um. Resignation rundum: Anpassung, sich ducken, Abwehr gegen jegliche Neuerung, bürokratische Krusten, Angst vor Verlust des Jobs. „Die Identifikation mit dem Arbeitsplatz ist heute nicht mehr so wie noch in meiner Generation", klagte ein enttäuschter und demotivierter Hotel-Direktor. Er ist gerade mal 50 Jahre alt und 25 Jahre im Beruf. Wirtschaftspsychologe Dieter Frey wies in einer Analyse nach, daß etwa die Hälfte der Beschäftigten in deutschen Unternehmen innerlich gekündigt hat. Winfried Panse und Wolfgang Stegmann führen in ihrem Buch „Kostenfaktor Angst" gute 40 Prozent dieser inneren Kündigungen auf Ängste zurück, die durch den betrieblichen Alltag ausgelöst wurden. Stolze 25 unterschiedliche Wege des „Flucht"-Verhaltens vor Leistungsanforderungen im Betrieb zeigt dazu E. Flöther auf in Gablers Magazin, Heft 5/1994. Fazit: Wer sich ducken muß, der drückt sich. Wer nicht frei im Unternehmen durchatmen kann, der stiehlt sich aus der Begeisterung für Leistung davon!

Wieviel kostengünstiger ist es, „gute" Mitarbeiter weiter zu fördern, statt ständig neue „gute" Mitarbeiter suchen zu müssen, sie einzuarbeiten, zu trainieren und sie für erhoffte Spitzenleistungen fit zu machen, für die die deutsche Wirtschaft und Gesellschaft des ausgehenden 20. Jahrhunderts gar nicht mehr die Rahmenbedingungen bietet. Kreativität und Innovation sind erstickt in Ängsten, in bürokratischen Strukturen, in Zufriedenheit mit Erreichtem, in Anspruchsdenken, in fehlendem Mut zu Risiko und in Ungewißheit.

Wo und wie finden sich die ersehnten „guten" Mitarbeiter? Was lockt sie an? Und wie können sie dann im Unternehmen gehalten werden und die nötigen Rahmenbedingungen für Top-Leistungen finden? Wieso sind auch zufriedene Mitarbeiter heute dermaßen schnell bereit, den „Job" zu wechseln?

Zufriedenheit reicht nicht mehr bei den Mitarbeitern, ebensowenig wie sie für Kundenbindung noch reicht. Die Zeit der Zufriedenheit ist abgelaufen. Nur begeisterte Mitarbeiter sind treue und motivierte Mitarbeiter. Nur begeisterte Mitarbeiter sind auf Dauer erfolgreiche Mitarbeiter. Begeisterung ist ein Gefühl. Gefühle lassen sich erzeugen, lassen sich fördern, lassen sich aber ebenso auch vernichten und ins Gegenteil verkehren.

Neue Emotionalität und wiederentdeckte Gefühle

Seit auch in Deutschland Daniel Golemans Bestseller erschien, „EQ – Emotionale Intelligenz", seither wird unendlich viel diskutiert über „Neue Emotionalität" und über die „Wiederentdeckung der Gefühle". Hatten die Menschen denn die ganzen Jahre davor keine Gefühle?

Emotionen sind die Motoren in uns. Liebe und Neid ließen Paläste entstehen und Kriege ausbrechen; Haß und Minderwertgefühle entzweiten Völker und ruinierten Großkonzerne. Unzufriedenheit führte zu bahnbrechenden Erfindungen. Emotionen steuern uns und unser Wohlbefinden – auch wenn wir uns doch so gern als „rationale Wesen" sehen mögen. Aber wie gehen wir um mit unseren Emotionen? Sind wir überhaupt noch fähig, mit ihnen umzugehen? Rechnen lernen wir in der Schule, Autofahren ein bißchen später. Wo und wann und wie

aber lernen wir, mit unseren Emotionen umzugehen?

„Laß dich nicht gehen", so sagten die Eltern, und das war's dann an Erziehung im Umgang mit Emotionen. Das war's auch mit der Entwicklung und Einübung von emotionaler Intelligenz. Gefühle verstecken. Gefühle machen verletzlich, nur keine Verletzlichkeit zeigen.

Und dennoch registrieren die Trend-Gurus von Popcorn bis Gerken, von Nesbitt bis Höhler weithin einheitlich den „ungestillten Durst nach Gefühlen" und die „Sehnsucht nach Emotionalität".

Die Youngsters reagieren auf die funktionalisierte Arbeits- und Alltagswelt mit der Null-Bock-Haltung: Überdruß am Gemachtwerden, am Konsum-Druck, am Müssen im Rahmen von Pflichten, Regeln und Leistungsdruck. Die Technisierung bis in letzte Winkel des persönlichen Lebens initiierte die Öko-Bewegung, die teilweise am liebsten wieder steinzeitliche Lebensformen einführen möchte – solange dann immer noch das Auto in der Garage steht. Eindeutig zeigt die Analyse: Gefühle regieren die Welt und ihren Alltag – allerdings unterschwellig und damit gefährlich und nicht steuerbar.

Gefühle bringen Erfolge

Im Studium wurde gelehrt,

* daß Gesellschaft, Politik und Wirtschaft im allgemeinen und Betriebswirtschaft im besonderen nach rationalen Regeln funktionieren,
* daß eine klare und funktionale Organisation die beste Voraussetzung ist,
* daß Entscheidungen auf fundierten Zahlen beruhen müssen.

Gefühle bleiben daher scheinbar außen vor: im Betrieb, in betrieblichen Entscheidungen, in der Organisation von Unternehmen und Arbeitsprozessen ... Gefühle gehören scheinbar nicht in den Arbeitsablauf. Gefühle sind scheinbar Privatsache: Ratio für die Arbeit, Emotio fürs Private.

Und wehe dem, der nicht „richtig" trennen kann zwischen Ratio hier und Emotio dort. Schnell wird bei ihm „professionelles Handeln" in Frage gestellt. Mobbing ist dann das Ergebnis, ebenso die Millionen von heimlichen Cognac-Flaschen in den Schubladen aufwendig gestylter Manager-Büros und dazu dann abends die fast schon obligatorischen bunten „Einschlaf-Hilfen" neben dem Zahnputzglas.

Emotionale Potenz gewinnt die Zukunft

Emotionale Intelligenz gilt neuerdings und weithin unwidersprochen als der entscheidende Schlüsselfaktor zum Erfolg an der Schwelle zum 3. Jahrtausend. Selbsterfahrung und Persönlichkeitsentwicklung sind die „Schulen" der emotionalen Intelligenz und auch der „emotionalen Potenz". Ein paar Elemente zur emotionalen „Kraft", die über Erfolge entscheidet:

- Sich selbst kennen, die eigenen Gefühle erkennen, sie handhaben können, keine Angst vor Gefühlen haben, Gefühle äußern können und selbstbewußt und kontrolliert damit umgehen
- Fähigkeit zum Zuhören
- Fähigkeit zur Zuwendung
- Zeit für den anderen
- Fähigkeit, andere aufzuwerten
- Einfühlungsvermögen (Empathie), Mitgefühl
- Fähigkeit zu Offenheit und Ehrlichkeit
- Vertrauen geben und aufbauen können
- Geborgenheit geben, Wärme, „Nähe"
- Bereitschft zu helfen, das heißt dem anderen Nutzen geben. Der „Gewinn" für den Partner als Leitstrahl fürs eigene Handeln

Und vor allem wurzeln in „emotionaler Potenz" auch diese Fähigkeiten:
- Kreativität, Intuition
- Mitdenken, Mitgestalten
- Visionen vorm inneren Auge in Bildern sichtbar werden lassen
- Träume laufen lassen
- Mut zum Neuen, zum Experiment, zum Lernen

Neue Incentives: Zurück zu Intuition und Kreativität

Besonders betonte Anforderungen fortschrittlicher und führender Unternehmen bei Einstellung neuer Mitarbeiter und vor allem neuer Führungskräfte lauten inzwischen:
- Mut zum Neuen
- Mut zum Ausprobieren
- Fähigkeit zum fruchtbaren Umgang mit Fehlern
- Mut, von Schablonen abzuweichen und zu sich selbst zu stehen
- innere Freiheit zum individuellen Weg
- Fähigkeit, eigene und originelle Lösungswege zu finden
- Mut und Kraft zu Visionen

Kaum eine Forderung kommt heute mit derartiger Wucht auf die Unternehmen zu wie der Zwang zu Veränderungen, zu umwälzenden Innovationen. Nicht nur in den Unternehmen steht der Bruch verkrusteter Strukturen an, ebenso in Politik und in gesellschaftlichen Institutionen wie Gewerkschaften oder Kirchen. Doch Ängste und Besitzstandsdenken blockieren die nötigen Veränderungen. Wie lassen sich Mitarbeiter ebenso wie Führungskräfte im Unternehmen frei machen für den Mut zum Neuen, der immer als ersten Schritt Veränderungen fordert?

Gelingt es, über Incentives neuer Art hier zumindest erste Ansätze zu finden,

Takete und MALUMA

Zwei Skizzen eines unbekannten Künstlers. Jede der beiden Skizzen hat einen Namen, die eine heißt **Takete**, die andere heißt **Maluma**. Aber in der Galerie sind beim Sortieren die beiden Skizzen und die Namen irgendwie durcheinandergekommen. Jetzt soll geklärt werden: Welche der Skizzen wurde vom Künstler Maluma genannt, welche nannte er Takete?

Helfen Sie dem Galeristen, und ordnen Sie bitte jeder der beiden Skizzen ihren richtigen Namen zu.

Abb. 1: Takete und Maluma

die wieder Mut und Freude fürs Neue wachsen lassen?

Kein Zweifel: Tief im Menschen sind Gefühle verankert, die bei Takete und Maluma von Augen und Ohren angesprochen werden: Die Striche der beiden Bilder und der Klang der beiden Worte berühren im Unterbewußten klar definierte Regionen, und sofort ist jedem klar, was ist Takete, was ist Maluma.

Kreativität und Innovation können nur in „Maluma" gedeihen, das heißt in einem Klima ohne Streß und Angst. Die besten Ideen kommen bekanntermaßen in der Badewanne, beim Spaziergang oder in der Abschaltphase kurz vor dem Einschlafen. Können Übungen im Rahmen „neuer In-

centives" beitragen, solche Kreativphasen in innerer Gelöstheit leichter und öfter, vor allem auch bewußt und gezielt zu erzeugen?

Rückwärtsgewandte Incentives, die im traditionellen Sinn dieses „Instruments" primär der Belohnung für erreichte Leistungen dienen, können dieses Ziel nicht erreichen. Incentives neuer Art gewinnen ihren Nutzen aus der Kombination von Belohnung, Ansporn, Motivation und neuer Kraft zum Aufbruch.

Erste konkrete Beispiele bestätigen inzwischen den erfolgreichen Ansatz Incentives neuer Art: Im Rahmen von vier Incentive-Tagen, durchgeführt von einem Pharma-Unternehmen im Kloster Anna-

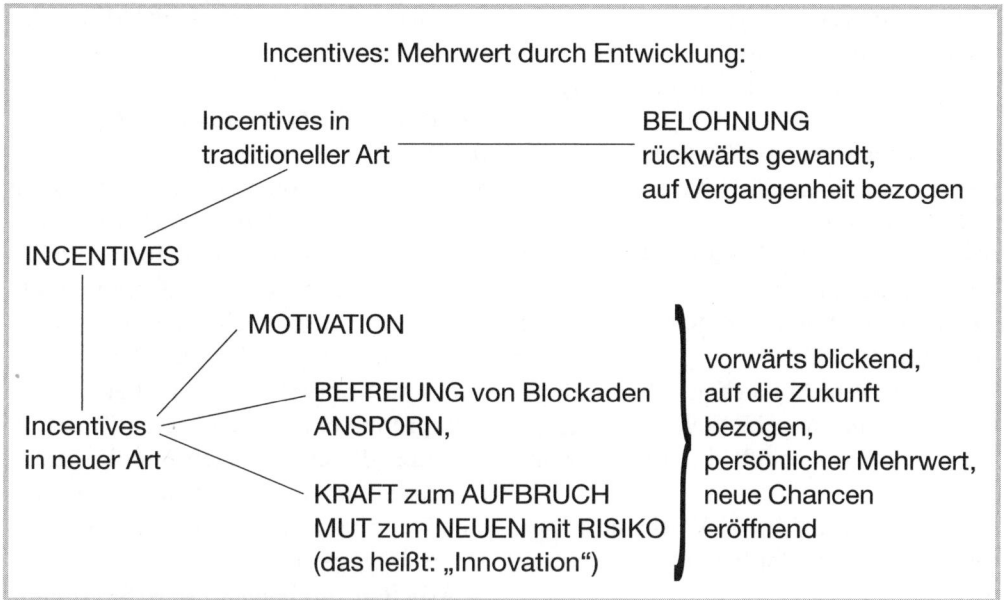

Incentives: Mehrwert durch Entwicklung:

Incentives in traditioneller Art — BELOHNUNG rückwärts gewandt, auf Vergangenheit bezogen

INCENTIVES

MOTIVATION

Incentives in neuer Art

BEFREIUNG von Blockaden ANSPORN,

KRAFT zum AUFBRUCH MUT zum NEUEN mit RISIKO (das heißt: „Innovation")

vorwärts blickend, auf die Zukunft bezogen, persönlicher Mehrwert, neue Chancen eröffnend

Abb. 2: Traditionelle und neue Incentives

berg in Polen und begleitet von den beiden erfahrenen UPT-Persönlichkeitstrainern Birgit Arras und Andreas Külpp, konnten neben dem Belohnungs- und Motivationseffekt auch deutliche Erfolge in bezug auf die Bereitschaft zur Innovation und den Mut zu eigener Kreativität erzielt werden.

Selbsterfahrungsübungen und Persönlichkeitstraining legten verschüttete Instinkte wieder frei, bauten Blockaden ab, ließen seelisches Durchatmen zu, öffneten die Augen aufs Selbst und aufs alltägliche Tun, auf den Umgang mit sich selbst und mit anderen, auf die eigenen Gefühle und auf die Gefühle der anderen. Persönlichkeitstraining verband das Selbst-Bild mit Fremd-Bildern, also mit der Sicht, die andere haben. Neues, gesundes Selbst- und Leistungsbewußtsein entstand.

In Übungen der Selbsterfahrung werden Ur-Instinkte und Ur-Talente wieder wach und machen wieder Freude. Der Mut zum Neuen wird wieder frei. Dabei wird bewußt: Es gibt nichts Neues, ohne Altes zurückzulassen! Das Neue ist immer das Unsichere, das Experiment, es schließt unausweichlich Fehler und Irrwege mit ein. Das Neue fordert Mut zum Risiko, den Mut, bewährtes Terrain zu verlassen.

Abenteuerland Selbsterfahrung

Incentives werden bisher als Instrument der Belohung verstanden, daneben auch noch als Instrument der Motivation. Wie paßt Selbsterfahrung in diesen Zusammenhang?

Zehn Jahre Erfahrung mit mehreren Hunderten von Teilnehmern beweisen den Trainern Birgit Arras und Andreas Külpp, beide aus dem Team der auf Selbsterfahrungstrainings und Persönlichkeitsentwicklung spezialisierten Trainer- und Berater-Gruppe UPT Hans Schuster & Partner, Gut Sedlbrunn bei Pöttmes:

- Selbsterfahrung stärkt.
- Selbsterfahrung befreit.
- Selbsterfahrung setzt neue Energien frei.
- Selbsterfahrung baut Blockaden ab.
- Selbsterfahrung gibt Kreativität und Mut zum Neuen.
- Selbsterfahrung führt übers ICH in die ganz alltägliche Welt.
- Psychologisch geführte Selbsterfahrung ist kein „Ego-Trip"
- und auch kein Abtauchen in Esoterik.
- Selbsterfahrung heißt Welterfahrung.
- Selbsterfahrung heißt vom Leben erfahren.
- Selbsterfahrung heißt Wachstum: Wer sich selbst sieht, der begreift die Welt.

Selbsterfahrung läßt sich nicht über Bücher erreichen. Selbsterfahrung braucht den Spiegel der andern in der Trainingsrunde. Selbsterfahrung ist dann eine mitreißende Abenteuerreise und ein spannendes Erlebnisprogramm. Selbsterfahrung macht Spaß und bringt Wohlbefinden. Selbsterfahrung läßt Teilnehmer ihre „Wurzeln" wiederfinden, ihre ureigensten Kräfte – aber auch ihre natürlichen und persönlichen Grenzen spüren. Selbsterfahrung eröffnet die Chance, den individuellen Weg zu finden, sich selbst zu leben, statt sich durch andere leben zu lassen, durch vermeintliche Zwänge zu glänzen, zu kuscheln, zu geben bis zum Übergeben oder zu nehmen bis zum Überdruß.

Selbsterfahrung bewirkt mit ihren Übungen, daß die Teilnehmer Ängste erkennen und dann damit entweder bewußt umgehen oder sie auch loslassen können. Selbstentwicklung öffnet den Blick und führt die Teilnehmer hin auf Sinn, Ziele und Werte, gibt Motivation und Antrieb, öffnet Talente und Fähigkeiten. Selbsterfahrung deckt eingefahrene, oft hemmende Verhaltens-weisen und Denkmuster auf und öffnet den Blick für Alternativen.

Aus dem Selbstbild wächst der Erfolg im Team

Selbsterfahrung dient jedoch nicht nur als Instrument der Persönlichkeitsentwicklung, sondern wird auch in Teamentwicklungen, in Konflikt- und Kommunikationstraining erfolgreich integriert. Beziehungs- und Kooperationsfähigkeit, Umgehen mit Konflikten, die Fähigkeit zum Kompromiß ohne Niederlagegefühle, Entwicklung der emotionalen Intelligenz und der Kommunikationsfähigkeit – das alles sind Trainingsziele, die über Selbsterfahrungsübungen erreicht werden.

Arbeiten im Team fordert Sensibilität für Dynamiken, Kreativität, Kraft für Impulse und Visionen, Fähigkeit zur Integration, soziale Intelligenz, verbunden mit Führungsfähigkeit und Zielbewußtsein – alles indivuelle Eigenschaften und Fähigkeiten, über die sich einerseits in Selbsterfahrungsübungen Klarheit gewinnen läßt, die sich andererseits dabei auch von Blockaden befreien, ausbauen, fördern und entwickeln lassen.

Im Klima von Angst stirbt jede Kreativität

Die Instrumente der Selbsterfahrung und des Persönlichkeitstrainings fördern ebenso die natürliche Kreativität, die Fähigkeit, überhaupt Neues zu sehen, den Mut, Neues zu denken und es zu probieren. In einer Umgebung von Starrheit gibt es keine Kreativität. Kreativität ist Beweglichkeit, ist Lebendigkeit. Kreativität läßt sich nicht organisieren und nicht anordnen. Streß und Druck im Betrieb, in der täglichen Routine killen Kreativität. Ebenso stirbt jede Kreativität unter Angst. Tödlich für Kreatvität sind:

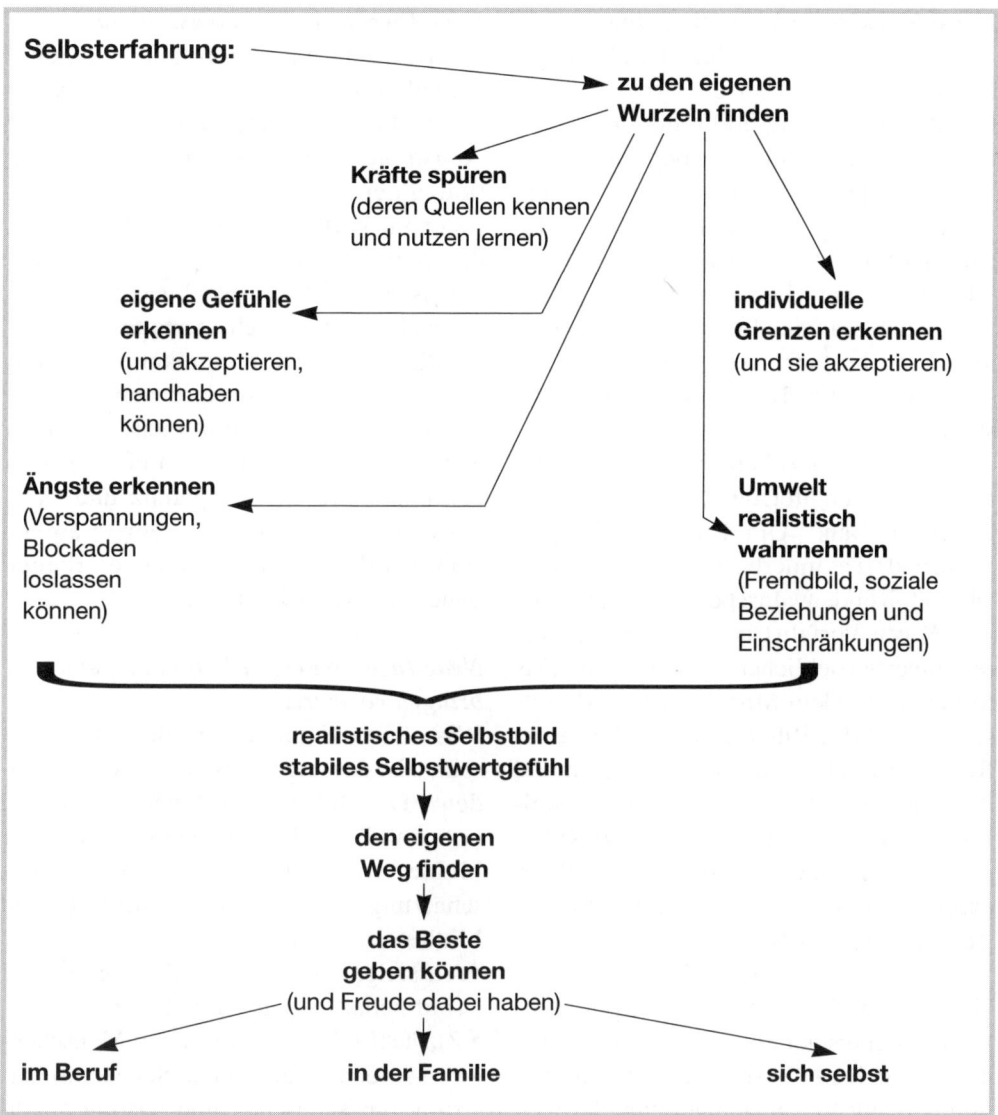

Abb. 3: Die Wirkungen von Selbsterfahrung

- Angst vor Fehlern
- Angst vor unsicheren Ergebnissen
- Angst, das Gesicht zu verlieren
- Angst, aus dem Job zu fliegen

(Lese-Tip zur destruktiven Wirkung von Angst im Unternehmen, von Ängsten der Mitarbeiter: *Kostenfaktor Angst*, Panse/ Stegmann 1996. Die Autoren rechnen u.a. vor, wie viele Milliarden Mark deutschen Unternehmen jährlich verlorengehen durch blockierende Ängste. Ein Bruchteil davon in Incentives neuer Art investiert, kann gigantische Renditen durch Ängste-Reduzierung erbringen.)

Angst blockiert jede Begeisterung

Angst lähmt den Betrieb. Unter Angst gedeiht kein Spaß an der Arbeit, keine Freude an Leistung und schon gar keine Begeisterung, Kunden zu begeistern. Alles, was „eng" macht, das provoziert Angst: überzogener Termindruck, Delegation ohne klare Vorgaben, deutliche Überforderung ebenso wie Unterforderung, Lücken in der Information, Lücken im Lagerbestand (Ersatzteile), Leistungsdruck auf Kosten von Qualitätsstandards ...

Angst provoziert Fehler. Wer sich vor jedem Fehler fürchtet, der „baut" Fehler am laufenden Band. Um Kunden zu begeistern, bedarf es innerbetrieblich hoher Flexibilität. Kundenwünsche müssen auf kurzen Wegen Vorfahrt bekommen vor starren innerbetrieblichen Regelungen. Das fordert von jedem Mitarbeiter die Bereitschaft (und das Rüstzeug) zu kalkulierter Risikobereitschaft. Sicherheitsdenken und Ausrichtung an fixierter Organisation weichen der Freude am (kalkulierten) Risiko im Dienst für den Kunden. Da heißt es dann schon mal, sich mit dem Chef (Meister etc.) auseinanderzusetzen.

Angst nimmt die Offenheit fürs Neue. Unter den Wolken der Angst wird krampfhaft festgehalten am „Bewährten", mag es noch so überholt und zukunftslos sein. In angstfreier Umgebung dagegen gedeihen Kreativität und Freude an Innovationen und an Leistung. Jetzt werden sogar hohe Anforderungen zur Herausforderung. „Wenn Sie etwas von mir fordern, dann bestätigen Sie mir gleichzeitig, daß Sie mir etwas zutrauen", sagte einst ein Mitarbeiter zu Tyll Necker, dem langjährigen Präsidenten des BDI (Bundesverband der Industrie, Köln).

Neue Incentives zum Angstabbau

Über Ängste und deren Quellen endlich einmal frei reden zu können, das allein schon baut die Hälfte des negativen Angstpotentials ab. Offene Kommunikation unter allen im Unternehmensteam (oder im Verkaufsteam usw.) befreit von dumpfen Ängsten.

Das in die Incentive-Tage integrierte, möglichst spielerisch gestaltete Team-, Konflikt- und Kommunikationstraining legt unklare, unausgesprochene Ängste offen und baut sie damit meist schon zur ersten Hälfte ab. Klare Leitlinien für Zusammenarbeit, Kompetenz und „Verantwortung", am besten gemeinsam im Rahmen der Incentive-Runde erarbeitet, bauen für die Zukunft vor.

Neue Incentives sind Belohnung und bringen vorwärts

Was könnte denn eine größere Belohung sein, als das eigene Selbst wiederzufinden? Das führt zum Nachdenken und nötigenfalls auch zum Aussteigen aus der Mühle von Selbstaufgabe, Selbstüberschätzung, Workoholismus, Burn-out und Midlife-crisis, d.h.:

• Aussteigen aus innerer Kündigung und routinehafter Tagesmonotonie
• Zurückfinden zum gesunden Menschenverstand, zur gesunden Selbsteinschätzung mit seelischen und leistungsmäßigen Höhen und Tiefen, mit ehrlichem Ja und auch mal Nein zu gestellten Forderungen und Erwartungen
• Zurückfinden zur Freude und zum Spaß an der Arbeit, gleichwertig mit den Stunden und Tagen der Freizeit für Familie und Hobbys.

Neue Incentives wollen und sollen motivieren

Niemand kann andere motivieren. Motivation, Antrieb, Freude an Leistung und Erfolg kommt bei jedem Menschen nur von innen. „Motivation von außen" ist stets nur kurzfristig wirkende Manipulation. Für Motivation lassen sich allerdings optimale Voraussetzungen schaffen durch Führungsstil und Arbeitsklima, aber immer wächst Motivation dann aus der persönlichen inneren Kraft. Aber persönliche Selbststärkung geht nicht ohne Selbsterfahrung:

• Was macht stark?
• Was macht mich ganz persönlich stark?
• Wo liegen die persönlichen Wurzeln der Kraft?
• Welches sind die individuellen Stärken?
• Was fördert sie, was hemmt sie?

Dies alles sind typische Fragestellungen in Selbsterfahrungsübungen. Im Rahmen neuer Incentives lassen sich diese Fragen anrühren und ins Bewußtsein holen.

Die Faktoren sind bekannt, die innere Kräfte nähren:

• Genüsse über die Sinne
• Verbundenheit mit der Natur
• Spaß und Freude
• zufrieden, glücklich sein
• frei von Ängsten sein (Beruf, Partnerschaft, Finanzen, Gesundheit usw.)
• soziale Geborgenheit, verläßliche Freunde, Geselligkeit
• intakte Partnerschaft
• „Wellness", das heißt gesund und körperlich fit sein

Für jeden dieser Faktoren lassen sich Stärkungsübungen in Incentives der neuen Art integrieren. Das sind teilweise sehr einfache Übungen, die mit viel Genuß und Spaß arbeiten, ohne Belehrung auskommen und den Teilnehmern wertvolle Erfahrungen eröffnen.

Neue Incentives: Teamintegration und Teamhygiene

Innere Motivation kann nur in einem geeigneten Umfeld entstehen. Das heißt für den beruflichen Bereich: Arbeitsklima und soziales Klima im Team, in der Abteilung, im gesamten Unternehmen müssen „stimmen". Die Balance von Anspannung und Entspannung muß stimmen. Klare Ziele sind ebenso nötig wie innere Akzeptanz („Identifikation") fürs Ergebnis des Tuns. Dauerstreß und Überforderung sind ebenso destruktiv für Leistung wie Unterforderung, mangelnde Anerkennung oder Mobbing. Ebenso wird Motivation vernichtet, wenn unter den Menschen „die Chemie" nicht stimmt, wenn einer dem anderen „stinkt".

Wann bringen Menschen ihre Höchstleistungen?

• Wenn sie müde sind, matt und ausgebrannt?
• Wenn sie verärgert sind und enttäuscht?
• Wenn sie Kollegen im Team nicht leiden können?
• Wenn sie das Gefühl haben, sie sind nur eine Nummer, ein Rädchen?
• Wenn sie nicht wissen, wo es langgeht?
• Wenn sie mit sich selbst zutiefst im unreinen sind?
• Wenn sie kaum Interesse haben an der Aufgabe?

Oder:

• Wenn sie Feuer und Flamme sind für eine Aufgabe?
• Wenn sie mit ihrem Team ein Herz und eine Seele sind?
• Wenn jeder für den anderen durchs Feuer geht?
• Wenn sie „top drauf" sind?

- Wenn sie klar wissen worum es geht und wie es läuft?
- Wenn sie sich fit und energiegeladen fühlen?
- Wenn sie spüren, ihre Ideen sind gefragt und begehrt?
- Wenn sie mit sich im reinen sind und „aufgeräumt"?

Jeder dieser Aspekte wird im Rahmen von Team- und Kooperationstrainings auf Basis von Selbsterfahrung bearbeitet und geklärt. Viele der Übungen lassen sich auch in Incentives der neuen Art integrieren.

Durch Selbsterfahrung blühen Menschen auf

Persönliches Miterleben illustriert die Wirkungen von Selbsterfahrungsübungen am deutlichsten. Ein Beispiel, welche persönlichen Veränderungen sich schon in Einstiegsgruppen erreichen lassen:

Da war zum Beispiel Martin (31), ein „Star-Verkäufer", Großkunden-Betreuer, eloquent, freundlich und „nett", aber verschlossen und aalglatt, Single, flottes Auto. Er wurde von seinem Chef ohne Vorinformationen zum Seminar für Persönlichkeitsentwicklung und Selbsterfahrung geschickt. Arrogant und voller Abwehr erklärt er in der Begrüßungsrunde zum Beginn des Seminars: „Ich war schon auf vielen Seminaren... Ich habe keine Angst..." Das gesagt zu haben war ihm wichtig. Damit hatte er seine Position klar umrissen, den Mit-Teilnehmern gegenüber und vor allem den Trainern gegenüber.

Zusammen mit Martin nahmen unter anderem auch Heinz (32), der Unternehmensberater, und Annette (30), die junge Marketing-Managerin, am Seminar teil. Beide hatten zwar das Seminar aus eige-

nen Stücken gewählt, bekamen es aber aus dem Firmenbudget bezahlt. Besonders Annette zeigte sich betont sachlich, cool, selbstsicher nach außen, alle ihre Unsicherheit in sich fest verschlossen, voller Angst vor Fehlern, die Augen eng zusammen, die Ohren angelegt, rational, aufs Bewährte eingefahren und festgelegt, nicht mehr fähig, sich frei, gelöst, offen zu bewegen, isoliert, starr, voll von Routinen und Rezepten, alle sofort greifbar in ordentlichen Schubladen, aufs beste „organisiert". 30 Jahre jung und nicht mehr fähig und willens, Neues und Ungewohntes aufzunehmen, anzuschauen, zu bewerten und auszuprobieren. Ihr Gesicht war am ersten Seminartag blaß und fahl, ihre Stimme leise, zurückgehalten und dünn.

Nach zwei Tagen Selbsterfahrung, vollgepackt bis spät in die Nacht mit intensiven Übungen unter Leitung von zwei Trainern (Psychologen, Erwachsenen-Pädagogen) tauten diese Menschen auf: Die Augen wurden größer, die Lippen wurden röter und voller, in den Augen blitzte völlig neuer Glanz, das Rückgrat richtete sich auf, die Schultern hingen nicht mehr durch, neue Beweglichkeit und Offenheit zeigte sich, Freude am Neuen, Spaß und offenes Lachen, Mut für Ideen, Mut zu Nähe, Kraft, zu sich zu stehen, im Gesicht plötzlich wieder Feuer und Flamme, Rückkehr aus der selbstgewählten Schutzhaft und aus der inneren Isolation, Zuwendung zu anderen wurde spürbar. Das Seminar zeugte „neue Menschen", die tief innen wieder lebendig wurden, Menschen, die plötzlich wieder Wärme und Begeisterung ausstrahlen konnten und sich darüber freuten.

Die Erfolge fünftägiger Seminare lassen sich natürlich nicht im Rahmen eingestreuter Einzelübungen in Incentives realisieren. Jedoch haben Erfahrungen gezeigt, daß sich durchaus Startelemente der Selbsterfahrung erfolgreich in Incentives integrieren lassen. Die Incentives wandeln sich dadurch nicht zu Lehrgängen oder zu Trainingscamps. Spaß und Belohnungseffekt bleiben erhalten, werden sogar gemehrt. Der Erlebnischarakter und der Motivationseffekt werden durch den persönlichen Gewinn aus den integrierten Elementen persönlicher Weiterentwicklung zusätzlich verstärkt.

Zweites Ziel:
Kunden binden, Kunden begeistern

In Zeiten nahezu austauschbarer Produkte, uniformer ISO-Normen, sekundenschneller Preisvergleiche per Internet wechseln selbst zufriedene Kunden bei kleinsten Preisdifferenzen mit fliegenden Fahnen von einem Lieferanten zum anderen. Laufend neue Kunden zu gewinnen kostet das Sechsfache im Vergleich zu den Kosten, bisherige Kunden zu halten. Also ist klar: Es lohnt sich, an Stammkunden wieder und wieder zu verkaufen, ihnen mehr zu verkaufen. Aber wie lassen sich heute noch Kunden halten, Kunden binden?

Da die Geschäftsbeziehungen der Zukunft immer mehr geprägt werden durch die Qualität, Glaubwürdigkeit und Authentizität der Beziehungen und nicht durch den Angebotspreis oder die Rabattkonditionen, sind Themen wie Wertschätzung, Vertrauen und die innere emotionale Bindung zu einem Lieferanten als langjährige Partnerschaft auch auf der „Absatz-Seite" der Unternehmen gefragt. Clienting heißt unter anderem ja auch, die Gefühle der Kunden in die Unternehmensstrategie zu integrieren.

Zufriedenheit reicht nicht mehr als Bindungsmittel. Nur begeisterte Kunden hal-

ten „ihrem" Lieferanten die Treue und wandeln sich via Empfehlungen sogar zu aktiven Verkäufern für „ihren" Lieferanten. Events und Incentives zählen zu den wirksamsten Instrumenten des „Clienting" (so seit einigen Jahren neu-deutsch für die Summe aller Anstrengungen, Kunden zu begeistern). Kunden und Noch-nicht-Kunden werden zu Veranstaltungen eingeladen: Feste, Konzerte, Partys, Musicals, Reisen mit besonderem Erlebnis- und natürlich auch Informationsgehalt. Damit verfolgen die Veranstalter nahezu die gleichen Ziele wie bei den „klassischen Incentives", mit denen zuerst besonders erfolgreiche Verkäufer, inzwischen mehr und mehr auch generell alle Mitarbeiter des Unternehmens belohnt und angespornt werden sollen.

Kunden binden durch emotionalen Mehrwert
Die Idee hinter dem Aufwand für Events und Incentives für Kunden ist das Streben nach emotionaler Bindung der Kunden. Die Erkenntnis setzt sich mehr und mehr durch: Wer die Herzen erobert, erobert die Welt.

Bei weithin uniformen und genormten Produkten läßt sich Kundenbindung nur noch durch emotionalen Mehrwert gewinnen. Incentives sind eines der bestgeeigneten Instrumente, dieses Ziel zu erreichen. Nur zu begeisterten Kunden lassen sich feste Beziehungen aufbauen. Nur begeisterte Kunden werden zu Multiplikatoren. Die Nase vorn haben im Wettbewerb, das fordert Begeisterung, und zwar bei den Mitarbeitern zuerst, dann aber ebenso bei den Kunden und in der Öffentlichkeit.

Zudem haben Experimente am Max-Planck-Institut bewiesen: Informationen oder Botschaften, die im Kopf des „Empfängers" mit einem Ereignis verknüpft werden, bleiben deutlich länger und intensiver präsent im Gedächtnis als andere Botschaften, die nur mit Worten (gesprochen, gedruckt) übermittelt werden. So eignen sich Events und Incentives natürlich auch ganz besonders, um in diesem positiven Erlebnisrahmen neue Produkte vorzustellen, neue Kollektionen vorzuführen, ganz generell die Vorzüge des Unternehmens darzustellen.

Den Kunden durch Incentives Gewinn verschaffen

Wie im Bereich von Mitarbeiter-Incentives gilt auch für Kunden-Incentives: Der stärkste Erlebniswert, der wirklich begeisternde „Mehr-Wert" läßt sich erzielen, wenn die teilnehmenden Kunden persönlichen Nutzen und individuelle Bereicherung erfahren. Umfragen haben klar erwiesen:

- Reine Werbeveranstaltungen kommen nicht an.
- Hektische Reisen finden kaum noch Beifall. Die Zeit der Kunden ist knapp. Streß haben die Kunden selbst genug. Und zudem hängt das Damoklesschwert des Finanzamts (Zugriff auf den „geldwerten Vorteil") über den Incentives, die überwiegend auf Reise- und Action-Erlebnissen aufbauen.

Persönlicher Gewinn für die Teilnehmer erzielt auch im Kreis von Kunden-Incentives die optimalen Erfolge. Aus Elementen von Kommunikations-, Beziehungs- oder Konflikttraining, aus Entspannungs- und Besinnungsübungen, aus Atemübungen und bioenergetischen Bausteinen gewinnen die Kunden für sich selbst im Rahmen eines Incentives am meisten. Über solche persönlichen Gewinne entstehen emotionale Bindungen der Kunden an den Veranstalter. Aus zufriedenen Kunden werden begeisterte Kunden, die „auf ihren

Lieferanten schwören". Da bedarf es dann schon kräftiger Differenzen, ehe diese Kunden über Nacht zum Wettbewerb abwandern.

Über die Einladung zu Incentives neuer Art werden zu den teilnehmenden Kunden emotionale Brücken aufgebaut. Die Kunden werden eingebunden ins Beziehungsnetzwerk mit „ihrem" Lieferanten. Gelingt das Incentive, „kommt es an", so entstehen im Unterbewußtsein der Kunden Gefühle von Zugehörigkeit und Begeisterung, beste Voraussetzungen fürs große Ziel: Kunden, die kaufen wollen, an die nicht mühsam und mit Rabattschleuderei verkauft werden muß. (Lese-Tip: Weshalb begeisterte Kunden die Preise nicht demontieren, analysiert Autor F. Christian Zach in seinem Buch „Begeisterte Kunden feilschen nicht". Wie Events und Incentives zu Kunden emotionale Brücken aufbauen und damit zufriedene Kunden in begeisterte Kunden wandeln, das zeigt Autor F. Christian Zach in seinem Buch „Fang den Kunden – Kontakte knüpfen, Beziehungen aufbauen, Kunden begeistern".)

Begeisterte Kunden amortisieren Incentive-Kosten

Begeisterte Kunden kaufen mehr, und sie kaufen länger als zufriedene Kunden. Begeisterte Kunden empfehlen weiter. Begeisterte Kunden aber schafft sich ein Unternehmen nicht:

- Wenn die Kunden bekommen, was üblich ist.
- Wenn die Kunden bekommen, was sie erwarten.
- Wenn die Kunden keinen Grund haben, zu klagen.
- Wenn das Produkt die Anforderungen erfüllt.
- Wenn Standards garantiert eingehalten werden.

Begeisterte Kunden sichert sich ein Unternehmen:

- Wenn zu den Kunden „die Chemie" stimmt, d.h. die emotionalen Beziehungen intakt sind.
- Wenn der Kunde spürt, daß es zuerst um ihn persönlich geht.
- Wenn echte und faire Partnerschaft praktiziert wird.
- Wenn mit den Kunden Erfolge gefeiert werden.
- Wenn die Kunden „Zugehörigkeit" spüren.
- Wenn Vertrauen seit langem besteht und es nie enttäuscht wurde.
- Wenn die Kunden auch jenseits von Produkt und zugehörigem Service „Gewinne" bekommen.
- Wenn nicht das Produkt im Mittelpunkt steht, sondern der Nutzen des Kunden, seine Vorteile, sein Spaß, seine Bequemlichkeit.
- Wenn das Produkt nur das tragende Vehikel ist für „Betreuung", die einmalig ist.
- Wenn der Kunde mit jeder Lieferung (jedem Dienst) ein klein bißchen mehr bekommt als erwartet.
- Wenn zudem die Antworten auf Fragen und Unsicherheiten die Erwartungen klar übertreffen.
- Wenn natürlich auch bei „Klagen" weit mehr „getan" wird, als der Kunde eigentlich erwartet.

Der Ereignis- und Erlebniswert von Incentives neuer Art erlaubt es, mit dem Incentive auch Botschaften zu verbinden (Corporate Identity, Unternehmensimage, Markenimage, Produktnutzen, Produktimage, Neuprodukt-Profile usw.), die nachhaltig in den Teilnehmern haften bleiben, nicht nur im rationalen Gedächtnis, sondern verankert im Unterbewußten

verbunden mit dem positiven Erlebniswert, den das Incentive insgesamt vermittelt.

Damit amortisieren sich die Incentive-Investitionen nachprüfbar über den „emotionalen Mehrwert" in der Kundenbindung: Mehr Umsatz mit treuen Stammkunden. Mehr Umsatz aus Empfehlungen. Und Empfehlungen, die über Wettbewerbe unter den Kunden forciert werden, geben dann wieder neuen Anlaß, verlockende und den Teilnehmern Gewinn bringende Incentives auszurichten.

Neue Incentives: Vor den Hürden von Skepsis und Gewohnheiten

„Wir müssen die neuen Incentive-Ideen unserem Vorstand sehr schonend und in kleinen Portionen beibringen", bremste sich der Marketing-Manager eines Münchner Elektronik-Unternehmens selbst in seiner Begeisterung für den neuen Incentive-Ansatz. „Derzeit heißt sowieso die generelle Vorgabe erst mal Sparen, Sparen und nochmals Sparen. Das ist aber vielleicht gerade die Chance, wenn wir Incentives konzipieren, die weniger kosten als die Reise nach Rio oder durch die Sahara, die aber bei den Teilnehmern doch positives Echo auslösen. Wir müssen dabei sehr genau hinschauen, mit welchen Gruppen von Teilnehmern wir was machen können und wie weit wir im Einzelfall gehen können."

Für die Teilnehmer der Sedlbrunner Incentive-Gespräche war klar, daß der persönliche Nutzen aus Incentives neuer Art für die Teilnehmer höher liegt als der „Gewinn" aus dem Tennis-Kurzmatch mit Boris Becker, dem Backstage-Händedruck mit Rod Steward oder der Anden-Tour mit Reinhold Messner. Der Trend geht nach Ansicht der Expertenrunde zum

„persönlichen Gewinn" aus Incentives. Dabei wird es keinen sprunghaften Wandel in Gestalt und Gehalt von Incentives geben, sondern eine langsame Entwicklung. „Es muß immer welche geben, die die Nase vorn haben", freuten sich Beate Stalzer und Helmut Hain von Albatros Incentives in Salzburg. (Die Entwicklungen in Gehalt und Zielen von Incentives zeigt Abb. 4.)

Der reine Belohnungsaspekt, der Incentive-Konzeptionen nach dem Muster „höher, weiter, schneller" hervorbrachte, ist zumindest im Denkansatz inzwischen überholt. Im Handeln allerdings hat sich das Denken noch nicht weit durchgesetzt, weder bei den Unternehmen noch bei den vielen Incentive-Agenturen, die vorwiegend aus der Reise- und Tourismusbranche hervorgegangen sind.

Die Ganzheit der Persönlichkeit und deren bewußte Entwicklung wird dagegen bei Incentives neuer Art deutlich in den Vordergrund gestellt. Sie bieten damit den Rahmen, wieder mehr Zugang zur eigenen Gefühlswelt zu gewinnen und damit mehr Gespür und mehr Klarheit für die persönlichen Ziele, Stärken und Werte. In einer Welt, die geprägt ist von Reizüberflutung, Ansprüchen, Erwartungen, Antreibern (inneren wie äußeren), wird gerade diese Fähigkeit notwendig sein, um Spitzenleistungen, Visionen und Lebensqualität zu realisieren, nämlich die Fähigkeit, sich durch klare persönliche Ziele abzugrenzen, abzuschalten und Zeiten der Ruhe, Entspannung, Regeneration für sich als elementare Bestandteile in den beruflichen Alltag zu integrieren.

Kein Zweifel: Unternehmen veranstalten Incentives mit einem klaren Ziel: Sie wollen Mitarbeiter, die mehr arbeiten, und sie wollen Kunden, die mehr kaufen. Unternehmen bestellen kein Incentive zur Teamentwicklung, zum Kommunikations- oder Konflikttraining oder zur Entwicklung der emotionalen Kompetenz von Mitarbeitern oder Kunden. Die Welt der Unternehmen ist eine materielle Welt. Und die Welt der deutschen Unternehmen kurz vor dem 3. Jahrtausend ist eine Welt der Gewohnheiten und der Absicherung über bewährte Erfahrungen. Das Gestern prägt weithin das Morgen in deutschen Unternehmen. Der Weg zu Incentives neuer Art wird ein langer und hindernisreicher Weg, so wie alle Wege, zu den derzeit in Deutschland dringend nötigen Innovationen.

Fazit: Zehn Schritte zu Incentives neuer Art

1. Analysieren Sie: Welche Ziele und welche Inhalte hatten Ihre Incentives in den letzten beiden Jahren? Wer war der Teilnehmerkreis? Was haben Sie investiert? Haben Sie die Ergebnisse gemessen? Mehr-Umsatz? Plus in der Kundenbindung?

2. Welche Trainingsmaßnahmen im Bereich Persönlichkeitsentwicklung, Verhaltensänderung, Team-, Kommunikations-, Konflikt- oder Kreativitätstraining haben Sie für den gleichen Personenkreis durchgeführt? Aufwand? Erfolge? Prüfen Sie einmal: Was hätte sich wie mit den Incentives kombinieren lassen?

3. Wie steht es um die bewußte Pflege und Entwicklung emotionaler Intelligenz in Ihrem Unternehmen? Wie steht es um Arbeits- und Beziehungs-„Kultur"? Wie steht es um die emotionale Bindung der Kunden? Wie hoch ist die Fluktuationsrate bei den Mitarbeitern? Welchen Stammkunden-Prozentsatz haben Sie?

„Stadium" des Incentives:	Entertainment	Animation	Training	Selbsterfahrung
Ca.-Zeitbezug des Incentives:	100 % Vergangenheit (= Rückschau, Belohnung)	70 % Vergangenheit, 30 % Zukunft (= Entwicklung, Ansporn)	70 % Zukunft 30 % Vergangenheit	90 % Zukunft 10 % Vergangenheit
Schwerpunkte des Incentives:	Konsum, zuschauen, genießen, Spaß	selbermachen, erleben, erfahren, genießen, Spaß	Aktion, Erfahrung einbringen, gestalten, erfahren, genießen, Spaß	Aktionen, Übungen (einzeln und Gruppe), Spiele, Erlebnisse, Erfahrungen, Spaß & Freude
vorwiegender Wert, Zweck, Ziel, des Incentives:	Belohnung	Belohnung, Begeisterung, Ansporn	Belohnung, Begeisterung, Ansporn, Entwicklung	Belohnung, Begeisterung, Bereicherung, persönlicher Gewinn, innere Motivation, Kraft gewinnen, Aufbruch
Inhalte, Elemente, Instrumente: (Beispiele)	Theateraufführung, Kabarett, Klangkonzert, Safari, Galadinner	Theaterworkshop Outdoorerlebis-Parcours, Abseilen, Rafting, Hütte bauen Tai-Chi, Yoga, autogen. Training einfache bioenergetische Übungen	Rollenspiele Teamentwicklungs-, Führungs-, Kommunikations-, Selbstmanagement-, Konflikt-Training einfache Selbsterfahrung, wie z.B. • Raupe • König lachen lassen • Gib's mir • Blinde führen • Meditationsreise Atemübungen, bioenergetische Übungen	Psycho-Drama Persönlichkeitsentwicklung intensive bioenergetische Übungen Kinesiologie fortgeschrittenere Selbsterfahrung, z.B.: • Was ich wirklich will • Brett schlagen • tiefe Meditation • Feedback • Interaktives Atmen • Phantasiereise
Copyright für Inhalt und Form: Birgit Arras, Andreas Külpp, F. Christian Zach				

Abb. 4: Von der Belohnung zur Begeisterung

621

4. Welche Mitarbeiter haben Sie? Wie wünschen Sie sich Ihre Mitarbeiter? Welche eigenen Wünsche haben die Mitarbeiter an die Arbeit, ans Unternehmen, an den Führungsstil?

5. Wie hoch liegt bei Ihren Mitarbeitern das Angstniveau? Wie steht es um die Offenheit für Neuerungen? Wie werden Fehler im Unternehmen „gemanagt"? Schuldigen-Suche oder Lerneffekt-Nutzung?

6. Womit belohnen und feiern Sie in Ihrem Unternehmen Erfolge – von und mit Mitarbeitern ebenso wie mit Kunden? Womit sagen Sie „Danke" zu Mitarbeitern und Kunden?

7. Ist Ihre Incentive-Agentur eine Reise-Agentur oder ein pädagogisch und psychologisch geschultes Trainings- und Beratungsteam? Welchen nachhaltigen menschlichen Nutzen haben die Incentive-Programme der letzten beiden Jahre gebracht?

8. Beschaffen Sie sich Informationen und dann auch Angebote von bewährten Persönlichkeits- und Selbsterfahrungstrainern. Fragen Sie nach deren Zusammenarbeit mit Incentive-Agenturen. Lassen Sie sich Referenzen und Fallbeispiele vorlegen.

9. Analysieren Sie den primären Trainingsbedarf Ihrer Mitarbeiter. Finden Sie Bindungsdefizite zu Ihren Kunden heraus. Bilden Sie sich selbst Vorstellungen, wie Sie beides „angehen" könnte. Definieren Sie klar (und auf Papier in Stichworten) Ihre Vorstellungen.

10. Beauftragen Sie nun zwei „Agenturen" oder „Berater" mit der Ausarbeitung eines konkreten Konzeptes und Angebots. Beide Aufträge sind honorarpflichtig und gehen damit in Ihr Eigentum über, d.h., sie können kombiniert oder später realisiert werden. Der, der den Auftrag tatsächlich bekommt, sollte sein Konzepthonorar mit dem Durchführungshonorar verrechnen.

Fallbeispiel: Abenteuerland Incentives: Persönlicher Mehrwert und Nutzen fürs Unternehmen

Weiter, höher, schneller als Otto Normalmensch verliert an Attraktivität bei Incentive-Veranstaltern. Angesichts von drastischen Kürzungen und von Entlassungen in den Unternehmen sind Abenteuer- und Luxusreisen für wenige Privilegierte nicht mehr tragbar. Die Suche nach sinnvollerer (und deutlich kostengünstigerer) Incentive-Gestaltung hat allseits eingesetzt. Einen fruchtbaren Beitrag dazu leisten wiederkehrende Incentive-Diskussionen zwischen Veranstaltern und Agenturen im Gut Sedlbrunn bei Augsburg. Die Diskussionsgruppe löste eine reale Aufgabe für ein Unternehmen aus der Elektronik-Branche. Hier die Dokumentation der Aufgabe und der vorgeschlagenen Lösung.

Die gestellte Aufgabe

Das weltweit tätige Familien-Unternehmen mit Stammsitz in München (rund 4.550 Mitarbeiter in 80 Ländern, Jahresumsatz rund 100 Mio. Mark) lädt einmal im Jahr alle seine „Repräsentanten" (Geschäftsführer der Niederlassungen, teils auch freie Handelsvertreter) aus 80 Ländern zum Meeting.

Primär-Ziel der Veranstaltung: Offene Kommunikation zwischen Stammhaus und Auslandsvertretungen fördern.

Die Veranstaltung wird vom Unternehmen als Incentive für die Teilnehmer verstanden, soll aber jedem Teilnehmer auch einen „persönlichen Mehrwert" bringen.

Die 80 bis 100 Teilnehmer, allesamt männlich, kommen auf einen Altersschnitt um die 50 Jahre und sind anspruchs- und erwartungsmäßig durchwegs der Top-Management-Ebene zuzuordnen.

Das Meeting findet jeweils etwa Mitte September statt (Anreise: Mittwoch, Abreise: Samstag, also drei Übernachtungen).

Das Treffen sollte in oder bei München stattfinden (möglicher Umkreis bis zu 100 Kilometer). Anforderung ans Hotel: Mindestens oberster 3-Sterne-, möglichst 4-Sterne- oder sogar 5-Sterne-Standard, mindestens 120 Zimmer.

Der verfügbare Budgetrahmen liegt bei etwa 2000 DM je Teilnehmer. Die Teilnehmer tragen nur den Aufwand für An- und Rückreise. Während des Meetings trägt das Unternehmen alle Kosten.

Viele der Teilnehmer kennen sich bereits aus den früheren Treffen. Die Umgangssprache der Meetings ist Englisch.

Bisherige Meetings fanden zum Beispiel in Brüssel, in Wien, in Bad Griesbach, in London statt. Als Location erlebten die Teilnehmer bisher zum Beispiel: Kloster, Alm, Schloß, das Wachsfigurenkabinett bei Madame Toussaud, den Prater in Wien.

In die neuen Meetings waren erstmals auch Arbeitssitzungen integriert. Dabei wurden als Themen bearbeitet: Effizienzsteigerung und Entwicklung von Marketing/Sales. In den Diskussionen blieben eine Reihe von Fragen offen, insbesondere: Key-Account-Management in Osteuropa, Vorbereitung auf die Währungsumstellung auf den Euro, Fragen der Preisbindung Europa/USA, Personal-/Managemententwicklung im Unternehmen. (In den Augen der Firmenleitung ist dieses letzte Thema derzeit von primärer Aktualität fürs Unternehmen.) Unerledigte Themen aus dem aktuellen Jahr können zur Nacharbeit in die Veranstaltung

integriert werden. Dies ist jedoch nicht zwingend erforderlich.

Eine Preisverleihung für die erfolgreichsten Länder-Chefs (Preisübergabe durch den Firmeninhaber) ist in die Veranstaltung einzubauen.

Elemente der Selbsterfahrung und des persönlichen Nutzengewinns sollen integriert werden. Dabei ist aber darauf zu achten, daß keinesfalls „zu dick" aufgetragen wird (Rücksicht auf bisherige „Gewohnheiten" der Teilnehmer).

Der Lösungsvorschlag

Programm-Idee

Die Teilnehmer sind die weltweiten „Top-Stars" des Unternehmens. Jeder ist ein perfekter „Erfolgs-Artist" in seinem Land. Internationalität, Können, Perfektion, herausragende Leistungen – das alles spiegelt sich in einem attraktiven Zirkus-Programm wider.

Der Zirkus „teilt" sich in Aktive (Artisten und „Helfer", vom Platzanweiser bis zum Manegenarbeiter, Süßigkeiten-Verkäufer und Musiker) und in die Zuschauer. Die Zirkusidee integriert damit sowohl aktive Mitmacher (die „Mutigen", die Extrovertierten) wie auch die mehr passiven Zuschauer (zurückhaltende Menschentypen). Beiden Seiten muß das Programm des Meetings gerecht werden.

Leitbild der Programmidee war die alljährliche Wohltätigkeitsgala im Münchner Circus Krone „Stars in der Manege". In dieser Veranstaltung treten Laien (prominente Stars) als Assistenten und Partner der Zirkusartisten auf.

Die Zusammenstellung des Programms versucht, jedem Teilnehmer mit Rücksicht auf Alter und Nationalität individuelle Möglichkeiten zu geben, das Meeting ein wenig aktiver als bisherige Meetings zu erleben und sich nach individueller Neigung auch selbst einzubringen und dabei für sich persönlich einen Gewinn zu erzielen (Erfolgserlebnis und/oder Unterhaltungserlebnis). Als zusätzliches Ziel soll genug Zeit und Energie übrigbleiben, auch nochmals aktuelle Themen des Unternehmens anpacken zu können. Die Teilnehmer sollen im Meeting nicht mit Ereignissen überfracht werden, so daß sie genug Zeit haben, untereinander aktiv zu kommunizieren. Die Kontakte und die Kommunikation werden zudem mit besonderen „Spielchen" angeregt.

Das Thema Zirkus bietet darüber hinaus noch ein wenig Persönlichkeits-(Führungs-)training wie auch Elemente der Teambildung (Kooperation, Zusammenarbeit). Durch aktive und geplante Nachbereitung wird dieses Erlebnis für alle nochmal lebendig und wirkt sich damit anhaltend positiv auf die weltweite Zusammenarbeit der einzelnen Geschäftsführer und deren Niederlassungen aus.

Gestaltung des Meetings

Location

Das Hotel muß über mindestens 120 Zimmer verfügen, mindestens im oberen 3-Sterne-Segment. Zudem muß das Hotel über ausreichend Platz verfügen zum Aufbau des Zirkuszeltes (Wiese, großer Parkplatz, Sportplatz nebenan etc.) Diese Voraussetzungen bieten z.B. das Astron-Hotel Achental in Grassau am Chiemsee (oberer 3-Sterne- bis 4-Sterne-Standard; Entfernung bis München ca. 85 km) oder z.B. auch das Interalpen-Hotel in Telfs bei Innsbruck (5-Sterne-Standard, ca. 110 km bis München). Weitere Hotel-Möglichkeiten: z.B. Bachmeier/Rottach-Egern, Dorint Vital-Royal, Reith/Seefeld.

Das Zirkuszelt wird (inklusive Artisten) von einem der kleinen Familien-Zirkusunternehmen beschafft. Diese Zelte fassen mit Tribünen rund 400 bis 500 Personen. Fürs Meeting aber wird das Zelt nur mit „Logen" ausgestattet (mit Tisch in jeder „Loge"), so daß es noch rund 120 bis 150 bequeme Plätze bietet.

Programmablauf Mittwoch:

- Einladung gestaltet in Form eines Zirkus-Programms
- Ankunft/Empfang: Empfangs-Desk im Flughafen, besetzt mit Mitarbeitern der Firmenzentrale in Zirkus-/Artistengewändern. Jeder Teilnehmer bekommt ein Zirkusutensil (siehe Cocktail-Empfang) zur Begrüßung. Transfer per Shuttleservice und/oder VIP-Limousinen vom Flughafen München zum Hotel.
- Begrüßung im Hotel (ca. 14 bis 19 Uhr): Sonder-Reception; im Foyer (bzw. vor dem Hotel) treten Gaukler (Kinder?) mit einfachen Kunststücken auf. Auf dem Zimmer (neben Blumenstrauß und Obstkorb etc.) erneut das Zirkusprogramm, aber noch mit vielen leeren Seiten.

Auf der ersten Aufschlagseite ein Begrüßungswort durch den Inhaber des Unternehmens, mit persönlicher Anrede und per Hand unterschrieben. Nur das Grundgerippe des Programms (inkl. Arbeitsthemen) und Ablaufs ist enthalten. Dazugelegt ein Eintrittskarten-„Heft" für die einzelnen Bausteine des Programms.

- Cocktailempfang ab 19.30 in der Hotelhalle, die dafür mit Zirkuselemeten dekoriert ist. Bei der Begrüßung durch Firmenangestellte wird jedem Teilnehmer eine Fragekarte (sein Requisit ist darauf abgebildet) mit drei Fragen überreicht.

Alle Requisiten gibt es paarweise. Die Aufgabe besteht nun darin, daß jeder Teilnehmer sein „Paar-Requisit" aufspürt und sich Antwort von ihm auf seine Fragen holt. Die „Paare" werden dabei im voraus gezielt gebildet nach dem Gesichtspunkt: Wer sollte vor allem mal mit wem ins Gespräch kommen? Artisten (Jongleur, Feuerschlucker, Gaukler, Taschenspieler etc.) lockern die Atmosphäre schon beim Cocktail auf.

- Abendessen ca. 20 Uhr bis 22 Uhr im Hotel (für die Meeting-Tage reservierter Hotel-Restaurant-Raum, zirkus-analoge Dekorationen); Tischordnung nach den Kommunikationswünschen der Geschäftsleitung festgelegt; „bayerisches Büffet" (auch schweinefleischfrei, auch vegetarisch!; Getränke à la carte am Tisch serviert); Hintergrund-Musik „live": Zirkuskapelle spielt gedämpfte „bayerische Klänge" mit eingestreuten Referenzen an die Herkunftsländer der Teilnehmer; offizielle „Sleeping-Time" ca. 23 Uhr. (Reisemüdigkeit beachten!)
- Offene Bar: Open end, alles auf Firmenrechnung; Geschäftsleitung mindestens eine Stunde lang präsent.
- Im Zimmer (ab 21 Uhr): kreatives „Bett-Hupferl" (Bezug zum Unternehmen, Bezug zur Location, süß?; Souvenir? ...)

Programmablauf Donnerstag:
- Aufwach-Angebot: Zwischen 7.30 und 8.30 Uhr werden Wahl-Programme angeboten (Bioenergetik, Atemübungen, Entspannungsübungen usw.), Erklärungen im Programmheft, Leitung: Sedlbrunn-Team mit Kollegen); die Wahl:
  - leichte, sanfte Lockerungsgymnastik kombiniert mit Entspannungselementen (5 Tibeter)
  - reines Entspannungstraining (körperliche Übungen, Meditation)
  - Fitneß-Training (Belastung/Entlastung, Jogging)
  - Yoga-Einführung
  - Einführung ins Autogene Training
- Frühstück: Ab 8.00 bis 9.30 reguläres Frühstücksbüffet (International Breakfast in separatem Raum).
- Tagungsbeginn: 9.30 Uhr, Thema: „Personalentwicklung, insbesondere Entwicklung von Führungskräften" (neutraler Moderator!)
  - Arbeitsunterlagen vorbereitet durchs Stammhaus (Tagungsraum: 100 Plätze, parlamentarisch, Tagungstechnik, Tagungsgetränke; Dolmetsch-Anlage)
  - Kaffeepause um 11.00 Uhr
  - Einführung/Hinführung zum Thema durch „analoge" Artisten. Beispiel: Der Zauberer kann nichts zutage fördern, was nicht bereits (versteckt) vorhanden ist; der Entfesselungs-Künstler befreit immer wieder seine Gliedmaßen (gefesselte Kräfte freisetzen); der Dompteur (nur Kleintiere möglich) schafft beste Resultate mit Lob, nicht mit Schlägen usw. Der Moderator schlägt die Brücke zum Thema.
  - Referat (Ist-Status, Ziel-Status, Aufgabenstellung, Lösungswege)
  - Ko-Referat: Fragen zum Ziel, alternative Wege und Blickwinkel (Individualziele contra Firmeninteresse)
  - Gruppenarbeit (4 Gruppen, 4 Maßnahmenkataloge)
  - Präsentationen der Gruppen
  - Zusammenfassung/Fazit/„Auftrag kommendes Jahr" (durch Moderator? Oder durch Geschäftsleitung?)
- Mittagessen: 12.30 bis 14.00 Uhr, Lunchbuffet (Leichtkost) im Hotel, gleicher Raum wie Frühstück, freie Getränkewahl (keine alkoholischen Aperitifs und Digestifs!)

- Donnerstag nachmittag: Vorgabe (im Programmheft und nochmals mündlich): „Bitte in Freizeit-/Sport-Kleidung"
  - Ab 13.30 bis 14.30 Uhr Bewegungsangebote. Outdoor: z.B. geführter Spaziergang, leichtes Walking, Naturerfahrung mit Sinnesübungen (Riechen, Hören, Sehen), Kommunikationsspaziergang (evtl. mit Paar-Bildung und Themenstellung) u.a.m. Indoor: spielerische Kreativgymnastik, Verdauungs-Yoga, Trampolin, Standfahrrad, bioenergetische und/oder kinesiologische Übungen
  - Ab 14.00 Uhr sind die Artisten in und ums Hotel aktiv; jeder kann zuschauen, wie die Tricks gemacht werden (Erklärungen!) und kann's selbst ausprobieren. Es sollten zehn verschiedene, jedoch relativ einfache Artisten-Nummern präsent sein (z.B. Zauberer, Jongleur, Stelzengänger, Kunstradfahrer, mehrere Clowns, Kleintierdompteur, Schlangenbeschwörer, Lassowerfer, Bogenschütze, Feuerschlucker). Die Artisten sind eingeweiht und achten darauf, wer sich wobei einigermaßen geschickt anstellt, und fördern denjenigen dann sofort möglichst intensiv (Erfolgserlebnisse erzeugen!) – so werden aus der 100er-Gruppe mindestens zehn „Stars der Manege" für die „Gala" am Freitagabend entdeckt und aufgebaut. Eingestreute „Animateure" achten darauf, daß alle Teilnehmer von Artist zu Artist wechseln und dann irgendwo richtig „einsteigen", dann auch was anderes ausprobieren... (Evtl. auch eine „Punkte-Karte", auf der am Schluß alle zehn Artisten das Probieren bestätigt haben müssen...)
  - Zwischenimbiß (zirkusmäßig!) im Zelt ca. 16.30 Uhr; Ende: 18.00 Uhr

- Abendessen: 19.30 bis 21.30 Uhr im Hotel (gleicher Raum; neue Tischordnung! Aperitif, 4-Gang-Dinner „international" (auch schweinefleischfrei, auch vegetarisch!) der Zielgruppe entsprechend, Softdrinks, Biere, 3 Weine zur Wahl, Kaffee, Digestif, Zirkuskapelle (gedämpft!!) als Hintergrundmusik, während des Essens treten (unaufdringlich) wieder Gaukler auf und gehen von Tisch zu Tisch (Getränke à la carte am Tisch serviert).
- Offene Bar: ab 21 Uhr, Open end, wie mittwoch abend
- Im Zimmer (ab 21 Uhr): wie Mittwoch abend

Programmlauf Freitag
- Aufwach-Angebot: wie Donnerstag
- Frühstück: wie Donnerstag
- Tagungsfortsetzung: 9.30 bis 12.30 Uhr; „Umfeld" und „Aufbau" wie Donnerstag; Thema (Wahl nach Priorität der Geschäftsleitung) z.B.: „Key Account in Ost-Europa", „Preisbindung Europa/ USA" (passende Artisten zu „Key Account" z.B. Stelzengänger, zu „Preisbindung" z.B. Entfesselungskünstler...)
- Mittagessen: 12.30 bis 14.00 Uhr, wie Donnerstag
- Nachmittag:
  - Die am Donnerstag nachmittag gefundenen „Stars der Manege" üben nun intensiv mit ihren Lehrmeistern.
  - Einbindung der übrigen Teilnehmer: Sie erhalten die Aufgabe, in München ein typisches Zirkusrequisit nach ihrer eigenen Wahl aufzuspüren und zu besorgen, z.B. Clown-Nase, Zauberstab, Dompteurpeitsche oder Artistenkostüm... Aufgabenstellung: Die Requisiten werden ausgestellt; die Teilnehmer punkten; das „kreativste" Requisit bekommt einen Preis. Für den Re-

quisitenkauf erhält jeder Teilnehmer einen „Kauf-Scheck" über DM 20,– (ein druckfrischer 20-DM-Schein eingefügt in eine Kaufurkunde). Transfer der Teilnehmer nach München in Bussen. Abfahrt 14.00 Uhr vom Hotel, Ankunft München ca. 15 Uhr. Start zur Rückfahrt ab München um 17.00 Uhr, Rückkehr ins Hotel ca. 18 Uhr und Abgabe der Zirkusrequisiten; Namensschild wird angebracht. Mit diesem „Programmelement" werden auch die unausgesprochenen touristischen Wünsche der Teilnehmer abgedeckt: München-Bummel, Einkauf von Souvenirs, Mitbringseln; jeder Teilnehmer bekommt einen München-Führer als Lesestoff auf der Busfahrt.

• Freitag abend = Gala-Abend: „Stars in der Manege"
  – Beginn um 20.00 Uhr im Zirkuszelt. Das Zirkuszelt ist innen mit Symbolen des Unternehmens dekoriert; Unternehmensfahnen, die Fahnen der Länder der Teilnehmer; Tische festlich gedeckt; Tischordnung nach Kommunikationswünschen der Geschäftsleitung.
  – Eintrittskarten-Kauf (Gutschein aus dem „Karten-Block") am Kassenwagen
  – Clowns begrüßen mit Konfetti, Luftballons, malen bunte Tupfen auf die Nasen...
  – Begrüßungscocktail (Aperitifs) im Pausen-Vorzelt des Zirkuszelts; Gaukler zwischen den Teilnehmern. „Ausstellung" der gekauften Requisiten; jeder Teilnehmer bekommt am Eingang zehn Glasmurmeln; vor jedem Requisit steht ein Gefäß; jeder kann seine zehn Murmeln an die seiner Meinung nach kreativsten Requisiten verteilen.

– Fanfaren rufen ins Zelt... (ca. 20.45 Uhr), Kapelle spielt evtl. Nationalhymnen (jeweils einige Takte??).
– Zirkusdirektor (Promi!) begrüßt und moderiert dann das Programm.
– Das Dinner: Beginn 21 Uhr, 4 bis 5 Gänge, internationale Küche; jeder Gang mit Bezug zum Zirkus; Getränke: à la carte (Sonderkarte ohne Preise in Absprache mit Veranstalter); Service-Personal in Kostümen von Manegen-Arbeitern. Programm-Verkäufern etc.
– Das Zirkusprogramm, gemischt aus einigen attraktiven Profi-Nummern (evtl. auch Clown-Nummer, die auf Unternehmensinterna abgestellt ist) und den Nummern mit Auftritten von Teilnehmern.
– Ablauf Dinner und Programm parallel; eingestreut ins Programm die Ehrung der Landes-Meister („Umsatz-Shooting-Stars" des Unternehmens); eingestreut ins Programm die Ehrung des kreativsten Requisits (der Käufer bekommt den „Goldenen Ideen-Löwen"; jeder bekommt sein inzwischen als Geschenk verpacktes Requisit nun als Souvenir; beigepackt jeweils ein individuelles Geschenk der Geschäftsleitung mit persönlicher Karte dabei!); eingestreut ins Programm auch besonders gestaltete „Überraschungsauftritte" für Geburtstags-„Kinder" und „Jubilare".
– Während des Abends wird ein Video mitgeschnitten (oder es werden viele Fotos gemacht; auf jeden Fall Profis engagieren); Vorstellungsende etwa gegen Mitternacht mit großer „Parade" der Artisten (natürlich auch die „Laien" dabei); gemütlicher Ausklang nach der Vorstellung im Zelt (Bar-Be-

trieb, Geschäftsleitung während des gesamten Abends durchgängig anwesend!).

Programmablauf Samstag

- Frühstück im reservierten Raum ab 7.30 Uhr: nahtloser Übergang (ab etwa 10.30 Uhr) in Brunch-Angebot (bis 14 Uhr)
- Individuelle Abreise der Teilnehmer
- Verabschiedung durch Geschäftsleitung/ Marketingleitung/Vertriebsleitung
- Abschiedsgeschenk mit Souvenir-Charakter an „Zirkus", darauf Datum, Anlaß, Firmen-Logo; evtl. analoge Zusatzgeschenk(e) für Kinder zu Hause
- Shuttleservice zum Flughafen durch Fahrzeuge und Angestellte des Unternehmens

Nachbearbeitung:

Die Programmhefte werden im Monat nach dem Meeting mit Bildern aus der Gala-Vorstellung und mit den Namen der Künstler ausgefüllt und (evtl. zusammen mit einem Video) den Teilnehmern zugesandt (etwa 6 bis 8 Wochen nach dem Meeting). Dabei können in den „Programmheften" jetzt auch die Ergebnisse der beiden Arbeits-Halbtage zusammengefaßt werden, verbunden mit formulierten Zielen für das kommende Jahr.

Nutzen dieses Incentives

- Gezielt geförderte Kommunikation zwischen Teilnehmern
- Anknüpfung neuer und intensiverer Kontakte untereinander
- Erfolgserlebnisse
- Unterhaltungswert (Erinnerungswert)
- gestärktes Gemeinschaftsgefühl
- einzelne Elemente der Selbsterfahrung (Mut, Können, Grenzen, Stolz, Selbstvertrauen ...)
- Gewinne im Bereich Selbst-Manage-

ment (Entspannung, Fitneß, Kreativität)
- Bewußtseinsprofilierung in zwei wesentlichen Führunsgaufgaben (zwei Arbeitsthemen mit Nacharbeit)
- hohes Maß an individuellen Gesprächen zwischen Firmenleitung und Teilnehmern sowie der Teilnehmer untereinander

Kosten-Überschlagsrechnung:

3 Übernachtungen, 100 Zimmer	75.000,–
Mi. abend Cocktail, Essen, Musik	10.000,–
Artisten Do. nachmittag	10.000,–
Do. Mittagessen + Getränke	5.000,–
Do. abend: Essen, Getränke, Gaukler	20.000,–
Bar, Mi. und Do., 2 Abende	5.000,–
2 Kaffeepausen, 1 Zirkus-Pause (Do.)	6 500,–
Requisiten-Einkaufsgutscheine	2.000,–
Artisten Fr. nachmittag	10.000,–
Fr. Mittagessen + Getränke	5.000,–
Zeltmiete + Auf- und Abbau	25.000,–
Artisten Fr. abend	15.000,–
Musik	5.000,–
Galadinner	15.000,–
Transfers	5.000,–
Geschenke, Ehrenpreise	4.000,–
Hilfspersonal, Hostessen etc.	5.000,–
Diverses, Reptilienfonds,	10.000,–
Agentur, Kreation + Betreuung	35.000,–
SUMME	267.500,–

Aufwand pro Teilnehmer   DM   2.675,–

Literaturhinweise

Panse, W., Stegmann, W., Kostenfaktor Angst, Landsberg/L. 1996
Zach, F. Chr., Begeisterte Kunden feilschen nicht, Ottobrunn 1997
Zach, F. Chr., Fang den Kunden – Kontakte knüpfen, Beziehungen aufbauen, Kunden begeistern, Ottobrunn 1997

8.4 Verkäufermotivation

Der Autor

Manfred J. Kunz, Geschäftsführer und Inhaber der GEMADI, Agentur für Motivation und Kommunikation GmbH, die er 1975 als Incentive-Haus für Reisen, Warenprämien, Promotions und Veranstaltungen gründete. Seit 1985 liegt ein Schwerpunkt der Agenturarbeit in Beratung und Verkauf von ganzheitlichen Motivationskonzepten für Vertrieb und vertriebsnahe Bereiche. Seit einiger Zeit konzentriert sich Manfred J. Kunz vor allem auf Beratungsaufgaben.

Eine provokative Frage gleich zu Beginn: Warum warten so viele Verkäufer darauf, motiviert zu werden? Ist es der Zeitgeist der Wohlstandsgesellschaft? Die Versorgungsmentalität? Sind Eigenverantwortung, Initiative oder gar Risikobereitschaft altbackene Überbleibsel einer längst verflossenen Epoche? Oder ist die larmoyant vorgetragene Floskel „Mich motiviert ja keiner" vielleicht ein Hilferuf nach Anerkennung und Sinngebung?

Bedürfnisse der Verkäufer

Stimmen Sie mit mir überein, daß Verkäufer Menschen wie du und ich sind, allerdings ausgestattet mit besonderen Talenten, wahrscheinlich mehr extrovertiert als in sich gekehrt? Ja? Gut, dann schauen wir uns einmal gemeinsam an, welche Bedürfnisse „wir vom Verkauf" haben.

Unangefochten steht an erster Stelle die materielle und soziale Sicherheit. Einem Verkäufer, dessen Bankkonto andauernd von der Aufkündigung durch die Bank bedroht ist, sollten Sie nicht gerade eine Aufgabe geben, bei der strategisches Vorgehen mit Resultaten in naher Zukunft den Ausschlag für den Erfolg gibt.

Ein Verkäufer, dessen Kind ins Krankenhaus eingeliefert wurde, kann an diesem Tag durchaus routinemäßig agieren. Wenn Sie aber Ihre Verkäufer über einen langen Zeitraum zeitlich so beanspruchen, daß deren soziale Bindungen gefährdet werden, können Sie bald ein Abfallen der Leistungskurve feststellen.

Das geschieht nicht etwa, weil die Mitarbeiter nicht wollen. Es passiert vielmehr, weil Ereignisse mit einer höheren sozialen Priorität das Wertesystem des Mitarbeiters, nennen wir es seine Energien oder Aufmerksamkeit, beanspruchen. Für seine beruflichen Aufgaben bleibt dann nicht mehr allzuviel übrig.

Damit wir uns nicht mißverstehen: Überstunden sind schon in Ordnung, eine Sechs- oder Siebentagewoche ebenfalls – aber nicht als Regelzustand.

Kann man daraus den Schluß ziehen: Ein Verkäufer, der genug zu essen und zu trinken hat, ein Dach über dem Kopf, in Brot und Arbeit steht, funktioniert einwandfrei? Sie wissen es, das ist weit gefehlt!

Kommen wir zur zweiten Dimension, der Sinngebung und der Anerkennung, beides so wichtig wie Wasser und Brot. Wer eine Aufgabe zugewiesen bekommt, ohne einen Sinn in seinem Tun erkennen zu können, wird sie gerade mal so lange erledigen, bis sich ihm eine Fluchtmöglichkeit bietet. Haben Sie sich nicht schon oft selbst dabei erwischt, wie Sie etwas, das Sie innerlich nicht akzeptiert hatten, sehr lange liegen gelassen haben? Ihren Verkäufern geht es da nicht anders.

Erkennen Sie die Chance, die darin steckt, Sinn zu vermitteln? Dazu bieten sich viele Gelegenheiten, angefangen vom Infomaterial, über Gespräche, Konferenzen, Verkaufstagungen bis hin zu der anspruchsvollen Aufgabe, sinnvoll, d.h. berechenbar zu reden und danach zu handeln.

Anerkennung, das große Wort für den Alltag

Gedankenfaule Verkaufsleiter und -leiterinnnen verstehen darunter Geld, Schulterklopfen, ein „dickeres" Auto, eine Urkunde oder Incentive. Ob sie damit erfolgreich sind? Gewiß nicht!

Andere erfolgreichere Damen und Herren, die den Verkauf leiten, fassen den Begriff Anerkennung viel weiter. Sie haben erkannt: Wer seinem Mitmenschen Zuneigung signalisiert, gibt eine riesige Portion

Anerkennung weiter. Das kann ein aufmerksames Lächeln sein, ein vertrauensvolles Kopfnicken, ein konzentrierter fester Händedruck, der dem Verkäufer Kraft für die nächste Arbeitswoche gibt.

Anerkennung kann auch sein: wohlmeinende Unterstützung, Angebote zur Weiterbildung, Einholen von Rat, ja, sogar das Übertragen schwieriger, stressiger, wenig erfolgversprechender Aufgaben.

Erinnern Sie sich doch einmal daran, wie Außenstehende Ihnen das Gefühl der positiven Verantwortung vermittelt haben? Sie werden sehen, aus Ihrem eigenen Erleben ergeben sich Anregungen und Vergleiche, die Sie im Umgang mit Ihren Verkäufern sinnvoll einsetzen können. Wichtig dabei ist: Sie müssen beim Thema Anerkennung in Ihrer eigenen Identität stimmig bleiben, berechenbar sein.

Bei alldem darf aber keiner vergessen, daß Geld in unserer Gesellschaft selbstverständlich auch ein Mittel der Anerkennung ist. Zweifellos drückt heutzutage die Geldsumme, die Sie Ihren Mitarbeitern zugestehen, Ihre Wertschätzung aus.

Zahlen Sie weniger als Ihre Wettbewerber, bekommen Sie ohnehin langfristig ein Problem. Jedoch, wenn Geld Ihr einziges Ausdrucksmittel für Anerkennung ist, werden Ihre Mitarbeiter langfristig unter einem Anerkennungsdefizit leiden. Ihre guten Mitarbeiter nehmen gewiß dann die nächste Gelegenheit wahr, um genau aus diesem Grund zu kündigen, wobei natürlich vordergründig andere, scheinbar rationalere Gründe vorgeschoben werden.

Hohe Schule der Selbstverwirklichung

Es gibt Mitarbeiter, die in ihrer Persönlichkeit so stark sind, daß sie sich selbst verwirklichen wollen. Manche – und das meine ich nicht zynisch – sogar im Beruf. Sollte es Ihnen gelingen (oder schon gelungen sein), Verkäufern zu helfen, Selbstverwirklichung im Beruf, im Verkauf zu finden, ziehe ich den Hut vor Ihnen. Denn spätestens hier trennt sich bei Verkaufsleitern die Spreu vom Weizen.

Ist es nicht erstaunlich, wie manche Mitarbeiter, die im Verkauf als Mitläufer rangieren, nach Feierabend in einem Verein eine Spitzenposition ausfüllen? Alarm! Oder haben Sie gar einen Verkäufer mit einem einstelligen Handicap im Golf? Ebenfalls Alarm! In beiden Fällen gehen Ihrem Bereich große Reserven an Energie und Kreativität verloren.

Selbstverwirklicher im Verkauf, das sind jene Leute, denen anscheinend alles zufliegt, die immer Glück haben. Die meisten übersehen dabei, daß diese Mitarbeiter ihre Hausaufgaben besser, intensiver und mit mehr Herzblut erledigt haben als andere.

Ziele des Unternehmens

Firmen engagieren Verkäufer, damit Waren oder Dienstleistungen verkauft werden können. Dieser banale, aber durchaus logische Satz dürfte über viele Jahrzehnte Gültigkeit besessen haben. Stimmt seine Aussage auch heute noch? Nun, ums Verkaufen geht es immer noch, nur die Vorzeichen haben sich gewaltig verändert. Viele der früher als visionär geltenden Vorstellungen vom Einkaufen auf Distanz gehören heute schon zur Realität. Heranwachsende Generationen haben weder als Endverbraucher noch als Entscheider in der Wirtschaft Probleme mit dem Benutzen modernster Kommunikationsmittel.

Der noch weitgehend anonyme Einkauf per Telefon, E-mail, Internet oder Fax bietet für diese Zielgruppe keine Hemmschwelle mehr. Außerdem, wer sagt denn, daß die Bemühungen um interaktive Medien nicht morgen schon jegliche Anonymität aufheben? Das Zeitalter der Bildschirmtelefone steht vor der Tür. Das Medium Video wird im Zusammenspiel mit dem PC seinen wirklichen Durchbruch erleben. Schon heute gibt es in den USA auf dem flachen Land, dort, wo es sich nicht mehr rechnet, bemannte oder befraute Verkaufsstellen zu unterhalten, Video-Verkaufsstellen – zum Nutzen der Kunden, die 24 Stunden lang an sieben Tagen der Woche einkaufen können, und zum Nutzen der Unternehmen, die gewaltige Kostenersparnisse verzeichnen können.

Was für den Verkauf an Endverbraucher gilt, beweist sich in noch höherem Maß im Business-to-Business-Bereich. Die Telekommunikation sorgt auf Knopfdruck für die nahezu beliebige Verfügbarkeit aller Produkt- und Serviceinformationen. Verfeinertes Logistikmanagement und ausgefeilte Serviceleistungen machen die Verkäufer alter Prägung zu Dinosauriern.

Unternehmen brauchen menschliche Visitenkarten, die nicht nur über das selbstverständliche, alle Aspekte des Marktes abdeckende Fachwissen verfügen, sondern auch profunde Kenntnisse über die Bedürfnisse ihrer Gesprächspartner besitzen und somit sehr viel soziale Kompetenz haben. Diese Verkäufer müssen in hoher Identität mit dem Selbstverständnis des Unternehmens leben. Das alles unter Wahrung der eigenen Persönlichkeit sowie der Glaubwürdigkeit als Individuum.

Die Unternehmen werden heutzutage zu enormer Flexibilität gezwungen. Der Lebenszyklus der Produkte verkürzt sich dramatisch, Alleinstellungen sind nur noch eine Frage von Wochen, bis sie von Me-too-Anbietern eingeholt und übertroffen werden. Demnach brauchen die Unternehmen Mitarbeiter, die geistige Flexibilität, räumliche Unabhängigkeit bis hin zur flexiblen Gestaltung ihrer Bedürfnisstrukturen in materieller wie zeitlicher Dimension anbieten können.

Wer solche Mitarbeiter will, muß viel investieren. Wer viel investiert, will ein hohes Maß an Sicherheit für den Rückfluß der Investitionen. Wie kann das zusammengehen?

Unternehmensziele und Verkäuferziele zur Deckung bringen

Jedes Unternehmen hat die Mitarbeiter, die Verkäufer, die es verdient. Und jeder hat die Mitarbeiter, die er oder sie verdient. Stimmt nicht? Doch! Betrachten Sie nur folgendes Beispiel:

Wer über Jahrzehnte eine Behörde war, kann nicht erwarten, daß durch eine Privatisierung des Kapitals sich im gleichen Tempo das menschliche Kapital verändern läßt. Und sollten Sie als Dynamiker in solch ein neues Unternehmen eingetreten sein, um den Karren mit anzuschieben, na, dann wußten Sie doch, auf was Sie sich eingelassen haben. Also verdienen Sie auch diese Mitarbeiter.

Daraus folgt: Unternehmen, die Veränderungen begreifen, müssen sehr sorgfältig mit dem Faktor Zeit zur Verhaltensänderung kalkulieren. Kein vernünftiger Mensch kann erwarten, daß lange als richtig anerkannte Verhaltensmuster sich von heute auf morgen verändern lassen. Schon gar nicht, wenn ein Vorgesetzter plötzlich eine andere Politik betreibt, nur weil ein Unternehmensberater am Werk war, und die eigentliche Arbeit den verwirrten Zurückgebliebenen hinterließ.

Kaum ein Unternehmen startet neu, um sofort mit vielen Verkäufern und einer aufeinander abgestimmten Verkaufspolitik, Verkaufsstrategie sowie Kundenzufriedenheitspolitik loszulegen. Die meisten

von uns leben mit und leben durch die Veränderungen. Ähnlich geht es den Mitarbeitern. Die wenigsten fangen gerade bei Ihnen neu an, mit der Begeisterung der ersten Stunde, mit den Vorsätzen, es diesmal gleich richtig zu machen.

Die meisten Verkäufer und Verkaufsleiter werden mit Veränderungen konfrontiert, die sie verarbeiten, auf die sie sich einstellen müssen, mit denen sie mindestens genauso erfolgreich wie bisher sein sollen. Eines ist dabei sicher, kein gesunder Mensch will absichtlich verlieren oder auf die Sicherung seiner Grundbedürfnisse, auf Respekt und Anerkennung, auf Sinngebung absichtlich verzichten!

Im Begreifen des bis hierher Gesagten liegt die Chance zur Gemeinsamkeit. Beide Partner, Unternehmen wie Mitarbeiter, wollen den Erfolg ihrer Bemühungen. Es liegt an uns, uns selbst und allen anderen Beteiligten zu helfen, die Chancen gegenseitiger Motivation am Schopf zu packen. Ja, Sie haben richtig gelesen, auch Mitarbeiter können Unternehmen motivieren!

Manipulieren oder motivieren

Personalentwickler und Verkaufspraktiker streiten sich darüber, ob ein Unternehmen oder überhaupt irgend jemand in der Lage ist, einen anderen Menschen zu motivieren. Reinhard K. Sprenger vertritt in seinem Buch „Mythos Motivation" die These, jeglicher Versuch, Motivation von außen zu „verabreichen", führe zwangsläufig zur Manipulation. Für Sprenger gilt ausschließlich die Selbstmotivation als ethisch vertretbare Anregung.

Solchen Diskussionen über die reine Lehre stehe ich als Praktiker im Verkauf eher zwiespältig gegenüber. Wenn schnell bessere Ergebnisse erzielt werden müssen, haben die wenigsten Firmen die Zeit und das Geld, auf Ergebnisse aus langfristig wirkenden Strategien zu warten. Wem nützt es, wenn jemand recht hat, darüber aber seine Marktanteile verliert oder gar sanft in die Pleite fährt?

Echte Motivation kann nur aus uns selbst kommen

Dieser These stimme ich allerdings zu. Nur wir selbst bestimmen – in jeder Situation – was, wie, ob und wann wir etwas tun oder lassen. Das gilt für den Arbeiter am Fließband wie für den Vorstandsvorsitzenden. Unsere Abhängigkeiten, die berühmten Sachzwänge, spiegeln lediglich unser Dilemma mangelnder Entscheidungsfähigkeit wider oder unseren Spagat, mit dem wir die vermeintlich schönen Seiten aus allen vorhandenen Alternativen für uns sichern wollen.

Oft fressen wir nur deshalb Kreide, beschweren uns auch noch darüber, weil wir nicht bereit sind, die Konsequenzen einer anderen Möglichkeit zu akzeptieren. Als Zugabe verteilen wir dann noch die Verantwortung für unsere eigene Wahl an andere: Mich motiviert ja keiner!

Unabhängig von unserer Stellung im Betrieb, unabhängig von Bildung oder Wissen reagieren wir selten rein rational gesteuert. Wir sind unlogisch, sind aggressiv, niedergeschlagen, fühlen uns durch andere demotiviert. Wir erkennen nicht, daß wir unsere eigenen Klischee-Täfelchen hochheben, Klischees aus all den Informationen und Erfahrungen, die wir in der Vergangenheit in bestimmten Situationen gesammelt haben. Man kann halt nicht aus seiner Haut, wie der Volksmund so schön treffend sagt. Wir tragen unser mit Klischees gefülltes Bündel und können es nicht abwerfen.

Was müssen wir nun aus diesem – übrigens ganz natürlichen Vorgang – für unser

Thema Motivation ableiten? Unzufriedenheit, nennen wir es Demotivation, hat oft wenig mit der objektiven Situation in der Realität zu tun. Das bedeutet, wir können uns immer offensiv mit unseren Zielen und Interessen an die Mitarbeiter wenden. Wir brauchen keine psychologischen Tricks, der gerade Weg liegt offen vor uns.

Allerdings müssen wir akzeptieren, daß neben unseren Absichten eine Vielzahl von Informationen um die Aufmerksamkeit der Zielpersonen buhlt. Unser Objekt der Beeinflussung wird das für sich attraktivste Angebot auswählen und entsprechend reagieren. An sich ist das nichts Ungewöhnliches, wir kennen es aus dem täglichen Verkaufsgeschäft (Angebot und Nachfrage). Etwas gewöhnungsbedürftig ist lediglich die Vorstellung, daß wir selbst und alle unsere Mitmenschen die individuellen Entscheidungen nach dem gleichen Prinzip treffen.

Wir können motivieren

Daraus ergibt sich: Wir können das Angebot unserer Wünsche oder Forderungen beeinflussen, d.h. wir können unser Angebot in ein Umfeld stellen, in dem der Wunsch, unser Ziel zu erreichen, für den Adressaten unserer Bemühungen sehr attraktiv wird: wir können motivieren. Wie stellen wir das am besten an, das Motivieren? Den meisten Menschen fallen bei diesem Stichwort zuerst einmal materielle Dinge ein. Das hat etwas mit unseren Erfahrungen zu tun. Von Kindesbeinen an sind wir mit der Formel „wenn du das…tust, dann bekommst du…" vertraut. Die wenigsten Eltern schaffen die Klippe, in unserer Welt materieller Verführungen die Erziehungsbemühungen ohne materielle Anreize zu gestalten.

Dabei übersehen wir – weil wir dafür weniger sensibel sind –, wie in der überwiegenden Zahl der Familien in weit stärkerem Maß mit immateriellen Werten Anreize geschaffen werden. Wie wirkt es auf Kinder, wenn ihre Eltern sie voller Stolz anderen „präsentieren"? Wie wirken die offenen Arme der Mutter, das Streicheln über den Kopf, die liebevolle Hilfe bei den Hausaufgaben, die Aufmerksamkeit, wenn der Zwerg etwas zu sagen hat?

All das hat zu tun mit Akzeptanz, Anerkennung, Hilfe, Zuneigung, Aufmerksamkeit, Sinnhaftigkeit. Es sind immaterielle Werte und emotionale Anreize, die auch im Erwachsenenleben eine nicht zu unterschätzende Bedeutung besitzen.

Emotionale Signale mittels Körpersprache, mit Worten, durch Taten können die meisten materiellen Angebote ersetzen, wenn der Signalgeber sie glaubhaft (in Übereinstimmung mit sich) senden kann.

Immaterielle motivatorische Angebote schlagen materielle Angebote, vorausgesetzt, sie werden als solche erkannt und akzeptiert. In unserer reizüberfluteten Gesellschaft werden materielle Angebote oft leichter erkannt. Auch können die meisten Menschen kurzfristig damit mehr anfangen, doch ihre Attraktivität verfliegt rasch. Es gilt also ein ausgewogenes Umfeld zu schaffen, in dem Selbstmotivation wie selbstverständlich entsteht.

Manipulation oder Motivation anregen

Wie sieht der direkte Weg zum schnellsten Erfolg aus? Eine Frage, die sich Vertriebsverantwortliche immer dann stellen, wenn das Erreichen eines Zieles sicherer gemacht werden soll. Steht gar die Forderung im Raum, daß das Ziel zur Vermeidung unangenehmer Konsequenzen unbedingt erreicht werden muß, dann ist meist jedes Mittel recht.

Hauptsache es wirkt

Vielleicht gefällt die Einstellung einem Ethikprofessor nicht, aber so ist es nun mal in der Praxis.

Wer in Quartalsergebnissen denken muß, wer von den Ergebnissen aus Verkaufsrunden abhängig ist, wessen Vertragsverlängerung gerade ansteht, der muß schon über eine sehr gut gesicherte wirtschaftliche Unabhängigkeit verfügen, damit man es sich leisten kann, in langfristigen Strategien zu denken, die auf Dauer motivatorisch günstige Umfelder schaffen.

Wer kurzfristige Erfolge braucht, kann nicht wählerisch sein, auch wenn strategisches Vorgehen einen viel höheren *Return of Investment* in wirtschaftlichen und erst recht in emotionalen Ergebnissen produziert. Im Alltagsgetümmel stellt sich kaum jemand die Frage, ob gerade manipuliert oder motiviert wird.

Allerdings: Wer handelt (gleich wie), der muß sich auch über die Konsequenzen im klaren sein und, was noch wichtiger ist, er muß bereit sein, die Verantwortung für die durch sein Handeln verursachten Konsequenzen zu tragen.

Wer Menschen beeinflussen will, muß ganz pragmatische Fragen beantworten: Was ist in der Branche üblich? Wie deckt sich das, was ich tun will, mit dem Selbstverständnis meines Unternehmens? Wie gehe ich üblicherweise mit den Menschen um, für die ich Verantwortung trage? Ist mein Angebot, mit dem ich auf die Menschen zugehen will, seriös?

Personalentwickler malen oft das Bild gestörter Identitäten zwischen Arbeitgeber und Arbeitnehmer, gleiches gilt dann wohl auch für den Business-to-business-Bereich, falls motivatorisch gemeinte Angebote in Wirklichkeit Manipulationen sind. Ich glaube, daß man hier keine puristischen Bastionen aufbauen darf.

Wenn mein Angebot niemandem schadet, wenn die Zielpersonen, ohne genötigt zu werden, entscheiden können, warum sollte ich dann keine Angebote machen, Wünsche wecken, deren Erfüllung mit dem Erfüllen meiner Ziele Wirklichkeit wird?

Der Einwand, daß Leistungsdruck, der ja zweifelsohne durch Wettbewerbssysteme verursacht wird, de facto ja Nötigung sei. So kann nur jemand argumentieren, der nicht bereit ist, die Verantwortung für die eigene Entscheidung zu tragen.

Wer sich z.B. mit mittelmäßigen Verkaufsergebnissen zufriedengibt, hat für sich Entscheidungen getroffen, nach denen Ausbildung, Einsatz, Identifikation mit der übernommenen Aufgabe eine mittelmäßige Priorität haben. Er hat sich also auch für die mittelmäßige Position in der Anerkennungs-, Respekts- oder Erfolgsskala aller Mitarbeiter entschieden.

Als Verantwortlicher im Unternehmen haben Sie selbstverständlich besondere Sorgfaltspflichten gegenüber den Ihnen anvertrauten Mitarbeitern, auch im Hinblick auf die Leistungen, die Sie abfordern wollen. Die Forderungen müssen natürlich realistisch sein, und die gestellten Aufgaben müssen von allen Betroffenen in der Werteskala unserer Gesellschaft als gut empfunden werden.

Es lohnt sich, eine „Politik" zu überlegen, wie man die Vorteile motivatorischer bzw. manipulativer Angebote für die Unternehmensziele einsetzen will. So vermeidet man, mit chaotischen Schnellschüssen tatsächlich Irritationen zu erzeugen.

Mit größter Vorsicht handhaben

Das betrifft z.B. Manipulationen von Außendienstmitarbeitern, die Endverbraucher bedienen. Denken Sie nur an die Drückerkolonnen, die nach der Wende den Osten mit Versicherungspolicen „eroberten", eine höchst angreifbare Aktion. Wer Ladenhüter mit Verkäuferprämien an den Mann oder die Frau bringt, manipuliert. Wer Waren oder Dienstleistungen mit Hilfe von Prämien am Bedarf der Kunden vorbei losschlägt, manipuliert.

Im Business-to-Business-Bereich kann man meiner Meinung nach lockerer an die Frage der Manipulation herangehen. Wenn ein Kaufmann eine Kaufentscheidung trifft, aus welchem Grund auch immer, so ist er voll verantwortlich. Bleibt die Frage, ob ich in meine Produkte oder Dienstleistungen so geringe Wertigkeit hineinlege, daß ich manipulatorische Angebote nötig habe. Die Antwort darauf dürfte oft auch ein Spiegel für den Entscheider selbst sein.

Motivatorische Umfelder gestalten

In den vergangenen Jahren rollte so manche Trainingswelle durch die Unternehmen. Was hat das gebracht? Viele gute Absichten blieben im Alltagsgetriebe stecken. Viele Versuche haben sich sogar ins Negative entwickelt, für die Flucht der Mitarbeiter in die innere Emigration gesorgt. Hochgesteckte Erwartungen wurden geweckt, als sie nicht erfüllt werden konnten, ging der Schuß nach hinten los. Sprüche wie „Papier ist geduldig" oder „Mal abwarten, was der nächste Woche sagt" sind beredte Zeugnisse. Wer hat da was falsch gemacht?

Von oben nach unten

Veränderungen in der Unternehmenskultur funktionieren leider nur von oben nach unten. Und bedauerlicherweise gehen die Top-Verantwortlichen nicht in die Seminare des *Cultural Change*, leider leisten sie sich nicht den Coach, um sich und damit das Unternehmen verändern zu können. Veränderungen der Unternehmenskultur kann man nicht per Vorstandsbeschluß anordnen. Erst das Ausfüllen der Vorbildfunktion schafft Glaubwürdigkeit. Erst das praktische Erleben im Alltag schafft das notwendige Vertrauen, damit Menschen in nachgeordneten Hierarchien sich etwas trauen und zutrauen.

Wenn Sie als Verantwortlicher für Vertriebsmitarbeiter Menschen für ihre Aufgaben begeistern wollen, schaffen Sie bitte zuerst ein Umfeld, in dem Vertrauen und Leistung sich nicht im Weg stehen (s. Kasten rechts). Schaffen Sie Platz für Selbstmotivation!

Vielleicht sagen Sie jetzt, daß Sie unmöglich für alle Einflußfaktoren im Unternehmen verantwortlich gemacht werden können, so weit reiche ihr Einfluß nicht. Nur: Für Ihre Mitarbeiter sind Sie der Verantwortliche, der Repräsentant derer „von dort oben". Und das bedeutet: Sie bestimmen die Atmosphäre in Ihrem Bereich. Sie bestimmen, ob in Ihrem Umfeld Selbstmotivation für Ihre Ziele möglich ist.

Information und Kommunikation

Wissen ist Macht. Leider interpretieren manche Führungskräfte dies in der Art, daß sie über das Selektieren von Informationen Macht ausüben wollen (das Wort „Herrschaftswissen" kennen Sie sicher).

Können Sie sich vorstellen, wie sich jemand fühlt, der nicht weiß, ob er in die richtige Richtung läuft? Er kommt gut voran, hat seine (Verkaufs-)Erfolge – also wieder einen Kilometer geschafft. Plötzlich endet der Weg! Die Informationen fehlen!

Bestimmt waren Sie schon einmal im dichten Nebel zu Fuß unterwegs, ein unangenehmes Gefühl so ohne Informationen aus dem Umfeld. Dann wissen Sie auch, wieviel Energie Sie darauf verwendet haben, auf dem richtigen Weg zu bleiben.

Platz schaffen für Selbstmotivation

Schaffen Sie ein Umfeld, in dem sich Vertrauen und Leistung nicht im Weg stehen. Das fordert von Ihnen:

- **Berechenbarkeit, klare Sprache, sorgfältiges Definieren und Formulieren der Aufgaben und Ziele**

- **das eigene Bekenntnis zur Leistung, die Bereitschaft zuzuhören, die Neugier auf die Erfahrungen Ihrer Mitarbeiter, Signale der Fürsorge**

Platz für Selbstmotivation schafft außerdem der Stolz auf

- **die Qualität, die Nützlichkeit, die USPs Ihrer Produkte und Dienstleistungen,**

- **die Zuverlässigkeit der Zusagen und die Marktposition.**

- **der Stolz auf „Ihr" Unternehmen!**

Dabei ist das großzügige Umgehen mit Informationen nicht nur das preiswerteste Instrument, Motivation anzuregen, es ist auch eines der stärksten Werkzeuge, viel stärker als materielle Anreize.

Wer glaubt, durch das Vorenthalten von Wissen und Informationen die eigene Position festigen zu müssen, der ist für mich ein ganz schwacher Typ. Sein Verhalten bedeutet im Klartext: Er befürchtet, er büße etwas ein, wenn andere den gleichen Wissensstand haben.

Es soll Unternehmen geben, in denen die Außendienstmitarbeiter über Produkt- oder Dienstleistungsentwicklungen im dunkeln gelassen werden. „Die verkaufen sonst das auslaufende Modell nicht mehr so erfolgreich", wurde mir in einem Fall erklärt. Welche Kurzsichtigkeit! Wieviel Ignoranz gegenüber den berechtigten Interessen der Kunden dokumentiert dieses Unternehmen mit dieser Aussage.

Unternehmen haben eine intensive Informationsschuld gegenüber ihren Mitarbeitern. Führungskräfte sind für das Informieren ihrer Mitarbeiter verantwortlich, die Aufgabe darf nicht delegiert werden.

Die positive Seite der Medaille

Stellen Sie sich vor, Ihre Mitarbeiter kennen die aktuellen, für ihre Entscheidungen relevanten Geschäftszahlen, sie haben Informationen über die laufenden und geplanten Entwicklungen, sie sind informiert über die aktuelle Unternehmenssituation, die Aktivitäten der Wettbewerber, besondere Erfolge einzelner Kollegen, über Niederlagen des Unternehmens und darüber, was alle daraus lernen können.

Stellen Sie sich vor, Sie beziehen Ihre Mitarbeiter in Entscheidungen mit ein. Ich will jetzt nicht für das allgemeine Mitspracherecht eine Lanze brechen. Doch es gibt Entwicklungsstadien, in denen die Meinung der Männer und Frauen vor Ort nützlich sein kann.

Wieviel mehr Motivation für ein Produkt entsteht, an dem „ich mitgewirkt habe"?

Menschen, die man um Rat fragt, fühlen sich respektiert. Wer mit mir etwas teilt, sei es Wissen oder Information, dem fühle ich mich zugetan. Er schenkt mir Vertrauen. Ich will dieses Vertrauen rechtfertigen.

Wissen und Information als Anreger für motivatorische Umfelder

Sie müssen offen kommuniziert werden. Wenn Sie jemandem hinter vorgehaltener Hand, ganz im Vertrauen, bitte nicht weitersagen, Informationen zukommen lassen, dann wird derjenige sich bald fragen: Wer außer mir weiß das noch? Was sagt er mit nicht? Wieviel erfahre ich wirklich? Diese Art der Vertraulichkeit schafft Mißtrauen und nicht eine Atmosphäre, in der Selbstmotivation fließen kann.

Natürlich muß Vertrauliches vertraulich bleiben. Das müssen Sie sogar von der Gruppe klipp und klar einfordern.

Mit Informationen, die das Warum und Wozu vermitteln, haben die Mitarbeiter die Chance, die Sinnhaftigkeit dessen zu begreifen, was Sie von ihnen erwarten. Je mehr Sinnhaftigkeit, desto mehr Selbstmotivation ist möglich. Großzügiges Umgehen mit Informationen, verläßlich und offen kommuniziert, ist ein starkes, preiswertes Werkzeug. Und es verhindert ungewollte Manipulation. Wer den Sinn begreift, kann sich nicht manipuliert fühlen.

Investitionen in Begeisterung

Incentive-Angebote sind Tauschgeschäfte (biete Traumreise gegen 20 Zusatzverkäufe) und mehr oder weniger manipulativ. Das sagt aber nichts über die Wirkungsweise aus.

Es gibt viele Situationen, in denen es darauf ankommt, einen eng definierten Auftrag kurzfristig und erfolgreich zu erledigen. In solchen Fällen kann man aus dem Deckungsbeitrag ein Budget herausrechnen, das erlaubt, eine Incentive-Prämie auszuloben. Die wird dann klugerweise so ausgesucht, daß mit großer Wahrscheinlichkeit möglichst viele Mitglieder der Prämienzielgruppe ein möglichst großes Interesse am Erreichen der Prämien verspüren. Gelingt diese Absicht vollständig, ist die Lösung der Situation garantiert.

Incentives sind ein tolles Instrument, um schnell bestimmte Wirkungen zu erzielen. Dies hat aber nichts mit Motivation zu tun, sondern es sind, wie gesagt, reine Tauschgeschäfte, die zudem einer inflationären Tendenz unterliegen. Die Wirkung verführt dazu, daß falsche Incentive-Kampagnen entstehen, z.B. Reiseprämien müssen dann in immer weitere Ferne locken.

Sind Sie sich darüber im klaren, daß das Geld, das Sie für diese Incentives ausgeben, mit Abschluß der Aktion weg ist. Sie bekommen dafür keine Loyalitäten der Mitarbeiter, Sie verändern damit keine Einstellungen, Sie erhöhen damit auch nicht dauerhaft die Leistungsbereitschaft.

Wenn Sie Begeisterung für die Aufgaben erzielen wollen, müssen Sie Kampagnen entwickeln, die nicht mehr in dem erwähnten simplen Kalkulationsschema unterzubringen sind. Sie müssen wahrscheinlich aus Ihrem persönlichen Zeitbudget eine größere Scheibe dauerhaft freischaufeln und finanzielle Mittel vorsehen, die Sie als langfristige Investition ansehen dürfen.

Sie investieren in ein motivatorisches Umfeld. Kampagnen dieser Art haben viel mit Information und Kommunikation zu tun, schließen Incentive-Prämien als Marginalie mit ein, leben jedoch weitaus mehr von Elementen der Anerkennung, der Hilfe zur Selbsthilfe, der Weiterbildung und Sinnverstärkung.

Für Investitionen in Begeisterung brauchen Sie dazu einen möglichst breiten Konsens im Unternehmen, den Betriebsrat eingeschlossen, und natürlich bei allen Hierarchien des Vertriebs.

Für die Konzeption einer solchen Kampagne sollte man Hilfe von draußen einkaufen. Ein Externer kann auch Tabuthemen ansprechen, und er läuft eben nicht mit der Unternehmensbrille durch die Gegend.

Ideal: Sie stellen Ihrem Berater einen Querschnitt durch die aktuelle Leistungswelt Ihres Außendienstes für einen Workshop zur Verfügung. An diesem sollte kein direkter Vorgesetzter mittun. Sie dürfen dann sicher sein, daß eine gute Bestandsaufnahme und eine „Sehnsuchtsliste" entstehen – eine Basis, auf der sich motivatorische Angebote ausgezeichnet entwickeln und Eigenmotivation fließen kann.

Selbstmotivation

Wie sieht es mit der Selbstmotivation in den meisten Vertriebsorganisationen aus? Wir haben ein ausgeklügeltes Prämiensystem. Wir loben jedes Jahr eine tolle Reise aus. Wir belohnen mit Aktion-Incentives. Wir, wir, wir..., wer leisten will, kann sich...

Ich bitte Sie, so hält man sich Leibeigene, hinter denen ständig ein Aufseher – früher mit der Peitsche, heute mit der Kündigung als Drohinstrument – steht.

Mir kommen dabei immer die alten Filme über den amerikanischen Süden in den Sinn. Wenn da der Aufseher mal wegguckte, wurden die Bewegungen der Sklaven langsamer, kamen zum Stillstand, Fatalismus stand auf den Gesichtern.

Und im Gegensatz dazu fällt mir immer wieder der 5000-m-Lauf von Dieter Baumann bei den Leichtathletik-Weltmeisterschaften in Stuttgart ein. Man konnte damals sogar als Fernsehzuschauer spüren: der Mann verliert nicht. Bestimmt waren seine Konkurrenten hochmotiviert in dieses Rennen gegangen. Doch gegen Baumann kamen sie nicht an, denn jede Faser des Sportlers war erfüllt vom eigenen Wollen – ein Exzeß an Selbstmotivation.

Nicht jeder von uns ist in der Lage, sich jemals selbst so zu motivieren, daß er Weltmeisterliches vollbringt. Jedoch behaupte ich, wir alle haben es in uns, dieses Leuchten, wenn es um etwas geht, was uns wirklich wichtig ist. Wir müssen es aus uns selbst wollen, dann schaffen wir fast alles. Alles, was uns auferlegt wird, was wir nicht aus uns selbst heraus wollen, bleibt Fron. Alles, was wir selbst wollen, schaffen wir besser, effektiver, dauerhafter.

Daraus folgt: Vertriebsleiter und -leiterinnen sollten die Herausforderung annehmen und alle Energie aufwenden, um möglichst viel Selbstmotivation bei regionalen Verkaufsleitern, bei Verkäufern, im *Key Account,* und wer noch alles unterstellt sein kann, zuzulassen, möglich zu machen.

Wie man das macht, dafür gibt es keine Patentrezepte. Sinngebung, vollständiges Informierthalten sind zwei der möglichen Schlüssel. Ein weiterer Schlüssel scheint mir, daß der Vertriebsleiter verläßlich in seiner eigenen Identität lebt, daß er Menschen mag und das auch zeigen kann, daß er am Erfolg der ihm Unterstellten mitarbeitet und die Erfolge auch erkennt und anerkennt. Und er sollte nicht „umfallen", sondern seine soziale Kompetenz behalten, wenn der Sturm des Erfolges nachläßt und der Gegenwind aus dem Top-Management härter pfeift.

Diese komplexe Aufgabe ist anstrengend, zeitraubend, gedankt wird selten. Die Auswirkungen solcher Mühen stellen sich langsam ein. Trotzdem lohnen sie sich, weil die Ergebnisse dem eigenen Wohlbefinden zugute kommen.

Wenn Ihre Mitarbeiter doppelte oder späte Wege für Sie gehen, wenn Reklamationen keine rohen Eier sind, haben Sie als Vertriebschef/in etwas erreicht, durch Ihren Verstand, Ihre Geduld, Ihre Fürsorge. Sie und Ihre Mitarbeiter haben damit dauerhaft Erfolg und Spaß. Sie können stolz sein!

Spaß und Erfolg

Meine Erfahrungen, wie Informationen an Mitarbeiter transportiert werden, die sich ja ständig im Begeisterungstaumel befinden sollen, sind eher schlecht. Muß sich geschäftliche Seriosität denn tatsächlich in Sauertöpfigkeit manifestieren?

Natürlich soll der Vertriebschef nicht den Tanzbären oder den Weltmeister im Verbrüdern spielen. Doch es läßt sich nun mal leichter arbeiten, wenn es ab und zu etwas zum Schmunzeln gibt.

Motivatorische Umfelder entstehen in einer Atmosphäre, deren Charakter wenigstens teilweise aus dem alltäglichen herausragt. Das kann man mit einfachen Mitteln erreichen: Warum kommunizieren Sie mit Ihren Mitarbeitern nicht unter einem bestimmten Motto? Es müssen ja nicht so martialische Begriffe sein wie Angriff, Attacke, Kommando oder Frühjahrsoffensive. Die passen eher zu einem Unternehmen, das seinen Marktauftritt als Überlebenskampf begreift und im Alltag auch entsprechend handelt.

Kampagne (vom Wortursprung ebenfalls martialisch, nämlich Feldzug) drückt meist plastisch genug aus, was die Initiatoren wollen. Eigentlich ist jedes Motto recht, sei es eine geheimdienstlerische „Aktion Gänseblümchen" oder ganz schlicht „Kreative Zweitplazierung", es muß nur ankommen.

Fallen Sie auf!

Meiden Sie die üblichen Kommunikationsmittel. Machen Sie Ihre guten Absichten deutlich! Benutzen Sie statt der langweiligen Geschäftsbriefbögen beispielsweise einen besonderen Aktionsbriefbogen. Oder wie wär's mit einem originellen Maskottchen?

Mit Hilfe des PCs schaffen Sie es leicht, daß sich die Aufmachung Ihrer Post von der üblichen unterscheidet und damit beim Empfänger mehr Aufmerksamkeit weckt. Wenn Sie dann das Ganze noch etwas personalisieren, den Namen des Empfängers handschriftlich einfügen, vielleicht einen kurzen persönlichen Gruß hinzufügen, drückt das – alles zusammengenommen – ihre persönliche Wertschätzung aus.

Für solche „Spielereien" haben Sie keine Zeit? Das Argument zieht nicht. Wer besondere oder zusätzliche Leistungen einfordert, muß erkennen lassen, daß ihm dies zusätzliche und besondere Aufmerksamkeit wert ist.

Wenn Sie und Ihre Vertriebsmitarbeiter emotional das gleiche wollen, lassen sich auch gegen haushohe Favoriten Berge versetzen. Doch dazu muß das motivatorische Umfeld vorhanden sein. Deshalb:

Machen Sie Stimmung!

Bei jeder Gelegenheit. Geben Sie während der Laufzeit einer besonderen Aktivität zwischendurch immer wieder mal Anstöße. Eine Erinnerungskarte, z. B. zusammen mit einem kleinen Geschenk verschickt, lenkt sofort die Aufmerksamkeit auf Ihre Maßnahme, losgelöst vom Alltag, der ja nach wie vor mit all seinen Höhen und Tiefen stattfindet.

Es geht dabei nicht darum, jemanden regelmäßig zu beschenken. Es geht um Anerkennung, um sich Mühe für den anderen zu geben – das muß rüberkommen.

Feiern Sie!

Neben den emotionalen Anstößen ist es auch wichtig, Erfolge zu feiern. Nicht nur der Listungserfolg mit den satten Umsätzen ist eine heroische Tat. Auch die Summe der vielen kleineren Abschlüsse, der vermeintlich graue Alltag muß gefeiert, sprich anerkannt werden. Dazu dienen klare Bewertungssysteme und Erfolgslisten, in denen jeder die eigene Leistung im Vergleich mit der seiner Kolleginnen und Kollegen ablesen kann.

Prämien

Was ist die richtige Anerkennung für erbrachte Leistung? Ich glaube, es ist mittlerweile unstrittig, daß Sinnvermittlung, und Übertragen realer Kompetenzen die besten Anreize zur Selbstmotivation sind – vernünftige Bezahlung und ein einigermaßen sicherer Arbeitsplatz vorausgesetzt. Doch materielle Anreize sind nicht so einfach von der Hand zu weisen. Fragen Sie Ihre Mitarbeiter, ob und welche Prämien sie zusätzlich zum Einkommen wollen, so werden Sie in der Regel als Antwort ein „Ja und am liebsten in bar" erhalten. Das ist nicht weiter verwunderlich, schließlich lassen sich mit Barem eine ganze Reihe persönlicher Wünsche erfüllen.

Eine andere Frage ist, ob Geld oder geldähnliche Substitute für das Unternehmen die wirkungsvollste Prämie sein können. Geld in seiner Beliebigkeit vermittelt kaum Emotionen. Erst der Tausch gegen Waren oder Dienstleistungen verwandelt die verfügbaren Mittel in eine emotional besetzte Situation, die dann allerdings kaum mehr mit dem Unternehmen in Zusammenhang gebracht wird.

So ein Zwischending sind Gutscheinsysteme, die man lange genug aufheben kann, um irgendwann bei Gelegenheit den Gewinner spielen zu können.

Es muß stimmig sein

Erlebnisse, personalisierte Gegenstände sind als Bestätigung erbrachter Leistungen dem Geld haushoch überlegen. Die ausgelobte Reise, die in weite Ferne führte (oder auch nur um die Ecke) bekommt sogar mit zunehmendem Abstand einen erhöhten emotionalen Wert. Die überstandenen „Gefahren" werden von Erzählung zu Erzählung dramatischer, die Wellen höher, der Hummer größer ...

Wie fast immer, kommt es nicht so sehr auf das Wieviel, eher auf das Was und Wie an. Das wichtigste Kriterium für eine Prämie ist die Frage nach der Plausibilität zum auslobenden Unternehmen und der Führungspersönlichkeit, welche die Aktion zu vertreten hat. Das bedeutet: Wenn ein Genußmensch ein Überlebenskampftraining auslobt oder ein stockkonservatives Unternehmen eine Rap-Party organisiert, wird das schlichtweg als Gag abgetan. Niemand wird das Angebot zur Selbstmotivation annehmen, selbst dann nicht, wenn das Thema grundsätzlich interessiert.

Denken Sie an Ihre Zielgruppe!

Eine dicke Emotionsfalle ist immer dort aufgestellt, wo ein Entscheider in einem Unternehmen die eigenen Präferenzen über den Umweg der Incentives befriedigen will. Als Beispiel für eine dramatische Fehlentscheidung habe ich immer das Angebot einer Hochgebirgswanderung vor Augen.

Der Vertriebschef, ein typischer Macher, asketisch, aufs Bergsteigen fixiert, wollte seinen Männern und Frauen mal zeigen, was er in seinem Alter so alles noch drauf hat. Natürlich wollten seine Mitarbeiter ihm nichts Gegenteiliges beweisen. Und so mußte sich sogar einer seiner Mitarbeiter besonders anstrengen, nur ja nicht zu gewinnen. Das Gerede und den Spott können Sie sich ja vorstellen.

Solche „Ego-Trips" schaffen mit Sicherheit kein motivatorisches Umfeld zur Selbstmotivation. Deshalb gilt unweigerlich: Auf die Zielgruppe – hier Ihre Mitarbeiter – kommt es an. Ausschließlich die Interessenlage der Zielgruppe bestimmt die Richtung, das Budget, die Prämie.

Und noch etwas gibt es zu beachten: die Lohn- oder Einkommensteuer. Die aktuelle Rechtslage sieht Prämien als selbstverständlichen Bestandteil des Einkommens, unterwirft sie der Lohn- bzw. Einkommenssteuer. Bitte fragen Sie in jedem Fall Ihre Steuerabteilung!

Für die Selbstmotivation Ihrer Mitarbeiter ist eine nachträgliche Steuerzahlung auf erhaltene Prämien mehr als demotivierend. Ich empfehle daher immer meinen Klienten, die entsprechende Steuer für die Mitarbeiter zu übernehmen, auch wenn dadurch das Budget erheblich reduziert wird. Besser ist die Methode:

Lieber ein kleineres Vergnügen sorglos genießen, anstatt groß auf den Putz hauen und dann Monate später eine demotivierte Mannschaft durchziehen zu müssen.

Die Verkaufstagung der Erfolgsgladiatoren

Die große Kunst der Vertriebsleiter ist es meiner Meinung nach, möglichst viele Mitarbeiter bei Erfolgen zu „erwischen" und diese Erfolge dann auch zu feiern.

Mitarbeiter im Verkauf sind sehr abhängig von Anerkennung. Wer die meiste Zeit des Jahres auf sich allein gestellt die Interessen des Unternehmens vertritt, braucht ganz dringend öffentliche Beweise der Anerkennung für seine Leistungen.

Wie schon erwähnt, ist das Übertragen echter Kompetenzen ein wichtiges Instrument, das Selbstmotivation auslöst.

Außendienstmitarbeiter sollten auch in Verkaufstagungen Kompetenzen ausüben dürfen. Beispielsweise kann jemand „aus dem Feld" eine Stellungnahme zu einem Sachthema ausarbeiten. Selbst wenn er oder sie sich anfangs zieren sollte, bei richtiger Unterstützung (damit er oder sie sich nicht blamiert) ist solch ein Auftrag Motivationsfutter für Monate.

Auch Sinnhaftigkeit hatte ich schon eingefordert. Verkaufstagungen bieten hier eine ausgezeichnete Möglichkeit, Hintergründe, Entwicklungen des Unternehmens in einen größeren Rahmen zu stellen.

Verkaufstagungen an interessanten Plätzen abgehalten, als kollektives Incentive für das Erreichen und Überschreiten gemeinschaftlicher Ziele angelegt, helfen, Abwechslung in den Alltag zu bringen.

So nicht!

Leider verstehen noch viele Verkaufsleiter unter einer erfolgreichen Tagung, das sich gegenseitige Trösten und Bedauern bei möglichst viel Bier am ersten Abend, die Folienschlacht am nächsten Morgen mit Zahlen, Marktanteilen, Erreichtem und Unerreichtem, die Berichte der Produktmanager, der große Rundumschlag des Geschäftsführers oder Vorstandes.

Dann folgt brav der soziale Teil, das Aktivprogramm am Nachmittag im Freien, je nach Angebot vor Ort, und dann das große Fressen am Abend, wenn es geht, noch mit ein paar wackelnden Popos, dem elektrischen Bullen und viel, viel Alkohol.

Das meine ich nicht, das kann (und darf) es nicht sein.

Nutzen Sie die Chance

Die Verkaufstagung ist die einzigartige Chance des Jahres, um allen Einzelkämpfern, die da „draußen im Feld" agieren, die Wertschätzung der Geschäftsleitung, der Vertriebsleitung und aller vertriebsunterstützenden Abteilungen deutlich zu übermitteln.

Und das ist nicht durch Puderzucker blasen, nicht durch Superluxus oder Unmengen an Essen oder Trinken oder gar dem Einfliegen von Weltstars zu erreichen.

Die ausschlaggebenden Kriterien liegen auf einer ganz anderen Ebene, gefordert sind: sich Mühe geben, perfekte Arbeitsunterlagen, vollständige und ausführliche

Informationen, offene Diskussionen, ein Motto, dem man sich über die Tagesarbeit hinaus verpflichtet fühlt und dann auch danach handelt. Ebenso gehören dazu: kompetente Gesprächspartner, das Vermitteln von Wissen und das Aufarbeiten von Themen, die sonst nur am Rande mitgenommen werden.

Das Ganze soll natürlich garniert sein mit Spaß, mit Freude, mit einem „es sich gut gehen lassen", aber – und das ist mir ganz wichtig – alles aus einem Guß.

Wenn die Außendienstmitarbeiter erkennen, daß da für die Verkaufstagung mit der heißen Nadel schnell noch etwas zusammengeschustert wurde, ist der motivatorische Effekt gleich Null. Vor derartigen Aktionen kann ich nur warnen!

Die Außendiensttagung ist übrigens auch eine ideale Gelegenheit, erfolgreiche Mitarbeiter hochleben zu lassen. Kein Erfolg zählt mehr als die Demonstration des Erfolgs vor „netten" Kollegen. Das gilt auch und gerade, weil alle ja irgendwie Konkurrenten sind, Konkurrenten um das Wohlwollen und die Gunst der Vorgesetzten, um die beste Bezahlung, um den günstigsten Verkaufsbezirk und und und ...

Bühne für Gladiatoren

Die Verkaufstagung ist eine Bühne für Gladiatoren, die Sie nutzen sollten. Hier investiertes Geld kommt als ein Vielfaches wieder zurück. Deshalb empfehle ich Ihnen, gehen Sie das Thema Verkaufskonferenz mit größtmöglicher Professionalität an.

Ich schaue mir eine Verkaufskonferenz an und kann dann allein durch diese Beobachtung eine Empfehlung abgeben, ob der oder die für diese Tagung Verantwortliche auch ein guter Verkaufsleiter bzw. eine gute Verkaufsleiterin sein kann.

8.5 Moderne Instrumente zur leistungssteigernden Entlohnung

Der Autor

Jürgen Koinecke, Dipl.-Kfm., arbeitete vier Jahre bei der Firma Reemtsma im Verkauf. 1969 begann er seine Karriere als Unternehmensberater und gründete 1976 das Marketing Institut Koinecke & Partner GmbH. Er berät Großunternehmen der Investitionsgüter-, Konsumgüter- und Pharmaindustrie. Die Schwerpunkte seiner Arbeit liegen in der Entwicklung von Unternehmens- und Marketingstrategien sowie in der Lösung von Vertriebsproblemen. Er ist als Autor zahlreicher Bücher und Aufsätze sowie als Referent auf Kongressen und Seminaren bekannt. Zudem führte er in über 200 Firmen Außen- und Innendienst-Entlohnungssysteme ein.

Der Verdrängungswettbewerb im Zukunftsszenario von Entlohnungssystemen

Die strukturellen Problemstellungen des Wirtschaftsstandortes Deutschland sind bekannt: ein nach wie vor im internationalen Vergleich extrem hohes Kostenniveau zwingt zu anhaltenden Anstrengungen zur Effizienzsteigerung in allen Unternehmensfunktionen.

Praktiziert z.B. ein Kfz-Hersteller die Formel „3 x 9", bedeutet das, daß die Gesamtkosten (!) des Unternehmens im Laufe von 3 Jahren jeweils um 9 Prozentpunkte zu senken sind!

Daraus resultiert – insbesondere bei Metoo-Produkten/Serviceleistungen – eine spürbare Absenkung der prozentualen Deckungsbeiträge. So lange man auch darüber nachdenkt: Die Verkürzung der Prozent-Deckungsbeiträge kann ausschließlich über ein gesteigertes Mengenvolumen kompensiert werden, um die „unvermeidbaren" Kosten abzudecken und einen Gewinn zu erwirtschaften. Dabei stößt man ganz selten noch auf wachsende Marktvolumina, der Verdrängungswettbewerb verschärft sich.

Kann nicht innerhalb des scharfen Preiswettbewerbs weiterhin mit Kostensenkungen operiert werden? Hier ist daran zu erinnern, daß die 90er Jahre nahezu bei allen Firmen dazu genutzt wurden, um „vermeidbare" Kosten abzubauen und ein „Downsizing" zu praktizie-

643

ren: Es hat bei der Mehrzahl der Firmen den Anschein, als seien „alle Kostenreserven ausgereizt". Ist das wirklich so?

Vergegenwärtigen wir uns eine „typisch deutsche" Kostenstruktur wie folgt:

```
┌─────────────────────────────────────┐
│                                      │
│                                      │
│              Produkt:                │
│              50 DM                    │
│                                      │
│                                      │
├─────────────────────────────────────┤
│                                      │
│          Vertriebs- und              │
│      Verwaltungsgemeinkosten:        │
│              45 DM                    │
│                                      │
├─────────────────────────────────────┤
│           Gewinn: 5 DM               │
├─────────────────────────────────────┤
│      Verkaufspreis: 100 DM           │
└─────────────────────────────────────┘
```

Abb. 1: Heutige Kostenstruktur

Natürlich wird man weiterhin versuchen, die Kosten für die Produkterstellung zu senken. Besonders intensiv hinterfragt werden muß aber die Struktur der „Gemeinkosten", in denen u.a. die folgenden unternehmerischen Funktionen enthalten sind:
• Finanz- und Rechnungswesen
• Personalwesen
• Forschung und Entwicklung
• Marketing
• Vertrieb

Es ist schon erstaunlich: Nahezu jedes Unternehmen ab einer bestimmten Betriebsgröße nimmt die vorstehenden Funktionen in Eigenregie wahr und verursacht damit ein *Übermaß an Gemeinkosten*. Angebracht sind Fragen wie folgt:
• Braucht denn jedes Unternehmen wirklich eine eigene Personalabteilung?
• Braucht denn jedes Unternehmen wirklich ein eigenes Rechnungswesen?
• Ist die Marketingabteilung in ihrer heutigen Größenordnung überhaupt kostenmäßig verkraftbar und hinreichend effizient?
• usw.

Die künftige Strategie muß lauten: „Wir tun in unserem Unternehmen nichts mehr selbst, was irgendwo auf der Welt andere Anbieter besser und kostengünstiger machen können!" Der in einzelnen Bereichen bereits realisierte Gedanke des Outsourcing wird in Zukunft also weitaus mehr Unternehmensfunktionen berühren, als das heute noch Praxis ist. Das einzelne Unternehmen kann sich nur noch solchen Funktionen in Eigenregie widmen, die ein hohes Maß an Wertschöpfung in sich tragen. Und *Wertschöpfung* wird nun einmal nicht vorrangig über Personalabteilungen, das Finanz- und Rechnungwesen usw. erarbeitet. Also sind diese Bereiche an Spezialisten, die diese Aufgaben weitaus effektiver und kostengünstiger erfüllen können, zu vergeben. In Eigenregie verbleiben nur Funktionen wie
• Unternehmensstrategie
• Controlling
• Produktentwicklung
• evtl. Produktions-Know-how
• Marketing
• Kundenbearbeitung (Vertrieb)

Der Begriff „vermeidbare Kosten" ist also sehr radikal und neu zu definieren. Und zugunsten der Wettbewerbsfähigkeit erhält folgendes Ziel den allerhöchsten Stellenwert: In Zukunft gilt es, über 100 DM unvermeidbare Kosten ein Maximum an Deckungsbeitragsvolumen zu erreichen.

Fazit: Anzustreben ist, natürlich nach Branchen differenziert, die folgende künftige Kostenstruktur:

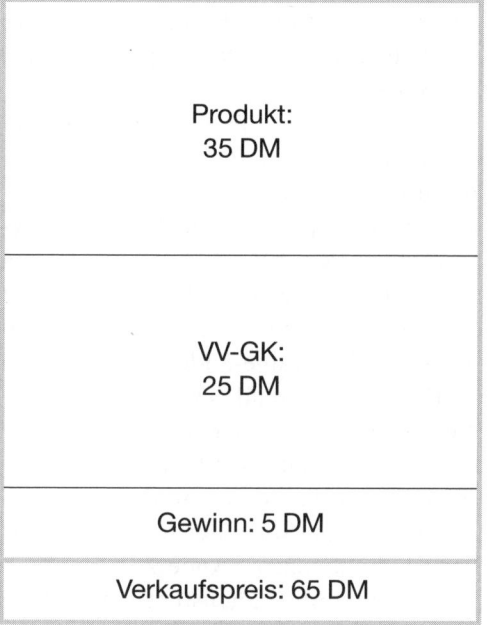

Abb. 2: Künftige Kostenstruktur

Die zukünftige Tätigkeitsstruktur des Verkäufers

Die Funktion „Vertrieb" bindet heute zwischen 6 und 18 % des Umsatzes in Form von Kosten. Nun werden diese Aufwendungen für den Vertriebsinnen- und -außendienst ja nicht aus dem *Umsatz*, sondern aus dem *Deckungsbeitrag I* bezahlt. 12 % Vertriebskosten des Umsatzes sind dann sehr schnell 20–30 % des Deckungsbeitrages I! Ist das für die Zukunft kalkulatorisch noch verkraftbar?

Es ist lohnenswert, sich einmal die heutige Tätigkeitsstruktur von Verkäufern im Außendienst anzusehen.

Typischerweise wird der Kunden- und Interessentenkreis in eine A-, B-, C- und evtl. D-Klassifikation gebracht. Daraus resultieren mehr oder minder stringente Besuchsvorgaben: Der Außendienstmitarbeiter besucht seinen Kundenkreis in einem mehr oder minder regelmäßigen Rhythmus, z.B. A- oder B-Kunden 4-, 6-, oder auch 8wöchentlich. C- und evtl. D-Kunden wurden richtigerweise weitestgehend dem „Telefon-Marketing" des Innendienstes anvertraut.

Da der einzelne Außendienstmitarbeiter im ganzen Jahr (!) nur zwischen 300 und 400 sog. verkaufsaktive Stunden hat, absolviert er an typischerweise nur noch 4 Reisetagen in der Woche z.B. 4 oder 6 Betreuungsbesuche (das differiert nach Branchen natürlich ganz erheblich!). So hat also der einzelne Kundenbesuch eine Netto-Gesprächszeit von vielleicht 20 bis 40 Minuten, und das alle 4, 6 oder auch 8 Wochen!

Ist das eigentlich der Kern dessen, was der Kunde sich wünscht? Mit Sicherheit nicht. Der Kunde hat natürlich eine Menge von Wünschen, die auf diese Weise sicher nicht erfüllt werden können:

• Er möchte jederzeit aktuell informiert sein.

• Er möchte bei sich ergebenden Fragestellungen unmittelbar unterstützt werden.

• Er braucht ein Optimum an Wirtschaftlichkeit und ein optimales Preis-Leistungs-Verhältnis.

• Er möchte unternehmensberaterische Leistungen erhalten, die es ihm ermöglichen, sein Unternehmen, seine Abläufe wirtschaftlich und wertschöpfend auszugestalten.

Zwischenfazit: Der Kunde möchte selbstverständlich umfassend betreut werden, verbindet aber diesen Betreuungswunsch immer weniger mit dem Außendienstbesuch. Besuchsfrequenz und -dauer sind viel zu dürftig.

Da die Höhe der Vertriebskosten kalkulatorisch immer weniger verkraftbar wird (s. oben), muß es zu neuen Lösungen in der Aufgaben- und Tätigkeitsstruktur von Verkäufern kommen!

Häufig liegen die Kosten des Außendienstmitarbeiters für eine sog. verkaufsaktive Stunde bereits bei 500 bis 800 DM. Diese Kosten werden sich in der Zukunft noch erhöhen. Zugleich gewinnt der Außendienst als primäres Instrument der Kundengewinnung und -bindung erheblich an Bedeutung. Die qualitativen Anforderungen und die notwendige Eigeninitiative und Einsatzbereitschaft werden ganz erheblich steigen. Da paßt es dann nicht mehr ins Bild, daß der Außendienstmitarbeiter routinemäßig geplante Betreuungsbesuche absolviert: Das ist eine pure Verschwendung von Ressourcen.

Vielmehr kommt es darauf an, daß der Außendienstmitarbeiter sich zu 70–80 % seiner gesamten Jahreskapazität auf sog. Investitionskunden konzentriert. Diese Investitionskunden sind solche, die sich
• durch eine hohe Attraktivität in ihrem Teilmarkt
• und ein hohes erreichbares Umsatz- und Deckunsbeitragsvolumen

auszeichnen. Bei diesen Investitionskunden wird der Außendienstmitarbeiter vor neue Aufgaben gestellt. Er wird zum „Unternehmensberater" seiner Kunden, nach wie vor mit dem Ziel, für das eigene Unternehmen Umsätze und Deckungsbeiträge zu optimieren.

Der Außendienstmitarbeiter als „Unternehmensberater seines Kunden" ist derjenige, der den Kundenbetrieb in seinen Abläufen kennt, der unter der alten Vokabel „Problemlöser" nicht nur produktgebundene Problemlösungen, sondern wertschöpfungssteigernde Zusatzleistungen für den Kunden erbringt. Nur auf diesem Weg erreicht der Außendienstmitarbeiter sein Ziel, sich vom Wettbewerb abzuheben, denn die Produkte ähneln sich in der Regel.

Nach dem Motto „Erfolg durch Kundenerfolg" widmet sich der Außendienstmitarbeiter nach wie vor produktgebundenen, insbesondere aber nicht produktgebundenen Serviceleistungen zugunsten des Kundenerfolgs. Er sichert seine Arbeit durch den Abschluß von Jahresvereinbarungen inkl. Value-added-Programmen ab. Damit ist die Zahl der Außendienstbesuche nicht mehr durch eine „organisierte Routine" geprägt. Der Investitionskunde entzieht sich immer mehr der „Klassifizierbarkeit" im Sinne der Festlegung von Besuchsfrequenzen. Anders formuliert: Der einzelne Außendienstbesuch wird nur noch selten unter einem Zeitbedarf von mindestens einer Stunde oder sogar einem halben Tag liegen. Dafür erreicht man mit dieser zeitlichen Investition aber auch eher dauerhafte Erfolge beim Kunden und Erfolge für das eigene Unternehmen.

Wenn nun deutlich geworden ist, daß die sog. „Betreuungsbesuche" durch den Außendienstmitarbeiter nicht bezahlbar und auch nicht sinnvoll sind, dann stellt sich natürlich die Frage, wer die regelmäßige Kundenbetreuung übernimmt. Und diese Überlegung führt zu einem neuen Berufsbild, dem „Verkäufer im Innendienst".

Ist das nicht der bereits bekannte „Verkaufsinnendienstmitarbeiter"? Nein. Vielmehr zeichnet sich das neue Berufsbild des „Verkäufers im Innendienst" dadurch aus, daß er in seiner Qualifikation und auch Motivation uneingeschränkt mit dem Verkäufer im Außendienst zu vergleichen ist. Er unterscheidet sich eigentlich nur dadurch, daß er nicht täglich mit dem Auto unterwegs ist. Seine Qualifikation ist soweit entwickelt worden, daß er – und das ist ein Leitbild – in der Lage wäre, ab morgen einen Bezirk zu übernehmen.

Natürlich muß sich eine Vertriebsorganisation noch erheblich anstrengen, dieses Leitbild „Verkäufer im Innendienst" auch personalpolitisch zu realisieren, aber alles hat seinen Anfang!

Dieser Verkäufer im Innendienst ist in der Lage, alles das, was mit Kundenbetreuung verbunden ist, sehr viel intensiver und wirtschaftlich optimaler zu absolvieren. Diese Kundenbetreuungsaufgaben beziehen sich auf den gesamten Kundenkreis, also auch auf A- und B-Kunden, insofern ist dieser Verkäufer im Innendienst eben nicht der Innendienstmitarbeiter mit Aufgaben des Telefon-Marketing; das bleibt nur *eine* seiner Aufgabenstellungen.

Dem Gedanken des Team-Selling folgend, ist ein Verkäufer im Innendienst für einen oder mehrere Verkäufer im Außendienst zuständig. Als Team tragen sie gemeinsam die Kundenverantwortung im Sinne von Umsatz und Deckungsbeitrag. Sie sind Mitglieder eines Profit Center.

Natürlich kennt der Verkäufer im Innendienst über Mitreisen im Außendienst bzw. auch durch selektive eigenständige Besuche den Kreis seiner von ihm betreuten A- und B-Kunden. Die Praxis lehrt, daß die Kunden außerordentlich zufrieden mit einer solchen organisatorischen Lösung sind, wissen diese Kunden doch,

daß sie zu jedem Zeitpunkt auf kürzestem Wege in ihren Fragestellungen gleichermaßen qualifiziert und intensiv betreut werden. Dadurch wird das Motto lebendig: Wertschöpfungssteigerung durch Abbau von persönlichen Besuchsfrequenzen bei gleichzeitiger Steigerung der Kontaktfrequenz über den Verkäufer im Innendienst.

Wer dieser Leitlinie in Zukunft nicht folgt, wird mit kalkulatorisch nicht mehr verkraftbaren Vertriebskosten konfrontiert sein und im Verdrängungswettbewerb unterliegen, und das aus zweierlei Gründen:

- Die Vertriebskosten in Prozent des Deckungsbeitrages I werden zu hoch liegen.
- Der Außendienstmitarbeiter wird dem Ziel „Erfolg durch Kundenerfolg" (= Wahrnehmung unternehmensberaterischer Aufgaben) nicht entsprechen können und damit keine Chancen mehr haben, sich innerhalb des Me-too-Verdrängungswettbewerbs von den Wettbewerber-Mitarbeitern abzuheben: Es droht dann der reine und ausschließliche Preiswettbewerb!

Fazit:
- Der Verkäufer im Außendienst widmet sich zu 70–80 % seiner Kapazität der Gewinnung und Bindung von sog. Investitionskunden.
- Die Kundenbetreuung wird primär vom Verkäufer im Innendienst wahrgenommen.
- Der Verkäufer im Außendienst wird mehr und mehr zum Unternehmensberater seiner Kunden, um Value-added-Leistungen zwecks Abhebung vom Wettbewerb zu realisieren nach dem Motto „Durch Kundenerfolg zu eigenem Erfolg".

- Damit sinken die Kosten der Kundenbetreuung in Prozent vom Deckungsbeitrag I.
- Damit konzentriert sich die teure Außendienst-Kapazität auf deckungsbeitrags-volumen-trächtige (Wachstums-)Kunden.

Die Realisierung dieser innovativen Kundenbearbeitungsstrategien verlangt natürlich, daß jegliches in- und externes Know-how des Unternehmens auf diese neustrukturierten Kundenbearbeitungsprozesse ausgerichtet wird.

Nur eine Neuorganisation der Kundenbearbeitung allein reicht nicht aus. So ist allein die Aufgabenstellung, den Kunden mit nicht produktgebundenen Serviceleistungen an sich zu binden, eine die Kreativität und das Engagement stark herausfordernde Zielsetzung. Es ist eben nicht damit getan, daß man seinem Kunden mal einen besonders interessanten Vortrag oder eine Incentive-Reise usw. anbietet; Kundenbindung im Rahmen einer wettbewerbsüberlegenen Vertriebsorganisation entsteht nur dann in Zukunft und auf Dauer, wenn es zu kundenindividuellen produktgebundenen und insbesondere nicht produktgebundenen Serviceleistungen, die die echten Probleme lösen, kommt.

Der Verdrängungswettbewerb und seine Auswirkungen auf neue Entlohnungssysteme im Vertrieb

Angesichts der vorstehenden Ausführungen werden die folgenden Konsequenzen im Thesencharakter plausibel:

These I:
In ein leistungsorientiertes Entlohnungssystem sind sowohl Verkäufer im Außendienst als auch Verkäufer im Innendienst im Sinne des Profit-Center-verantwortlichen Team-Selling einzubinden.

These II:
Die variablen Anteile speziell der Verkäufer im Außendienst sind – in der Regel – erheblich zu steigern als spürbare Anreize für neue Aufgaben und Verantwortungen.

These III:
Es reicht nicht mehr, summarisch mit den Bemessungsgrundlagen Umsatz oder auch Deckungsbeitrag zu arbeiten; als Ersatz- bzw. Ergänzungsgrößen sind heranzuziehen:

- Investitionskundengewinnung/-bindung
- Verbesserung der Kundenstruktur, Erhaltung/Steigerung der absoluten/(solange es noch geht: der prozentualen) Deckungsbeiträge
- hoher Einfluß von Rabattvergaben auf die Höhe der Entlohnung
- Honorierung der Teamleistungen:
  – Team = alle Außendienstmitarbeiter z.B. einer Region
  – Team = Verkäufer im Innendienst plus Verkäufer im Außendienst = Profit Center
- Hohe Flexibilität in den Entlohnungsbausteinen zwecks Anpassung an sich verändernde vertriebspolitische Prioritäten
- Erreichen eines Höchstmaßes an Selbststeuerung der dezentral profitverantwortlichen Verkäufer im Außen- und Innendienst (Senkung des – traditionell formuliert – Steuerungs- und Kontrollaufwandes!), Abbau des „zentralistischen Anweisungsvertriebs"
- Verstärkung der Chancen-Risiken-Dosierung = Spürbarkeit der materiellen Verlustgefahr und Gewinnchance!
- Stimulanzien zwecks Übernahme mög-

lichst hoher kundenspezifischer Erfolgsziele.

Dieser Katalog der Anforderungen an zukunftsträchtige Entlohnungssysteme ließe sich noch verlängern. Eine Frage allerdings stellt sich zusätzlich: Wie lange ist eine „Middle of the road"-Vergütungspolitik noch wirksam?

Es ist durchaus hilfreich, daß die Mehrzahl der Firmen jährliche Vergütungserhebungen zu Rate zieht, um die eigene Einkommenspolitik abzusichern. Hier erfährt man, wie „man" im Rahmen der eigenen Branche bezüglich der Einkommenshöhe liegt. Es ist nach unserer Auffassung allerdings ein großer Fehler, wenn man aus diesen Erhebungen z.B. das Fazit zieht: Wir liegen mit unserem Einkommen innerhalb der Bandbreite dieser Vergütungserhebungen. Das heißt doch nur, daß die Firma sich in einer „Middle of the road"-Vergütungspolitik befindet: Sie zahlt das, was andere Firmen auch zahlen. Anders formuliert: Sie beschäftigt im Bereich der existenzentscheidenden Vertriebsfunktion Mitarbeiter, die mit dieser „normalen" Vergütung zufrieden sind. Und das bestätigt ja auch die Praxis: In vielen Vertriebsorganisationen halten sich Mitarbeiter, denen man die Zensur 3– geben würde, die eben nicht ganz schlecht, aber auch nicht ganz gut sind. Jeder einzelne dieser Mitarbeiter trägt aber ein extrem hohes Maß an Verantwortung für Umsatz- und Profiterzielung; man könnte auch so sagen: Ein Vertriebsmitarbeiter sichert über Umsatz- und Deckungsbeitragserzielung die Arbeitsplätze von z.B. 10 oder 50 Mitarbeitern. Ist es angesichts dieser Erkenntnis eigentlich beruhigend, mit einer derartigen Middle-of-the-Road-Personal- und Einkommenspolitik zu arbeiten? Oder gilt das Motto: „Ein Außen-

dienstmitarbeiter für 80.000 DM ist teurer als ein Mitarbeiter für 130.000 DM"?

Wenn man es schaffen will, eine wettbewerbsüberlegene Vertriebsorganisation zu entwickeln – und das wird eine überlebenswichtige Aufgabe sein –, dann führt kein Weg an der Notwendigkeit vorbei, sich durch überproportional hohe Einkommenschancen die Gewinnung von Branchenprofis zu sichern und sich andererseits von Mitläufern zu trennen. Wenn es um die Überlebenschance des Unternehmens, den Erfolg des Unternehmens und damit die Sicherung/Ausweitung von Arbeitsplätzen geht, gilt der – zugestandenermaßen bittere – Satz: „Es ist asozial, nicht zu entlassen." Und dieser Satz gilt nicht nur, sondern insbesondere im Vertriebsbereich!

Die richtige Relation zwischen fixen und variablen Einkommensbestandteilen

Der variable Einkommensanteil für Vertriebsprofis

Es wurde deutlich, daß zukunftsausgerichtete Entlohnungssysteme den einzelnen Mitarbeiter stark fordern und im positiven Fall fördern müssen: Den Entlohnungssystemen kommt dann ein erheblicher Anteil der insgesamt zu realisierenden Schubkraft zu. Grafisch stellt sich das wie folgt – anhand von Beispielzahlen – dar (s. Abb. 3).

Selbstverständlich plädieren wir nicht dafür, quasi auf Knopfdruck das Gesamtjahreseinkommen – in unserem Beispiel – von 80.000 DM auf 130.000 DM anzuheben. Allerdings plädieren wir dafür, daß die Kurvenverläufe von Provision und/oder Prämien nach Erreichung von Vorjahresumsätzen bzw. Deckungsbeiträgen *progressiv* wachsen. Dahinter steht

Der „Markt" = Middle of the road	Der „Profi"
20.000 DM variabel	
60.000 DM fix	80.000 DM variabel
= 80.000 DM	
	50.000 DM fix
	= 130.000 DM

Abb. 3: Zukunftsausgerichtetes Entlohnungssystem (Beispiel)

die betriebswirtschaftliche Erkenntnis, daß mit Erreichen von Jahresumsätzen/ Deckungsbeiträgen in aller Regel auch der Break-even überschritten wird und der Deckungsbeitrag I bzw. Deckungsbeitrag II zum „Gewinn vor Steuern" wird. Und nur über die mitarbeiterspezifische Steigerung des Deckungsbeitragsvolumens wird es einerseits gerechtfertigt, andererseits aber auch notwendig, spürbare Anteile des Deckungsbeitragszuwachses in Form von Provisionen/Prämien als Leistungsanreiz den Vertriebsmitarbeitern auszuschreiben.

Es hat überhaupt keinen Zweck, in der heutigen Zeit ein Entlohnungssystem zu verändern, ohne daß

- der variable Anteil des Gesamtjahreseinkommens spürbar steigt,
- die Leistungsanreize materiell für den Vertriebsmitarbeiter bedeutsam sind, sehr wohl allerdings im Sinne der Ausgewogenheit zwischen Risiko und Chance.

Wollte man in dem bestehenden Middle-of-the-Road-Einkommensrahmen entlohnungspolitische Veränderungen bewirken, so würde vielleicht ein „intelligenteres" Entlohnungssystem entstehen, das aber mangels materieller Schubkraft versagen würde.

Wie können Risiko und Chance materiell stärker ausgeprägt werden?

In aller Regel ist die Realisierung von effizienten Entlohnungssystemen mit dem Absenken des Festgehaltes verbunden, um nämlich den variablen Einkommensanteil – in spürbarer Dosierung – verstärken zu können.

Im Außendienst stößt diese Vorgehensweise nicht unbedingt auf Gegenliebe! Auch der Betriebsrat würde hier Probleme sehen. Es müssen also Lösungswege gefunden werden, die dem beiderseitigen Interessenausgleich in fairer Weise entsprechen.

Grundsätzlich gibt es zwei Alternativen, dieses Problem zu lösen:

Alternative I:
Der Mitarbeiter wird mit zwei Verträgen konfrontiert:

- Vertrag A: Dieses ist die neue Einkommensgestaltung auf Basis eines niedrigeren Festgehaltes und progressiver, attraktiver Kurvenverläufe im Bereich von Provisionen und Prämien.
- Vertrag B: Dieses ist der alte Vertrag mit dem alten Festgehalt und der bisherigen Provisions- und/oder Prämienlösung nach dem Motto: „Es bleibt alles beim alten."

Der Mitarbeiter hat nun z.B. zum 1. Januar eines Jahres die Wahl, vom Vertrag B auf den Vertrag A umzusteigen. Für diesen Fall gilt für ihn für die Laufzeit von 12 Monaten sowohl das bisherige als auch das neue Provisions-/Prämiensystem. Ausgezahlt werden die variablen Bezüge nach demjenigen Vertrag, der für die Mitarbeiter zur besseren Lösung führt. Mit dem Vertrag A ist parallel für 12 Monate ein Jahres-Garantieeinkommen ausgesprochen. Hat der Mitarbeiter einmal den Vertrag A gewählt, so kann er nicht wieder z.B. im nächsten Jahr auf den Vertrag B zurückschalten. Neue Mitarbeiter werden von vornherein mit dem Vertrag A ausgestattet.

Hat der Mitarbeiter im ersten Jahr den Vertrag B gewählt, so hat er nach Ablauf von 12 Monaten ein zweites und letztes Mal die Möglichkeit, vom Vertrag B auf den Vertrag A umzuschalten. Beharrt er auch bei dieser zweiten Gelegenheit auf dem Vertrag B, so stellen sich personalpolitische Fragen!

Erfahrungsgemäß wählen zum ersten Zeitpunkt ca. 20–40 % aller Mitarbeiter den Vertrag A, zum zweiten und letzten Wahltermin weitere 30–40 %. Die verbleibenden Mitarbeiter verharren in der „Besitzstandsnische" des Vertrags B.

Alternative II
Der Mitarbeiter kann wählen zwischen
• Risiko nein
• Risiko ja

Alle variablen Entlohnungskomponenten sind mit Provisionsprozentsätzen oder aber Prämien-DM-Beträgen ausgestattet. Der Mitarbeiter, der „Risiko nein" gewählt hat, bekommt nach wie vor sein bisheriges Festgehalt, aber nur z.B. 50 % der Provisionen und Prämien!

Der Mitarbeiter, der „Risiko ja" gewählt hat, erhält ein niedrigeres Festgehalt, aber 100 % der Provisionen/Prämien.

Die Alternativen I und II „entkramp-fen" die Thematik der Festgehaltssenkung, der Risiken- und Chancen-Spreizung bei der Einkommenspolitik ganz einfach dadurch, daß das Prinzip der Freiwilligkeit/Wahlmöglichkeit besteht. Das hat u.a. zur Folge, daß auch Betriebsräte grundsätzlich gegen diese Vorgehensweise nichts einzuwenden haben. Wiederholt sei der Vorschlag, daß die Risikowahl in den Alternativen I und II begleitet wird durch eine für die kommenden 12 Monate ausgesprochene Jahres-Einkommensgarantie, die allerdings mit Beginn der zweiten Abrechnungsperiode ganz oder teilweise (?) entfällt.

Außendienstmitarbeiter-Deckungsbeitrag als Bemessungsgrundlage für teilvariable Entlohnungssysteme?

Die Diskussion über den Sinngehalt des Einbezugs von Deckungsbeiträgen in eine Außendienstentlohnung muß etwas breiter angelegt werden, da Pro und Contra sowie die Voraussetzungen einen sehr hohen Stellenwert für die Ausgestaltung zukunftsträchtiger Außendienst-Entlohnungssysteme haben.

Der prinzipielle Aufbau des Außendienst-Deckungsbeitrages (Außendienst als Profit Center)

Ein typischer Aufbau einer solchen Deckungsbeitrags-/Profit-Center-Abrechnung sieht wie folgt aus (s. Abb. 4).

Hier werden also die Deckungsbeiträge pro Außendienstbezirk ermittelt. Dafür ist Voraussetzung, daß das Unternehmen über sein Rechnungswesen in der Lage ist, diese Deckungsbeiträge pro Bezirk, i.d.R. auf Basis der Kunden-Deckungsbeiträge, zu erstellen.

```
┌─────────────────────────────────────────┐
│                                         │
│  ∑ Brutto-Umsatz                        │
│  ./. ∑ Erlösschmälerungen               │
│                                         │
│  = ∑  Netto-Umsatz                      │
│  ./. ∑ Herstellkosten/WAP*/             │
│        Verrechnungspreis                │
│                                         │
│  = ∑  VERTRIEBS-DECKUNGSBEITRAG I        │
│  ./. direkt zurechenbare Kosten         │
│       –  AD-ID-Festeinkommen            │
│       –  Sozialfolgekosten              │
│       –  Reisekosten                    │
│       –  Verkaufsförderung              │
│       –  Kundenveranstaltungen          │
│       –  Muster                         │
│       –  Service/Anwendungstechnik      │
│       –  Zinsen                         │
│                                         │
│  = ∑  VERTRIEBS-DECKUNGSBEITRAG II       │
│                                         │
│  * WAP = Werksabgabepreis               │
│                                         │
└─────────────────────────────────────────┘
```

**Abb. 4: Typischer Aufbau einer Deckungs-
beitrags-/Profit-Center-Abrech-
nung**

Unterstellen wir einmal, daß die rechentechnischen Voraussetzungen vorhanden sind, so gibt es dennoch einige sehr zentrale Fragen (inkl. ihrer Lösungsansätze) zu diskutieren.

Ist das Veröffentlichungsrisiko zu verantworten?

Zugestandenermaßen liegt hierin ein gravierendes Problem:

- Versteht unser Außendienst eigentlich, daß der Deckungsbeitrag kein Gewinn ist?
- Ist es nicht wahrscheinlich, daß dieses firmeninterne Kalkulationsmaterial in fremde Hände gerät (Kunden/Wettbewerb)?

Diese Bedenken sind sehr ernst zu nehmen. Es gibt aber eine Abhilfe: Man arbeitet nicht mit den Original-Deckungsbeiträgen lt. Rechnungswesen/Kalkulation, sondern mit sog. *Vertriebs-Deckungsbeiträgen*.

Diese Vertriebs-Deckungsbeiträge werden über für ein Jahr standardisierte, aber „willkürliche" Herstellkosten bewirkt. Wir setzen an die Stelle der Originalherstellkosten sog. „Werksabgabepreise" bzw. sog. „Transferpreise".

Das hat zur Konsequenz, daß der Original-Deckungsbeitrag „verschleiert" wird.

Hinzu kommen weitere Vorteile:

- Aus der Sicht des Produkt-Mix gibt die Original-Deckungsbeitragsstruktur der Produkte untereinander nicht unbedingt die vertriebspolitische Forcierungswürdigkeit wieder: Ein Produkt mit geringem Deckungsbeitrag kann weitaus forcierungswürdiger sein als ein Produkt mit höherem Deckungsbeitrag. Für die Ausgestaltung unserer Vertriebspolitik benötigen wir also eine Steuerungsgröße: Auch diese Aufgabe können wir über die „willkürlich" gewählten Herstellkosten = Verrechnungspreise lösen.
- Hinzu kommt der folgende Vorteil: Man kann die so entstehenden Vertriebs-Deckungsbeiträge in ihrem Niveau senken: Liegt der durchschnittliche Original-DB I z.B. bei 60 %, so würde man über die willkürlich eingeführten Verrechnungspreise das Gesamt-Durchschnittsniveau auf z.B. 20 % absenken. Das bringt eine extrem hohe Auswirkung von zusätzlichen Rabatten/Preissenkungen auf den Vertriebs-Deckungsbeitrag und damit die Entlohnungsgrundlage für den Außendienst. Es ist ein Unterschied, ob ich zusätzlich 5 % Rabatt bei einem Ausgangsdeckungsbeitrag von 60 % oder von 20 % gebe. Im letzteren Fall machen

diese 5 Prozent Zusatzrabatt immerhin 25 Prozent des Vertriebs-Deckungsbeitrages aus und können sich damit auch „spürbar" auf die Entlohnung des Außendienstes auswirken.

Die Beeinflußbarkeit der Einzelpositionen des Vertriebs-Deckungsbeitrages durch den Vertriebsmitarbeiter

In vielen Unternehmen ist es üblich, daß der Außendienstmitarbeiter mit vorgegebenen Preisen bzw. Konditionen beim Kunden verhandeln muß. Dadurch fühlt sich die Geschäftsleitung/Verkaufsleitung „auf der sicheren Seite", da der Außendienstmitarbeiter im Falle der Abweichung nach unten sich die Zustimmung seines Vorgesetzten einholen muß.

Damit könnte der Eindruck entstehen, daß der Außendienstmitarbeiter keinen Einfluß auf die Höhe der Rabatte/Nettopreise hat. Dieser Eindruck ist falsch.

Ist die Entscheidungskompetenz über kundenspezifisch im Einzelfall höhere Konditionen bei Vertriebsführungskräften – richtigerweise – angesiedelt, dann ist diese Führungskraft anläßlich ihrer Entscheidung abhängig von der Beratung des Vertriebsmitarbeiters. Und dieser Vertriebsmitarbeiter, der evtl. umsatzhonoriert arbeitet, strebt eben nur nach Umsatz: Ob er den Umsatz zu 100 DM oder zu 95 DM realisiert, ist ihm – grundsätzlich – gleichgültig. Er wird also seine Beratungsleistung gegenüber der Vertriebsführungskraft immer im Sinne der Umsatzerzielung handhaben. Für das Unternehmen kann aber gerade das betriebswirtschaftlich katastrophale Konsequenzen haben: Je mehr Leistungsanreiz ein umsatzorientiertes Entlohnungssystem hat, desto weniger Rücksicht nimmt der Vertriebsmitarbeiter auf das Ziel der Beschränkung von Rabatten und anderen Konditionen! Die Absenkung der Umsatzrendite wäre die logische Konsequenz!

Wir stehen – paradoxerweise – vor einem sehr eindeutigen Effekt:

Der Außendienstmitarbeiter wird aufgrund seines einseitigen Umsatzstrebens zum Anwalt des Kunden!

Und genau umgekehrt sollte es sein: Ein Außendienst-Entlohnungssystem ohne Einbezug der Rabattkomponente ist für die Zukunft in höchstem Grade unzweckmäßig.

Den Gedanken der Profitabilität gilt es also in jedem Falle einzuführen: Am elegantesten geschieht das natürlich dadurch, daß man den weiter oben gekennzeichneten Vertriebs-Deckungsbeitrag heranzieht.

Bleibt noch die Frage nach dem Einfluß auf die direkten Kosten im Rahmen des Vertriebs-Deckungsbeitrages II: Kann der Außendienstmitarbeiter diese Kosten beeinflussen? Weiter oben wurde aufgezeigt, daß der Außendienstmitarbeiter sich mehr und mehr auf die Anforderungen des einzelnen Investitionskunden einstellen muß. Im Rahmen von Jahresvereinbarungen entwickelt und realisiert er kundenspezifische Betreuungs-/Aktivitätenprogramme zur Stärkung der Investitionskundenbindung.

Damit verantwortet er – kundenspezifisch – Umsatzstrukturen, Konditionen und Aktivitäten, die im Rahmen der Ermittlung des Vertriebs-Deckungsbeitrages II zu kunden- und damit bezirksdirekten Kosten werden.

Es ist also in höchstem Maße empfehlenswert, auf den Deckungsbeitrag II abzustellen.

Fazit: Kritische Würdigung der Bemessungsgrundlage „Vertriebs-Deckungsbeitrag" für die Außendienst-Honorierung

Vorteile des Vertriebs-Deckungsbeitrages
- Ertragsorientiertes Denken und Handeln
- Kein Verkauf vorrangig nur über den Preis
- Absicherung der Form und Höhe von Sonderkonditionen über den Deckungsbeitrag
- Entlastung der Verkaufsleitung von einem Teil der Preis- bzw. Rabattentscheidungen
- Pflege von Kunden mit relativ geringer Konditionenintensität
- Reduzierung der Kontrollfunktion von Führungskräften (Eigenkontrolle des Außendienstmitarbeiters)
- Forcierung deckungsbeitragsintensiver Produkte
- Kostenorientierte Gebietsbearbeitung (Besuchsplanung, Tourenplanung, Telefon usw.)
- Abbau unwirtschaftlicher Umsätze
- Deckungsgleichheit in den Zielsetzungen zwischen Außendienst und Management

Nachteile des Vertriebs-Deckungsbeitrages
- Unübersichtlichkeit durch
  - Zahl der Einflußgrößen (= Zahl der Produkte, Höhe der produktbezogenen Werksabgabepreise, Verkaufspreise, Rabatte, sonstige Konditionen, Kosten der Bezirksbearbeitung, kundendirekte Kosten)
  - Veränderung dieser Einflußgrößen
- Mangelnde Befähigung des Außendienstes – aufgrund der Unübersichtlichkeit –, seine Verhaltensweisen zu planen und die Vorteile zu realisieren.

- Das Deckungsbeitragsziel kann eine hinsichtlich der Kapazitätsauslastung sich ständig verändernde Größe sein.
- Gefahr der Deckungsbeitragsorientierung: Jede Einzelmaßnahme führt für sich gesehen zu positiven Deckungsbeiträgen, die Summe aller Einzel-Deckungsbeiträge reicht jedoch nicht zur Abdeckung der Gemeinkosten sowie zur Realisierung eines Gewinnes.
- Nichtbeeinflußbarkeit aller den Deckungsbeitrag beeinflussenden Größen durch den Außendienst.

Das weitere Vorgehen
Um den Anforderungen einzelner Unternehmen zu entsprechen, stellen wir die Entlohnungskomponenten alternativ dar:
- einmal auf der Basis *Umsatz*
- einmal auf der Basis *Vertriebs-Deckungsbeitrag*

Zukunftswirksame Entlohnungssysteme für Verkäufer im Außendienst

Vorbemerkung: Das „einzig richtige" Entlohnungssystem branchenübergreifend bzw. sogar innerhalb einer Branche gibt es nicht. Das liegt an den unterschiedlichen Zielsetzungen, Prioritäten und z.T. auch den unterschiedlichen historisch gewachsenen Einkommensstrukturen, die natürlich bei dem Übergang von einem alten auf ein neues System eine Rolle spielen.

Somit ist jedes Entlohnungssystem firmenspezifisch. Der Nutzer dieses Aufsatzes kommt nicht darum herum, sich *sein* firmenindividuelles Entlohnungskonzept aus den im folgenden dargestellten *Bausteinen der variablen Entlohnung* zusammenzusetzen. Natürlich lassen sich die im folgenden angebotenen Entlohnungsbausteine variieren.

Abschließend bleibt anzumerken, daß bei zeitgerechten Entlohnungssystemen selten nur auf eine *einzige* Entlohnungskomponente zurückgegriffen werden kann: Vielmehr bestehen die im Verdrängungswettbewerb sich bewährenden teilvariablen Entlohnungssysteme regelmäßig aus drei bis vier Komponenten, die untereinander zu verknüpfen sind.

Beispiel Nr. 1: Die Sockelprovision

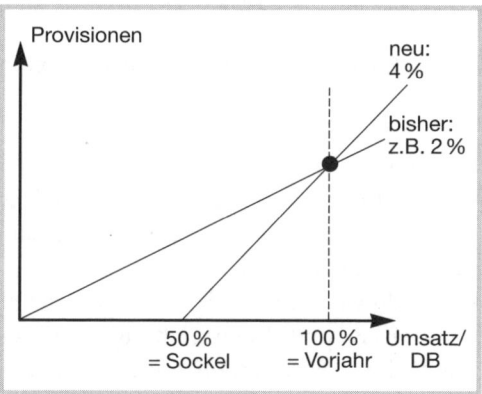

Abb. 5: Sockelprovision

Beispiel:

199. (altes System)
Umsatz 1 Mio.,
2 % Provision = DM 20.000,–

199. (neues System)
Sockel-Umsatz: 500.000,–
Ist-Umsatz 1.200.000,–
Provisions-
Umsatz:700.000,– x 4 % = DM 28.000,–

(alt: 2 % v. 1,2 Mio. = DM 24.000,–)
= Wirkung des neuen
Systems + DM 4.000,–

199. (neues System)
Sockel-Umsatz: 600.000,–
Ist-Umsatz 1.200.000,–
Provisions-
Umsatz: 600.000,– x 4 % = DM 24.000,–
(alt: 2 % von 1,2 Mio. = DM 24.000,–)

Erläuterungen

• Im alten System bekam der Außendienstmitarbeiter z.B. eine zweiprozentige Umsatzprovision. Ein solches, vorzugsweise die „nicht verhinderbaren" Umsätze honorierendes System ist in Wirklichkeit gar nicht variabel. Der Außendienstmitarbeiter wird so oder so ein mehr oder minder beachtliches Provisionseinkommen beziehen.

• Daher die neue Lösung: Der Außendienstmitarbeiter erhält eine – im Prozentsatz – doppelt so hohe Provision (im Beispiel statt 2 % = 4 %). Diese 4 % werden allerdings nur ab einem Sockelumsatz von 50 % des Vorjahresumsatzes (Vorjahres-Monatsumsatz!) gezahlt. Was wird damit erreicht? Die Provision verdoppelt sich nach Überschreiten der Vorjahres-Umsatzgrenze: ein ganz gewaltiger Leistungsanreiz!

• Selbstverständlich können auch produktdifferenzierte Provisionsprozentsätze verwendet werden: Man kennt dann eben z.B. drei Prozentsätze: 8 %, 6 % und 4 %.

• Das System führt selbstverständlich nicht zur „Verrentung" mit Hilfe von verdoppelten Provisionssätzen; dagegen schützt die Aussage, daß der Sockel ja immer von 50 % des Vorjahres gebildet wird!

Beispiel Nr. 2: Plus- und Minus-Deckungsbeitragsprovisionen

Produkt-gruppe	Ziel-DB TDM	Ist-DB TDM	Saldo TDM	Minus-Provision		Plus-Provision	
				%	DM	%	DM
I	120	100	– 20	1	200	2	–
II	80	90	+ 10	2	–	4	200
III	220	180	– 40	3	1.200	6	–
IV	200	280	+ 80	4		8	6.400
Gesamt	620	650	+ 30	-	1.400	-	6.600

./.1.400

= Provision | 4.200

Abb. 6: Plus- und Minus-Deckungsbei-tragsprovision

Beispiel Nr. 3: Basis- und Zielerreichungsprovision

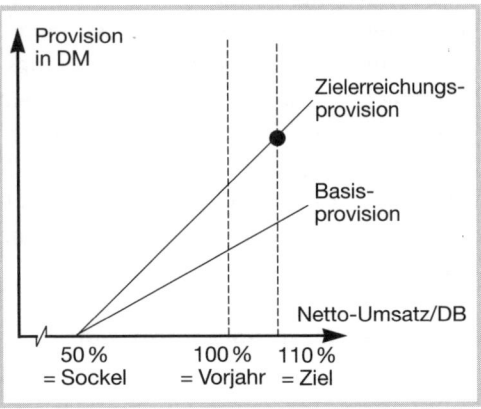

Abb. 7: Basis- und Zielerreichungsprovision

Erläuterungen
- Der Mitarbeiter ist sowohl an Minus- als auch an Positiv-Deckungsbeiträgen beteiligt. Über die unterschiedlich hohen Provisions-Prozentsätze
  – differenziert nach Produktgruppen
  – differenziert nach Minus- und nach Plus-Deckungsbeiträgen
  wird es dem Unternehmen möglich, das Gewicht von Risiko und Chance flexibel zu bestimmen.
- Eine Alternative besteht darin, den Mitarbeiter wählen zu lassen, ob er auch an „Minus"-Provisionen beteiligt werden möchte, ob er also dieses Risiko eingehen will. Lehnt er dieses Risiko von Minus-Provisionen ab, so gelten in der Rubrik „Plus-Provisionen" nur die halben Provisions-Prozentsätze.
- Natürlich läßt sich dieses System mit einem „Auffangnetz" dergestalt versehen, daß der maximale Provisions-Minusbetrag quantifiziert wird.
- Sollte ein Mitarbeiter Minus-Provisionen erwirtschaftet haben, so werden diese mit den Plus-Provisionen der kommenden Monate verrechnet.

Erläuterungen
- Diese Provisionslösung greift ebenfalls auf die sog. „Sockel"-Lösung zurück (siehe Beispiel Nr. 1).
- Allerdings differenziert sie zwischen sog. Basis- und Zielerreichungsprovisionen. Der Außendienstmitarbeiter bekommt dann noch einmal einen Provisionszuschlag, wenn er den mit ihm vereinbarten Zielumsatz (oder auch Ziel-Deckungsbeitrag) erreicht hat.

Beispiel Nr. 4: Prämien für die Gesamtumsatz-/Deckungsbeitrags-Zielerreichung (s. Abb. 8)

Erläuterungen
- In diesem Beispiel wird nur der *Gesamt*umsatz bzw. Deckungsbeitrag zugrunde gelegt. Das ist nur dann gerechtfertigt, wenn die einzelnen Produkte das ganze Jahr über in etwa den gleichen Stellenwert in den Forcierungsintensitäten einnehmen sollen.
- Bei allen auf Zielerreichung ausgerichteten Prämiensystemen würde man un-

Gesamtumsatz-/ Deckungsbeitrags- Zielerreichung in %	Prämie in DM		
	4 x pro Jahr (= pro Quartal)	1 x zum Jahresende	Gesamt
	50 %	50 %	100 %
> 95,0	500	2.000	4.000
> 97,5	1.000	4.000	8.000
> 100,0	1.500	6.000	12.000
> 102,5	1.750	7.000	14.000
> 105,0	2.000	8.000	16.000
> 107,5	2.250	9.000	18.000
> 110,0	2.500	10.000	20.000
> 112,5	2.800	11.200	22.400
> 115,0	3.100	12.400	24.800
> 117,5	3.400	13.600	27.200
> 120,0 (= Max.)	3.700	14.800	29.600

Abb. 8: Gesamtumsatz-/Deckungsbeitragsprämien

Zeit	Zielerreichung in %	Prämie lt. Tabelle DM
Quartal I	97,5	1.000,–
Quartal II	105,0	2.000,–
Quartal III	100,0	1.500,–
Quartal IV	107,5	2.500,–
Jahr	102,5	7.000,–
Gesamt	102,5	14.000,–

Abb. 9: Rechenbeispiel

ternehmensseitig am liebsten nur eine Jahresendabrechnung praktizieren, da ja das Unternehmen auch „nur" an einem guten Jahresergebnis interessiert ist.

Dieses Vorgehen verbietet sich aber aus Gründen der Aktualität des Leistungsanreizes für den Außendienstmitarbeiter.

Daher wählt man zweckmäßigerweise das Verfahren, viermal im Jahr pro Quartal eine „endgültig" abzurechnende Prämie zu bezahlen. Die vier Quartalsprämien stellen in ihrer Summierung 50 % des insgesamt zur Verfügung stehenden Jahresprämienetats dar.

Die übrigen 50 % bleiben der *Jahres*prämie vorbehalten.

Beispiel Nr. 5: Umsatz-/Deckungs-beitragsprämie (s. Abb. 10)

Erläuterungen
• Manches Unternehmen strebt zunächst Umsätze/Marktanteile an.
• In zweiter Linie bleibt allerdings das Ziel erhalten, preislich so optimal wie nur irgend möglich zu fahren. D.h., die Deckungsbeitragsmitverantwortlichkeit des Außendienstmitarbeiters ist anläßlich von Mengen- und Preisverhandlungen gefragt.

Umsatz-Ziel-erreichung in %	Erreichter Deckungsbeitrag in Prozent von Umsatz/Prämie				
	– 2 %	– 1 %	Ziel = 0	+ 1 %	+ 2 %
> 90	–	–	–	1.000	2.000
> 95	–	–	1.000	2.000	3.000
> 100	–	1.000	2.000	3.000	4.000
> 105	1.000	2.000	3.000	5.000	7.000
> 110	2.000	3.000	4.000	7.000	9.000
> 115	3.000	4.000	5.000	9.000	12.000
> 120	4.000	5.000	6.000	12.000	15.000

Abb. 10: Umsatz-/Deckungsbeitragsprämien

- Daher empfiehlt sich der Einsatz dieser Umsatz- / Deckungsbeitrags-Matrix-Prämierung
- Bezüglich des Ziel-Deckungsbeitrages pro Außendienstmitarbeiter ist allerdings auf folgendes zu achten: Jeder Bezirk hat aufgrund der Kundenstrukturen unterschiedliche Deckungsbeitragsintensitäten. Es wäre zu theoretisch, würde man nun mit einem einheitlichen angestrebten Prozent-Deckungsbeitrag arbeiten wollen. Vielmehr wird empfohlen: Das Prozent-Deckungsbeitragsniveau des Vorjahres ist Basis für den Ziel-Prozent-Deckungsbeitrag des kommenden Jahres und wird mit der Ziffer 0 ausgedrückt.

Im laufenden Abrechnungsjahr wird dann nur die Positiv- oder Negativabweichung von dem vorgegebenen Ziel-Prozent-Deckungsbeitrag prämienrelevant: siehe Prämientabelle, Abbildung 10.

Beispiel Nr. 6: Das Zielübernahme-Prämiensystem

Das Problem der Zielfindung/Zielvereinbarung

- In der Außendienst-Prämienregelung sollte sinnvollerweise auch auf die Zielerreichung/Zielüberschreitung abgestellt werden.
- Der einzelne Außendienstmitarbeiter wird alles versuchen, um zu begründen, daß speziell in seinem Bezirk Umsatz- bzw. Deckungsbeitragssteigerungen bei den einzelnen Produkten bzw. im Gesamt-Umsatz kaum noch möglich sein werden. Er wird sich hier auch der Koalition der Kollegen zu versichern suchen. Daher:

Freie Zielwahl des Vertriebsmitarbeiters

- Pro Quartal oder auch pro Jahr wählt der einzelne Außendienstmitarbeiter „sein" Umsatz- bzw. Deckungsbeitragsziel (gesamt oder nach Produktgruppen differenziert) selbst. Er bestimmt also, ob er einen Zuwachs von z.B. 5 % oder 7,5 % oder sogar 12,5 % anstrebt.
- Damit legt er sich allerdings fest. Hat er z.B. + 7,5 % gewählt, so gilt in der in Ab-

Zielwahl: Umsatz-/DB-Steigerung in %	Ist-Zielerreichung in Prozent/ Prozent-Zuschlag auf die Provisionen/ Prämien aus der Entlohnungs-Hauptkomponente					
	< 90	< 95	< 100	> 100	> 105	> 110
+ 5,0 %	./. 20,0 %	./.17,5 %	./. 15,0 %	+ 10,0 %	+ 11,0 %	+ 12,0 %
+ 7,5 %	./. 17,5 %	./.15,0 %	./. 12,5 %	+ 15,0 %	+ 16,0 %	+ 17,0 %
+ 10,0 %	./. 15,0 %	./.12,5 %	./. 10,0 %	+ 20,0 %	+ 21,0 %	+ 22,0 %
+ 12,5 %	./. 12,5 %	./.10,0 %	./. 7,5 %	+ 25,0 %	+ 26,0 %	+ 27,0 %
+ 15,0 %	./. 10,0 %	./. 7,5 %	./. 5,0 %	+ 30,0 %	+ 35,0 %	+ 40,0 %

Abb. 11: Zielübernahme-Prämiensystem

bildung 11 dargestellten Tabelle für ihn jetzt auch nur noch *diese* Zeile.

- Erreicht er nun diese 7,5 % (hat er also eine Zielerreichung von 100 %), so erhält er einen Prozent-Zuschlag auf seine DM-Prämien/Provisionen aus den übrigen Provisions-/Prämienkomponenten.

Beispielrechnung

- Der Mitarbeiter hat sich in dem betreffenden Quartal über die Hauptkomponente Nr. 1 eine Provision von 10.000 DM verdient.
- Er hatte sich vor dem Quartal auf eine Umsatzsteigerung von + 10 % („sein" Ziel) festgelegt.
- Erreicht er nun dieses Ziel, so erhält er (s. obenstehende Tabelle) einen Zuschlag auf die 10.000 DM in Höhe von 20 % = + 2.000 DM.
- Würde er dagegen dieses Ziel von + 10 % nur zu 90 % erreichen, so würden ihm von den 10.000 DM Provision 15 % (s. obenstehende Tabelle) = 1.500 DM in Abzug gebracht.
- Der Außendienstmitarbeiter wird von sich aus das für ihn wirklich optimale Umsatzziel wählen. Steigt er von vornherein zu niedrig ein, so schreibt er sich

selbst niedrige Prämienzuschlagschancen aus bzw. konfrontiert sich im Falle der Nicht-Zielerreichung mit verhältnismäßig hohen Prämienabschlägen (s. Tabelle).

Er wird also aus Eigeninteresse das für ihn optimale Ziel wählen.

Beispiel Nr. 7: Investitionskunden-Prämien (s. Abb. 12)

Erläuterungen

- Prämiert wird die investitionskundenbezogene Umsatzzielerreichung bzw. -überschreitung (evtl. auch DB): Dahinter steht die Kundenportfolio- und Key-Account-Denkweise!
- Die Kunden-Umsatzziele (DB-Ziele) werden kundenindividuell formuliert, müssen aber in der Addition ein angestrebtes Gesamt-Umsatzziel ergeben.
- Die Gesamt-Prämie (z.B. für 100 % Zielerreichung) ist festgelegt, ihre Aufteilung auf den einzelnen Kunden erfolgt umsatzanteilig (Zielumsatz).
- Kunden-Einzelprämien werden nur gezahlt, sofern der Gesamt-Umsatz zu z.B. 100 % erreicht wird.

Investitions-kunden (namentlich)	Umsatz- oder DB-Ziel TDM	Jahresprämie		
		Zielerreichungsgrad		
		100 %	110 %	120 %
1) _____	50	600	1.200	2.000
2) _____	80	960	1.920	3.200
3) _____	120	1.440	2.880	4.800
4) _____	40	480	960	1.600
5) _____	60	720	1.440	2.400
6) _____	100	1.200	2.400	4.000
7) _____	50	600	1.200	2.000
Gesamt	500	6.000	12.000	20.000
Gesamt-Prämie im Beispiel = DM 9.160,—				

Abb. 12: Investitionskunden-Prämien

Beispiel Nr. 8: Rabattkorrektur-Prämie

Rabattveränderungen	Provisions-/Prämien-zu- oder -abschlag
./. 0,5 %	+ 30 %
./. 0,4 %	+ 25 %
./. 0,3 %	+ 20 %
./. 0,2 %	+ 15 %
./. 0,1 %	+ 10 %
0	-
+ 0,1 %	./. 15 %
+ 0,2 %	./. 20 %
+ 0,3 %	./. 25 %
+ 0,4 %	./. 30 %
+ 0,5 %	./. 35 %

Abb. 13: Rabattkorrektur-Prämie

Erläuterungen

• Diese sog. „Rabattkorrektur-Prämie" ist unverzichtbar immer dann, wenn im Bereich der Entlohnungs-Hauptkomponenten eine rein umsatzbezogene Lösung gewählt wurde!

• Angesichts des sich extrem verschärfenden Preis- und Verdrängungswettbewerbs muß jedes moderne Außendienst-Entlohnungssystem eine Komponente zur Beeinflussung der Profitabilität, der Preise, der Deckungsbeiträge beinhalten. Eine der wichtigsten Stellgrößen in diesem Zusammenhang ist der Rabatt.

• Jeder Außendienst-Bezirk hat – strukturell bedingt – ein unterschiedliches Rabatt-Ausgangsniveau (z.B. gemessen am Durchschnittsrabatt des Vorjahres). Dieses unterschiedliche Niveau sollte – aus pragmatischen Gründen – „anerkannt" und = 0 gesetzt werden. Im abzurechnenden Prämienlaufjahr wird nur die Veränderung des Rabatt-Prozentsatzes als Einflußgröße für das Provisions- bzw. Prämienvolumen herangezogen.

• Je nach Höhe der Veränderung (plus oder minus) des Ausgangs-Rabattniveaus (gemessen in Prozent vom Umsatz) erhöht oder mindert sich das Provisions-/Prämieneinkommen, das der Mitarbeiter sich durch die anderen Komponenten des Außendienst-Entlohnungssystems verdient hat.

Beispiel Nr. 9: Teamprämien

Teamumsatz-Zielerreichung in %	Prozent-Zuschlag auf die mitarbeiter-individuelle Prämie
> 100,0 %	+ 15 %
> 102,5 %	+ 20 %
> 105,0 %	+ 25 %
> 107,5 %	+ 30 %
> 110,0 %	+ 35 %
> 112,5 %	+ 40 %
> 115,0 %	+ 50 %

Abb. 14: Teamprämie

Erläuterungen

- Unter Team sollte in der Regel das Regionalteam verstanden werden.
- Teamprämien sollten nicht nach der Zahl der Köpfe ausgeschüttet werden. Ein solches Verfahren wird bei den beteiligten Mitarbeitern das Denken im Sinne „Hannemann, geh du voran" begünstigen.
- Vielmehr muß ein System geschaffen werden, nach dem zunächst einmal nur durch die Gesamtleistung aller Außendienstmitarbeiter der Prämientopf gefüllt wird.
- Dieser „Topf" besteht nicht aus absoluten DM-Beträgen, sondern aus einem Prozent-Zuschlag auf die von den Außendienstmitarbeitern individuell erarbeiteten DM-Prämien/Provisionen. Der einzelne Außendienstmitarbeiter verdient sich nach wie vor nach den obigen Entlohnungskomponenten seine individuellen Prämien. Hat nun sein Team als Gesamtheit sehr erfolgreich gearbeitet, so hat er sich einen Prozent-Zu-

schlag auf seine individuell erarbeiteten DM-Prämien/Provisionen verdient.

Beispielrechnung

- Das Außendienst-Team hat eine Gesamt-Umsatzzielerreichung von 107,5 %.
- Ein einzelner Außendienstmitarbeiter hat sich aus Haupt- und Zusatzprämien individuell in diesem Quartal bereits 12.000 DM verdient.
- Er erhält – wie auch seine Teamkollegen – einen Prämienzuschlag von 30 % (s. Abb. 14); das bedeutet für ihn + 3.600 DM.

Die Wirkung des Systems

- Die Teamprämie bewirkt, daß zunächst einmal alle Mitglieder dieser Region aufeinander angewiesen sind,
- denn sie können nur gemeinsam das Team-Umsatzziel erreichen.
- Dennoch ist der einzelne in seinem individuellen Egoismus dadurch angesprochen, daß der Grad der Team-Zielerreichung einen Prozent-Zuschlag auf sein individuelles Prämien-DM-Volumen bewirkt.
- Wir finden hier also eine optimale Kombination zwischen Teaminteresse und Individualinteresse.
- Wir bewirken also ein Höchstmaß an Selbststeuerung und Selbstmotivation aller Team-Mitglieder untereinander.
- Und damit wird diese spezielle Form der Team-Prämienhonorierung zu einem unverzichtbaren Bestandteil in jedem Außendienst-Entlohnungssystem!

Die Einbindung der „Verkäufer im Innendienst"

Die Plausibilität des neuen Berufsbildes „Verkäufer im Innendienst" wurde ausführlich erläutert.

Unverzichtbar ist hier selbstverständlich nun auch die entlohnungspolitische Einbindung in das Risiko-/Chancenfeld, so wie es für den Außendienstmitarbeiter gilt. Dabei sollte als einkommenspolitische Leitlinie gelten, daß ein – z.B. nach zwei Jahren – erfolgreicher, entsprechend qualifizierter Verkäufer im Innendienst ca. 80 % des Gesamtjahreseinkommens eines Verkäufers im Außendienst erreichen sollte. Kalkulatorisch ist dies ganz einfach dadurch gerechtfertigt, daß der Verkäufer im Innendienst ein Höchstmaß an Effizienzsteigerung in der gesamten Vertriebsorganisation bewirkt: Kann sich doch der „teure" Außendienstmitarbeiter mit seinen extrem knappen verkaufsaktiven Zeiten den wachstums- und volumenträchtigen (Umsatz/Deckungsbeitrag) Investitionskunden widmen; der Verkäufer im Innendienst ist somit

• für die Investitionskunden und
• für die übrigen Kunden

im Sinne der Kundenbetreuung uneingeschränkt mitverantwortlich in bezug auf die erarbeiteten Umsätze und Deckungsbeiträge. Er bildet gemeinsam mit dem oder den Außendienstmitarbeiter/n ein Profit Center.

Bei erfolgreichen Verkäufern im Innendienst sollte sich das Jahreseinkommen

• zu ca. 40 % aus variablen Bestandteilen,
• zu ca. 60 % aus Festgehaltsbestandteilen

zusammensetzen.

Das Entlohnungssystem für den Verkäufer im Innendienst hat aus der Sicht der Methodik des Systems den absolut identischen Aufbau wie das System für die Außendienstmitarbeiter. Allerdings werden die Prämien- oder Provisionszahlen in den Tabellen für die Verkäufer im Innendienst niedriger ausfallen.

Checkliste zur Überprüfung von effizienzsteigernden Entlohnungssystemen im Verdrängungswettbewerb

Die Verfasser verfügen über Praxiserfahrung aus der Einführung von teilvariablen Entlohnungssystemen in über 200 Firmen. – Sie haben speziell in den vergangenen Jahren realisieren können, daß proaktives Denken und Handeln im Verdrängungs-/Hyperwettbewerb neue Formen, neue Dosierungen, neue Intensitäten für wirksame Außen- und Innendienst-Entlohnungssysteme erfordern.

Sie möchten dieses in der Praxis gewachsene Know-how in Form der folgenden Checkliste an den Leser weiterreichen, der – nach Ausgestaltung „seines" Entlohnungssystems – noch einen letzten Gesamt-Check vornehmen kann.

Nr.	Check-Kriterien	Erfüllungsgrad durch das neue System	
		hoch	niedrig
1	Bewirken Sie mit dem System mittelfristig, daß „Middle of the road"-Außendienstmitarbeiter in Ihrem Unternehmen keine Chance mehr haben?		
2	Sind Sie – u.a. – durch Ihr neues Entlohnungssystem in Ihrer Branche, auf Ihrem Arbeitsmarkt derart attraktiv, daß Sie nur die „besten" Außendienstmitarbeiter einstellen können?		
3	Folgt Ihr Entlohnungssystem dem Ziel, ein möglichst hohes Maß an „Selbststeuerung" in der Vertriebsorganisation zu bewirken?		
4	Ist insbesondere Ihr Entlohnungssystem dadurch gekennzeichnet, daß es nicht nur Chancen, sondern auch Risiken/Verlustgefahren für Ihre Mitarbeiter beinhaltet?		
5	Ist das Festgehalt im Anteil am Gesamt-Jahreseinkommen so angesiedelt, daß genügend geldlicher Spielraum für die Ausstattung der variablen Entlohnungsbausteine zur Verfügung steht?		
6	Sind die Provisions-/Prämien-Kurvenverläufe progressiv, also attraktiv gestaltet? Ist also der Erkenntnis gefolgt worden, daß ab einer 100%-Marke zusätzliche Deckungsbeiträge fast identisch sind mit dem „Gewinn vor Steuern"?		
7	Ist das System so ausgestattet, daß sich jährlich wechselnde Vertriebsprioritäten auch in der Ausgestaltung des Systems sowie in Zahlen widerspiegeln können?		
8	Stützt sich das Entlohnungssystem auf die Erkenntnis, daß die Außendienstkapazität in Zukunft vorrangig in den Kreis der Investitionskunden einzubringen ist?		
9	Verfügt Ihr Verkäufer im Außendienst (z.T. auch im Innendienst) über genügend „Munition", um dem Leitbild des „Unternehmensberaters für Investitionskunden" entsprechen zu können?		
10	Ist der Verkaufsmitarbeiter insbesondere in dieser Richtung qualifiziert worden?		

Nr.	Check-Kriterien	Erfüllungsgrad durch das neue System	
		hoch	niedrig
11	Wird bei Ihnen der Team-Selling-Gedanke, so wie er sich im Berufsbild des „Verkäufers im Innendienst" widerspiegelt, praktiziert, bzw. ist dieser Prozeß eingeleitet?		
12	Findet sich die Teamhonorierung zumindest mit einem Gewicht von 20 % aller variablen Bezüge in Ihrem Entlohnungssystem wieder?		
13	Sind Ihre Vertriebsmitarbeiter im Außen- und Innendienst hinreichend betriebswirtschaftlich qualifiziert, um den neuen Anforderungen des Verdrängungswettbewerbs zu begegnen?		
14	Können Ihre Verkäufer im Außen- und Innendienst sagen, daß das neue System für sie • überschaubar • leistungsgerecht • attraktiv • also wettbewerbsüberlegen ist?		

Literaturhinweise

Koinecke, Jü., Koinecke, J., Mehr Profit im Vertrieb, Landsberg 1996
Koinecke, Jü., Neue Wege der Entlohnung von Außendienstmitarbeitern und Vertriebsführungskräften, München 1996
Koinecke, Jü., Koinecke, J., 50 Schritte zur Optimierung der Zusammenarbeit zwischen Verkaufs-Außendienst und Verkaufs-Innendienst, München 1994
Koinecke, Jü., Koinecke, J., Mehr verkaufen durch betriebswirtschaftliches Praxiswissen, München 1993

8.6 Neue Wege der Außendienstentlohnung

Der Autor

Dipl.-Psych. Cornel von Hoegen arbeitete nach seinem Universitätsabschluß zunächst im Bereich des Führungskräftetrainings und der Personalentwicklung und -auswahl. 1991 wechselte er zur Kienbaum Personalberatung GmbH, wo er heute als Seniorberater in der Vergütungsberatung tätig ist. Neben der Personaleinsatzplanung und -auswahl beschäftigt er sich schwerpunktmäßig mit der Entwicklung von Gehalts- und Incentive-Systemen für Unternehmen.

Die Vergütung der Mitarbeiter wurde in der Vergangenheit als reiner Kostenfaktor betrachtet. Aus Unternehmenssicht war es besonders wichtig, diesen Kostenblock gering zu halten und die Abrechnungsmodalitäten möglichst effizient zu gestalten.

Vom Abrechnungsmechanismus zum Steuerungsinstrument

Durch die Konzentration auf diese beiden Faktoren wurde vielfach übersehen, daß die Vergütung ein idealer Hebel zur Umsetzung von Unternehmenszielen ist. Leistungsorientierte Vergütungssysteme im Vertrieb sind also nicht länger Abrechnungssysteme zur Realisierung einer Verteilungs- oder Entgeltgerechtigkeit, sondern Führungssysteme, die nachhaltig das Erreichen der Unternehmens- und Vertriebsziele sicherstellen sollen. Für Mitarbeiter sind sie eine Art Leitfaden, bei dem die definierten Ziele helfen, sich auf die wesentlichen Aufgaben zu konzentrieren.

Die Erkenntnis, die Vergütung der Mitarbeiter durch eine leistungs- und zielorientierte Neustrukturierung zur Erreichung der Unternehmensziele einsetzen zu können, hat eine völlig neue Betrachtung der Mitarbeiter hervorgerufen. Statt als Kostenverursacher werden sie heute als Gewinnproduzenten betrachtet.

Diese Sichtweise ist besonders für den Außendienst von zentraler Bedeutung, denn aufgrund der relativ leicht zu quantifizierenden Kenngrößen und eindeutig feststellbaren Vertriebserfolge besitzt der Außendienst eine Vorreiterrolle bei der

665

Gestaltung neuer leistungsorientierter Vergütungssysteme. Kaum ein anderer Funktionsbereich innerhalb eines Unternehmens wird stärker am individuellen Erfolg und den erbrachten Leistungen gemessen.

Eine effiziente Außendienstvergütung muß neben der Leistungsorientierung aber gleichzeitig auch marktgerecht sein und sich dem Vergütungsniveau vergleichbarer Positionsinhaber in vergleichbaren Unternehmen anpassen. Eine marktgerechte und angemessene Vergütung übt eine erhebliche Anreizwirkung auf die Mitarbeiter aus.

Die jährlichen Studien zur Außendienstvergütung eines bekannten Vergütungsberatungsunternehmens zeigen, daß sich die Entlohnung dieser Funktionsgruppe deutlich von allen anderen unterscheidet. So kann die Vergütungshöhe von erfolgreichen Fachpositionen durchaus an das Niveau von Führungskräften in anderen Bereichen heranreichen.

Bedingt durch die hohe Erfolgsorientierung ist die variable Vergütungskomponente das auffälligste strukturelle Element der Außendienstvergütung. Bei den Spitzenleistern werden hier durchschnittlich 35 % der Gesamtbezüge erfolgsabhängig gezahlt.

Hohe Gehälter im Außendienst werden vorwiegend durch anhaltende Erfolge und Leistungen und damit maßgeblich durch die variable Vergütung erreicht, die im wesentlichen von zwei Vergütungsformen bestimmt wird:

Provision

Zur Honorierung der laufenden Vertriebsleistungen wird üblicherweise die Provision verwendet. Sie ist neben dem Festgehalt die zweite Säule der Außendienstvergütung. 52 % der Außendienstler erhalten eine Provision, deren Höhe im Durchschnitt zwischen 22 Prozent und 36 Prozent der Gesamtbezüge liegt.

Bei der Bemessung der Provisionshöhe wird meist mit fest definierten Zielgrößen operiert. Das häufigste provisionsbestimmende Ziel ist der Umsatz des Positionsinhabers.

Kennzeichnend für die Provision ist auch die monatliche bzw. quartalsweise Ausschüttung an die Mitarbeiter, wodurch ein unmittelbarer Bezug zur erbrachten Leistung hergestellt werden soll. Unter motivationspsychologischen Gesichtspunkten ist diese unmittelbare Bestätigung als leistungsfördernd einzustufen.

Prämie

Die Prämie wird zur Honorierung zusätzlicher Vertriebsleistungen genutzt. Sie ist die nächste wichtige Säule in der Außendienstvergütung. Etwa die Hälfte aller Unternehmen verwenden zwei bis drei Zielgrößen für die Bemessung der Prämien. Die meisten Außendienstmitarbeiter haben ein Prämiensystem, bei dem die Prämie häufig in Verbindung mit Provisionen, Wettbewerben oder beidem kombiniert wird.

Mit einem Anteil von bis zu 13 % an der Gesamtvergütung erreicht die Prämie als alleinige variable Vergütungskomponente bei weitem nicht die Bedeutung der Provision. Sie wird im Unterschied zur Provision auch als kurzfristiges Steuerungsinstrument eingesetzt. Bei Außendienstfachkräften wird die quartalsweise bzw. jährliche Festlegung der Ziele und damit auch die entsprechende Ausschüttung der Prämie favorisiert.

Unter dem Gesichtspunkt „der Mitarbeiter als Gewinnproduzent" stoßen diese eher traditionellen Provisions- oder Prämiensysteme in jüngerer Zeit jedoch auf

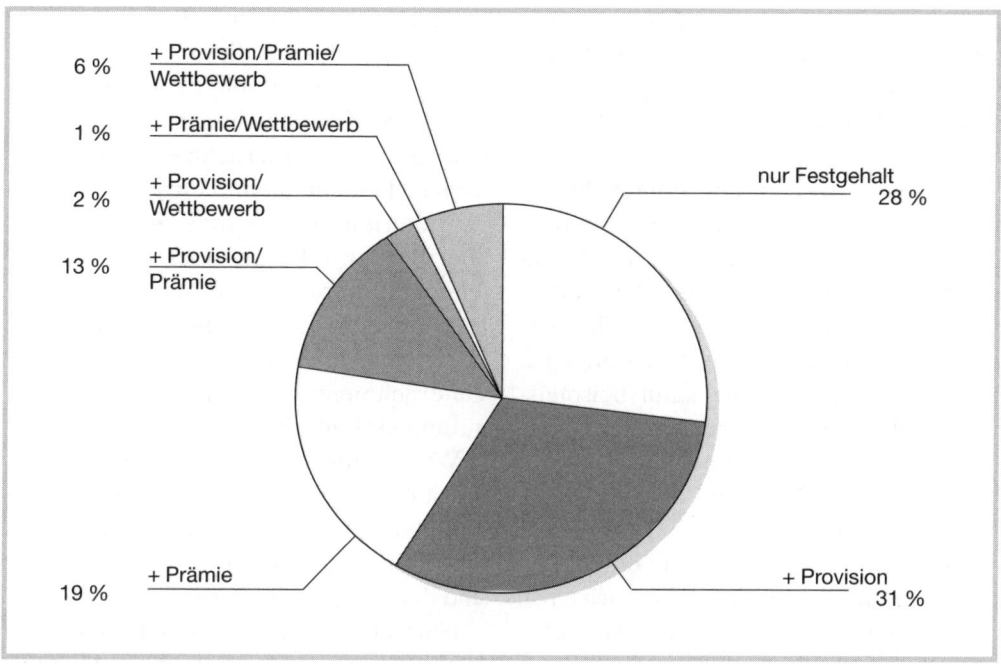

6 % + Provision/Prämie/Wettbewerb

1 % + Prämie/Wettbewerb

2 % + Provision/Wettbewerb

13 % + Provision/Prämie

nur Festgehalt 28 %

19 % + Prämie

+ Provision 31 %

Abb. 1: Praktizierte Entlohnungssysteme

stärker werdende Vorbehalte. Häufigster Kritikpunkt ist die relativ unspezifische nicht zielorientierte Art der Entlohnung durch diese beiden Komponenten. Regelungen wie „Ein Prozent Provision des vom Außendienstmitarbeiter erzielten Umsatzes" können die Unternehmensleitung bei der Steuerung des Außendienstes nicht nachhaltig unterstützen. So ist es mittels dieser Regelung beispielsweise nicht möglich, den Außendienst dazu anzuhalten, Umsatz gezielt mit bestimmten Kunden oder mit Produkten, die einen hohen Deckungsbeitrag haben, zu machen.

Unzufriedenheit mit diesen „klassischen" Regelungen sind häufig Anlaß für die Unternehmen, ihre variablen Vergütungssysteme zu überprüfen und neu zu gestalten.

Ausgehend von dem klassischen Führungsinstrument der Mitarbeiterführung durch Zielvereinbarung wird dabei eine Systematik zur zielorientierten Vergütung entwickelt. Die strategischen Unternehmens- und Vertriebsziele werden in dieser Systematik im Sinne einer Zielpyramide auf den einzelnen Außendienstmitarbeiter heruntergebrochen und als individuelle Ziele zu Beginn des Jahres zwischen dem Vorgesetzten und dem Mitarbeiter vereinbart. Dabei kann es durchaus sinnvoll sein, diese eher auf den Jahreszeitraum ausgelegten Ziele durch ein Provisionssystem zu ergänzen, dessen Umsatzverprovisionierung erst beim Überschreiten einer definierten Schwelle einsetzt.

Dabei wird, ausgehend von einem Planumsatz des Mitarbeiters (entspricht dem Umsatzziel für das laufende Jahr), ein Wert festgelegt, ab dessen Überschreitung die Provision einsetzt. Viele Unternehmen haben die Erfahrung gemacht, daß z. B. ab einem Wert von etwa 75 % des Planumsatzes der Bereich beginnt, für den der

Außendienst vermehrte zusätzliche Anstrengungen erbringen muß, um weiter erfolgreich zu sein. Zur Förderung dieser zusätzlichen Leistung jenseits der 75 % wird eine besonders hohe Provision gezahlt.

Ein anderer Weg, um eine stärkere Steuerungskomponente in die Provisionsregelungen zu bringen, ist die Einführung einer Staffelprovision, bei der unterschiedlichen Produkten oder auch Kundengruppen verschiedene Provisionssätze zugewiesen werden. Die kann beispielsweise entweder nach Wertschöpfungsgesichtspunkten oder aber auch nach strategischen Gesichtspunkten erfolgen (z. B. Marktanteile gewinnen).

Die enge Verknüpfung von Vergütungs- und Steuerungsinstrument führt auch dazu, daß moderne Vergütungssysteme keine statischen Gebilde darstellen, die längere Zeiträume unverändert überdauern. Mit der Einführung eines solchen Systems ist ein Prozeß eröffnet worden, der eine ständige Überprüfung und Veränderung bewirkt. Die Systeme müssen sich laufend den veränderten Markt- und Firmengegebenheiten anpassen. Derartige zielorientierte Systeme zeichnen sich somit durch eine hohe Flexibilität und als ausgezeichnete Steuerungsmöglichkeiten aus.

Der Trend zur zielorientierten Außendienstvergütung wird sich in den nächsten Jahren immer weiter verstärken. Dies wird zur Folge haben, daß die variablen Anteile an der Vergütung stagnieren oder sogar kleiner werden, da sich die Honorierung bei Zielerreichung auf Erfolge konzentriert, die durch besondere Anstrengungen erreicht wurden, und nicht mehr auf die Honorierung der fortlaufenden Leistung durch die Provision.

Dies wird auch dadurch ersichtlich, daß als Bemessungsgröße für die variable Vergütung zunehmend Planwerte anstelle von Istwerten verwendet werden. Häufig war der Umsatz bisher die alleinige Bemessungsgröße der variablen Vergütung. Aufgrund der vielschichtigen Problemstellungen in den Unternehmen ist er heute dazu nicht mehr allein geeignet. Zwar wird er weiterhin eine wichtige Rolle spielen, aber stärker auf Plan- oder auch Schwellenwerten beruhen und häufig durch ertragsbezogene Zielgrößen oder qualitative Zielsetzungen ergänzt werden, um die Unternehmensanforderungen an das Vergütungssystem wirkungsvoll umzusetzen.

Wichtig für den Erfolg der Systeme ist die starke Einbindung der Mitarbeiter in den Planungs- und Zielprozeß, was jedoch eine höhere Qualifikation der Mitarbeiter und der Vorgesetzten erfordert.

Ein weiterer Erfolgsfaktor für moderne Vergütungssysteme ist die Akzeptanz seitens der Mitarbeiter. Die Professionalität bzw. die Perfektion des Systems sind ebenfalls von großer Bedeutung. Allerdings wird ein perfektes System, das nicht von den Mitarbeitern akzeptiert wird, auch keine durchschlagende Wirksamkeit haben.

Akzeptanz wird erreicht durch:
- Einbindung der Mitarbeiter bei der Systementwicklung,
- einfache transparente Systeme,
- Konzentration auf nur wenige wichtige Ziele,
- angemessene Gewinnchanchen bei akzeptablem Risiko.

Der Drang nach Perfektion führt immer wieder dazu, daß Unternehmen ein System planen, aber nicht einführen, da keine perfekte Lösung gefunden wird. Hier gilt eindeutig: lieber einen Schritt in die richtige Richtung mit einem einfachen System, als ständig über eine perfekte Lösung zu grübeln, die leicht dazu neigen kann, zu Akzeptanzproblemen zu führen.

9. Verkäufer trainieren

9.1 Verkaufstraining: Rückblick und Vorschau

Der Autor

Jan L. Wage, gebürtiger Niederländer, gehört zu den führenden und klassischen Verkaufstrainern der ersten Stunde. In der Rotterdamer Erasmus-Universität absolvierte er sein Doppelstudium in Vertriebswirtschaft und Betriebspsychologie, wurde dann Verkäufer, Verkaufsleiter und Geschäftsführer. 1954 gründete er seine freiberufliche Trainings- und Beratungspraxis. Seitdem betreute er mehr als 470 Firmen und Konzerntöchter in 17 Ländern Europas, in den USA und im Nahen Osten, dies in den 7 Sprachen, die er beherrscht. Seine Bücher und enzyklopädischen Beiträge erschienen in insgesamt 13 europäischen und asiatischen Sprachen.

„Wie sollen wir wissen, wohin wir gehen, wenn wir nicht wissen, woher wir kommen?" (*János Mérleg*)

Historischer Rückblick

Der Ausdruck „im Wandel unserer Zeit" suggeriert eine Zeit ohne Wandel, und diese Unterstellung ist ziemlich naiv. Das einseitige Betonen des „Wandels" kann auch leicht zu einer Unterschätzung aller Dinge, die sich nicht so schnell ändern, führen. Die Chancen auf wesentliche und wirksame Änderungen, die uns der „Wandel" bietet, sollten doch mindestens anhand einiger Modernisierungsversuche in der Vergangenheit eingeschätzt werden.

Fangen wir also vorsichtshalber mit einem Rückblick an.

Die Vorzeit

Das Verkaufen als menschliche Tätigkeit ist selbstverständlich älter als der beruflich tätige Verkäufer. Kein Wunder: Auch Brot wurde schon gebacken, bevor es Bäckerläden gab. Der Mensch hat sich vom Selbstversorger zum Einkäufer von Waren und Dienstleistungen entwickelt, und erst wenn es Einkäufer gibt, bekommt auch der Verkäufer seinen Platz zugewiesen. Anfänglich handelte es sich dabei um Naturaltausch. Einmal hat der Urmensch begonnen, ein Stück bearbeiteten Steins, das er selbst nicht brauchte, gegen ein Tierfell oder gegen Obst einzutauschen.

Geld war anfangs nur ein „Vermittlungsgut". Man benutzte dazu z. B. Tierzähne, Felle, Muscheln oder sogar eine Handvoll Nägel („Drachme") oder das Gewicht eines Metalles, („Pfund", „Livra", „Rubel"). Etwa 3000 v. Chr. verwendeten die Sumerer in Kleinasien schon genormte Mengen Silber und Kupfer als Geld, 700 v. Chr. erfanden die Lydier die kleinen Scheiben, die wir als Münzen bezeichnen.

Auch im europäischen Raum wird schon früh über Verkäufer und Verkäuferinnen berichtet. Gajus Julius Cäsar erwähnt in seinem Gallischen Krieg „lixas mercatoresque" im Troß der Legionen, Marketender und Händler also.

Von Verkaufstraining wußte man wenig, sonst hätten wir in Thomas Manns „Buddenbrooks" bereits den richtigen Erfolgstrainer finden können.

Was man als Verkaufstechnik betrachtete, wird uns klar, wenn wir in einem nichtdatierten und anonymen Heft – wahrscheinlich aus dem Anfang des 18. Jahrhunderts – „Aller Praktiken Urgroßmutter" die Empfehlung lesen, der Verkäufer solle doch eine seiner eigenen Läuse der Kundin in den Pelz setzen, um das Ungeziefer dann vor ihren Augen zu fangen, als sei es ihres... „Das bringt dir Gewinn!" fügt der Autor vertrauensvoll hinzu!

Die Frühzeit

Erst die industrielle Revolution förderte und erforderte zugleich das „berufliche Verkaufen". Vorher arbeiteten Handwerker nur auf Bestellung und nach Maß. Es gab zwar Jahrmärkte und Wochenmärkte, sie boten aber wenig Auswahl.

Das erste Verkaufstraining im Handel wurde wahrscheinlich vom Gründer des Warenhauses „Au Bon Marché" durchgeführt. Dieser Aristide Boucicaut bildete seine VerkäuferInnen gründlich aus.

Im industriellen Bereich war es John H. Patterson, Gründer der National Cash Register Inc. in den USA – selbst ohne verkäuferische Erfahrung –, der 1886 mit der systematischen Ausbildung seiner fünf Verkäufer anfing. Er benutzte dazu viele visuelle Hilfen. Weil er kein Französisch sprach, wurde sein erster Vortrag in Paris eine farbenreiche Skizzenschau, die trotz ihrer „Sprachlosigkeit" gut verstanden wurde.

1890 wurde in seinem Auftrag eine Fibel geschrieben, die den jetzt taktlos anmutenden Titel „The Primer" („Der Katechismus") bekam.

1894 eröffnete Patterson eine Verkäuferschule in Dayton, Ohio, die heute noch als ruhmreiche „Merchandising University" existiert. 1898 erfand E.S.T.E. Lewis die AIDA-Formel, die so zählebig ist, daß sie ein Jahrhundert später noch immer von vielen Verkaufstrainern benutzt wird. Wir erwähnen die angelsächsische Urversion und die deutsche Übersetzung nebeneinander:

A = Attention = Aufmerksamkeit
I = Interest = Interesse
D = Desire = Drang zum Kauf
A = Action = Auftrag

Auch in Europa entwickelte sich der Berufsstand des Verkäufers. 1885 jammerte der Direktor der Leipziger Messe über den bevorstehenden Untergang des Messewesens. Verkäufer konnten durch die Entwicklung der Verkehrstechnik ab jetzt ihre Kunden im Direktkontakt besuchen, so daß sich die Messe als „Treffpunkt", so glaubte er, rasch erübrigen würde. Wie man sieht, führt eine richtige Diagnose nicht immer zu einer zuverlässigen Prognose.

In Europa vollzog sich die Entwicklung des Verkaufstrainings etwas später. Hier war im Handelsbereich die schwedische „Nordiska Kompaniet" führend. Sie präsentierte schon im Film, wie eine Kundin das Kaufhaus betritt und die Verkäufer gefragt wurden, wie ihr zu begegnen sei. Eine frühe Variante der Körpersprache-Lehre also.

In der Industrie fingen die Brüder Michelin, Erfinder der Luftreifen für Lastwagen und Autobusse, 1921 mit der systematischen Schulung ihrer Vertreter an. Ihr Trainer, Maurice Signorin, bildete 30 Ingenieure aus. Das „Technotonchinesisch" dieser Fachleute hat die potentiellen Kunden jedoch so erschreckt, daß der Absatz stockte. Man ersetzte die Ingenieure schnell durch Verkäufer mit einem Mindestmaß an technischen Kenntnissen und einem Höchstmaß an nützlichen Verkaufsargumenten. Von da an rollten die Luftreifen bergauf!

Die heutige Zeit

Erst Anfang der fünfziger Jahre, nach dem 2. Weltkrieg also, setzte sich das systematische verkaufstechnische Training in Europa durch. Einige „Gurus" haben den Trainerberuf und die Verkaufslehre geprägt und salonfähig gemacht. Sie haben jedoch nicht alle das Rad zum zweiten Mal erfunden. In vielen Hinsichten basieren sie z. B. auf dem Gedankengut von Dale Carnegie, dem Verfasser des klassischen Buches und Dauerbrenners „Wie man Freunde gewinnt und Mitmenschen beeinflußt". Diese Basisideen wurden jedoch von ihnen spezifisch auf Verkäufer zugeschnitten und auch systematisiert. Wir erwähnen hier nur einige Namen dieser „Guru-Generation": den Franzosen Bernard Julhiet, den Briten Alfred Tack, den

Schweden Heinz Goldmann, den Deutschen Bruno Neckermann, den Italiener Mario Silvano. Dies sind nur ein paar der überall in europäischen Staaten tätigen Trainer, von denen einige eine internationale Bekanntheit erwarben, auch weil sie sich in mehreren Sprachen verständlich machen konnten. Sie betrachteten sich – trotz aller Rivalitäten – eher als Kollegen denn als Konkurrenten und gründeten 1959 eine selektive europäische Trainergemeinschaft, die noch immer existiert, obwohl die Gründergeneration jetzt zur kleinen Minderheit im Verein geschrumpft ist.

Ihre Verkaufskurse waren meistens eng mit Rhetoriklehrgängen verknüpft. Dies ergab sich schon aus dem besonderen Charakter der Verkäuferaufgaben. Der Verkäufer ist ein „professioneller Kommunikator": Seine wesentliche Aufgabe liegt in der überzeugenden mündlichen Kommunikation, die simultan auf der Verstandes- und auf der Gefühlsebene das Handeln des Kunden beeinflußt.

Diese Kernaufgabe wird sich wahrscheinlich in Zukunft auch nicht ändern, selbst wenn sich die folgenden Aspekte dem Wandel der Zeit und unserer gesellschaftlichen Struktur angepaßt haben.
• Eine sich auf die *Umweltfreundlichkeit* eines Produkts beziehende Argumentation wäre in den fünfziger Jahren kaum denkbar gewesen. Jetzt wird sie in vielen Branchen und westlichen Ländern großgeschrieben. Diese Änderung bedeutet jedoch nur eine Anpassung der Gesprächsinhalte, nicht eine wesentliche Änderung der Verkäuferaufgaben und der Verkaufstechniken. Weil eine Argumentation immer bedarfsorientiert sein soll, ändert sie sich mit den menschlichen Bedürfnissen.

- Dasselbe trifft für die Änderungen zu, die aus der westlichen Welt eine *Dienstleistungsgesellschaft* machen. Dienstleistungen werden „im Prinzip" nicht anders als greifbare Waren verkauft. Nur bleibt dieses Prinzip meistens unentdeckt, weil die Rezepturen – die sich auf der Grundlage dieser Prinzipien entwickeln – einen etwas anderen Wortlaut haben. Der Verkäufer muß z. B. die Vorführung eines Gerätes durch abstraktere Überzeugungstechniken ersetzen, was an ihn manchmal höhere Anforderungen stellt.

- Seit den siebziger Jahren hat sich auch die *Medienlandschaft* geändert, so daß sich zum Beispiel das „Abfragen" bestehender Kundenbedürfnisse effizienter über das Telefon erledigen läßt. So ist eine spezifische Variante der „Verkaufstechnik am Telefon" entstanden, die aus dem Innendienst-Mitarbeiter, dem ehemaligen „Auftrags-Abwickler", einen aktiven Verkäufer gemacht hat.
Die Aufgaben des Außendienstlers verändern sich jetzt noch stärker vom „Bedienen" zum „Überzeugen". Das Bedienen vollzieht sich über das Telefon oder – jetzt in Anbahnung – über das Internet. Surft der Kunde jedoch „autonom" über das Internet, dann wird die Fülle an Informationen schon jetzt zu einem unüberschaubaren Dickicht, so daß man den lebendigen Verkäufer wieder als Ansprechpartner braucht, um zu einer vernünftigen Entscheidung zu kommen.

- Es gibt einen guten Grund zu der Unterstellung, daß das „Internet" mehr die Aktualisierung einer *Versandhaustechnik* als der Ersatz des lebendigen Verkäufers ist. Der Katalog des Versandhauses wird durch elektronische Medien ersetzt. Dadurch entsteht im Prinzip die Möglichkeit, „interaktiv" vorzugehen und dem Katalog Fragen zu stellen. Ein amerikanisches Internet-Software-Unternehmen – Cisco Systems – realisiert 30 Prozent seines Umsatzes über Internet. Dies hat nicht zu Massenentlassungen im Verkaufssektor geführt. Der Verkäufer konzentriert sich voll und ganz auf die Neukundenwerbung. Großkunden wollen nicht auf die Vertreterbesuche verzichten, weil ihre Probleme viele individuelle verkäuferische Lösungen erfordern.

- Daß immer mehr industrielle Einkaufsentscheidungen durch *Gruppen* gefällt oder vorbereitet werden, veranlaßte zur Entwicklung einer „Verkaufstechnik vor der Gruppe". Die Grundprinzipien der überzeugenden Kommunikation blieben die gleichen, nur die Anwendungssituation hat sich dabei geändert. Auch die „Verkaufstechnik im Messestand" brachte nur geringfügige Anpassungen an die allgemeine Lehre des Verkaufens.

- Die *Konzentration im Handel* hat einen neuen Superverkäufertyp – den „Account Manager" – in die Welt gesetzt. Er macht zwar mehr als nur verkaufen, aber Verkaufs- und Verhandlungstechnik braucht dieser Kollege genausogut wie seine Vorgänger, die sich noch als Verkäufer bezeichnen mußten, obwohl sie schon immer versuchten, der „verpönten" Berufsbezeichnung „Verkäufer" zu entfliehen.

- Das „Verkaufen" wurde in den siebziger und achtziger Jahren in einem etwas „weicheren" Stil als vorher praktiziert. Liegt die Ursache in einer gesteigerten Frauenquote im Reiseverkauf? Oder strebten mehr Frauen den Verkaufsberuf an, weil dieser nicht mehr so hart wie früher ist?

Teilweise machte die andauernde Hochkonjunktur – die jetzt zur Vergangenheit gehört – einen knochenharten Überlebenskampf überflüssig.

Außerdem strebte ein „Konsumentismus" den Schutz des immer unmündiger werdenden individuellen Verbrauchers an. Allzu harte Verkaufspraktiken wurden öffentlich angeprangert.

Die obenerwähnten „Gurus" haben nie eine „harte" Praxis befürwortet. In meinem eigenen ersten deutschsprachigen Buch hieß es schon (Wage 1969): „Ziel des Verkaufens ist das Schaffen, Vertiefen, Erweitern und Verteidigen gewinnbringender Dauerbeziehungen mit zufriedenen Kunden."

Dauerbeziehungen mit zufriedenen Kunden schafft man nicht durch „Verkaufsterror"!

Die Zahl der Außendienstverkäufer im klassischen Sinne des Wortes ist zwar rückgängig. Die Anforderungen jedoch an die übriggebliebenen Verkäufer hinsichtlich ihrer Kommunikationsfähigkeit werden immer höher geschraubt.

Der Widerstand gegen das herkömmliche Berufsbild des Verkäufers wird auch verringert. Obwohl ...

Berufsbild Reiseverkäufer

Wenn man heutzutage in den Medien einen Verkäufer vorführt, schürt man damit meistens nur mittelalterliche Vorurteile. Entweder ist er ein mißratener armer Schlucker, ein Versager oder ein betrügerisch grinsender Hochstapler. Das Schaffen von beiderseitig gewinnbringenden Dauerbeziehungen mit zufriedenen Kunden ist ihm fremd. Die Vorurteile gegen den Handelsvertreter existieren schon seit der Antike. Vergessen wir nicht, daß

bei den Griechen und Römern dieselben Götter – Hermes und Merkur – jeweils für Diebstahl und Handel zuständig waren. Deswegen bezeichnen wir das berufliche Minderwertigkeitsgefühl so vieler Verkäufer auch heutzutage noch als „Hermeskomplex".

Richtig ist: Wer auch immer das Denken und Fühlen seiner Mitmenschen beruflich beeinflußt, kann seine Techik benutzen, um sie irrezuführen. Dies trifft nicht nur für Verkäufer zu, sondern auch für Politiker, Pfarrer, Journalisten und Lehrer.

All diese Berufsgruppen – und nicht nur die Verkäufer – sollten bedenken, was Abraham Lincoln gesagt haben soll:

„Man kann einige Menschen ständig betrügen!
Man kann alle Menschen gelegentlich betrügen!
Man kann jedoch nicht alle Menschen ständig betrügen!"

Weil der Händler nichts Sichtbares herstellt und nur die von anderen hergestellten Waren von der einen Stelle zur anderen befördert – eventuell über ein Zwischenlager, um auch zeitliche Unterschiede zwischen Herstellung und Verbrauch zu überbrücken –, wurde er selten als vollwertiger Wirtschaftspartner betrachtet. Die wirtschaftsphilosophische Schule der Physiokraten z. B. war nur an materieller Herstellung interessiert und wußte mit Händlern und Verkäufern nichts anzufangen.

Auch Humanisten wie Desiderius Erasmus – deren Auffassungen auf der Antike basierten – zeigten dem Verkäufer gegenüber wenig Respekt. „Sie haben von allen den törichtsten Beruf und betreiben diesen dazu auf törichtste Weise", sagte der

Rotterdamer Gelehrte abwertend in seinem „Laus Stultitiae".

Noch bis weit in die siebziger Jahre fand man diese verkrusteten Auffassungen. Wir befragten damals europaweit 2000 Elternpaare, die einen Sohn – bzw. mehrere Söhne – im Alter von 9 bis 14 Jahren hatten. Es wurde gefragt, welchen Beruf sie für ihre Söhne wählen würden, wenn sie die Wahl hätten. Nur einmal wurde von diesen 2000 Elternpaaren der Beruf des Reiseverkäufers erwähnt.

Die Zahl der Verkäufer, die auf ihren Visitenkarten die Berufsbezeichnung – oder sollten wir von einer „Verrufsbezeichnung" sprechen? – „Verkäufer" führen, ist äußerst gering. Man benutzt vorzugsweise Tarnbezeichnungen, meldet sich lieber als „Kundenberater" an, wohl wissend, daß demjenigen, der in diesem Beruf fünf Jahre lang fleißig berät, jedoch nichts verkauft, schon bald gekündigt wird. Oder man nennt sich „Beziehungsmanager", als ob Kundenhege und -pflege ohne Aufträge sinnvoll wären. Die schönste Bezeichnung ist selbstverständlich „Account Manager", weil sie auch den Hauch einer Übersee-Kultur hat ... Daneben ist im deutschsprachigen Raum auch die Bezeichnung „Pharmareferent" eine ausgezeichnete Tarnung, die – leider? – von Ärzten durchschaut wird ...

Aufgrund der Arbeit der Pioniergeneration ändert sich Gott sei Dank dieses schlechte Berufsbild innerhalb und außerhalb der Industrie, auch wenn es noch kaum ein Verkäufer wagt, seine wirkliche Berufsbezeichnung offen und freimütig auf seine Karte drucken zu lassen. Kein Wunder: Eine realistische Bezeichnung könnte bei potentiellen Kunden Widerstände auslösen.

Braucht der Verkäufer Training?

Wir akzeptieren also gelassen, daß ein Verkäufer seinen eigentlichen Beruf gerne versteckt und tarnt. Wie steht es nun mit seiner Einstellung zum „Training"?

Wir haben fast alle die Neigung, in „Schwarzweiß"-Schemen zu denken und die „Entweder-oder"-Frage zu stellen, obwohl es sich in unserer Welt meistens um „Sowohl-als-auch"-Realitäten handelt. Weil es für das Verkaufen im traditionellen „gehobenen" Unterricht keinen Platz gab, hat sich in breiten Kreisen der Aberglaube eingeschliffen, daß das Verkaufen überwiegend eine angeborene „Talentsache" ist. Richtig ist natürlich, daß ohne Talent des Schülers jeder Ausbildungsversuch scheitern muß. Talent muß man haben, und es wird auch nicht geleugnet, daß „Praxiserfahrung" zur Talententwicklung beiträgt. Erfahrung nutzt jedoch nur demjenigen, der sie unbeschadet übersteht, und sie ist somit für den Verkäufer und seinen Arbeitgeber sehr kostspielig.

Ein Problem ist auch, daß das Verkaufstraining normalerweise erst anfängt, wenn der Mensch volljährig ist. Dann haben die meisten Menschen ihren lernfähigsten Lebensabschnitt aber schon hinter sich.

Wir kennen erfolgreiche VerkäuferInnen, die ihre Erfolge kurzerhand so erklären: „Ich verhalte mich einfach, wie ich bin! Wer sich ganz natürlich benimmt, verkauft am besten."

Dies ist – mit Verlaub – leichtsinniges und vielleicht auch bequemes Gerede. Verkaufen ist genausowenig ein „natürlicher" Vorgang wie das Essen mit Messer und Gabel. Der sich so „natürlich" verhaltende Neanderthaler war kein beruflicher Verkäufer. Verkaufen gehört zur menschlichen „Kultur", auch wenn diese Kultur unserer „Natur" noch einen bestimmten

Freiraum läßt. Weiter ist die Aussage: „Ich bin, wer ich bin!" eine Verneinung der Tatsache, daß der Mensch ständig von gestern nach morgen unterwegs ist und dabei die Hilfe mancher Erzieher braucht: Eltern, Lehrer, Fußball- und Verkaufstrainer, Buchautoren und außerdem noch viele Freunde.

Jeder sollte den bequemen Satz: „Ich bin, wer ich bin!" ersetzen durch: „Ich bin geworden, was ich jetzt bin, und strebe weiterhin an, was ich einmal werden möchte!" Dazu braucht man Talent, Erfahrung ... und Ausbildung.

Es hat Jahrzehnte gedauert, bis man auf den Chefetagen vom Wert eines gründlichen Verkaufstrainings überzeugt war. Diese Etagen wurden – insbesondere in Deutschland – überwiegend von Technikern bevölkert.

Ein Ingenieur studiert zuerst, und erst nach seiner Abschlußprüfung tritt er in seine Berufswelt ein. Deswegen hat er die Neigung, gut ausgebildete Leute einzustellen, anstatt mit Amateuren zu arbeiten, die man noch ausbilden muß, wenn sie schon im Beruf tätig sind. Ausbildung während der Arbeitszeit wurde auch oft als Produktivitätsverlust betrachtet.

Hat diese Einstellung sich jetzt geändert? Jein!

Daß ein Verkäufer ein gutes und gründliches Training braucht, wird heutzutage nur noch von wenigen angezweifelt. Oft bleibt die Anerkennung jedoch nur ein Lippenbekenntnis.

Das Training von VerkäuferInnen ist meist noch ein Schlußlicht im Marketing-Budget. Es wird in schwierigen Zeiten als erstes gestrichen, obwohl es eben dann am notwendigsten und einträglichsten wäre. „Antizyklische Budgetierung" wird zwar seit eh und je gepredigt, in der Praxis bleibt sie aber meistens auf der Strecke.

Und wenn man in einer wirtschaftlichen Notlage schnell einen Trainer ins Haus holt, ist es meistens zu spät.

Von ihm erwartet man die Wunder, die es nur in Märchen gibt. Denn Verkaufstraining beeinflußt das Verhalten von volljährigen Menschen, und diese Verhaltensänderungen erzielt man nicht über Nacht und sicherlich nicht in Torschlußpanik!

Trainingsergebnisse können nur selten exakt gemessen werden. Verkaufstraining wirkt schleichend und im Hintergrund. Die Ergebnisse spürt man erst nach und nach.

Die Vielfalt der im deutschen Sprachraum operierenden Trainingsinstitute beweist jedoch, daß man dem Verkäufer jetzt eine Ausbildung zubilligt.

Was soll trainiert werden?

Die großen Trainingsbereiche sind unverändert geblieben, obwohl sich innerhalb jedes Bereichs ein Wandel bemerkbar gemacht hat. Wir haben bereits früher als Ingredienzen des Verkäufererfolges erwähnt:

- *Die „kognitive" Komponente:* alles, was der Verkäufer weiß und versteht.
- *Die „komportative" Komponente:* das Umsetzen seines Wissens und Verstehens in Handeln. Der Verkäufer soll nicht nur wissen, wie man ein effektives Gespräch führt, er soll das Gespräch auch führen können.
- *Die „couragierte" Komponente:* Der Verkäufer soll wagen, das zu tun, was er kann.
- *Die „motivationelle" Komponente:* Er soll ein Höchstmaß an Leistungsbereitschaft – innerhalb der Grenzen seines Leistungsvermögens – aufbringen.

Die „kognitive" oder „intellektuelle" Säule

Der Verkäufer soll nicht nur über Produkt- und Marktkenntnisse verfügen, sondern auch über die zwischenmenschliche Kommunikation Bescheid wissen. Es handelt sich hier nicht nur um Rezepte und Anleitungen, die er für seine tägliche Praxis braucht. Er soll die psychologischen Zusammenhänge sehen und verstehen. Der Markt für Literatur über Psychologie und Technik des Verkaufsgesprächs zeigt Sättigungserscheinungen. Es kommt wenig neues nach. Der erfinderische Geist des Trainers sucht und findet jedoch immer neue Themen ... und Terminologien. Gelegentlich hat man versucht, aus dem Verkäufer einen Therapeuten zu machen. Die wichtigsten Methoden dabei waren:

- Die *Transaktionsanalyse* von Eric Berne und Thomas Harris. Sie hat in zahlreichen Vorträgen eine ganze Verkäufergeneration begeistert. Ob der Verkäufer sie in sein Handeln umsetzen konnte, läßt sich bezweifeln.
- Die *Neurolinguistische Programmierung* von Richard Bandler und John Grinder. Sie klebte viele neue und sprachlich komplizierte Etiketten auf alte Verkäufer-Verhaltensregeln, so daß die Urväter dieser Kurztherapie eigentlich dem Verdacht unterliegen, ihre therapeutische Technik einigen Grundlagenwerken über Verkaufstechnik entnommen zu haben.

In dieser „kognitiven" Sparte der Ausbildung, die wir als das reine Lernen bezeichnen, ist das Buch – bzw. der auf Büchern basierte Vortrag – noch immer das wichtigste Lernmedium.

Natürlich existieren auch in Europa die Hörbücher oder Tonkassetten, die in den USA erfolgreich den Markt eroberten.

Sie ermöglichen die Wiedergabe der Stimmelodie während des Verkaufsgesprächs und verfügen somit über eine zusätzliche Dimension.

Ein Hauptproblem der Fachliteratur ist, daß sie meistens keine Prüfungsaufgaben für den Leser bietet, anhand deren er sein Wissen testen kann. Versuche, kleinere Prüfungsaufgaben einzubauen, hat es allerdings gegeben. Verleger zeigen sich solchen Büchern gegenüber sehr reserviert, da sie keine „Schulbücher" machen wollen.

Die Lösung ist so einfach, daß man sich erstaunt fragt, warum sie nicht schon längst von allen Unternehmen praktiziert wird. Die wenigsten davon benutzen ihre Verkäuferbesprechungen – wenigstens teilweise – dafür, das relevante Wissen der Verkäufer mittels eines lustigen „Quiz-Verfahrens" zu überprüfen. Die Unternehmen, die dies tun und bescheidene Preise für die Sieger zur Verfügung stellen, haben meistens eine lesefreudige Mannschaft, die auch an den regelmäßigen Verkäuferbesprechungen ihren Spaß hat.

Auch das neue audiovisuelle Medium der Videokassette setzte sich in der Verkaufsschulung nicht durch. Dabei könnten die Medien dem Verkäufer auch Sprachmelodie und Körpersprache beibringen. Obwohl es im europäischen Sprachraum einige erfolgreiche Versuche gegeben hat, kann man aus folgenden Gründen nicht von einem massiven Durchbruch sprechen.

- Generische Videokassetten sind noch immer ziemlich kostspielig in der Herstellung, für spezifische Kassetten sind die meisten Unternehmen zu klein.
- Man setzt sie deswegen nur als unterstützende „Vorführung" vor einer Gruppe ein. Nicht jeder Verkaufsleiter

fühlt sich ganz wohl, wenn er mit solchen Hilfen arbeiten muß: Er ist nur selten ein ausgebildeter Trainer!

- Die Vorführung wird noch häufig wie „Kino- bzw. Fernseh-Darbietung" erfahren, fördert dadurch die Passivität statt die Aktivität der Zuschauer.
- Das Lesen eines Buches verlangt einen kreativen Einsatz. Abstrakte Symbole, wie Buchstaben, muß der Leser in Bild und Ton umsetzen. Ein Video wird meistens passiv betrachtet. Bei allen Vorteilen fördern ausschließlich audiovisuelle Darbietungen den „Neo-Analphabetismus".
- Ein freiberuflicher Trainer bestückt seine Veranstaltungen vorzugsweise nicht mit dem gedanklichen Erfolgsgut seiner Mitbewerber, abgesehen von der erforderlichen Investition.

Dasselbe trifft für die „interaktive Bildplatte" zu, die bei ihrer Einführung als Nachfolgerin der Videokassette gefeiert wurde. Diese Bildplatte sollte ein individuelles Selbsttraining ermöglichen. Während die Videokassette nur ein „lineares" Programm bringen konnte, ist die interaktive Bildplatte zu einem Dialog mit den Verkäufern imstande.

Sie stellt dem Kursteilnehmer Fragen über Verkaufspsychologie und Verkaufstechnik. Der Student wird anhand der Richtigkeit seiner Antworten durch das Programm geleitet. Auch er kann der Platte Fragen stellen. Wenn er eine Antwort nicht versteht, hakt er nach und bekommt die Erklärung. Abgesehen von einigen Pionierversuchen ist auch dieser Ansatz zu einer „medialen" Lösung der Wissensvermittlung praktisch gescheitert. Dabei hat vielleicht auch noch eine Rolle gespielt, daß die Hardware-Elemente des Systems noch nicht kompatibel waren.

Der Autor wird in nächster Zukunft das aktuellste Medium, das Internet, für Lernzwecke verwenden. Zusammen mit einem niederländischen Verleger wird der Versuch gestartet, ein Verkaufs-Ausbildungsprogramm für „Internet" zu gestalten. Im Moment ist „Internet" noch eine Spielwiese für den individuellen Surfer. Man kann dessen Spieltrieb jedoch auch für Weiterbildung benutzen. Die Verzweigungen, die ein Computerprogramm uns erlaubt, sind vielfältig und attraktiv.

Die „komportative" oder „verhaltenstechnische" Säule

Wissen und Verstehen reichen für den Berufserfolg nur selten aus! Der Verkäufer muß seine Verhaltensweise teilweise ändern, und hierbei tut sich der langjährige Berufstätige schwer, es sei denn, sein berufliches Überleben hinge direkt von diesen Änderungen ab.

Ein effektiveres Verhalten bringt man Lernenden nur durch „kontrollierte Simulation" bei.

Rein imitatives Lernen neben einem älteren Kollegen oder Vorgesetzten, indem man abguckt, wie er es macht, ist auch nur möglich:

- Wenn dieser Kollege uns dauernd begleitet, was im einsamen Verkäuferberuf nur selten der Fall ist.
- Wenn er sein Verhalten „zerlegen" und „erklären" kann, was in Anwesenheit eines Kunden selten möglich ist.

Deswegen bleibt das Rollenspiel oder Pilotgespräch, von vielen Verkäufern anfangs mißtrauisch als Mischung von Laientheater und Vivisektion betrachtet – und gelegentlich auch so mißbraucht –, die einzige effektive Technik zur Beeinflussung des Verhaltens.

Es ist jedoch die Frage, ob eine einmalige Anwendung dieser Trainingstechnik einen Dauererfolg nach sich zieht. Der externe Trainer kann sicherlich anfangen, die Verkäufer mit der Methode vertraut zu machen. Für den Dauererfolg wird es notwendig sein, daß der Verkaufsleiter seine Verkäuferbesprechungen konsequent benutzt, um die Kommunikationstechnik seiner Mannschaft weiter zu verbessern.

Die Neigung, firmenintern Simulationstraining anzubieten, besteht sicher bei Großfirmen und Konzernen. In der übergroßen Zahl der mittleren Firmen nimmt die Verkaufsleitung nur sehr reserviert die Grundsatzregel des schweizerischen Personalberaters A. Carrard ernst. Dieser schrieb Anfang unseres Jahrhunderts, daß die erste Aufgabe eines Vorgesetzten die ständige Ausbildung seiner Mitarbeiter sei.

Deswegen wiederholen wir hier die „Goldenen Regeln" der Pilotgespräche, die im Laufe jeder Verkäuferbesprechung angewendet werden sollten. Es handelt sich hier um die Grundformen, Variationen sind selbstverständlich möglich und sogar angesagt, wenn die Mannschaft das System versteht und akzeptiert.

- Gestalten Sie einen Modellfall, in dem Sie nicht mehr Variablen eingeben als notwendig.
- Machen Sie jeweils nur einen Abschnitt des gesamten Gesprächs zum Trainingsgegenstand.
- Lassen Sie Ihre Mitarbeiter – eventuell in selbstmoderierter Gruppenarbeit – den Fall durchspielen.
- Übernehmen Sie während eines Gesprächsabschnittes selbst die Kundenrolle, und beachten Sie dabei folgende Regeln:
  1. Lassen Sie den Verkäufer immer „gewinnen".

2. Gehen Sie bis zur Grenze seiner Belastbarkeit und keinen Schritt weiter.
3. Lassen Sie das Gespräch nie „stranden", sondern halten Sie es in Gang.
4. Steuern Sie das Gespräch nur durch kurze Bemerkungen. Der Verkäufer sollte es führen, nicht Sie.
5. Zeigen Sie nie Enttäuschung oder Zorn über die Tatsache, daß der Verkäufer seinen „Katechismus" weder gelesen noch verstanden hat.
6. Bleiben Sie auch Ihrerseits dem Szenario treu! Alles, was Sie sagen, sollte dem Ziel der Übung dienen.
7. Streben Sie keinen persönlichen Sieg an! Ihr „Sieg" ist das gesteigerte Leistungsvermögen Ihres Verkäufers.

- Nehmen Sie die Gespräche auf Magnetband auf.
- Nach drei Gesprächen bringen Sie die wahrgenommenen Verkaufsleistungen zur Diskussion. Dabei werden folgende Spielregeln respektiert:
  Wichtig ist nicht, was die Teilnehmer für gut oder schlecht halten, sondern was sie für ihre eigene Praxis aus den Gesprächen gelernt haben.
  Manöverkritik sollte sich nie auf die Person eines Verkäufers, sondern auf die von ihm eingesetzte Kommunikationstechnik beziehen.
  Selbstrechtfertigung der Verkäufer sollte unterbunden werden. Wer nicht angegriffen wird, braucht sich auch nicht zu verteidigen. Daß die Mannschaft in der Praxis bessere Leistungen erreicht als im Seminarraum, wird als Hypothese akzeptiert! Man kann jedoch nur dasjenige besprechen, was man hier und jetzt gesehen und gehört hat.

Die Gefahr der Rollen- oder Pilotgespräche als Trainingsmittel ist, daß man sie nicht konsequent und beharrlich genug durchführt. Dadurch riskiert der Verkaufsleiter, daß seine Verkäufer verunsichert auf ihrem „alten" Stil beharren, ohne sich einen effektiveren Stil anzueignen.

Wenn man einen effektiveren Stil einsetzt, ohne ihn nach entsprechender Übung zu beherrschen, wird das Ergebnis meistens schlechter statt besser.

Eine weitere Gefahr besteht darin, daß man die Rollenspiel-Leistung als Prüfstein für die wirkliche Feldleistung hält. Es ist die ständige Angst vieler älterer Verkäufer, durchzufallen oder zumindest vor den Augen der Kollegen eine Niederlage hinnehmen zu müssen und nicht so unwiderstehlich gut zu sein, wie man es in seinem „Verkäuferlatein" vorgab!

Die „couragierte" Säule

Vom Verkäufer wird Wagemut verlangt. Obwohl Druck meistens als kontraproduktiv und somit als verwerflich betrachtet wird, sollte der Verkäufer sich z. B. vor oder während einer Preisverhandlung nicht einschüchtern lassen. Wenn ein Kunde ihn am Telefon abwimmelt, sollte er trotzdem – oder gerade deshalb! – den Besuch abstatten. Wagemut ist trainierbar, sobald es mit der Begabungskomponente klappt: Mut ist nichts anderes als „Umgang mit der Angst".

- Die Rollengespräche, die bis zum maximalen Belastungsgrad des Verkäufers erschwert werden, verringern seine Angst vor den kritischen Situationen der Wirklichkeit: Er hat während des Trainings schon Schlimmeres erlebt!
- Auch die rhetorische Komponente, die sich am Anfang des ganzen Verkaufstrainings befand, gewinnt wieder an Bedeutung. „Wer seine Gedanken ändert, ändert sein Leben!" sagte der Pionier des positiven Denkens Norman

Vincent Peale, und wir können hinzufügen: „Wer sein Sprechen ändert, ändert auch seine Gedanken!"

Als Schulbeispiel kann der Gesprächsunterschied zwischen zwei Verkäufern dienen. Der eine sagt: „Sie werden diese Entscheidung nicht bedauern!" Der andere sagt aber: „Sie werden sich noch jahrelang über Ihre Entscheidung freuen!" Die eine Verkäuferin sagt: „Ich habe ein schwaches Namensgedächtnis!" Die Kollegin aber sagt: „Ich trainiere mein Gedächtnis!" Die Erziehung zu einer selbstbewußteren Ausdrucksweise führt zu einer Befreiung aus dem Kokon unserer Kinderjahre, der ständig durch elterliche negative Mahnworte gesponnen wurde, wie z. B. „Nein, du sollst nicht weinen!", „Du brauchst keine Angst zu haben!", „Komm morgen nicht wieder zu spät!", „Diesen Fehler darfst du nicht mehr machen!"

Durch die positive Umgestaltung unserer negativen Äußerungen steigern wir auch dem Kunden oder der Kundengruppe gegenüber unseren Wagemut. Daß der Verkäufer nicht über seinen Wagemut hinaus bis zum Übermut katapultiert werden sollte, ist klar. Die Schule der „Power-Rhetorik" basiert auf dem Grundgedanken des französischen Apothekers Emile Coué (1857–1926), der seine Patienten morgens vor dem Spiegel wiederholt sagen ließ: „Tous les jours, à tous points de vue, je vais de mieux en mieux", oder auf deutsch: „Es geht mir jeden Tag in jeder Hinsicht besser und besser!"

Der Berufsstand der „Gurus", der die reine Psychologie und Technik des Verkaufsgesprächs predigt, ist zwar fast ausgestorben, es meldet sich jedoch als Ersatz ein Berufsstand der „Fakire" an. Ohne Gurus oder Fakire fühlt man sich in der

Verkaufslandschaft offensichtlich noch immer verloren. Die Urväter der europäischen „Fakirologen" sind die Amerikaner Anthony Robbins und Zig Ziglar.

Direkt auf gesteigerten Wagemut zielen die „Power-Spritzen", die diese neuen Wunderheiler den Unternehmen anbieten:

- „Überlebensseminare" bringen die Teilnehmer in eine Pfadfindersituation, in der Teamgeist, Mut und Kreativität gefragt sind. Eine solche Woche Zwangsurlaub in den Alpen oder in der Hohen Tatra soll den ganzen Charakter und das ganze Verhalten der Verkäufer dem Kunden wie dem eigenen Unternehmen gegenüber gründlich ändern.

- Andere Derwische jagen die Verkäufer, „Tschaka! Tschaka!" schreiend, barfuß über eine noch glühende Schlackenpiste, damit diese Verkäufer, nach der Feuertaufe für immer mutiger geworden, auch den Kunden in seinen Zwinger zurückweisen! Dafür braucht man kein Wochenseminar: Ein Tag reicht schon aus.

- Ein verwandtes Prinzip finden wir bei fakirischen Happenings, wo man die glühenden Steinkohle durch Glasscherben ersetzt hat und die Verkäufer und Verkäuferinnen darüber lustig hinweghopsen läßt. Dabei auftretende Fußverletzungen lösen eine Selbst-Schuld-Reaktion aus. Ein tüchtiger Verkäufer soll zu diesen Selbstzüchtigungen imstande sein, ohne noch zwei Wochen lang mühsam zu seinen Kunden zu humpeln oder sich krankschreiben zu lassen.

- Wieder andere drücken einer gehemmten Verkäuferin eine Schlange in die Hand, damit das arme Mädchen erstmals lernt, mit Pythons umzugehen. „Wer es mit Pythons schafft, kann auch dem Kunden Paroli bieten!" so die These.

- Durch japanisches Schwertfechten sollten Manager und Verkäufer lernen, sich furchtlos der eigenen Angst zu stellen.

Es ist mit diesen Techniken wie mit den Pilotgesprächen, über die wir vorher berichteten. Daß man den situativen Mut des Verkäufers steigern kann, indem man ihm den Schwertkampf, den Feuer- bzw. Scherbenlauf oder den Umgang mit giftigen Reptilien beibringt, brauchen wir nicht anzuzweifeln. Daß aber eine einmalige „Spritze" hier einen Dauereffekt auslösen könnte, halten wir für höchst unwahrscheinlich. Bleibt also der Unterhaltungswert solcher Veranstaltungen, die wir sicherlich nicht unterschätzen oder für wertlos halten. Denn der dauernd auf „Motivation seiner Mannschaft" bedachte Verkaufsleiter sucht ständig nach Programmbereicherungen für seine Tagungen.

Die Daten, über die ich verfüge, sind nicht zahlreich genug, um definitive Schlußfolgerungen statistisch zu belegen. Die Ergebnisse bei einigen multinationalen Unternehmen, deren nationale Belegschaften sportliche Mannschaftstreffen veranstalteten, lassen jedoch folgende Hypothesen zu:

- Daß die Verkäufer, die Judokämpfe austrugen, auch in ihren Verkaufsgesprächen zu besseren Ergebnissen als ihre nicht sportlichen Kollegen kamen. Vorläufige Erklärung: Im Judo lernt man, wie man mühelos die Kraft des Gegners benutzt, um ihn auf der Matte umzulegen. Selbst hat man das Fallen geübt, um dann blitzschnell wieder aufzustehen. Alles Dinge, die auch im Verkauf eine Rolle spielen dürften. Da ist ja der Verkäufer manchmal ein „Stehaufmännchen".

- Daß die Verkäufer, die sich dem Tisch-

tennis widmeten, auch geistig zu blitz-
schnellen und wendigen Reaktionen
imstande waren. Auch dies kann im Verkauf bedeutend sein, und es ist keine un-
sinnige Hypothese, daß es einen Zusammenhang zwischen körperlicher Wendigkeit und geistigem Wendigsein gibt.

• Daß diejenigen, die zu den Schach-
mannschaften gehörten, auch im Verkauf kombinatorisch bessere Leistungen vollbrachten. Das kreative Entdecken bzw. Durchschauen einiger Lösungsansätze im Schachspiel könnte
mit der kreativen Suche nach einer Lösung in der Verkaufssituation verwandt
sein.

Wir stehen hier jedoch erst am Anfang sy-
stematischer Untersuchungen hinsichtlich
der Zusammenhänge zwischen sportlichen Leistungen und Verkaufserfolgen,
der Kausalzusammenhang ist noch ungenügend belegt.

Die „motivationelle" Säule

Motivation läßt sich für den Verkäufer am
besten umschreiben als „die permanente
Steigerung seiner Leistungsbereitschaft
innerhalb der Randbedingungen seines
Leistungsvermögens und der ihm gebotenen Leistungsmöglichkeiten".

Es ist klar, daß viele andere Faktoren
neben dem Training die Motivation beeinflussen. In einer Hinsicht ist das Training
jedoch sehr wichtig: Gutes Training führt
zu einem gesteigerten Berufsstolz. Die
Schwäche der früheren Verkäufergenera-
tionen war oft, daß sie keinen Berufsstolz
hatten, sondern sich eher für den eigenen
Beruf schämten. Die „Droge Motivation"
sollte dann die Euphorie bewirken, die im
täglichen Trott verlorenging.

Es würde den Rahmen eines Beitrags
über Verkäufertraining sprengen, wenn
wir auch das ganze motivationelle Umfeld
mit einbezögen.

Allerdings können auch Trainingsmethoden und -techniken an sich motiva-
tionsfördernd oder aber motivationshem-
mend sein. Wir wiesen schon darauf hin,
daß man die Pilotgespräche so durchführen kann, daß der Vergleich mit einer
Vivisektion berechtigt ist. Wenn der Trainer bzw. Vorgesetzte anstrebt, daß seine
„Auszubildenden" aus jeder Übung gestärkt hervorgehen, ist dieses Problem auf
einfache Weise gelöst.

Auch das Rahmenprogramm während
eines mehrtägigen Seminars soll dazu beitragen, die Stimmung der Teilnehmer positiv zu beeinflussen. Eine leichte Morgengymnastik sämtlicher Teilnehmer regt
den Kreislauf an und schüttelt den Schlaf
aus den Gliedern. Darüber hinaus fördert
sie Lust und Laune, vorausgesetzt, daß
eine ausreichend lange Ruhepause bis
zum Frühstück eingelegt wird. Und eine
„taufrische" Gymnastikstunde kann auch
dazu beitragen, daß die Verkäufer am Vorabend rechtzeitig ins Bett gehen. Es lohnt
sich, bei der Auswahl eines Tagungshotels
darauf zu achten, daß ein Gymnastikraum
und ein Hallenbad vorhanden sind. Die
Effekte der Morgengymnastik werden
dann durch einige Schwimmzüge im Ho-
telbad ergänzt.

In längeren Trainingspausen empfehlen
sich Spiele mit leichtem körperlichen Einsatz und einem klaren Wettkampfcharak-
ter. Voraussetzung ist, daß diese Spiele
„Spielchen" bleiben, bei denen alle mitmachen können, so daß sich z. B. keine
elitäre Tennisgruppe von den übrigen Teilnehmern abhebt.

Für den Außendienstmitarbeiter ist ein
„Eßzet"-Verfahren im Seminarraum – ein
Sitzenbleiben und Zuhören also – oft er-
müdend, weil er im tagtäglichen Beruf auf

Bewegung und Abwechslung eingestellt ist. Sauerstoff und Tageslicht sind beides Motivationsfaktoren, die während des Trainings eine wichtige Rolle spielen.

Verkäufer der Postmoderne

Greifen wir die Frage, ob sich im Verkaufstraining ein umfassender Wandel feststellen läßt, am Ende dieses Beitrags wieder auf. Wir beantworten sie folgendermaßen:

Kundenhege und -pflege
Auch als „Beziehungsmanagement" bezeichnet, sind sie zweifelsohne immer wichtiger geworden. Die klassische Verkaufsliteratur, die sich überwiegend mit der Neukundenwerbung befaßt, braucht deswegen eine Ergänzung. Dies sollte jedoch nicht dazu führen, den Verkäufer jetzt zum Beziehungsmanager umzufunktionieren.

Ich prophezeie eine Entwicklung, in der die klassische Verkäufermannschaft noch stärker als früher die Neukundenwerbung betreibt, während Hege und Pflege der gewonnenen Abnehmer eine integrative Aufgabe des ganzen Unternehmens ist.

- Noch immer ist der Kundendienstmitarbeiter nicht verschwunden, der aufrichtig und ohne böse Absicht sagt: „Aber welcher Trottel hat Ihnen denn diese Produktvariante empfohlen?" und damit den Verkäufern seines eigenen Unternehmens in den Rücken fällt.
- Noch immer kann es passieren, daß der Kunde am Telefon hört: „Nein, mein zuständiger Kollege ist augenblicklich nicht im Haus. Ich kann Ihnen nicht helfen. Vielleicht sollten Sie es morgen früh noch einmal versuchen ..."
- Noch immer gibt es schriftliche Angebote, die so abstoßend redigiert werden, daß ein schon überzeugter potentieller Kunde entscheidet, doch lieber woanders zu kaufen ...
- Noch immer gibt es Fahrer, die sich mit ihrem Firmenwagen im Straßenverkehr so rüpelhaft benehmen, daß die Beziehungen zu Kunden und potentiellen Kunden dadurch beeinträchtigt werden.

Eine „Erziehung zum Beziehungsmanagement", das alle Sparten und Abteilungen des Unternehmens umfaßt, ergänzt das klassische Verkaufstraining, ersetzt es aber nicht. Es wird auch überwiegend für andere Zielgruppen als die der Verkäufermannschaft gestaltet und durchgeführt.

Kundenfreundliche Einstellung
Das ständige Wachsen der Dienstleistungsgesellschaft erfordert immer mehr Kundenfreundlichkeit. Das Lächeln ist ein wesentliches Qualitätsmerkmal vieler Dienstleistungen. Es rechtfertigt zwar eventuelle Fehler nicht, macht diese jedoch verzeihlicher. Zum „Land des Lächelns" hat Deutschland sich in dieser Hinsicht bestimmt noch nicht entwickelt.

Vor allem in größeren Organisationen wird es die künftige Aufgabe der Unternehmensleitung sein, die Mitarbeiterschaft mit einer kundenfreundlichen Ideologie zu „indoktrinieren", weil dort das Bewußtsein, daß der Kunde die Lohntüte letztlich füllt, am schwächsten entwickelt ist und weil außerdem internes Kompetenzgerangel die Energien zu Lasten der Kundenfreundlichkeit frißt. Bei bereits gewonnenen Kunden ist deshalb systematische Förderung der Kundenfreundlichkeit ein postmodernes Kapitel par excellence.

Harte Verhandlungstechnik

In anderer Hinsicht wird der Wandel unserer „postmodernen" Zeit wahrscheinlich eine Rückkehr zu etwas älteren Werten und härteren Praktiken bringen. Auf den Wogen eines wirtschaftlichen Wohlstands hat sich eine schwärmerische und weiche „Win-Win"-Verhandlungsphilosophie entwickelt. Diese hat die harte Preisverhandlung von gestern und vorgestern für „passé" erklärt. Der Wunsch war hier leider allzuoft der Vater des Gedankens, denn im Preisgespräch gewinnt der eine nur, wenn der andere etwas nachläßt. Die „Win-Win"-Strategie kann nur dann funktionieren, wenn auch der Gegner sie einsetzt und eine dauernde Partnerschaft anstrebt. Wenn man sich am Schachbrett befindet, versucht man jedoch nicht, ein Remis zu erreichen, sondern zu gewinnen. Das Trainingsthema „harte Verhandlungstechnik" ist also wieder im Kommen.

Mehr Entscheidungskompetenz

Die informationstechnische Entwicklung unserer Ära führt auch dazu, daß der Verkäufer schon während des Verkaufsgesprächs mit Hilfe seines „Schoßcomputers" ein technisch ausgetüfteltes und definitives Angebot unterbreiten kann. Die zeitliche Trennung zwischen „Produktvorstellung" und „Preisverhandlung" wird also aufgehoben. Der Verkäufer muß sofort vor Ort verhandeln. Dies bedeutet, daß der Verkaufsleiter – der früher in der Schlußphase so oft mit seinem Rabattkoffer antanzte – die Verhandlungsbefugnis delegieren muß.

Starke Persönlichkeit

Die Professionalisierung des Verkäufers wird also vorangetrieben. Das bedeutet, daß seine individuelle Persönlichkeit mehr als früher gefordert wird. Auch hier meinen wir, daß die postmoderne Entwicklung eine Wiederentdeckung und Anerkennung der „solistischen" Qualitäten des Verkäufers bringen wird. Eine hochmodische Schwärmerei für Teamgeist können wir uns kaum mehr leisten. Allzuoft wird dieser Begriff benutzt, um individuelle Verantwortlichkeiten auf ein fast anonymes Kollektiv abzuwälzen und um individuelle Schwächen zu kaschieren. Der Wahlspruch der starken Persönlichkeiten ist: „Gänse fliegen in Schwärmen, Adler fliegen allein."

Für diese verantwortungsvolle Arbeit, die trotz aller Telekommunikationsentwicklung das Schicksal und zu gleicher Zeit das Vorrecht des Verkäufers ist, sollte er vorbereitet werden, und zwar durch hartes und unaufhörliches Training.

Daß der postmoderne Verkäufer auch aus Kreisen stammen wird, die sich früher für den Verkäuferberuf für zu vornehm hielten, erleichtert sicher diese Trainingsaufgaben.

Literaturhinweise

Jan L. Wage, Psychologie und Technik des Verkaufsgesprächs, 12. Aufl., Landsberg/Lech, 1994.
Ders., Erfolgsverkäufer: Auswahl, Führung, Motivation, Wien, 1994
Ders., Verkaufstechnik in 121 Goldenen Regeln, Wien, 1997
Ders., Verkaufstraining: Schulung, Übung, Motivation, Wien, 1992
Ders., Kundenhege-Kundenpflege: Baustein zum Verkaufserfolg, Wien, 1994
Ders., Körpersprache: Erfolgsinstrument im Verkauf, Wien, 1996
Ders., Verkaufsverhandlungen: Strategien & Taktik, Wien, 1996
Ders., Dynamische Verkaufsgespräche, Wien, 1997

9.2 Anforderungen an Trainer und Trainingsinstitute

Der Autor

Jochem Köster ist Geschäftsführer in der hr TEAM Unternehmensgruppe. Er ist zuständig für Marketing, Vertrieb, Kundenberatung, Beratung und Konzeption. Zusätzlich übernahm er die Geschäftsführung im WIK-Verlag, einem Tochterunternehmen der hr TEAM Unternehmensgruppe, und baute dessen Berliner Niederlassung auf.

Es gibt sehr unterschiedliche Vorstellungen zum Begriff Training. Sie reichen vom Hundetraining über das Fußballtraining bis hin zum Training der kommunikativen Kompetenz von Führungskräften und Mitarbeitern. Wir verstehen unter Training die Gesamtheit von Maßnahmen zur Verbesserung der in der jeweiligen Rolle erforderlichen Einstellungen und Verhaltensweisen.

Aufgaben des Trainings

Ausgangspunkt für Trainingsmaßnahmen sind die individuellen Grundlagen, die jeder Mensch mitbringt: Talente, Begabungen und Anlagen.

Talente verwirklichen sich als starke Potentiale weitgehend unaufgefordert, da schnelle Erfolge als Verstärker wirken.

Begabungen sind häufig dem einzelnen nicht bewußt, so daß es eine erste Aufgabe des Trainings ist, Begabungen (beispielsweise über Assessment Center, Begabungspotentialanalysen o. ä.) zu identifizieren und dem Menschen zu helfen, diese Begabungen für die jeweilige Rolle zu entwickeln.

War Training früher im wesentlichen die Vermittlung fachlicher, methodischer Fertigkeiten, so hat Training heute einen wesentlich breiteren Ansatzpunkt: Ein Training bietet dem Teilnehmer zusätzlich die Möglichkeit, sein soziales Verhalten zu erkennen, Handlungsalternativen auszuprobieren, um so in der jeweiligen Rolle seinen Erfolg zu erhöhen.

Für Unternehmen gewinnt in Zeiten austauschbarer Produkte Training immer mehr an Bedeutung. Viele Unternehmen haben verstanden, daß sie sich mit Produkten alleine nicht mehr differenzieren können. Der Erfolg eines Unternehmens ist im wesentlichen geprägt vom Begabungspotential seiner Führungskräfte und Mitarbeiter. Dieses in jedem Unternehmen vorhandene Potential kann und muß durch gezieltes Training gefördert werden.

Trainingsmaßnahmen bieten den Teilnehmern die Möglichkeit, sich und ihr Verhalten im Spiegel der Unternehmensziele und -werte sowie der Marktanforderungen zu betrachten. So kann erreicht werden, daß die Mitarbeiter im Kundenkontakt in der Lage sind, die Unternehmenswerte potentiellen Kunden erlebbar zu machen.

Führungskräfte erhalten Gelegenheit, ihr eigenes Führungsverhalten zu überprüfen und zu erkennen, inwieweit sie im Gespräch mit Mitarbeitern beispielsweise den im Unternehmen relevanten Wert kooperativ realisieren können, um aus dieser Erkenntnis entsprechendes Verhalten zu entwickeln.

Gerade während und nach der Entwicklung von Unternehmensleitbildern kann Training ein hilfreiches Instrument sein. Es ermöglicht Führungskräften zu reflektieren, inwieweit sie in der Lage sind, die oft eher intellektuell definierten Werte und Visionen auch im täglichen Kontakt mit Mitarbeitern und im Unternehmensumfeld durchgängig vorzuleben.

Einflußfaktoren auf das Training

Training kann und soll positive Wirkung auf den Unternehmenserfolg haben. Man darf daher nicht von standardisierten Trainingsinhalten ausgehen, sondern die Maßnahmen müssen sich an den Faktoren, die das Unternehmen und sein Umfeld beeinflussen, orientieren. Insbesondere die Unternehmensziele und -werte, die Ziel-

gruppe und das Wettbewerbsumfeld sind zu beachten.

Während die Ziele besagen, was ein Unternehmen erreichen will – in der Regel Ertrag –, beschreiben die Werte wie, mit welchen qualitativen Verhaltensweisen, die Zielerreichung gestaltet wird. Die Zielgruppe sagt, mit wem dies erfolgen soll.

Nur wenn Führungskräfte und Mitarbeiter die Ziele und Werte des Unternehmens kennen, können sie entsprechende Verhaltensweisen entwickeln.

Ziele und Werte

An Fallbeispielen möchte ich die Bedeutung von Zielen und Werten für das Training verdeutlichen: Zwei Unternehmen haben das Ziel, ihren Marktanteil in den kommenden zwölf Monaten von 10 auf 12 % zu erhöhen.

Unternehmen A will dieses Ziel durch eine bessere Ausschöpfung des vorhandenen Kundenpotentials erreichen. In diesem Fall müssen die Verkäufer lernen, Kundenpotentiale zu analysieren, Kundenbeziehungen zu vertiefen und den Anteil ihres Lieferumfanges am Bedarf des vorhandenen Kunden zu erhöhen.

Unternehmen B will das gesetzte Ziel durch Gewinnung neuer Kunden erreichen. Die Verkäufer dieses Unternehmens müssen lernen, Akquisitionsstrategien zu entwickeln, Gesprächstermine zu vereinbaren, ihr Unternehmen und dessen Leistungspalette zu präsentieren und potentielle Kunden zum Wechsel des Lieferanten zu bewegen.

Diese Beispiele zeigen, daß unterschiedliche Unternehmen mit der gleichen Zielsetzung (Erhöhung des Marktanteils) für die Zielerreichung sehr unterschiedliche Vorgehensweisen wählen können.

Ähnlich verhält es sich mit den Unternehmenswerten:

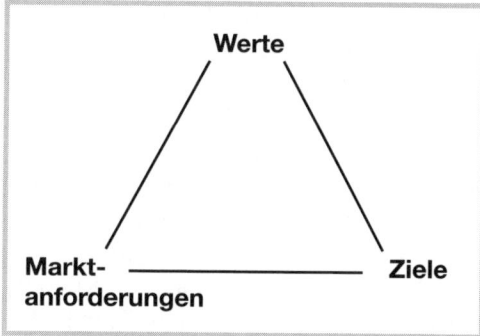

Abb. 1: Die wichtigsten Einflußfaktoren auf Trainingsmaßnahmen

Unternehmen A will Kundenbeziehungen seriös und zuverlässig gestalten. Das bedeutet, die Verkaufsmitarbeiter sollten durch ihr Verhalten, diese Seriosität dem Kunden vermitteln. Außerdem müssen alle Abläufe im Unternehmen darauf ausgerichtet sein, daß der Kunde das Unternehmen als zuverlässig erlebt.

Unternehmen B will seinen Markterfolg mit den Werten innovativ und dynamisch erreichen. Vor dem Hintergrund dieser Werte müssen die Verkäufer mit innovativen Verkaufsförderungsmitteln ausgerüstet sein, moderne Kommunikationstechnologie für die Aufnahme und Abwicklung von Kundenbestellungen nutzen und eine entsprechende Dynamik in ihrem Verhalten erkennbar werden lassen.

Marktanforderungen

Die Anforderungen des Marktes sind bei der Gestaltung von Trainingsmaßnahmen ebenfalls zu berücksichtigen. Es liegt auf der Hand, daß Trainingsmaßnahmen für Verkäufer in der Finanzwirtschaft anders zu konzipieren sind als das Training von Pharmareferenten. Aus der jeweiligen Branche resultieren Anforderungen an die Kompetenz des jeweiligen Verkäufers.

Somit sind die wichtigsten Einflußfak-

toren auf Trainingsmaßnahmen Werte, Ziele und Marktanforderungen.

Die Einflußfaktoren im Zusammenhang

Es ist zu prüfen, inwieweit die Ziele, die Werte und die Marktanforderungen zueinander passen, sich wechselseitig stören oder stärken.

So dürfte es mit Sicherheit schwierig werden, in einem verteilten Markt ein Wachstumsziel von 25 % Umsatzzuwachs zu erreichen, wenn man dies mit einem bestimmten Wert, wie z.B. Seriosität, anstreben möchte.

Die Praxis zeigt, daß in der Regel das Ziel, Ertrag zu erwirtschaften, an erster Stelle steht. Dies ist aber nur möglich, wenn Kunden vorhanden sind, mit denen man erfolgreich Geschäfte realisieren kann. Deshalb kommt der Pflege bestehender Kundenbeziehungen eine besondere Bedeutung zu. Dabei ist es wichtig, zwischen Pflege der Kundenbeziehung und Kundenorientierung zu differenzieren.

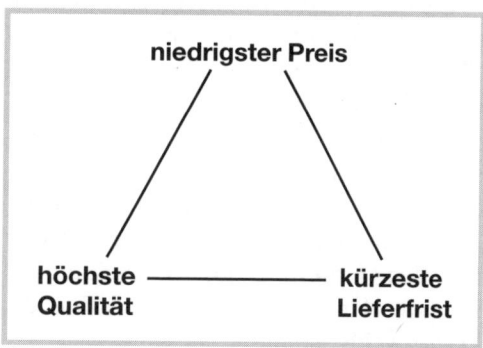

Abb. 2: Wünsche und Forderungen, die ein Kunde stellen kann

Kundenorientierung ist die Ausrichtung aller Aktivitäten an Wünschen und Forderungen eines Kunden. Es ist dann aus Sicht des Kunden legitim, die beste Qualität zum niedrigsten Preis mit der kürzesten Lieferfrist zu verlangen. Will ein Unternehmen im Sinne der Kundenorientierung diesen Kundenwünschen nachkommen, wird es in kurzer Zeit Konkurs anmelden müssen.

Anders ist der Begriff *customer care* zu verstehen. Hierbei geht es darum, Kundenbeziehungen zu pflegen, sensibel Kundenerwartungen aufzunehmen und zu prüfen, ob sich die Wünsche und Erwartungen des Kunden vor dem Hintergrund des eigenen Ziels – der (langfristigen) Ertragserwirtschaftung – realisieren lassen.

Im Zweifelsfall muß man dem Kunden nachvollziehbar darstellen, daß seine Wünsche so nicht zu erfüllen sind, und man muß dann alternative, motivspezifische Lösungen entwickeln. Auch Kunden sind an einer langfristigen Lieferantenbeziehung interessiert und werden verstehen, daß ein Unternehmen auf Dauer nicht ohne Ertragserwirtschaftung überleben kann.

Weitere Einflußfaktoren

Bei Trainingsmaßnahmen sind außerdem u. a. zu berücksichtigen: die Aktivitäten der Mitbewerber, technische Entwicklungen sowie soziologische und psychologische Erkenntnisse über die Art des Miteinanderumgehens.

Außerdem sollten Instrumente und Systeme, die im Unternehmen genutzt werden, Berücksichtigung finden. Das heißt, die Trainingsinhalte sollten beispielsweise mit den Kriterien des Beurteilungssystems des Unternehmens übereinstimmen. Dazu zwei Beispiele:

Eine Firma propagiert kooperatives Führen und hat gleichzeitig im Beurteilungssystem Begriffe wie Durchsetzungsvermögen und Überzeugungsfähigkeit als positive Verhaltensweisen benannt. Dies ist ein Widerspruch. Bei kooperativem Führen wird im Mitarbeiter Motivation geweckt und für eine Aufgabe oder Maßnahme geworben. In diesem Prozeß sind

Überzeugungsfähigkeit und Durchsetzungsvermögen eher schädlich. Sie lassen den Mitarbeiter im Kontakt mit seiner Führungskraft Verhaltensweisen erkennen, die dem Unternehmenswert kooperativ widersprechen. Wer sich durchsetzt, macht Mitarbeiter zu Verlierern.

Ein zweites Beispiel aus dem Verkauf: Ein Unternehmen propagiert Kundennähe und partnerschaftliche Kundenbeziehungen. Über die Außendienstmitarbeiter spricht man dort aber als „Männer an der Front", die „Verkaufssiege" errungen haben. Diese Formulierungen lassen kaum partnerschaftliche Vorgehensweisen erwarten.

Auf solche Widersprüche muß modernes Training hinweisen. In den Trainingsmaßnahmen dürfen nur die Fähigkeiten und Fertigkeiten trainiert werden, die sicherstellen, daß im Verhalten des Trainierten die vom Unternehmen angestrebten Unternehmenswerte erlebbar werden.

Der Trainer

Für den Erfolg eines Trainings spielt die Qualität des Trainers eine entscheidende Rolle. Ausgangspunkt ist: Der Trainer muß in Harmonie sein zu den Werten und der Kultur des Unternehmens. Er muß das Ziel des Unternehmens kennen, akzeptieren und sich dafür engagieren können.

Er muß von der Zielgruppe akzeptiert werden, wobei oft Akzeptanz mit Beliebtsein verwechselt wird. Es kann gefährlich sein, wenn ein Trainer bei der Zielgruppe beliebt ist, da dies unter Umständen ein Indiz dafür ist, daß er die Stärken und Schwächen der einzelnen Seminarteilnehmer nicht konsequent aufdeckt und fördert. Die Beliebtheit wird häufig durch der Zielgruppe angepaßtes Verhalten seitens des Trainers erreicht. Dies hilft aber weder dem Trainee noch dem auftraggebenden Unternehmen weiter.

Der Trainer muß den Mut haben, den Teilnehmern gegenüber sowohl Anerkennung als auch Kritik zu formulieren. Nur so kann jeder seine individuellen Stärken und Schwächen kennenlernen und entscheiden, welche der mit dem Trainer erarbeiteten Verhaltensalternativen er übernehmen will. Da die Anerkennung und Kritik des Trainers aus dem Wertesystem des Unternehmens (nicht aus dem eigenen Weltbild!) resultiert, wird sichergestellt, daß Entwicklungspotentiale angesprochen werden, die zur erfolgreichen Zielerreichung verhelfen.

Wichtige Faktoren für die Trainerwahl

Häufig ist es nicht einfach, einen geeigneten Trainer für eine bestimmte Aufgabe zu finden. Anhaltspunkte geben die unten aufgeführten Kriterien für die Trainerwahl. Frühzeitig zu prüfen ist auch:

- Über welche methodisch-didaktische Kompetenz verfügt der Trainer?
- Welche Trainingsmöglichkeiten kann er anbieten, z.B Übungs- und Rollengespräche, Kommunikations-, Manipulationswerkzeuge, Soziodrama, Testverfahren, Analyse von Gesprächen auf der Grundlage von Wortwahl und -betonung und Körpersprache?
- Wie arbeitet sich der Trainer in die unternehmensspezifischen Anforderungen, in das Wertesystem und die Zielvorstellungen des Unternehmens ein?
- Nutzt der Trainer Instrumente (Analyseverfahren, Checklisten u. ä.), die helfen, den individuellen Trainingsbedarf der Teilnehmer zu analysieren, zu dokumentieren und im Sinne der Transferunterstützung und -kontrolle fortzuschreiben?

Kriterien für die Trainerauswahl	Bewertung			Bemerkung
	+	0	–	
Hat der Trainer veröffentlicht? Worüber?				
Welche Referenzen hat der Trainer?				
Wie spricht der Trainer über seine bisherigen Kunden?				
Wie äußert er sich über Mitbewerber?				
Welche Reputation hat der Trainer (Lehraufträge u. ä.)?				
Ist der Trainer bereit, mit Mitbewerbern zum Nutzen des Kunden zu kooperieren?				
In welchen Berufsverbänden, z. B. BDU e. V., ist er Mitglied?				
Wie definiert der Trainer den Begriff Training?				
Mit welchem „Handwerkszeug" arbeitet er?				
Welche Einstellung hat der Trainer zu Trainingsmodellen?				
Wie ist seine Honorargestaltung?				

Wenn ein Trainer die gesamte Leistungspalette von autogenem Training bis zur Rhetorik über Präsentationstechniken und Verkäufertraining bis hin zum Coaching des Top-Managements aus einer Hand anbietet, ist Vorsicht geboten. Natürlich gibt es unter den Trainern Talente, die das gesamte Themenspektrum abdecken. In der Praxis hat sich jedoch herausgestellt, daß dies nur die wenigsten beherrschen. So sollten unterschiedliche Zielgruppen und Themenblöcke von jeweils geeigneten Trainerpersönlichkeiten, die idealerweise vor dem gleichen Denkhintergrund trainieren, bearbeitet werden.

Honorare und Kosten

Weitere frühzeitig zu klärende Faktoren sind die Honorarvorstellung des Trainers, Nebenkosten, sowie zusätzliche Aufwendungen. Obwohl Honorare aufgrund von Angebot und Nachfrage entstehen, gilt die Gesetzmäßigkeit: „Je höher das Honorar, desto besser der Trainer" nicht immer. Für das Training unnütze Showeffekte kosten nur unnötig Geld.

Vor einer Auftragserteilung ist zu klären, welche konzeptionellen Vor- und Nacharbeiten im Tageshonorar inbegriffen sind bzw. zu welchem Honorarsatz ergänzende Beratungsleistungen vom Trainer übernommen werden.

Auch sollte vereinbart sein, wie viele Trainingsstunden der Tagessatz umfaßt, wie An- und Abreise berechnet werden und welche Möglichkeit zur Überprüfung der Trainingsleistung der Trainer seinem Kunden anbietet.

Um spätere Mißverständnisse und Probleme zu verhindern, sollten auch folgende Fragen im Vorfeld geklärt werden.
- Dürfen die Trainingsunterlagen im Unternehmen weiter verwendet werden? Kostenfrei oder gegen Entgelt?

- Wem gehört das Copyright?
- Welche Regelungen (finanzielle bzw. terminliche) sind für kurzfristige Verschiebungen oder Stornierungen von Trainingsmaßnahmen vorgesehen?

Background und Rolle

Eine heute immer häufiger gestellte Frage an den Trainer ist: „Gehören Sie oder Ihre Mitarbeiter einer Sekte, z.B. den Scientologen an?" Für Unternehmen wird es immer wichtiger, frühzeitig zu klären, ob Berater und Trainer Sekten oder extremen politischen Richtungen angehören, um sich davor zu schützen, daß der Trainer Gedanken ins Unternehmen trägt, die für die Mitarbeiter und das Unternehmen schädlich sein könnten.

In der Praxis hat sich gezeigt, daß es nicht immer zielfördernd, mitunter gar schädlich ist, wenn der Trainer aus der gleichen Branche wie die Seminarteilnehmer kommt, weil ihn die Probleme selbst tangieren.

Ein Trainer, der Erfahrungen, Vorgehensweisen und Strategien aus anderen Branchen mitbringt und sie den Teilnehmern vermittelt (Benchmarking), kann zum Nutzen des auftraggebenden Unternehmens viel in Gang setzen. Sein branchenübergreifendes Know-how trägt häufig dazu bei, daß Innovationsschübe ausgelöst und verkrustete Denkstrukturen aufgelöst werden. Das hilft den Blick zu weiten für bisher nicht gesehene Chancen.

Und nicht zuletzt gilt es zu klären, welche Rolle der Trainer einnimmt beziehungsweise einnehmen soll. Die Bandbreite reicht hier vom Unterhalter, Komiker, Lehrer, Oberlehrer, Dompteur oder Vorarbeiter über den Moderator bis hin zum Coach.

Qualifizierte Trainer verstehen sich je nach Aufgabe mehr als Coach. Sie kümmern sich um die Mitarbeiter, begleiten sie zu deren Erfolg, sind in problematischen Arbeitssituationen unterstützend verfügbar, ohne aber jedoch den Teilnehmer von der Lösung seiner Probleme zu entbinden.

Aufgabenspektrum eines modernen Trainings

Modernes Training soll den Unternehmen helfen, in der internen und externen Kommunikation ihre Unternehmensziele zu erreichen und das Wertesystem des Unternehmens erlebbar zu machen.

Das Aufgabenspektrum gestaltet sich heute sehr heterogen. Es umfaßt Vermittlung von Fachwissen, Motivation der Mitarbeiter, Verbesserung der kommunikativen Kompetenz im Kontakt mit Kunden ebenso wie die Verbesserung der Führungskompetenz des Managements und die Initiierung und Begleitung von Unternehmensentwicklungsprozessen.

Eine bedeutende Rolle spielt Training heute auch als unterstützende Maßnahme bei der Implementierung neuer Systeme. Installiert ein Unternehmen ein neues Beurteilungssystem, ist dringend zu empfehlen, daß die Führungskräfte in einem Training lernen, wie sie mit diesem System Beurteilungsgespräche gestalten.

Auch die Einführung neuer Produkte oder Relaunches sollten durch geeignete Trainingsmaßnahmen für Verkäufer und alle Mitarbeiter mit Kundenkontakt unterstützt werden. So läßt sich eine homogene Markteinführung sicherstellen. Die Teilnehmer haben Gelegenheit, im Vorfeld Lösungen für mögliche Probleme und Konfliktsituationen zu trainieren, geeignete Argumente zu entwickeln und können so gelassen in die jeweiligen Gespräche mit dem Kunden gehen. Das erhöht die Selbstsicherheit der Vertriebsmitarbeiter und schafft eine wesentliche

Voraussetzung für verkäuferischen Erfolg.

Weiterreichende Trainingsaufgaben sind auch die Begleitung von Corporate-Identity-Prozessen, die Entwicklung von Unternehmensleitbildern oder die Entwicklung und Realisierung von Unternehmenskommunikationssystemen.

Die Praxis hat gezeigt, daß ein Training ganz besonders sinnvoll ist, wenn ein Unternehmen sich eine neue Corporate Identity gibt. In diesem Prozeß wird häufig peinlich genau darauf geachtet, daß alle Druckunterlagen, Werbemittel und die Unternehmenspräsentation nach außen aus einem Guß gestaltet werden. Ist dies realisiert, spricht man von Corporate Design. Corporate Design wird jedoch erst dann zu Corporate Identity, wenn es dem Unternehmen gelingt, die gewollten Werte durch das Verhalten der Mitarbeiter Außenstehenden erlebbar zu machen.

Verspricht ein Unternehmen in seiner Werbebotschaft Kompetenz, Seriosität und Partnerschaft, wird der Kunde ein Störgefühl entwickeln, wenn der Verkäufer im persönlichen Gespräch seine Notizen mit einem stumpfen alten Bleistift auf ein loses Ringbuchblatt schmiert.

Gleiches gilt für die Kommunikation der Botschaften und Werte nach innen. Mitarbeiter finden es gewiß wenig partnerschaftlich und seriös, wenn Gehalt oder Lohn nicht pünktlich auf ihrem Konto landen oder zugesagte Sonderleistungen nicht termingerecht eingehalten werden.

Dies gilt auch für Zusagen, die Führungskräfte ihren Mitarbeitern machen. Der Mitarbeiter hat das Recht, Unternehmenswerte wörtlich zu nehmen und wird das Verhalten der jeweiligen Führungskräfte und insbesondere der Geschäftsleitung durch die Brille dieser Werte betrachten.

Firmenspezifisches Training

Training, das den Unternehmenserfolg fördern soll, muß auf den bereits zuvor genannten Kriterien aufbauen. Hierzu werden in einer Konzeptionsphase alle relevanten Faktoren erfaßt.

In einem ersten Schritt können in Workshops die wichtigsten Aspekte der Unternehmenskultur, die Werte des Unternehmens, dessen Ziele und die jeweiligen Marktanforderungen eruiert werden. Daraus werden die für die verschiedenen Zielgruppen relevanten Fähigkeiten und Fertigkeiten abgeleitet und deren Soll-Ausprägungen, Wertigkeiten und Gewichtungen festgelegt.

Ist-Analyse-Instrumente

- Checkliste Unternehmenskultur
- Unternehmensbegehung
- Mitfahrtage
- On-the-job-Beobachtung
- Testkäufe
- Analyse des Schriftgutes
- Kundenbefragung
- Kundenworkshops
- Interviews
- Assessment Center
- Analyse des Werbematerials
- Krankenstandanalyse
- Fluktuationsanalyse
- Analyse des Beurteilungssystems
- Analyse des Entlohnungssystems
- Analyse des Führungsverhaltens

Unterstützung durch DV-Systeme
Idealerweise werden die so definierten, gewichteten Soll-Anforderungsprofile in einem DV-gestützten System erfaßt. Ein derartiges System, ein Weiterbildungsmanagementsystem (WMS 2.0), hat z.B. der WIK Verlag, Tochterunternehmen der hr TEAM Unternehmensgruppe, entwickelt.

Systeme dieser Art tragen dazu bei, daß Seminarteilnehmer nur die Maßnahmen besuchen, die ihnen wirklich nutzen. Sie verhelfen somit zu einer Effizienzsteigerung in der Personalentwicklung und erlauben die Transferunterstützung sowie eine Realisierungskontrolle.

Trainingsvorbereitungen
Um für die jeweilige Zielgruppe praxisrelevante Übungen und Inhalte in den Seminaren gestalten zu können, ist es hilfreich, die im Workshop erarbeiteten Kriterien in der Praxis zu überprüfen. Hierfür bieten sich unterschiedliche Formen der Ist-Analyse an (s. oben).

Nachdem in Konzeptionsworkshops die gewichteten Anforderungsprofile erstellt und die Workshopergebnisse durch geeignete Analysemaßnahmen in der Praxis überprüft wurden, kann nun für jeden Mitarbeiter die Analyse des individuellen Trainingsbedarfs beginnen. Hierzu wird für jeden Mitarbeiter ein Soll-Anforderungsprofil erstellt. Im Fördergespräch erfaßt der Vorgesetzte gemeinsam mit seinen Mitarbeitern die Ist-Ausprägung zu den definierten Fähigkeiten.

Aufgrund dieser Gespräche entstehen für jeden Mitarbeiter die wichtigsten Fördermaßnahmen. Das erlaubt, bedarfsgerechte Trainingsmaßnahmen zu definieren und homogene Teilnehmergruppen zu bilden.

Trainingsleitkarten und Mentorgespräche
Im Training kann der Trainer Leitkarten einsetzen, die ihn gezielt auf die beim einzelnen zu fördernden Fähigkeiten und Fertigkeiten hinweisen. So wird sichergestellt, daß ein Teilnehmer nicht zu Themen aktiviert wird, die er bereits beherrscht. Er erhält so gezielt dort Förderung, wo konkrete Ansatzpunkte für seine Weiterentwicklung vorhanden sind.

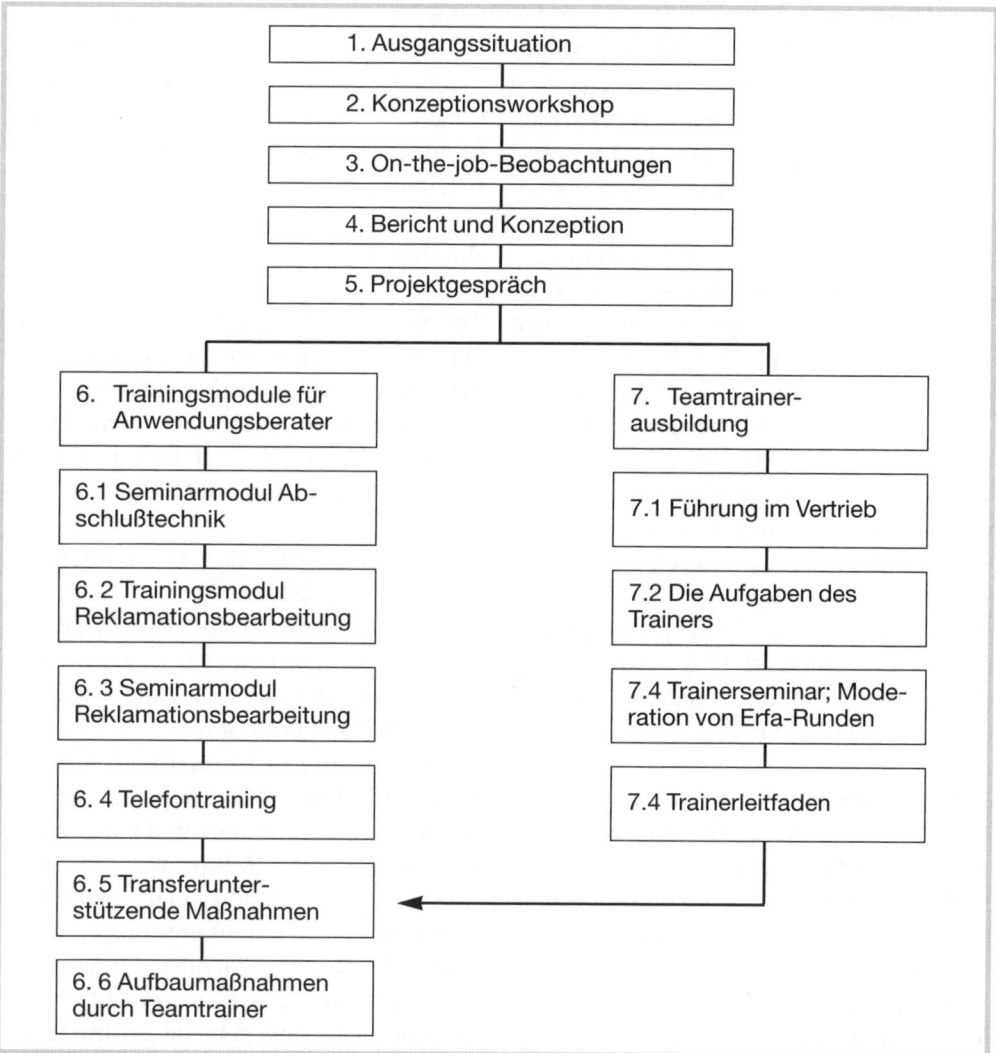

Abb. 3: Firmenspezifische Trainingskonzeption im Überblick

Die Lernfortschritte sollte der Trainer in einem Einzelgespräch mit dem Trainee besprechen und diese Fortschritte dann in der Trainingsleitkarte dokumentieren. Die Informationen dieser Karte werden für den einzelnen Teilnehmer verarbeitet. Dies trägt dazu bei, daß der Transferprozeß unterstützt wird und in der nächsten Phase erneut bedarfsgerechte Trainingsmaßnahmen konzipiert und Gruppen zusammengesetzt werden können. Zwischen den einzelnen Maßnahmen finden Mentorgespräche statt. Sie sollen dabei unterstützen, das im Seminar gelernte Wissen und Verhalten in die Praxis umzusetzen.

So wird ein kontinuierlicher Entwicklungsprozeß initiiert, der Lernfortschritte berücksichtigt und die Realisierung der Unternehmensziele und -werte auf allen Ebenen des Unternehmens unterstützt.

Nachbereitung

Eine gewichtige Bedeutung hat die Nachbereitung der einzelnen Trainingsmaßnahmen. Dabei haben sich Merkkarten, Lehrbriefe, Lernkarten oder Übungsaufgaben als transferfördernde Instrumente in der Praxis bewährt.

Auch die Übernahme von Coachingaufgaben von Führungskräften in den Phasen zwischen den Trainingsmaßnahmen hat die Effizienz entsprechender Trainingskonzeptionen nachweislich gefördert.

Die Abbildung (s. vorherige Seite) zeigt eine firmenspezifische Trainingskonzeption, in der Anwendungsberater zunächst von externen Trainern trainiert wurden. Parallel dazu wurden deren Führungskräfte zu Teamtrainern ausgebildet, die dann ab Maßnahme 5 (Projektgespräch) transferunterstützend tätig wurden und die späteren Aufbaumaßnahmen im Unternehmen durchführten.

Offene Seminare

Bei der Erarbeitung firmenspezifischer Trainingskonzeptionen darf man nicht die Frage vergessen: „Wie können neue Mitarbeiter in laufende Konzeptionen integriert werden?"

Die Anzahl neuer Mitarbeiter ist in der Regel jedoch nicht so groß, daß sich „Nachzüglerseminare" lohnen. Die Lösung liegt hier eher in einem hochwertigen „Offenen Seminarangebot", das zum Repertoire eines Trainers bzw. Trainingsinstituts gehören sollte.

In offenen Seminaren haben neue Mitarbeiter Gelegenheit, Basiswissen zu erarbeiten, das es ihnen leicht möglich macht, sich in die laufende Trainingskonzeption zu integrieren.

Offene Seminarangebote sind auch ein wichtiges Instrument, wenn sich bei nur einigen Mitarbeitern individuelle Entwicklungspotentiale auftun. So kann z. B. ein „chaotischer" Verkäufer in einem offenen Seminar „Persönliche Arbeitstechniken" seine Organisationsfähigkeit steigern und so für sich und das Unternehmen seine Effizienz erhöhen.

Ausblick

Training wird in der Zukunft immer mehr zum Realisierungsinstrument von Unternehmensentwicklungsmaßnahmen werden, da es eine ideale Plattform für die Kommunikation der Unternehmenswerte und -ziele an Mitarbeiter des Unternehmens darstellt.

Im Training wird den Teilnehmern ein Spiegel vorgehalten, der es ihnen ermöglicht, Handlungsalternativen zu entwickeln. Sie selbst entscheiden, inwieweit sie diese Alternativen in ihr Persönlichkeitsrepertoire integrieren.

Insbesondere in Europa wird vor dem Hintergrund der Internationalisierung der Märkte Training immer mehr auch dazu beitragen müssen, Mitarbeiter und Führungskräfte für Aufgaben in ihnen fremden Kulturbereichen vorzubereiten.

Die Vision der lernenden Organisationen wird Wirklichkeit, wenn Mitarbeiter und Führungskräfte gemeinsam ihre Handlungen stets vor dem Hintergrund der vom Unternehmen gewollten Werte und Ziele überprüfen, aus Abweichungen lernen und in kontinuierlichen Coachingprozessen die Realisierung der gemeinsamen Vision vorantreiben.

Die Prozesse sind nicht mit Einmalmaßnahmen, sondern nur mit kontinuierlich aufeinander aufbauenden Maßnahmen zu gestalten. Der richtige Trainingspartner ist mit seinem breiten, qualitativ optimalen Trainings- und Beratungsangebot ein wichtiger Baustein für den Erfolg.

9.3 Den Kunden ins Verkaufstraining bringen

Der Autor

Hansjürgen Schubert ist Unternehmensberater (BDU). Er war langjähriger Herausgeber des Management-Informationsdienstes „Unternehmen im Wettbewerb" und des Newsletters „Verkäufer im Wettbewerb". Darüber hinaus war er Inhaber und Geschäftsführer der GeBeWe, Gesellschaft für Betriebliche Weiterbildung in Berlin, sowie Präsident der Gemeinschaft Europäischer Marketing- und Verkaufsexperten in Genf.

„Verkaufen" bedarf der Definition und Beschreibung

Im Verkaufstraining den komplexen Erscheinungsformen der Vorgänge bei der Auftragsakquisition und der Kundenbetreuung in den verschiedensten Kundenbranchen gerecht zu werden ist nicht nur inhaltlich, sondern auch semantisch problembehaftet. Die unpräzisen Darstellungen dessen, was das „Verkaufen" ausmacht, sind ein schwer zu überwindendes Hindernis.

„Akquisition", „Kundenkontakt", „Verkaufsgespräch", „Kundenpflege" – all diese und viele andere Begriffe aus der Welt des Verkaufens sind unklar, diffus und erlauben allen, deren Arbeit damit beschrieben werden soll, sie beliebig zu interpretieren. Kein Wunder also, daß auch der Begriff „Verkaufen" selbst höchst verschwommen ist. Für das Verkäufertraining muß also – was häufig unterbleibt – erst einmal definiert werden, was „Verkaufen" eigentlich ist.

Der Lösung dieses Problems kommt man erheblich näher, wenn man, anstatt gewohnte pauschale Begriffe zu benutzen, das Verkaufen so präzise wie möglich definiert und diese Definition durch sorgfältige Beschreibung der damit verbundenen Prozesse ergänzt.

„Verkaufen" definieren

Verkaufen ist die Summe der Techniken und Verhaltensweisen, die geeignet sind, die Einkaufsentscheidungen von Kunden und potentiellen Kunden zu beeinflussen.

697

Dieser Versuch einer allgemeinen und für alle Branchen geeigneten Definition läßt sich gewiß noch verfeinern und differenzieren. Aber diese Definition reicht aus, um möglich zu machen, daß verkäuferische Verhaltensweisen exakt beschrieben und Techniken – z. B. auch die Kundenkommunikation mit neuen Medien – zugeordnet werden können.

Das Training von Verkäufern ohne einen Konsens von Trainern und Trainierten hinsichtlich dessen, was die verkäuferischen Aufgaben im einzelnen ausmacht, war in der Vergangenheit weitgehend üblich, wird aber in Zeiten des umfassenden Wandels im Marketing, im Einkauf und im Kundenverhalten zu einem kostspieligen Anachronismus.

„Verkaufen" beschreiben

Was muß geschehen bei Kundenbesuchen, wenn sie zu Erstaufträgen oder Nachaufträgen führen sollen? Welche unterschiedlichen Prozesse muß ein Verkäufer dafür beherrschen und anwenden? Wie verlaufen diese Prozesse bei unterschiedlichen Branchen oder Betriebsgrößen? Wie müssen sie nach den Funktionen der Gesprächspartner differenziert werden? Und auch: Wie gestaltet man überzeugend die Kundenberatung und die Betreuung der Kunden zwischen den Aufträgen?

All dies gilt es unter Einbeziehung gewonnener Praxiserfahrung zu erörtern, zu bestimmen und als gestaltbare Prozesse zu beschreiben. Ein Training, das dies leistet, folgt den Prinzipien und Methoden der Qualitätssicherung und schafft den richtigen Rahmen für die Entwicklung des verkäuferischen Könnens der Teilnehmer durch strukturierte Übungen und praktizierten Erfahrungsaustausch.

Wohlgemerkt: Dabei geht es nicht um Patentrezepte und auch nicht um Standardverhalten, sondern um Unverzichtbares einerseits und durch Erfahrung als erfolgswirksam Ausgewiesenes andererseits. Die Beschreibungen gelten dem *Inhalt* und nicht der *Form*. Denn: Was nützen Gesprächsübungen zum Beispiel zur „Abschlußtechnik", wenn ihr sachlicher Inhalt nicht eindeutig bestimmt wird?

„Verkaufen" ist Dialog

Wenn man vom Kundenverhalten im Einzelhandel absieht, so vollzieht sich die Einkaufsentscheidung eines Kunden im Dialog mit dem Anbieter.

Bisher praktiziertes Verkaufstraining konnte diesen Dialog nur simulieren. Es behalf sich mit der Kunstfigur eines Phantom-Kunden, der Fragen stellte oder Einwände formulierte. Über die Berufswelt, in der dieser „Schattenkunde" arbeitete und entschied, über seine individuellen oder mit seiner Funktion verbundenen Probleme und Ziele war dabei kaum etwas und oft genug nichts zu erfahren.

Das ist auch der Grund, warum das Verkäufertraining von den Teilnehmern häufig als „zu theoretisch" eingestuft wurde und die Verkäufer ihr Handeln weiterhin von ihren überwiegend subjektiven, gefühlsorientiert verarbeiteten Erfahrungen bestimmen ließen.

Der Kunde gehört ins Verkaufstraining!

Der „Schattenkunde" als weitgehend unidentifizierbarer Stichwortgeber im Verkaufstraining ist heute überholt. Das gleiche gilt für die abstrakt „gestellten" Gesprächssituationen, in denen der „Schattenkunde" im Training dem Verkäufer begegnet.

Wie aber läßt sich der fiktive Kunde im Training realer, also wirklichkeitsnäher und konkreter darstellen, obwohl doch jeder einzelne Kunde und jede individuelle

Dialogsituation höchst unterschiedlich sind? Es gibt keine „Normkunden" und keine „Normgespräche".

Die Antwort auf diese Frage ist zu finden, wenn sich das Verkaufstraining vom „Dialog-Strukturtraining" zum „Dialog-Inhaltstraining" wandelt. Dabei rückt der *Inhalt* des Dialogs in den Mittelpunkt des Trainings. Der Kunde bleibt zwar immer noch namenlos und ohne konkrete Gestalt, aber seine Interessen, Probleme, Ziele und Konflikte – seine Welt also – können real angesprochen werden; auch unter den Laborbedingungen des Trainings.

Die Welt des Kunden verstehen

Bei einem Verkaufstraining, das den Austausch der Inhalte und Strukturen *auftragswirksamer Informationen* übt (und nicht nur allgemein als richtig angesehenes Dialogverhalten), dominiert das WAS über das WIE. Dabei geschieht folgendes:

- Die Arbeitswelt des – immer noch fiktiven – Kunden wird für den Verkäufer transparenter.
- Die Angebote des Verkäufers lassen sich den Interessen und Problemen des Kunden präziser zuordnen. Das gleiche gilt für die Nutzenargumentation.
- Es entstehen neue Lernprozesse für den Verkäufer, der in der „Trockenübung" des *inhaltlich* bestimmten Trainings für die Probleme seines Kunden sensibilisiert und Problemlösungsgespräche zu führen fähig wird.

Die „Kundenwelt" läßt sich abbilden

Das, was Einkaufsentscheidungen eines Kunden zu beeinflussen vermag, läßt sich strukturieren und modellhaft darstellen. Solche Modelle zu zeigen, zu erörtern und

sie zur Grundlage des Trainings zu machen ist möglich und sinnvoll. Die weiteren Schritte sind dann die Zuordnung des *inhaltlichen* Angebotes an die abgebildeten Dialog-Themenfelder sowie das Üben von Dialogteilen innerhalb dieser Felder.

Anders ausgedrückt: Die Dialogübungen finden inhaltlich in der „Kundenwelt" statt. Sie zwingen zu ständiger Zuordnung des vom Verkäufer geführten Dialogs an die Problemfelder des Kunden.

Nachfolgend sollen solche Modelle beschrieben und kurz erläutert werden.

Die Entwicklung einer Beschaffungsabsicht des Kunden

Dieses Modell (Abb. 1) erlaubt es, zu bestimmen, in welcher Entwicklungsphase der Beschaffungsabsicht das Gespräch des Verkäufers – der Dialog – stattfindet oder stattfinden soll. Ein Verkäufer, der immer nur im Feld der „Lieferantenauswahl" tätig wird, versäumt es, schon frühzeitig auf die spätere Einkaufsentscheidung des Kunden Einfluß zu nehmen.

Jedes dieser vier Themenfelder fordert jeweils andere Informationen und Verhaltensweisen seitens des Verkäufers, die sich definieren, beschreiben und üben lassen.

Die Entscheidungsstruktur des Kunden

Der „Trichter" (Abb. 2) bildet die Entscheidungsstruktur und gleichzeitig die „Problemwelt" des Dialogpartners ab.

Jede – ausnahmslos jede – gewerbliche Einkaufsentscheidung folgt diesem Muster, wenn auch seitens des Kunden zumeist unbewußt. Das zu übende wirksame Verkaufsgespräch muß *inhaltlich* in den vier Feldern Fragen und Stellungnahmen des Verkäufers erarbeiten und trainieren. Ziel ist der „Präzisionsdialog" innerhalb der Entscheidungsstruktur des Gesprächspartners.

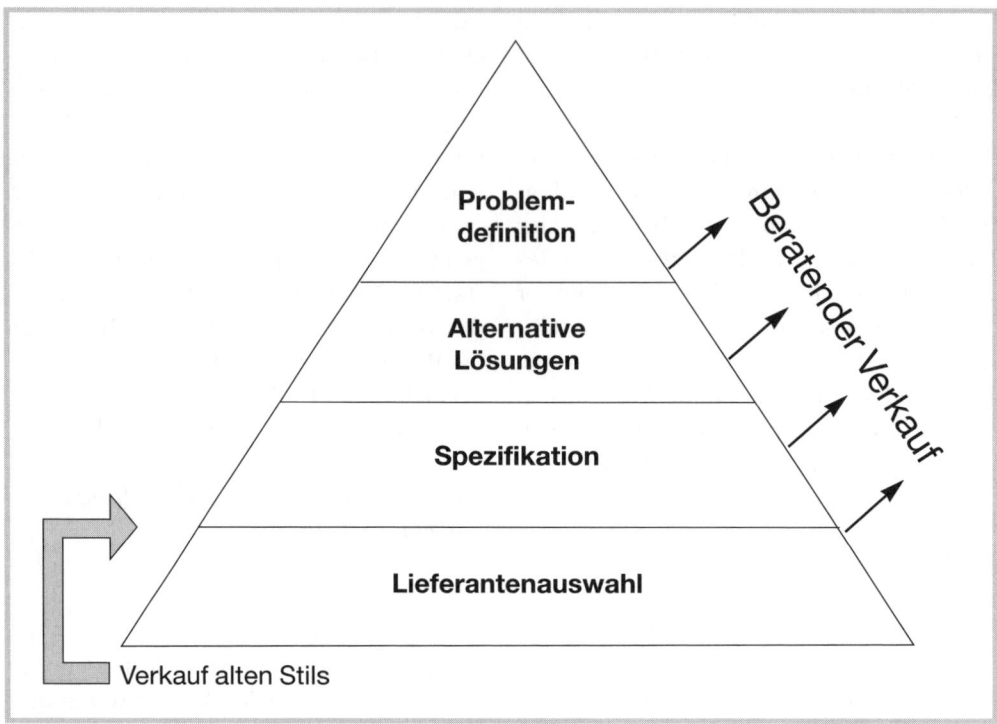

Abb. 1: Entwicklung einer Beschaffungsabsicht

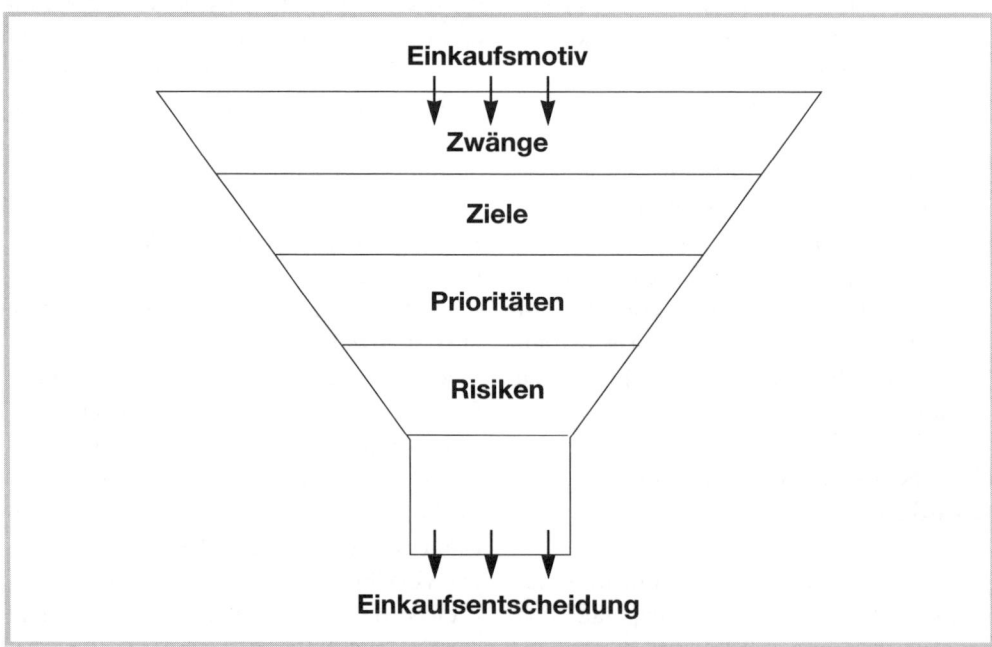

Abb. 2: Die Einkaufs-Entscheidungsstruktur des Kunden

Typische Zwänge, Ziele und Risiken des Kunden lassen sich bestimmen

Typische *Zwänge* sind zum Beispiel:
- Gesetzliche Bestimmungen
- Behördliche Auflagen
- Kundenspezifikationen
- Raumzwänge
- Sortimentszwänge
- Terminzwänge
- Kapazitätszwänge
- Organisatorische Zwänge
- Technologische Zwänge
- Budgetzwänge

Typische *Ziele* des Kunden sind zum Beispiel:
- Kostenziele
- Qualitätsziele
- Rationalisierungsziele
- Lagerhaltungsziele
- Abnehmerzufriedenheit
- Alleinstellungsziele
- Sortimentsziele
- Distributionsziele
- Innovationsziele
- Planerfüllungsziele
- Strategische Ziele
- Marktziele
- Organisatorische Ziele
- Imageziele

Prioritäten sind vordringliche Ziele. Sie bedürfen keiner gesonderten Aufzählung, da sie im Themenbereich der Ziele bleiben und dort nur noch gewichtet werden.

Typische *Risiken*, die Kunden fürchten, sind zum Beispiel:
- Marktrisiken/Nachfragerisiken
- Lagerrisiken
- Gewährleistungsrisiken
- Kostenrisiken

- Technische Risiken
- Terminrisiken
- Kapazitätsrisiken
- Zukunftstrends
- Konjunkturelle Risiken
- Unzufriedenheit von Abnehmern
- Kompetenzrisiken

So kommt der Kunde ins Verkaufstraining

Ein Verkaufstraining, das den Kunden und seine Problemwelt einbezieht, wird den Trainingsteilnehmern ermöglichen, im Kundengespräch die Zwänge, Ziele, Prioritäten und Risiken des Kunden zu ermitteln, die für das eigene Angebot relevant sind, sie im Dialog „festzuklopfen" (das heißt, bestätigt zu bekommen) und das Angebot des Unternehmens in den ermittelten Problemfeldern des Kunden überzeugend zu positionieren.

Dabei ist die gemeinsame Erarbeitung der inhaltlichen Voraussetzungen für eine Kunden-Problemlösung hilfreich.

Struktur für eine Problemlösung
Nach folgendem Muster kann eine inhaltlichen Problemlösungsstruktur für einen typischen Kunden einer bestimmten Kundengruppe im Verkaufstraining erarbeitet werden.

A. Seine *Zwänge*:
   a)
   b)
   c)
Unsere *Problemlösungen* dafür:
....

B. Seine *Ziele*:
   a)
   b)
   c)

Unsere *Problemlösungen* dafür:

....

C. Die *Risiken*, die er fürchtet:
   a)
   b)
   c)
Unsere *Problemlösungen* dafür:

....

Weil es „den" Kunden nicht gibt, müssen die Inhalte dieses Schemas für unterschiedliche Branchen der Kunden sowie für unterschiedliche Funktionen der Gesprächspartner (zum Beispiel Einkäufer, Firmeninhaber, Produktentwickler, Technischer Leiter) differenziert erstellt und im Training durch Erkenntnis- und Erfahrungsaustausch verifiziert werden.

Vorbereitungen auf den Dialog
Sind die Problemfelder des Kunden erkannt und die Problemlösungsangebote dafür eindeutig und möglichst „rechenfähig" als Wertschöpfungsbeiträge identifiziert, lassen sich im Verkaufstraining Dialogteile inhaltlich bestimmen und üben. Etwa nach diesem Muster:
* Geeignete *Fragen* zu *Zwängen*
* Geeignete *Aussagen* zu *Zwängen*
* Geeignete *Fragen* zu *Zielen*
* Geeignete *Aussagen* zu *Zielen*
* Geeignete *Fragen* zu *Prioritäten*
* Geeignete *Aussagen* zu *Prioritäten*
* Geeignete *Fragen* zu *Risiken*
* Geeignete *Aussagen* zu *Risiken*

Für die *Nutzenerläuterung* des Angebots sind diese Angaben/Dimensionen/Formeln/Erfahrungswerte hilfreich: ....

Diese *speziellen Informationen* sind geeignet, den Vergleich des Angebotes mit Wettbewerbsangeboten zu erschweren:

....

Die durch das Angebot zu bewirkende Problemlösung wird durch diese *Beiträge* des Kunden (Eigenleistungen/Bereitstellungen) erleichtert bzw. für ihn kostengünstiger: ....

Ein Verkaufstraining, das sich um die Antworten auf diese Fragen bemüht, ist für die Verkäufer inhaltlich ergiebig, fördert den Wissens- und Erfahrungsaustausch der Teilnehmer und wird deshalb von ihnen als „praxisgerecht" empfunden, auch wenn es sich von bisherigen Trainingsveranstaltungen durch den hohen Anteil an kundenorientierten Sachinformationen stark unterscheidet.

Die drei Phasen einer Kundenbeziehung
Das Verkaufstraining kann und sollte auch den Verkäufern die Erkenntnis vermitteln, daß längerfristige Kundenbeziehungen drei unterschiedliche Phasen durchlaufen:
* Die *Angebotsphase* (in der die Beziehung beginnt)
* Die *Zusammenarbeitsphase* (die einen langen Zeitraum umfassen kann)
* Die *Krisenphase* (die durch Beeinträchtigung der Kundenzufriedenheit oder durch Konkurrenzaktivitäten entsteht)

Auch durch die ständige Beachtung dieses Phasenmodells kommt der Kunde nicht aus dem Blickfeld des Verkäufers. In jeder dieser drei Phasen sind ebenfalls *inhaltliche* Kommunikationsaufgaben wahrzunehmen, um die Kundenbindung zu sichern.

Das Verkaufstraining kann durch die Aufnahme dieses Phasenmodells, seine Erläuterung sowie durch kommunikative Übungen zu den Inhalten dieses Modells dafür sorgen, daß nicht der Verkäufer Hauptperson des Trainings wird oder bleibt, sondern das größte Kapital jedes Unternehmens: der Kunde.

Die inhaltlichen Themen des Drei-Phasen-Modells der Kundenbeziehung für Verkäufer im Außendienst

1. Angebotsphase

Problemlösungsnotwendigkeiten:

- Chancen für den Unternehmenserfolg
- Risiken für den Unternehmenserfolg
- Kosten
- Technische Probleme
- Organisatorische Probleme
- finanzielle Probleme
- Mitarbeiterprobleme
- Zukunftsprobleme
- Marktsituation
- Konjunkturprobleme

Problemlösungsalternativen:

- Bekannte Alternativen
- Noch unbekannte Alternativen
- Alternativen der Wettbewerber der Lieferanten
- Eigene Alternativen des Lieferanten

Problemlösungsangebot:

- Einzelheiten der Lösung
- Vorteile der Lösung
- Reihenfolge des Vorgehens
- Zukünftige Abwicklung
- Kundendienst
- Verhalten bei auftauchenden Schwierigkeiten
- Mengen, Preise, Konditionen

Problemlösungsbeweise:

- Erfolge anderer Abnehmer des Lieferanten
- Eigene Erfolge des Lieferanten
- Neutrale Gutachten
- Testergebnisse
- Normen, Leistungsstandards
- Erläuterung visueller Hilfsmittel

2. Zusammenarbeitsphase

Detailsicherung der Problemlösung:

- Einzelheiten der Abwicklung
- Einzelheiten der Anwendung durch den Kunden
- Information der Kunden-Mitarbeiter
- Schulung der Kunden-Mitarbeiter
- Qualitätsprüfung
- Ist das Problem noch unverändert?

Neben- und Folgebereiche der Problemlösung:

- Auswirkungen auf den Markt des Kunden
- Informationen aus dem Abnehmerbereich des Kunden
- Auswirkungen auf andere Abteilungen
- Informationen aus anderen Abteilungen
- Übereinstimmung hinsichtlich der Leistungsnormen
- Gemeinsam erreichte Zwischenziele
- Gemeinsam erreichte Endziele
- Vergleiche mit Leistungen der Wettbewerber des Kunden

Partnerschaftsinformationen:

- Erläuterung der Service-Bereitschaft
- Erfolge und Pläne des Lieferanten
- Neues aus dem Lieferwerk
- Verhütungsmaßnahmen gegen Pannen
- Informationen zur Persönlichkeit der Kontaktpersonen aus dem Lieferwerk

Persönliche Situation und Interessen der Kontaktperson:

- Situation in der Kundenfirma und die Möglichkeit ihrer Stärkung
- Fortbildungshilfen
- Zukunftspläne
- Familie, Hobbys
- Einladungen, Präsente

3. Krisenphase

Neugestaltung der Problemlösung:
- Art der Problemveränderung
- Ausmaß der Problemveränderung
- Ursachen der Problemveränderung
- Neue Problemfaktoren
- Bestimmung neuer Zielsetzung für neue Problemlösung

Veränderung der Problemlösungs-durchführung:
- Maßnahmen bei Preis, Menge, Konditionen
- Maßnahmen bei Lagerhaltung und Lieferung
- Veränderung technischer Einzelheiten
- Veränderung organisatorischer Einzelheiten
- Bestimmung unbeeinträchtigt gebliebener Teile der früheren Problemlösung

Angebot zusätzlicher Hilfen:
- Eigene Dienstleistung des Verkäufers
- Erweiterter Kundendienst
- Kostenlose Zusatzleistungen anderer Art
- Vorbereitung des Besuchs durch leitende Mitarbeiter (Chefbesuch)

Nachteile anderer Problemlösungen:
- Auswirkungen auf den Markt des Kunden
- Auswirkungen auf Qualität, Kosten, Lieferfähigkeit, Mitarbeiter und Image des Kunden
- Dokumentation belegbarer Mißerfolge bei anderen Problemlösungsversuchen

Kundenreaktionen als Erfolgskontrolle

Besondere Bedeutung mißt das inhaltlich bestimmte Verkaufstraining der Erfolgskontrolle des im Training Erlernten in der verkäuferischen Praxis bei.

Für die Ermittlung des Dialogerfolgs – also der angestrebten Wirkung des inhaltlich präzise geführten Dialogs mit dem Kunden – kann das Verkaufstraining den Teilnehmern Bewertungskriterien zur Verfügung stellen.

Sie entstehen durch die Beobachtung des Kunden während des Gesprächs. Es ist das beobachtbare Kundenverhalten im Dialog mit dem Verkäufer, das Auskunft darüber geben kann, ob der Inhalt des Dialogs innerhalb der Themen der Entscheidungsstruktur des Kunden von diesem als aufmerksamkeitswürdig bzw. als hilfreich wahrgenommen wird.

Eine einfache und vom Verkäufer leicht zu registrierende „Wirkungsskala" des inhaltlich geführten Dialogs mit dem Kunden kann im Verkaufsalltag wie folgt aussehen:

Beobachtbare Kundenreaktion im inhaltlich präzise geführten Dialog mit einem Kunden

Wirkungsgrad:	Reaktion:
1.	Der Kunde *hört* erkennbar aufmerksam *zu*.
2.	Der Kunde stellt *Fragen* zu Einzelheiten bzw. Besonderheiten des Angebots.
3.	Der Kunde stellt *Fragen* aus den Inhalten seiner Entscheidungsstruktur (Zwänge, Ziele, Prioritäten, Risiken).
4.	Der Kunde gibt *konkrete Informationen* über Inhalte seiner Entscheidungsstruktur (Zwänge, Ziele, Prioritäten, Risiken).

5.   Der Kunde unternimmt eine *Handlung*, die der Weiterführung des Dialogs dienlich ist. *

6.   Der Kunde trifft mit dem Verkäufer eine *Vereinbarung* über Zeitpunkt und Inhalt eines nächsten Kontaktes.

* Z.B. Übergabe von Unterlagen, telefonische Rückfragen bei Kollegen, ausführliche schriftliche Notizen, Vornahme von Berechnungen, Vorzeigen von Mustern usw.

Eine im inhaltlich bestimmten Verkaufstraining besonders nützliche Aufgabe für die teilnehmenden Verkäufer ist es, bei einer zu vereinbarenden Anzahl von Kundendialogen im Verkaufsalltag den jeweils erreichten Grad der „Wirkungsskala" zu registrieren. Bei einer darauf folgenden Trainingsveranstaltung sollen die Teilnehmer dann ausgewählte Erfolgs- und Mißerfolgsbeispiele zur Diskussion und zum Erfahrungsaustausch stellen.

Neues Denken und Handeln für Verkaufstrainer

Im inhaltlich bestimmten Verkaufstraining wandelt sich die Rolle des Verkaufstrainers. Er gibt die Rolle des Experten für allgemein wirksame Verkaufsgespräche vorerst auf und ersetzt sie durch die Rolle eines Interpreten und Erklärers von „Kundenwelten" und eines Mentors für die inhaltlich bestimmte Gestaltung von Kundendialogen.

Durch die Einbeziehung der Entscheidungsstruktur des Kunden in das Training führt er die Teilnehmer auf dem Weg vom „Angebotsdialog", wie er früher üblich war, zum „Fachdialog" und schließlich zum „Problemdialog", der die Wertschöpfung des Kunden zum Inhalt hat. Erst wenn die „Inhalte" stimmen und als wirksam erkannt sind, können die herkömmlichen „Verkaufstechniken" – soweit erforderlich oder nützlich – wieder in das Verkäufertraining eingebracht werden.

Dieser Rollenwechsel wird vielen Verkaufstrainern nicht leichtfallen. Er erfordert die innere Bereitschaft zu intensivster vorbereitender Beschäftigung mit den Entscheidungsstrukturen typischer Abnehmergruppen und Kundenfunktionen und mit deren wertschöpfender Beeinflussung durch die Angebote des Unternehmens.

Diese unerläßliche Aufgabe wird ihm jedoch erleichtert, wenn er die Kundenkenntnisse und die Kundengesprächserfahrungen der Teilnehmer konstruktiv und zielgerichtet nutzt, ohne die Linie des inhaltlich bestimmten Verkaufstrainings zu verlassen. Diese Linie wird von dem Prinzip gebildet, daß das WAS im neuen Training erst einmal wichtiger ist als das WIE, daß Informationsbeschaffung und Informationsstrukturierung im Kundendialog die entscheidenden Themen des Trainings sind.

Das sorgfältige Studium der Fachliteratur der Kundenbranchen, häufige Interviews mit Kunden, potentiellen Kunden und einkaufsentscheidenden Funktionen in Kundenfirmen sind ein wesentlicher Teil der Trainingsvorbereitungen. Auch die Teilnahme an Kongressen und Seminaren, welche die Kundenbranchen zur Zielgruppe haben, sind Rohstoff für inhaltlich bestimmtes Training. Die Organisation von „Focus Groups" bietet zusätzlich wichtige Möglichkeiten zur Inhaltsbestimmung von Trainingsveranstaltungen.

Viel Arbeit? Viel Mühe? Gewiß. Aber: Wie sollte „Kundenorientierung" heute anders verstanden werden als das „Eintauchen" in die Welt der Kunden, als das „Mitdenken" und „Miterleben" mit ihnen zur gemeinsamen Bewältigung der Zukunft?

Dafür die Verkaufsorganisation fit zu machen ist die überragende Aufgabe des Trainers.

Konsequenzen für die Verkäuferführung

Wenn – und das ist unbestreitbar – die Gewinnung treuer Kunden das ultimative Ziel einer Verkaufsorganisation ist, dann kann es nicht länger sinnvoll sein, verkäuferische Leistungen nur nach „harten" Erfolgsfaktoren zu bewerten und zu honorieren, also nach Aufträgen, Umsätzen und Deckungsbeiträgen. Vielmehr muß auch der „Input" des Verkäufers Anerkennung finden, wie zum Beispiel die nachgewiesene Praktizierung erfolgswirksamer Prozesse und strategischer Arbeitsschritte beim Kunden, die Schaffung von Transparenz der „Kundenwelt" und ihrer Entscheidungsstrukturen für Lieferantenauswahl und Auftragserteilung.

Die Verkaufsberichterstattung ermöglicht den Nachweis solcher Leistungen. Der qualitative Inhalt der Kundendatenbank sowie dessen ständige Nutzung durch den Verkäufer für seine Besuchsvorbereitung sind bewertbar und müssen bewertet werden, wenn das Verkaufstraining seine Wirkung im Verkaufsalltag entfalten soll.

In Verkäuferbesprechungen gilt es, die „Kundenwelten" immer wieder aufleben zu lassen und sie durch Erfahrungen und Einsichten jeweils neu zu beleuchten. Praktizierte Kundenstrategien und deren Ergebnisse werden zu unabdingbaren Themen jeder Außendienstkonferenz. Somit wird das inhaltlich bestimmte Verkaufstraining ein wesentlicher Bestandteil einer „lernenden Organisation".

Und noch etwas gehört dazu: Unklare und vieldeutige Begriffe aus der bisherigen verkäuferischen Terminologie zu verbannen und durch eine eindeutige Begriffsbestimmung für verkäuferische Arbeitsschritte und Prozesse zu ersetzen wird zum Ausweis neuer Professionalität in der Verkäuferführung.

Fazit

„Heute verkaufen wir nicht mehr Produkte zu Preisen, sondern wertschöpfende Funktionen zu Kosten." (Hans-Georg Lettau)

Inhaltlich bestimmtes Verkaufstraining ist die logische Konsequenz dieser These.

Wertschöpfungsbeiträge zu Kundenfunktionen zu prüfen, zu definieren, zu beschreiben, wirksam anzubieten und bei ihrer Realisierung zu helfen ist das innovative Aufgabenspektrum des Verkäufers der Jahrhundertwende.

9.4 Outdoor-Aktivitäten im Training

Der Autor

Rudolf Friedrich Uminsky, Dipl.-Ingenieur, arbeitet heute als selbständiger Berater und Coach im Ingenieurbüro für Dienstleistungen CAD. Nachdem er als Betriebsleiter bei CTA GmbH, technischer Leiter bei CTS GmbH, Geschäftsführer von ATS GmbH und in der Cardwell Agency in den USA gearbeitet hatte, war er Leiter des Schulungszentrums bei Softsys GmbH.

Ziel jedes Seminars oder Trainings ist, den Teilnehmern Werkzeuge in Form von Wissen und Erkenntnissen zu vermitteln, die es ihnen ermöglichen, ein „besseres" und effizienteres Ergebnis ihrer Arbeit zu erreichen.

Um Wissen vermitteln zu können, muß zuallererst die Bereitschaft und der Wille zu lernen vorhanden sein. Wie bringen wir nun Menschen zum Lernen, bzw. wie nehmen wir ihnen die Angst vor Veränderungen?

Wir glauben, daß Lernen nicht ein „Zuschauer-Sport" ist. Der Mensch lernt am besten dann, wenn er die Konsequenzen seiner Gedanken und Handlungen erfährt und nicht, wenn es ihm gesagt wird. Unsere Rolle ist es nun, Erfahrungen zu arrangieren, die Menschen helfen können zu lernen.

Das Arbeitsumfeld in Unternehmen ist geprägt von Schlagwörtern wie „Lean Management", „TQM" oder „Kostensenkung". Daraus resultierte eine Optimierung der Betriebsabläufe in der Produktion und der Organisation sowie der Betriebsmittel.

Unberücksichtigt blieb in dieser Entwicklung der Mensch beziehungsweise die Zusammenarbeit und damit das Miteinander der Menschen in Gruppen, das das wichtigste Kapital eines jeden Unternehmens ist. Wenig Rücksicht auf die Sozial-Mechanik im persönlichen, familiären und gesellschaftlichen Bereich sowie im Wirtschaftsleben produziert dementspre-

Abb. 1: Neue Erfahrungen nehmen die Angst vor Veränderungen

Abb. 2: Das Gleichgewicht finden

chende Ergebnisse in der Sozial-Dynamik.

Das, was Sie von den anderen Wettbewerbern unterscheidet, sind nicht mehr allein die Qualität der Produkte oder die Preise, sondern auch die Leistungsfähigkeit Ihrer Mitarbeiter. Und diese ist bestimmt von deren Vitalität, Motivation und der davon abhängigen Bereitschaft, die eigenen Grenzen zu erkennen und auch zu überschreiten.

Was können Outdoor-Aktivitäten bewirken?

Gleichgewicht finden

Outdoor-Aktivitäten können der Ruhe und Erholung dienen. Wir tanken nach der Hektik des Alltags bewußt Kraft und Motivation aus der Ruhe und dem persönlichen Erleben in der Natur. Sie dienen vor allem der Entspannung sowie dem Finden des inneren und äußeren Gleichgewichts.

Durch die körperliche Konfrontation mit dem Thema Gleichgewicht und der damit verbundenen Dreieinigkeit „Gedanken – Bewegung – Atmung" lernt man die Bedeutung von „sich im Gleichgewicht befinden" kennen.

Gleichgewicht kann bedeuten:

- Ein Leben im Gleichgewicht und in Harmonie (all unser Streben gilt eigentlich diesen beiden Zuständen)
- Im Einklang mit der Natur leben
- Harmonische Partnerbeziehungen
- Ausgeglichene Bilanzen
- Ohne Gleichgewicht würden wir pausenlos hinfallen, gäbe es kein Fortkommen.
- Ohne harmonische Ernährung gäbe es keine körperliche und geistige Entwicklung.
- Ohne harmonische An- und Entspannung der Muskeln keine Bewegung.

Führt man diesen Ansatz weiter, ergibt sich:

- Gleichgewicht entsteht nur in uns selbst!
- Verantwortlich für mein Gleichgewicht bin nur ich selbst!
- Verantwortlich für mein Leben bin nur ich selbst!
- Verantwortung kann nicht gegeben oder genommen werden. Der Mensch trägt immer für sein Handeln Verantwortung!

Oft wird Verantwortung mit Schuld verwechselt. Aber diese beiden Begriffe haben nichts miteinander zu tun. Stellen Sie sich beispielsweise vor, Sie stehen mit Ihrem Auto an einer roten Ampel. Ein anderer Fahrer fährt mit seinem Auto auf Ihres auf. Wer hat Verantwortung, und wer hat Schuld? Die Verantwortung haben Sie, denn nur Sie haben bestimmt, dort zu ste-

hen. Schuld hat der andere, der nicht rechtzeitig stehengeblieben ist.

Grenzen hinterfragen

Manche Outdoor-Aktivitäten sind nicht mit einem objektiven, sondern mit einem subjektiv empfundenen persönlichen Risiko verbunden. Das können etwa sportliche Aktivitäten wie Abseilen, Seilbrücken, House-Walking oder das Hochseil sein. Obwohl sie auf den ersten Blick eher spektakulär und als körperliche Herausforderungen erscheinen, dienen sie doch dazu, sich mental und vor allem emotional einem Problem oder einer Aufgabe

Abb. 3: Die eigenen Stärken und Grenzen erfahren

zu stellen. Ihr Zweck ist, selbstgezogene Grenzen zu hinterfragen, eventuell neu zu definieren und mehr Verständnis und Bewußtsein für persönliche Stärken und persönliche Grenzen zu entwickeln. Man lernt auch, Hilfe zu geben und, meist noch wichtiger, Hilfe zu empfangen.

Outdoor-Training ist kein Überlebenstraining

In unserem Verständnis gehört Überlebenstraining nicht in die Kategorie der Outdoor-Aktivitäten, wie wir sie in unseren Seminaren anbieten. Überlebenstraining ist ausgerichtet auf das Überleben in einer extrem feindlichen Umgebung. Meist ist damit nicht nur eine physische, sondern auch eine psychische Grenzsituation gegeben, die in den Teilnehmern nur noch den Wunsch entstehen läßt, all dies möglichst schnell hinter sich zu bringen. Transfer und Reflexion ist, wenn überhaupt, nur sehr begrenzt möglich. Unsere Outdoor-Aktivitäten sind angenehme und spannende Aktionen, die aus der täglichen Routine reißen und auf eine natürliche Art und Weise unsere Verhaltensmuster und Kommunikationsweise aufzeigen, sie erlebbar und somit begreifbar machen. Der Spielcharakter sollte dabei nie verlorengehen, und sie müssen immer in einer sicheren Umgebung ablaufen.

Outdoor-Training ist nicht die Lösung, sondern die Basis für die Lösung ...

... denn „man sieht nicht, daß man nicht sieht." Outdoor-Aktivitäten können als „Rahmen" eines Fachtrainings oder eigenständig eingesetzt werden, um Trainingsziele zu unterstützen bzw. herbeizuführen.

Sie ermöglichen konkretes Lernen und Erfahren sowie die Umsetzung in Arbeitsabläufe durch unmittelbare Reflexion über das Denken und Handeln.

Es ist oft schwierig, Denkgewohnheiten (Vorurteile) und eingefahrene Handlungsmuster mit Worten transparent und für den Teilnehmer sichtbar und begreifbar zu machen. Der verstorbene österreichische Volksschauspieler Hans Moser spielte in einer Kabarettnummer einen Mann, der beschloß, sich sein Abendessen zuzubereiten: Wiener Schnitzel mit Kartoffelsalat. Fleisch hatte er da, jedoch keine Kartoffeln. Nach kurzem Nachdenken entschloß er sich, bei Herrn Huber aus dem fünften Stock welche zu erbitten. Während des Treppensteigens überkamen ihn Zweifel:

Ob der Huber ihm wohl Kartoffeln leihen würde? Beim letzten Zusammentreffen hatte er so merkwürdig geguckt, gegrüßt hatte er auch nicht, und der Huber ist sowieso der Unfreundlichste. So kommt er endlich im fünften Stock an und klopft an die Tür. Herr Huber öffnet und sagt freundlich: „Ja bitte?" „Wissen's was", nuschelt Hans Moser, „stecken's Eana die Kartoffel sonstwohin", macht auf dem Absatz kehrt, und läßt den verdutzten Herrn Huber stehen.

Sie erkennen, was passiert ist? Gut.

In unserem Alltagsleben treffen wir auf dieselbe Mechanik. Wie oft gehen wir von „Annahmen" aus, die wir aufgrund von willkürlichen Interpretationen für wahr halten, obwohl sie keinen realen Hintergrund haben. Das trifft natürlich auch auf die Bewertung von Situationen und Problemen zu, die aus folgenden Gedanken resultieren: „Da führt kein Weg hin, ich gebe lieber auf." „Das geht nicht." „Der mag mich nicht." „Das haben wir immer so gemacht."

Durch das gezielte Arrangieren von Outdoor-Aktivitäten kann man schnell und einfach für die Teilnehmer erlebbar und damit sichtbar machen, wie sie Konflikte, Risiko, Angst, Herausforderungen etc. im Privatleben oder in einer Arbeitsumgebung handhaben. Die Aktivitäten finden in einer lockeren, anspruchsvollen Umgebung statt, die mehr persönliches Engagement erfordert als eine typische „Klassenzimmer-Situation". Unsere Outdoor-Aktivitäten bestehen aus einer Reihe von Übungen zur Problemlösung und Vertrauensbildung, die ein hohes Maß an Gruppenkoordination erfordern. Während alle Aufgaben auf den ersten Blick physischer Natur sind und aktives persönliches Engagement der Teilnehmer erfordern, ist die wirkliche Herausforderung die Kommunikation der Gruppenteilnehmer, um eine Lösung zu ersinnen und dann das Problem aktiv zu lösen.

Ein Beispiel aus der Praxis

Vor etwa zwei Jahren begannen wir, für ein deutsches weltweit operierendes Unternehmen (Marktführer auf seinem Ge-

biet und im ehemaligen Ostblock stark engagiert) die Fachtrainings der Gesellschaften im Osten zu unterstützen. Wir arrangierten nicht nur Outdoor-Aktivitäten, sondern konzipierten den gesamten Trainingsablauf, inklusive Verpflegung und Pausen. Grundsätzlich gehen wir von dem ganzheitlichen Ansatz aus, daß ein Mensch, der ausgeruht ist und sich wohl fühlt, auch leistungsfähiger und leistungsbereiter ist. Wir beginnen relativ früh am Morgen mit „aktivem Erwachen", es folgen Gymnastik und Gleichgewichtsübungen auf einem 50 cm hohen Stahlseil, bei denen sich die Teilnehmer gegenseitig helfen. Ziel ist, ein inneres und äußeres Gleichgewicht, zumindest einmal am Tag, zu erleben und zu empfinden. Erst dann wird gefrühstückt, und das Fachtraining kann beginnen.

Die Situation in den meisten dieser Gesellschaften war durch ein Klima des Mißtrauens geprägt. Daraus resultierten mangelhafte Kommunikation, Informationen wurden aus Konkurrenzgründen nicht weitergegeben, es gab kein Teambewußtsein, wenig Eigeninitiative und keine Bereitschaft, Verantwortung zu überneh-

Abb. 4: Gruppenkoordination und Vertrauen führen zur Problemlösung

Abb. 5: Gleichgewichtsübung auf dem Stahlseil

men. Das Ziel war, unabhängig von den fachlichen Zusammenhängen die Zusammenarbeit der Mitarbeiter und auch der Gesellschaften untereinander zu verbessern, die Eigeninitiative zu erhöhen und natürlich das finanzielle Ergebnis zu verbessern.

Durch unsere Übungen zum „aktiven Erwachen" sind die Teilnehmer gezwungen, sowohl etwas Positives für sich selbst zu tun als auch sich gegenseitig zu helfen, sich zu berühren und sich mit den anderen jenseits der gewohnten Hierarchien und der vertrauten Umgebung zu beschäftigen. Wir legen sehr viel Wert darauf, dieses innere und äußere Gleichgewicht aktiv erleben und empfinden zu lassen. Wer diesen Zustand einmal gefühlt hat, kann sich daran erinnern und versuchen, ihn wieder einzunehmen. Wenn wir aus einer Position der emotionalen Ruhe und Ausgeglichenheit sowie der körperlichen Fitneß handeln, sind wir selbstverständlich leistungsfähiger. Wir bringen mehr Verständnis für die Probleme unseres Gegenübers (Kunde, Partner etc.) auf und kommen letztlich dadurch zu effizienteren Lösungen. In das Fachtraining werden immer wieder Outdoor-Aktivitäten eingestreut, die ein hohes Maß an Kommunikation erfordern, um in der vorgegebenen Zeit gemeinsam eine Strategie zu entwickeln und das Problem erfolgreich zu lösen.

Es ist jedoch wichtig, daß die gestellten Aufgaben keinen Teilnehmer physisch überfordern. Keine der Aufgaben darf, auch im Hinblick auf das subjektive Gefahrenempfinden, so gewählt werden, daß die Teilnehmer die Aufgabe nur beenden wollen, um endlich Ruhe zu haben. Der gewünschte Effekt, nämlich das Überwinden der eigenen Grenzen und der Transfer in die Arbeitsumgebung, tritt dann nicht ein. Wir weisen ausdrücklich

darauf hin, daß es bei Outdoor-Aktivitäten mit einem subjektiven Gefahrenempfinden (Hochseil, Seilbrücke etc.) nicht darum geht, diese unter allen Umständen zu bewältigen, sondern vielmehr darum, eine persönliche Entscheidung zu treffen und zu dieser zu stehen. Es muß ganz klar zum Ausdruck kommen, daß die Entscheidung, eine vermeintlich gefährliche Übung (Abseilen, House-Walking etc.) auszuführen oder nicht auszuführen, absolut gleichwertig ist. Für den Teilnehmer ist wichtig, die eigenen Reaktionen zu beobachten und zu erkennen, wie er oder sie in einer vermeintlichen Gefahrensituation handelt oder nicht handelt und welche Hinderungsgründe bestehen. Interessanterweise entschieden sich fast alle Teilnehmer für die Übungen, nachdem ihnen diese Gleichwertigkeit der Entscheidungen klargemacht wurde. Sie konnten diese Herausforderung als Chance bewerten, die eigenen vermeintlichen Grenzen in einer vollkommen sicheren Umgebung aktiv zu erleben und zu überschreiten.

Ein Gruppenmitglied litt unter Höhenangst. Es war ihm zu Beginn des Trainings nicht möglich, im Rahmen der Gleichgewichtsübungen auf das 50 cm hohe Seil zu steigen. Im Verlauf des Trainings überwand der Teilnehmer diese Angst, so daß er als Höhepunkt auch das Abseilen aus 35 m Höhe schaffte, ohne in Panik zu verfallen. Keine Frage, daß sich das Erscheinungsbild dieser Person zum Besseren gewendet hat und auch das Selbstvertrauen beträchtlich gestiegen ist.

Das Training bewirkt in sehr kurzer Zeit, das gegenseitige Mißtrauen, die Vorurteile und Ängste zu beseitigen und so ein Team zu schaffen, das bereit und willens ist, gemeinsam die vorgegebenen Ziele zu erreichen.

Nach eineinhalb Jahren hatte sich das Betriebsergebnis um satte 30 Prozent verbessert.

Erholung, Pausen, Wohlbefinden

Wohlbefinden hängt unter anderem von der körperlichen und mentalen Konstitution ab. Viele Menschen sind der Meinung, Pausen sind verlorene Arbeitszeit. Sie erkennen nicht, wie wichtig Pausen für die Leistungsfähigkeit und Ausdauer sind. Sind Pausen aber auch so strukturiert, daß man danach wieder voller Elan an die Arbeit geht?

Meist laufen sie genauso hektisch ab wie der Arbeitstag. So kann man sich nicht regenerieren. In unseren Trainings zeigen wir, wie man sich z.B durch kleine Atemübungen schnell und problemlos erfrischen kann. Wer aktiv regeneriert, tut dies besser und bewußter und ist daher erfolgreicher.

Ein Beispiel aus dem Sport: Die zehn weltbesten Tennisspieler sind im Können und der Spieltechnik relativ gleichwertig. Derjenige siegt, der in der Lage ist, in den Pausen die Vergangenheit abzulegen. Das heißt, eventuelle Fehlschläge emotional abzuschließen, sich auf die nächste Spielsituation zu konzentrieren und sich selbst zu motivieren.

Sieger wird der, dem es gelingt, seine Konzentration und Motivation am längsten aufrechtzuhalten, sich in den Pausen zu regenerieren und durch sein Verhalten den Gegner zu verunsichern.

Wenn man bedenkt, daß ein Tennismatch von drei Stunden eine Nettospielzeit von etwa 50 bis 70 Minuten hat, erkennt man leicht, wie wichtig Pausenmanagement für die körperliche und mentale Ausdauer ist.

Ein Beispiel für den Transfer in die Arbeitswelt

Der Vorteil einer „Spiel-Umgebung" ist, daß der Teilnehmer keine gewohnte, in seiner Vorstellung klar umrissene Rolle spielen muß. Da es sich um ein „unwichtiges Spiel" handelt, kann er sich so verhalten, wie er ist, und nicht, wie er glaubt, sein zu müssen. Aus diesem Verhalten kann man dann den direkten Zusammenhang zur Arbeitsumgebung herstellen und transparent machen.

Dabei werden Fragen reflektiert wie: „Mache ich alles, was für die Lösung des Problems notwendig ist?" „Wie verhalte ich mich in der Gruppe?" „Wie kommuniziere ich?" „Bringe ich mich ein, oder sondere ich mich ab?" „Wie reagiere ich auf Erfolg, wie auf Frust?" „An welchem ‚Gegner' orientiere ich mich?" „Wie gehe ich mit kurzfristigen Erfolgen, wie mit Rückschlägen um?"

Dazu ein Beispiel, das wir mit einer Gruppe durchführten, die ein neues Produkt bei einer neuen Zielgruppe einführen sollte. Die Übung bestand aus zwei mehrmals nacheinander durchzuführenden Aufgaben. Eine der Aufgaben ist sehr leicht, das heißt, auch schnell durchzuführen, die andere etwas schwieriger, das heißt, langsamer zu schaffen. Es wurden drei Gruppen gebildet, die diese Aufgaben im Wettbewerb parallel durchführen mußten. Die mittlere Gruppe startete mit der leichten Übung, die erste und dritte mit der schweren. Sieger war, wer als erster das Ziel erreichte. Bei Übungsbeginn gewann die mittlere Gruppe noch einen Vorsprung gegenüber den beiden anderen Gruppen, der jedoch rapide schwand, als mit der zweiten Aufgabe begonnen wurde.

Abb. 6: „Erst im Spiel offenbart der Mensch sein wahres Ich." (Goethe)

Abb. 7: Das Outdoor-Team

Wer hat gewonnen, wer hat verloren? Sie haben es sicher erraten: Die mittlere Gruppe hat verloren. Der wiederholte Wechsel von anfänglichem Erfolg und darauf folgendem Frust hatte sie entnervt und führte zu Unsicherheit und zu Verlangsamung. Es war interessant, in der Reflexion zu sehen, an welchem Team sich die unterschiedlichen Gruppen orientierten, und festzustellen, daß in der Arbeitssituation ähnliche Reaktionen ablaufen.

Die daraus erarbeitete Botschaft lautete: Orientiere dich an deiner eigenen Qualität und Stärke, denn das, was der Mitbewerber macht, kannst du nicht beeinflussen. Was beeinflußbar ist, ist das Herausarbeiten der eigenen Stärken und das Vertrauen darauf. Wenn ich nur auf den Mitbewerber achte, kann ich nur reagieren, aber nicht agieren, somit gebe ich meinen Vorteil aus der Hand.

9.5 Computerunterstütztes Training

Heinz Joachim Bless

(Informationen zum Autor s. Kap. 5.3)

Zu den bisher eingesetzten Lehr- und Lernmedien, also Lehrbuch, Tonfilm, Audio- und Videokassette, haben sich im letzten Jahrzehnt die elektronischen Lehrmittel gesellt. Ihr Einsatz im Verkaufstraining wird in Zukunft immer mehr an Bedeutung gewinnen.

Die innovativen Medien bereichern die Weiterbildung

In reichem Umfang wird Software auf CD-ROM angeboten, wobei zwei Arten zu unterscheiden sind:
- Software für handelsübliche PC mit Programmen für Text, Grafik, Animationen und interaktive Möglichkeiten,
- Software für Hochleistungs-Notebooks und Multimediaprogramme mit umfangreichen interaktiven Möglichkeiten für die Off- und Online-Nutzung.

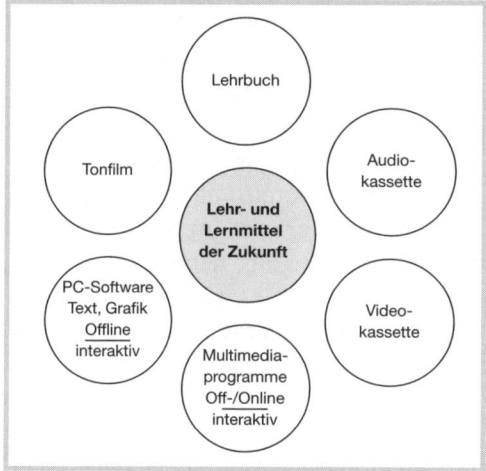

Abb. 1: Lehr- und Lernmittel für das Training

Es wäre verfehlt, zu behaupten, die bisherigen Medien seien überholt und in Zukunft stünde nur noch digitalisierte Didaktik im Vordergrund. Vielmehr sollte man sich auf den Standpunkt einigen, daß die Darstellungsmöglichkeiten dank digitalisierter Technik als willkommene und überzeugende Bereicherung auf dem Aus- und Weiterbildungssektor anzusehen sind. Wo sich die elektronischen Medien im Fächer der Lehr- und Lernmedien in Zukunft positionieren werden, bleibt abzuwarten. Wahrscheinlich wird eine Kombination der verschiedenen Medien auf Dauer die erfolgreichste Methode sein.

Betrieblicher Einsatz multimedialer Programme

Da die heranwachsende Generation über Schulen, Berufsschulen, Fachhochschulen und Universitäten bereits an multimediale Lehrmedien gewöhnt sein wird, ist auch in der betrieblichen Praxis mit nur geringen Widerständen gegen multimediale Lehr- und Lernprogramme zu rechnen. Da inzwischen der Begriff des lebenslangen Lernens durch die schnelle technische Entwicklung zur Selbstverständlichkeit geworden ist, müssen Vertriebsleiter, die diese Medien für die Weiterbildung ihrer Mitarbeiter einsetzen, kaum mit ernsthafter Ablehnung rechnen.

Die Anwendung multimedialer Programme verlangt den Anschluß ans Stromnetz und ggf. an Datennetze, und sie hat natürlich ihre technischen Grenzen.

Vorhandene Fachliteratur zu digitalisieren und nun auf CD-ROM anzubieten, muß nicht immer erfolgreich sein. Der Schwerpunkt wird eher auf der Vermittlung von neuen Produktkenntnissen und deren Anwendungsbereichen liegen. Meist wird es zu Gruppenlernprozessen in Schulungsräumen kommen, bei denen mehrere Teilnehmer (möglichst nicht mehr als drei) vor einem Bildschirm sitzen. Die Lehrkraft muß Übersicht und Zugriffsmöglichkeiten auf die Schulungsplätze haben, um helfen, korrigieren und kontrollieren zu können.

Im Vordergrund steht mit Sicherheit anfangs die Offline-Anwendung von Multimediaprogrammen, die in sich geschlossen, branchen- oder produktbezogen, zielgruppengerecht und nach didaktischen Gesichtspunkten aufgebaut sind.

Diese neue Form der beruflichen Weiterbildung ist noch nicht so weit verbreitet, daß man Rückschlüsse auf Effektivität und Zielerreichung ziehen kann. Abgesehen davon muß hier auch die Rentabilitätsfrage gestellt werden. Steht das Ergebnis im Verhältnis zum Aufwand?

Wie reagiert das Gehirn auf die neuen Medieneindrücke?

Beobachter aus großen Verlagen behaupten, die künftige Lernkultur werde eine Mischung von *education* und *entertainment, edutainment* genannt, sein. Man geht von dem Gedanken aus, daß ein gewisses Maß an Unterhaltungselementen die Informationsaufnahme beschleunigt. Hier wird es eingehender Untersuchungen bedürfen, welche Eindrücke auf welchem Wege am besten im Gehirn haftenbleiben, wenn gelernt und nicht nur informiert werden soll.

Sehr eng mit dem Lernen hängt naturgemäß das Gedächtnis zusammen, das – informationstechnisch ausgedrückt – den Speicher für Lerninhalte darstellt. Von den selektiv aufgenommenen Reizen gelangen die Informationen zunächst ins Kurzzeitgedächtnis, wo sie etwa 10 bis 20 Sekunden erhalten bleiben.

Die Speicherung erfolgt in akustischer oder visueller Form. Die Kapazität des Kurzzeitgedächtnisses beträgt etwa neun Einheiten (z. B. Ziffern, Namen, Objekte) plus minus zwei (s. Bless, Multimedialandschaft, 1995).

Man kann sich also ausrechnen, daß ein zu schnelles Durchklicken der Lerninhalte am PC das Kurzzeitgedächtnis überlastet und daher meist nichts ins Langzeitgedächtnis übergeht, wo es als gelernt gespeichert wird. Gelernt bedeutet: Eine Information kann aus dem Langzeitgedächtnis abgerufen und vernetzt mit anderen Informationen logisch ausgewertet werden. Wird nach dem Lernen die Erinnerung und Wiedergabe verhindert, spricht man von Vergessen. Und daß Informationsüberflutung das Vergessen fördert, weiß jeder.

Das Zappen mit der Fernbedienung und der schnelle Mausklick haben Gewohnheiten hervorgebracht, die für den Lernenden am Bildschirm aus dem Lehrmaterial lediglich Informationsmaterial machen.

Die Folgerung aus diesen Überlegungen: Das Lernen mit Hilfe elektronischer Medien muß erlernt werden, wenn es nachhaltigen Erfolg haben soll. Wenig sinnvoll erscheint es, sich nur allein die Technik, wo die gerade benötigte Information zu finden ist, anzueignen.

Es muß noch eine Menge Erfahrungen gesammelt werden, bis man das Lernen mit den modernen Medien gut beherrscht.

Die Möglichkeiten per Online zu lernen, z. B. durch Anschluß ans Internet, sind weder untersucht noch ausgeschöpft. Schulungsprogramme großer Unternehmen – zentral verwaltet und stets auf dem neuesten Stand – kann man heute schon jederzeit abrufen. Auf diese Weise sind neue Modellvarianten und technisch geänderte Verfahrensweisen schnell zu kommunizieren.

Die didaktische Strukturierung

Bevor man sich zum Einsatz von *computerbased training* (abgekürzt CBT) entschließt, sollte man sich über die Ziele und Aufgaben eines solchen Trainings klar werden. Es geht dabei um eine dauerhafte Speicherung der Informationen sowie die Gewährleistung des Transfers.

Für die berufliche Ausbildung sind multimediale Lernsysteme überall dort sinnvoll, wo die Programme von den Lernenden eigene Aktionen verlangen. Damit wird ein rein rezeptives Aufnehmen wie bei Videolehrfilmen verhindert. Dabei läßt sich der Lernerfolg selten kontrollieren.

Die Interaktion verlangt vom Lernenden, sich intensiver mit dem Stoff zu beschäftigen als ein Videofilm oder ein Lehr vortrag. Bei einfach zu vermittelnden Lehrinhalten ergeben sich kaum Probleme. Etwas anders sieht es bei anspruchsvolleren Stoffen aus:
- Das Problem aus Sicht der Autoren: Sie müssen Einfühlsamkeit in Lernprobleme und didaktische Erfahrung besitzen.
- Das Problem aus Sicht der Lernenden: Sie sollen wie vorgedacht lernen.

Lernertypen sind schwer zu klassifizieren, daher muß man einen gedachten Musterschüler als Grundlage aller Vorstellungen nehmen. Auf dem Markt der multimedialen Lernsysteme haben sich inzwischen einige Systeme herauskristallisiert (s. Abbildung folgende Seite).

In die Programme eingebaute Übungen – man spricht hier von Interaktionen zur Erarbeitung von Lehrstoff – sollten durch Trainer kontrolliert werden. Für den Trainer ist das die willkommene und auch notwendige Gelegenheit, die einzelnen Lernenden sorgfältig zu beobachten und bei Lerndefiziten helfend einzugreifen. Auf diese kommt man zu einer Lernzielkontrolle, die im Hinblick auf den didaktischen Erfolg der neuen Medien besonders wichtig erscheint, weil bisher Erfahrungen über die Wirksamkeit dieser Medien noch nicht ausreichend in signifikant festgestellten Projekten vorliegen.

Die Qualität der kognitiven Aus- und Weiterbildung

Wenn dem Vertriebsleiter die Auswahl vorgefertigter CBT-Programme obliegt und nicht einer firmeneigenen Aus- und Weiterbildungsabteilung, sollte er sich mit diesen von externen Produzenten angebotenen Programmen intensiv beschäftigen. Lehrbücher werden ja nicht blind empfohlen, sondern zuvor einer kritischen Durchsicht unterzogen.

In der Mehrzahl werden derzeit tutorielle Programme angeboten, wobei den multifunktionalen Lernprogrammen wohl die erfolgreichste Zukunft gehört. Bei der Erstellung von firmeneigenen Programmen sollten Vertriebsleiter, Trainer und Software-Häuser unbedingt eng zusammenarbeiten. Man kann kaum erwarten, daß Softwarespezialisten die didaktischen Grundlagen und Vertriebsleiter und Trainer im Datenverarbeitungsbereich die optimalen Kenntnisse besitzen, um maßgeschneiderte Lehrprogramme zu erstellen. Solche Kooperationen haben sich bewährt.

Übungsprogramme	Tutorielle Programme	Intelligente tutorielle Systeme ITS
„Practice und Drill"	A. Tutorials	Lehrstoffpräsentation in Abhängigkeit von „Lerner-modellen"
Vokabellernen, Rechenoperationen	Erklärung von Software, Step-by-step-Erklärung ohne Interaktion	Entscheidung des Lehrers nachahmen
Gibt Erfolgsvision		Hochwirksam, aber immens aufwendig
	B. Lineare Lernprogramme Autor gesteuerte Führung; die häufigsten Programme auf dem Markt	
	C. Multifunktionale Programme Freie Bewegung innerhalb des Programms, Sachinformation, praktische Anwendungsbeispiele, Feedback, Empfehlungen	
Simulations-programme	Hypermediaprogramme	Lernspiele
Konkrete Anwen-dungs- und Hand-lungssituation	Völlig freies Navigieren durch das Programm	Erwerb von Wissen und Fähigkeiten
Entscheidungen treffen	Keine definierten Aufgaben	Wissen in Spielhand-lungen, verpackt Punktesystem
Kein Feedback, richtig oder falsch	Beliebige Informationen, kein Feedback	Selten praxisnah

Abb. 2: Ziele und Aufgaben multimedialer Lernsysteme (CBT)

Neue Ära mit der CD-ROM

Durch die Speichermöglichkeiten der CD-ROM hat das interaktive Lernen eine neue Dimension bekommen. Der Lernende wird durch den Computer angehalten, Fragen zu beantworten, Aufgaben zu lösen, aktiv Informationen abzurufen und zu verarbeiten. Es kommt zu einem – wenn auch unpersönlichen Dialog – mit dem Computer: Er reagiert auf Eingaben und Antworten, bewertet sie und zeigt auch Konsequenzen auf. Natürlich sind diese Interaktionen vorgedacht und vorprogrammiert. Auf spontane Einfälle und Aktionen kann der Computer mangels eigener Intelligenz nicht reagieren.

Vom Lernenden werden aber zahlreiche

Aktivitäten und Simulationen verlangt, da bestimmte Arbeitsschritte geplant und ausgeführt werden müssen. So kommt es zu Ergebnissen, die neuen Handlungsbedarf auslösen. Und gerade darin liegt das Besondere der interaktiven Medien und nicht in der schematischen Vorgabe und Beantwortung von isolierten Wissensfragen, wie man sie in manchen computergestützten Lernprogrammen findet, die kaum mehr als digitalisierte Fragebögen darstellen. Der Computer simuliert in den Fallstudien reale Aufgabenstellungen und Problemlösungen und zwingt zu einer anregenden, intensiven Auseinandersetzung mit praxisrelevanten Problemen. Von der Methodik her unterscheidet man drei Varianten:

Planspiele

Planspielen liegen betriebswirtschaftliche und volkswirtschaftliche Modelle zugrunde, die allerdings keinen Tagesbezug haben. Sie sind infolgedessen nur sehr bedingt auf eigene betriebliche Realitäten der Lernenden anwendbar. Es wird eine Ausgangssituation dargestellt, dann müssen Informationen eingeholt, Planungen durchgeführt und Entscheidungen getroffen werden. Die daraus berechneten Ergebnisse führen zu weiteren Aktionen.

Typisch für Planspiele ist auch, daß Gruppen gegeneinander spielen und sich gegenseitig auf dem gedachten Markt beeinflussen. Die betriebswirtschaftlichen oder volkswirtschaftlichen Zusammenhänge werden nach der Methode „Versuch oder Irrtum" *(trial and error)* entdeckt und lösen Erkenntnisse über die Wirkungsweise verschiedener Handlungen aus.

Fallstudien

Sie haben einen stärker realitätsbezogenen Hintergrund für handlungsorientiertes Lernen. Seit etwa zehn Jahren sind sie in der Berufsausbildung verbreitet. Sie bieten als Übungshintergrund oft eine Kombination, die zur Stärkung der Fach-, Sozial- und Lernkompetenz beitragen soll.

Der Ausgangspunkt ist statisch. Die Zusammenhänge müssen vom Lernenden entdeckt und herausgearbeitet werden. Bei Fallstudien verlangt es Lernende häufig nach Diskussion mit Kollegen über alternative Lösungen. Diese Studien bilden die beste Grundlage für das Lernen in Kleingruppen, bei denen sich ein Trainer oder Dozent als Supervisor betätigt. Fallstudien erfordern die Anwendung verschiedener Arbeits- und Lerntechniken, jede Eingabe wird mit einer Rückmeldung belohnt. Auf dem Bildschirm unterstützen Lösungsfenster ein reflektierendes Arbeiten.

Fallsimulation

Die größte Realitätsbezogenheit bieten Fallsimulationen, denen reale Aufgabenstellungen und Problemlösungen zugrunde liegen. Die Zusammenhänge sind hier dynamisch, Menschen treten auf und reden. Realbilder unterstützen das Vorstellungsvermögen der Lernenden, die ständig Entscheidungen treffen müssen.

Fallsimulationen sind eine Kombination aus Fallstudien und Simulationen, in der eine Situation realistisch durchgespielt wird. Hier können und sollen auch Kleingruppen arbeiten, deren Ergebnisse und Vorgehensweise jedoch vom Computer nicht miteinander verglichen und verrechnet werden. Der Vergleich ist durch die Lernenden selbst möglich unter fachkundiger Leitung eines Trainers oder Dozenten. Besonders wichtig für den Lernenden ist, daß er die Folgen seiner Entschlüsse sofort an den vom Computer errechneten Ergebnissen ablesen kann.

Folgerungen

All diese interaktiven Lernsysteme sind handlungsorientiert. Die Kommunikation mit dem Computer ist für den Lernenden jedoch unpersönlich, und über die im Programm vorgedachten Alternativen oder Fragestellungen kann es nicht hinausgehen. Gibt es unter den Lernenden Querdenker – oder Langsambegreifer – fühlt sich der Lernende allein gelassen. Hier wird erkennbar, daß die Anwesenheit eines erfahrenen Dozenten oder Trainers geboten erscheint, um Auskunft oder Hilfestellung zu geben.

Unterricht und Training werden lebendig, wenn sich Phasen der Programmdurcharbeit mit Phasen der gemeinsamen Besprechung ablösen. Selbst ein ausgefeiltes und erprobtes Lernsystem kann eben allein nicht alles abdecken. Eine Kombination mit den herkömmlichen Medien, Flipcharts, Folien oder anderen Präsentationsmitteln ergänzt in sinnvoller Weise die Arbeit am PC. Der Wechsel von Einzel-, Partner- und Kleingruppenarbeit bedeutet Abwechslung und Lebendigkeit für die Lernenden. Der Stoff wird aus verschiedenen Perspektiven durchgearbeitet und bei den Teilnehmern über die von ihnen unbewußt bevorzugten Wahrnehmungskanäle visuell oder auditiv gespeichert. In jedem Fall wird das vernetzte Denken gefördert.

Effektivität computer- und videounterstützter Lernprogramme

Natürlich wollte man schon früh wissen, wie die Effektivität dieser neuen Lehr- und Lernmedien aussieht. Obwohl es an theoretischen Konzeptionen und empirischen Erkenntnissen mangelt, werden die interaktiven Medien in zunehmendem Maße in der Aus- und Weiterbildung eingesetzt. Für diesen verstärkten Einsatz

werden meist folgende Gründe angeführt: Computerunterstütztes Training

- ermöglicht in besonderem Maße ein erwachsenengerechtes Lernen,
- ist mit hoher Akzeptanz verbunden,
- führt langfristig, vor allem bei großen Lernergruppen, zur Kostenreduzierung,
- ist im Vergleich zum herkömmlichen Unterricht mindestens genauso effektiv.

Es kommt hierbei entscheidend darauf an, ob eine Individualisierung nach Lerntempo, spezifischen Lerndefiziten und Lernstilen möglich ist, die außerdem den Wettbewerbscharakter vermeidet und das unterschiedliche Ausgangsniveau der Teilnehmer berücksichtigt. Erwünscht ist eine Verbindung zu den Interessen und Bedürfnissen der Lernenden durch Beispiele mit realitätsnahen Situationen. Die Möglichkeit der unmittelbaren Rückmeldung des Lernergebnisses und wiederholten Übens in Abwesenheit des Trainers machen solch ein Programm empfehlenswert.

Die variablen Einflußfaktoren

Nach einer Studie des Seminars für Pädagogik der TU Braunschweig (s. Fricke, 1991, S. 3 ff.) ist die Effektivität der Programme von mindestens vier Faktoren abhängig (s. unten).

Einzelstudien haben einen höheren Lernzuwachs und eine kürzere Lernzeit ergeben, doch können diese Ergebnisse noch nicht als gesicherte wissenschaftliche Erkenntnisse gelten. Lerner, die sich beispielsweise im Mittelfeld befanden, haben zwar Fortschritte erzielt, sind aber weiterhin leistungsmäßig auch im Mittelfeld geblieben.

Nach dem derzeitigen Forschungsstand zur CBT-Effektivität ist die gesamte Lernumgebung mit folgenden vier Variablen zu berücksichtigen:

- Lernfeld – Art und Weise, wie CBT-Programme eingesetzt werden, am Arbeitsplatz oder in einem Lernzentrum)
- Lernprogramm – die Qualität des Lernprogramms und die Art und Weise der Medienverwendung innerhalb dieses Programms
- Lernervariable – Vorwissen, Einstellungen und Erfahrungen
- Lernthema

Die Programmqualität bestimmt die Lerneffektivität

In vielen Veröffentlichungen wird behauptet, daß die Grenzen des computerunterstützten Lernens im Verhaltensbereich lägen. In der Tat werden solche Programme vorwiegend für die Vermittlung aus dem kognitiven Bereich eingesetzt, wobei allerdings affektive (gefühlsbetonte) Komponenten beigefügt sind. Solch ein Programm kann natürlich kein Handlungstraining ersetzen, jedoch sind damit gute Vorbereitungen bei der kognitiven Informationsaufnahme möglich. Für die Informationsverarbeitung können wichtige Hinweise gegeben werden, und ein Entscheidungstraining ist bei guter Vorbereitung ebenfalls möglich. Insgesamt kann man sagen, daß die Programmqualität für die Lerneffektivität wichtiger ist als das Lernthema.

Die Lernervariablen bestimmen den Erfolg

Die Auswirkungen auf den Lernerfolg werden von verschiedenen Variablen der Lerner mitbestimmt (s. Fricke, 1991):

- Alter, Geschlecht und Schulabschluß
- Interesse am Programmthema
- Einstellung und Erfahrung im Hinblick auf Weiterbildung
- Einstellung und Vorwissen im Hinblick auf den Computer
- intrinsische Motivation (aus eigenem Antrieb durch Interesse an der Sache) und extrinsische Motivation (durch von einer Sache ausgehendem Anreiz bedingte Motivation)
- Leistungsmotivation mit beiden Komponenten: Feldabhängigkeit oder Feldunabhängigkeit
- Kontrollerwartungen über das CBT-Programm

Die Messung und Bewertung einer Programmqualität ist verständlicherweise äußerst schwierig, denn die Lerner sind von vielen schwer zu kontrollierenden Faktoren beeinflußt. Auch die Frage nach der Benutzerführung stellt sich. Die Perfektionisten unter den Programmgestaltern neigen dazu, die Bildschirmseiten zu überfrachten und dadurch eine Unübersichtlichkeit heraufzubeschwören.

Entscheidend bleibt die Motivation des Lerners. Hochmotivierte Lerner werden auch mit Programmen schlechterer Qualität gut lernen können.

Multimediaprogramme aus Anbietersicht

Die Vorteilsargumentation aus Sicht der Anbieter multimedialer Lernprogramme lautet: Der Lernende sitzt mit einem Multimediaprogramm allein vor seinem Bildschirm und bestimmt damit selbst die Lerngeschwindigkeit, den Inhalt und die jeweils zu verarbeitende Menge und die Wissenstiefe. Das Programm ist geduldig, und die Lerngeschwindigkeit wird durch den Mausklick des Nutzers bestimmt.

Da immer nur eine Seite auf dem Bildschirm steht und der Fortgang durch Symbole und Fenster angezeigt wird, zeichnet sich hier bereits deutlich ab, wie wichtig eine klare Strukturierung ist, und daß ein didaktisch vorbildlicher Aufbau den Wert oder Unwert eines Multimediaprogramms wesentlich mitbestimmt.

Man kann in einem PC-Programm nicht wie in einem Lehrbuch blättern oder rasch mal diagonal lesen. Die neue Art des Lesens und Lernens wird zur Alternative ausreifen und wahrscheinlich künftig auch gelehrt werden müssen!

Die Vorteilsargumentation bezüglich der Lerngeschwindigkeit, des selektiv ausgewählten Inhalts und der zu lernenden Menge ist nicht multimediaspezifisch. Die gleichen Argumente konnten bisher auch für die Printmedien gelten, und hier ist zweifellos ein schnelleres Nachschlagen möglich, z. B. um Schwachstellen zu repetieren, als beim erneuten Aufsuchen in einem umfangreichen PC-Programm.

Mit Trainerhilfe zu neuer Lernmotivation

Multimediale Lernprogramme müssen durch einen Trainer eingeführt werden, der nicht nur den Aufbau der Lernstruktur erläutert und die Bedienung erklärt, sondern auch die Lernmotivation mit diesem neuen Medium weckt (s. Bless, 1997).

Die erste Stufe für die Lerner besteht darin, die Grundmotivation zu haben, nämlich mehr wissen und können zu wollen.

Daran schließt sich die Arbeitsmotivation beim Lernen an: Das Arbeiten mit Medium und Lehrstoff wird positiv angesehen und gern akzeptiert. Vor allem bei erwachsenen Einsteigern in dieses Lernmedium, die noch nicht mit dem PC aufgewachsen sind, ist diese positive Einstellung Voraussetzung.

Die dritte Stufe bedeutet, den Lernerfolg zu erkennen. Der Lernende stellt fest: Ich weiß, ich verstehe jetzt mehr. Nach dieser Erkenntnis ergibt sich der Lerntransfer fast von selbst: Man kann Gelerntes anwenden mit dem Erfolgserlebnis, jetzt auch besser arbeiten zu können. Wer diese Stufe erreicht hat, ist bereits bei der intrinsischen Leistungsmotivation: Er hat den Erfolg des Lernens erkannt und merkt, daß es sich lohnt zu lernen.

Daraus ist dann die nächste Stufe abzuleiten: die Einsicht zum lebenslangen Lernen. Der Entschluß wird ausgelöst: Ich bleibe dran. Damit ist die höchste Stufe für das kontinuierliche Weiterlernen erklommen. Es verfestigt sich die Einstellung, daß ständiges Weiterlernen zum Erfolgreichsein und -bleiben gehört.

Zweifellos wird multimediales Lernen im Wissensbereich eine bedeutende Rolle spielen. Aber es gibt Lerninhalte, bei denen man zwar die Grundlagen des Wissens medial vermitteln kann, das wirkliche Verhalten, intuitiv oder gesteuert, läßt sich aber nur in sozialer Gemeinschaft trainieren. Hier sind die Verhaltenstrainer nicht entbehrlich. Es ist schlecht vorstellbar, daß man am Bildschirm Verhandlungsgeschick im Dialog, Eigen- oder Fremdmotivation, Teamfähigkeit, Sozialkompetenz oder Toleranz erlernen kann.

Ein Busineßprogramm mit positiven Möglichkeiten

Ein Weiterbildungssystem, das mit CBT-Elementen effektive Trainingsprogramme anbietet, hat z. B. die Deutsche Trainer- und Berater GmbH, Schwarmstedt, für sechs Einsatzbereiche auf den Markt gebracht. Diese multimedialen Trainingsprogramme sind in ihrer Struktur und ihrem Inhalt sowohl für den kognitiven als auch affektiven Bereich einsetzbar. Freilich kann man dabei auf die professionellen Verhaltenstrainer ebenfalls nicht verzichten, doch ihre Arbeitsweise wird sich ändern.

Dieses innovative Trainingssystem ist

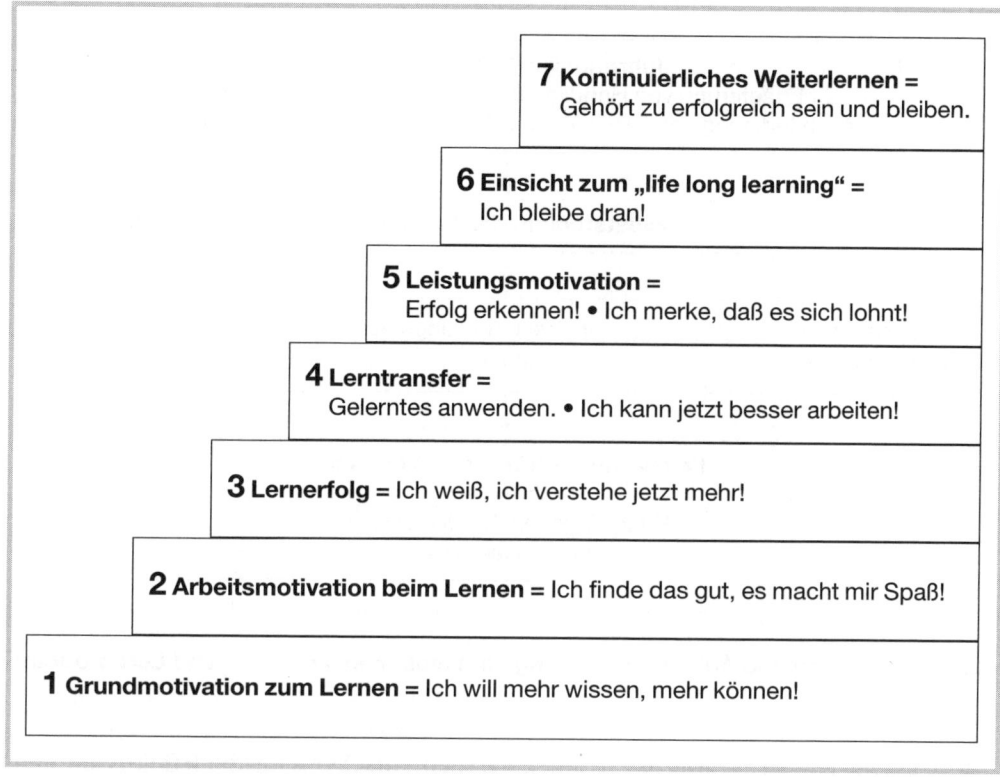

7 **Kontinuierliches Weiterlernen** =
Gehört zu erfolgreich sein und bleiben.

6 **Einsicht zum „life long learning"** =
Ich bleibe dran!

5 **Leistungsmotivation** =
Erfolg erkennen! • Ich merke, daß es sich lohnt!

4 **Lerntransfer** =
Gelerntes anwenden. • Ich kann jetzt besser arbeiten!

3 **Lernerfolg** = Ich weiß, ich verstehe jetzt mehr!

2 **Arbeitsmotivation beim Lernen** = Ich finde das gut, es macht mir Spaß!

1 **Grundmotivation zum Lernen** = Ich will mehr wissen, mehr können!

Abb. 3: Die 7 Stufen der Leistungsmotivation

angesichts der überall knappen Personaldecke und der Zeit und Kosten für Schulungen oder Trainings gut geeignet, den Weiterbildungsbedarf bei den bisher angebotenen Themen auf die modernste Art zu decken. Die größte Anwendungsbreite wird zweifellos im kognitiven Bereich liegen, wo die berufsbezogenen, fachlichen Themen multimedial aufbereitet sind. Die Anfänge der digitalisierten Lehrbücher sind vorbei. Ton- und Videoeinblendungen stellen die Themen plastischer dar, als es je ein gedruckter Text mit Tabellen oder statistischen Tafeln vermochte.

Man geht davon aus, daß Trainer sich dieser Lehr- und Lernprogramme bedienen, die sie zunächst selbst übernehmen und mit wenigen eigenen Elementen ver-

sehen und ergänzen können. Damit verlieren die Programme den Konfektionscharakter, und die Verhaltenstrainer fühlen sich nicht bevormundet oder gar ferngesteuert. Sobald sie sich selbst mit den Inhalten identifizieren, können die Trainer in einem Einführungsworkshop das Handling und die Systematik der Programme erläutern und einen ersten Durchgang mit ihrer Gruppe durchführen.

Jede berufliche Tätigkeit hat in irgendeiner Form mit Kommunikation zu tun, sei es persönlich oder per Telefon. Inzwischen ist auch bei den härtesten Verkaufstrainern das optimale Kommunikationsverhalten gleichwertig neben die Verhandlungs-, Verkaufs- und Abschlußtechnik gerückt.

Abb. 4: Einführung und Ablauf des Trainings mit multimedialen Lehr- und Lernprogrammen

Mit einem gut strukturierten Trainerhandbuch werden in dem Kommunikationsprogramm Inhalt und Aufbau der fünf Module des erwähnten Busineß-Kurses erläutert und die Lernziele jedes Abschnittes definiert. Begrüßenswert ist auch, daß die Dauer eines Durchgangs mit einer Zeitvorgabe angegeben wird, so daß sowohl der Trainer als auch der Lernende den Zeitbedarf für die Durcharbeitung kennt. Nach dem Selbststudium läßt man die Lerner nicht allein: Ein Follow-up- und Transfer-Workshop mit dem Trainer, der schon die Einführung mit der Gruppe vornahm, stellt den Erfolg des Programms durch Erfahrungsberichte und Diskussion mit der Gruppe fest. Lob über Erfolge wird zur Fortsetzung mit weiteren Themenbereichen ermutigen.

Hier tut sich für die Verkaufsleiter und Trainer ein neues, bedeutsames Feld im Bereich der Kontrolle und bei der empirischen Forschung für die Effektivität multimedialer Lernprogramme auf. Möglichkeiten sind genug beschrieben worden, Erfolgsbestätigungen werden erwartet.

Alle Programme der Busineß-Serie der Deutschen Trainer- und Berater GmbH sind klar in Module gegliedert, bei denen die Teilnehmer über das Hauptmenü leicht in die für sie im Moment aktuellen Kapitel einsteigen können.

Optisch können die Fortschritte in den einzelnen Kapiteln verfolgt werden, so daß der Lernende selbst eine Kontrolle über die vollständige Bearbeitung erhält.

Zunächst werden mit diesen Programmen vorwiegend die Führungskräfte angesprochen. Sie können eher mit flexibler Zeiteinteilung die Programme durcharbeiten, um ihre Fähigkeiten zu verbessern.

Nach dem Programm „Erfolgreich kommunizieren", das als Einführung gedacht ist und empfohlen wird, können

dann in frei gewählter Reihenfolge die weiteren Programme bearbeitet werden:
- „Zielgerichtet Planen und Organisieren" u. a. mit den Themen erhöhte Produktivität durch verbesserte Planung, Organisation, Überwachung und Kontrolle,
- „Besprechungen erfolgreich gestalten",
- „Erfolgreich schreiben am Arbeitsplatz",
- „Erfolgreich telefonieren am Arbeitsplatz",
- „Teams erfolgreich führen" u. a. mit den Themen Motivation, Engagement und Produktivität durch gekonntes Führen,
- „Leistungsbeurteilung".

Das notwendige Grundwissen kann auf diese Weise schrittweise erarbeitet oder genauso punktuell wiederholt werden, wenn es eine Veranlassung dazu gibt.

Die Diskussion mit einem Verhaltenstrainer zu konkreten Fällen wird dadurch nicht entbehrlich, sondern auf einem qualitativ höheren Niveau geführt und bringt schnellere Ergebnisse.

Zukünftige Erfolge durch Kombination von CBT und Verhaltenstraining

Die früher deutliche Trennung der Begriffe Schulung für die berufsbezogene Aufnahme von Wissen und Training der Verhaltensweisen bei Kommunikation und Interaktion ist heute durch die aus dem Angelsächsischen übernommene Bezeichnung *Computer Based Training* verwischt.

Die Mehrzahl der Angebote zur Ausbildung befaßt sich mit der Vermittlung von kognitiven Inhalten und wird bei zunehmender Perfektion der Programme auch in didaktischer Hinsicht sehr breite Felder des Aus- und Weiterbildungsmarktes abdecken, ohne jedoch die Lehrbücher ganz verdrängen zu können.

Für den affektiven Bereich werden die Grundlagen vorbildlicher Verhaltensweisen sicher auch mit multimedialen Mitteln darzustellen sein, jedoch ist die ganze Breite menschlicher Verhaltensformen in den unterschiedlichsten Situationen nicht in ein System zu bringen.

Die Fülle der möglichen Alternativen jeweils praxisnah zu behandeln, wird weiterhin zu den Aufgaben erfahrener Verhaltenstrainer gehören, die durch Beispiele, Rollenspiele und lebhafte Diskussionen die vielfältigen berufsbezogenen Lehrinhalte vertiefen.

Literaturhinweise

Bless, Heinz Joachim, Multimedialandschaft: Eine hoffnungsvolle Baustelle, in: Wirtschaft und Weiterbildung 3/1995, S. 25 ff.
Bless, Heinz Joachim, Computergestütztes Training: Weiterbildungschance für Verkäufer? in: Salesprofi, 3/1997, S. 7
Bless, Heinz Joachim, Aus- und Weiterbildung im multimedialen Umbruch? in: BDVT intern, 144/1997, S. 22
Fricke, Reiner, Zur Effektivität computer- und videounterstützter Lernprogramme – Arbeiten aus dem Seminar für Pädagogik, Bericht 1/1991
Schimmel-Schloo, Martina, Computer Based Training im Verkauf, in: acquisa, 9/1995, S. 62
Zimmer, G. (Hrsg.), Interaktive Medien für die Aus- und Weiterbildung. Marktübersicht, Analysen, Anwendung, Bd.1 der Reihe Multimediales Lernen in der Berufsbildung, Verlag Bildung und Wissen, Nürnberg, 1990
Zimmer, G., Neue Weiterbildungsmethoden mit multimedialen Lernsystemen, in: Berufsbildung in Wissenschaft und Praxis, 20 (Heft 5), S. 2–9, 1991

9.6 Unternehmenssimulation im Verkaufstraining

Der Autor

Roger Zosso, Lic. oec. publ., hat an der Universität Zürich Betriebswirtschaft studiert und arbeitet als Trainer in der Firma trainings-consult AG, die er mit seinem Vater führt. Als Mitentwickler der Software CyberFirm™, eine multimediale, interaktive Unternehmenssimulation, führt Roger Zosso für verschiedenste Schulen, Verbände und Firmen betriebswirtschaftliche Seminare durch.

Einleitung

Seit ca. 20 Jahren werden Simulationen – ein Seminar- und Ausbildungshilfsmittel – eingesetzt. Die damalige Computertechnologie erlaubte es, Berechnungen von Absatzfunktionen auf Tabellenkalkulationsblättern vorzunehmen. Der Teilnehmer eines Planspiels mußte seine unternehmerischen Entscheidungen auf einem Blatt Papier fällen, indem er Preise setzte, Mitarbeiter einstellte und entließ, Forschungs- und Entwicklungsarbeiten festsetzte und den Werbebetrag festlegte. Die Daten wurden vom Spielleiter über Telex oder Telefon bei einem zentralen Rechner eingegeben. Häufig kam es dabei natürlich zu Fehlern beim Abschreiben oder beim Datentransfer. Die Möglichkeiten auf der Entscheidungsebene waren relativ gering und einseitig. Man konnte schnell herausfinden, wie die Absatzfunktion der Simulation rechnete, etwa daß automatisch mehr abgesetzt wurde, wenn der Werbebetrag angehoben wurde. Die Qualität der Werbung zählte nicht. Es war amüsant, mit diesen Parametern zu spielen und die simulierte Konkurrenz zu irritieren. Die Simulation wurde dadurch aber realitätsfremd, da nur vorgegebene Entscheidungen gefällt werden konnten und die Kreativität der Teilnehmer stark begrenzt wurde.

Die Technologie im Computerbereich hat sich inzwischen rasant verbessert. Es gibt Simulationen, welche die Vorteile der heutigen Technologie als Schulungshilfsmittel und Lernhilfe ausnutzen. An verschiedenen Instituten und in Firmen werden insbesondere Verkäufer damit geschult, um das Verständnis für betriebswirtschaftliche Zusammenhänge zu fördern.

Die Lernziele einer Simulation

Der Verkäufer analysiert und beurteilt die positiven Aspekte einer guten, partnerschaftlichen Zusammenarbeit innerhalb einer Firma. Er führt die Firma selbst, fällt die nötigen Führungsentscheide und entwickelt Firmenstrategien. So gestaltet er die simulierte Firma individuell. Der Teilnehmer erhält dadurch ein besseres Verständnis betriebswirtschaftlicher Zusammenhänge und kann die Entscheidungen einer Unternehmung besser verstehen.

Zwischen den Entscheidungen am Computer bleibt Zeit, betriebswirtschaftliche Theorien im Plenum mit den Teilnehmern von Simulationsseminaren zu erarbeiten. Anschließend benutzt der Teilnehmer seine neuen Kenntnisse in der Simulation, im „learning by doing". Der Teilnehmer soll durch diese Theorieblöcke die Bedeutung finanzwirtschaftlicher Überlegungen für die aktuelle Situation des Verkaufens erkennen können. Außerdem geht es darum, betriebswirtschaftliche Erklärungen und Effekte aus finanzwirtschaftlichem Material abzuleiten.

Als Beispiel soll die Unternehmenssimulation CyberFirm™ der trainings-consult AG, Wollerau/Schweiz, dienen. Das Programm ermöglicht die Simulation von einem Markt, auf dem bis zu fünf Konkurrenten das gleiche Produkt managen. Jede Firma hat eine eigene Computerstation, auf der die Entscheide für die Zukunft gefällt werden. Alle Konkurrenten sind mittels Netzwerk miteinander und mit dem Spielleiter verbunden.

Die Kontrolle und Steuerung des Spiels geht vom Spielleiter aus. Er kann, je nach Stand des Spiels, Vertiefungspunkte für die Teilnehmer zuschalten. Die Simulation bringt auf diese Weise ständig neue Gesichtspunkte und bleibt deshalb interessant. Bei den Vertiefungen genügt es nicht mehr, nur einen möglichst hohen Betrag für beispielsweise die Werbung einzusetzen, sondern die Verwendung der Mittel muß in einem Werbe- und Marketingkonzept festgehalten werden. Der Spielleiter beurteilt die Konzepte und bringt so einen qualitativen Aspekt in die Berechnungen des Spiels ein. Der Seminarablauf ist am Schluß dieses Beitrags in einer Übersicht dargestellt.

Lernziele für Verkäufer

Bei den Seminaren für Verkäufer werden folgende Ziele verfolgt:

Umgang mit komplexen Entscheidungssituationen unter Unsicherheit

Der Verkäufer soll lernen, in Streßsituationen die richtige Entscheidung zu treffen. Die Verhaltensweise läßt sich in der Simulation genau analysieren. Verbesserungsvorschläge werden ausgearbeitet und trainiert, damit im Geschäftsleben keine Fehlentscheidung in der gleichen Situation gefällt wird.

Arbeit im Team, Entscheidungen gemeinsam fällen

Der Verkäufer soll seine Arbeit im Team verbessern. Die verschiedenen Meinungen, die in einem Team vorherrschen, müssen auf einen Nenner gebracht werden. Die Entscheidungsfindung bei der Festlegung von Zielen und Strategien soll verbessert werden.

Kennenlernen von Instrumenten der Kosten- und Erfolgsrechnung und der Budgetierung

Der Verkäufer soll die Instrumente des Rechnungswesens besser verstehen und zu seinem Vorteil nutzen. Die Interpretation der Zahlen aus dem Rechnungswesen soll dem Verkäufer in der Praxis bei der Entscheidungsfindung geschäftlicher Probleme Hilfe leisten.

Bereichsübergreifendes Denken und Handeln üben

Der Verkäufer soll die Zusammenhänge innerhalb einer Firma besser verstehen lernen. Der Ablauf der geschäftlichen Tätigkeit soll als Ganzes erkannt werden. In der Praxis soll der Verkäufer die symbiotischen Vorteile erkennen und nutzen.

Umsetzen von unternehmerischen Entscheidungen in konkrete Maßnahmen

Der Verkäufer soll lernen, die unternehmerischen Entscheidungen sofort in die Tat umzusetzen. Oft werden gute Ideen und Konzepte entwickelt, aber die Umsetzung erfolgt nicht. In der Simulation ist der Teilnehmer gezwungen, die Ideen auszuformulieren und im Zusammenhang mit der Budgetierung umzusetzen. Die Umsetzung soll in Zukunft in der Praxis besser ablaufen, damit gute Ideen auch verwirklicht werden.

Die betriebswirtschaftlichen Themen der Schulung

Auf folgende betriebswirtschaftliche Themen kann in den Vertiefungspunkten des Programms eingegangen werden.

- *Budgettheorie:* Das Budget als zentrale Entscheidungsgrundlage in der Unternehmung. Einhalten von budgetierten Werten, Verbindung des Budgets zum Rechnungswesen.
- *Rechnungswesen:* Funktion und Ablauf des Rechnungswesens. Zusammenhänge der einzelnen Posten in der Bilanz und Erfolgsrechnung. Abschlußwesen.
- *Aufgaben, Funktion des Unternehmens, Planung:* die zentralen Führungsinstrumente Leitbild, Unternehmenskonzept, Führungskonzept. Aufzeigen der Unternehmensphilosophie in Worten.
- *Marketing/Werbung:* Auswirkungen der Werbung auf die Unternehmung und die Umwelt. Verwendung der Werbemittel in einem möglichst optimalen Mix.
- *Personalpolitik:* Aufteilen der Löhne auf die gesamte Belegschaft, Festlegen der Sozialleistungen und der Lohnpolitik, Beobachtung des Arbeitsmarktes und gezieltes Einsetzen von verschiedensten Mitarbeitertypen (Kader, Außendienst etc.)
- *Mieten:* Erstellen eines Mietplanes, optimale Ausnutzung der vorhandenen Kapazitäten, bei Falschkalkulation müssen zwingend neue Räumlichkeiten zugemietet werden.
- *Außerordentliche Erträge:* Möglichkeiten von kreativen Ideen, wie zusätzlich das Ergebnis der Firma verbessert werden kann.
- *Krisenmanagement:* Verhalten in Krisenzeiten, Änderung von Ideen in der Unternehmung.
- *Finanzkennzahlen:* Auswertung von Bilanz und Erfolgsrechnung. Interpretation von Kennzahlen aus der Buchhaltung.

Der Entscheidungsprozeß

Entscheidungen über das Budget

Das Budget dient als zentrale Entscheidungsgrundlage. Die Vorgaben im Budget sind nach einem einfachen Kontenplan nach Käfer aufgebaut.

729

Die Resultate im Spiel werden berechnet aus den Entscheidungen, die über das Budget getroffen werden. Das monetäre Budget ist dreigeteilt in Ertragsbudget, Aufwandsbudget und Investitionsbudget.

Die Entwicklung der Entscheidungen

A. Leitbild: Das Leitbild stellt eine zusammenfassende Charakterisierung des Unternehmens dar. Außerdem werden Zukunftsvorstellungen in Worte gefaßt
• Aufgaben der Firma
• Berufsverbände/Qualitätserfordernisse
• Marktstellung
• Eingrenzen der Tätigkeit/geografische Reichweite
• Finanzielle Zielsetzung
• Sozialwesen

B. Firmenkonzept: Die langfristig gültigen Festlegungen von Strategien, die sich auf wesentliche Aspekte der gesamten Unternehmenstätigkeit beziehen. Zweidimensionale Analyse unter dem Gesichtspunkt finanzwirtschaftlicher und leistungswirtschaftlicher Zielsetzung:
• Ziele, die es zu erreichen gilt
• Mittel, um die gesetzten Ziele zu erreichen
• Verfahrensweisen, wie die Mittel eingesetzt werden

C. Führungskonzept: Anforderungen aus dem Firmenkonzept an die Unternehmensführung, Aufbau der Unternehmensorganisation, Erstellen eines Organigrammes. Aufzeigen der Organisationsabläufe in der simulierten Unternehmung.

D. Löhne: Was für Mitarbeiter mit wie hohen Löhnen haben wir angestellt? Die Zufriedenheit der Mitarbeiter schlägt sich in der Produktivität nieder. Außerdem muß

die Verwendung der Mittel ausformuliert werden, um die sozialpolitischen Ideen der Firma nach außen zu zeigen.

E. Mieten: Platz für die budgetierten Mengen, Aufteilung der gemieteten Räume in Lager, Produktion, Administration etc.

F. Außerordentliche Erträge: Aktivieren Sie Ihre Kreativität als Unternehmer. Wie können Sie außerhalb Ihres Tätigkeitsfeldes das Ergebnis der Firma verbessern?

G. Werbung: Die Werbemittel sind ein zentrales Instrument, um mit der Firma an die Öffentlichkeit zu treten. Die Verteilung der Mittel stellt sich vielfach als nicht so leicht dar. Sie müssen sinnvoll zwischen verschiedenen Werbeträgern aufgeteilt werden. Außerdem muß die Werbeplanung als Zeitplanung und Marketingkonzept durchgeführt werden, sie geht als qualitative Bewertung in die Simulation ein.

H. Analysen: Als Vorbereitung für die Generalversammlung werden die wichtigsten Kennzahlen der Bilanz und der Erfolgsrechung berechnet und den Teilnehmern geliefert. Außerdem können eine Deckungsbeitragsrechnung und eine Cashflow-Rechnung zugeschaltet werden.

Der Verkäufer kann ständig Vergleiche zu seiner Praxis ziehen und für sich Verbesserungsmöglichkeiten aufstellen. Dadurch wird ein großer Lernerfolg erzielt, der in der Praxis sofort umgesetzt werden kann.

Gründe für die betriebswirtschaftliche Weiterbildung

Die Kenntnis von betriebswirtschaftlichen Zusammenhängen im Unternehmen und von Volkswirtschaft insgesamt geben dem Verkäufer Sicherheit im Umgang mit dem Kunden. Verkaufsgespräche gehen oft vom Produkt weg zu allgemeinen Diskussionen über die Geschäftswelt. Man spricht über Deckungsbeiträge verschiedener Produkte im Sortiment oder über die Personalpolitik im Unternehmen.

Fazit: Der Verkäufer wird für die Kundschaft ein noch interessanterer Gesprächspartner im Verkaufsgespräch!

Die Auseinandersetzung mit der Politik eines „eigenen", in der Simulation geführten Unternehmens, fördert das Verständnis für die Firmenphilosophie des Unternehmens, in dem man arbeitet.

Fazit: Der Verkäufer kann noch mehr Verständnis für die strategischen Entscheidungen der Geschäftsleitung aufbringen!

Durch selbständiges Entscheiden im Einkauf, Personalwesen und in anderen Geschäftsbereichen wird das Verständnis für die Kosten in der Firma geweckt.

Fazit: Der Verkäufer kann noch vorsich-

tiger mit den Ressourcen der Unternehmung umgehen und kann beim Verbrauch von Materialien der Unternehmung noch sparsamer werden!

In der Simulation werden Anzeichen von kommenden Konjunkturveränderungen aufgezeigt und diskutiert. Die Auswirkungen einer Rezession werden sehr klar ersichtlich. Der Teilnehmer soll das Verständnis für Entscheidungen der Geschäftsleitung in Krisensituationen aufbringen.

Fazit: Der Verkäufer kann ein Gespür für kommende konjunkturelle Veränderungen entwickeln und richtig darauf reagieren!

Die Teilnehmer eines Simulationsseminars arbeiten in einer Gruppe als Unternehmen zusammen. Die Teamfähigkeit der Teilnehmer wird trainiert und analysiert.

Fazit: Der Verkäufer kann seine Arbeit im Team beweisen und Konfliktlösungsprozesse kennenlernen!

CyberFirm™ – Seminarablauf		
1. Tag		
Themen	**Lernteilziele**	**Methodik**
Einführung, organisatorischer Ablauf, Bildung der Gruppen	Motivation für das Unternehmensspiel aufbauen können	Trainerreferat
Ausgangslage, Vorstellen der Unternehmen, Informationen über die Entscheidungsgrundlagen	Unternehmensspiel grob kennenlernen	Arbeitsunterricht
Budgettheorie, Einsatz der Client-Computer, Hilfsmittel	Erste Budgetentscheidungen optimal fällen können	• Arbeitsunterricht • Gruppenunterricht

Themen	Lernteilziele	Methodik
Erste Entscheidung Budget	Sich mit unternehmerischen Entscheidungen vertraut machen	Gruppenarbeit
Erste Ergebnisse	Sich Rechenschaft über die ersten Budgetentscheidungen geben können	• Trainererläuterungen • Analyse in Gruppen
Aufgaben Unternehmen, Funktion Unternehmen, Planung Aufgaben Geschäftsleitung	Verständnis für Aufgaben der Geschäftsleitung fördern	Arbeitsunterricht
Leitbild, Unternehmenskonzepte, Führungskonzepte	• Leitbild verstehen können • Leitbild für simulierte Firma erstellen und Konzepte festlegen können • Zielsetzung für die nächsten Geschäftsjahre festhalten	• Erläuterung Geschäftsleitung • Gruppenarbeit • Präsentation des Leitbildes durch Gruppensprecher • Gruppenarbeit
Zweite Entscheidung Budget, Leitbild, Konzepte	Sich mit unternehmerischen Entscheidungen intensiv auseinandersetzen können	Gruppenarbeit
Bilanz und Erfolgsrechnung	• Ergebnisse aus zweiter Entscheidung richtig interpretieren • Thematik einüben können • Bilanz und Erfolgsrechnung verstehen können	• Arbeitsunterricht • Praxisfall als Gruppenarbeit • Analyse im Plenum
Ergebnisse aus zweiter Entscheidung	Sich Rechenschaft über die eigenen Entscheidungen geben können	• Traineranalyse • Analyse in Gruppen

2. Tag		
Themen	**Lernteilziele**	**Methodik**
Marketing, Werbung	• Auswirkungen der Werbung auf Unternehmen kennenlernen • Zur Verfügung stehende Mittel richtig einsetzen können • Eigene Kreativität umsetzen können	• Arbeitsunterricht • Erläuterungen Geschäftsleitung • Werbebudget in Gruppen festlegen • Werbeunterlagen, Spot erstellen
Dritte Entscheidung Budget, Leitbild, Konzepte, Werbeentscheidungen, Lohnpolitik	Verständnis für unternehmerische Entscheidungen fördern	Gruppenarbeit
Personalpolitik, Sozialplanung, Lohnpolitik, Arbeitsmarkt	• Sich mit gerechtem Aufteilen der Löhne auseinandersetzen können • Sich über die Kosten der Sozialleistungen bewußt werden können • Dem Leitbild entsprechende Sozialleistungen verwirklichen können	• Arbeitsunterricht • Erläuterungen Geschäftsleitung • Gruppenarbeit (Sozialkonzept)
Ergebnisse aus dritter Entscheidung	Eigene Entscheidungen analysieren und Ergebnisse optimal interpretieren können	• Diskussion im Plenum • Gruppenarbeit
Vierte Entscheidung Budget, Leitbild, Konzepte, Werbung Löhne, Mieten, außerordentliche Erträge (Mitteilungen über Medien)	Verständnis für unternehmerische Entscheidungen aufbringen können	Gruppenarbeit

3. Tag		
Themen	**Lernteilziele**	**Methodik**
Marketing, Werbung (Hausaufgabe)	Eigene Kreativität beweisen können	• Gruppenarbeit (Vorbereitung Präsentation) • Präsentation der eigenen Werbeunterlagen und Werbespots im Plenum
Mieten	• Effektive Kosten für Büro, Lager und Produktionsräume erkennen können • Mieten für fünften Entscheid optimal vorbereiten können	• Arbeitsunterricht • Gruppenarbeit
Ergebnisse aus viertem Entscheid	Eigene Entscheide kritisch überprüfen und optimale Korrekturen für die Zukunft vornehmen können	Diskussion
Krisenmanagement	Schwierigkeiten des richtigen Verhaltens in Krisenzeiten erkennen	Arbeitsunterricht
Außerordentliche Erträge	Kreative Ideen für Resultatsverbesserungen entwickeln können	• Arbeitsunterricht • Workshop
Fünfte Entscheidung Budget, Leitbild, Konzepte, Werbung, Löhne, Mieten, außerordentliche Erträge, Krisenmanagement	Sich mit den eigenen Entscheidungen identifizieren können	Gruppenarbeit
Wirtschaftskreislauf, Konjunkturzyklen	Ursachen der Konjunkturveränderungen kennenlernen	• Arbeitsunterricht • „Bienenkorb" • Einzelarbeit

3. Tag

Themen	Lernteilziele	Methodik
Ergebnisse aus fünfter Entscheidung	• Ergebnisse aus eigenen Entscheidungen richtig analysieren und optimale Korrekturen vornehmen	• Diskussion • Gruppenarbeit
Sozialkonzept	Sozialpolitik nach außen überzeugend vertreten	Einzelvorträge der Gruppensprecher
Sechste Entscheidung	Schwierigkeiten komplexer unternehmerischer Entscheidungen selber erleben und erkennen können	Gruppenarbeit
Generalversammlung	Erste Vorbereitungen treffen können	Gruppenarbeit

4. Tag

Themen	Lernteilziele	Methodik
Ergebnisse aus sechster Entscheidung	Ergebnis mit eigenem Leitbild vergleichen können	• Diskussion • Gruppengespräch
Finanzkennziffern, Führungskennziffern, Auswertung der Abschlüsse	Unternehmensabschluß-buchungen richtig vornehmen, inneren Wert errechnen, Geschäftsbericht und Präsentation optimal vorbereiten können	• Arbeitsunterricht • Gruppenarbeit • Einzelgespräche mit Verwaltungsratspräsidenten und Finanzexperten
Siebte Entscheidung	Möglichst alle Elemente guter unternehmerischer Entscheidungen berücksichtigen und ein dem	Gruppenarbeit

Themen	Lernteilziele	Methodik
	Leitbild entsprechendes Resultat erzielen können	
Ergebnisse aus siebter Entscheidung	Resultate objektiv kritisch überprüfen können	Diskussion
Generalversammlung	optimal vorbereiten	Gruppenarbeit
Generalversammlungen	Rechenschaft über die eigene Arbeit abgeben können	Präsentation jeder Firma im Plenum als Generalversammlung
Abschluß	Sich ein Gesamturteil bilden können	Einzelarbeit

9.7 Der Newsletter als Instrument des effizienten Mitarbeitertrainings

Die Autorin

Sabine Holzknecht, Dipl. Volkswirtin mit den Schwerpunkten Revision und Treuhand, ist als Volontärin im Verlag Norbert Müller für Publikationen in den Bereichen Vertrieb und Außendienst zuständig. Außerdem schreibt sie als Redakteurin für den Newsletter „PM Beratungsbrief für Produktmanager und Marketingleiter" und ist mit der Entwicklung neuer Verlagsprodukte betraut. Zuvor absolvierte sie ein Auslandsstudium in Prag und war als Projektleiterin am Institut für Finanzwissenschaften in Innsbruck tätig.

Mitarbeitertraining als Grundstein der Unternehmenssicherung

Wettbewerb wird immer mehr zum Wettkampf. Neue und alte Konkurrenten drängen auf den Markt und versuchen, mit neuen Produkten, mit Preissenkungen und mit schnellebigen Verkaufsmaßnahmen Marktanteile zu gewinnen. Mögliche Neukunden, aber auch langjährige Stammkunden werden zum vielumkämpften Potential, das der schnellste, der effizienteste und der überzeugendste Anbieter schließlich für sich gewinnt.

Wer auf Dauer am Markt erfolgreich sein will, braucht mehr als Kapital und schnelles Wachstum. Die Führungskräfte von heute setzen auf Teamarbeit, Kreativität und Innovationsfähigkeit. In großen wie in kleinen Unternehmen werden die Mitarbeiter gefördert, die mit neuen Ideen zu neuen Erfolgen beitragen.

Deshalb investieren weitsichtige Unternehmen in Mitarbeitertraining. Gut ausgebildete Mitarbeiter sind die wichtigsten Grundsteine für die Unternehmenssicherung und den Unternehmenswert. Fachkompetenz, Flexibilität, personelle Disziplin, Leistungsfähigkeit, Betriebstreue und Identifikation mit der eigenen Arbeit sind nicht nur imagebildend, sondern spielen eine wesentliche Rolle für den Bestand des Unternehmens.

Kein Unternehmen kann heute davon leben, daß es gute Produkte herstellt oder eine gute Dienstleistung anbietet. Die beste Qualität, das innovativste Produkt, die nützlichste Dienstleistung können nicht an die Kunden gebracht werden, wenn dahinter nicht eine gute Verkaufsstrategie steht. Eine effiziente Verkaufsorganisation – Verkaufsinnen- und -außendienst – ist heute mehr denn je die Voraussetzung, ja sogar Bedingung für unternehmerischen Erfolg.

Deshalb ist Mitarbeitertraining ganz besonders im Verkaufsbereich wichtig.

Wirksame Verkaufsgespräche gestalten sich nicht von selbst. Es gibt zwar Naturtalente, doch die Mehrheit bedarf gezielten Trainings, um Verkaufsgespräche effizient und erfolgsorientiert zu führen. Verkaufsgespräche müssen schon deshalb optimal geführt werden, weil sie teuer sind. 500 DM und mehr für ein Verkaufsgespräch sind heute eher die Regel als die Ausnahme.

Verkaufstraining macht sich bezahlt

Ein bestimmtes Angebot, von einem bestimmten Verkäufertyp an eine bestimmte Kundenkategorie in einer in etwa immer gleichen Weise vorgetragen, wird in etwa auch immer das gleiche Ergebnis bringen. Will man nun aber *mehr* erreichen –, mehr Kunden oder mehr Aufträge –, müssen die Verkäufer eine neue Ansprache finden. Dabei muß ihnen aber geholfen werden, und zwar durch spezielles, auf ihre Bedürfnisse zugeschnittenes Training.

Was ein gutes Verkaufstraining bringt, läßt sich sehr gut in Zahlen darstellen. Eine Untersuchung, an der 239 Unternehmen beteiligt waren, zeigt folgendes Ergebnis:

Unternehmen, die für Weiterbildungsmaßnahmen jährlich weniger als 1000 DM pro Verkäufer aufbringen, haben Außendienstkosten in der Höhe von 10,4 Prozent des Umsatzes.

Unternehmen, die hingegen jährlich 5000 bis 10000 DM in die Schulung eines Außendienstmitarbeiters investieren, haben Außendienstkosten, die nur 5,8 Prozent des Umsatzes betragen.

Ein Blick in die USA zeigt, daß dort die Ausgaben für die betriebliche Weiterbildung jährlich die gleiche Höhe erreichen wie die Kosten aller Universitäten und Colleges des Landes.

Die Entwicklung der Newsletter

Die USA müssen auch noch in einem anderen Zusammenhang zitiert werden: 1918 erschien in Washington D.C. der *Whaley-Eaton Letter*, der erste moderne Newsletter, er setzte sich mit großem Erfolg durch.

Es folgten bald weitere Newsletter: *der Kiplinger Washington Letter*, der 1923 gegründet wurde und der älteste kontinuierlich veröffentlichte Newsletter ist, oder der New Yorker *The Value Line*.

Die Erfindung der elektrischen Schreibmaschine und von Durchschlagpapier sorgte für eine rasche Entwicklung der Newsletter, und damit erweiterten sich auch die Themengebiete, über die sie informierten. War der Newsletter anfangs nur im Investment-Bereich zu Hause, so deckt er heute nahezu alle Sparten ab – von Wirtschaft über Medizin zu Technik – und wird zunehmend als außerordentlich erfolgreiches Trainingsinstrument eingesetzt.

Was ist ein Newsletter?

Allen Newslettern gemeinsam sind folgende Grundsätze:

Der Newsletter ist ein regelmäßig erscheinender Beratungsbrief, der komplexe und aktuelle Informationen verarbeitet und in eine leicht verständliche Form bringt. Von Spezialisten der jeweiligen Branche recherchiert und geschrieben, bietet der Newsletter dem Leser knappe, präzise und vor allem anwendungsorientierte Informationen. Vermittelt werden keine Theorien, sondern Lösungsansätze für die Praxis. Auf diese Weise kann sich der Leser mit vergleichsweise sehr geringem Zeitaufwand laufend umfassende Kenntnisse (nicht nur) seiner Branche aneignen. Zu erwerben ist der Newsletter über ein Abonnement. Er enthält keine Werbung.

Einsatz des Newsletter als Trainingsinstrument

Der hohe Aktualitätsbezug, die unmittelbare Umsetzbarkeit der gelieferten Informationen, die knappe Aufarbeitung der Themen und die exakte Gliederung machen den Newsletter zu einem idealen Trainingsinstrument.

Mit besonderem Erfolg wurde und wird der Newsletter im Bereich des Verkaufstrainings eingesetzt. Die klassischen Ausbildungsziele, die mit der Schulung durch einen Newsletter verfolgt werden, sind:

- Vermittlung von Fachwissen und Branchenkenntnis
- Mitarbeitermotivation
- Verkaufstechnische Schulung
- Verkaufspsychologische Schulung

Pionierarbeit in Deutschland leistete Norbert Müller. 1968 gründete er in München den Verlag Norbert Müller, einen Fachverlag für Marketing-, Vertriebs- und Außendienst-Informationen, und brachte den ersten deutschen Newsletter für Verkaufsmitarbeiter und Führungskräfte auf den Markt. Der große Erfolg – diesen Newsletter gibt es mit einer sehr beachtlichen Auflage heute noch – führte dazu, daß der Verlag Norbert Müller rasch ex-

pandierte. Heute gehört er zu den renommiertesten und erfahrensten Fachverlagen für Beratungsbriefe und deckt mit 13 Newslettern den gesamten betriebswirtschaftlichen Themenbereich ab.

Vermittlung von Fachwissen und Branchenkenntnis

Eine gute Verkaufsleistung setzt fachliche Kompetenz voraus, ebenso eine gründliche Vor- und Nachbearbeitung des Verkaufsgesprächs. Das alles aber will gelernt sein, und lernen sollte man nicht nur aus den eigenen Fehlern, sondern gezielt und systematisch.

Die folgenden Vorteile sprechen für den Einsatz eines Newsletters, um dieses Trainingsziel zu erreichen:

- Durch den Newsletter werden die Verkäufer und Mitarbeiter im Außendienst nicht nur einmal im Jahr, sondern permanent geschult. In der Regel alle zwei Wochen liegt der Newsletter direkt auf dem Schreibtisch oder im Briefkasten des jeweiligen Mitarbeiters.
- Ständig erfolgreich zu verkaufen heißt, ständig auf dem laufenden zu sein. Der hohe Aktualitätsbezug des Newsletters garantiert, daß der Verkaufsmitarbeiter immer über die neuesten Entwicklungen, Trends und Forschungsergebnisse informiert ist und diese aktiv in seinem Berufsalltag einsetzen kann.
- Der Newsletter vermittelt nicht nur branchenspezifisches Wissen, sondern informiert auch branchenübergreifend. Das hilft dem Verkäufer und Außendienstmitarbeiter sicher und erfolgreich aufzutreten.
- Anhand von Fallbeispielen erfährt der Verkaufsmitarbeiter, wie andere Unternehmen derselben oder einer verwandten Branche ein Problem gelöst, einen Engpaß überwunden oder eine neue

Maßnahme eingeführt und durchgesetzt haben. Er kann daraus lernen und Rückschlüsse für seine eigene Arbeit ziehen.

- Die Autoren des Newsletters sind nicht nur Experten ihrer Branche, sondern kommen meistens auch aus der Praxis. In den Artikeln fassen sie ihre persönlichen Erfahrungen und jahrelanges Know-how zusammen. Ein Newsletter ist somit wie ein Gespräch mit einem erfahrenen Berater, doch viel günstiger, jederzeit abrufbar und vervielfältigbar.
- Die Beiträge werden ergänzt durch Tabellen, Schaubilder, Arbeitsmuster und Checklisten. Sie eignen sich auch sehr gut für ein Training im Team. Mit kaum einem anderen Trainingsprogramm lassen sich Fachwissen und Aktualität so gut verbinden.
- Es ist kein Geheimnis, daß Unternehmen pro Jahr durchschnittlich ein Fünftel ihres alten Umsatzes einbüßen. Deshalb müssen schon aus Gründen der Umsatzsicherung ständig Neukunden geworben werden. Es geht also nicht nur um Kundenpflege, sondern auch um die Gewinnung von Neukunden, und das andauernd und auf lange Sicht.

Gezielte Wirkung

Für einen langfristigen Erfolg bedarf es aber einer langfristigen Strategie. Und genau das ist der Newsletter:

- Er ist langfristig angelegt und erscheint regelmäßig und pünktlich.
- Er geht auf das Interesse seiner Zielgruppe ein, den eigenen Aufgabenbereich rationell, sicher und innovativ zu führen, den unternehmerischen Erfolg zu steigern und persönlich erfolgreich zu sein.
- Er vermittelt schnell verwertbare Informationen mit unmittelbarem Praxisbezug.

- Im Vergleich zur Wissensvermittlung über Seminare ist das Trainingsinstrument Newsletter billiger. Außerdem geht mit der Schulung durch den Newsletter viel weniger kostbare Arbeitszeit verloren, als dies bei der Teilnahme an Seminaren der Fall wäre, die vielleicht in einer anderen Stadt oder über mehrere Tage stattfinden.

Mitarbeitermotivation

Mitarbeitertraining hat sehr viel mit Motivation zu tun. Nicht nur mit der Motivation der Verkaufsmitarbeiter selbst, sondern auch mit der Fähigkeit der Mitarbeiter, den Kunden zu motivieren.

Hochmotivierte Mitarbeiter können ihre Arbeit besser, schneller und effizienter erfüllen und ziehen eine höhere Befriedigung aus ihrem Beruf. Experten sehen die Ursache schlechter Arbeitsleistungen viel häufiger in einer schlechten Motivation als in mangelnder Sachkenntnis.

Eine hohe Motivation ist jedoch nicht leicht zu erreichen und – im hektischen Alltagsablauf – auch nicht leicht beizubehalten. Ebenso schwierig gestaltet es sich, den Kunden dazu zu motivieren, eine dauerhafte Beziehung mit dem eigenen Unternehmen einzugehen.

Das Training mit einem Newsletter vermag in beiden Bereichen spürbare Verbesserungen herbeizuführen:

- Das Training selbst wirkt in den meisten Fällen schon motivierend.
- Ein guter Newsletter orientiert sich an den Interessen und Bedürfnissen des Lesers und spricht ihn persönlich an. Durch diese individuelle Ansprache fühlt der Mitarbeiter sich ernst genommen und verstanden. Er sieht, daß er mit den meisten Problemen nicht alleine dasteht, sondern in vielen Berei-

chen Unterstützung und Zusprache erhält – und das von Experten der jeweiligen Branche.

- Durch den Einblick in die neuesten Entwicklungen bleibt der Verkaufsmitarbeiter immer auf dem laufenden und kann sich eine moderne Verkaufsauffassung erarbeiten. Seine Kompetenz nimmt zu – und damit auch sein Selbstwertgefühl.

- Die Artikel des Newsletters sind sehr stark anwendungsorientiert geschrieben. Der Mitarbeiter wird nicht mit unnötiger Theorie geplagt, sondern erfährt Lösungsansätze und praktische Handlungsanweisungen. Die leichte Umsetzbarkeit und der sich daraufhin einstellende Erfolg führen zu höherer Arbeitsbefriedigung und höherer Motivation!

- Verkaufsexperten beschreiben Trends, effiziente Verkaufstechniken und bewährte Arbeitsabläufe. Sie verraten, welche Fehler unbedingt vermieden werden sollen und worauf es bei einem erfolgreichen Verkaufsgespräch ankommt. Gerüstet mit diesen wertvollen Ratschlägen gelingt es dem Verkaufsmitarbeiter besser, dem Kunden komplette Problemlösungen anzubieten und ihn damit zu motivieren, eine langfristige Partnerschaft einzugehen.

- Motivierte Mitarbeiter sind die beste Visitenkarte eines Unternehmens. Und: Motivation ist ansteckend. Ein motivierter Verkäufer schafft einen motivierten Kunden. Und motivierte Kunden sind treue Kunden.

Verkaufstechnische Schulung

Training reduziert eine der wichtigsten Ressourcen eines Unternehmens: Zeit. Ein Training, das dieser Tatsache nicht Rechnung trägt, kann mehr Kosten verursachen als Nutzen bringen. Findet das Training während der Arbeitszeit statt, so gehen dem Unternehmen wichtige Arbeitsstunden verloren. Verlegt man das Training auf das Wochenende, so verliert der Mitarbeiter wichtige Erholungsstunden, was sich mitunter auf seine Arbeitsmotivation auswirken kann. Deshalb muß Training so effizient wie möglich gestaltet werden.

Es gibt kaum eine Trainingsmöglichkeit, die flexibler, einfacher und effizienter ist als das Training mit dem Newsletter.

Der Newsletter stellt eine maßgeschneiderte Lösung dar:

- Er verabreicht knappe und präzise Informationen, die in kurzer Zeit gelesen und verarbeitet werden können.

- Die stark strukturierte Gliederung erlaubt eine schnelle Übersicht und Durchsicht.

- Die Informationen sind einprägsam und leicht verständlich geschrieben.

- Anhand von konkreten Handlungsanweisungen und praxisorientierten Anwendungsmöglichkeiten kann die eigene Akquisitionstechnik ausgebaut und verfeinert werden.

- Hinweise auf Kongresse, Tagungen, Fachmessen und Seminare sorgen dafür, daß die Mitarbeiter immer rechtzeitig über wichtige Termine informiert sind.

- Bei Informationen, die öffentliche Ämter, Unternehmen oder Agenturen betreffen, werden in der Regel Telefonnummern, Kontaktadressen oder Ansprechpartner genannt, so daß der Mitarbeiter – falls er Fragen hat oder etwas anfordern möchte – sofort weiß, an wen er sich wenden kann.

- Checklisten helfen, eine persönliche Situationsanalyse durchzuführen, sich der eigenen Stärken und Schwächen bewußt zu werden und zu erkennen, wo Aufholbedarf herrscht.

- Der Verkaufsmitarbeiter kann seine Lernzeit frei bestimmen, kann vor einem wichtigen Gespräch noch einmal die Hauptpunkte durchgehen oder auf Geschäftsreisen den Newsletter zusammen mit seinen Unterlagen mitnehmen.

Der Einsatz eines Newsletters führt also dazu, daß in möglichst kurzer Zeit ein Höchstmaß an Informationen in praxisnaher und anwendungsorientierter Form aufgenommen werden kann.

Es geht aber nicht nur darum, mehr zu verkaufen, sondern langfristig einen zuverlässigen und schlagkräftigen Verkaufsstab aufzubauen. Egal wieviel Gruppentraining in einem Unternehmen angeboten wird, der Erfolg bleibt aus, wenn es nicht gelingt, dem Verkaufsmitarbeiter ein persönliches Engagement abzugewinnen und ihn zu veranlassen, das Gelernte auch umzusetzen.

Da sich der Newsletter direkt an den Verkaufsmitarbeiter wendet und jeder Mitarbeiter sein eigenes Exemplar erhält, wird in der Regel ein hohes Maß an persönlicher Identifikation und an persönlichem Einsatz erreicht. Folge: Die positive Einstellung des Mitarbeiters garantiert auch langfristig einen hohen Wirkungsgrad des Trainings.

„Die permanente schriftliche Schulung ist die einzige Möglichkeit, alle Fähigkeiten und Fertigkeiten eines Mitarbeiters, die nach einem einmaligen Training normalerweise schnell wieder versickern, zu aktivieren und langfristig zu sichern", so Frank Fischer, Leiter des Verlages Norbert Müller.

Verkaufspsychologische Schulung

Der Verkaufsmitarbeiter hat eine Vielzahl von Aufgaben zu bewältigen: Von einem guten Verkäufer verlangt man gute Umsätze mit guter Rendite auf lange Sicht. Darüber hinaus wird aber auch ein hohes Maß an sozialer Kompetenz erwartet:

- Der Verkäufer oder Außendienstmitarbeiter steht in einem Netz zwischenmenschlicher Beziehungen und muß es verstehen, auf Stimmung, Laune und Erwartungen seiner Kunden einzugehen.
- Sein Reden und sein Handeln unterliegen ständig einer kritischen Beurteilung, und sein Erfolg hängt von seinem gesamten Erscheinungsbild ab.
- Außerdem wird erwartet, daß er ein guter Kollege ist und Loyalität und Toleranz besitzt.
- Und sein Vorgesetzter möchte, daß er sein Unternehmen in der Öffentlichkeit gut repräsentiert, ganz gleich ob vor, während oder nach der Arbeitszeit.

Das setzt einiges voraus. Deshalb sollte ein gutes Verkaufstraining über die Vermittlung von Fachwissen hinausgehen. Dabei sind Fachwissen, Verkaufspsychologie und Allgemeinbildung mitunter gar nicht so scharf zu trennen.

Der Newsletter kann im Rahmen seiner Beratungsfunktion neben der Vermittlung von Fachwissen sehr gut auch auf verkaufspsychologische Aspekte im Mitarbeitertraining eingehen.

Verkaufspsychologie umfaßt neben quantitativen, meßbaren Aspekten auch eine Reihe qualitativer und weit weniger faßbarer Gesichtspunkte. Vieles spielt sich bei zwischenmenschlichen Beziehungen im Unterbewußtsein ab. Dennoch gibt es Möglichkeiten, aktiv zu werden und den richtigen und erfolgversprechenden Umgang mit Menschen – besonders im Berufsleben – zu schulen.

Doch es genügt nicht, sich einmal intensiv mit dem Thema auseinanderzusetzen. Verkaufspsychologie, soziale Kompetenz und erfolgreiche Selbstpräsentation erfordern kontinuierliche Übung und Schulung. Der Umgang mit Menschen stellt den Verkäufer vor immer neue Aufgaben.

Gerade deshalb ist der Einsatz des Newsletters im Verkaufstraining so erfolgversprechend:

- Präsentationstechniken ändern sich. Neue psychologische Erkenntnisse über Verhandlungsführung oder Kundenbindung finden Eingang in die Praxis. Die regelmäßige Erscheinungsweise des Newsletters verspricht eine kontinuierliche und immer neue Auseinandersetzung mit dem Thema. Der Verkäufer bzw. der Außendienstmitarbeiter erhält neben dem vermittelten Fachwissen laufend neue Anregungen, Denkanstöße und aktuelle Trends zu Themen wie Erfolg im persönlichen Umgang, Persönlichkeitsentfaltung, positives Denken, Zuhörenkönnen, kompetentes Auftreten und Redegewandtheit.

- Die kurzen Tips im „Schnell-Lese-Format" führen zu einer schnellen Umsetzung und zu einem neuen Produktivitätsschub. Die Persönlichkeitsentwicklung des Verkäufers kommt dem Unternehmen in hohem Maße zugute. Gute Umgangsformen schaffen eine Beziehung gegenseitiger Anerkennung und Wertschätzung.

- Die Fallbeispiele im Newsletter führen schwierige Situationen vor und zeigen, wie sie gelöst werden können. Ebenso werden die Gründe für einen eventuellen Mißerfolg aufgezeigt. Die aus der Praxis abgeleiteten Ratschläge lassen sich – wie bei kaum einem anderen

schriftlichen Trainingsmittel – unmittelbar in Handlungen umwandeln. Damit kann die Fähigkeit geschult werden, sich in andere hineinzuversetzen und sein Gegenüber ernst zu nehmen. Kundeneinwände, die man mit Aufmerksamkeit aufnimmt, können leichter in Zustimmung umgewandelt werden. Argumente, die gegen einen Kauf sprechen, sind mit der richtigen verkaufspsychologischen Schulung leichter zu entkräften.

- Die Eigeninitiative, die durch das Training mit dem Newsletter gefördert wird, hat weitere positive Komponenten: Sie regt den Verkaufsmitarbeiter zu eigenständigem Lernen, zu mehr Eigen- und Mitverantwortung und zu Kreativität an.

Zur Rolle des Verkaufsleiters

Was kann der Verkaufsleiter tun, um das Training mit dem Newsletter optimal zu gestalten?

- Der Verkaufsleiter kann die Mitarbeiter auffordern, pro Newsletter einen Artikel auszusuchen, den sie gemeinsam mit ihm analysieren und besprechen möchten. Der Inhalt sollte zu den allgemeinen Trainingsinhalten oder zu einer aktuellen Verkaufsproblematik passen. Diese Übung ist ein gutes Instrument, um sicherzustellen, daß die Mitarbeiter auch aktiv am Newsletter-Training teilnehmen. Es zeigt auf, welche Probleme die Mitarbeiter gerade am meisten beschäftigen. Wenn die Mehrzahl der Mitarbeiter sich auf ein Problem konzentriert, so ist dies ein sicherer Hinweis dafür, daß hier ein Handlungs- und Aufholbedarf herrscht.

- Der Verkaufsleiter kann seine Mitarbeiter dazu auffordern, jeweils zwei bis drei Fragen oder Kommentare zu einem Artikel aufzuschreiben. Diese werden dann im Team besprochen und erörtert. Auch diese Art des Newsletter-Trainings regt zur aktiven Teilnahme und zur aufmerksamen Auseinandersetzung mit den Themen an. Ist den Mitarbeitern diese Übung erst einmal geläufig, werden sie erfahrungsgemäß beginnen, von selbst Schulungsmaterial, Unterlagen und sonstige Texte kritisch zu hinterfragen und zu durchleuchten. Ihr Interesse, ihr persönliches Engagement und ihre Identifikation mit dem Unternehmen nehmen zu.

- Der Vertriebsleiter kann zu einem Artikel von allgemeinem Interesse eine Diskussion anregen. Dazu kann er folgende Fragen stellen: Wie paßt dieser Artikel in unser aktuelles Trainingsprogramm? Wird das, was der Experte in diesem Artikel anregt, in unserem Arbeitsalltag auch umgesetzt? Wie? Wenn nicht, warum, und wie wirkt sich das aus? Welche konkreten Situationen in Zusammenhang mit diesem Thema haben Sie bereits erlebt, und wie haben Sie sie gemeistert?

- Durch Rollenspiele können die Inhalte des Artikels eingeübt werden und die Verkaufsmitarbeiter spielerisch auf die Herausforderungen der Arbeitswelt vorbereitet werden.

- Eine lehrreiche Auflockerung des Trainingsprogramms bilden Quizfragen zu den einzelnen Themen, die in der aktuellen Newsletter-Ausgabe behandelt wurden. Der Mitarbeiter wird dadurch nicht nur angeregt, sich die Inhalte aufmerksam anzueignen, sondern er erhält auch – bei richtiger Beantwortung der Quizfragen – ein bestätigendes Feedback.

- Der Verkaufsleiter kann zu jedem Meeting eine Erfolgsgeschichte aus dem Newsletter präsentieren und seine Mitarbeiter anspornen, einen ähnlichen Weg zu gehen.

Die Einführung des Newsletters

Die Einführung des Newsletters in das unternehmenseigene Trainingsprogramm will gut vorbereitet sein. Um die Akzeptanz der Mitarbeiter gegenüber dem neuen Trainingsinstrument zu erhöhen, empfiehlt sich eine schriftliche Vorankündigung. Natürlich profitieren die Mitarbeiter auch ohne schriftliche Ankündigung vom Training mit dem Newsletter, doch ein offizieller „Launch" wird das Engagement der Mitarbeiter erhöhen.

9.8 Auf dem Weg zur Meisterschaft ...

Verhalten lernen und durch Training verbessern

Die Autorin

Vera F. Birkenbihl ist Leiterin des Instituts für gehirn-gerechtes Arbeiten und in der Geschäftsführung der birkenbihl-media in Bergisch Gladbach. Sie studierte in den USA Psychologie und Journalismus und begann dort 1970 mit ersten Vorträgen und Seminaren in der Wirtschaft und Industrie. 1972 kehrte sie nach Europa zurück. Seither arbeitet sie als freie Trainerin und Autorin. Frau Birkenbihl schult in vier Sprachen. Zu ihren Schwerpunkten gehören z.B. Themen wie gehirn-gerechtes Lernen und Lehren, Kreativität, Persönlichkeitsentwicklung, Erfolgspsychologie, Kommunikation, Zukunftstauglichkeit und Servicemanagement.

Dieser Text enthält Mini-Experimente. Sie können ...

1. **nur lesen** (es gibt nur ein erstes Mal; man kann diese Versuche später nicht mit demselben Gewinn „nachholen"),

Also, ich möchte aktiv mitmachen ...

und notiere mein Ergebnis ...

2. lesen und **kurz probieren** (pro Experiment einige Sekunden),

3. probieren und, bevor Sie weiterlesen, **kurz aufschreiben**, wie es Ihnen erging.

Die Variante, die Sie wählen, können Sie als Metapher sehen: Wie bereit sind Sie, um auf dem Weg zur Meisterschaft voranzukommen ...?

Es ist Ihre Entscheidung. Bitte treffen Sie sie bewußt, ehe Sie umblättern, und legen Sie sich vorab Schreibzeug zurecht, wenn Sie sich für die dritte Variante entschieden haben!

Ich wünsche Ihnen viel Spaß und Entdeckerfreude!

Vera F. Birkenbihl

Meisterschaft im Tun

Neuere Forschungsergebnisse haben gezeigt, daß einige der Vorstellungen, die wir über Verhaltens-Lernprozesse hegen, ziemlich falsch sind. Wenn Sie „mitspielen" wollen, dann denken Sie bitte als erstes darüber nach, wie Sie sich eine **Lernkurve zur Meisterschaft** vorstellen. Mit Meisterschaft meinen wir in unserem heutigen Zusammenhang Verhalten, nicht Wissen. Wiewohl ein Quizkandidat, der alle Antworten zu wissen scheint, auch ein „Meister" seines Wissensgebietes sein mag, soll es uns jetzt um **Meisterschaft im Tun** gehen, z. B:

- ein Musikinstrument spielen
- eine Sportart ausüben
- Kunst der Gesprächsführung

Erstes Experiment

Wie, glauben Sie, entwickelt sich eine solche Lernkurve (von Null bis Perfektion) auf dem Weg zur Meisterschaft? Eine Kurve, die einen längeren Zeitraum (auch eine Reihe von Jahren) umspannt – wie also sieht Ihrer Meinung nach der **Weg zur Meisterschaft** (egal auf welchem Gebiet) aus?

Vielleicht versuchen Sie einmal, eine solche Lernkurve in dieses Rechteck einzuzeichnen?

Wir kommen auf diese Lernkurve zurück. Lassen Sie sich jetzt jedoch zu einer kleinen Bestandsaufnahme einladen, wenn Sie einige weitere kleine Experimente durchführen möchten. (Erinnerung: Nur lesen bringt am wenigsten.)

Zweites Experiment

Berühren Sie bitte ganz schnell mit der Hand Ihre Stirn!

Hervorragend! Wenn Sie „normal" reagiert haben, dann liegen Sie in dieser Fähigkeit nahe der 100 %-Marke (Perfektion) auf Ihrem Weg zur Meisterschaft. Höchstwahrscheinlich hatten Sie null Probleme damit. Hier lachen meine Tagungsteilnehmer oft, aber überlegen Sie bitte: Als Sie in diese Welt hineinkamen, war das noch nicht möglich. Es hat eine Weile gedauert, bis Sie mitbekommen haben, daß das, was da vor Ihrem Gesicht rumwedelt, zu Ihnen gehört, und es dauerte noch länger, bis Sie begriffen haben, daß Sie das Ding manipulieren können. Also: den Weg zur Meisterschaft für das „Hand-an-die-Stirn-Heben", den haben Sie schon geschafft. Mal sehen, wie Sie bei der nächsten Aufgabe abschneiden.

Drittes Experiment

Jetzt schreiben Sie bitte mit Ihrem Ellbogen in Schreibschrift Ihren Vornamen in die Luft!

Wie ist es Ihnen ergangen?

Das ging wahrscheinlich besser, als Sie gedacht hatten, wenn die Bewegung auch nicht so spontan und simpel war wie beim Hand-an-die-Stirn-Experiment.

Auf der anderen Seite haben Sie in Ihrem Leben Ihre Hand sicherlich einige hunderttausendmal zur Stirn bewegt, während Sie wohl kaum sehr oft Ihren Vornamen mit Ihrem Ellbogen in die Luft geschrieben haben. Trotzdem schaffen meine SeminarteilnehmerInnen dies immer weit leichter, als sie sich das zugetraut hatten, wenn sie die Aufgabenstellung zum ersten Mal angingen. Ging es Ihnen ähnlich?

Sie sehen, wir haben ungeahnte Fähigkeiten, von denen wir gar nichts wissen. Was wir hier erleben, ist genaugenommen ein „Abfallprodukt". Sie hatten einerseits (schon vor langer Zeit) die notwendige Koordination gelernt, um Ihren Namen mit einem Stift auf **Papier** zu schreiben. Und jetzt stellten Sie (mit Verwunderung?) fest, daß diese Fähigkeit auf Ihren Ellbogen **übertragbar** ist. Also haben Sie voraussichtlich die letzte Aufgabe gut gelöst (vielleicht zu 90%?) als Nebeneffekt früherer Lernprozesse.

Aber Sie haben wahrscheinlich (unbewußt) den „richtigen" Ellbogen gewählt?! (Rechtshänder schreiben mit dem rechten Ellbogen, Linkshänder mit dem linken …) Das ändern wir im nächsten Schritt.

Viertes Experiment
Probieren Sie das Ganze noch einmal mit dem anderen Ellbogen, bitte!

Auch dies gelingt den meisten Menschen besser, als sie ursprünglich gedacht hatten. Aber wahrscheinlich war die Bewegung nicht mehr ganz so glatt wie bei der letzten Aufgabe. Hier könnten Sie auf dem Weg zur Meisterschaft, wenn Sie wollten, sicher noch ein gutes Stück weiterwandern.

Fünftes Experiment
Jetzt nehmen Sie bitte die Hand, mit der Sie normalerweise **nicht** schreiben, und schreiben Ihren Namen mit Schreibschrift auf Papier!

Das fällt manchen schon wieder relativ schwer. Wir haben es also hier mit verschiedenen Stadien der Meisterschaft zu tun.

Es folgt eine letzte Mini-Übung, die Ihnen vermutlich einen Bereich aufzeigt, in dem Sie am (äußersten) Anfang einer Lernkurve stehen (falls Sie diese Kunst lernen wollten).

Sechstes Experiment
Bitte stellen Sie sich den folgenden Bewegungsablauf zuerst einmal so exakt wie möglich vor, ehe Sie ihn aktiv ausprobieren:

1. Man nehme einen Zeigefinger. Man drehe einen Kreis vor dem Körper.
2. Man nehme den zweiten Zeigefinger und drehe gleichzeitig einen gegenläufigen Kreis.

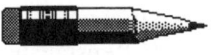

Wenn wir so etwas noch nie trainiert haben, dann sind wir noch relativ unfähig, diesen Bewegungsablauf auszuführen. Da stehen wir am Anfang des Lernprozesses. Ähnlich ergeht es jedem, der z. B. Klavier spielen möchte. Sie wissen ja: Man muß lediglich den richtigen Finger zum richtigen Zeitpunkt auf die richtige Taste drücken. Kinderleicht – wenn man den Weg zur Meisterschaft beschritten hat ...

Die Lernkurve

Jetzt wollen wir uns die Lernkurve zur Meisterschaft ansehen, die Sie vorhin gezeichnet (oder zumindest bewußt bedacht?) hatten.

Die meisten Kurven, die meine SeminarteilnehmerInnen zeichnen, gehen mehr oder weniger nach oben; Ihre wahrscheinlich auch. Das sieht dann in etwa so aus:

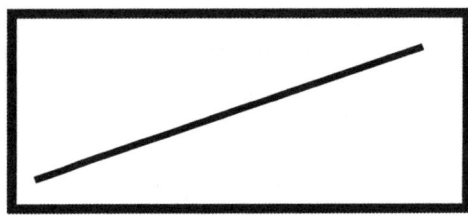

Dabei ist es unerheblich, ob Sie die „Steigung" steiler oder flacher zeichnen:

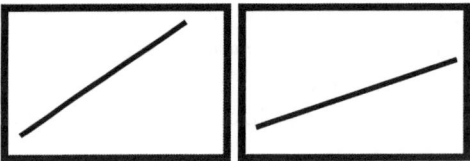

Menschen, die in der Vergangenheit nicht nur bestimmte Verhaltensmuster durch Training gelernt, sondern den Prozeß auch einigermaßen bewußt registriert haben, wissen schon etwas mehr. Ihre

Lernkurven-Diagramme enthalten auch schon das eine oder andere Plateau:

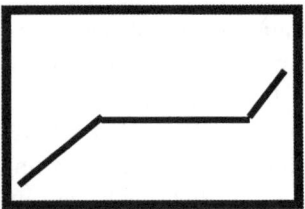

Aber die Meisterschaftskurve sieht anders aus. George Leonard hat sie hervorragend beschrieben (in: „Der längere Atem"). Ein inspirierendes Buch, das ich allen wärmstens ans Herz legen möchte, die es auf irgendeinem Gebiet zu einer professionellen Leistung bringen wollen.

Der amerikanische Autor Leonard ist Aikido-Lehrer. Im Zweiten Weltkrieg bildete er Piloten aus. Er hat also jahrzehntelange Erfahrung im Ausbilden. Und er beschreibt die Meisterschaftskurve etwas anders, als wir sie uns zunächst vorstellen:

Wir beginnen mit einem bewußten Lernprozeß, wobei es anfangs „überhaupt keinen Fortschritt" zu geben scheint. Nach einer Weile kommt es plötzlich zu einem Leistungssprung (der uns oft selber überrascht), danach fällt die Leistung wieder etwas ab, und nun folgt ein Plateau. Wohlgemerkt, wenn man regelmäßig (weiter-) trainiert! D. h., daß die eigentlichen Lernfortschritte immer von längeren Plateaus „unterbrochen" werden. Ein kontinuierlicher Lernprozeß verläuft **nicht** (wie man früher annahm) so, daß wir bei regelmäßigem Üben auch stetig Schritt um Schritt vorankommen. Sondern es geht zunächst „gar nicht", dann folgt der Leistungssprung, danach folgt unweigerlich ein gewisser Leistungsabfall (vom höchsten Punkt des Sprungs gerechnet), und jetzt pendelt sich unsere Leistung auf dem nächsten Plateau ein:

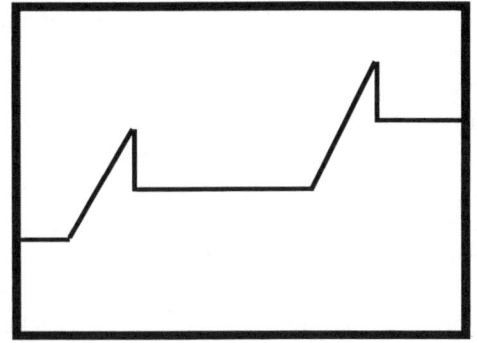

Nämlich höher als vor dem Leistungssprung, aber etwas niedriger als zum Zeitpunkt des Sprunges. George Leonard betont:

> **Wir müssen lernen, das Plateau zu lieben!**

Wir können den Weg zur Meisterschaft also nur gehen, wenn wir es lernen, das Plateau zu akzeptieren. Im übrigen können Sie von dem jeweiligen Plateau nicht „herunterfallen", solange Sie weiter üben (nur wenn Sie aufhören)!

Das bedeutet natürlich nicht, daß wir in allen Bereichen den Weg zur Meisterschaft gehen müssen – nur in bezug auf jene Fähigkeiten (Fertigkeiten), die uns besonders wichtig sind. Auf den anderen Gebieten können wir ruhig „Dilettant" bleiben, wobei der Autor uns übrigens den „professionellen Dilettanten" vorstellt:

Er beginnt jede neue Sache mit einer Riesenbegeisterung (z. B. lernt er gerade Squashspielen), und nun erzählt er allen davon. Daß er eingangs etwas üben muß und nicht sofort alles kann, ist ihm klar (Rom wurde auch nicht an einem Tag gebaut). Aber wenn der erste Leistungssprung einsetzt (z. B. an einem Dienstag nachmittag), dann tritt er sofort in den teuren Squash-Club ein (Mitgliedschaft Minimum ein Jahr), und kauft neue Squash-Klamotten. Außerdem erzählt er einigen Leuten am Telefon, wie toll alles läuft usw. Der folgende Leistungsabfall (wohlgemerkt, er ist immer noch um einiges besser als **vor** dem ersten Leistungssprung, aber eben schlechter als letzten Dienstag!) macht ihn ziemlich sauer. Jetzt „verwünscht" er sich, er ermahnt sich zu mehr Disziplin, er verkrampft sich, und er will „auf Teufel komm raus" ähnliche Leistungen wie am letzten Dienstag erzwingen, was jedoch nicht geht. So bekämpft er sich noch zwei, drei weitere Trainingseinheiten, ehe er aufgibt. Jetzt (er-)findet er sehr gute Rechtfertigungen, warum diese Sportart für ihn (mit „seinem Rücken"!) leider absolut nicht geeignet sei.

George Leonard verbindet diese Beschreibung des Dilettanten mit einer interessanten Metapher. Er sagt, auf Liebesbeziehungen „umgelegt", ist der Dilettant der Fachmann für Flitterwochen. Wenn man dann anfangen müßte, an dieser Beziehung zu arbeiten, dann steigt er aus und sucht sich eine neue Partnerin …

Sie sehen also, das Lern-Plateau ist ein integraler Bestandteil jeden Lernprozesses (von Verhalten) und kann auf keinen Fall umgangen werden. Genau deshalb ist es so wichtig zu begreifen: Erstens muß es nach größeren Erfolgserlebnissen (Leistungssprüngen) jeweils einen kleinen „Abfall" geben, und zweitens folgt jetzt (immer!) ein Plateau.

Datenautobahn im Hirn!

Die jahrzehntelangen Praxiserfahrungen Leonards decken sich hervorragend mit neueren Ergebnissen aus der Gehirnforschung. Lassen Sie mich diese anhand einer einfachen Metapher an-SCHAU-lich machen. Es geht darum, daß Lernprozesse immer mit sogenannten **bevorzugten Nervenbahnen** einhergehen. Diese wiederum können wir uns wie eine „Datenautobahn im Kopf" vorstellen.

Wenn Sie mit einer Sache neu beginnen, „hacken" Sie quasi erste **Trampelpfade** ins „Dickicht" dieser neuen, noch unerschlossenen Region. Begehen Sie den Weg öfter, dann wird der **Pfad** langsam fester; Sie müssen sich weniger anstrengen, und eines Tages (jener Dienstag im Fall unseres dilettantischen Squash-Spielers) fahren Sie zum erstenmal glatt und mühelos auf dieser „Datenautobahn" von A nach B.

Stellen Sie sich einfach vor, in Ihrem Gehirn säßen Abertausende von kleinen Mitarbeitern, die den Wegrand Ihres neuen Pfades säumen wie die Helfer bei einem Marathonlauf.

Und ebenso wie diese Helfer den Läufern Wasserflaschen, Schwämme und andere Hilfsmittel anbieten, sind Ihre **Helfer im Gehirn** damit befaßt, sämtliche auf dem Weg liegenden Hindernisse (Steine, Äste usw.) vor jedem Ihrer Schritte wegzuräumen. Dabei merken diese Helfer sich

ganz genau, wo Sie „hintreten", und sie wissen bald, wenn Sie fleißig üben, daß Sie auch in Zukunft dort „hinzutreten" wünschen werden, und eines Tages (an jenem Dienstag!) klappt es dann zum erstenmal phänomenal. Jetzt wissen die Helfer exakt, an welchen Stellen Sie die Kurve etwas knapper nehmen bzw. welche Wegstellen rechtzeitig von kleinen Unebenheiten befreit werden müssen. Das ist der unerwartete „große Sprung".

Wenn Sie nun glauben, ab jetzt müsse es immer so „laufen", wissen Sie noch nicht, daß alle bisherigen „Marathonläufe" nur Probeläufe waren. Bis Ihre Helfer genau wissen, welche Probleme (intern) wie gelöst sein müssen, ist jeder Lauf „nur" ein weiterer Test; wir sprechen bezeichnenderweise von **Trainingsläufen** – unabhängig davon, was jemand gerade trainiert (also z. B. auch Fisch sehr schnell in hauchdünne Scheiben schneiden, was jeder gute japanische Koch können muß)!

Bis zum Leistungssprung machen Sie also „Trainingsläufe", der Leistungssprung selbst ist die große Generalprobe. Ab jetzt beginnen die Helfer, den schon relativ ausgetretenen Pfad zu asphaltieren. Dabei teilen sie ihre Arbeitskräfte: Ein Teil rast weiterhin vor Ihnen her und „bereitet den Weg", während ein anderer Teil die befestigte Straße baut.

Durch die „Baustellentätigkeit" kommt es zwangsläufig zu Staus, Sie haben weniger Kapazität für die Ausführung Ihrer Tätigkeit (geringer Leistungsabfall nach Leistungssprung), aber trotzdem „läuft es" jetzt um einiges glatter als vor der Generalprobe (d. h. vor dem Leistungssprung, der die Entscheidung zum Bau einer „richtigen Straße" auslöste). Nun gilt folgende „Spielregel":

> **Solange diese Straße im Bau ist, „laufen" Sie auf dem Plateau!**

Deshalb betont Leonard, daß wir lernen müssen, das Plateau zu lieben. Stellt es doch gerade **den** Zeitabschnitt dar, in dem die derzeitige „Wegstrecke" eine regelrechte „Datenautobahn im Gehirn" wird! Früher konnten solche Plateaus uns sicher frustrieren (oder uns zum Aufgeben veranlassen), weil wir meinten, es „ginge überhaupt nicht vorwärts". Heute wissen wir hingegen, daß jedes Plateau geradezu der Beweis dafür ist, **daß** Lernen stattfindet! (Details s. links „Neurophysiologisch gesehen...")

Als ich die **praktischen Auswirkungen** dieser Gehirnforschungsergebnisse so brillant bei George Leonard beschrieben fand, wurde mir klar, warum so viele Menschen vorzeitig aufgeben und dann auch noch denken, sie hätten für diese Tätigkeit kein Talent. Nun wollte ich einen Selbstversuch starten, um diesen Prozeß einmal ganz bewußt von Anfang an zu erleben, und so fiel meine Wahl auf das Jonglieren.

Ich hatte in meinem ganzen Leben nie einen Ball fangen können. Und ich war immer unfähig gewesen, einen Ball dorthin zu werfen, wo er hin sollte. Ich hatte mich in meiner ganzen Jugend vor Ballspielen gedrückt. Ich glaubte, ich sei unfähig, die nötige Auge-Hand-Koordination jemals „bringen" zu können.

Das bedeutet: Bei meinem Einstieg „lief" ich eine ganze Weile auf dem Einstiegsplateau (vor dem ersten Leistungssprung), weil meine Ausgangsbasis quasi Null war. Es dauerte einige Wochen, bis

ich in der Lage war, einen Ball von rechts nach links (und umgekehrt) zu werfen und jeweils zu fangen.

Mit dem Wissen über das Plateau wurde ich jedoch keinesfalls ungeduldig, sondern ich sagte mir einfach: Ich sehe das erstens als ein Experiment, und zweitens nutze ich das Training als meditative Hier-und-Jetzt-Übung. Ich mache einfach „meine" zehn Minuten jeden Tag ...

Apropos „meditatives Trainieren"

Einer der Hauptgründe, warum wir überhaupt meditieren sollten, ist die Notwendigkeit, den inneren Monolog zu stoppen. Wir reden ja ständig mit uns. Diesen inneren Monolog zu stoppen ist wahnsinnig schwer. Wenn wir sagen: „Setzen Sie sich zehn Minuten hin und denken Sie an nichts!", dann wissen wir, daß das unmöglich ist. Deshalb zählt man z.B. die Atemzüge, oder man wiederholt innerlich ein Mantram usw. Aber wenn Sie ein **einfaches** Training auf dem Weg zur Meisterschaft durchlaufen (z.B. Jonglieren) und sich dabei nur auf die Bälle konzentrieren, ganz total im Hier und Jetzt, dann haben Sie einen **meditativen Effekt**, ohne eine klassische Meditationsübung zu machen. Also ist das für Menschen, die sehr tuns-orientiert sind (und sich nicht vorstellen können, meditativ „herumzusitzen") eine wunderschöne Strategie. Einerseits genießen wir die Vorteile einer Meditation, andererseits das „Nebenprodukt" z.B. Jonglieren zu lernen.

Training auf dem Plateau

Vorgehen: Ich konzentriere mich nur auf die derzeitige „Wegstrecke" (z.B. den Ball zu werfen bzw. fangen, dabei arbeite ich gleichmäßig, entspannt und konzentriert).

Achtung:
Führungskräfte und TrainerInnen

Ich meine, daß wir als Führungskräfte und TrainerInnen regelmäßig etwas Neues lernen sollten, weil wir es ja von unseren MitarbeiterInnen und TeilnehmerInnen auch verlangen. Und es überzeugt weit mehr, wenn auch wir ständig im Lernprozeß stehen. Das teilt sich „zwischen den Zeilen" mit. Wir klingen anders, wenn wir glauben, kritisieren zu müssen.

Gerade die Frage wird sehr häufig gestellt: „Wie kritisiert man Menschen, ohne sie zu verletzen?" Abgesehen davon, daß eine Kritik um so leichter zu ertragen ist, je häufiger der Kritisierende uns auch lobt, gilt:

Je länger es her ist, daß Sie selbst gelernt haben, Ihr eigenes Verhalten zu verändern, desto weniger überzeugt Ihr Tonfall, wenn Sie von anderen eine Verhaltensänderung fordern. Dann fühlt sich Ihr Gesprächspartner eher angegriffen und/oder er hat das Gefühl, Sie hätten besserwisserisch reagiert. Wer selber regelmäßig in Lernprozessen „drinhängt", wird auch mit „konstruktiver" Kritik selten verletzen.

Ich versuche keinesfalls, irgend etwas erzwingen zu wollen, sonst verkrampfe ich mich, und dann „geht gar nichts mehr" (wie wir alle wissen). Also **beobachte ich** meine eigene Entwicklung ganz ruhig und neutral (fast wie ein Außenstehender). Irgendwann muß es dann zwangsläufig zum ersten (bzw. nächsten) Leistungssprung kommen.

Nach einigen Wochen kam auch für mich der Punkt, an dem ich es schaffte, einen Ball mehrmals von links nach rechts (und umgekehrt) zu werfen **und** zu fangen, ganz entspannt im Hier und Jetzt. Wenn die Strecke A bis B ziemlich befestigt ist, kann man beginnen, den Abschnitt von B nach C vorzubereiten. In meinem Fall kam nun der zweite Ball ins Spiel. Noch später begann ich dann mit dem berühmt (berüchtigten) dritten Ball ...

Mein derzeitiges Plateau (von D nach E) beschreibt **den** Streckenabschnitt, an dem ich mit drei Bällen etwa sechs- bis zehnmal jonglieren kann ... Das reicht mir (vorläufig), denn ich wollte ja vor allem den **Lernprozeß** – inklusive der Plateaus – auf dem **Weg zur Meisterschaft** bewußt erleben. Wenn ich jetzt ab und zu übe, kann ich dieses Plateau mühelos halten. Falls ich irgendwann weitermachen will, wäre auch dies möglich.

Fazit

Wenn wir den Weg zur Meisterschaft auf irgendeinem Gebiet relativ weit gegangen sind, dann kommt ein Punkt, an dem unsere Bewegungen (Ausführungen) spielerisch leicht anmuten. Nachdem die „Datenautobahn" im Kopf gebaut und „asphaltiert" wurde, wirkt „es" leicht. Dann wissen wir, daß wir sehr weit sind auf dem Weg zur Meisterschaft. Wenn es so wirkt, als wäre „es" ein Teil von uns, dann ist es das auch. Dann existieren neue bevorzugte Nervenbahnen in unserem Gehirn, die vor dem Trainingsweg physisch nicht vorhanden gewesen waren.

Zum Abschluß
eine Super-Metapher ...

... zur Meisterschaft: Der Kaiser von China will ein Bild haben von einem Papagei. Er bittet einen Künstler, ihm eine Tuschezeichnung anzufertigen. Der Künstler nimmt den Auftrag an.

Der Kaiser von China wartet – zwei Tage, drei Tage, vier Tage, eine Woche, zwei Wochen, drei Wochen, vier Wochen. Er wird langsam sauer. Er wartet aber noch, und nach einem Vierteljahr schickt er seine Hofschranzen zu dem Künstler. Die sollen mal sehen, was da los ist. Na, und die kommen hin: „Was ist mit dem Papagei für den Kaiser von China?"

„Moment", sagt der Künstler, nimmt ein neues Tuscheblatt – zack, zack zeichnet er das Superbild eines Papageis. Sie sind völlig fassungslos.

Dann tragen sie das Bild zum Kaiser und erzählen, wie es zustande kam. Daraufhin geht der Kaiser von China höchstpersönlich zu dem Künstler. Das will er jetzt wissen, warum er **so lange** warten mußte, wenn das eine Affäre von dreißig Sekunden war?

Da führte ihn der Künstler in ein anderes Zimmer. Dort waren Abertausende Skizzen von Papageien. **„Jetzt** geht das in dreißig Sekunden. Als der Auftrag kam, ging das noch nicht."

P.S. In welchen Bereichen wollen Sie trainieren, welche „Papageien" wollen Sie „zeichnen"? In welchen Bereichen wollen **Sie** den Weg zur Meisterschaft (weiter-) gehen?

9.9 Implementierung von Trainingsmaßnahmen

Josua Fett

(Informationen zum Autor s. Kap. 4.3)

Grundlagen für Trainings, die etwas bewirken sollen

Wer vom Ziel nicht weiß
kann den Weg nicht haben
wird im selben Kreis
all sein Leben traben
kommt am Ende hin
wo er hergerückt
hat der Menge Sinn
nur noch mehr zerstückt.

Christian Morgenstern

Wie treffend sind doch die Worte von Christian Morgenstern und wie nachdenklich machen sie zugleich.

Die Brücke vom Kennen zum Können schlagen

Wenn wir uns hier über Trainings und die Umsetzung der Seminarinhalte Gedanken machen, wenn wir überlegen, wie wir die Brücke vom Kennen zum Können schlagen, geht es stets darum, eingefahrene Gleise zu verlassen und bestehende Verhaltensmuster aufzubrechen und durch neue Verhaltensweisen zu ersetzen.

Selbstverständlich ist es für den Menschen sehr angenehm, an alten und erprobten Dingen festzuhalten. Christian Morgenstern bezeichnet dies als das „...traben im selben Kreis ...“ Wolfgang Mewes, der Begründer der energokybernetischen Strategie, zeigt dies bildhaft durch das ständige „sich im Kreis drehen“ auf. Wenn Sie z.B. auf einem Rasen stundenlang immer im gleichen Kreis gehen,

dann gibt dies zuerst einen Abdruck, nach einiger Zeit einen Graben und schlußendlich die Steigerung des Grabens, das Grab. Gemeint ist hier das gedankliche Grab, also in der eigenen Begrenztheit beerdigt zu sein, nicht mehr über den Grabenrand hinausschauen zu können.

Für viele Menschen ist die Mittelmäßigkeit der momentanen Situation immer noch angenehmer, als die Ungewißheit, die mit dem Betreten von Neuland einhergeht. Für den Menschen und für jedes andere Lebewesen ist es jedoch für das Überleben von entscheidender Bedeutung, im Sinne eines kleinen Evolutionsschrittes, sich an die geänderten Umweltgegebenheiten anzupassen. Der Volksmund sagt es ein klein wenig härter mit dem Spruch: „Wer nicht mit der Zeit geht, der geht mit der Zeit.“

Wenn wir uns vergegenwärtigen, was sich allein in den letzten zehn Jahren um uns herum mit rasender Geschwindigkeit verändert hat, wird klar, daß wir nur dann erfolgreich sein können, wenn wir in der Lage sind, unser Verhalten zu verändern und uns an die neuen Gegebenheiten anzupassen. Denken Sie z.B. nur einmal an die grundlegenden Veränderungen in der Politik oder der Technik. Heute kann es sich niemand mehr leisten, sein Wissen auf dem Gebiet der EDV nicht ständig zu erweitern, oder vielleicht doch? Somit geht es bei der permanenten Verhaltensänderung nicht um unstetes Verhalten, sondern um eine Weiterentwicklung, die eine große Herausforderung darstellt.

Eine wesentliche Säule, um Verhaltensänderungen zu bewirken, sind Trainings und Seminare im Bereich der Erwachsenenbildung. Hier hilft keine furiose Show mit allerlei Effekten, die sicher verblüffen und ein kurzfristiges Strohfeuer bei den Teilnehmern entfachen, nein, es darf schon etwas anspruchsvoller sein.

Ein guter Trainer ist in der Lage, seinen Teilnehmern aufzuzeigen, warum Verhaltensänderung für ihren zukünftigen Erfolg so wichtig ist. Er gibt ihnen wirklich verwertbares Handwerkszeug mit auf den Weg und sorgt auch nach den Seminaren dafür, daß die Teilnehmer möglichst viel aus den Veranstaltungen in die tägliche Aufgabenstellung integrieren können. Wenn die Teilnehmer bereits im Seminar kleine Lernerfolge spüren und den Praxisbezug erkennen, ist die Bereitschaft zur Umsetzung vorhanden. Dies erfordert aber auch, daß jeder von ihnen bei der Verhaltensänderung an sich selbst und sein Optimierungspotential denkt und nicht sofort überlegt, für wen die Inhalte wohl gut sein könnten. So entsteht nur eine permanente Weiterdelegierung. Im Sinn einer Weiterentwicklung tut sich jedoch nichts.

Selbst die alten Griechen wußten schon um diese allzu menschliche Angewohnheit, die Ursachen für Mißerfolge oder die Fehler nicht bei sich, sondern nur bei anderen zu suchen. Wahrscheinlich stand gerade deshalb über dem berühmten Orakel von Delphi der Spruch: „Erkenne Dich selbst." In unserem Kulturkreis gibt es ein ähnliches Sprichwort: „Selbsterkenntnis ist der erste Schritt auf dem Weg zur Besserung."

Teilnehmer auf annehmbare Art und Weise betroffen machen

In einem Seminar gilt es oft, die Teilnehmer mit dem eigenen Verhalten zu konfrontieren, nachdenklich zu machen und den Boden für das neu zu Erlernende zu ebnen. Dazu empfiehlt sich der Einsatz von Analogien, Fabeln und Märchen besonders gut, da dies ja alles Weisheiten sind, die in eine für uns annehmbare Form gegossen wurde. Das bedeutet natürlich nicht, daß der Trainer jetzt zum Märchenonkel mutiert, sondern daß er es versteht, den Teilnehmern einen Spiegel vorzuhalten und diese auf eine für sie annehmbare Art und Weise betroffen zu machen.

Natürlich braucht der Trainer oft sehr viel Fingerspitzengefühl, um die Teilnehmer nicht bloßzustellen und als Besserwisser abgestempelt zu werden, dem man jetzt nur beweisen möchte, daß alles, was er sagt, nicht stimmt. Dann regiert oft nur noch das AGABU-Prinzip: „Alles Ganz Anders Bei Uns." Zwischen Trainer und Teilnehmern tut sich eine Kluft auf, und die ganze Veranstaltung ist blockiert durch reine Prestigediskussionen, in denen es nicht mehr um die Sache, sondern nur noch darum geht, wer recht hat.

Die Teilnehmer müssen vielmehr die Notwendigkeit erkennen, etwas am eigenen Verhalten zu ändern, sich an die veränderten Gegebenheiten anzupassen. Das Wort Notwendigkeit zeigt ja sehr deutlich

Trainingsprozeß

Schematisch läßt sich der gesamte Trainingsprozeß so darstellen:

- **Planung der Weiterbildung durch Analyse und Strategie.**

- **Umsetzen der Inhalte mit den Faktoren Motivation und Befähigung.**

- **Kontrollieren der Erfolge durch Implementierung und Weiterentwicklung.**

auf, daß für viele Menschen die Not erst einmal da sein muß, damit eine geistige Wendigkeit entsteht.

Langfristige Verhaltens-änderungen bewirken

Neben der Sensibilisierung der Trainings- oder Seminarteilnehmer für die Notwendigkeit des Umdenkens ist es ausnehmend wichtig, daß der Trainer ihnen Sicherheit vermitteln kann. Nur der Teilnehmer, der selbst Sicherheit in sich trägt, kann diese auch in seinen täglichen Gesprächen überzeugend weitergeben.

Maßnahmen, die Sicherheit bringen

Garanten für die gewünschte Sicherheit sind erfahrene und seriöse Seminaranbieter, die z.B. stets darauf achten, daß alle Seminarmaßnahmen in die aktuellen Vertriebs- und Marketingaktivitäten eingebunden sind. Hier ist es von größter Bedeutung, daß man eine gemeinsame Sprache spricht und auf den gleichen Zeichenvorrat zugreifen kann. Deshalb analysiert ein guter Anbieter im Vorfeld jeder Trainingsmaßnahme mit Akribie das gesamte Umfeld im Unternehmen. Ein Schnellschuß – „Wir haben da nächste Woche eine Tagung und brauchen jemanden, der unsere Leute mal aufmischt" – kann wohl kaum zum Erfolg führen.

Die Seriosität von Seminaranbietern geht immer mit der Sorgfalt der Analyse der Situation einher. Hierbei sollte man besonders auf folgende Punkte achten:

- Wie ist die Struktur der zu trainierenden Teilnehmer?
- Welche Vorbildung haben die Teilnehmer?
- Wie erfolgt die Entlohnung der Teilnehmer?
- Welche Trainingsaktivitäten liefen be-

reits vorher? Wo lagen dabei die Schwerpunkte?
- Welche qualitativen und quantitativen Vertriebsziele existieren?
- Wie sehen die flankierenden Aktionen dazu aus?
- Sind alle Produkte lieferbar, oder wo gibt es Engpässe?
- Wie ist der Qualitätsstandard der Produkte?
- In welcher Zielgruppe bewegen sich die Teilnehmer?
- Welche Spielregeln herrschen in dieser Branche?
- Welche Fachausdrücke sind in der Branche üblich?
- Wann können wir Mitreisetage durchführen?
- Welche Wettbewerber gibt es am Markt?
- Wie agieren diese am Markt?
- Wo sind deren Stärken und Schwächen?
- In welchen Preissegmenten ist unser Kunde angesiedelt?
- Wann können wir das Werk besichtigen?
- Welche weiteren Abteilungen müssen mit einbezogen werden?
- Wie wollen wir die Führungskräfte der Teilnehmer mit einbeziehen?
- Welche Coaches können wir im Vorfeld aufbauen?

Sie sehen, daß es eine Menge von Faktoren gibt, die beachtet werden müssen, und schon allein aus diesem Grund ist ein Schnellschuß unmöglich.

Es gibt für den Trainer und die Teilnehmer nichts Peinlicheres als ständige Widersprüche im Seminar. Da kennt der Trainer die Produkte nicht und erzählt andauernd Beispiele aus ganz anderen Branchen, er kennt die Fachausdrücke und Branchenspielregeln nicht usw.

Wie viel angenehmer ist es doch, wenn

die Teilnehmer spüren, daß der Trainer sich vorher sorgfältig vorbereitet hat, alle Produktbesonderheiten und -verfahren kennt, die Beispiele aus der Praxis der Teilnehmer zitiert, Branchenausdrücke sicher beherrscht, die Werbeaktivitäten und Lieferzeiten kennt usw. So sind die Teilnehmer auch gewillt, von dieser Person etwas anzunehmen, weil eine gemeinsame emotionale Basis existiert.

Wenn Kunden meinen, daß der Seminarleiter die Produkte besser kennt als sie selbst, ist's genau richtig. Dies wird dann auch honoriert, und zwar durch aktive Mitarbeit, konstruktive Dialoge und eine positive Grundhaltung im Seminar.

All dies versetzt die Teilnehmer in die Lage, auch noch lange nach dem Seminar bestimmte Seminarinhalte nachzuvollziehen, da diese sich an der täglichen Praxis orientiert haben.

Wenn ein Teilnehmer lange abstrahieren und extrapolieren muß, um die Botschaft eines völlig branchenfremden Beispiels auf die eigene Tätigkeit umzumünzen, vergeht ihm verständlicherweise schnell die Lust am Umsetzen.

Weitere Kernpunkte

Selbstverständlich haben psychologische Techniken wie die Methoden der Transaktionsanalyse, der Themenzentrierten Interaktion oder der Neurolinguistischen Programmierung in der Erwachsenenbildung einen festen Platz. Sie dürfen jedoch nie als reiner Selbstzweck eingesetzt werden, was leider häufig genug passiert. Diese Techniken müssen stets als konkretes Handwerkszeug vermittelt und eingebunden werden, das auch nach dem Training zum Einsatz kommen kann.

Weitere wichtige Fragen:

- Wie sieht es mit den Führungskräften der anwesenden Teilnehmer aus?

- Sind diese in die gesamten Weiterbildungsaktivitäten mit eingebunden?
- Können die Führungskräfte auch nach den Seminaren ihre Coaching-Funktion erfolgreich wahrnehmen?
- Ermutigen sie die Teilnehmer zum Umsetzen der Seminarinhalte?

Ein Teilnehmer, der in einem Seminar mit großer Begeisterung Neues erfahren hat und dies gern umsetzen möchte, braucht von seiner Führungskraft die entsprechende Unterstützung in Form von Freiräumen, Ermutigung, Hilfestellungen.

Wir von Detroy Consultants International führen in vielen Fällen vor den Seminaren für Außendienstmitarbeiter Pilotveranstaltungen mit Führungskräften durch. Diese Veranstaltungen dienen einer Feinabstimmung der Trainingsinhalte und sorgen für den gleichen Zeichenvorrat bei Außendienstmitarbeitern und Führungskräften.

Nicht alles auf einmal umsetzen wollen, sondern strategisch vorgehen

Nach vielen Seminarveranstaltungen gehen die Teilnehmer hochbegeistert und mit dem Vorsatz, möglichst viel umzusetzen, ans Werk. Die Enttäuschung ist dann aber recht groß, wenn die Flut der Alltagsarbeit all die guten Vorsätze verschüttet und viel auf der Strecke bleibt.

Fragen Sie mal drei oder vier Wochen nach einem Seminar, was konkret umgesetzt wurde. Meist wird man Ihnen nur von sehr dürftigen Ergebnissen berichten.

Aus diesem Grund gilt es, strategisch vorzugehen. Das bedeutet, wie ein Heerführer, ein Stratege, vorzugehen, dessen Kunst es ja ist, die Stoßkraft seines Heeres auf das Wesentliche zu konzentrieren.

Oder anders gesagt: Ein Schiff würde

sich nie mit der Breitseite vorwärts bewegen, da hier zu viel Widerstand aufkäme. Übertragen auf die Seminarteilnehmer heißt das: Keiner von ihnen darf überhaupt auch nur auf die Idee kommen, möglichst viel umzusetzen. Vielmehr liegt die Herausforderung darin, eine Prioritätenliste zu erarbeiten. Darauf sollten die wichtigsten Punkte, die umgesetzt werden sollen, nach der Reihenfolge der Dringlichkeit aufgeführt werden (s. Abbildung unten).

Zu diesem punktuellen, strategischen Vorgehen noch einige Vergleiche, welche die Wichtigkeit dieser Vorgehensweise noch klarer machen können:

Wenn man Widerstände überwinden will, nimmt man stets Werkzeuge, die sehr spitz sind, die Kraft also auf einen Punkt bringen, z. B. einen Meißel zum Einreißen einer Mauer oder eine Spitzhacke zum Aufhacken des Bodens. Selbst ein kleiner Specht kann mit seinem spitzen Schnabel durch die volle Konzentration seiner Kraft auf einen Punkt riesige Löcher in Bäume hineinhämmern.

Neben der Tatsache, daß diese Werkzeuge sehr spitz sind, kommt noch ein zweiter Faktor hinzu: die ständige Wiederholung der gleichen Tätigkeit.

Legen wir diese Analogien auf Seminare um, so gilt auch hier: Schritt für Schritt vorgehen und jeden Schritt so oft wiederholen, bis die angestrebte Verhaltensänderung in Fleisch und Blut (der Teilnehmer) übergegangen ist.

Selbstverständlich gehört dazu auch eine gehörige Portion Disziplin, vor allem natürlich die Disziplin, jeden Tag zu trainieren, und der innere Wunsch, sich ständig zu verbessern.

Dabei hilft z. B., wenn ein Seminar damit endet, daß jeder Teilnehmer die Rückseite seines Namensschildes aufklappt und dann dort steht: „Ab sofort ..." Auf vorgezeichneten Linien schreibt nun jeder noch im Seminarraum seine erste Priorität. Dieses Schild kann auf den Schreibtisch gestellt werden, so daß der Teilnehmer diese Priorität immer wieder vor Augen hat. Nachdem er diesen ersten Punkt umgesetzt hat, trägt er den nächsten Faktor aus seiner Prioritätenliste ein – den es jetzt, in Angriff zu nehmen gilt. (Dies ist ein bewährtes Konzept von Detroy Consultants International.)

Meine Aufgabenliste
Was setze ich aus den Trainings konkret um?

Priorität	Thema	Maßnahme	Termin

Abb. 1: Ausschnitt einer Prioritätenliste des Anbieters Detroy Consultants International

Trainingsinhalte mit Leben erfüllen

Am Beispiel des Angebots von Detroy Consultants International beschreibe ich nun erfolgreiche Implementierungsmaßnahmen. Diese sind als Module zu verstehen, die wahlweise und/oder individuell zusammengestellt zur Verfügung stehen.

Coaching-System – intern und extern nutzbar

Bereits bei der Konzeption umfassender Trainingsmaßnahmen wird dieses Modell „ans Herz gelegt". Es beinhaltet, daß vor den ersten Seminaren die jeweiligen direkten und indirekten Führungskräfte der späteren Teilnehmer in einem Coaching-Seminar mit den Inhalten der vorgesehenen Seminare vertraut gemacht werden und ggf. auch die nötige Coach-Ausbildung erhalten. Auf diese Weise können die Seminarinhalte später weiterhin mit Leben erfüllt werden, und es wird so dafür gesorgt, daß die im Seminar getroffenen Vereinbarungen im Sinn des bereits angesprochenen persönlichen Weiterbildungsplans auch eingehalten werden.

Die Coaches erhalten alle Folien aus den Seminaren als fertige Lerneinheiten. Dies ermöglicht, z. B. anläßlich von Tagungen auf regionaler Ebene, einzelne oder mehrere Seminarthemen noch einmal intensiv mit Leben zu erfüllen, außerdem fundierte Tips und Impulse zur noch besseren Umsetzung zu geben.

Das Dialogsystem

Dieses Dialogsystem beinhaltet, daß jeder Teilnehmer sich bis sechs Monate nach dem jeweils letzten Seminar immer montags mit seinem Trainer telefonisch in Verbindung setzen kann. Selbstverständlich kann der Dialog auch schriftlich geführt werden.

Viele Teilnehmer schildern dann ihrem Trainer die jeweilige Situation mit allen Besonderheiten und bekommen von ihm sozusagen ein Fern-Coaching mit entsprechenden Vorschlägen bzw. Lösungsansätzen. Danach findet ein weiterer Austausch statt, mit der gemeinsamen Analyse, was funktioniert hat und woran noch gemeinsam gearbeitet werden muß.

Hausaufgaben nach dem Training

Die Seminarteilnehmer erhalten nach jeder Veranstaltung vom Trainer eine Mappe mit „Hausaufgaben" zu den verschiedenen Themenkomplexen des Seminars. Für die Einsendung dieser Hausaufgaben werden noch im Seminar Termine festgelegt.

Der Trainer korrigiert die Hausaufgaben und stellt den individuellen Weiterbildungsbedarf jedes Teilnehmers fest. Diesen teilt er ihm schriftlich samt Begründung mit.

Begleitend wird dem Teilnehmer eine Liste mit Literaturempfehlungen zugeschickt.

Verkaufshandbuch

Auf Wunsch erstellt der genannte Anbieter ein komplettes Verkaufshandbuch für das Unternehmen.

In diesem Handbuch sind alle Trainingsthemen, individuell auf das Unternehmen, sein Umfeld, den Markt und die Produkte abgestimmt, enthalten.

Am Ende eines jeden Kapitels befindet sich ein Wissens-Check-up, der den Teilnehmern Aufschluß über ihre persönlichen Stärken und Schwächen gibt.

Dieses Verkaufshandbuch stellt eine bedeutende Investition für die weiterhin erfolgreiche Zukunft des Unternehmens dar und darf selbstverständlich auch für interne Weiterbildungsmaßnahmen verwendet werden.

Tonkassetten-Service

Außendienstmitarbeiter verbringen einen großen Teil ihrer Arbeitszeit im Fahrzeug. Aus diesem Grund stellt Detroy Consultants International auf Wunsch Tonkassetten mit den Kernthemen der Seminare her.

Die Kassetten werden in enger Zusammenarbeit mit dem Auftraggeber inhaltlich konzipiert und dann in professionellen Tonstudios produziert.

Alle Kassetten sind hochindividuell und bringen zahlreiche Situationen zu Gehör, die ausgesprochen nahe an der täglichen Aufgabenstellung der Seminarteilnehmer orientiert sind.

Somit besteht die Möglichkeit, daß die Teilnehmer sich auf dem Weg zum Kunden noch einmal ganz spezielle Themen aus den Seminaren anhören können und dann gut vorbereitet in das Gespräch gehen.

Checklisten

Nach jedem Seminarkapitel sind in den Seminarunterlagen Checklisten eingefügt, welche die Seminarinhalte noch einmal auf einer Seite zusammenfassen. Diese Checklisten sind auch im Format DIN A5 verfügbar, was ein Einheften in den Time-Planer der Teilnehmer ermöglicht.

Teilweise werden diese Checklisten auch in den Seminaren individuell auf die jeweilige Aufgabenstellung hin erarbeitet, dann gesetzt, ausgedruckt und den Teilnehmern zugeschickt.

Fax-Polling-Service

Die Teilnehmer können nach den Seminaren per Fax-Polling beim genannten Anbieter den „Trainingstip der Woche" abrufen.

Es besteht auch die Möglichkeit, bei Projekten einen auf die jeweilige Aufgabenstellung abgestimmten Trainingstip zur Verfügung zu stellen.

Fax-Polling kann mit jedem handels-

üblichen Telefaxgerät vorgenommen werden.

Die Umsetzung durch Feldtrainings sicherstellen

Ein weiterer Punkt zur Implementierung stellen Feldtrainings mit „Bordsteinkonferenzen" zwischen dem Teilnehmer und dem Trainer dar.

Hier erfolgt ein individuelles, persönliches Coaching vor Ort anläßlich der Mitreise von Experten des Anbieters. Diese arbeiten mit dem Teilnehmer die persönlichen Stärken und Schwächen sowie den spezifischen Weiterbildungsbedarf heraus.

Kleine Geheimnisse des Erfolgs

Die Philosophie der Detroy Consultants besteht darin, Menschen auf ihrem Weg zu noch mehr Erfolg zu befähigen.

Erfolg ist für jeden anders definiert, letztlich aber die Triebfeder für alles menschliche Handeln.

Nichts macht erfolgreicher als Erfolg.

Erfolge sind immer die Früchte eines konstruktiven Denkens, gepaart mit zielgerichtetem, engagiertem Handeln.

Viele Erfolge für Sie!

**Willst du im laufenden Jahr ein Ergebnis sehen,
so säe Samenkörner.**

Willst du in 10 Jahren ein Ergebnis sehen, so setze Bäume.

**Willst du das ganze Leben lang ein Ergebnis sehen,
so entwickle die Menschen.**

Unser Motto:

Begeistern.

Befähigen.

Bewegen.

9.10 Messung von Verkaufstraining

Der Autor

Max Meier-Maletz arbeitet als Verkaufs- und Führungstrainer für technisch orientierte Unternehmen und den Fachhandel. Er ist Ehrenrat des BDTV, Ehrensenator der Junior Chamber Int. in den USA und Mitglied im Leitungsteam Club Europäischer Verhaltenstrainer e.V., C.E.V. Er ist Autor und Ko-Autor zahlreicher Fachbücher und -artikel und hält Fachvorträge im In- und Ausland. 1995 bekam Max Meier-Maletz die Herbert-Gross-Medaille für seine Verdienste im Marketing.

Wirkungsmessungen von Verkaufstrainings finden zunehmend Interesse. Die verwirrende Vielfalt der Versprechungen und Erwartungen zu unterschiedlichen Trainingsinhalten, Trainingsmethoden und Trainingsszenarien wird durch Messungen auf das Wichtigste reduziert: die Wirkungen für das Unternehmen und auf dem Markt. Dieser Beitrag gibt Anleitungen zur Realisierung von Wirkungsmessungen in Unternehmen.

Warum Trainingswirkungen messen?

Es gibt mehrere Gründe für eine Erfolgskontrolle von Trainings, insbesondere von Verkaufstrainings:
- Betriebswirtschaftlich: die Wirkungen im Markt und auf die Rendite
- Didaktisch: die Feststellung der Wirkung unterschiedlicher Methoden
- Zielorientiert: die Wirkung verschiedener Themen
- Psychologisch: die Wirkung auf die Mitarbeiter und Kunden

Während in den Feldern Rentabilität und Markt bereits höchst zufriedenstellende Ergebnisse vorliegen, mangelt es noch an Messungsmöglichkeiten für Methoden, Themen und psychologische Wirkungen.

Da diese Wirkungsfelder aber letztlich auf Umsatz und Rendite Einfluß nehmen, genügt zunächst eine Messung in den erstgenannten Feldern.

Grundsätzlich ist zu überlegen, wem eine Wirkungsmessung Nutzen bringt. Hier bieten sich vier Bereiche an, die von Bedeutung sind:

- Das Unternehmen insgesamt
- Die Trainingsabteilungen des Unternehmens
- Der freischaffende Trainer
- Die Kunden der Trainees bzw. des Unternehmens

Im Verkaufstraining ist es, wie in nur wenigen anderen Bereichen, sehr gut möglich, die Wirkungen mit zufriedenstellender Genauigkeit zu messen. Der Grad der Zielerreichung bei Umsatzzahlen und Neukundengewinnung, Messewirkungen, Telefonakquisition, Zusatzverkäufen, Mehrverkäufen, Volumen je Auftrag/Kauf lassen sich mit wenig oder keinem Aufwand feststellen.

Nachstehend gehe ich auf die Nutzen der o. a. Personengruppen ein.

- *Nutzen für das Unternehmen*
  Die Antwort auf die Frage, auf welchem Gebiet des Marketing oder der Personalentwicklung die Wirkungen, gemessen am Aufwand, die größten sind, bietet solide Entscheidungshilfe für die Investition in Markt und Menschen. Trainingsmessung bedeutet Risikominderung.
- *Nutzen für die Trainingsabteilung*
  Für die Trainingsabteilung ergeben sich Ansätze für die Etataufstockung.
- *Nutzen für den Trainer*
  Für den selbständigen Trainer bedeuten diese Wirkungsnachweise mehr Aufträge und höheres Honorar.
- *Nutzen für den Kunden*
  Eine Steigerung der Qualität des Umgangs mit dem Kunden, der Beratung und Betreuung, der sozialen und verkäuferischen Kompetenz kommt dem Kunden direkt zugute. Es bedarf kaum der Erwähnung, daß bessere Qualifikation, neben Auswirkungen auf Kundenbindung und Image des Unternehmens,

auch dem Umsatz und damit der Rendite zugute kommt.

Ein Beispiel für typische Trainingsziele und Trainingsaufgaben finden Sie in der Tabelle (Abb. 1) zusammengefaßt.

> Training ohne Wirkungsnachweis ist wie eine Uhr ohne Zeiger. Man vermutet, daß etwas läuft, weiß es aber nicht bestimmt.

Meßmöglichkeiten

Der Umfang der Wirkungsmessungen läßt sich beliebig ausgestalten. Als Grobraster empfehlen sich vier Bereiche:

- Lernerfolg
- Anwendungsumfang
- Menschliche Wirkungen
- Betriebswirtschaftliche Wirkungen

Die Messung des Lernerfolgs, z. B. durch Fragebögen in und nach Seminaren, ist leicht. Schwieriger wird es schon bei der Messung des Anwendungsumfangs, des Transfers in die Praxis. Die Erarbeitung von Kriterien und die Einweisung der Führungskräfte, z. B. des Handels, in die zu beobachtenden Kriterien bedeuten einen zusätzlichen Trainingsaufwand. Auch die Einflüsse auf die Motivation als menschliche Wirkung läßt sich detailliert nur mit guter Vorbereitung realisieren. Sehr einfach aber ist die Messung der betriebswirtschaftlichen Wirkungen. Darum gehe ich auf diesen Meßbereich zuerst ein.

Handel
Im Fachhandel und Handwerk, wo die Genauigkeit der Messungen am größten ist, läßt sich neben der Feststellung des Ge-

Trainings-ziele	Außendienst- und Innendienst in Industrie und Dienstleistung	Verkaufskräfte in Handel und lokale Dienstleistung	Meßdaten
Höhere Durch-schnittspreise	Preisdurchsetzung Preisargumentation	Verkauf anspruchs-voller Ware	Durchschnittspreise je Verkäufer, je Kunde (Kassenzettel)
Gewinnung von Neukunden	Systematisches Arbeiten		Anzahl Neukunden je Verkäufer
Kundenbindung	Erzeugen von Sympathie	Bessere Kunden-behandlung	Anzahl der Stamm-kunden (zu definieren)
Erhöhung des Kaufvolumens je Kunde	Zusatzverkäufe, auch von Service-leistungen	Verkauf anspruchs-vollerer Ware	Zahl der Angebots-gruppen je Verkäufer
Verkaufskosten-ersparnis	Verkauf (statt kostenloser Gewährung) von Serviceleistungen	dito	Entsprechende Numerierung der Rechnungspositionen und Auswertung
Rationelles Arbeiten im Verkauf	Zeit-Management, Arbeitsvorbereitung	dito	Gefahrene Kilometer je Auftrag / je 10 000 DM Umsatz

Verkaufsminuten je 1000 DM Umsatz |

Abb. 1: Typische Trainingsziele und -aufgaben

samtumsatzes auch der Umsatz des Einzelnen, z. B. nach Warengruppen oder Abteilungen, aber auch bezüglich des Volumens je Kauf, leicht feststellen. Die Auswirkung auf die so wichtige Kundenbindung bedarf jedoch einiger Aufwendungen.

Investitionsgüterindustrie
In der Investitionsgüterindustrie, also bei Maschinenbau, Apparatebau, Zulieferung etc. werden Neukundengewinnung, Auftragsgrößen, Verkauf zusätzlicher Lei-

stungen u. a. m. häufig als Trainingsziele bevorzugt. Die dementsprechenden Trainingswirkungen lassen sich sehr präzise feststellen, ebenso wie die Wirkung von Messetrainings. Auch Trainingsthemen wie Arbeitsvorbereitung und Arbeitssystematik lassen sich mit einiger Genauigkeit in ihren Wirkungen nachvollziehen.

Ge- und Verbrauchsgüterindustrie
Hier gilt bezüglich der betriebswirtschaftlichen Wirkung das gleiche wie in den vorigen Abschnitten. Um z. B. Trainings zur

Einführung einer Händleraktion mit entsprechender Genauigkeit in ihren Wirkungen zu messen, empfiehlt sich die Vergleichsmessung als methodische Alternative.

Dienstleistungen

Es treffen grundsätzlich die gleichen Möglichkeiten zu wie in den vorigen Abschnitten. Weil Verkaufstraining meist das Verhalten im Umgang mit Kunden betrifft, können die betriebswirtschaftlichen Wirkungen auf den Umsatz sich nur geringfügig unterscheiden.

Messungen im laufenden Geschäft

Der sicherste Nachweis von Trainingswirkungen entsteht aus dem laufenden Geschäft: Es ändern sich im Vergleichszeitraum weder ganze Produktgruppen noch andere relevante Einflußwerte. Der Trainer arbeitet mit den Verkäufern, und die Wirkungen werden anschließend gemessen. Besonders im Handel lassen sich auf diese Weise viele Wirkungen eindeutig feststellen. Aber auch in großen Teilen der Industrie, sogar in der Markenartikelindustrie, entstehen bei etwa gleichbleibendem Angebot klare Zuordnungen. Diese lassen sich durch Vergleichsgruppen „trainiert/untrainiert" verifizieren.

Messungen bei neuen Produkten

Bei der Neueinführung von Produkten fällt die Messung der Trainingswirkungen schwerer und läßt sich mit guter Genauigkeit nur durch Vergleichsgruppen feststellen.

Verkaufsförderungs- und Key-account-Training

Bei Verkaufsförderungsaktionen und bei Key-Account-Training gibt es, außer der Vergleichsgruppe, noch die Möglichkeit

des Vergleichs mit früheren Aktionen/Verhandlungen. Ansonsten stoßen wir hier vorläufig an die Grenzen realistischer Messungsmöglichkeiten von Trainingswirkungen.

> Training ohne Wirkungsmessung ist wie eine Gewinn- und Verlustrechnung ohne Bilanz. Man hat zwar Geld ausgegeben, weiß aber nicht, wie es wirkt.

Systematik und Methodik

Verkaufstraining ist eine Investition in Menschen und Markt. Investitionen müssen sich rentieren, mindestens aber eine nachweisbare, meßbare Wirkung bringen. Solche Messungen bedürfen einer Systematik und Methodik.

Eine Meß-Systematik läßt sich durch die Beantwortung der folgenden Fragen entwickeln.

	Was
soll	*wie*
mit	*welchen* Maßstäben
bei	*wem*
durch	*wen*
	wie oft
	wie lange
mit	*welchen* Mitteln und Maßnahmen
und	*welchem* Aufwand

kontrolliert werden?

Was messen?

Die Frage der Meßbereiche hängt von Trainingszielen und Trainingsfeldern ab.

Abbildung 2 zeigt die häufigsten Trainingsaufgaben und Trainingsfelder.

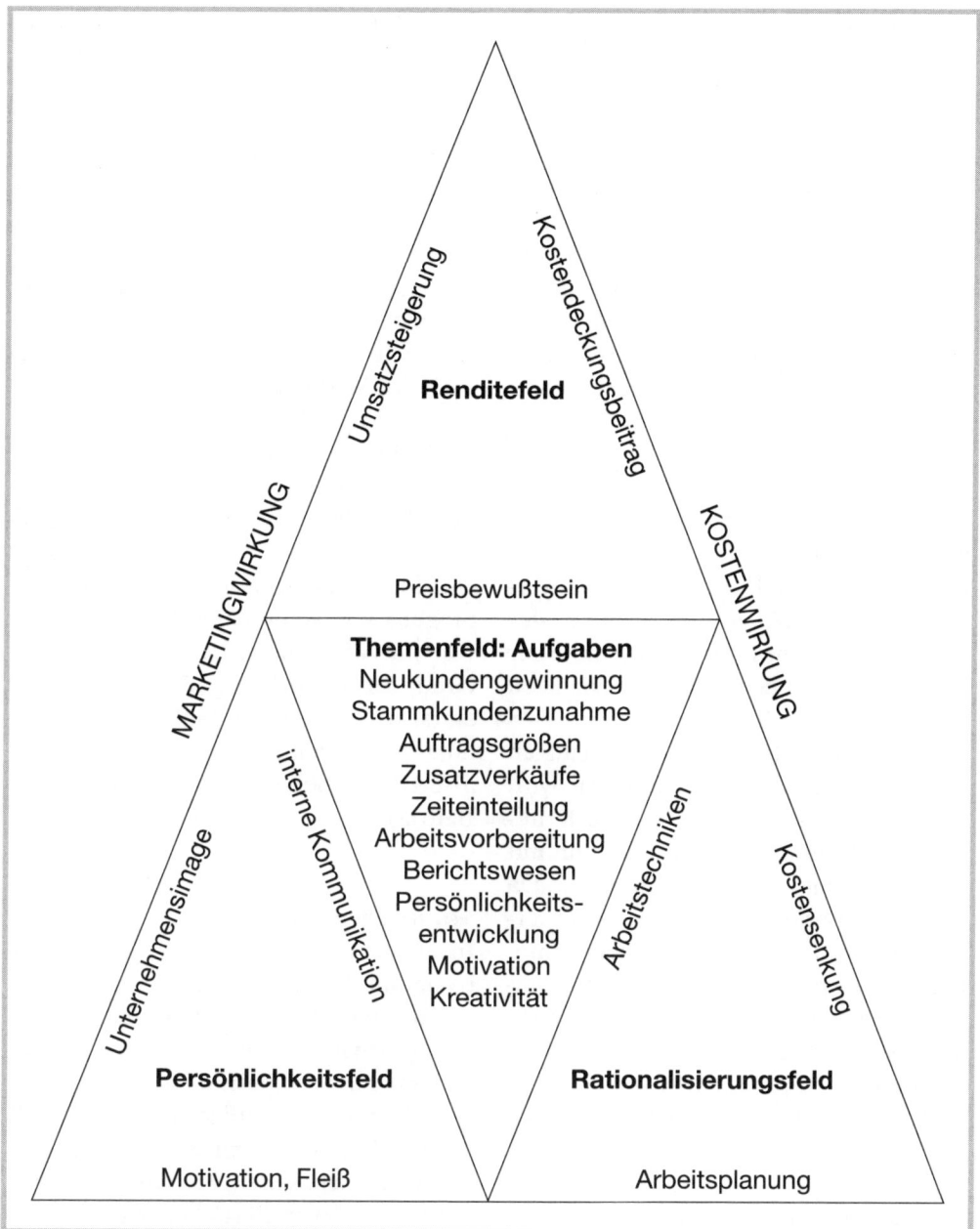

**Abb. 2: Wirkungsfelder des Verkaufstrainings (aus: „Checklist Erfolgskontrolle im Ver-
kaufstraining" von Max Meier-Maletz)**

Bezogen auf die beiden Schenkel des Renditefeldes „Umsatzsteigerung" und „Kostendeckungsbeitrag", aber auch für das Kriterium „Kostensenkung" bedarf es in der Regel keiner teuren Mittel und Maßnahmen, um die Wirkung von Verkaufstrainings nachzuweisen und zu messen. Dabei gehe ich davon aus, daß Verkaufstraining in erster Linie dazu dient, den Umsatz auf Dauer anzuheben, zu stabilisieren oder – bei rückläufiger Konjunktur – die Umsatzrückgänge zu minimieren.

Wie messen?

Zu umsatzbezogenen Messungen genügen in aller Regel die Zahlen der EDV. Diese müssen nur genutzt, ggf. aufbereitet werden. Es ist empfehlenswert, dazu vor der Messung ein kleines Zusatzprogramm zur EDV zu entwickeln oder von Spezialisten entwickeln zu lassen.

Sobald wir über Umsatzmessungen und Kostenmessungen hinausgehen, wird es teurer. So lassen sich etwa die Kriterien des Persönlichkeitsfeldes nur mit beträchtlichem Aufwand messen. Da diese Einflüsse aber ihren Zweck nur erfüllen, wenn auch der Umsatz steigt, empfehle ich meinen Auftraggebern, mit umsatzbezogenen Messungen anzufangen und erst später die Verfeinerungen und Verzweigungen anzugehen, wie sie etwa im Themenfeld „Aufgaben" aufgeführt sind.

Harte und weiche Faktoren

Die Einteilung in „harte" und „weiche" Faktoren (siehe Abb. 3) erleichtert das Denken in Wirkungsmessungen. Die harten Faktoren lassen sich aus der EDV ableiten – oft auch in der Verzweigung.

Während bei den „harten" Kriterien meist die EDV-Zahlen vor dem Training

feststehen, ist bei den „weichen" Kriterien eine Ist-Analyse die Voraussetzung für jede Wirkungsmessung. Darum ist hier zunächst eine Feststellung der angestrebten Kriterien notwendig.

Diese Kriterien sind zu quantifizieren, weil eine „Ja/Nein-Aussage" keinen Eindruck über die Veränderung geben kann. Vielmehr ist der Grad der Ausprägung, wie die Häufigkeit der Anwendung z.B. einer antrainierten Verhaltensweise, aber auch der Wirkungen gestiegener Motivation auf das Arbeitsverhalten in Form einer Skala zu quantifizieren.

Das von mir dazu entwickelte „QUETOS-Verfahren" (Quantification of Efficacy in Training of Sales Personnel) sieht eine Skalierung in sechs Graden der Ausprägung vor. Wenn dann der Grad 6, wie von mir empfohlen, den bestmöglichen Grad der Ausprägung darstellt, genügt einfache Addition der Zahlen zur Feststellung des Veränderungsgrades (s. Checkliste III in Abbildung 8 am Schluß dieses Beitrages).

Mit welchen Maßstäben?

In meinem Buch „Checklist Erfolgskontrolle im Verkaufstraining" präsentiere ich folgende Skalierungsvorschläge:

- Objektivieren Sie die Zielerreichung durch numerische Skalierung.
- Stellen Sie eindeutige Skalen auf, z.B. beim Verhalten: immer, meist, häufig, gelegentlich, selten, nie oder: 7 von 10, 5 von 10, 3 von 10 (Fällen, Kunden, Gelegenheiten) oder: 0 bis 10 Prozent, 10 bis 30 Prozent, 30 bis 50 Prozent, 50 bis 70 Prozent, 70 bis 90 Prozent, 90 bis 100 Prozent (des Wissens).
- Sorgen Sie für quantitative Erfassung in Blocks, z.B. einmal, viermal, siebenmal mehr.

Harte Faktoren	**Weiche Faktoren**
1. Umsatz	**1. Motivation (Verkaufs-/Führungskräfte)**
• Insgesamt	• Zufriedenheit
• Nach Angebotsgruppen	• Leistungsbereitschaft:
• Pro Verkäufer	• Zum Unternehmen
• Pro Rechnung/Kassenbon	• Zur Aufgabe
• (Handel) Pro qm/Regalfläche	• Zum Angebot
• Je Kunde	• Zu Kundenkreisen
• Im Verhältnis zum Verkäufer- aufwand (gefahrene km etc.)	
2. Kunden(-Zahlen)	**2. Image**
• Neukundengewinnung	• Unternehmen insgesamt
• Kundenrückgewinnung	• Verkaufsabteilung
• Stammkundenzuwachs (definieren)	• Service-Abteilung
• Nach Kundenkategorien	
• Umfang der Bedarfsdeckung	
• Auftragsausweitung	
3. Kosten	**3. Preiswürdigkeit**
• Verkäufer (incl. Fahrten etc.)	• Des Angebots
• Verkaufsabteilung	• Der peripheren Leistungen
• Vertriebsorganisation	
• Logistik	
• Im Verhältnis zu F+E, Werbung etc.	

Anmerkung:
Sie können die Aufstellung Ihren Verhältnissen entsprechend ergänzen oder ändern.

Abb. 3: Harte und weiche Faktoren der Trainingswirkungen

- Sorgen Sie für einheitliche (vergleichbare) Anwendungs- und Bezugsgrößen.
- Entwickeln Sie einheitliche Unterlagen für Beobachtung, Bewertung und Beurteilung.
- Testen Sie alle selbst entwickelten Kontrollunterlagen gründlich (z. B. Ausfüllen durch Testpersonen).

Bei wem, durch wen?
Zur Methodik gehört auch die Anleitung zur Beobachtung von Verhaltensweisen, z. B. durch den Vorgesetzten. Als Regel kann hier gelten: Je mehr Messungskriterien herangezogen werden, desto genauer wird die Messung der Veränderung insgesamt.

Wie oft, wie lange?

Nach der Kontrollvorbereitung und Istfeststellung sind in mehreren Zeitabschnitten Erfolgsnachweise zu erheben.

Die Erhebungen sollten stets mit Bezug auf den Vorzustand durchgeführt werden. Nach zwei bis drei Erhebungen zum gleichen Kontrollthema werden neben dem Veränderungsumfang auch Veränderungsrichtungen erkennbar. Die folgende Darstellung dazu (in Abb. 4) übernehme ich mit freundlicher Genehmigung des verlags moderne industrie aus meinem Buch „Trainer-Guide", S. 93.

Mit welchen Mitteln und Maßnahmen?

Zur Methodik gehören auch Einzel- und Gruppenmessungen. Dabei ist berücksichtigt, daß die Verkaufsleistung durch das Training nicht nur bezüglich einzelner Verkäufer zu steigern ist, sondern auch durch die Zusammenarbeit im Team, z. B. Innendienst und Außendienst. Die Zusammenfassung der jeweiligen Gruppen gehört zur Vorbereitung der Messungen. Die Vergleichsmessung „vorher/nachher" ist normal und üblich.

Zur Methodik gehört der Vorher/Nachher-Vergleich zwischen trainierten und untrainierten Verkaufskräften/Abteilungen/Absatzwegen. Dabei spielt die Wahl der Vergleichspersonen oder Vergleichsgruppen eine ausschlaggebende Rolle für die Genauigkeit der Messung. Werden z. B. von 20 Außendienstlern nur zehn trainiert, weil „sie es nötig haben", liegt die Chance zur Verbesserung höher als beim Vergleich von gleich guten Verkaufskräften.

Im Fachhandel läßt sich der Vergleich leichter durchführen bei trainierten und untrainierten Filialen. Auch hier kommt der Auswahl der Vergleichsgruppen hohe Bedeutung zu. Dabei ist aber in aller Regel, anders als im Außendienst, die Trainingswirkung bei guten Filialen höher als bei weniger guten.

Ein besonders interessanter Vergleich ergab das Training von Reparaturannehmern in 300 Kfz-Werkstätten durch ein mediengesteuertes Gruppentraining: Während in der Branche der Umsatz um durchschnittlich zwölf Prozent sank, stieg der Umsatz der trainierten Werkstätten um durchschnittlich 14 Prozent. Das ent-

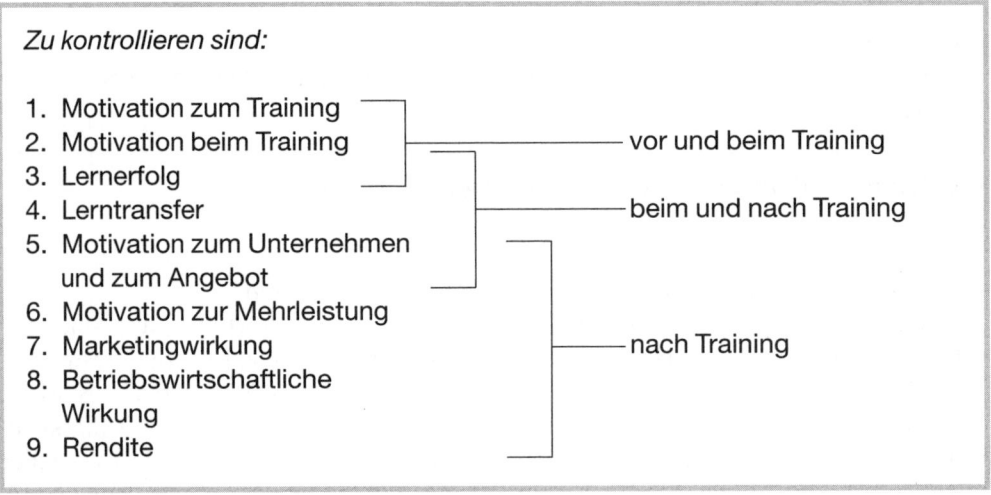

Abb. 4: Zeitliche Abfolge der Erfolgskontrolle

spricht einer Differenz von 26 Prozent und liegt damit 11 Prozent über dem Durchschnitt von Trainingswirkungen.

Mit welchem Aufwand?

Eine Auswahl von Meßansätzen und Hinweise auf den Aufwand zeigt die folgende Übersicht (Abb. 5).

Abgrenzung und Zuordnung

Die Genauigkeit der Zuordnung der Trainingswirkungen auf den Umsatz ist umso größer, je weniger andere relevante Einflußfaktoren im Vergleichszeitraum auf den Umsatz wirken. Bei Messungen über mindestens ein Jahr nach Training lassen sich saisonale Einflüsse neutralisieren oder im Vergleich mit den Vorjahren verwenden. Über die konjunkturelle Entwicklung der betreffenden Branche gibt es meist Veröffentlichungen. Die Erfahrungen zeigen überdies, daß bei rückläufiger Konjunktur mit guten Verkaufstrainings weiterhin Umsatzzuwächse der trainierten Unternehmen erreicht wurden.

Der Wirkungsgrad der klassischen Werbemittel, der Anzeigen und TV-Spots, auf den Umsatz hat derartig nachgelassen,

Abb. 5: Aufwand für Messungen in verschiedenen Wirkungsfeldern

daß nur eine Etatsteigerung von mehr als 15 Prozent in die Betrachtungen einbezogen werden sollte.

In Handel und Handwerk gilt in 90 Prozent der Fälle: Keine relevanten Änderungen des Angebots/Sortiments, keine anderen Schaufenster, Regale, keine besonderen Werbeaktivitäten oder Verkaufsförderungsmaßnahmen im Vergleichszeitraum des Handels/Handwerks. Es kommt „nur" der Trainer, und der Umsatz steigt um fünf bis 25 Prozent. Dazu muß allerdings erwähnt werden, daß über 80 Prozent der betreffenden Verkaufskräfte zuvor nie im verkäuferischen Verhalten trainiert wurden. Mit wenigen Ausnahmen ist dies das Resultat von Erhebungen aus dem Fotohandel, Kfz-Handwerk, Bäckerei-Handwerk und Schuhhandel etwa gleich.

Telefontrainings, seien sie für Innendienst oder Außendienst, Industrie, Handel, Handwerk und Dienstleistung, lassen ebenfalls genaue Wirkungsmessungen ohne großen Mehraufwand zu: Von der Erhöhung der Anrufzahl über die Zahl der Terminvereinbarung bis zum Umsatzzuwachs bei telefonischen Verkäufen fällt die Zuordnung leicht.

Bei Dienstleistern, die durchweg auf dem Gebiet der Verhandlungstechniken trainiert werden, ergeben sich klare Wirkungen durch entsprechende Kriterien. Gerade in diesen Branchen spielen überdies andere Marketingmaßnahmen häufig eine noch geringere Rolle, weil Dienstleistungen oft eine Frage der Qualität des persönlichen Kontakts sind.

Falls in diesen Fällen andere Einflußfaktoren in Betracht gezogen werden sollen, muß die Ausprägung des betreffenden Verhaltens nach den gleichen Kriterien, nach denen später beurteilt wird, auch vor der Messung festgestellt werden.

> Verkaufstraining ist, gemessen am Aufwand, die wirkungsvollste Investition in Menschen und Markt.

Fälle und Beispiele

Aus dem Handel
Abbildung 6 zeigt Umsatzsteigerungen, die durch Training erreicht wurden.

Die folgenden Beispiele zeigen unterschiedliche Trainingswirkungen, die durch Messungen festgestellt wurden.

Branche	Beispiel I: Textilhandel	Beispiel II: Baumärkte	Beispiel III: Kfz.-Handwerk	Beispiel IV: Kfz.-Handel
Dauer der Trainingsmaßnahme	3 Jahre	1 Jahr	3 Jahre	1 Jahr
1. Investition (in DM)	330000	95000	9,45 Mio.	80000
2. Investition pro Teilnehmer im Schnitt (in DM)	6635	1730	1050	1600
3. Umsatzsteigerung in Prozent	19	11,3	14,2	110
4. Mehrumsatz (in DM)	gesamt 7618000	gesamt 2653760	pro Verkäufer 106500	gesamt 2255000

Abb. 6: Erfolgsnachweise für das Verkaufstraining in Handel und Handwerk

Beispiel 1

Die Messung der Wirkungen aus einem mediengesteuerten Verhaltenstrainingssystem, das ich u.a. für Mobil Oil und Volkswagen einsetzte, gibt die folgende Zahlenübersicht. Die Zahlen entstanden aufgrund schriftlicher Befragungen der betreffenden Abteilungsleiter; bezüglich des Umsatzes auch der Inhaber von Kfz-Werkstätten. Basis: ca. 10.000 Reparaturannehmer. (Max Meier-Maletz, BDVT)

Wirkungen im Kfz-Handwerk

Lernerfolg:
      100 % bei 35,6 %
80 – 90 % bei 34,3 %
60 – 80 % bei 24,4 %
  < 60 % bei 5,7 %

Lerntransfer:
Die Anwendung gelang:
  7,9 % regelmäßig/immer
69,3 % meistens
22,4 % häufig
  0,4 % selten
  0,0 % nie

Motivation
zur Mehrleistung:
16,6 % sehr groß
57,5 % groß
25,7 % mittel
  0,2 % gering

Zeitgewinn im Umgang mit Kunden:
Bis 10 % = 67 %
11 – 20 % = 20 %
  > 20 % = 5 %
Durchschnitt: 16 %

Wirkung auf Umsätze:
(Steigerung in Prozent)

	1. Jahr	2. Jahr	3. Jahr
Werkstattleistung	8,9	14,3	13,5
Ersatzteile	11,8	13,4	15,1
Zubehör	14,9	14,4	16,4

Durchschnitt: 13,6 %

Beispiel 2

Trainingsziel: Erhöhung der Netto-Rendite bei rückläufiger Konjunktur im Handel mit Elektro-Unterhaltungsgeräten.

Wirkungen im Jahresvergleich: Rendite um drei Punkte erhöht.

Stammkunden von 42 auf 49 % gestiegen. Flächen-Produktivität um DM 835,–/qm gestiegen. (Jörg K.Rückholz, BDVT)

Aus der Industrie

Beispiel 3

Trainingsziel: Erhöhung des Umsatzes um DM 10.000,– p.a. bei Kunden, deren Umsatzanteil unter 20 % des Bedarfs lag. 80 % der Verkaufskräfte erreichten und übertrafen diese Ziele nach zwei Monaten. Umsatzzuwachs ca. 3 Mio. DM.
(Heinz Goldmann)

Beispiel 4

Druckereibedarf:

Trainingsziele: Mehr Demonstrationstermine für Druckereibedarf, Erhöhung der Erstaufträge, Reduzierung der Reklamationen.

Wirkungen: 24 % mehr Demonstrationstermine, 11 % Erhöhung bei Erstaufträgen, 26 % Rückgang der Reklamationen bei 10 von 14 Verkaufskräften.
(Heinz Goldmann)

Beispiel 5

Trainingsziel: In der Produktgruppe Schweißstähle, die 14 % teurer waren als

Standard-Stähle, durch bessere Argumentation Umsatz um 15% erhöhen.

Wirkung: Das Ziel wurde von allen Verkaufsingenieuren nach drei Monaten erreicht. (Meier-Maletz, BDVT)

Beispiel 6
Trainingsziel: Umsatz von Bier steigern.

Der Umsatz von Bier stieg im Laufe von zwei Trainingsjahren um 80% – nach Mitteilung des Unternehmens in erster Linie durch Verkaufstrainings.
(Hans A.Hey, BDVT)

Aus dem Dienstleistungsbereich

Beispiel 7
Trainingsziel: Vermeiden des „Herbstlochs" im Umsatz eines Software-Hauses.

Wirkung: Erstmalig in 12 Jahren des Unternehmens ging der Umsatz im Herbst nicht zurück. (Meier-Maletz, BDVT)

Beispiel 8
Der Umsatz eines Alt-Produktes einer Landessparkasse stieg im Laufe von zwei Jahren um 280%.
(Hans A. Hey, BDVT)

Zusammenfassung
Verkaufstraining ist, gemessen am Aufwand, die wirkungsvollste Investition in Menschen und Markt.

Checklisten

Hier werden dem Leser Anregungen für die Einführung von Erfolgsmessungen im Verkaufstraining angeboten.

Die folgenden Checklisten, die ich aus meinem Buch „Checklist Erfolgskontrolle im Verkaufstraining" entnommen habe, sind Teil unseres QUETOS-Systems.

Checkliste I
Diese Checkliste über die Unternehmensziele kann zur Festlegung Ihres Trainingsbedarfs dienen und die Frage beantworten, was Sie mit dem Training erreichen wollen. Sie können sie, wie auch die anderen Checklisten, beliebig verändern, erweitern oder kürzen.

Checkliste II
Diese Checkliste zum Planungsablauf soll Ihnen die Installierung einer systematischen Wirkungsmessung von Verkaufstrainings erleichtern. Sie soll als Anregung dazu dienen, eine unternehmensspezifische Checkliste aufzustellen.

Checkliste III
Hier, wie auch in den folgenden Checklisten, ist die Ist-Analyse für jeden einzelnen Verkäufer vor Beginn der Messung notwendig und nützlich. Auch für das allgemeine Arbeitsverhalten, für systematische Besuchsvorbereitung, rationelle Tourenplanung etc. lassen sich unternehmensspezifische Checklisten entwickeln.

Checkliste IV
Diese Checkliste enthält sowohl Komponenten des Verkaufsverhaltens als auch des allgemeinen Arbeitsverhaltens. Die Ist-Analyse bei jedem Teilnehmer vor dem Training ist nützlich und notwendig. Aus einigen Punkten dieser und der vorigen Checkliste lassen sich auch Motivationsveränderung ableiten. Außerdem gibt es eine spezielle, auf die Motivationsveränderung abgestimmte Checkliste.

Alle Checklisten können branchen- und organisationsspezifisch verändert werden.

Checkliste I: Unternehmensziele	Bedeutung			Dringlichkeit		
	groß	mittel	gering	groß	mittel	gering
1. Verbesserung der Rendite im Verkauf						
2. Höhere Erträge pro Kunde						
3. Durchsetzung besserer Konditionen						
4. Hochpreisverkauf						
5. Erhöhung des Deckungsbeitrages						
6. Rationalisierung						
Mehr Leistung pro Mitarbeiter						
Langfristige Abschlüsse						
Zeiteinsparung der Verkäufer						
Tourenplanung (ADM)						
Kosteneinsparung durch Verkäufer						
Interne Abwicklung						
Bessere Arbeitsplanung						
Bessere Arbeitsvorbereitung						
7. Marketing						
Gewinnung neuer Marktanteile						
Verteidigung Marktanteil						
Verbesserter Kunden-Service						
Breitere Abnehmer-Basis						
Allgemeine Umsatzsteigerung						
Umsatzsteigerung im Angebots-Segment						
Umsatzsteigerung in Markt-Segmenten						
Imagesteigerung beim Handel						
Imagesteigerung beim Verkäufer						
Absatzförderung im Handel						
Neukunden-Gewinnung						
Auftragsausweitung (Menge)						
Bessere Reklamationsbehandlung						
Bessere Kundenbedienung (EHV)						
8. Verkäuferbezogen						
Verbesserung d. Zusammenarbeit im Hause						
Verbesserung der Verkaufsabteilung						
Bessere Verkäufer-Motivation						
Bessere Streß-Bewältigung						
Erhöhen der Kreativität						

Abb. 7: Checkliste I: Unternehmensziele

Checkliste II: Planungsablauf		
	besprochen am	erledigt am
1. Ist-Analyse: Feststellen des Ist-Zustandes in:		
Wissen		
Können		
Verhalten		
Wirkungen		
2. Bedarfs-Analyse: Festlegen des Soll-Inhalts in:		
Wissen		
Können		
Verhalten		
Wirkungen		
3. Langfristplanung: Festlegen der:		
Ziele		
Unterziele		
Roh-Termine		
4. Stoffplanung, detailliert: Festlegen der:		
Aufgaben des Trainings		
Inhalte des Trainings		
5. Maßnahmen-Planung: Festlegen der:		
Durchführungen		
Inhalte		
Themen		
Verantwortliche		
6. Medien-Planung: Auswahl der:		
Mittel		
Medien		
Durchführenden		
7. Durchführungs-Vorbereitungen: Auswahl der:		
Räume		
Teilnehmer		
Gruppierungen		
Termine		
8. Kontroll-Vorbereitungen: Auswahl der:		
Kontrollmittel		
Kontrollmaßnahmen		
Durchführenden		
9. Erarbeitung der Unterlagen und Mittel zum Training:		
Text		
Bild		
Druck		
Ton		
Film		
Foto		

	besprochen am	erledigt am
10. Realisierung der Trainingsunterlagen und -mittel:		
Text		
Bild		
Druck		
Ton		
Film		
Foto		
11. Realisierung der Kontrollmittel:		
Text		
Druck		
Ton		
Ton		
12. Durchführung der Trainingsmaßnahmen:		
wann		
wo		
wie		
13. Kontrolle der Ergebnisse:		
während Training		
bei Ende Training		
nach Training		
nach 1 Monat		
nach 3 Monaten		
nach 6 Monaten		
14. Berichterstattung hat stattgefunden:		
während		
bei Ende		
nach 1 Monat		
nach 3 Monaten		
nach 6 Monaten		
nach 12 Monaten		
15. Auswertung der Ergebnisse:		
Änderungen		
Ergänzungen		

Abb. 8: Checkliste II: Planungsablauf

Checkliste III: Verhandlungsverhalten des Außendienstes

Allgemeines Arbeitsverhalten	immer 6	meist 5	häufig 4	gelegentl. 3	selten 2	nie 1
Beherrscht Verhandlungstechniken						
Lenkt das Gespräch durch weiterführende Fragen						
Stellt Kontrollfragen zur Sicherung des Verständnisses						
Spricht nicht länger als 1 Minute zusammenhängend						
Läßt den Kunden aussprechen						
Nennt Namen des Gesprächspartners						
Nennt mögliche Namen aller Gesprächspartner						
Zeigt Stehvermögen						
Verhält sich taktvoll						
Wechselt Taktik						
Bildet kurze, klare Sätze						
Geht nach Gesprächsstufen vor						
Bezieht sich auf gute Zusammenarbeit						
Stellt Serviceleistungen gut dar						
Verlangt bei eigenen Zugeständnissen auch Entgegenkommen der Gesprächspartner						
Hat Ideen für Entgegenkommen der Gesprächspartner						
Vereinbart klare Termine						
Vermeidet Überflüssiges						
Gibt EntscheidungsBestätigung						
Fragt nach weiteren Anliegen						
Fragt nach Empfehlungen						
Fragt nach Neuigkeiten						

Abb. 9: Checkliste III: Verhandlungsverhalten des Außendienstes

Checkliste IV: Allgemeines Arbeitsverhalten des Einzelhandelsverkäufers

Teilnehmer/Verkaufskraft:	immer 6	meist 5	häufig 4	gelegentl. 3	selten 2	nie 1
Spricht Kunden geschickt an						
Läßt sich gern ansprechen						
Hat Unterlagen griffbereit						
Demonstriert die Ware						
Verhandelt geschickt						
Zeigt Fachkenntnis						
Weist auf wertvollere Waren hin						
Weist auf andere Sortimentsbereiche hin						
Weist auf andere Abteilungen hin						
Weist auf Sonderangebote hin						
Argumentiert gut zur Ware						
Argumentiert zum Image des Hauses						
Regt alternativ Vorwahl an						
Legt Erstwahl wieder vor						
Entscheidet sich selbst erkennbar						
Reagiert auf Kaufsignale						
Arbeitet gut mit Kollegen zusammen						
Übergibt an (Fach-)Kollegen						
Begleitet möglichst zur Kasse						
Hilft gegebenfalls Kunden (tragen)						
Verkauft geschickt an mehrere Partner						
Geht gut mit Kundengruppen um						
Geht gut mit Ausländern um						
Erkennt Zusatzbedarf						
Verkauft Serviceleistungen						
Analysiert Ursachen bei Mißerfolg						
Analysiert Ursachen bei Erfolg						
Setzt sich erkennbar Teilziele						
Verhält sich psychologisch richtig						
Ist gut motiviert						
Führt geschickt Reklamationsgespräche						
Hilft bei der Dekoration						
Plaziert verkaufsreife Ware richtig						
Ist sauber gekleidet						
Wirkt gepflegt						
Ist positiv gestimmt						
Liest Fachpresse						
Identifiziert sich bald mit neuer Ware						

Abb. 10: Checkliste IV: Allgemeines Arbeitsverhalten des Einzelhandelsverkäufers

10. Verkaufsstrategien

10.1 Verkäufern die Preisangst nehmen

Erich-Norbert Detroy

Noch immer haben viele Verkäufer im Verkaufsgespräch vor dem Preis am meisten Angst. Manche brechen regelrecht in sich zusammen, resignieren und sind zu keiner kreativ-positiven Argumentation mehr fähig. Als Rettungsanker kommt dann schnell der bekannte Wunsch nach billigeren Produkten auf, die natürlich genauso gut sein sollen wie die teuren. Daraus ergeben sich drei Fragen:

1. Woher kommt denn die Preisangst?
2. Welche Grundeinstellungen sind notwendig, um hohe Preise durchsetzen zu können?
3. Welche hilfreichen Preiserklärungsmethoden gibt es?

Ursachen der Preisangst

Auch wenn wir – wie hier – nur von einer Art der Angst, nämlich der Preisangst der Verkäufers sprechen, haben wir ein facettenreiches Gebilde vor uns, das auf einem ganzen Bündel an Ursachen beruht.

Wir unterscheiden dabei zwischen äußeren (sachbezogenen) und inneren (psychologischen) Gründen für Ängste, Sorgen und inneren Widerstände. Verkäufer meinen oft, es seien die äußeren Gründe, die zu Preisangriffen führten. Das ist naheliegend, denn diese Gründe sind meist sehr griffig und haben somit einen hohen Selbstschutzeffekt.

Äußere Gründe für die Preisangst

Das Billigste scheint unsere Verkaufswelt zu beherrschen.

Sonderangebote: Wo man hinschaut, überall wird mit einer Fülle an Sonderangeboten gelockt, Ausverkaufs-, Schlußverkaufs- oder Räumungsverkaufsknüller wechseln sich in rascher Folge ab. Preisgarantien („Nirgendwo billiger!") findet man immer häufiger.

Feilschen: Handeln ist zum Volkssport geworden. Unsere Großväter hätten sich eher die Zunge abgebissen, bevor sie durch die Forderung eines Nachlasses zugegeben hätten, daß sie sich eine bestimmte Ware nicht hätten leisten können.

Vergleichen: Testinstitute, Medien – vom Rundfunk über Fernsehen bis hin zu Zeitschriften – fordern zum aggressiven Preisvergleich und zu offensiven Preisgesprächen auf.

Billiger und nochmal billiger: Es gibt immer jemanden, der die Ware, die man selber zu verkaufen hat, billiger anbietet.

Und Tatsache ist, daß der Markt für die Billiganbieter vorhanden ist, und es wird ihn immer geben. (Dazu gehört auch der Markt für Billigtrainer und -berater!)

Viele Firmen geben eine Menge Geld für Beschaffungsmarktforschung und Wertanalyse aus. Die Öffnung des EG-Marktes hat die Situation noch verschärft. Unablässig werden Lieferanten (Konkurrenten) gefunden, die unsere Preise unterbieten.

Innere Gründe

Betrachten wir nun die inneren, die psychologischen Gründe für Preisangst. Sie dominieren häufiger als wir denken, was an sich leicht verständlich ist, wenn man sich die folgenden Punkte einmal bewußt macht:

Die Angst vor dem „Nein" des Kunden: Diese Angst vor dem Nichtkauf schlummert ständig im Verkäufer, und gerade der Preis könnte ja zum gefürchteten „Nein" des Kunden führen.

Die Angst vor großen Beträgen: Für diese Angst gibt es mehrere Ursachen, deren Wurzeln wir leicht in unserer Vergangenheit finden können.

Die meisten Mensch gehen in ihrer Kindheit und bis weit ins Erwachsenenleben hinein nur mit kleinen Beträgen um. Es fängt beim Taschengeld an, geht über den Lehrlingslohn und das schmale Gehalt eines Jungangestellten läßt keine großen Sprünge zu. Vor diesem Hintergrund fällt es dann manchem schwer, hohe Beträge zu vermarkten.

„Spare in der Zeit, dann hast du in der Not": Sehr viele Eltern und Großeltern führten (und führen) dieses Sprichwort so häufig im Munde, daß es sich Kindern unvergeßlich einprägt. Andere wiederum lassen ihren Sprößlingen eine Billigerziehung angedeihen und vermitteln damit: „das Billigste tut's!" Wie soll ein Verkäufer, der solche „inneren Sparpakete" mit sich herumträgt, dann einen hohen Preis verstehen und überzeugend „verkaufen"?

Die Angst vor hohen (großen) Zahlen: Wer selber nicht Millionen scheffelt oder von klein auf nicht gelernt hat, mit Millionen umzugehen, steht hohen Zahlen ängstlich bis distanziert gegenüber. Für ihn sind diese Zahlen eine Belastung, die sich – häufig unbewußt – in ihm festsetzt.

Die Angst vor verkäuferischem Versagen: Wer hat sie nicht, diese Versagensängste? Und wie viele Verkäufer suchen ihr Heil in dem Vorwurf an den Verkaufsleiter: „Bei den Preisen kann man ja nicht verkaufen!"

Woher sollen Verkäufer Vertrauen in hohe Preise bekommen?

Nun, den ersten Teil der Strecke zum unserem Ziel, die Preisangst abzubauen, haben wir hinter uns. Wir kennen die Gründe – zumindestens einen gewichtigen Teil davon. Und die meisten von Ihnen werden insgeheim oder auch ganz offen sagen: „Ja, so ist es!."

An diese Erkenntnisse bzw. an das sich Bewußtmachen der Gründe knüpfen die folgenden praktischen Tips an. Viele Verkaufsleiter haben damit schon sehr gute Erfahrungen gemacht, als sie die Gedanken samt der „Philosophie", die dahintersteckt, an ihre Verkäufer weitergaben.

Gründe und Chancen für hohe Preise

Wenn die Preisangst aufsteigt oder besser noch, um sie erst gar nicht aufkommen zu lassen, sollten sich alle im Verkauf folgendes vor Augen halten:

- Ein hoher Preis bringt für den Lieferanten eine Leistungsverpflichtung mit sich.
- Teurere Anbieter am Markt sind in der Regel „leise" groß geworden.
- Billig kann jeder sein, dazu braucht man wenig kreative Leistung, man muß nur am gesamten Marketing-Mix sparen, insbesondere am Service, Sortiment, Image und an der Verkaufsorganisation.
- Geringe Preise = geringe Rendite; an zu geringer Rendite, am Verlust, gehen die Unternehmen Konkurs (allein in Deutschland gibt es jährlich zigtausend Insolvenzen!).
- Hohe Preise = gute Gewinne = Kraft zum Investieren für eine gesunde, stabile Zukunft.
- Preis-Nörgler = Qualitäts-Nörgler; in das Billigste setzt man einfach kein Ver-

trauen, der Billigkäufer ist gegenüber dem Lieferant nicht wohlwollend, wenn es an der Ware etwas zu bemängeln gibt.

- Große Fische (große Kunden) schwimmen nicht in kleinen Teichen. Kleinkariertheit im Vertrieb zahlt sich nicht aus.
- Beim Billigen kauft man wegen des Preises, beim Teuren aber wegen des Verkäufers.
- Der „billige Verkäufer" hat es keineswegs leichter als der „teure". Denn als „Billiger" muß er mit mehr Mißtrauen gegenüber allen anderen Elementen (z. B. Nutzen, Liefertermine, usw.) seines Angebotes rechnen.
- Der Preis wird oft nur angegriffen, weil er nicht richtig übermittelt wird: Preislisten sehen aus wie Buchstaben- und Zahlenfriedhöfe, aus schriftlichen Angeboten springt einem der Preis aggressiv entgegen, Angeboten werden Nutzenkalkulationen nicht beigefügt. Im Gespräch schweigen manche Verkäufer einfach, nachdem sie den Preis genannt haben, damit lassen sie den Preis beim Kunden geradezu voluminös zur Wirkung kommen.

Billige bieten oft wenig

Würde immer nur der Billigste den Auftrag bekommen, gäbe es keine teuren Anbieter mehr. Nur in ganz wenigen Fällen sind die billigen industriellen Anbieter am Markt auch die größten – Beispiele wären BIC, Black & Decker, verschiedene „Asiaten" und einige namhafte Händler. Aber diese haben meist das gleiche Konzept: kleines Sortiment, wenig Service, kaum Beratung.

Doch der Smart Shopper (cleverer, selbstbewußter Kunde) möchte zum „billigsten Preis" das „beste Produkt". Ein Widerspruch? Keineswegs: Helfen wir dem Kunden mit Top-Leistung zu akzeptablem Preis.

Sich begeistern für den Preis

Um Preisvertrauen zu gewinnen, ist zuerst die innere Einstellung zu überprüfen, dann erst können wir mit schwungvoller Argumentation Erfolg haben.

Man muß sein Preis-Niveau auch selber „leben", mit anderen Worten: Man kann als Verkäufer selbst nicht Dauer-Billig-Kunde sein!

Vielleicht helfen folgende kreativ-kraftvolle Sätze bzw. Argumentationen, unseren erfolgreichen oder erfolgversprechenden Verkäufern ein großes Stück weiter auf dem Weg zur Preisbegeisterung.

Preis-Slogans und erfolgbringende Sätze ...

... die hiermit für alle erfolgreichen Verkäufern zur freien Verfügung freigegeben werden:

- „Auch wir könnten ein billiges Produkt auf den Markt bringen, wir müßten nur am Material, an der Ausstattung, der Präzision usw. sparen, dies wäre alles kein Problem, doch glauben Sie, wir würden da noch unser Firmenzeichen draufmachen?"
- „Sie wären nicht zu mir gekommen (würden nicht solange mit mir verhandeln; hätten mich nicht empfangen), wenn Sie nicht von der Leistungskraft meiner Firma überzeugt wären!"
- „Natürlich, der Preis muß stimmen, und ob er stimmt, erweist sich beim harten Dauereinsatz der Maschine, und dann, wenn man sich tagtäglich an der Zuverlässigkeit erfreuen kann!"
- „Wir wissen, daß andere billiger sind, meist wissen solche Anbieter ja, was ihre Produkte wirklich wert sind und was sie dafür verlangen können!" – Dieser Satz ist sicherlich sehr aggressiv,

doch manchmal sind ja härtere Bandagen im „Kampf" notwendig.

- „Auch dieser Mitbewerber würde seine Preise auf unser Niveau anheben, wenn er könnte. Denn es wäre doch fehlende Geschäftstüchtigkeit, auf gewinnbringende Preise freiwillig zu verzichten!" – Nur mit Vorsicht anwenden! Dieser Satz kann dazu führen, daß der Kunde den nicht anwesenden Mitbewerber in Schutz nimmt!

- „Das Billigste kann nicht das Beste sein, das Beste nicht das Billigste, doch Ihnen ist nur mit dem Besten gedient!"

- „Es ist viel leichter, einmal unsere hohen Preise zu erklären, als immer wieder Reklamationen entgegennehmen zu müssen."

- Und frei nach Wilhelm Busch:
  „Bei genauerer Betrachtung
  steigt beim Preis die Achtung!"

Ich wünsche Ihnen viel Erfolg und hoffe, daß die vorangegangenen Sätze Ihnen helfen werden, Ihre Verkaufsmannschaft von der Wichtigkeit guter Preise zu überzeugen. Für Rückkopplung bin ich immer dankbar.

10.2 Preisverhandlungen gewinnen

Erich-Norbert Detroy

In der „freien Wirtschaft", dort, wo im Wettbewerb vieler Anbieter um die Kaufgunst der (hoffentlich zahlreichen) Nachfrager die Entscheidung fällt, wer wieviel an wen verkauft, da kommt dem Preis, der Preisverhandlung, dem Interessenausgleich zwischen Verkäufer und Käufer die Funktion eines „volkswirtschaftlichen Regulativs" zu:

Gibt es viele Anbieter, aber nur wenige „Nachfrager" (A > N), dann droht der Wettbewerb über den Preis:

Jeder Anbieter versucht, seine Konkurrenten zu unterbieten und so seine Ware an die wenigen Käufer zu bringen. Natürlich könnte er, statt den Preis zu senken, versuchen den Nachfragern auch einfach *seine* Ware wertvoller zu machen, zum Beispiel durch besseren Service nach dem Kauf.

Wird aber in einer anderen Situation mehr von den Kunden nachgefragt, als die Anbieter liefern können (A < N), dann kann der lieferfähige Verkäufer (nahezu) jeden Preis durchsetzen, solange er nicht die „Verzichtbereitschaft" der Kunden unterschätzt – und diese dann Enthaltsamkeit üben oder auf Ersatzprodukte ausweichen.

Im „Gleichgewichtsmarkt" aber haben sich angebotene und nachgefragte Menge allmählich ausgependelt (A = N). Der Wettbewerb unter den Verkäufern läuft hier vorzugsweise über die Wert- und Nutzenargumente, die der Verkäufer für *seine* Ware dem Kunden überzeugend darlegen kann.

Einkauf und Verkauf – der „ewige Kampf"

Im Prinzip ist der „ewige Kampf" zwischen Verkäufern und Einkäufern die natürlichste Sache der Welt: Der Einkäufer will sowenig bezahlen, wie nur möglich. Der Verkäufer will soviel bekommen, wie es nur geht.

Doch das läßt sich beileibe nicht *nur* auf den Preis beziehen. Der „ewige Kampf" sieht gleich ganz anders aus, wird das „gegenläufige Streben" in anderen Worten formuliert: Der Einkäufer will für sein Geld soviel an „Gewinn", an Wert, an Nutzen, wie höchst möglich erreichbar.

Und schon hat der Verkäufer ein breites Spektrum an Möglichkeiten, *sein* Bestreben durchzusetzen und doch das Bestreben des Einkäufers ebenfalls zu erfüllen.

Den Einkäufer ein „Schnäppchen" machen zu lassen, geht nicht *nur* über den Preis. Oder anders ausgedrückt: Die konzentrierte Aufmerksamkeit des Kunden, der zuerst nur den Preis der Ware als „kaufentscheidend" sieht, muß vom Verkäufer ausgeweitet und umgelenkt werden. Der Kunde muß den gesamten Nutzen erfassen.

Dazu gehört aber nicht nur der reine Warennutzen, sondern dazu gehört auch der variationsreiche „Lieferantennutzen": die Qualitätsgarantie, die Lieferpünktlichkeit, die Konditionsflexibilität, die Komplettheit der Ausrüstung, die Beratung, der Service, der Kundendienst, die Ersatzteilsicherheit über lange Zeit... und in jedem Einzelfall noch vieles mehr.

Jetzt sieht der Kunde: Der Preis allein ist es nicht, auf die Summe des Nutzens, auf die Relation von „Wert" und „Preis" kommt es an.

Für den Verkäufer heißt die Maxime: „Den Preisabsturz verhindern." Mit dem Preisabsturz ruiniert er die Firma, von der er Gehalt beziehen will, in der er Karriere machen will. Der Verkäufer hat immer wieder die Aufgabe, die hohe Energie, die der Einkäufer in einen „Preis-Sturzflug" investiert, umzuwandeln in einen Wertgewinn, den der Einkäufer tatsächlich erzielt durch *diesen* Lieferanten, durch *dieses* Produkt, zu *diesem* Preis.

Sogar das beste Verkaufsgespräch kann nichts nützen, wenn der Einkäufer nicht „geöffnet" wird für ein Mindestmaß an Bereitschaft, dem Gedanken für ein gesundes Preis-Leistungs-Verhältnis zu folgen.

Die Vorbereitung bringt den Auftrag

Die Analyse gescheiterter Verkaufsgespräche fördert in erschreckend hohem Maß eine Ursache zutage: zu schwache Vorbereitung. Verkäufer stürzen von einem Kunden zum anderen und machen sich häufig erst im Flur vor dem Büro des Einkäufers Gedanken darüber, wie sie das Gespräch eröffnen, wie sie das neue Produkt anbieten, welche individuelle Eigenarten dieses Kunden sie zu berücksichtigen haben.

Besonders erschreckend: Bei Tandem-Besuchen (Verkäufer und Verkaufsleiter oder Verkäufer und Anwendungstechniker suchen einen Kunden gemeinsam auf) werden ebenfalls häufig erst auf dem Parkplatz des Kunden in fünf Minuten hastig die „Strategien" abgestimmt. Das kann nicht klappen. Widersprüche sind unvermeidbar. Der Verkaufsmißerfolg ist vorprogrammiert.

Generell gilt für jeden Verkaufsbesuch:
- Der Gang zum *bekannten* Kunden ist viel leichter. Den Kunden kennt man durch gute Vorbereitung.
- Mit Freude verkauft es sich leichter. Der Verkäufer, der sich auf seinen Kunden freut, der hat schon halb gewonnen.
- Positive Vorstellungen können Berge versetzen. Die innere Erwartung (fundiert durch sorgfältige Vorbereitung) des Erfolgs beschwört ihn förmlich herbei.

Inhaltliche Vorbereitung

Zum Inhalt der Vorbereitung zählen nicht nur bisherige Umsätze mit diesem Kunden, bisherige Konditionen oder voraussichtlicher Bedarf auf der Basis bisheriger Bestellmengen. Zur Vorbereitung zählt auch das Studium technischer Alternativen oder die Möglichkeiten für Ersatzprodukte, ebenso auch die Stellung des eigenen Produkts und der eigenen Konditionen gegenüber den Wettbewerbern. Ausgefuchste Verkaufsprofis aber weiten ihr Vorbereitungsprogramm aus: Sie analysieren das Gesamtpotential des Kunden und legen sich Alternativen zurecht, wie sich dieses Einkaufspotential mit höchstmöglicher Rate ausschöpfen läßt. Dazu ist zum Beispiel zu klären:
- Welche Umsätze sind mit diesem Kunden überhaupt erzielbar?
- Welche Erweiterungen plant der Kunde möglicherweise?
- Welchen Anteil daran hat derzeit der Wettbewerb?
- Welche Mengen deckt der Kunde aus anderen Quellen, etwa durch Eigenproduktion?
- Welche Umsätze, welche Mengen können überhaupt von uns erfüllt werden?

Gesprächsstrategie

Die zweite Stufe der Vorbereitung liegt in den Gedanken zur Gesprächsstrategie:

- In welcher Reihenfolge sollen die Argumente auf den Tisch?
- Welches Argument ist das „Herzstück" und wird für den Schlußakkord aufgehoben?
- Welche Gegenargumente werden kommen?
- Mit welchen Überraschungen ist zu rechnen?
- Sind alle Entscheidungsträger involviert?
- Oder gibt es unbekannte Personen oder Entscheidungskomponenten?

Motivanalyse

Die Gesprächsstrategie bringt nichts, läuft sie an den Motiven der Einkaufsentscheider vorbei. Niemand kauft die „langlebig hochwertigen Edelstahlträger", will er nur provisorisch für ein paar Wochen einen Werkshof überdachen.

Die Verkaufsvorbereitung analysiert daher:

- Welche Motive stecken hinter dem Bedarf?
- Geht es um den „Zweck", oder will sich hier jemand ein „Denkmal" bauen?
- Soll nur der Wettbewerber verunsichert werden?
- Steht der Kunde am Rand seiner Produktions- oder Liefersicherheit?
- Geht es um technischen Vorsprungsgewinn gegenüber dem Wettbewerb des Kunden?
- Steht Prestige auf dem Spiel?
- Hängt die Position oder Stellung eines der Einkaufsentscheider an diesem Projekt?
- Muß ein Einkaufsentscheider primär seine „interne" Sicherheit berücksichtigen?

- Geht es darum, daß jemand ausgebootet oder überspielt werden soll?
- Oder welche anderen Motive könnte der Kunde für das Kaufgespräch haben?

Mit dem „Motiv" – so sagen anerkannte Spitzenverkäufer – ist der „Nasenring" des Kunden erkannt. Das Motiv liefert den Hebel zum Verkaufserfolg.

Die Entscheidungsträger

Je größer der Kunde, desto „heißer" geht es zu in den Verkaufsverhandlungen. Natürlich sind große Kunden auch begehrte Kunden. Aber je größer der Kunde, desto undurchsichtiger sind auch die inneren Strukturen, die Entscheidungsprozesse und Hierarchien in diesem Unternehmen.

Deshalb ist es wichtig, ein Organigramm eines Großkunden in die Hand zu bekommen. Geschäftsberichte, Unternehmensdatenbanken, Auskunfteien oder aber auch auskunftsfreudige Öffentlichkeitsarbeiter oder gar ehemalige oder sogar gegenwärtige Mitarbeiter des Kunden sind hier ergiebige Informationsquellen.

In diesem Organigramm trägt der Verkäufer die Namen der Direktoren, der Abteilungsleiter, der Geschäftsführer oder der Prokuristen ein. Darauf lassen sich dann zwei Strategien alternativ aufbauen:

- Der eine wählt den Weg von oben nach unten. Er sucht sich seinen Einstieg beim „obersten Boß".
- Der andere bevorzugt den Weg von unten nach oben. Er gewinnt erst einen Abteilungs- oder Betriebsleiter als „internen" Fürsprecher im Kundenunternehmen und läßt sich dann Stufe für Stufe nach oben weiterreichen.

Beide Wege haben ihr „Pro" und „Contra". Der Einstieg beim Chef verschafft (meist) einen schützenden „Schirm des Wohlwollens" für den dennoch routinemäßig zu durchlaufenden Einkaufsprozeß. In einer Reihe von Unternehmen wagt auch heute noch kein Einkäufer, wider den „Chef" aufzumucken. Doch da gibt es auch immer wieder die Fälle, wo gerade die „Empfehlung" von oben den Einkäufer dazu anspornt, mit allen Mitteln seiner Macht zu beweisen, daß *er* die besseren Quellen hat.

Beim Weg von unten nach oben fühlt sich niemand übergangen. Stufenweise wird im Kundenunternehmen ein *Heer* von Helfershelfern aufgebaut. Aber in manchen Unternehmen wartet auch heute noch der „Einkauf" lieber auf die Anweisung von oben und macht sich nicht für eigene Vorschläge stark.

Die Wahl der passenden Strategie

Die „richtige" Strategie wird von Fall zu Fall individuell gewählt. Die ersten Kontakt- und Sondierungsgespräche zeigen dem sensiblen Verkäufer, welche „Atmosphäre" im Kundenunternehmen herrscht. Er kann beobachten, ob sich die Mitarbeiter duzen, kooperieren oder sich unfreundlich anreden. Aus diesen Beobachtungen ergeben sich die Leitlinien der Vorgehensweise: Hier muß der Verkäufer entdecken, ob es zum Beispiel neben der „formellen" Organisation noch entscheidungsbeeinflussende „informelle" Netze gibt. In nicht wenigen Unternehmen legen eingespielte „Seilschaften" die offizielle Führungsriege komplett lahm.

Das Modellunternehmen in Abbildung 1 zeigt deutliche Funktionsstörungen: Der „Chef" A hat nämlich seine Beziehungen zum Bereichsleiter C gekappt. Von dieser Seite nimmt er weder Rat noch nützliche Hinweise an. Auf der anderen Seite aber ist der A mit dem Meister D gemeinsam in einem Gesangsverein. Dem D vertraut der A nahezu blindlings.

Informationen über solche Entscheidungsstrukturen fallen keinem Verkäufer auf dem Korridor während ein paar Warteminuten zu. Der Erfolg hängt ganz wesentlich von der Intensität der Vorbereitung auf einen Kunden ab. Diese Vorbereitung gelingt mit Helfern und Helfershelfern am besten. Im „Team" lernt es sich leichter. Im Team sammeln sich auch Informationen spürbar leichter.

In diesem Vorbereitungsprozeß aber genügt es nicht, die „strukturellen" Macht- und Kompetenzverteilungen zu erfassen,

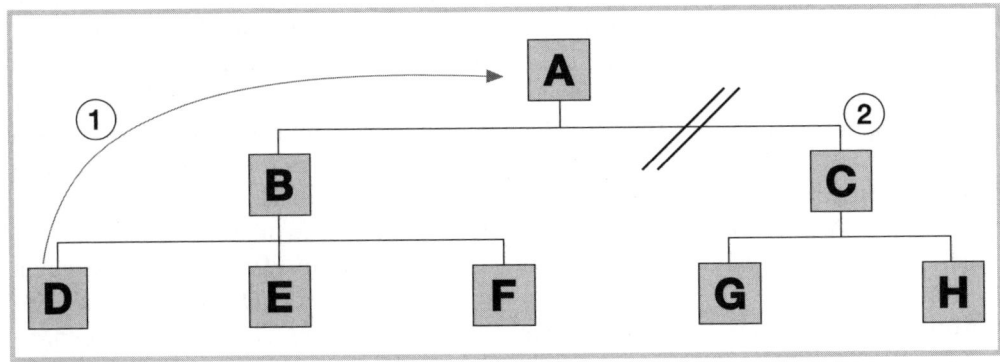

Abb. 1: Das Organigramm zeigt deutliche Funktionsstörungen

seien sie nun formell oder informell. Zur Verkaufsvorbereitung gehört ebenso das Aufspüren der Wirkungsfunktionen und deren Verteilung.

- Welches sind die „Initiatoren", die Ideen einbringen?
- Wo sind die „Wächter", die immer voller Argwohn sind?
- Wo stecken die „Einflußnehmer", die überall ihren Kommentar dazugeben?
- Wer sind die „Betroffenen", die alles ausbaden müssen?
- Wer ist der „Zahlmeister", der schließlich das Geld freigeben muß?
- Wer ist der „Entscheider", ohne dessen Haken auf dem Auftrag und auf der Rechnung nichts läuft?

Diese Wirkungsfunktionen lassen sich in einer Matrix mit den Kompetenzfunktionen zusammenfügen.

Ganz klar: Der direkte Weg ins Bestellbuch eines Kunden läuft über den „Initiator", der gleichzeitig „Zahlmeister" ist und auch „Entscheider", der zudem in der Organisation keine „Gegenspieler" hat, sondern allseits Sympathie genießt und als „Experte" gilt.

Doch sehr selten ist alles in einer Person vereint. Da trifft der Verkäufer immer wieder auf den Initiator, der in seinem Unternehmen weder über Sympathie noch Anerkennung verfügt und sich auch nicht auf „Macht per Status" berufen kann. Das sind jene „potentiellen Kunden", die nur Arbeit machen.

Die Matrix liefert genügend Einblicke, um Verkaufsverhandlungen sorgfältig vorbereiten zu können. Keine Zuordnung darf zum Ende der Matrix-Arbeit mehr offen sein. Erst dann läßt sich die Antwort geben: „Wer ist der richtige Gesprächspartner für den angestrebten Auftrag?" Verhandeln Verkäufer an diesem vorbei, so dürfen sie sich nicht wundern, wenn sie immer wieder Federn lassen.

Buying Center	Kompetenzfunktion		
Wirkungsfunktion	Sympathie im Hause	Fachwissen Experte	Status
Initiator			
Wächter			
Einflußnehmer			
Entscheider			
Käufer			
Betroffene/Anwender			
Coach			

Abb. 2: Matrix der Wirkungs- und Kompetenzfunktionen

Zusammenfassung

Bei Großkunden haben die Erfahrungen gezeigt, daß die Einkaufsentscheidung häufig diesem Schema folgt:

1. Auslotende Angebotseinholung
2. Einladung der „Besten" zum Erstgespräch
3. Verhandlungen mit den zwei oder drei „Best-Bietern" der Erstgespräche
4. Interne Entscheidung
5. Schlußverhandlung mit dem Besten
6. Alternativ-Verhandlung mit dem Zweitbesten, um den „Besten" unter Druck setzen zu können und notfalls einen Ausweg zu haben.

Weiß der Verkäufer in jedem Moment, in welcher Phase des Einkaufsprozesses er gerade steht, dann tappt er nicht in taktische Fallen. Er bietet nicht zur Unzeit Zugeständnisse an, die unnötig und dazu irreparabel sind.

Verhandlungsregie bis zum „Show-down"

Beliebte Theaterstücke und die spannenden Filme von Alfred Hitschcock haben eines gemeinsam: Das Publikum wird bis zum Schluß in Atem gehalten. Jeder Augenblick kann die Lösung bringen, aber immer erst am Schluß ballen sich die „Knackpunkte" der Handlung.

Wieso handeln so viele Verkäufer genau konträr zu solchen Erkenntnissen packender Theater- oder Filmregie? Wieso fallen so viele Verkäufer gleich zum Gesprächsbeginn mit dem stärksten Argument in die Tür des Kunden? Was haben sie dann noch zuzusetzen? Je länger das Gespräch, desto flauer werden ihre Argumente. Wen wundert es, daß der Kunde nach anfänglichem Interesse immer mehr Zweifel und Ablehnung zeigt? Umgekehrt wird „ein Schuh"

daraus: nach und nach die Argumente aufbauen bis zum Höhepunkt, dann den Auftrag zur Unterschrift präsentieren.

Für eine solch erfolgsorientierte Gesprächsstrategie aber muß der Verkäufer natürlich erst einmal wissen, welches seine stärksten Argumente sind. Diese „aus dem Bauch heraus" erst direkt im Gespräch mit dem Kunden zu sortieren, klappt nicht. Natürlich haben auch bei jedem Kunden wieder andere Argumente die stärkste Wirkung. Da heißt es also, sowohl den Kunden zu kennen als auch sich glasklar darüber zu sein, welche Argumente bei welcher Bedürfnisstruktur die „Knaller"-Wirkung zeigen. Also schon wieder: Die Vorbereitung macht's.

Eine Portion Selbstdisziplin gehört natürlich ebenfalls zum Verkäuferberuf. Mag es noch so reizen, mit dem großen „Knaller" loszulegen – nein! Der Kunde hat ein Recht darauf, allmählich hingeführt zu werden, in seinem Interesse und in seinen Wertvorstellungen stabil aufgebaut zu werden. Mit dem „großen Knall" schon auf der Türschwelle läßt sich kein stabiles Beziehungshaus errichten.

Hölzern, trocken starten, jedoch höflich und charmant bleiben. Nicht Honig um den Bart schmieren, sondern aufrichtige Anerkennung zunächst für das Gespräch und später für die Verhandlungsgewandtheit des Kunden geben. Zunehmend werden wir in einem Gespräch wohlwollend und wohlmeinend. Und der Höhepunkt wird gebracht, wenn wir gemeinsam mit dem Kunden ein Bild einer sonnigen Zukunft für den Kunden malen. Werden wir nämlich begeisternd, dann nimmt unsere stimmliche Qualität zu, das Vorstellungsvermögen des Kunden wird belebt, und er wiegt sich selbst bereits in einem geschäftlichen Schlaraffenland. So kann er kaum mehr gegen uns entscheiden.

Die Gesprächsregie und der Aufbau der Argumentenfolge läßt sich auch in einer Kurve deutlich machen. Diese Kurve vor dem inneren Auge zu haben hilft bei der Gesprächssteuerung.

Kursbestimmung erfordert Positionsbestimmung

Einkäufers liebstes Spiel: Verkäufer zappeln lassen. Kein Verkäufer soll wissen, wie er dran ist, wie er liegt. Jeder soll gegen jeden ausgespielt werden. Nur nicht sagen oder erkennen lassen, wie das Angebot im Vergleich zu den Wettbewerbern liegt. Es sei denn: Vertrauensvolle, fundierte und gut aufgebaute Beziehungen zu gut „gepflegten" Kunden bringen gerade in dieser Situation die Ausnahme, die die Regel bestätigt und dem „Stammlieferanten" einen Vorsprung einräumt. Da gibt der Kunde dann schon mal Tips, wie das Angebot liegt, wie die Chancen stehen, wo vielleicht ein bißchen was „getan" werden muß.

Der Verkäufer muß den Kunden, muß den Einkäufer, muß jeden, der ihm Informationen zur Lage liefern kann, fragen, fragen und nochmals fragen. Fragen ist hier hilfreicher, als zu argumentieren oder gar Zugeständnisse ins Blaue zu machen. Fragen heißt aber nicht, immer die offene, direkte Frage zu stellen, sondern mit Taktik und Geschick vorzugehen: auf Umwegen fragen, indirekt fragen, mal ein „ganz kollegiales Gespräch", mal auch informelle Kontakte auf einem Kongreß, auf einer Messe, anläßlich eines Branchenmeetings – mit dem Kunden ebenso wie mit Wettbewerbern. Wo liegen Schwergewichte? Wo liegen Stärken? Wo lassen sich vielleicht Schwächen als Ansatzpunkte erkennen?

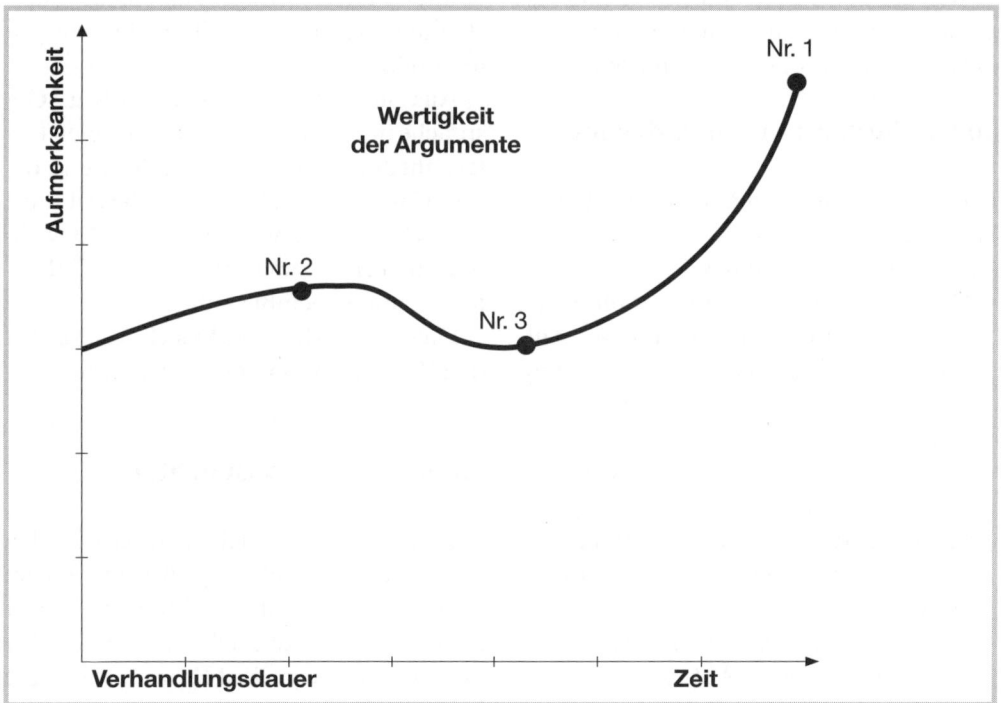

Abb. 3: Aufbau der Argumente in einer Kurve

Der „gut gepflegte" Kunde kann häufig ganz direkt gefragt werden: Was müssen wir (außer der Preisgestaltung) tun, um den Auftrag zu bekommen bzw. zu den besten Bietern zu gehören?

Natürlich sagt der Kunde häufig trotzdem: „Der Preis ist entscheidend." Aber dann läßt sich ja die Frage nachschieben: „Und was kommt unmittelbar danach?" Man sollte sorgfältig hinhören, denn jetzt verrät der Kunde seine Präferenzen: Service-Garantie? Lieferpünktlichkeit? Zuverlässigkeit? Darauf lassen sich dann Angebote nicht nur „inhaltlich", sondern auch „atmosphärisch" abstimmen.

Vorsicht aber bei allen Maßnahmen, die als „Ausspionieren" gedeutet werden könnten! Kommt der Verdacht auf, dann ist diese Geschäftsbeziehung für immer dahin. Daher also auf keinen Fall Mitarbeiter des Kunden durch „Bestechung" – in welcher Form auch immer – zum Ausplaudern von Informationen bewegen, die ihnen nur als Insider anvertraut sind.

Jeder Einkäufer baut Fallgruben

Die bekanntesten Fallen der Einkäufer kennt jeder Verkäufer – und doch fallen sie immer wieder hinein. Wieso?

- Da versprechen Einkäufer in blumigen Worten verlockende zukünftige Aufträge, ohne sich dabei auch nur irgendwie, geschweige gar per Unterschrift, festzulegen und zu binden.
- Da halten die Einkäufer die Verkäufer hin, von Termin zu Termin, bis der Verkäufer nahezu zu jedem Zugeständnis bereit ist, nur um endlich zum Abschluß zu kommen.
- Da drohen Einkäufer langjährigen Lieferanten mit dem Abbruch der Geschäftsbeziehungen, wenn auf ultimative Forderungen nicht eingegangen wird.

Einkäufer haben es leicht, ihre Fallgruben zu bauen, denn *nur* der Einkäufer *weiß*, ob er überhaupt kaufen will, ob er bei uns kaufen will, zu welchem Preis er kaufen will. Also heißt es, dieses Wissen des Einkäufers zu durchschauen.

Häufig inszenieren Einkäufer in „Entscheidungsgremien" nahezu perfekte Dramen: Da spielt der eine im Gremium den „Goody" und der andere den „Bady". Der „Goody" sucht beim Verkäufer „Unterstützung", da er sich doch gegen den „Bady" auch erst durchsetzen muß. Längst vorher aber ist abgekartet, daß der „Bady" immer die Oberhand behält und die Zugeständnisse nur herausgeholt werden, um damit einen Mitbewerber unter Druck zu setzen.

Die Variationsmöglichkeiten in diesen Inszenierungen sind praktisch unbegrenzt. Und viele Verkäufer wirken reihenweise mit als willige (kostenlose) Statisten in diesen bühnenreifen Einkaufsdramaturgien.

Aus über 50 Jahren intensiver Gespräche mit Verkäufern und bei vielen Gelegenheiten auch mit Einkäufern und deren Cheftrainer Horst Strache ist eine Checkliste entstanden, in der die 13 wichtigsten Verhandlungstaktiken der Einkäufer zusammengefaßt sind.

Diese Checkliste deckt sich weithin mit den Kernkapiteln in den Einkäufer-Seminaren.

Knackpunkt Preisnachlaß

Wer hat ihn noch nicht beobachtet, den Verkäufer, der sich die Türe mit einem Preisgeschenk öffnet: „Guten Tag Herr Kunde! Heute habe ich was für Sie: Ich hab's mir überlegt, fünf Prozent sollen Sie haben!" „Ist das alles?" antwortet ihm der Kunde.

Keine leichten Siege!

Das scheint nicht der rechte Einstig ins Verkaufsgespräch. Der Verkäufer und seine Firma haben auf jeden Fall schon verloren, ehe über den Auftrag geredet wird.

Und sogar der Kunde ist enttäuscht: Da machen Einkaufsverhandlungen doch gar keinen Spaß, wenn der Gegner sofort

---

Checkliste „Führen von Verhandlungen für Einkäufer"

1. Wichtige Verhandlungen vorher durchsprechen,
2. Verkäufer an der Ehre packen. (Befugnisse: Sie haben was zu sagen!)
3. Verhandlungen mit einer Reklamation einleiten, Schuldkomplexe aufbauen.
4. Die eigene Bedeutung und Kaufkraft unterstreichen und Zukunftsaussichten entwickeln.
5. Den anderen sprechen lassen, Redefluß in Gang halten, Verhandlungspartner verausgabt sich oder sagt zuviel.
6. Nie alle Trümpfe ausspielen, immer etwas in Reserve halten.
7. Den Verkäufer durch zähe Verhandlungen mürbe machen.
8. Mit Punkten beginnen, bei denen eine rasche Einigung möglich ist. Euphorie wecken für Zugeständnisse.
9. In kleinen Dingen Zugeständnisse machen, um dafür bei wichtigen Punkten mehr zu erreichen.
10. Gemachte Zugeständnisse immer wieder erwähnen und darauf hinweisen, daß man vom anderen auch solche erwartet.
11. Konzessionen nie zu früh. Je härter die Position verteidigt wird, um so wertvoller erscheint dem Gegenüber das gemachte Zugeständnis.
12. Bedauern: Man könne keinen Präzedenzfall schaffen.
13. Wünsche mit Salamitaktik vortragen: scheibchenweise!
14. Zustimmung nur unter Vorbehalt geben, um so ein Druckmittel in der Hand zu behalten.
15. Eigene Forderungen herunterspielen.
16. Notfalls auch eine Verhandlung scheitern lassen.

---

nachgibt. Verkaufsverhandlungen dürfen, ja, sie sollen ruhig den Charakter von fairen, leistungsmessenden „sportlichen" Wettkämpfen haben. Da zeigt sich, wer der bessere ist in der Marktwirtschaft. „Geschenkte" Zugeständnisse machen nicht „glücklich".

Was nichts kostet, ist nichts wert – das gilt auch in der Verkaufsverhandlung. Zugeständnisse, die der Kunde sich „hart" erkämpft hat, machen ihn viel zufriedener als achtlos hingeworfene Konzessionen.

Isolationsfrage stellen

Als probates Instrument für den Einstig in die Verkaufsverhandlungen haben sich „Isolationsfragen" bewährt. Das sind Fragen, die zur Klarstellung der Wünsche des Kunden führen.

Der Kunde bekommt hier die Möglichkeit, seine Forderungen, seine Vorstellungen, seine Erwartungen klar zu definieren. Er erlebt, daß er nicht über den Tisch gezogen werden soll, sondern daß der Verkäufer seine Wünsche ernst nimmt und als Basis für das Verkaufsgespräch heranzieht.

Verbunden mit den Antworten auf die Isolationsfragen lassen sich vom Kunden auch bereits „konditionierte Zusagen für den Auftrag" erhalten, z.B. folgende Frage: „Wenn diese Punkte nach Ihren hier festgelegten Definitionen erfüllt sind, heißt das dann, daß der Auftrag erteilt wird?"

Auch beim Stellen der „Isolationsfragen" kann der Verkäufer geschickt den Aufbau des Gesprächs dirigieren: Er stellt die globaleren, die weniger „heißen" Punkte zuerst „in Frage" und führt den Kunden nach und nach zu den Kernpunkten, die voraussichtlich entscheidend für die Verhandlungen werden.

Geben und Nehmen

Der Preisnachlaß ist dann einer dieser Kernpunkte. Das einzige Nadelöhr, das den Kunden zum Preisnachlaß führen darf, ist ein Tauschgeschäft: Der Kunde *gibt,* und er bekommt – nämlich einen „abgespeckten" Preis. Der Kunde *gibt* zum Beispiel, indem er selbst abholt, indem er auf den Schlußanstrich verzichtet, indem er bereits heute die Menge für das nächste Jahr verbindlich aufgibt.

Unendlich ist die Vielfalt der Bezugspunkte für den Tausch des Kunden gegen den aus seiner Sicht nötigen „Preisnachlaß". Manche Kunden „tauschen" sogar gegen Referenzen, für die ihnen (allerdings) nur im Erfolgsfall ein Bonus gutgeschrieben wird.

Kein Preisnachlaß macht den Kunden mit dem Produkt zufriedener. Ohne Tauschgeschäft ist der Kunde nur im Moment der Verhandlung zufrieden: Er hat „gewonnen", er hat sich durchgesetzt. In der nächsten Verkaufsrunde beginnt er das „Spiel" von neuem – auf der bereits ermäßigten Basis. Und bei anderen Kunden spricht sich es auch schnell herum. Die Preisdemontage nimmt ihren ungebremsten Lauf.

Ganz anders dagegen, wenn das „Preiszugeständnis" dem Kunden auf einer klaren, nachvollziehbaren „geschäftlichen" Grundlage gewährt wird: Nachlaß-Prozente gegen Mengenausweitung, Nachlaß-Prozente gegen Selbstmontage durch den Kunden...

Zugeständnisse auf der Kundenseite gibt es unendlich viele. Zum Beispiel kann der Kunde ja auch Produkte aus unserem Sortiment beziehen, die er bislang anderswo kaufte. Dafür bekommt er dann einen günstigeren Komplettpreis.

Im Tauschgespräch muß durchaus nicht immer der Verkäufer das Tauschangebot in die Diskussion einbringen. Kunden haben häufig sehr kreative Vorstellungen, was sich wie und mit welchem Effekt machen läßt. Daher fragen geschickte Verkäufer ihre Kunden ganz offen: „Wo sehen Sie denn Ihre Möglichkeit, die es erlaubt, einen anderen Preis anzusetzen?"

Ganz bewußt spricht der Verkäufer hier vom „anderen" Preis. Einen „vergünstigten" oder reduzierten Preis hat er nicht zu bieten. Dann wäre der Normalpreis ja ein für die Kunden „ungünstiger" Preis.

Das Tauschgeschäft beim Verhandeln über Preis-„Nachlässe" führt zum dreifachen Erfolg:

- Dieser Weg ist ökonomisch für beide Seiten: Jede Partei hat ihren Nutzen.
- Dieser Weg ist ehrlich: Beide Seiten bewahren ihr Gesicht – vor sich und vor dem anderen.
- Dieser Weg ist kundenbindend: Es werden tragende Beziehungen aufgebaut anstelle schneller Geschäfte. Damit wird der Wettbewerb häufig auf lange Zeit kaltgestellt.

Stammkunden sind die besten Kunden

Nicht jeder Kundenbesuch führt zu einem Auftrag. Verkaufen besteht auch aus Kontaktpflege und aus dem Sammeln von aktuellen Informationen.

Und dann gibt es da ja auch die Kunden, die schon aus Prinzip mal bei diesem, mal bei jenem Lieferanten bestellen. Erteilt der Kunde einmal keinen Auftrag, so gibt es für den Verkäufer einige „sichere" Wege, diesen Kunden für immer zu vergraulen:

- Der Verkäufer zieht „sauer" von dannen.
- Der Verkäufer meidet in Zukunft diesen Kunden.

- Der Verkäufer zieht über die anderen Wettbewerber her.
- Der Verkäufer kritisiert den Kunden und streitet ihm das „Recht" ab, andere vorzuziehen.
- Der Verkäufer macht diesen Kunden nun anderswo schlecht.
- Der Verkäufer revanchiert sich bei nächster Gelegenheit mit Mahnungen oder langen Wartezeiten auf den Reparaturdienst.

Ganz anders dagegen der Verkäufer, der sich bereits am Tag des Nichtauftrages die Tür für den nächsten (hoffentlich wieder erfolgreichen) Besuch öffnet:
- Er zeigt Verständnis für die Entscheidung und die Entscheidungsfreiheit des Kunden.
- Er bietet dem Kunden Hilfe für alle Fälle an, auch bei der Lieferung durch die anderen.
- Er verpflichtet sich den Kunden auf dem Weg der „ausgleichenden Gerechtigkeit": Das nächste Mal sind dann wir wieder dran ...
- Er bietet dem Kunden Serviceleistungen, die den Kunden „verpflichten" – auch wenn das nirgendwo gesagt wird oder gar geschrieben steht.

Diese „Kundensicherungsinstrumente" lassen sich dem Kunden gegenüber in einem Satz zusammenfassen: „Diesen Auftrag, Herr Kunde, haben wir verloren, aber Sie als treuen, leistungsbewußten Kunden doch sicher nicht. Oder?!"
Der Kunde muß schon zutiefst verärgert sein, wenn er auf diese Frage blockiert. Dann heißt es allerdings, intensiv an die Wiedergewinnung dieses Kunden zu gehen: Was, wer ist der Anlaß seiner Abkehr? Womit hat ihn der Wettbewerb überzeugt? Wie läßt er sich neu gewinnen?

Die Frage nach dem nächsten Besuchstermin am Ende der Verabschiedung durch den Verkäufer, der diesmal keinen Auftrag bekam, ist eine bewußte Strategie.
Diese Frage macht die künftige Geschäftsbeziehung bereits heute verbindlich. Mit der Antwort des Kunden hat der Verkäufer bereits die Tür für die kommende Verkaufsverhandlung geöffnet. Untermauert wird der beim Abschied mündlich vereinbarte Termin mit dem „Dankesbrief" wenige Tage nach dem Besuch, in dem gerade diesem Kunden erneut die kontinuierliche Betreuung zugesichert wird und er ermuntert wird, „ohne Zögern anzurufen, sobald Fragen auftauchen".
Vergleichbar dem „verlorenen Sohn" erfährt dieser Kunde nun in der Phase bis zum nächsten Besuch besonders aufmerksame Betreuung: Sonderangebote, Sonderaktionen, Serviceaktionen und ähnliches gehen ihm zu.
Manche Unternehmen nutzen das Instrument von „Beratungsbriefen" oder „Trendlettern" ohnehin zum kontinuierlichen Kontakt zu ihren Kunden, auch zu jenen, die mal zum Wettbewerber gegangen sind.

Sofort-Programm für stabile Preise

Ihr Sofort-Programm für stabile Preise können Sie sich kopieren und immer in der Tasche haben. Lesen Sie es im Auto oder vor dem Büro des Kunden nochmals langsam und halblaut sich selbst vor. Die Weitergabe der zehn Tips ist ausdrücklich erlaubt. Helfen Sie auch Ihren Kollegen zum stabilen Preis. Die Existenz des Unternehmens und damit aller Einkommen hängt am stabilen Preis.

Kleines Sofort-Programm für bessere Preise

1. Poliere dein Produkt auf – sonst verblaßt auch der Preis!
2. Glaube an deinen Preis – sonst tut es keiner!
3. Lebe selbst das Preisniveau deiner eigenen Firma – sonst versteht niemand die „Billig-Mütze"!
4. Bereite dich auf die Erfüllung der Kundenmotive vor – sonst wird dir die „Preis-Hose" gründlich ausgezogen!
5. Suche Kunden mit höherer Preisflexibilität – sonst ist kein Produkt billig genug!
6. Akzeptiere, daß es auch einen Billigmarkt geben muß – sonst gehst du seelisch bankrott!
7. Verhandle „offensiv" – Flucht nach vorn, höhere Potentialausschöpfung ist immer gut – sonst wird dir von deinem Umsatzanteil nur noch mehr weggenommen!
8. Erkenne die Mächtigen und sprich mit ihnen – sonst kommst du durch die kalte Küche!
9. Genieße das Preisgespräch und die Freude am Durchsetzen hoher Preise – sonst mußt du frühzeitig resignieren!
10. Beweise, daß du hohe Preise verkaufen kannst – sonst bist du bald selbst verkauft!

Literaturhinweise

Detroy, E.-N., Sich durchsetzen in Preisgesprächen und -verhandlungen, 9. Aufl., Landsberg 1997
Detroy, E.-N., Mit Begeisterung verkaufen, 2. Aufl., Landsberg 1994

10.3 Techniken zur Herbeiführung eines Abschlusses

Rolf Rührer

(Informationen zum Autor s. Kap. 8.1)

Sie sind ein erfolgreicher Verkaufs- oder Vertriebsleiter? Glückwunsch! Sie haben eine Mannschaft mit einer exzellenten Abschlußquote, die weit über dem Branchendurchschnitt liegt? Gratulation! Sie hören nie folgende Aussagen von Ihren Verkäufern: „Zur Zeit sitzt das Geld nicht mehr so locker, es wird immer schwieriger, gute Aufträge zu bekommen. Manchmal glaube ich sogar fast, daß es unmöglich wird. Aber da kann man nichts machen. In der heutigen Zeit..." – „Ich habe diese Woche tolle Gespräche gehabt. Gute Chancen, daß der Kunde sich für uns entscheidet. In drei Wochen will er sich melden." Drei Wochen später: „Komisch, und ich hatte so ein gutes Gefühl, gerade bei diesem Kunden." – „Ich versteh das nicht, die Kunden waren mit meiner Beratung sehr zufrieden. Ich weiß nicht, warum wir die Aufträge verloren haben." – „Kein Wunder, daß nichts läuft, bei den Produkten (oder Preisen), die wir anbieten."

Wenn Ihnen solche oder ähnliche Sätze aus dem Mund Ihrer Verkäufer vollkommen unbekannt sind, dann haben Sie entweder eine tolle Mannschaft, die die hier beschriebenen Abschlußtechniken beherrscht, oder ein Produkt oder eine Dienstleistung mit einem einzigartigen Wettbewerbsvorteil.

Sie haben eine tolle Mannschaft? Dann erhalten Sie vielleicht einige Tips, wie Sie und Ihre Mannschaft noch besser werden können. Und als Profi nützen Sie dazu natürlich jede Gelegenheit. Sie haben ein tolles, einzigartiges Produkt oder eine ebensolche Dienstleistung? Wunderbar. Doch wie lange wird Ihr Vorsprung bestehenbleiben? Wenn Sie nicht ganz in diesem Schlaraffenland leben, sondern in der Realität, dann sind Ihnen diese Worte vielleicht bekannt. Wenn Sie solche Diskussionen in Ihren Vertriebssitzungen ab und zu hören und die Verkaufszahlen stimmen, dann ist dieser Artikel wichtig für Sie. Wehret den Anfängen! Wenn Sie solche Redebeiträge häufig hören und die Zahlen nicht mehr stimmen, dann liegen die Ursachen möglicherweise in einer mangelhaften Einstellung Ihrer Mannschaft zum Abschluß, oder es fehlen Ihren Mitarbeitern schlicht die Werkzeuge, um zu überzeugenden Abschlüssen zu kommen. Dann kann dieser Artikel überlebenswichtig für Sie sein.

Der Glaube an den Abschluß

Keine Angst, es wird jetzt nicht esoterisch, wir bleiben auf dem Boden der Praxis. Trotzdem müssen wir einige Worte über den Glauben und damit die Einstellung Ihrer Verkäufer zum Abschluß verlieren. Welche gigantische Kraft dem Glauben innewohnt, erkennen Sie an folgendem Beispiel:

Der Buchclub

Ein guter Bekannter von mir namens Michael begann seine Verkäuferkarriere bei einem bekannten deutschen Buchclub. Sein damaliger Verkaufsleiter schickte ihn zu seinem ersten Kundenbesuch mit folgenden Worten: „Dieser Mann ist ein sehr guter Kunde von uns. Er ist zwar sehr störrisch und extrem unfreundlich, aber letztlich hat er bisher immer gekauft. Deswegen schicken wir immer neue Verkäufer zu ihm, damit sie gleich ein Erfolgserlebnis haben. Bei ihm können wir sicher sein, daß er kauft."

Michael besuchte den Kunden, und er war wirklich störrisch und unfreundlich, genau wie es sein Verkaufsleiter prophezeit hatte. Zweimal schlug er ihm die Tür vor der Nase zu. Beim dritten Versuch bestellte er aber tatsächlich ein neues Lexikon. Es war also genauso, wie es der Verkaufsleiter prophezeit hatte.

Stolz auf seinen ersten Auftrag kehrte er zurück zu seinem Verkaufsleiter: „Chef, Sie haben recht gehabt. Der Kunde war zwar wirklich ein unmöglicher, ungehobelter Klotz, aber er hat gekauft. Genau wie Sie es prophezeit haben. Ich hätte nicht gedacht, daß verkaufen so einfach ist."

Daraufhin lachte sein Verkaufsleiter aus vollem Hals. Zu Michaels Überraschung erklärte er ihm, daß sich an dem besuchten Kunden schon drei erfahrene Verkäufer die Zähne ausgebissen hätten. Er habe noch nie etwas bei dem Buchclub gekauft. Michael war das „Opfer" eines Experiments geworden. Er hat gelernt, daß sein Glauben an den Erfolg bzw. die positive Programmierung seines Unterbewußtseins eine unverzichtbare Grundlage für seinen Verkäuferberuf sind. Heute ist er selber Verkaufsleiter und schickt seine jungen Verkäufer immer zu extrem schwierigen Kunden. Es klappt nicht immer, aber sehr häufig. Und die jungen Verkäufer, die dieses Erfolgserlebnis haben, werden in der Regel auch später zu sehr guten Mitarbeitern.

Mit folgenden Maßnahmen kann ein Verkaufsleiter eine positive Programmierung seiner Verkäufer herbeiführen:

- Fordern Sie Ihre Verkäufer auf, ihre zehn größten Erfolge aufzuschreiben und was sie getan haben, um den Erfolg zu erzielen. Dieses Blatt Papier sollten sie immer dabeihaben und vor jedem Verkaufsgespräch kurz durchlesen und sich daran erinnern. Nichts motiviert mehr und gibt mehr Selbstvertrauen als die eigenen Erfolge.

- Ein Teilnehmer in meinen Seminaren hat in seinem Auto eine Kassette, auf der nur ein Lied aufgenommen ist. Nach jedem guten Abschluß hört er sich die Kassette mit diesem einen Lied an und genießt aus vollem Herzen und mit aller Intensität die positiven Gefühle, die er nach einem Abschluß hat.
Vor jedem Verkaufsgespräch oder bei längeren Mißerfolgsphasen hört er sich ebenfalls die Kassette an. Mittlerweile ist das Lied so tief in sein Unterbewußtsein gedrungen, daß die positiven Gefühle jedes Mal ganz automatisch in ihm erwachen, wenn er sich dieses Lied anhört. Er behauptet glaubhaft, daß dadurch seine Abschlußquote deutlich gestiegen ist. Haben Ihre Verkäufer auch so eine Kassette?

- Verwenden Sie in jeder Vertriebssitzung maximal 20 Prozent Ihrer Zeit für die Beantwortung der Frage „Warum" (stimmen die Zahlen nicht?) und mindestens 80 Prozent Ihrer Zeit mit der Frage „Wie" (schaffen wir es, daß die Zahlen wieder besser werden?).

- Vermeiden Sie lange Mißerfolgsdiskussionen Ihrer Mitarbeiter (Auftrag verloren, weil . . .).

- Führen Sie Vier-Augen-Gespräche mit Ihren Mitarbeitern, in denen Sie ihnen zeigen, daß Sie von ihrem Erfolg felsenfest überzeugt sind. Menschen enttäuschen ungerne jemanden, der an sie glaubt.

- Lassen Sie regelmäßig einen Verkäufer über die besonders positiven Eigenschaften Ihrer Produkte und Ihres Unternehmens für Ihre Kunden, aber auch für sich selbst referieren.
- Lassen Sie in jeder Vertriebssitzung mindestens einen Verkäufer von einem ganz besonders gelungenen Abschluß berichten. Bringen Sie dadurch Ihre Verkäufer dazu, daß sie goldene Rezepte austauschen.
- Coachen Sie Ihre Mitarbeiter mit den hier beschriebenen goldenen Regeln für den Abschluß.
- Lassen Sie Ihre Mitarbeiter regelmäßig trainieren. Am besten durch einen qualifizierten externen Trainer, der wichtige Dinge aufzeigen kann, die durch die betriebsinterne Sichtweise manchmal übersehen werden. Denn Übung macht den Meister.

Der Glaube an den Erfolg und den Abschluß ist die wichtigste Grundlage für erfolgreiche Geschäfte. Aber nur Glauben reicht auch nicht für den dauerhaften Erfolg, wenn Ihren Mitarbeitern die richtigen Werkzeuge für die Umsetzung fehlen. Dazu gehören die richtigen strategischen Vorgehensweisen in der Abschlußphase, das Erkennen von Abschlußsignalen der Kunden, die richtige Fragetechnik und die Abschlußtechniken.

Strategische Vorgehensweisen in der Abschlußphase

Den Abschluß können wir nicht als losgelösten Teil des Verkaufsprozesses betrachten, sondern er ist das logische Ende davon. Wenn im Vorlauf alles richtig gemacht wurde, d.h. der Kunde richtig analysiert wurde, eine individuelle Nutzenargumentation aufgebaut wurde und eine

für beide Seiten erfolgreiche Preisverhandlung (siehe dazu die entsprechenden Kapitel zu den jeweiligen Themen in diesem Handbuch) abschlußorientiert geführt wurde, dann geht es jetzt darum, den psychologisch richtigen Zeitpunkt für den Abschluß zu treffen. Kann es zu früh für einen Abschlußversuch sein? Eindeutige Antwort: „Ja". Besonders im Investitionsgütergeschäft. Aber was passiert, wenn Ihr Verkäufer zu früh versucht, zum Abschluß zu kommen? Ganz einfach, der Kunde stimmt noch nicht zu, und er muß es später noch einmal versuchen. Aber was passiert, wenn Ihr Verkäufer vor lauter Unverbindlichkeit zu spät den Abschluß machen will? Dann können Sie in den meisten Fällen Ihrer Konkurrenz zu einem prima Geschäft gratulieren. Viele Geschäfte gehen deswegen verloren, weil die Verkäufer nicht konsequent in der Verfolgung des Zieles Abschluß sind.

Welche Vorgehensweisen (aktualisiert und angelehnt an „Abschlußtechniken beherrschen und gekonnt einsetzen" von Erich-Norbert Detroy) helfen Ihren Verkäufern in der Abschlußphase?

Vorbereitung

Man sagt den Japanern nach, daß sie sehr erfolgreiche Vehandlungspartner sind, weil sie sich für entscheidende Gespräche exzellent vorbereiten. Besonders bei Verhandlungen im Team ist dies entscheidend. In der Praxis passiert es häufig, daß sich das Verkaufsteam kurz vor dem Termin auf dem Parkplatz des Kunden trifft, um noch schnell die „Strategie" zu besprechen. Dementsprechend verlaufen solche Verhandlungen dann auch. Oft wird behauptet, die Zeit fehle bzw. man könne ja improvisieren. Ein grober Fehler, der zumeist in einer mangelhaften Planung und einem inkonsequenten Zeitmanagement zu finden ist. Oft sind es nur wenige Fragen, die in der Vorbereitung geklärt werden müssen, um eine Verhandlung erfolgreich zum Abschluß zu bringen:

- Was braucht der Kunde wirklich?
- Welche Alternativen kann ich ihm bieten?
- Welches sind meine stärksten Argumente?
- Welche Fragen können aufkommen, und wie sehen meine Antworten aus?
- Welche Hilfsmittel benötige ich?
- Wieviel Zeit steht für die Verhandlung zur Verfügung?
- Welches Ziel will ich erreichen?

Eine gute Vorbereitung ist nicht alles, aber sie steigert die Erfolgschancen erheblich. Unsere Vorbereitung richtet sich an dem Ziel aus, das wir uns für die Verhandlung gesetzt haben.

Zielsetzung

Vor einer Verhandlung muß sich Ihr Verkäufer ein klares Ziel setzen, was er in diesem Gespräch erreichen will. Sicher ist in langwierigen Verkaufsprozessen nicht immer ein Abschluß als Ziel realistisch, aber zumindest Teilergebnisse sind immer erzielbar, die den Kunden aus dem Bereich der Unverbindlichkeit befreien. Im Investitionsgütergeschäft wären folgende Teilergebnisse denkbar:

- Gemeinsames Erstellen von Planungsunterlagen
- Gegenseitiges Kennenlernen der Techniker
- Aufbau einer Versuchssituation beim Kunden
- Gemeinsamer Besuch bei einem Referenzkunden
- Besichtigung der Fertigungsanlagen
- Erstellen eines *letter of intent* usw.

Kommt der Prozeß von der technischen Analyse in ein konkretes Stadium, gilt für komplizierte wie für einfachere Verkaufsprozesse das gleiche Prinzip. Ein Ziel muß SMART sein:

S wie schriftlich, da schriftliche Ziele ein höheres Maß der Selbstverpflichtung beinhalten.

M wie meßbar, da nur konkrete Zahlen Auskunft über den Grad der Zielerreichung geben.

A wie Ansporn, da ein zu niedriges Ziel Potential beim Kunden ungenutzt läßt.

R wie realistisch, da ein zu hohes Ziel den Kunden überfordert.

T wie terminiert, da es sonst unverbindlich bleibt.

Viele Verkäufer wehren sich gegen konkrete Zielsetzungen, weil dadurch angeblich ihre Improvisationsfähigkeit eingeschränkt wird. Dies mag in dem einen oder anderen Fall sogar zutreffen, aber zumeist haben sie die Befürchtung, daß sie zu verbindlichen Aussagen gezwungen werden und ihre Leistung damit überprüfbar und nachvollziehbar wird. Konkrete Zielsetzungen je Kunde zeigen auf, wie der Verkäufer das vorhandene Potential in seinem Bezirk ausnutzt, und verstärken die Abschlußorientierung im Verkaufsprozeß sowie die Zähigkeit, mit der Ihre Verkäufer den Abschluß suchen.

Hartnäckigkeit und Ausdauer

Wann ist der Zeitpunkt gekommen, nicht mehr um einen Auftrag zu kämpfen? Erst dann, wenn theoretisch keine Chance mehr besteht und die Unterschrift des Wettbewerbers unter dem Auftrag trokken ist. Edison brauchte über 10 000 Versuche, bevor er elektrisches Licht erzeugen konnte. Stellen Sie sich vor, er hätte nach 9999 Versuchen aufgegeben!

Konsequenz

Hier soll aber nicht einer unverbindlichen endlosen Nachfragerei das Wort geredet werden. Auch hier ist wieder ein konkretes Ziel entscheidend. Lieber ein deutliches und klares „Nein" des Kunden als zeit-, geld- und energiefressende unverbindliche Vertröstungen. Die klare Absage hat für uns den Vorteil, daß der Verkäufer seinen Einsatz auf vielversprechendere Projekte konzentrieren kann.

Ihre Verkäufer müssen dem Kunden ebenfalls ein klares Zeitfenster vorgeben. Von Abschlüssen, die in Aussicht stehen, kann niemand leben.

Jetzt stellt sich Ihnen natürlich die Frage, was Ihre Verkäufer in einer Verkaufsverhandlung ganz konkret tun können, um zum Abschluß zu kommen. Der erste Schritt ist das Erkennen von Chancen, also auf die Abschlußsignale der Kunden zu achten und sie zu nutzen.

Das Erkennen von Abschlußsignalen

Meistens gehen Ihre Kunden mit einer bestimmten Einstellung in Verkaufsgespräche hinein:

1. Ablehnung: „Heute kaufe ich nicht. Ich will mich nur informieren."
2. Unkenntnis: „Schauen wir mal, was er zu bieten hat."
3. Unentschlossenheit: „Ich weiß nicht, soll ich oder soll ich nicht?"
4. Unsicherheit: „Es ist schon ein tolles Produkt. Wenn da nur nicht ... wäre."
5. Sicherheit: „Jetzt haben wir lange genug geredet. Heute wird gehandelt (gekauft)."

Die Aufgabe Ihrer Verkäufer ist nun, festzustellen, in welchem Stadium sich der Kunde befindet. In allen fünf Fällen sen-

det der Kunde Signale aus. In den Fällen 3, 4, 5 erkennt man echtes Kaufinteresse. Es sind also echte Kaufsignale, und es gibt mehrere Möglichkeiten, wie der Kunde uns dies signalisiert.

Der direkt geäußerte Kaufwunsch

Dies ist sicher das am einfachsten erkennbare Signal, aber auch hier kann es kleine Fallen geben:

Möglichkeit 1

Kunde: „Dieses Fahrzeug hätte ich gerne. Es gibt doch ABS als Zusatzausstattung?"

Verkäufer: „Leider nein, ABS gibt es bei diesem Fahrzeug nicht."

Kunde: „Schade. Tja ... (Kunde denkt nach). Dann muß ich doch noch einen anderen Wagen anschauen. Auf Wiedersehen."

Möglichkeit 2

Kunde: „Dieses Fahrzeug hätte ich gerne. Es gibt doch ABS als Zusatzausstattung?"

Verkäufer: „Warum möchten Sie ABS, Herr Kunde?"

Kunde: „Ich fahre mit meiner Frau öfters zum Skifahren am Wochenende oder im Urlaub, und da ist es mir schon wichtig, daß wir bei kritischen Straßenverhältnissen einen kurzen Bremsweg haben."

Verkäufer: „Sehr gut, Herr Kunde, daß Sie darauf noch einmal zu sprechen kommen. Gerade bei winterlichen Straßenverhältnissen verkürzt ABS den Bremsweg nicht, sondern verlängert ihn. Nur blockierende Räder bauen einen Schneewall vor dem Rad auf, der den Bremsweg verkürzt. Dies passiert mit ABS nicht. Aber um auch die Sicherheit Ihrer Gattin zu gewährleisten, ist ein Beifahrerairbag sinnvoll. Sollen wir den gleich mitbestellen?

Kunde: „Gut, daß Sie darauf kommen. Ja, den Beifahrerairbag brauchen wir unbedingt auch dazu."

Sicher hat das ABS andere sicherheitsrelevante Vorteile, die der Verkäufer auch ansprechen sollte, aber das Hauptmotiv des Kunden war der kurze Bremsweg. Entscheidend ist die Frage des Verkäufers, warum der Kunde ABS haben möchte. Dies gab ihm einen Ansatzpunkt für eine weiterführende kundennutzenorientierte Argumentation.

Der zustimmende Gesichtsausdruck und das Nicken des Kunden

Nickt der Kunde bei unserer Argumentation öfters, stimmt er uns zu. Wenn Ihre Verkäufer mit dem Kunden permanent einen freundlichen Augenkontakt halten, können sie ihn genau beobachten. Dadurch erreichen sie auch, daß der Kunde ihren Ausführungen einen höheren Glauben schenkt.

Das Fachwissen des Kunden

Der Kunde zeigt, daß er sich ausführlich mit der Materie beschäftigt hat. Seien wir hier jedoch vorsichtig, es kann ein Kaufsignal sein, aber es könnte sich auch um einen Wichtigtuer oder einen Wettbewerbsfan handeln.

Die Aufmerksamkeit des Zuhörens

Wenn Ihr Kunde Ihren Verkäufern sehr aufmerksam zuhört, dann zeigt er sein Interesse an deren Argumenten. Hier kann eine Suggestivfrage („Sehen Sie es auch so, daß…") endgültig für Zustimmung sorgen.

Das mehrmalige Anfassen des Produkts

Wie bei kleinen Kindern, die etwas, das sie in der Hand haben, nicht hergeben wollen, zeigt mehrmaliges Berühren des Produktes durch den Kunden seinen Besitzwunsch. Perfekt können Sie diese Abschlußtechnik auf arabischen Basaren erleben, wo der Kunde immer dazu gebracht wird, Dinge in die Hand zu nehmen.

Detailfragen nach der Belieferung, der Funktion oder nach Varianten

„Sie liefern auch frei Haus?", „Sie können noch vor der Sommerpause liefern?", „Gibt es die Maschine auch mit 120 PS?", „Kann ich damit auch die alte SPS-Maschine ersetzen?", „Haben Sie auch einen 24-Stunden-Wartungsservice?"

Diese Fragen signalisieren, daß der Kunde sich im Geist schon im Besitz Ihres Produkts sieht. Ihre Verkäufer sollten dem Kunden eine kurze Antwort geben und dann eine abschlußorientierte Alternativfrage stellen (siehe Kapitel Fragetechnik), um die Abschlußchance zu nutzen.

Detailfragen, die noch Unsicherheit des Kunden zeigen

„Bei der Firma Schröder hat das auch funktioniert?", „Und der Servicevertrag ist wirklich im Preis enthalten?", „Garantieren Sie mir die Zinsfestschreibung für die nächsten drei Jahre?", „Der Lack trocknet wirklich in dieser kurzen Zeit?"

In diesen Fällen will sich der Kunde absichern. Gelingt es Ihren Verkäufern, diese Unsicherheit zu beseitigen, ist der richtige Zeitpunkt zum Abschluß gekommen.

Die abschlußorientierte Fragetechnik

Nun passiert es natürlich auch, daß der Kunde uns keine eindeutigen Signale aussendet, in diesen Fällen werden Ihre Verkäufer aktiv auf den Abschluß hinarbeiten. Dabei helfen ihnen die richtigen Fragen.

Wer fragt, der führt! Wer kennt sie nicht, diese älteste aller Verkäuferregeln. Aber nichtsdestotrotz hat sie auch heute noch ihre Gültigkeit. Wer fragt, steuert automatisch die Gedanken des Gesprächspartners. Ihre Verkäufer können sich diese Gesetzmäßigkeit zunutze machen und den Kunden ganz gezielt mit Fragen zum Abschluß hinsteuern. Dabei können sie wie bei einem Trichter vorgehen:

- Harmlose und unverbindliche Frage nach der Beratung

  „Was halten Sie von der neu entwickelten Kodierung?"

  „Wie gefällt Ihnen das neue Design unseres Cabrios?"

  „Wie denken Sie über die Möglichkeiten des EDI-Systems?

- Halbverbindliche Fragen, um die Ernsthaftigkeit zu testen

  „In welchen Bereichen würden Sie die Werkzeuge einsetzen?"

  „Das würde doch den Geschmack Ihrer Frau genau treffen?"

  „Das würde doch die Durchlaufzeiten in Ihrem Logistiksystem verkürzen?"

- Ganz verbindliche Fragen

  „Welche Sorten sollen wir Ihnen für diesen Bereich liefern?"

  „Möchten Sie mit Ihrem neuen Wagen in den Urlaub fahren oder die Frühherbstsonne offen genießen?"

  „Sollen wir das EDI mit permanenter Online-Verbindung oder mit Stapelbetrieb installieren?"

Dabei können Ihre Verkäufer verschiedene Fragearten einsetzen.

Offene Informationsfragen

- „Wer außer Ihnen benützt die Küche noch?"
- „Welche Kriterien muß ein CAD-System für Sie erfüllen?"
- „Wann wollen Sie mit dem Umbau beginnen?"

- „Wie haben Sie diese Aufgabe bisher gelöst?"

Mit diesen Fragen entspannen Ihre Verkäufer die Situation, geben dem Kunden die Gewißheit, daß sie sich für seine Aufgabenstellung interessieren, und bekommen wertvolle Informationen.

Durch offene W-Fragen (was, wie, warum, wieviel, wann, wer etc.) erreicht man, daß der Kunde nicht mit ja oder nein antworten kann, sonst besteht die Gefahr, daß das Gespräch schnell stockt.

Geschlossene Informationsfragen

- „Ist der Liefertermin vor Ihrem Urlaub in Ordnung?"
- „Wir bleiben jetzt also bei Rot?"
- „Sie sehen auch diese Vorteile für Ihre Praxis?"
- „Sie sind überzeugt, daß wir der richtige Partner für Sie sind?"

Diese Fragen sind bewußt so gestellt, daß Ihr Kunde mit ja oder nein antwortet. Sie dienen dazu, festgestellte Sachverhalte vom Kunden bestätigen zu lassen, um sicher zu sein, daß Ihre Argumentation genau die Bedürfnisse des Kunden trifft.

Suggestivfragen

- „Sie als cleverer Einkäufer haben sicher die Chancen, die sich Ihnen hier bieten, erkannt?"
- „Wenn schon 3000 Kunden mit uns zufrieden zusammenarbeiten, dann ist das doch sicher auch für Sie ein Leistungsbeweis?"
- „Sie sind ein harter Verhandlungspartner, aber Sie würden doch nicht so lange mit mir zusammensitzen, wenn Sie nicht überzeugt wären, daß wir der richtige Partner für Sie sind?"

Suggestivfragen legen dem Kunden eine Meinung in den Mund und sind deshalb mit Vorsicht zu genießen. Bei starken Persönlichkeiten oder starken Widerständen können sie Aggressionen auslösen. Daher sollten sie nur im Zusammenhang mit einer Kundenaufwertung benutzt werden. Sie können in zwei Fällen hilfreich sein:

- Sie benötigen eine Bestätigung Ihrer Aussagen.
- Sie haben noch geringfügige Widerstände zu überwinden.

Bestätigungsfragen

- „Ist es nicht so, daß Sie für Ihre Geschäftsreisen eine Klimaanlage in Ihrem Wagen benötigen, um entspannt und frisch bei Ihren Geschäftspartnern anzukommen?"
- „Die Einführung des neuen Logistiksystems soll doch Ihre Lagerumschlagshäufigkeit verbessern?"
- „Ist es nicht so, daß die Einsparung an Arbeitszeit die geringfügigen höheren Investitionen in unseren neuen Lack mehr als ausgleichen?"
- „Die Lieferzeit vor der Sommerpause ist entscheidend für Sie?"

Wenn wir diese Bestätigungen vom Kunden eingeholt haben, wird es Zeit für den Abschluß.

Direkte Abschlußfragen

- „Wann soll die Maschine geliefert werden?"
- „Wohin sollen wir liefern?"
- „Welche Variante sollen wir disponieren?"
- „Wieviel Gebinde benötigen Sie?"

Mit dieser Frageart nehmen Ihre Verkäufer den Abschluß schon vorweg. Sie fragen nach Details des Geschäftsablaufes und nicht nach dem Auftrag an sich. Die Frage „Dürfen wir liefern?" macht es dem Kunden leicht, mit nein zu antworten, deswegen helfen Ihren Verkäufern hier die offenen W-Fragen.

Noch stärker wirken Alternativfragen.

Alternativfragen

- „Möchten Sie mit Ihrem neuen Cabrio in den Urlaub fahren, oder möchten Sie erst die Frühherbstsonne offen genießen?"
- „Möchten Sie die Variante mit der automatischen Schärfeeinstellung oder die mit individueller Regulierung?"
- „Möchten Sie lieber die Tomatensuppe mit frischem Sahnehäubchen oder lieber die kräftige Nudelsuppe?"

Die Alternativfrage ist die wirksamste Art, den Kunden zum Abschluß zu führen. Sie beruht darauf, daß man dem Kunden zwei Möglichkeiten zur Auswahl läßt, die beide mit dem Abschluß enden. Sicher ist diese Methode nicht mehr die neuste, aber sie funktioniert immer noch, wenn die Frage nicht zu früh oder zu plump gestellt wird. Kleiner Tip: Untersuchungen haben ergeben, daß die zweite Alternative von Kunden häufiger gewählt wird. Mögliche Alternativen sind u. a.: Termine (Juni oder August), Farben (rot oder blau), Formen (eckig oder rund), Liefermodus (Selbstabholer oder Anlieferung), Menge (100 oder 200), Leistung (70 oder 100 kW), Typ (Variante a oder b), Größe (eingeschossig oder zweigeschossig), Ausstattung (mit oder ohne Klimaanlage), Zahlungsmodus (Barzahlung oder Finanzierung).

Kompetenzfragen

- „Wie läuft der Entscheidungsprozeß bei solchen Projekten bei Ihnen im Hause üblicherweise ab?"

- „Wer außer Ihnen ist noch an der Entscheidungsfindung beteiligt?"

Diese Fragen sind besonders im Investitionsgütergeschäft wichtig. Sie sind entscheidend für Ihre Verkäufer, um herauszufinden, ob sie mit dem richtigen Gesprächspartner verhandeln bzw. wie das Einkaufsgremium (neudeutsch: Buying-Center) zusammengesetzt ist.

Die Steuerung des Gespräches über Fragen stellt eine eigenständige Abschlußtechnik dar. Es gibt aber noch verschiedene andere Formen, wie wir elegant zum Abschluß kommen.

Die Abschlußtechniken

Es gibt viele Möglichkeiten, um zum Abschluß zu kommen. Entscheidend ist dabei immer das Fingerspitzengefühl Ihrer Verkäufer und das oben beschriebene Erkennen von Abschlußsignalen des Kunden. Ohne Anspruch auf Vollständigkeit zu erheben, sind im folgenden einige erfolgreiche Methoden aus der Praxis beschrieben. Eine kleine Hilfe für den Abschluß gibt Ihren Verkäufern ein chinesisches Sprichwort: „Einem lachenden, sich freuenden Menschen schlägt man nicht ins Gesicht."

Ehrliche Freude über ein für beide Seiten gelungenes Geschäft erschwert es Ihrem Kunden ungemein, im letzten Augenblick noch einen Rückzieher zu machen. Also freuen Sie sich über die Zusage des Kunden.

Die Entscheidungstreppe

In dem Wort Entscheiden steckt das Wort „scheiden". Den meisten Menschen tut es weh, sich entscheiden zu müssen, deswegen werden Entscheidungsträger in unserer Wirtschaft auch so gut bezahlt. Die Entscheidungstreppe (der Ja-Rhythmus) geht davon aus, daß es den Menschen leichter fällt, viele kleine Entscheidungen zu treffen, als eine große. Der Kunde wird immer wieder mit Bestätigungsfragen dazu gebracht, zu Detailfragen ja zu sagen. Jedes Ja führt ihn eine Stufe höher, so daß er am Ende nur noch eine kleine Stufe zum endgültigen Ja hochsteigen muß.

„Bordeauxrot ist die richtige Autofarbe für Sie?"

„Ja."

„Sie möchten zusätzlich unser Winterpaket?"

„Ja."

„Eine Lieferung vor Ihrem Skiurlaub ist entscheidend?"

„Ja."

„Möchten Sie jetzt den braunen oder beigen Sitzbezug?"

„Den beigen."

„Fein, dann können wir ja disponieren."

Der Scheinabschied

Verläuft eine Verhandlung sehr zäh, und eine Einigung scheint nicht in Sicht, kann Ihren Verkäufern der Scheinabschied helfen. Fangen Sie ganz langsam an, Ihre Unterlagen zusammenzupacken, stecken Sie Ihren Stift langsam ein, und beobachten Sie den Kunden. Lehnt er sich entspannt zurück, können Sie davon ausgehen, daß Sie vermutlich keine Chancen hatten. Entweder trifft Ihr Angebot seine Bedürfnisse nur sehr ungenügend, oder er benutzte Sie möglicherweise nur, um bei einem anderen Lieferanten den Preis zu drücken.

Geht er jedoch mit dem Oberkörper nach vorne, kommt Ihnen also entgegen, gefällt ihm Ihr Angebot wahrscheinlich doch, und er wollte nur konsequent verhandeln. Fragen Sie dann: „War das wirklich Ihr letztes Wort, Herr Kunde?"

Der Columboeffekt

Benannt nach dem berühmten Filminspektor, der so unnachahmlich von Peter Falk gespielt wurde. Wenn Sie mit dem Kunden nicht einig werden, begleiten Sie ihn zur Tür oder lassen sich begleiten. Im letzten Augenblick drehen Sie sich um und sagen: „Schade, Herr Kunde, dabei war ich mir so sicher, daß wir uns heute einigen würden. Irgend etwas muß ich falsch gemacht haben. Sagen Sie, wie können wir uns einigen?" Wenn Sie Glück haben, kommt jetzt noch ein versteckter Einwand zum Vorschein, den sie möglicherweise entkräften können.

In der Verhandlung sind beide Gesprächspartner extrem angespannt. Ist das Gespräch offiziell beendet, bricht die aufgebaute Mauer des Kunden zusammen, und er wird unvorsichtig, so daß wir noch eine Chance haben, wichtige Informationen zu bekommen.

Der Handschlagabschluß

Ein Besitzer eines Autohauses hat große Erfolge mit folgender Methode. Er stellt die Abschlußfrage, hält dem Kunden dabei die Hand hin und blickt ihm freundlich in die Augen. So bleibt er bis zu 10 Sekunden stehen: Mit ausgestreckter Hand. Viele entscheidungsunsichere Kunden schlagen ein. Besonders in deutschsprachigen Ländern sind die Menschen dazu erzogen, eine ausgestreckte Hand automatisch zu ergreifen.

Die Macht des Schweigens

Diese Abschlußmethode ist die einfachste und für viele Verkäufer doch die schwierigste, da sie eine ausgesprochen starke Selbstsicherheit erfordert. Viele Aufträge sind von starken Verkäufern schon erschwiegen worden, weil sie nach der Abschlußfrage beharrlich geschwiegen haben.

Schwächere Verkäufer werden unsicher und zerreden den Auftrag, da sie Angst davor haben, daß der Kunde nein sagt.

Die Macht des Nickens

Ein Topverkäufer eines Versicherungsunternehmens hat sehr große Erfolge, indem er dem Kunden während des gesamten Gesprächs und besonders bei der Abschlußfrage zunickt. Die meisten Menschen nicken automatisch zurück. Damit bringt dieser Verkäufer seine Kunden körpersprachlich in einen Ja-Rhythmus.

Der Abhaken-Abschluß

Fragen Sie während des Gesprächs Ihren Kunden, was alles erfüllt sein muß, damit er sich sicher für Ihr Angebot entscheidet. Schreiben Sie sämtliche Punkte auf ein Blatt Papier. Fragen Sie Ihren Kunden während der Beratung jedesmal, ob Sie den besprochenen Punkt als erfüllt abhaken dürfen. Der Kunde muß seine Zustimmung geben. Am Ende des Gesprächs haben Sie sämtliche Punkte der Liste abgehakt. Der Kunde muß Ihnen den Auftrag geben, wenn er nicht unglaubwürdig sein will.

Der Mitnahme-Abschluß

Ein Fernsehverkäufer macht Kunden, die sich nicht entscheiden können, folgenden Vorschlag:

„Frau Kundin, prüfen Sie das Gerät zu Hause. Wir machen jetzt einen Vertrag, und wenn Ihnen das Gerät nicht gefällt, bringen Sie es einfach in drei Tagen zurück, und wir zerreißen den Vertrag."

Bis auf ganz wenige Ausnahmen siegt die Bequemlichkeit des Kunden.

Kennen Sie noch mehr Abschlußtechniken, die in der Praxis gut funktionieren? Senden Sie mir Ihre Ideen und Erfahrungen zu. Ich freue mich darüber und revanchiere mich dafür, indem ich auch Ihnen eine kleine Freude mache.

Es kann Ihren Verkäufern natürlich auch passieren, daß sie alles richtig gemacht haben und es trotzdem nicht zum Abschluß kommt. Meistens hören sie dann folgendes:

„Ich muß mir das noch einmal überlegen." („Ich muß noch mal darüber schlafen.")

Versuchen Sie so, dem Kunden bei seiner Entscheidung zu helfen:

„Verstehe ich, Frau Kundin. Darf ich fragen, an was Sie dabei konkret denken?"

„Ich dachte, . . ."

„Gut, daß Sie diese wichtige Frage noch ansprechen Frau Kundin." Es folgt die Nutzenargumentation.

„Ist Ihre Frage damit beantwortet, Frau Kundin?"

„Ja."

„Fein, dann können wir disponieren."

Antwortet die Kundin mit nein, dann sollten Ihre Verkäufer keinen weiteren Versuch starten, da sonst der Druck möglicherweise zu stark wird. Fragen Sie dann Ihren Kunden, bis wann er sich entscheiden will, und kündigen Ihren Anruf/Besuch für diesen Tag an. Hier ist es wichtig, die Initiative zu behalten, da diese Kunden sich häufig nie mehr melden.

Eine andere mögliche Antwort:

„Ich muß mit . . . (Frau, Chef, Kollege) noch darüber sprechen."

„Natürlich, Herr Kunde. Wenn ich Sie richtig verstehe, heißt das, *Sie* würden das Geschäft mit mir machen?"

„Ja."

„Prima, Herr Kunde, dann haben wir ja ein gemeinsames Ziel. Dann wäre es doch sinnvoll, wenn wir zu dritt einen Termin ausmachen, damit wir alle Fragen Ihres Kollegen beantworten können."

Wenn der Kunde dem gemeinsamen Termin zustimmt, haben Sie einen Verbündeten gewonnen. Wenn dieser Termin nicht möglich ist, wird Ihr Kunde wie ein Löwe für das Geschäft mit Ihnen kämpfen, da er sich nicht blamieren will.

Der Abschluß ist das krönende Ende einer Verkaufsverhandlung. Ohne eine konsequente analytische Gesprächsführung, eine kundenorientierte Nutzenargumentation und eine erfolgreiche Preisverhandlung kann er auch mit den besten Techniken nicht funktionieren. Abschlußorientierung beginnt für Ihre Verkäufer bereits mit dem ersten Händedruck.

Auch dem Service nach dem Abschluß sollten Sie Beachtung beimessen. Japanische Kaufleute behaupten, daß Verkaufen mit dem Abschluß erst anfängt.

Für Sie als Verkaufsleiter und für Ihre Verkäufer sind Natürlichkeit und Authentizität eminent wichtig. In diesem Artikel sind viele Formulierungsideen enthalten, die Ihre Wirkung dann voll entfalten, wenn sie glaubhaft in der Sprache Ihrer Verkäufer klingen. Coachen Sie Ihre Mitarbeiter regelmäßig, und lassen Sie diese Dinge immer wieder üben. Entweder während der Vertriebssitzungen oder mit einem qualifizierten externen Trainer. Die Erfolge werden sich meßbar einstellen.

„Wir sind nicht nur verantwortlich für das, was wir tun, sondern auch für das, was wir unterlassen." (Molière)

Literaturhinweise

Detroy, E.-N., Abschlußtechniken beherrschen und gekonnt einsetzen, 3. Aufl., Zürich 1985

Wage, J. L., Psychologie und Technik des Verkaufsgespräches, 6. Aufl., München 1977

10.4 Zusammenarbeit zwischen Innendienst und Außendienst fördern

Der Autor

Jean-Pierre Zosso ist Führungs- und Verkaufstrainer. Er war jahrelang Handlungsreisender. Danach war er als Geschäftsführer in der Baubranche und anschließend als Fachlehrer bei der Schmidheiny-Stiftung tätig. Die Trainingsmethode der von ihm gegründeten trainings-consult AG beinhaltet eine langfristige Zusammenarbeit mit Firmen verschiedener Branchen, um eine Veränderung in der Geschäftspraxis zu erreichen. Herr Zosso ist Mitglied der GEMV und im BDVT.

Seit einiger Zeit hat sich die Einsicht bei vielen Unternehmen durchgesetzt, daß der Innendienst eine wesentlich stärkere, kundenbezogenere Aufgabe hat. Dies ist um so verständlicher, weil die Kosten für den Außendienst stetig gestiegen sind und bei verschiedenen Branchen das Abholen von Bestellungen durch den Außendienst ganz einfach nicht mehr rentabel ist.

Bei vielen Außendienstmitarbeitern hat sich diese Erkenntnis leider noch nicht durchgesetzt, und es ist sehr oft ein psychologisches Wettbewerbsdenken zwischen Außen- und Innendienst festzustellen. Viele Außendienstmitarbeiter sehen in ihren Innendienstkollegen Wettbewerber und treten ganz bewußt in Konkurrenz. Diese Einstellung dient niemandem. Der modern denkende Außendienstmitarbeiter hat heute erkannt, daß er bei einem guten Einvernehmen mit seinem Innendienst nicht nur seine Umsätze steigern kann, sondern auch das Image des ganzen Unternehmens.

Andererseits stellt man jedoch auch häufig fest, daß Innendienstmitarbeiter im Außendienst diejenigen Mitarbeiter sehen, die ein schönes Leben führen, wenig arbeiten und viel Geld verdienen. Neid und Mißgunst vergiften das Arbeitsklima. Dies wirkt sich wiederum sehr negativ auf die Umsätze und die Rendite aus, was sich letztlich auch in den Löhnen der Außen- und Innendienstmitarbeiter bemerkbar macht.

Wie kann also die Zusammenarbeit zwischen Außen- und Innendienst gefördert werden? Dieser Frage will ich nachgehen und den Lesern einige Tips und Empfehlungen mitgeben, welche ihnen im Privat- und Geschäftsleben helfen sollen, die Kooperation generell zu optimieren.

Der Stellenwert des Verkaufsinnendienstes

Immer mehr finden Marketing und Verkauf ihre Grenzen in der Nivellierung der Leistungsunterschiede. Technologische Vorsprünge werden immer kleiner, Leistungsvorteile immer geringer. Aufträge werden von den Auftraggebern immer kurzfristiger vergeben. Als Folge wird der Preis immer tiefer, oft nicht mehr kostendeckend angesetzt.

Deshalb ist es für alle Unternehmen lebensnotwendig geworden, bei einem Verkaufsgespräch anstelle von Rabatten mit hieb- und stichfesten Argumenten zu überzeugen. Das bedeutet, daß nicht nur der Außendienst verkaufen soll. Der Innendienst wird eine immer größere Bedeutung im Vertrieb eines Unternehmens erlangen. Die Zeiten sind vorbei, in denen der Innendienst die Wünsche des Kunden entgegennahm und sie an den Außendienst weiterleitete. Der Kunde erwartet heute eine individuelle Betreuung und bei seinen Anfragen einen kompetenten Ansprechpartner. Der Stellenwert des Verkaufsinnendienstes steigt also. Nicht nur ein umfangreiches Fachwissen ist gefragt, sondern auch die Fähigkeit, auf den Menschen einzugehen, seine Wünsche und Motive in Erfahrung zu bringen und ganz gezielt darauf die Argumente aufzubauen. Im auf den Menschen bezogenen Verhalten aller Mitarbeiter können sich heute noch Vetriebsorganisationen von Wett-

bewerbern unterscheiden. Dabei hat der Verkaufsinnendienst eine wichtige Funktion. Er verkauft von innen heraus. Das neue *Clienting* verlangt heute immer mehr eine persönliche Kundenbearbeitung. Der Außendienst alleine kann diese Aufgabe nur dann erfüllen, wenn seine Kundenanzahl reduziert und sein Reisegebiet verkleinert wird.

Das würde aber bedingen, daß neue Außendienstmitarbeiter eingestellt werden. Bei dem heutigen Preisdruck ist dies jedoch schon aus rein kalkulatorischen Gründen bei den meisten Unternehmen nicht mehr möglich. Zudem ist es auch schwierig, neue und zuverlässige Außendienstmitarbeiter zu finden.

Was die Unternehmung also braucht, sind wettbewerbsüberlegene Außen- und Innendienstabteilungen, die auch gewillt sind, miteinander zu kooperieren. Damit dies gelingt, muß die Unternehmung die folgenden wichtigen Faktoren beachten:

1. Verkaufsstrategien und klare Zielsetzungen an den Außen- und Innendienst vermitteln.
2. An diesen Strategien und Zielen haben der Außen- und Innendienst mitgearbeitet.
3. Die Innendienstmitarbeiter haben die Kompetenz, eigenverantwortlich und kundenbezogen zu verkaufen. Sie sind flexibel.
4. Die Geschäftsleitung und alle anderen Vorgesetzten zeigen täglich, daß es ihnen mit der Kundennähe ernst ist.
5. Die Verkaufserfolge des Innendienstes werden auch von der Geschäftsleitung und vom Außendienst gewürdigt.
6. Der Verkaufsleiter gehört an die Front, das heißt zu den Kunden, zum Außen- und zum Innendienst.
7. Auf zu überzogenes Planungs- und Rapportwesen sollte verzichtet werden.

8. Die Schulung im kundenbezogenen Verhalten des Außen- und Innendienstes sollte eine Selbstverständlichkeit und keine Alibiübung sein. Dabei setzte sich die Schulung von Außen- und Innendienst in einer gemeinsamen Gruppe in letzter Zeit vermehrt durch.

9. Der Verkaufserfolg sollte sich auch im Innendienst auf den Lohn auswirken.

10. „In dir muß brennen, was du in anderen entzünden willst." (Augustinus) Der Glaube an die Produkte und Leistungen der Firma sollte stets gefördert werden.

Verkaufserfolge durch guten Kontakt und gute Zusammenarbeit nach innen und nach außen

Versuchen Sie, die folgenden Fragen für sich zu beantworten:

1. Warum kaufen Kunden bei einem ganz bestimmten Unternehmen ein, rufen den Innendienstmitarbeiter an oder bestellen beim Außendienst? Welches sind die maßgeblichen Gründe für ihre Entscheidungsbildung?

2. Was kann Kunden dazu veranlassen, bei Vorlage zweier gleich guter Möglichkeiten sich gerade für die Ihres Unternehmens zu entscheiden?

Hier die Antworten:

Zur Frage 1: Der Kunde kauft bei einem bestimmten Unternehmen, weil er sich von den Produkten und deren Dienstleistungen einen persönlichen Nutzen, bezogen auf seine dominanten Motive, erhofft. Er sieht vielleicht einen finanziellen Vorteil. Er weiß, daß er sich auf dieses Unternehmen verlassen kann, oder er hat persönliche Annehmlichkeiten, bedingt durch den Service, den diese Firma bietet.

(Motive: Geld, Sicherheit, Bequemlichkeit)

Zur Frage 2: Bei gleichem Angebot entscheiden überwiegend persönliche Aspekte wie Sympathie, persönliche Kontakte, Flexibilität, Überzeugungskraft, kundenproblembezogene Beratung, Akzeptanz, richtiger Zeitpunkt des Auftretens, die für den Kunden persönlich gedachten kleinen Dienstleistungen, Freundlichkeit, offene Kommunikation, Ehrlichkeit, Mut, Zivilcourage sowie die Präsentation in Worten und Erscheinung. (Motive: Neugier – Wissen, Herdentrieb – Kontaktstreben, Geltung – Prestige)

Nachdem die Produktvorteile immer geringer werden, sind es also die Menschen in einem Unternehmen, die sich entscheidend von der Konkurrenz abheben können.

Bevor also Zusammenarbeit zwischen Innen- und Außendienst überhaupt funktioniert, muß jeder bereit sein, sich mit seiner eigenen Persönlichkeit intensiv zu befassen. Dies beginnt bereits mit der Überprüfung der eigenen Verhaltensweise am Telefon oder im Außendienst.

Die Verhaltensweisen von Menschen, die im Verkauf tätig sind, werden durch zwei wesentliche Dimensionen geprägt. Einerseits durch die *Sachebene* und andererseits durch die *Beziehungsebene*.

- Zur *Sachebene* zählen das Produkt, die Dienstleistungen, das Fachwissen und die Aufgabe.
- Bei der *Beziehungsebene* geht es ganz einfach um den Menschen, mit dem wir es zu tun haben.

Auf welcher Ebene der nachstehenden Matrix bewegen Sie sich persönlich am liebsten?

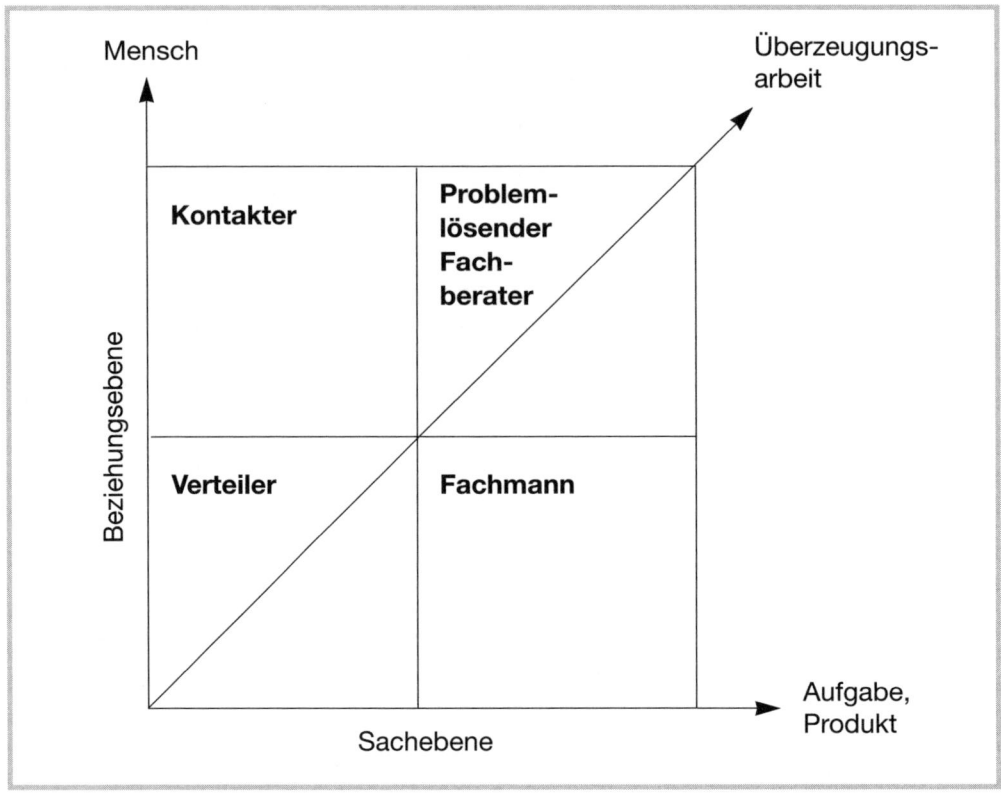

Abb. 1: Matrix der Sach- und Beziehungsebene

Auf Reisebegleitungen mit Außendienstmitarbeitern und bei Beobachtungen an Arbeitsplätzen von Innendienstmitarbeitern stelle ich fest, daß der überwiegende Anteil der Mitarbeiter im Verkauf sich sehr gerne auf der Ebene des *Fachmanns* bewegt. Im Verkaufsinnendienst und im Detailhandel gibt es noch sehr viele *Verteiler.* Die Verhaltensweise des *Kontakters* ist in den Jahren der Rezession etwas zurückgegangen.

Die Merkmale dieser Verhaltensweisen
Fachmann
Er spricht nur vom Produkt, nur von seiner Technik und den Dienstleistungen der Firma. Er weiß alles etwas besser, und er

rückt sich sehr stark in den Vordergrund. Nun stellen Sie sich einmal vor, was geschieht, wenn Sie als Außendienstmitarbeiter auf einen Innendienstmitarbeiter stoßen, der sich ebenfalls überwiegend auf dieser Ebene bewegt! Konflikte sind vorprogrammiert.

Kontakter
Bei ihm sind das Produkt und die Technik Nebensache. Er ist fröhlich, geschwätzig, kennt alle neuesten Witze. Kurz gesagt: ein geselliger Mensch. Natürlich findet er zu allen Menschen bestens Kontakt. Wie ist dies nun aber, wenn der Außendienst und der Innendienstmitarbeiter sich auf dieser Ebene bewegen? Beide brauchen

sehr viel Zeit, und die Effizienz leidet natürlich stark.

Verteiler

Leider kümmert er sich wenig um sein Fachwissen. Er stützt sich lieber auf die Spezialisten in der Firma, weil er keine Fehler machen will. Normalerweise hält er sich genau bürokratisch an die Anweisungen der Firma. Menschlich zieht er sich stark zurück, und er ist froh, wenn er nicht mit Kunden oder Mitarbeitern der Firma sprechen muß. Diese Verhaltensweise ist im Verkauf nicht mehr tragbar, denn heute werden Produkte und Leistungen nicht mehr verteilt, sondern kundenbezogen verkauft.

Problemlösender Fachberater

Dies ist die Verhaltensweise, die jeder Außen- und Innendienstmitarbeiter anstreben sollte. Er setzt sein Fachwissen ganz gezielt auf seinen Partner bezogen ein. Dadurch löst er die Probleme des Kunden nicht nur sachlich-technisch, sondern gleichzeitig auch menschlich. Diese Verhaltensweise wird dazu verhelfen, daß auch der größte Besserwisser, Gefällige oder Bürokrat zu einem Kompromiß bereit ist.

Hindernisse, die einer erfolgreichen Zusammenarbeit im Wege stehen

Warum gibt es immer wieder Schwierigkeiten in der Zusammenarbeit zwischen Außendienst- und Innendienstmitarbeitern? Einerseits haben viele Innendienstmitarbeiter ein falsches Bild von der Tätigkeit des Außendienstes, und andererseits fühlen sich viele Außendientmitarbeiter vom Innendienst im Stich gelassen. Sie vermissen die Unterstützung, fühlen sich allein gelassen. Folgende Vorurteile sind nicht selten:

Vom Innendienst gegenüber dem Außendienst:
- Die haben ein schönes Leben.
- Sie genießen die Freiheit und das schöne Wetter.
- Sie machen oft Pausen und treffen sich in Lokalen aller Art.
- Die Aufträge kommen von selbst, weil wir uns derart einsetzen.
- Vertreter verdienen viel zuviel.
- Kurze Präsenzzeiten.
- Hohe Spesen.

Solche Vorurteile haben ernst zu nehmende Ursachen.
- Der Innendienst fühlt sich untergeordnet, weil der Außendienst vielerorts finanziell am Erfolg beteiligt ist. Die Verkaufserfolge des Innendienstes werden jedoch nicht extra honoriert.
- Oft sind die Einkommen im Innendienst im Vergleich mit denen des Außendienstes sehr viel niedriger.
- Innendienstmitarbeiter werden weniger in die Weiterbildung einbezogen. Häufig werden Seminare so angesetzt, daß diese getrennt nach Außen- und Innendienst durchgeführt werden. Dabei werden für die Innendienstmitarbeiter meistens weniger Tage investiert, so daß auch hier eine Diskriminierung festzustellen ist.
- Bei Verkaufsaktionen ist der Innendienst mit viel administrativer Arbeit zusätzlich belastet, um Wettbewerbe und Aktionen vorzubereiten und verkaufsfördernd zu begleiten. Bei Preisverteilungen wird der Innendienst vergessen, und die Erfolgserlebnisse bleiben nur beim Außendienst.

Vom Außendienst gegenüber dem Innendienst:
- Der Innendienst ist zu stur und fordert viel zuviel Papier.

- Sie bringen keine Aufträge herein.
- Sie tun zuwenig für mich.
- Die Innendienstler gehen zu wenig auf die Motive und Bedürfnisse der Kunden ein.
- Der Innendienst kontrolliert uns und ist zu bürokratisch.

Welche Ursachen haben diese Vorurteile?
- Der Außendienst sieht im Innendienst einen nur theoretisch denkenden Mitarbeiter.
- Er empfindet ihn nicht als Kollege und Partner, sondern als Polizist, der ihn überwacht und Fehler sucht.
- Er glaubt, daß der Innendienst alles brühwarm nach oben berichtet.
- Er sieht den Innendienst als nicht unternehmerisch denkenden Mitarbeiter.

Um eine echte Zusammenarbeit zwischen den beiden Gruppen zu erreichen, ist es also wichtig, erst einmal solche Vorurteile abzubauen. Dabei knüpft man am besten an den Ursachen an, die zu diesen Vorurteilen führen.

Allerdings gibt es auch Hindernisse auf Unternehmerebene, die eine erfolgreiche Zusammenarbeit innerhalb des Unternehmens generell beeinträchtigen. Hier eine Sammlung von Beispielen, die an verschiedenen Kooperationstrainings zusammengetragen wurden: ungenügender Informationsfluß, Egoismus, Stress, Überlastung, Hektik, Lethargie, private Emotionen, Unbeherrschtheit, Rivalitätsdenken, fehlende Motivation, Antipathie, fehlende Unternehmensziele, Machtkämpfe und Intrigen, Intoleranz, mangelnde Bereitschaft zur offenen Kommunikation, Zeitdruck und viele andere mehr.

Viele Hindernisse ergeben sich infolge einer schlechten Qualität der zwischenmenschlichen Kontakte. Warum? Abbil-

dung 2 zeigt hier wesentliche Faktoren und ihre Auswirkungen.

Faktoren, die zwischenmenschliche Kontakte beeinflussen

Position A zeigt die Einstellung des ausgesprochenen Egoisten. Er sieht nur sich und läßt andere überhaupt nicht gelten. Diese Einstellungsweise seitens eines Außendienstmitarbeiters oder Innendienstmitarbeiters ist nicht geeignet, eine gute Zusammenarbeit herbeizuführen.

Position B zeigt eine weitverbreitete Einstellungsweise. Man sieht zwar die eigenen Probleme, schiebt die Ursachen aber in jedem Fall immer auf andere ab. Mitarbeiter mit dieser Einstellung gibt es in jeder Unternehmung. Sie tragen ebenfalls nicht viel zu einer guten Zusammenarbeit bei.

In *Position C* sehen die Menschen ihre eigenen Probleme nicht mehr. Um so mehr aber sehen sie die Probleme, die andere haben. Auch diese Einstellung ist einer guten Zusammenarbeit hinderlich.

Position D kann man in rezessiven Zeiten gut beobachten. Man sieht zwar die eigenen Probleme, schiebt aber die Ursachen immer auf die Situation ab. Die Konjunktur, das Wetter, das Umfeld sind schuld an den Problemen, nicht aber der Mitarbeiter. Auch diese Grundeinstellung ist einer guten Zusammenarbeit nicht förderlich.

Position E ist von allen Mitarbeitern im Außen- und Innendienst anzustreben. Dieser Mitarbeiter berücksichtigt alle Kriterien, die Voraussetzung für Effizienz und gute Zusammenarbeit sind. Er bezieht nämlich seine eigenen Stärken und Schwächen sowie die Stärken und Schwächen der anderen mit ein und gleichzeitig auch die wechselnde Situa-

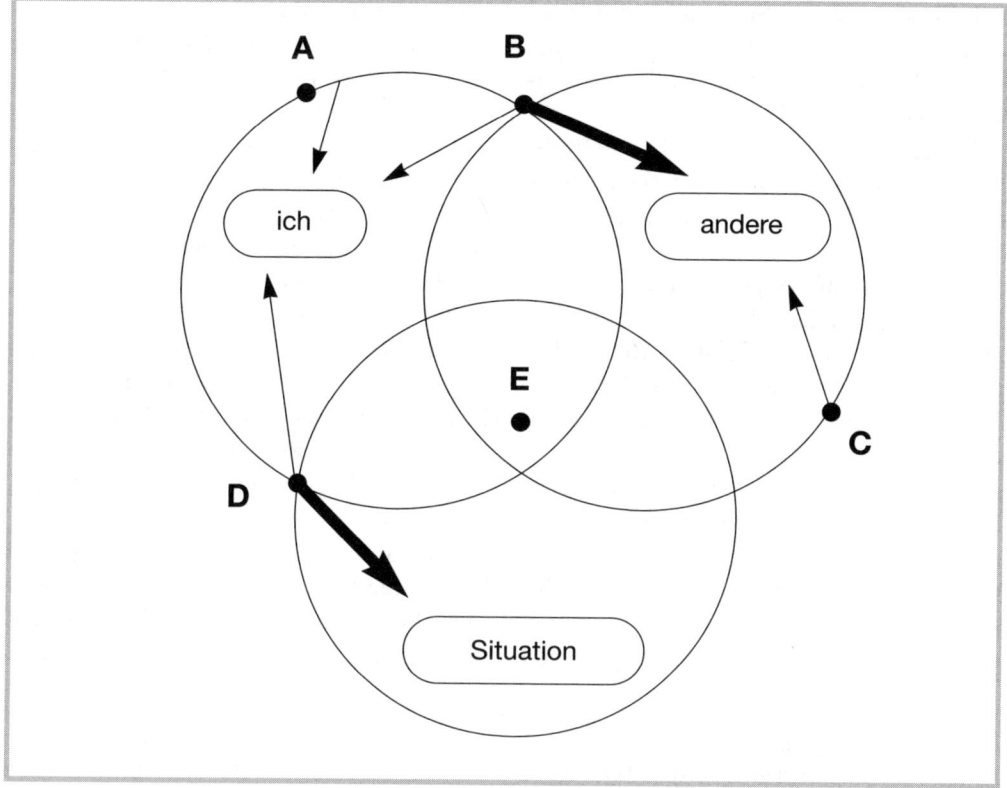

Abb. 2: Faktoren für die Qualität zwischenmenschlicher Beziehungen

tion. *Nur er erlangt persönliche Reife* und leistet damit einen wesentlichen Beitrag zur Kooperation innerhalb eines Unternehmens.

Der Einfluß der eigenen Persönlichkeit auf die Zusammenarbeit

Im Marketing sind Persönlichkeiten gefragt mit Ausstrahlung, Einfühlungsvermögen und Kontaktfreudigkeit. Sie sollten persönliches Format haben, sich selbst kennen und sich selbst verstehen! Sie sind sich ihrer Stärken, Schwächen und Neigungen gegenüber den Anforderungen ihrer beruflichen Tätigkeit bewußt.

Für eine optimale Zusammenarbeit innerhalb eines Unternehmens nach außen und nach innen müßte jeder Mitarbeiter eine berufliche Rolle suchen und finden, die mit seinen persönlichen Stärken, Schwächen und Neigungen voll übereinstimmt. Er müßte sich mit den Aspekten seiner Persönlichkeit und der von ihm gewählten beruflichen Tätigkeit auseinandersetzen, die Ursachen der Diskrepanzen nicht auf andere abschieben, sich entwickeln, führen und helfen lassen.

Sich Aspekte seiner Persönlichkeit bewußtmachen

Wenn Sie sich Aspekte Ihrer eigenen Persönlichkeit bewußtmachen wollen, kön-

---

nen Sie ein eigenes Stärken- und Schwächenprofil erstellen. Dazu können Sie die nachstehenden drei Arbeitstabellen verwenden (Abb. 3, 4, 5).

Es geht darum, die Aspekte gefühlsmäßig zu erfassen, getrennt nach Ihren *Neigungen,* Ihren *Stärken,* und Ihren *Schwächen.*

Setzen Sie Ihre Aspekte in der Reihenfolge der Prioritäten. Achten Sie bitte darauf, daß Sie jeweils mindestens 10 Aspekte finden. Die Neigungen und Stärken werden Ihnen sicher keine Mühe bereiten. Bei den Schwächen ist das schon etwas schwieriger. Ringen Sie sich trotzdem durch! Erstellen Sie die drei Listen objektiv und selbstkritisch. Selbstkritik ist ein wesentlicher Bestandteil einer guten Zusammenarbeit.

Wenn Sie diese Aspekte eingetragen haben, besprechen Sie diese mit einer Person, die Ihnen nahesteht. Vielleicht sieht Sie diese Person anders, als Sie sich beurteilen.

Als nächsten Schritt prüfen Sie dann, ob Sie in Ihrer heutigen beruflichen Tätigkeit Ihre Neigungen befriedigen, Ihre Stärken ausnützen und Ihre Schwächen in den Griff kriegen können.

Stellen Sie dann fest, ob die Übereinstimmungen und Abweichungen per Saldo positiv ausfallen, das heißt, ob die Aspekte Ihrer Persönlichkeit mit den Anforderungen der von Ihnen gewählten beruflichen Tätigkeit überwiegend in Einklang sind oder nicht.

Falls Sie bei Ihren Neigungen Aspekte finden, die Sie in Ihrer heutigen Tätigkeit nicht befriedigen können, sollten Sie sich überlegen, ob es für das Unternehmen

Reihenfolge nach Priorität	Neigungen Was mache ich gern im Leben? (beruflich oder außerberuflich)	Kann ich diese Neigungen in meiner heutigen beruflichen Tätigkeit befriedigen?		
		ja	teilweise	nein
1				
2				
...				
10				
	Bilanz der in meiner heutigen beruflichen Tätigkeit befriedigten Neigungen			

Abb. 3: Aspekte meiner eigenen Persönlichkeit (Neigungen)

einen Vorteil brächte, wenn Sie diese Neigung befriedigen könnten. Das kann mit einer anderen Aufgabe innerhalb'der Unternehmung verbunden sein und allen Vorteile bringen. Wenn ja, sollten Sie dies mit Ihrem Vorgesetzten besprechen. Bei Ihren Stärken sollten Sie genauso verfahren.

Bei allen in Ihrer heutigen Tätigkeit störenden Schwächen sollten Sie sich fragen, ob sich diese abbauen lassen. Wenn ja, dann überlegen Sie sich, wie Sie das konkret erreichen können. Wenn die Diskrepanz zu groß ist, müßten Sie sich ernsthaft fragen, ob Sie wirklich die für Ihr Leben richtige berufliche Tätigkeit ausüben. Vielleicht erklären sich daraus dann auch die Schwierigkeiten in der Zusammenarbeit mit Ihren Kollegen und Kolleginnen, sei es nun im Innen- oder im Außendienst.

Sieben goldene Regeln für eine gute Zusammenarbeit

Auf Grund des bisher Dargestellten entsteht mit den folgenden sieben goldenen Regeln eine gute Zusammenarbeit:

1. Eine gute kooperative Führung, die von den Mitarbeitern anerkannt wird
2. Klare Ziele mit Prioritäten, die gemeinsam festgelegt werden
3. Klare Aufgaben- und Kompetenzenabgrenzungen
4. Systematik, Analytik und Koordination in den Arbeitsabläufen
5. Bereitschaft, Informationen zu interpretieren, in allen Richtungen auszutauschen und gleichzustellen
6. Bereitschaft, anderen aufmerksam zuzuhören
7. Auch andere Meinungen zuzulassen

Reihenfolge nach Priorität	Stärken Was beherrsche ich gut? (in Wissen, Können und Verhalten; beruflich und außerberuflich)	Kann ich diese Stärken in meiner heutigen beruflichen Tätigkeit nutzbringend einsetzen?		
		ja	teilweise	nein
1				
2				
...				
10				
	Bilanz der in meiner heutigen beruflichen Tätigkeit nutzbringend eingesetzten Stärken			

Abb. 4: Aspekte meiner eigenen Persönlichkeit (Stärken)

Reihen-folge nach Priorität	Schwächen Was beherrsche ich nicht oder schlecht? (in Wissen, Können und Verhalten; beruflich und außerberuflich)	Stören diese Schwächen in meiner heutigen beruflichen Tätigkeit?			Lassen sich diese Schwächen abbauen?		
		ja	teilweise	nein	ja	nein	wie?
1							
2							
3							
4							
...							
10							
	Bilanz der in meiner heutigen beruflichen Tätigkeit störenden Schwächen						

Abb. 5: Aspekte meiner eigenen Persönlichkeit (Schwächen)

Beitrag des einzelnen zur partnerschaftlichen Zusammenarbeit

Auf den folgenden Seiten finden Sie eine Reihe von Gesichtspunkten, die für partnerschaftliche Zusammenarbeit von Bedeutung sind. Sie können auf diesen Blättern für sich ankreuzen, ob Sie mit Ihrem persönlichen Verhalten in bezug auf den einzelnen Punkt *zufrieden* sind, ob Sie hier meinen, *mehr* tun zu müssen, oder ob Sie der Meinung sind, *weniger* tun zu müssen.

Kommunikationsfähigkeiten	zufrieden	mehr tun	weniger tun
1. Sich auf das gerade behandelte Thema konzentrieren und nicht abschweifen	❑	❑	❑
2. Aufmerksam zuhören	❑	❑	❑
3. Sich kurz und prägnant im Ausdruck fassen	❑	❑	❑
Beobachtungsfähigkeit			
1. Spannungen in der Gruppe bemerken	❑	❑	❑
2. Gefühle und Empfindungen einzelner bemerken	❑	❑	❑
3. Bemerken, wer im Gespräch ausgelassen wird	❑	❑	❑
4. Bemerken, wann eine Runde ein bestimmtes Thema vermeidet	❑	❑	❑
Problemlösungsfähigkeiten			
1. Festlegen von Problemen und Zielen	❑	❑	❑
2. Informationen und Meinungen erfragen	❑	❑	❑
3. Informationen und Meinungen abgeben	❑	❑	❑
4. Ideen anderer kritisch beurteilen	❑	❑	❑
5. Diskussion zusammenfassen	❑	❑	❑
Fähigkeit zur Schaffung einer positiven Atmosphäre			
1. Interesse zeigen	❑	❑	❑
2. Andere in das Gespräch hineinbringen	❑	❑	❑

	zufrieden	mehr tun	weniger tun
3. Verschiedene Standpunkte miteinander versöhnen	❏	❏	❏
4. Lob und Anerkennung ausdrücken	❏	❏	❏

Emotionale Ausdrucksfähigkeit

	zufrieden	mehr tun	weniger tun
1. Anderen in der Gruppe zeigen, wie ich empfinde	❏	❏	❏
2. Meine Emotion zurückdrängen	❏	❏	❏
3. Offen und sachlich meinen Widerspruch darlegen	❏	❏	❏
4. Dankbarkeit ausdrücken	❏	❏	❏

Fähigkeiten, mit emotionalen Situationen umzugehen

	zufrieden	mehr tun	weniger tun
1. Fähig sein, Konflikte offen anzugehen	❏	❏	❏
2. Fähig sein, Enttäuschungen aufzunehmen	❏	❏	❏
3. Fähig sein, Druck in einer Gemeinschaft zu ertragen	❏	❏	❏

Soziale Beziehungen

	zufrieden	mehr tun	weniger tun
1. Nicht mit anderen wetteifern, um sie auszustechen („Gewinner-um-jeden-Preis-Haltung")	❏	❏	❏
2. Nicht dominierend gegenüber anderen auftreten	❏	❏	❏
3. Anderen vertrauen	❏	❏	❏
4. Anderen behilflich sein	❏	❏	❏
5. Anderen gegenüber beschützend auftreten	❏	❏	❏
6. „Keiner-verliert-Haltung" – Konflikte für alle befriedigend handhaben	❏	❏	❏

Allgemein	zufrieden	mehr tun	weniger tun
1. Andere zum Feedback über Verhalten ermutigen	❏	❏	❏
2. Hilfe von anderen bereitwillig annehmen	❏	❏	❏
3. Einen festen Standpunkt beziehen	❏	❏	❏
4. Selbstkritisch sein	❏	❏	❏
5. Geduldig abwarten	❏	❏	❏
6. Steuerung von Besprechungen	❏	❏	❏
7. Aktivierung der Kollegen	❏	❏	❏
8. Motivierung der Kollegen	❏	❏	❏

Abb. 6: Das eigene Verhalten in der Zusammenarbeit

Kennzeichnen Sie dann aus allen Blättern drei zentrale Aspekte, die für Sie ganz persönlich bei der Zusammenarbeit mit anderen von Bedeutung sind. Versuchen Sie dann, in Zukunft diese drei Aspekte in Ihrer täglichen Arbeit umzusetzen.

Die Ursachen der Konfliktentstehung

In Abbildung 7 erkennen wir, daß es fünf verschiedene Konflikte gibt, die in einem Unternehmen entstehen können. Wenn die Ursachen solcher Konflikte genau untersucht werden, sollte es auch in jeder Unternehmung möglich sein, Lösungsansätze zu finden. So kann man zum Beispiel bei einem *Beurteilungskonflikt* für einen einwandfreien Informationsfluß sorgen. Oder bei einem *Bewertungskonflikt* Ziele gemeinsam absprechen, Normen und Auflagen genau besprechen.

Beim *Verteilungskonflikt* liegt die Lösung in einer professionellen Disposition. Kompetenzen und Stellvertretungen, müssen genau festgelegt werden. Beim *Koordinationskonflikt* sollten die Arbeitsabläufe innerhalb des Total Quality Managements genau erfaßt werden. *Beziehungskonflikte* können gelöst werden, indem mehr Menschlichkeit in den betrieblichen Alltag gebracht wird.

Die wichtigsten Regeln zur Optimierung der Zusammenarbeit zwischen Verkaufsaußendienst und Verkaufsinnendienst

• Sich gegenseitig akzeptieren und respektieren.
• Vermehrt aufeinander zugehen.
• Sich gegenseitig aufmerksam zuhören.
• Loben, anerkennen und danken.
• Freundlichkeit und Höflichkeit.

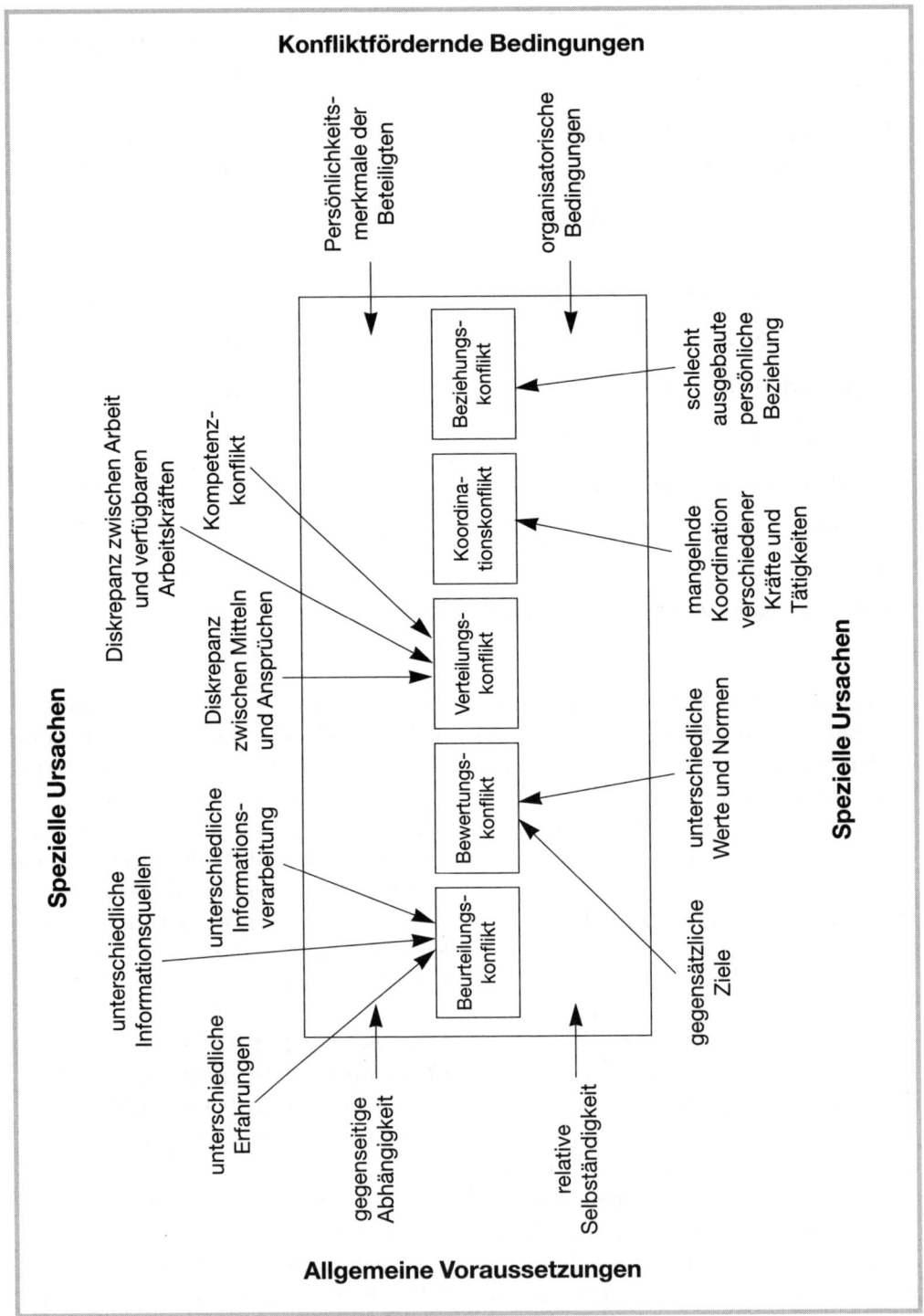

Abb. 7: Ursachen der Konfliktentstehung

- Interesse zeigen an der Arbeit des anderen.
- Auch andere Meinungen gelten lassen.
- Außendienst von administrativen Arbeiten entlasten.
- Offene, ehrliche, objektive Kritik zulassen.
- Informationen in allen Richtungen weitergeben.
- Aufgaben für den Verkaufsinnendienst genau definieren.
- Sich mehr Zeit nehmen für andere.
- Kunden klassifizieren, nach Attraktivität und Position zuordnen.
- Kundenbetreuung durch Außen- und Innendienst gemeinsam erarbeiten lassen.
- Vorurteile abbauen.
- Ausbildung mit Außen- und Innendienst gemeinsam fördern.
- Mehr Toleranz, Abteilungsdenken zurückstellen.
- Mehr miteinander reden.
- Etwas mehr Menschlichkeit in den betrieblichen Alltag bringen.
- Den Innendienstmitarbeiter mit den besten Kunden bekannt machen.
- Innendienst in die Besprechungen mit dem Außendienst einbeziehen.
- Ziele mit dem Außen- und Innendienst gemeinsam festlegen.
- Anforderungsprofile für Außen- und Innendienst erstellen.
- Innendienstmitarbeiter am Erfolg beteiligen und honorieren.
- Eigenes Ego etwas zurückstellen.
- Bereitschaft, Kritik zu akzeptieren.
- Motive der anderen ansprechen und Nutzen für die Partner aufzeigen.
- Dienstwege einhalten.
- Innendienst auch an Sonderaktionen beteiligen.
- Zuverlässigkeit und Pünktlichkeit fordern und selber bringen.

- Fachwissen laufend ergänzen.
- Etwas mehr tun, als unbedingt verlangt ist.
- Den Partner ausreden lassen und nicht unterbrechen.
- Im Gespräch mehr offene Fragen stellen.
- Bereitwillig den Anteil an den gemeinsamen Aufgaben übernehmen.
- Vorgehensweisen untereinander abstimmen.
- Probleme nicht vor sich herschieben, sondern offen darüber reden.
- Bei Fehlern Schuld nicht auf Partner oder auf die Situation abschieben.

Zusammenfassung

Die Kundenzufriedenheit ist eine wichtige Voraussetzung für den Erfolg eines Unternehmens auf dem Markt. Sie ist auch eine wesentliche Forderung innerhalb eines Total Quality Managements. Es ist deshalb wichtig, die Erwartungen der Kunden an die Produkte, Dienstleistungen und an das Verhalten von Mitarbeitern bei der täglichen Arbeit systematisch zu ermitteln, um eigene Defizite zu den Wettbewerbern zu erkennen und zu bewerten und um kontinuierlich Verbesserungen einzuleiten.

Das Verhalten von Mitarbeitern bei ihrer täglichen Arbeit und ihre Einstellung zum Unternehmen bestimmen in erheblichem Maß die Leistungskraft eines Unternehmens. Eine auf das Unternehmen stolze, am Wohlergehen des Unternehmens interessierte, harmonisch kooperierende Mannschaft wird viel leistungsfähiger sein als eine desinteressierte, zerstrittene und nicht harmonische.

Die Motivation aller Mitarbeiter ist somit eine der wichtigsten Voraussetzungen für ein erfolgreiches Unternehmen. Es sollte alles getan werden, daß Mitarbeiter aller Hirarchiestufen bereit sind, ihr Verhalten bezüglich Zusammenarbeit mit anderen kritisch zu prüfen und gegebenenfalls auch zu verändern.

Benützen Sie dazu das nächste Blatt „Aktionsprogramm zur Optimierung der Zusammenarbeit"! Es lohnt sich auch für Sie persönlich, denn Sie entwickeln dadurch auch Ihre eigene Persönlichkeit.

Wenn ja: Was muß ich tun, um die Diskrepanz zu beseitigen?										
kollidiert mit gewählter beruflicher Rolle ja/nein										
Ansatzpunkt: Was will ich verändern? (Persönliche Neigung, Stärke, Schwäche, Verhalten)										
Priorität										

Abb. 8: Aktionsprogramm zur Optimierung der Zusammenarbeit

11. Branchenspezifische Sonderthemen

11.1 Verkaufen – ein Ziel, das Lieferer und Filialisten gemeinsam noch besser realisieren

Der Autor

Hartmuth-E. Kuhn war nach kaufmännischer Ausbildung und Studium in einem Forschungsinstitut des europäischen Handels, Ressort Absatz und Filialsystemmanagement, tätig.

Seit 1980 ist er verantwortlich für Innovationen und Realisationen für Erlös- und Ertragszuwachs bei Filialisten und Franchisern im In- und Ausland.

Einleitung

Das Verkaufen ist schwieriger geworden sagen viele, doch stimmt das? Gleichwohl ist es nicht leicht, „dasselbe" teurer als der Wettbewerb verkaufen zu müssen. Doch ist unbestritten, daß viele Artikel keine Rendite mehr bringen und für Filialisten kaum noch geeignet sind, sich unter der Headline „Convenience" (Annehmlichkeit, Bequemlichkeit, Leichtigkeit) am Markt zu profilieren. Hinzu kommt, daß sich die Nachfrage stark verändert und vieles, mit dem man früher Verkäufe stimulieren konnte, nicht mehr oder kaum noch wirkt. Sei es in den Filialen oder bei den Absatzverantwortlichen der Lieferer, überall ist zu spüren, daß bisherige Instru-

mente für die Wende noch nicht ausgeformt sind, um neue Ziele auch zu erreichen.

Dem steigenden Wettbewerbsdruck im Handel folgten Lieferer mit der Einführung des Key-Account-Managements. Das hat zu Verbesserungen geführt, wenngleich die Last der Transaktionskosten nicht geringer geworden und deshalb immer wieder Anlaß für neues Nachdenken ist. Nach dem Prinzip „One face to the Trader" betreuen vielfach Teams Filialisten über alle Funktionen hinweg. Doch reicht das im Informationszeitalter, um bedürfnisgerechter und mehr zu verkaufen? Als Lösung präferieren Lieferer einerseits den Aufbau einer intensiven Beziehung zum Filialisten, andererseits bauen sie darauf,

Bekanntes wie bisher und mit Exklusivrechten versehen zu vermarkten. Beides ist in bezug auf den Mehrerfolg im Verkauf nicht ganz leicht, weil der Partner „Filialist" inzwischen ein anderer geworden ist. Zudem macht er Märkte, was bislang noch nicht jedem Lieferer bewußt geworden ist: Die Entmaterialisierung der Liefererangebote durch das Verinformieren nimmt so zu, so daß die Information und Kaufabschlußbeeinflussung eine ganz andere ist. Der Austausch von Waren und Diensten ist durch moderne Informationstechniken besonders beeinflußt. Für die Anwendung der „virtuellen Wirklichkeit" stehen in den Filialunternehmen interaktive Kommunikation und Netzwerktechniken im Vordergrund, damit gleichermaßen digital wie stationär verkauft werden kann. Zusätzlich werden immer mehr Komponenten des betrieblichen Filialsystemalltags und der Prozesse entmaterialisiert und dafür verinformiert. Besonders bedeutsam ist dabei der Kunde und dessen Vorstellung, sich vor dem Kauf über das Wie und Was des Kaufgegenstandes zu informieren. Dieser Bereich wurde bislang über die Werbung mit Katalog, im Schaufenster oder in Ausstellungsräumen wahrgenommen. Doch bei noch stärkerer Fragmentierung der Märkte und immer mehr Interessenten-/Kundengruppen, die individuell angesprochen werden müssen, werden das die Online-Medien der Filialisten übernehmen – als Notwendigkeit für weiteres Filialsystemwachstum.

Der Filialist bietet Chancen, denn er macht Märkte. Aber er braucht dringend Verbesserungen bei Warenumschlag, Bestandsdisposition, Sortiments- und Promotionsstrategien und definiert sie gegenüber Lieferern als quantifizierte Ziele, als neue Chancen einer Geschäftsverbindung der moderneren Art. ECR, EDI und Umsatzträger-Management heißen die Instrumente (wohlgemerkt keine WKZ-Sortimente, sondern teilmarkt- und zielgruppenspezifische Lösungen), mit denen sie verwirklicht werden. Sie bestimmen das neuartige Miteinander zwischen Lieferer und Filialisten im Verkauf und führen zu besonders interessanten, weil renditeversprechenden Business-Möglichkeiten.

So wie es heute schon gelingt, die unüberschaubar große Anzahl von Artikeln und Services virtuell zu gestalten und dabei dem potentiellen Käufer die Möglichkeit zu geben, den Kaufgegenstand von allen Seiten zu betrachten, via Screen mit Beweglichem zu hantieren, einzelne Sonderausstattungen in Funktion zu erleben, so wird es in Kürze für Teile des heute noch erklärungs- und nicht erklärungsbedürftigen Nonfood- und Food-Sortimentes nicht mehr nötig sein, dafür Verkaufsfläche zum Vorzeigen vorrätig zu halten. Filialisten werden virtuelle Läger bereitstellen, in denen sich Käufer informieren können, oder – noch bequemer – eine solche virtuelle Waren- und Funktionsdemonstration wird in das Private der potentiellen Käufer verlagert. Dadurch entmaterialisieren sich nicht nur die Artikel- und Servicepräsentationen, sondern auch der Ein- und Verkauf werden nach neuen Regeln ablaufen: Im interaktiven elektronischen Kaufhaus kann der Filialist/Nachfrager per Bildschirm alles nur Erdenkliche aus der ganzen Welt bestellen, egal ob vom Anbieter um die Ecke oder von weiter her. Vergleichbar ist diese Entmaterialisierung der stationären Filialen mit der Zahlungsverkehrsautomatisierung bei den Banken, bei der die persönlich erbrachte Bankdienstleistung immer stärker zugunsten der Informatik/Telematik zurückging. Für die Außendienste der Lieferer eine vollkommen neue Situation, der mit den gemachten Erfahrungen im Tagesgeschäft allein nicht mehr beizukommen ist.

Der generelle Trend zur Verinformatisierung und damit zur Entmaterialisierung unseres Lebens wird dem Verkauf ganz neue Impulse geben, ihn erleichtern, bequemer machen, entlasten und beschleunigen. Die neue Devise der Filialisten und ihrer Kunden ist: „Wenig haben, aber komfortabel, wirtschaftlich und in Einklang mit der Ökologie arbeiten bzw. leben." Dazu ein Beispiel: Viele haben einen hohen Bestand an Gütern des mittel- und langfristigen Bedarfs wie Kfz, Bücher, Schallplatten, CDs etc. Sie halten sich eine Reihe Zeitungen und Zeitschriften. In Zukunft ist es möglich, seinen gesamten Informationsbestand darüber und Teile der Filialsystem-Betriebsmittel auf einer oder zwei DVDs (data devouring disks) zu halten oder ganz darauf zu verzichten und sich das Gewünschte zum Gebrauchszeitpunkt über diverse Dienstleister oder das eigene Multi-Media-System extern (von einer Datenbank oder Televisions-Gesellschaft) zu besorgen, zu mieten oder zu kaufen. Die direkte Kommunikation der Filialisten mit ihren An- und Verwenderkunden bzw. -interessenten bewirkt dadurch ein noch stärkeres Wachstum bei Artikelvarianten. Der an einem Kauf Interessierte bzw. der Kaufende wird sich immer stärker das holen und sich darüber informieren, was er benötigt. Die Käufer werden interaktiv mit Filialisten, diese wiederum mit Lieferern in Kontakt treten und dabei ihre Wünsche noch besser erfüllt bekommen. Suchprogramme der Filialisten werden helfen, Interessenten jenen Angebotsbereich zu bieten, wo er das Gewünschte zu einem guten Preis-Leistungs-Verhältnis bekommt, leasen, mieten oder bezahlen kann. Derartige Suchprogramme sind bereits verfügbar.

Sie erlauben beispielsweise die günstigste Artikelvariante eines Produktes oder die beste Dienstleistung in aller Kürze auf den Märkten der Welt zu finden. Die Folge: Der Wettbewerbsdruck steigt.

Vor diesem Hintergrund sind die Kenntnisse vom Filialisten, seinem Warengeschäft, der Sortimentsgestaltung und -führung, der Informationsstruktur, der Lieferer-Leistungsbeurteilungsbasis, seinem Controlling bei Lieferern noch gering. Erkennbar ist das auch daran, daß selbst das Key-Account-Management bei manchen Produzenten noch immer eine Neuheit darstellt bzw. erst jetzt eingeführt wird. Um die Möglichkeiten im Verkauf vollends zu erfassen, sind ebenso wichtig jene Kenntnisse, die friktionsarme Prozesse innerhalb des Filialsystems bei Datenfluß, Warenfluß und Informationsversorgung des Point of Sales zulassen und sicherstellen. Der Bericht beschreibt den modernen Filialisten, seine Angebotsökonomie samt -gestaltung und sein ausgefeiltes Preismanagement am Beispiel einer am häufigsten eingesetzten Preisvariation. Basierend darauf wird das dazugehörige Warenwirtschafts- und Finanzcontrolling erläutert, um anschließend die sich daraus ergebenden Gestaltungsfelder für den Mehrverkauf abzuleiten und mit Beispielen aus der Praxis zu belegen. Es werden Ideen vorgestellt, wie man mit Hilfe moderner Informationstechnologien digital und stationär täglich 24 Stunden weltweit Waren und Services verkaufen kann. Es werden die Auswirkungen bei Werbung und Verkaufsförderung angesprochen und am Beispiel einer Außendienst-Reorganisation gezeigt, wie diese verändert wurde, um die erwähnten Verkaufsmöglichkeiten in Umsätze und Erträge für beide – Lieferer und Filialisten – zu verwandeln. Der Leser erhält somit Zu-

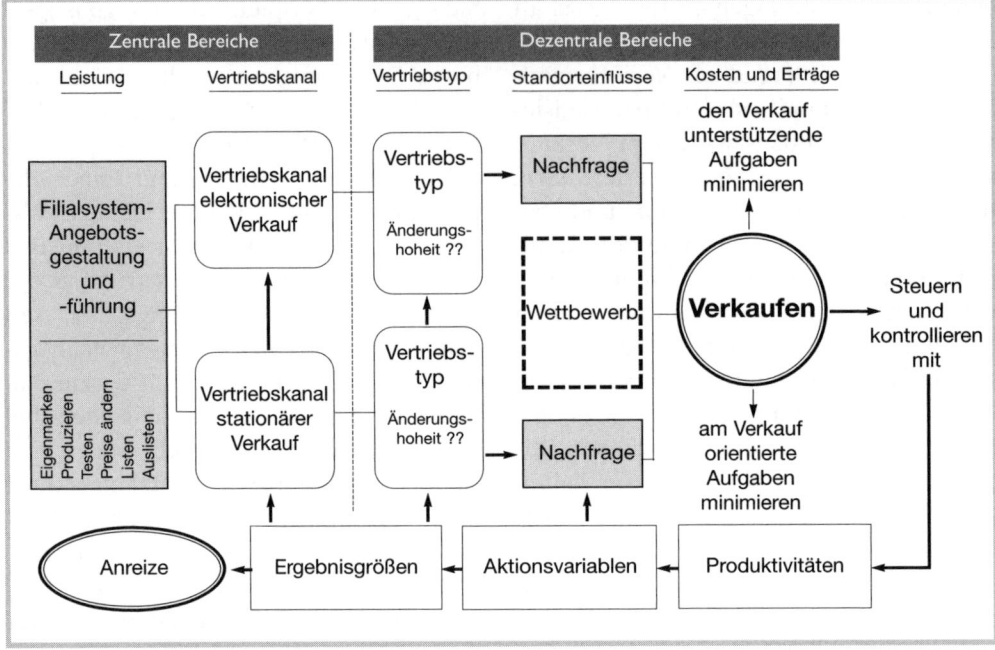

Abb. 1: Vertriebskanäle, Steuerungs- und Kontrollgrößen

gang zu Entwicklungen im Konsumgüter-business, die, wenn er dort nicht tätig ist, auch auf ihn zukommen. Es ist deshalb von Vorteil, sich intensivst diesem Wandel zu widmen. Der Autor ist mit seinen Ressourcen dabei behilflich.

Der Filialist als Macher und Promotor

Die Multi-Media-Lösungen der TIME-Industrien (Telekommunikation, Informationstechnologie, Medien und Elektronik) verschmelzen zusehends miteinander und bilden damit die technologische Basis multimedialer Filialsystemangebote als Wachstumsmotor. An den Berührungspunkten der bislang isolierten Produktionszweige eröffnen sich durch die technologische Realisation von Synergieeffekten für Partnerschaften zwischen Lieferer und

Filialisten beachtliche Möglichkeiten zur Entwicklung zahlreicher neuer multimedialer Angebote, Artikel und Dienstleistungen. Im Zeitalter des Internet, der Intranets mit Schnittstellen für den elektronischen Geschäftsdatenaustausch (EDI) trauen Filialisten deshalb dem rein stationären Marketing-Mix je Filiale nicht mehr alleine. Denn auch die Entfernung vom Ideal ist inzwischen zu lang. Der elektronische, sprich digitale Point of Sales nimmt Formen an, die zur Zweigleisigkeit im Verkauf raten (s. Abb. 1). Neu und deshalb für Lieferer besonders interessant ist, daß vom Marketing über den Verkauf, den Einkauf und die dazugehörige Logistik pro Warenkategorie alles in einer Hand liegt (s. Abb. 2). Man weiß durch die Informationstechnologie in Filialen, Zentralen, Lägern und Produktionen noch mehr über die einzelnen Artikel, deren

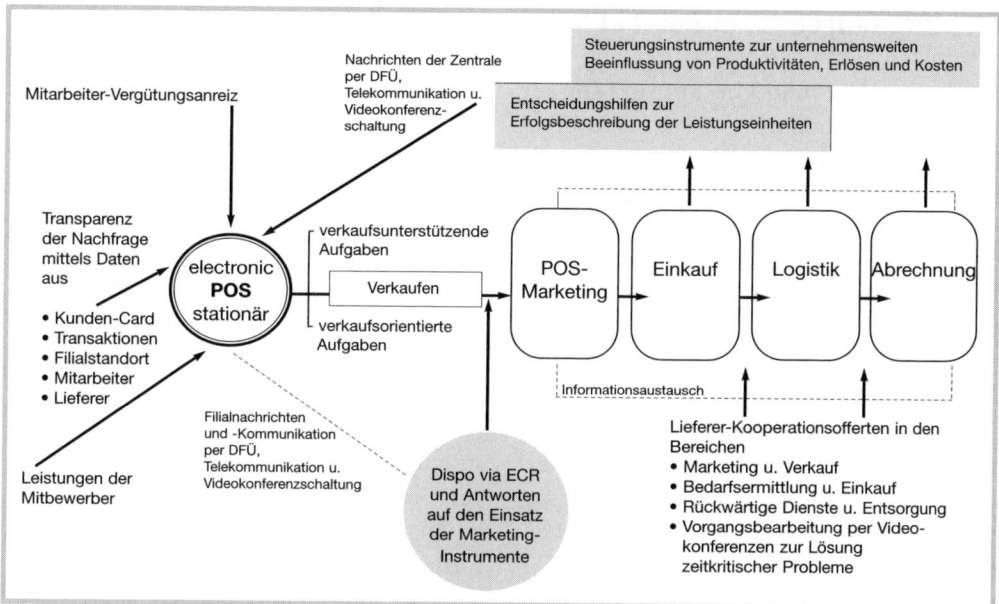

Abb. 2: Informationsverknüpfung im Verkauf

Kostenträchtigkeit beim Merchandising und tüftelt, um wachstumsstarke Sortimente besser in den Griff zu bekommen und für den digitalen Verkauf fit zu machen (s. Abb. 3).

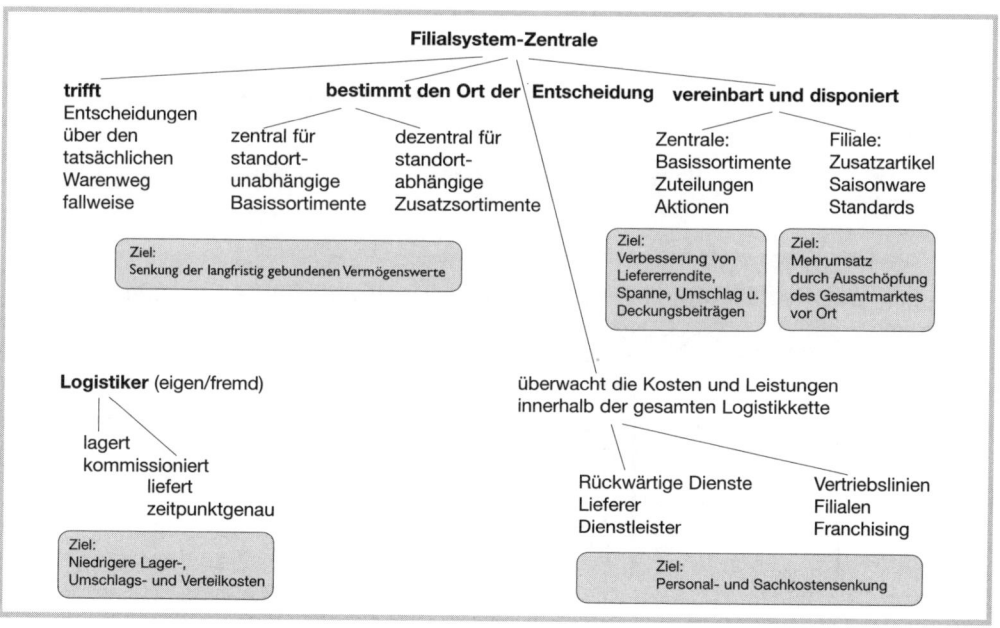

Abb. 3: Warenflußentscheidungen

Filialistenangebot am Point of Sales

Marketing, Ein- und Verkauf sind stärker miteinander verzahnt, weil u. a. die Filialen als Produktionsstätten für Wertschöpfung beziehungsweise als Verkaufssystem immer komplexer dadurch geworden sind, daß ihre standortspezifische Abhängigkeit weiter zunahm, die Kaufmotive und -situationen der Konsumenten ständig wechseln. Filialen dann betriebswirtschaftlich optimal zu führen und dabei auch noch der zentral angestrebten Lieferer- und Warenmengenkonzentration gerecht zu werden bedeutet, digitale Points of Sales, stationäre Filialen, Vertriebstypen und Verkaufssysteme in eine Schlüssel/Schloß-Position zu bringen, bei dem das attraktive Angebot Gewinn bringt, der Personaleinsatz motivierend und effektiv ist, das Merchandising Kundenbindung verschafft und wirtschaftlich abläuft. So etwas ist weder personell noch finanziell zu verkraften, wenn nicht auf einer einheitlichen Basis gearbeitet wird und die Filialen respektive der Point of Sales einen Teil der Filterfunktion für die Zentrale übernehmen. Um die im Verkauf sich vollziehende Sortimentsstrukturierung, -differenzierung und -flexibilisierung zu keinen gegenläufigen Entwicklungen bei Mehrerlös und Rendite werden zu lassen, wurden sie umgestaltet mit der Folge, daß Lieferer nun noch mehr Umsatz- und Ertragssteigerndes, eine zeitpunktgenauere Unterstützung bei der Verkaufsförderung, noch vertriebstypengerechtere Liefer- und Verkaufseinheiten, rationellere Andienungsformen oder kostensparendere Serviceleistungen anbieten können. Ein bereichsübergreifendes Teamwork, basierend auf einer einheitlichen Operationsbasis (Waren- und Servicestruktur, Umsatzträgermanagement), die controllingunterstützt

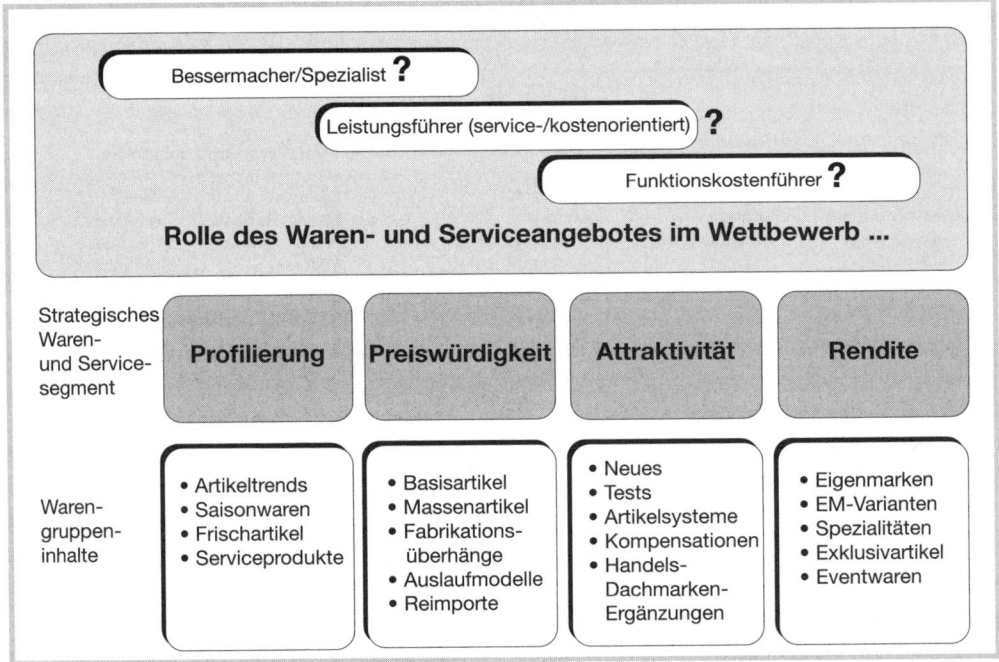

Abb. 4: Strategische Sortimentsstruktur

digitale und stationäre Points of Sales mit einschließt, jedoch genügend Freiraum für teilmarktspezifische oder ziegruppenbezogene Verkaufs- und Promotionsaktivitäten läßt, erleichtert die zielführende Kooperation mit dem Partner „Lieferer".

Angebotsstruktur

Das Gegensätzliche zum Integrativen machen und dabei jene Vorteile realisieren, die der einzelne nicht schafft, ist die Philosphie, die hinter dem Neuen steckt. Ausgehend vom Wissen, daß die Details und die Harmonie der Marketinginstrumente untereinander häufig der Kaufauslöser sind, daß die Sortimente sich sowohl an Standorten wie auch in Vertriebstypen ähneln und Leistungsunterschiede für den Konsumenten besser zu erkennen sein sollen, stellt sich prinzipiell die Frage, welche Rolle der digitale Point of Sales, die Filiale, ihr Waren- und Serviceangebot im Wettbewerb mit anderen einnehmen soll. Soll sie gegenüber der Nachfrage die Funktionskosten-, die Leistungsführerschaft oder den Bessermacher herausstellen? Das Beantworten der Frage mündet in eine Sortimentsgliederung analog den Filialunternehmenszielen Profilierung, Preiswürdigkeit, Angebotsattraktivität und Rendite (s. Abb. 4). In der Waren- und Servicegruppe Profilierung sind Warengruppen, die der Profilierung dienen, Expansionsmöglichkeiten bieten oder zur Darstellung der individuellen Filialunternehmensleistung beitragen, untergebracht. In die Waren- und Servicegruppe Preiswürdigkeit gehören Warengruppen, die für die Beurteilung der Preiswürdigkeit von zentraler Bedeutung und in der Höhe des Umsatzanteils durch eine geeignete Verkaufspreisfestsetzung stark beeinflußbar sind. Zu einer die Angebotsattraktivität präsentierenden Waren- und Service-

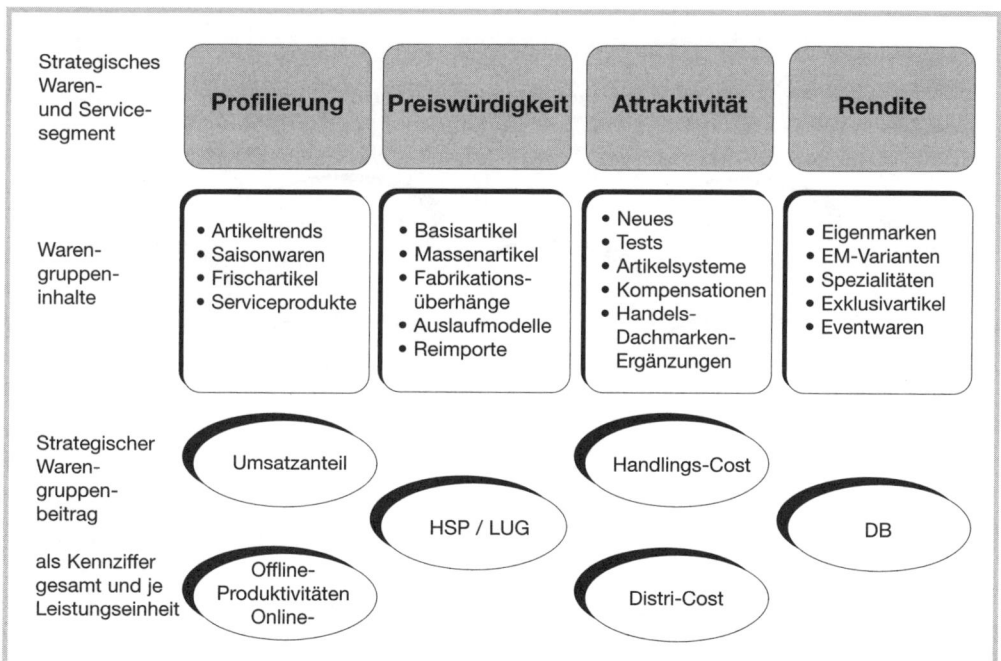

Abb. 5: Strategische Sortimentsstruktur mit Kennziffernbasis (Beispiel)

gruppe zählen neue Artikel, Eigenmarken, Artikelsysteme oder Tests, aber auch Artikel, die von Lieferern intensiv mit Werbung, Merchandising und Verkaufsförderung unterstützt werden oder bei denen es betriebswirtschaftlich noch keine Anhaltspunkte für eine feste Sortimentsaufnahme gibt. In die für das Ertragswachstum verantwortliche Waren- und Servicegruppe „Rendite" gehören zum Kernsortiment zählende Warengruppen, als problemlos geltende Sortimente oder Waren und Services, die einen wesentlichen Beitrag zur Erzielung der durchschnittlichen Handelsspanne oder des Deckungsbeitrags leisten (s. Abb. 5).

Angebotsmanagement

Das Filialistenwaren- und Serviceangebot führt und verantwortet ein Umsatzträgermanager. Er führt mit Kennzahlen, die im Gegensatz zu früher absatz-, beschaf-

fungs- und logistikorientiert sind (s. Abb. 6), um zu entscheiden, über welchen Vertriebskanal (s. Abb. 7) mit welchem Aufwand je Handelsmarketing-Instrument ertragreiche Erlöse zu generieren sind (s. Abb. 8).

Zur Optimierung des digitalen und stationären Filialgeschäftes gehört ein Controllingsystem, das, vom digitalen oder stationären Point of Sales ausgehend, die Durchsetzung zentraler Planungen und Absprachen sicherstellt. In mehreren Stufen wird dabei versucht, durch systematisches Verarbeiten der Erfahrungen den Abhängigkeitsbeziehungen zwischen Merchandising, standortspezifischen Point-of-Sales-Situationen, Ergebnisgrößen und Aktionsvariablen renditefördernd zu begegnen (s. Abb. 9). Dabei werden Kosteneinflüsse so transparent, daß schon früh der durch einen Artikel oder eine Dienstleistung verursachte Aufwand je Fi-

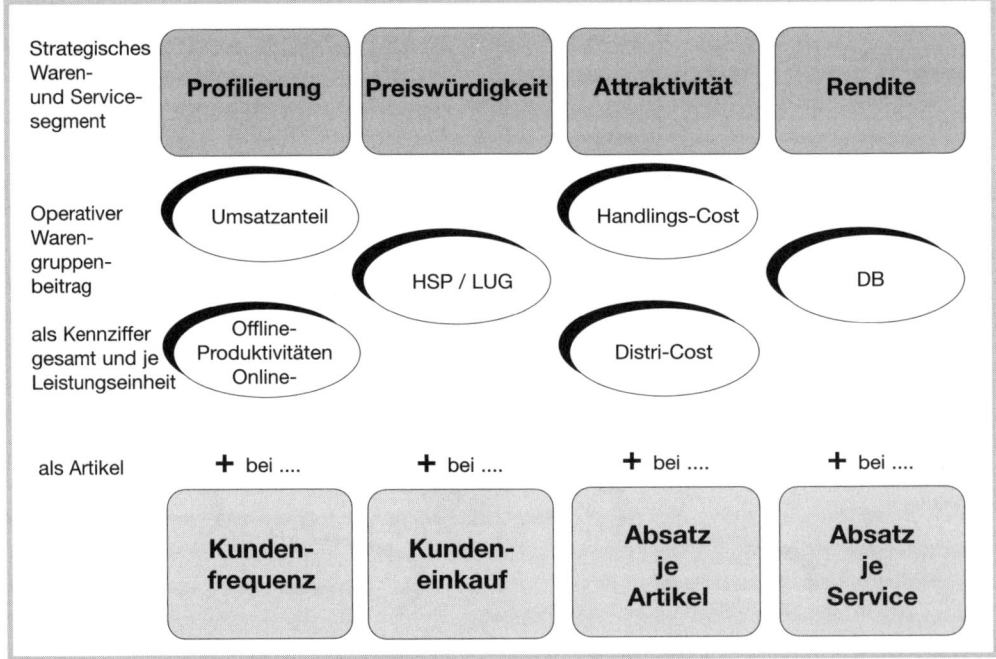

Abb. 6: Operative Sortimentsstruktur

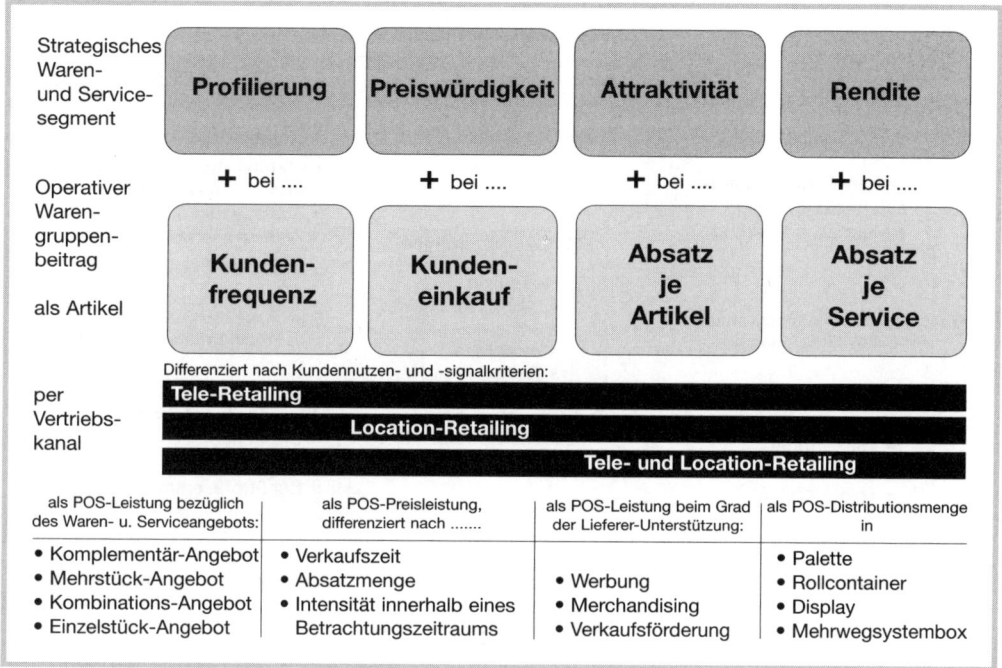

Abb. 7: Leistungsofferte an Nachfrager

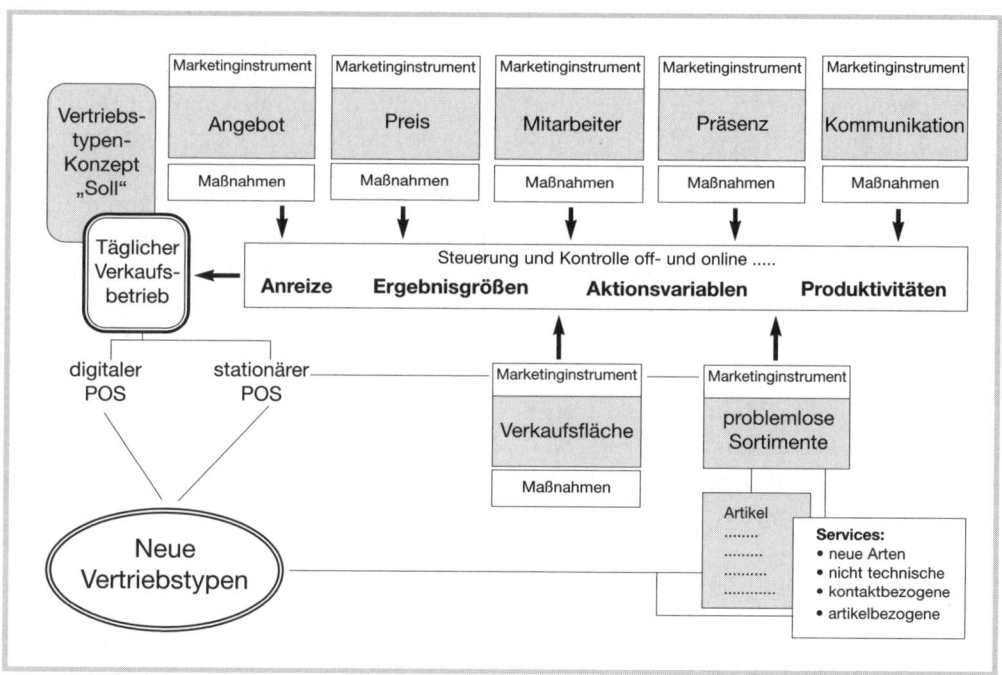

Abb. 8: Verbesserungen im Marketing-Mix

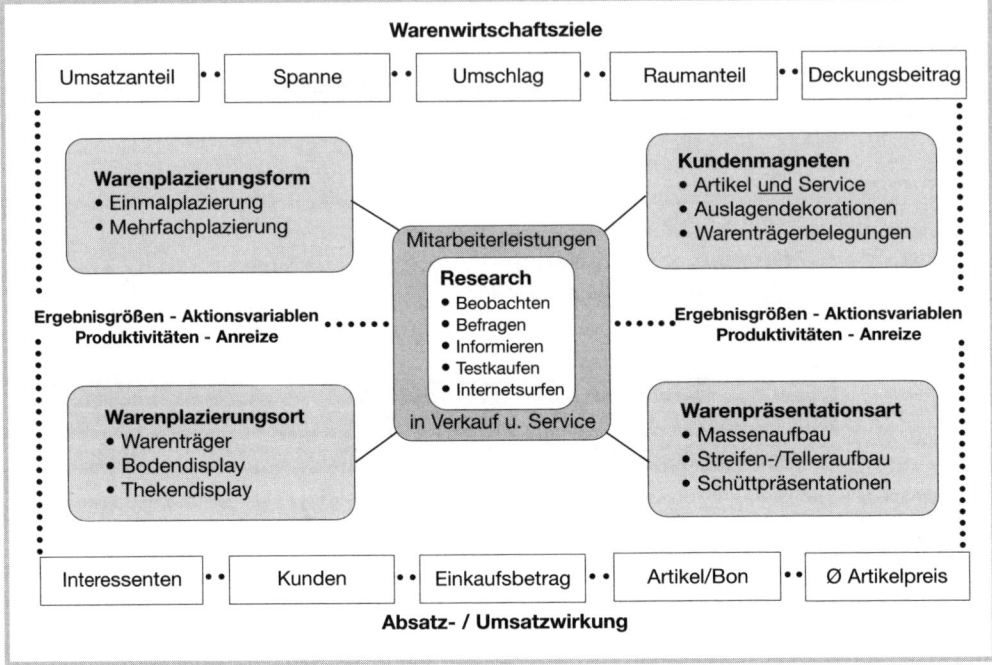

Abb. 9: Erfolgsmix am stationären POS

lialkosten-Einflußbereich zu erkennen ist. Ertragsbelastungen können dann direkt dem jeweiligen Verursacher zugeordnet werden. In allen Stufen werden Ergebnisgrößen, Aktionsvariablen, Faktoreinsätze, die mit einem Anreizsystem verknüpft sind, eingesetzt (s. Abb. 8). Der bisherige Kontrollaufwand läßt sich damit im Vergleich zu früheren Systemen stark reduzieren. Auch kann mit diesen Systemen – besonders interessant für Neuheiten und Tests – der direkte Mehraufwand festgestellt werden. Ferner kann angezeigt werden, ob der dezentral mit der Ware und dem Service zu gewinnende Nutzen den Aufwand rechtfertigt.

Das Berichtswesen ist papierarm und auf den elektronischen Geschäftsdatenaustausch (EDI) zugeschnitten. Die Arbeit mit der Vielzahl von Beobachtungsobjekten erfolgt interaktiv und direkt vom Arbeitsplatz-PC aus. Ergebnisgrößen und Aktionsvariablen, als Entscheidungshilfen für alle dezentralen und zentralen Leistungseinheiten ausgelegt, sind über das Data Warehousing direkt verfügbar. Das heißt, die zur Anwendung kommenden Kontrollgrößen sind eindeutig und von jeder Instanz im Ein-, Verkauf und in der Logistik inhaltlich identisch interpretierbar. Das Informieren ist als „Ausnahmeberichterstattung" konzipiert, das heißt, es wird nur im Fall von Überschreitungen ganz bestimmter Veränderungsraten berichtet. Die Informationsdisposition durch den jeweiligen Anwender erfolgt online.

Preismanagement via Differenzierung

Der Preis ist zwar nur eines der Marketinginstrumente, doch ein sehr wichtiges, um Kunden und Marktanteile zu verteidigen respektive zu gewinnen. In erster Linie geht es darum, als günstigste Einkaufsquelle erkannt zu werden. Dazu wird der Preis in der Werbung als zentrale Aussage eingesetzt, wird mit Preisvergleichen operiert, bekommen Preisaktionen einen größeren Stellenwert innerhalb der Verkaufsförderung, werden Slogans mit Preisen ergänzt oder wird der Firmenname mit einer Preisaussage kombiniert.

Diesen Aktivitäten steht die Tatsache gegenüber, daß ein Einkauf in der Regel vom Kunden nicht nur unter preislichen, sondern auch unter qualitativen Gesichtspunkten und Bequemlichkeitsaspekten beurteilt wird. Er unterscheidet zwischen solchen, die mit dem Artikel verknüpft sind, und jenen, die mit der Ausprägung der übrigen Marketinginstrumente wie Internetzugang, Zugriffsgeschwindigkeit, Verfügbarkeit, Qualitätsversprechen, Bezahlung, Lieferservice, Standort, Sortiment, Präsentation, Personal, Kommunikation oder den Serviceleistungen zu tun haben.

Geht man von den Filialunternehmenszielen aus, über den Waren- und Serviceverkauf die Kundenfrequenz zu steigern, den Kundeneinkauf zu erhöhen oder den Absatz je Artikel respektive der Services zu vergrößern, werden Waren und Dienstleistungen mit einer attraktiveren und von hoher Aufmerksamkeit getragenen Preisleistung am Point of Sales angeboten, jedoch nicht nur in Form der betagten und renditefressenden Preisänderung nach unten, sondern als Preisdifferenzierung, die gleichermaßen den Filialunternehmenszielen wie auch dem Ertragswachstum oder den unterschiedlichen Interessen einzelner Zielgruppen gerecht wird (s. Abb. 10).

Die Preisdifferenzierung ist eine Art der Preisvariation, die beim Konsumenten gegenüber dem Wettbewerb ein subjektiv besseres Preisimage erzeugt, als es den objektiven Gegebenheiten entspricht, und dabei versucht, eine Ertragsminderung zu

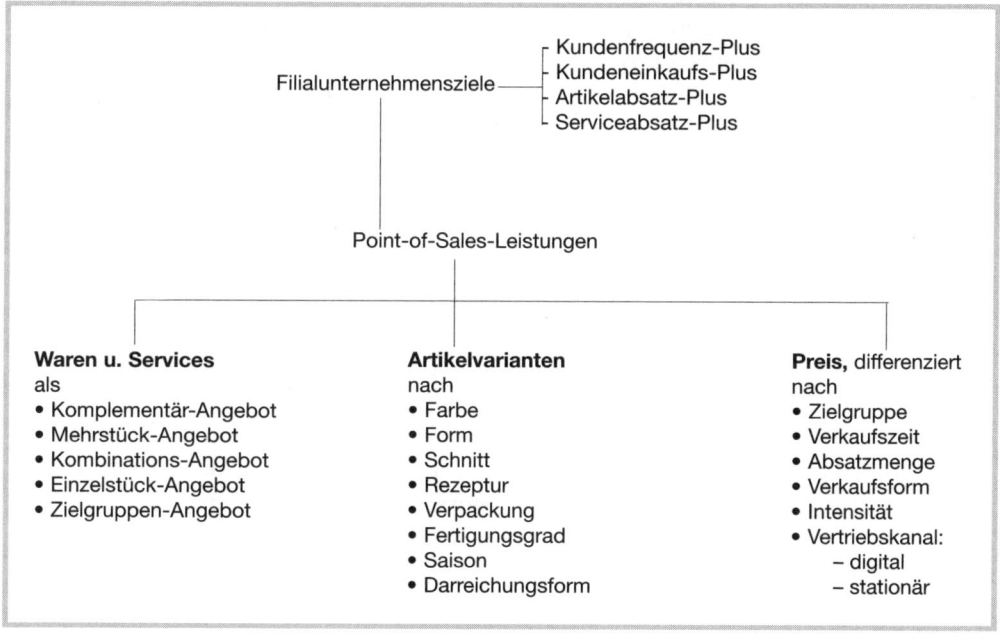

Abb. 10: Verknüpfung von Angebot und Preis

vermeiden. Aus einer Vielzahl von Möglichkeiten (Abb. 10) werden eingesetzt:

Preisdifferenzierung nach Absatzregionen
Pro regionalem Absatzgebiet hat eine Waren- oder Serviceleistung unterschiedliche Verkaufspreise. Sie ist dann angebracht, wenn unterschiedliche Distributionskosten oder die Wettbewerbsverhältnisse beachtet werden müssen.

Preisdifferenzierung nach der Zeit
An bestimmten Tages- bzw. Wochenzeiten werden für eine Waren- oder Serviceleistung unterschiedliche Verkaufspreise festgesetzt. Bewährt hat sich das bei Lieferern, deren Preise starken saisonalen Schwankungen unterliegen. Auch bei Mode- oder Trendartikeln, die im Fall von Lagerüberhängen am Ende einer Verkaufsperiode preisreduziert verkauft werden müssen, ist das eine Lösung zur verlustarmen Artikelaktualisierung. Denkt man darüber hinaus an eine Belebung in frequenzschwachen Verkaufszeiten oder an eine verbesserte Mitarbeiterproduktivität, sollte man sich dafür entscheiden.

Preisdifferenzierung nach Käufergruppen
Für einzelne Käufergruppen werden unterschiedliche Verkaufspreise pro Waren- und Serviceangebot gemacht. So können beispielsweise kinderreiche Familien einen bestimmten Nachlaß oder Wiederholungskäufer Rabatte erhalten.

Preisdifferenzierung nach der Verkaufsmenge
Je nach verkaufter Menge gelten unterschiedliche Verkaufspreise. Beispielhaft dafür stehen die vielerorts angebotenen Multipacks, Mehrstück- oder Mehrportionsangebote.

Preisdifferenzierung nach dem Artikelfertigungsgrad
Eine Waren- und Serviceleistung kann gebrauchs- oder verzehrsfertig sein. Entsprechend verursacht der Artikel einen größeren bzw. kleineren Aufwand, der in dieser Differenziertheit auch an die Kunden weitergegeben werden kann.

Preisdifferenzierung nach der Artikelverwendung
Je nachdem, ob der Verkauf der Bedarfsdeckung einem Single-, einem Mehrpersonen- oder Großverbraucherhaushalt dient, kann der Preis je Waren- und Serviceleistung unterschiedlich festgelegt werden.

Preisdifferenzierung nach der Angebotsintensität
Diese Art der Preisvariation berücksichtigt den mit den Verkaufsbemühungen einer Waren- oder Serviceleistung am Point of Sales verbundenen Aufwand. Artikel lassen sich sowohl in der Verkaufsform Bedienung als auch in Form von Teil-SB oder in Selbstbedienung verkaufen. Bei allen Arten sind die Kosten unterschiedlich, weshalb dies auch in verschieden hohen Verkaufspreisen zum Ausdruck kommen darf. Der Kunde erhält dadurch mehrere Preisalternativen und kann die Angebotsattraktivität im Vergleich zum Wettbewerb besser beurteilen.

Preisdifferenzierung nach der Artikelvariation
Gerade wenn Filialisten – wie bei Eigenmarken üblich – Einfluß auf die Artikelherstellung haben, bietet sich mit Hilfe von Rezeptur, Fertigungsgrad, Gewicht, Schnitt, Kalibrierung, Form, Farbe, Garnitur, Verpackung, Darreichungsform etc. ein ganzer Strauß von Möglichkeiten (Abb. 10). Je nachdem, wie eng Erfolgsfor-

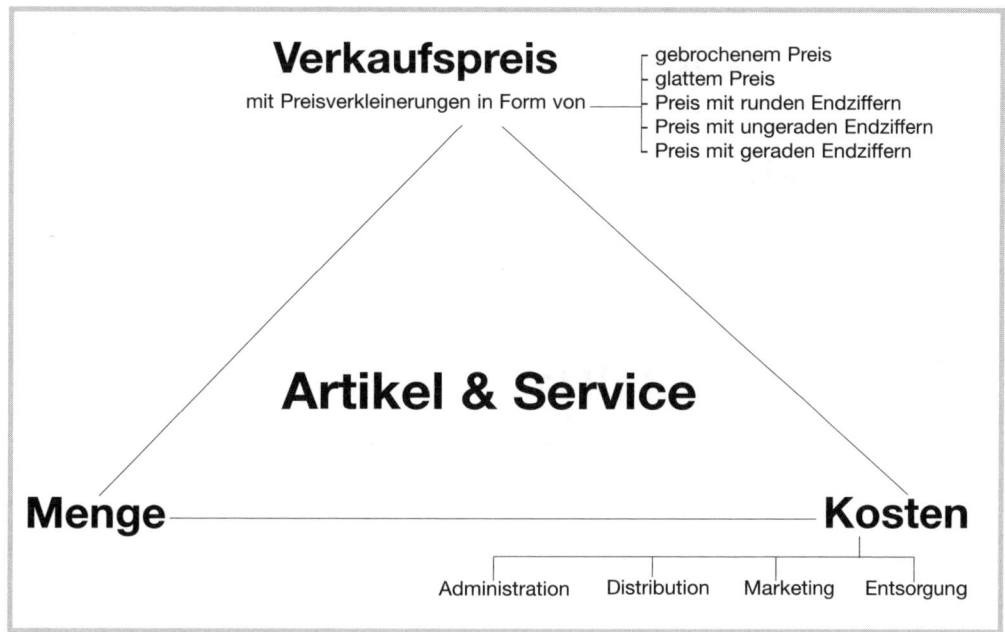

Abb. 11: Basis für Preisverkleinerungen

schung, Artikelkalkulation und Kreativität miteinander verknüpft sind, kann dies eine Geburtsstätte für viele, vor allem haltbare und deshalb ertragsstarke Wettbewerbsvorteile sein.

Bei allen Maßnahmen, die Preisverkleinerungen betreffen, ist der Zusammenhang zwischen Erlösen, Marge, Aufwand und Deckungbeitrag pro Artikel nicht zu vernachlässigen. Denn der Verkaufspreis ist immer eine Summe aus Menge, Kosten und Gewinnanspruch (Abb. 11). Das bedeutet, durch Preisdifferenzierung erreichen Filialisten auch bei preisaggressiven Marktsituationen ihr Ertragsziel, das filial- oder sortimentsteilbezogen definiert wird: entweder als prozentuale Differenz zwischen Selbstkosten und dem Umsatz oder als Differenz zwischen Selbstkosten und Erlös eines Teilsortimentes. Mit einer von Erfolgsforschung und Einzelartikelkalkulation gestützten Preisdifferenzie-

rung gelingt es Filialisten deshalb, sich kurzerhand auf andere Nachfrager einzustellen und sowohl bedarfs- als auch renditeorientiert neue Positionen zu beziehen. Auch kann man auf diese Weise am Filialstandort zum Qualitätsführer werden.

Waren- und Finanzcontrolling
Ausgehend von dem Ziel, die Einsatzfaktoren Informatik/Telematik, Ware, Raum/Datennetze, Personal und Kapital ständig zu optimieren, und von der Tatsache, daß Artikel Ertragseinbußen verzeichnen, je länger sie im Sortiment sind, ist die Waren- und Finanzwirtschaft gezwungen, die Ertragsorientierung sowohl beim Artikel als auch im Umgang mit ihm im Auge zu behalten. Die Führungsaufgaben orientieren sich deshalb gänzlich anders als bisher: Mit Planung versuchen Filialisten eine Transformation der Zukunft in die Gegenwart. Kontrollieren bedeutet für sie sach-

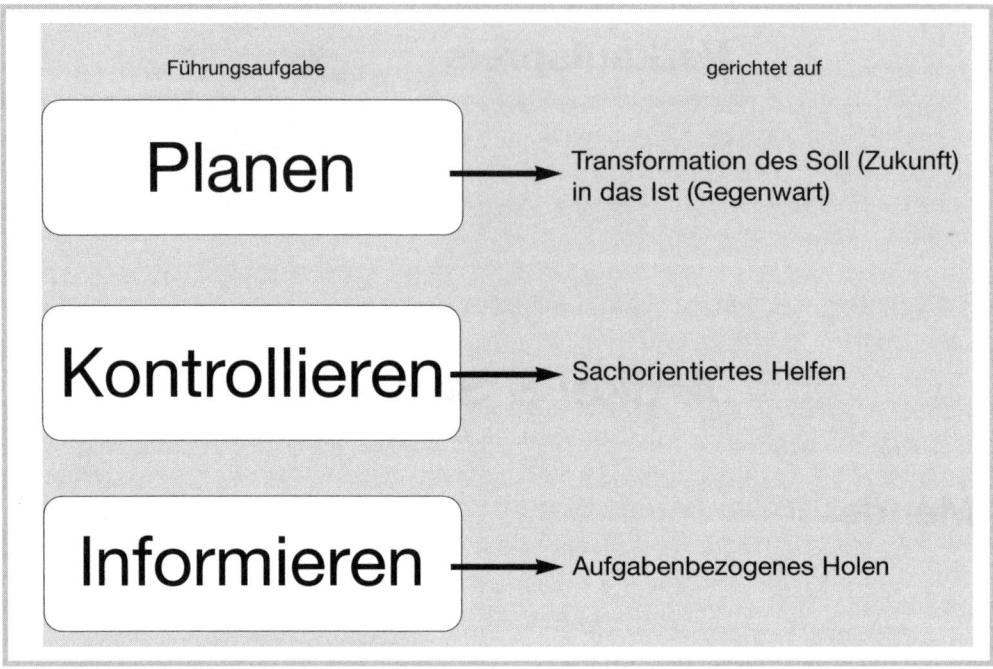

Abb. 12: Führungskonzept „Controlling"

orientiert helfen. Informieren steht für aufgabenbezogenes Holen, egal von welcher Ebene der Filialunternehmenshierarchie (s. Abb. 12). Deshalb bilden leistungsbezogen das Betreibungskonzept eines Point of Sales in seiner Ausprägung als Marketing-Mix und kostenbezogen der Verkauf sowie die ihn unterstützenden beziehungsweise sich an ihm orientierenden Tätigkeiten die Grundlage des Warenwirtschafts- und Finanzcontrolling. Die Mitarbeiter an den jeweiligen Verkaufspunkten fungieren zusätzlich als Informationsbeschaffer für das Data Warehousing, das auch als Informationsquelle für Vertriebstypen-Neuentwicklungen oder dem Funktionsbereich Point-of-Sales-Marketing als Konzeptionshilfe für Vermarktungsangebote an die Lieferer dient. Via Anreizsystem wird dieser Dienst besonders vergütet. Die Mitarbeiter in den Filialen ver-

folgen zielstrebig und im Vergleich zum Wettbewerb das Besser- und Schnellersein. Sie übermitteln der Fililasystem-Zentrale point-of-sales-bezogene Antworten auf den Einsatz der Marketinginstrumente aus ihrer Sicht. Zudem ziehen sie aus der Scannerdaten- und Netzzugangs- sowie Benutzungsdatengenerierung, der elektronischen Bezahlung, den permanenten Beobachtungen und Testkäufen beim Wettbewerb Erkenntnisse, die mit Vorschlägen zur Verbesserung des Filialmarketing-Mix erfaßt und nachts von der Zentrale aus den Point-of-Sales-Rechnern der Filialnetze abgerufen werden. Von der Zentrale erhalten sie dafür Entscheidungshilfen in Form von absatz-/umsatz- und kostenorientierten Kennzahlen zur Erfolgsbeschreibung des Waren- und Serviceangebotes sowie Erfolgsbeschreibungen zu den per Telematik initiierten Absätzen und Umsätzen,

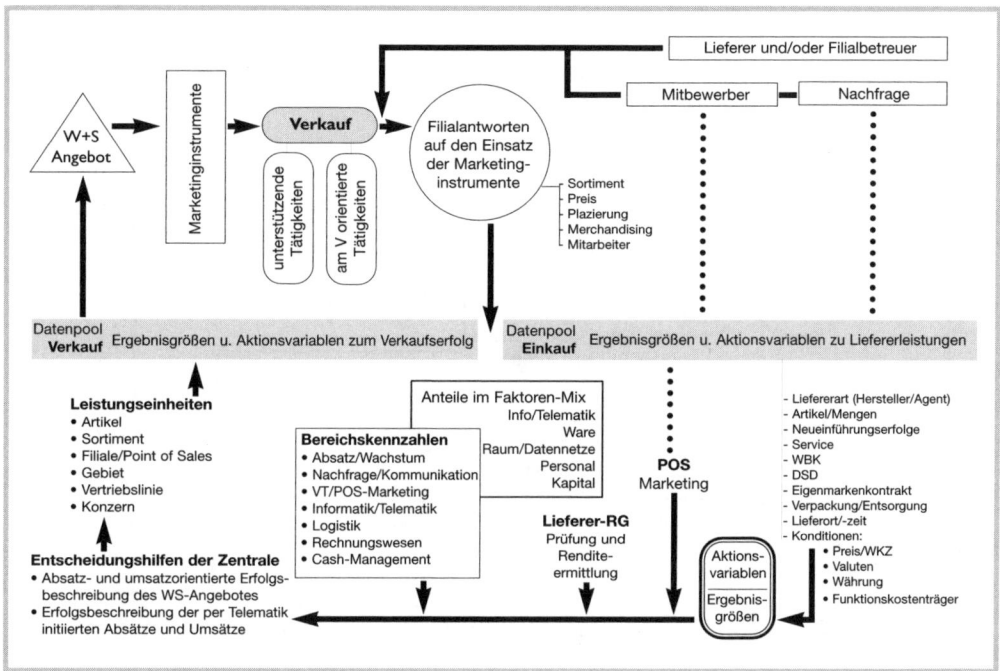

Abb. 13: Controlling-Elemente

gegliedert nach unterschiedlichen Leistungseinheiten (s. Abb. 13). Die Filialsystemzentrale versteht sich in erster Linie als Dienstleister für ein wettbewerbsstarkes Waren- und Serviceangebot, das sie fristgerecht bereithält und distribuiert. Sie verbürgt sich für eine hohe Verkaufsbereitschaft während der täglich 24stündigen Verkaufszeit und ist bemüht, Fehlartikel oder Warenüberhänge zu vermeiden.

Ergänzt werden diese Entscheidungshilfen von sich ständig durch laufende Transaktionen generierenden Leistungs- und Kosten-Kennzahlen aus dem gesamten Filialunternehmen, bezogen auf die Bereiche Absatz/Wachstum, Nachfrage/Kommunikation, Vertriebstyp/Point-of-Sales-Marketing, Informatik/Telematik, Logistik, Rechnungswesen etc. (s. Abb. 13).

Durch diese Art der vorgangsorientierten Datenzusammenführung gelingen Funktionsinhabern viel bessere Entscheidungen; die Datenverknüpfung im Funktionsbereich Logistik verdeutlicht das besonders gut (s. Abb. 14).

Die feedback- und ergebnisorientierten Kontrollen in der Waren- und Finanzwirtschaft zeichnen sich durch ihre Orientierung an Erfolgspotentialen aus. Die lernende Filialsystem-Organisation besitzt die Fähigkeit zur Selbstreflektion und dynamischen Anpassung in einer sich ständig wandelnden, turbulenten und ambivalenten Welt. Die Implementierung von lernfähigen Prozessen verwandelt Arbeitsplätze und damit das ganze Filialunternehmen zu permanenten Lernorten, wie sie beispielhaft in Abbildung 15 dargestellt sind. Voraussetzung dafür sind jedoch effektive Planungs-, Kontroll- und Informationssysteme innerhalb der Filialunternehmensführung, bei deren Entwicklung und

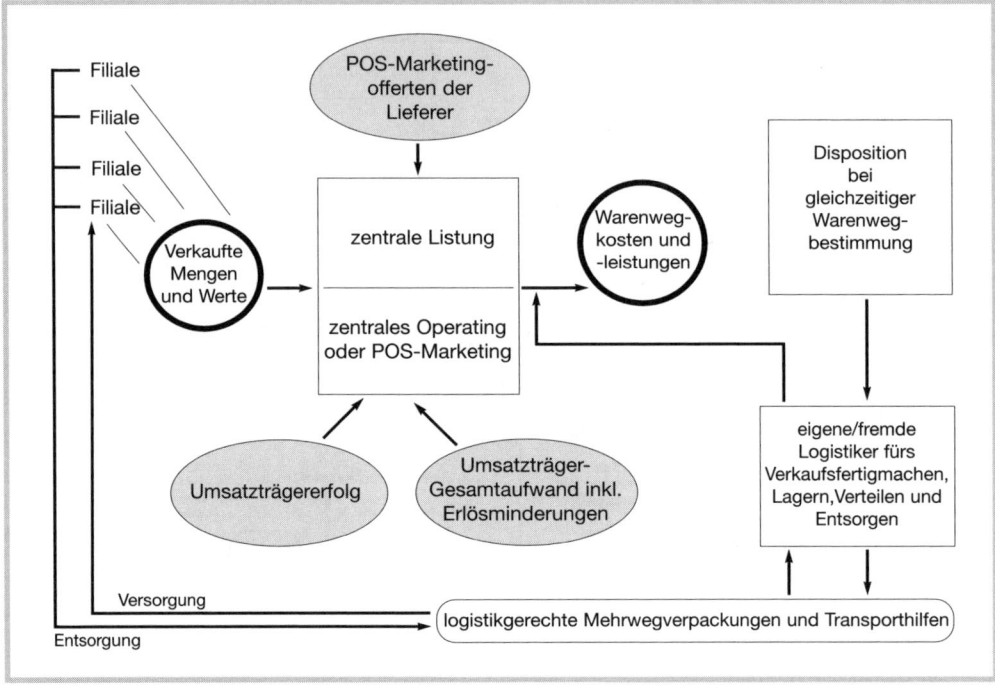

Filiale
Filiale
Filiale
Filiale

POS-Marketing-offerten der Lieferer

Verkaufte Mengen und Werte

zentrale Listung

zentrales Operating oder POS-Marketing

Warenweg-kosten und -leistungen

Disposition bei gleichzeitiger Warenweg-bestimmung

Umsatzträgererfolg

Umsatzträger-Gesamtaufwand inkl. Erlösminderungen

eigene/fremde Logistiker fürs Verkaufsfertigmachen, Lagern, Verteilen und Entsorgen

Versorgung

Entsorgung

logistikgerechte Mehrwegverpackungen und Transporthilfen

Abb. 14: Datenverknüpfung in der Logistik

Implementierung auch Lieferer gefordert sind (Stichwort „EDI – Elektronischer Geschäftsdatenaustausch").

Bedeutung für den Verkauf

Trotz aller Chancen ist zu beherzigen, daß überschätzte Potentiale und unterschätzter Wettbewerbsdruck zu Umsätzen mit geringem oder gar keinem Ertrag bei Filialisten führen. Noch mehr als früher muß deshalb im Bewußtsein gehandelt werden, was den Erfolg am Point of Sales eigentlich ausmacht, um mehr zu verkaufen:
• Dominanz am Standort (möglichst Marktanteilsgrößter)
• geschlossenes Verkaufssystem mit der Perfektion im Detail und vom Nachfrager sofort erkennbar
• Betreuer, die verkaufsbereit sind, Mitar-

beiter- und Kundenwünsche/-anregungen ständig aufnehmen und umsetzen

Bewährt haben sich im Warengeschäft der Filialsystempraxis denn auch:
• Grenzenloses Verhalten führt zur besten Lösung – sei der Anlaß ein Kollege, ein anderer Geschäftsbereich, unser Gegenüber oder die andere Seite der Welt.
• Schnelligkeit, das heißt der Prozeß von der Entscheidung bis zur Marktpenetration, ist immer mehr ein Faktor der Differenzierung.
• Entspannte Atmosphäre ersetzt das devote „Man ist so gut, wie man zu sein hat" und fragt statt dessen: „Wie gut kann der Mitarbeiter sein?"

Bereits die Ausarbeitung multimedialer Visionen in Form von Artikel- oder Ser-

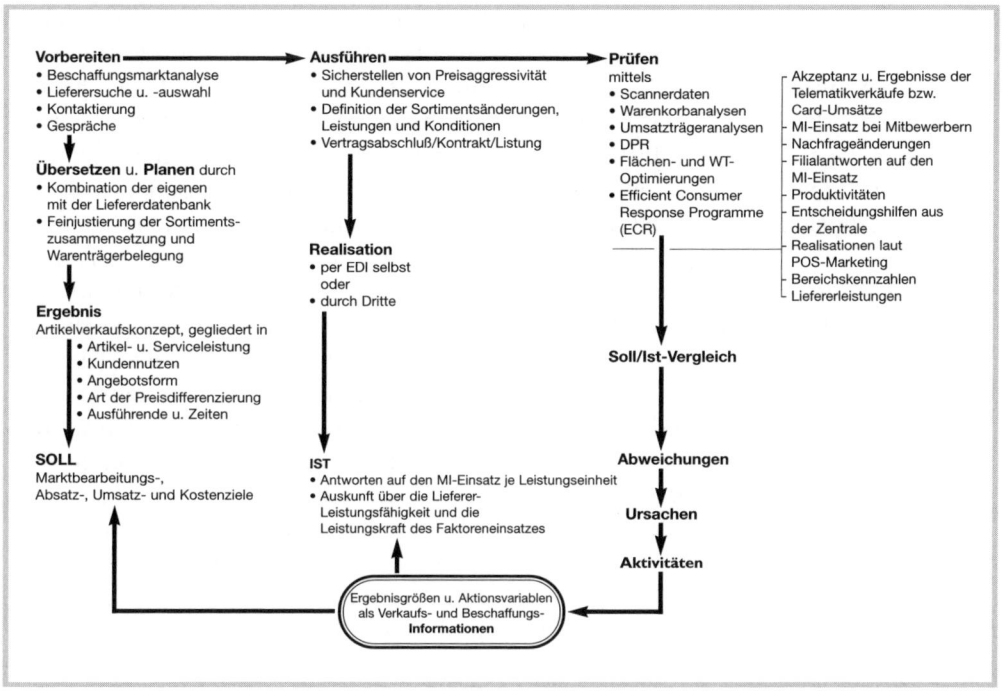

Abb. 15: Interaktives Controlling

vicelösungen muß sich an der Umwelt orientieren, in der diese dem zukünftigen Kunden einen Nutzen stiften sollen. Soziokulturelle, politische, rechtliche und ökonomische Kriterien müssen ebenso in die Erarbeitung einer Vision einfließen wie die verfügbaren Standards, Rechtsformen und dergleichen.

Das Lieferermarketing darf nicht mehr vergessen, daß Zielgruppen für Filialisten die Bedeutung von flüchtigen Wesen haben. Sie sind selbst mit der Lupe nur schwer zu definieren. Zielgruppen erreicht man immer weniger mit Shops oder Abteilungen, sondern mit Sortimentsbündeln, die Ressourcen sparen und Sinn in den Alltag bringen (Beispiel Möbelhaus: Komplette Wohnwelten in Form von Lifestyle-Kojen thematisieren statt Zimmerpräsentationen).

Wenngleich Liefererwerbung auf emotionalen Entscheidungen von Leuten beruht, die gar nicht so emotional denken wie der An- oder Verwender, müssen mehr Artikelvorteile, ausgehend von der Faszination des Normalen (geringe Kundenkosten = Lebenszykluskosten wie Investitions-, Gebrauchs-, Ausfallkosten und ein hoher Wiederverkaufswert), kommuniziert werden. Viel zu oft wird der Status quo als Grundlage einfach akzeptiert, ohne zu berücksichtigen, daß sich die Ansprüche der Nutzer im Laufe der Zeit verändern:
• Etwa ein Drittel sind Qualitätskäufer. Sie orientieren sich stark an Marken.
• Etwa ein Drittel sind preisorientiert. Sie haben viel Zeit für die Preis-Recherche.
• Das restliche Drittel sind Smart Shopper (20- bis 39jährige). Sie sind stark preis-/leistungsorientiert.

Die Werbung muß noch mehr und präziser der Frage nachgehen: „Welche konkreten Hinweise vermittelt man, um die Kaufentscheidung zu erleichtern?" Das gelingt ihr viel besser, wenn sie den Marktmacher „Filialisten" dabei mit einschließt. Dieser präferiert jedoch die Verkaufsförderung, weil

- Synergien durch integrierte Kommunikationskonzepte generiert werden müssen;
- die Notwendigkeit besteht, Zielgruppen schneller zu erkennen und effizienter anzusprechen;
- bewiesen ist, daß bis zu 70 % der Kaufentscheide am Point of Sales getroffen werden.

Möglichkeiten, mehr zu verkaufen

Es gibt keine gesättigten Märkte. Gefragt sind vielmehr Mitstreiter, die Wachstumschancen sehen. Wachstum gelingt dann, wenn die Kooperation mit dem Marktmacher Filialist substantiell ist. Denn selbst in gesättigten Märkten ist Innovation Wachstum gleichzusetzen, weil Nachfrager sich immer stärker das holen und sich darüber informieren, was sie benötigen. Sie werden interaktiv mit dem Anbieter in Kontakt treten und dabei weniger Zufällen ausgeliefert sein. Suchprogramme werden helfen. In unserer komplexer werdenden Welt mit weiter aufgefächerten Bedürfnissen werden wir ohne diese Such- und Beratungsprogramme kaum noch auskommen, wie das Beispiel Fahrradkauf aus dem stationären Filialhandel zeigt:

Früher genügte es, zum Händler zu gehen, um ein Fahrrad zu kaufen. Man hatte die Auswahl zwischen einem Damen- und Herrenrad. Heute muß man sich entscheiden, soll es ein Touren-, Trekking-, Renn-,

Stadtrad oder Mountainbike sein. Soll es eine 12-, 18-, oder 21-Gang-Kettenschaltung oder eine 3-, 5- oder 7-Gang- Nabenschaltung haben, soll es Trommel-, Felgen- oder gar Scheibenbremsen haben, um nur einige Kaufentscheidungsmerkmale zu nennen. Wenn dann noch die Fragen nach der nächsten Filiale, dem günstigsten Preis, dem besten Service beantwortet werden sollen, wird schon für das vergleichsweise einfache Produkt „Fahrrad" eine EDV-gestützte Logistik gebraucht.

Aus der Praxis wissen wir, daß weitreichende Pläne besser die Mitarbeiter motivieren als maßvolle Zielvorgaben, wenn die Systematik nicht verlorengeht (1. Produktivität erhöhen, 2. Zielvorgaben fixieren, 3. Artikel und Services variieren), wie nachstehendes Beispiel zeigt:

Beispiel: Außendienst-Reorganisation

Wenn es um die Produktiviätsverbesserung des Lieferer-Außendienstes geht, stehen nicht selten folgende Fragen zur Diskussion, wenngleich man weiß, daß der Außendienst im Verhältnis zu Filialisten eine tiefgreifende Änderung erfährt:

- Wie groß sind die Absatzchancen in den einzelnen Absatzgebieten?
- Wie gut oder schlecht wurden die Absatzchancen bisher genutzt?
- Welche Ursachen gibt es für die regional sehr oft unterschiedlichen Potentialausschöpfungen?
- Weisen besonders gut oder schlecht ausgeschöpfte Absatzgebiete gemeinsame Merkmale auf?
- Sind die Verkaufsgebiete marktgerecht zugeschnitten, oder wäre durch eine Optimierung der Gebietsstrukturen noch mehr Verkaufserfolg möglich?

Beratungsziel
Optimierung der Außendiensteffizienz.

Teilziel
Außendienststruktur auf zukünftige Anforderungen ausrichten.

Beratungsaufgabe
Prozeßorientiertes Audit im Vertrieb, das neben der quantitativen Evaluation insbesondere qualitative Aspekte in den Mittelpunkt der Überlegungen stellte.

Beratungsergebnisse
- Für einzelne Einsatzgebiete/Branchen bzw. -segmente Bildung von Teams aus allen Unternehmensbereichen. Aufgabe: Formulierung von Marketingstrategien und Ausarbeitung eines neuen Leistungsangebotes.
- Positionierung der Verkaufsleiter als Bindeglied zwischen Innen- und Außendienst. Dadurch stärkere Einbindung in strategische Überlegungen.
- Budgetierung auf Ebene der Leistungseinheiten Mitarbeiter, Accounts und Gebiete.
- Vernetzungsprojekte als zentrale Komponente alternativer Kommunikation. Insbesondere bei Produkten, deren Test- und Einführungsphase bereits abgeschlossen ist.
- Etablierung der Kommunikationsplattform „Internet" als Rückgrat in allen strategischen Überlegungen zur Marktkommunikation. Internet ist organisatorisch verankert. Ein Lenkungsausschuß koordiniert alle Internet-Projekte und damit den kommunikativen Auftritt des Unternehmens. Alle Mitarbeiter im Innendienst sind geschult und in der Lage, ohne externe Hilfe Angebote für das Net zu konzipieren, zu erstellen und zu pflegen. Angeboten werden diverse Informationsdienste, die Interessenten und Kunden erlauben, sich genau diejenigen aktuellen Informationen zu einem Fachthema zu holen, die sie benötigen. Maxime: Information ist Holschuld, denn das vermindert die Reaktanz und führt zu einer transparenten Darstellung der Bedürfnisse, die die Interessenten/Kunden schon während der Entwicklung der Informationsdienste äußern.

- Bildung von virtuellen Unternehmen mit ausgesuchten Produktnutzern bzw. Branchen-Zielgruppen mit eingängiger Namensgebung wie z.B. „Die Reise, das Organisieren und seine Helfer dabei". Ziel: Lösung von Alltagsproblemen, wie sie immer wieder auftreten.
  Mögliche Ergebnisse:
  - Die Teilnehmer entwickeln ein neues Verfahren/Lösung/Arbeitshilfe für die Durchführung, die später allen zum Selbstkostenpreis angeboten wird.
  - Entwicklung einer Kosten- und Leistungskontrolle, die den Betriebsmitteleinsatz administrativ vereinfacht und die Daten tagesaktuell aufbereitet vorhält.
- Bildung weiterer virtueller Unternehmen mit dem Ziel einer ambulanten Selbstdiagnose, um über den Besuch eines stationären Point of Sales am Ort selbst zu entscheiden (Beispiel: Metro, Karstadt).
- Realisation eines kommerziellen Datenaustausches auf EDI-Basis zwischen allen Marktpartnern. Ergebnis: Die Automatisierung von Routinen führt zu ganz anderen Aufgabenverteilungen innerhalb der Wertschöpfungskette.
  Beispiel: Bestellungen können mittels EDI vom Produzenten übernommen werden. Dabei fakturiert er sich gleich selbst.

Vorteile:

– Optimale Bestellmengen, deren Basis auch durch die zugrundeliegenden Konditionen gebildet wird.

– Geringerer administrativer Aufwand, weil beispielsweise keine Rückmeldung mehr bei Stock-Outs erfolgen muß und die Fakturierung effizienter durchzuführen ist.

• Zusammen mit den Marktpartnern Bedürfnisse der Nachfrager ermitteln und auf deren Basis weitere Informationsangebote bzw. -dienste entwickeln.

• Einen Kommunikationszugang in bestehende Software bei den Partnern integrieren, der den Austausch kommerzieller und nicht kommerzieller Daten erlaubt sowie den Zugang zu Online-Diensten garantiert.

Ziel: eine neue Kommunikationsplattform, die hersteller-, absatzmittler- oder themenspezifisch ausgestaltet werden kann und nutzbringend für jeden der Marktpartner ist.

Fazit

Offensichtlich sind die Synergien, die sich aus den Projekten untereinander ergeben. Das prozeßhafte Vorgehen und die Tatsache, daß sich während der Projektphasen althergebrachte Abgrenzungen (z.B. Werk, Filialen, Händler, Agenten etc.) nivellierten, war Basis für das Gelingen und die Durchsetzung einer neuen Kommunikationspolitik. Der KUHN®Ansatz, den Marktpartnern nicht fertige Lösungen zu präsentieren, sondern sie bereits in der Phase der Ideengewinnung einzubeziehen und ihren Input zu berücksichtigen, trug Früchte, die sich primär in einem erhöhten Vertrauen untereinander und einem offeneren Zugang zueinander niederschlugen.

Bestimmend war bei allen Projektaktivitäten, den Wandel durch die Beteiligten

selbst mitzugestalten und für einen unüblichen Marktauftritt zu sorgen, der aber die Position im Wettbewerb stärkte.

Ausblick

Das vorangegangene Kapitel machte deutlich, daß sich mitten im Informationszeitalter eine Reihe verlockender Verkaufschancen bieten. Denn durch den immer stärker werdenden Einsatz der Informationstechnologie und das Zusammenwachsen von Computer, Telefon und Fernsehen wird die Faszination des Mehrverkaufens zur Realität: Mit den Konsumenten bzw. Anwendern täglich rund um die Uhr kommunizieren, sie an Vorhaben beteiligen und Nachfrage aus der jeweiligen Situation heraus schneller zu binden als der Wettbewerb; und das sowohl während der Arbeits- als auch in der Freizeit. Damit gelingt die Allgegenwärtigkeit als Lieferer und Filialist bis in den privatesten Bereich (s. Abb. 16). Es eröffnen sich ganz neue Verkaufsmöglichkeiten, die Filiale als Verkaufsraum muß sich im Konzert mit raumlosen Verkaufsstellen, wie Bestellagenturen, Infopoints, Cards und Card-Füllstationen, Datennetzen oder Clubs bewähren. Tankstellen übernehmen immer mehr öffentliche Aufgaben rund um das Auto (Stichwort Kfz-An- und Abmeldung, TÜV, Abgabenzahlstelle etc.). Das Angebot und der Kaufende selbst werden durch diese Verinformierung transparenter denn je. Des Nachfragers Wünsche werden beim Vertrags-/Kaufabschluß registriert. Man kann feststellen, wann und wo er am meisten kauft, und dann die Lagerhaltung, ja sogar die Preisgestaltung „just in time" halten, um auf diese Weise das Verkaufsergebnis zu optimieren. Das ist nicht neu, doch vielen nicht bewußt.

Der indirekte Vertrieb als kostengünsti-

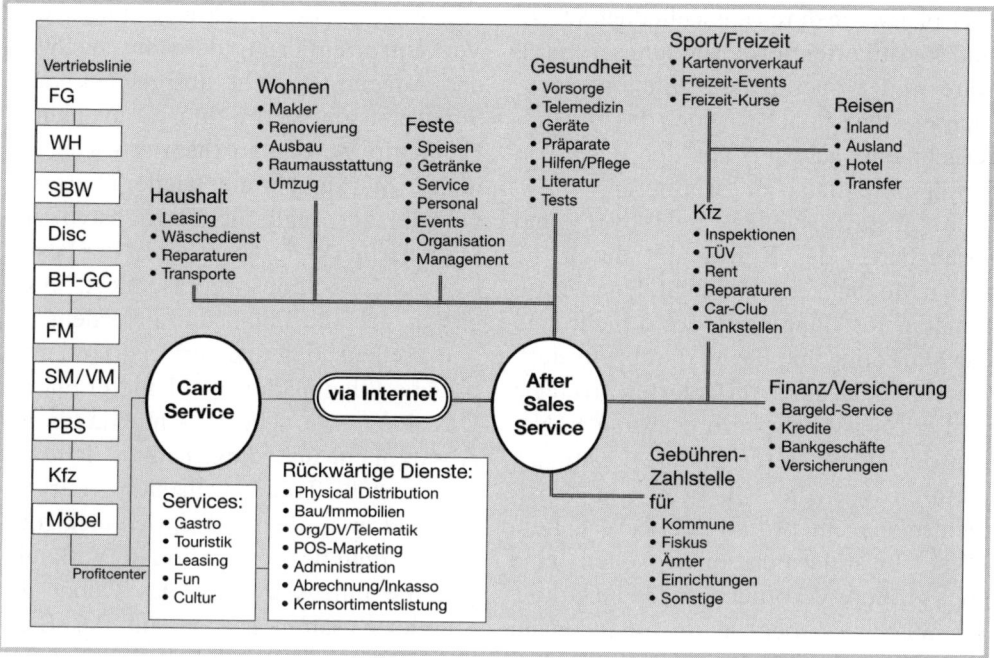

Abb. 16: Multimediale Marktchancen

gere Leistungsdistribution gewinnt an Bedeutung. Auch die Käufer selbst übernehmen Leistungen, die Lieferer und Filialisten früher eher als Aufwand für das eigene Angebot kannten. Auch was die Funktionsteilung zwischen Filialisten und deren Lieferern angeht, können heute Überlegungen in Richtung Outsourcing interessante Innovationen hervorbringen. Die ehemals dominanten Absatzmittlergruppen, Kooperationen und Filialisten werden sich zu ganz neuen Absatzsystemen formieren und selbst bestimmen, welche Nachfrage sie wann mit welcher Leistung bedienen, aber auch langfristig an sich binden wollen. Gleiches gilt für die Vertriebskanäle. Auch sie unterliegen einer dermaßen rasanten Veränderung, daß es kaum vorstellbar ist, Traditionellem nicht ade sagen zu wollen, um weiterhin erfolgreich zu sein. Beispielsweise

kann man sein Auto ohne Wartezeiten im Warenhaus mitnehmen, seinen Kleidungsbedarf gleich mit der dazugehörigen Frisur definieren oder aber seinen ganz persönlichen Bedarf auch nachts außerhalb bisheriger Läden weltweit decken.

Doch wie alles muß es sich rechnen lassen. Die Ertragsorientiertheit darf nicht verlorengehen, denn die Anforderungen im Filialnetz steigen. Discounter, spezialisierte Fachgeschäfte, Warehouse-Clubs oder Factory-Outlets gewinnen europaweit an Bedeutung, die Sortimente – preisaggressiv gehandelt – wachsen in Richtung Nonfood und Eigenimport. Eigenmarken verlassen das Niedrigpreissegment zugunsten von Premiummarken, Öffnungszeiten werden länger, Arbeitszeiten immer kürzer. Alles hat seinen Niederschlag in den Größen Leistung, Kosten und Rendite. Wollte man dies als Lieferer ignorieren (beispielsweise durch ausschließlich WKZ- und logistikorientierte Sendungsgrößen), wäre weder operativ die Filialunternehmensexistenz zu sichern noch das Filialunternehmenswachstum auf der Basis von Erfolgspotentialen zu garantieren.

Je anspruchsvoller, selektiver und sprunghafter der Konsument durch die neuen Möglichkeiten im digitalen und stationären Retailing wird, desto mehr sind das Marketing und der Verkauf gefordert. Sie werden zu einer veränderten Strategie im Leistungswettbewerb gezwungen. Neben dem Preis treten andere Leistungsfaktoren wie die Qualität von Sortimentsmanagement und Serviceverhalten. Diese Leistungspositionen sollen eine noch größere Verbrauchernähe bewirken. Sie müssen es sogar, denn für jeden im Verkauf stellt sich die Frage nach dem Profil. In diesem Zusammenhang ist Convenience (Annehmlichkeit, Bequemlichkeit, Leichtigkeit) weniger ein Modewort als vielmehr eine Grundlage im Rahmen des den Wiederholungskauf fördernden Absatzes. Welche Formen das annehmen kann, läßt sich in England bereits erleben: absolute Verkaufsorientierung, d.h. Ori-entierung an der Nachfrage. Es ist eine Verkaufsorientierung, der man gleichwohl das Augenmaß nicht absprechen kann. Serviceleistungen, mithin Convenience-Elemente, werden sorgsam erwogen und in ihrer Wirkung immer wieder überprüft. Obwohl der englische Vertriebstyp Verbrauchermarkt durchaus einen der besten Convenience-Shops repräsentiert, engagieren sich die Filialisten außerdem mit Tankstellenshops und serviceorientierten Nachbarschaftsläden auf kleinerer Fläche. Das eine tun, so scheint es, muß ja für den Absatz nicht unbedingt heißen, daß man anderes läßt. Trends frühzeitig zu erkennen und in strategische, sprich elektronische (= digitale) und stationäre Verkaufssysteme umzusetzen ist das Gebot der Stunde. Zusammenarbeit auf der Basis von Kommunikationsinhalten, die an den Points of Sales, bei der Betreuung, aber auch im Einkauf und bei den übrigen Instanzen in der Filialsystemzentrale gleich sind und gleich verstanden werden. Dann macht die Zielrealisierung „Mehrverkauf" Spaß, und sie leistet ihren Beitrag zur allseitigen Renditezufriedenheit.

11.2 Personalentwicklung im Hotel- und Gastgewerbe

Die Autorin

Beatrice Barbara König, genannt Trix, ist diplomierte Hotelfachfrau und Erwachsenen-Ausbildungsleiterin IAP Zürich. Ihre Schwerpunkte als Ausbilderin in Hotellerie, Gastgewerbe und Detailhandel umfassen: Umsatztraining, Training für Qualitätssicherung, Persönlichkeitsentwicklung im Bereich Verhalten und Kommunikation sowie Basis-/Führungsentwicklung („Mit-Unternehmer sein") und Pre Opening Training für Restaurant- und Hotelbetriebe.

Der neue Gast – der neue Gastgeber

Als Folge der ungeheuren Entwicklung in Mikroelektronik und Telekommunikation werden wir in Rationalisierungs- wie Globalisierungprozesse gestürzt, welche die gesamten wirtschaftlichen Strukturen brachial über den Haufen werfen. Aber auch die politischen und sozialen Gegebenheiten wie das geistig-moralische Wertesystem werden mitgerissen. Kein Lebensbereich, der sich dem rasanten Wandel entziehen könnte; nichts und niemand, der verschont bliebe!

Wie verhält sich der Mensch in diesem Strudel akzelerierender Wandlungsprozesse? Wem bekommt diese atemberaubende Dynamik, wem nicht?

Auf abrupte Veränderungen reagieren die Gesellschaft als Ganzes wie der Mensch als Individuum stets dialektisch: sie pendeln zwischen Extremen, die sich erst in weiterer Zukunft näherkommen:

- mitschwingen, trittbrettfahren;
- sich arrangieren, profitieren
- oder gar selber das Rad der Entwicklung in Schwung setzen;
- das äußere Geschehen in sich aufnehmen und zum Ausdruck bringen.

Dies sind die Verhaltensweisen der einen Art. Die andere Reaktionspalette reicht von:

- kritischer Distanz zum Geschehen,
- Verunsicherung und Zukunftsangst mit entsprechend restriktivem Konsumverhalten,

- Festhalten an Hergebrachtem oder
- Trauer um dessen Verlust

über

- Identitätskrise und Flucht in Gegenwelten,
- konservativ-reaktionärem Verhalten

bis hin zu

- faschistoider Gewaltbereitschaft – als ebenso verzweifeltem wie erfolglosem Versuch, Klarheit in eine allgemeine, bedrohlich empfundene Unüberschaubarkeit zu bringen.

„Irrationale Reaktionen"

Viele der vorherrschenden Konsumtrends der neunziger-Jahre lassen sich direkt oder indirekt auf die genannten beiden Kategorien zurückführen:

Zur ersten passen Stichworte wie:

- viel Aktion, laute Musik, alles sehr grell und bunt; vieles auf einmal sehen, hören und machen nach Art von M-TV;
- Phantasie, Abenteuer, Extraversion, möglichst internationale und exotische Erlebnisgastronomie, Abwechslung, immer etwas Neues (Polysensualität);
- exzessives Genuß- und Luststreben; Erotik;
- Erfolg haben und vorzeigen nach Art der Neureichen; nur das Teuerste ist gut genug;
- schnell, cool, unpersönlich und lieblos.

Eher der zweiten Reaktionsweise zuzuordnen sind:

Rückbesinnung auf das Einfache, Regionale, Ökologische: Selbstgebackenes, Eintöpfe, Äpfel, Käse vom Bauernhof usw.

Suche nach Halt und Identität in Ideologien oder Religionen.

Sich abheben wollen von der anonymisierten Welt, etwas Exklusives konsumieren im teuren Lokal mit aufwendig-umsorgender Bedienung.

Back to the roots: Sich trotzig nach außen abschotten im schummrigen Klosterputzlokal, auf chemisch angedunkelten Holzschemeln sitzend, umgeben von Stallaternen, künstlich vergilbten Butzenscheiben und dunkelroten Kacheln aus PVC – erschwindelten Versatzstücken einer scheinbar heilen, ursprünglichen Welt, die es in Wirklichkeit leider nicht gibt und so nie gegeben hat.

Das Kokon-Dasein: Immer mehr Menschen spinnen sich in ihren Kokon ein. Für sie ist die reale Umgebung höchstens pittoreske Kulisse einer eigenen Walkman-Welt, wenn sie, Fast food in der einen, den Joint in der anderen Hand, der Anonymität ihrer Wohnburg entgegenskaten. Nicht satt geworden, lassen sie den Pizza-Kurier per E-mail oder interaktivem Fernsehen kommen, um ja keinen Moment aus den virtuellen Realitäten der Video Games oder des Internet herausgerissen zu werden.

Wirtschaftliche Auswirkungen

Neben den mehr irrationalen Reaktionen auf Veränderungsprozesse sind die harten wirtschaftlichen Auswirkungen des allgemeinen Strukturwandels nicht außer acht zu lassen: Im Gegensatz zu einer immer kleineren gesellschaftlichen Schicht von Gewinnern der momentanen Umwälzungen sind Lohnkürzungen oder Arbeitslosigkeit handfeste Realitäten, welche die Kaufkraft immer größerer Teile der Bevölkerung bestimmen.

Da diese Konsumenten – zusammen mit jenen, die bloß aus Verunsicherung auf dem Geldbeutel sitzen – immer mehr an Bedeutung gewinnen, wird der Markt unweigerlich schrumpfen, der Verdrängungskampf hoch härter, Fragen des Preis-Leistungs-Verhältnisses immer wichtiger.

Die neu entstandene und sich weiter vergrößernde Bevölkerungsschicht des finanziell geschwächten Mittelstands wird nicht nur weniger konsumieren. Diese Menschen werden sich vielmehr weit kritischere Gedanken darüber machen, was sie für das knapper gewordene Geld bekommen, wenn sie sich einmal – was immer seltener möglich ist – die Dienste von Hotellerie und Gastronomie leisten wollen.

„Faule Eier" unter den Anbietern haben deshalb weniger Überlebenschancen. Wer die Zeichen der Zeit nicht rechtzeitig erkennt, ist bald weg vom Fenster.

Die meisten Betriebe werden neben den nötigen Angebotsanpassungen nicht darum herumkommen, beachtliche Anstrengungen in Sachen Qualitätssteigerung zu unternehmen. Dies nicht nur hinsichtlich der angebotenen Produkte und deren Präsentation, sondern vor allem auch bezüglich der Dienstleistungskultur all ihrer Mitarbeiter. Darunter sind zu verstehen:

• Fach- oder Sachkompetenz
• psychologische Verhaltenskompetenz

Verhaltenskompetenz dürfte in naher Zukunft das wichtigste Wettbewerbspotential darstellen – in einer Zeit zunehmender Entfremdung, in der immer mehr Menschen so unvorhergesehenen wie undurchschaubaren Geschehnissen ausgesetzt sind wie Restrukturierungen, Outsourcing oder Entlassungen. Ereignisse, die nicht in ihrer Hand liegen, sondern vom globalen Markt oder von der Willkür unbekannter Entscheidungsträger weltumspannender Konzerne bestimmt werden.

In einer Zeit, in welcher der stürmische Wertewandel für den einzelnen immer schwieriger nachvollziehbar wird, da jemand gestern berufliche und soziale Rollen innehatte, die heute nichts mehr gelten. In dieser Zeit können die vielfachen, auch nationalen Identitätsverluste zum großen Problem unserer Zeit werden.

Unschwer sich vorzustellen, um wieviel wichtiger als Durstlöschen oder bloße Nahrungsaufnahme plötzlich das Bedürfnis eines großen Gästesegments werden kann, im Gastlokal als unverwechselbare, womöglich namentlich bekannte Persönlichkeit ge-achtet und be-achtet, aufgemuntert oder gar verwöhnt zu werden.

Hier ist der neue Gastgeber gefordert!

Was ist Marketing im Hotel- und Gastgewerbe?

Marketing basiert auf der Möglichkeit von gemeinsamer, gegenseitig abhängiger Bedürfnisbefriedigung von Anbietern und Konsumenten. Marketing stellt den Umgang mit den Märkten dar: es vereinfacht, beschleunigt, aktiviert, verzaubert und idealisiert den Tausch (Kauf/Verkauf).

Was für jeden Straßenhändler seit Menschengedenken gilt, trifft auch auf unsere Branche zu. So, wie wir uns als überlebensfähige Wesen auf die äußeren Umstände ausrichten müssen, sind es diese äußeren Bedingungen, sprich Markt, die unser Tun bestimmen, was bedeutet, das ganze Geschäft, von Anfang bis zum Ende, aus der Sicht des Gastes zu gestalten.

Im Gegensatz zu den untergegangenen dirigistischen Planwirtschaften des Ostens können wir nicht das anbieten, was wir produzieren wollen, sondern nur das, was gefragt ist.

Dies soll nicht gleichbedeutend sein mit an Selbstaufgabe grenzender, sklavischer Ausrichtung auf vermeintliche Konsumentenwünsche.

Anders als etwa in Ostasien, wo Unterordnung und Anpassung des einzelnen im Kollektiv einen sehr hohen Stellenwert einnehmen, ist in der westlichen Hemisphäre viel eher das Individuelle, Charakterhaft-Unverwechselbare gefragt.

Faktoren für eine erfolgreiche Betriebskultur

Folgende Faktoren spielen eine gewichtige Rolle:

Erscheinungsbild: Hat die Firma ein unverwechselbares Erscheinungsbild? Natürlich nicht nur optisch, sondern vor allem auch ideell: Steckt ein umfassenderes Leitbild, eine gewisse Philosophie oder gar Mission dahinter?

Profil: Allerweltsbetriebe, die jedem Geschmack und jedem Kundenkreis gerecht werden wollen – nach dem Motto „für jedermann und niemand" –, hatten vor allem in den 70er und bis in die 80er Jahre Erfolg. Doch nun muß derlei Anbiederung abdanken. Was heute verlangt wird, ist das spezielle Profil.

Unternehmensplanung: Folgende Fragen sind zu überdenken: Wo soll das Hotel, das Restaurant in 5 bis 10 Jahren stehen? Ist der Betrieb zukunftsorientiert, und wie äußert sich dies? Wo liegt das Geheimnis des Firmenerfolgs? Wie wird die Unternehmensentwicklung geplant und kontrolliert?

Mitarbeiter: Jeder Mitarbeiter wird nach seinen Fähigkeiten eingesetzt, als verantwortungsvoller Mit-Unternehmer gefördert und geachtet. Er kann sich mit seiner Firma und deren Angebot identifizieren, genauso wie die Firma zu ihm steht.

Kommunikation: Betriebsziele und die entsprechenden Umsetzungsmaßnahmen sind jedem „Gastgeber" innerhalb des Betriebes bekannt. Es herrscht eine für den Gast spürbare und angenehme Kommunikationskultur.

Gewinn: Die Gewinnmaximierung soll nicht penetrant als Ziel im Vordergrund stehen, vielmehr soll Gewinn das Ergebnis klug gesetzter und verfolgter Ziele sein.

Tempo: Nicht die Großen fressen die Kleinen, nein, die Schnelleren die Langsameren. Wer nicht wachsam ist und nötige Anpassungen an den Wandel verschläft, hat verloren!

Marketingmaßnahmen

Bevor Marketingmaßnahmen überhaupt angegangen werden, müssen einige Grundsatzfragen geklärt werden:

- Auf welches Gästepublikum zielen wir ab? (Junge, Alte, Reiche, Sparsame ...)
- Wo positionieren wir uns im weiten Meer von heterogenen Gäste-/Kundenbedürfnissen, welchen Konsumtrends kommen wir nach?
- Welche Identität wollen wir, welches Erscheinungsbild geben wir uns? Wie wird es vom Gast/Kunden aufgenommen?
- Welches ist unser Preis-Image? Wie können oder müssen wir unsere Preise kalkulieren?
- Erzielten bisherige Marketingstrategien die gewünschte Wirkung?

Bei der Erarbeitung der Marketingstrategie sind folgende Punkte zu beachten:

Marketing heißt: Führen eines Betriebes vom Markt her oder, anders ausgedrückt, evidente oder latente Konsumbedürfnisse erkennen bzw. wecken – und mit dem Angebot befriedigen.

In der Praxis bedeutet das: die nachgefragte Leistung zur richtigen Zeit und am richtigen Ort, zum richtigen Preis, auf dem geeigneten Weg, mit wirksamen Werbemethoden und Verkaufstechniken dem richtigen Kunden/Gast anbieten und verkaufen – und damit einen angemessenen Gewinn erzielen.

„Aktiv verkaufen" meint: den anvisierten Kundenbedürfnissen mit immer neuen Ideen entsprechen.

Marketing gestaltet die Zukunft des Unternehmens und muß bewußt dem ständigen Wertewandel angepaßt werden.

Marketingmaßnahmen dürfen nicht sporadisch und konzeptlos getroffen werden, sondern die Mittel sind auf gut geplante Aktionen zu konzentrieren.

Marketingplan mit gesicherter Finanzierung, festgelegtem Budget und monatlichem Soll-Ist-Vergleich ist unerläßlich (auch für kleinere und mittlere Betriebe). Verglichen werden müssen die geplanten Marketingmaßnahmen mit den erfolgten, die monatlichen Umsatzziele mit den effektiven Werten.

Gesellschaftliche Tendenzen

Tendenzen der letzten paar Jahre:
- ständiger, immer schnellerer Wertewandel
- höherer Bildungs- und Informationsstand

Konsumentenmerkmale

Typische Merkmale der nächsten Zukunft sind:
- Das unbestimmte, unberechenbare, sich rasch ändernde Konsumverhalten jedes einzelnen

- „Multiprofile consumer": die gleiche Person konsumiert wochentags Fertigkost oder Fast food und am Wochenende Hummer und Champagner

- Stärkeres Interesse an Nebennutzen, wenn Grundnutzen gedeckt sind

- Interesse an Hintergrundinformationen (woher kommt es, wieso ...)

- Mit steigendem Wohlstand Interessenverlagerung vom Quantitativen zum Qualitativen

- Streben nach umfassender Qualität sowohl im Produkte- wie im Verhaltensbereich – neben der Professionalität wird die soziale Zuwendung enorm an Bedeutung gewinnen

- Schneller mehr für weniger

- gestiegenes Gesundheitsbewußtsein
- verändertes Umweltbewußtsein
- polarisiertes Prestigestreben
- demographische Veränderungen; Anteil der Rentner im Steigen

Gegenwärtige Tendenzen:
- veränderte Arbeitsrhythmen
- Sättigung des materiellen Grundbedarfs bei den einen,
- neue Armut, Verunsicherung und Angst vor Finanzschwäche bei den anderen

Wandel auch in der Unternehmenskultur

Der mannigfache, sich stets beschleunigende Strukturwandel stellt nicht nur für die Industrie eine riesige Herausforderung dar, sondern durch den damit verbundenen Wertewandel ebenso für die Hotellerie und das Gastgewerbe.

Wer die Nase heute nicht ganz vorn hat, wer nicht selber visionär agierend den Wandel mitbestimmt, sondern bloß auf die äußeren Ereignisse reagiert, wird von diesen sehr rasch überrollt. Der unbarmherzige Verdrängungskampf im schrumpfenden Markt putzt ihn im Nu weg.

Überleben werden nur gastgewerbliche Betriebe mit liberaler Unternehmenskultur, die den Aufbau vielfältiger Innovationsstrategien erlaubt. Die Freisetzung eines betrieblichen Kreativitätspotentials, wie es heute benötigt wird, setzt aber völlig andere als autoritäre Strukturen voraus.

Was im vergangenen Jahrzehnt zum Untergang der zentralistischen Wirtschaftssysteme des Ostens geführt hat, setzt sich im Zuge der fortschreitenden globalen Deregulierung auf Konzern-, Unternehmens- und letztendlich Betriebsstufe fort: Entscheidungs- und Führungsstrukturen, die zu stark auf einzelne Personen fokussiert sind, erleiden heute unweigerlich Schiffbruch. Die Zeit der großen Wirtschaftspatriarchen scheint endgültig vorbei zu sein.

Ein einzelner, mag er eine noch so geniale Persönlichkeit darstellen, ist gleichwohl völlig überfordert, wenn es darum geht, immer und überall am Puls unserer Zeit zu sein – besser gesagt an den tausend Pulsen, da sich ja Trends, Wertewandel und Marktveränderungen, technische wie gesellschaftliche Entwicklungen wie Gischtwellen überstürzen.

In der heutigen Informationsgesellschaft, in der jede Serviererin via Satellit oder Kabel von unzähligen Fernsehprogrammen überflutet wird, jeder Koch weltweit im Internet „surft", ist jeder Vorgesetzte auch auf deren Wissen und deren Trenderfahrungen angewiesen. Deshalb muß das kommunikative Netzwerk anstelle der starren Führungspyramiden mit ihrer eindimensionalen Kommunikation von oben nach unten, von allmächtigen Befehlshabern zu passiven Befehlsempfängern, treten.

Unter kommunikativem Netzwerk ist ein System zu verstehen, in dem allseitiger Ideen- und Erfahrungsaustausch stattfindet, in dem sich Ansporn und Einflußnahme wellenförmig in vertikaler wie horizontaler Richtung ausbreiten können.

Jeder Hotel- und Restaurantmanager muß sich trauen, sich auf neue Führungs- und Kommunikationsformen einzustellen! Der Handlungsbedarf drückt nicht nur vom Markt her, er besteht ebenso betriebsintern. Wer heute z. B. noch von einem Kellner erwartet, daß er sich gottergeben in eine Befehlsempfängerrolle fügt, schafft Frustrationen, gegen die der Betroffene sich auflehnen wird. Von solch einem Front-Mitarbeiter dann gewinnendes Benehmen gegenüber den Gästen zu erwarten, ist fraglos absurd.

Soll ein Mitarbeiter nicht nur Getränke und Essen anbieten können, sondern auch die mehr denn je gefragte Dienstleistung „soziale Zuwendung", ist dazu ein entsprechendes Betriebsklima nötig.

Und dies setzt zwischenmenschliche Verhaltenskompetenz auf allen Stufen des Managements voraus. Nur ein zufriedener Mitarbeiter in einer verantwortungsvollen und respektierten Rolle, die ihm genügend Identifikationsmöglichkeiten bietet, kann dem Gast positive Signale wie Aufmerksamkeit, Freundlichkeit, Entgegenkommen, Aufmunterung, Humor usw. vermitteln.

Der Wandel in der Betriebs- und Führungskultur zeigt sich in den folgenden drei Modellen.

Die Führungspyramide von gestern

1. Autoritäres Führungsprinzip.
2. „Er" ist „Wir".
3. „Er" weiß alles, hat immer die richtigen Antworten.
4. Messerscharf definierte und abgegrenzte Hierarchieebenen.
5. Streben nach Loyalität der Untergebenen.
6. Ausschließlich ökonomische Verpflichtung (Gewinnoptimierung).
7. Analyse, Planung, Befehl, Spezifikation, Kontrolle, Korrektur.
8. Dominante Bürokratie.
9. Vorwegnahme von Gründen und Erklärungen, warum etwas „nicht gehen kann".
10. Re-aktiv, d. h. Anpassung von statischen Positionen an die Entwicklung, aber erst im letzten Moment und nur soweit unbedingt nötig.

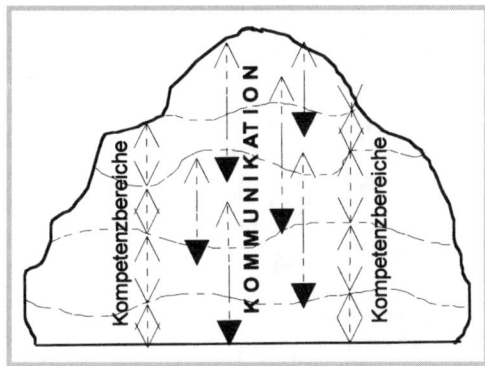

Abb. 1: Der Hügel – ein Führungsmodell, das heute zum Tragen kommen sollte

Der Hügel – Übergangsmodell von heute

1. Anstelle der starren Durchsetzungslinien treten vielfältige Kommunikationsflüsse, von oben nach unten wie umgekehrt.
2. Der Chef weiß nicht mehr alles, kein Mißbrauch der Führungsmacht durch Wissensvorenthaltung; offene Informationspolitik.
3. Ziele werden gemeinsam über unterschiedliche Kompetenzebenen hinweg festgelegt und verfolgt.
4. Verantwortung wird breiter gestreut, Initiative auf allen Hierarchiestufen gefördert (Mit-Unternehmer im Unternehmen).
5. Förderung von Rollenidentifikation und Selbstbewußtsein bei den Mitarbeitenden durch Übertragung von Aufgaben, in denen sie ihre besonderen Stärken entfalten können.
6. Mit-Unternehmer werden als wichtigstes „Kapital" für den Unternehmenserfolg angesehen, das Wohl der Gäste über den kurzfristigen Profit gestellt.
7. Respektieren der Mitarbeitenden als Partner und Mit-Denker.

8. Risikobereitschaft zur Erprobung von Neuem.
9. Verkürzung der Entscheidungswege.
10. Versuch, der Zeit um eine Nasenlänge voraus zu sein.

Der Netzwerk-Baum – das Modell von morgen

Die versteinerte Führungspyramide wird auf den Kopf gestellt und mausert sich zum organischen Wesen, dem Netzwerk-Baum (s. Abbildung folgende Seite). Gestützt wird der Baum durch einen Führungsstamm, der den Saft aus seinen breit verankerten Wurzeln bezieht und an die mittlere Führung abgibt. Dieses immer bedeutsamere Verteilzentrum gewährleistet den Austausch der Nährstoffe bis in die äußersten und feinsten Ästchen.

1. Lebendiges Netzwerk mit intensiven Informationsflüssen in vertikaler wie in horizontaler Richtung – Netzwerkmanaging und stimulierendes Coaching anstelle von Befehl und Zwang.
2. Wir-Gefühl dank teamorientierter Führung.
3. Offene Strukturen in der Organisation, menschlich gut abgestimmte Projekt- und Arbeitsteams statt der früheren starren Hierarchien; dadurch weitaus bessere Innovations- und Anpassungsfähigkeit.
4. Der Coach stellt die richtigen Fragen.
5. Ermutigung zum Zweifel und jedenfalls zur fairen Konfliktaustragung.
6. Ethische Verantwortung immer wichtiger.
7. Kommunikation, Test im kleinen, weitere Versuche, Lernen, Adaptieren und Disponieren.
8. Förderung des Experimentierens, auch unter Inkaufnahme gelegentlicher Mißerfolge.

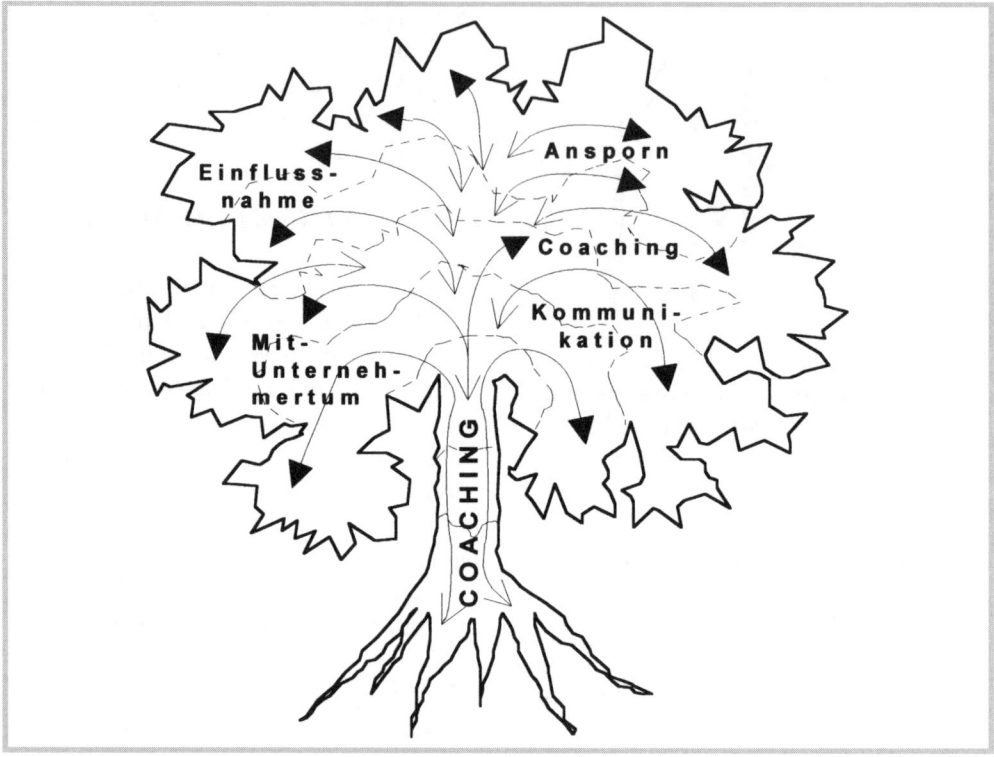

Abb. 2: Der Netzwerk-Baum von morgen

9. Schlanke Administration; flüssiges, kommunikatives Management.
10. Pro-aktives, d.h. zukunftsorientiertes Management als Motor statt Opfer des Wandels.

Selbstverständlich gilt es, bei der Umkrempelung der Unternehmenskultur die mannigfachen, hartnäckigen Widerstände auf allen Mitarbeiterebenen zu überwinden. Viel leichter fällt dies natürlich durch Inanspruchnahme externer Angebote kompetenter Erwachsenenbildung.

Althergebrachte Strukturen zu verlassen und eingefahrene Rollen abzulegen, erfordert viel Mut. Doch gerade in diesem Mut zur Veränderung liegt für viele Gastronomen die einzig reelle Zukunftschance.

Man wird sich trauen müssen – „Just do it, now!"

Aus- und Weiterbildung – kann man sich das noch leisten?

Wer kann es sich in der heutigen Zeit noch leisten, auf systematische Aus- und Weiterbildung in seinem Gastbetrieb zu verzichten? Verzicht kann bedeuten:

- ein großes und dringend benötigtes Potential an Fähigkeiten, Kreativität und Motivation der „verhinderten" Mit-Unternehmer brachliegen zu lassen.
- in Ermangelung flexibler Führungs- und leistungsfähiger Netzwerkstrukturen nicht auf die rasch wechselnden Herausforderungen vorbereitet zu sein.

• Gäste- und Umsatzverlust, wenn nicht gar Betriebsaufgabe, weil die Fach- und Verhaltenskompetenz der Mitarbeiter dem harten Konkurrenzkampf nicht mehr gewachsen sind.

Externe und interne Schulungsmaßnahmen

Ausgaben eines Gastunternehmens für Beratung und Schulung sind Investitionen in die Zukunft. Sie stehen auf der aktiven Seite der Bilanz, und als solche müssen sie konkreten Nutzen bringen.

Wenn sich in einem Betrieb die lobenswerte Einsicht durchgerungen hat, daß Ausbildung und Weiterqualifizierung einen festen Platz im Jahresbudget einnehmen sollten (z. B. 1 Prozent der Lohnsumme), ist allerdings erst die halbe Schlacht gewonnen.

Die andere und eher anspruchsvollere Hälfte betrifft die Evaluation der geeignetsten Schulungsmaßnahmen.

Wichtig ist in erster Linie, daß die Lernziele und der beabsichtigte Nutzen klar definiert werden.

Als nächstes folgt der Entscheid, ob die Schulung besser extern oder intern zu erfolgen hat.

Wenn immer möglich, soll berufliche Weiterbildung intern erfolgen, denn durch den Einbezug betriebsspezifischer Situationen ist der Erfolg erlebnispädagogischer Methoden am besten garantiert.

Es gibt allerdings Fälle, für die eine betriebsinterne Schulung nicht angezeigt ist, z. B. bei allzu kleinen Betrieben, die sich eine Schulung nicht leisten können, oder wenn es um einzelne, neueingestellte Mitarbeiter geht, die in gewissen Ausbildungsbereichen einen Nachholbedarf haben. Hierfür bietet sich dem Gastgewerbe ein relativ breites Angebot externer Kurse an.

Sehr bedeutsam ist hier aber die Einsicht, daß nach Abschluß eines solchen Kurses das Lernziel noch lange nicht erreicht ist. Die Gestaltung sowie die Überwachung der Umsetzungs- und Einübungsphase bleiben in jedem Fall dem Betrieb überlassen. Unabdingbar sind auch vorhergehende Mitarbeitergespräche, in deren Verlauf bei den fraglichen Kandidaten der Wille zum Kursbesuch deutlich zum Ausdruck kommen muß und nach denen sich alle Beteiligten über die dabei zu verfolgenden Ziele im klaren sind.

Da es für rein innerbetriebliche Weiterbildungsmaßnahmen oft an Zeit oder an der nötigen fachlichen wie didaktischen Kompetenz fehlt, werden meist externe Spezialisten in den Betrieb geholt. Bei deren Auswahl stellt sich natürlich das Problem, wie die Qualifikation der vielen Anbieter beurteilt werden soll.

Hier kann der Erfahrungsaustausch mit Fachleuten der Berufsverbände oder anderer Gastunternehmen von Nutzen sein.

Ablauf einer betriebsinternen Schulung

1. Erstbesprechung – Auftragsdefinition, Abklären der Trainingsbedürfnisse, Setzen von Trainingszielen. Festlegen der Vorgehensweise zur Erreichung der gesetzten Ziele.
2. Erstellen des Trainingsprogramms gemäß Auftragsdefinition.
3. Training – konkretes, praxisnahes Umsetzen des Trainingsprogramms; Verhaltensänderungen bei den Trainingsteilnehmern dank praxisnaher Lernprozesse.
4. Bilanz: Soll-Ist-Vergleich – Auftraggeber und Trainer vergleichen das Resultat mit den Zielsetzungen und ziehen Bilanz.
5. Im Bilanzgespräch werden die weiteren Schritte beschlossen.

Steigerung der Verhaltenskompetenz

Im Gegensatz etwa zur Aneignung von Fachwissen aus Büchern ist das Erlernen zwischenmenschlicher Verhaltenskompetenz nur im Rahmen von gruppendynamischen Prozessen möglich. Zudem kann Erlebnispädagogik nur in Gruppen von sechs bis zwölf aktiven, motivierten Kursteilnehmern erfolgreich sein.

Immer mehr Gastunternehmen erkennen, daß es nicht mehr ausreicht, eine reichhaltige Auswahl von guten Produkten anzubieten, sondern daß ihre Wettbewerbsfähigkeit nur durch Steigerung der Verhaltenskompetenz aller Mitarbeitenden zurückgewonnen werden kann. Damit eng verbunden muß meistens eine Transformation der Führungskultur einhergehen.

Erkennbar wird dieser Umstand daran, daß neben fachkundlichen Themen vor allem Kursinhalte an Bedeutung gewinnen, die auf die Entwicklung der Persönlichkeit, der Führungs- und Kommunikationsfähigkeit abzielen.

Beispiele aktueller Kurs- und Seminarthemen

- „Menschen kennen und verstehen"
- „Gastgeberrolle positiv gestalten"
- „Einblick in die Körpersprache und Kommunikation"
- „Erlebnis- und Aktionspädagogik oder: Teamwork with pleasure"
- „Vom Paradigmenwechsel zur Eigeninitiative"

- „Der Arbeitnehmer als Mit-Unternehmer"
- „Der Chef als Coach und Trainer"
- „Mitarbeitergespräche als Motivationsinstrument"
- „Wie man Mitarbeiter zu Spitzenleistungen führt"
- „Führen durch Vision und Ziel"

Förderung und Mit-Unternehmertum!

Leider ist die oft diskutierte Gefahr nicht von der Hand zu weisen, daß durch weltweite Vernetzung der Wirtschaft immer mehr supranationale Sachzwänge die lokalen demokratischen Entscheidungsprozesse sowie die Selbstbestimmung der Individuen unterminieren.

Dies käme sicher einem bedenklichen Rückschritt gesellschaftlicher Entwicklung gleich, der nicht einfach so hingenommen werden darf!

Gerade uns Unternehmern bietet sich hier Gelegenheit, dieser Gefahr eine ganz besondere Antwort entgegenzusetzen, die unserer sozialen Verantwortung gerecht wird:

- Verbinden wir das Gewinnträchtige mit dem Ethischen!
- Fördern wir in unseren Betrieben Entscheidungstransparenz und sozialen Respekt!
- Fördern wir Selbstverantwortung, Selbstverwirklichung und Mit-Unternehmertum.

11.3 Situation im Gesundheitswesen – Lösungsansätze

Josua Fett

(Informationen zum Autor s. Kap. 4.3)

Die allgemeinen Umfeldparameter

Durch das von Bundesgesundheitsminister Seehofer ins Leben gerufene Gesundheitsstrukturgesetz sind viele Dinge in Bewegung gekommen.

Das Gesundheitsstrukturgesetz

Da werden einerseits bei den Leistungsempfängern ständig neue Abstriche gemacht und andererseits bei den Leistungserbringern im Kostenbereich die Daumenschrauben angezogen.

Dies führt zu Sparzwängen allerorts. Die Niederlassungsfreiheit wurde eingeschränkt. Von den Kassenärztlichen Vereinigungen (KVs) werden in allen Bereichen Planstellen geschaffen, die vergeben werden, bzw. falls diese Planstellen nicht verfügbar sind, wird keine Zulassung erteilt. Den Ärzten wurden Budgets vorgeschrieben, die sie nicht überschreiten dürfen, da sonst Regreßansprüche seitens der KVs geltend gemacht werden. Die Veränderungen im Punktesystem haben zur Folge, daß der Punktewert ständig sinkt.

Im Klartext: Wer viel arbeitet und therapiert, wird für seine Leistungen bestraft.

In den Krankenhäusern wurden Budgets aufgestellt und gedeckelt. In vielen Regionen werden ganze Fachdisziplinen geschlossen bzw. zentralisiert. Auch die Arzneimittelkosten in den Krankenhäusern wurden budgetiert.

Das Thema Fallkostenpauschalen wird immer lauter diskutiert und in einigen Häusern bereits umgesetzt. Dies bedeutet, daß nicht mehr die Liegetage des Patienten mit dem Tagespflegesatz multipliziert werden und dies von den Kassen eingefordert wird, sondern daß für bestimmte Eingriffe diese Fallpauschalen verrechnet werden, unabhängig davon, wie lange der Patient tatsächlich im Krankenhaus war und welcher Aufwand tatsächlich anfiel.

Ambulante Operationszentren nach amerikanischem Vorbild schießen wie Pilze aus dem Boden. Diese machen natürlich wieder den Krankenhäusern Wettbewerb und versuchen sich in der jeweiligen Region zu etablieren.

Das bedeutet, daß jeder der im Gesundheitsbereich tätig ist, mit dem Thema Preise täglich konfrontiert wird.

Dies sind selbstverständlich nur Teilaspekte des noch viel umfassenderen Gesundheitsstrukturgesetzes.

Der Zwang zum Sparen

Natürlich resultiert aus all den oben genannten Faktoren der Zwang, mit den zur Verfügung stehenden Mitteln möglichst sparsam umzugehen.

Es ist nur die Frage, wo es wirklich sinnvoll ist zu sparen und wo es keinen Sinn macht. Selbstverständlich gibt es immer wieder Anbieter, die mit Dumping-Preisen auf den Markt gehen und dadurch für die Entscheider sehr verlockend sind.

Bei solchen Entscheidungen muß man bedenken, daß viele Firmen, z.B. im Generic-Bereich, keine Kosten für die Entwicklung, Erprobung und Zulassung ihrer Präparate bzw. Produkte haben. Hier werden einfach bekannte Substanzen „nachgekocht" und auf den Markt geworfen. Daß dies bedenklich ist, weil langfristig die Mittel für vernünftige und sinnvolle Forschung fehlen, leuchtet ein.

Was hilft es z. B. einem niedergelassenen Arzt oder einem Krankenhausapotheker, wenn er seine Budgets einhält bzw. vielleicht sogar unterschreitet? Die Lösung ist ganz einfach, er wird dafür im Folgejahr durch ein noch kleineres Budget bestraft. Die Gefahr, sich selbst wegzurationalisieren, ist virulent vorhanden.

Was hilft es einem Krankenhaus, wenn es nur noch die billigsten Therapiemethoden anwendet und an allen Ecken und Enden übertrieben spart? Dafür geht es ein höheres Risiko auf der Imageseite ein, was immer häufiger die harsche Kritik der Presse auf den Plan bringt.

Was hilft es dem Klinikum, wenn es den Ärzten nur noch Zeitverträge gibt und damit nur noch über unmotiviertes Personal ohne Perspektiven verfügt?

Das Sparen und der wirtschaftliche Umgang mit den Ressourcen sind also zwei völlig unterschiedliche Dinge, die streng voneinander getrennt werden müssen.

Das Thema Fallpauschalen

Durch die Fallpauschalen werden wesentlich mehr Verantwortung und Risiken in die Krankenhäuser verlagert. Die bisherige Multiplikationsrechnung funktioniert nicht mehr. Die Ära der Auslastung der Betten mit möglichst vielen Patienten auf der einen und möglichst vielen Tagen auf der anderen Seite ist vorbei. Gerade deshalb sehe ich eindeutige Chancen, den Verantwortlichen klarzumachen, daß es sich durchaus rechnet, höherwertige Produkte und Präparate zu verwenden und

durch die sichere, schnelle Heilung des Patienten einen Gewinn einzufahren.

Waren Sekundärheilungen früher allenfalls ein Imageproblem für das Haus, so geht es heute hierbei gleich um nennenswerte Beträge, die sich schnell summieren und nicht weiterdeklariert werden können.

Die Herausforderungen

Wichtig für Sie ist, daß Sie zuverlässige Informationen zu diesem Thema haben. Dadurch bekommen Sie einen Vorsprung, den Sie für Ihren Erfolg nutzen können.

Die Bedürfnisse unserer Gesprächspartner erkennen

Grundsätzlich können wir die Leistungen unserer Produkte und die Leistungen im Umfeld unserer Produkte in die Waagschale werfen, wenn es darum geht, die Bedürfnisse unserer Gesprächspartner zu erkennen und zu befriedigen.

Sicher ist Ihnen das Modell der Bedürfnispyramide nach Maslow bekannt. Sie sagt aus, daß Menschen aus verschiedenen Bedürfnissen heraus Entscheidungen und Handlungen vornehmen. Die menschli-

SVW = Selbstverwirklichung

Abb. 1: Bedürfnispyramide nach Maslow

Die **WMOST**-Formel

Fragen, Bedürfnisse, Motive	Unsere Argumente
Wirtschaftliche ○ ○	
Menschliche ○ ○	
Organisatorische ○ ○	
Soziale ○ ○	
Technische ○ ○	

Abb. 2: Die Analyse im Detail oder die Erkenntnisfelder

chen sind hier in fünf Stufen gegliedert. Jede Stufe beschreibt eine Kategorie von Bedürfnissen, deren Nichterfüllung immer ein Defizit herbeiführt. Wichtig bei diesem Modell ist die Erkenntnis, daß immer nur Offenheit für die nächste Stufe besteht, wenn die darunterliegenden Stufen weitgehend erfüllt sind.

Die WMOST-Formel

Ein weiteres, sehr hilfreiches Werkzeug ist die WMOST-Formel (s. Abbildung oben). Dieses Modell hilft uns, Menschen und deren Erwartungen an die wirtschaftlichen, menschlichen, organisatorischen, die Sicherheits- und technischen Bedürfnisse besser zu verstehen.

Überzeugen durch Leistung und emotionale Intelligenz

Analysieren Sie bitte zuerst, wer alles mit Ihren Produkten und den Leistungen, die dahinterstehen, in Berührung kommt und wie die oben genannten Bedürfnisse gelagert sein können.

Ihr Leistungsbündel

Bevor wir beginnen, die beiden genannten Modelle auf Ihre einzelnen Gesprächspartner anzuwenden, sollten Sie sich Ihr gesamtes Leistungsbündel vor Augen führen und sich damit identifizieren.

Ich bin überzeugt, daß es immer noch sehr viele Entscheidungsträger gibt, die wirklich Wert auf gute Therapie, gute Produkte und auf die damit verbundenen hervorragenden Serviceleistungen legen.

Legen Sie hier alles in die Wert-Waagschale und zeigen Sie Ihren Gesprächspartnern auch das umfassende Leistungspaket Ihres Unternehmens auf. Sie finden auf der Folgeseite eine Abbildung, die neben Preis und Produkt noch andere Felder zeigt, die mit Leben zu erfüllen sind.

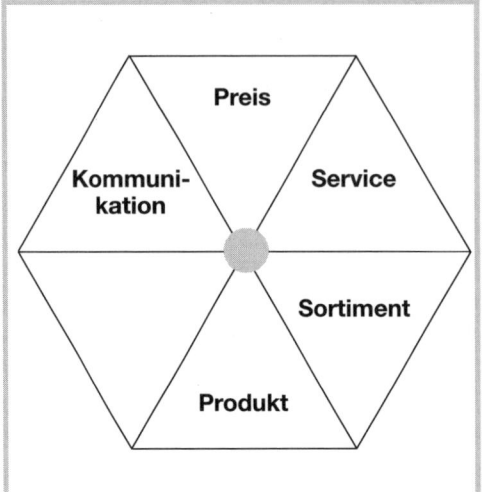

Abb. 3: Stellung des Preises im Verkaufsgespräch

Der Preis: Fangen wir oben beim Preis an. Ist Ihr Preis wirklich zu hoch? Womit vergleicht Ihr Gesprächspartner den Preis Ihres Produktes, mit dem Preis eines ähnlichen Produktes oder mit dem Produkt der gleichen Substanz- und Wirkstoffklasse? Haben Sie die Grundlagen dafür gelegt, daß er wirkliche Wertschätzung vornehmen kann. Das Wort Wertschätzung zeigt ja, daß es sich um etwas Subjektives handelt. Haben Sie Ihrem Gesprächspartner wirklich alle Leistungen aufgezeigt und ins Verhältnis zum Preis gesetzt?

Service: Machen Sie Ihre Leistungen im Servicebereich klar. Legen Sie dabei den Service vor, während und nach dem Kauf dar. Zeigen Sie beispielsweise auf, wie gut Ihr Literaturservice ist, wie oft Sie in Notfällen sofort verfügbar waren.

Handeln Sie nach Henry Fords Motto: „Tue Gutes und sprich darüber." Stellen Sie Ihre Leistungen nicht unter den Scheffel. Wenn sich das nächste Mal ein Entscheidungsträger bei Ihnen für besondere Leistungen bedankt, sagen Sie nicht „gern geschehen oder selbstverständlich", son-

dern schmieden Sie das Eisen genau an dieser Stelle durch eine Formulierung wie: „Ja, das war auch eine Menge Arbeit, die ich für Sie gern gemacht habe, denn wir beide werden auch in Zukunft noch gute Geschäfte machen. Stimmt's?"

Sortiment: Zeigen Sie, daß Sie ein großes Sortiment führen, das zudem untereinander kompatibel ist und sich somit die Risiken mindern. Vermitteln Sie dem Einkäufer bzw. Apotheker, daß er davon profitieren kann, wenn er seine Geschäfte mit Ihnen ausweitet, bieten Sie ihm an, einen Rahmenvertrag abzuschließen.

Produkt: Im Bereich der Produkte gilt es, alle Vorteile und die daraus resultierenden, spezifischen Nutzen herauszuarbeiten und diese transparent zu machen.

Suchen Sie hier nicht die riesigen Vorteile, sondern zeigen Sie Feinheiten auf, die aber vielleicht ganz entscheidend sein können. Ob ein Vorteil von 5 Prozent signifikant ist oder nicht, stellt sich meist dann heraus, wenn es zu spät ist.

Wäre Ihrem Gesprächspartner, wenn es um ihn oder ein Mitglied seiner Familie ging, eine 5 Prozent höhere Überlebenschance auch völlig egal?

Zeigen Sie bei dem interessierten Gesprächspartner Ihre Forschungsaktivitäten auf und laden Sie ihn zu einem Besuch in Ihrem Haus ein.

Kommunikation: Machen Sie deutlich, was Sie alles tun, um die Kommunikation mit Ihrem Gesprächspartner effizienter und erfolgreicher zu gestalten. Reden Sie von den modernen Medien und den Chancen, die darin für ihn verborgen sind, davon daß Sie z.B. im Internet sind, daß Sie eine CD-ROM mit allen Präparaten und deren Hintergründen zur Verfügung haben, daß der Apotheker zum Beispiel Online bei Ihnen bestellen kann usw.

Das Feld für Sie: Das leere Feld der obigen Grafik ist für Sie ganz allein reserviert. Denn Sie sind im Gegensatz zu allen anderen genannten Faktoren nicht austauschbar. Sie sind einzigartig. Nutzen Sie dieses Alleinstellungsmerkmal bei Ihren Gesprächen und entwickeln Sie Ihre emotionale Intelligenz permanent weiter. Vermutlich wird dies, da Produkte zunehmend austauschbarer werden, der einzige Punkt zur Differenzierung werden.

Es folgen einige Beispiele, an denen Sie sehen, wie Sie das bisher Gesagte in die Praxis umsetzen können. Im Mittelpunkt dabei steht die emotionale Kompetenz.

Den Hausapotheker überzeugen

Der Apotheker hat Pharmakologie studiert. Irgendwann entschied er sich dafür, in ein Krankenhaus zu gehen, statt eine eigene Apotheke zu eröffnen. Jetzt wird er vermutlich nach BAT oder ähnlich entlohnt und schielt vielleicht auf seine ehemaligen Studienfreunde, die mit einer öffentlichen Apotheke einen riesigen Strukturwandel vollzogen haben und heute mehr Manager eines Gesundheitscenters sind und wieder gutes Geld verdienen können, wahrscheinlich wesentlich mehr als er selbst.

Die Beweggründe dafür, daß er in das Krankenhaus ging, lagen vielleicht in dem starken Bedürfnis nach Sicherheit, also der zweiten Stufe der Bedürfnispyramide.

Die Botschaft für uns daraus: Befriedigen wir doch sein ausgeprägtes Sicherheitsbedürfnis in allen Gesprächen besonders intensiv. Geben Sie ihm das Gefühl, daß er mit Ihnen und Ihren Produkten auf der absolut sicheren Seite steht und kein Risiko eingeht. Dokumentieren Sie dies auch durch entsprechende Studien und Forschungsergebnisse.

Vielleicht schlug er das Studium der Pharmakologie und den Weg in das Kran-

kenhaus auch deshalb ein, weil er den wissenschaftlichen Anspruch gesucht hat. Doch was macht er heute häufig? Er ist mit ganz anderen Aufgaben beschäftigt, wie:

- Budgets einhalten und überwachen,
- Lagerumschlagsgeschwindigkeiten kontrollieren,
- Tagestherapiekosten analysieren,
- Profitcenter im Haus bilden,
- seine Abteilung managen,
- Arzneimittelkonferenzen vorbereiten,
- Präparate-Portfolios kontrollieren

Also auch hier eine herbe Enttäuschung der originären Beweggründe. Entwickeln Sie deshalb Verständnis für ihn und seine Situation. Zeigen Sie ihm dies auch, allerdings mit viel Fingerspitzengefühl. Prüfen Sie mit der WMOST-Formel seine Bedürfnisse, vielleicht hier besonders die zu den Themen Organisation und Wirtschaftlichkeit, und geben Sie ihm entsprechende Hilfestellungen.

Wo sitzt der Apotheker heute in einem Krankenhaus? Meist zwischen der Küche und der Wäscherei, vielleicht in der Nähe der Leichenkühlung. Was macht er heute in vielen Fällen? Er ist Erfüllungsgehilfe der Ärzte und hat manchmal recht wenig zu sagen.

Was beobachtet er ständig? Den Konzentrationsprozeß in der Apothekenlandschaft. Immer mehr Häuser werden nur noch mit einer Versorgungsapotheke betrieben, die von einer anderen großen Vollapotheke bedient wird.

Machen Sie ihm klar, daß er sich nicht selbst wegrationalisieren darf.

Helfen Sie ihm, seinen Stand zu verbessern, erarbeiten Sie gemeinsame Strategien für seinen weiteren Erfolg, anstatt sich mit ihm wegen Pfennigbeträgen zu bekriegen und Fronten aufzubauen.

865

Sie haben das Know-how und beobachten alles, was am Markt passiert, und können ihm dadurch Informationen zu aktuellen Trends geben.

Ärzte überzeugen

Für den Arzt gilt ähnliches wie für den Apotheker. Auch er muß sich heute vielfach mit Dingen beschäftigen, die er nicht gelernt hat und die ihm auch wahrscheinlich gar keinen Spaß bereiten.

Vermutlich war einer der Beweggründe, warum er sich für das Medizinstudium entschieden hat, der, Menschen zu helfen. Vielleicht wollte er aber auch durch seinen Beruf einen gewissen Status erlangen.

Wie sieht es heute damit aus? Zeitverträge und Unsicherheit statt Status und Anerkennung. Budgets und Abrechnungsmodalitäten statt guter Medizin im Sinn des Therapeuten. Selbst Chefarztstellen werden heute teilweise mit Zeitverträgen ausgestattet und sind nicht mehr so üppig dotiert, wie das vielleicht früher mal war.

Die meisten Mediziner wollen Karriere machen und nach oben kommen, um zum einen den entsprechenden Status, zum anderen aber auch das entsprechende Einkommen zu erreichen.

Doch die Luft wird immer dünner, je höher er die Karriereleiter hinaufsteigt, und es gibt eben nur einen Chefarzt pro Disziplin im Haus.

Und gerade da liegen wieder die Ansatzpunkte für uns und unsere Arbeit. Sondieren Sie in Ihrem Gebiet die Ärzte, die kooperativ sind, und fördern Sie diese nach allen Kräften.

Setzen Sie sie als Referenten, Fachautoren, Spezialisten ein. Helfen Sie ihnen, sich zu profilieren und auf sich aufmerksam zu machen.

Plazieren Sie Studien und helfen Sie bei der Publizierung, denn all das sind Maßnahmen, um den Arzt auf seinem eigentlichen Weg, den er gehen will, zu unterstützen und zu fördern.

Seien Sie sein Erfolgs-Coach, man könnte fast sagen, werden Sie sein Manager.

Das Pflegepersonal überzeugen

Auch das Pflegepersonal ist erheblichen Belastungen ausgesetzt und fordert die entsprechende Anerkennung. Hier ist es wichtig, sich in diese Zielgruppe wirklich voll und ganz hineinzudenken.

Wissen Sie, wie man sich fühlt, wenn man acht Stunden im OP gestanden hat und dort in einer unerträglichen Hitze einem schwierigen Operateur bei einem komplizierten Eingriff assistiert hat?

Was empfindet z.B. eine Schwester nach einem gerade erlebten Todesfall? Geht das spurlos an ihr vorüber, oder hinterläßt so etwas unter Umständen auch Narben?

Als ich bei einem der namhaftesten Hersteller von Operationsinstrumenten meine Außendiensttätigkeit antrat, war ich zuerst verwundert, später aber dankbar dafür, daß ich einige Zeit live in einem OP mitarbeiten durfte. Diese Zeit half mir, mehr Verständnis für die Bedürfnisse der Menschen, die dort arbeiten, zu entwickeln.

Außerdem lernte ich die Macht dieser Zielgruppe, des Pflegepersonals, richtig einzuschätzen. Und diese Macht ist wirklich sehr groß. Stellen Sie deshalb hier die Faktoren der Praktikabilität Ihrer Produkte in den Vordergrund, zeigen Sie das gute und einfache Handling der Produkte auf.

Machen Sie Demos und Workshops mit dieser Zielgruppe. Denken Sie bitte auch daran, daß viele Personen in diesem Kreis oft sehr umweltbewußt sind und auf einfache und leicht trennbare Verpackung und Entsorgung großen Wert legen.

Wenn das Pflegepersonal auf Ihrer Seite steht, macht es sich stark für den Einsatz Ihrer Produkte, falls dies nicht so ist, können Ihre Produkte dort so unerhört torpediert werden, daß Sie weit weg von einem guten Geschäft sind.

Das Verständnis für die Menschen, die im Pflegebereich arbeiten, spielt eine ausnehmend große Rolle, denn diese Menschen sind es, die als Meinungsbildner, Multiplikatoren und Anwender für uns von Bedeutung sind.

Im Verwaltungsbereich überzeugen

Einem Verwaltungsdirektor, der ja vom operativen Bereich sehr weit entfernt ist, geht häufig als allererstes das Image seines Hauses durch den Kopf.

Prüfen Sie hier, welche Hilfestellungen Sie geben können. Machen Sie ihm klar, daß er auf das Image seines Hauses größten Wert legen muß, denn dies ist für ihn ein wichtiger Faktor, der ihm hilft, wirtschaftlich effizient zu arbeiten und seine Ziele zu erreichen.

Zeigen Sie ihm auf, daß auch Sie daran interessiert sind mit starken, leistungsfähigen Häusern zusammenzuarbeiten.

Bauen Sie möglicherweise die vorhandenen Fronten ab und schaffen Sie durch gleiche Interessen Gemeinsamkeiten. Einige Firmen haben hierzu bereits Foren gegründet, in denen sich die Verwaltungsleiter mit der Industrie, aber auch untereinander austauschen und gemeinsam neue Ideen kreieren können.

Einkäufer überzeugen

Der Einkäufer hat selbstverständlich die Aufgabe, darauf zu achten, möglichst günstig einzukaufen und innerhalb seiner Vorgaben das Machbare zu erzielen, vielleicht sogar zu übertreffen.

Sensibilisieren Sie ihn, die ganze Ko-stensituation im Kontext zu sehen und auf das Gesamtergebnis zu achten, statt „Pfennigfuchserei" zu betreiben.

Schärfen Sie seine Sichtweise, bei günstigen Anbietern zu kaufen und nicht unbedingt bei den ganz billigen.

Zeigen Sie auch hier Ihre gesamten Leistungen auf und machen Sie ihm klar, daß er mit und durch Ihre Präparate auch Geld verdient. Bringen Sie ihn weg vom „Kostendenken" und hin zum „Investitionsdenken".

Geben Sie ihm mehr Hintergrundwissen zu Operationsverfahren und Therapiemethoden, damit er erkennen kann, warum es sich lohnt, etwas mehr zu investieren.

Helfen Sie ihm dabei, sich im Haus zu profilieren als Einkäufer, dem der Gesamterfolg und nicht der billige Preis am Herzen liegt.

Ich erinnere mich sehr gut an eine Erfahrung, die ich in einer großen Universitätsklinik machen konnte.

Es ging um die Beschaffung von mehreren Optiken für die Endoskopie, im Wert von DM 30000. Mit meinem Angebot lag ich 25 % über dem Angebot des Wettbewerbers. Der Einkäufer signalisierte mir sofort, daß ich zu teuer sei, und wollte den Preis drücken.

Daraufhin analysierte ich mit ihm den Prozeß, in den die Optiken eingebunden sind. Dieser Prozeß beinhaltet auch das Sterilisieren im Autoklav, und genau da hatten wir von der Lebensdauer der Optiken her einen handfesten Vorteil.

Unsere Optiken erblindeten nachweislich nicht so schnell wie die des Wettbewerbers, was eine wesentlich längere Lebensdauer bedeutete. Diesen Punkt bereiteten wir dann gemeinsam in mehreren Charts auf.

Diese Charts präsentierte der Einkäufer bei der nächsten Sitzung seinem Entscheidergremium und zeigte auf, daß sich bereits nach vier Monaten die Mehrinvestitionen amortisiert haben und dann richtig Geld damit verdient wird.

Der Auftrag wurde erteilt, der Einkäufer konnte sich profilieren – und ich hatte einen Freund und Meinungsbildner mehr gewonnen.

Und bitte, besuchen Sie den Einkäufer nicht als letzten im Haus, da sonst der Eindruck entstehen kann, daß Sie alle anderen Entscheider auf Ihre Seite gezogen haben und daß es jetzt nur noch darum geht, ihn „rumzukriegen".

Sehr gut kann ich mich an einen Fall aus meiner Praxis erinnern, in dem mir dieser Fehler unterlaufen war. Alle im Haus waren überzeugt von dem Produkt und wollten es. Der Einkäufer hat irgendwie erfahren, daß ich im Haus sehr aktiv war und wartete anscheinend nur darauf, daß ich zu ihm komme.

Ich kam auch zu ihm, allerdings erst dann, als alles schon entschieden schien. Und gerade dies war für ihn der entscheidende Punkt, mir durch seine ablehnende Haltung einen Strich durch die Rechnung zu machen.

Diesen Mißerfolg verbuchte ich bei mir intern auf dem Konto Lernprozesse.

Schlußwort

Sicher ist das gesamte Umfeld in Ihrer Branche nicht gerade einfach. Es stellt eine absolute Herausforderung dar. Wenn es einfach wäre, würde man Sie ja wahrscheinlich nicht benötigen. Entscheidend für Ihren Erfolg ist doch die Grundeinstellung zum gesamten Umfeld. Sehen wir wie paralysiert nur die Probleme und Risiken aus dieser Situation, oder betrachten wir das Ganze als Herausforderung und konzentrieren wir uns auf die Chancen, die darin liegen?

Jammern ist immer Irrtum und bringt nicht weiter. „Macher" jammern nicht, sondern krempeln die Ärmel hoch und gestalten den Markt mit. Deshalb:

- Mitgestalten durch Ideen und Impulse!
- Mitgestalten durch ungewöhnliche Maßnahmen!
- Mitgestalten durch eine konstruktive Grundhaltung!

Viel Erfolg dabei!

11.4 Der Strukturvertrieb

Der Autor

Roland Franck lernte den Beruf des Finanzdienstleistungsverkäufers von der Pike auf und baute in den 70er Jahren die heute größte Vermögensberatungsgesellschaft in Deutschland mit auf. Nach weiteren Stationen als Topführungskraft in der Branche, u. a. als Vorstand für Marketing und Vertrieb, ist Roland Franck nun freiberuflicher Managementberater und Trainer.

Kürzlich begegnete mir „Bernd", Führungskraft eines größeren Konzerns, für den ich eine Reihe Trainings gemacht habe, und sagte: „Du Roland, ich bin nicht mehr bei der Firma XY, sondern ich habe mich mit in einen MLM (Multi Level Marketing)-Vertrieb eingekauft. Ich bin also in der Up Line ganz oben, bin selbständig und werde viele tausend Händler haben, um ein wirklich großes Unternehmen zu führen. Übrigens – wir haben einen tollen Marketingplan, und die Gewinnung neuer Händler läuft wie von selbst. Wir haben wöchentlich Veranstaltungen, die voll sind mit Interessenten – die unterschreiben alle auch ihre erste Bestellung. Ich kann mir gut vorstellen, daß das auch etwas für dich ist. Ich würde mich gerne mit dir treffen und dir deine Möglichkeiten aufzeigen. Willst du nicht einmal wirklich reich werden? Wann können wir uns treffen?"

Zwei Gefühle stritten in mir. Einerseits hatte ich „Bernd" noch nie so euphorisch, glücklich, voller Aufbruchstimmung, in die Zukunft gerichtet gesehen, andererseits habe ich noch nie einen derartigen Verschleiß wertvoller Menschen erlebt wie im Multi Level Marketing oder Network Marketing oder Strukturvertrieb.

Und trotzdem sage ich voller Überzeugung:

Der Strukturvertrieb ist die beste Möglichkeit, die es gibt, um

1. wirklich kundenorientiert,
2. mit gutem Controlling,
3. sehr flexibel,
4. mit hochmotivierten Mitarbeitern,
5. also auch guten Führungskräften,
6. rentabel,

7. mit respektablem Einkommen,
8. selbständig,
9. mit wachsenden Aufgaben

ein Top-Unternehmer zu werden.

Der Strukturvertrieb ist die wirklich große Chance im kommenden Jahrtausend, wenn die Chancen nicht zerstört werden – und wir sind in Deutschland schon dabei, Schaden anzurichten.

Der erste Vertrieb dieser Art, der aus den USA kommend in Deutschland Mitte der 60er Jahre in kurzer Zeit den gesamten Finanzmarkt beeinflußte, sammelte Milliarden ein. Vision, Philosophie, Motivation, Einkommen und Aufstieg waren mit einer guten, nachhaltigen Ausbildung verknüpft, jeder Mitarbeiter hatte also eine Chance. Und viele nutzten diese Chance. Einkommensmillionäre schossen weltweit aus dem Boden.

Ich habe den in Deutschland wohl erfolgreichsten Strukturvertrieb mitgegründet und in der Vertriebsverantwortung, in Marketing und Ausbildung Grundlagen geschaffen, die für die hiesige mitteleuropäische Mentalität der Mitarbeiter und der Kunden gültig sind. Dieser Vertrieb hat heute etwa 15 000 Mitarbeiter, die jährlich über 25 Milliarden Umsatz machen. Viele sind Einkommensmillionäre geworden, noch mehr besitzen ein Vermögen von einer Million oder mehr.

Es ist denkbar, daß es noch größere Unternehmen geben wird und daß diese Vertriebsform eines Tages die klassische Vertriebsform ist. Doch einen Strukturvertrieb zu gründen bedarf großer Erfahrung, verlangt ein hohes Ausbildungspotential und braucht Führungkräfte, die speziell dafür ausgebildet sind und ständig weitergebildet werden. Auch Führungskräfte wollen geführt werden. Wenn Sie, der In-

haber und Kopf, den Einfluß verlieren, verlieren Sie die Firma.

Um es kurz zu sagen: Auch „Bernd" verlor seine Firma.

Schuld ist niemand. „Bernd" nicht und seine Mitarbeiter schon gar nicht. Sie alle waren von der Idee überzeugt und glaubten, das ihnen Mögliche zu tun.

Aber eben nur das ihnen Mögliche. Niemand half ihnen, das ihnen Mögliche zu erweitern. Die Schuld an dem Desaster liegt bei denen, die glauben, auf diese Weise schnell einen Markt zu erobern. Mit dem gewissenlosen Denken in kurzfristigen Kategorien und mit Marketingplänen, die nicht auf die Produkte zugeschnitten und selbst erarbeitet sind, sondern irgendwo abgeschrieben. Mit unseriösen Verträgen für die Mitarbeiter, die diese zu Warenkäufen verpflichten, werden die Umsätze künstlich hochgeputscht. Der Zusammenbruch ist voraussehbar.

Was ist ein Strukturvertrieb?

Die Produkte

Über den Strukturvertrieb lassen sich fast alle Warenprodukte verkaufen. Darüber hinaus auch Finanzprodukte (Versicherungen, Investment und mit Einschränkungen Immobilien). Wirklich effektiv ist der Verkauf von erklärungsbedürftigen Produkten, da sie zwar im Laden oder einer Geschäftsstelle gekauft werden könnten, aber dort der Servicegedanke und die Zeit für eine Beratung nicht so vollkommen vorhanden sind. Service und Zeit sind jedoch typische Eigenschaften eines guten Strukturvertriebes. Ferner eignen sich Erzeugnisse, die völlig neu oder einzigartig sind. Sinnvoll sind Produkte, die die Kunden ständig brauchen, Produkte des täglichen Bedarfs.

Bei allen genannten Waren versteht ein

Kunde den Sinn dieser Vertriebsart, genießt den Service und wünscht die Betreuung in der kommenden Zeit.

Selbstverständlich müssen Qualität und Produktion, auch in großer Menge, abgesichert sein und die gegenwärtigen und kommenden Trends erkannt werden. Von Anfang an müssen neue Ideen parallel zur ersten entwickelt und vorangetrieben werden, um die Firma nicht – wie heute häufig zu erleben – dem Niedergang auszuliefern.

Der Vertrieb

Der Vertrieb ist das Herzstück des Unternehmens. Er vor allem – nur bedingt das Produkt – entscheidet über die Erfolge. Alle Sorgfalt in der Auswahl der Mitarbeiter, ihre Ausbildung und Führung müssen schon bei der Gründung des Strukturvertriebes in erfahrenen Händen liegen. Diese Art des Vertriebes ist ungewöhnlich sensibel. Sie kann nur mit einem exzellenten Management erfolgreich sein. Klare, saubere Richtlinien und vertrauensvolle Führung werden vom Vertrieb belohnt. Ausbeutung, Tricks und mangelnde Fairneß werden bestraft.

Der Computer, das Programm

In der Verwaltung wird der Computer das Kernstück sein. Hier werden die Provision und der Umsatz durch alle Strukturen errechnet – monatlich, jährlich, historisch (aufgelaufen über die gesamte Zeit, die der Mitarbeiter zur Firma gehört). Hier werden die Strukturbäume sichtbar gemacht: der Begründer einer Struktur mit allen „Kindern", „Enkeln" usw.

Soweit dies möglich ist, sollten durchlaufene Ausbildungen und Prüfungsergebnisse in das Computerprogramm aufgenommen werden. Die Bedingungen für fällige Beförderungen müssen in kurzer Zeit nachvollziehbar sein. Die Mitarbeiter müssen am Verkauf eines jeden einzelnen Produkts, wie auch am Erfolg ihrer jeweiligen „Kinder" und „Enkel" meßbar sein.

Wettbewerbe mit ihren speziellen Anforderungen z. B. für ein Produkt, für die Gewinnung neuer Mitarbeiter oder für die Qualität der gewonnenen Kunden müssen möglich sein.

Eine Kundendatei mit allen erforderlichen Daten gehört selbstverständlich in jedes Verwaltungsprogramm. Dazu gehören nicht nur Name und Adresse des Kunden, sondern auch Angaben über sein Alter, Zahl der Kinder usw., sie könnten für spezielle Aktionen gebraucht werden. Die Datei sollte den unterschiedlichsten Anforderungen genügen:

- Sicherstellung der Kundenbetreuung innerhalb der betroffenen Struktur bei Ausscheiden eines Mitarbeiters
- Schreiben von Rechnungen für den Mitarbeiter, um ihn von Verwaltungsarbeit zu entlasten
- Benachrichtigung des Mitarbeiters und Einleitung einer Betreuung im Stornofall
- Versenden einer Kundenzeitung
- Wettbewerbe für Kunden einzelner oder mehrerer Produkte

Von Anfang an gehört das komplette Computerprogramm zur Ausstattung einer jeden Firma, die mit einem Strukturvertrieb arbeitet. Es später zu ergänzen oder einzelne Teile hinzuzufügen ist teuer, sehr arbeitsaufwendig und manchmal fast unmöglich. Solche Programme kosten heute zwischen 15 000 DM und 200 000 DM, wobei teurer nicht immer auch besser ist.

Die Vision

Fast niemand ist bereit, irgendein Produkt auf Dauer in Höchstleistungsform zu verkaufen. Der Wunsch der Menschen, anderen zu helfen, ist auch bei Verkäufern latent vorhanden. Beruf sollte von Berufung kommen. Die Berufung, der innere Auftrag ist es, der ein Verkäufer- oder Managerherz entflammen läßt. Es ist die Aufgabe des Firmeninhabers, seinem Unternehmen dieses besondere Leben einzuhauchen.

Im Volksmund heißt es: Ein glänzendes Ziel kannst du am ehesten treffen. Genau hier liegt die richtige Antwort auf die Frage nach den dauerhaft motivierten Mitarbeitern. Sie möchten teilhaben an den Plänen der Unternehmensleitung und auch an deren Rückschlägen. Sie brauchen Ziele, die zu erreichen sich lohnt – nicht nur aus finanziellen Gründen. Ein Beirat aus erfolgreichen Mitarbeitern, dem jeder nach dem Erreichen bestimmter Kriterien angehören kann, wäre ein solches Ziel. In diesem Kreis können sie die Zukunft „ihrer" Firma mitentwickeln und die Umwandlung der Pläne in die Tat miterleben.

Der Strukturvertrieb ist etwas für mutige, beherzte, flexible und ungewöhnlich positiv denkende Menschen, die andere Menschen mögen und sie an ihren Visionen teilhaben lassen.

Das System

Um Ordnung, Sicherheit und Lernen zu gewährleisten, hat sich ein Ordnungsprinzip für alle menschlichen Belange des Zusammenlebens gebildet. Wo immer wir hinschauen, ergibt es einen Sinn, Arbeit und damit Verantwortung zu delegieren.

Das neue Schlagwort von „flachen Strukturen" ist, wenn der Strukturvertrieb vorbildlich aufgebaut und geführt wird, ohne Bedeutung.

Der Strukturvertrieb hat, weil er einfache, bekannte Strukturen, sprich Hierarchien, widerspiegelt, so großen Anklang gefunden. Das System scheint vertraut, und jeder Mitarbeiter weiß, daß er langsam oder schnell aufsteigen kann und endlich auch „Chef" werden könnte. Der Wunsch, wichtig und geschätzt zu sein, ist für die meisten Menschen ein großer Ansporn, mehr zu leisten, besser zu arbeiten, um Verantwortung übernehmen zu können. Viele Arbeitnehmer wissen aus ihrer Erfahrung, daß sie mehr können als ihr direkter Vorgesetzter – nur bekommen sie nie die Gelegenheit, es zu zeigen. Jetzt, hier im Strukturvertrieb, ist es ihnen tatsächlich möglich.

Was macht die Idee des Strukturvertriebes aus?

- Sie haben ein einmaliges und/oder erklärungsbedürftiges Produkt, das ein Großteil der Bevölkerung braucht oder das den Käufern einen Nutzen bringt, ihnen Freude macht usw.

- Sie kaufen direkt vom Erzeuger, so daß der Einkaufspreis zuzüglich der Spanne für die Zentrale (Abwicklung, Versand, Verwaltung, Marketing, Ausbildung), zuzüglich den Provisionen für den Vertrieb den Verkaufspreis ergibt, den der Kunde zahlt. Sie sparen Großhandel, Handelsvertreter, Einzelhandelskosten und Werbung.

- Sie sind felsenfest von dem Markt und von dem Produkt überzeugt und haben eine Vision davon, was Sie mit Ihrem Strukturvertrieb erreichen wollen.

- Sie verfügen über technisches (Computer) und menschliches Know-how, und das nötige Personal steht bereit.

- Sie gewinnen Ihren ersten Mitarbeiter und begeistern ihn für Ihr Produkt, den Markt und diesen Beruf. Nehmen wir an, er teilt Ihre Begeisterung, dann wird er nach gründlicher Produkt- und Verkaufsausbildung und dem Verstehen der Chancen des Strukturvertriebes nach Ihrem Konzept oder Marketingplan beginnen, Kunden zu gewinnen.

- Sehr schnell wird er die Begrenzung erkennen, die der Verkauf mit sich bringen kann. Es ist ihm nicht möglich, mehr als zwei bis drei Kunden pro Tag zu besuchen. Er ist aber von den Möglichkeiten des Marktes und vom Produkt fest überzeugt und möchte mehr bewegen, mehr erreichen. Er erinnert sich an die Formel: Wer alleine arbeitet, addiert, wer mit anderen zusammenarbeitet, multipliziert. Also wird er einen Mitarbeiter finden, dem er mit Ihrer Unterstützung all das beibringt, was Sie ihm beigebracht haben. Er arbeitet ihn ein und trifft sich und telefoniert regelmäßig mit ihm. Er ist Führungskraft geworden. Er ist in eine neue Aufgabe hineingewachsen. Seine Begeisterung für diese neue Aufgabe wächst, und er findet einen zweiten Mitarbeiter – auch der wird gewissenhaft eingearbeitet. Im Idealfalle geht alles auf diesem einmal beschrittenen Wege so weiter.

Eine Firmengründung kann sich beispielsweise so entwickeln:
Der Gründer hat zwei Mitarbeiter die gewinnen wiederum jeder zwei $\quad 2 \times 2 = $ **4**
Jeder der vier gewinnt
zwei Mitarbeiter $\quad 4 \times 2 = $ **8**
Jeder der acht gewinnt
zwei Mitarbeiter $\quad 8 \times 2 = $**16**

Je nach Produkt und eigener Anstrengung wird jeder diese beiden Mitarbeiter früher oder später gewonnen haben und nun Zeit finden, einen dritten einzuarbeiten. Daraus ergibt sich, daß jeder drei Mitarbeiter hat, also folgende Rechnung:
$$2+1=3 \qquad 3\times3 \quad \mathbf{9}$$
$$9\times3= \mathbf{27}$$
$$27\times3= \mathbf{81}$$

Obwohl jeder nur einen, nämlich den dritten Mitarbeiter mehr gewonnen hat, ergibt sich ein Unterschied von 65 Mitarbeitern. Insgesamt verfügt die Struktur des Gründers jetzt über 9+27+81=117 Mitarbeiter, zusätzlich die drei, die er selbst führt = **120.**

Nur für diese drei selbstgewonnenen trägt er die direkte Führungsverantwortung. Natürlich wird er Einfluß auf deren tägliche Arbeit nehmen, also an ihren Meetings teilnehmen und bei rückgängigem Umsatz Fehler entdecken und beseitigen helfen. Diese drei wiederum leisten genau dieselbe Arbeit bei den jeweils ihnen direkt unterstehenden je drei Mitarbeitern usw.

Ein guter Strukturleiter wird schon sehr schnell einen vierten, fünften und sechsten direkten Mitarbeiter mit guten Qualifikationen gewinnen, um sein Unternehmen auf eine solide Basis zu stellen. Und jeder seiner Mitarbeiter wird dasselbe tun.

Wenn das so einfach ist, lautet die Kritik, dann macht das doch jeder, und bald ist jeder Bürger in Deutschland Mitarbeiter eines Strukturvertriebes. Alles, was hier vorgerechnet wurde, ist wahr und funktioniert so, wie gezeigt – doch die Wirklichkeit verlangt viel persönlichen Einsatz und Energie. Nur mit Fleiß kann ein solches Ergebnis erreicht werden. Und hier an dieser Stelle fällt die Entscheidung, ob man kurzfristige Ausbeutung betreiben will, indem man seine Mitarbeiter ihr direktes Umfeld praktisch „abgrasen" und sie dann fallenläßt, oder einen dauerhaft effizienten Strukturvertrieb aufzubauen beabsichtigt. Das ist anstrengend, lohnt aber die Mühe, da man für sich und alle seine Mitarbeiter ein festes berufliches Fundament erarbeitet.

Der Haken liegt in der Natur des Menschen. Jeder der Mitarbeiter ist ein selbständiger Unternehmer und unterliegt somit keinen Weisungen von oben. Er teilt sich seine Arbeitszeit selbst ein, er arbeitet soviel – oder sowenig –, wie er es für richtig hält. Theoretisch ist jeder in der Lage, auf dieser Basis erfolgreich aufzubauen. Nicht jeder aber wird alle seine Kraft und sein erworbenes Wissen einsetzen und intensiv arbeiten, um seinem Leben diese neue erfolgversprechende Richtung zu geben.

Im Strukturvertrieb hat jeder, der fleißig, willig und zuverlässig ist, die gleiche Chance. Es spielt dabei keine Rolle, welchen Beruf er vorher ausgeübt hat und wie erfolgreich er darin war. Ausschlaggebend sind sein Wille, zu lernen und zu arbeiten. Wenn die Förderung durch die Gesellschaft und die Förderung durch seine Führungskraft gut sind, findet er hier eine neue Möglichkeit, unabhängig von dem, was er bisher getan hat, eine berufliche Zukunft aufzubauen. Je besser die Führung, desto mehr Menschen werden diesen Weg gehen.

Nur 10 bis 20 Prozent der gewonnenen Mitarbeiter, so ist die Erfahrung, entdecken in sich den Antrieb, eine wirkliche Karriere als leitende Kraft eines Strukturvertriebes zu machen. Und genau darin liegt die Aufgabe der Führungskräfte: viele Menschen von diesem Beruf als Aufgabe zu überzeugen, sie einzuarbeiten, zuverlässig zu führen und an sie zu glauben. An sie zu glauben heißt, ihnen allen von Anfang an dieselbe Aufmerksamkeit und Zuwendung zu schenken, sie alle mit bestem Willen und bester Kraft zu fördern. Das Spürbarwerden von Zweifeln an der Eignung oder gar eine entsprechende Äußerung würde sofort zu Entmutigung führen und ein Scheitern vorprogrammieren. Schon nach kurzer Zeit ist absehbar, wer sich in das bestehende Team einfügt und dabei bleibt, und nach drei bis vier

Monaten kristallisieren sich die ersten Begabungen heraus. 60 zu sechs liegt erfahrungsgemäß das Verhältnis. Viele von denen, die beginnen, bleiben dabei, sind zufrieden, verdienen gutes Geld und lieben die Gemeinschaft, aber sie sind nicht die, die eines Tages 1554 Mitarbeiter haben. Jeder bestimmt selbst die Grenzen seines beruflichen Wachstums und damit die Höhe seines Einkommens.

Fähigkeiten und Fertigkeiten gilt es zu trainieren – das erfordert Zeit und Anstrengung. Wer andere führen möchte, muß sein eigenes Wissen und Können ständig in Höchstform und auf dem laufenden halten. Er braucht selbst das meiste Training, um mit seiner Aufgabe mitwachsen zu können. Er muß nicht nur das Fachwissen sicherstellen, sondern auch menschlich und in seiner Persönlichkeit mit dem Wachstum seiner Struktur Schritt halten. Ein Fehler, der einmal von einer Führungskraft in die Struktur installiert wurde, dupliziert sich blitzschnell, denn er wird, wie alles Wissen, an neue Mitarbeiter weitergegeben. Viele hochbegabte leitende Kräfte sind schon daran gescheitert, daß sie das von ihrer Führungskraft erlernte Wissen nicht exakt in der gelernten Weise weitergegeben und dadurch die Kontrolle über die nachwachsenden Strukturschichten verloren haben. Fleißige, am eingeführten System orientierte Mitarbeiter haben die besten Chancen und überholen oftmals diejenigen, die zwar kreativ, aber nicht konsequent arbeiten.

Die Spielregeln

Normalerweise sind im Strukturvertrieb alle Mitarbeiter selbständig. Sie haben alle Chancen, aber auch alle Risiken zu tragen. Rechtlich könnte ein vorgeschriebener Arbeitsplan dazu führen, daß die Mitarbeiter gar nicht als selbständig gelten und damit bei ihrem Ausscheiden Abfindungen u. ä. gezahlt werden müßten. Sie bestimmen also selbst darüber, wann, wie lange und wie oft sie arbeiten wollen. Dennoch muß das System konsequent durchgeführt werden, damit der Erfolg aller nicht in Frage gestellt wird. Es gilt also, bestimmte Spielregeln einzuhalten. Die Führungskraft verpflichtet sich, das System genau nach den Regeln wiederum ihrer Führungskraft zu bauen, und der neue Mitarbeiter verpflichtet sich, darin zu arbeiten. Dazu gehört die Teilnahme an den Fortbildungen, an den regelmäßig stattfindenden Meetings und das Erstellen eines Wochenberichtes, der mit der Führungskraft besprochen wird. Die Anzahl der Kundenbesuche in Begleitung einer Führungskraft ist genau festgelegt. Der Mitarbeiter erhält Feedback und kann die in der Praxis auftretenden Probleme mit der Führungskraft erörtern.

Die wichtigste Bedingung lautet: *Eng führen!* Kaum jemand hat Verkaufen gelernt, aber fast jeder glaubt zu wissen, wie es besser geht. Der Strukturvertrieb lebt von dem Element des unermüdlichen Vor- und Nachmachens.

Wichtig ist eine genaue Wegbeschreibung zur Spitze. Schritt für Schritt ist festgelegt und aufgeschrieben. In dem Konzept oder Marketingplan sind die genauen Ausführungsbedingungen aller Arbeitsteile, Texte, Fachwissen, Richtlinien und Beförderungsbedingungen detailgenau beschrieben.

Der neue Mitarbeiter ist gewonnen – was jetzt?

- Informationsveranstaltung mit Firmenvorstellung und Einkommensperspektiven.
- Persönliches Gespräch (festgelegt mit wem und welcher Inhalt)

- Der Mitarbeiter wird selbst Kunde.
- Er lernt den Marketingplan kennen und erfährt, was von ihm erwartet wird, aber auch, was ihm geboten wird.
- Er füllt die Liste „Leute, die ich kenne" mit wenigstens 100 Namen aus.
- Er besucht die erste Fachwissenschulung.
- Das Gelernte wird in wöchentlichen Meetings vertieft.
- Er trifft bei den Meetings Kollegen, von deren Erfahrungen er profitiert, er fühlt sich in die Gemeinschaft eingebunden.
- Die ersten Kundentermine werden gemeinsam mit dem Betreuer, der Führungskraft, vereinbart.
- Diese ersten Kunden werden gemeinsam besucht. Der Betreuer wendet ausschließlich die gelernte, vorgegebene Vorgehensweise an, damit der neue Mitarbeiter den Sinn und Nutzen dieser Vorgehensweise erkennen kann, Ängste abbaut und bei zukünftigen Kundenterminen aus Einsicht in die Richtigkeit genau dieselbe Arbeitsweise benutzt.
- Nach einer festgelegten Zahl derartiger Kundenbesuche beginnt der neue Mitarbeiter das Verkaufsgespräch selbst zu führen. Der Betreuer ist dabei und wird auf dem anschließenden Rückweg vor allem die positiven Aspekte hervorheben. Später findet dann auch Kritik statt.
- Wenn mehrere dieser gemeinsamen Besuche, bei denen der neue Mitarbeiter das Verkaufsgespräch geführt hat, erfolgreich waren, kann er erstmals allein zu einem Kundentermin gehen.
- Der Betreuer bleibt mit ihm in engem Kontakt und läßt sich telefonisch oder im direkten Gespräch den Ablauf des Besuches berichten.
- Der neue Mitarbeiter fühlt sich niemals alleingelassen.

- Der neue Mitarbeiter hat von Anfang an erfahren, daß es sein Ziel sein kann, Führungskraft zu werden. Er sieht bei anderen, daß das möglich ist. Er erfüllt im Verkauf und im vorbereitenden Training die Voraussetzungen dafür.
- Der neue Mitarbeiter gewinnt auf die genau festgelegte Weise neue eigene Mitarbeiter.

Dies kann nur ein grobes Raster sein, in dem die spezifischen Feinheiten, wie die Produktpräsentation oder auswendig gelerntes Fachgespräch, das bei jedem Kunden gehalten werden muß, fehlen.

Die Aufgaben der Führungskraft sind bei der Einhaltung dieser Punkte besonders wichtig. Sie ist verpflichtet, regelmäßig mit dem neuen Mitarbeiter Kontakt zu halten, mit ihm zu telefonieren, um den durch mißglückte Termine eventuell entstandenen Frust abzufangen und seinen Mut neu aufzubauen. Die Führungskraft organisiert die Meetings, an denen der neue Mitarbeiter schon nach kurzer Zeit teilnimmt. Sie ist der Zentrale gegenüber verantwortlich dafür, daß die Personalunterlagen, Gewerbeanmeldung usw. pünktlich eingehen. Sie ist aber auch verantwortlich dafür, daß der neue Mitarbeiter seinen Teil der Aufgaben erfüllt.

Im Konzept sind genau vorgegeben:
- Beförderungen und deren Bedingungen
- Ausbildung – intern und extern
- Prüfungen
- Verpflichtungen der Zentrale (z.B. bei der überregionalen Ausbildung zu helfen)

Das Konzept klärt genau, wer wann wofür und wie zuständig ist. Es ist nicht nur für die Abwicklung wichtig, sondern es gibt dem startenden Mitarbeiter auch Klarheit

in allen Details über seine Karriere, über seine Zukunft. Dies ist für alle gleich, und er weiß, daß es an ihm liegt, wann er den nächsten Karriereschritt schafft.

Die Beförderung

Die Voraussetzungen für eine Beförderung müssen für jeden im gesamten Unternehmen nachvollziehbar sein. Hier liegt die Stärke des Strukturvertriebes. Alles ist gläsern – für jeden. Schummeleien sind absolut verpönt. Durch sie würden viel Kraft und der Glaube an die Ehrlichkeit und die Stärke des Unternehmens verlorengehen. Auf die moralische Standfestigkeit des Unternehmens ist das Gebäude des Strukturvertriebes aufgebaut.

Beförderungen sind für den Mitarbeiter der Beweis seiner wachsenden Fähigkeiten. Auch kleine, scheinbar unwichtige Beförderungen habe eine große Bedeutung für die Betroffenen. Beförderungen müssen ein offizieller Akt des Unternehmens sein, weil sie sichtbarer Beweis für die Richtigkeit und das Funktionieren des Marketingplanes oder des Konzeptes sind. Jede Beförderung wird allen Mitarbeitern bekanntgegeben – ein Motivationsschub für jeden einzelnen.

Selbst der erste Abschluß ist ein Anlaß zu einem kleinen Geschenk als Anerkennung für den wirklichen Start. Wir haben das Loben vergessen in unserem Alltag. Im Strukturvertrieb beginnt ein neues Leben. Leistung zählt – Leistung ist schön. Erfolg entwickelt sich aus der Tiefe. Nach dem Lernprozeß folgt der Aufstieg, die Beförderung, als Belohnung.

Maßnahmen zum Finden von Kunden

Der Strukturvertrieb wird auch als Network Marketing bezeichnet. Das weist darauf hin, daß der Strukturvertrieb mit einem Netzwerk arbeitet. Dieses Netzwerk ist wertvoll und ungemein sensibel. Alle Arbeit im Strukturvertrieb basiert auf den Menschen, die jeder Mitarbeiter kennt – Verwandte, Bekannte, Freunde, Arbeitskollegen, Nachbarn, frühere Mitschüler und deren Eltern usw.

Hier wird das Netzwerk des Erfolgs geflochten. Hier aber sind auch die größten Gefahren für den einzelnen versteckt.

Wenn jemand ein Geschäft eröffnet, lädt er auch sein „Netzwerk" ein – nur, gekauft wird bei einer solchen Eröffnung von fast niemandem. Im Strukturvertrieb hingegen spricht jeder seine Kunden einzeln und direkt an – telefonisch oder persönlich. Er verabredet sich und erklärt im Gespräch, was er tut und wo für den Kunden der Vorteil liegt. Wenn er überzeugend ist, wird er den Kunden gewinnen, und dieser wird ihm, da er selbst überzeugt ist, Empfehlungen geben. Das alles ist eine Sache des richtigen Gesprächs, des gelernten und geübten Gesprächs. Durch diese Empfehlungen wächst sein Netzwerk unaufhörlich.

Im Bekannten- und Verwandtenkreis ist das Verkaufen aus vielen Gründen für die Mitarbeiter am schwersten, weil sie möglicherweise

- sich wie Verkäufer im negativen Sinne vorkommen,
- Angst haben, ausgelacht zu werden,
- noch nicht sicher sind,
- Scham empfinden, damit Geld zu verdienen,
- in Sorge sind, ob das Produkt das hält, was sie versprechen.

Ist das Produkt gut und arbeitet der Verkäufer für ein verantwortungsbewußtes Unternehmen, wird er mit Hilfe seiner Führungskraft diese Anfangsschwierigkeiten überwinden und Karriere machen. Er wird Geld verdienen, seine Lebensge-

wohnheiten ändern, und seine Fähigkeiten und Fertigkeiten werden für alle sichtbar. In dieser positiven Situation verflüchtigen sich die anfangs von Freunden und Verwandten eventuell geäußerten Zweifel, und seine Selbstsicherheit wächst und festigt sich, was wiederum eine Grundlage zu weiteren Erfolgen ist.

Basiert der Erfolg aber ausschließlich auf dem Hochpowern des Umsatzes und der Ausnutzung einer Notlage des Mitarbeiters, der Arbeit und Einkommen braucht, ist der Spuk schnell zu Ende. Wird dem neuen Mitarbeiter nahegelegt, seinen Umsatz zu steigern, indem er selbst einkauft und sich ein eigenes Lager zulegt, damit er schneller in der Firmenhierarchie aufsteigt, ist der Mißerfolg bereits vorprogrammiert.

Für den Anfänger im Strukturvertrieb ist alles zu Ende, wenn er

- sich ein Warenlager zugelegt hat und nicht soviel verkaufen kann,
- Schulden bei der Bank, Freunden oder Verwandten gemacht hat, um die Waren einzukaufen, und sie nicht zurückzahlen kann,
- Schulden gemacht hat, um Erfolg durch einen gehobenen Lebensstil vorzutäuschen,
- mit seinem Namen gebürgt hat.

Nur die Firma hat verdient, zumindest scheint es im Augenblick so zu sein. Wenn sie den Anfänger richtig geführt und Verantwortung gezeigt hätte, wäre er vielleicht auch nicht erfolgreich geworden, aber er wäre unbeschadet aus dem Unternehmen wieder ausgeschieden, möglicherweise ein überzeugter Kunde, bestimmt ein Anhänger der Firma und ihrer Idee geblieben.

Im Strukturvertrieb schnell große Umsätze machen zu wollen bedeutet, riesige Luftblasen gefüllt mit den Träumen der

Mitarbeiter platzen zu lassen. Das ist in Deutschland und sicher auch anderswo schon oft geschehen, und es darf nicht ein einziges Mal mehr passieren, will man diese hervorragende Idee des Netzwerkes nicht zerstören.

Maßnahmen zum Gewinn von Mitarbeitern

Die verlockende Möglichkeit, Führungskraft im Strukturvertrieb zu werden, ist für die meisten unwiderstehlich.

Um eine Mitarbeiterstruktur aufzubauen, gilt es zunächst einmal, diese Mitarbeiter zu finden. Hier ist zum zweiten Mal die 100-Namen-Liste sinnvoll und notwendig. Da der neugewonnene Mitarbeiter jeden, der ihm einfällt, aufschreibt und anschließend jeden, den er kennenlernt oder vergessen hat, nachträgt, steht ihm hier ein großes Potential an möglichen Interessenten zur Verfügung. Er trifft keine Auswahl, denn jeder kann ein potentieller zukünftiger Kunde oder Mitarbeiter sein. Erst wenn die Liste erstellt ist, kann er zusammen mit seiner Führungskraft beginnen zu überlegen, wer Kunde und wer vielleicht später Mitarbeiter werden könnte.

Potentielle Mitarbeiter werden als erste *gemeinsam* besucht, um zunächst Kunden zu werden. Gleichzeitig kann man herausfinden, ob der eine oder andere an diesem vielversprechenden Beruf interessiert ist. Da die Führungskraft diese Gespräche führt, ist die Möglichkeit des Scheiterns gering, und es werden von Beginn an die Weichen in die Richtung gestellt, ein eigenes „Subunternehmen" mit Mitarbeitern aufzubauen.

Durch diese gemeinsame Arbeit, bei der die Führungskraft vormacht und der Anfänger lernt, werden mehrere Ziele erreicht:

- Der Anfänger erhält die Bestätigung, daß die Art des Vorgehens effektiv und erfolgreich ist.
- Seine Motivation, Umsatz zu machen, steigt.
- Sein Vertrauen zu sich selbst wächst.
- Das Vertrauen zur Führungskraft wächst.
- Rückschläge werden leichter verkraftet.

Der neue Mitarbeiter kommt – mit Hilfe seines Betreuers – mit jedem, der interessant erscheint, ins Gespräch. Auch hier ist die Strategie des Vorgehens für den Erfolg entscheidend. Jeder wird sich erst einmal erklären lassen, worum es geht, und viele, auch die, die vielleicht nicht selbst interessiert sind, kennen möglicherweise einen anderen, für den dieser Beruf in Frage kommt. Es ist äußerst wichtig, immer wieder das Gespräch zu suchen und damit auch zu signalisieren, daß das Geschäft attraktiv ist. So wird der eigene Glaube manifestiert, das Vorgehen durch ständige Übung professionalisiert und der Erfolg gefestigt. Die Umgebung erlebt das als zutreffend, was der neue Mitarbeiter erhofft und vorausgesagt hat, und das wiederum festigt ihn in seinem Glauben an das, was er tut.

Da jeder Anfänger auf dieselbe Art eingearbeitet wird, werden über die 100-Namen-Listen alle in Frage kommenden neuen Mitarbeiter bekannt. Beschließt ein Mitarbeiter, aus der Firma auszuscheiden, bleiben trotzdem die von ihm Neuangeworbenen dabei, sie werden in die Struktur des Betreuers eingegliedert. Ein engmaschiges Netz entsteht und mit ihm die Pflicht, sorgfältig und verantwortungsbewußt zu handeln.

Die Auswahl

Prinzipiell kommt jeder Bewerber mit einem guten Leumund in Frage.

Vorsicht ist geboten bei

- Bewerbern, die schon alles gemacht haben, Network Marketing genauestens kennen und über zahllose Adressen verfügen. Sie sind nirgends lange zurechtgekommen, sammeln überall Adressen und wechseln die Firmen wie die Hemden. Als Mitarbeiter sind sie straff zu führen, genau einzuarbeiten, das Können ist zu überprüfen, um aus dem vermeintlichen Überflieger einen Könner zu machen oder ihn zu entlarven.
- Bewerbern, die alles verändern wollen, noch bevor sie Erfolge nachweisen können. Sie versuchen gar nicht erst, nach der vorgegebenen Methode zu arbeiten, bezweifeln deren sinnvollen Aufbau und säen damit Zweifel auch bei anderen. Auch sie sind straff zu führen. Oder man trennt sich wieder von ihnen, da sonst das gesamte System leidet.
- Bewerbern, die unzuverlässig sind. Sie versprechen viel, aber halten nichts, protzen mit hohen Umsätzen, die sie dann nicht bringen, kommen weder zu den Meetings noch zu den Schulungen und Prüfungen. Sie stellen das Unternehmen in einem schlechten Licht dar und haben häufig an den Produkten etwas auszusetzen, um ihren Mißerfolg nicht mit der eigenen mangelnden Qualifikation, sondern mit der vermeintlich mangelnden Qualifikation der Firma zu begründen. Man trennt sich am besten schnell von ihnen.

Geeignet sind die, die mit ganzem Herzen dabei sind, die sich auf die Meetings und Schulungen freuen, die dem Betreuer alles von den Lippen ablesen, was sie lernen können.

Manche werden zu Beginn keine großen Erfolge haben, aber wenn sie unbeirrt weiterarbeiten und eine positive Einstellung zu ihren Zielen haben, wird der Erfolg sich früher oder später einstellen. Erfolg, der aus Überzeugung und Können kommt und daher von Dauer ist.

Das Training

Die besten Trainer sind die Mitarbeiter, die genau nach dem Marketingplan vorgehen, sich an die gelernten Inhalte des Verkaufs- und des Anwerbegesprächs halten, aus diesen Gründen erfolgreich werden und Vorbilder sind. Sie zeigen, daß und wie das Konzept funktioniert.

Grundlage ist das fundierte Fachwissen und Können durch eigene Erfahrung. Der Mitarbeiter soll alles, was sein Fachgebiet betrifft, wissen, denn das verleiht ihm Sicherheit und Überzeugungskraft. Er soll sich aber genauestens an das Verkaufsgespräch und das Konzept halten und vor dem Kunden nicht mit Fachwissen brillieren oder ihn damit zuschütten.

Neben den Mitarbeitern, die in Führungspositionen wachsen und die Anfänger trainieren, sind außenstehende Trainer, die nicht zur Firma gehören, nötig. Trainer, die die Themen „Führungskompetenz" und „Rhetorik" schulen. Sie müssen bereit und fähig sein, sich in die Firmenphilosophie hineinzudenken, und mit ihrer Arbeit diese Vision bestätigen und festigen, sie auf die tägliche Praxis übertragen.

Die Motivation

Es gibt Fachleute, die behaupten, daß man nicht motivieren kann. Dem möchte ich widersprechen. Richtig ist, daß eine aufgesetzte Motivation ohne Fundament, die nur Emotionen aufwühlt, eher schädlich ist. Es gibt aber auch Motivatoren, die das Weiterlernen mit den in jedem Menschen verborgenen Motiven verknüpfen.

Motivieren beinhaltet Motiv, einen Grund haben. Motivieren kommt aber auch von dem lateinischen Wort movere, bewegen.

Der Trainer eines Motivationsseminares sollte die Herzen bewegen und aufschließen können. Die meisten Menschen haben wenig über ihre Ziele, über ihre Bestimmung erfahren und natürlich noch weniger darüber, welcher Weg dorthin führt und wie man mit Widerständen auf diesem Wege umgeht.

Ist ein entsprechender Trainer gefunden, braucht er die Möglichkeit, dauerhaft und regelmäßig mit den Mitarbeitern zu arbeiten, damit sich das von ihm gesäte Gedankengut verwurzeln kann. Die Wiederholung der Seminare steigert die Effektivität. Auch vereinzelte Widerstände rechtfertigen den Wechsel des Motivators nicht. Das Ziel seiner Arbeit ist erst erfüllt, wenn sich die Vision jedes einzelnen erfüllt hat.

Die Führung

Hier liegt der Schlüssel zur Größe. Führungskräfte, die im Sinne der Firma arbeiten, sind auf dem Arbeitsmarkt so gut wie nie zu finden. Aus diesem Grunde ist es unerläßlich, die Mitarbeiter mit dem Thema Führung sehr frühzeitig vertraut zu machen – in kleinen Schritten und ihrem Erfolg angemessen.

Führungskraft zu sein bedeutet, zu jeder Zeit ein makelloses Vorbild zu sein. Am Verhalten der Führungskräfte orientieren sich die neuen Mitarbeiter, deren Denken beeinflußt ihr Handeln.

Die Führungskraft hat gelernt, daß alle Handlungsweisen für jeden Mitarbeiter des Unternehmens festgelegt sind – und vor allem eingehalten werden. Die Kontrolle geht verloren, wenn keiner mehr weiß, was der andere tut. Kein Unternehmen ist zu führen, wenn jeder hofft, das, was er gerade macht, wird schon zu etwas Gutem führen.

Führung bedeutet, mit den Mitarbeitern die Strategie der Firma so lebendig und glaubhaft zu gestalten, daß niemand auf die Idee kommt, etwas anderes zu tun. Jeder einzelne hält sich aus Einsicht an die vorgegebenen Verhaltensweisen. Jeder Mitarbeiter, der auf derselben Beförderungsstufe steht wie der ausgeschiedene, muß in der Lage sein, problemlos an dessen Stelle einzuspringen. Ist das nicht gewährleistet, ist der Zusammenbruch der Struktur vorprogrammiert.

Führung bedeutet Controlling, Wochenberichte, Training aller Gespräche. Führung bedeutet einerseits, Krisenmanagement zu beherrschen, und andererseits die Kraft, den Mitarbeitern Power ins Herz zu setzen.

Menschen zu führen ist eine schöne und verantwortungsvolle Aufgabe. Liebe zum Beruf, Beharrlichkeit, Geradlinigkeit und immer wieder die Vorbildfunktion sind neben Fleiß, Kreativität und Flexibilität die entscheidenden Parameter für wirkliche Führungsgröße.

11.5 Der computergesteuerte Vertrieb des Pharmazie-Großhandels

Der Autor

Ralph Michael Naumann, Informatiker mit besonderem Interesse für Psychologie, war vier Jahre lang mit der Entwicklung und Durchführung von Trainingsprogrammen für Verkauf und Kommunikation bei der Carlheinz Naumann Marketing- und Managementberatung BDU beschäftigt. Inzwischen arbeitet er als selbständiger Trainer in den Bereichen Investitionsgüter, industrielle Zulieferung, Dienstleistungen und Handel.

Das Vertriebssystem des Pharmazie-Großhandels ist eines der ältesten wirklich vollständigen Systeme zur computergestützten Vertriebssteuerung einer ganzen Branche. Es hat sich eine EDV-technische Anbindung zwischen Verkäufer und echten, unabhängigen Kunden entwickelt, wie sie sonst nur innerhalb von Handelskonzernen zwischen den Fillialen und der Zentrale besteht.

Auf den ersten Blick sieht es so aus, als ob hier eine Maschine der anderen etwas verkauft. Der Rechner des Großhandels liest per Telefon die Bestellungen seines Kunden, der Apotheke, ein, die sich dort aufgrund der Warenwirtschaft ergeben haben. Die Bestätigung der Bestellung bzw. die Meldung über die Nichtlieferbarkeit eines Teiles erfolgt sofort. Häufig wird die Lieferung auch computergesteuert kommissioniert, und erst bei der Ausgangskontrolle greift ein Mensch ein. Bei mehrmals täglicher Belieferung der Kunden und Zeiträumen von wenigen Stunden zwischen Bestellung und Lieferung ist die dafür notwendige Logistik sicherlich ohne extreme Computerunterstützung nicht zu schaffen.

In welchem Maße eine solche Automatisierung notwendig, sinnvoll oder auch wünschenswert ist, hängt sehr stark von den Gegebenheiten des eigenen Geschäftes, den Mitarbeitern im Verkauf und selbstverständlich der Kundenstruktur ab. Gerade die Akzeptanz bei den Kunden ist ein wichtiger Faktor in der Überlegung, wie weit man seinen Vertrieb automatisieren kann. Dem Pharmazie-Großhandel kam hier zugute, daß die Apotheken schon vor Einführung der elektronischen Datenverarbeitung sehr systematisch Warenwirtschaft und Bestellwesen betrieben. Die Einführung von entsprechenden Computern ergab sich daraus zwangsläufig.

Bevor wir uns mit den Vor- und Nachteilen des Vertriebs per Computer beschäftigen, sollten wir zunächst prüfen, für welche Art von Waren und Vertriebsschienen dies überhaupt sinnvoll und geeignet ist. Um gleich einem Mißverständnis vorzubeugen: Es geht hier nicht um Homeshopping mit all seinen werblichen Aspekten, was selbstverständlich auch erfolgreich im Business-to-Business-Geschäft eingesetzt werden kann, sondern um Geschäftsvorgänge mit einem bestehenden Kundenstamm.

Möglichkeit zum Einsatz eines solchen Systems

Überall dort, wo ein Kunde per Telefon, Fax oder Brief bestellt. Das bedeutet, daß dieser Vertriebsweg für jede Ware möglich ist, die Ihr Kunde regelmäßig bei Ihnen bezieht bzw. von der Sie möchten, daß er das tut. Zu ihrem Verkauf ist nicht zwingendermaßen ein persönlicher Besuch des Außendienstes nötig, z.B. weil Preise und Vertragsbedingungen nicht bei jeder Bestellung neu verhandelt werden oder das Produkt/die Leistung nicht individuell für diesen Kunden und diese Lieferung angefertigt oder angepaßt werden muß. Grundsätzlich läßt sich also sagen, daß der Vertrieb per Computer für nahezu jede Handelsware, Verbrauchsmaterial, Hilfsstoffe bis hin zu Fertigungskomponenten geeignet ist.

Die Vor- und Nachteile dieses Vertriebsweges sowohl für Sie als Verkäufer als auch für Ihre Kunden wollen wir hier im einzelnen ansprechen.

Vorteile des computergestützten Vertriebs

Vorteile für den Lieferanten

Jeder Auftrag eines Kunden wird vermutlich irgendwann bei Ihnen in die Datenverarbeitung eingegeben. Wenn nicht sofort, zur Prüfung der Lieferbarkeit, Produktionsplanung oder Auftragsabwicklung, dann doch spätestens beim Eingang in die Faktura bzw. Buchhaltung. Je nach Anzahl und Größe – mit Größe ist hier nicht der Wert in DM, sondern die Anzahl der Positionen auf dem Auftrag gemeint – der eingehenden Aufträge geht hier bei deren Eingabe und anschließender Prüfung viel Zeit verloren. Die Vorstellung, daß Sie diese Zeit dafür aufwenden, etwas wieder in computergerechte Form zu bekommen, was Ihr Kunde vermutlich kurz vorher erst mit ähnlichem Zeitaufwand am Computer erarbeitet hat, mutet eigentlich etwas seltsam an. Schon die „manuelle" Annahme eines Auftrags dauert länger als die maschinelle Übermittelung.

Wie bei den meisten (sinnvollen) Anwendungen von Rechnern ist hier Zeitgewinn ein wesentlicher Vorteil. Würde der Pharmazie-Großhandel die Bestellungen seiner Kunden konventionell, also per Telefon, abfragen, wäre die Möglichkeit zu einer täglich mehrfachen Bestellung und Belieferung aller Kunden nicht mehr gegeben. Der Zeitgewinn, den Sie erhalten, kann also abhängig von den Gegebenheiten Ihres Geschäfts erheblich sein.

Ein weiterer Vorteil für Sie ist die Richtigkeit der Daten, die zur Auftragsabwicklung gelangen. Die erste Fehlerquelle für einen Auftrag liegt bereits bei einer falsch verstandenen Artikelnummer oder Bezeichnung, sei es nun durch undeutliche Aussprache des Kunden oder durch Nebengeräusche. Auch eine unleserliche

Schrift oder ein Verrutschen in der Zeile auf dem Auftragsformular, nicht zu vergessen die Möglichkeit von Tippfehlern oder „Zahlendrehern" bei der Eingabe in den Computer bleiben nicht ohne Folgen. All diese Fehler sind durchaus verständlich, denn schließlich muß es schnell gehen. Falschlieferungen, die aufgrund solcher Fehler passieren, sind peinlich, der Geschäftsbeziehung schädlich und kosten bei ihrer Behebung Geld und wiederum Zeit.

Sie können außerdem jederzeit, quasi auf Knopfdruck, übersehen, welche Kunden schon bestellt haben, und vor allem, welche Kunden das noch nicht getan haben, obwohl eine Bestellung eingegangen sein müßte.

Hier eine kurze Bemerkung zu den beiden grundsätzlichen Arten, den Auftragseingang per Datenfernübertragung zu gestalten. Sie bzw. Ihr Rechner kann den Rechner des Kunden anrufen, um den Auftrag abzufragen. Oder der Rechner des Kunden ruft Ihren Rechner an, um den Auftrag zu übermitteln.

Der Vorteil der ersten Variante liegt darin, daß die Aktivität auf seiten des Verkäufers liegt, was aus verkaufstechnischer Sicht ja wünschenswert ist. Der Nachteil liegt darin, daß der Kunde seine Bestellung freigegeben haben muß und sein System in Bereitschaft gebracht haben muß, um Ihren Anruf zu empfangen. Das bedeutet, Sie müssen mit Ihrem Kunden feste Zeiten vereinbaren, zu denen Ihr Rechner die Bestellungen abfragt. Hat der Kunde etwas vergessen, hat er zudem keine, zumindest keine maschinelle Möglichkeit mehr, dies nachzubestellen.

Der Vorteil der zweiten Variante liegt darin, daß Ihr Kunde zu jeder beliebigen Zeit bestellen, also auch nachbestellen kann. Der Nachteil ist, daß die Aktivität

auf seiten des Kunden liegt und somit natürlich auch vergessen werden kann.

Für welche Variante Sie sich entscheiden, ist abhängig von Ihrem Geschäftsgang. Der Pharmazie-Großhandel benutzt die erste Variante, d.h., der Großhandelsrechner ruft die Rechner seiner Kunden zu vereinbarten Zeiten an. Die Menge der Kunden, die alle mehrfach täglich bestellen, ist sonst technisch kaum in den Griff zu kriegen, wenn jeder Kunde zu beliebigen Zeiten anruft. Ein großer Teil der Kunden würde vermutlich auf ein besetztes System stoßen und müßte den Bestellvorgang eventuell mehrfach wiederholen. Auch wenn diese Wiederholung automatisch stattfinden kann, ist es doch sehr unschön, wenn er auf seinem Bildschirm ständig die Mitteilung bekommt, daß sein Auftrag noch nicht durchgekommen ist. In Anbetracht der jeder Bestellung folgenden Lieferung fällt die Notwendigkeit einer Nachbestellung auch nicht so sehr ins Gewicht wie bei einer Bestellung, die nur einmal pro Tag, pro Woche oder gar Monat abgegeben wird.

Bei einer niedrigeren Bestellfrequenz oder bei generell unregelmäßigen Bestellungen ziehe ich die zweite Variante vor, da sie den Kunden nicht zwingt, seine Bestellung zu einem bestimmten Zeitpunkt fertig zu haben und er jederzeit nachbestellen kann. Diese Variante ist außerdem, wie wir später bei den Vorschlägen zur Lösung der technischen Probleme noch sehen werden, bereits mit sehr geringem Aufwand zu verwirklichen.

Auch bezüglich der Bindung eines Kunden an einen Lieferanten hat der computergestützte Vertrieb einen Vorteil. Wenn Sie bei Ihrem Kunden die Position des Erstlieferanten innehaben und als solcher in dem Programm, das seine Bestellungen zusammenstellt, verzeichnet sind, bedarf es einer ganz bewußten Handlung des Kunden, Sie von dieser Position zu verdrängen. Ein schleichender Verlust dieser Position durch eher zufällige Verschiebungen in der Auftragsverteilung des Kunden, die er unbewußt vornimmt, ist daher nicht so wahrscheinlich.

Vorteile für den Kunden

Alles oben Erwähnte ist natürlich auch für Ihre Kunden von Vorteil. Wenn die Aufträge schneller und präziser aufgenommen werden und damit eine schnellere und präzisere Lieferung ermöglicht wird, gibt das Ihren Kunden ein höheres Maß an Sicherheit.

Darüber hinaus hat der Kunde noch den Vorteil, daß er unmittelbar bei der Bestellung schon eine Rückmeldung darüber erhält, ob sein Auftrag vollständig ausgeführt werden kann oder nicht. Er hat damit die Möglichkeit, schneller zu reagieren, und muß nicht auf eine schriftliche Auftragsbestätigung warten oder, im schlechtesten Fall, warten, bis die Lieferung unvollständig bei ihm eintrifft. Auch das vermittelt Ihren Kunden mehr Sicherheit. Das Gefühl der Sicherheit ist ein wesentliches Grundelement des Vertrauens, und das Vertrauen Ihrer Kunden in Sie als zuverlässigen Lieferanten ist die beste Basis für eine erfolgreiche Geschäftsbeziehung.

Probleme des computergestützten Vertriebs

Grundsätzlich können wir zwei Gruppen von Problemen definieren: die strategischen, die aufgrund der verringerten Kommunikation mit den Kunden entstehen, bedingt durch die automatische Auftragserteilung, und solche technischer Natur.

Die strategischen Probleme

Die Nachteile liegen vor allem im akquisitorischen Bereich. Ganz egal ob Sie Ihren Kunden persönlich anrufen oder ob Ihr Kunde sich bei Ihnen meldet, in beiden Fällen haben Sie die Möglichkeit, den Kunden bei der aktuellen Bestellung z.B. auf ein besonderes Angebot, das Erreichen einer höheren Rabattstaffel oder die Substitution eines im Moment oder in dieser Form nicht lieferbaren Produkts durch ein anderes aufmerksam zu machen. Das heißt, Sie können Ihrem Kunden Argumente liefern, warum die aktuelle Bestellung größer ausfallen sollte, als sie es im Moment ist. All das geht bei einer maschinellen Bestellung nur eingeschränkt bis gar nicht. Selbst wenn Sie theoretisch über ein technisch so ausgefeiltes System verfügen, das beim Aufnehmen der Bestellung solche Interventionen vornehmen könnte, so befindet sich auf der anderen Seite doch immer nur eine Maschine, die eine solche Entscheidung weder treffen kann noch darf.

Einen weiteren Nachteil in diesem Zusammenhang stellt das feste Ranking der Lieferanten innerhalb des Systems beim Kunden dar. Diese Einteilung der Lieferanten in den ersten, zweiten usw. für eine Produktgruppe ist natürlich fast immer gegeben, aber im Verlaufe einer Geschäftsbeziehung besteht die Möglichkeit, durch gute Erfahrungen, die der Kunde macht, an die Spitze dieser Liste zu gelangen, ohne daß dem Kunden das direkt bewußt wird. Hier wandelt sich der oben beschriebene Vorteil in einen Nachteil, wenn man sich erst an die Spitze der Lieferanten vorarbeiten will. Der Kunde muß auch hier ganz bewußt eine Änderung vornehmen und ausdrücklich erklären, daß er Sie in Zukunft als Erstlieferanten haben möchte. Das ist sehr viel schwieriger zu erreichen, als langsam und kontinuierlich in diese Position hineinzuwachsen.

Diese Probleme müssen durch eine Änderung der Kommunikationsstrategie gelöst werden. Ziel des verkäuferischen Kontakts wird nicht mehr vorrangig die Unterschrift unter dem Auftrag sein, sondern die Erhaltung, Verbesserung oder Herstellung der Beziehung zum Kunden und die Entwicklung einer Vertrauensbasis, die den Kunden dazu veranlaßt, Ihre Firma und Ihr Angebot höher zu bewerten als die Konkurrenz. Für den Verkäufer bedeutet dies eine Aufwertung seiner Arbeit und seiner Position, da er dadurch noch mehr zum Imageträger seines Unternehmens wird, als er dies ohnehin schon ist. Seine Aufgabe wird aber auch schwieriger, da er dadurch selbst mehr im Mittelpunkt steht und falsches Verhalten oder mangelnde Verkaufstechnik nicht mehr durch gute Produkte kompensieren kann.

Die technischen Probleme

Das früher größte technische Problem, die mangelnde Ausstattung mit entsprechenden Rechnern, ist heute in vielen Branchen gelöst. In erster Linie ist dies der Tatsache zu verdanken, daß ein moderner PC für wenige tausend DM eine Rechenleistung und Verarbeitungsgeschwindigkeit erreicht, für die vor ein paar Jahren noch eine sogenannte „mittlere Datenanlage" notwendig war. Deren Preis war so hoch, daß sich diese Investition für einen kleinen bis mittleren Betrieb nicht rentiert hätte.

Geblieben ist das Problem des Datenaustausches. Um diesen durchführen zu können, müssen die Anwendungsprogramme beider Partner aneinander angepaßt sein. Daß es dazu keine Norm oder wenigstens einen gängigen Industriestandard gibt, ist sicher der letztlich wichtigste

Grund dafür, daß sich der computergestützte Vertrieb noch nicht weiter durchgesetzt hat. Dort, wo er existiert, hat er sich meist entwickelt, indem ein in seinem Markt sehr mächtiger Kunde seine Lieferanten mehr oder weniger gezwungen hat, mit einem Vertriebsprogramm zu arbeiten, das mit seinem Einkaufsprogramm kompatibel ist. Wehe dem Lieferanten, der zwei solche Kunden hat, die mit unterschiedlichen Systemen arbeiten.

Hier eine Lösung für dieses Problem vorschlagen zu wollen, wäre vermessen. Im Pharmazie-Großhandel konnte eine solche Lösung gefunden werden, weil eine relativ kleine Gruppe von Lieferanten mit einer zwar großen, aber sehr homogenen Gruppe von Kunden zusammenarbeitet. Auch der Markt der Software- und Systemanbieter für Apotheken war und ist sehr viel überschaubarer als der Markt der Anbieter von Warenwirtschafts- und Vertriebsprogrammen in seiner Gesamtheit. Ein brancheninterner Standard konnte sich somit leichter entwickeln. Ein Systemanbieter, der heute in diesen Markt einsteigen will, muß sich an diesen Standard halten, oder er wird sich nicht durchsetzen können.

Ein solcher auf eine Branche bezogener Standard würde aber auch das Problem nicht lösen, weil viele Lieferanten einen Kundenkreis aus verschiedenen Branchen haben. Da eine Lösung des Problems in absehbarer Zeit nicht zu erwarten ist, bleibt Ihnen nichts anderes übrig, als mit Ihren Kunden zu sprechen und eine individuelle Lösung zu vereinbaren.

Vermutlich sind Sie in vielen Fällen einer solchen Lösung näher, als Sie glauben. Hierzu einige Überlegungen und Vorschläge.

Alle Betriebssysteme verfügen heute über die Fähigkeit, Daten per Datenfernübertragung zu verschicken und zu empfangen. Da vermutlich ein großer Teil Ihrer Kunden mit Warenwirtschaftsprogrammen oder ähnlichen Dispositionshilfen arbeitet, liegen dort die Bestellungen als Daten dieses Anwendungsprogrammes vor. Die zentrale Frage ist, wie die vorhandenen Daten in eine Form gebracht werden können, die von Ihrer Auftragsannahme weiterverarbeitet werden kann. Hierzu haben sich die schon früher von der CCG (Centrale für Coorganisation, die auch für die Vergabe von EANs und Betriebsnummern zuständig ist) entwickelten Datensatzformate SEDAS (Standardisiertes einheitliches Datenaustauschsystem) bewährt. Ursprünglich für den Datenträgeraustausch, also den Versand von Daten auf Diskette oder Magnetband entwickelt, kann dieses Format ebenso zur Datenübermittelung per Datenfernübertragung benutzt werden.

Ihre Kunden benötigen dazu in ihren Programmen eine Funktion, die die vorhanden Daten in dieses Format konvertiert. Bei einigen sehr einfachen Programmen „von der Stange" könnte das schwierig werden. Die Übermittlung der Daten kann dann mit Standardprogrammen erfolgen.

Eine weitere Möglichkeit, vor allem für kleinere Firmen, da sie mit geringem Aufwand verwirklicht werden kann, ist, daß Sie Ihren Kunden eine sogenannte Mailbox anbieten. Dies ist, grob gesagt, ein PC, der bei Ihnen installiert ist und der von den Kunden mit ihren PCs per Telefon erreicht werden kann. Die Kunden geben ihre Aufträge dann direkt in Ihr System ein. Diese Variante hat mehrere Vorteile:

Die nötige Investition ist klein. Sie brauchen dafür einen PC, es muß noch nicht einmal einer der neuesten Generation sein. Außerdem benötigen Sie die Software für den Betrieb einer Mailbox. Beides zusammen ist für unter 10 000 DM zu bekommen. Ihre Kunden brauchen nur Standardsoftware zur Bedienung der Mailbox, die heute beim Kauf eines PC oder eines Modems (das Gerät, das den Computer mit dem Telefon verbindet) meist gleich mitgeliefert wird. Viele Mailbox-Programme liefern die Software zu ihrer Bedienung durch Kunden gleich mit. Diese sind dann speziell auf Ihre Mailbox eingestellt, können von Ihnen an Ihre Kunden verteilt werden und sind dann dort ohne technische Kenntnisse zu installieren. Das Ganze funktioniert völlig unabhängig von der Software, mit der Ihre Kunden sonst arbeiten. Das bedeutet, neue Kunden können sehr schnell integriert werden.

Weitere Möglichkeiten, einen computerunterstützten Vertrieb zu realisieren, sind auch über das Internet oder T-Online (das frühere BTX) gegeben. Im Gegensatz zu den genannten Methoden, bei denen Sie und Ihre Kunden direkt über das Telefonnetz miteinander verbunden sind, übernehmen hier Dienstleister die Aufgabe, die Verbindungswege innerhalb ihrer Computernetze zur Verfügung zu stellen. Neben den bekannten, zum Teil international arbeitenden Firmen wie T-Online, CompuServe oder America Online (diese Liste ist keineswegs vollständig) gibt es fast überall regionale Anbieter, die Sie auch bei der Gestaltung Ihrer Programme beraten und unterstützen.

Ein technisches Problem, das in der Praxis sehr leicht übersehen wird, stellt sich, wenn Sie und Ihr Kunde unterschiedliche Artikelnummern für das gleiche Produkt benutzen. Im oben als Beispiel erwähnten Pharmazie-Großhandel ist dieses Problem kaum relevant, da die ganze Branche mit der Pharma-Zentral-Nummer eine für alle Beteiligten und alle Produkte gültige Artikeldefinition zur Verfügung hat.

In anderen Branchen ist dies mit der EAN noch nicht geglückt, und für viele, vor allem im Bereich Produktion und Weiterverarbeitung, wird das wohl auch so bleiben. Die Bestellvorschläge, die Ihre Kunden aus ihrer Warenwirtschaftsrechnung erhalten, haben als Bezug deren Artikelnummer. Ein Verkäufer, der einen Auftrag zusammenstellt, sei es persönlich beim Kunden oder am Telefon, kann natürlich das Problem von unterschiedlichen Artikelnummern oder Bezeichnungen sofort durch eine entsprechende Nachfrage klären. Bei einer Bestellung von Maschine zu Maschine muß sichergestellt sein, daß beide Seiten unter einem Schlüssel, eben der Artikelnummer/Bestellnummer, das gleiche verstehen.

Ist dies nicht sichergestellt, kommt es zu Falschlieferungen, oder der Kunde erhält den Hinweis, daß der bestellte Artikel nicht lieferbar ist. Er wird ihn dann vermutlich bei der Konkurrenz kaufen. Beides sollte auf jeden Fall vermieden werden. Eine Möglichkeit dazu ist, eine Umsetzungsmatrix, also eine Tabelle, zu erstellen, die die Artikelnummern der eingehenden Kundenbestellungen mit Ihren eigenen verknüpft. In allen Fällen, in denen der Kunde nur auf einen festgelegten Teil Ihres Sortiments zurückgreift, z.B. weil Sie bei diesem Kunden als Lieferant für bestimmte Artikel gelistet sind, ist es kein großer Aufwand, diese Matrix zu erstellen. Bei maschinell übermittelten Bestellungen ist damit eindeutig definiert, welcher Artikel gemeint ist, und auch bei der persönlichen Bestellung durch den Kunden hat sich dieses System in der Praxis bewährt. Der Kunde kann mit den ihm geläufigen eigenen Artikelnummern arbeiten, und Ihr Mitarbeiter, der die Bestellung aufnimmt, kann die einzelnen Positionen mit der vom Kunden genannten Nummer in den Computer eingeben, da dieser den entsprechenden Artikel über die Verknüpfung findet. Als Nebeneffekt ergibt sich auch die Möglichkeit, auf Lieferscheinen und Rechnungen die Artikelnummer bzw. auch die Artikelbezeichnung, die der Kunde intern verwendet, zu drucken.

Die hier gemachten Vorschläge können und sollen keine Gebrauchsanweisung sein, sondern Anregung und Hinweis darauf, daß der Aufbau eines computerunterstützten Vertriebs auch möglich ist, ohne zu warten, bis endlich eine allgemeine Norm dafür entwickelt wird.

Nachteile und Probleme für die Kunden

Für die Kunden erwachsen aus einem computergestützten Vertriebssystem ihrer Lieferanten kaum Probleme. Die Richtigkeit und Vollständigkeit der Bestellung hängt von der Qualität der Bedarfsanalyse ab, daran ändert sich auch durch die Bestellung per Computer nichts.

Wie auch schon weiter oben beschrieben, muß Ihr Kunde darauf verzichten, für ihn vielleicht relevante Informationen oder Rückfragen unmittelbar bei der Bestellung zu erhalten. Die Investition in die Aufrüstung eines Rechners oder eventuell die Erstanschaffung eines solchen ist vergleichsweise gering.

Die neue Rolle des Verkäufers

Bei genauer Betrachtung ist die neue Rolle gar nicht so neu. Die Vorstellung, daß ein Computer den klassischen persönlichen Verkauf überflüssig macht, ist so abwegig wie die Idee, alle Lehrer zu entlassen und die Kinder mit Hilfe von Medien sich selbst unterrichten zu lassen. Egal wie rationell und effektiv ein Vertrieb per Computer funktioniert, Verkaufen ist eine Tätigkeit, die zwischen Menschen stattfindet. Der Verkäufer, der nicht mehr von Kunde zu Kunde fährt oder Stunden am Telefon verbringt, nur um Zahlen in ein Auftragsformular zu schreiben und diese dann zu addieren, hat mehr Zeit für das, was die eigentliche Aufgabe eines Verkäufers ist. Er muß eine Beziehung zwischen seiner Firma und ihren Kunden aufbauen, erhalten und vertiefen.

Die von vielen Verkäufern mit der Tätigkeit des Verkaufens verwechselte Funktion, eine Bestellung aufzunehmen, sollte eigentlich „abkaufen lassen" heißen. Das kann eine Maschine ebensogut wie ein Mensch, nur schneller, billiger und meist auch mit weniger Fehlern. Die Aufgabe eines echten Verkäufers ist, seinen Kunden oder denen, die es werden sollen, Lust zu machen, ihm bzw. seiner Firma etwas abzukaufen. Das war schon vor der Erfindung von Computern so und wird wohl auch so bleiben, wenn alle Aufträge automatisch per Datenübertragung erteilt werden, nachdem der Bedarf beim Kunden genauso automatisch errechnet wurde.

Computer können Bedarf errechnen, kontrollieren und verwalten. Was sie nicht können, ist Bedürfnisse und Wünsche wecken und erfüllen. Diese Aufgabe können nur Menschen erfüllen. Wenn dies in der Praxis nicht so recht funktionieren mag, liegt das häufig an zwei Gründen: Mangel an Zeit und Mangel an sozialer Kompetenz. Ersteres läßt sich durch den Einsatz von Computern, die dem Verkäufer die eher formalistischen Aufgaben abnehmen, durchaus verbessern. Mangel an sozialer Kompetenz ist ein langwieriger Prozeß, der nicht bei allen, aber bei vielen Verkäufern ein Umdenken bezüglich ihrer Arbeit und der Beziehung zu ihren Kunden verlangt. Wer das nicht schafft, ist der Aufgabe des Verkaufens im Zeitalter des computerunterstützten Vertriebs noch weniger gewachsen, als es vorher war.

Fazit

Systeme zum computerunterstützten Vertrieb haben sich in diversen Branchen bewährt und eine bessere und vor allem schnellere Auftragsabwicklung ermöglicht. Das im Moment zentrale Problem bei der Umsetzung ist der Mangel an Normen zum direkten Austausch von Daten zwischen den verschiedenen Betriebssystemen und Softwareprodukten unterschiedlicher Hersteller, vor allem im Bereich der branchenübergreifenden Standardsoftware.

Die Hauptkunden des Pharmazie-Großhandels, also die Apotheken, sind in ihrer Struktur und ihren organisatorischen Anforderungen so homogen, teilweise aufgrund von gesetzlichen Bestimmungen, daß die dort zur Anwendung kommenden Programme gerade in bezug auf die Form der Daten sehr ähnlich sind. Das und die nur kleine Anzahl der Anbieter von Apothekensoftware hat sehr schnell einen Branchenstandard entstehen lassen.

Offensichtlich ist das Interesse am computerunterstützten Vertrieb auf der Seite der Kunden höher als auf der Seite der Anbieter, denn in den meisten Branchen, in denen solche Systeme der Normalfall sind, ist die Entwicklung davon ausgegangen, daß Kunden mit sehr hoher Kaufmacht diese Systeme von ihren Lieferanten gefordert haben, weil sie auf „Just in time"-Lieferung angewiesen sind oder dadurch ihren immensen organisatorischen

Aufwand verringern wollten. Als Beispiele stehen hier die Automobilindustrie und ihre Zulieferer oder große Einzelhandelskonzerne. Hier sind die Kunden so wenige und daher so mächtig, daß sie die Standards vorgeben können, nach denen sich die große Anzahl an Lieferanten dann richtet oder, deutlicher gesagt, sich richten muß.

Diese Überlegung sollte Ihnen Anregung genug sein, sich mit den vorhandenen Möglichkeiten, Ihren Kunden einen computerunterstützten Vertrieb anzubieten, auseinanderzusetzen, bevor es Ihre Konkurrenz tut. Die Erfahrung zeigt, daß die Kunden gerne bereit sind, diese Leistung anzunehmen, wenn sie sie angeboten bekommen.

Was die Umstellung erleichtert, ist die Möglichkeit, ein solches System schrittweise einzuführen. Sie können für eine Testphase mit einigen Kunden, zu denen Sie ein gutes Verhältnis haben, und einem Teilsortiment beginnen und dann nach und nach ihre übrigen Kunden integrieren.

Konventionelle und computerunterstützte Vertriebsformen parallel zu betreiben macht keinen großen Aufwand und wird einige Zeit sowieso notwendig sein. Es gibt auch noch Apotheken, die ohne Warenwirtschaft und Einkauf per Computer auskommen, aber es werden immer weniger. Und auch in anderen Branchen wächst die Zahl der Kunden, die gerne mit einem solchen System arbeiten würden, um ihre Kosten, z.B. in der Lagerhaltung, zu senken. Der Lieferant, der dies in seinem Markt als erster anbietet, bekommt einen dementsprechenden Vorsprung und Bonus bei seinen Kunden.

12. Schlußwort

12.1 Die Qualität des Seitensprungs – über
Grenzen hinweg denken im Verkauf
Andreas Weese

12.1 Die Qualität des Seitensprungs – über Grenzen hinweg denken im Verkauf

Der Autor

Andreas Weese war nach seinem Studium der Betriebswirtschaft mehrere Jahre im Marketing und Verkauf eines führenden internationalen Konzerns tätig. Von dort wechselte er als Großkundenbetreuer zu einer der größten Werbe- und Marketingagenturen Österreichs. 1991 machte sich Andreas Weese selbständig und gründete seine eigene Beratungsfirma. Der Schwerpunkt seiner Tätigkeit liegt in der Entwicklung von Marketingkonzeptionen und Vertriebsstrategien sowie der Implementierung dieser Maßnahmen durch zielgerichtete Trainings von Verkäufern und Führungskräften.

Vorbemerkung

In der Managementliteratur und im Trainingsbereich ist man seit Beginn der neunziger Jahre konsequent von Hard-Selling-Konzepten abgegangen. „Ein guter Verkäufer muß einem Eskimo einen Kühlschrank verkaufen können", hieß bis dahin die Devise. Es mag lange gedauert haben, aber heute weiß man, daß man einem Eskimo nur einmal einen Kühlschrank verkaufen kann.

„Natürliches Verkaufen", „Clienting"®, „Beziehungsmanagement" und andere Schlagworte mehr sollen heute etwas beschwören, was anscheinend so selbstverständlich nicht ist: Im Mittelpunkt aller Überlegungen muß der Kunde stehen.

Ich halte dieses Umdenken grundsätzlich für richtig. Ich beobachte aber, daß das neue Denken viele alte Fehler macht, weil es, wie auch die älteren Theorien, die dieses Denken ja angreifen will, vielfach davon ausgeht, daß es einen „sicheren Weg des Glücks" gibt. Diesen einen Weg gibt es aber nicht. Nach wie vor müssen wir uns immer wieder eingestehen, daß unsere Marketing- und Verkaufsstrategien gescheitert sind.

Was ist schiefgegangen? Was haben wir übersehen?
Es ist das konventionelle Entweder-oder-Denken, das uns blockiert. Wenn ein alter Weg sich als untauglich erweist, wird eben ein neuer gegangen. Zwischen dem alten, einem neuen und weiteren möglichen Wegen zu springen erscheint uns dagegen ge-

radezu absurd zu sein, weil das Bewegen zwischen mehreren Alternativen nicht nachvollziehbar ist, weil unser Verstand logische Erklärungen braucht, aus denen wir für die Zukunft lernen können.

Normalerweise wissen wir genau, warum wir erfolgreich waren. Es war „unsere Strategie", sagen wir dann und klopfen uns gegenseitig auf die Schultern. Bei Mißerfolgen wird die Zahl der möglichen Gründe zwar größer, exakter werden diese Begründungen aber nicht. Einmal ist es „der Markt", der sich anders als vorhergesagt verhalten hat, ein anderes Mal „der unberechenbare Kunde", dessen Entscheidungen bedauerlicherweise vollkommen unorthodox getroffen wurden. Diese Diskrepanz läßt sich aus dem Entweder-oder-Denken gut verstehen. Denn dieses dualistische Denken ist verstandorientiert. Es kennt nur gut oder schlecht, schwarz oder weiß, richtig oder falsch. Es verlangt nach Wenn-dann-Erkenntnissen und nach Kontrolle. Aber dieses Denken hat Nachteile. Es ist häufig auf der Suche nach Patentrezepten und Instantlösungen. Und – es neigt zur Selbstüberschätzung.

Jeder Seitensprung ist Fort-Schritt und Rück-Schritt zugleich
Wer sich *für einen* bestimmten Weg entscheidet, entscheidet sich immer auch *gegen einen anderen.* Einen Weg gehen hat somit immer etwas mit weg-gehen zu tun.

Dieser Artikel will einen anderen Ansatz aufzeigen: den Seitensprung zu wagen. Denn Seitenspringer entscheiden sich nicht für ein Entweder-Oder. Sie wählen ständig und sie wechseln ständig. „Sowohl als auch" ist ihr Motto. Auf der permanenten Suche nach unkonventionellen Verhältnissen ist ihnen alles suspekt, was nach sicherem Glück aussieht. Während sie

noch einen Weg gehen, sind sie bereits auf der Suche nach einem anderen. Dabei gehen sie nicht selten bewußt in die Gegenrichtung.

Ein Seitensprung ist daher niemals das Einschlagen eines anderen Weges. Ein Seitensprung heißt deshalb so, weil ein Zurückgehen immer einkalkuliert wird. Auf den Fort-Schritt kann im Regelfall durchaus auch wieder der Rück-Schritt erfolgen. Deshalb sind Fragen wie „Welches ist der richtige Weg, um …?" oder „Wie verhalte ich mich, wenn …?" für Seitenspringer nicht relevant. Vielmehr ist es die Suche nach Alternativen, die sie beschäftigt.

Zugegeben, Seitenspringer fangen immer wieder bei Null an. Aber diese Veränderung macht Freude. Das, wovon Motivationstrainer immer wieder reden, wird damit zur Selbstverständlichkeit. Statt Probleme werden Herausforderungen gesehen. Statt dem Frust darüber, daß sich das Bewährte nicht mehr aufrechterhalten läßt, regiert die Lust am Unbekannten.

Einladung zum Seitensprung
Ich lade Sie ein, diese Lust am Unbekannten mit mir gemeinsam zu entdecken.

Im ersten Teil werden wir die Vorteile des anderen Denkens – des veränderungsbereiten Denkens – erarbeiten und analysieren. Im Mittelpunkt wird die Frage stehen, warum ein Seitensprung-Denken Sinn macht. Dieses Denken stützt sich auf zahlreiche neuere Denkansätze – von der Prozeßorientierung bis zur emotionalen Intelligenz.

Im zweiten Teil werde ich Ihnen eine Konzeption vorschlagen, um dem Verstehen ein konkretes Handeln folgen zu lassen. Das Wie, die mögliche Umsetzung, wird dann im Vordergrund stehen.

Das andere Denken

Von den Gefahren des sicheren Glücks und den Freuden der Veränderung

Vor einiger Zeit sprach ich mit dem Marketingdirektor eines großen internationalen Konzerns in der Unterhaltungselektronik: „Es ist schon verhext", sagte er, „Marketing macht heute eigentlich keinen Spaß mehr – wir denken uns wochenlang eine optimale Strategie fürs Frühjahr aus, freuen uns, daß wir die neuen Produkte termingerecht kriegen und daß sie einwandfrei funktionieren, basteln um das Ganze eine liebevoll durchdachte Promotion, und dann – keine zwei Tage nach dem Start der Promotion – kommt der Diskonter XY und macht mit einem einzigen Inserat in der auflagenstärksten Zeitung des Landes alles zunichte. Mit einem Schlag können wir das gesamte Konzept vergessen und müssen in der Folge all unsere Energien darauf konzentrieren, verärgerte Händler zu beruhigen und sie mit Schnellschuß-Aktionen wieder zufriedenzustellen."

Wir alle kennen solche Situationen. Es sind die Fälle, wo wir mit unserem strategischen Wissen am Ende sind. Diese Unberechenbarkeit der Realität bringt uns manchmal an den Rand der Verzweiflung. Alles scheint sich gegen uns verschworen zu haben. Auf dem Weg des sicheren Glücks träumen wir vom treuen Kunden und übersehen, daß es ihn längst nicht mehr gibt.

Nur die Notwendigkeit zur Veränderung wird sich nicht ändern

Es ist die Rasanz der Veränderungen, die wir dabei übersehen; der permanente Wandel, der es vielfach unmöglich macht, Erfahrungen, die gestern noch Gültigkeit hatten, auf heute anzuwenden. „Wandel ist die einzige Konstante" (vgl. Mary 1996),

sagen die einen. In Österreich formulieren wir es etwas salopper: „Nix ist fix."

Grundsätzlich gibt es nur zwei Möglichkeiten, auf diesen Prozeß ständiger Veränderung zu reagieren:

• Wir versuchen, gegen diese Veränderungen anzukämpfen und den Status quo aufrechtzuerhalten.

• Wir akzeptieren diesen permanenten Wandel und stellen uns darauf ein.

Die erste Möglichkeit versucht, einem einmal eingeschlagenen Weg treu zu bleiben nach dem Motto: „Bis daß der Tod uns scheidet." Mit einem kleinen Risiko muß diese Variante aber auch leben: „Wer früher stirbt, ist länger tot."

Ich möchte Ihnen hier die zweite Möglichkeit anbieten – den Seitensprung. Denken wir also gemeinsam darüber nach, welche Rahmenbedingungen sich verändern und wie wir unser Denken verändern können.

Von der Ergebnisorientierung zur Prozeßorientierung

Problemlösungsprinzip Ergebnisorientierung

Die gängige Managementmethodik zur Lösung von Problemen geht im allgemeinen nach folgendem Prinzip vor: Ein unbefriedigender Zustand, ein Problem, eine Ausgangssituation werden dargestellt und als „Ist-Zustand" definiert. Daraufhin wird untersucht, welches Szenario in Zukunft erreicht werden soll, der „Soll-Zustand" wird skizziert. Schlechte Marketingkonzeptionen geben sich damit zufrieden, bessere gehen einen Schritt weiter: Man beschäftigt sich auch mit dem „Wie". Ein Weg wird aufgezeigt, wie dieser Soll-Zustand erreicht werden kann. Weil es meist viele Maßnahmen sind, die notwendig sind, um das gewünschte Ergebnis zu erreichen, sprechen wir dann von einem Maßnahmenkatalog. In seltenen Fällen wird dieser Katalog von einem Zeit- und Budgetplan begleitet.

Lineares Denken führt zu linearen Ergebnissen

In all diesen Fällen folgt das Denken einem chronologischen Ablauf. Wenn nur die Maßnahmen gewissenhaft und in der richtigen Reihenfolge durchgeführt werden, muß der angestrebte Soll-Zustand fast zwangsläufig erreicht werden. Nicht nur das, man ist sich einig, daß die gefundene Lösung funktionieren wird. Logischerweise – lineares Denken führt zu linearen Ergebnissen.

Meist zeigt sich dann, daß der „Teufel im Detail steckt". Die Maßnahmen können nicht so exakt umgesetzt werden wie beabsichtigt, manche Dinge waren überhaupt nicht vorhersehbar. Für die Zukunft wird daraus abgeleitet, daß wir ab jetzt noch detaillierter planen und uns noch genauer informieren müssen.

Wer so vorgeht, wird immer wieder scheitern. Bald wird sich erneut zeigen, daß wieder nicht exakt genug geplant wurde, weil wir einerseits immer langfristiger denken und unsere Entscheidungen immer kurzfristiger treffen müssen und weil wir andererseits immer wieder etwas ganz Elementares vergessen: daß sich die Rahmenbedingungen unserer Überlegungen ständig verändern.

Problemlösungsprinzip Prozeßorientierung

Die Prozeßorientierung wählt ein anderes Vorgehen – das des Seitensprungs. Es wird erst gar nicht versucht, *die* optimale Lösung zu finden. Weil die Faszination von heute morgen schon Schnee von gestern sein kann. Weil sich heutzutage die Dinge

bereits verändern, während wir noch darüber nachdenken.

Prozeßorientierung setzt im Unterschied zur Ergebnisorientierung nicht voraus, daß die zu ergreifenden Maßnahmen zwischen dem Ist- und Soll-Zustand funktionieren werden. Sie geht vielmehr von der Annahme aus, daß die Dinge so *nicht* funktionieren werden. Eben weil sich die Situationen und Wahrnehmungen dauernd verändern. Deshalb wird bei der Prozeßorientierung die Umsetzung der Maßnahmen laufend in den Veränderungsprozeß integriert: begleitend und hinterfragend – Fort-Schritt und Rück-Schritt zugleich.

Wer nun beginnt, Unbehagen gegenüber dem Unbekannten zu entwickeln, ist gut beraten, sich bei der Gelegenheit gleich an eine alte Volksweisheit zu erinnern: „Probieren geht über studieren!" Aktueller drückte es Harrison Ford in seinem ersten Indiana-Jones-Film aus (zit. in White u.a. 1997, S. 77): Als er in die Enge getrieben bzw. nach seinem Plan gefragt wurde, sagte er einfach: „Ich weiß nicht. Ich überlege mir das unterwegs."

Damit steht der erste Vorteil fest:

Seitenspringer machen ihre Pläne „unterwegs". Sie sind deshalb abenteuerlustig und risikobereiter.

Zielorientierung ist wichtig, loslassen können aber auch
Zielorientierung

Das flexible Vorgehen der Prozeßorientierung heißt nicht, daß Ziele und die Suche nach besseren Resultaten überflüssig geworden sind. Denn nach wie vor ist es wichtig, daß unterschiedliche Menschen mit unterschiedlichen Aufgaben in einem Team wissen, wo es langgeht. Ein gemeinsames Ziel verhindert, daß jeder bloß seinen eigenen Interessen nachgeht. Aber „Management by Objectives" funktioniert heute nicht mehr so, wie Peter Drucker es noch 1956 fordern konnte (vgl. Drucker 1956): als bedingungsloses Verfolgen klarer Zielvorgaben.

Denn heute sind wir in einem ganz anderen Ausmaß als früher ständig mit einer Vielzahl an Zielen konfrontiert. Einer Vielzahl, die es schwer macht, immer die richtigen Prioritäten zu setzen. Und wir wissen, daß es nicht mehr genügt, klare Unternehmensziele vorzugeben. Wir müssen auch unsere Mitarbeiter überzeugen. Direktiven vorgeben allein reicht heute nicht mehr. Mitarbeiter wollen den Sinn einer Aufgabe kennen und wissen, was von ihnen erwartet wird. Darüber, daß sich Ziele bereits verändern, während wir noch versuchen, sie zu erreichen, haben wir gerade gesprochen. Dazu kommt ein weiteres Phänomen: Ziele widersprechen sich oftmals. Nicht selten scheint es so, daß wir gleichzeitig hervorragende Gewichtheber und Langstreckenläufer sein sollten; daß wir immer wieder den Spagat zwischen unserem exakt-gewissenhaften Stand-Bein und unserem kreativ-innovativen Spiel-Bein meistern sollten. Aber wer hat schon zwei solch gleichwertige Beine?

Loslassen können
In seinem Buch „Zeit leben" erzählt der Autor in der Einleitung eine nette Geschichte (Geißler 1993, S. 6):

„Es war einmal ein kleiner Junge. Er wohnte in der Stadt und war nicht älter als drei Jahre und sehr verspielt. Sein Vater sagte an einem schönen Sonntag im Frühling zu ihm: ‚Komm mit, wir gehen in den Park.' Und sie gingen in den Park. Dort waren Frühlingsblumen aus der von der

Sonne erwärmten Erde gekommen; ringsherum blühte es, gelb, weiß und blau. Dem kleinen Jungen gefiel dies sehr. Er ging zu den Blumen, roch daran und entdeckte, da es in der vorhergehenden Nacht geregnet hatte, viele kleine Schnecken unter den Pflanzen. Die sammelte er und lief dabei kreuz und quer, hin und zurück, über blühende Anlagen. Der Vater stand dabei, schaute zu und freute sich über den schönen Tag.

Nach einiger Zeit jedoch wurde er unruhig und ging einige Schritte weiter. Das Kind aber blieb bei seiner Entdeckung. Der Vater sprach es an: ‚Komm wir gehen weiter!' Keine Antwort, keine Reaktion. ‚Komm halt, wir gehen etwas weiter!' rief er, schon ungeduldiger, zum zweitenmal. Da schaute der kleine Junge auf und fragte: ‚Wohin denn weiter?'"

Überblick gewinnen
In dieser Entdeckung der Langsamkeit, in dem Bewußtsein dafür, was jetzt gerade wichtig ist, steckt viel Weisheit. Natürlich sprechen wir alle gerne den Satz nach: „Nicht die Großen werden die Kleinen fressen, sondern die Schnelleren die Langsameren." Aber in diesem Immerschneller-sein-Müssen steckt die Gefahr, den Überblick zu verlieren. Vielleicht erleiden wir sogar einen Herzinfarkt, während wir auf einem Weg, den hundert andere auch gehen, versuchen, das kurzfristige Ziel als erste zu erreichen. C. K. Prahalad und Gary Hamel schätzen, daß herkömmliche Manager nicht einmal drei Prozent ihrer Zeit oder ihrer Denkarbeit auf die langfristige Zukunft verwenden (vgl. Hamel/Prahalad 1995).

Vielleicht würde auch hier ein Sprung auf die Seite Wunder wirken. Weil wir plötzlich den Weg, den alle gehen, aus der Distanz sehen. Weil wir aus einigem Abstand viel besser erkennen, daß es gleich daneben einen leichteren Weg gibt, der nicht so umkämpft ist. Oder einen Weg, der in eine andere Richtung führt. Oder aber einen Platz, der es wert wäre, innezuhalten, obwohl alle anderen daran vorbeilaufen. Wir würden dann genau das machen, was der kleine Junge in unserer Geschichte tut und fragen „Wohin denn weiter?", anstatt zu versuchen, ein Ziel als erste zu erreichen – ein Ziel, von dem wir noch gar nicht wissen, ob es überhaupt das richtige ist.

Damit können wir den zweiten Vorteil des Seitensprungs festhalten:

> **Seitenspringer sehen die „richtigen" Ziele klarer. Weil sie Dinge aus einiger Distanz betrachten und gelegentlich innehalten.**

Dringend oder wichtig?

„Vergessen Sie die Revolution – wo uns doch manchmal schon die Evolution zuviel ist", fordern R. P. White und seine Kollegen in ihrem „Überlebensfaktor Führung" (White u.a. 1997, S. 55). Die Zeit ist mehr als reif, endlich damit zu beginnen, an den altbekannten Forderungen der Zeitmanagement-Profis zu arbeiten: unterscheiden zu lernen, was *wichtig* ist und was lediglich *dringend*. Und dann den entscheidenden Schritt weiter zu gehen und das Wichtige vor dem Dringenden zu machen (vgl. Seiwert 1987, S. 25f.). Vielleicht beginnen wir dann auch endlich damit, öfters einmal „Nein" zu sagen. Eine unbedingt notwendige Voraussetzung, wenn wir uns verstärkt darauf konzentrieren wollen, die *richtigen* Arbeiten zu tun, als darauf, die anfallenden Arbeiten „richtig" zu tun.

Organisiertes Aufgeben

Loslassen heißt auch, auf Unerwartetes flexibel zu reagieren. Darum hält Peter F. Drucker es heute – 40 Jahre, nachdem er in „Praxis des Management" vehement für „Management by Objectives" eingetreten war – für notwendig, „ein organisiertes Aufgeben in das Unternehmen zu integrieren".

Unternehmen müssen lernen, Veränderungen als normal anzusehen und nicht als Ausnahme, die man fürchtet und zu vermeiden sucht. Das aber verlangt die Bereitschaft, alle „Objectives" aufzugeben – egal wie vielversprechend sie waren, als man sie einführte. „Solange sich das Unternehmen nicht der Disziplin des ‚organisierten Aufgebens' unterwirft, kann es sich den neuen Herausforderungen nicht stellen." (Vgl. Drucker/Nakauchi 1996, S. 177 f.).

Der dritte Vorteil des Seitensprungs liegt somit klar auf der Hand:

> **Seitenspringer erreichen die neuen, zeitgemäßen Ziele schneller. Weil sie eher bereit sind, die alten Ziele aufzugeben.**

Vom „Wissen sammeln" zum „Denken lernen"

Die Gefahr der Erfahrung und des Wissens Wenn heute ein Unternehmen einen neuen Mitarbeiter für eine neue Aufgabe sucht, wird im allgemeinen damit begonnen, nachzufragen, welche Erfahrungen der entsprechende Kandidat oder die Kandidatin in dem zu bewältigenden Bereich bereits vorweisen kann. Meist liegt ein detaillierter Anforderungskatalog vor, anhand dessen man exakt festzuhalten versucht, wie viele Anforderungen der Bewerber erfüllt. Am Ende gewinnt meist derjenige, der am meisten „Jas" für sich verbuchen kann. Dieser Vorgangsweise liegt die weitverbreitete Annahme zugrunde, daß die Erfahrungen der Vergangenheit, gepaart mit dem nötigen Wissen, ausreichen werden, um auch den Herausforderungen der Zukunft gewachsen zu sein.

Dieses quantitativ-logische Vorgehen beruht ebenfalls auf Erfahrung. Bereits in der Schule sind wir nach dem Auswendiglernen-Prinzip erzogen worden. „Unsere Bildung ist kopflos", vermuten Helmut Weyh und Patrick Krause in ihrem Buch „Kreativität – ein Spielbuch für Manager" (Weyh/Krause 1993, S. 103). Darin geben sie sich redlich Mühe, im Leser etwas zu wecken, das durch unser Bildungssystem in den meisten von uns verkümmert ist: das kreative Denken. Denn durch diese bedauerliche Bevorzugung der bloßen Abspeicherung von Wissen (von dem vielfach genügen würde zu wissen, wo es nachzulesen ist) kommt das eigentliche Denken zu kurz. Ganzheitliches Denken und der Blick für Zusammenhänge fehlen dann meist.

An diese Erfahrung in der Aus- und Weiterbildung schließt dann auch unser Verhalten im beruflichen Alltag an. Wir suchen nach idealen Verkäufern, nach *idealen* Sekretärinnen, nach *idealen* Führungskräften. Fazit: „Vorbilder" sind gefragt. Aus diesen Vorbildern läßt sich dann für alle anderen ein nachahmenswertes, systemkonformes Verhalten ableiten: „So komme ich nach oben!"

Freilich hat dieses rege Kopieren Konsequenzen: Allzu rasch wird so aus einem Vor-Bild sogleich eine Vor-Schrift (vgl. Sprenger 1996, S. 138 ff.).

Denken lernen

In diesem erfahrungsdominierten Vorbild-Verhalten lauern Gefahren! Zum einen, weil das zeitlos gültige Peter-Prinzip häufig jemanden nach oben spült, der wenig flexibel denkt, aber weiß, daß er es besser weiß. Ein Umstand, der die Entwicklung von Mitarbeitern nicht fördert, sondern verhindert. Zum anderen aber, weil sich das Wissen ständig vergrößert und laufend verändert. 90 Prozent aller Wissenschaftler, die je auf dieser Erde gelebt haben, leben heute noch. In Symposien über „lebenslanges Lernen" wird darüber gesprochen, daß die sogenannte „Halbwertszeit des Wissens" derzeit etwa vier Jahre beträgt. 50 Prozent unseres Know-hows (speziell des fachlichen) werden demnach am Beginn des neuen Jahrtausends wertlos sein. Fakten, die klarmachen, daß Erfahrung auch ein großes Hindernis für Veränderung und Innovation sein kann.

In seinem 1994 erschienenen Buch „Kreativitätstechniken für Werbung und Design" zeigt der Autor anhand des sogenannten „Maierschen Schnur-Tests" eindrucksvoll, daß zuviel Wissen das Denken einschränken, häufig sogar blockieren kann (vgl. D. Urban, 1994):

„In einem Raum stand ein Tisch, auf dem ein kleiner Kondensator lag. Von der Decke hingen zwei Schnüre herab, die so weit auseinander gehängt waren, daß sie ein einzelner mit ausgebreiteten Armen nicht zusammenbringen konnte. Genau das war aber die Aufgabe für die Testpersonen: die Schnüre in möglichst kurzer Zeit miteinander zu verknoten. Auffallend war nun, wie unterschiedlich zwei ähnlich zusammengestellte Testgruppen diese Aufgabe lösten.

Der einen wurde vor dem Test als Einstimmung klassische Musik vorgespielt. Die andere erhielt eine detaillierte Instruktion über Funktion und Wirkungsweise von Kondensatoren.

An sich war die Lösung der Aufgabe einfach: Man mußte nur an eine Schnur ein Gewicht binden (den Kondensator), ihm einen Schwung geben, so daß er in einer Pendelbewegung so nahe an die andere Schnur herankam, daß es ein leichtes war, beide Schnüre miteinander zu verknüpfen.

In der Folge zeigte sich, daß die Mitglieder der ‚Musikhörer' das Problem wesentlich rascher lösen konnte als die Vergleichsgruppe. Weil sie klarer, weniger eingeschränkt durch für diese Aufgabe irrelevantes Wissen, gedacht hatten. Die Angehörigen der ‚Technikergruppe' verhielten sich durch die vorangegangenen komplizierten Erklärungen in ihrem Denken ebenfalls kompliziert. Sie hatten das sprichwörtliche ‚Brett vorm Kopf'. Das so etwas Hochentwickeltes wie ein Kondensator auf einmal so etwas Einfaches sein konnte wie ein Gewicht, dieses Umschalten fiel ihnen verdammt schwer."

Die herkömmliche Betonung des Wissens kann also kontraproduktiv sein. Vor allem wenn versucht wird, gelerntes Wissen aus der Vergangenheit auf die Aufgabenstellungen von heute anzuwenden – weil wir damit betriebsblind werden, kein Bewußtsein für ein veränderungsbereites Denken entwickeln können. „Ent-Lernen" heißt das Zauberwort. Zweifellos wie geschaffen für Seitenspringer, die ja auch wissen, daß „Liebe blind macht".

Damit sind wir beim vierten Vorteil des Seitensprungs:

Seitenspringer denken wie Anfänger, nicht wie Fachleute.

Verstand ist die eine Sache, Gefühl die andere

In Daniel Golemans Bestseller über die „Emotionale Intelligenz" wird deutlich, daß die moderne Hirnforschung gute Gründe zu der Annahme hat, daß Gefühle und nicht der Intelligenzquotient der wahre Indikator für die menschliche Intelligenz sind.

Golemans Thesen und Forderungen:

1. Die Menschen haben es verlernt, auf ihre Gefühle zu hören. Damit wir mit unseren Gefühlen besser umgehen und diese gezielter einsetzen können, werden wir wieder lernen müssen, unsere eigenen inneren Zustände wahrzunehmen. Ständige „Achtsamkeit" ist dazu erforderlich (vgl. Goleman 1996, S. 65–70).

2. Die Vorzüge der rationalen und der emotionalen Intelligenz dürfen einander nicht ausschließen, sondern sollen einander ergänzen (vgl. Goleman 1996, S. 329 f.).

Wir spürten es schon lange: Wir sind intelligenter, als wir dachten

Einen Schritt weiter geht Howard Gardner, der gleich von sieben verschiedenen Intelligenzen spricht, die er weitgehend von einander unabhängig sieht:

- die mathematisch-rechnerische Intelligenz
- die räumlich-optische Intelligenz
- die sprachliche Intelligenz
- die musikalische Intelligenz
- die körperlich-motorische Intelligenz
- die Intelligenz, sich selbst gut zu kennen (intrapersonelle Intelligenz)
- die Intelligenz, andere gut zu kennen (die soziale oder interpersonelle Intelligenz)

Gardner spricht in diesem Zusammenhang auch von „multiplen Intelligenzen" (vgl. Gardner 1994). Freilich muß er sich von Kritikern den Vorwurf gefallen lassen, inflationär eine Vielzahl von Fähigkeiten zu beschreiben. Ob die alle etwas mit Intelligenz zu tun haben, soll hier offenbleiben. Die beiden letzten, die nach innen gerichtete intrapersonelle Intelligenz und die nach außen gerichtete soziale oder interpersonelle Intelligenz, sind aber sicherlich Intelligenzen der Gefühle.

Damit führen uns Goleman und Gardner etwas vor Augen, was viele von uns insgeheim schon lange spürten: Wir sind intelligenter, als wir dachten.

Das gewisse Etwas
Denn es sind nicht immer unbedingt die Streber unserer Schulzeit, die etwas Besonderes geworden sind. In der Mehrzahl der Fälle haben die „Unbequemen", diejenigen also, die nicht als Musterschüler galten, mehr erreicht. Die Fähigkeiten, in größeren Zusammenhängen zu denken und Gegebenes zu hinterfragen, sind etwas anderes als die abstrakte Intelligenz. Aber sie machen Persönlichkeiten aus. Persönlichkeiten, die „das gewisse Etwas" haben.

Goleman beschreibt das gewisse Etwas, die emotionale Intelligenz, als EQ (als Gegenstück zum herkömmlichen IQ). Wir beschreiben dieses gewisse Etwas meist mit so vieldeutigen Begriffen wie „Instinkt", „Intuition", „Vision", „sechster Sinn", „Gespür" oder – wenn wir Zeitgeist demonstrieren wollen – mit „Feeling". Vieldeutig sind diese Begriffe deshalb, weil sie alles und nichts beschreiben. Aus dem Gefühl eines anderen lassen sich schwer Regeln und Tips für das eigene Verhalten ableiten. Wahrscheinlich mit ein Grund, wieso der EQ nicht bereits früher im Denken moderner Wirtschaftsliteratur Einzug halten durfte.

Aber daß wir diese Gefühle nicht exakt erklären können, daß sich daraus keine Verhaltensrichtlinien und Checklisten ableiten lassen, bedeutet nicht, daß wir diese emotionale Intelligenz nicht immer wieder einsetzen. Budgetpläne von Regierungen und Unternehmen sind emotionale Spielplätze blühendster Phantasien. Aktionspläne, Maßnahmenkataloge, Jahresberichte und ähnliches: allesamt voll von Zahlen und Fakten, die eine Genauigkeit vorgaukeln, die es gar nicht geben kann, weil die Entwicklungen und die Rahmenbedingungen der Zukunft im allgemeinen unbekannte Größen sind.

Viele Entscheidungen werden erst im nachhinein rational untermauert – getroffen wurden sie zuvor weitgehend emotional, „aus dem Bauch heraus".

Look into the files and in the eyes
Wir sollten uns als Seitenspringer zu beidem bekennen: dem Weg der Vernunft und dem Weg des Gefühls. Denn es war die rationale Intelligenz, die die Kraft der Gefühle erkannte. Auch die tüchtigen Computerspezialisten, die den IBM-Computer Deep Blue programmierten (der, während ich im Mai 1997 diese Zeilen schreibe, gerade den Schachweltmeister Garry Kasparow besiegt hat), werden zugeben, daß Deep Blue keine Freude über seinen Sieg hatte. Denn Deep Blue kennt nur Millionen Schachzüge. Emotionen kennt er nicht. Pech für ihn – auf diese Art und Weise werden ihm auch weiterhin Erfolgserlebnisse versagt bleiben.

Wenn *wir* Erfolg haben wollen, müssen wir – auch im Sinne Golemans – beide Intelligenzen, die rationale und die emotionale, einsetzen. Wir werden unser Denken vielleicht öfters *überfühlen* müssen. Und wir sind gut beraten, unsere Gefühle immer wieder zu *überdenken*. Vielleicht ein

Schritt hin zum ganzheitlichen Denken, wie Fritjof Capra es schon vor mehr als zehn Jahren forderte (vgl. Capra 1983). Zugegeben, es wird nicht leicht sein, den Vorstandskollegen oder den Aktionären klarzumachen, daß man „heute morgen einen phantastischen Einfall unter der Dusche gehabt hat" – aber es wird ein Zeichen der Stärke sein. Weil Seitenspringer außer dem Verstand auch den Instinkt kennen – und damit Neues entdecken und Chancen ergreifen. Etwas, was den „Vernünftigen", die sich stets darauf beschränken, Pläne und Konzepte zu vollziehen, versagt bleiben wird.

Der fünfte Vorteil des Seitensprungs ist also:

> **Seitenspringer sind stark.**
> **Weil sie überzeugt von ihrem Instinkt**
> **sind und ihn gleichwertig neben dem**
> **Verstand einsetzen.**

Das andere Handeln

Erst das Tun macht aus dem Wunsch den Seitensprung
Über eine Sache zu reden ist immer einfacher, als eine Sache zu tun. Mit Seitensprüngen ist es genauso. Die wahrscheinlich beste Art, die Qualität des Seitensprungs in Ihrem Unternehmen zu etablieren, besteht darin, Seitensprünge zuzulassen. Mit anderen Worten, Sie können Seitensprünge nicht anordnen – nur ermöglichen. Oder verbieten. Das heißt aber, daß Führungskräfte den Anspruch auf Wahrheit aufgeben müssen. Wer Fort-Schritt und Rück-Schritt zulassen will, muß sich vom Entweder-oder-Denken lösen und das Sowohl-als-auch-Denken zulassen. Daraus folgt weiter, daß die Suche

nach dem „richtigen" Weg die falsche Vorgangsweise ist. Was Sie schaffen können, sind Rahmenbedingungen für dieses Handeln.

Am Anfang steht immer der FLIRT
Das Existieren einer FLIRT-Kultur schafft die notwendigen Rahmenbedingungen für Seitensprünge. Die folgenden fünf Ansätze sind daher keine Strategien, sondern solche Rahmenbedingungen – das *FLIRT-Prinzip*. Sie schaffen damit ein veränderungsbereites Umfeld, das die ständige Suche nach alternativen Lösungmöglichkeiten erleichtern wird:
1. **F**eedback geben und nehmen
2. **L**ernen fördern und fordern
3. **I**nformationen für alle
4. **R**adars ausrichten
5. **T**iming beachten

Die beiden wichtigsten Motive dafür, unser Verhalten zu ändern, sind im allgemeinen Angst oder Freude. Eine andere Alternative gibt es selten. Wir wollen uns hier für den Weg der Freude und des Spaßhabens entscheiden.

Wenn wir uns auf etwas freuen, sprechen wir von „Lust". Wer keine Lust auf FLIRTs hat, wird keine Seitensprünge machen. Das Schaffen eines offenen Umfelds ist daher wichtig. Die Mitarbeiter sind offener für Veränderungen und neue Ideen, wenn Sie es auch sind. Auch Seitensprünge machen nur Spaß, wenn man sich das Einverständnis des anderen *vorher* holt.

Im Management wird das gerne vergessen. Häufig versucht man dort, sich die Zustimmung und die Begeisterung für Veränderungen erst dann zu holen, *nachdem* sie eingeführt wurden. Auf diese Weise werden Mitarbeiter nicht überzeugt, sondern überrumpelt. Ein derartiges Handeln hat mit einem Seitensprung wenig zu tun – eher etwas mit Nötigung.

Feedback geben und nehmen

Wenn Führungskräfte ein veränderungsbereites Umfeld schaffen wollen, werden sie sich vom herkömmlichen Führen verabschieden müssen. Planungsprinzipien, die sich darauf beschränken, Ziele vorzugeben und deren Einhaltung zu kontrollieren, werden zu kurz greifen. Dem Begriff des *Führers* haftet noch heute ein schlechter Beigeschmack an. Auch im übertragenen Sinn hat *Führen*, das so denkt, wenig mit dem *Leiten* und viel mit dem *Leiden* von Mitarbeitern zu tun. Wieso sollten wir uns also weiterhin darauf beschränken, als charismatische Diktatoren aufzutreten?

Ich halte den Begriff des Coach und das damit verbundene Denken für sympathischer. Coachs kommen aus dem Bereich des Sports. Auch sie kennen Ziele, auch sie verlangen Leistung. Aber sie sprechen den zur Erreichung des Zieles notwendigen Weg mit ihren Spielern ab. In vielen Fällen geht ein Coach mit unterschiedlichen Spielern unterschiedliche Wege. Und er greift ihnen hilfreich unter die Arme. Wenn ein einmal eingeschlagener Weg sich als falsch herausstellt, wird er sofort, zwischen zwei wichtigen Spielen, verändert – und nicht bis zum Ende der Saison beibehalten.

Der Begriff des „Coach" kommt aus dem anglo-amerikanischen Sprachraum. Daher paßt „Feedback" besonders gut zum Coach – eine wirklich gute deutsche Vokabel gibt es dafür nicht. Passend zum oben kritisierten Führungsdenken, haben dagegen „Kritik" und „Kontrolle" einen festen Stammplatz in unserer Sprache gefunden.

Natürlich gibt es auch über „Coaching"

und „Feedback" eine gewisse Sprachverwirrung und eine Unmenge psychologischer Ansätze, wie man Feedback richtig gibt und was Coaching ist. Aber wenn man sich davon löst, daß Coaching etwas mit „Couch-ing" (vgl. Whitmore 1994), also mit psychoanalytischen Sitzungen, zu tun haben könnte, dann ist das Wesentliche verhältnismäßig einfach:

Ein Coach fragt mehr, als er sagt

Coachs haben eine besondere Stärke: Sie hören zunächst einmal nur zu und entwickeln eine genaue Beobachtungsgabe. Bevor sie Feedback geben, verstehen sie es zunächst einmal, Feedback zu nehmen. Solcherart ist es ihnen ein Leichtes, bei ihren Gesprächspartnern nicht nur soziales Bewußtsein für den anderen zu schärfen, sondern auch das Ich-Bewußtsein jedes einzelnen selbst auf Vordermann zu bringen. Motivation wird nicht durch ein System von Strafen und Belohnungen erreicht, sondern durch das gemeinsame Erarbeiten von Zielen, und zwar solchen Zielen, die eigenständig(!) erreichbar sind. Auch die Wege zum individuellen Erfolg werden gemeinsam erarbeitet.

Feedback konzentriert sich auf ein spezifisches Problem, nicht auf die beteiligten Personen

Verallgemeinerungen wie „Immer Sie", „Nie funktioniert hier etwas" oder „Typisch, Herr Maier" werden vermieden.

Das konkrete Problem, die anstehenden Herausforderungen rücken in den Vordergrund. Der Blick ist optimistisch nach vorne auf das Morgen gerichtet. Gesucht wird die Antwort auf die Frage, was *morgen besser* getan werden könnte, nicht, was *gestern falsch* gemacht wurde.

Es gibt eine Art von Feedback, die besonders gut zum FLIRT paßt: das Lächeln
Lächeln löst eine Menge innerer Verkrampfungen, befreit – und es kostet nichts. Tägliche Arbeit auf der Beziehungsebene zum Nulltarif. Herzlichkeit und Offenheit machen so aus Mitarbeitern Freunde und aus Einzelkämpfern eine Familie. In einer Zeit, in der unsere Kunden über Partnership-Konzepte nachdenken, strategische Allianzen knüpfen und Synergie-Effekte für sich nutzen wollen, können wir uns ohnehin nicht mehr leisten, keinen Wert auf unseren eigenen Teamgeist zu legen.

Lächeln ist nur der Anfang. Sensibilität, Kreativität und gegenseitiges Vertrauen sind die Folge. Eine hervorragende Basis für Seitensprünge aller Art.

Lernen fördern und fordern

Das Schöne an einer FLIRT-Kultur sind die vielen Gelegenheiten, jemanden kennenzu*lernen*. Wer aber Angst davor hat, sich „einen Korb zu holen", wird sich auf FLIRTs kaum einlassen.

Mit dem Lernen in einem Unternehmen ist es genauso. Wenn das „lernende Unternehmen" mehr als ein bloßes Schlagwort sein soll, dürfen Mitarbeiter keine Angst davor haben, „abzublitzen".

Keine Angst vor Mißerfolgen

Etwas auszuprobieren und zu lernen muß also mit Freude verbunden sein. Mit Angst darf Neues nichts zu tun haben. „Die Angst vor dem ‚Nein' blockiert dann nahezu alle ‚neuen' Kontakte", meint Erich N. Detroy, der selbst seinen gesamten Ehrgeiz daransetzt, daß alle „Mit Begeisterung verkaufen" (Detroy 1994, S. 78). Nur in einem lernbereiten Umfeld entwickeln Mitarbeiter die notwendige Verantwortung, um fällige Veränderungen eigendynamisch anzugehen. Wer keine Fehler machen darf, wird keine Bereitschaft entwickeln, etwas Neues zu probieren.

Wenn ein Unternehmen Angst hat zu verlieren, hat es meist bereits verloren.

Das heißt, Lernen beginnt bei den Führungskräften. Sie müssen ein Bewußtsein schaffen, daß Lernen etwas Alltägliches wird. In einem Umfeld, das zum Seitensprung animiert, zum Sowohl-als-auch-Denken, muß für Experimente genausoviel Platz sein wie für Erfahrung. Mißerfolge werden dann auch ein selbstverständlicher Teil des Erfolges. Es ist wie beim Jonglierenlernen. Daß beim ersten Üben immer wieder die Bälle auf den Boden fallen, gehört hier zum Lernen. Ein Fehler ist das nicht. Ein Fehler wäre nur, die auf dem Boden liegenden Bälle nicht wieder aufzuheben. Nur so kann man lernen, es beim nächsten Mal besser zu machen.

Maximale Kontrolle behindert optimale Entwicklung

Eine gewisse Leichtigkeit und Lockerheit gehören beim FLIRT unbedingt dazu. Darum wird auch derjenige sich besonders schwertun, der glaubt, nach konkreten Ratgebern und Checklisten vorgehen zu müssen. Zu viele Regeln, Fremd- und Selbstkontrolle behindern Lernprozesse mehr, als sie ihnen nutzen. Ein treffendes Beispiel hierzu, ebenfalls aus der Zirkuswelt, beschreibt W. Ross Ashby, einer der Mitbegründer der Kybernetik:

„Ein Seiltänzer kann sich nur dadurch im Gleichgewicht halten, daß er mit seiner Balancierstange ununterbrochen regellose Bewegungen ausführt. (...) Wollte man nun den Stil des Seiltänzers perfektionieren, indem man diese unordentlichen Fluktuationen dadurch unterbände, daß man die Balancierstange festhielte, so würde jener sofort das Gleichgewicht verlieren und abstürzen. Klingt selbstverständlich, nicht wahr? Ja, aber nur im Falle von Seiltänzern und Radfahrern. In ziemlich allen anderen Lebensbereichen sind wir weit davon entfernt einzusehen, daß Ordnung ohne ein Maß an Unordnung lebensfeindlich wird, da sie jede Möglichkeit der Weiterentwicklung erstickt." (Zit. in Watzlawick, 1997, S. 99)

Für Seitensprünge ist das, was zur Zeit durch die ISO-Euphorie passiert, tödlich. Im Ansatz sicherlich gut, werden auch hier zunächst Veränderungen angestrebt. Kaum zertifiziert, werden die selbst auferlegten ISO-Prinzipien aber häufig zum Bumerang. Weil ab einem gewissen Zeitpunkt das Streben nach Ordnung im Vordergrund steht. Selbst dann, wenn sich diese Ordnung als mangelhaft erweist, ist sie einzuhalten. Doch leider zeigt sich allzuoft: „Nur das Mittelmaß ist immer in Hochform" (Sprenger 1996, S. 200). Bei allem berechtigten Streben nach Qualität: Wer sich selbst so einschränken läßt, wird alle Kraft dazu aufwenden müssen, Fehler *zuzudecken* – anstatt sie *aufzudecken*.

Wer in der Zwischenzeit Sympathie für die Qualität des Seitensprungs entwickelt hat, wird mir in einem Punkt recht geben: Auch die Erfahrung, nichts versäumt zu haben, ist wert, daß man sie macht. Anders gesagt, um draufzukommen, daß ein anderer Weg möglicherweise auch nicht besser ist, muß man ihn zuvor ausprobiert haben.

Informationen für alle
Das globale Dorf
In einer Welt, in der das einzige, was fix zu sein scheint, die Veränderung ist, wird der prompte Zugang zu Informationen immer wichtiger werden. Denn bestimmte Dinge früher als andere zu wissen wird einer der wichtigsten Erfolgsfaktoren werden. Nicht

nur CAS (Computer Aided Selling)-Programme gewinnen zunehmend an Bedeutung. Im Netz der Netze, dem Internet, warten Kunden bereits jetzt schon nicht mehr, bis Informationen und Produkte zu ihnen kommen; sie holen sich diese Informationen selbst. Das *virtuelle Verkaufen* macht es heute einfach, in elektronischen Katalogen auf CD-ROMs zu blättern und online Bankgeschäfte und Direktkäufe abzuwickeln. Digitale Marktplätze entstehen ebenso wie virtuelle Diskussionsforen. Wir leben im *globalen Dorf* und träumen vom *Cyber-Sex*.

Der gekonnte Umgang mit der täglichen Informationsvielfalt wird also über Erfolg oder Mißerfolg mitentscheiden. Wer seinen Kopf frei für Seitensprünge haben will, muß daher die tägliche Basisarbeit auf Knopfdruck erledigen können. Das ist ohne Datenbanken und ohne flexibles Informationsmanagement nicht möglich.

Die lokale Wirklichkeit
Fit sein für globale Informationsbeschaffung, ist das „Sowohl". Kommen wir zum „Als-auch" – der geschickten Nutzung lokaler Informationen. Denn allzu gerne wird auch hier nur die eine Seite gesehen. Zugang zu und Verarbeitung von Informationen wird als etwas betrachtet, das nur einer auserwählten Elite zusteht. Aber in einem veränderungsbereiten Umfeld muß jeder Mitarbeiter aktuelle Daten, Informationen über Markt, Kunden und Entwicklungen zu jeder Zeit abrufen können. Auch die Confidential Areas, wie Budgetplanung, Deckungsbeiträge und Kostenrechnung, müssen transparent sein. In einer funktionierenden FLIRT-Kultur müssen Mitarbeiter und Unternehmensleitung offen über ihre Erwartungen und über ihre Entscheidungsgrundlagen reden können. Kon-

trolle wird dabei nicht nur ein Instrument der Elite, sondern jedes Mitarbeiters.

Ohne Mitsprache keine Partnerschaft
Natürlich braucht es dazu Vertrauen. Ohne Vertrauen wird das Nachdenken über Veränderungen meist zum Spießrutenlauf. Gerüchte werden auftauchen, und während die Führungsgarnitur noch darüber nachdenken wird, wie Veränderungen durchgesetzt werden können, werden die Mitarbeiter schon überlegen, warum die geplanten Maßnahmen so nie funktionieren können.

„Darüber reden" ist das Geheimnis jeder guten Beziehung. Wenn Mitarbeiter den Sinn ihrer Arbeit erkennen können, wenn sie etwas bewegen können, entfaltet sich ein veränderungsbereites Umfeld von selbst. In der Folge lassen sich die informellen Mitarbeiterinformationssysteme entdecken und nutzen. Diese häufig nur gefühlsmäßig wahrnehmbaren Strukturen sind im allgemeinen höchst wirkungsvoll.

Ricardo Semler berichtet in seinem Bestseller „Das Semco System", zu welchem unternehmerischen Denken engagierte Mitarbeiter in der Lage sind: Mitarbeiter, die zur Mitarbeit eingeladen wurden, beschränkten ihr Denken keinesfalls auf das Absichern ihrer eigenen „wohlerworbenen" Rechte. Sie wiesen die Geschäftsleitung auch auf Manager hin, die überflüssig waren. Ständig stellten sie Ausgaben in Frage, die leitende Angestellte für notwendig hielten (vgl. Semler 1993).

Der offene Informationsaustausch ist also die Basis für mündige Mitarbeiter. Denn Denken allein tut sich ohne Informationen schwer. Auch der eben genannte Schachcomputer Deep Blue ist nur so gut wie die Informationen, mit denen er gefüttert ist. Im Februar 1996 hatte er noch weniger Informationen als heute und gegen

Kasparow verloren; im Mai 1997 hat er dank umfassenderer Dateneingabe gewonnen.

Radars ausrichten
Um einen Seitensprung zu machen, braucht es zunächst die prinzipielle Bereitschaft dazu. „Die Größe einer Flamme sagt dabei nichts über die Größe des späteren Feuers aus", davon ist Hans-Uwe L. Köhler überzeugt, der sich ebenfalls über das Thema *Liebe* ans Verkaufen annähert (Köhler 1996, S. 36). Wie auch immer – damit wir Chancen ergreifen können, müssen wir auf sie zugehen.

Die Frage ist nur: Wie?

Einen Ansatz gibt Edward de Bono, von dem der Begriff des „lateralen Denkens" stammt. Im Concise Oxford Dictionary ist unter „lateralem Denken" zu lesen: „Das Bemühen, Probleme mit Hilfe unorthodoxer oder scheinbar unlogischer Methoden zu lösen." Mit einem anderen Satz läßt sich laterales Denken einfacher beschreiben:

Solange man ein bestehendes Loch tiefer gräbt, kann man kein zweites Loch an einer anderen Stelle graben
Beim lateralen (= seitliches) Denken steht die Suche nach neuen Möglichkeiten, die Suche nach ungewöhnlichen Perspektiven im Vordergrund. Alle Standpunkte gelten als richtig und können friedlich nebeneinander existieren.

„Anything goes" heißt die Devise auch für Seitenspringer.

Beim logischen Denken werden Schlußfolgerungen – systematisch und Schritt für Schritt – von einer bekannten Ausgangsposition abgeleitet. De Bono bezeichnet dieses Denken als „vertikales Denken" (vgl. de Bono 1996, S. 51f.). „Treu sein" heißt hier das Motto.

Die österreichische Grundsatzfrage, ob

die Beilage zum Wiener Schnitzel *Erdapfel* oder *Kartoffel* heißen sollte, ist vertikales Denken. Die ungewöhnliche Frage, ob nicht vielleicht Reis gesünder wäre, ist laterales Denken.

Horchen auf die leisen Signale
Nicht alle Informationen sind per Knopfdruck abrufbar. Auch wir müssen ständig unsere Radars ausrichten, um die unterschiedlichsten Ideen, Vorschläge und Möglichkeiten wahrzunehmen.

Bestehende Verhältnisse zu perfektionieren, zu versuchen, den Markt zu verstehen, Prioritäten zu setzen, das alles ist sicher wichtig – „aber es ist Lernen über etwas, das bereits existiert. Die andere Art des Lernens ist eine gesteigerte Neugier auf das, was noch nicht existiert, das Horchen auf das, was wir als die leisen Signale bezeichnen" (White u. a. 1997, S. 257).

ABC-Analysen, die Kunden nach ihrem Ist-Umsatz reihen, dürften damit an Bedeutung verlieren. Wenn wir Veränderungsbereitschaft ernst nehmen, wird die Zukunft nicht den Datenbanken, sondern den Entwicklungspotentialen gehören.

Wie beim Flirt gibt es solche leisen Signale auch im beruflichen Alltag immer wieder. Mal kommen sie von Kunden, mal von Mitarbeitern, manchmal von außen, manchmal von innen. Wir dürfen nicht ständig auf warnende Leuchtfeuer warten. Auch kleinste Zeichen müssen wir registrieren. Je stärker wir diese Sensibilität entwickeln, um so eher wird unser Denken in Alternativen funktionieren.

Timing beachten – lassen Sie die Seele mitkommen
Ein Einstellen auf Veränderungen braucht nicht nur geeignete Rahmenbedingungen, sondern auch Zeit. Geben Sie Ihrer Mannschaft diese Zeit.

Der berühmte Psychologe C. G. Jung hatte auf einer seiner Amerikareisen einen Indianerhäuptling im Auto mitgenommen. Nach einer Weile bat der Indianer Jung, er möge anhalten. Er verließ den Wagen und legte sich in einiger Entfernung auf den Boden, wo er regungslos verharrte. Nach wenigen Minuten stand er wieder auf und stieg wieder ins Auto. Diese Pause war notwendig, erklärte er Jung, weil seine Seele sonst nicht mitkäme. Er mußte auf sie warten. Jetzt sei alles wieder in Ordnung, und sie könnten wieder weiterfahren. Nach Jungs Angabe war dieser Mann kein unzivilisierter Anhänger eines Geisterkults. Er soll auf einem Bau in Manhattan gearbeitet haben (zit. in Stemme 1997, S. 217 f.).

„Gas geben" ist auch bei uns ein Managementprinzip geworden. Aber das Planen von Veränderungen darf nicht losgelöst von den Mitarbeitern gesehen werden. Wer Mitarbeitern das Verstehen von Veränderungen erleichtern will, muß ihnen Zeit geben. Zeit, um die Seele mitkommen zu lassen.

Ausblick und Schluß

Sie sind jetzt zwar am Ende dieses Beitrags, aber vielleicht erst am Beginn einer Vielzahl an Flirts. Sie werden etwas ausprobieren, damit Erfolg haben, aber auch Niederlagen erleiden. Das „Sowohl-als-auch"-Prinzip wird Sie auch hier begleiten.

Vielleicht sind Sie nun zu der Meinung gelangt: „Na, dann ist ja ohnehin alles möglich!" Dann sind Sie schon auf dem richtigen Weg, ein Seitenspringer zu werden.

Wenn *alles möglich* ist, heißt das jedoch nicht, daß *alles andere besser* ist. Die Alternative zu einem schlechten Weg ist nämlich nicht immer ein guter Weg. Oft ist der neue Weg noch schlechter. Gelegenheiten, Pyrrhussiege zu erzielen, lauern überall. Vor solchen Scheinerfolgen müssen wir uns in acht nehmen.

Ein Scheinerfolg wäre es auch, zu glauben, daß doppelt so viele Seitensprünge doppelt soviel Erfolg haben. Die meisten süßen Versuchungen schmecken nur in Maßen gut. Wer zuviel nascht, verdirbt sich leicht den Magen.

Einmal mehr gilt: Qualität vor Quantität. Der *Qualität* von Seitensprüngen müssen Sie selbst auf die Spur kommen. Es ist die Kunst, die *Beliebtheit* von Seitensprüngen von ihrer *Beliebigkeit* unterscheiden zu lernen.

Ich lade Sie ein, diese Qualität für sich zu finden. Beginnen Sie schon morgen mit dem ersten Schritt: dem FLIRT. Flirten heißt nicht, daß ein Seitensprung auch immer getan wird. Es bedeutet, der anderen Möglichkeit einen Blick zu schenken, bereit zu sein, Veränderungen zuzulassen.

Durch den Sprung zur Seite werden Sie lernen, Ihre eigenen Werte und die Werte des Neuen für Ihr Unternehmen zu erkennen, sie gutzuheißen und sie zu entwickeln – um sie erneut zu überprüfen.

Literaturhinweise

Capra, F., Wendezeit, Bern 1983
de Bono, E., Serious Creativity, Die Entwicklung neuer Ideen durch die Kraft lateralen Denkens, Stuttgart 1996
Detroy, E.-N., Mit Begeisterung verkaufen, 2. Aufl., Landsberg/Lech 1994
Drucker, P. F., Praxis des Management, 1956
Drucker, P. F.; Nakauchi, I., Die globale Herausforderung, Düsseldorf 1996

Gardner, H., Abschied vom IQ. Die Rahmen-Theorie der vielfachen Intelligenzen, Klett-Cotta 1994
Geißler, K. A., Zeit leben. Vom Hasten und Rasten, Arbeiten und Lernen, Leben und Sterben, 5. Auflage, Winheim/Berlin 1993
Goleman, D., Emotionale Intelligenz, München 1996
Hamel, G.; Prahalad, C. K., Wettlauf um die Zukunft, Wien 1995
Köhler, H.-U. L., Verkaufen ist wie Liebe: nutzen Sie Ihre emotionale Intelligenz, Düsseldorf/München 1996
Mary, M., Change Management als Chance. Wandel ist die einzige Konstante, Zürich 1996
Seiwert, L. J., Das 1x1 des Zeitmanagement, 9. Aufl., Speyer 1987
Semler, R., Das Semco System, München 1993
Sprenger, R. K., Das Prinzip Selbstverantwortung: Wege zur Motivation, 5. Aufl., Frankfurt/Main/New York 1996
Stemme, F., Die Entdeckung der Emotionalen Intelligenz. Über die Macht unserer Gefühle, München 1997
Urban, D., Kreativitätstechniken für Werbung und Design, Düsseldorf 1994
Urban, D., Chancen für Querdenker. Mit Emotionaler Intelligenz (EQ) zur alternativen Problemlösung, Zürich 1996
Watzlawick, P., Vom Schlechten des Guten oder Hekates Lösungen, 4. Aufl., München 1997
Weyh, H.; Krause, P., Kreativität. Ein Spielbuch für Manager, 4. Aufl., Düsseldorf/Wien/New York 1993
White, R. P.; Hodgson, P.; Crainer, S., Überlebensfaktor Führung. Über den zukünftigen Umgang mit Risiko und Unsicherheit im Management, Wien 1997
Whitmore, J., Coaching für die Praxis. Eine klare, prägnante und praktische Anleitung für Manager, Trainer, Eltern und Gruppenleiter, Frankfurt/Main/New York 1994

Stichwortverzeichnis